Reinhard Piper
Mein Leben als Verleger

SERIE PIPER
Band 763

Zu diesem Buch

Reinhard Piper (1879-1953) gründete nach mehrjähriger Tätigkeit als Buchhändler 1904 den Verlag R. Piper & Co. in München, der bald zu den bedeutendsten Buch- und Kunstverlagen Deutschlands gehörte. In seinen Erinnerungen, die erstmals 1947 und 1950 erschienen, schildert er seinen Werdegang und vermittelt zugleich ein lebendiges Bild des künstlerischen und literarischen Lebens im Deutschland der ersten Jahrhunderthälfte.

Die ersten zeichensetzenden Publikationen waren Werke von Arno Holz, die erste deutsche Dostojewski-Ausgabe, die historisch-kritische Schopenhauer-Ausgabe und 1912 das Manifest des »Blauen Reiters«. Zu den herausragenden Gestalten, die in diesen Erinnerungen einen besonderen Platz einnehmen, zählen u. a. Max Beckmann, Ernst Barlach, Alfred Kubin und Christian Morgenstern.

REINHARD PIPER

Mein Leben als Verleger

VORMITTAG NACHMITTAG

MIT 131 ABBILDUNGEN

PIPER
MÜNCHEN ZÜRICH

ISBN 3-492-10763-x
Neuausgabe 1991
2. Auflage, 7.–9. Tausend Juli 1991
(1. Auflage, 1.–3. Tausend dieser Ausgabe)
© R. Piper & Co. Verlag, München 1947 und 1950
Umschlag: Federico Luci,
unter Verwendung eines Gemäldes von Gertrud Piper
Satz: Kösel, Kempten
Druck und Bindung: Clausen & Bosse, Leck
Printed in Germany

ZUM GELEIT

»Ich war sehr glücklich daran, denn ich habe große Aufgaben in meinem Leben gefunden, die noch nicht gelöst waren.« So hatte Reinhard Piper den Anruf der Zeit verstanden, als er 1904 seinen Verlag gründete.

1879 wurde er in Penzlin (Mecklenburg) als Sohn des damaligen Bürgermeisters der kleinen Stadt und späteren Burgenforschers Otto Piper geboren. 1953 starb er in München. Schon mit zwölf Jahren hatte sich mein Vater vorgenommen, Verlagsbuchhändler zu werden. Er konnte sein Ziel verwirklichen und hat als passionierter Büchermacher sein Verlagsschiff durch Krieg und Inflation hindurch auf Kurs gehalten. Mehr als tausend neuen Büchern hat Reinhard Piper in den über vier Jahrzehnten seiner aktiven Tätigkeit zum Leben verholfen. Schließlich kam der Punkt, an dem er erkannte: »Das Leben ist eine Aneinanderreihung. Man kann aber nicht immer so weiter aneinanderreihen – Gespräche, Bücher, Briefe, Besuche, bis die Reihe endlich irgendwo abreißt. Man muß sich auch einmal die Zeit nehmen, das Fazit zu ziehen.« Diesen Vorsatz hat Reinhard Piper eingelöst und in seinen späten Jahren den Hauptteil seiner Zeit und Kraft an die Niederschrift seiner Erinnerungen gewandt. Eine große Hilfe war es ihm, daß er sich dabei auf Notizen stützen konnte, die er von früh an über Begegnungen, Gespräche, Reiseeindrücke machte. Dazu stand ihm ein wohlgeordnetes Archiv mit Briefen aus der Zusammenarbeit mit den Autoren und anderen Dokumenten aus der Verlagsarbeit zur Verfügung.

Reinhard Pipers Erinnerungen erschienen erstmals in zwei Bänden 1947 und 1950 – »Vormittag« und »Nachmittag«. 1964 faßte ich die beiden Bände unter dem Titel »Mein Leben als Verleger« zu einer einbändigen Ausgabe zusammen. Diese erscheint nunmehr unge-

3

kürzt in der Serie Piper. Dadurch soll diese einzigartige Selbstdarstellung eines Verlegers die Chance haben, ein neues Publikum zu erreichen. Im Sinn des Autors möchte ich ihr vor allem auch junge, geistig interessierte Leser wünschen, damit sie erfahren, wie durch die Persönlichkeit eines Einzelnen das Programm eines kulturell verpflichteten deutschen Verlags geprägt worden ist – in einer Zeit, die uns schon »historisch« erscheinen mag, von deren schöpferischen Leistungen aber wir auch heute in vieler Hinsicht leben.

Leider sind Autobiographien von Verlegern allzu selten. Das rührt daher, daß der wirkliche Verleger, der seine ganze geistige und materielle Existenz für seine Aufgabe einsetzt, aus dem unablässigen Strom der Manuskripte Bücher, Projekte, der Beratungen und Besprechungen kaum einmal gründlich aufzutauchen vermag, um selbst die Feder in die Hand zu nehmen. Die autobiographische Zurückhaltung des Verlegers hat auch damit zu tun, daß er gern hinter seine Autoren als die schöpferischen Partner seiner Arbeit zurücktritt. Gleichwohl weiß er, daß seine Rolle als Initiator und inspirierendes Gegenüber einflußreich ist und in weite Bereiche auszustrahlen vermag.

Für die Augen der Öffentlichkeit scheint der Verleger mit seiner Arbeit »hinter verschlossenen Türen« tätig zu sein. In diesem Buch kann der Leser einmal aus erster Hand eine Antwort auf die Frage erhalten, aus welchen Neigungen und Möglichkeiten eigentlich ein Verlagsprogramm entspringt, welche Interessen, Hoffnungen, Schwierigkeiten dabei im Spiel sind. Reinhard Piper war eine künstlerische Natur. Deshalb haben seine Schilderungen die Frische unmittelbarer Anschauung. In ihrer Summe vermitteln sie zugleich ein weitgespanntes Bild des kulturellen Lebens im Deutschland der ersten Jahrhunderthälfte.

Vor allem begegnen wir bedeutenden Schriftstellern und Künstlern, so wie sie Reinhard Piper nicht nur »geschäftlich«, sondern auch individuell-menschlich erlebt hat. Wir nehmen teil an der Entstehung von literarischen und künstlerischen Editionen, die z. T. weit in die Zukunft reichende Folgen zeitigten. Ein Höhepunkt der Schilderungen ist die schwierige Vorarbeit zum »Blauen Reiter«, dem wohl berühmtesten einzelnen Werk der Piper-Verlagsgeschichte. Immer wieder wird die besondere Aufgabe des Verlegers deutlich. Geist und Materie in ihrem oft widerspenstigen Verhältnis zueinander zur Synthese zu bringen. Bücher aus Literatur, Kunst und Philosophie gehören nicht zu den Dingen, die der Mensch zu seiner nackten Existenz benötigt. Ein Verlag hat nicht, wie ein Theater, Millionenbeträge an staatlichen Subventionen zur Verfügung. Wenn er Neuland betritt, neue Autoren und Themen aufbauen will, muß er die erforderlichen wirtschaftlichen Vorleistungen aus eigener Kraft durch den Gesamterfolg seiner Arbeit ermöglichen.

Die humoristische Lichter nicht entbehrende Erzählfreude Reinhard Pipers zeigt sich schon in den Schilderungen seiner Kindheit in Mecklenburg, der Gymnasialjahre in Konstanz und München und dann der buchhändlerischen Lehrlingszeit, deren harte Bedingungen die heutigen Verhältnisse fast paradiesisch erscheinen lassen. An die Lehrlingszeit schlossen sich Gehilfenjahre in Berlin und Dresden an. Dann kam die erste Anstellung in einem Verlag, dem heute noch erfolgreichen Münchener Verlag Georg D. W. Callwey. Das war die letzte Etappe vor dem großen Schritt zur Selbständigkeit. Die Entwicklung alles Weiteren möge der Neugierde des Lesers vorbehalten bleiben.

Zwanzig Jahre lang hatte ich den Vorzug, zuerst unter, später neben meinem Vater zu arbeiten. Fast täglich führte uns die Diskussion über die aktuellen geschäftlichen Anlässe zusammen. Reinhard Piper nahm immer die Sache und den Menschen im Gespräch als Einheit. Mit seinen Autoren ging er nicht nur »instrumentell« um – die Gedanken allein auf erwartete Resultate gerichtet –, sondern er nahm intensiv den Menschen auf, der vor ihm saß und dem er manchmal schon beim Lesen eines Manuskriptes begegnet war. Keinerlei Sinn hatte er für Oberflächliches, Banales, Konventionelles. Er verlangte nach dem Ursprünglichen, nach dem Kern. Er war beharrlich, nicht streng, eher verletzlich – von natürlicher Güte und Freundlichkeit gegenüber jedermann, ohne Rücksicht auf die äußere Stellung oder den gesellschaftlichen Einfluß eines Gesprächspartners. Dabei verhalf ihm in schwierigen Verhandlungen ein verhaltener Humor, der sich auch einmal in freundschaftlich-abwehrender Ironie äußern konnte. Das Auftreten meines Vaters hatte nichts von Selbstinszenierung oder Eitelkeit, wenngleich er gelegentlich den Unterton bescheidenen Stolzes über das Vollbrachte spüren ließ. In allem Geistigen war er genau, in allem Moralischen unbestechlich.

Mit seinen Künstler-Autoren hatte Reinhard Piper die »Naivität des Empfindens« gemeinsam, für die das Echte vom Abgeleiteten, vom aus zweiter Hand Stammende geschieden ist wie der Tag von der Nacht. Bei seinem Sinn für Toleranz und Liberalität mußte er unter der barbarischen Niveaulosigkeit und Menschenverachtung des aufkommenden Nationalsozialismus leiden. Ein starkes Naturgefühl und die unerschöpflichen Quellen von Dichtung, Kunst und Musik halfen ihm, zu überleben.

Ich möchte zum Abschluß einigen Autoren und Freunden, die Reinhard Piper besonders verbunden waren, das Wort geben und zitieren, was sie zu seiner Charakteristik sagten.

Julius Meier-Graefe – es war die Zeit der großen Kunstbücher, der Faksimile-Drucke der Marées-Gesellschaft – zu seinem Verleger: »1) daß Sie aus Ihrem Beruf keine Industrie machen, und 2), daß Sie aus Ihrem Leben keinen Beruf machen. Zu dem ersten gehörte Ihre Gewohnheit, die von Ihnen zu verlegenden Bücher zu lesen, was man den wenigsten Verlegern modernen Schlags nachsagen kann… Wir sind beide aneinander nicht reich geworden, haben aber zusammen etwas hingestellt, das sich sehen lassen kann… Sie haben sich vor dem Fachmännischen, das jedem Deutschen droht, zu bewahren verstanden… Die Kunst war Ihnen immer mehr wert als Ihre Haut. Etwas Besseres kann man Ihnen nicht nachsagen.«

Benno Reifenberg schrieb in seinem Nachruf beim Tod Reinhard Pipers in der Zeitschrift »Gegenwart«: »Der bedeutende Verleger ist auf eine eigentümliche, stolze Weise ausgezeichnet: seine Individualität wird in dem Medium der schöpferischen Persönlichkeiten nicht zerrissen und aufgelöst und gewinnt, je stärker seine Autoren sind, selbst an Prägekraft.«

Wie würde ein junger Reinhard Piper als Verleger auf die Herausforderungen der heutigen Zeit antworten? Würden wieder eine geistig trächtige Zeitlage und verlegerische Initiative sich treffen und »zünden«? Einem Naturell wie dem Reinhard Pipers würde wohl manches an den heutigen Verhältnissen und Bedingungen nicht recht geheuer erscheinen – Kommerzialisierung, Diktat raschen Umsatzes, dem »Schwieriges« geopfert wird. Aber es ist sicher, daß ein im schönsten Sinn besessener Büchermacher wie mein Vater in produktiver Anpassung auch heute alle Chancen für das faszinierende Geschäft des Verlegers ergriffen hätte.

Der schönste Erfolg der vorliegenden Taschenbuchausgabe von Reinhard Pipers Autobiographie wäre es, wenn ihre Lektüre manche junge Leserin und manchen jungen Leser zum Entschluß verführte, sich selbst ins Abenteuer dieses Berufs hineinzuwagen. Zur Einstimmung möchte ich die von Richard Benz mitgeteilten Worte Jean Pauls über die hohe Bestimmung des Buchs, den tiefen Sinn des Tuns von Autor und Verleger zitieren: »...und eben dies, daß die rechte Hand eines Menschen über so wenige Jahre hinausreicht, und daß sie so wenige gute Hände packen kann, das muß ihn entschuldigen, wenn er ein Buch macht: seine Stimme reicht weiter als seine Hand, sein enger Kreis der Liebe zerfließt in weitere Zirkel, und wenn er selbst nicht mehr ist, so wehen seine nachtönenden Gedanken in den papierenden Lauten noch fort und spielen, wie andere zerstiebene Träume, durch ihr Geflüster und ihre Schatten von manchen fernen Herzen eine schwere Stunde hinweg.«

Inzwischen hat im Piper Verlag die dritte Generation das Ruder in der Hand und Erwartungen richten sich schon auf die vierte...

München, im Dezember 1990   Klaus Piper

VORMITTAG

Ein paar Worte zu Beginn

Es gibt viele Selbstbiographien, aber wenige von Verlegern. Und Verleger hätten es doch so viel leichter als andere Menschen, ein Manuskript zum Druck zu befördern! Aber sie haben zu viel fremde Manuskripte zu lesen und zu drucken, es bleibt ihnen keine Zeit für ein eigenes. Ich habe mir diese Zeit genommen. Schon vor zehn Jahren fing ich mit dem Schreiben an.

Möchte auch der Leser sich etwas Zeit lassen können! Da ich keine großen Sensationen zu berichten habe, erzähle ich von vielen kleinen Geschehnissen. Für solche muß der Leser etwas übrig haben, wenn er auf seine Kosten kommen will.

Das Buch heißt »Vormittag«, weil es den Vormittag meines Lebens, die Zeit bis zu meiner Heirat, umfaßt – nicht mehr den Nachmittag und Abend.

Ich habe kein allgemeines Zeitbild geben wollen, sondern Menschen zu zeichnen versucht, die mir begegnet sind – berühmte und unberühmte. Darin mag dann auch etwas vom Zeitbild enthalten sein.

Ich strebte auch nicht an, mit den wenigen Worten, die ich über die einzelnen Autoren des Verlags sagen konnte, ihre geistige Bedeutung zu erschöpfen. Mir lag mehr daran, zu erzählen, wie ich zu ihnen gekommen bin.

Über manches, das mich bewegte, bin ich hinweggegangen, weil ich es nicht an die große Glocke hängen mochte – auch nicht an die kleine dieses Buchs.

Die meisten Bücherleser wissen kaum, was ein Verleger eigentlich ist, ohne den sie das Buch, das sie lesen, doch nicht in Händen hielten. Hier nun wird etwas davon erzählt, wie ein junger Mensch dazu kam, Verleger zu werden – auch von den Aufgaben, die er sich stellte.

In Gesellschaft sagt man wohl: »Entschuldigen Sie, daß ich soviel von mir spreche!« Aber warum soll man nicht sein eignes Leben erzählen?

Es ist das einzige Thema, von dem man bestimmt mehr weiß als die andern.

Goethe sagt in den »Biographischen Einzelheiten«: »Das Individuum geht verloren, das Andenken desselben verschwindet, und doch ist ihm und andern daran gelegen, daß es erhalten werde. Jeder ist selbst nur ein Individuum und kann sich auch eigentlich nur fürs Individuelle interessieren. Das Allgemeine findet sich von selbst, drängt sich auf, erhält sich, vermehrt sich. Wir benutzen's, aber wir lieben es nicht. Wir lieben nur das Individuelle; daher die große Freude an Bekenntnissen, Memoiren, Briefen und Anekdoten, selbst unbedeutender Menschen. Die Frage, ob einer seine eigne Biographie schreiben dürfe, ist höchst ungeschickt. Wenn sich einer nur mitteilt, so ist es ganz einerlei, aus was für Motiven er es tut. Es ist gar nicht nötig, daß einer untadelhaft sei, sondern nur, daß etwas geschehe, was dem andern nutzen oder ihn freuen kann.«

Ob auch dieses Buch Nutzen bringen und Freude machen kann?

Schön wäre es, wenn einige seiner Leser dadurch angeregt würden, ihre eignen Erinnerungen aufzuschreiben und so in diesen unruhigen, aufgewühlten Zeiten, in denen soviel zugrunde geht, das Vergangene zu bewahren und für die Nachkommen lebendig zu erhalten.

München, Pfingsten 1947

KINDHEIT IN MECKLENBURG

Ich bin geboren am 31. Oktober 1879 in der kleinen mecklenburgischen Stadt Penzlin als Sohn des Bürgermeisters Doctor juris Otto Piper. Wir wohnten in einem Eckhaus an der Großen und der Kurzen Straße. Davor standen zwei hohe Akazien, die ihre Zweige bis über das Dach erstreckten und im Sommer alles weiß mit Blüten bestreuten. Trat man über zwei Stufen ins Haus, so befand sich rechts vom geräumigen Flur unser Eßzimmer. Dort stand in der Mitte der runde Eßtisch, den der Rostocker Tischlermeister Franz Müller, ein Verwandter meiner Mutter, gemacht hatte. Meine Schwester hat ihn heute, nach sechzig Jahren, noch in Gebrauch. Da er zum Ausziehen eingerichtet ist, hat er nicht nur vier, sondern sechs Beine. Während meine Mutter im Eßzimmer auf dem Sofa Mittagsschlaf hielt, mußten meine Schwester und ich mäuschenstill unter dem Tisch sitzen. Es war uns unter der herabhängenden Tischdecke zwischen den sechs Tischbeinen durchaus gemütlich zumute. Die Lautlosigkeit, deren wir uns zu befleißigen hatten, fühlten wir gar nicht als Zwang.

Hinter dem Eßzimmer war das Schlafzimmer der Eltern. In ihm stand zuerst noch mein Kinderbett, und von diesem Raum aus, der mir als immer dämmerig verhüllt vor Augen steht, tastete sich mein erstes Bewußtsein in die Welt hinaus. Auf der andern Seite des Flurs war vorn die Gute Stube. In dieser wurde der Besuch empfangen. Hier standen, wie in allen Guten Stuben, Plüschsofa und Plüschpolsterstühle mit langen Troddeln, und zwischen den Fenstern war über einem roten Mahagonitischchen ein hoher, schmaler Spiegel angebracht. Auf dem Mahagonitischchen aber lag Dantes Göttliche Komödie mit Illustrationen von Gustave Doré. Manchmal durfte ich sie besehn. Besonders die Hölle fesselte mich. Der Himmel dagegen kam mir recht eintönig vor. An der Wand hing in Öl gemalt eine Kleopatra, in einen roten Mantel gehüllt, die sich die Natter an den weißen Busen setzte.

An diese Gute Stube schloß sich nach hinten das Musikzimmer an, in dem ein großer, schwarzer Flügel und ein braunes Pianino standen. Hier wurde viel Musik gemacht. Meine beiden Eltern spielten Klavier, mein Vater auch Cello, mein Bruder lernte Geige und mir brachte hier meine Mutter die Anfangsgründe des Klavierspielens bei. Wie oft stand ich neben dem Flügel, wenn mein Vater spielte, gebannt von den wunderbaren Klängen, die mein Herz schneller schlagen machten, bis mein Vater nach dem Schlußakkord mir mit dem Finger lachend an die Nase knipste und mich so in die Wirklichkeit zurückrief. In diesem Zimmer wurde auch Weihnachten gefeiert, und so habe ich in ihm wohl die seligsten Stunden meiner Kindheit verbracht.

Von diesem Musik- und Weihnachtszimmer sah man durch zwei Fenster auf den Hof. Das war ein kleiner, baumbestandener Kiesplatz mit einer von wildem Wein berankten Laube. In ihr wurde den Sommer über Mittag gegessen. Wenn zum erstenmal wieder draußen in der Laube gedeckt wurde, war dies das Zeichen, daß der lange Winter nun wieder einmal endgültig vorüber war.

Wie ich schon sagte, war unser Haus ein Eckhaus. Die Kurze Straße, an der die eine Seite lag, ging bergab. Das machte sich auch auf unserem Hof bemerkbar: Eine Treppe führte vom Kiesplatz in einen tieferen Teil hinab.

Mit diesem Hof verbindet sich für meine Erinnerungen eine frühe Nachdenklichkeit besonderer Art. Mein älterer Bruder Wolfgang sagte mir dort eines Tages — er hatte es wohl selbst eben erst in der Schule gelernt —, die Erde sei rund. Das wunderte mich sehr. Ich dachte nach. Nein, das konnte unmöglich stimmen! Schon hier auf dem Hof die Ecke an der Treppe, und das Haus mit den vielen Ecken, und die Kirche mit dem Turm! Nein, auch wenn man die Erde noch so sehr von weitem ansah — rund konnte sie auch dann nicht sein.

Auch dieser untere Teil des Hofs war wie die Laube über und über von wildem Wein berankt. Aus ihm streckte ein Wasserspeier seinen Drachenkopf heraus, den mein romantisch angehauchter Vater selbst entworfen und bei einem Penzliner Klempnermeister hatte anfertigen lassen. Hier unten legten wir Kinder kleine Beete an, und hier pflanzte ich Bäumchen ein, die ich aus dem Wald mitbrachte. An ihren Wurzeln hatten noch die Eicheln oder Kastanien gehangen, aus denen sie herausgewachsen waren. Als wir von Penzlin Abschied nehmen mußten, war es mir besonders schmerzlich, auch diese meine selbstgepflanzten Bäume im Stich lassen zu müssen.

Im ersten Stock – alle Penzliner Häuser hatten nur zwei Geschosse – war vorn über dem Eßzimmer das Fremdenzimmer. Hier logierten Tante Marie aus Rostock und Großmama aus Stargard, wenn sie zu Besuch kamen. Im Zimmer daneben schlief ich später zusammen mit meinem Bruder Wolfgang. Die Wände dieses Zimmers waren, statt mit Tapeten, über und über mit Bilderbogen beklebt. Ich besinne mich besonders auf rotjackige Jäger, die auf ihren braunen Pferden über Gräben setzten. Auch Bilder zum Don Quichotte von Doré, mit schmalen, schwarzen Papierstreifen hinter Glas geklebt, hingen hier, und Stahlstiche mit rheinischen Städten und Burgen, denn meine Eltern hatten früher einige Zeit in Straßburg, Trier und Düsseldorf gelebt, und mein Vater hatte von da aus viele Burgen besucht.

Gegenüber war das nur selten und scheu betretene Arbeitszimmer meines Vaters mit vielen Büchern an den Wänden und einem riesigen, dunkeleichenen Schreibtisch.

Daran schloß sich nach hinten der »Saal« mit seinen drei Fenstern auf den Hof. In ihm wurde einmal im Jahr »Gesellschaft« gegeben. Hier ließ mein Vater einen Kamin einbauen, in dem große Buchenscheite in offenem Feuer brennen sollten, wozu es aber selten kam. Hier hatte mein Vater sich auch ein Billard aufstellen lassen, an dem er, kugelklappernd und das Queue mit Kreide einreibend, fleißig trainierte für sein Spiel mit den Penzliner Honoratioren in A. C. Schmutzlers Hotel.

Nicht vergessen darf ich einige halbdunkle, unbenützte Räume, die uns Kindern nicht recht geheuer vorkamen. Da war ein Raum mit einem halb durchgebogenen Brett im Fußboden. Auf diesem Brett tanzte ich kühn herum. In welche Abgründe würde ich wohl stürzen, wenn es durchbrach? Jedenfalls forderte ich die Mächte der Unterwelt heraus. An mir lag es nicht, wenn sie diese Herausforderung nicht annahmen und das Brett meine Sprünge aushielt.

So war das Haus. Wie war nun die Stadt?

Penzlin war – und ist heute noch – eine Ackerbürgerstadt, das heißt, die meisten Familien haben außer ihrem Handwerk oder ihrem kleinen Laden auch noch einen Acker vor der Stadt und Vieh in ihrem Stall hinter dem Haus. Diese vielen Tiere spielten im Leben der Stadt und auch in unserm Kinderleben eine wichtige Rolle. Morgens früh bliesen die Hirten – der Kuhhirt, der Ziegenhirt, der Schweinehirt, der Gänsehirt –, jeder zu seiner Zeit und jeder das nur ihm eigene Signal, worauf die Haustüren sich öffneten und brüllend, meckernd, grunzend, schnatternd sich das Vieh herausdrängte. Das sammelte sich dann in den Straßen und wurde vor die Stadt auf die Weide getrieben, jede Herde auf ihre besondere. Dies Austreiben am frühen Morgen haben wir Kinder nur selten erlebt. Da schliefen wir noch fest. Aber abends kamen die Herden ebenso zurückmarschiert. Eine Wolke von Tiergeschrei lag dann über der Stadt. Die Kinder standen schon bei den ersten Häusern bereit und paßten ihr Haustier ab. Die vernünftigen Kühe fanden aber alle ihre richtige Haustüre ganz von selber, und es ergötzte mich immer, wie die breiten, schweren Tiere mit berstend vollem Euter die vier bis fünf Stufen zur Haustür hinauftrappsten und oben mit Mühe und Not sich durch die Tür zwängten, um im Innern des Hauses zu verschwinden.

Unsre Akazien erfreuten sich bei den Kühen einer besonderen Beliebtheit. Fast alle nahmen die Gelegenheit wahr, sich an ihrem Stamm gründlich Hals und Rippen zu scheuern, und ließen dann unfehlbar gerade vor unserer Bank, auf der wir abendlich saßen, etwas Rundes, Grünes, Dampfendes fallen.

Penzlin liegt zwischen Seen, Wäldern und Hügeln auf einer mäßigen Anhöhe, die sich von Westen nach Osten erstreckt. Vier Straßen gehen parallel diesen Hügelrücken entlang. Eigentlich sind es nur zwei: die Große Straße und die Turmstraße, denn die zwei äußersten hinter der Stadtmauer zählen nicht recht. Und von den beiden ist wiederum die Große Straße unbedingt die Hauptstraße. Denn alles, was in die Stadt hereinkommt und sie wieder verläßt, muß diese Straße entlang passieren. Unten im Westen, vor den ersten Häusern, stehen die strohgedeckten Scheunen. Am oberen Ende, nach Neubrandenburg zu, ist der Friedhof, dessen Kreuze über die Mauer ragen — sogar eine efeuüberrankte Pyramide gibt es da —, und der Mühlenberg mit seiner Windmühle.

Auf dem höchsten Punkt des Stadthügels erhebt sich die rote, dicke, kurze Kirche. Wenn ich sie kurz und dick nenne, so ist mir das eigentlich für sie nicht würdig genug. Aber ich kann sie fürs erste nur mit diesen zwei Worten charakterisieren. Für meine Kindheit hat sie unendlich viel bedeutet, und wenn ich mich mein Leben lang in den großen gotischen Backsteindomen der Ostseeküste geistig beheimatet fühle — wie in der Musik von Bach und in den Holzschnitten und Stichen von Dürer —, so verdanke ich das der Penzliner Kirche und ihrem feierlichen Raum. Auch sie ist ein gotischer Bau wie ihre berühmten

Schwestern, aber schwer, gedrungen, nur mühsam von der Erde sich erhebend. Der Turm ist wie ein Würfel und wächst kaum aus dem Dach heraus. Das Dach selbst aber hebt sich gewaltig und breit über alle Dächer der Stadt. Die goldenen Ziffern der Turmuhr blinken in der Sonne weit über das Land. Die Portal- und Turmseite der Kirche steckt eng zwischen Häusern. Dicht über dem Boden ist da ein Fenster mit verstaubten, bläulichgrün angelaufenen Scheiben. Wenn ich angestrengt hineinsah, konnte ich unten halbzerfallene Särge erkennen. Das war mir schauerlich. Aber der Chor der Kirche mit seinem schwer gegliederten Zierat von Blendarkaden ragt frei über dem Marktplatz auf. Hier steht auch das Rathaus.

Das Rathaus war ja nun die Wirkungsstätte meines Vaters. Einmal kam ich nachmittags daran vorbei, mein Vater lag mit beiden Ellbogen im offenen Fenster und lachte mir vergnügt zu. Ich aber erfrechte mich, ihm zuzurufen: »Nun *tu* aber auch mal was!«

Der Marktplatz ist mir immer riesig, ja geradezu unübersehbar vorgekommen. Die Straßen waren mit kleinen holperigen Kopfsteinen gepflastert, dieser Markt aber mit großen flachen Steinen, und das gab ihm etwas Besonderes und Vornehmes. Einmal hatte ich Gelegenheit, alle seine Pflastersteine und die Ritzen dazwischen einzeln genau ins Auge zu fassen, denn ich hatte auf dem Marktplatz bei einer Besorgung zehn Pfennig verloren, und meine Mutter schickte mich zurück, sie zu suchen.

Das Rathaus wurde aus allen Häusern der Stadt herausgehoben durch seinen Frontgiebel, aus dem das mecklenburgische Wappen, der halbe Ochsenkopf, drohend herunterblickte.

Mein bester Freund war Franz Hager, der Sohn des Präpositus Hager, eines wirklich sehr »hageren«, langen, ernsten Mannes. Schon vor der Schule waren Franz und ich fast täglich beisammen. Wir haben uns unendlich oft erzürnt und ebenso oft wieder versöhnt. Wenn ich mit dem Schwur, diesmal aber auch ganz gewiß nie mehr wiederzukommen, sein Elternhaus verlassen wollte, fing mich seine ältere Schwester, die rothaarige, etwas blasse Marie, genannt Mieke, in der Haustür ab und redete mir so zu, daß ich mich schließlich herbeiließ, dies eine Mal doch noch wieder umzukehren. Das Hagersche Haus schien mir viel schöner als das unsrige. Seine Zimmer kamen mir viel höher vor, und während ich zu Hause schon mühelos die Türklinke erreichte, mußte ich hier noch den Arm hochrecken, um hinaufzulangen. Der

Hagersche Garten hinter dem Haus stieß an die von Efeu ganz überwachsene Stadtmauer, und es war immer ein schönes Abenteuer, wenn wir an den starken Efeuranken emporkletterten und uns oben auf der dicken Mauer, von niemand gesehen, für ganze Nachmittage niederließen.

Mit Franz Hager stand ich bis zu seinem Tode in Briefwechsel. Er hat es im Leben immer sehr schwer gehabt, da der Keim einer geistigen Erkrankung in ihm lag. Er wurde, wie sein Vater, Theologe, fand aber in dem Beruf keine innere Ruhe. Seine letzte Pfarrstelle war Schlichting in Holstein. Dort sahen wir uns nach dem ersten Weltkrieg zweimal mit unsren Familien. Die reichen Marschbauern der Umgebung boykottierten ihn, weil er ihnen »zu sozialistisch« gesinnt war; die kleinen Schlichtinger Geestbauern verstanden seine geistige Beweglichkeit nicht. Als ich sonntags seine Kirche besuchte, hörten, außer einem Dutzend Kinder, seiner Predigt nur seine Frau, der Küster und ich zu. Er geriet dann auch noch mit seinem Konsistorium in Konflikt und wurde zwangsweise pensioniert. Hatte er schon in Schlichting unter zu geringer Tätigkeit gelitten, so war er nun ganz ohne Aufgabe. Sonderbare Ideen übersteigerten sich immer mehr, so daß er schließlich von Frau und Kindern getrennt und in eine Heilanstalt überführt werden mußte. In dieser ist er dann auch gestorben.

Mein zweiter Freund Heino Grupe stand mir lange nicht so nahe wie »Franzing«. Er war der Sohn des Amtsrichters, schwarzhaarig, dick, schwer und groß. Eines Tages war ich dahintergekommen, wie man ihn leicht »unterkriegen« konnte. Man mußte ihn mit beiden Armen umfassen und ihm mit aller Macht den Bauch zusammenpressen. Dann ging ihm die Luft aus, und er fiel um. Das probierte ich dann oft.

Kurze Zeit stand im Zentrum meiner Freundschaft Hugo Schröder. Er hatte braunes Kraushaar und wohnte vor der Stadt, ich glaube sogar noch vor den Scheunen. Einmal besuchte ich ihn an einem kalten Winternachmittag, aber unglücklicherweise hatte er von vier bis fünf Uhr Violinstunde, der Lehrer, bei dem er übte, wohnte ganz nahe bei unserm Hause. Was wäre einfacher gewesen, als daß ich nun auch nach Hause ging und dort die Stunde abwartete? Aber wir fühlten uns damals als absolut unzertrennlich, und wenn ich nach Hause gegangen wäre, so hätte mich meine Mutter nach der Stunde sicher nicht nochmal zu ihm gelassen. So entschloß ich mich denn, die ganze Stunde vor der Haustür des Lehrers im Schnee zu stehn und zu warten. Eine Wartestunde ist lang, besonders für ein Kind. Aber während ich fror, war ich auch sehr stolz auf meine Standhaftigkeit. Und so konnte ich auch wirklich nochmal mit ihm gehn und so lange bleiben, bis mich seine Mutter dann endlich nach Hause schickte.

Einer meiner getreuesten Spielgefährten war Karl Zorn, genannt »Ka'Zo« – das »Zo« ganz kurz und dunkel gesprochen. Er war der Sohn des Schneidermeisters Zorn, der uns gegenüber wohnte, klein, mager und bräunlich, und ging immer in Holzpantoffeln. Er kam zum Spielen meist zu uns herüber. Wenn ich aber bei ihm drüben war, beklagte sich sein bebrillter Vater regelmäßig bei mir, daß ihm unsere Akazien zuviel Licht wegnähmen. Ich war dann immer verlegen, weil ich gar nicht verstand, weshalb er *mir* das sagte. Ich war doch für so etwas noch zu klein, und bei dem »Lichtwegnehmen« konnte ich mir auch nichts Rechtes denken.

Als ich im August 1919 – von einer Ostsee-Sommerfrische aus – wieder durch Penzlin kam, klopfte ich auch bei Karl Zorn an und saß mit seinen alten Eltern einen gemütlichen Abend lang, von mancherlei Gefühlen bewegt, meinem Geburtshaus gegenüber. Die Akazien nahmen nun kein Licht mehr weg. Der Nachfolger meines Vaters hatte sie abhauen lassen. Gewiß nicht aus Rücksicht auf den alten Schneider, auch nicht, weil sie ein »Verkehrshindernis« gewesen wären, sondern einfach aus Stumpfheit. Und sie hatten doch Sommer für Sommer mit ihren weißen leichten Blütenwipfeln die ganze Große Straße geschmückt und mit ihr die ganze Stadt. Karl Zorn war ein sehr geschickter Tapezierermeister geworden, der gesuchteste weit und breit.

Ich hatte aber nicht nur Freunde, sondern auch Freundinnen. Ich weiß nicht mehr, wie sie hießen, sie fanden sich in der Nachbarschaft zusammen. Ich weiß nur noch, daß ich ihnen möglichst imponieren wollte und ihnen deshalb ganz fürchterlich vorflunkerte. So war ich das eine Mal überfahren worden, das andre Mal vom Dach gestürzt, dann wieder bei einem Feuer beinah umgekommen. Ich selbst war ganz verwundert, daß sie das alles glaubten, jedenfalls spornte mich das zu immer stärkerem Aufschneiden an. Zum Beweis meines Sturzes vom Dache verdrehte ich so gut es ging das Bein, aber als ich sah, daß sie solche Beweise nicht einmal verlangten, ließ ich es wieder.

Nun muß ich auch noch unsres vierbeinigen Spielgefährten gedenken. Das war Tello, der Hund. Sein weißes glattes Fell war mit großen schwarzen Tupfen gesprenkelt. Ich habe solche Hunde später nur noch

selten gesehn, ich glaube, man nennt sie Dalmatiner. Unser Tello hieß
eigentlich Othello, wohl wegen seiner Schwarzgeflecktheit, aber von
diesem pathetischen Namen machte niemand Gebrauch. Er war unendlich geduldig und ließ sich von uns Kindern alles gefallen. Wir lagen
auf ihm, zogen ihn an allen vieren, rissen ihn am Schwanz – er knurrte
kaum. Es war ja auch nur der Ausdruck unsrer Liebe zu ihm. Auf allen
Spaziergängen wurde er mitgenommen. Aber hier erwachte unfehlbar
die Jagdlust in ihm. Kaum waren wir im Wald oder auf den Feldern,
so war er hinter einem wirklichen oder eingebildeten Wild her. Kein
Pfeifen und Rufen half. Er war verschwunden. Mein Vater war dann
immer sehr ärgerlich, denn er als Bürgermeister durfte sich nicht nachsagen lassen, einen wildernden Hund zu haben. Endlich tauchte im
hohen Gras seine Schwanzspitze wieder auf und schließlich auch sein
Kopf mit der roten japsenden Zunge. Aber nun kamen die Schläge und
das Geheul, und am liebsten hätten wir mitgeheult.

Im Sommer war unser Spielzimmer die Straße. An warmen Abenden
zogen wir sie in breiter Reihe auf und ab mit unsern Laternen. Das waren keine gekauften Papierlaternen, sondern richtige ausgehöhlte Kürbisse, in die man mit vier Löchern ein Gesicht geschnitten und eine
Kerze hineingesteckt hatte. Nun sangen wir:

> Laterne, Laterne!
> Sonne, Mond und Sterne!
> Lösch aus mein Licht, lösch aus mein Licht,
> Aber meine Laterne nicht!

Und es war immer sehr schmerzlich, wenn man endlich, endlich doch
ins Bett mußte.
Abends holten die Mädchen das Wasser in Eimern von den Pumpen,
die hier und dort auf der Straße standen. Unsre Pumpe stand um die
Ecke, unten am Ende der abschüssigen Kurzen Straße. Da sammelten
sich dann immer allerlei Leute und »schnackten«. Einmal, als ein kleines Dutzend beisammenstand, bekam ich einen Raptus und deklamierte
ihnen ein Gedicht vor, ich glaube, es war der Text eines Bilderbogens
aus unserm Schlafzimmer. Ich kam immer mehr in Feuer, und als es
zu Ende war, kommandierte ich mir selber: »Nochmal!« und fing wieder von vorne an. Da man meine gehobene Stimme wohl ziemlich weit

hörte, kamen immer mehr Leute, und die sollten das schöne Gedicht doch auch hören, und so kommandierte ich, als es wieder aus war, wieder: »Nochmal!« und fing es fanatisch ein drittes Mal an. Ich weiß nicht mehr, wer mich schließlich aus meiner Deklamierwut herausgerissen hat. Jedenfalls befand ich mich wie in einem Rausch von Begeisterung.

Im Winter wurde die Kurze Straße zur Schlittenbahn. Die kleinen Kinder wurden noch im Stuhlschlitten geschoben. Die großen aber fuhren stehend auf dem Peekschlitten herab, auf dem nur gerade die Füße Platz hatten, eine lange Stange, die Peekstange, zum Abstoßen und Lenken in der Hand. Ein Hauptspaß war, daß man aus vollem Halse »Plaatz« schrie und jeder, dem sein Leben lieb war, beiseite springen mußte.

Im Sommer rannte manchmal in farbigem Trikot und weiß gepudert ein »Schnelläufer« durch die Straßen. Es gab damals noch Leute, die sich mit solchen Künsten ihr Brot verdienten. Um seine Hüfte klangen Glöckchen, so daß man ihn schon von weitem hörte. Viele Bengels liefen ihm nach, und die ganz klugen waren der Ansicht, daß ein richtiger Schnelläufer eigentlich noch viel schneller laufen müsse.

Von Zeit zu Zeit stellten sich an den Straßenkreuzungen im Kreis die »Stadtmusikanten« auf, wohl sechs bis acht Mann, und bliesen und geigten Polkas und Märsche. Wir Kinder standen dann drum herum, sogar einige Erwachsene blieben stehn oder traten vor ihre Haustür. Ein Musikantenlehrling mit einem Teller in der Hand »sammelte«. Auch Drehorgelmänner ließen sich hie und da hören und spielten Lieder wie: »Komm herab, o Madonna Teresa« oder »Ferdinand, wie schön bist du mit den blauen Augen! Alle Mädchen lächeln dir zu ...« Wie es weiterging, weiß ich nicht mehr. Das unvermeidliche »Im Grunewald, im Grunewald ist Holzauktion« war auch schon nach Penzlin gedrungen, ebenso wie der wohl von Berlin importierte Gassenhauer:

> Siehst du wohl, da kimmt er,
> lange Schritte nimmt er,
> siehst du wohl, da kimmt er schon,
> der versoffne Schwiegersohn!

Auch Zigeuner mit ihren Wagen zogen durch die Stadt und lagerten sich draußen am See, und ich begriff nicht, weshalb mein Vater diese fremdartigen Menschen so lästig fand und sie möglichst schnell wieder weiterschickte. Mir waren sie immer sehr interessant, wenn sie, in ihre Tücher gehüllt, Unverständliches schwatzend, an einem Feuer saßen und das abgeschirrte Pferdchen daneben sein Gras rupfte. Aber freilich, man sagte von ihnen, daß sie Kinder stahlen, und so blieben wir in respektvoller Entfernung.

Aber noch schöner war es, wenn ein Wanderzirkus auf dem Marktplatz sein Zelt aufschlug. Dann gingen Kamele langsam durch die Straßen, und wir, die Bürgermeisterskinder, durften sogar auf ihnen reiten. Während solcher Zirkusvorstellung ging ich einmal mit meinem Bruder am Marktplatz vorüber und schaute dorthin zurück. Ich paßte nicht auf und fiel mir auf dem harten Steinpflaster ein »Loch in den Kopf«. Sanitätsrat Krüger mußte es zunähen.

Wenn es in Strömen goß und das Wasser im vollen Rinnstein daherrauschte, stellten wir Jungens uns, auf unsere Stulpstiefel vertrauend, mit kühnem Gesicht um uns blickend, die Hände in den Hosentaschen, mitten hinein und boten den Elementen Trotz.

In der Querstraße, die die Große Straße und die Turmstraße verband, wohnte der Maler Peters. Da in Penzlin nach Möglichkeit auch alle Eigennamen plattdeutsch gesprochen wurden, nannte man ihn Maler Peiters. Wenn es Äpfel und Birnen gab und infolgedessen auch viele Stiele, brachten meine Schwester und ich ihm diese, rissen die Haustür auf, warfen die Stiele hinein und riefen: »Können's vielleicht den Pinsel bruken?« und machten, daß wir davonkamen.

Schon als Kind hatte ich einen Sinn für das Groteske. Als Tante Mathilde aus Schwerin bei uns zu Besuch war, gab es ihr zu Ehren eine Schokoladenspeise. »Nun, Reinhard«, sagte sie, »das schmeckt dir gewiß prachtvoll!« – »Ja«, erwiderte ich, »aber ein Betrunkener wär' mir lieber!« Das Schauspiel eines lallend hin und her Torkelnden hatte für mich immer etwas besonders Ergötzliches.

Manchmal kam ein Leichenzug durch die Straße, und das erschütterte mich jedesmal sehr – der schwarze Wagen, auf dem der Sarg stand, die schwarz behangenen Pferde und besonders die von Posaunen geblasene Trauermusik. Einmal wurde ein Kutscher begraben, den ich gar nicht gekannt hatte. Man sah weit unten in der Straße die schwarzen Menschen vor dem Trauerhaus. Ich konnte es gar nicht verstehn, daß die Leute dann mit einem lustigen Marsch vom Friedhof wieder in die Stadt zurückkamen. Aber meine Mutter sagte, das sei nun einmal so. Überhaupt machte mir der Tod früh einen tiefen Eindruck. In der

Siegfried-Sage, die ich zu Weihnachten bekommen hatte, konnte ich lange Zeit nicht weiterlesen, weil ich gesehn hatte, daß das nächste Kapitel überschrieben war: »Siegfrieds Tod«. Selbst über den Tod des alten Abraham in der biblischen Geschichtsstunde vergoß ich viele Tränen.

Weshalb ließ der liebe Gott die Menschen sterben? Darüber dachte ich früh nach.

Wenn ein Gewitter mit Blitz und Donner über der Stadt losbrach, dann waren die Penzliner bös gewesen und hatten das verdient.

Einmal erschien mir der liebe Gott im Traum. Er war merkwürdigerweise lang und hager und hatte keinen Bart. Er ragte bis zur Hüfte schräg aus den Wolken heraus, trug eine violette Weste und streckte seine Arme in sehr weißen Hemdärmeln mir lächelnd entgegen.

Der liebe Gott war allmächtig und allwissend, er sah alles, was auf Erden geschah. Aber, dachte ich, eigentlich müsse er sich doch manchmal darüber wundern, daß gerade er der liebe Gott sei und niemand andrer. Woher kam es, daß gerade er es war?

Als im März 1888 der fast einundneunzigjährige Kaiser Wilhelm, von dem ein Bild in unserer Kinderschlafstube hing, gestorben war und die Kirchenglocken läuteten, sagte ich zu meinem Vater, man sehe doch, daß der liebe Gott gute Menschen sehr alt werden lasse. Aber mein Vater stimmte dem zu meiner Überraschung nicht ohne weiteres zu.

Mein Vater war schlank und groß, er hatte langes, dunkles, nach der Seite gescheiteltes Haar, das sich in ein paar Wellen lose um den Kopf legte, und einen rötlichen Kinnbart. Er war kurzsichtig und trug immer eine goldne Brille, die an der Nasenwurzel schon eine tiefe Rille eingedrückt hatte. Das sah man, wenn er sie abnahm, und dies geschah jedesmal bei Tisch. Wenn er sich die Suppe aufgefüllt hatte, legte er die Brille neben den Teller, neigte den Kopf darüber und ließ den Dampf in die möglichst weit geöffneten Augen steigen. Das hatte ihm ein Arzt zur Stärkung der Augen empfohlen.

Meine Mutter war klein, von zierlicher Gestalt, hatte graue Augen, eine ziemlich lange, sehr gerade Nase und trug das aschblonde, später immer mehr nachdunkelnde Haar glatt gescheitelt. Sie war sehr lebhaft und munter. Sosehr sie sich meinem Vater in allem unterordnete, so entfuhr ihr doch infolge ihrer Lebhaftigkeit manchmal ein vorschnelles Wort – und schon war das Unglück geschehen! Mein Vater, außerordentlich empfindlich, zuckte dann zusammen und verließ – die härteste Strafe für meine Mutter! – schweigend und tief gekränkt das Zimmer. Meine Mutter war sich schon im selben Augenblick, in dem sie das Wort ausgesprochen hatte, bewußt geworden, was sie angerichtet hatte. Nun eilte sie ihm bestürzt nach und suchte ihr »Männing«, ihr »Packing«, ihr »Otting« zu versöhnen. Aber das war nicht so einfach. Einen halben Tag dauerte es mindestens, bis mein Vater ausgeknurrt hatte, und meine Mutter machte sich solange die schwersten Vorwürfe.

Mein Vater war besonders empfindlich gegen Kritik, ja schon gegen jede abweichende Meinung. Kaum zögerte meine Mutter bei irgendeiner Sache mit ihrer Zustimmung, so runzelte er schon die Stirne, machte ein gelinde verzweifeltes Gesicht und sagte: »*Du* bist natürlich wieder andrer Meinung! Herregott, wie ist das schrecklich!« – Mein Vater schreibt in seinen »Lebenserinnerungen aus acht Jahrzehnten« über meine Mutter nur einen einzigen Satz, und zwar den, daß er »ihrem meist guten Humor viel zu verdanken habe«.

Meine Mutter war von echter, tiefer Frömmigkeit und zugleich ein heiteres Weltkind. Über die kleinsten Dinge konnte sie sich freuen. Sie war dem lieben Gott immer dankbar, daß er es so gut mit uns meinte. Sie lebte ganz für ihren Mann und für ihre Kinder. Außerhalb der Familie noch für sich selbst etwas repräsentieren zu wollen, kam ihr gar nicht in den Sinn. An sich dachte sie immer zuletzt. Als ich in der Religionsstunde etwas von der Sünde hörte, war ich sogleich überzeugt, daß meine Mutter ganz ohne Sünde sei. Ihrer Frömmigkeit lag jede Wehleidigkeit fern. Sie konnte mit ihrer kleinen Faust energisch auf den Tisch schlagen und über irgendein »Teufelszeug«, über einen »Unsinn« oder einen »verrückten Kram« schelten.

Drohte plötzlich irgendwo ein Unheil, so rief sie »Ogottogottogott!«, und zwar folgte dies vielfache Ogott in langer Reihe ohne Absetzen prestissimo aufeinander. War das Unheil schon geschehen, z. B. in der Küche ein Teller mit Geklirr zu Boden gefallen oder etwa jemand auf der Treppe ausgerutscht, so stieß sie einen einzigen durchdringenden Schrei aus, der meinen Vater entweder zusammenschrecken machte oder auflachen ließ. Einmal erzählte er von einer Tante, die sich erst mal umständlich und in Ruhe nach dem Vorfall erkundigte und dann hinterher doch noch diesen Aufschrei ausstoßen konnte, der anderen nur aus dem ersten Impuls heraus gelang.

Begreiflicherweise fühlten wir Kinder uns unserer Mutter viel mehr verbunden als dem Vater. Die Mutter war ja den ganzen Tag für uns zu haben. Papa war immer mehr oder weniger Respektsperson. Schon weil wir sahen, daß Mama — so wurde sie zeitlebens von uns genannt — auf Papa immer so große Rücksicht nahm. Ihn bei guter Laune zu erhalten, ihm möglichst alles Unangenehme zu ersparen, fühlte sie als ihre vornehmste Pflicht. Daß Papa nicht gestört werde, war oberstes Prinzip im Hause.

Wir blieben unserm Vater auch deshalb ferner, weil er häufig verreist war. Jährlich zweimal war er mehrere Wochen auf dem Landtag, der, in altertümlichen Formen, abwechselnd in den kleinen Städten Malchin und Sternberg tagte. Er machte auch schon damals seine weiten Burgenreisen nach Süddeutschland und an den Rhein. Auf ihnen sammelte er den Stoff für sein großes Burgenwerk, das ihm später den Ehrendoktor und den Namen »Burgenpiper« eintragen sollte. Wenn er verreist war, atmeten wir immer etwas freier. Ich durfte dann z. B. auf dem Klavier nach Herzenslust »dudeln«. Es ging lauter und ungenierter zu im Haus. Aber auch seine Heimkehr war erfreulich, denn dann gab es immer »Mitgebrachtes«.

Mein Vater erzählte von seinem Vater, dem Pastor auf dem mecklenburgischen Dorf Röckwitz, daß dieser mit ihm und seinen Geschwistern, solange sie nicht erwachsen waren, nur das Notwendigste gesprochen habe, und daß oft Wochen vergangen seien, in denen nur das tägliche Guten Morgen und Gute Nacht mit ihm gewechselt wurde. Da war *mein* Vater schon bedeutend umgänglicher. Er war überhaupt eine heitere Natur, wenn sich seine Heiterkeit auch nicht laut äußerte. Auf seinem Gesicht lag häufig der Ausdruck humorvollen Behagens. In lächelnder Rückerinnerung an seine mecklenburgischen Eindrücke schrieb er etwa zwanzig Jahre, nachdem er seine Heimat verlassen hatte, in München zwei plattdeutsche Erzählungen, die bei dem Reuter-Verleger Hinstorff erschienen: »Ut ne lütt Stadt« und »In'n Middelkraug«.

Einer meiner frühesten Kindheitseindrücke ist ein Spaziergang mit meinem Vater. Von oben hing da ein großer Zeigefinger neben mir herab, den ich mit der ganzen Hand fest umklammerte.

Einmal las er uns mit vielem Vergnügen »Roland Schildträger« von

Uhland vor, wobei ihm und uns besonders der Schluß vielen Spaß machte:

> »Um Gott, Herr Vater! zürnt mir nicht,
> daß ich erschlug den groben Wicht,
> derweil Ihr eben schliefet!«

Aber sein Interesse für das Leben der Kinder ging doch noch nicht so weit, daß er etwa kindliche Aussprüche aufgeschrieben hätte, wie meine Frau und ich das später bei unsern Kindern jahrelang getan haben. War ich doch eine Zeitlang geradezu der Eckermann meiner kleinen Tochter. Man hat in den letzten drei Generationen immer mehr gelernt, die Kinder als vollgültige Wesen für sich zu betrachten, nicht nur als die unvollkommenen Vorstufen von Erwachsenen.

Mein Vater hatte, wie er selbst sich ausdrückte, das mit Cäsar gemein, daß er lieber in einem Dorf der Erste als in Rom der Zweite war, und nach den unruhigen und oft auch sorgenvollen Jahren als Redakteur in Nürnberg, Straßburg, Trier und Düsseldorf war ihm dieser Bürgermeisterposten, der ihm soviel Selbstbestimmung ließ, sicher sehr behaglich. Aber es gab auch Unbehaglichkeiten.

Eines Tages sahn wir unsern Vater in hochoffizieller Tätigkeit, so daß er uns ganz fremd vorkam. Plötzlich hatte sich nämlich die Kunde verbreitet, der Großherzog und die Großherzogin — eine geborene russische Großfürstin — würden morgen durch die Stadt kommen. In aller Eile wurde unser Haus mit Wasserfarbe neu gestrichen. Ich wunderte mich, daß es naß ganz anders aussah als nachher trocken. Bei den Scheunen wurde eine Ehrenpforte mit Girlanden errichtet, und aus dem nahen Neubrandenburg wurde ein großes Rosenbukett herbeigeschafft, denn die Penzliner Gärten reichten für diese hohe Aufgabe nicht aus. Am andern Tag sahen wir unsern Papa in Bürgermeister-Uniform, in der wir ihn vorher noch nie erblickt hatten, mit Dreispitz und Degen, das Bukett in der Hand, in ziemlicher Hast aus der Haustür kommen und in der Richtung nach den Scheunen davoneilen. Aber o Unglück, er hatte sich verspätet! Oder hatte sich der Großherzog verfrüht? Jedenfalls: der großherzogliche Wagen hatte die Ehrenpforte, an der mein Vater seinen Landesherrn begrüßen sollte, schon passiert, und so mußte er seine Ansprache an offner Straße halten, da, wo er zufällig dem Wagen noch begegnete. Das war ihm sicher sehr peinlich. —

Meine Eltern hatten sich, wie ich viel später erfuhr, beim vierhändigen

Klavierspiel gefunden, als mein Vater in Rostock studierte. Kein Wunder also, daß auch bei uns zu Hause viel musiziert wurde. Wir Kinder wuchsen bei Musik auf.

Mein Vater spielte weit ausladend, mit Schwung und Feuer, meine Mutter zurückhaltender und korrekter. Es lag ihrer Natur nicht, sich pathetisch auszugeben. Sie hat uns drei Kindern Klavierunterricht erteilt, andre Musiklehrer haben wir nie gehabt.

Allmählich wurde ich auch mit den Geheimnissen der Notenborte bekannt. Es war das ein dünnes, wackliges Ding, von dem meine Mutter immer fürchtete, es werde zusammenbrechen. Schon aus dem Aussehen der Notenhefte stellte ich mir ungefähr vor, wie die Musik darin klingen werde. Da gab es Hefte, auf deren Umschlag ein finster blickender Mann auf einem Löwen saß. Es war Beethoven. Das mußte gewiß großartige Musik sein! Dann waren da vier Bände mit gelben Deckeln und roten Leinenrücken. Eine Leier und ein Stern waren darauf und in den Ecken vier Bildnisse von Komponisten. Als ich einen Band aufmachte, war er ganz schwarz von Noten – lauter Vierundsechzigstel! Deshalb glaubte ich, daß diese Notenbände ganz besonders schwer zu spielen seien, vielleicht die schwersten, die wir überhaupt hatten. Es waren Kompositionen von Franz Schubert, und ich muß wohl grade den langsamen Satz der Wanderer-Fantasie aufgeschlagen haben.

Heute, wo man sich im entlegensten Dorf nach Belieben eine Oper aus Wien oder Tanzmusik aus Madrid herbeidreht, kann man sich eine Zeit schon kaum mehr vorstellen, in der man nur diejenige Musik hören konnte, die wirklich an Ort und Stelle gemacht wurde.

Was die Penzliner an Musik zu hören bekamen, war in erster Linie die, die ihnen mein Vater vorführte. Er trommelte alles, was einigermaßen eine Stimme hatte, zusammen und veranstaltete im Saal des Hotel Kettlitz Konzerte zum Besten des Krankenhauses, der Stadtschule oder der Stadtarmen. Die Solisten wurden von den größeren Nachbarstädten Waren oder Neubrandenburg herbeigeholt. Außerdem sorgte mein Vater dafür, daß an die Stadtschule nur Lehrer berufen wurden, die zugleich einen guten Tenor hatten. So bekamen also die Penzliner ausgewählte Stücke aus Händels Messias oder aus Mendelssohns Oedipus, Beethovens Schottische Lieder mit Trio oder in der Kirche ein Duo für Cello und Orgel zu hören, das mein Vater eigens für diesen Zweck komponiert hatte.

Einmal wirkte auch ich bei einem Konzert mit, allerdings nur an ganz bescheidener Stelle. Wenn ich nämlich zu Hause neben dem Flügel stand und meinem Vater zuhörte, rief er mir, sobald er sich den letzten Takten der Seite näherte, ein energisches »rum!« zu. Und so machte ich mich ihm durch Umschlagen nützlich. Eines Tages fragte er mich: »Würdest du dich wohl getrauen, mir das auch im Konzert umzuschlagen?« Ich glaube, daß mir bei dieser Aussicht nicht recht wohl war. Aber schließlich traute ich mich es doch. Als ich im Matrosenanzug auf dem Podium stand, hatte ich freilich das unangenehme Gefühl, von den Blicken aller Anwesenden geradezu durchbohrt zu werden. –

Mein Bruder Wolfgang, »Gröting« genannt, war fünf Jahre älter als ich. Ich war der »Lütting«. Meine Schwester Gertrud, von den andern »Püpping« genannt, war vier Jahre jünger. Ich selbst nannte sie »Deti«.

Mein großer Bruder kam früh von Hause fort, aufs Gymnasium nach Friedland. Er war dann nur noch in den Ferien daheim und hatte seine eigenen Freunde, so daß ich mich nicht auf vieles Spielen mit ihm besinne. Er machte auf mich den plattdeutschen Hexameter:

»Upspäler, Anmeller, Singkater, Philosoph, Aap«.

Upspäler – weil ich mich gerne aufspielte –, Anmeller – weil ich, wenn er etwas Verbotenes tat, immer gleich zu Mama lief und es anmeldete –, Singkater – weil ich es liebte, stillvergnügt vor mich hin zu singen –, Philosoph – weil ich von Zeit zu Zeit tiefsinnige Bemerkungen von mir gab – und Aap – weil ich mich befleißigte, ihm alles nachzumachen. – Upspäler! Ja, ich spielte mich gerne auf, wurde leicht übermütig und kam außer Rand und Band. Wenn ich dann kein Ende finden konnte, sagte meine Mutter wohl: »Nu woll'n wir ihm mal die Laun' verderben!« Und es wurde mir dann in irgendeiner Form moralisch ein kalter Wasserstrahl appliziert, der mich zur Besinnung brachte.

Von meiner kleinen Schwester war ich, sobald sie laufen konnte, unzertrennlich. Sie hatte als Kind etwas kupferrotes Haar, wie auch mein Vater einen rötlichen Bart hatte. Wenn sie unartig gewesen war und ein paar Klapse bekam, heulte ich immer brüderlich mit.

Wenn ich etwas vom Kaufmann Märker holen sollte, z.B. für fünf Pfennig Zimt, oder vom Hotelier Kettlitz ein Paket schwedischer Zündhölzer, gingen wir zusammen. Wir kamen dann beim Tierarzt Moses vorbei, der uns manchmal hineinrief, weil er einen bunten Papagei hatte, den wir gern anschauten. Er hatte uns auch einmal seine ungesäuerten Osterfladen kosten lassen. Sie schmeckten uns gar nicht, aber da sie etwas so Seltenes und Besondres waren, fühlten wir uns doch geehrt. Da war auch das Haus, an dem unser Papa vor kurzem eine Tafel hatte anbringen lassen. In ihm hatte nämlich Johann Heinrich Voß, der später den Homer übersetzte, als kleiner Junge gewohnt, und Papa sagte, er sei der berühmteste Penzliner. Von ihm war auch der »Siebzigste Geburtstag«. Papa las uns den Anfang vor: »Auf die Postille gebückt, zur Seite des wärmenden Ofens...« Ich wußte aber nicht, was eine Postille ist. Auch die gestreifte »kalmankene« Jacke, über die Papa erheitert lächelte, blieb mir rätselhaft.

Bei den Handwerkern gingen wir aus und ein. In der Werkstatt von Tischler Dräger roch es so schön nach Leim, wir wateten da in Hobelspänen und durften uns so viele Holzklötze mit nach Hause nehmen, wie wir wollten. Beim Schmied Stägemann lohte das rote Feuer, und die Hämmer schlugen ohrenbetäubend auf den eisernen Amboß.

Von meinen vier Großeltern habe ich nur die Mutter meines Vaters gekannt. Die andern waren schon tot, als ich das Licht der Welt erblickte. Großmama machte von Zeit zu Zeit eine Rundreise zu ihren Kindern, und so kam sie auch fast jedes Jahr zu uns nach Penzlin. Sie war eine geborne Mercker, und das Merckersche ist sowohl bei meinem Vater wie auch bei mir und meinem Bruder Wolfgang im Gesichtstypus maßgebend geworden: die gebogene Nase, die etwas tiefliegenden, zwischen starke Lider sich zurückziehenden Augen, der schmallippige Mund, das vortretende Kinn. Meine Schwester hingegen ähnelt mehr unsrer Mutter, neigt also nach der Krügerschen Seite. Das eigentliche Pipersche, wie es aus den Bildnissen meines Großvaters und Urgroßvaters spricht, ist physiognomisch bei uns gar nicht zur Geltung gekommen. Auch die Musikliebe stammt aus den Familien Mercker und Krüger.

Nachdem ich bei meiner Mutter schon schreiben und lesen gelernt hatte, kam ich in die Stadtschule. Da ging es ziemlich laut und roh zu. Der Rohrstock wurde sehr häufig in Tätigkeit gesetzt. Man mußte dann hinaus an den Katheder kommen, sich bücken, und der Lehrer »döschte« dann von oben kräftig auf das gespannte Hinterteil. Eine Zeitlang war »Vetter August«, ein Vetter meiner Mutter, unser Konrektor. Um seine Unparteilichkeit zu beweisen, haute er mich mit Vorliebe durch.

Aus unserm Lesebuch sind mir zwei Stücke unvergeßlich geblieben: Eins über die »Lewitz«, das ist ein großes mecklenburgisches Wald- und Sumpfgebiet. Dies Lesestück war das längste im ganzen Buche, wohl anderthalb Seiten lang, und da es eine Naturbeschreibung war, in der gar nichts »passierte«, so erschien es mir noch besonders endlos. Ungefähr ein dutzendmal mußte es die ganze Klasse gleichzeitig laut lesen. Es war ein furchtbarer, lang andauernder Lärm, und es kam mir immer wie eine ganz schwere Arbeit vor, die wir da leisteten. Das zweite Lesestück war das Gedicht von dem verwundeten Hirschlein, dessen Schluß ich noch heute auswendig weiß:

> Hirschlein kann nun nicht mehr springen,
> Denn sein wundes Bein tut weh,
> Aber wenn die Vöglein singen,
> Legt sich's weinend in den Klee.

Das rührte mich zu Tränen, wie mir ja überhaupt die Tränen sehr locker saßen.

Nach Schluß des Unterrichts wurde stehend gebetet. Nun waren einige auf die Idee gekommen, daß es einen schönen Eindruck machen müsse, wenn man beim Beten, gleichsam innig bewegt, hin und her schwankte. Dies fand allgemein Nachahmung, und bald pendelte die ganze Klasse, die gefalteten Hände auf der Bank, beim Beten feierlich hin und her – die längsten konnten es am besten –, bis sich der Lehrer diesen Unsinn energisch verbat.

Der Rektor Synwoldt erzählte meinem Vater lachend eine Geschichte von zwei Schülern, die sich auf der Bank immer auffallend weit auseinander setzten. Er hatte sie nach dem Grund gefragt, und der eine sagte: »Min Mutter het secht, ik sall mi von em afsetten, hei het Lüs!« Darauf der andere: »Nee, *ik* sett mi af, *du* hest Lüs!«

In Penzlin gab es noch keinen Photographen, und daß ein gewöhnlicher Mensch photographieren könne, wenn er sich einen Apparat kaufte, daran dachte erst recht noch niemand. So war es ein großes Ereignis, als ein wandernder Photograph nach Penzlin kam und die einzelnen Schulklassen, gruppiert um ihren Lehrer, auf dem Schulhof photographierte. Ich habe die Aufnahme noch heute. »Vetter August« sitzt da sehr forsch inmitten seiner Jungens und blickt herausfordernd auf den Beschauer. Er war eigentlich Theologe und amtierte später über dreißig Jahre lang als Pastor in Ludwigslust. Man fand jedoch damals in Penzlin allgemein, daß er für einen künftigen Pastor zu lustig und zu leichtsinnig sei.

Die Schule hatte keinen Turnsaal, und so wurde nur im Sommer geturnt, und zwar vor der Stadt auf einer Wiese. In weißem Drillichanzug und mit weißer Mütze, die einen schwarzen lackierten Schirm hatte, marschierten wir mit Trommeln und Pfeifen hinaus. Natürlich bekamen die weißen Hosen schnell grüne Knie. Mit Trommeln und Pfeifen ging's dann auch abends wieder zum Schulhaus zurück. Und da zuckte es mir immer durch Mark und Bein, wenn auf einen Wink des Turnlehrers die Musik mitten im Takt abbrach, sobald die Spitze des Zugs das Schultor erreicht hatte. Die Melodie »Ich hatt' einen Kameraden« kam zum Beispiel bis zu der Stelle: »Einen bess...«, und blieb dann wie abgerissen in der Luft stehn, während wir alle gleichzeitig erstarrten. Dann liefen wir auf ein weiteres Kommando nach allen Seiten auseinander.

Die größte Rolle spielten in meinem Leben von früh an die Bücher. Zu Geburtstag und Weihnachten war das Buch immer das Hauptgeschenk. Darauf war ich am meisten gespannt. Bei den Büchern meiner Kinderzeit muß ich deshalb etwas länger verweilen. Zu meinen frühesten gehörte – wie könnte es anders sein! – der unzerreißbare Struwwelpeter. Ich konnte ihn auswendig. Der böse Friederich, das Paulinchen mit dem Feuerzeug, der kohlpechrabenschwarze Mohr, der wilde Jäger und das Häschen, das sich seine Brille aufsetzt, der Daumenlutscher, der Suppenkaspar, der Zappelphilipp, der Hans Guck in die Luft und der fliegende Robert waren mir so lebendig wie meine Spielgefährten. Natürlich wurde mir der Suppenkaspar immer warnend vorgehalten, wenn ich beim Essen etwas nicht »mochte«. Mein Vater pflegte dann sich selbst als Muster hinzustellen und mit Nachdruck zu sagen: »*Ich* esse alles, was auf den Tisch kommt!« Da konnte sich meine Mutter einmal die unpädagogische Bemerkung nicht verkneifen: »Was du nicht magst, das wird eben auch nicht gekocht!« Aber mit dem Zappelphilipp war das so eine Sache! Meine Mutter wippte nämlich selber mit Vorliebe mit dem Stuhl, und mein Vater prophezeite ihr oft genug, sie werde sich noch mal das Genick brechen.

Befremden erregte mir das Bild des aus dem Wasser gezogenen Hans Guck in die Luft. Da steckte die rote Mappe, von der es doch hieß, »sie schwimmt schon weit«, wie auf einer schrägen blauen zugespitzten Stange, und rundherum war das Papier weiß. Sollte diese blaue Stange etwa Wasser vorstellen? Auch die kleine Regenwolke auf dem Bilde des fliegenden Robert mit ihrem so scharf abgegrenzten Regenstreifen verursachte mir Zweifel. Warum ging man dann nicht, wenn es regnete, einfach ein paar Schritte weiter und stellte sich neben die Wolke ins Trockne?

Manche andern Verse prägten sich mir unvergeßlich ein, ohne daß ich wußte, woher sie stammten. So zitierte meine Mutter in meiner Kindheit und später noch oft mit einem halb schalkhaften, halb bedenklichen Lächeln:

> Klotho beginnet,
> Lachesis spinnet,
> Atropos schneidet den Faden entzwei.

Wahrscheinlich wußte sie selbst von diesem Gedicht nur diese drei Zeilen. Als wir noch ganz klein waren, sang meine Mutter an unserm Kinderbett ein Schlaflied, von dem mir jetzt nur noch die Zeilen im Ohr liegen:

> Höre, wie der Regen fällt,
> Hör', wie Nachbars Hündchen bellt!
> Hündchen hat den Mann gebissen,
> Hat des Bettlers Kleid zerrissen,
> Bettler läuft der Pforte zu.
> Schlaf in guter Ruh!

Die ersten beiden Zeilen gingen mir als Mann noch oft durch den Kopf, wenn ich im warmen Bett vor dem Einschlafen draußen den Regen hörte. Als Kind rührte mich der arme Bettler sehr, aber auch der Hund tat mir leid, der in der Nacht und im Regen draußen sein mußte. Das Gedicht stand wohl in der »Liederfibel«, die ein Hauptbuch unsrer Penzliner Kindheit war. Es ging später verloren, und meine Mutter und wir Kinder haben es uns oft zurückgewünscht.

Ein andres Penzliner Bilderbuch hatte bunte Lithographien, in deren Mitte Verse standen. Eine Hauptgeschichte darin war:

> Pinke pank,
> Der Schmied ist krank,
> Ach Gott, ist das ein Jammer!

Da standen die Nachbarn bedauernd vor der offnen Schmiede. Aber gleich darunter stoben sie entsetzt auseinander:

> Panke pink,
> Gevatter spring,
> Er kommt schon mit dem Hammer!

Einmal bekamen wir zu Weihnachten auch ein Singbuch mit Klavierbegleitung. Es hatte ein langes schmales Format und hieß »Alauda«. Ich wußte schon aus den Lateinstunden bei Herrn Plogradt, daß das auf deutsch »Die Lerche« hieß. Hierin gefiel uns besonders gut ein Lied von Beethoven »An die Hoffnung«, weil da die Begleitung so großartig klang. Aber das Lieblingslied war doch »Ich möchte wohl der Kaiser sein« von Mozart. Das wurde wohl hundertmal gespielt und gesungen. Das ließ sich so fein hinausschmettern:

> Den Orient wollt' ich erschüttern,
> Die Muselmänner müßten zittern,
> Konstantinopel wäre mein!
> Ich möchte wohl der Kaiser sein!

und nochmal, grandioso:

> Der — Kai — ser — sein!

Von den Penzliner Kinderbüchern hat sich bis heute das »Neue große Theaterbilderbuch« gerettet mit aufstellbaren Bildern und beweglichen Figuren. Wir konnten da durch ausgezackte Kulissen wie in eine tiefe Bühne hineinschaun, die Figuren an Scharnieren hin und her bewegen und dazu die danebengedruckten gereimten Theaterstücke lesen. Wie schön mußte es da erst in einem wirklichen Theater sein! Aber unser wichtigstes Kinderbuch war und blieb doch das sogenannte »Große rote Bilderbuch«. Es war ein Sammelband der heute vergessenen »Deutschen Bilderbogen«, verlegt von Gustav Weise in Stuttgart, »Preis 1 Groschen«. Groß hieß das Buch wegen seines Folioformats — wir mußten es mit beiden Armen tragen — und rot wegen seines rotgesprenkelten Einbands. Noch heute ist mir jedes einzelne Bild auf diesen vielen Bogen urvertraut. Wenn ich es anschaue, so ist mir, als würde plötzlich ein Vorhang vor meiner Kinderzeit weggezogen. Da ist die lustige Geschichte vom schwarzen Walfisch zu Askalon; das Sonntagsvergnügen, das in eine schreckliche Schlägerei ausartet; die

Räuberhöhle; der Wettlauf zwischen Hase und Swinegel; die Geschichte von dem Mann, der erfror, weil der Ofen nicht fertig wurde; von dem Ulmer Schneiderlein, das fliegen wollte und in die Donau fiel. Da ist das Lied von Bruder Straubinger; da ist Berthold Schwarz, wie er das Pulver erfindet; und da sind vor allem die deutschen Reiterhelden: Prinz Eugen, Derfflinger, Seydlitz, Zieten, Schill, Blücher. Die Bilder und die schönen Verse begeisterten uns so für diese Kriegshelden, daß ich meinen Gummiball »Seydlitz« und meine Schwester den ihren »Zieten« taufte.

Das Original des Großen roten Bilderbuchs ist im Lauf der Jahrzehnte etwas zerbröckelt. Ich habe darum als junger Vater dieselben Bilderbogen nochmal von Gustav Weise bezogen — es gab sie glücklicherweise noch — und für meine Kinder einbinden lassen.

Die Bilderbogen waren schwarz, und so durften wir sie anmalen. Schon früh hatten wir Farbstifte und einen Tuschkasten bekommen. Das Rosa wurde »Fleischfarbe« genannt. Einmal war ein Schulfreund da und beteiligte sich auch am Anmalen. Zu meinem Erstaunen malte er das Pferd eines dieser Reiterhelden rosa an. Er rechtfertigte das damit, daß ein Pferd aus Fleisch bestehe und Rosa doch Fleischfarbe sei.

Mein Bruder bekam zu Weihnachten immer den neuesten Band von Franz Hoffmanns Jugendfreund. In einem derselben stand eine furchtbare Geschichte von einem Mann, der in einem unheimlichen Haus übernachtete, und zwar in einem Himmelbett. Er konnte nicht gleich einschlafen, und auf einmal sah er, wie der Betthimmel sich lautlos und langsam immer tiefer senkte, offenbar von einer geheimen Maschinerie getrieben. Mit Angstschweiß bedeckt, sprang er aus dem Bett und mußte sehen, wie der Himmel sich langsam und unwiderstehlich bis auf das Lager herunterschraubte und dann nach einiger Zeit sich wieder hob. Kein Zweifel, er hatte auf diese teuflische Weise erstickt werden sollen! Die Geschichte trieb auch mir den Angstschweiß hervor, oft starrte ich vor dem Einschlafen an die weiße Zimmerdecke und sah gebannt hin, ob sich dort auch wirklich nichts bewege.

Eines Tages brachte mir mein Vater ein Heft in länglichem, schmalem Format, das aus Mustern der verschiedensten Aktenpapiere bestand, glatten und rauhen, liniierten und quadrierten, dicken und dünnen. Alle waren noch leer. Wieviel konnte man darauf schreiben und zeichnen! Selten hat mich mein Vater mit einem Geschenk mehr beglückt. Ich schleppte das Heft immer mit mir herum, und mein Vater war selbst ganz verwundert über den Effekt, den er damit erzielt hatte. Weißes Papier war mir immer ein besonderer Schatz. Und nun diese vielen verschiedenen Arten! Jedes Blatt faßte sich anders an! Der Zauber des Papiers an sich hatte mich zum erstenmal berührt.

Meine Mutter hatte ein großes, schmales »Anschreibebuch«, in das sie jeden Abend die Ausgaben in kleiner enger Schrift eintrug. Ich fragte sie einmal, ob sie wohl so lange leben werde, bis das ganze Buch vollgeschrieben sei, oder ob hinten noch ein paar Seiten für mich leer bleiben würden.

Zwei bändereiche Werke in der Bibliothek meines Vaters waren für uns Kinder besonders bedeutungsvoll: Brehms Tierleben und Spamers Illustriertes Konversationslexikon. Beide hatten unzählige Bilder. Wenn meine Eltern sonntags in die Kirche gingen, dann wurde uns zur Unterhaltung, und um uns das Artigsein während dieser Zeit zu erleichtern, beim Fortgehn ein Band zum Anschaun ausgehändigt. Da gab es in Brehms Tierleben den bis in die Wolken reichenden »Schwarm der Wanderheuschrecke«, in den die Bauern mit Dreschflegeln hineinschlugen, die fürchterliche Vogelspinne, die einen wirklichen kleinen Vogel umklammert hielt, die »Käfer in Wassersnot«, die zu Hunderten auf sich tief herabbiegende Halme gekrabbelt waren, um sich vor der Überschwemmung zu retten. In Spamers Konversationslexikon hingegen waren in unzähligen Holzschnitten berühmte Männer, Schlachten, Städteansichten und fremde Länder zu sehen. So waren wir also ausreichend beschäftigt. Unter der Haustüre ermahnte uns unsere Mutter aber doch nochmal: »Nun reißt euch auch nicht die Köpfe ab!«

Wir bekamen, wie gesagt, sonntags immer nur einen einzigen Band. Als ich aber einmal eine schwere Diphtherie durchmachte und lange im Bett lag, brachte mir mein Vater so viele Bände, wie ich haben wollte. Das war eine ganz besondre Vergünstigung, die ich nur durch mein Kranksein verdient hatte. — Als ich nach der Diphtherie zum erstenmal wieder in die Schule ging, sagte der Lehrer zu mir, ich müsse so 'nen Schein mitbringen, daß ich nicht mehr ansteckend sei. Ich ging also zu Sanitätsrat Krüger und verlangte so 'nen Schein. Da erzählte sein Sohn Kurt, der ein paar Klassen über mir war, in der Schule, ich hätte von seinem Vater Sonnenschein verlangt, und ich wurde gehörig ausgelacht.

Die beiden Höhepunkte, auf die ich eigentlich das ganze Jahr hinlebte, waren Geburtstag und Weihnachten. Schon im Sommer sagte ich mir, daß nun doch der 31. Oktober eigentlich nicht mehr sehr weit sei, und dann kam doch auch bald Weihnachten. Mein Vater hatte einen sehr unpraktischen Geburtstag, den 22. Dezember. Er mußte also immer ein ganzes Jahr warten, bis dann diese beiden Höhepunkte auf einmal kamen. Überhaupt erschienen mir meine Eltern in der Weihnachtszeit manchmal sehr bemitleidenswert, weil sie keine Eltern mehr hatten, die ihnen Weihnachtstische aufbauten; also konnten sie doch auch nicht so glücklich sein wie wir. Sie schienen mir dann allein und schutzlos in einer unübersehbar großen Welt zu stehn, und mir graute, wenn ich daran dachte, daß ich das auch einmal mußte.

Wenn es endlich soweit war und von innen aus dem Weihnachtszimmer die helle Klingel ertönte, traten wir mit Herzklopfen ein. Der Lichterbaum brannte. Natürlich schielten wir sogleich gespannt nach unserm Tisch, aber mein Vater sagte: »Kannst du auch beten?«, und so sagte ich dann, zwischen seinen Knien stehend, auf: »Horcht, horcht, ihr kleinen Kameraden!« oder, als ich größer war, »Vom Himmel hoch, da komm' ich her« oder »Dies ist der Tag, den Gott gemacht«. Ich spielte auch schon mit meinem Bruder einen leichten Satz aus einer Violinsonate von Mozart vor.

Abends, wenn ich mit Wolfgang im Bett lag, begann, bevor wir einschliefen, eine Art Frage-und-Antwort-Spiel: »Was magst du lieber?« Er fragte z. B.: »Was magst du lieber: meinen Bumerang oder dein Pustrohr?« Oder ich fragte: »Was magst du lieber: meine Ziehharmonika oder deine Schlittschuhe?« Oder er: »Was magst du lieber: meinen Jugendfreund oder deinen Baukasten?«

Auch noch andere Feste brachte das Jahr, die aber Weihnachten lange nicht gleichkamen.

Zu Ostern wurden Ostereier gesucht. Bei schlechtem Wetter hatte sie der Osterhase ins Zimmer gelegt, in die Sofaecke, unter die Kissen, auf einen Blumentopf oder hinter einen Schrank, bei schönem Wetter aber in den Garten, z. B. in die Buchsbaumhecke. Das waren richtige Ostereier, gelbe, rote, blaue und grüne, nicht, wie in neueren Zeiten, solche aus Schokolade oder Zucker, die man vorher schon in allen Schaufenstern liegen sehn konnte.

Zu Pfingsten wurden weiße Birkenstämme mit hellgrünen Blättern aus dem Wald geholt und vor die Türen gestellt.

Ein echt Penzliner Fest war Königsschuß. Dann wurden schon am Tage vorher quer über die Straßen Girlanden gezogen und das frisch gefegte Pflaster mit Grün bestreut. Die Schützen in grünen Röcken, das Gewehr über, marschierten juhschreiend und die Mützen schwenkend durch die Stadt, der Schützenkönig mit blitzendem Schild auf der Brust, hinaus nach dem Wall zum Preisschießen. Gegen Abend verbreitete sich, mit Spannung erwartet, wie ein Lauffeuer durch die Stadt die Kunde, wer diesmal Schützenkönig geworden sei.

Im Hochsommer kam dazu das Vogelschießen draußen im Stadtwald, dem Schmort. Da war ein hölzerner Adler an einer hohen Stange befestigt, die Büchsen knallten den ganzen Tag, immer mehr wurde von ihm heruntergeschossen. Zelte mit Bier und Schnaps und Lebkuchen waren unter den Buchen aufgeschlagen. Mein Vater war mit uns auf einem Leiterwagen hinausgefahren. Die Köpfe wurden rot, die Stimmung stieg höher und höher. Aber wohl nie ist ein Vogelschießen zu Ende gegangen, ohne daß sich zum Schluß ein mächtiges Gewitter mit Wolkenbruch entladen hätte und alles Hals über Kopf geflüchtet wäre. Einmal schlug der Blitz dabei in die Scheunen vor der Stadt ein, und sie brannten lichterloh, als wir daran vorüberfuhren.

Und noch ein Fest wurde gefeiert, das nun schon lange, lange abgekommen ist: das Sedanfest am 2. September. Dann wurde auf dem Grapenwerder, dem alten Ringwall, ein teergetränkter Holzstoß errichtet und, sobald es dunkel geworden war, angezündet. Eine hohe Flamme lohte in den Nachthimmel.

Auch nach Penzlin drang die neue Erfindung des »Velozipeds«. Mein Vater brach ihm Bahn, indem er mir ein Kinderdreirad und Wolfgang ein Knabenhochrad schenkte. Das machte Aufsehen. Die Penzliner sagten: »Na, nu führt uns mal wat vör!« Mein Bruder zog sich daraufhin verschämt ins Haus zurück, aber ich ließ mich nicht lange bitten und rasselte auf dem Trottoir entlang, daß die Funken stoben. Ich war eben ein »Upspäler«! Da aber trat der Advokat Trebbin, unser Nachbar, aus seiner Haustür und verbat sich diesen ruhestörenden Lärm. Großen Beifall fand unser Velozipedfahren jedoch bei dem Ratsdiener Hermann. Er blieb bewundernd stehn. In seinem blauen Rock mit gelben Knöpfen, die blaue Schirmmütze auf dem Kopf, war er eine der wichtigsten Erscheinungen in den Penzliner Straßen. Als Zeichen seiner Würde trug er einen Rohrstock mit silbernem Knopf. Seine Aufgabe war, an den Straßenecken mit einer gelben Klingel laut zu schellen und dann, nachdem er sich so Aufmerksamkeit verschafft, die Bekanntmachungen des Magistrats zu verlesen. Er gab aber auch noch anderes kund, so z. B., daß ein Bürger seinen Hausschlüssel verloren habe oder daß bei Kaufmann Märker frische Matjesheringe eingetroffen seien. Diese seine Tätigkeit verlor später, als es eine Penzliner Zeitung gab, sehr an Bedeutung.

Einmal ging Hermann an unserm Haus vorbei, als wir Großreinemachen hatten und die Möbel aus der Guten Stube auf das Trottoir hinausgestellt waren zum Ausklopfen. Es war an einem Freitag. Da blieb er stehn und sagte bedenklich: »Dat gift 'n Doden!« Und wirklich erhielten wir bald danach eine Trauernachricht.

Unsere Nachbarin zur Linken war Fräulein Emma Berckhausen, genannt »Tante Bäbä«, eine füllige Dreißigerin. Einmal saß sie auf der Bank vor ihrem Hause. Die Damen trugen damals noch Fischbeinkorsetts und waren eng geschnürt. Ich kletterte auf ihrem Schoß herum. Ihre Brust wölbte sich mir entgegen, und unversehens trommelte ich mit meinen beiden Fäusten auf sie ein, voll Wißbegier ausrufend: »Was habt ihr denn eigentlich da vorn!«, worauf sie mit großen Augen erschrocken abwehrte: »Junge, wirst du wohl!«

Einmal stieg mein Vater mit Wolfgang und mir auf den Kirchturm. Das war mir ein großes Abenteuer, besonders als wir oben neben den Glocken und dem Uhrwerk standen und aus den kleinen Luken auf die Häuser und Straßen und die kleinen Menschen darin, auf den Penzliner See, die Äcker und die Wälder herabsahn. Aber auf einmal durchfuhr mich ein ungeheurer Schlag. Ich taumelte wie betäubt, da kam schon der nächste Schlag. Mir war, als werde mir der Kopf weggesprengt. Da sah ich durch den Lärm die lachenden Gesichter meines Vaters und Bruders, und mir kam zum Bewußtsein: das war wohl die Uhr, die schlug! Aber wie konnten sie mich da so auslachen? Sie hatten wohl schon vorher gewußt, daß es nun bald schlagen werde, und hatten mich eigens neben der Glocke stehen lassen, um zu sehn, was das wohl für einen Effekt auf mich machen werde. Nun, sie waren auf ihre Rechnung gekommen!

Eine große Bereicherung unsres Lebens war es, als Papa einen Garten vor der Stadt kaufte. Der Weg dorthin führte durch eine Lücke der Stadtmauer über den Wall. Dieser war auf beiden Seiten von tiefen wasserlosen Gräben eingefaßt. Auf ihm standen mächtige alte Eichen, dort sangen Nachtigallen. Es war die Promenade Penzlins. Von ihm kam man mit ein paar Schritten an den »Schwarzen Graben«, aus dem der Storch die kleinen Kinder holte.

In der Erinnerung kommt mir unser Garten sehr groß vor. Es stand ein kleines steinernes Gartenhaus darin, dessen weiße Wände mein Vater mit mannshohen Kohlezeichnungen nach seinen geliebten Burgen verzierte. Ein Hauptstück des Gartens waren sechs lange, flache Spargelbeete. Als ich größer geworden war, durfte ich selbst Spargel stechen. Das mußte man verstehn! Im Hochsommer, wenn nicht mehr gestochen wurde und die Spargelstöcke sich selbst überlassen blieben, wuchsen auf den Beeten meterhohe zarte, grüne, baumartige Gebilde, die im Herbst rote Beeren trugen. Es gab da auch Beete mit Erdbeeren, viele Stachelbeer- und Johannisbeersträucher. Ein Freund meines Bruders sagte einmal, daß Johannisbeeren so merkwürdig schnell »sättigten«. Das schien mir eine sehr »erwachsene« Bemerkung. Jedenfalls mußte ich mir sagen, daß ich noch lange nicht so weit sei, um derartige feine Beobachtungen zu machen. Auch schöne Obstbäume wuchsen im Garten, besonders Gravensteiner Äpfel. In einer Ecke war ein kleiner Hügel aufgeschüttet, von wo man über die Hecke weg auf die Äcker und die fernen Wälder sehn konnte. Als ich dort einmal mit meinem Bruder stand, wurden wir plötzlich von bösen Buben mit Steinen beworfen. Weshalb waren sie so bös? Wir hatten ihnen doch gar nichts getan!

Mama hatte ein schönes frühlingshaftes Geburtsdatum, den 9. Mai, und so konnte ihr Geburtstag oft schon im Garten gefeiert werden. Einmal erschienen da kurz nacheinander Präpositussens, Sanitätsrats, Senators, Rektors und Apothekers zum Gratulieren. Meine Mutter, so kam es mir vor, war fast verlegen vor soviel Ehre.

Wie die meisten mecklenburgischen Städte liegt Penzlin an einem See, dem Stadtsee. Ein breiter Steg war hineingebaut, von dem aus die Penzlinerinnen ihre Wäsche schwenkten, um sie gleich daneben auf der grünen »Wisch« zu bleichen und zum Trocknen aufzuhängen. Auch eine Badeanstalt war da. Während man sich auszog, richtete man an die schon im Wasser Spattelnden mit ernsthaftem Gesicht, wie um sich zu erkundigen, die Frage: »Du, sag mal, is's Wasser naß?«

Im Winter liefen die Penzliner auf ihrem See Schlittschuh, und auch ich beteiligte mich früh daran. Es kam uns ganz kümmerlich vor, daß wir später in Konstanz nur auf einer mit Wasser übergossenen Wiese laufen sollten, dem »Döbele«. Das waren wir von Penzlin her doch viel großartiger gewohnt! Mein Vater lief sehr bedächtig in seinem braunen Pelz, und manchmal mußte ich ihm einen Lehrer rufen, der sich da in weiten Schwüngen erging, weil er ihm etwas auftragen wollte. Da kam mir mein Vater, der einen Lehrer so einfach vor sich kommen lassen konnte, sehr großartig vor.

Nicht weit vom See erhob sich der Mühlenberg. Oben drehte eine Windmühle ihre Flügel. Wenn man sich möglichst nahe heranstellte, dann sausten die vier Riesenflügel unaufhaltsam von oben aus der Luft herab neben einem vorbei und wieder in die Höhe, daß es im Ohr schwirrte und man den Luftdruck spürte: ein bängliches und zugleich erhabenes Gefühl! Leider wurde die Mühle später abgebrochen, aber dann diente der Berg vor allem zum Drachensteigen, und sogar mein Vater zog einmal mit uns zu diesem Zweck hinaus.

Zwischen Mühlenberg und See lief eine sandige Fahrstraße durch einen Hohlweg, dessen Steilränder mit dichtem Gebüsch bewachsen waren. Hier richtete ich mir mit einem Freund unter den von Schlingpflanzen überrankten Sträuchern eine Art Laube ein, und es war ein wunderschönes heimeliges Gefühl, wenn wir da oben ganz still saßen, während dicht unter uns Leute vorbeigingen, die sich laut unterhielten und von unserm Dasein gar nichts ahnten. Einmal fand ich in diesem Hohlweg eine alte verbeulte Münze, es war wirklich eine mittelalterliche Münze aus ganz dünnem, weißlichem Metall mit unentzifferbarer lateinischer Umschrift. Sie nötigte sogar meinem Vater Respekt ab und war der Stolz meiner Münzensammlung. Damals sammelte man nämlich Münzen – Briefmarken zu sammeln war noch nicht Mode. Auch Wolfgang und ich taten dies. Meine Münzensammlung hatte sogar einen Münzenschrank, und zwar einen von mir selbst gemachten. Er bestand aus lauter aneinandergeklebten leeren Streichholzschachteln. Er war sechs Schachteln hoch und acht Schachteln breit, hatte also 48 Schubladen. Die berühmten historischen Stücke hatten eine Schublade für sich allein, während die gewöhnlichen »Silbergroschen«, Dreipfennigstücke, französischen Centimes und Schweizer Rappen zu mehreren mit einer Schachtel vorliebnehmen mußten.

Weiter am See entlang führte der Weg zum sogenannten Englischen

Garten — es war das aber kein gepflegter Park, sondern nur ein Stück
Wald — und zum Werder, einer Landzunge, die in den See hinausragte.
Durch einen Graben war sie schon vor alten Zeiten zur Insel gemacht
worden. Auf diesem baumbestandenen Werder erhob sich ein großer,
hoher Ringwall. Mein Vater ließ innerhalb dieses Ringes mehrere
Tage lang graben, und zu seiner Freude kam altes Mauerwerk und ein
runder Brunnenschacht zutage. An dieser alten Stätte zu stehn, wo doch
sicher schon vor undenklichen Zeiten alles mögliche passiert war, und
den Arbeitern zuzusehn, die da nach den Anweisungen meines Vaters
gruben, war für mich äußerst interessant.

Jenseits des Mühlenbergs lief die Chaussee nach Neubrandenburg. Hatte
man diese überquert, so kam man in einen schönen Wald, die Horst.
Sie war das Ziel fast aller unsrer Spaziergänge. Wo der Weg in den
Wald eintrat, erhoben sich, wie über einer dunklen Pforte, zwei riesige Silberpappeln. In der Horst stand ein brauner, runder, hölzerner
Tempel. Wenn wir bis zu ihm gekommen waren, hatte ich das Gefühl,
daß wir jetzt schon ganz tief im Wald wären. Es kam selten vor, daß
wir *noch* tiefer hineingingen.

Näher an der Stadt lagen die Alte und die Neue Burg. Sie waren ein
für uns Kinder verbotenes Gebiet, denn sie gehörten dem Erblandmarschall von Maltzan. Von diesem wurde immer mit einer besondren
Betonung gesprochen. Seine Güter umfaßten nämlich großenteils das
Stadtgebiet, und so war zwischen ihm und der Stadt ständig Anlaß zu
Auseinandersetzungen und Beschwerden. Deshalb durften wir Kinder
des Bürgermeisters, wenn wir allein waren, niemals dies feindliche Gebiet betreten.

Die Alte Burg war ein roter Ziegelbau mit hohen Giebeln, fast ganz
von dunkelgrünem Efeu übersponnen. Darin gab es den Hexenkeller,
der seinen Namen nicht umsonst führte. Einmal nahm mich mein Vater mit hinunter. Da war es dunkel und schauerlich. Mein Vater zeigte
mir die Nischen, in denen die Hexen mit Eisenklammern an die Wand
angekettet wurden, dann wurde die Nische durch eine Balkentüre dicht
vor ihnen abgeschlossen. Da schmachteten sie dann im Dunkeln und
konnten sich nicht rühren.

Die Neue Burg war ein langes, niedriges, weißes Herrenhaus am Ende
einer mir unabsehbar erscheinenden Allee. Wenn auf der Burg »Gesellschaft« gegeben wurde, waren mit den anderen Honoratioren auch
meine Eltern geladen. Aber wir Kinder sind nie bis an das Herrenhaus

herangekommen. Den neugeborenen Erblandmarschall sahen wir einmal in seinem Kinderwagen. Er hatte schwarzes Haar und lag in seinen weißen Kissen. Er schien uns gar nicht hübsch, aber sehr vornehm,
fast wie ein Prinz.

Außer dem Werder gab es bei Penzlin noch eine andre uralte Stätte,
den Grapenwerder. Dies war eine kreisrunde Insel mit fast senkrecht
abfallenden Rändern, früher ganz von Wasser, jetzt von Wiesen umgeben. Ihre Ränder waren mit dichtem Gestrüpp, vor allem mit weiß-
blühendem Schlehdorn bewachsen. Der innere Bezirk war der Acker
eines Penzliner Bürgers. Man konnte von dieser kleinen, runden Erhebung weit über das Wiesenland sehn, auf den neuen roten Bahnhof
und auf die Dächer Penzlins, die sich eng um die Kirche zusammen-
drängten. Auch hier ließ mein Vater graben. Knochen und Scherben
kamen zum Vorschein. Beim Gehn über die Wiesen schwappte der
schwarze, elastische Boden, er federte bei jedem Schritt, das verursachte
mir ein angenehmes Gefühl.

Von Zeit zu Zeit wurden wir von den Eltern auf eines der umliegen-
den Güter mitgenommen. Am meisten bedeutete uns Alt-Rehse, das
einem Onkel meines Vaters, Carl Mercker, gehörte. Hier erhob sich
rötlich hinter grünen Bäumen das Herrenhaus, das mir wie ein Schloß
mit prächtigen Sälen erschien.

Bei diesen Besuchen über Land wurden wir meist mit dem Wagen
abgeholt, so daß wir vor unserem Hause nur einzusteigen brauchten.
Mit Pferden zu tun haben bereitete uns an sich schon einen Hoch-
genuß. Wenn wir Schulfreunde uns gegenseitig fragten, was wir werden wollten, kam eigentlich nur Konditor oder Kutscher in Betracht.
Der Ehrenplatz war natürlich auf dem Bock. Unterwegs staunten wir
dann immer, wenn der Kutscher mit der Peitsche auf ein kaum punkt-
großes Gefährt auf einer fernen Chaussee deutete und genau sagen
konnte, ob da die Puchower, die Krukower, die Lübkower, die Passen-
tiner oder die Wulkenziner fuhren.

Nicht weit von Alt-Rehse lag Hohenzieritz. Das war nun ein wirkliches
Schloß mit Freitreppe und weißen Säulen. In diesem Schloß war die
Königin Luise gestorben, während Deutschland von Napoleon geknech-
tet war. Sie stand uns als edle, leidende Königin vor Augen, und wir
gingen ehrfürchtig durch die kühlen, hallenden Räume mit den spiegelnden Fußböden.

Ein paarmal kam auch Onkel Wilhelm, der Bruder meines Vaters, mit

seiner Kutsche vorgefahren und nahm mich mit nach dem Gut Wutschendorf, das er in Pacht hatte. Erst viele Jahre später erfuhr ich, daß
diese Besuche für meinen Vater nie recht erfreulich waren. Seine beiden Brüder waren Landwirte, beide brauchten in jenen für den Land-
wirt so kritischen Zeiten Geld, und mein Vater sollte es ihnen leihen.
Auch in Wutschendorf wurde Klavier gespielt, und ich entsinne mich,
daß ich an dem Flügel lehnte und während eines, wie mir schien, sehr
kriegerischen Musikstücks ein Buch mit Schlachtenbildern besah. Bei
Musik auch noch schöne Bilder besehen, das versetzte mich immer in
besonders gehobene Stimmung.
Auf Wutschendorf ging in jenen Tagen ein heftiges Gewitter nieder.
Als der Himmel sich wieder aufgeheitert hatte, erklärte ich gelassen, es
sei eigentlich doch recht schade, daß es nicht eingeschlagen habe. Ich
hätte so gern mal wieder ein Feuer gesehn. In Penzlin brannten nämlich alle paar Jahre die Scheunen vor den Toren ab, und das war dann
immer so aufregend schön.

Im Sommer 1888, als ich bald neun Jahre alt war, machten die Eltern
mit uns drei Kindern eine große Reise. Es war in den zehn Penzliner
Jahren das einzige Mal, wo wir Kinder über die nächsten Wälder und
Hügelrücken hinübersahen. Wir fuhren an die Ostsee, und zwar nach
Stralsund, der Insel Rügen und nach Rostock. In Stralsund zeigte mir
mein Vater auf dem Trottoir die Stelle, wo der tapfere Ferdinand von
Schill im Kampf gegen die Franzosen gefallen war. Es war dort ein
Stein mit einer Inschrift in das Pflaster eingelassen. Ich kannte den
Helden ja schon aus dem »Großen roten Bilderbuch«, wo er vorge-
beugt, den Säbel in der Hand, auf seinem Pferd saß, seine Reiter hinter
ihm im Wald, bereit, zu einem Überfall auf den Feind hervorzubre-
chen. Ein Menschenalter später habe ich mit meinen Söhnen die Stelle
wieder aufgesucht.
In Stralsund rollten die Eisenbahnwagen auf eine breite Fähre hinauf,
was mir sehr sonderbar vorkam, und mit dieser Fähre fuhren auch wir
selbst nach Rügen hinüber. Aber die Bahn war auf der Insel bald zu
Ende. Da stiegen wir in eine zweispännige Kutsche und fuhren stundenlang immer weiter. Gegen Abend ballte sich ein schweres Gewitter
zusammen, der Blitz schlug in einen Schafstall, und wir sahen von der
Chaussee aus in der Ferne das lange Gebäude hell in Flammen stehn.

Es war wie ein dicker, rotglühender Strich am Horizont. Nachher erzählten die Leute, daß viele Schafe mit verbrannt seien, die nicht aus dem Stall herausgefunden hätten.

Spät kamen wir in Stubbenkammer an, hoch über der See, in welche das Ufer mit den steilen Kreidefelsen abbricht. Wir schauten zu, wie von oben brennende Fackeln hinuntergeschleudert wurden. Daran, wie lange es dauerte, bis sie unten auffielen, konnten wir ermessen, wie furchtbar tief es dort hinunterging. Am nächsten Morgen stiegen wir zur See hinab und standen nun zu Füßen der weißen Felsen. Die Bäume oben waren ganz klein. Auf dem Strand lagen unendlich viele flache und runde Steine. Am Horizont fuhr ein Dampfschiff vorüber. Nun erinnerten wir uns auch des Auftrags, den uns unser Lehrer in Penzlin gegeben hatte, nämlich Kreide für die Schule mitzubringen. Aber zum Schreiben eignete sich diese Kreide doch nicht so gut, wie ich gedacht hatte. Nachdem wir wieder hinaufgestiegen waren, gingen wir durch den Wald von alten Buchen nach dem runden, dunklen Hertha-See. Da waren auch die Opfersteine, auf denen die alten Germanen ihrer Göttin Hertha geopfert hatten, und man konnte noch die Rinne sehen, wo das Blut abgeflossen war. Aber mein Vater meinte, so ganz sicher sei das nicht.

Am nächsten Tag kamen wir nach dem Badeort Saßnitz, wo wir in einer offenen Halle aus Glas und Eisen Mittag aßen. So viele Menschen hatte ich im Leben noch nicht beisammen gesehn. Es schwirrte nur so, die Teller klapperten, die schwarzbefrackten Kellner rannten, tausend Menschen redeten zugleich, und ich bewunderte meinen Vater, der sich da überall zurechtfand. Ich konnte mir nicht denken, daß ich es auch einmal so weit bringen würde.

Wieder in Stralsund angekommen, fuhren wir nach Rostock, das letzte Stück mit dem Wagen, denn die Bahn war noch nicht ganz fertig. Wir wollten vor allem Tante Marie und Onkel Fritz und unsere Vettern Ernst Friedrich und Albrecht besuchen. Die wohnten im Sommer auf dem Gut Wahrstorff bei Rostock, und wir wurden von ihrem Fuhrwerk dorthin abgeholt. Onkel Fritz Saniter war ein großer, starker, unternehmender Mann mit dunklem Bart und dunklen Locken, er war Baumeister und baute in Rostock viele Häuser. Das Gut Wahrstorff gehörte ihm und nicht weit davon auch noch eine Ziegelei. Auf einem Tisch lag ein Plan zu einer Burg, den er gezeichnet hatte, und in der Ecke stand als Motto:

»Ich sitze hier auf meiner Burg.
Wer mir was will, den hau ich durch.«

(Der Mecklenburger sagt nämlich »Burch« statt »Burg«, und so reimt
es sich.) Natürlich fand mein Vater die Burg ganz falsch.
Unsre Vettern waren viel größer und älter als wir, war doch auch
Tante Marie zwölf Jahre älter als unsere Mutter. Mit ihnen fuhren wir
zwischen dem Gut und der Ziegelei auf einer kleinen Feldbahn hin und
her. Wir setzten uns in eine Lore und ließen uns von einem Pony auf
den Schienen ziehen. Das war großartig.
Das Pony diente auch als Reitpferd. Die Dorfstraße ging schnurgerade
auf das einstöckige Herrenhaus zu. Das Haus hatte eine grün um-
rankte Terrasse, und vor dieser lag ein großes, kreisrundes Beet. Nun
durfte ich auch einmal auf dem Pony reiten, aber nur rund um das
Beet herum. Die ganze Familie saß auf der Terrasse und wollte mich
im Auge behalten. Das war mir denn doch zu kindlich! Als einmal niemand hersah, zog ich am rechten Zügel, und das brave Tier bog richtig
nach rechts in die lange Dorfstraße ein. Es ging alles gut. Nur so weiter! dachte ich. Da – ein Schrei hinter mir, ich blickte mich um, meine
Mutter war aufgesprungen, meine Vettern rannten mir nach, holten
mich vom Pferd, und mein schönes Abenteuer war im Keim erstickt.
Vetter Albrecht sammelte auch Münzen. Natürlich war seine Sammlung viel größer und schöner als die Wolfgangs und die meine. Es war
noch irgendein andrer Verwandter dabei. Wir saßen zu viert um einen
Tisch, und Albrecht fing an, den beiden andern immer mehr Münzen
zu schenken. Ich saß sehr betrübt dabei und fühlte deutlich: hier wurde
ich nicht für voll genommen, denn ich bekam nichts. Da wurden mir
aus Mitleid auch vier bis fünf Münzen zugeschoben. Aber wie erstaunte ich, als die andern am Schluß alles wieder hergeben mußten
– das Schenken war nur Spaß gewesen! –, während ich die meinen
wirklich behalten durfte.

Eines Tages, als mein Vater wieder einmal für einige Zeit verreist
gewesen war, hielt ein Möbelwagen vor unserm Haus, aus dem eine
Menge großer alter Bilder herausgetragen wurde. Mein Vater hatte
sie unterwegs auf einer Auktion, zu der er zufällig gerade recht gekommen war, erstanden und hatte uns schon erzählt, zu wie lächerlich
billigem Preis ihm die Bilder zugeschlagen worden waren. Sie stamm-

ten aus dem Ende des 17. Jahrhunderts. Ein Johannes mit dem Lamm, ein Johannes als Prediger in der Wüste, ein Abendmahl nach Leonardo – grau in grau gemalt, nur vor Judas lag ein roter Geldbeutel –, ein Christus in der Dornenkrone mit Kriegsknechten und Hauptleuten, ein Greis mit einem Totenkopf usw. Die meisten Bilder hatten sehr großes Format, der Johannes in der Wüste (die Wüste war aber mehr ein Wald) bedeckte fast eine ganze Wand. Nun ließ sich mein Vater Ölfarben kommen, reinigte die Bilder und übermalte die allzu dunklen Stellen. Der Johannes in der Wüste bekam zum Beispiel eine rosa Wade, die sogar für meine ungeschulten Augen nicht ganz zum übrigen paßte. Besonders gefiel mir der rote Edelstein an dem Turban eines Hauptmanns; der blitzte so, als ob da wirklich ein geschliffener Stein in das Bild eingesetzt wäre.

Das Abendmahl kam über das Sofa in der Guten Stube. Dort hing bis dahin ein großes Gruppenbild, worauf meine Mutter als kleines, blondes Mädchen im rosa Kleid zärtlich zu ihrem Vater aufblickt. Dieser, der Rostocker Rechtsanwalt Ernst Krüger, sitzt mit einer Papierrolle in der Hand an einem Marmortischchen. (Meine Mutter sagte mir von ihm, er sei ein Freimaurer und Demokrat gewesen.) Seine Frau, in kupferbrauner Seide, mit einem kleinen, grünen Schleier im Haar, hat ihm zur Seite Platz genommen. Im Hintergrund stehen die soviel älteren Geschwister meiner Mutter: Tante Marie und ihr Zwillingsbruder Ernst. Dieser blieb mir immer sagenhaft, denn er war schon lange tot. Er war als junger Gatte auf seinem Pachtgut Marienehe durch scheuende Pferde vom Wagen geschleudert worden. Das Bild hatte der Schweriner Hofmaler Pomerenke gemalt. Als Rostock von der Cholera bedroht war, so erzählte meine Mutter, war die ganze Familie Krüger nach Schwerin geflüchtet und hatte sich, um die Zeit nützlich anzuwenden, dort malen lassen. So was tat man damals noch.

Einen Winter war die junge Tochter eines Düsseldorfer Malers bei uns zu Besuch. Sie schenkte meinen Eltern zu Weihnachten ein Gemälde ihres Vaters: Ein rotblondes Mädchen schaute darauf nachdenklich aus dem Fenster, vor dem ein blühender Geranienstock stand. Mein Vater sagte, das sei zu kostbar, das könne er gar nicht annehmen. Auch ich fand das Bild so fein ausgeführt, wie man es sich gar nicht feiner denken konnte. Als ich meine Mutter fragte, ob der Maler denn nicht weltberühmt sei, verneinte sie es. Das konnte ich gar nicht begreifen. Nur etwas mißfiel mir an dem Bild: an der Geranie waren zwei gelbe welke

Blätter. Die hätte das Mädchen doch längst abpflücken müssen. Aber meine Mutter sagte, die Maler liebten das.

In jenen Jahren wurde die Zeitschrift »Die Kunst für Alle« gegründet, und mein Vater hielt sie vom ersten Heft an. Er wollte in dem abgelegenen Penzlin nicht ganz von der Kunst geschieden sein. Natürlich besahen auch wir Kinder jedes Heft genau. Besonders erinnerlich ist mir ein Oberländer- und ein Böcklin-Heft, wenn ich mir auch aus den Namen der Künstler damals noch nicht viel machte. Da gab es den »Jahrmarkt von Timbuktu«, wo man Giraffen, Nilpferde und Krokodile kaufen konnte und wo auf einem Anschlag gebeten wurde, den Löwen nicht auf den Schwanz zu treten. Da war auch der »Konzertbildhauer«, der, während die Musik spielte, aus einem Riesenmarmorklotz einen Zeuskopf heraushieb, daß die Splitter flogen, und das Publikum, während es Beifall klatschte, sich hinter die Bänke verkriechen mußte. Nur die klatschenden Hände ragten hervor. Von Böcklin interessierten mich besonders die Zentaurenkämpfe. Mein Vater sagte zu einem Besuch, das sei ja alles sehr phantasievoll, aber dieser Böcklin könne eben doch nicht richtig zeichnen.

Mein Vater hatte selbst von Jugend auf viel zu seinem Vergnügen gezeichnet. Unter seinen Büchern entdeckte ich eine Weltgeschichte, die er in Neubrandenburg auf dem Gymnasium gebraucht hatte. Er hatte sie sich mit Papier durchschießen lassen und auf die weißen Blätter viele »Bemerkungen und Ergänzungen nach dem Vortrage des Herrn Professor Waldästel« eingetragen. Vor allem aber hatte er sie mit parodistischen Federzeichnungen bedeckt. Auch ich fing früh an zu zeichnen, doch dachte damals noch niemand daran, Kinderzeichnungen aufzuheben. Welchen Gesichtsausdruck meine Menschen bekommen würden, konnte ich freilich nie vorher wissen. Das sah ich immer erst, wenn sie fertig waren. Danach richtete sich dann auch der Titel. So schrieb ich zum Beispiel unter einen Kopf: »Der erschrockene König«, denn zu meiner Überraschung machte er wirklich ein recht erschrockenes Gesicht.

Zwei Errungenschaften hielten unter der Bürgermeisterschaft meines Vaters Einzug in Penzlin: die Eisenbahn und die Zeitung.

Im November 1882 wurde auf dem Landtag die »Mecklenburgische Südbahn«, die von Parchim über Penzlin nach Neubrandenburg gehen sollte, endlich beschlossen. Aber es dauerte noch lange, bis sie gebaut und in Betrieb genommen war. Als mein Vater von diesem Landtag zurückkam, brachten ihm die begeisterten Penzliner einen Fackelzug. Mein Vater war also einer der »Schöpfer« dieser Bahn und war, wenn er auf den Bahnhof kam, auch dort eine Hauptperson. Aber es machte mich immer sehr ängstlich und ungeduldig, wenn er mitfahren wollte und dort stand und stand und sich unterhielt und nicht einstieg. Auch wenn meine Mutter mir sagte, der Zug könne unmöglich abfahren, bevor Papa eingestiegen sei, so konnte mich das doch nicht beruhigen.

Die »Penzliner Zeitung« war keine Schöpfung meines Vaters. Eines Tages kam der Buchdrucker Oskar Fink mit Familie von Berlin und beschenkte Penzlin mit dieser Neuerung. Die Zeitung wurde von der Familie Fink redigiert, gesetzt, gedruckt und ausgetragen. Finks brachten zwei Söhne mit: Bruno und Arthur. So sahen also Berliner Jungens aus! sagten wir uns. Man sah gleich, daß sie weither kamen. Schon Neubrandenburger sahen anders aus als wir.

Arthur kam in meine Klasse, Bruno eine Klasse höher. Dieser gewann sogleich dadurch mein Herz, daß er zwanzig Visitenkarten mit meinem Namen druckte und mir schenkte. Die Zeitung hatte vier Seiten und erschien dreimal wöchentlich. Wenn nur jede Penzliner Familie sie *einzeln* gehalten hätte! Aber es taten sich vielfach mehrere zusammen und abonnierten sie gemeinsam. Die eine Woche bekam sie die eine Familie zuerst, die nächste Woche die andre. Mein Vater erheiterte sich besonders an den Inseraten, so wenn frisch eingetroffene Heringe darin angezeigt waren mit dem Zusatz »Ganz was Feines!«

Die Zeitung hatte sicher schwer um ihre Existenz zu ringen, aber sie blühte lange und erfreute mich durch Übersendung der Jubiläumsnummer zu ihrem fünfzigjährigen Bestehen.

Die ganze Penzliner Welt sollte eines Tages versinken! Das war für mich das Schrecklichste, was ich bis dahin erlebt hatte. Vom Januar 1889 an kam es manchmal zwischen den Eltern zur Sprache, daß wir vielleicht von Penzlin fortziehen könnten. Ich glaubte nicht, daß das ernst gemeint sein könne. Jedenfalls war es noch lange hin. Mein Vater wollte nämlich sein Bürgermeisteramt niederlegen und sich ganz seinem Burgenstudium widmen. Dazu wollte er nach Süddeutschland ziehen, wo er den Burgen näher war.

Aber dann wurde es doch Ernst. Papa reiste herum, sah sich verschiedene Städte daraufhin an, ob es ihm da gefallen würde, und schließlich hieß es, er habe in Konstanz am Bodensee eine Villa gekauft, und im Herbst würden wir dorthin ziehn.

Das war mir ganz unfaßlich. Alles sollte ich verlassen? Meine Freunde? Unser Haus? Unsern Garten? Unsre Nachbarn? Die Kirche! Die ganze Stadt! Penzlin war doch der Inbegriff meines ganzen Lebens, und davon sollte ich nun plötzlich losgerissen werden? Und Mama sagte auch noch, daß die Leute in Konstanz eine ganz andre Sprache sprächen, die wir kaum verstehn würden. Wie sie das nur so ruhig sagen konnte!

Wir machten in der ganzen Umgegend Abschiedsbesuche. Auch meiner Mutter wurde der Abschied schwer. Das merkte ich ihr deutlich an.

Vieles, was nicht mitgenommen werden sollte, wurde verteilt. Franz Hager bekam meinen Drachen. Auch die Kleopatra blieb zurück. Vetter August erhielt die »Göttliche Komödie« mit den Bildern von Doré. Aber er schien gar nicht entzückt darüber. Zweifelnd stand er vor den beiden großen Foliobänden und sagte: »Dat sall'k mi nu na Hus drägen?« (Das soll ich mir nun nach Hause tragen?)

Manche Penzliner nahmen meinem Vater sein Fortgehn übel. Sie hatten ihn ja auf Lebenszeit gewählt und waren mit ihm zufrieden gewesen. Nun schien ihm offenbar Penzlin nicht mehr gut genug zu sein! Aber sie brachten ihm doch an einem der letzten Abende einen Fackelzug, den zweiten während seiner Bürgermeisterschaft. Wir Kinder sahen uns ihn aus dem Fenster an. Mein Vater trat aus dem Haus und hielt eine Rede. Sie endete mit einem Hoch auf Penzlin.

Am letzten Augusttag 1889 war der Abschied wirklich da. Auf dem Weg zum Bahnhof ging Franzing Hager neben mir. Vor Tränen sah ich nichts, und was ich ihm noch sagen wollte, ging in Schluchzen unter. Um halb eins fuhr der Zug ab. Um fünf Uhr waren wir in Berlin. In Berlin logierten wir in Jansons Hotel in der Mittelstraße, denn unser Vetter Ernst Friedrich hatte sich mit der Tochter des Besitzers verlobt. Dann gingen wir im Tiergarten, in der Gegend der Siegessäule und der Kroll-Oper, spazieren. Papa hatte nämlich für den Abend etwas ganz Besondres mit uns vor: Wir sollten »Don Juan« von Mozart mit Francesco d'Andrade in der Titelrolle hören. Im Aufundabgehn ermahnte er uns, auch gut aufzupassen, Mozart sei der größte Opernkomponist aller Zeiten, worauf Mama ihn fragte: »Findest du Fidelio nicht größer?« Da tat mein Bruder erstaunt: »Was ist denn Fidelio

für'n Komponist?« Dafür bekam er einen Klaps. Denn natürlich wußte
er ganz genau, daß Fidelio kein Komponist war, er stellte sich nur so,
um seiner Mutter eins auszuwischen.

Ich kannte von meinem »Goldnen Melodienbuch« her aus Don Juan
schon das Menuett und die Arie »Reich mir die Hand, mein Leben«,
aber ich war noch nie in einem wirklichen Theater gewesen, und mir
klopfte das Herz vor Erwartung. Wir saßen auf einem Balkon und
sahen in den riesigen Raum hinab. Selbstverständlich nahm mich das,
was auf der Bühne vor sich ging, ganz gefangen. Die Zweikämpfe und
Geistererscheinungen waren mir viel wichtiger als die Musik. Schon
gleich zu Anfang der komische Leporello mit seiner Liste! Besonders
gefiel mir der Don Juan in weißer Seide. Was für ein Gefühl mußte
es sein, so vor all den vielen Leuten übermütig auf und ab zu stolzieren! Gar zu gern hätte ich solch ein kleines, an den Schultern befestig-
tes Mäntelchen mit hochstehendem Kragen getragen und dann mit dem
Degen so keck von unten dagegen gewippt. Der steinerne Gast machte
mir den allergrößten Eindruck. Von meinen Eltern wurden ja oft berühmte Stellen aus Opern zitiert, so auch dies: »Bess're dich!« Aber
wie war mein Herz auf seiten Don Juans, weil er sich so gar nicht
fürchtete!

Am nächsten Morgen gingen wir Unter den Linden entlang am historischen Eckfenster vorbei, wo noch vor kurzem der alte Kaiser Wilhelm
herausgesehn hatte. Mittags fuhren wir weiter nach Erfurt. Da trafen
wir Tante Marie und Vetter Albrecht. Der war dort bei seiner Braut
Toni. Da sah ich viele unbekannte Gesichter. Nachts um zwei Uhr
ging's durch dunkle, leere Straßen zum Bahnhof. Um diese Zeit war
ich noch nie aufgewesen. Am nächsten Tag machten wir in Stuttgart
halt. Ich erinnere mich von da nur der ungeheuer dicken runden Türme
des alten Schlosses und daß wir bei Musik in einem großen Garten
Abendbrot aßen.

Endlich kamen wir in Konstanz an, und eine ganz neue Welt tat sich
nun für mich auf. Aber das Heimweh nach Penzlin blieb noch lange.
Viele, viele Male träumte ich nachts, ich sei wieder in Penzlin. Jeden
Morgen war ich von neuem grausam enttäuscht. Nun faßte ich im
Traum mit beiden Händen die rote rauhe Ziegelmauer der Kirche an,
um mich zu überzeugen, daß ich diesmal gewiß nicht träume. Aber am
Morgen war es doch wieder nur ein Traum gewesen!

Am 3. September 1889 um drei Uhr nachmittags rollte unser Zug über die Rheinbrücke und in den Konstanzer Bahnhof ein. Wir nahmen Quartier im »Hotel zum Hecht«, dicht beim Hafen und beim alten mächtigen Konziliumshaus. Bald nach unsrer Ankunft machten wir alle fünf uns auf den Weg nach unserer »Villa«, denn hier sollten wir ja in einer richtigen Villa mit Garten wohnen.

Konstanz liegt am Ausfluß des Rheins aus dem Bodensee, und zwar südlich des Flusses, auf einem Gebiet, das eigentlich schon ganz zur Schweiz gehört. Unser Haus aber lag noch nördlich des Rheins. Um zu ihm zu gelangen, mußten wir also von der Stadt aus den Rhein überschreiten. Dann wandten wir uns am Seeufer nach Osten. Hier ging es unter Platanen an den Villen der Seestraße entlang, neben uns immer das Wasser, bis wir abbogen in unsere Neuhauserstraße, eine etwas höher gelegene, rückwärtige Parallelstraße der Seestraße.

Die Neuhauserstraße lief zwischen Wiesen dahin und war nur an einer Seite mit einigen Landhäusern bebaut. Jenseits der Wiesen begann schon der Wald. Da stand nun unser Haus in einem schönen Garten mit Obstbäumen auf dem grünen Rasen, mit von Buchsbaum eingefaßten Kieswegen, Erdbeerbeeten, Rosenstöcken und drei Lauben. Sogar ein Quittenbaum wuchs da. Der Garten war sonnig und offen, denn er war noch nicht allzu lange angelegt.

Das Erdgeschoß wollte mein Vater vermieten, im ersten Stock waren unsere drei Wohnzimmer und die Küche, im Dachgeschoß hatten wir zwei Schlafzimmer und ein Fremdenzimmer. Besonders erfreulich waren die drei großen Holzbalkons, die die ganze, dem Garten zugekehrte Giebelseite bekleideten. So konnte man aus den meisten Zimmern unmittelbar ins Freie hinaustreten, den Garten zu Füßen, und den Ausblick auf den See und das Schweizer Ufer genießen. Über diesem Ufer wurden oft die Appenzeller Berge sichtbar mit dem breit hingelagerten, bis in den Sommer hinein schneebedeckten Säntis. Bei klarem Wetter erschienen neben ihm auch noch die scharfgezackten Sieben Churfirsten.

Wolfgang und ich bekamen oben unser Schlaf- und Arbeitszimmer, und da dieser Balkon der höchste war, so hatten wir auch die schönste Aussicht. Die Eltern mit der kleinen Gertrud schliefen nebenan.

Bald ließ mein Vater an die Straßenseite des Hauses auf die Mauer ein kleines Schild in Renaissance-Umrahmung malen mit der Inschrift »Villa Sorgenfrei«. Dies war also unsre neue Heimat!

Daß ich gerade zu Beginn des Knabenalters von Penzlin nach Konstanz kam, empfinde ich rückblickend als eine sehr glückliche Wendung in meinem Leben. So sehr ich Penzlin zunächst nachtrauerte, so war es doch für mich gerade an der Zeit, die Kleinstadt mit einer größeren Stadt zu vertauschen. Welch neue Horizonte eröffneten sich mir hier! Welche Fülle von Eindrücken und Erlebnissen! Auch daß ich von den Mecklenburgern zu den Alemannen kam, war eine große Bereicherung für mich. An die Kindheit im deutschen Norden schloß sich so die Knabenzeit im deutschen Süden an, und ich bin immer froh gewesen, daß ich in beiden Landschaften wirklich gelebt und sie nicht nur auf Reisen flüchtig berührt habe.

Schon der große breite Bodensee, dessen Lindauer und Bregenzer Ufer man ja bei weitem nicht mit dem Auge erreichen konnte, war ein ganz neues Erlebnis. Fünf Länder grenzen an seine Ufer. Dann die Stadt Konstanz selbst mit ihren schönen alten Bauten, dem grauen gotischen Münster, dem Kanzleigebäude mit seinem Renaissance-Hof, den wehrhaften Toren, dem von vielen Schiffen belebten Hafen, dem Stadtgarten am Wasser! Und die alten geschichtlichen Überlieferungen! Da stand am Obermarkt das bildgeschmückte Haus, in dem Kaiser Friedrich Barbarossa mit den lombardischen Städten Frieden geschlossen hatte. Da lag der Husenstein an der Stelle, wo der Reformator Johannes Huß 1415 verbrannt worden war. Vor dem Haus »Zum hohen Hafen« war der Burggraf Friedrich von Nürnberg, der Hohenzoller, mit der Mark Brandenburg belehnt worden. Im Saal des Konziliumshauses hatte man einen Papst gewählt, nachdem man vorher drei andere abgesetzt hatte. Ging man durch das enge Schnetztor hindurch, so stand man nach wenigen Minuten an der Schweizer Grenze. Da war Deutschland zu Ende. Auch das eröffnete für mich ganz neue Perspektiven. Ich erlebte ein Stück Geographie.

Ich hatte in Konstanz einen langen, aber schönen Schulweg. Er nahm wohl eine halbe Stunde in Anspruch, zum mindesten tat dies der Rückweg, bei dem ich mir als »Philosoph«, der ich immer noch war, viel Zeit ließ.

Hatte ich auf dem Weg zur Schule von unserm Haus aus in ein paar Minuten die Seestraße erreicht, dann ging ich weiter am See entlang bis zur Rheinbrücke. Da erlebte ich im Wechsel der Jahreszeiten immer neue Naturbilder. Im Frühling und Herbst, nach langen Regentagen, gab es Überschwemmungen, aus denen man Balken, Pfähle und dergleichen aufzufischen suchte. Im Winter, wenn der Wasserspiegel fiel, weil die Zuflüsse des Sees sich minderten, traten die großen Kiesbänke hervor, zu denen hinüber sich dann bald eine Eisdecke bildete. An der Rheinbrücke sammelten sich flatternde und kreischende Schwärme von Möwen. Sie nahmen das Futter im Flug aus der Hand und rasteten zwischendurch auf den Köpfen und Schultern der vier Sandsteindenkmäler, die auf der Brücke standen. Sie kamen mir recht langweilig vor. Im Sommer fuhren Dampfschiffe unter der Brücke hindurch, nachdem sie im Herankommen ihren Schornstein langsam umgelegt hatten. Jenseits richteten sie ihn dann wieder auf. Oft fuhr die Eisenbahn über die eiserne Brücke, die dann in ihren Grundfesten schwankte und klirrte. Neben ihr ragte der alte Rheinturm empor. Mein Schulweg ging weiter an einem Flußarm entlang, der die Insel mit dem vornehmen »Inselhotel« vom Lande trennte. Ich kam am Theater mit seinem bunten Fresko vorbei und gelangte durch eine enge Gasse auf den weiten Münsterplatz. Hier lag das Gymnasium. Es war ein altes Klostergebäude, im rechten Winkel an das Münster angebaut. In seinen Hof schaute der Münsterturm mit seiner durchbrochenen Spitze herein. Vor Schulbeginn standen wir Schüler in Gruppen schwätzend auf dem von alten hohen Bäumen beschatteten Platz, bis es dem Schuldiener gefiel, das Hoftor zu öffnen. Zwischen Gymnasium und Theater schob sich noch eine zweite Kirche ein, und jenseits des Theaters schloß sich ein katholisches Schülerinternat an. So war Weltliches und Geistliches ganz nah beisammen. Es war mir sehr merkwürdig, daß die Schüler, die aus dem Internat zum Gymnasium herübergingen, vor der offenen Kirchentür immer ihre Mütze grüßend lüfteten. –

Die Nachbarvilla zu unserer Rechten war von der Straße durch eine düstere Tannenwand abgeschlossen. Da hauste der Major a. D. Eysen, ein Mann, vor dem wir Respekt hatten. Zur Linken schloß sich ein großes parkartiges Grundstück an, dessen Villa ein kinderloses Ehepaar bewohnte. Da gab es Treibhäuser, einen Gärtner mit grüner Schürze, einen Kutscher, eine Equipage und andere vornehme Dinge. Die gegenüberliegende Seite der Straße bestand aus Wiesen mit Obstbäumen. Ein riesiger Feldhüter mit spitzem, breitkrempigem Hut und langem Stock strich da von Zeit zu Zeit herum. Obwohl wir in unserm Garten Obst genug hatten, konnten Gertrud und ich doch dem Kitzel nicht widerstehn, auch einmal das Obst von drüben zu probieren, das dort massenhaft im Grase lag, und gerade in diesem Augenblick tauchte der Feldhüter auf. Er verfolgte uns bis in unsern Garten hinein, worüber ich höchst entrüstet war, und mein armer Vater mußte für die Äpfel, die wir gemaust hatten, Strafe zahlen.

Wir hatten in unserm Garten zwar eine Pumpe, aber das Wasser, obwohl ganz sauber, hatte einen kleinen Beigeschmack, so daß es nur zum Kochen, nicht zum Trinken benutzt wurde. Ein ganzes Ende weiterhin, bei einem Bauern, war ein Laufbrunnen, und so war es unsre Aufgabe, wenn wir aus der Schule gekommen waren, vor Tisch noch schnell in einem graublauen Steingutkrug dort das Trinkwasser zu holen. Mit jedem solchen Gang verdienten wir uns einen Pfennig.

Unsere Verdienstmöglichkeiten bewegten sich überhaupt in sehr bescheidenen Grenzen. Einmal harkte ich im Schweiße meines Angesichts sämtliche Kieswege, wobei ich behauptete, daß das Gekreisch der Harke in den Kieseln mich ganz nervös mache. Da bekam ich von meiner Mutter acht Pfennige dafür. Freudig überrascht fragte ich, wann ich wieder harken dürfe. Aber sie sagte, es könne natürlich keine Rede davon sein, daß ich für das Harken jedesmal Geld bekäme.

Sehr hübsch saß es sich in den Lauben, sie hatten nur den Fehler, daß man immer etwas darin liegenließ. Das fand man dann nach einem Gewitter oder einem Regenguß ganz verrostet oder aufgeweicht wieder vor. Wie schämte ich mich, als mir einmal Onkel Wilhelm, der auf Besuch war, das schöne Taschenmesser, das er mir erst vor ein paar Tagen mitgebracht hatte, mit vorwurfsvollem Blick in völlig verrostetem Zustand unter die Nase hielt.

Nach einiger Zeit schaffte Papa auch wieder einen Hund für uns an. Allerdings konnte dieser sich mit unserm Penzliner Tello nicht messen. Er wurde Müffing genannt, und das sagt eigentlich genug. Er war so klein und schwarz und hatte ein so dichtes Fell wie ein Muff. Er war ein guter, immer munterer Geselle, der trotz seiner Kleinheit überallhin mitlief. Besonders wenn ich mit meiner Schwester oder allein in den Wald oder an den Strand ging, war er ein unentbehrlicher Begleiter, und ich habe ihn dankbar dafür angedichtet.

Ein Schutz war allerdings Müffing nicht. Einmal begegnete uns der alte Herr von Scholz mit seinen beiden großen schwarzen Hunden, die trotz ihres Maulkorbs unseren Müffing etwas zausten. Vor Schreck fiel er rückwärts in einen Bach und verkroch sich da unter einen Steg, von wo er kaum wieder hervorzuholen war. Zu Hause lag er dann, völlig erschöpft von diesem Abenteuer, noch lange in seiner Ecke, fraß nicht und bellte nicht mehr und wollte scheinbar von einer Welt, die solche Schrecken hatte, überhaupt nichts mehr wissen. Sogar vor Katzen ergriff er regelmäßig die Flucht.

Wir empfanden es immer wieder als besonders schön, daß Wald und Strand so nah waren. Wir wohnten ja auf der Halbinsel, die den Überlinger See von der Konstanzer Bucht trennt. Man konnte sie auf Waldwegen in einer halben Stunde überqueren. Dann kam man an den richtigen freien Strand mit Muscheln und Schilf und sah von da über das flimmernde Wasser nach Meersburg hinüber.

Nachdem ich eine etwas unbehagliche Aufnahmeprüfung bestanden hatte, kam ich, noch nicht ganz zehn Jahre alt, in die Quinta zu Herrn Weygold. Da galt es nun, fast ein neues Deutsch zu lernen. Es wurde nicht nur alles ganz anders ausgesprochen, auch ganz neue Vokabeln mußte man sich merken. »Hinfallen« hieß hier z. B. »abikeie«. Was wir gehen nannten, hieß hier »laufe«, und was bei uns laufen war, war hier »springe«. Wo wir für »Pferd« mecklenburgisch weich und breit »Fee-ad« gesagt hatten – ohne das geringste P und R –, da hieß es jetzt »Pfärt«. Auch gab es lauter neue Schulbücher, und ich wurde zu Hause sehr ausgelacht, als ich meldete, ich müsse einen »Stolte von Wendt« haben. Das sollte heißen, die deutsche Grammatik, die in Penzlin von Stolte gewesen war, mußte hier von Wendt sein.

Langsam fand ich die ersten Freunde. Da war der blonde Ferdinand Fischer, Sohn eines Arztes an der Nervenheilanstalt »Konstanzer Hof«, und der Kleemann, dessen Vater Direktor der Mädchenschule war. Mit ihnen hatte ich denselben Schulweg. Und da war der kleine schwarze Fritz Kaiser, der Sohn unsres protestantischen Pfarrers, mit seinen Brüdern Otto und Hans. Daraus wurden jedoch keine solchen Freundschaften wie mit Franz Hager in Penzlin. Man ging zusammen und man schwätzte zusammen, aber man war nicht unzertrennlich. Als wir vier Jahre später Konstanz verließen, habe ich mit keinem mehr einen Brief gewechselt. Nur von Hans Kaiser habe ich noch einmal etwas gehört: Er hatte kurz vor dem Weltkrieg ein Buch über den Maler Max Beckmann geschrieben, dessen Kunst ich um die gleiche Zeit kennenlernte und die mir dann dauernd sehr viel bedeutete. Ich wunderte mich etwas, denn der Weg aus einem Konstanzer Pfarrhaus zu Max Beckmann ist weit.

Über dem Ganzen des Gymnasiums hielt der Direktor Forster sein mildes Szepter, ein wohlwollender alter Mann mit bartlosem rotem Gesicht, runden braunen Augen und großen Nasenlöchern. Er wohnte im Gymnasium, aber wir bekamen ihn wenig zu Gesicht. Er bewegte sich mehr in den oberen Klassen, in deren Sphäre wir nicht hinaufreichten.

Von dem Unterricht in der Quinta ist mir nicht viel in Erinnerung geblieben. Herr Weygold, blondgelockt mit einem Zwicker, war ein ziemlich unpersönlicher Lehrer, der schlecht und recht seine Stunden abhielt. Durch einen kleinen Unfall verstauchte ich mir den Fuß und mußte wochenlang fehlen. Dazu kam, daß das Latein, das ich in Penzlin bei dem sanften Plograd gelernt hatte, doch nicht allzu weit gereicht hatte. So erhielt ich gegen Ende des Schuljahrs von Weygold einige Nachhilfestunden. Dazu mußte ich in seine Wohnung bis nahe an die Schweizer Grenze laufen. Nun hätte er sich doch etwas näher mit mir befassen können. Die Nachhilfestunden bestanden aber nur darin, daß er mir bei Beginn etwas zum schriftlichen Übersetzen gab, dann bis kurz vor Schluß der Stunde verschwand und in den letzten Minuten wieder kam, um das von mir Geschriebene zu korrigieren.

Zwei Schulbücher machten mir wirkliche Freude: das Geographiebuch, der sogenannte »Große Seydlitz«, und die dicke Gedichtsammlung von Gustav Wendt. Eigentlich hätten wir den Großen Seydlitz noch gar nicht gebraucht, sondern nur den Kleinen. Aber der Große war mir in der Buchhandlung so verlockend erschienen, daß ich nicht widerstehen konnte, obgleich ich meinem Vater gegenüber ein schlechtes Gewissen hatte, denn der Große war natürlich viel teurer. Aber er hatte so schöne Karten und so viele Bilder von fremden Ländern, da konnte man sich alles viel genauer vorstellen, er war mehr ein Bilderbuch als ein Schulbuch. Und in der Gedichtsammlung standen nicht nur die

Gedichte, die man für uns Quintaner als geistig angemessen befand, wie »Bei einem Wirte wundermild ...« oder »Das Riesenspielzeug«, sondern es war ein Gedichtbuch von über fünfhundert Seiten, das für das ganze Gymnasium ausreichen sollte. Da standen auch so großartige Sachen wie »Sales y Gomez« von Chamisso, »Lenore« von Bürger, »Belsazar« von Heine oder das witzige Gedicht von Gellert auf den berühmten Mann mit der Schlußpointe – »er lebte, nahm ein Weib und starb«. Ich las das dicke Buch bald von vorn bis hinten und konnte meine Mitschüler nicht begreifen, die auch da nur genau das lasen, was wir »auf hatten«. Diese Balladen zu lesen war doch nichts, was nur mit der Schule zu tun hatte – das tat man doch zu seinem Vergnügen! Ich habe beide Bücher noch heute.

In Quarta bekamen wir Herrn Rieger als Klassenlehrer. Er war sehr groß und schwer und ging langsam mit nach auswärts gesetzten Füßen. Sein Zwicker saß auf einer platt herabgedrückten Nase, dazu hatte er dicke Lippen und einen schwarzen krausen Schnurrbart. Er hieß deshalb »der Neger«. Er war viel gescheiter und gebildeter als Herr Weygold, und ich hatte ihn trotz seiner finsteren Miene gern. Einmal verhängte er Arrest über mich, den ich in seiner Wohnung absitzen mußte. So trabte ich also nach Schulschluß durch die Straßen hinter ihm her, und ich dachte, ich müsse ungefähr so aussehen wie der kleine Page, der hinter dem riesigen Falstaff herzottelte. Ein Bild davon war gerade in einem der »Journale« unsres Lesezirkels zu sehen gewesen. Herrn Riegers Wohnung bestand offenbar nur aus einem einzigen Zimmer, weil auch sein Bett darin stand, und auch das Haus war nicht besonders schön. Von vielen Büchern seiner Borde hingen hinten die Fäden herunter, und während ich meine Arbeit machte und er schweigend an einem andern Tisch saß, tat er mir plötzlich leid.

Mit Herrn Rieger machten wir einen großen Klassenausflug nach Schloß Heiligenberg, nördlich vom Bodensee. In aller Frühe fuhren wir mit dem Schiff nach Meersburg. Von dort nach Heiligenberg war ein gehöriger Marsch. Wir besahen, dort angekommen, zuerst das große Schloß. Die Hauptsache darin war der riesige Rittersaal mit zwanzig Fenstern und einer berühmten Renaissance-Decke. Diese Decke steht mir vor Augen, als ob das dunkelbraune Holz von Gold und Silber überflimmert gewesen wäre. Beim Mittagessen im Wirtshaus hielt ich eine lateinische Tischrede. (Ich hatte sie mir schon zu Hause aufgeschrieben.) Und wie Cato im römischen Senat seine Reden immer damit geschlossen hatte, daß Karthago zerstört werden müsse, so forderte ich am Schlusse der meinen die Zerstörung des Gymnasiums und schloß mit den Worten: Ceterum censeo, gymnasium Constantinum esse delendum. Das fand natürlich bei den Hörern allgemeinen Beifall.

Auf dem Rückweg ging ich längere Zeit neben Herrn Rieger her und fragte ihn, was für ein Unterschied sei zwischen einer Romanze und einer Ballade. In unserem Gedichtbuch war nämlich ein Abschnitt überschrieben: Balladen und Romanzen. Wir kamen überein, daß die Romanze mehr liedartig und die Ballade mehr dramatisch sei. Auf dies literarische Gespräch tat ich mir im stillen etwas zugute.

In der Schule lasen wir nun Julius Cäsars »De Bello Gallico«, dessen Anfangssätze ich noch heute, nach Jahrzehnten, wie wohl jeder ehemalige Gymnasiast, auswendig herunterschnurren kann. Ich war aber Cäsar gar nicht wohlgesinnt. Er ließ so kalt die Gallier und Germanen zu Tausenden umbringen und berichtete darüber so nüchtern nach Rom. Was hatte er überhaupt bei uns zu suchen? Er war einfach ein Eindringling, und die Gallier und Germanen hatten doch ganz recht, daß sie sich mit allen Mitteln gegen ihn zur Wehr setzten! Und weshalb siegte er? Weil er besser ausgerüstet war und bessere Kriegsmaschinen hatte!

Ich nahm überhaupt immer Partei gegen die Römer. Diese erschienen mir so praktisch, so trocken, so langweilig. Sie siegten nur durch nüchterne Berechnung. Darum war ich begeistert für Hannibal. Wie freute ich mich über seine Siege am Trasimenischen See und bei Cannä und über den Schrecken, den er den Römern einjagte, als es hieß: Hannibal ante portas! Und ich war ergrimmt, daß die dummen geizigen karthagischen Kaufleute ihn nicht genügend unterstützten. Über Zama konnte ich immer von neuem trauern, und daß er schließlich in Kleinasien am Hof des feigen Königs Prusias Gift nahm, um den Römern nicht in die Hände zu fallen, das ergriff mich tief.

Einmal kam der badische Oberschulrat Gustav Wendt, der unser Gedichtbuch herausgegeben hatte, von Karlsruhe an unser Gymnasium und besuchte die einzelnen Klassen. Wohin er kam, herrschte tiefstes Schweigen. Alles zitterte, auch der Lehrer, vor diesem großen, bartlosen, weißhaarigen Herrn, der aber sehr freundliche Augen hatte. Da rief er mich auf: »Was kannst du mir von ... (er zögerte etwas) ...Hannibal erzählen?« Nun, glücklicher hätte ich es nicht treffen können, denn da wußte ich wirklich Bescheid, da war ich in meinem Element, da legte ich los mit meiner Begeisterung und konnte mich schließlich ruhmbedeckt setzen.

Französisch hatten wir bei Herrn Pfeffer. Er war blaß, hatte rote Lippen, eine Stupsnase und trug den Zwicker an einem breiten Band. Sein Schnurrbart saß schwarz wie chinesische Tusche auf der Oberlippe, und wir erklärten ihn einstimmig für gefärbt. Auch behaupteten wir, er habe mindestens hundertfünfzig verschiedene Krawatten. Er galt als »Gigerl« – ein Wort, das um jene Zeit aufkam. Herr Pfeffer war in Paris gewesen und wollte uns nun ein Französisch beibringen, wie es wirklich gesprochen wurde. Die Nasallaute machten uns unendliche Schwierigkeiten. An den mecklenburgischen Schulen hatte man das Problem, wie mein Vater erzählte, wesentlich vereinfacht, indem man statt »Allons, mes enfants« frisch drauflos sagte: »Allong, mä sangfang.« Hier sollte es sich aber ganz echt anhören. Viel geübt wurde auch die Aussprache des Namens der Hauptstadt. Herr Pfeffer sagte, das »Pari« des wahren Franzosen klinge ganz, ganz leicht an »Päri« an. Nun brüllten wir alle breit und deutlich »Pärri«. Aber Herrn Pfeffer war das zu roh, er verzog schmerzlich sein blasses Gesicht und sagte, es klänge ja nicht *wirklich* wie Päri, sondern nur *scheinbar*. Wir konnten aber einen scheinbaren Klang von einem wirklichen nicht auseinanderhalten, und schließlich gab er es auf.

Im Gegensatz zu dem mondänen Herrn Pfeffer war Herr Brugger, der Mathematiklehrer, ein bodenständiges Original. Er hatte ein gemütliches Bäuchlein und einen behaglich wuchernden Schnauzbart. Mit Vorliebe steckte er seine beiden Daumen in die Ärmellöcher der Weste und ließ seine rundlichen Finger auf seinem Brustkasten spielen. Er war der anerkannte Witzemacher unter den Lehrern. So sagte er zu einem, der ein uraltes, vor Abnützung ganz unscharf gewordenes Winkelmaß hatte: »Sell isch grad so, als wenn du Flöt' lerne wolltscht und nähmscht dazu 'n Kochleffel!« Oder zu einem Langen: »Du duscht g'wies morgens dein'n Kaffeh aus de Dachrinne saufe!« Seine Witze erschienen mir so durchschlagend, daß ich zehn Pfennige riskierte und einige davon an die Fliegenden Blätter einsandte. Ich wurde aber schnöderweise keiner Antwort gewürdigt.

Wir lebten in Konstanz zum erstenmal unter Katholiken und fühlten uns deshalb um so mehr als Protestanten. Das spielte auch in die Schule hinein. Bei Herrn Ruppert, der uns deutsche Geschichte gab und wohl ein guter Katholik war, kamen wir eines Tages zum Konzil von Konstanz und zu Johannes Huß. Nun hatte ich für den kühnen Reformator, der, weil er nicht widerrufen wollte, als Ketzer zum Feuertod verurteilt und verbrannt wurde, eine leidenschaftliche Vorliebe gefaßt. Ich wurde aufgerufen und sollte davon erzählen. In Herrn Rupperts Augen schien das Ganze aber eine höchst belustigende Sache zu sein. Er sagte lachend: »Un da habe se ihm e große Papiermütz aufg'setzt, hähähä, und da habe se ihm e paar Teufel mit Feuerzange in die Händ' draufg'malt, hähähä, un so habe se ihn nausgeführt zum Verbrenne, hähähä...« Da schossen mir plötzlich Tränen des Zorns und der Wut aus den Augen, und unter Protest setzte ich mich auf meinen Platz. Herr Ruppert war sehr verdutzt, beschränkte sich aber darauf, mich ärgerlich den »Heulmeier von der Klaß« zu nennen. Im stillen hatte er sicher gemerkt, daß mein »Geheul« die Auflehnung eines Protestanten gegen die Verunglimpfung seines Helden bedeutete.

Unerträglich langweilig war die Zeichenstunde. Sie wurde in allen Klassen vom alten Gagg gegeben. Der saß auf seinem Katheder, und vor ihm auf einem Tische lagen etwa 40 bis 50 auf Pappendeckel aufgezogene, vor Alter abgeschabte lithographierte Vorlagen. Diese stellten fast ausnahmslos in kahlen leeren Umrißlinien irgendwelche Gefäße dar. Jeder Schüler bekam eine solche Vorlage und blieb so lange davor sitzen, bis er unter unendlichem Radieren diese Umrißlinien einigermaßen richtig auf seinem Block abgezeichnet hatte. Dann durfte er seine Zeichnung Herrn Gagg an das Katheder bringen und bekam, wenn sie genehmigt wurde, eine neue Vorlage gleicher Art. Andernfalls wurde er zurückgeschickt und mußte noch weiter an dem Blatt herumradieren. Eine einzige Vorlage machte eine rühmliche Ausnahme. Sie stellte in Reliefzeichnung einen Greifenkopf dar mit starkem Schnabel und kühnem Auge. Diesen zeichnen zu dürfen, war natürlich mein innigstes Trachten. Neben den andern Vorlagen war diese geradezu aufregend. Einmal griff ich beherzt nach ihr, aber Gagg entriß sie mir höhnisch, da müsse ich erst ganz anders zeichnen lernen, ehe ich die bekäme, und wieder mußte ich mit einem jener entsetzlichen Umrisse abziehen. So ging es mir vier Jahre hindurch, und ich, der ich wirklich ein natürliches Zeichentalent habe und auch damals viele Köpfe, Landschaften und Arabesken zu meinem Vergnügen zeichnete, bekam in allen meinen Konstanzer Zeugnissen im Zeichnen die letzte Note, die überhaupt verfügbar war, nämlich 6, das heißt: schlecht. Daß das Zeichnen irgend etwas mit der Wirklichkeit, die uns umgab, zu tun haben könne, daran dachte man damals noch kaum.

Religionsstunde gab uns der Vikar unsrer protestantischen Gemeinde, der mehrmals wechselte. Zu einem derselben, Dr. Kühner, kam ich in ein sehr nahes Verhältnis. Dies begann schon beim ersten Aufrufen unserer Namen. Da sagte er zu mir: »Du bist wohl ein Verwandter des berühmten Archäologen Ferdinand Piper in Berlin?« Ich erwiderte: »Ich weiß nicht, ich will aber einmal in unsrer Familienchronik nachschauen.« (Die hatte ich kurz vorher unter den Büchern meines Vaters entdeckt.) Das Wort »Familienchronik« klang vielleicht etwas protzig, jedenfalls reagierte die Klasse darauf mit schallendem Gelächter.

Der Vikar bemerkte wohl, daß ich besonders aufmerksam seinen Worten lauschte, er interessierte sich für mich, und so durfte ich ihn auch einmal in seiner Wohnung besuchen. Darüber berichtete ich an meinen Bruder, der damals schon, fern von Hause, Banklehrling in Vevey am Genfer See war, folgendermaßen: »Als seine Aufwärterin hereinkam, sagte er: Bringen Sie meinem kleinen Freund auch eine Tasse, und da haben wir zusammen getrunken, so nett, angenehm und gemütlich und uns zwei Stunden unterhalten, als ob wir Freunde gewesen wären von Kindesbeinen an. Herr Vikar ist auch Maler und hat mir sein Skizzenbuch gezeigt. Da ist jeder Pinselstrich stummer, aber gewichtiger Zeuge eines furchtbaren Fleißes. Er zeigte mir auch ein ganz altes Buch von 1543, wo in Holzschnitten Papst und Christus gegenübergestellt sind, z. B. so: Christus weidet seine Lämmer, der Papst aber frißt sie. Du solltest seine Predigten hören! Da hat der Stadtpfarrer wirklich seinen Meister gefunden – so lassen sich zwei, drei, fünf, zehn, zwanzig und mehr Stimmen vernehmen. In der letzten Religionsstunde las uns dieser Universalvikar Szenen aus dem Lutherfestspiel vor, mit Wirklichem Geheimem Generals-Obervortrag.«

Als dieser von mir so verehrte Vikar Konstanz verließ, war ich ganz erschüttert, und es gab wieder einmal viele Tränen. Wir bekamen einen neuen, Herrn Kattermann, der nur ein Jahr blieb. Er schaute mich bei seinem Weggehen so eigentümlich lächelnd an, als wolle er sagen: Nun bin ich neugierig, ob du bei *meinem* Abschied auch solche Geschichten machen wirst! Aber diesen Gefallen tat ich ihm nicht. Bei ihm fühlte ich wirklich keinen Anlaß, Geschichten zu machen!

Unsere protestantische Kirche war ein sehr schmächtiger, dünnliniger

Bau. Neben dem großen katholischen Münster aus grauem Sandstein
sah sie geradezu kümmerlich aus. Durch den Wetteifer mit den Katholiken angespornt, füllten aber die Protestanten ihre Kirche fast immer bis auf den letzten Platz. Meinen Eltern erschien dies sehr verwunderlich, denn in Penzlin hatte der Kirchenbesuch viel zu wünschen
übrig gelassen.

Einmal predigte ein höherer Geistlicher, der aus Karlsruhe gekommen war, ein sehr roter, fleischiger Mann mit schwarzem Bart, der
über ein ungeheures Pathos verfügte. Er rief wiederholt mit ausge-
streckter Rechten, von der der Talar wirkungsvoll zurückfiel: »Constantia! Constantia!«, was wie ein Trompetenstoß klang. Er rief die
Gemeinde von Konstanz auf, ihrem Namen Ehre zu machen und wirklich mit Standhaftigkeit allen Versuchungen des Bösen zu trotzen.
Merkwürdigerweise verulkten nachher gerade die Pfarrerssöhne dies
sein geschmettertes »Constantia!«

Es wurde uns Kindern manchmal nicht gerade leicht, auch am Sonntag
den weiten Weg in die Stadt zu machen, um in die Kirche zu gehn.
Damit war ja der halbe Sonntag schon herum! Aber nachher durften
wir zur Belohnung vom Konditor Hieber zwei mit Schlagsahne gefüllte
Schillerlocken mitbringen, die allerdings in mehrere Teile gingen.

Nun möchte ich einiges von unserm häuslichen Leben erzählen. Dazu
muß ich zunächst etwas weiter ausholen.

Mein Vater hatte seine Penzliner Bürgermeisterstelle nur deshalb aufgeben können, weil sich ihm in den letzten Jahren eine neue Ein-
nahmequelle erschlossen hatte, und zwar dadurch, daß er den Plan zu
einer neuartigen Tageszeitung entworfen hatte, der »Täglichen Rundschau«. Mein Vater war zu der Überzeugung gekommen, daß die gewöhnlichen Zeitungen viel zuviel Tages- und Parteipolitik brächten,
für die sich die meisten Leser gar nicht interessierten. Die »Tägliche
Rundschau« sollte neben einem neutralen Nachrichtenteil hauptsächlich Aufsätze aus allen Gebieten der Wissenschaften und Künste und
des täglichen Lebens bringen, dazu gute Romane und Erzählungen.
Sie sollte nicht nur für sich allein, sondern auch neben den andern
Tageszeitungen als Ergänzung gehalten werden. Für diesen, auch in
bezug auf die Mitarbeiter, genau ausgearbeiteten Plan hatte mein Vater von Penzlin aus in Berlin einen Verleger gefunden namens Brigl

und mit ihm einen günstigen Vertrag geschlossen. Ohne daß mein Vater redaktionell mitzuarbeiten brauchte, sollte ihm auf zehn Jahre ein Viertel des Reingewinnes zukommen. Diese Viertel waren nun so beträchtlich ausgefallen, daß er, dem auch sonst noch etwas Vermögen zur Seite stand, es wagen konnte, sich ganz auf die Ausarbeitung seiner »Burgenkunde« zurückzuziehen. Meiner Mutter freilich mußte das höchst bedenklich erscheinen, war mein Vater damals doch erst 48 Jahre alt. Wie konnte er da schon für den ganzen Lebensrest seinen Beruf aufgeben! Welche Wechselfälle konnte das Leben noch bringen! Ich fand viel später einen Brief meines Vaters, worin er meiner Mutter nochmal alles vorrechnete und sie schließlich beschwor, doch nun ihre »Kassandra-Rufe« zu unterlassen, zu denen gar kein Grund sei und mit denen sie auch an seinem Entschluß gar nichts ändern werde.

Mein Vater konnte bei der Durchführung seines Planes vor allem damit rechnen, daß meine Mutter gewohnt war, äußerst sparsam zu wirtschaften. Sie sparte zuerst an sich selbst. Doch hatte dieses Sparen nie etwas Ängstliches. Ein genaues Haushalten lag ohnehin in ihrer Natur, und für sich machte sie immer nur bescheidene Ansprüche. Die Anschaffung eines neuen Kleides z. B. war jedesmal ein großes Ereignis. Meinem Vater konnte ihr sparsames Wirtschaften ja nur recht sein, zumal es auch in Konstanz oberstes Prinzip meiner Mutter war, daß er es so bequem und angenehm wie möglich haben müsse.

Ein paar kleine Schattenseiten hatte das Sparen für uns Kinder allerdings. So wurde z. B. die Lampe nicht etwa angesteckt, sobald es zu dunkel zum Lesen und Schreiben war, sondern dann hielt meine Mutter zunächst einmal »Schummerstunde«. Sie saß dann strickend und ihren Gedanken nachhängend am Fenster. (Jahrzehnte hindurch wurden von der Familie nur Strümpfe getragen, die meine Mutter selbst gestrickt hatte.) *Ihre* Zeit war also gut ausgefüllt, aber wir Kinder wurden oft recht ungeduldig, wenn von der ohnehin so knappen freien Zeit täglich auch noch so viel ungenutzt verstreichen mußte. Gertrud und ich mußten ja gleich nach acht Uhr ins Bett! In einem Brief an den fernen Wolfgang von Ende Januar, wo es also schon sehr früh dunkel wird, schreibt meine Mutter: »Fast täglich um die Dämmerzeit muß ich an Dich denken, wie gut Du nun in Deiner Pension versorgt bist, daß Du Dich nicht mehr zu quälen brauchst, ob die Lampe noch nicht bald angesteckt wird.«

Die wöchentlichen Briefe an Wolfgang nach Vevey wurden wegen des billigeren Portos stets in Kreuzlingen, jenseits der Schweizer Grenze, mit einer Schweizer Marke versehn, in den Kasten gesteckt. Auch die Pakete an ihn wurden dort zur Post gegeben.

Auf einem solchen Gang kam meine Mutter – es war schon im April – in ein plötzliches scharfes Schneetreiben, wobei sie sich ihren ersten, ganz schweren Rheumatismusanfall holte. Dieser warf sich aufs Herz, so daß sie stundenlang einen entsetzlichen Herzkrampf aushalten mußte. Ich fürchtete jeden Augenblick, sie werde sterben. Eine Krankenschwester mußte ins Haus genommen werden, viele Wochen konnte meine Mutter nicht aufstehen, und nur ganz allmählich verlor sich die zurückgebliebene Schwäche. Von da an hat der Rheumatismus meine Mutter durchs Leben begleitet. Ganz krumm vor Schmerzen humpelte sie oft herum, ein Anblick, der mich unendlich rührte. Später in München ging sie im Winter lange Zeit gar nicht aus, schon aus Vorsicht, um nicht durch Krankheit ihre häuslichen Arbeiten versäumen zu müssen. Ich habe in späteren Jahren auch meinerseits viel mit Rheuma zu tun gehabt, und wenn ich mich dabei eines elektrischen Heizkissens mit seiner schönen gleichmäßigen Wärme bediente, mußte ich oft daran denken, wie gut das meiner Mutter getan hätte. Damals gab es nur den Serpentinstein, der in der Ofenröhre erhitzt und dann so schnell als möglich gegen den schmerzenden Rücken gepreßt wurde. Aber nur allzubald war er wieder abgekühlt. Dabei bewahrte meine Mutter immer ihre Heiterkeit. Wenn man sie bemitleidete, sagte sie: »Es geht mir ja schon viel besser«, auch wenn dies noch gar nicht der Fall war, oder »Wie gut habe ich es doch, ich bin zu Hause und werde von meinen Kindern gepflegt, da haben es andere viel, viel schlechter!« –

Nach dem Abendbrot ließ mein Vater sich fast regelmäßig von meiner Mutter vorlesen, und zwar zumeist Memoiren, die aus der Leihbibliothek geholt wurden. Er ruhte sich dabei in der Sofaecke von seiner Burgenarbeit aus und schonte im Halbdunkel seine Augen. Meiner Mutter war diese abendliche Gemeinschaft sehr lieb. Mein Vater pflegte erst einmal einen prüfenden Blick auf das Ende jedes neuen Buches zu werfen. Er liebte nämlich tragische Ausgänge durchaus nicht. Erst wenn er sich in dieser Hinsicht gesichert wußte, durfte Mama mit dem Vorlesen anfangen. Ebensowenig konnte mein Vater Abschweifungen leiden, weder ausführliche Landschaftsschilderungen noch gar philosophische Betrachtungen. Dann sagte er regelmäßig zu meiner Mutter: »Nu' schlag' mal 'n bißchen über!« Ich entsinne mich, daß auf diese

Weise Friedrich Theodor Vischers »Auch Einer« und Conrad Ferdinand Meyers »Jürg Jenatsch« gelesen wurden. Aber es unterliefen auch viele bloße Unterhaltungsromane, und meine Mutter, die sonst kaum zum Lesen kam, hätte wohl manchmal gern Wertvolleres vorgelesen. Aber für meinen Vater war der Hauptzweck des Vorlesens gerade der, sich dabei den Kopf auszuruhn und zum Schlafengehn zu entspannen.

Auch in Konstanz wurde bei uns zu Hause viel musiziert. Papa hatte schon vor unsrer Ankunft eine Wand zwischen zwei Zimmern herausnehmen lassen, um so ein größeres Musikzimmer zu gewinnen. Dort stand der Flügel und das Pianino. In einem Klassenlehrer von Wolfgang, Dr. Kimmig, hatte mein Vater einen ausgezeichneten Geiger kennengelernt und mit ihm ein Streichquartett zusammengebracht. Kimmig, ein massiger Mann mit goldener Brille und großer blonder Fliege an dem vollen Kinn, war in Konstanz eine berühmte Persönlichkeit. Man wußte, daß er der »Peter Sirius« sei, dessen »Gedankensplitter« in den Fliegenden Blättern erschienen. Diese bewunderte auch ich als höchst geistreich. Das Quartettspiel begann meist erst nach dem Abendbrot, so daß ich nicht allzuviel davon hörte.

Manchmal wurde das Quartett durch Hinzuziehung eines Musikers der Regimentskapelle erweitert, und so konnte z. B. das Streichquintett von Schubert gespielt werden. Von diesem sprach mein Vater immer nur in geradezu schwärmerischen Worten. Besonders der langsame Satz hatte es ihm angetan, und ich entsinne mich, daß er in München aus einer Aufführung nach Hause kam und sagte, er habe beim Anhören die Tränen nicht zurückhalten können.

Auch Klaviertrios wurden »gemacht« mit meiner Mutter am Klavier, Papa am Cello und mit dem geigenden Wolfgang. An Wolfgangs Spiel wurde zweierlei getadelt: von meinem Vater, daß er dabei so schreckliche Gesichter schneide, von meiner Mutter, daß er nicht genug »drücke«, das heißt nicht genug Ton entwickle.

Die Klavierkonzerte von Mozart und Beethoven spielten meine Eltern an zwei Klavieren. Öfter noch spielten sie vierhändig am Flügel. Hierbei gab es kleine Zwischenfälle. Mein Vater sprang manchmal plötzlich mitten im Musizieren, womöglich an einem Höhepunkt, mit einem lauten Au! auf und behauptete, meine Mutter habe ihn gekratzt. Sie mußte sich dann erst noch einmal die Nägel schneiden, obgleich davon meist gar nichts mehr wegzuschneiden war. Erst dann konnte fort-gefahren werden.

Mama gab mir weiter Klavierstunden, doch haperte es bei mir mit dem Üben. Mit der Zeit blieb ich mir allein überlassen, und ich kam eigent-lich nur dadurch weiter, daß ich mir selbständig immer neue Stücke heraussuchte und diese so lange spielte, bis sie einigermaßen gingen. Mein Hauptnotenbuch war das »Goldene Melodienbuch« mit vielen leichten Märschen, Arien, Liedern, Nationalhymnen, Menuetts usw. Sogar ein Walzer von Chopin war darin. »Ach Herregott, Chopin!« rief meine Mutter, als sie ihn sah, und lachte. Ich konnte mir gar nicht denken, weshalb. Erst später kam ich dahinter, daß sie gelacht hatte, weil der arme Chopin da für Kinderhände so reduziert worden war, daß man ihn kaum wiedererkennen konnte.

Von meinem Vater durfte ich mir manchmal ein Stück vorgespielt wünschen, und das war dann häufig etwas von Chopin, z. B. der Wal-zer in Es-Dur Opus 18. Bei den Noten mit den kecken Vorschlägen, die in langer Reihe von oben heruntersprangen und -spritzten, mußte man beinahe lachen, so witzig klang das. Und dann der große Schwung des Ganzen, dieser Glanz!

Eines Tages brachte mein Vater die fünf grünen Bände Schumann der Edition Peters nach Hause, die er gekauft hatte. Da machte ich mir auch den »Fröhlichen Landmann« und die andren leichten Stücke aus dem »Album für die Jugend« zu eigen. Mein Vater dagegen spielte in den folgenden Wochen sehr viel die große fis-Moll-Sonate, und so hörte ich, wenn ich im Garten war, ungezählte Male die große Stei-gerung zu mir heraustönen, die in das mit dreifachem Forte bezeich-nete Hauptmotiv mündete und dann in einer Fermate abbrach. Auch die beiden Rhapsodien von Brahms Opus 79 ließ mein Vater oft rau-schend erklingen. Mittelpunkt alles Musizierens war und blieb aber Beethoven.

Für ein Konzert des Konstanzer Gemischten Chors komponierte mein Vater den 42. Psalm: »Wie der Hirsch schreit nach frischem Wasser, so schreit meine Seele, Gott, zu dir!« Er wurde im Saal des Insel-Hotels aufgeführt. Das Hotel war aus einem Kloster umgebaut worden, und der Konzertsaal war die ehemalige Kirche. Auch die Zusammenkünfte der Gesellschaft »Gerstensack« bereicherte mein Vater hie und da durch sein Klavierspiel. Einmal stellte er den Zuhörern eine der letzten Beethoven-Sonaten oder das Finale des Freischütz zur Wahl, das er sich für zwei Hände zurechtgelegt hatte. Man wählte das letzte, und meine Mutter sagte zu mir: »Die Leute hören eben lieber etwas Altbekanntes, wobei sie mit dem Kopf nicken können.«

An winterlichen Sonntagnachmittagen gingen meine Eltern mit uns in die Konzerte der Regimentskapelle. Sehr beliebt waren da Potpourris, in denen sich zwanzig bis dreißig Melodien blitzschnell ablösten. Da kam es darauf an, immer gleich zu wissen, woher die Melodien stammten. Meine Mutter war nicht so geistesgegenwärtig wie mein Vater und rief dann wohl: »Männing, was *ist* das doch!«, worauf mein Vater antwortete: »Du weißt es ja!« und zu ihrem Ärger seine Weisheit schmunzelnd für sich behielt.

Ein sonderbares Konzert besuchten Gertrud und ich allein. Das kam so: Wir waren in den Wald gegangen und hatten viele Anemonen gepflückt. Da begegneten wir einem würdigen alten Herrn mit einer jungen Dame, wohl seiner Tochter. Diese bewunderte unsern Strauß, und Gertrud, kurz entschlossen, überreichte ihn ihr. Nun fragte der alte Herr, ob wir etwa an Musik Freude hätten. Ja, wir spielten sogar beide Klavier. Da langte er in die Tasche und schenkte uns zwei handgeschriebene Billets, wir sollten nächsten Sonnabendnachmittag in sein Klavierkonzert kommen, ins Hotel Schönebeck am Bahnhof. Mir, als dem älteren, sagte er noch, er habe schon viele Billets verkauft, die Herren und Damen in den Heilanstalten rundherum hätten ja ganz gern einmal eine kleine Zerstreuung. Als nun der Nachmittag herangekommen war, fanden wir uns pünktlich ein. Aber außer uns erschien nur noch ein einziger Zuhörer, der Primaner Wilhelm von Scholz. Der meinte, wir sollten uns doch wenigstens zusammensetzen, aber ich war der Ansicht, es sei besser, wenn wir uns verteilten, es sei dann nicht so leer. Herr Wülfinghoff, so hieß der alte Herr, teilte das Programm mündlich mit, indem er vor jedem Stück sich von seinem Klaviersessel erhob, seine weiße Mähne schüttelte und den Titel nannte. Ich erinnere mich nur noch an ein Stück. Es war eine Phantasie von Liszt über das Glockenspiel aus der »Zauberflöte«. Ich habe sogar noch behalten, daß er den mir so geläufigen Namen Mozart befremdenderweise wie »Messert« aussprach.

Sehr bald, nachdem wir uns in Haus und Garten etwas eingerichtet hatten, machte Papa mit uns Ausflüge nach allen Richtungen.

Fragten wir ihn am Sonntagmorgen ungeduldig, wohin es denn heute gehen werde, so wurden wir mit einem kurzen »Abwarten!« in unsere Schranken gewiesen. Diese Antwort wiederholte sich so regelmäßig, daß wir schließlich — meine Mutter voran — darüber in Lachen ausbrachen, ehe sie ausgesprochen wurde, und späterhin nur noch deshalb fragten, um uns zu überzeugen, daß diese Regel, im Unterschied zu allen andern, wirklich keinerlei Ausnahme habe.

Die Sonntagsausflüge, so schön sie waren, hatten für mich einen Nachteil: Der Tag verging über all den neuen Eindrücken so schnell wie ein Traum. Kaum, daß man sich's versah, war es Abend, und wenn wir dann nach Hause kamen, war alles vorbei: Es blieb nur noch die beklemmende Aussicht auf den nahen Montag. Wenn wir aber sonntags zu Hause blieben, konnte ich auf meinem hohen Balkon, im Garten oder im nahen Wald den Tag Minute um Minute so recht mit Bewußtsein auskosten. Wie lang war da solch ein Sonntag! Und dieser andre Sonntag war mir nun eben durch den Ausflugssonntag entgangen. Ihm trauerte ich nach.

In den vier Jahren, die wir in Konstanz wohnten, brauchte mein Vater nie um ein neues Ziel verlegen zu sein. Die Landschaft war in See, Wald und Berg, in Inseln, Dörfern, kleinen Städten, Klöstern und Burgen unerschöpflich. Und überall gab es auch eine gemütliche Einkehr, meist unter grünen Bäumen. Dies Einkehren war uns etwas ganz Neues, denn in Penzlin hatte es weit und breit keine Gelegenheit dazu gegeben. Meine Mutter freute sich immer besonders dieses Ausruhens bei einer Tasse Kaffee, nur hatte mein Vater leider nicht genug Geduld zum Sitzenbleiben. Allzubald stand er auf mit den Worten: »Nun können wir ja wohl wieder weitergehen«, wogegen es keinen Widerspruch gab.

Der nächste Ort auf unsrer Halbinsel war Allmannsdorf mit seinem Aussichtsturm. Von da kam man durch schönen Buchenwald und schließlich über eine lange Holzbrücke auf die Insel Mainau mit dem großherzoglichen Schloß und einem Park, der berühmt war wegen seiner südlichen Vegetation. Eines Sonntagmorgens ging ich mit zwei Mitschülern durch den Park, als wir plötzlich des großherzoglichen Paars ansichtig wurden. Wir rissen natürlich unsre Hüte tief herunter, aber ich setzte den meinen, wie vor anderen Sterblichen, sofort wieder auf. Da sah ich, daß meine Mitschüler die ihren noch tief drunten hatten. Also riß ich auch meinen nochmal herunter. Aber in selbsttätigem Schwung saß er sofort wieder auf meinem Kopf. Doch blitzschnell riß ich ihn ein drittes Mal herab, als ich sah, daß meine Gefährten immer noch vor Ehrfurcht barhaupt waren. So defilierten wir an dem freundlich lächelnden weißbärtigen Großherzog und der Großherzogin vorüber. Er hatte Papiere in der Hand – »wohl Bittschriften«, dachten wir.

Meinen Vater leitete bei unsren Ausflügen meist sein Interesse für Burgen, war es doch seine Hauptbeschäftigung in Konstanz, das große Burgenbuch zu vollenden. Aber mir war das gerade recht, auch ich hatte viel Sinn für solche alten Stätten, an denen ich mich in vergangene Zeiten zurückversetzen konnte.

So fuhren wir mit dem Dampfer rheinabwärts unter der Brücke durch, an Fabriken mit Schloten, an einem breiten verschilften Ried und an Fischerhäusern vorbei zum zweitürmigen Schloß Gottlieben. Es war einst eine Wasserburg der Bischöfe von Konstanz gewesen. Da sahen wir das Gefängnis, in dem Johannes Huß 1414 während des Konzils in Haft gehalten worden war. Das war aber nicht etwa ein dunkles Verlies, sondern oben in dem einen der beiden Türme war in der Mitte des hellen Raums aus dicken Balken ein fester Käfig gezimmert. In ihm mußte der Reformator, dem doch der Kaiser freies Geleit zugesagt hatte, schmachten.

In den Untersee schob sich die große Insel Reichenau hinein. Von weitem erkannten wir schon die lange Pappelallee, die auf dem Fahrdamm zu ihr hinüberführte. Ich habe in späteren Jahrzehnten in langen Abständen noch viermal die Insel besucht. Immer machte es mir einen besonderen Eindruck, daß es dort kaum ein Fleckchen Erde gibt, das nicht seit mehr als tausend Jahren durch und durch gepflügt und angepflanzt worden ist. Wein- und Obstgärten bedecken die ganze Insel. Dazu die alten Kirchen und Gehöfte. Immer hatte ich auch den Eindruck besondrer sonniger Friedlichkeit. Wo der Fahrdamm auf die Insel stößt, stand am Wasser die Ruine Schopfeln mit dem kahlen Stumpf ihres Gemäuers, das schon vor fünfhundert Jahren zerstört worden war. Hierher fuhren wir auch einmal zu dritt auf unsern Rädern. Ich hatte inzwischen das halbhohe Rad Wolfgangs geerbt, dieser saß auf seinem blitzend neuen Hochrad, und unser Vater hatte sich ein Dreirad angeschafft, das damals von älteren Herren bevorzugt wurde, weil es ja auf keine Weise umkippen konnte. Wir bildeten auf unsren drei Vehikeln sicherlich eine schon damals seltene Zusammenstellung. In der Kirche zu Oberzell betrachteten wir die ältesten Wandgemälde, die es in Deutschland gibt, und wenn ich auch nicht viel davon verstand, so stimmte es mich doch ehrfürchtig, daß das, was man da sah, schon ums Jahr Tausend gemalt worden war. Besonders gefiel mir allerdings die Austreibung der Teufel aus den Besessenen. Sie galoppierten auf Säuen davon, wobei einige überritten wurden. Man glaubte, ihr Quieken zu hören.

Ein andermal fuhren wir noch weiter, über den Untersee hinaus. Da kamen wir in den Hegau mit den Basalt- und Phonolith-Kuppen des Hohentwiels, Hohenkrähen, Hohenhöwen, Hohenstoffeln und Mägdebergs. Das waren Überreste alter Vulkane, die sich aus der flachgewellten Ebene erhoben. Alle diese Steinklötze waren von Burgruinen gekrönt.

Weiter rheinaufwärts gelangten wir bis zu dem schweizerischen Städtchen Stein mit seinen bunten bemalten Fachwerkhäusern und seinem Kloster, das noch ganz so aussah wie zu Mönchszeiten. Hoch über der Stadt, in Weinbergen, erhob sich die Burg Hohenklingen, wo mir besonders die Steinsitze zu seiten der tiefen Fensternischen gefielen. Ich konnte mir so recht vorstellen, wie da die Ritter oder auch die Ritterfrauen gesessen und hinausgeschaut hatten.

Fast noch schöner waren die Fahrten in den weiten Obersee. Da stand Meersburg mit seinem alten breiten Schloß vor dem steilen, rebenbewachsenen Felsufer. Auf dem Friedhof oben suchte ich mir das Grab der Annette von Droste-Hülshoff und nahm mir als Andenken ein Efeublatt mit. Von ihren Werken konnte ich noch keine Vorstellung haben, doch war es für mich schon viel, am Grab einer wirklichen Dichterin zu stehn.

Bei Überlingen durchkrochen wir die »Heidenlöcher«, diese Höhlen, Gänge und Treppen, von keltischen Urbewohnern in den weichen Sandsteinfels des Seeufers eingeschnitten.

Mit dem Leben und Treiben der alten Bodenseebewohner hatte mich schon das Konstanzer Rosgarten-Museum bekannt gemacht, wo Hunderte von Steinbeilen, Streitäxten, Speerspitzen, Nadeln, verzierten Töpfen, Mahlsteinen, Meißeln aus den Pfahlbauten und andern Wohnstätten zu sehen waren.

Das Museum – das erste, das ich in meinem Leben sah – war eine Schöpfung des alten Apothekers Leiner, mit dem mein Vater sich angefreundet hatte. Dieser wohnte im »Malhaus«, dem stattlichen breiten Patrizierhaus am Obermarkt. Ein Menschenalter später konnte ich dort seinen Sohn, den kunstbegeisterten Dr. Bruno Leiner, besuchen und in den mit alten Familienbildern geschmückten Zimmern schöne Abendstunden voll anregender Gespräche verbringen.

Eine weite Dampfschiffahrt brachte uns über die ganze große Seefläche nach Lindau, wo wir unter dem auf unser Schiff herabdrohenden Steinlöwen in den Hafen einfuhren. Eine Stadt, die auf einer Insel lag, war uns wieder etwas ganz Neues. Mein Vater hatte sich besonders eingehend mit der dicken, klotzigen Lindauer »Heidenmauer« beschäftigt, die mit ihren riesigen Buckelquadern dem Festland gegenübersteht. Er bewies in einer Streitschrift, daß dies wirklich ein Römerbau sei. Dabei polemisierte er fast gegen alle, die je sich mit dem Bau beschäftigt hatten. Und die, die sich mit ihm für den römischen Ursprung erklärt hatten, also seine Verbündeten waren, kamen dabei nicht besser weg als die andern, denn sie hatten es auf Grund falscher Behauptungen getan. Solche Auseinandersetzungen trugen meinem Vater den Ruf eines besonders streitbaren Mannes ein.

Auch nach Bregenz, dem Brigantium der Römer, kamen wir und stiegen von da zum Gebhardsberg hinauf, dessen Kapelle dicht an den Rand der überhängenden Felsen vorgeschoben war. Da sahen wir auf den Bodensee hinab, der den Römern von hier oben rund erschienen war, und über das breite Rheintal auf die Appenzeller Alpen.

Und auch in die Alpen selbst machte Papa mit uns einen Vorstoß. Es war das unser größtes Unternehmen von Konstanz aus und das einzige in den vier Jahren, wo wir eine Nacht von Hause fortblieben. An einem Augusttag 1890 fuhren wir morgens bei Platzregen, der jedoch bald versiegte, ab und gelangten über St. Gallen nach dem sauberen Städtchen Appenzell mit seinen echt schweizerischen schindelbekleideten Häusern. Ein Pferdeomnibus brachte uns von da nach Weißbad, und dann begann der dreistündige Aufstieg auf den Hohen Kasten. Es ging an für unser Empfinden schwindelnden Abgründen entlang. Der Zickzacksteig wollte kein Ende nehmen. Endlich, abends um 8 Uhr, als es schon dämmerig wurde, erreichten wir den Kamm. Jenseits öffnete sich ein überwältigender Tiefblick in das Rheintal hinab, das unter uns im Abendlicht blaute. Das Gastzimmer war geheizt, für uns an einem Augusttag etwas ganz Ungewohntes. Am nächsten Morgen standen wir schon bei Sonnenaufgang draußen und sahen ganz nahe vor uns den rot angestrahlten, majestätischen Säntis. Meine Mutter traute sich den steilen Abstieg nur am Arm eines starken Knechtes zu machen. Selbst ihr Gatte erschien ihr da als Stütze nicht sicher genug, doch überwand sie bald ihr Schwindelgefühl. Das war das erstemal, daß ich mitten in die ungeheure Bergwelt hineinkam.

Wenn mir schon in der Penzliner Kindheit Bücher unendlich viel bedeuteten, so konnte ich mir jetzt, als Gymnasiast, ein Leben ohne sie erst recht nicht vorstellen.

Als wir in unser Haus eingezogen waren, blieb in einer Kammer ein dicker Stapel Papier ohne Umschlag und Einband liegen. Bei näherem Zusehen entpuppte er sich als das »Leben und die Taten des scharfsinnigen Edlen Don Quichotte von La Mancha von Miguel de Cervantes Saavedra«, mit den Illustrationen von Doré, von denen einzelne herausgelöst in Penzlin an unsrer Schlafzimmerwand gehangen hatten. Ich nahm den offenbar mißachteten Folianten an mich, ordnete die losen Bogen, vertiefte mich in sie, und so entwickelte sich daraus eine Freundschaft fürs Leben. Es war dies das erste wirklich große Buch, das ich gelesen habe. Der edle Ritter von der Mancha trat mir ganz nahe. Ich denke seitdem an ihn wie an einen Menschen, den ich irgendwie auf geheimnisvolle Weise persönlich gekannt habe. Natürlich nahm ich bei allen seinen Abenteuern für ihn Partei. Sein Heroismus, der sich durch keine Gemeinheit des Pöbels, kein Gelächter der Zuschauer, abschrecken läßt, rührte mich sehr. Besonders ergriff mich seine letzte Fahrt, wo er hager und tiefgebeugt auf der knochigen Rosinante heimwärts zieht durch die öde, nur von knorrigen Weiden bewachsene Landschaft, hinter ihm der dicke Sancho mit dem Esel. Dabei ergötzte ich mich selbstverständlich auch an all den phantastischen und lächerlichen Geschehnissen. Auch entzückten mich die unerschöpflich einfallreichen Illustrationen. Ich bin nicht sicher, ob ich mich auch ohne diese Bilder mit Don Quichotte so angefreundet hätte. Die Geschichten und die Bilder wurden mir ein untrennbares Ganzes. Wieviel gab aber auch Doré aus eigenem hinzu! Da hieß es zum Beispiel im Text nur: »Leset, was Felix Marte von Hircania vollbracht hat, der mit einem einzigen Streich sechs Riesen mittendurch gehauen.« Da zeichnete nun Doré, wie die sechs abgehauenen Oberleiber dieser Riesen sich am Boden

wälzen, während die Unterleiber auf ihren Beinen vor Schrecken da-
vonlaufen. Das eine Oberteil ist seinem flüchtenden Beinpaar nach-
gerutscht und hat es glücklich noch gepackt. Aus allen Schnittflächen
quillt indessen das Gedärm heraus. Oder da irrt Sancho in der Nacht
im dichten Wald umher und stößt überall mit dem Kopf an die Füße
von Gehängten. Das war so recht etwas für meine Freude am Grotesken! Aber auch der Stil des Cervantes gefiel mir ungemein mit seinen
schwungvollen Satzarabesken, seinen aus der Fülle geschöpften Adjek-
tiven, seinem überlegenen Lächeln, seinen blütenreichen Wendungen.
Viele Zettel, die ich später an Wolfgang nach Vevey schrieb, suchte
ich ganz in diesem Stil abzufassen.

Wenn ich in einer Geschichte las, daß ein junger Mann unerwartet
auf ein Schloß kam, dort eine alte, vergessene Bibliothek fand und nun
vom Schloßherrn den Auftrag bekam, sie zu ordnen, so beneidete ich
ihn innig und wünschte mir auch einmal solch ein Abenteuer. Einstweilen konnte ich nur meine eigne Bibliothek ordnen und katalogisieren. Sie bestand vielleicht aus 25 Nummern. Über das Bücherbord heftete ich ein Schild an mit der schön gemalten Aufschrift »BIBELOTHEK«
und war sehr erstaunt, als mein Bruder mir erklärte, das sei falsch.

Wenn Papa in die Stadt gegangen war, schlich ich mich in sein Zimmer, um da in den Büchern zu »schnückern«. Da fand ich eines Tages
als besonderen Schatz den »Heiligen Antonius von Padua« von Wilhelm Busch. Das war ja ein Buch zum Totlachen! Außerdem hatte ich
noch das angenehm kitzelnde Gefühl, daß das eigentlich noch nichts
für mich sei und daß Papa, wenn er etwas davon ahnte, mir das Buch
sicher wegnehmen würde. Ich aber nahm es an einem der nächsten Tage
mit in die Schule, zeigte es auserwählten Mitschülern, schließlich ging
es von Hand zu Hand. Daß es bei Katholiken Anstoß erregen könne,
daran dachte ich nicht. Doch meine Freude war nur kurz. Die letzte
Stunde war Turnstunde, wo wir unsre Schulsachen an einer Wand im
Turnsaal niederlegen mußten und ich meinen Schatz nicht mehr im
Auge behalten konnte. Als ich meinen Ranzen nach der Stunde auf-
packte, war der Heilige Antonius verschwunden. Hatte ihn mir ein
Frommer geraubt, um an dem bösen Buche ein Exempel zu statuieren?
Ich glaubte es fast, denn ein anderer, der es nur hätte lesen wollen,
hätte es mir doch nicht gleich zu entwenden brauchen. Jedenfalls: der
Heilige Antonius war weg und blieb weg, und das dem Lehrer anzu-
zeigen, kam bei diesem Buche denn doch nicht recht in Betracht.

Der zweite Schatz, den ich unter den Büchern meines Vaters entdeckte, war ein grauer Leinenband, auf dem in Gold gepreßt stand: »Chronik der Familie Piper«. Ein »Premierlieutenant« Max Piper hatte sie bearbeitet, sie war 1886 in Stettin »als Familienmanuskript« gedruckt und enthielt viele schwarze und rote Stammtafeln. Auf Tafel VII fand ich richtig auch meine Eltern und uns drei Geschwister verzeichnet. Also hatten wir eine Familiengeschichte! Die mußte ich nun näher studieren. Ich erfuhr daraus, daß unser ältester Ahnherr Urbanus Piper war, der 1540 als Ratsherr von Spandau an der Havel starb. Von ihm wußte man nicht mehr viel – um so mehr von seinem Sohn Johannes, dem Bürgermeister von Bernau in der Mark. Es gab dort sogar noch sein Haus mit dem steinernen Familienwappen: auf dem Querbalken drei Kleeblätter, dahinter ein Pfeil, auch im Helm staken drei Pfeile. Nach dem Bürgermeister kamen vier Generationen Juristen und dann ebenso viele Pastoren, alle in der Mark, in Pommern und in Mecklenburg. Auch mein Großvater und Urgroßvater waren, wie ich schon wußte, Pastoren gewesen, und zwar hatten sie nacheinander 72 Jahre lang in dem kleinen mecklenburgischen Dorf Röckwitz gepredigt, das nicht weit von Stavenhagen und Neubrandenburg lag. Mein Vater war der erste Piper, der so weit in den deutschen Süden gezogen war.

Fast noch mehr interessierte mich das Kapitel über den schwedischen Zweig der Familie. Er hatte sich früh von Rügen aus nach Norden gewandt. Da las ich, daß ein Carl Piper schwedischer Staatsrat gewesen und vom jungen König Karl XII. zum Grafen und zu seinem ersten Minister ernannt worden war. Es war vor allem dieses Pipers Werk gewesen, daß der König von der ihm lästigen Vormundschaft befreit und schon mit sechzehn Jahren gekrönt wurde. »Graf Piper«, hieß es da weiter, »mußte nun beständig um den König sein und ihn auf allen Feldzügen begleiten. In der unglücklichen Schlacht bei Pultawa wurde er 1709 von den Russen gefangen nach Moskau geführt, und er starb später im 69. Lebensjahre als Gefangener auf der Festung Schlüsselburg.« Das interessierte mich alles brennend. In Voltaires Geschichte Karls XII. sollte mehr darüber zu lesen sein. Die kaufte ich mir nun von meinem Taschengeld in der Reclam-Ausgabe. Bis dahin hatte ich von Karl XII. kaum etwas gewußt. Nun aber wurde er zu einem meiner Lieblingshelden. Es war ja auch durchaus dazu angetan, Begeisterung zu entfachen, wie er, kaum auf den Thron gelangt, von den drei eifersüchtigen Nachbarn Dänemark, Rußland und Polen gleichzeitig

überfallen, alle drei in kurzer Zeit besiegte, wie er, der hagere Nordländer, den dicken, üppigen August vom polnischen Thron stieß, wie er
in eigensinniger Hartnäckigkeit ihn bis tief nach Deutschland hinein
verfolgte, dadurch Peter dem Großen zu viel Zeit ließ, neu zu rüsten,
und gegen diesen mitten in Rußland bei Pultawa alles verlor. Wie er
dann mit fünfhundert Leuten sich nach der Türkei durchschlug, den
Sultan zum Krieg gegen Rußland aufreizte und schließlich, verkleidet,
mit zwei Begleitern von Konstantinopel quer durch Europa nach Stralsund ritt und so, vierzehn Jahre nach seinem Ausmarsch, allein, ohne
Heer, in der Heimat ankam. Wie er dann, als ob er noch nicht genug
Feinde gehabt hätte, gegen Norwegen zu Felde zog und im Laufgraben
vor der Festung Frederikshald von einer Kugel gefällt wurde – man
konnte niemals feststellen, ob von einer feindlichen oder einer ver-
räterischen schwedischen.

Dies alles ließ mein Herz höher schlagen, und wie bei mir überhaupt
Jugendeindrücke sehr lange vorgehalten haben und ich ihnen sozusagen Pietät bewahrte, so machte es auf mich große Wirkung, als ich
im Sommer 1919 im Museum zu Stralsund unerwartet vor der Toten-
maske Karls XII. stand. Sie hatte einen geradezu unheimlichen Ausdruck von Starrsinn und Verschlossenheit.

In unserm Konstanzer Garten aber legte ich damals als Quartaner eine
Festung an, die natürlich »Schlüsselburg« heißen mußte. Zum Füllen
der Festungsgräben schleppte ich unendliche Eimer Wasser herbei.
Doch ist der Schwedenkönig nun schon lange nicht mehr mein Held.
Diese ewigen Kriege, denen er sein Land und seine Leute opferte! Ohne
Krieg wußte er nichts mit sich anzufangen, er hatte kein Organ für
Werke des Friedens. –

So verdankte ich den Büchern neben der Wirklichkeit eine zweite Welt,
und es erschien mir deshalb wunderschön, immer mit ihnen zu tun zu
haben – mit immer neuen!

Die Schaufenster der drei Konstanzer Buchhandlungen übten auf mich
eine magische Anziehungskraft aus, und als ich zwölf oder dreizehn
Jahre alt war, stand es schon so ziemlich fest, daß ich nichts andres
als Buchhändler werden wollte.

Fast mein ganzes Taschengeld ging in Meyers Volksbüchern und in
Reclamheften auf. Erstere kosteten glücklicherweise nur zehn Pfennige
und wurden deshalb bevorzugt.

Noch viel später, in München, als mein Bruder in einem Bankgeschäft ein kleines Anfangsgehalt bekam, beneidete ich ihn, weil er sich wirklich täglich – wohlverstanden: täglich! – mehrere Reclamhefte kaufen konnte. (Was er aber gar nicht tat.)

Ich meinerseits blätterte fieberhaft immer wieder die Verzeichnisse von Reclam und Meyer durch, bis ich mich für die nächste Anschaffung entschied.

Vor den großen Ferien bat ich meinen Vater einmal ernsthaft, mir doch zu erlauben, während derselben in einer Buchhandlung wenigstens Laufbursche zu werden, um dadurch den Büchern recht nahe zu kommen. Vor allem wollte ich mir aber dadurch auch Geld verdienen, um mir Bücher kaufen zu können. Den Weihnachtskatalog, der uns zugeschickt wurde, studierte ich bis in die letzten Winkel durch und durch. Einige Verleger hatten da ihrer Anzeige hinzugefügt: »Man verlange kostenfrei unser Verlagsverzeichnis« oder »Unser reich illustrierter Katalog steht ernsthaften Bücherfreunden kostenlos zur Verfügung«. War ich nicht ein ernsthafter Bücherfreund? Wenn irgendeiner, so war ich es! Ich schrieb also Postkarten dahin, und nach ein paar Tagen gespannter Erwartung brachte der Briefträger wirklich etwas für mich, was sonst im ganzen Jahr nur sehr selten vorkam. Die Namen der Verleger, die mich beglückten, haben sich mir fest eingeprägt, es waren Carl Flemming, Otto Spamer und A. E. Liebeskind. Von dem letzten – er ging später in Cotta auf – kam ein ganzer Almanach mit Bildnissen und vielen Textproben von Rudolf Baumbach, Heinrich Seidel und andern. Ich habe mich, als ich später meine eignen Verlagsalmanache zusammenstellte, manchmal gefragt, ob auch wohl ein einziges Exemplar irgendwo mit solcher Begeisterung aufgenommen werde, wie der Liebeskindsche seinerzeit von mir.

Glücklicherweise war die Schülerbibliothek des Gymnasiums recht gut bestellt. Vor allem war die Bibliothek für alle Klassen gemeinsam in einem großen eigenen Raum beisammen, und ich konnte so auch schon Bücher wählen, die eigentlich erst für die höheren Klassen bestimmt waren. So entlieh ich einmal Mörikes Gedichte, die ich wochenlang behielt. Ich empfand schon durchaus die besondere poetische Welt dieser Gedichte. Der »Feuerreiter« vor allem ließ mich gar nicht los. Ich dachte, wann es mir wohl möglich sein werde, solch ein Buch zu kaufen!

Auf dem Münchner Gymnasium war ich später sehr enttäuscht, als ich sah, daß da jede Klasse nur eine »Bibliothek« von vierzig bis fünfzig

Bänden hatte, die in dem Fach eines Schrankes herumlagen, und daß man das ganze Jahr auf diese paar Bücher angewiesen war, von denen einen die Hälfte schon von vornherein gar nicht interessierte. —

Durch einen glücklichen Zufall kam mir schon um diese Zeit Albrecht Dürer nahe. Mein Vater hatte zur Probe ein »Monatsheft des Daheim« zugeschickt erhalten. In diesem Heft nun, das mein Vater mir schenkte, war ein großer Düreraufsatz mit vielen Bildern enthalten. Da waren die »Apokalyptischen Reiter«, das Selbstbildnis mit den langen Locken, Christus als Gärtner aus der Holzschnittpassion, Ritter, Tod und Teufel, der Kaiser Max, der Holzschuher, der Melanchthon mit dem lateinischen Distichon darunter, das ich übersetzen konnte, und vieles andere. Das Schönste schien mir der große, in Holz geschnittene Christuskopf mit den schmerzlich blickenden Augen und der Dornenkrone. Diese Blätter wurden mir tief vertraut. Eine erste Ahnung von der Größe der alten deutschen Kunst ging mir dabei auf, auch ihre Feinheit und ihr Reichtum. So gefiel mir an Ritter, Tod und Teufel nicht nur der furchtlose Ritter mit seinem verkniffenen Lächeln, sondern auch oben in der Ecke das kleine Wurzelwerk und die feinen Äste, die sich so scharf vom Himmel abhoben. Auch in der Natur liebte ich die kleinen und feinen Formen. Ich baute mir einmal auf einer Zigarrenkiste ein kleines Naturdickicht auf aus Dornen, Moosen, Gräsern, Ranken, Baumrinden, Flechten und ergötzte mich an dem Ineinander der vielen Ästchen und an den unzähligen intimen Durchblicken durch das Gewirr.

Mein Dürerheft trug ich einmal auch im Schulranzen mit mir und zeigte es einem jungen Mann, der mit mir den gleichen Weg hatte. Er war Lehrling in der lithographischen Kunstanstalt von Friedrich Pecht am Münsterplatz. Bei ihm glaubte ich Verständnis zu finden. Er hatte mir auch schon ein Weinflaschenetikett gezeigt, an dem er mitgearbeitet hatte. Das Grün der Weinblätter darauf war von ihm lithographiert. Der Christuskopf, dachte ich, müsse ihm gefallen. Aber er sagte: »Der Moler, wo des g'macht hat, hat des nach 'ner Vorlag' g'macht.« Ich bestritt dies und sagte, das habe ja doch Albrecht Dürer gemacht, und der habe keine Vorlage gebraucht. Aber er hatte den Namen nie gehört und blieb dabei: »Des gibt's gar nit, daß einer was macht ohne Vorlag' und es sieht ihm doch gleich.« Ich blickte in Abgründe des Nichtverstehens und mußte es aufgeben, ihn zu Dürer zu bekehren.

Am Theater kam ich, wie ich schon sagte, auf jedem Schulweg vorbei.

Wie schön, dachte ich mir, wäre es, wenn man, statt in die langweilige
Schule, jeden Tag ins Theater gehn könnte! An seine Fassade war ein
großes buntes Fresko gemalt: Die neun Musen umstanden hoheitsvoll
den Parnaß, von dem sich der blendendweiße geflügelte Pegasus in die
blauen Lüfte erhob, während ein bunter Harlekin von Rittern und
Edelfrauen kopfüber aus diesem erlauchten Kreis ausgestoßen wurde.

Nur im Winter wurde gespielt. Wenn ich dann ins Theater durfte,
schaute ich wie gebannt auf den Vorhang, bis der Klingellaut mich
durchzuckte und der Kronleuchter mit den Petroleumlampen, der den
Zuschauerraum erhellte, in eine Vertiefung der Decke hinaufgezogen
wurde.

Ungeheuer wirkten auf mich die »Räuber«, und da packte mich der
böse Franz bei weitem mehr als der edle Karl. Auch ich selbst glaubte
mich viel mehr zum schwarzen Intriganten als zum lichten Helden
geboren. Den Franz gab ein schwarzlockiger Herr Fischer in seiner
»Beneficevorstellung«, und er war besonders großartig im letzten Akt,
wo er aufgeschreckt mit der wehenden Kerze in der Hand durch das
nächtliche Schloß stürmte und dem Pastor Moser seine fürchterlichen
Gotteslästerungen entgegenkreischte. Und die Spannung setzte sich
fort, wenn ich dann allein in tiefer Nacht durch menschenleere Vor-
ortstraßen den weiten Weg nach Hause ging. Da griff ich fester nach
meinem »Dolch« im Mantel.

Dieser Dolch spielte auch sonst eine Rolle. Mein Vater kaufte allerlei
alte Waffen zusammen, um später einmal die von ihm ersehnte eigene
Burg damit auszuschmücken. In einem nahen Schweizer Dorf, wohin
wir zusammen geradelt waren, hatte er eine ganze Anzahl rostiger
Hellebarden und Morgensterne erhandelt, und ich selbst hatte mir
einen kleinen Dolch ausgesucht, der anderthalb Franken kosten sollte.
Der ganze Einkauf machte schließlich 101 Franken 50 Rappen aus.
Diese rundete der Mann großzügig auf 100 Franken ab, so daß ich
meinen Dolch umsonst bekam. Schade, daß mit dem besten Willen
keinerlei Blutspuren daran zu entdecken waren!

Ich nahm den Dolch, der nicht einmal eine Scheide hatte, öfter im
Ranzen mit in die Schule. Aber was nutzte mir ein Dolch, wenn er nicht
in Aktion trat? Nun herrschte zwischen mir und dem Sohn des Obersten Caemmerer seit langem ein gespanntes Verhältnis. Einmal, in der
Pause, auf dem Gang vor der Klasse, hatten wir wieder eine Auseinandersetzung. Auf deren Höhepunkt zog ich meinen Dolch und setzte

ihn ihm auf den Nacken. Das nahm sich sicher äußerst dramatisch aus! (Ich gab aber wohl acht, daß der Anzug kein Loch bekam.) Die Folge war leider, daß der Herr Oberst beim Rektor Beschwerde führte und mein schöner Dolch konfisziert wurde. Erst am Ende des Schuljahrs bekam ich ihn wieder.

Doch zurück zum Theater! Ich war damals so auf Theater eingestellt, daß mir alles leid tat, was nur Geschichte und nicht Theaterstück war. So fing ich an, den Don Quichotte zu dramatisieren; und bei den schönen Melodien in den Sonaten von Mozart wunderte ich mich immer, daß er daraus nicht lieber eine Opern-Arie gemacht hatte.

Was lag näher, als daß ich mich selbst daranmachte, Dramen zu dichten? Aber leider war es mit der Ausdauer selten weit her. Manchmal wurde nur ein schönes Titelblatt und das Personenverzeichnis geschrieben, voreilig auch ans Ende ein schwungvolles »Finis« gesetzt. Was dazwischen stehen sollte, fehlte. Ein einziges Drama, das ich schon in der Quinta schrieb, geriet auf ganze 32 Seiten: »Die Makkabäer«. Als ich einmal gar kein Taschengeld mehr hatte, versteigerte ich das Manuskript in der Klasse. Es kam auf 12 Pfennige. Später kaufte ich es wieder zurück, und so hat sich das aus rosa Konzeptpapier selbstgenähte Heft bis heute erhalten. Meine Sympathie war selbstverständlich ganz auf seiten der heldenhaften Makkabäer, die sich gegen den heidnischen König Antiochus auflehnten. Dieser hatte ihren Tempel in Jerusalem entweiht und wollte sie zu Götzenanbetern machen. Nun konnte ich ein ernsthaftes Jambendrama natürlich nicht einmal ernstlich versuchen, ich machte daher aus der Not eine Tugend und geriet mehr und mehr in einen burlesken Kasperleton, gemischt mit lateinischen Brocken. Da klagt zum Beispiel Antiochus:

> Dahin ist alle unsre Kraft!
> Sie ist durch Juden abgeschafft.

Doch schon kommt sein Feldherr Seron mit dem Haupt des Mattathias:

> Ermordet ist dein ärgster Feind!
> Wir siegten nicht, da wir vereint
> Adversus Hitzkopf kämpften.
> Jetzt klebt sein Haupt wie angeleimt
> Und voller Erde, vollgeschleimt,
> An meinen Mörderhänden.

Antiochus entgegnet beglückt:

> Welch' Kunde bringt man mir vorm Tode?
> Nun kommt der Jude gänzlich aus der Mode!

Der Feldherr Lysias singt zwischendurch ein Lied:

> Was seufzt ihr, Mädchen? Seufzt nicht mehr!
> Die Männer alle trügen.
> Ein Schritt am Strand, ein Schritt am Meer,
> Auch alle Weiber lügen.
> Drum gibt es kein Vergnügen.
> Doch muß die Hoff-, doch muß die Hoff-,
> Doch muß die Hoffnung siegen!

Schließlich kommt es zum Entscheidungskampf. Nachdem sich die feindlichen Parteien gegenseitig in Ausrufen Luft gemacht haben, wie: Stopft euer Großmaul! – Baal, scher dich zum Satan! – Jehovah, du hinterdrein! – Der Sieg ist unser! – Freß euch der Höllenhund! – Moloch, hilf! – neigt sich der Sieg den Makkabäern zu, und mit »Nun danket alle Gott!« schließt das Stück.

Noch von einer andern Seite erhielt mein Theater- und mein Lesedrang Nahrung. In der »Täglichen Rundschau« las ich aufmerksam die kleinen Theateranzeigen, besonders die der Kgl. Schauspiele. Da fand ich eines Tages angezeigt: »Der Sturm« von Shakespeare. Das mußte etwas Großartiges sein. Schon der Sturm an sich und dann noch von Shakespeare! Ich bat meinen Vater, er möge mir seinen Shakespeare leihen, aber er sagte, das sei noch nichts für mich. Ich ließ mich dadurch nicht abschrecken. In Meyers Volksbüchern gab es den »Sturm« für zehn Pfennige, und ich kaufte ihn mir. Ich glaube, dies war überhaupt der Anstoß, durch den ich ein so fleißiger Abnehmer von Meyer und später auch von Reclam wurde. Jene kleine Theateranzeige brachte mich zu meinem Shakespeare-Lesen. Natürlich verstand ich ihn nur auf meine knabenhafte Art. Ich habe ihn ja auch heute, mehr als fünfzig Jahre später, noch nicht ausgelesen und fange ihn deshalb immer wieder von vorne an. Aber geschadet hat es mir sicher nicht, daß ich ihn schon so früh las. Meine Phantasie wurde dadurch mächtig erregt, meine Vorstellungswelt füllte sich mit Gestalten, das Leben zeigte sich mir in seiner brodelnden Fülle, mein Sinn für Sprache und Stil wurde geweckt. Denn wenn ich auch Shakespeare in erster Linie daraufhin las, was da passierte, so blieben mir doch auch Klang und Rhythmus im Ohr, und es wäre mir durchaus nicht gleich gewesen, dieselben Geschehnisse etwa in einem Geschichtenbuch zu lesen.

Dem »Sturm« folgte bald »Julius Cäsar«, und ich entsinne mich, daß ich die Szene mit Cinna, der von der Volksmenge zerrissen wird, obgleich er gar nicht Cinna der Verschwörer, sondern Cinna der Poet ist – »Gleichviel! Sein Name ist Cinna! Zerreißt ihn!« –, daß ich diese Szene einigen Mitschülern auf dem Heimweg in der Seestraße mit Pathos vorlas.

Eine besondre Schulgeschichte knüpft sich an den »Kaufmann von Venedig«. Der böse Shylock besteht bekanntlich darauf, dem Antonio das Pfund Fleisch, das ihm verfallen ist, herauszuschneiden. Da sagt der Doge zu ihm im Hinblick auf den ewigen Richter:

»Wie hoffst du Gnade, da du keine übst?«

Nun war ich als Schüler damals sehr auf Gnade angewiesen, und ich dachte, diese Mahnung, von der sich der Doge eine Wirkung auf Shylocks hartes Gemüt versprach, könne auch ein hartes Professorenherz rühren. Ich riß also ein Blatt aus meinem Schulheft, schrieb diesen Vers darauf, vermerkte dazu genau die Quelle: »Shakespeare, Kaufmann von Venedig, IV. Aufzug, 1. Szene«, und malte schön darunter: »Zur Beherzigung von einem Untertertianer«. Das Ganze steckte ich meinem Klassenlehrer König in den Briefkasten. Der tat in der nächsten Stunde, als ob nichts geschehen sei. Aber ein Mitschüler, der im Lehrerzimmer etwas zu holen hatte, erzählte, daß sich innen an der Tür ein merkwürdiger Anschlag befände. Es war mein Shakespeare-Zitat. Gewiß haben die Lehrer unter sich herzlich über diese eindringliche Mahnung gelacht. Nur Herr Pfeffer, der Lehrer für Französisch, konnte das Gesicht mir gegenüber nicht wahren und sagte, als er mich traf, lächelnd: »Piper, Piper, so benutzt du deinen Shakespeare?«

Mein Shakespeare- und Cervantes-Lesen war wohl auch schuld, daß ich nie ein Leser von Indianergeschichten wurde. Die gute Großmutter eines Mitschülers, Frau Vogler in Kreuzlingen, gab mir drei Bände Cooper mit – es war eine schöne alte Ausgabe mit Stahlstichen, vor denen rosa Seidenpapiere lagen – und sagte dazu mit Nachdruck: »Ich bin sicher, du wirst es zweimal lesen!« Aber ich konnte mich nicht entschließen, es auch nur einmal zu lesen. Ich schlug einen Band auf und las als ersten Satz: »Er sah nur zu wahr!« (es mußte da irgendein Unglück passiert sein.) Aber dieser Satz ging mir merkwürdig gegen den

Strich; nein, ich konnte mich nicht entschließen! Ich nahm das nächste Mal die Bücher ungelesen wieder mit. Da war doch so etwas wie
»Gleichviel, sein Name ist Cinna, zerreißt ihn« viel, viel großartiger!
Mein Vater hatte einen Goethe in großem Format, »illustriert von
ersten deutschen Künstlern«. Da nahm ich mir den Faust mit hinauf
in unser Knabenzimmer und las ihn heimlich in den Ferien morgens im
Bett unter der Decke. Als meine Mutter einmal hereinkam, klappte ich
ihn schnell zu. Dies Klappen war leider allzu hörbar. Es wurde unter-
sucht und der Faust mir weggenommen. Wieder einmal hieß es, das sei
noch nichts für mich. Ich konnte absolut nicht entdecken, warum!
Im übrigen frönte ich auch durchaus kindlichen Leidenschaften, so zum
Beispiel dem Briefmarkensammeln. Meine Mutter suchte ihre alten
Briefschaften hervor, da gab es noch preußische Marken mit Friedrich
Wilhelm IV. darauf, solche vom »Norddeutschen Postbezirk« und andere Raritäten. Zu Weihnachten bekam ich ein Briefmarkenalbum,
und da war es eine schöne stille Beschäftigung, alles sauber dort ein-
zukleben, wo es hingehörte. Auch das Tauschen von Doppelten wurde
sehr ernsthaft betrieben, und in den Briefen an meinen Bruder nahmen diese Tauschverhandlungen einen großen Platz ein. Damals, zur
vierhundertjährigen Entdeckung Amerikas, kamen die Columbus-Mar-
ken heraus, und ganz Gewitzte hielten davon auch ihre Doppelten zurück, da sie im Kurs sicher noch steigen würden.

Bis Ende der Quarta ging ich mit meinem Bruder Wolfgang, der vier
Klassen über mir saß, zusammen in die Schule. Er war in Friedland
ein ziemlich mäßiger Schüler gewesen, hatte sich aber in den zwei
Konstanzer Jahren geradezu zu einem Musterschüler entwickelt. Zweimal bekam er bei der Schulschlußfeier einen Preis in Gestalt eines
Buches, in der Obersekunda sogar als einziger seiner Klasse, und zwar
diesmal, nach vorheriger Anfrage bei meinem Vater, Rothschilds Ta-
schenbuch für Kaufleute. Da mein Bruder keine Neigung für ein Studium zeigte, andrerseits sich als guter, nüchterner Rechner erwiesen
hatte, war man nämlich übereingekommen, daß er mit Obersekunda
vom Gymnasium abgehn und in ein Bankgeschäft als Lehrling eintreten solle. Daß er ein so guter Schüler war, hatte für mich lästige Folgen, denn er wurde mir immer als Muster vorgehalten. Noch morgens
beim Anziehen, wenn er den Hosenträger anknöpfte, hatte er die auf-

geschlagene Grammatik vor sich und wiederholte noch mal das Gelernte. Ich erklärte aber, das sei gar kein Verdienst von ihm, er interessiere sich eben für die Schulaufgaben, und ich könne mich nun einmal nicht dafür interessieren. Wolfgang interessiere sich dafür auch nicht für Shakespeare und Dürer. Vor mir selber behauptete ich sogar, ich lerne deshalb so ungern, weil die Grammatiken so rauhes Papier hätten, das sei so unangenehm anzufassen; wenn sie auf schönes, glattes Papier gedruckt wären, würde ich mich viel lieber mit ihnen beschäftigen.

Nach vieler Mühe war für Wolfgang eine Banklehrstelle gefunden, und zwar, wie ich früher schon gelegentlich erwähnt habe, in Vevey am Genfer See. Er sollte sich da auch zugleich im Französischen vervollkommnen. Mein Vater begleitete ihn und brachte ihn dort in einer Pension unter. Besonders für meine Mutter war die Trennung von ihrem »guten Jung« schwer. Allwöchentlich ging nun ein Brief nach Vevey. Meine Schwester und ich schrieben stets besondere Zettel und Einlagen dazu, mein Vater steuerte nur gelegentlich seine Unterschrift bei. Diese Kinderbriefe sind alle noch vorhanden, Wolfgang brachte sie später getreulich zurück. Ich habe schon einiges daraus zitiert. Ich suchte mir das Schreiben so unterhaltend wie möglich zu machen, berichtete nicht etwa nur trocken die Ereignisse, sondern verbrämte sie mit oft sehr weit hergeholten Wortarabesken, durchsetzte sie mit Illustrationen, machte Anmerkungen dazu, zeichnete Initialen, schrieb sie auf lateinisch und französisch, in Reimen und in Hexametern, änderte möglichst in jedem Brief so gut es ging meine Handschrift usw.

Einmal mußte ich ihm leider melden, daß in meinem Osterzeugnis die Bemerkung stünde: »Zweifelhaft, ob promoviert.« Ich tat dies in Form einer Anmerkung zu einem Gedicht von mir, das – was hätte näher gelegen! – von einer »Gondelfahrt auf Veneziens Lagunen« handelte. Bei diesem Gedicht hatte ich zu jedem einzelnen Wort eine Anmerkung gemacht, auch zu »und«, »ich«, »ach«. Auf dem Umweg über eine solche Anmerkung meldete ich nun meinem Bruder, wie kritisch es mit mir stünde. Es war dies nur ein Zeichen dafür, wie sehr ich mich genierte. Mir war dabei durchaus nicht wohl zumute.

Ich war inzwischen Untertertianer geworden. Wir hatten da Herrn König als Klassenlehrer, der nicht weit von unserem Haus im »Grünen Gang« wohnte. Ein geschmeidiger Dreißiger mit flottem Schnurrbart, sehr lebendig und human und mir eigentlich der liebste aller Konstanzer Lehrer. Ihm hatte ich ja auch vertrauensvoll die Mahnung aus dem »Kaufmann von Venedig« geschickt. Er wußte von meiner Dichterei. Als wir »Des Sängers Fluch« auswendig lernten, fragte er die Klasse: »In was könnte man das sehr leicht umdichten?« Einer sagte: »In eine Erzählung.« – »Das ist richtig, aber das meine ich nicht! Na, in was?« – Keine Antwort. – »Wir wollen mal sehen, ob unser Klassendichter das nicht in eine dramatische Szene umdichten könnte.« Und zu mir: »Versuch's einmal!« Das ließ ich mir natürlich nicht zweimal sagen. In der nächsten Stunde übergab ich ihm das fertige Stück. Er nahm es mit nach Hause. Als ich ihm ein paar Tage später auf dem Schulweg begegnete, sprach er die Arbeit mit mir durch. Natürlich sorgte er in seiner Kritik dafür, daß mir der Kamm nicht zu sehr schwoll, doch gab er zu, daß ich »etwas Anlage« hätte.

So wurden meine »Allotria« also sogar offiziell anerkannt, kein Wunder, daß die Schularbeiten darunter litten! Deutsch, Geschichte, Naturkunde, Geographie, das interessierte mich, nur zum gründlichen Vokabel- und zum Regellernen konnte ich mich nicht ermannen. Alle diese Syntaxkniffe, diese schauderhaften unregelmäßigen Verben – was hatte das mit meinem Leben zu tun? Und ich hatte doch ohnehin so wenig freie Zeit! An vier Tagen hatten wir auch nachmittags von zwei bis vier, manchmal bis fünf Uhr Schule. An diesen Tagen brauchte ich gegen zwei Stunden allein für den Schulweg. Und es gab doch so viele Sachen, die mich viel, viel näher angingen als Latein und Griechisch! So wurde denn in diesen Fächern mein Zeugnis in Untertertia schlechter und schlechter, bis Ostern in Gestalt der Bemerkung »Zweifelhaft, ob promoviert!« der letzte Warnungsruf erscholl. Da ließ mein Vater mir von einem Primaner Nachhilfestunden geben. Aber es war schon zu spät. Das Unheil ließ sich nicht mehr aufhalten. Wie gelähmt trieb ich auf die Katastrophe zu.

Ein paar Tage vor Schulschluß waren die Geschwister meines Vaters, Onkel Wilhelm und Tante Luise, aus Mecklenburg zu Besuch gekommen. Wir machten mit ihnen einen Ausflug zu Schiff auf die Insel Mainau. Das Unglück wollte, daß auch Professor König mit auf dem Schiff war. Mein Vater trat auf ihn zu. Ich sah sie miteinander sprechen. Ihre Haare, ihre Jacken wehten im Wind. Nun zuckte mein Vater zusammen, ich wußte: es war geschehen. Herr König hatte ihm gesagt, daß ich nicht versetzt werde. Den ganzen Rest der Fahrt starrte ich in den Schaum der Radschaufel. Wie wär's, wenn ich mich da hineinstürzte? Auf der Mainau, die in der Sonne strahlte, schlich ich in weitem Abstand hinter den andern her. Tante Luise, die Gute, kam zu mir und tröstete mich. Am meisten tat mir meine Mutter leid. Sie grämte sich ja nicht deshalb, weil sie es für ein so großes Unglück hielt, sondern weil Papa solchen Ärger erleben mußte. Als wir wieder zu Hause waren, sagte Onkel Wilhelm, der seine Landwirtschaft hatte aufgeben müssen, im Hinblick auf das Schild »Villa Sorgenfrei« etwas höhnisch: »Na, das können wir ja nun wohl übermalen lassen!« Es war ihm vielleicht nicht ganz unrecht, daß sein sorgenfreier Bruder auch einmal einen Ärger hatte. Er selbst hatte ja zuletzt vor Sorgen nicht mehr aus und ein gewußt. Nach dem Abendbrot rief mein Vater mir zu: »Verschwinde mal!« Das war das Letzte, was er zu mir sagte. Es folgte ein viermonatiges eisiges Schweigen.

Zu Hause mußte ich möglichst vermeiden, meinem Vater vor die Augen zu kommen. Bei Tisch sah er über mich weg. Nie sprach er ein Wort zu mir, auch nicht an meinem Geburtstag. Und wenn ich auch »dickfellig« war und gleich wieder obenauf kam, so ging mir dies Schweigen auf die Dauer doch auf die Nerven. Zu Weihnachten war mein Tisch schwächer als sonst bestellt. Unter andern praktischen Dingen stand da eine Flasche Leim. Nun glaubte ich, weil es Weihnachten war, doch mit meinem Vater wieder wie früher reden zu können, und bat ihn, mir die Flasche mit seinem Korkzieher aufzumachen. Und da dies nun die ersten Worte waren, die ich nach so langem Schweigen an ihn richtete, brach sich die Erschütterung plötzlich in einem Tränenstrom Bahn. Ich glaube, daß das meinen Vater selbst ein wenig in Verlegenheit setzte. Er wußte nämlich in seinem Herzen, daß er selber, genauso wie ich, in Untertertia repetiert hatte. Ich ahnte das freilich damals nicht, sondern erfuhr es erst ein Vierteljahrhundert später, als ich es in seinen Lebenserinnerungen las.

Wenn nun mein Vater sich damals seiner eignen Schulsünden sicherlich sehr wohl erinnerte, so konnte er diese ja nicht nach außen hin als Freibrief für mich gelten lassen. Auch ich fühlte mich später als Vater verpflichtet, etwas entrüstet zu sein, wenn die Zeugnisse meines jüngeren Sohns nicht dem entsprachen, was seine Begabung ihm ohne weiteres ermöglicht hätte. Und wird dieser Sohn meine Entrüstung nicht seinerseits einmal an die nächste Generation weitergeben? Und werden wir nicht alle einmal über solche Entrüstung lächeln?

Mein Vater hat es jedenfalls trotz seines Sitzenbleibens bis zum Dr. h. c. und bis in die Konversationslexiken von Brockhaus, Meyer und Herder gebracht. Und ich suchte schon damals, als Untertertianer, die Sache mit etwas Philosophie zu betrachten und war von Anfang an überzeugt, daß die gegenwärtige schwere und schwarze Wolke über mir sich einmal wie ein kleines Dunstgebilde am Horizont verlieren werde.

Das Konstanzer Gymnasium hatte damals einen später berühmt gewordenen Schüler: Wilhelm von Scholz. Ich habe ihn schon bei Gelegenheit jenes sonderbaren Klavierkonzerts genannt. Er saß schon in Prima, während ich Tertianer war. Wir hatten den gleichen Schulweg. Sein Vater, der letzte Finanzminister Bismarcks, hatte sich am See, noch über unser Haus hinaus, in einem Park mit alten Bäumen einen schloßartigen Alterssitz »Seeheim« errichtet. Wenn wir uns in der Seestraße trafen, unterhielten wir uns über große Männer. Freilich knüpfte sich für mich stets die etwas kindliche Frage daran: Wer ist größer? So suchten wir uns zwischen Napoleon oder Hannibal zu entscheiden. Auch zählten wir einmal alle Verlegernamen auf, die wir kannten. Cotta, Brockhaus, Baedeker, Bruckmann, Hanfstaengl, Braun & Schneider, Grote, Velhagen & Klasing – das waren uns beiden sehr vertraute Namen. Scholz war immer sehr nett zu mir – selbstverständlich mit Wahrung der für den Primaner dem Tertianer gegenüber gebotenen Distanz. Aber warum sollte er auch nicht nett zu mir sein? Schließlich las ich doch meinen Shakespeare so gut wie er den seinen! Eines Tages hatte er sich ein Monokel zugelegt, was ich meinem Bruder mit dem gymnasiastenhaften Zusatz meldete:»Schneidig, aber fad, elend fad!« Ich stand ihm also auch meinerseits nicht ohne Reserve gegenüber.

Als ich meinen Verlag gegründet hatte, fragte ich ihn, ob er in meiner Sammlung »Die Fruchtschale« einen Band herausgeben wolle. Er schlug mir eine Auswahl aus den Schriften des mittelalterlichen Mystikers Heinrich Suso vor. Dieser hatte die Hauptzeit seines Lebens als Mönch im Konstanzer Dominikaner-Kloster zugebracht, dem späteren Insel-Hotel, nicht weit von unserm ehemaligen Schulweg. Ich ging gern darauf ein, und so wurde dies Buch für uns beide auch ein Buch der Erinnerung an die Konstanzer Zeit.

Im Jahre 1934 veröffentlichte Scholz sein schönes autobiographisches Werk »Berlin und Bodensee«. Wenige werden es mit solchem Interesse gelesen haben wie ich. Erfuhr ich doch nach Jahrzehnten daraus, welche Eindrücke er damals aus Gymnasium, Stadt und Landschaft empfangen hatte, und konnte sie mit den meinen, soviel knabenhafteren, vergleichen. Wir hatten dieselbe Umwelt durchlebt, nur auf verschiedenen Ebenen. Nun sah ich seine und meine Ebene nachträglich klar nebeneinander.

Mein Vater hatte von Anfang an das Erdgeschoß unsres Hauses vermieten wollen. Unser erster Mieter war Fräulein Damaris Partenheimer gewesen, eine schwer bewegliche, alleinstehende alte Dame. Sie war nach einigen Jahren in unserm Haus gestorben. Vom Fenster aus sah ich, wie der Sarg hinausgetragen wurde. Ihre beiden Schwestern kamen von auswärts, nahmen alle Sachen an sich, die Wohnung wurde gefegt und geputzt, und meine Mutter sagte zu mir: »Wie schnell ist doch alle Spur von einem lieben, guten Menschen verwischt!«
Die Wohnung hatte dann einige Zeit leer gestanden. Da meldete sich zu unsrer Verwunderung Landgerichtsrat Eller mit Frau, zwei Töchtern: Medi und Heidi, dem kleinen Willi, einem Dienstmädchen und dem großen schwarzen Hund Homo, und die wollten alle bei uns unterkommen! Wir hielten das für ganz unmöglich. Aber unser Haus und Garten gefielen ihnen so gut, und nachdem wir ihnen unser Fremdenzimmer als Schlafzimmer für die Töchter überlassen hatten, ließ sich ihr Einzug doch verwirklichen. Das brachte neues Leben ins Haus! Medi mit einem starken blonden Zopf war wohl zwei Jahre älter als ich, Heidi mit offenem braunem Haar etwas jünger. Willi zählte noch nicht mit. Medi war ein schlankes stolzes Mädchen mit einer leicht gebogenen Nase, Heidi hatte ein Stupsnäschen. Medi ging selten an meiner Tür vorbei, ohne anzuklopfen und etwas von oben herab zu fragen: »Was machste? Gedichte?« Sie war überhaupt sehr überlegen. Unten bei ihnen im Wohnzimmer hing ein Ölbildnis ihrer Mutter, das mir sehr ähnlich schien. »Ich finde Mama hübscher!« sagte Medi, und ich erstaunte über dieses sachliche Urteil. Ich selbst hatte ja nie daran gedacht, ob meine Mutter hübsch sei oder nicht. Auch erzählte mir Medi, ihre Mutter habe gesagt, Beethoven sei wie guter alter Wein, Wagner aber sei Champagner. Da erstaunte ich wieder – diesmal darüber, daß jemand bei uns wohnte, der Aussprüche tat, die man geradezu drucken lassen konnte!

Das zweite Jahr in Untertertia machte ich bei Professor Schott durch. Nun wurde es mir, dem Repetenten, begreiflicherweise sehr leicht, gute Zeugnisse zu erzielen. Alle Schulaufgaben erledigte ich spielend. Schott war ein düsterer, schwerblütiger Mann, mit von schwarzem Haar umrahmter, vorgebauter Stirn, schwarzem Bart und gelbem Teint. Das erste Gedicht, das wir bei ihm lernten, war, für ihn sehr bezeichnend, das »Kind der Sorge« von Herder. (Er sagte: »Heddä«.)

> »...Dir, seiner Mutter, o Sorge,
> Wird es im Leben geschenkt.
> Du wirst, so lang es nur atmet,
> Es nie verlassen, dein Kind.
> Dir ähnlich wird es von Tage
> Zu Tage sich mühen ins Grab...«

Ein trübseliges Gedicht! Und es reimte sich nicht einmal! Was sollten wir jungen Burschen damit anfangen?

Im Sommer machten wir einen Klassenausflug am Schweizer Ufer des Bodensees entlang über Walzenhausen auf die Meldegg. Das war ein felsiger Bergvorsprung, hoch über dem breiten Tale des Rheins, bevor dieser in den Bodensee fließt. An Wolfgang berichtete ich darüber: »Während der Fahrt flog unserm guten sommersprossigen und rothaarigen Österle der Strohhut davon. Wir sammelten in Rorschach für ihn und kauften ihm für einen Franken zwanzig Rappen einen neuen, ich beteiligte mich daran mit einem Zwölftel. Herr Schott wurde im Lauf des Tages sehr leut- und redselig, was man nicht vorausgesehen hatte. Ich hatte ihn in meiner lateinischen Rede als dilectissimus, doctissimus und carissimus gefeiert und nehme an, daß diese Schmeichellaute seine sonst so verdorrte Zunge etwas geölt hatten.« Auf diese lateinische Rede sprach mich sogar unser Direktor Forster an. Er sagte, er habe zu seiner Freude von Herrn Schott gehört, daß ich darin nur einen einzigen Fehler gemacht, indem ich einmal den Nominativ statt des Vokativs gebraucht hätte. Im übrigen scheine ich ja der reinste Marcus Tullius Pipero werden zu wollen!

Auch dies Schuljahr schloß wie alle mit einer Feier in der Aula. Das Programm bestand aus achtzehn Nummern, von denen mir nur noch eine deutlich vorschwebt. Caemmerer, der Oberstensohn, deklamierte da in Frage und Antwort mit dem Pfarrerssohn Otto Kaiser das »Schloß am Meer« von Uhland. Es war für uns sehr komisch, wie der

kleine dicke Caemmerer zu dem langen hageren Otto Kaiser hinauf-
fragte:

> Hast du das Schloß gesehen,
> Das hohe Schloß am Meer?
> Golden und rosig wehen
> Die Wolken drüber her.

Und wie der lange Kaiser zuletzt mit Grabesstimme herunterant-
wortete:

> Wohl sah ich die Eltern beide
> Ohne der Kronen Licht,
> Im schwarzen Trauerkleide.
> Die Jungfrau sah ich nicht.

Wie immer stand am Schluß des Programms die Ansprache des Direktors. In ihr kam wohl fünfzigmal das Wort »Ideal« vor, unter dem
wir uns doch nur etwas sehr Langweiliges vorstellen konnten. Wir stießen uns schon immer an, wenn es unvermeidlich kommen mußte, und
brummten es leise mit. Aber schließlich nahm auch das ein Ende, und
wir konnten wieder einmal vom Schultor aus erleichtert nach allen
Seiten auseinandersprengen.

Für mich war es zugleich das letzte Konstanzer Schuljahr gewesen. Ein
neuer Horizont lockte in der Ferne: München!

Nach Vollendung seiner großen, mit etwa fünfhundert eigenhändigen
Zeichnungen versehenen »Burgenkunde« hatte mein Vater sich nach
einem Verleger umgetan und diesen in dem Münchner Hofbuchhändler Theodor Ackermann gefunden. Das Preußische Kultusministerium
hatte in Würdigung der wissenschaftlichen Bedeutung des Werkes die
Abnahme einer größeren Anzahl von Exemplaren zugesagt, mein Vater trug außerdem einen Teil der Kosten, so war also das Risiko für
den Verleger nicht mehr groß. Bei Gelegenheit dieser Verhandlungen
war mein Vater wiederholt nach München gefahren, und da lag der
Gedanke für ihn schließlich nicht mehr fern, ganz in diese Stadt über-
zusiedeln, die er von seiner Studentenzeit her in so gutem Andenken
hatte. Er hatte dort im Jahre 1863 zwei Semester Jus studiert.

Der Abschied von Konstanz fiel mir nicht allzu schwer. Dieser Abschied war ja mit dem von Penzlin in keiner Weise zu vergleichen. In
meiner Geburtsstadt hatte ich mit allen meinen Fasern gewurzelt, alles
andere war mir damals »fremde Welt« gewesen. Inzwischen war ich
vier Jahre älter geworden und hatte erfahren, daß es auch in dieser

fremden Welt sehr schön war. Die Aussicht, in die große berühmte Stadt München zu kommen und dort wieder ganz Neues zu sehn und zu erleben, war voller Verheißung.

Ich ließ in Konstanz auch keine Freunde zurück, an denen mein Herz gehangen hätte. Schmerzlich allein war mir der Abschied von unserm Haus und unserm Garten, in dem wir uns so glücklich gefühlt hatten.

Am Dienstag, dem 22. August 1893, fuhren die beiden Möbelwagen vor. Meine Eltern hatten alle Kisten und Kasten allein gepackt. Wir logierten die letzte Nacht im Hotel am Bahnhof, und am nächsten Morgen fuhren wir bei blendendem Wetter noch einmal über den ganzen weiten Bodensee.

In Lindau stiegen wir an Land. Ich hatte gleich ein Heft angefangen: »Neuestes Reisehandbuch Konstanz–München. Nach eigener Anschauung bearbeitet von einem Obertertianer«, aber wie so vieles kam auch dies über das Titelblatt nicht weit hinaus. Es war ja auch richtiger, zu schauen statt zu schreiben.

In Sonthofen und Oberstdorf machten wir Station, mein Vater benutzte die Gelegenheit und besuchte mit uns die Ruine Fluhenstein. Mir ist von da besonders der Anblick der in der Sonne liegenden grünen Bergflanken des Grünten haftengeblieben.

Am Donnerstag um fünf Uhr nachmittags kamen wir in München an und stiegen im Domhotel ab. Dieser Gasthof lag nach vorn an der Kaufingerstraße, nach rückwärts am Frauenplatz. So hatte ich denn kurz nach unsrer Ankunft schon das Wahrzeichen Münchens ganz nah vor Augen: die beiden roten, von Wind und Wetter geschwärzten Frauentürme mit ihren runden, grünen Kupferhauben.

LETTE SCHULJAHRE IN MÜNCHEN

Wenn ich heute sagen wollte, welchen Eindruck München damals auf mich machte, so käme ich in Verlegenheit. Im Laufe der Zeit haben sich für mich so viele Erlebnisschichten über den ersten Eindruck gelegt, daß sie diesen fast völlig verdeckt haben. Ich kann das München von damals nicht mehr darunter hervorsuchen, ja, ich wundere mich schon lange, daß das München, in dem ich heute als Sechziger herumgehe, noch dieselbe Stadt sein soll, in der ich 1894 als Gymnasiast mit kurzen Hosen zum erstenmal mich umsah. Und jetzt, wo es in Trümmern liegt, wo die großen Kirchen, Museen, Theater eingestürzt sind, wo die Straßen, von hohen Schuttwällen umsäumt, zumeist zwischen leeren, ausgebrannten oder gesprengten Häusern hinführen, in deren Kellern Tausende von Männern, Frauen und Kindern zerquetscht, erstickt und verkohlt sind, ist es noch schwerer, sich in das friedliche, unversehrte München von damals zurückzuversetzen.

Ich weiß heute keine Einzelheiten mehr von unserm ersten Herumstreifen damals in der Stadt. Sicherlich war ich ganz erfüllt von den unübersehbaren Möglichkeiten, die sich an allen Straßenecken auftaten. Nur zwei Erlebnisse sind mir geblieben: Im Schaufenster einer Kunsthandlung an der Brienner Straße sah ich einen echten Lenbach, einen echten Grützner und einen echten Defregger. Sie waren auf Staffeleien aufgestellt, die malerisch mit rotem Plüsch überhängt waren. Nun war ich also wirklich in einer Kunststadt und bekam Originalgemälde dieser berühmten Meister zu Gesicht! Ja, diese berühmten Meister, die ich schon von Penzlin her aus der »Kunst für Alle« kannte, wohnten mit mir in ein und derselben Stadt, und es war leicht möglich, daß ich ihnen auf der Straße begegnete. — Und Papa führte uns, um uns München sogleich in einem unüberbietbaren Eindruck zu präsentieren, auf die Theresienwiese und stieg mit uns Kindern (Mama war das »zu ungemütlich«) in die bronzene Bavaria hinauf, in deren

Kopf man auf Sofas sitzen und aus deren Augenlöchern man über ganz München hinwegsehen konnte.

Sicherlich bin ich auch bald in die Alte Pinakothek gegangen und habe da das Bildnis von Dürer mit den langen Locken gesehn, auf das ich schon so gut vorbereitet war. Die betrunkenen und grölenden Bauern von Brouwer gefielen mir sehr, sah ich doch schon in Penzlin gern Betrunkene auf der Straße. Der »Höllensturz« von Rubens, der blasse »Karl V.« von Tizian haben sich mir wohl schon gleich das erstemal tief eingeprägt. Aber wie dieser erste Besuch im einzelnen verlief, davon weiß ich nichts mehr. Ich glaube sogar, daß mir trotz allem »Seni vor der Leiche Wallensteins« in der Neuen Pinakothek einen größeren Eindruck machte als alle alten Meister.

In der Schack-Galerie, damals noch in dem verschnörkelten Hause vor den Propyläen, erfreute ich mich an den kleinen poetischen Bildern von Schwind, aber besonders gefiel mir auch der große Piloty »Columbus erblickt zum erstenmal Amerika«. Schon allein wie er auf der einen Seite vom bläulich-weißen Mondlicht, auf der andern von der rötlichen Laterne beleuchtet war, imponierte mir höchlichst! Ich erklärte, dies Bild sei lange nicht berühmt genug.

München hatte, als wir unsern Einzug hielten, etwa halb soviel Einwohner wie heute, und doch war es damals schon zwanzigmal so groß wie Konstanz. In Konstanz waren wir in den vier Jahren schließlich doch irgendwann einmal durch jede Straße gekommen. München dagegen hatte ganze Stadtteile, die größer waren als Konstanz, und in die wir vielleicht niemals eindringen würden.

Wenn ich mir das München von damals rekonstruieren will, so geschieht dies am besten dadurch, daß ich mir alles wegzudenken suche, was es noch nicht gab.

Eine Stadt, in der nur Pferdefuhrwerk verkehrt, ist heute schon eine kuriose Vorstellung. Sogar die Straßenbahn – feine Leute nannten sie Tramway – wurde von einem Pferd gezogen.

Schwabing, nun seit vierzig Jahren meine engere Heimat, war erst im Entstehen begriffen. Die Franz-Josef-Straße wurde gerade angelegt. An der Leopoldstraße stand unter Linden auf einem Dorfanger ein altes Kirchlein mit Zwiebelturm. Die Ludwigstraße war nicht gepflastert, sondern nur chaussiert. Wenn man an der Feldherrnhalle stand, konnte man die wenigen schwarzen Punkte der Fußgänger und Wagen bis zum Siegestor leicht zählen.

Keine unsrer heutigen Isarbrücken ist mehr die von damals. Die Bogenhauser Brücke war noch aus Holz, die Prinzregentenbrücke wurde eben erst aus rotem Sandstein erbaut. Sie wurde später vom Hochwasser weggerissen. Beim Aumeister und bei Grünwald gab es überhaupt noch keine Brücken. Wie viele Kirchen sind seitdem hinzugekommen und haben ihre Türme in die Silhouette der Stadt hineingeschoben: die Anna-, Lukas-, Maximilians-, Pauls-, Benno-, Josefs-, Erlöserkirche und viele andere. Ebensowenig gab es das Nationalmuseum, das Armeemuseum, das Deutsche Museum, das Prinzregententheater, das Schauspielhaus, das Volkstheater, die Tonhalle, das Künstlerhaus, die beiden Justizpaläste, das neue Rathaus, den Holzkirchner und den Starnberger Bahnhof. An der Isar fehlte das Müllersche Volksbad ebenso wie der Friedensengel. Es fehlte der Botanische Garten und der Tierpark, der Wittelsbacher Brunnen und der Hubertustempel Hildebrands. Der Gedanke daran, daß es einmal so etwas wie einen Flughafen geben könnte, befand sich ebenso außer aller Vorstellbarkeit wie das Fliegen selbst.

Doch heute liegt Altes und Neues, Unersetzliches und Gewöhnliches vom gleichen Unheil betroffen zusammengestürzt am Boden.

Durch die Straßen marschierte von Zeit zu Zeit himmelblaues Militär, und manchmal sah man den Prinzregenten Luitpold in offener Equipage durchs Hofgartentor nach Nymphenburg fahren, auf dem Bock der Kutscher und der Diener mit wehenden weißen Federbüschen.

Ich habe aufgezählt, was damals an München noch alles fehlte, und man könnte vielleicht fragen: ja, was war denn von der Stadt eigentlich überhaupt schon da, und könnte München klein und zusammengeschrumpft vor sich sehn. Und doch war jenes kleine München für mich unendlich viel größer als das spätere große. Die Stadt war damals unübersehbar und blieb es für mich noch viele Jahre. Ich fand mich wie in einem dichten Wald, in dem ich kaum über die nächsten Büsche hinwegblicken konnte. Von allen Seiten war Unvorhersehbares zu erwarten.

Unser Vater hatte in der Bürkleinstraße Nummer 10 im ersten Stock gemietet. Diese Straße bog von der Maximilianstraße ab – mein Vater versäumte nie, hinzuzusetzen: »da, wo sie breit wird«, denn das erfüllte ihn mit Befriedigung.

Als wir zum erstenmal erwartungsvoll mit ihm in das Haus traten, ermahnte er uns noch auf der Treppe: »Nun schreit aber gefälligst nicht Aah!, sonst denkt die Hausmeisterin, ihr habt noch nie ein so feines Haus gesehn!« Diese Mahnung war vielleicht nicht unbegründet, denn an den Zimmerdecken unsrer Wohnung befanden sich richtige Fresken, rosige Götter und Göttinnen wälzten sich da auf weißen Wolkenkissen. Mein Vater bezog das große Erkerzimmer mit den Butzenscheiben-Fenstern. Ich bekam mit Wolfgang ein gemeinsames Zimmer nach vorne heraus, in dem auch der Flügel stand. Wir konnten von unserm Fenster nach dem Klostergarten von St. Anna hinübersehn, wo langbärtige Mönche in braunen Kutten zwischen den Gemüsebeeten in Gesprächen auf und ab wandelten.

Unsere Einmarschstraße in die innere Stadt war infolge dieser Wohnungswahl sehr prächtig. Wir gingen zunächst die von elegantem Publikum belebte Maximilianstraße mit ihren gotisch-maurischen Spitzbögen-Fassaden entlang und kamen dann auf den weiten Max-Josefs-Platz, der von dem schweren Sandsteinbau der Residenz, dem säulen- und giebelgeschmückten Hoftheater und den Arkaden der Hauptpost eingefaßt war.

Alle jene Jahre waren wir in unserm Verhältnis zu München in der Richtung von Osten nach Westen orientiert. Erst viel später, als wir Schwabinger geworden waren, wurde durch die Leopold- und Ludwigstraße die nord-südliche Richtung für uns maßgebend.

Mein Vater hielt von jeher ein Haus für die sicherste Kapitalanlage. Deshalb hatte er schon vor unserer Übersiedlung, bei Gelegenheit seiner wiederholten Reisen nach München, dort ein Haus gekauft. Es war ein Eckhaus der Theresien- und Amalienstraße. Der große Eckladen wurde bald in ein Café umgewandelt, das »Café Stefanie«, das dann vor allem von Malern und Literaten besucht wurde und es später als »Café Größenwahn« zu Berühmtheit brachte. Auf Grund der Tatsache, daß dies große Haus »*unser* Haus« war, bildete ich mir damals übrigens eine sehr falsche Vorstellung von der Vermögenslage meines Vaters. Ich ahnte noch nichts davon, daß es so etwas wie Hypotheken gibt.

Mit unsern übrigen Besitztümern waren auch die drei Fahrräder in München angelangt, und eines Tages fuhren mein Vater, mein Bruder Wolfgang und ich auf ihnen durch die Stadt: mein magerer, langbeiniger Bruder auf dem Hochrad voran, ich auf dem halbhohen Knabenrad in der Mitte und mein graubärtiger Vater auf seinem Dreirad als Beschluß. Wir erregten damit bei manchem Passanten etwas Verwunderung, immerhin war eine solche Veranstaltung damals noch *möglich*, während sie schon ein paar Jahre später nur noch etwa als Reklamefahrt für ein Varieté hätte gelten können.

Von den ersten Münchner Tagen an stand die Frage: »Wie wird es hier mit dem Gymnasium werden?« etwas beklemmend am Horizont, wenn ich auch die Fähigkeit, unangenehme Dinge ruhig an mich herankommen zu lassen, ziemlich ausgebildet hatte.

Das Wilhelmsgymnasium war nicht weit von unsrer Wohnung, ich brauchte eigentlich nur bei der neuen St.-Anna-Kirche um die Ecke zu gehn. Neben ihm, auf einem runden Platz, stand das Max-Monument — in München sagte man Monument statt Denkmal — und dahinter floß die grüne Isar. Wieder wie in Konstanz mußte ich peinlicherweise einzeln eine besondere Aufnahmeprüfung machen und wurde dann zunächst mit einer Probezeit von sechs Wochen aufgenommen. Ich kam nicht nach »Obertertia«, wie es in Konstanz geheißen hätte, sondern in die »Fünfte Klasse«. Es gab hier auch keinen Ordinarius mehr, sondern einen Klaßleiter.

Das ganze Stadtviertel hieß das Lehel, volkstümlicher: das Lechel. Neben der St.-Anna-Kirche stand eine große Volksschule. Allmorgendlich kreuzte sich der Strom der Gymnasiasten mit dem der groben »Lechler«, und oft gab es Anrempelungen und Schlägereien.

Mein erster Klaßleiter war Professor Landgraf, der Verfasser einer berühmten lateinischen Grammatik. Er war groß und stattlich, hatte einen breiten kurzen Vollbart, freundliche braune Augen und ein beginnendes Bäuchlein. Ein Vierteljahrhundert später haben ihn meine beiden Söhne noch als Rektor des Max-Gymnasiums gehabt.

Was meine Mitschüler anbelangt, so staunte ich über die Träger berühmter Namen und auch über die vielen Freiherrn und Grafen. Es gab da einen Pettenkofer, zwar keinen Enkel, sondern nur einen Großneffen des berühmten Mannes. Aber immerhin: er konnte mir auf meine Bitte einen Namenszug seines Großonkels mit in die Klasse bringen. Den habe ich noch heute in meiner Autographensammlung. Ferner war da ein Kaulbach, ein Enkel Wilhelm v. Kaulbachs, dessen »Zerstörung Jerusalems« eine ganze Wand in einem Riesensaal der Neuen Pinakothek bedeckte. Sein Vater war Hermann Kaulbach, von dem es die allbekannte Maria mit den wie echt schimmernden Tränen

gab. Auch mein Mitschüler Kaulbach besaß Zeichentalent. Ich hatte
natürlich mit der Geschichte von Karl XII. und dem Grafen Piper
nicht lange hinter dem Berge gehalten, und so zeichnete Kaulbach in
der Pause einmal mit Kreide auf die Tafel ein paar Landsknechte mit
Spießen und schrieb darunter: »Aus dem Troß des Grafen Piper«,
was allerdings ein grober Anachronismus war. Die Klasse fand das so
schön, daß sie ihn verhinderte, das Kunstwerk auszulöschen, bevor
Herr Landgraf hereinkam. Dieser hütete sich aber wohl, die Zeichnung zu loben und dadurch zu weiteren Disziplinlosigkeiten solcher
Art zu ermuntern. Er wollte aber auch nicht geradezu als Kunstfeind
erscheinen und beschränkte sich deshalb auf ein sauersüßes Lächeln.

Daß die Klasse so viele Freiherrn und Grafen beherbergte, hing eines-
teils damit zusammen, daß das Wilhelms-Gymnasium von den adligen
Familien der Residenz bevorzugt wurde, dann aber auch mit der Nähe
der Pagerie. Diese war im Maximilianeum untergebracht, dem hoch-
ragenden, pompösen Gebäude, das die Maximilianstraße jenseits der
Isar breit abschließt. Die meisten dieser Adeligen waren »Pagen«, sie
kamen in blauer und schwarzer Uniform in die Klasse, mit einem Steg
an der scharf gebügelten Hose, und hinter ihnen ging ein königlicher
Diener in hellblauer Livree. Dieser holte sie auch von der Schule ab.
Sonntags trugen sie einen zierlichen Degen mit versilbertem Griff an
der Seite. Bei festlichen Gelegenheiten hatten sie in der Residenz
Dienst zu tun. Sie sollten früh daran gewöhnt werden, Hofluft zu
atmen. Wir beneideten sie, weil sie die französische Stunde nicht mitzunehmen brauchten – Französisch hatten sie schon längst, sozusagen
mit der Muttermilch, eingesogen. Zu jener Zeit verliebte sich eine
bayrische Prinzessin in einen Pagen und war mit ihm, wenn ich mich
recht erinnere, sogar geflüchtet. Jedenfalls machte der Vorfall auch in
unserer Schule großes Aufsehen, und ich wunderte mich, daß unsere
Pagen ihren Gefährten einhellig und entrüstet verurteilten, anstatt
auf diesen Helden aus ihren Reihen stolz zu sein.

Unter meinen Klassengenossen befand sich ein Graf Larosée, der später Lenbachs Tochter Marion heiratete, und ein hakennasiger Graf
Hertling. Dieser benahm sich einmal ungebührlich, worauf der Lehrer sehr streng zu ihm sagte: »Das schickt sich nicht für den Träger
eines solchen Namens!« Dann gab es da noch einen Freiherrn von Kra-
mer, brummig, aber gutmütig, und einen Freiherrn von Roman, blaß
und frech. Über die Freiherrn und Grafen ragte dem Stande nach noch

hinaus ein Fürst Öttingen, ein bescheidener, hagerer, dunkeläugiger Junge, der keinerlei Aufmerksamkeit erregte.

Der Primus der Klasse war Emil Wolff, Sohn eines Sensals, das heißt Börsenmaklers, klein, rotblond, mit wasserblauen Augen. Er war nicht allein sehr klug, sondern auch sehr fleißig, weshalb er vom Klaßleiter offiziell »der Musterschüler« genannt wurde.

Nachdem ich in der Klasse etwas warm geworden war, machte ich Wolff und zwei anderen Mitschülern, die mir würdig genug erschienen, den Vorschlag, eine Zeitschrift zu gründen. Da es den »Pan« schon gab, nannten wir sie — um diesen noch zu übertrumpfen — »Pasi-Pan«. — »Allen Alles!« Ein Hektographenapparat wurde auf gemeinsame Kosten angeschafft, an Beiträgen war kein Mangel, Zeichnungen wurden im Original eingeklebt. Auch Wolff brachte etwas, und zwar einen Aufsatz über die historische Gestalt des Faust. Ich war begeistert, dann aber wurde ich mißtrauisch. Dies konnte doch unmöglich auf »eignen Forschungen« beruhen? War es etwa einfach abgeschrieben? Wolff gab das zögernd zu mit der lahmen Entschuldigung, er habe zu viel mit Schularbeiten zu tun gehabt. Das hatte ich von ihm denn doch nicht erwartet! Es gab meinem Eifer für die Zeitschrift einen argen Stoß, und da ohnehin die Arbeit des Hektographierens und Abziehens an mir allein hängengeblieben war, erlosch das Feuer schon bald, nachdem es aufgeflammt war. Wolff und ich machten infolgedessen Schmähgedichte aufeinander.

Am meisten freundete ich mich mit Hans Schwarzbacher an, dem Sohn eines Landgerichtsrats. Er hatte eine hübsche Schwester mit dickem Zopf. Wir interessierten uns beide sehr für Dichter, auch für solche, die nicht in der Schule »drankamen«. Ich hatte mich immer mehr an die ältere deutsche Literatur gehalten und mich sogar mit Gottscheds Tragödie in gereimten Alexandrinern »Der sterbende Cato« eingelassen — ein Werk, von dem heute höchstens noch in germanistischen Seminaren die Rede ist. Ich überredete Schwarzbacher, sich den Cato auch zu kaufen, es gab ihn merkwürdigerweise in Reclams Universal-Bibliothek. (Später ist er daraus verschwunden.) Da zeigte sich nun unsere verschiedene Einstellung zum Leben. Ich begleitete ihn zur Franzschen Hofbuchhandlung in der Perusastraße. Während ich mir immer zu Hause schon die Nummer des Reclamheftes einprägte, um ja den Herrn in der Buchhandlung nicht zum Nachschlagen zu nötigen, betrat Schwarzbacher ganz als feiner Mann den Laden und sagte: »Äh...

ich möchte ... (zu mir) wie heißt es doch noch ... ach richtig, ja! ... ich möchte den sterbenden Cato haben ... von Gottsched ... sehen Sie doch mal nach!« Der Gehilfe (zögernd): »Ich glaube nicht, daß wir den auf Lager haben.« S.: »Nicht auf Lager? Sie haben doch Reclam. Er ist doch in Reclam erschienen!« Der Gehilfe: »Ach so, in Reclam!« S.: »Gewiß, in Reclam, das habe ich doch gleich gesagt!« Nun mußte der Gehilfe erst zum Verzeichnis gehn, nachblättern, um die Nummer festzustellen, dann auf die Leiter steigen und das Heft herunterholen und präsentieren. »Was kostet es?« Schwarzbacher tat so, als wisse er nicht, was eine Reclam-Nummer koste, dann legte er seine zwanzig Pfennige lässig auf den Tisch. So verstand er, aus seinem Kauf eine vornehme Angelegenheit zu machen. Er hatte es eben sehr früh gelernt, herrenmäßig aufzutreten. Mir ist das erst viel später und auch dann nur schwach gelungen. Übrigens erklärte er nach ein paar Tagen den sterbenden Cato für ledernes Zeug und war empört, daß ich ihn ihm aufgeschwatzt hatte. Aber über vieles andere verstanden wir uns doch sehr gut.

Ich habe ihn nach Jahrzehnten nochmals gesprochen. Er war Universitätsprofessor für Kirchenrecht geworden – ein Gebiet, das ich mir nun meinerseits nur als recht ledern vorstellen konnte. Nach Hitlers Putsch an der Feldherrnhalle hatte er, mit staatsrechtlicher Begründung, eine Broschüre geschrieben, die an der Stellung Kahrs, des damaligen »Diktators«, Kritik übte. Sie wurde von diesem sofort verboten, was aber nicht hinderte, daß man sie sich als Drucksache vom Stuttgarter Verlag kommen lassen konnte. Das gab mir den äußeren Anstoß, Schwarzbacher nach so langer Zeit einmal zu besuchen, nur um des Wiedersehens willen. Ich dachte nicht im entferntesten daran, ihn um ein Manuskript zu bitten, das ja auch in meinen Verlag gar nicht gepaßt hätte. Er konnte sich aber merkwürdigerweise offenbar keinen andern Grund meines Besuchs vorstellen und beteuerte ein übers andere Mal: »Nein, ein Manuskript von mir bekommen Sie nicht. Machen Sie sich keine Hoffnung!« So blieb das Wiedersehen etwas unbefriedigend. – Er ist verhältnismäßig jung gestorben.

Auch ein andrer Mitschüler wurde Universitätsprofessor, und zwar für Geschichte, Hans Steinberger. Schon auf der Schule war er in Geschichte sehr beschlagen. Er belehrte mich, daß Karl XII. eigentlich gar kein Schwede, sondern ein Wittelsbacher sei. Das war mir gar nicht recht, ja, es ärgerte mich. Mein Held aus dem Norden sollte einfach ein Wittelsbacher sein, wie es sie hier zu Dutzenden gab? Ich bemühte mich, das zu ignorieren.

Karl Sepp sah ich viele Jahre später in seiner schönen Wohnung am behäbig breiten Marktplatz von Fürstenfeldbruck wieder. Er hatte ein verdienstvolles Buch über Landschaftspflege und Naturschutz und über ländliche Baukultur geschrieben.

Karl Rottmann, aus der Familie des berühmten Landschafters, war Mitarbeiter des Pasi-Pan. Er steuerte dazu Zeichnungen im Stil altholländischer Landschaftsstiche bei. Mit ihm blieb ich noch in den Jahren nach meiner Schulzeit in Verbindung. Er und sein Freund Jenke, den ich jetzt noch von Zeit zu Zeit in seiner kleinen Münzenhandlung an der Maximilianstraße aufsuche, mußten geduldig zuhören, wenn ich ihnen als damaliger Buchhändlerlehrling aus dem »Papa Hamlet« von Arno Holz vorlas. Meine Schwärmerei für dessen grotesken Naturalismus konnten sie jedoch durchaus nicht teilen.

Lothar Mayring war rothaarig und hatte einen runden Schädel mit großen verwunderten blauen Kugelaugen. Er glänzte in Mathematik, weshalb ich ihn kurzweg für ein Genie hielt. Mir hat überhaupt immer das sehr imponiert, was ich selbst nicht konnte. Mayring tauchte später nach langen Pausen immer wieder auf. Einmal hatte er einen Zigarrenladen in der Ludwigstraße. Dann verschwand er in Amerika. Dann las ich seinen Namen auf einem Filmplakat. Und wieder späterhin erkannte ich ihn plötzlich auf der Bühne der Kammerspiele in einer kleinen Rolle der »Beiden Veroneser«. Da bat ich ihn dann zu mir in den Verlag, und wir schwatzten von alten Zeiten.

In Konstanz hatte ich ein besonders nahes Verhältnis zu dem Vikar gehabt, der uns Religionsstunde gab. Auch am Münchner Gymnasium fesselte mich die Persönlichkeit des Religionslehrers. Er hieß Engelhardt, war klein und schwarzhaarig. Religiöse Fragen hatten mich schon immer sehr beschäftigt, ja beunruhigt. Mich quälten Zweifel darüber, ob es für Sünder wirklich eine ewige Verdammnis gebe oder ob wir schließlich doch alle erlöst würden. Die Predigten brachten mir darüber keine Gewißheit. In der einen wurde mit der Hölle als einer wirklichen Gefahr für den nicht Reumütigen gedroht, in einer anderen wurde allen die Gnade Gottes verheißen. Immer wieder aber hieß es, nur der könne selig werden, der den Glauben habe. Wenn nun aber

einer mit dem besten Willen nicht alles glauben *konnte*, was im Katechismus stand – und ich fürchtete, mir könne es einmal so gehn –, wurde
dieser dann verdammt? Auch sollten wir darüber traurig und zer-
knirscht sein, daß Christus, um uns zu erlösen, am Kreuze hatte leiden
müssen. Da fragte ich Engelhardt einmal, weshalb Christi Kreuzestod
denn notwendig gewesen sei, Gott hätte uns doch auch auf andere
Weise erlösen können. Er schnitt meine Frage, wie mir schien, etwas
hastig ab mit der Antwort, das sei ein unerforschlicher Ratschluß.

Der von mir schon genannte Freiherr v. Roman fragte ihn einmal
vorwitzig wegen einer etwas heiklen Stelle im Alten Testament um
Auskunft. Darauf rief er, rot vor Zorn: »Wer ein Schwein sein will,
der sei ein Schwein!«

Ich fühlte mich im katholischen München, ebenso wie im katholischen
Konstanz, durchaus bewußt als Protestant. Luther, der allein auf sich
stehende, unerschrockene Streiter, der nichts gelten ließ, was nicht vor
seinem Gewissen bestand, der die Vergewaltigung durch den römischen
Papst abschüttelte, war mir der große deutsche Held. Die »Augsburger Konfession« wurde in der Klasse genau durchgenommen, und ich
schrieb ihre Grundgedanken besonders schön auf ein Folioblatt. Die
Katholiken taten mir leid, weil sie auf so offensichtlich falschem Wege
waren.

Die für uns zuständige Kirche war St. Markus an der Gabelsbergerstraße, viel schöner als die Konstanzer. An ihrer spitzen Neugotik mit
den vielen Häkchen nahm ich begreiflicherweise in jenen Jahren keinen Anstoß. In dieser Kirche wurde ich Ostern 1895, also noch während meines ersten Münchner Jahres, konfirmiert. Uns Mecklenburgern war dies frühzeitige Konfirmieren auffallend und ungewohnt.
Professor Engelhardt hatte mir aber selbst dazu geraten, und es war
vielleicht gut, es zu einer Zeit zu tun, wo ich noch nicht allzusehr von
Zweifeln an dem, was ich zu bekennen hatte, hin und her geworfen
wurde.

Den Konfirmandenunterricht hatten wir mit Volksschülern zusammen
im Schulhaus an der Herrnstraße, in der Gegend des Hofbräuhauses.
Er wurde in schöner und würdiger Weise von Pfarrer Veit, dem späteren Kirchenpräsidenten, erteilt. Leider hatte aber der Unterricht auf
die Volksschüler durchaus keine läuternde Wirkung. Diese lauerten
uns Gymnasiasten vielmehr von Zeit zu Zeit auf dem Heimweg auf
und überfielen uns. So wurde ich, der ich friedlich dahinging, plötz-

lich von vier bis fünf Burschen umzingelt, mit den Fäusten bearbeitet und mit Füßen gestoßen, und nicht etwa aus »Gaudi«, sondern mit gefletschten Zähnen und unter wüsten Flüchen.

Die Konfirmation in der Markuskirche war sehr eindrucksvoll. Meine Eltern hatten mit den anderen einen Platz zur Seite des blumengeschmückten Altars. Auch mein Vater also, der sonst das Kirchengehn nicht mehr pflegte, war gekommen — für mich eine große Auszeichnung. Die Sonne strahlte durch die hohen schmalen Fenster, was besonders auch meine Mutter als den Ausdruck eines wirklichen Segens von oben empfand.

In der nächsten Klasse bekamen wir den etwas beleibten Herrn Toussaint zum Klaßleiter. Er hatte gelocktes dunkles Haar, schmale, höckerige Nase und einen Spitzbart. Auch er war, wie Herr Landgraf, ein humaner Mann. Im Griechischen revolutionierte er die Aussprache. Das B mußten wir wie W sprechen, also statt Basileus Wasileus sagen. Das erregte allgemeines Kopfschütteln. Ich schilderte in einem Gedicht, wie der Professor sich bemüht, seiner kleinen Tochter beizubringen, daß sie statt Papa Wawa sagen müsse. Sie bleibt aber ungerührt und ärgert ihn mit weiterem Papasagen. Das Poem schloß:

> »Wawa, der vor Wut erwlich,
> wrummt' in'n Wart und drückte sich.«

Einmal kam in der deutschen Stunde die Rede auf Goethes Herkunft. Ich hob den Finger und zitierte:

> »Vom Vater hab ich die Statur,
> des Lebens ernstes Führen,
> vom Mütterchen die Frohnatur
> und Lust zu fabulieren«,

worauf Toussaint wohlwollend sagte: »Nun, ich sehe doch, du liest etwas!« Ich dachte mir: wenn du eine Ahnung hättest, was ich schon alles gelesen habe! — Wirklich, wenn ich überhaupt in etwas glänzte, dann war es die sogenannte Privatlektüre.

Vor allem hatte ich mich mit Lessing beschäftigt, den mein Vater in drei dicken, fast würfelförmigen, braunen Lederbänden besaß. Mich fesselte nicht so sehr der Dichter wie der Mensch, und bei diesem wieder vor allem der Streiter. In meiner Jugend, so zwischen fünfzehn und neunzehn, hatte ich – und es geht wohl auch andern so – eine Vorliebe für das Scharfe, Witzige, für schneidende Polemik, für Niederschmetterung des geistigen Gegners. Lessings Streitschriften entwickelten sich vor mir wie ein spannendes Drama. Er ließ mich an dem Entstehen seiner Gedanken teilnehmen. Sein »Vademecum für den Pastor Lange« war mir interessanter und spannender als Romane, wie sie meine Mitschüler lasen. Seine pointierten kecken Sinngedichte schrieb ich mir alle in sauberster Miniaturschrift in ein Büchlein in Westentaschenformat ab. Besonders gefielen mir die Fabeln in ihrer gedrungenen Prosa. Auch seine »Abhandlung über die Fabel« las ich und erlebte die Auseinandersetzung mit seinen Gegnern wie gegenwärtig geschehend mit. Von da aus kam ich auf die Fabeln überhaupt. Von den lateinischen des Phädrus übersetzte ich viele zu meinem Vergnügen in deutsche Verse. Gellert und Lichtwer folgten. Sie kaufte ich in hübschen alten Ausgaben auf der Auer Dult, einem Jahrmarkt, der auf dem weiten Platz um die Mariahilfkirche in der Vorstadt Au, jenseits der Isar, abgehalten wurde. Da gab es lange Bücherstände mit der Aufschrift »Jeder Band 20 Pfennig«. Dort zu kramen, das war so recht mein Fall. Auch einen Band Matthias Claudius brachte ich heim mit Kupfern von Chodowiecki. Bei Gellert gefiel mir der schalkhafte Witz, der leichte Fluß der Verse, die sich so ungezwungen reimten. Ich las auch seine Biographie und in ihr besonders gern seine Unterhaltung mit Friedrich dem Großen, die er selbst so genau berichtet hat. Er rührte mich auch sehr als Christ. In einem Bande, den ich gleichfalls auf der Auer Dult entdeckte, standen »Trostgründe in langem Siechtum«. Meine Mutter hatte damals unter langwierigen Rheumatismusanfällen viele Schmerzen auszustehn. Ich wollte ihr deshalb diese »Trostgründe« zum Lesen geben. Das war ihr aber denn doch zu arg. Bei ihrem heitern Temperament hatte sie solche Trostgründe gar nicht nötig, und von »langem Siechtum« wollte sie erst recht nichts hören.

Mehr und mehr drang ich in die ältere deutsche Literatur ein, und sie ist bis auf den heutigen Tag meine besondere Liebhaberei geblieben. Mein Leitfaden durch dies Gebiet war damals Max Kochs »Deutsche Literaturgeschichte«, ein dicker Band der Sammlung Göschen, der glücklicherweise nur achtzig Pfennige kostete. Ich bedeckte seine Ränder mit Notizen. Besonders hielt ich mich an das 17. Jahrhundert, weil ich gesehn hatte, daß dieses in den Literaturgeschichten allgemein mißachtet wurde. (Ich nahm mich immer gerne des Verachteten, hochmütig Abgetanen an.) Ich sammelte Proben aus deutschen Dichtern, wie andere Schüler Briefmarken sammelten. Mein Vater ließ sich nach vielem Bitten herbei, von der Staatsbibliothek, die er oft besuchte, einmal auch Bücher für mich zu entleihen. Es waren Gödekes »Elf Bücher deutscher Dichtung« und Heinrich Kurz' »Geschichte der Deutschen Literatur mit ausgewählten Stücken aus den Werken der vorzüglichsten Schriftsteller«. Da konnte ich in Proben schwelgen! Aber ich wollte solche Proben nicht nur lesen, sondern auch besitzen, und so schrieb ich mir mit Ausdauer ein dickes Heft zusammen von der Reformationszeit bis zum Rokoko. Sogar ein ganzes Kapitel aus Gottscheds Kritischer Dichtkunst: »Von verblümten Redensarten«, war darunter. Aus Zinkgrefs Anekdotensammlung »Apophthegmata« von 1628 schrieb ich allein mehr als zwanzig Seiten ab, und das Buch von Otto Schulz über die Sprachgesellschaften des 17. Jahrhunderts kopierte ich von vorn bis hinten. Auch eine Mappe »Opitziana« legte ich mir an. Zum Gesangbuch machte ich ein alphabetisches Register nach den Dichtern, denn was mich als Gesangbuchlied so manches Mal gelangweilt hatte, freute mich jetzt als »Probe«.

So war ich eigentlich auf dem besten Wege, Germanist oder Philologe zu werden. Ich bereue es auch nachträglich nicht, auf diese alten Dichter so viel Zeit verwandt zu haben. Ich wurde dadurch um viele Gestalten bereichert, die mir heute noch lebendig sind, wie der innige Paul Fleming, der pathetisch melancholische Andreas Gryphius, der mystisch übersteigerte Angelus Silesius, der geschichtenreiche, humorvolle Abraham a Sancta Clara, der überschäumende, früh sich verzehrende Johann Christian Günther. Von dem letzten gab es eine Auswahl bei Reclam. Da war in einem Gedicht eine Strophe als anstößig unterdrückt. Ich bat meinen Vater um die Originalausgabe, die er mir arglos von der Staatsbibliothek mitbrachte. So konnte ich das amputierte Gedicht wiederherstellen und dem Herausgeber, der mich bevormunden wollte, ein Schnippchen schlagen.

Hätte mir damals jemand die obengenannten Werke von Gödeke oder Kurz geschenkt, er hätte mich zum glücklichsten der Sterblichen gemacht. Etwa zwanzig Jahre später kaufte ich sie mir. Sie waren mir auch dann noch sehr wert, aber das Glück, das ich dabei empfand, reichte doch nicht mehr entfernt an das heran, das mir ihr Besitz in jenen Gymnasiastenjahren bedeutet hätte, und hauptsächlich kaufte ich sie mir auch nur, weil ich sie als junger Mensch mir so brennend gewünscht hatte.

Im Laufe meines späteren Lebens brachte ich dann auch noch eine große Zahl von Erstausgaben deutscher Dichter von Fischart bis Jean Paul zusammen. Ihre von vielen Vorbesitzern glattgeriebenen und angerauchten Pergament- und Lederbände schmücken in langer Reihe meine Bücherwand, und ich vertiefe mich an stillen Abenden immer wieder mit Vergnügen in ihre geistige Welt. —

Das zweite Münchner Schuljahr näherte sich seinem Ende. Schon in Konstanz hatte es eigentlich festgestanden, daß ich nichts andres als Buchhändler werden wolle und könne, und hieran hatte sich auch in den beiden Münchner Jahren nichts mehr geändert. Es war auch schon so gut wie beschlossen, daß ich mit der Berechtigung zum »Einjährigen« abgehen werde.

An einem Abend kurz vor Ende des Schuljahrs, als ich schon im Bett lag, hörte ich nebenan eine Beratung meiner Eltern darüber, ob ich nicht besser doch das Gymnasium zu Ende besuchen solle. Da rief ich laut durch die Tür: »Auf keinen Fall! Da verliere ich ja nur meine Zeit!« Ich hatte geradezu das körperliche Gefühl, daß meine Beine nun lange genug unter einer Schulbank abgeknickt gewesen wären und daß nun etwas Neues kommen müsse.

In diesen letzten Wochen erkundigte sich ein Lehrer, was wir werden wollten. Der eine sagte, er wolle zum Konsulat gehn, was mir ungeheuer fein vorkam. Ich hatte schon auf der Zunge zu sagen: »Buchhändler«, korrigierte das aber im letzten Augenblick in »Verlagsbuchhändler«. Ich dachte damals nur an eine Sortimenterlaufbahn, aber »Verlagsbuchhändler« erschien mir plötzlich vornehmer. Er stand ja nicht hinterm Ladentisch. Kaum aber hatte ich das ausgesprochen, so brach die Klasse in ein Gelächter aus, und der Lehrer fragte mich erstaunt: »Wirst du denn nicht promoviert?« Einen anderen Grund konnte er sich offenbar für diese Berufswahl nicht denken. Nur ein Sitzengebliebener konnte seiner Meinung nach auf diesen Ausweg verfallen.

Für die Schüler, die gleich mir mit der Berechtigung zum einjährigen Militärdienst abgehen wollten, genügte es nicht, versetzt zu werden, sie mußten auch noch eine besondere Schlußprüfung ablegen. In dem beglückenden Vorgefühl, bald nie mehr in die Schule gehn zu müssen, war ich sehr leichtsinnig geworden und hatte nur noch gerade das Nötigste gelernt. Die letzten Gesänge der Odyssee z. B. hatte ich überhaupt nicht mehr präpariert, und gerade mit ihnen kam ich dran. Aber wie durch ein Wunder wurde mir alles – ich wußte nicht einmal recht, woher die Stimme kam – scharf und deutlich vorgesagt. Ich ging wie auf hohem Seil über einen Abgrund.

Als ich danach das Portal des Gymnasiums erleichtert durchschritt, hatte ich also meine Schulzeit ein für allemal hinter mir! Aber wenn ich nun auch nicht mehr am hellen Tage unter Schulängsten zu leiden hatte, so hatte ich sie doch noch oft genug im Traum auszustehn. Mein Vater hatte uns erzählt, daß auch er noch bis in sein Mannesalter hinein von solchen Angstträumen verfolgt worden sei. Wenn ich aus solcher Beklemmung aufwachte, dehnte ich mich wohlig im Bett und dachte: »Ach, wie wunderschön! Nun kannst du nie mehr aufgerufen werden!«

IN DER BUCHHÄNDLERLEHRE

Am 1. August 1895 trat ich in die Palmsche Hofbuchhandlung in der
Theatinerstraße als Lehrling ein, noch nicht ganz sechzehn Jahre alt.
Das ist also nun über ein halbes Jahrhundert her. Ich war so begierig
auf meinen Beruf, daß ich nicht einmal vorher noch die großen Ferien,
deren ich mich sonst den ganzen August hindurch hätte erfreuen können, auskostete.

Ich weiß nicht mehr, durch welche Umstände ich zu Palm kam. Hatte
die Buchhandlung durch ein Inserat einen Lehrling gesucht oder klebte
nur ein dahinlautender Zettel an der Schaufensterscheibe? Jedenfalls
waren meine Eltern und ich wohl der Ansicht gewesen: »Buchhandlung ist Buchhandlung«, und mein Vater hatte sich deshalb auch nicht
erst näher erkundigt, ob ich gerade hier alles das gut lernen könne,
was ein richtiger Buchhändler braucht.

An einem Sonntagvormittag ging er mit mir hin – denn damals waren
die Läden auch am Sonntag von 10 bis 1 Uhr offen –, sprach mit dem
Chef August Öhrlein, und binnen wenigen Minuten war mein Schicksal für die nächsten drei Jahre besiegelt.

Statt in eine modern geleitete und interessante Buchhandlung war ich
leider in eine ziemlich zurückgebliebene gekommen. Ich darf das heute
aussprechen, denn ihr späterer Besitzer, Robert Pergler, hat dem ver-
alteten Geschäft wieder neues Leben eingehaucht. Aber bei Palm hätte
es damals zehnmal interessanter sein können, als es war – die ersten
Wochen hätten doch für mich eine furchtbare Enttäuschung bedeutet.
Den ersten Abend, nach zehnstündigem Stehen im Laden, kam ich sogar mit Tränen nach Hause. War ich als Gymnasiast sozusagen schon
mein eigener Herr gewesen, so kam ich mir hier in der ersten Zeit
völlig versklavt vor. Nicht, weil ich geduzt und Reinhard gerufen wurde,
morgens um 7 Uhr mit dem Ausgeher den Laden aufmachen und abstauben mußte, sondern weil mir für mich selbst überhaupt keine Zeit

mehr blieb. Abends wurde das Geschäft erst um halb acht Uhr zuge-
macht, man konnte, nachdem man den ganzen Tag auf seinen Beinen
gestanden hatte, eigentlich nur noch müde ins Bett sinken. Ich war aus
Liebe zu den Büchern Buchhändler geworden, aber statt ihnen näher
zu kommen, war ich nun erst recht von ihnen abgesperrt, denn es blieb
ja keine Zeit für sie. Ja, wenn es damals schon die achtstündige Ge-
schäftszeit gegeben hätte! Wieviel bedeuten nicht täglich zwei Stunden, die man für sich hat! Sogar am Sonntagmittag mußte man ins
Geschäft, der Tag war dadurch vollständig zerrissen, nur im Sommer
hatte ich jeden zweiten Sonntag frei, also nur etwa dreizehn Sonntage
im ganzen Jahr.

Bald nach meinem Eintritt hatte der bisherige Lehrling, Karl Auer,
der stiernackige Sohn eines Allgäuer Tierarztes, ausgelernt. Er wurde
mein Vorgesetzter und zeigte mir mit jeder Miene, daß ich tief unter
ihm stehe. Ich dachte mir: Wie nett würde *ich* zu einem Lehrling sein,
den ich anzulernen hätte! Dagegen glaubte dieser Herr Auer, er müsse
sich vor allem durch Grobheit bei mir in Respekt setzen. Einmal stieß
er mich im Zorn gegen einen Glasschrank, daß die Scheibe zerbrach.
Wäre er mir mit Wohlwollen begegnet, so hätte meine ganze Lehrzeit
ein freundlicheres Gesicht bekommen.

Außer mit Auer hatte ich vor allen Dingen mit dem ersten Gehilfen,
Ferdinand Grubert, zu tun. Dieser war schon seit Jahrzehnten im Geschäft. Er entwickelte wenig Initiative, ließ vielmehr alles im alten
Gleise weiterlaufen. Der Vertrieb der Neuerscheinungen z. B. beschränkte sich auf Ansichtssendungen. Diese erregten ständig den Unmut des Ausgehers Josef, denn er mußte die Pakete nicht nur austra-
gen, sondern auch wieder zurückschleppen. Die Ansichtssendungen gingen immer wieder an dieselben Kunden, auch wenn viele von ihnen
seit Jahr und Tag kein Buch mehr behalten hatten. Herr Grubert
schrieb die Sendungen auf das Kundenkonto, während er mir gleichzeitig die Begleitrechnung diktierte. Da kam einmal eine Künstler-
monographie vor, betitelt »A. van Dyck«. Ich schrieb, ohne mir viel
dabei zu denken, auf die Rechnung: *Anton* van Dyck. Unwillig rief er:
»Was schreibst denn Anton? Er kann ja auch Adolf heißen!«

Im Sommer kamen Engländer, die Tauchnitzbände oder einen Baedeker kauften. Dann exzellierte Herr Grubert mit seinen Sprachkennt-
nissen. Wurde er nach dem Weg gefragt, konnte er »the next corner of
the street« mit solchem Akzent sagen, daß es mir echt englisch vorkam.

Der Chef kümmerte sich fast gar nicht um sein Geschäft. Er war ein magerer, langer Fünfziger mit roten Bäckchen, kleinem Kinnbart und dünnem Scheitel auf dem hohen spitzen Schädel. Er kam meist nur mittags eine halbe Stunde. Im Geschäft erzählte man sich, daß er vorher in einer Weinstube am Promenadeplatz ausführlich frühstücke. Ebenso kam er abends nur kurz vor dem Zumachen. Von Zeit zu Zeit brach seine cholerische Gemütsart durch. In solchen Momenten warf er dem alten Grubert entrüstet vor: »Unsre alten Kunden sterben und Neie kommen net dazu!« Trotzdem tat er selber kaum etwas, um das zu ändern. Er lebte übrigens in guten Verhältnissen und hatte ein Landhaus am Schliersee. Jeder Lehrling wurde während seiner Lehrzeit einmal dorthin eingeladen, und so auch ich. Ich durfte ihm beim Angeln zusehn, wobei er sagte: »Das Angeln is eigentlich eine Schweinerei.« Er meinte damit wohl das Würmeraufspießen und das Totschlagen der Fische.

In den drei Lehrjahren hat er kaum jemals eine persönliche Frage an mich gerichtet. Es wäre Zeit genug dazu gewesen, und die Jugend ist für jedes Eingehen auf sie doch so dankbar!

Er verkehrte viel mit Kommerzienräten und wollte auch selber einer werden. Wohl hauptsächlich zu diesem Zweck gründete er einen Verlag und brachte in ihm als einziges Werk eine große Mappe mit Farbtafeln: »Die Uniformen der bayrischen Armee« heraus. Das kostete ihn viel Geld, aber er hat dann auch sein Ziel erreicht. Die Vorlagen zu diesem Mappenwerk aquarellierte der Schlachtenmaler Louis Braun. Er wohnte weit vor dem Siegestor, und ich mußte die Originale in großen Mappen, die ich kaum unter den Arm zwängen konnte, die lange Ludwigstraße hin- und hertragen, bis das Werk fertig war. Im Winter froren mir dabei fast die Finger ab, doch konnte ich sie mir bei dem gemütlichen Herrn im Atelier wieder aufwärmen.

Bei alledem war Öhrlein ein Gemütsmensch, der niemandem etwas Böses antun wollte. Man durfte ihn nur nicht in seinem Behagen stören.

Dem altmodischen Betrieb bei Palm entsprach auch die altmodische, biedermeierliche Einrichtung des Ladens. Die Buchhandlung lag an der Ecke der Theatiner- und Salvatorstraße. Die Salvatorstraße war an jener Stelle überwölbt von dem breiten, niedrigen Kühbogen. Das Tageslicht, das von da durch die zwei Fenster fiel, war spärlich. Nach vorne, zur Theatinerstraße, waren überhaupt keine Fenster vorhanden, sondern nur eine Ladentür. Und so habe ich die drei Lehrjahre zum größten Teil bei Gasbeleuchtung verbracht.

Im Innern hing ein Stahlstich mit dem Braunauer Denkmal Johann Palms, des Opfers der napoleonischen Gewaltherrschaft. Der Gründer der Münchner Buchhandlung war ihm nahe verwandt.

Die Neuerscheinungen bestellte Grubert nach dem Buchhändler-Börsenblatt. Dabei wurden von ihm meist nur die alten bekannten Verlage berücksichtigt. Ein neuer Verlag konnte lange warten, bis er für Herrn Grubert existierte. So war zum Beispiel fast nichts von S. Fischer vorrätig. Da erkühnte ich mich eines Tages, wenigstens die Werke von Gerhart Hauptmann, der damals schon der berühmte Dichter der »Versunkenen Glocke« war, in einem Exemplar in Kommission zu bestellen und sie in einem Fenster unter dem Kühbogen, wo sonst nur Traumbücher, Liebesbriefsteller und Zinsberechner standen, auszustellen. Aber es dauerte nicht lange, so hatte sie Grubert entdeckt, und ich mußte sie wieder hereinholen. Zum nächsten Weihnachten bestellte ich sie mir aber alle »mit Höchstrabatt für eigenen Gebrauch«.

Den stärksten Bedarf hatte Palm am »Regensburger Kochbuch«. Von ihm wurden immer hundert Stück auf einmal bestellt, die dann in einer eigenen Kiste angefahren wurden.

Zweimal in der Woche kamen Ballen aus Leipzig mit den bestellten Büchern, den »Novitäten« und den »Fortsetzungen«. Wenn der Verlader mit den in Rupfen genähten Ballen auf dem Rücken sich durch die Ladentür zwängte, so war das für mich stets ein großer Moment. Das Auspacken erfüllte mich mit immer neuer, unverminderter Spannung. Ich konnte dann doch gleich als erster einen kurzen Blick in die neuesten Bücher werfen. Was konnte es Schöneres geben!

Der Höhepunkt des Jahres war selbstverständlich das Weihnachtsgeschäft. Dann war auch bei Palm der Betrieb wirklich lebhaft. Der Packraum wurde in eine Weihnachtsausstellung umgewandelt. Die Titel aller auf Lager befindlichen Geschenkbücher wurden aufgenommen, und in der uralten Druckerei von J. Gotteswinter auf dem Hof nebenan wurde ein Katalog mit diesen Titeln gedruckt. In diesen Wochen entwickelte auch Öhrlein rege Tätigkeit. Der Katalog muß aber auf die Kunden recht langweilig gewirkt haben, weil er eben nur eine bloße Titelaufzählung enthielt. Er hatte immer denselben rosa Umschlag mit derselben Vignette. Niemand kam auf die Idee, kleine Illustrationsproben oder kurze Texte beizugeben, um die Lektüre des Katalogs verlockender zu machen. Die Hauptsache war, daß die neuesten Bücher von Georg Ebers und Paul Heyse, von Felix Dahn und Julius Wolff, von Anton v. Perfall und Nataly v. Eschstruth rechtzeitig zur Stelle waren. Der kleine Laden war dann gepfropft voller Kunden. Ich machte die »Xenie«:

»Prompt seid ihr wieder zur Stelle mit euren Weihnachtsprodukten, Prompt kauft das Publikum sie, alles geht prompt in der Kunst.«

Diese Schilderung meiner Lehrzeit schreibt sich, nachdem sie seit so langer Zeit überstanden ist, ganz vergnüglich, aber damals war mir gar nicht vergnüglich, sondern oft geradezu verzweifelt zumute. Was ich im Geschäft zu tun hatte, konnte nie den ganzen Menschen fesseln. Meine geistigen Kräfte schrien nach Entfaltung, aber wie zum Hohn wurde ihnen mit dem Gegenteil geantwortet: sie wurden aufs äußerste eingeengt. So kam ich auf Jahre hinaus in ein unnatürliches Doppelleben hinein. Der Körper war im Geschäft, die Gedanken bei ganz andern Dingen. Und wann sollte das einmal anders werden? Oh, wie haßte und verachtete ich die Leute, die am hellen Tag in den Cafés herumlungerten, die so viel Zeit hatten und nichts damit machten! Dazu kam noch, daß die religiösen Zweifel in mir weiterarbeiteten und mir keine Ruhe ließen.

In dieser Stimmung lernte ich einen Autor kennen, der mir in meinem ganzen künftigen Leben viel bedeutete. Ein unbekannter Käufer hatte im Laden einen sehr zerlesenen, braun gebundenen Reclamband liegengelassen, in den ich hineinschaute. Es war der vierte Band von Schopenhauers Nachlaß, die »Neuen Paralipomena«. Als der vergeßliche Kunde nicht mehr wiederkam und der Band lange genug in einer Ecke gelegen hatte, nahm ich ihn schließlich an mich:

Da las ich:

»Wenn ein Gott diese Welt gemacht hat, so möchte ich nicht der Gott sein: ihr Jammer würde mir das Herz zerreißen.«

»Gewissermaßen ist das Tollste im Leben das Abgetansein jeden Augenblicks, er sei Genuß oder Schmerz. Was bleibt nun von so einem Augenblick? NB: das ganze Leben ist ein Aggregat solcher Augenblicke.«

»Ich wollte doch, daß die Menschen, ehe sie in das Lob des Allgütigen ausbrächen, ein bißchen um sich herumsähen, wie es aussieht und hergeht auf dieser schönen Welt. Nachher würde ich sie fragen, ob solche dem Werk der Allweisheit, Allgüte und Allmacht oder dem des blinden Willens zum Leben ähnlicher sieht.«

»Was für eine schlaue Erschleichung und hinterlistige Insinuation in dem Wort Atheismus liegt! – als verstände der Theismus sich von selbst.«

»Sie schreiben über das Melancholische und Trostlose meiner Philosophie; das liegt aber bloß darin, daß ich, statt als Äquivalent ihrer Sünden eine künftige Hölle zu fabeln, gezeigt habe, daß, wo die Sünde ist, in der Welt, auch schon etwas Höllenartiges sei.«

»Bei keiner Sache hat man so sehr Kern und Schale zu unterscheiden wie beim Christentum. Eben weil ich den Kern liebe, zerbreche ich zuweilen die Schale.«

In Schopenhauer fand ich einen jener seltenen unbestechlichen Geister, die den Leser nicht mit schönen, harmonischen Phrasen abspeisen. Er ließ die Welt in ihrer Härte und Unbarmherzigkeit bestehn, er vernebelte ihre Abgründe nicht mit einem Gott, den man nach Belieben vorschieben konnte, wenn man der wirklichen Welt, in der doch einer den anderen fraß, nicht allzu deutlich ins Gesicht sehen mochte. Es fiel mir wie Schuppen von den Augen.

Nach der ersten Lektüre dieses Schopenhauerbandes sagte ich mir, da müsse man doch die entscheidenden Sätze auf einen Bogen zusammendrucken und an möglichst viele Menschen verteilen! Ja, an den Straßenecken müsse man sie den Vorübergehenden in die Hand drücken. Ich überlegte mir, was der Druck wohl kosten könne und ob mein Taschengeld von ein paar Monaten dazu ausreiche. Der Verleger regte sich zum erstenmal in mir. Der Grundantrieb für meinen späteren Verlegerberuf war ja: das, was mich selbst erfüllte, andern mitzuteilen. Als Sortimenter konnte ich immer nur auftischen, was auch ohne mich schon da war.

Aus diesem Wunsch, einen Bogen Schopenhauer unter die Menschen zu bringen, erwuchs ein Jahrzehnt später das Wagnis meiner großen Schopenhauerausgabe. Sie sollte die erste ganz vollständige werden. Für ihre Herausgabe gewann ich den damals berühmtesten Vertreter der Schopenhauerschen Philosophie, Paul Deussen. Das Werk wurde mein Schmerzenskind. In dem Augenblick, wo ich dies schreibe, liegen dreizehn dicke Bände dieser Ausgabe vor, und sie ist immer noch nicht abgeschlossen. Ich hatte nur mit zehn Bänden gerechnet. Als ich damals begann, ahnte niemand, auch die »Fachmänner« nicht, wieviel

Wesentliches von Schopenhauer noch ungedruckt war. Im Anschluß an die Ausgabe entstand die »Schopenhauer-Gesellschaft«, die bis heute mehr als dreißig Jahrbücher veröffentlicht hat. Zur Gesamtausgabe kam noch eine »Schopenhauer-Mappe« mit vielen Handschrift-Faksimiles aus allen Lebensaltern des Philosophen, von den ersten blitzartigen Erkenntnissen des Jünglings bis zu dem letzten Eintrag des Siebzigjährigen: »Die Welt *ist*, und ist wie Figura zeigt: ich möchte nur wissen, wer etwas davon hat.« Im Frühjahr 1938, zum 150. Geburtstag des Denkers, erschien bei mir, herausgegeben von Arthur Hübscher, ein Band, der die Aphorismen des »Jungen Schopenhauer« in all ihrer kühnen Ursprünglichkeit zum ersten Male zusammenfaßt. Das geschah etwa vierzig Jahre nach jener ersten Begegnung mit dem Denker. So darf ich wohl von mir sagen, daß ich Schopenhauer die Treue gehalten habe. Nicht aus eigensinnigem Stehenbleiben. Ich habe vielmehr mit ihm *gelebt*. Er hat sich mir gewandelt. Ich lese vieles von ihm jetzt anders als in der Jugend. Er ist mir nicht mehr der »Pessimist«, aber er bleibt der »Ritter trotz Tod und Teufel«.

Von Schopenhauer wurde ich zur Lehre des Buddho geführt. Ich ließ mir den »Buddhistischen Katechismus« von Subhadra Bihkschu kommen (der aber kein Inder war, sondern ein Deutscher namens Zimmermann). Ich war von der buddhistischen Weisheit schon in dieser abgeleiteten Form so angetan, ich fand in ihr alle Zweifel so endgültig gelöst, daß ich aus Begeisterung aufs Titelblatt schrieb: »*Mein* Evangelium«. Das war jugendlich übereilt. Aber der frühen Beschäftigung mit der buddhistischen Gedankenwelt verdanke ich doch eine dauernde Vertiefung meines Lebensgefühls. Bald fand ich dann den Weg zu den sprachgewaltigen Übersetzungen der authentischen Reden Buddhos durch Karl Eugen Neumann, und auch ihnen widmete ich später ein gut Teil meiner Verlegerarbeit.

Eindreiviertel Jahre nach meinem Eintritt bei Palm fand sich ein neuer Lehrling ein, Walther Pfeifer aus Rottweil, der Sohn eines Landgerichtsrats. Er ist heute Mitarbeiter bei Cotta, und noch jetzt korrespondieren wir miteinander.

Ich war nun glücklich nicht mehr der Letzte im Geschäft und fühlte mich auch nicht mehr so vereinsamt, sondern hatte einen Schicksalsgefährten. Wir konnten untereinander unserm Herzen Luft machen. Herr Öhrlein hatte Walther bei seiner alten Mutter als Pensionär untergebracht. Über seinem Bett hing als Stahlstich der »Raub der Töchter des Leukippos« von Rubens. Zwei geharnischte junge Männer nehmen da zwei nackte Blondinen zu sich aufs Pferd. Der wohlerzogene Walther, der in der heimatlichen Kleinstadt wohl nicht viel von Kunst zu sehen bekommen hatte, nahm Anstoß an dem Bilde, dessen Feuer durch den Stahlstich doch schon sehr gemildert war, und bat um Entfernung aus seinem Zimmer.

Walther teilte viele meiner Interessen, besonders die literarischen. Manchen Sonntagnachmittag wanderten wir zusammen ins Isartal. Wir setzten uns dann an dem Steilufer ins Gras, ließen die Beine herunterhängen und lasen uns gegenseitig vor, auch aus Schopenhauer.

Wie das unter jungen Menschen nicht anders ist, gab es von Zeit zu Zeit zwischen uns aber auch heftige Auseinandersetzungen. Diese wollte Auer durch robustes Dreinschlagen schlichten. Der alte Grubert bemühte sich seinerseits vergeblich, Auer im Zaum zu halten. So ging es manchmal etwas drunter und drüber. Da beschloß ich, alles, was ich auf dem Herzen hatte – Auers Grobheit, Gruberts Schläfrigkeit und Öhrleins Ahnungslosigkeit –, in einer parodistischen dramatischen Szene zusammenzufassen, und sandte diese an den Vater Walther Pfeifers, damit der doch sähe, wie es eigentlich in dieser Buchhandlungslehre zuging. Der Herr Landgerichtsrat schickte mir das Manuskript umgehend zurück mit dem Bemerken, daß er in dieser Form nichts annähme, wenn ich aber ernsthafte Beschwerden hätte, möchte ich ihm diese auf normale Weise mitteilen. Gleichzeitig schrieb er aber auch an Öhrlein, was denn eigentlich in seiner Firma los sei, er müsse doch da wohl einmal nach dem Rechten sehn. Öhrlein seinerseits gab daraufhin meinem Vater bekannt, daß er mich nach dem Vorgefallenen nicht länger in seinem Geschäft zu sehen wünsche. Merkwürdigerweise nahm mein Vater dies Schreiben mit großer Ruhe hin und war von Anfang an der Überzeugung, das könne nicht so ernst gemeint sein. Wo bekäme denn Öhrlein so schnell einen anderen Lehrling her? Dies letzte war wohl auch der Grund, weshalb Öhrlein sich leicht versöhnen ließ. Das Ganze erwies sich als ein Miniaturgewitter, aber es hatte die Atmosphäre gereinigt, und von da an war Frieden im Haus.

In den Sonntagstunden von zehn bis ein Uhr war der Ladenverkehr ganz gering. Man hätte wirklich schon damals einsehen können, daß man, ohne seinen Umsatz zu schmälern, die Läden sonntags geschlossen lassen und den Angestellten einen wirklichen freien Tag gönnen konnte. Einige Herren oder Damen, die sich die sonntägliche Militärmusik an der nahen Feldherrnhalle angehört hatten, holten bei dieser Gelegenheit ihre Zeitschrift ab. Auch kamen hie und da Leute vom Lande und kauften einen Briefsteller. Das war alles. So konnte es wohl einmal passieren, daß es für mich nichts zu tun gab und ich beschäftigungslos an meinem Pult herumstand. Dieser Anblick war aber für Öhrlein, der gerade ins Geschäft kam, unerträglich. Mit Zornesröte auf der Stirn riß er eine Schublade auf und rief: »Da, Briefe ordnen, wenn sonst keine Arbeit ist! Ich werde dir herumstehn!« Ich entgegnete bescheiden, mir sei gesagt worden, ich solle jeweils am Dienstag und Freitag die Briefe ordnen. »Was Dienstag, was Freitag! Briefe werden jeden Tag geordnet!« Ich war mit den paar Briefen in einer Viertelstunde fertig und wollte Öhrlein soeben um weitere Arbeit bitten, da sah ich, daß er schon wieder gegangen war.

Auf den Ladentischen befanden sich treppenartige Aufbauten, auf deren obersten Stufen jahraus, jahrein dieselben dicken Bücher standen. Diese waren durch das tägliche Abstauben und Hin- und Herschieben nicht besser geworden. Eines Tages bekam Öhrlein einen solchen Band in die Hände und sah die abgestoßenen Ecken. Walther und ich mußten antreten, und zornig rief er uns an: »Wenn's eich raaffe wollt's, nehmt's eire Kepf', aber net meine Biecher!« — Einmal sah er, daß ich auf einer Rechnung einen Hofschuhmachermeister mit »Hochwohlgeboren« tituliert hatte. Das ginge nicht, sagte er, solche Leute seien nur »Wohlgeboren«. Das war eine der wenigen Belehrungen, die ich ihm persönlich verdankte.

Um eine wirkliche Ausbildung von uns Lehrlingen kümmerte sich eigentlich niemand. Man zeigte uns nur die Handgriffe, die nötig waren, damit wir uns nützlich machen konnten. Im übrigen lernten wir nur das, was in den drei Jahren von selbst an uns hängenblieb. Damals dachte noch niemand daran, für Lehrlinge abendliche Ausbildungskurse über Druck, Papier, Verträge, Propaganda, Buchführung und andre wichtige Dinge abzuhalten. Diese Möglichkeiten zur Weiterbildung wurden erst nach dem ersten Weltkrieg eingeführt. Was im Geschäft nicht vorkam, davon erfuhren wir nichts. Und bei Palm kam nur das Primitivste vor. Als ich nach überstandener Lehrzeit meine Gehilfenstelle bei W. Weber in Berlin antrat, hatte ich das Gefühl: »Jetzt bist du zum erstenmal in einer wirklichen Buchhandlung!«

Damals erhielt der Lehrling auch noch nicht, wie heute, ein monatliches Taschengeld. Es gab nur ein Weihnachtsgeschenk. Dies betrug im ersten Jahr 20, im zweiten 30 und im dritten 60 Mark. Die Lehrlinge arbeiteten also drei Jahre lang täglich zehn Stunden für insgesamt 110 Mark und hatten jedes Jahr acht bis zehn Tage Ferien. Glückliche Jungbuchhändler von heute!

Daß ich nach Walthers Eintritt nicht mehr der Letzte war, kam mir bald zugute. Ich fühlte mich schon sehr gehoben, als mir die sogenannten Kontinuationen, wie man die Fortsetzungslisten der Zeitschriften und Lieferungswerke nannte, übertragen wurden und als ich das Reclamlager ergänzen durfte. Ein großes Ereignis war es, als ich zum ersten Male, errötend, einen Kunden bediente.

Im allgemeinen verkehrte bei Palm ein anonymes Publikum. Wie anders war es da bei A. Ackermann's Nachf. in der Maximilianstraße, wo ich auf dem Geschäftsweg viermal täglich vorbeikam. Wäre ich doch dort Lehrling! dachte ich mir oft. Da sah ich M. G. Conrad, Max Halbe, Otto Erich Hartleben, Franz Stuck, Fritz v. Uhde, Schauspieler und Sängerinnen vom Hoftheater und andere berühmte Leute in lebhaftem Gespräch mit dem Inhaber Karl Schüler in der Türe stehn. Dieser war Hofbuchhändler der rumänischen Königin Carmen Sylva, die ganze Bibliotheken bei ihm kaufte. Ich schloß Freundschaft mit dem dortigen Lehrling, Georg Dex, und beneidete ihn, daß er diesen Geistesgrößen so nahe war. Bei A. Ackermann's Nachf. erschien auch das erste Buch von Wilhelm v. Scholz, meinem Konstanzer Gymnasialgenossen, der Gedichtband »Frühlingsfahrt«. Ich kaufte ihn mir, las ihn begeistert und stellte ihn auch ins Schaufenster, links und rechts davon einen Band Liliencron, dem Scholz sein Buch gewidmet hatte. Ich dachte mir, wenn er vorüberkäme und das sähe, werde er es als sehr sinnig und aufmerksam empfinden. Ich ging auch einmal zu ihm in die Kaulbachstraße, brachte ihm schüchtern erste Gedichte, an denen er aber, gewiß mit Recht, kein gutes Haar ließ.

Um diese Zeit besuchte uns Pastor Wilhelmi, der alte Freund aus Penzliner Tagen. Er fand die »Frühlingsfahrt« bei mir und konnte sich nicht enthalten, mir nach der Lektüre einen Brief zu schreiben, in dem er mich aufs dringendste vor den Gefahren dieses Buches warnte. Ich war darüber äußerst erstaunt, hatte ich doch nicht das geringste Verderbliche darin gefunden und konnte es auch nachträglich nicht entdecken.

Hie und da kamen aber auch zu Palm berühmte Leute in den Laden. So Paul Heyse, der einen Homer mit einer Karte der homerischen Welt suchte. Das Buch, das wir ihm besorgten, enthielt leider nicht das Gewünschte, er schickte es deshalb mit der von mir geschriebenen Rechnung, auf die er eine Bemerkung gesetzt hatte, wieder zurück. Sie wurde zu einem der Grundsteine meiner Autographensammlung.

Richard Voß, den ich nach der Photographie sofort erkannte, kaufte ein Exemplar seiner »Blonden Kathrein« und erbat von mir zum Hineinschreiben der Widmung einen Bleistift. Auch diesen Bleistift habe ich mir lange als Reliquie bewahrt. Einmal mußte ich in den Malerpalast Franz von Lenbachs ein Kochbuch tragen. Ich hatte in einem prachtvollen, in Florentiner Renaissancestil ausgestatteten Gemach zu warten und drehte mir indessen als Andenken an diesen großen Moment von einer Tischdecke eine Troddel ab.

Damals war es noch nicht üblich, daß die Verleger den Sortimentern ihre Vertreter sandten, um sie für ihre bevorstehenden Neuerscheinungen zu interessieren und Vorausbestellungen darauf zu sammeln. Nur die Bilderbücher- und Jugendschriften-Verlage ließen im Herbst auf diese Weise ihre Neuigkeiten vorführen. Einmal kam aber der damals noch jugendliche Verleger Eugen Diederichs in den Laden und stellte sich Öhrlein vor. Der Chef hatte natürlich von diesem neuen Verlag noch nicht das mindeste gehört, und so kam die Unterhaltung bald ins Stocken. Ich schämte mich etwas für meinen Chef und brachte ihm, nachdem Diederichs gegangen war, die zwei oder drei Bücher, die wir von ihm in Kommission auf Lager hatten. »So, des is der!« war alles, was Öhrlein darauf erwiderte.

Eines Tages stürzte ein junger Mann herein und verlangte mit Emphase einen Gedichtband von Gustav Falke, von dem aber nichts da war. Das nahm den Herrn sehr wunder. Enthusiastisch rief er aus: »Falke ist ein Goethe! Falke ist ein Goethe!« Ich setzte mich hin, schrieb an den Dichter nach Hamburg und schilderte ihm diese Szene recht anschaulich. Ich bekam darauf einen netten Antwortbrief. Dichter denken mit Recht, es kann nichts schaden, wenn man sich junge Buchhändler etwas warmhält.

Gustav Falke blieb nicht der einzige Dichter, der von mir einen Brief erhielt, obwohl mein Vater es durchaus mißbilligte, daß ich »an alle möglichen Leute« schrieb. »Glaubst du wirklich, diesen erwachsenen Menschen etwas Lesenswertes mitteilen zu können?« Aber auch Detlev von Liliencron bekam nichtsdestoweniger ein enthusiastisches Schreiben, nachdem ich seine Gedichte, seine »Adjutantenritte« und sein kunterbuntes Epos »Poggfred« gelesen hatte. Er schrieb mir umgehend zurück, daß er meinen »lieben, frischen, interessanten Brief« an seine Verleger Schuster & Löffler weitergegeben habe, um auch diese zu erfreuen und zu trösten, »denn ich gehe noch immer schlecht zu ihrem Kummer«.

Folgenreicher wurde es, daß ich auch an Arno Holz schrieb. Er spielt in meinen Erinnerungen eine große Rolle, deshalb erzähle ich gleich hier, wo er zum erstenmal auftritt, ausführlicher von ihm. Ich wurde auf ihn aufmerksam durch das Buch des Kieler Professors Eugen Wolf »Deutsche Literatur der Gegenwart«, das ich bei Buchholz in der Ludwigstraße im Schaufenster stehen sah und mir daraufhin bestellte. Palm führte dergleichen nicht. Zur selben Zeit brachte Harden in der »Zukunft« einen Aufruf für den Dichter, der sich in sehr bedrängten Verhältnissen befand und dem die »kompromißlose künstlerische Weiterarbeit ermöglicht werden« sollte. Ich schickte von meinem Taschengeld fünf Mark an die Redaktion ein und fühlte mich etwas als Mäzen. Nach und nach ließ ich mir alle Bücher von Holz kommen. Aus dem »Buch der Zeit« tönten mir rhetorisch schwungvolle Reimstrophen entgegen:

> Wer je die Wahrheit nur von fern geschaut,
> weiß, *jeder* Tempel ist aus Staub gebaut!
> Drum hüte, hüte deine Menschenzunge
> und bete zu dir selber, armer Junge!
> Wie bissig wir uns auch dagegen steifen,
> die Wahrheit ist: daß wir sie nie begreifen!
> Das ist der Menschheit letzter Schluß,
> und – ewig rollt der Stein des Sisyphus!

Allem kraftlosen Gesäusel hatte er den Krieg erklärt:

> Die deutsche Sprache war einst in alter Zeit ein blondes Vollweib,
>   das durch die Wälder strich;
> doch heute ist längst ihr schlotternder Busen platt wie ein Plättbrett!

Das gute Frauchen hat zuviel Tee geschluckt und leidet nun an
  Husten und Heiserkeit;
 ich aber frage, wann wird sie wieder saugrob wie Luther?

Wichtiger aber war mir noch der »Papa Hamlet«. Das war das novel-
listische Hauptstück der von ihm mit Johannes Schlaf gemeinsam ver-
faßten »Neuen Gleise«. Es war darin der Untergang eines vertrottelten
Schauspielers geschildert, der sein Elend mit Zitaten aus Hamlet ver-
brämt. Hier entzückte mich die Vereinigung von scharf gesehener Wirklichkeit mit groteskem Humor. Gerhart Hauptmann hat in der Widmung seines ersten Dramas »Vor Sonnenaufgang« bezeugt, daß ihm
der neue Stil des »Papa Hamlet« die »entscheidende Anregung« für
sein eigenes Schaffen gegeben habe.

Auch die beiden Teile von Holzens theoretischer Schrift »Die Kunst,
ihr Wesen und ihre Gesetze« studierte ich. Vor den zweiten Teil hatte
er als Motto folgende Rezension des ersten Teils gesetzt: »Kunst ist in
dem Buche gar nicht enthalten, Wesen wird viel gemacht, und Gesetze,
welche die Veröffentlichung derartiger Bücher verbieten, könnten wir
gut gebrauchen.« Sogar den »Geschundenen Pegasus« ließ ich mir kommen, eine »Mirlitoniade« in Versen von Holz und Bildern von Schlaf,
und ergötzte mich an dieser Selbstverulkung des Dichterpaars und an
seinem tragikomischen Kampf mit der Tücke der Umwelt.

So gerüstet schrieb ich im Februar 1897 den ersten Brief an Arno
Holz, Wilmersdorf bei Berlin, Pariser Straße 52. Daß ich Antwort
bekam, war mir nun nichts so Besondres mehr. Das Besondere aber
war, daß der Briefwechsel diesmal nicht mehr abriß. Vielleicht machte
Holz meine jugendliche Art Vergnügen. Außerdem war er offenbar
mit Zuschriften von Verehrern in keiner Weise verwöhnt. Gleich in
seiner ersten Antwort schrieb er: »Mit Ihrer Freude über meine ›Kunst‹
– Sie wird das zweifellos interessieren – stehen Sie einzig da. Verstehen
Sie wohl: absolut einzig da. Ich habe gerade über dieses Buch bisher
die bittersten Erfahrungen machen müssen. Speziell über den zweiten
Teil ist mir, außer den Ihren, bisher noch nicht eine Zeile zugegangen.
Wohlverstanden: auch keine gedruckte. Er ist vollständig totgeschwie-
gen worden! Nichtsdestotrotz!«

Bald danach – im März 1897 – erschien das erste Stück der von ihm
geplanten großen Reihe von Bühnenstücken »Berlin. Das Ende einer
Zeit in Dramen«, die Komödie »Sozialaristokraten«. Auf dem Titelblatt stand: Commissionsverlag von Mänicke & Jahn in Rudolstadt.

Dies war gar kein richtiger Verlag, sondern nur eine Druckerei, Holz hatte keinen Verleger dafür gefunden. – Wer kennt das Stück heute? Wer gab sich damals die Mühe, es kennenzulernen? Ich meinerseits habe es so oft gelesen, daß ich große Strecken noch heute auswendig weiß und von Zeit zu Zeit meine Freunde aus dem Stegreif mit Zitaten daraus erheitere. In den Kritiken wurde tadelnd von der »Portraitähnlichkeit« der Figuren und von dem »Pamphletgroll« des Dichters gemunkelt. Ich bat ihn um Aufschluß. Er schrieb mir: »Portraitähnlichkeit! Ich habe selbstverständlich für jede Person in meinem Stück ein Modell gehabt. Aber ebenso selbstverständlich ist es mir bei keiner von diesen darauf angekommen, das betreffende Original zu kopieren, das mir als solches natürlich stets schnurz und schnuppe ist, sondern ich wollte lediglich in möglichst lebendiger Erinnerung an dieses ein möglichst lebendiges Drittes schaffen, von dem es mir dann vollkommen gleichgültig war, ob es sich noch mit seinem Anlaß deckte oder nicht. Man kann meiner Meinung nach, wenn man nicht Abstraktionen zusammenspintisieren will, anders gar nicht schaffen. Mein Pech war nur, daß einige von diesen Modellen sogenannte öffentliche Charaktere waren, die jeder Dritte im Premierenpublikum kannte, und da war dann das betreffende wüste Geschrei ›Pamphletgroll‹ etc. natürlich sofort selbstverständlich. Sie haben durchaus recht: das Stück wirkt um so stärker, gerade je weniger man die Modelle kennt. Jehrke = Bruno Wille, stimmt. Styczinzki = Stanislaus Prybyszewski, Bellermann = John Henry Mackay, Herr Hahn = ich selbst. Sie sehen, ich habe mir nicht gerade geschmeichelt. Aber ich *war* damals so ein Peter. Damals, das heißt als ich etwa achtzehn war. Die Szene bei dem Gelegenheitsdichter Fiebig und dieser selbst allerminutiöseste Wirklichkeit bis auf Schnapsbulle, Taschentuch und Prise. Der Mann gab mir damals die Mark zum Strauß für seine Frau, fragte mich, ob ich mich denn nicht ›for Anna'n‹, seine Tochter, interessiere etc. etc. Nur so viel Geld hatte ich natürlich nie gehabt, wie der kleine Sucrier. Als ich Fiebig dann aus alter Freundschaft auch in die ›Familie Selicke‹ sehen ließ, war dies schon einige Jahre später. Er fand sie, wie ich dies ja auch im Stück getreulich aufbewahrt habe, zu *jrau*, wollte uf de Bihne nur Jold un Purpur sehn und riet mir als Titel: Amor am Scheidewege. Der Mann ist so unerschöpflich, daß ich mit ihm bequem zehn Bände würde füllen können. Im übrigen ist er mir als Mensch so lieb, daß ich tatsächlich nicht viele weiß, denen ich mich ›näher‹ fühle.«

Ich erkundigte mich auch nach seinem »Erfindertum«, von dem in jenem Aufruf in der »Zukunft« die Rede war, und bekam den Bescheid:

»Erfinder? Gott sei Dank: Gewesen! Nach der ›Familie Selicke‹, als sich der Kassenerfolg nicht eingestellt hatte und ich jahrelang in Industriellem und Verwandtem manschte, um mich endlich unabhängig zu machen, damit ich endlich etc. etc. ... Kurz und gut, hat mir natürlich auch nischt geholfen. Meine Hände blieben leer, wie sie es gewesen waren. Jetzt bin ich wieder achtzehn und fange von der Pike wieder an. Was gewesen war, zählt nicht. Aus der verrauschten Zeit, wenn Sie das interessiert, anbei eine kleine Probe. Ich fand für das Ding, mit dem sich meiner Meinung nach einfach ein Vermögen schaffen ließe, nicht einmal einen Fabrikanten. Oder wollen *Sie* mir einen auftreiben? Ich hätte nichts dagegen...« Die Probe war das hektographierte Modell zu einem »Zeichenbaukasten-Erziehungsspiel für Kinder«.

Während ich noch in den volltönenden Reimen des »Buchs der Zeit« schwelgte, hatte Arno Holz diese Dinge schon weit hinter sich gelassen und stand damals mitten in dem Ringen um einen neuen lyrischen Stil, der in den ersten Gedichten des »Phantasus« Gestalt gewann. Dieser Stil sollte – ohne Reim, ohne Metrum – ganz auf einen Rhythmus gestellt sein, der »nur durch das lebt, was durch ihn zum Ausdruck ringt«. Die ersten Proben dieses neuen Stils erschienen im Pan und in der Jugend. Holz schickte mir die Korrekturabzüge noch naß aus der Maschine. Ich fühlte mich plötzlich mitten im Brennpunkt der literarischen Ereignisse und war entzückt. Er schrieb mir: »Es freut mich herzlich, daß Ihnen die kleinen Lyrika gefallen haben. Und zwar dies um so mehr – Sie entschuldigen –, als ich es vorausgesetzt hatte. Ende Januar erscheint von dieser Sorte ein kleines Bändchen. Es wird zwar noch nicht das, was ich mit ihm gewollt hatte, aber äußere Umstände, die ich nicht ändern kann, nötigen mich leider, die betreffende erste Handvoll schon jetzt auszugeben. Schade. Der ganze Matsch hätte noch gut ein Jahr kochen dürfen.« – Die äußeren Umstände bestanden, wie er mir später sagte, darin, daß sein intimster *Schüler* in dieser Sache, Paul Ernst, nachdem sie sich überworfen hatten, mit einem Band »Polymeter« dem Arno Holzschen zuvorkommen und als erster mit diesem neuen Stil hervortreten wollte.

Zu seinem Geburtstag, den ich im Kürschner nachgeschlagen hatte,

sandte ich ihm einen im Hofbräuhaus an der Quelle gekauften Stein-
gutmaßkrug. Als Antwort dedizierte er mir das zierliche fertige »Phantasus«-Bändchen »mit herzlichem Dank für die schöne Geburtstags-
überraschung«. Es war das erste Buch, das ich mit der handschriftlichen Widmung eines Autors erhielt. Ich kannte die fünfzig Gedichte
bald durch und durch. Eines der liebsten war mir:

Fern auf der Insel Nurapu
blüht der Baum Bo.
In seinen Wurzeln singt die See,
durch seine Zweige ziehn die Sterne.

Auf einem langen Ast, mein Gott:
die Hirtin und der – Schornsteinfeger?
Die niedlichen kleinen Schuhe, der goldne Hut,
die schwarze Leiter, der Hirtenstab...

Ihr habt also doch nicht zurückgefunden?

Ach Gott ja:
wenn man aus Porzellan ist!

Das alte Stübchen mit dem Spiegeltischchen,
das verschnörkelte Spind aus Mahagoniholz,
der blaue gemütliche Kachelofen!

Großmutters Tulpen!

Das waren noch Zeiten!

Hier ruft keine Kuckucksuhr,
hier duftet kein Lavendeltopf;
hier braust die See,
hier fliehn die Sterne.

Und ich sitze und weine bitterlich!

Arno Holz hatte dem Buche einen Sonderabdruck seiner »Selbstanzeige« in der »Zukunft« beigelegt. Da hieß es: »Wozu noch der Reim? Der Erste, der – vor Jahrhunderten! – auf Sonne Wonne reimte, auf Herz Schmerz und auf Brust Lust, war ein Genie, der Tausendste, vorausgesetzt, daß ihn diese Folge nicht bereits genierte, ein Kretin. Brauche ich denselben Reim, den vor mir schon ein anderer gebraucht hat, so streife ich in neun Fällen von zehn denselben Gedanken. Und man soll mir die Reime nennen, die in unserer Sprache noch nicht gebraucht sind. Gerade die unentbehrlichsten sind es in einer Weise, daß die Bezeichnung ›abgegriffen‹ auf sie wie auf die kostbarsten Seltenheiten klänge … So arm ist unsere Sprache an gleich-auslautenden Worten, so wenig liegt dies ›Mittel‹ in ihr ursprünglich, daß man sicher nicht allzusehr übertreibt, wenn man blind behauptet, fünfundsiebzig Prozent ihrer sämtlichen Vokabeln waren für diese Technik von vornherein unverwendbar, existierten für sie gar nicht. Ist mir aber ein Ausdruck verwehrt, so ist es mir in der Kunst gleichzeitig mit ihm auch sein reales Äquivalent. Kann es uns also wundern, daß uns heute der gesamte Horizont unserer Lyrik um folgerecht fünfundsiebzig Prozent enger erscheint als der unserer Wirklichkeit? – Ähnlich die Strophe. Wie viele prachtvollste Wirkungen haben nicht ungezählte Poeten jahrhundertelang mit ihr erzielt. Wir alle, wenn wir Besseres nicht zu tun wissen und alte Erinnerungen locken, wiegen uns noch in ihr. Aber ebensowenig wie die Bedingungen stets dieselben bleiben, unter denen Kunstwerke geschaffen werden, genauso ändern sich auch fortwährend die Bedingungen, unter denen Kunstwerke genossen werden. Unser Ohr hört heute feiner. Durch jede Strophe, auch durch die schönste, klingt, sobald sie wiederholt wird, ein geheimer Leierkasten. Und gerade dieser Leierkasten ist es, der endlich aus unserer Lyrik heraus muß. Was im Anfang Hohes Lied war, ist dadurch, daß es immer wiederholt wurde, heute Bänkelsängerei geworden.«

Arno Holz hatte aber den Reim nicht für immer verabschiedet. Zwischendurch schickte er mir ein ausgelassenes gereimtes Erotikon »Flörde-Liese« auf vier Folioseiten in seiner saftigen, barocken Schrift mit blauer Tinte eigens für mich abgeschrieben. Walther Pfeifer, dem schon der Rubenssche »Raub der Töchter des Leukippos« zu ausschweifend gewesen war, notierte darauf, ganz im Stile Schopenhauers: »Willereizend, daher verwerflich!« –

Neben Arno Holz beschäftigte mich vor allem noch ein zweiter moderner Lyriker: Richard Dehmel. Ich hatte schon seine drei ersten Gedichtbücher – »Erlösungen«, »Aber die Liebe« und »Lebensblätter« – gelesen, als sein neuestes erschien: »Weib und Welt«. Dehmel zog mich in ganz anderer Weise an wie Arno Holz. Heute stehe ich seiner Dichtung fern. Sie ist mir zu trüb, zu schwül, zu brünstig. Vielleicht frappierte mich auch damals gerade das Fremdartige. Man kann in so jungen Jahren vielerlei Unverträgliches nebeneinander vertragen. Bald nach Erscheinen von »Weib und Welt« brachte die Wochenschrift »Die Kritik« aus der Feder eines damals noch wenig bekannten Balladendichters einen Artikel, der das Buch als geradezu gotteslästerlich anprangerte. Besonders wurde das Gedicht »Venus Consolatrix« als frevelhaft hervorgehoben. Wilhelm von Scholz schrieb eine Entgegnung, diese aber erschien mir viel zu zahm. Ich setzte mich hin und verfaßte meinerseits ein »Vademecum« für diesen Herrn – in Erinnerung an das Lessingsche »Vademecum für Herrn Pastor Lange«. Auf meinen schneidenden Hohn tat ich mir viel zugute. Ich sandte es an Holz, der es an Dehmel weitergab. Von diesem erhielt ich folgenden Brief, geschrieben in seiner pathetisch gesteigerten Handschrift: »Ihre liebevolle und vornehme Gesinnung hat mir *sehr* wohlgetan, und ich sage Ihnen von Herzen Dank dafür. Aber von ganzem Herzen rate ich Ihnen auch: beschmutzen Sie sich nicht die Finger an diesem fr... M...« [Es geht hier leider nicht ohne Pünktchen ab!] »Schon Herrn von Scholz habe ich darum gebeten. *Die* Leute, denen Sie Ihr ›Vademecum‹ wirklich zuliebe geschrieben haben, die sind ohnehin schon Ihrer Ansicht. Und die Andern, auf die es diesem Denunzianten selber ankommt: vor diesem Gelichter wird er schließlich *doch* das letzte Wort behalten – das *ist* nun einmal so. Sie würden diesem elenden Schlucker, in seinen eigenen und des Lesepöbels Augen, bloß ein willkommenes Piedestal für weitere Dreckmätzchen bauen. Nehmen Sie lieber das Geld, das Ihnen der Druck der Broschüre kosten würde, und reisen Sie auf einen hohen Berg dafür! Mit herzlichem Handschlag Ihr Dehmel.«

Heute kann ich mir gar nicht mehr recht vorstellen, was wohl in jenem Vademecum gestanden haben mag, wie es mir heute auch schwerfallen würde, mich zugunsten jenes Gedichts zu ereifern, trotz seiner zwingenden künstlerischen Form. Der Angriff in der »Kritik« hatte zur Folge, daß sich der Staatsanwalt der Sache annahm. In allen noch aufzutreibenden Exemplaren mußten die Seiten 119 und 120 herausgeschnitten und die Seite 121 durch Schwarzdruck unleserlich gemacht werden.

Die Beziehung zu Dehmel blieb Episode – von einem mißglückten Besuch bei ihm erzähle ich im folgenden Kapitel –, die Verbindung mit Arno Holz dagegen spann sich ungezwungen fort, und als ich 1903 an die Gründung meines Verlags ging, wurde er mein erster Autor.

Im Winter 1897 auf 1898 sprach bei meinen Eltern ein junger Maler namens Georg Braumüller vor, um Grüße von entfernten Verwandten zu bestellen. Er war mit zwei ihm befreundeten Malern von Kassel gekommen, wo sie die Akademie besucht hatten: Hans Heise und Ernst Neumann. Mit diesen wurde nun auch ich bekannt und alsbald befreundet. Es war meine erste Beziehung zu Künstlern! Sie wurde ebenso folgenreich für mich wie mein Briefwechsel mit Arno Holz – folgenreich auch für meinen künftigen Verlag. Dieser schwebte mir allerdings damals noch nicht einmal als Wunschbild vor, aber rückblickend macht es mir Freude, zu sehen, wie seine drei Richtungen sich keimhaft schon in meiner Lehrlingszeit anmeldeten: Dichtung, Kunst und Philosophie.

Ernst Neumann stellte sich alsbald als der bei weitem bedeutendste von den dreien heraus, als Mensch und als Künstler. Auf ihn komme ich zuletzt, um am längsten bei ihm zu verweilen.

Georg Braumüller, Sohn eines Obersten, war ein stilles, etwas bürgerliches Talent. Er schleppte bei jedem Schritt ein lahmes Bein wie ein Gewicht nach. Er war blaß, hatte einen schweren Kopf mit breiter Stirn und trug einen Zwicker vor den farblosen Augen. Ihm eignete ein trockener niederdeutscher Humor; John Brinckmans »Kaspar Ohm und ick« war sein Lieblingsbuch. Bei Lampenlicht in seinem Atelier an der Gabelsbergerstraße machte er eine lebensgroße Kohlezeichnung von mir. Hier muß ich *wieder* auf ein »erstes Mal« hinweisen und sagen: Es war das erstemal, daß es mir widerfuhr, von einem Künstler porträtiert zu werden. Später zeichnete Braumüller die Illustrationen zu den beiden plattdeutschen Büchern meines Vaters: »Ut ne lütt Stadt« und »In'n Middelkraug«. Mein Vater hatte die Mußezeit, die er sich nach dem Erscheinen seiner großen »Burgenkunde« gönnen konnte, dazu benutzt, um seine Erinnerungen an mecklenburgische Geschehnisse und Gestalten zu Erzählungen umzudichten. Seine Advokatenzeit in Rostock und seine Bürgermeisterzeit in Penzlin hatten ihm reichlich Stoff dazu gegeben. Er las uns im Familienkreise das Manuskript vor, aber ich, der ich in viel höheren Regionen schwebte, wo eine weit schärfere Luft wehte, fühlte mich über diese Harmlosigkeiten etwas erhaben. Erst viel später lernte ich die Feinheiten der Charakteristik und den ungezwungenen behaglichen Tonfall dieser Bücher gebührend schätzen.

Hans Heise, Kaufmannssohn aus Köthen, hatte dunkles gelocktes Haar, etwas schwärmerisch blickende Augen, eine derb vorspringende Nase und ein stark zurückfliehendes Kinn. Man nannte ihn in lieblosen Augenblicken den verkorksten Apollo. Er war eine weiche, lyrische Natur, spielte Klavier und dichtete auch. Ihn verband Freundschaft mit Wilhelm von Scholz. Scholz hat in seine Lebenserinnerungen einige Zeichnungen Heises von Dichterabenden und Aufführungen seiner ersten Stücke eingeschaltet. Dies ist wohl eine der letzten Wellen, die die Kunde von Heises Schaffen noch bis in unsere Gegenwart tragen. Sonst fand ich eine Spur von ihm nur noch in Emil Noldes Selbstbiographie, der ihn etwas später in Paris kennenlernte. Ich traf mit Heise nochmals in meiner Berliner Gehilfenzeit zusammen, wo er mich mit dem damals etwa dreißigjährigen Ernst Barlach bekannt machte. Das Leben Heises riß jäh ab. Er erschoß sich in Berlin aus Gründen, die niemals ganz aufgehellt werden konnten.

Ernst Neumann, Sohn eines Kasseler Akademieprofessors, war das unbestrittene Haupt unseres kleinen Kreises. Er hatte ein langes, schmales, knochiges Gesicht, aschblondes Haar, starke Nase und starkes Kinn. Er war sieben Jahre älter als ich, mir an Lebenserfahrung also weit überlegen. Ich habe mich in jungen Jahren überhaupt fast immer an Ältere angeschlossen, von denen ich lernen konnte. Ich war ein guter Zuhörer. Neumann wurde mein »Mentor«, der Verkehr mit ihm war eine gute Kur gegen Sentimentalität und Empfindlichkeit. Er wechselte schnell die Tonart; von jungenhafter Ausgelassenheit zu mephistophelischem Sarkasmus war nur ein Schritt. Er war ein scharfer Denker und ausgezeichneter Sprecher. Er gefiel sich in Paradoxen, hinter denen aber immer ernsthafte Erkenntnisse standen. Neben ihm erschienen mir alle andern Menschen als Philister. Man konnte sonntags stundenlang mit ihm in einer Kiesgrube Steine nach einer alten Gießkanne werfen und sich dabei in tiefsinnigen Spekulationen ergehen.

Er gehörte zu jenen Künstlern, die sich in ihrer Kunst nur fragmentarisch ausgedrückt haben. Als ich in den Anfangsjahren meines Verlags mit Hermann Eßwein als Autor eine Bücherreihe »Moderne Illustratoren« herausbrachte, widmete ich neben Th. Th. Heine, Baluschek, Lautrec, Oberländer, Munch, Beardsley auch ihm einen Band. Ich wollte damit den Leuten zeigen, wer dieser Ernst Neumann eigentlich sei.

Aber auch das Bild, das dieser Band vermittelte, reichte nicht aus. Es gelang nicht, den allzu Vielseitigen auf einen Nenner zu bringen. Er war ein unruhiger Geist, der es nirgends lange aushielt.

Zehn Jahre später hielt er es auch in der Kunst nicht mehr aus. Er ging ganz zu seiner Jugendliebe, der Technik, über und baute Motorboote und Automobile.

Als ich ihn kennenlernte, schlug er sich kümmerlich durch in einem kleinen Atelier am Ende der Heßstraße. Einmal versetzte ihn ein unverhoffter Auftrag in Verlegenheit. Er sollte für die Fischhalle auf dem Viktualienmarkt ein sehr großes dekoratives Bild malen. Die aufgespannte Leinwand hatte im Atelier keinen Platz und ragte zur Hälfte in den dunklen Vorplatz hinaus, aber das Bild kam doch zustande.

Damals waren japanische Farbholzschnitte, die Lithographien von Henri de Toulouse-Lautrec, die Schwarzweißzeichnungen von Aubrey Beardsley, die Holzschnitte von Felix Valloton, die Steindrucke von Jean Louis Forain eben nach München gedrungen.

Auch Neumann verschrieb sich der Graphik. Geistreiche, leichtfüßige Blätter sollten entstehen statt der dickgerahmten, schwerfälligen Ölgemälde – Blätter, die überall ohne Umstände an die Wand zu heften und wieder auszuwechseln waren, pointierte Naturausschnitte, lyrisch zugleich und epigrammatisch, raffinierte Farbklänge. So belebte er in München den Farbholzschnitt und die farbige Lithographie.

Er machte auch eine Litho nach mir, nicht auf dem bequemen Umdruckpapier, sondern direkt auf dem schweren, unhandlichen Stein.

Auch dieses Bildnis wurde ein Epigramm. Lang aufgeschossen stehe ich da, einsam auf weiter Flur, in unelegantem schwarzem Anzug, unter meinem Fuß, achtlos zertreten, ein Blümchen. Dies letzte war ein Mißverständnis. Ich habe für Blumen immer ein sehr zärtliches Empfinden, ja geradezu Mitgefühl gehabt, so daß ich sie nicht pflücken mochte, sondern weiterwachsen ließ. Erst in späteren Jahren sagte ich mir, daß Blumen ja millionenfach als Viehfutter abgemäht würden und deshalb auch zur Freude der Menschen ihr Leben lassen könnten. »Simplicissimus« und »Jugend« waren kurz nacheinander gegründet worden. Diese Zeitschriften machten Sensation und erzeugten in der Künstlerschaft und im Publikum ein lebhaftes Gebrodel. Welche Fülle von Talenten! Die meisten Münchner bekreuzten sich davor, manche lachten schadenfroh. Auch Neumann zeichnete dafür. Aber er war doch zu sehr Einzelgänger, um allzuoft das machen zu können, was die Redaktionen brauchten.

Am Montagabend war bei Neumann »jour fixe«. Der Patron dieser Abende war Grabbe. Sein Lustspiel »Scherz, Satire, Ironie und tiefere Bedeutung« kannten wir auswendig und zitierten es unermüdlich. Ich huldigte dem Dichter mit einem Poem, in dem es hieß:

> Dir war das Theater zu klein,
> zu klein für dein Jauchzen und Schrein.
> Wenn du auf den Brettern standest,
> dann stieß dein Haupt in die Sterne,
> die Kulissen berührten kaum deine Knöchel.
> Du wolltest keinen schwindsüchtigen Kammbläser,
> du wolltest wirklichen Sturmwind heulen lassen.
> Unter deinen Füßen wanden sich
> die Menschenpuppen. Aus ihren geplatzten Bäuchen
> quoll das Stroh.

Ich brachte zu diesen Abenden die neueste Literatur mit: Momberts Schöpfung, Maeterlincks Eindringling, Strindbergs Nach Damaskus, Wedekinds Fürstin Russalka und anderes. Diese moderne Literatur nahm ich auch mit nach Hause, wo sie das äußerste Mißfallen meines Vaters erregte. Auch die Kunstausstellungen forderten seinen Widerspruch heraus. Da war Stuck mit seinem blutrünstigen Krieg und seiner schlangenumzingelten Sünde, Munch mit seinem unheimlichen Sterbezimmer, ja sogar mit dem grünen Akt einer Frau, die ein rotes Herz zum Munde führte. In der Literatur drängte sich Hauptmann auf mit der »häßlichen Elendsdramatik« der »Weber«. Richard Strauss wollte mit seinem mißtönenden »Zarathustra« gar »Philosophie in Musik setzen«. Für meinen Vater, der Ende der siebziger Jahre im

alten Düsseldorf Künstlerfeste mitgefeiert hatte, war die Kunst ein
Schmuck des Lebens, sie hatte nicht zu beunruhigen oder gar auf die
Nerven zu fallen.

Oft kam es zu Zusammenstößen zwischen ihm und mir, und, zu meiner
Mutter Kummer, meist beim Mittag- oder Abendessen, denn ich sah
meinen Vater kaum zu einer andern Zeit. Da unterbrach er im Wort-
gefecht das Essen, stemmte Messer und Gabel senkrecht auf den Tisch
und sah mich mit gerunzelter Stirn erwartungsvoll an, welche »Ver-
rücktheit« ich nun wohl als nächste von mir geben würde. Wir redeten uns die Köpfe heiß, die Generationen standen sich unversöhnlich
gegenüber. Mein Vater schrieb an Paul Heyse und schlug ihm die
Gründung einer Abwehrorganisation gegen das »Unwesen der Moderne« vor, die »unter Führung angesehenster Persönlichkeiten, wie
z. B. Lenbachs auf dem Gebiet der Malerei, Hanslicks auf dem der
Musik«, den Kampf aufnehmen sollte. Heyse antwortete: »Es bedarf
keiner Versicherung, daß ich in bezug auf die künstlerische und sitt-
liche Entartung unserer Zeit durchaus mit allem einverstanden bin,
was Sie so klar und treffend ausgesprochen haben. Das Heilmittel aber
für diese nun doch schon im Erlöschen begriffene Epidemie erblicke
ich einzig und allein in der Macht der Zeit, die unser Volk hoffentlich
nicht allzu spät zur Besinnung darüber bringen wird, in welcher Gefahr seine Gesittung, sein Geschmack, seine edelsten geistigen Güter
so lange Jahre geschwebt haben. Proteste, von einzelnen oder ganzen
Vereinigungen ausgehend, sind völlig wirkungslos. Da Sie mein
Spruchbüchlein anführen, darf ich Sie wohl an den Spruch erinnern:

> Die Rose mag man ›besprechen‹,
> austoben muß ein Zeitgebrechen.« —

Ich brachte zu den Abenden bei Ernst Neumann aber nicht nur Mo-
dernes mit, sondern auch einen großen Band mit den Holzschnitten
Dürers zur Apokalypse und das kleine grüne Heft mit den mystischen
Reimen des Angelus Silesius, das Otto Erich Hartleben soeben herausgegeben hatte. Zu dem Spruch:

> Hier fließ ich noch in Gott
> als ein Bach der Zeit,
> dort bin ich selbst das Meer
> der ewgen Seligkeit,

zeichnete Neumann eine schöne Komposition: einen Frauenkopf mit
wehendem Haar vor einem Nachthimmel mit jagenden Wolken und
sturmbewegten Bäumen, im Hintergrund, vom Mond beleuchtet, ein
weißes Schloß. Es war das Schloß von Schleißheim.

Schleißheim – dieser stille, aristokratische Ort nördlich von München
in flacher Ebene gelegen – wurde ein wenig später der Hauptschauplatz meiner Freundschaft mit Ernst Neumann. Das vornehme, langgestreckte Schloß von 1720 liegt in einem weiten, verwachsenen französischen Park, der von stillen Kanälen durchzogen ist. Von dem Mit-
telbau aus gehen nach beiden Seiten lange, niedrige Verbindungsgale-
rien, die in erhöhten Eckpavillons enden. In dem rechten Pavillon, zu
dem man über das flache Dach des Verbindungsgangs gelangt, hingen
damals die Bilder eines unbekannten Malers namens Hans von Marées.
Kein Mensch kümmerte sich um sie. Neumann war halb durch Zufall
hingekommen und führte nun auch mich dorthin. Gewiß verstand ich
diese merkwürdigen feierlichen Bilder damals noch nicht ganz, aber ich
ahnte etwas sehr Großes in ihnen. In der Kunstgeschichte war mir der
Name Marées nie begegnet, kein Buch existierte über ihn. Der Galerie-
diener, der die Fensterläden so stellen half, daß man die dunklen Bilder
trotz ihrer dicken spiegelnden Farbschichten einigermaßen gut sehen
konnte, sagte herablassend: »Zeichnen hat a ja net kenna.« Ich nahm an,
es handle sich um den Nachlaß eines eigenbrötlerischen Malers, der vergessen in Schleißheim gelebt habe und dort gestorben sei. Diese Bilder
der Drei heiligen Reiter, der Hesperiden, des Goldenen Zeitalters, der
Jünglinge unter Orangenbäumen prägten sich mir tief ein. Nach manchen Umwegen und vergeblichen Bemühungen fand ich in den Anfangsjahren meines Verlags in Julius Meier-Graefe den von mir ge-
suchten Autor für ein großes Werk über ihn.

Ich habe dies Erlebnis vorweggenommen, weil es eines der Haupt-
ergebnisse meines Verkehrs mit Neumann ist. Er war eben kein Spezialist der »Moderne«, sondern er fand auch den Zugang zu einem so
ganz und gar unzeitgemäßen Künstler und half ihn mir miteröffnen.
Ich wäre später wohl auch ohne ihn einmal zu Marées vorgedrungen,
aber es war gut, daß die Begegnung schon so früh stattfand. Die Kunst
Marées' gab mir einen Maßstab für alle spätere Zeit, und aus dem
Buch, das ich über ihn verlegte, entwickelten sich noch viele andere
schöne Bücher über Kunst.

Mein drittes Lehrjahr näherte sich allmählich seinem Ende, und nun tauchte die Frage auf: wohin? Auf Grund von Stellenangeboten im »Börsenblatt für den Deutschen Buchhandel« bewarb ich mich bei der Ratsbuchhandlung von L. Bamberg in Greifswald und W. Weber in Berlin. Von beiden bekam ich Zusagen, und ich hätte vielleicht auch nicht allzuviel dagegen gehabt, nach Greifswald zu gehen, in die Nähe meiner mecklenburgischen Heimat, nicht weit von der Ostsee. Mein Vater fand, Berlin sei gar nicht das richtige Pflaster für einen Menschen, der, noch nicht neunzehn Jahre alt, noch nie von Hause fortgewesen sei. Aber Berlin war doch der stärkere Magnet. Auch Ernst Neumann riet mir dringend zu Berlin. Das werde mir einen ungeheuren Ruck nach vorwärts geben. Verlockend kam hinzu, daß ich nach so vielen Briefen Arno Holz endlich auch persönlich kennenlernen konnte. Solche Menschen gab es in Greifswald sicher nicht. Meine Mutter beruhigte der Gedanke, daß in Berlin ja Fräulein Berckhausen, genannt »Tante Bäbä«, lebte, unsere ehemalige Penzliner Nachbarin, die sich gewiß meiner annehmen würde.

Am 26. Mai 1898 war ich zum letztenmal Lehrling der Palmschen Hofbuchhandlung. Herr Öhrlein schrieb mir folgendes Attest: »Mit Vergnügen gebe ich dem jungen Mann das Zeugnis, daß er sich während seiner dreijährigen Lehrzeit stets aufmerksam, treu und anhänglich gezeigt und jede Gelegenheit wahrgenommen hat, sich die nötigen Fachkenntnisse anzueignen, welche ihn befähigen, in den Gehilfenstand überzutreten. Besonders waren es sein Fleiß und sittliches Wohlverhalten, welche ihn mir lieb und wert gemacht haben.«

Später erfuhr ich von Walther Pfeifer, daß er genau dasselbe Zeugnis erhalten habe. Öhrlein hatte eben nur ein einziges Schema, das er immer wieder abschrieb.

Schon am 29. Mai setzte ich mich – auch diesmal, ohne erst Ferien zu machen – in den Zug nach Berlin. Damit ich nicht abends spät in der Weltstadt ankäme, hatte mein Vater mir einen Zug ausgesucht, bei dem ich auf halbem Weg in dem harmlosen Altenburg Station machen und übernachten sollte, wie es denn auch geschah. Meine Mutter sagte zuletzt noch: »Und wenn du in Berlin ankommst, dann paß auf dein Gepäck auf, daß es dir niemand wegnimmt, und wenn jemand zu dir sagt: Kommen Sie mal mit!, dann gehst du nicht mit, hörst du?«

IN BERLIN
UM DIE JAHRHUNDERTWENDE

Auf der Fahrt nach Berlin – es war Pfingstsonntag – begann schon nördlich von Schleißheim für mich unbekanntes Land. Ich nahm alles, was zu sehen war, mit gespannter Erwartung auf. Gleich der Freisinger Domberg und die zwei dicht nebeneinander stehenden Kirchen von Moosburg prägten sich mir ein, dann die hohe Landshuter Martinskirche vor der Burg Trausnitz, die Fahrt über die Donau bei Regensburg, ein Blick auf die Walhalla, das alte Städtchen Nabburg über der braunen Naab. Hinter Hof hörte ich das erste Sächsisch. Wenn in Bayern immer bei zehn Häusern eine Kirche stand, so in Sachsen bei zehn Häusern ein Fabrikschornstein.

Ein Student, mit dem ich unterwegs ins Gespräch kam, riet mir dringend, doch wie er bis Berlin durchzufahren; in Altenburg Station zu machen und zu übernachten sei geradezu komisch. Aber es blieb dabei. Fräulein Berckhausen, deren erster Obhut mich meine Mutter empfohlen hatte, erwartete mich ja auch erst am nächsten Mittag.

In Altenburg angekommen, aß ich in einem Wirtsgarten unter den Kleinstädtern Abendbrot. Durch Akazienzweige sah der Mond. Dann streifte ich um das vielfenstrige Schloß herum, das zu meiner Überraschung auf einem hohen Felsen lag, und ging auf holprigem Pflaster durch alte Gassen, wo mir Fledermäuse um den Kopf schwirrten.

Am nächsten Tag fuhr ich in die norddeutsche Tiefebene hinaus, meinem Ziel entgegen. Die ersten Windmühlen tauchten auf. Seit meiner Kindheit hatte ich keine mehr gesehn. Sie kamen mir ganz mecklenburgisch vor.

Fräulein Berckhausen stand mit ihrer Nichte Grete Blasig, auch einer Penzliner Kinderbekanntschaft, auf dem Perron des Anhalter Bahnhofs. Wir stiegen in eine Droschke und fuhren in ihre Wohnung in der Mohrenstraße, Ecke Wilhelmsplatz. Während der Fahrt schaute ich eifrig nach links und rechts. So war ich also nun wirklich in Berlin!

Aus meiner Geburtsstadt Penzlin mit dreitausend Einwohnern war ich in die Mittelstadt Konstanz gekommen, von da in die Großstadt München und jetzt in die Weltstadt!

Fräulein Berckhausen hatte mir schon ein Zimmer besorgt, das ich mir gleich ansah. Viel Mühe hatte sie sich damit offenbar nicht gegeben. Sie hatte mich bei einem Kleiderhändler Salo Polke in der Mauerstraße untergebracht, das Zimmer lag auf den Hof hinaus, nur nachmittags um fünf Uhr fiel schräg von oben kurz etwas Sonne hinein.

Am nächsten Morgen stellte ich mich mit etwas Herzklopfen bei W. Weber, Charlottenstraße 48, vor. Es ging über Erwarten gut. In der ersten Begeisterung schrieb ich nach Hause: »Mit dem Geschäft habe ich es ganz ausgezeichnet getroffen« (doppelt unterstrichen). »Endlich eine wirkliche Buchhandlung! Es sind im ganzen neun junge Leute da. Herr Weber selbst ist ganz ungemein leutselig und verkehrt mit den Gehilfen wie mit seinesgleichen. Die Gehilfen machen, wenn er dabeisteht, Witze oder uzen sich an, und er lacht dann mit. Gegen mich sind alle sehr kollegial.«

So war denn der Anfang gemacht! Ich erzähle nun gleich noch mehr von der Buchhandlung, dem Chef, den Kollegen und dem Tun und Treiben dort. Verbrachte ich in ihr doch den weitaus größten Teil meiner drei Berliner Jahre.

Der Laden befand sich in dem großen Eckhaus Charlotten- und Behrenstraße. Man sah von da nach dem Gendarmenmarkt mit seinen drei imposanten Bauten hinüber: In seiner Mitte das Schauspielhaus von Schinkel mit dem Pegasus auf dem Giebel, zu beiden Seiten der Französische und der Deutsche Dom, jeder überragt von einem schlanken, säulenumkränzten Kuppelturm. Zum Turm des einen von beiden hatte Weber eine besondere Beziehung. Darüber später.

Vor dem Schauspielhaus stand in weißem Marmor das Schillerdenkmal, ein Jugendwerk von Begas, klein und intim, noch nicht so bombastisch wie seine späteren. Ich kam auf dem Gang zum Mittagstisch lange Zeit täglich daran vorüber. Besonders die Figur der Tragödie mit dem Dolch in der Hand gefiel mir.

An der nächsten rechten Straßenecke befand sich die Weinstube von Lutter & Wegner, in der E. T. A. Hoffmann mit dem Hofschauspieler Ludwig Devrient gekneipt hatte, und dicht dabei hatte auch das Haus gestanden, wo er, schon todkrank, eine seiner letzten Geschichten, »Vetters Eckfenster«, geschrieben. Nach links, in der Behrenstraße, noch im selben Haus wie Weber, war die große Kunsthandlung Amsler & Ruthardt mit ihren interessanten Schaufenstern.

Die Charlottenstraße kreuzte wenige Schritte nordwärts die berühmte Prachtstraße Unter den Linden, die ich ja schon einmal in meinem Leben, als zehnjähriger Junge auf unserm Umzug nach Konstanz, betreten hatte. Von da zum Schloß öffnete sich ein festlicher Raum, umgrenzt von großer barocker und klassizistischer Architektur. Da erhob sich die Universität, die Neue Wache Schinkels, das Zeughaus mit den Masken sterbender Krieger von Schlüter. Gegenüber stand die alte Königliche Bibliothek – von den Berlinern wegen ihrer geschweiften Fassade respektlos die Kommode genannt –, die runde Hedwigskirche, das Opernhaus und das Kronprinzen-Palais. Es war mir immer etwas feierlich zumute, wenn ich diesen Raum durchschritt, und so ist es in allen späteren Jahrzehnten geblieben. Am Reiterdenkmal Friedrichs des Großen betrachtete ich am liebsten die Ecke des Sockels, an der sich Lessing und Kant im Gespräch gegenüberstanden.

Der Chef Adolf Weber, Anfang der Vierziger, wurde »der Kleene« genannt, denn er war klein von Statur. Von blasser Gesichtsfarbe, trug er das Haar in langen Strähnen in der Mitte gescheitelt, ein dünner Schnurrbart hing ihm über dünne Lippen. Das Geschäft war von seinem Vater gegründet worden, er wohnte noch bei seinen Eltern. Er hatte eine strenge Mutter und erzählte uns arglos: »Gestern abend sagte meine Mutter zu mir: Adolf, wenn du jetzt nicht anfängst zu arbeiten, wird es wohl wieder nichts!« Er nahm sich immer Arbeitsstoff mit nach Hause. Das war ein Chef ganz andrer Art wie mein Lehrchef, Herr Öhrlein, der meist nur kurz vor Ladenschluß in sein Geschäft kam. Trotz dieser Tüchtigkeit sagte man Weber übrigens nach, daß er sich seit Jahren zwar bemühe, eine Bilanz zu machen, aber nicht wisse, wie man das anfangen müsse, weshalb er denn auch nie damit fertig werde.

Mit Nachdruck kämpfte er gegen Fremdwörter. Ausdrücke wie »Transport«, »komplett« waren ihm ein Greuel. Er hatte Geschichte und Staatswissenschaft studiert und schwärmte noch immer von den Vorlesungen Treitschkes. Er erzählte uns, wie dieser vor Erregung zitternd und in tieftragischem Tonfall die schwache Haltung Friedrich Wilhelms IV. während der März-Revolution beklagt habe.

Weber war ein Bewunderer des Reichskursbuchs. Man brauchte ihn nur darauf anzureden, dann nahm er einen beiseite und erklärte ausführlich dessen Vorzüge. Er führte an Beispielen vor, wie man da mit *einem* einzigen Blick die kompliziertesten Bahnverbindungen übersehe. Er schwelgte in humoristischen Zitaten. Hatte einer von uns etwas liegen lassen, wo es nicht hingehörte, so hieß es aus dem »Riesenspielzeug« Chamissos: »Wo du es hergenommen, da trag es wieder hin!« Als Aufmunterung zur Arbeit rief er sich selbst und uns aus Schillers »Teilung der Erde« zu: »Was tun! spricht Zeus ...« Das Gehalt zahlte er am Monatsletzten in Papier gewickelt aus. Damals gab es noch Goldstücke. Er fühlte sich dabei verpflichtet, an jeden eine kleine Ansprache zu halten, die aber dem Sinne nach nie auf etwas andres hinauslief, als: »Na, dann fahren Sie so fort!«

Ich erhielt 75 Mark monatlich. Mein Vater gab mir 25 Mark dazu. Ich ließ mir diesen Zuschuß aber nie von zu Hause schicken. Es war mein Ehrgeiz, mit meinem selbstverdienten Geld auszukommen. Der Zuschuß wurde zu Hause für mich aufgehoben und nur in Anspruch genommen, wenn ich einmal eine größere Ausgabe zu machen hatte, zum Beispiel mir einen neuen Anzug kaufen mußte.

Herr Weber war gutartig und wohlwollend, aber in manchen Dingen auch wieder sehr engherzig. Im Juni 99, nach einem Jahr, bat ich um Aufbesserung. Er ließ sich nicht nur mündlich bitten, sondern ich mußte, nachdem er die mündliche Bitte abgelehnt hatte, ihm auch noch zweimal ausführlich schreiben, bis er sich zu einer Aufbesserung auf 90 Mark entschloß, wobei er noch eigens betonte, er halte 85 Mark eigentlich auch für genug.

Auch mit dem Urlaub war er sehr knauserig. Damals gab es noch keinen Tarif, der den Urlaub regelte. Ich bekam nach Ablauf des ersten Jahres nur acht Tage und mußte wegen einer Verlängerung um zwei Tage gleichfalls wiederholt vorstellig werden. Ich setzte ihm nachdrücklich auseinander, daß, wenn ich diese zwei Tage nicht da sei, dies doch unmöglich in seinem Geschäft sich nachteilig bemerkbar machen könne, während die zwei Tage für mich außerordentlich viel bedeuteten. Diese Jugenderfahrung trug dazu bei, daß ich in meinem eignen Verlag jedem, auch schon Lehrlingen, drei Wochen Urlaub gab.

Herrn Webers energische Mutter verlobte ihn mit einer Buchhändlerstochter aus Ülzen. Er erzählte allen Kunden, die er näher kannte, von dieser Verlobung. Dann bekam er eine langwierige, lästige und unappetitliche Hautkrankheit. Ein Gehilfe, der sich besonderen Ansehns erfreute, faßte sich ein Herz und legte ihm zuletzt nahe, er möge doch

Mein Berliner Chef

die Kunden nicht mehr persönlich bedienen, das könne dem Ansehen der Firma abträglich werden. Er zog sich für ein paar Monate zurück, was aber wenig nützte, da er eigensinnig alles mit Licht, Luft und Wasser, ohne Medikamente ausrichten wollte. Er ging in eine Naturheilanstalt nach Birkenwerder. Wir Gehilfen besuchten ihn, fünf Mann hoch, dort an einem Sonntag. Er war dadurch sehr gerührt, womit er uns beschämte, denn unsre Neugierde war mindestens ebenso groß wie unsre Teilnahme. Die Verlobung wurde schließlich wieder gelöst, und der arme Weber mußte nun allen Kunden, die ihn fragten, wann denn Hochzeit sei, resigniert gestehen: »Ich bin zu lange krank gewesen.«

Während seiner Krankheit war das Leben im Geschäft begreiflicherweise wesentlich angenehmer als in seiner Anwesenheit. Die »Tretmühle Weber« wurde in »Erholungsheim Weber« umgetauft. Jeder von uns – so hatten wir das aus eigner Machtvollkommenheit vereinbart – arbeitete einmal in der Woche von acht bis fünf Uhr durch und durfte dann heimgehn. Welche Wonne!

Der Webersche Laden war sehr hoch. Vierzehn Reihen Bücher standen übereinander, alle doppelt und alle vollgepfropft, so daß kaum noch etwas hineinging. Es war manchmal fast lebensgefährlich, mit einem Arm voll Bücher, die doch noch untergebracht werden sollten, auf den hohen Leitern zu balancieren.

Zum Bedienen vorn neben dem Chef standen Fritz Neumaier und Gustav Schäfer. Neumaier hieß von Haus aus Johann Baptist, hatte sich aber aus eigner Machtvollkommenheit in Fritz umgetauft, weil ihm seine katholischen Vornamen in Berlin genierlich waren. Er war eine etwas kalte, streberische Natur. Ich spielte mit ihm hie und da abends eine Partie Schach. Er machte sich nach Ladenschluß verdient durch Blitzlichtaufnahmen von Chef und Personal.

Gustav Schäfer, umgänglich und humorvoll, war unwahrscheinlich klein. Er bediente gemeinsam mit Neumaier die Kunden und stand hinter dem Pult auf einer Fußbank, damit er einigermaßen sichtbar wurde. Er hatte einen netten Tenor und sang aus Selbstironie gern das Lied: »Ich bin der Zwerg Perkeo«.

In Walter Szymanowski lernte ich einen Vollblutberliner kennen. Sein Vater war Faktor in der Druckerei der Vossischen Zeitung. Er rühmte gern von sich: »Ick bin in Berlin bekannt wie'n bunter Hund«. Er hatte die sprichwörtliche Berliner Schnauze und redete überall ungeniert mit. Er konnte die ersten Takte eines Walzers auswendig spielen, brach dann aber an der Stelle, wo er nicht weiterwußte, jedesmal mit genial salopper Handbewegung ab, als ob er diese paar Takte nur so aus Laune hingeworfen habe und eigentlich stundenlang weiterspielen könne. Wenn er auf einen Kunden zutrat, sagte er auf altmodische Weise: »Diener?« Seine Aufgabe war die Expedition des kleinen Weberschen Verlags. Als Hauptwerk desselben figurierte ein großes wissenschaftliches Lexikon zu den Schriften Julius Cäsars, über das sich der »Kleene« selber lustig machte: »Da sind nämlich alle Stellen drin aufgeführt, wo Cäsar *et* sagt.« Später wurde Szymanowski Leiter der Buchabteilung im Warenhaus Hermann Tietz in München, wo ich ihn öfter wiedersah. Es war dies eine für seine Fähigkeiten sehr angemessene Tätigkeit. Unter den Büchern bevorzugte er dort sogenannte »Peitschenposten«, das heißt Restposten, die man durch besondre Reklame möglichst schnell durch das Geschäft durchpeitscht. Zuletzt traf ich ihn dort in sehr trauriger Verfassung – das Warenhaus sollte nach dem nationalsozialistischen Umbruch aufgelöst werden, wodurch er in vorgerückten Jahren seine Stellung verloren hätte. Vor Aufregung darüber hatte er einen Schlaganfall erlitten, und ich konnte mich mit ihm nur noch schwer verständigen.

Alfred Gläser, aus Stuttgart stammend, wurde »Schwäbli« genannt. Er hielt in der Mittagszeit, wenn keine Kunden kamen, gelegentlich humoristische Ansprachen an uns, die er seine »lieben Kinder« nannte. Seine Gutmütigkeit wurde etwas mißbraucht. Einmal hakte man ihm einen großen bunten Papierorden auf den Rücken und bat ihn dann, bei einem Bäcker in der Behrenstraße Semmeln zu holen. Passanten hatten hinter ihm hergelacht, was er sich nicht erklären konnte. Als wir ihn über den Grund des Gelächters aufklärten, schäumte er vor Wut, und ich zeichnete ihn dann noch so. Überhaupt fand ich für meine Zeichnerei bei Weber ein dankbares Publikum. Auch der Chef wurde abkonterfeit. Gläser hielt sich für ein verkanntes Talent und deklamierte gern die Blendungsszene aus dem »Tell«, wobei er besonders das »In beide Augen?« in Ekstase hervorschmetterte und damit eine erschütternde Wirkung hervorzubringen glaubte.

Eine der wichtigsten Persönlichkeiten bei Weber war »der olle Schubert«, der Leiter des Antiquariats. Er war groß und massig, ein weißer Bart umrahmte sein rosiges Gesicht, hinter einer goldenen Brille blitzten lebhafte Augen. Er hatte dies Amt schon unter dem alten Weber bekleidet, war infolgedessen sehr selbstherrlich und ließ sich vom Kleenen in sein Tun nicht hineinreden. Da er der einzige Antiquar der Firma war, kam er mit der Arbeit nicht durch. Er kaufte aus dem Nachlaß von Gelehrten ganze Bibliotheken, und diese lagen dann monatelang in hohen Bergen aufgeschichtet, weil er keine Zeit fand, sie zu katalogisieren. Der Kleene wollte ihm eine Hilfskraft zur Seite geben. Das lehnte Schubert schroff ab und stellte sogar die Kabinettsfrage. So mußte der Kleene klein beigeben. Schubert hatte zu den Kunden ein patriarchalisches Verhältnis und konnte zum Beispiel zu einem Herrn, der schon ziemlich viel gekauft hatte, mit väterlich erhobenem Zeigefinger sagen: »Det Se sich man nich überkoofen!«

Vor der Reichstagswahl sagte Herr Weber zu dem Schreiber Schrumpf, der mit seiner alten Mutter kaum genug zu leben hatte: »Nicht wahr, Herr Schrumpf, Sie wählen konservativ!« Schubert konnte es sich jedoch leisten, Herrn Weber nach der Wahl hinter seinem Pult hervor triumphierend zuzurufen: »*Mein* Sozialdemokrat is *durch*!« Als er das Jubiläum seiner fünfundzwanzigjährigen Tätigkeit bei Weber feierte, hielt der Kleine eine Ansprache an ihn, und man sah ihm an, wie krampfhaft er allen Mut zusammennahm, um auszusprechen, er hoffe, daß Schubert noch lange Jahre in seinen »Diensten« stehn werde. Aber diese einzig sich bietende Gelegenheit, zu betonen, daß schließlich doch er der Chef sei, durfte er sich nicht entgehn lassen. Auch wurde dies Wagnis ja dadurch wiedergutgemacht, daß er ihm im gleichen Augenblick eine gefüllte Brieftasche überreichte.

Der Packer Fritze war ein echter alter Berliner. Sein Reich lag »hinten«, zwischen den Antiquariatsregalen. Klein von Statur, hatte er kluge, humorvolle Augen und trug einen graumelierten Schnurrbart. Er war die lebendige Chronik der Firma, ja fast Berlins. Schon beim alten Weber, vor vierzig Jahren, war er Laufbursche gewesen. Wenn es damals gar nichts zu tun gab, mußte er die Zeit damit ausfüllen, das Gras zwischen den Pflastersteinen des Trottoirs auszurupfen. Das gefiel ihm auf die Dauer nicht. Er wurde Schneider und durchwanderte als Geselle halb Deutschland. Davon konnte er sehr lebhaft erzählen. Schließlich kam er doch wieder zu Weber zurück. Er bemutterte uns. Bei ihm im Packraum wurde mit viel Scherz und Gelächter »gefuttert«. Der Kleine kam dann nach hinten, um irgend etwas, was er sich eigens dafür zurechtgelegt hatte, mit einem von uns zu besprechen. Er wollte damit einer allzu großen Ausdehnung der Frühstückspause einen Riegel vorschieben.

Fritze war groß in Berliner Redensarten. Als der Chef einmal von ihm ein dünnes Folioheft und ein kleines dickes Buch zusammengepackt haben wollte, sagte er vorwurfsvoll: »Aber Herr Weber, nächstens bringen Se mir 'nen Kanarienvogel und 'ne Klapperschlange!« – Der Turm des Französischen Doms hatte zwei Uhren übereinander. Fritze fragte mich: »Wissen Se denn ooch, warum det so is? – Det is, damit, wenn zwee zugleich ruffgucken, der eene nich zu warten braucht!« Auf diesem Turm befanden sich die ersten zwanzigtausend Bände des Weberschen Antiquariats. Wenn eins dieser Bücher verlangt wurde, hieß es: »Fritze, Sie müssen mal auf'n Turm!« Im Winter geschah dies häufig im Dunkeln mit brennender Laterne in der Hand, und es war mir immer eine sehr willkommene Unterbrechung der Arbeit, wenn ein legitimer Grund sich fand, Fritzen bei diesem Gang zu begleiten. –

Unter den Kunden, die zu Weber kamen, waren berühmte Leute, hauptsächlich Professoren von der Universität: der alte Mommsen, von dem Weber begeistert erzählte, er sei noch eben auf eine fahrende Trambahn aufgesprungen, der große Theologe Harnack, der Herausgeber des Heraklit Hermann Diels, der Philosoph Friedrich Paulsen, in dessen klares Kantbuch ich mich einlas, der aber durch seine Schrift »Schopenhauer, Hamlet, Mephistopheles« sich meine Gunst verscherzte. Der Germanist Karl Weinhold kaufte bei mir die Burgenkunde meines Vaters, den Hofprediger Dryander bediente ich mit Karten von Palästina. Paul von Winterfeldt stürzte sich mit mir unverständlichem Feuereifer auf die Neuausgabe eines mittelalterlichen Lateiners: »Darauf warte ich seit Monaten jede Stunde!« Auch Eduard Grisebach, von mir als Schopenhauer-Herausgeber und Bibliophile längst verehrt, kam und führte sein kleines Söhnchen im Samtrock an der Hand.

Justus von Gruner, ein sehr beleibter Herr, der nichts zu tun hatte, kostete dem Chef viel Zeit. Er kaufte fast nichts, sondern holte nur für seinen Sohn die Zeitschrift »Der gute Kamerad« ab, wobei er jedesmal lange im Laden herumstand. Er war ein wütender Feind Bismarcks. Weshalb, das wurde später aus den »Gedanken und Erinnerungen« ersichtlich, in denen der Kanzler von Gruners Vater schreibt, er sei im Auswärtigen Amt durch seine an Geisteskrankheit grenzende Unfähigkeit lediglich ein Hindernis gewesen.

Ein Kunde besonderer Art war Erich Lilie. Er war früher Lehrling bei Weber gewesen, hatte dann aber zum technischen Studium umgesattelt. Ich wurde ihm von meinen Kollegen vorgestellt als »auch ein Verehrer von Schopenhauer«. Lilie war aber, im Gegensatz zu mir, ein ganz orthodoxer Schopenhauerianer, er ließ neben seinem Meister gar nichts andres gelten und hatte vor allem auch keine künstlerischen Interessen. Er besaß als großen Schatz ein Buch aus Schopenhauers Bibliothek mit dessen eingeklebtem Ex libris und sogar eigenhändigen Randstrichen. Diese betrachteten wir mit Andacht. Er war mit seinem Vater verfeindet und litt sehr unter unerfreulichen häuslichen Verhältnissen. Er rühmte sich eines »unüberwindlichen Stoizismus«. Seine einzige Leidenschaft war das Eisenbahnwesen. Von seinem Zimmer aus, an der Flottwellstraße im vierten Stock, konnte er alle Geleise der

Potsdamer Bahn übersehn. Er unterschied fast alle Lokomotiven an ihrem Pfiff oder ihrer Art zu fahren. Viele Zugführer und Schaffner waren seine guten Bekannten. Einmal fuhr ich mit ihm von Potsdam spät abends im Bremserhäuschen des letzten Wagens eines Güterzugs nach Berlin zurück.

Manchmal bekam Weber interessante Aufträge. So sollten für einen Kunden sämtliche Ibsen-Ausgaben in allen Sprachen der Welt besorgt werden. Von den städtischen Volksbibliotheken wurden wiederholt mehrere tausend Bände auf einmal bestellt. Das war ein schönes Geschäft, aber leider mußte auf die Ladenpreise ein Rabatt von 25 Prozent eingeräumt werden. Damals stand überhaupt das Rabattgeben in hoher Blüte. Jeder Käufer bekam unverlangt 10 Prozent Nachlaß. Wenn ein Kunde nach dem Ladenpreis fragte, sagte man zum Beispiel: »3 Mark, 2 Mark 70.« Es kostete noch große Kämpfe der buchhändlerischen Organisationen, bis dieser Rabattunfug beseitigt war. – Während meiner Berliner Jahre spielten sich manche weltgeschichtlichen Ereignisse ab. Sie machten sich für uns besonders dadurch bemerkbar, daß vorm Geschäft von halbwüchsigen Burschen mit lautem Gebrüll Extrablätter ausgerufen wurden. So bei den einzelnen Phasen des Dreyfusprozesses, den alle Welt mit fieberhafter Aufmerksamkeit verfolgte, beim Spanisch-Amerikanischen Krieg und beim Burenkrieg. Unsre Sympathien waren immer auf seiten der Schwachen.

Weber war von jeher ein großer Anhänger Bismarcks, und so machte er bei der Nachricht von seinem Tod demonstrativ den Laden zu.

Das Erscheinen von Bismarcks »Gedanken und Erinnerungen« setzte alle Hände in Bewegung. Das Buch wurde in Leipzig ausgegeben. Große Aufregung verursachte die Frage, welcher Leipziger Kommissionär seine Sortimenter wohl am promptesten beliefern werde. Es war für das Renommee von Weber sehr wichtig, seine Kunden möglichst ein paar Stunden früher zu versorgen als etwa Gsellius. Die erste Sendung reichte bei weitem nicht aus. Bald hatten wir mehr als dreihundert Exemplare verkauft.

Nachdem ich schon mehr als zwei Wochen in Berlin war, konnte ich es unmöglich länger aufschieben, Arno Holz zu besuchen, denn ihn kennenzulernen, war ja mit ein Hauptgrund gewesen, weshalb ich nach Berlin gegangen war.

Für einen Besuch kam nur der Sonntag in Betracht. Ich fragte Mitte
Juni bei ihm an, ob ihm der nächste Sonntag passe, und er schrieb mir
zurück: »Es würde mich herzlich freuen, Sie zu sehen!« Wer war
glücklicher als ich! – So machte ich mich also am Sonntagmorgen, dem
17. Juni, zu ihm auf. Ich fuhr mit der Stadtbahn bis zur Station Zoo-
logischer Garten. Von da bis Wilmersdorf war es noch eine gute
Strecke, und nur auf Umwegen fand ich zuletzt nach der Pariser Straße.
Ich hatte das Gefühl, auf einer Wallfahrt begriffen zu sein. Holz wohnte
im Rückgebäude eines Allerweltsmiethauses. Es stellte sich heraus,
daß er verheiratet war und zwei Söhne von vier und sechs Jahren hatte.
Seine Frau, groß und rotbäckig, trug das dunkle Haar auf dem runden
Kopf in der Mitte gescheitelt. Holz selbst war mittelgroß, brünett, hatte
kurzgeschnittenes Haar und Schnurrbart. Er trug einen Zwicker mit
scharfen Gläsern ohne Einfassung, durch die seine braunen Augen
funkelten. Wir stiegen bald nach seinem »Atelier« hinauf, das auf dem
Speicher lag. Hinter den Holzverschlägen in den dunklen Ecken habe
er die bösen Kritiker eingekerkert, sagte er. In dem Zimmerchen mit
schräger Fensterwand standen sein Schreibtisch, ein kleines Bücherbord, ein Sofa und zwei Stühle. Über den Besuch schrieb ich noch am
Abend nach Hause: »Holz ist furchtbar lebhaft und hat eine Bered-
samkeit, ein Feuer, ein Temperament, eine Schlagfertigkeit, mit der
er alles über den Haufen rennt. Dabei hat er eine so laute Stimme, daß
ich beinah Kopfweh bekam. Zigarren kann er sich nicht mehr leisten.
Von seinem Phantasus, den er mir, wie Ihr wißt, nach München schickte,
sind bisher erst fünfunddreißig Exemplare verkauft trotz seiner langen Selbstanzeige in der Hardenschen ›Zukunft‹. Von dem Spiel, von
welchem er mir einmal eine Probe sandte, hat er jetzt ein fertiges ge-
brauchsfähiges Modell gemacht, auch das Reichspatent hat er darauf
bekommen, aber er findet keinen Fabrikanten. Er machte mir damit
eine Menge Zeichnungen vor, eine immer reizender als die andre.«
Selbstverständlich kamen wir bald auf moderne Literatur zu sprechen,
auf Mombert, Dehmel, Walt Whitman.
Ich hatte mir schon in München den »Geschundnen Pegasus« kommen
lassen, zu dem Schlaf die Zeichnungen, Holz die Verse gemacht hatte.
Holz sagte mir, ein gut Teil dieser Verse stamme von seiner Frau. Von
dem Buche habe der Verleger Fontane fünftausend Stück gedruckt,
wovon bisher achtzig verkauft seien. Das Buch war vollständig unbeachtet geblieben. Holz schenkte mir zu meiner Freude ein paar Feder-

zeichnungen von Johannes Schlaf, darunter eine ulkige Parodie auf Böcklin.

Er erzählte mir von seiner Jugend. Mit achtzehn Jahren hatte er bei einer Berliner Tageszeitung seine erste »Stellung mit 15 Mark monatlichem Gehalt«. Dann brachte er sein erstes Gedichtbuch heraus und bekam dafür den Augsburger Schillerpreis von 200 Mark. Daraufhin gab er seine obige »Stellung« auf und wollte nur vom Dichten leben. Seine alte Mutter, die noch jetzt bei ihm wohnt, hatte er auch noch zu versorgen. Für die »New Yorker Staatszeitung« schrieb er allwöchentlich ein Feuilleton, zweieinhalb Spalten zu je dreiviertel Meter, Honorar 20 Mark. All das zu hören war mir natürlich höchst interessant.

Ich hatte für den Fall, daß das Gespräch etwa ins Stocken gerate, eine Auswahl meiner schon in München auf braunes Papier geklebten Bilder mitgebracht. Obwohl es glücklicherweise zu solchen »Stockungen« gar nicht kam, sahen wir sie doch zusammen an. Er holte dann aus seinem Bücherbord zwölf braune Pappbände, die er mit ausgeschnittenen Bildern vollgeklebt hatte. Wir begegneten uns also in dieser Liebhaberei und auch in dieser beschaulichen Klebetätigkeit.

Schon zum nächsten Sonntag lud er mich wieder ein. Ich traf ihn bei der Lektüre einer französischen Übersetzung chinesischer Lyrik. Das Buch war 1862 in Paris erschienen und führte den Titel »Poésies de l'époque des Thang (VIIe–IXe siècle de notre ère), traduites du Chinois pour la première fois par le marquis d'Hervey-Saint-Denys«. Es enthielt vor allem Gedichte von Litaipe und Thufu. Holz war davon begeistert und erklärte in seinem Überschwang, dagegengehalten sei das Goethesche »Über allen Gipfeln ist Ruh« geradezu ein Bombast. Er gab mir das Buch mit, und ich schrieb mir manches daraus ab. Diese Begegnung veranlaßte mich später dazu, nachdem ich meinen Verlag gegründet, die Bücherreihe »Die Fruchtschale« mit chinesischer Lyrik in deutscher Übersetzung zu eröffnen. Ich fragte damals, es war im Jahre 1904, Arno Holz, wer wohl für eine solche Übersetzung in Frage käme, und er nannte mir seinen alten Freund Hans Heilmann, der Schriftleiter an einer Königsberger Zeitung war. Diese deutsche Prosaübersetzung ist dann der Ausgangspunkt für die meisten späteren Nachdichtungen chinesischer Lyrik geworden.

Nach dem Zusammensein im »Atelier« machten wir noch einen Spaziergang und nahmen dazu den Hund mit. Mohrchen war dackelähnlich und hatte eine schwarze, fast vollständig nackte Haut. Nur auf dem kahlen Kopf standen ein paar lange Borsten. Der Hund vibrierte in höchst sonderbarer Weise ständig mit dem ganzen Leib. Ein Soldat blieb deshalb stehn und fragte Holz: »Verzeihen Sie, ist das ein Gummihund?« Eines Tages, so erzählte mir Holz, bekam Mohrchen unzählige Junge. Es wollte gar nicht aufhören! Holz stand dabei und rief ihm ein übers andre Mal aufmunternd zu: »Mohrchen, gebär noch'n bisken!«

An einem Augustsonntag besuchte ich das Grab Heinrich von Kleists. Ich schrieb darüber nach Hause: »Gestern fuhr ich um zehn Uhr vom Potsdamer Bahnhof aus nach dem Wannsee. Der Trubel unterwegs war groß, die Hitze auch. Es ist ein schönes Bild, wenn zum erstenmal zwischen den roten Kiefernstämmen der See aufglitzert. Auf der blauen Fläche einige weiße Segel, ein paar kleine Dampfer. Rundherum die dunkelgrünen Kiefernwälder, aus denen hie und da weiße Villen hervorblinken. Ich ging im tiefen Sand neben der Eisenbahn in den Wald, dann nach dem See etwas bergab auf einem verwachsenen Fußweg. Gott sei Dank hat man da nirgends Anlagen mit Kieswegen usw. gemacht. Bald sah ich das schwarze Eisengitter des Grabes. Ich schmiß mich daneben ins Gras und blickte durch die Baumwipfel in den Himmel. Kein Mensch störte mich. Wie ihr wohl wißt, hat Kleist sich hier mit seiner Freundin Henriette Vogel erschossen. An seine Schwester schrieb er: ›Die Wahrheit ist, daß mir auf Erden nicht zu helfen war; möge Dir der Himmel einen Tod schenken, nur halb an Freude und unaussprechlicher Heiterkeit dem meinigen gleich; das ist der herzlichste und innigste Wunsch, den ich für Dich aufzubringen weiß.‹ Erst zehn Jahre nach Kleists Tode wurde sein Meisterwerk, der Prinz von Homburg, gedruckt. Bruder Wolfgang freilich wird, analog seiner Äußerung über den Krach des Münchner Schauspielhauses, meinen, daß man eben nicht Dichter werden soll, wenn kein Bedürfnis dafür vorhanden ist. – Na, ich streifte also am Grabe eine halbe Stunde umher, war aber gar nicht sentimental. Auf dem Grabstein steht:

> ›Er lebte, sang und litt
> In trüber, schwerer Zeit.
> Er suchte hier den Tod
> Und fand Unsterblichkeit.‹

Ich dachte, daß Kleists Grabstein doch eigentlich zu ernst sei für dies jämmerliche verunglückte Bonmot. Schopenhauer, der wohl dergleichen fürchtete, ordnete an, daß auf seinen Grabstein nichts kommen solle als: ARTHUR SCHOPENHAUER. Wäre es nicht angemessener gewesen, auch hier nur HEINRICH VON KLEIST einzumeißeln? Das Grab selbst ist schön gepflegt und mit frischen Blumen bepflanzt. Mitten aus dem Hügel wächst ein jetzt schon sehr hoher Eichbaum.« So mein Brief nach Hause.

Außer mit Arno Holz hatte ich als Lehrling von München aus, wie schon erzählt, noch mit einem andern Berliner Dichter Briefe gewechselt, mit Richard Dehmel. Ich hatte ihn sogar gegen einen bösen Angriff in Schutz genommen. Nun wollte ich auch ihn gern persönlich kennenlernen und schrieb ihm das.

Er bestellte mich zu Sonntag, den 14. August zum Kaffee. Er wohnte damals in Pankow, Parkstraße 25. Leider mißglückte dieser Besuch gründlich. Holz war ein naiver, durchaus natürlicher Mensch, dem es viel zu langweilig gewesen wäre, sich in Szene zu setzen. Dehmel dagegen war unnaiv, er stilisierte sich. Schwarzer, aufgetürmter Haarschopf, blitzende Augen, effektvolle Wangenfalten, klaffende rote Lippen und der dunkle Spitzbart, den er sich in einem Gedicht »schmerzhaft reißt« – so trat er mir auf dem Rasenplatz des kleinen Gartens entgegen, auf dem schon der Kaffeetisch gedeckt stand. Das Gespräch kam aus dem Stocken nicht heraus. Aber dies war nicht meine Schuld. Ein Vierziger mußte doch der Überlegene sein und einem gutwilligen Neunzehnjährigen die Möglichkeit zu einer Unterhaltung geben können.

Zum Unglück kam auch noch die Dichterin und Malerin Hermione von Preuschen hinzu, die nach Berlin übersiedeln wollte und sich bei dem Ehepaar Dehmel in aller Ausführlichkeit nach den Wohnungsverhältnissen erkundigte. Wohl eine gute Stunde blieb sie bei diesem Thema. Die beiden Dehmelschen Kinder standen neben den Stühlen. Schließlich sagte sie zu mir: »Sie sind ja *noch* stiller als die Kinder!«, worauf ich »spitz« erwiderte: »Entschuldigen Sie, aber zu Berliner Wohnungsverhältnissen kann ich mich leider nicht äußern.« Schließlich empfahl sie sich, und es wäre das einzig Richtige für mich gewesen, nun auch meinerseits aufzubrechen. Aber ich hoffte immer, daß aus dem Besuch doch noch etwas werden könne, und ging deshalb mit dem Ehepaar ins Haus.

Dehmels Arbeitszimmer war mit »meerblauem« Rupfen bespannt, davor blühte feierlich mystisch eine weiße Lilie. Ich sah zum erstenmal ein symbolisch stilisiertes Dichterzimmer. Bei Arno Holz war alles ganz banal berlinerisch. Die kleine rundliche Frau Paula sagte zu ihrem Gatten: »Ich dachte schon, sie bliebe zu lange!« Dies war natürlich ein Wink mit dem Zaunpfahl für mich, und ich fühlte, wie ich errötete. Um nun doch irgend etwas Positives mit nach Hause zu bringen, bat ich Dehmel, mir sein Gedicht »Winterwärme«, das ich liebte, aufzuschreiben und es mir als Autogramm zu schenken. Dies tat er denn auch sogleich, und ich konnte mich schließlich empfehlen. Ich atmete auf, und er wohl auch.

In dem Gedicht kommen Eiszapfen vor, die in der Wintersonne schmelzen. Von diesen Tropfen heißt es: »Jeder dem andern unvergleichlich.« Arno Holz machte mich darauf aufmerksam, daß es »unvergleich*bar*« heißen müsse. Er sagte von Dehmel: »Er hat alles – Sie verstehn: alles in Anführungszeichen! – nur kee'n Humor.« Das hatte ich gründlich erfahren.

Anfang Februar 99 hörte ich einen Vortragsabend von ihm. Er las den Winter über in den Räumen der kurz zuvor gegründeten modernen Kunsthandlung Keller & Reiner an der Potsdamer Brücke aus Dichtern der Gegenwart. An jedem der sechs Abende trug er aus drei Dichtern vor. An dem Abend, den ich besuchte, waren Johannes Schlaf, Stanislaus Przybyszewski und Paul Scherbart an der Reihe. Am letzten Abend las er nur aus sich selbst.

Bei Holz fand ich mich erst Ende August wieder ein. Er sagte mir, ich möchte doch nicht in so langen Zwischenräumen kommen, sondern, wenn ich Lust hätte, jeden Sonntagvormittag, er verkehre ja fast mit keinem Menschen. Diesmal nahmen wir auf unserm Spaziergang die beiden kleinen Jungen mit, die ihrerseits wieder zwei Hunde bei sich hatten. Unterwegs erzählte mir Holz vor allem die Geschichte der geistigen Erkrankung von Johannes Schlaf. Bei diesem war nach seiner Zusammenarbeit mit Holz eine Art Verfolgungswahn ausgebrochen. Er behauptete steif und fest, Holz habe ihn vergiftet. Nach einem Aufenthalt in mehreren Heilanstalten entließ man ihn zu seinen Angehörigen, kleinen Kaufleuten, nach Magdeburg. Von diesen wurde Holz mehrmals telegraphisch gerufen, da er allein den Kranken beruhigen konnte. Schlaf schrieb ihm dann Briefe voll der unerhörtesten Anschuldigungen, so daß Holz sie schließlich uneröffnet zurückgehn ließ. Von dem Zerwürfnis mit Schlaf hatte ich schon gehört. Neu war es mir, daß auch ein andrer »Schüler« von ihm, Paul Victor, inzwischen geisteskrank geworden war. Von diesem hatte ich in München ein feines Buch »Kindergeschichten« gelesen. Auch er lebte in dem Wahn, Holz habe ihn vergiftet, und dasselbe Verbrechen habe er auch an Hauptmann und Dehmel verübt, diese wüßten es nur noch nicht.

In der Unterhaltung lernte ich viel für mein Sprachgefühl. Mein Empfinden für die Wahl des charakteristischen Wortes, für den Rhythmus und den Tonfall des Satzes, besonders das Gefühl für einen natürlichen Sprechton entwickelte sich. Gewiß hatte ich dafür mancherlei Anlage mitgebracht, die besondere Bewußtmachung war mir aber ein Gewinn für mein ganzes Leben. Wie oft mußte ich später Autoren und Übersetzern zu einem solchen natürlichen Sprechton verhelfen! Wie viele Autoren lassen ihre Gestalten in einem gekünstelten, geschraubten Tonfall reden, in dem sie selbst sich niemals ausdrücken würden!

In einem Gedicht von Richard Dehmel tadelte Holz die Zeilen:

> »Jetzt einen Schritt, dann stürzt vom Rande
> Mein Leben in die Schlucht hinab!«

und rief aus: »Wie umständlich ist das ausgedrückt, wie schief! Er will doch sagen: Noch einen Schritt, dann fall' ich mich tot!« Ein andermal sprach er mir die Anfangszeilen des Abendliedes von Matthias Claudius vor:

> »Der Wald steht schwarz und schweiget«

und fuhr fort: »Nein, es muß heißen: Der Wald steht schwarz und schweigt. Pause! Nun schweigt er erst wirklich!«

Arno Holz war ungemein »diesseitig«. Begegnete uns ein weibliches Wesen, das ihm gefiel, so konnte er recht hörbar ausrufen: »Mädchen, was hast du für einen schönen Vorbau!« Er sagte von sich: »Ich kann alles verstehn, nur nicht, wie man auf metaphysische Art verliebt sein kann.«

Mit den von mir so sehr verehrten Buddho und Schopenhauer konnte er, der ganz Vitale, nichts anfangen. Er behauptete, Schopenhauer habe keinen originellen Grundgedanken wie doch etwa Hegel mit seinem Satze: Alles Seiende ist vernünftig. Jedenfalls sei ihm keiner zu Ohren gekommen. Als ich ihm dagegen etwas von dem Schopenhauer-

schen Willen zum Leben und seiner Verneinung auseinandersetzte, er-
klärte er, sich daraus nichts machen zu können. Ich brachte ihm Karl
Eugen Neumanns Übersetzung der »Lieder der Mönche und Nonnen
Buddhos« und des Spruchbuchs »Der Wahrheitpfad«. Nachdem er das
Nachwort zu diesem gelesen, erklärte er Neumann für einen »Dussel«.
Der hatte nämlich behauptet, die Lehre Buddhos sei *die* Wahrheit, die
einzige und endgültige. Ich fand den Ausdruck »Dussel« allzu berline-
risch.

Beim nächsten Besuch lernte ich bei Holz auch Georg Stolzenberg kennen, von dem schon ein Heft »Neues Leben« mit Gedichten in der
Form des »Phantasus« erschienen war. Stolzenberg, von Hause aus
Musiker, hatte eine Reihe von Holzschen Phantasus-Gedichten komponiert. Diese sollten an einem Vortragsabend der »Freien musikalischen Vereinigung« gesungen werden. Selbstverständlich hatte sich
die ganze Holz-Gemeinde dazu eingefunden. Im letzten Augenblick
fielen aber die Lieder aus, da sich sowohl der Sänger als auch die Sängerin für heiser erklärten. Die Gemeinde zog deshalb nebenan ins
Pschorr, und von da aus ging es noch ins Café. Auch der Dichter und
Kritiker Franz Servaes und der Maler Berliner Vorstadtbilder, Hans
Baluschek, waren mit dabei, ebenso Robert Reß, der heisere Sänger,
und der Zeichner Wilhelm Jordan, von dem ich originelle Arbeiten
im »Narrenschiff«, dem kurzlebigen Berliner Gegenstück der Münchner »Jugend«, gesehn hatte. Holz erzählte köstliche Anekdoten von
seinem alten Protektor, dem Gelegenheitsdichter Fiebig. Dieser Mann
schien wirklich unerschöpflich. Dann wurde darüber gesprochen, daß
sich viele Leute unanschauliche Dinge unter irgendeiner konkreten
Form vorstellen, z. B. die Wochentage, auch daß bestimmte Dichter
als bestimmte Farben empfunden würden. So Eichendorff als Grün,
Dehmel als Rot, Geibel als Blau. Bei Heine stellte Holz sich Gelb vor,
während Stolzenberg und ich ihn Violett sahen. Holz notierte sich dies
und andres in sein Notizbuch, er sammelte fortwährend »Material«.

Ich ging an den Abenden in Berlin – wenn ich um halb neun glücklich nach Hause gekommen war – wenig aus und schrieb mir nach und
nach aus einer Reihe von Lieblingsdichtern eine private Anthologie
zusammen. Ich gedachte, das Buch gelegentlich Leuten zu überreichen,
denen ich zeigen wollte, was wahre Dichtung sei. Dies Buch nahm ich
das nächste Mal mit zu Holz. Der ging es mit mir durch, wobei ich
wieder vielerlei lernte. Auch zeigte ich ihm einige Gedichte von mir

im Stil des »Phantasus«. Holz sagte, es seien gute Ansätze drin, und riet mir, fleißig daran weiterzuarbeiten. Ich war ein gelehriger Zuhörer, und er lobte mich, daß ich, wenn ich einen Irrtum eingesehn hätte, nicht, wie so viele Menschen, noch lange Ausflüchte machte, sondern wirklich zugab, ich sei auf dem Irrweg gewesen. Ein paar Tage später bekam ich eine Karte, mit der ich aufgefordert wurde, mich von jetzt an regelmäßig bei den Zusammenkünften der »Corona« um Arno Holz einzufinden. Zur ersten Sitzung brachte ich einige »fertige« Gedichte mit. Es waren folgende:

Frühmorgens steh ich an meiner Stubentür.
Ich fühle noch einmal in alle Taschen.
Nein —
Nichts Verdächtiges!
Die Hand auf der Klinke verwandle ich mich
langsam
in einen Buchhändler.
Dann
stürze ich ins Geschäft.
Alle Straßen wimmeln von Kollegen.

*

Die Lampe will mir ausgehn.
Todmüde ziehe ich meine Taschenuhr.
Nach Mitternacht.
Plötzlich seh ich den Sekundenzeiger rennen.
Entsetzen packt mich.
Halt! Halt!

Er tickert mein ganzes Leben herunter!
Unaufhaltsam versaust meine Zeit ins Nichts.

*

Auf der glühenden Landstraße,
die nach dem Himmel führt,
schleppe ich mich vorwärts.

Ich sehe kein Ende.
Schmächtige Pappeln stehn am Weg.
Ihre vertrockneten Blätter beben.

Mit einem dünnen Schatten um den andern
komme ich der Seligkeit näher,
wo ich zusammenbrechen darf.

*

Was mein Zweck ist!

Von Jahr zu Jahr
ein immer vollkommnerer Buchhandlungsgehilfe zu werden.

Dann,
wenn die Haare grau und die Zähne gelb geworden sind,
ruhig den Tod hinzunehmen
und die Seligkeit!

Ich war sehr glücklich, daß ich damit Beifall erntete und daß Holz in dem ersten Gedicht eine echte E. T. A. Hoffmann-Stimmung fand. Nach der Sitzung trafen wir in einem Café wieder mit Servaes und Baluschek zusammen. Servaes hatte damals ein Drama »Stickluft« gedichtet, das mit der Bühnenanweisung schloß: »Das Gewitter tobt weiter.« Das imponierte mir sehr, und ich sagte zu Holz: »Solch ein Stück mit einem Gewitter am Schluß möchte ich auch einmal schreiben.« Er war aber der Meinung, daß das doch ein ziemlich äußerlicher Effekt sei. Servaes hatte damals auch einen Roman, »Gärungen«, verfaßt und war stolz darauf, mit ihm über alles Bisherige hinausgegangen zu sein. Holz machte ihm jedoch klar, daß man dann so psychologisch wie die Russen, so realistisch wie die Franzosen, so farbig wie die Dänen sein und dann noch etwas Neues dazu bringen müsse.

Als Nachwirkung dieser Begegnung mit Servaes verlegte ich — wie ich hier gleich einschieben möchte — bald nach meiner Verlagsgründung von ihm eine Komödie, »Jungfer Ambrosia«, obwohl sie mir nicht gerade als dichterisch bedeutend vorkam. Ich dachte aber damals, daß Stücke, die mir selber gar nicht gefielen, eo ipso einen Publikumserfolg haben müßten. Wer spielte denn die Dramen, die ich liebte? Das Stück wurde aber nach zwei oder drei Aufführungen abgesetzt, und nach Verkauf von vielleicht fünfzig Exemplaren blieb mir die übrige Auflage liegen. Ich habe daraus als Verleger endgültig die Lehre gezogen, daß man mit Sachen, die einem selbst nicht gefallen, von denen man aber glaubt, sie müßten dem Publikum gefallen, so gut wie immer hereinfällt. Das einzig Richtige für einen Verleger ist es, sich resolut auf sein eignes Urteil zu verlassen und nur Bücher zu verlegen, aus denen er sich selber etwas macht.

An einem der letzten Novembertage konnte das Stolzenberg-Konzert nachträglich doch noch zustande kommen. Es wurden neun Lieder auf Texte von Arno Holz gesungen, von denen mir besonders gefielen: Über die Welt hin ziehen die Wolken. – In himmelblauer Ferne. – Draußen die Düne. – Fern auf der Insel Nurapu. – In der seinerzeit von meinem Vater begründeten »Täglichen Rundschau« stand darüber: »Die Holzschen Gedichte wirken bei oberflächlicher Lesung vielleicht unverständlich, wirr, abstoßend, sogar unpoetisch, tritt jedoch die Stolzenbergsche Musik dolmetschend hinzu, so erschließt sich plötzlich der tiefe dichterische und Empfindungsgehalt der Textworte ganz unmittelbar und mit zwingender suggestiver Gewalt, und beide Künste vereinigen sich zu einem mächtigen, hinreißenden Stimmungseindruck.« Die Kompositionen von Stolzenberg sind dann im Drei-Lilien-Verlag erschienen, fanden aber nur sehr wenig Beachtung. Ich habe Stolzenberg später noch als achtzigjährigen Vergessenen in Berlin besucht. Erst im Jahre 1943, bei den Wiener und Berliner Feiern des 80. Geburtstags von Arno Holz – der damals schon lange tot war –, hat man sich dieser schönen Kompositionen wieder erinnert.

Holzens Mahnung, fleißig weiterzuarbeiten, nahm ich mir zu Herzen. Bei einer der nächsten Zusammenkünfte wurde festgestellt, daß nun schon etwa dreißig meiner Gedichte als fertig angesehen werden könnten.

Diesen Gedichten, wenn man sie so nennen will, ist vielleicht zugute zu halten, daß sie alle von einem wirklichen Erleben ausgehn, und so sind sie mir heute noch ein getreues Spiegelbild meiner damaligen Berliner Stimmungen.

In einer Mittagspause auf der Spreebrücke am Bahnhof Friedrichstraße entstand z. B.:

Mir schlottern die Knie.
Aufs Quaigeländer gelehnt
starre ich ins glitzernde Eiswasser.

Unters Hemd kriecht mir die Kälte.

Mit gesträubten Federn
treibt ein Schwan heran.
Ich richte mich auf.
Mit blaugefrorner Hand
opfere ich der Weltseele mein Frühstück.

Schnappen.
Durch die schwarzen Äugelchen sieht sie mich dankbar an.

*

Der Blick aus meinem Zimmer gab mir die Stimmung:

Langsam schieben sich auf dem dunklen Fluß
die schweren Kähne vorüber.
Den Kopf ans Fenster gedrückt,
stehe ich und sehe zu.
Langsam schieben aus der dunklen Zeit
die schweren Stunden sich vorüber.

*

Nein! Ich kann noch nicht sterben!
Ich hab' ja doch das Leben so lieb!
Alles!

Die blankgewaschenen Pflastersteine!
Den gelben Omnibus!

Und den blauen Himmel
oben
zwischen den Häusern!

Es muß doch noch etwas geben, das für mich kommt!

Ich war inzwischen umgezogen. Das Zimmer bei Salo Polke in der
Mauerstraße hatte mir von Anfang an nicht gefallen, doch tat mir die
Zeit leid, die mich ein Wechsel gekostet hätte. War es doch auch hier
in Berlin mein ständiger Kummer, nicht genug Zeit für mich zu behalten. Da half mir Gläser suchen. Zu zweit ging es leichter. Während
mehrerer Mittagspausen klapperten wir treppauf treppab viele Zim-

mer ab, und schließlich fand sich ein sehr hübsches im Haus Oberwasserstraße 12 im vierten Stock bei Briefträger Schmidt. Ich hatte dort aus zwei Fenstern einen freien Blick auf einen Spree-Arm. Große Lastkähne zogen auf ihm vorüber, eine Zugbrücke überquerte ihn. Das wirkte fast holländisch. Hinter den Häusern des jenseitigen Ufers erhob sich der neugotische Turm der Petri-Kirche. Dort lief auch die enge, etwas verwahrloste Straße, in der Wilhelm Raabe seine »Chronik der Sperlingsgasse« geschrieben hatte. Diese las ich freilich damals noch nicht, sie war mir zu altmodisch. Am Flußkai entlang kam ich auf der einen Seite zur Gertrauden-Brücke und zum menschenwimmelnden Spittelmarkt, auf der andern zur Schinkelschen Bauakademie, zum Schloß und zum vor kurzem erst enthüllten pompösen Kaiser-Wilhelm-Denkmal von Begas mit seiner Säulenhalle, seinen bronzenen Viergespannen und seinen brüllenden, schweifschlagenden Löwen. Viel besser gefiel mir ein paar Schritte weiter das Schlütersche Reiterdenkmal des Großen Kurfürsten, auf das Lessing ein bewunderndes Epigramm gemacht hatte. Auch er mußte also dort schon herumgegangen sein.

Über dem roten Plüschsofa in meinem Zimmer hing, auf zwei Öldrucke verteilt, die kaiserliche Familie, über dem Bett ein Kupferstich: Ludwig XV. begegnet zum erstenmal der Marquise de Pompadour, und endlich über der Waschkommode eine lächelnde junge Dame in moderner eleganter Toilette, darunter stand: »Gratisbeilage zu Paynes illustriertem Familienkalender.«

Ich hatte mir, sobald ich nach Berlin gekommen war, ein Klavier gemietet, und dies machte den Umzug mit. Durch Klavierspiel konnte ich mich immer am raschesten in eine ideale Sphäre versetzen, die Wirklichkeit rückte mir ja ohnehin nahe genug auf den Leib. Mir war bei Weber die Neuausgabe eines Notenskizzenbuches des achtjährigen Mozart in die Hand gefallen, und ich hatte in ihm Melodien von entzückender lichter Klarheit gefunden. Daß ein Knabe so etwas komponiert hatte, war ein unbegreifliches Wunder. Meine Lieblingssonate von Mozart war die in F-Dur mit dem zarten, wehmütigen Andante in Moll und dem kecken sprühenden Prestoschluß.

Eines meiner ersten Gedichte, eigentlich nur die Notiz zu einem solchen, lautete:

> Mittags sitz ich am Klavier.
> Durchs ganze Zimmer jubelt Mozart.

Das Dach springt auseinander,
leuchtender Himmel fällt herein,
tausend Kinderstimmen singen.

In der Mittagspause — nachdem ich in einem Lokal in der Niederwall-
straße für 50 Pfennige gegessen — konnte ich kaum etwas unternehmen. Für einen Gang ins Museum war die Zeit zu kurz, aber ein Kla-
vierstück zu spielen, dazu reichte sie.

Anfang Dezember hatte ich unerwartet, und zwar aus einem sehr
schmerzhaften Grund, etwas Ferien. Ich verbrühte mich in der Mittagspause sehr heftig, indem ich mir, vom Klavier aufspringend, einen
Topf kochenden Wassers, mit dem ich mir Kakao machen wollte, über
das Bein goß. Herr Weber schickte mir seinen Hausarzt. Als der die
Brandwunde sah, sagte er: »Das sieht ja doll aus!« Ich dachte zuerst,
Herr Weber habe ihn aus reiner Teilnahme zu diesem Besuch beauf-
tragt, wurde dann aber von Gläser, der bald bei mir vorsprach, auf-
geklärt, daß er nur Nachricht einziehen wolle, ob die Sache wirklich so
schlimm sei, daß ich deswegen fehlen müsse.

Nach ein paar Tagen schon humpelte ich voll Pflichtgefühl wieder ins
Geschäft, wurde aber in einer Droschke nach Hause geschickt, weil es
mit dem Gehen noch gar nicht ging. Ich bekam Fieber, und der ganze
Fuß schwoll an. Der gute Georg Stolzenberg spielte mir Chopin und
Beethoven vor, auch Arno Holz und Robert Reß fanden sich ein. Ebenso Heinrich Wolfgang Seidel und Walther Becker, von denen weiterhin noch die Rede sein wird. Ich konnte und mußte noch eine Woche
zu Hause bleiben — ein Göttergeschenk!

Am zweiten Weihnachtstag gab es abends bei Arno Holz ein Gans-
Essen, wobei die ganze Corona versammelt war. Diesmal war auch
Rolf Wolfgang Martens mit dabei, der »Beinahe-Millionär«, der, wie
Holz mir sagte, ihn in »unglaublicher Weise« unterstützte. Um Neu-
jahr 1899 fand bei Martens ein festliches Abendessen statt. Ich konnte
erst verspätet kommen, da der Laden ja bis acht Uhr offen war, und er-
schrak nicht wenig, als mir von einem Diener in Livree geöffnet wurde.
Dieser empfing mich mit den Worten: »Sie werden schon mit Sehn-
sucht erwartet.« Ich schritt dann über dicke Teppiche. Aus dem ersten
Zimmer mit rotem Licht kam ich in ein zweites mit blauem. An den
Wänden hingen Waffen, pompös gerahmte Spiegel, Ölgemälde. Unter
Palmen funkelten Rüstungen, auf dem Boden lagen Eisbärfelle, über-

all standen Sessel, Diwans und Taburetts. Endlich kam ich in den Speisesaal. Ich war in meiner schon etwas mitgenommenen Geschäftsjacke erschienen, da ich mittags zum Umziehn nicht nach Hause gekonnt hatte, und fand mich nun unter lauter Herren im schwarzen Anzug.

Karl, der Diener — er kommt auch im »Phantasus« vor —, servierte. Es gab Donaukarpfen, Hammelbraten, Eis mit Schokoladen-Crème (Holz füllte sich in unbemäntelter Eßfreude dreimal den Teller), Käse und Butter, zuletzt Obst. Zu jedem Gang eine andre Sorte Wein. Auch das Urbild des Gelegenheitsdichters Fiebig, Herr Krügel, war erschienen. Während des Essens erhob er sich, warf seine Dichterlocken in den Nacken und verlas ein langes Poem in Knittelversen, eigens für diesen Abend gemacht. Er war wirklich ein origineller Mann, nur konnte man bei ihm freiwillige Komik von unfreiwilliger manchmal schwer unterscheiden. Nach einer seiner Äußerungen fragte ich Holz über den Tisch — und war bereit, in Lachen auszubrechen —: »Meint das Herr Krügel im Ernst?«, worauf Holz etwas betreten erwiderte: »Ja, das meint Herr Krügel im Ernst«, und ich merkte zu spät, daß ich einen schweren faux pas begangen hatte. Nach dem Essen setzte sich Stolzenberg an den Flügel und spielte mit prachtvollem Schwung eine Ballade von Chopin. Es war schon gegen Morgen, als wir aufbrachen. Holz sagte beim Abschied zu mir: »Nich wahr, wie bei 'nem Förschten!«

Meine abgetragne Jacke muß übrigens damals auf Holz einen unauslöschlichen Eindruck gemacht haben. Ihre Abgetragenheit nahm nachträglich in seiner Phantasie groteske Dimensionen an. In seinem Gedicht mit dem Anfang: »In meine Dachkammer kommen sie alle... seltene, ganz ausgefallene, verdrehte Exemplare und Hühner...«, trete auch ich auf. Zu diesen verdrehten Exemplaren gehören nämlich auch

»junge Leute, die Bücher verkaufen,
sich mit ihrem Prinzipal und dem Publikum raufen,
immer im selben, graugrüngelben,
ärmlichst, erbärmlichst oft gestopften, kläglichst, unsäglichst,
nie geklopften
dürftigst, bescheidentlichst, schäbigst,
kümmerlichen Kittelchen
rumlaufen, die ganze Woche über kaum verschnaufen

und dann aber dafür sonntags
in
ihren saueren
Mußestunden, ha, hab ich dich, du sauberen Kunden?,
mit
ihren Versen
gebunden und ungebunden,
ohne zu zaudern, ohne zu zagen,
noch
grimmer als der grimmste
Hagen, in spitzfindigst, pürschfreudigstem Kesseljagen,
sozusagen
den
›lieben Gott‹ totschlagen!«

Den »lieben Gott« schlug ich tatsächlich immer noch tot. Ich war immer noch von heftigem Pessimismus durchdrungen und sagte mit Schopenhauer nach wie vor: »Wenn ein Gott diese Welt gemacht hat, so möchte ich nicht dieser Gott sein: ihr Jammer würde mir das Herz zerreißen!« Holz lächelte über diese Auflehnung und sagte: »Ihr jungen Leute seid kostbar! Weil euch in der Welt nicht alles paßt, darum — doocht se nischt!« Er liebte es, beim Reden unvermittelt ins Berlinerische überzugehn.

Als ich nach einem Holz-Abend heimkam und meine Haustür an der Oberwasserstraße aufschließen wollte, merkte ich zu meinem Schrekken, daß ich keinen Hausschlüssel bei mir hatte. Ich wartete auf den Wächter, der von Zeit zu Zeit die Straße abpatrouillierte, aber der erklärte, auch keinen zu haben. Er riet mir, doch meinen Wirtsleuten zu klingeln, was ich bisher vermieden hatte, um den armen Briefträger oder seine Frau nicht aus dem Bett aufzuschrecken. Schließlich entschloß ich mich doch dazu, aber alles blieb still. Es war zwei Uhr geworden. Ich mußte mich also entschließen, die Straßen auf und ab zu gehn. Dabei kam ich an das Denkmal des Großen Kurfürsten und ließ mich dort zwischen den Bronzebeinen eines der Gefangenen, die an seinem Sockel kauern, nieder. Da konnte ich einigermaßen bequem sitzen. Aber das ging nicht lange, es wurde mir zu kalt. Also wieder auf und ab durch die Straßen! Manchmal von fern Schritte, die sich näherten und wieder verhallten. Endlich schlug es von dem nahen

Petrikirchturm fünf Uhr, und als ich wieder einmal vor der Haustür vorüberging, kam der Milchjunge und schloß auf. Ich konnte grade noch für zwei Stunden ins Bett kriechen. So habe ich einmal Berlin in seiner tiefsten Nachtstille erlebt.

Mein Verhältnis zu Holz blieb nicht so ungetrübt, wie es begonnen hatte. Allmählich gab es immer öfter Spannungen und Verstimmungen. Holz war herrschsüchtig und trat sehr diktatorisch auf, ich aber wollte mir meine Selbständigkeit wahren.

Nachdem wir fünf den Winter über sehr fleißig gewesen waren und unsre Gedichte an den Corona-Abenden einander mitgeteilt hatten, schien es an der Zeit, an die Öffentlichkeit zu treten, und zwar mit fünf Büchern auf einmal. Holz mit seinem zweiten Heft »Phantasus«, Stolzenberg mit dem zweiten Heft seines »Neuen Lebens«, dazu Reß mit seinen »Farben«, Martens mit den »Befreiten Flügeln« und ich mit »Meiner Jugend«. Ich hatte ein Pseudonym – Ludwig Reinhard – gewählt, denn ich mochte mich nicht im Geschäft von den Kollegen als »Dichter« anuzen lassen. Jedenfalls wollte ich es mir von Fall zu Fall vorbehalten, wem ich das Geheimnis anvertraute. Jedes dieser Hefte war mit denselben Worten Arno Holz gewidmet, und jedes sollte, so hatte Holz bestimmt, genau fünfzig Gedichte enthalten. So sollten wir streng in Reih und Glied aufmarschieren. Das gefiel mir nicht. Ich hatte grade in letzter Zeit noch ein paar Gedichte gemacht, die mir durchaus aufnahmewert erschienen. Warum sollten diese nun wegbleiben? Auch gedachte ich, mein Heft an Paul Ernst und Johannes Schlaf zu schicken, die ich beide als Dichter sehr schätzte. Dies wollte mir Holz, aus Gründen seiner Politik gegenüber den beiden, verbieten. Ich stand jedoch auf dem Standpunkt: was geht es mich an, daß Holz mit den beiden entzweit ist? Ich fühlte mich bevormundet.

Hinzu kam noch die Beengtheit durch den Beruf. Nach meiner Lehrzeit in der mangelhaft geführten Münchner Buchhandlung war mir mein Eintritt bei Weber zunächst wie eine Befreiung erschienen. Aber allmählich nahm doch die Empfindung überhand, von neuem versklavt zu sein. Ich fühlte mich aufs äußerste eingezwängt. Zehn Stunden war ich täglich angebunden, von der Mittagspause blieb nicht viel mehr als eine halbe Stunde für Eigenes. Der Laden schloß abends spät, nur im Hochsommer kam ich bei Tageslicht nach Hause. Und dabei war ich doch ein junger Mensch mitten in den Entwicklungsjahren mit dem

Bedürfnis, fortwährend Neues aufzunehmen. Die Gespräche mit den Kollegen bewegten sich meist in den banalsten Bahnen, oft wurden Zoten gerissen. Einmal gingen wir abends in corpore aus, und zwar in ein Lokal »mit fescher Damenbedienung«. Mir war das widerwärtig, und ich ergriff die Flucht. Als mein Vater mir zum Geburtstag schrieb, ich gehöre ja erfreulicherweise zur Zeit zu den Ausnahmemenschen, denen man eine bessere Zukunft gar nicht erst zu wünschen brauche, klang mir dies wie Hohn.

Viel von meiner wenigen freien Zeit verwendete ich auf die Briefe nach Hause. Ich schrieb zu jedem Sonntag. Ich wußte, wieviel besonders meiner Mutter an diesen Briefen lag, und ich bemühte mich immer, ein »guter Sohn« zu sein. Auch sie schrieb mir jede Woche. Ein bloßes Aufzählen der Tatsachen befriedigte mich selber nicht. Ich beschrieb seitenlang ganze Szenen und Gespräche. Aber es vermehrte meine Unruhe, wenn ich den Brief immer rechtzeitig am Freitagabend fertig haben wollte. Ich war überreizt. Holz suchte mich zu beruhigen, und um mir zu zeigen, wie gut er es mit mir meine, schenkte er mir ein Buch mit reizenden japanischen Stoff- und Tapetenmustern, das ihm selbst sehr wertvoll war.

In einem »Phantasus«-Gedicht hieß es: »Das kleine Jöhr in mir freut sich noch immer über Ludwig Richter...« Darum revanchierte ich mich mit einem Buch über diesen lieben, feinen, alten Künstler und schrieb hinein: »Dem kleinen Jöhr in Arno Holz.«

Doch ließ sich die Krisis durch solche Freundlichkeiten auf die Dauer nicht mehr aufhalten. Ich kam immer mehr in ein Gefühl des Gehetztseins hinein. Um die Mittagspause mehr ausnützen zu können, ging ich nicht mehr zum Essen, sondern machte mir nur zu Hause Kakao und aß dazu Butterbrot. Außerdem war ich durch Fräulein Berckhausen mit einer Familie bekannt geworden, wo hypnotische Experimente gemacht wurden. Wie sich herausstellte, eignete ich mich sehr gut zu solchen. Auch das war nicht gerade günstig für meine Nerven. Meine Mutter ermahnte mich, doch ja den Verkehr mit diesem Kreis über dem mit den Dichtern nicht zu vernachlässigen. Die Gespräche dieser Tanten aber empörten mich. Nach Hause schrieb ich: »Oh, was habe ich da aushalten müssen! Dies hundsgemeine Gelächter! Diese Klatschsucht! Diese ordinäre Neugierde! Ich hätte ihnen die brennende Lampe vor die Füße schleudern sollen!« Schon diese extremen Ausdrücke zeigen, daß es mit meiner Gemütsverfassung nicht gut bestellt war. Dies äußerte sich auch im Verkehr mit Holz. Mir ist da eine kleine Einzelheit erinnerlich. Holz hatte stets ein Notizbuch bei sich und notierte sich charakteristische Wendungen, die er auffing. Einmal teilte ich ihm eine von mir erlauschte Berliner Redensart mit, er zog sofort sein Heft, um sie aufzuschreiben. In meiner Ungehemmtheit fragte ich ihn: »Wollen Sie mir das stehlen?« Holz zuckte die Achseln und steckte das Notizbuch wieder ein.

Die fünf Lyrikhefte wurden, wie ich nicht eigens zu sagen brauche, alle von ihren Autoren bezahlt. Der Verleger Johannes Sassenbach, bei dem sie erschienen, hatte sie nur in Kommission genommen. Wilhelm Jordan zeichnete dazu ein kleines Plakat, auf dem ein Drache drohend über den winterlichen Dächern von Berlin dahinschwebte. Es war erstaunlich, wie »organisch« er diesen doch nur in der Phantasie existierenden Drachen gezeichnet hatte. Holz hatte die Drucklegung der fünf Hefte sehr billig besorgt. Immerhin kostete das meine auf echtem Bütten in Pergamin-Umschlag in 300 Exemplaren etwas über 90 Mark, und diese – das war mir von vornherein klar gewesen – mußte ich von meinem Monatsgehalt, das auch gerade 90 Mark betrug, bezahlen. Der »Millionär« hatte das Geld einstweilen ausgelegt, und ich dachte, er könne wohl noch etwas warten. Holz mahnte mich aber, und das brachte den Topf zum Überlaufen. Anstatt meine Situation darzulegen, antwortete ich mit einem maßlosen Ausbruch, gemischt aus Verzweiflung und Entrüstung.

Holz sagte sich wohl, nun sei es höchste Zeit, Schluß zu machen, sonst werde die Sache noch schlimmer. Jedenfalls erhielt ich daraufhin von dem »Millionär«, geschrieben von seinem Sekretär, nur noch einen kurzen Brief des Inhalts, daß man mich nicht mehr zu sehen wünsche.

Meine steigende Nervosität hatte sich auch in meinen Briefen nach Hause bemerkbar gemacht. Als ich nun dorthin von dem erfolgten Bruch schrieb, der für mich außerordentlich schmerzlich war, wurde dies mit größter Befriedigung begrüßt, fürchtete man doch schon, ich wolle den Buchhändler an den Nagel hängen und Dichter werden. Ich hatte Holz des öfteren mein Buchhändlerleid geklagt, und dieser hatte mich getröstet: »Ach was, Buchhändler! – In drei Jahren sind Sie deutscher Dichter!« Dies hatte ich mit Genugtuung nach Hause berichtet. – Auch mein Chef, der von dem Verkehr mit dem Holz-Kreis gehört hatte und dem meine Aufgeregtheit vielleicht auch etwas aufgefallen war, sprach mir seine Anerkennung aus, denn er hielt diesen Bruch

Reinhard Piper

Mein Vater Otto Piper

Mit meiner Schwester

Penzlin vom Mühlenberg aus

Die Große Straße in Penzlin

Der Münchner Lehrling
Lithographie von Ernst Neumann

Der Berliner Buchhandlungsgehilfe
Zeichnung von Hans Heise

Ernst Heumann

Ernst Barlach: Prometheus. Zeichnung

Hans von Marées: Heiliger Martin

Edvard Munch: Am Strande. Radierung

Henri de Toulouse-Lautrec: L'ami

Tintoretto: Selbstbildnis. Paris, Louvre

Richard Winckel: Selbstbildnis. Lithographie

Des
berühmbten Schäffers
Dafnis
sälbst verfärtigte/sämbtliche
Freß=Sauff=&
Venus=Lieder
benebst angehänckten
Auffrichtigen und Reuemühtigen
Bußthränen

München R. Piper & Co
1905

Preiß 1 Mk   21–30 Tausend

Das erste Verlagswerk
Umschlag von Richard Winckel

Georg Müller

für einen weisen Entschluß von meiner Seite. Ich sah nicht ein, weshalb ich ihm das ausreden sollte.

Ein Jahr später erschien Arno Holzens »Revolution der Lyrik«. Ich wurde keines Freiexemplares gewürdigt, sondern mußte mir das Buch kaufen. Aus jedem unsrer fünf Hefte hatte Holz fünf Stücke abgedruckt — aus dem meinen die folgenden. Zweien von ihnen widerfuhr später sogar die Ehre, von Hanns v. Gumppenberg in seinem »Teutschen Dichterroß« parodiert zu werden.

> Auf einem wippenden Birkenzweig
> sitzt ein Vogel;
> piept.
> Dicht am weißen Birkenstamm
> lehnt im goldnen Kleid die Prinzessin;
> horcht.
> In ihren beiden kleinen Herzen
> wacht der Frühling auf.

*

> Das ist meine glücklichste Stunde!
> Um mich stehn meine hundert Wünsche:
> Böse, magre Fetische mit Glasaugen,
> wehmütige Engel mit blanken Flügeln.
> Einen nach dem andern winke ich her,
> nehme ihn lachend beim Kragen,
> seh ihn mir nochmal ordentlich an
> und dreh ihm den Hals um.

*

> Wenn die leeren Stunden nicht gleiten wollen,
> versenke ich mich in kleine Dinge.
> In das Glanzlicht von meinem Federhalter,
> in eine tote Fliege auf meiner Milch,
> in das laute Ticken der Uhr,
> in das langsame Schmelzen der Klavierlichter.

*

> Meine kleine blasse Schwester
> schickt mir eine blaue Tüte mit Bonbons.
> Mit ihren dünnen Fingerchen hat sie sie zugeknüllt.
> Ich mag sie nicht aufmachen.
> Freue mich nur über die vielen Kniffe im harten Papier.

Mein dunkles Zimmer.
Helle Streifen
liegen über dem Fußboden.
Ich trete ans Fenster und sehe in den leuchtenden Mond.
Lange.
Sein gütiges Licht tränkt mich mit Frieden.

Meine Mutter hatte mir schon in München ans Herz gelegt, in Berlin doch auch »Beckers« zu besuchen. Es waren das entfernte Verwandte von seiten meiner Mutter. Ich hatte mich lange dagegen gesträubt in dem resignierten Gefühl: Wir haben uns ja doch nichts zu sagen! Wer sich nicht brennend für Literatur, Kunst und Musik interessierte, mit dem konnte ich damals nicht reden. Noch in späteren Jahren wurde mir nachgesagt, daß ich das Gespräch mit mir fremden Leuten meist mit der Frage beginne: »Haben Sie die Bilder von Marées in Schleißheim gesehn?«

Schon zur Zeit des Verkehrs mit Arno Holz war ich hier und da zu Beckers gegangen, und ich habe dann doch der Familie im Laufe der Zeit viel verdankt. Sie bestand aus dem alten Regierungsbaumeister, der sich mit seinem langen gelockten Haar noch etwas im Stil der Künstler der sechziger Jahre trug und in der Familie »Rabchen« genannt wurde, ferner aus dem Sohn Walther, der Theologie studierte, und der Tochter Hildegard, genannt »Blümchen«. Ulrich, der auf einem Gut die Landwirtschaft erlernte, kam nur selten einmal zu Besuch nach Hause. Die Familie wohnte in Wilmersdorf, nicht weit von der Kaiserallee, in einem eignen Haus, einem roten Ziegelbau, der in einem großen Garten lag. Der Vater hatte das Haus nach seinem Plan errichtet, und da es damals das erste Haus in jener Straße war, konnte er diese auf den Namen seiner Tochter Hildegardstraße taufen. Die Umgebung war noch sehr ländlich. Wo jetzt hohe Mietskasernen stehen, breiteten sich Gärten und Getreidefelder.

Auch ein Hund gehörte zur Familie, der offiziell Wachtel hieß, aber Herr Baron genannt wurde. Als Hund eines Baumeisters hatte er es gelernt, auf hohen Leitern mit seinem Herrn die Gerüste der Neubauten zu besteigen.

Bald wurde es die Regel, daß ich sonntags zum Mittagessen hinauskam und dann den Nachmittag und Abend dort blieb. Die Mutter war jung gestorben, und der Vater hatte nicht wieder geheiratet. Noch jetzt spürte man, wie sehr er an seiner Frau gehangen hatte. Er war gegen mich väterlich freundlich, hatte aber auch seine harten und heftigen Seiten. Nach einiger Zeit hörte ich, daß noch ein dritter Sohn da sei, der wegen eines Konflikts mit dem Vater nach Australien ausgewandert war. Von ihm wurde niemals gesprochen. Erst spät erfuhr ich auch, daß der Vater sich dem Theologiestudium seines Sohnes Walther erbittert widersetzt und ihm die Mittel dazu verweigert hatte. Dieser mußte sich durch Stundengeben und andre Arbeiten das Studiengeld verdienen.

Walther Becker war mit dem zarten und schmalen Heinrich Wolfgang Seidel befreundet, der damals gleich ihm Theologie studierte. Ich hörte ihm gern zu, wenn er über Homer, Shakespeare, Dickens oder E. T. A. Hoffmann sprach. Bis zu seinem Tode 1945 blieb ich mit ihm in freundschaftlicher Verbindung. Er heiratete später seine Kusine Ina und war lange Zeit Pastor in Berlin. Ich besuchte das Ehepaar wiederholt auf meinen Verlegerreisen dort in seinem Pfarrhaus an der Kronenstraße. Ina Seidel schrieb schöne Worte über einige meiner Verlagswerke, so über »Die Reden Buddhos« und über Moeller van den Brucks »Preußischen Stil«. Die Beziehungen belebten sich noch mehr, als Seidels dann in die Nähe Münchens, nach Starnberg, zogen. Heinrich Wolfgang Seidel gab mir sein gedankenvolles Buch »Das Unvergängliche« in Verlag, das vielen Lesern geholfen hat. Als ich daranging, diese meine Erinnerungen niederzuschreiben, ermunterte er mich durch Zuspruch und Kritik. Und während ich sie nun zum Druck fertigmache, erscheint zu meiner Freude bei mir aus seinem Nachlaß ein »Tagebuch der Gedanken und Träume«.

Im Hause Becker also wurde diese mir sehr wertvolle, lebenslange Verbindung angesponnen. Einen kleinen Nachteil, wenn ich so sagen darf, hatte die Beziehung aber doch für mich. Oft wurde bei Beckers nachmittags, wenn nicht gerade ein Spaziergang gemacht wurde, vorgelesen, und da wurden dann die Schriften von Heinrich Seidel, dem Dichter des »Leberecht Hühnchen« und dem Vater Heinrich Wolfgangs, etwas allzu einseitig bevorzugt. Diese Geschichten waren mir zu rund und zu sanft. Den Leuten darin ging es allen so gut, sie waren mit ihrem Dasein alle so zufrieden! Auch die Darstellung war mir zu harmonisch. Ich war Realist, mein Mann war Tolstoi. Als Gegengift las ich einmal eine Geschichte von Philipp Langmann vor, worin ein armer Junge in einer Fabrik in eine Transmission geriet und zu Tode geschleift wird. Damit erregte ich allgemeine Mißbilligung. Damals erschien die »Auferstehung« von Tolstoi. Ich war durch und durch erschüttert, wollte das Buch überall verbreiten und erklärte, man müsse die Menschen geradezu einteilen in solche, die das Buch gelesen haben, und solche, die nichts von ihm wußten. Im Hause Becker nahm man aber daran Anstoß, daß sich darin ein Mädchen hingab und ein Kind bekam. Tolstoi war doch ein so christlicher Mann, und nun schrieb er so gräßliche Sachen!

Ich brachte fast jedesmal neue Bücher zum Anschaun mit, auch meine Sammlung von aufgeklebten Bildern, die ständig wuchs. Ich wunderte mich nur, daß Beckers sich nicht gleich bei meinem Kommen begierig auf das Mitgebrachte stürzten, wie ich dies getan hätte, sondern ruhig abwarteten, bis bei der Unterhaltung nach dem Mittagessen das Auspacken so langsam an die Reihe kam.

Oft machten wir nachmittags kleine Ausflüge. Berlin hatte damals kaum die halbe Einwohnerzahl wie gegenwärtig, und so war die Landschaft noch bei weitem nicht so überlaufen, wie sie das heutzutage ist. Wir gingen zum Beispiel durch die Felder nach Friedenau. Auf einer Wanderung nach Dahlem jagte Wachtel – so nahe bei Berlin! – sogar Rehe und Hasen auf. Wir fuhren nach den Havelbergen und nach dem Grunewaldsee mit dem alten kurfürstlichen Jagdschloß an seinem Ufer. Einen Pfingstsonntag verbrachten wir in Tegel, wo wir das Schlößchen der Familie Humboldt besuchten. Schinkel hatte es gebaut, und in seinen klassizistischen Räumen herrschte eine eigene vornehme Stille.

Beckers hatten ein gastfreies Haus, und oft logierten monatelang Verwandte aus Mecklenburg bei ihnen, auch junge Mädchen. So Ilse, die in Berlin ihr Zeichenlehrerinnen-Examen machte, und Elisabeth, die dort Klavierunterricht nahm. Ilse zeichnete mir eine Distel ins Album. Sie hatte selbst etwas von einer Distel, jedenfalls wirkte sie auf mich nordisch-kühl.

Viel besser gefiel mir Elisabeth, genannt Li. Sie war 17 Jahre alt, hatte blaue Augen, braune, gekrauste Haare, ein Stupsnäschen und war sehr musikalisch. Wir musizierten oft vierhändig. Sie spielte vieles auswendig, so Impromptus von Schubert, Fugen von Bach und eine Haydn-Sonate, die ich die Li-Sonate nannte. Ich machte sie mit den Nocturnes von John Field bekannt, dem Engländer, der in Petersburg gelebt hatte. Er hat mit seiner zarten, weitgeschwungenen Melodik manches vom Stil der Chopinschen Nocturnes vorweggenommen. Liszt hat über ihn einen schönen Aufsatz geschrieben, den las ich bei Beckers vor. Li hörte immer am besten zu. Wenn die andern einen Ausflug machten, blieben wir zu Hause. Wir gingen dann gern im Garten auf und ab, und sie ließ sich mancherlei von mir aus Kunst und Leben erzählen. Solch Mitteilen tat mir wohl. Kein Wunder, daß ich etwas für sie schwärmte!

Walther Becker, der Theologie-Student, nahm mich in Vorlesungen des berühmten Adolf Harnack mit. Er sprach über das Wesen des Christentums. Auf diese Weise betrat ich zum erstenmal den Hörsaal einer Universität. Der Saal war bis auf den letzten Platz gefüllt. Harnack sprach mit seiner ausdrucksvollen, markanten Stimme, ohne nach einem Wort zu suchen, ganz frei, in äußerster Konzentration über die verwickeltsten Probleme — eine Leistung, die mir hohe Bewunderung einflößte. Manchmal gab es stürmisches Beifallsgetrampel, ein Lärm, der mich höchst sonderbar anmutete. So, als Harnack von den Wundern sprach, die derjenige ruhig fallenlassen könne, dem sie Skrupel machten, denn sie gehörten nicht zum Wesen. Um diese Vorlesungen zu besuchen, mußte ich jedesmal die Mittagspause zwar nicht verlängern, aber verlegen, und dies sah der Chef, obwohl er davon keinen Nachteil hatte, nicht gern. So konnte ich nur dreimal hingehen. Ich beneidete Walther und war etwas erbittert in dem Gefühl, was alles an schönen und wichtigen Dingen mir durch das »ewige Geschäft« entging.

Das Zimmer in der Oberwasserstraße blieb nicht meine letzte Berliner Unterkunft. Nachdem ich ein Jahr dort gewohnt hatte, kam eines Tages Frau Schmidt ins Zimmer und erzählte mir eine lange Geschichte. Ein Herr, der früher schon bei ihnen gewohnt habe, wolle gern wieder einziehn, wenn ich ihr aber von jetzt an drei Mark mehr zahle, so würde sie mich noch länger behalten. Das war mir unangenehm, denn das machte doch 36 Mark im Jahr. Wie viele Bücher konnte ich dafür schon kaufen! Außerdem hatte sich herausgestellt, daß mein Bestand an Strümpfen immer mehr zusammenschmolz. Als einmal das Wäschepaket von zu Hause auf dem Tisch lag, kam Frau Schmidt herein und sagte: »Det wundert mir aber, Herr Piper, det die Post solche Pakete annimmt. Sehn Se mal her! Da kann doch jeder rein und raustun, wat er mag!« Das war doch höchst merkwürdig! So hatte ich denn einen Grund mehr, wieder einmal umzuziehn.

Wieder erbot sich Gläser, in den Mittagspausen mit mir zusammen viele Straßen abzulaufen und nach möblierten Zimmern Ausschau zu halten. Doch suchten wir diesmal in einer ganz andern Gegend, nämlich im Osten beim Schlesischen Bahnhof. Schließlich entschied ich mich für ein großes Zimmer im Hause Rüdersdorfer Straße 35 im zweiten Stock bei Frau Primcke. Von den beiden Fenstern aus sah ich auf den großen, menschenleeren Küstriner Platz. Das war ein ganz neuer Orientierungspunkt. War meine Wohnung in der Oberwasserstraße in gewisser Weise malerisch und romantisch zu nennen und herrschten dort sozusagen die Senkrechten vor — durch meinen Blick aus dem schmalen Fenster auf den hohen Petrikirchturm —, so war die Gegend der Rüdersdorfer Straße flach, horizontal, nüchtern, grau und weiträumig, und das war mir gerade recht.

Freilich konnte ich jetzt nicht mehr zu Fuß ins Geschäft gehn, sondern mußte stets mit der Stadtbahn bis zum Bahnhof Friedrichstraße fahren. Das war jedoch kein Unglück. Tausende von Angestellten strömten allmorgendlich mit mir zugleich in die innere Stadt. Die Züge gingen alle drei Minuten, ich konnte also niemals einen Zug »versäumen«. Hatte der eine gerade die Halle verlassen, so fuhr schon der nächste wieder ein. Auch konnte ich die Zeit in der Stadtbahn gut ausnützen und lesen. Gerade im Gedränge zwischen unbekannten Menschen konnte ich mich gut konzentrieren. Damals las ich viel Nietzsche. Die feierlich-pathetischen Worte des Zarathustra standen allerdings in sonderbarem Gegensatz zu der Umgebung, in der sie auf mich einwirkten.

Mittags fuhr ich selbstverständlich nicht nach Hause. Ich hatte mir ein Eßlokal am Bahnhof Börse gesucht und ging von da aus häufig noch eine kleine Stunde ins Museum. Die Gemälde hingen zu jener Zeit noch im Oberstock des Alten Museums. Das Kaiser-Friedrich-Museum gab es noch nicht. Die Bilderschätze lernte ich erst jetzt wirklich kennen. Bis zur Nationalgalerie waren es nur ein paar Schritte weiter. Ihr Direktor Hugo von Tschudi hatte zu Kaisers Geburtstag eine kühne Rede über das Thema »Kunst und Publikum« gehalten, die ich mit begeisterter Zustimmung las.

Ich bin in späteren Jahrzehnten noch so oft in beiden Galerien gewesen, daß ich heute nicht mehr sagen kann, welche Bilder mir damals den größten Eindruck machten. Die Kunstwerke leben ja mit uns weiter, sie bekommen in unsern verschiedenen Altersstufen für uns immer wieder ein neues Gesicht. Sie scheinen sich zu wandeln, wie wir uns wandeln. Auf einmal gewinnen Bilder für uns eine ungeahnte Bedeutung, an denen wir früher jahrelang vorbeigegangen sind, weil wir noch nicht reif für sie waren oder weil uns andere stärker anzogen.

Damals standen mir die Deutschen und die Niederländer am nächsten. Die Italiener sagten mir noch wenig. Unter den alten Deutschen stand Dürer voran, und unter seinen Bildern war mir am liebsten der Hieronymus Holzschuher mit dem eindringlichen Blick, den weißen Haarsträhnen in der rosigen Stirn und dem so staunenswert gemalten Pelz. Gern vertiefte ich mich in die lustig wimmelnden Figürchen auf Lukas Cranachs Jungbrunnen. Den Genter Altar der Brüder van Eyck betrachtete ich voll Ehrfurcht, die Hille Bobbe des Frans Hals imponierte mir durch die kühne Malerei und schmeichelte meinem Sinn fürs Groteske. Besonders fesselte mich der Raum mit den zwanzig Bildern von Rembrandt, in dem allein ich manche Mittagspause verbrachte.

Um jene Zeit veranstaltete der neu gegründete Kunstsalon Bruno und Paul Cassirer in der stillen Viktoriastraße am Tiergarten seine ersten Ausstellungen. Ich nahm eine Jahreskarte, und auch für den Gang dorthin mußte die Mittagspause ausreichen. Ich sah da zum erstenmal Bilder der großen Franzosen Daumier, Manet und Degas. Selbstverständlich besuchte ich auch die Ausstellungen der Berliner Secession und konnte dort einmal den berühmten, umkämpften Max Liebermann aus nächster Nähe beobachten. Daß er mir später in seiner Wohnung am Brandenburger Tor seine Degas und Menzel zeigen und mir eigene Zeichnungen − »im Dutzend bill'jer!«, wie er aufmunternd hinzufügte − verkaufen würde, konnte ich nicht ahnen.

Was ich von Berlin zu Gesicht bekam, war in der Hauptsache durch meinen täglichen Weg ins Geschäft festgelegt. Abends mich noch in anderen Stadtteilen umzutun, war ich zu müde, und sonntags in den unbelebten Straßen spazierenzugehn, hatte wenig Reiz. Dadurch, daß ich dreimal das Zimmer wechselte, wurde ich aber jedesmal mit einem neuen Ausschnitt von Berlin vertraut.

Einmal abends ließ ich mich von den Menschenmassen zum Kreuzberg treiben, dessen künstlicher Wasserfall bengalisch beleuchtet werden sollte. Es war rührend, wie die vielen Tausende sich in Bewegung setzten, um dieses bescheidene Schauspiel zu genießen. Bei dieser Volksbelustigung kam aber nicht viel mehr heraus als ein ungeheures Gedränge und ein Riesenaufgebot von Schutzleuten.

Ein andermal besuchte ich den stillen Friedrichshain und stand unter
den alten Bäumen vor den Gräbern der Märzgefallenen von 48. In der
Mittagspause setzte ich mich hie und da mit einem Buch im Universi-
tätsgarten auf eine schattige Bank bei der Hegel-Büste. Ich hatte nichts
von Hegel gelesen, aber die grimmigen Scheltreden Schopenhauers, der
ihn einen Windbeutel und Scharlatan nannte, hatten ihn in meinen
Augen längst gerichtet, und ich verachtete ihn gründlich.

Am liebsten ging ich die Linden entlang über den vornehmen Pariser
Platz durch das edle, klassizistische Brandenburger Tor und ein Stück
in den Tiergarten hinein bis zur Siegessäule. Von der Viktoria oben
auf der Säule sagte der Berliner: »Det is det eenz'je Mädchen in Berlin, det keen Verhältnis hat.«

Wenn man damals irgendwo von Berlin sprach, rief man unwillkürlich
mit bewunderndem Tonfall aus: »Ja, nicht wahr, der fabelhafte Verkehr!« Dieser Verkehr nahm an einigen Stellen wirklich imposante
Ausmaße an, zum Beispiel am Potsdamer Platz, und ich konnte von
ihm wohl sogar pathetisch gestimmt werden. Aber das ließ bald nach.
Schon das Geschiebe durch die Friedrichstraße vertrieb alles Pathos.
Es war mir lästig, ja widerwärtig, mich durch diese vielen Menschen
hindurchzudrängen, zumal bei schlechtem Wetter. Die Hintermänner
traten einem auf die Hacken. Auf den Vordermann prallte man auf,
wenn der plötzlich stehnblieb. Man erhielt Stöße mit den Ellenbogen
in die Seite, wurde vom Trottoir heruntergeschoben, wurde von Wagen bespritzt, mußte achtgeben, nicht überfahren zu werden. Die Gesichter, die für Sekunden im grellen Licht der Bogenlampen auftauchten, waren einem im Innersten fremd. Man würde sich mit diesen
Menschen nie verständigen können. Wodurch entstand denn dieser berühmte Verkehr? Doch nur dadurch, daß all diese Menschen woanders
hin wollten oder mußten als da, wo sie waren. Das Bedürfnis trieb sie
vor sich her, preßte sie zusammen, drängte sie aneinander vorbei! War
das so rühmenswert? Und mitten in all diesen Menschenmassen fühlte
ich mich einsamer, als wenn ich allein in meinem Zimmer saß.

Aber mitten in diesem Berlin gediehen doch auch noch die Idylle und
der Humor. In den stilleren Straßen stellten sich die Leute bei warmem
Wetter abends einen Stuhl vor die Haustür, und wenn eine Gaslaterne
in der Nähe war, lasen sie in ihrem Licht die Zeitung. Das Berlinerische war durchsetzt von witzigen, bildkräftigen Redensarten. Generationen hatten für alle Lebenslagen bestimmte Wendungen geprägt

und auf diese Weise einen eignen Berliner Sprachschatz aufgehäuft. So konnten die Berliner Gespräche führen, die fast ganz in dem Austausch solcher festgefügter Wendungen bestanden. Durch die Möglichkeit immer neuer Variierung und Gruppierung paßten sie sich jedem Bedürfnis des Augenblicks an. Der kleene Weber empfahl mir gleich zu Anfang als bestes Hilfsmittel, mich in die mir neue Sphäre einzuleben, den »Richtigen Berliner« von Meyer-Mauermann. Da stünde alles drin, was ich zur Verständigung bräuchte. Und bald sah ich: man konnte wirklich einen großen Teil der Berliner Konversation kaleidoskopartig aus den hier verzeichneten, meist humoristisch gefärbten Redensarten zusammensetzen.

Ein Tag, der die Berliner sehr beschäftigte, war der 1. Januar 1900. Schrieb man doch an diesem Tag zum erstenmal eine Neunzehn zu Beginn der Jahreszahl, nachdem man bis dahin sein ganzes Leben lang eine Achtzehn geschrieben hatte. Es gab nun heftige Diskussionen darüber, ob man das neue Jahrhundert schon mit dem 1. Januar 1900 beginne oder erst 1901. Theoretisch hatten die Leute recht, die sich für das letzte entschieden. Denn das Jahr 1900 gehörte ja selbstverständlich noch zum alten Jahrhundert dazu. Erst durch die beiden Nullen am Ende wurde es voll. Es hätte ja sonst nur neunundneunzig Jahre gehabt. Aber gefühlsmäßig war eben doch entscheidend, daß man zum erstenmal eine Neunzehn schrieb. Man war auf das neue Jahrhundert so begierig, und nun sollte man noch ein ganzes Jahr warten, bis es wirklich anbrach? Nein, das kam nicht in Betracht!

Die Reichspost gab zu diesem großen Tag eine »Säcular-Postkarte« aus. Die Postämter wurden gestürmt. Der Verkauf hatte morgens um acht Uhr begonnen, schon um zehn Uhr waren die Vorräte ausverkauft. Es gab wieder einmal großes Gedränge, und bei einigen Postämtern mußten Schutzleute die Ordnung aufrechterhalten. Begüterte Enthusiasten zahlten noch am selben Tag für die Fünfpfennig-Postkarte eine Mark. In ein neues Jahrhundert einzutreten ist lange nicht allen Menschen vergönnt. Viele müssen sich mit dem Leben in einem einzigen begnügen. Ihnen entgeht diese Sensation. Und heute, wo ich dies schreibe, ist die Hälfte des neuen Jahrhunderts schon bald vorbei! Was hat es uns gebracht? Zwei furchtbare Weltkriege, Millionen gewaltsam Getöteter, die Zertrümmerung der edelsten Bauten von Jahrhunderten, ein zerfleischtes Europa.

Angenehme Unterbrechungen des eintönigen Ablaufs der Wochen bescherten mir Besuche von auswärts. Sie waren sehr selten. Weitaus der bedeutsamste war der meines Vaters. Er war im März 99 zu einer Konferenz berufen worden, die im Berliner Schloß im Beisein des Kaisers stattfinden sollte. Es handelte sich dabei um die Frage des Wiederaufbaus der Hohkönigsburg im Elsaß. Die Stadt Schlettstadt hatte diese Ruine dem Kaiser geschenkt. Mein Vater war vom Statthalter Hermann Fürst zu Hohenlohe-Langenburg aufgefordert worden, ein Gutachten über das einzigartige Bauwerk zu erstatten. Auch hatte er den Auftrag erhalten, eine Geschichte der Burg zu schreiben. Er setzte sich in seinem Gutachten, seinem Grundsatz getreu, für ihre Erhaltung und gegen einen Wiederaufbau ein, zumal man in wesentlichen Dingen gar nicht wissen konnte, wie die Burg früher ausgesehn hatte. Der Architekt Bodo Ebhardt aber hatte dem Kaiser eine bis ins kleinste getreue Wiederherstellung in Aussicht gestellt. Im Fahnensaal des Schlosses war, noch mit einem Tuch bedeckt, das große Gipsmodell der neuen Hohkönigsburg aufgestellt, das am Schluß der Ebhardtschen Rede effektvoll enthüllt wurde. Das schmeichelte dem Geschmack des Kaisers. Auch hatte man ihm gesagt, daß die Staufer und die Habsburger, also seine Vorgänger auf dem Kaiserthron, mit Vorliebe auf der Burg geweilt hätten, während in Wirklichkeit nicht nachzuweisen war, daß diese sie auch nur von weitem gesehen hatten. Meinem Vater lagen solche Effekte fern. Seine wohlbegründeten Einwendungen, aus denen hervorging, daß durch solchen Neubau eine der wertvollsten Ruinen geradezu zerstört werde, kamen dagegen nicht auf. Bald mußte er merken, daß bei dieser »Konferenz« gar keine Klärung der Frage gesucht werde, sondern daß der Kaiser schon vorher für den Wiederaufbau gewonnen worden war. Auch der alte Reichskanzler Chlodwig Fürst zu Hohenlohe war zugegen, den der Kaiser zur Begrüßung mit Daumen und Zeigefinger vertraulich im Genick packte. Mein Vater hatte seinerseits unvermutet einen so kräftigen kaiserlichen Händedruck bekommen, daß er fast Au! geschrien hätte. Er erzählte mir das am Nachmittag, als er bei Weber vorsprach. Abends gingen wir in ein Konzert der Philharmoniker.

Bald sollte sich übrigens zeigen, daß mein Vater durch seinen unerwünschten Einspruch sich die Gnade des Kaisers verscherzt hatte. Der Statthalter ließ ihm mitteilen, er sei »allerhöchstem Auftrage zufolge« genötigt, den erteilten Auftrag betreffend Herstellung einer Monographie über die Burg zurückzunehmen. —

Auch mit meinem Penzliner Jugendfreund Franz Hager gab es einmal
ein Wiedersehen. Er studierte in Erlangen Theologie und war auf der
Heimreise nach Mecklenburg begriffen. Das Geld war ihm ausgegangen, ich mußte ihm aushelfen, und er schlief mit mir die Nacht im
selben Bett. Leider zeigten schon die ersten Gespräche, daß wir uns
inzwischen sehr auseinandergelebt hatten. Ich hatte die Studenten be-
neidet, weil sie sich so ganz ihrer geistigen Weiterbildung widmen
konnten. Was Franz mir von seinem Erlanger Studentenleben erzählte,
imponierte mir aber durchaus nicht. Ich mußte mir sagen, daß ich inzwischen eigentlich geistig viel weiter gekommen war. Franz klagte,
man käme schon wegen der schlechten bayerischen Öfen nicht zum
Studieren, da man fortwährend aufpassen müsse, daß sie nicht ausgingen. Morgens sei es kalt und dunkel, da möge man natürlich nicht
in die Frühvorlesungen gehen, und abends müsse man auf die Kneipe.
Da würden manchmal Vorträge gehalten mit nachfolgender Diskussion, so auch einer über Buddho. Aber da habe schließlich ein Student
gesagt, es sei wohl nicht sehr ergiebig, über ein Thema zu diskutieren,
von dem niemand etwas Genaues wisse. Wieviel hätte ich da über
Buddho zu sagen gewußt!

Ich zeigte Franz meine aufgeklebten Bilder, darunter war auch Böcklins »Schweigen im Walde«. Er lehnte das ab. »Die Kunst soll erbauen,
das Bild erbaut mich nicht! Es ist auch unchristlich.« Wir kamen auf
Harnack. Auch den lehnte er als unchristlich ab. Überhaupt sei Berlin
eine unchristliche Stadt. Damit mußte ich ihm ja recht geben. Aber
deshalb hätte er doch grade die paar Christen wie zum Beispiel Harnack
gelten lassen sollen!

Auf besondern Wunsch meiner Mutter, der es sehr am Herzen lag, daß
die alten Verbindungen mit den mecklenburgischen Verwandten nicht
ganz abrissen, fuhr ich mit einem billigen, vollgepfropften Sonderzug
über einen Sonntag nach Stettin zu Onkel Wilhelm. Dieser hatte die
Pacht von Wutschendorf, wo ich als Kind bei ihm zu Besuch gewesen
war, nicht halten können. Nachdem er mich gefragt hatte, wieviel
Leute bei Weber seien und wieviel Gehalt ich bekäme, ging das Gespräch auf landwirtschaftliche Themen über, bei denen ich nicht mit-
reden konnte. Dies vorausahnend, hatte ich einen Band Händel mitgenommen, und man forderte mich glücklicherweise auch auf, etwas
daraus zu spielen. Das alte Klavier erwies sich aber als so verstimmt
und klapperig, das Pedal versagte so absolut den Dienst, daß ich mich

völlig vergeblich abarbeitete. Das Halleluja, von dem ich mir eine großartige Wirkung versprochen hatte, blieb ein dünnes Gezirpe. Ich war gelinde verzweifelt. Zum Trost entdeckte ich nachher in einem Glasschrank einige Bücher, die, wie man mir sagte, noch aus dem Röckwitzer Pfarrhaus meines Großvaters stammten. Darunter die Stiche von Hogarth mit den Erläuterungen von Lichtenberg. Schon in meiner Lehrzeit war ich ein großer Lichtenberg-Verehrer gewesen. Ich bat deshalb Onkel Wilhelm, mir den Band für einige Zeit nach Berlin mitzugeben. Als wir dann in großer Runde bei Tisch saßen, sagte er – und alles horchte auf –: »Den Hogarth, lieber Reinhard, den will ich dir schenken!« Ich hatte den Eindruck, er habe sich diese Bekanntgabe eigens für das Mittagessen aufgehoben, damit es alle hören sollten. Denn der gute Onkel Wilhelm hatte wohl im allgemeinen nicht mehr viel zu verschenken. Später schickte er mir noch den auch aus Röckwitz stammenden Don Quichotte von Cervantes mit der Vorrede von Heine und den Holzschnitten von Tony Johannot. Auf diese Weise erfuhr ich auch etwas über meinen Großvater, und es war mir lieb, zu wissen, daß er sich in seinem kleinen Dorf mit Hogarth, Lichtenberg und Cervantes beschäftigt hatte. Das war gewiß für einen Landpastor nicht das übliche!

In München hatte ich noch keine großen Orchesterkonzerte gehört und in Konstanz nur die Sonntagnachmittagsmusik der Militärkapelle. Als ich nun zum erstenmal den Saal der Philharmoniker in der Bernburger Straße betrat, war mir der Klang des vollen Orchesters ein großes Erlebnis. Mein Klangempfinden wurde dadurch erst wahrhaft geweckt. Trompeten und Hörner, Flöten, Klarinetten und Fagotte drangen mir wie zum erstenmal ins Ohr. Welchen Eindruck machten mir da die Erste und Siebente von Beethoven! Da war ich verblüfft, wie ungeheuer schnell der letzte Satz der Ersten gespielt wurde. Das Tempo versetzte mir den Atem, und ich war in Sorge, ob das Orchester dies Dahinjagen bis zum Schluß würde durchhalten können.

Leider kam ich sonst nur in die volkstümlichen Sonntagskonzerte, in denen keine großen Symphonien gespielt wurden. Aber ich hörte so doch die Ouvertüren zu »Iphigenie auf Aulis« von Gluck, die »Leonore III« von Beethoven und die zum »Freischütz« und zur »Euryanthe«. Besonders die letzten beiden Ouvertüren waren ganz dazu gemacht, mich durch ihren Orchesterklang zu bezaubern. Die Peer-Gynt-Suite von Grieg fand ich »ko-los-sal«! Das »Capriccio italien« mit den kekken Trompeten und das Schlacht- und Triumph-Stück »1812« von Tschaikowsky waren zwar keine bedeutende Musik, aber sie füllten so prächtig das Ohr, Kraftströme durchrieselten den ganzen Körper. Mein damals entzündeter Enthusiasmus für Tschaikowsky wurde nachträglich durch seine Symphonien, die ich erst später kennenlernte, gerechtfertigt. Die Sonntagsprogramme waren meist in vier Abteilungen gegliedert, jede zu drei Nummern. Das Programm wurde gegen Schluß immer populärer, weshalb ich einmal nach Hause schrieb: »Den vierten Teil, in dem nach Apoll immer Marsyas zu seinem Recht kommt, schenkte ich mir.«

Einmal ging ich auch in ein abendliches Kirchenkonzert in der Kaiser-Wilhelm-Gedächtniskirche. Da spielte der berühmte Joseph Joachim von der Orgelempore herab ein süßes Geigensolo. –

Das Theater konnte ich nur selten besuchen, schon weil das Geschäft erst um acht Uhr abends schloß und ich mich also immer erst freibitten mußte. Das tat ich nicht gern – meine Abhängigkeit wurde mir dadurch nur noch mehr bewußt.

Das erste Stück, in das ich ging, war »Hamlet« im Schiller-Theater. Ferdinand Gregori spielte die Titelrolle, einer jener Schauspieler, die über ihren Beruf und ihre Rollen nachdenken und auch Bücher darüber schreiben. Das Publikum dieser Volksbühne war aber offenbar auf Erheiterung aus, es lachte bei den ernstesten Stellen.

Bald danach sah ich den »Hamlet« ein zweites Mal. Diesmal im Deutschen Theater mit Kainz. Ich war gleich von Anfang an gepackt, wie er schwarz und schlank an der Rampe stand und sagte:

>»*Scheint*, gnädige Frau? Nein *ist*. Mir gilt kein scheint.
>Nicht bloß mein düstrer Mantel, gute Mutter,
>Noch stürmisches Geseufz beklemmten Odems ...
>Es sind Gebärden, die man spielen könnte ...«

Allerdings verwunderte ich mich dann bald, daß er so ungeheuer schnell sprach. Manche Szenen raste er geradezu herunter.

Ich habe den Hamlet sehr früh in mich aufgenommen. Als Gymnasiast versuchte ich, die großen Monologe mit meiner Mutter im englischen Original zu lesen, wobei wir freilich nur langsam vom Fleck kamen. Ich habe ihn meiner Mutter wiederholt auch deutsch vorgelesen, später auch meiner Frau. Zu keiner Dichtung bin ich so oft zurückgekehrt. Ich werde meine Dankbarkeit für sie nie genug zum Ausdruck bringen können. Selten versäumte ich eine Hamlet-Inszenierung, während ich viele andre Dramen lieber durch die stille Lektüre auf mich wirken ließ. Hamlet ist ja auch ein richtiges Theaterstück. Die geistige Essenz darin ist so stark, daß sie durch das Theater nicht beiseite gedrängt, nicht überwuchert werden kann. Im Hamlet steht so viel beglückend Überflüssiges! Die Rede an die Schauspieler, das krause Gekrächze der Totengräber! Das Stück wird nicht von Leidenschaften vorwärtsgepeitscht, Shakespeare läßt sich Zeit zu Umwegen. Neben dem reichen äußeren Geschehen geht ein noch viel reicheres inneres einher. Er ist in den Worten noch viel schöner als im Ablauf der Handlung. »Ich esse Luft, ich werde mit Versprechungen gestopft, man kann Kapaunen nicht besser mästen.« – »Glaubst du, daß ... Alexander in der Erde so aussah? Und so roch?« Die Pause vor »Alexander«, dann der wie ein goldener Harnisch aufstrahlende Name, und dann am Schluß das bestialische, geröchelte »roch«! Oder:

> »Ich seh indes beschämt
> Den nahen Tod von zwanzigtausend Mann,
> Die für 'ne Grille, ein Phantom des Ruhms,
> Zum Grab gehn wie ins Bett.«

Und Ophelia sagt: »Ich hätte euch gerne Veilchen gebracht, aber sie welkten alle, da mein Vater starb.«

Wie wunderbar der Tonfall dieser Sätze! Man vergißt, daß es nicht der Tonfall des englischen Originals ist, sondern der des Schlegelschen Hamlet. Kein Werk ist so eingedeutscht wie dies. Ich kaufte mir damals ein Buch, in dem philologisch getreu die Entwürfe und Varianten der Schlegelschen Übersetzungsmanuskripte abgedruckt waren, und konnte kaum glauben, daß diese Sätze einmal anders hätten lauten können.

Bei Kroll sah ich »Nathan den Weisen« mit dem berühmten Adalbert Matkowsky als Tempelherrn. In Erinnerung ist mir nur geblieben, wie er Nathan sein abwehrendes »Kaufe nichts!« entgegenrief und wie er, sein Schwert unterm Arm, so unbefangen auf der Bühne auf und ab ging, ganz, als ob er dort zu Hause wäre.

Von Ibsen erlebte ich Hedda Gabler und John Gabriel Borkmann. Den alten Borkmann spielte Nissen. Besonders schön war seine Szene mit der kleinen Foldal und ihrem Vater, dem Schreiber und verkannten Tragödiendichter. Ibsen war in jenen Jahren vor allem berühmt wegen seiner Thesen und seiner »Gesellschaftskritik«. Über diese wurde erbittert diskutiert. Ich suchte immer das Menschliche. Alles Theoretisieren und Verallgemeinern lag mir von jeher fern. Daher sah ich auch in Ibsen nur den großen Menschendarsteller. Seine Thesen sind heute vergessen, sie sind von seinen Menschen wie eine äußere Zutat abgeglitten, diese selbst aber, die schon für tot gehalten wurden, leben seitdem ein ganz neues Leben.

Berlin war die gegebene Stadt, um Gerhart Hauptmann von der Bühne her kennenzulernen. Seine Dramen kannte ich schon als Lehrling fast Satz für Satz – mit Walther Pfeifer hatte ich mich gestritten, wer größer sei, Hauptmann oder Schiller. Arno Holz hatte es schonend überhört, daß ich von seinem Schüler gar so große Stücke hielt. Hier sah ich nun im Deutschen Theater den Biberpelz, Kollege Crampton und die Weber in bis aufs kleinste durchgeformten Aufführungen. Nur war ich erstaunt und entrüstet darüber, daß der Darsteller des Crampton, Georg Engels, bloß um seine Virtuosität zu zeigen, mit dem Ausruf »Der Mann verfolgt mich!« eine kleine Verfolgungswahnsinns-Szene eigner Erfindung einlegte.

Im Februar 1900 trat etwas Neues in mein Leben, dem ich eine große Bereicherung verdankte: das Fahrrad. In Penzlin war ich auf einem Kinderdreirad gefahren, meist unter den Fenstern unsrer Nachbarn, und hatte damit ihren Unwillen erregt. In Konstanz bekam ich ein Knabenhochrad. Auf diesem war ich, wie ich schon erzählt habe, im Jahre 1894 noch ein einziges Mal in München durch die Straßen kutschiert. Seitdem hatte ich auf keinem Rad mehr gesessen. Meine Kollegen Gläser und Neumaier erzählten am Montag im Geschäft öfter von ihren Sonntagstouren in die Mark Brandenburg hinaus, von der ich noch nicht viel mehr gesehn hatte, als was auf den Spaziergängen mit der Familie Becker erreichbar war. Die märkische Landschaft mit ihren Seen und Wäldern aber hatte mein Naturgefühl stark berührt, und es war mir ein Bedürfnis, mich weiter in ihr umzutun.

Zuerst wollte ich mich jedoch überzeugen, ob ich überhaupt noch radfahren konnte. Ich lieh mir über den Sonntag von einem Fahrradhändler ein gebrauchtes Rad, und am Sonnabend vorher, abends zwi-

schen neun und zehn, fuhr ich unter Aufsicht Neumaiers die asphaltierte
Koppenstraße auf und ab. Bald ging es brillant, und am nächsten Morgen machten wir uns auf. Unser erstes Ziel war Köpenick. Auf schönem, festem Schnee kamen wir durch die langen Alleen der Vororte
endlich ins Freie. In einem glitzernden Winterwald stiegen wir ab,
schneeballten uns und holten die mitgenommenen Butterbrote aus der
Tasche. An der breiten, am Rande zugefrorenen Spree entlang erreichten wir die kleine Stadt mit den beiden roten Backsteinkirchen und dem
alten, von Wasser umgebenen Schloß. Der alte Bau war ein Schauplatz
preußischer Geschichte. In ihm war das Kriegsgericht über Kronprinz
Friedrich abgehalten worden. Von der Brücke über die Dahme, die hier
in die Spree mündet, sahen wir auf die anheimelnd verschneite Stadt.
Auch ein Stück Familiengeschichte hat sich in ihr abgespielt. Im Dreißigjährigen Krieg amtierte hier mein Vorfahr Christoph Piper, Großvater meines Urgroßvaters, in Perücke und Spitzenkragen, als Notarius
publicus.

Das geliehene Rad war Marke Wanderer. Ich fühlte mich schon durch
diese erste Ausfahrt so mit ihm verbunden, daß ich mich nicht mehr
von ihm trennen mochte.

Ich hatte den Kauf nicht zu bereuen. Auf dem braven Rad legte ich
noch viele Hunderte von Kilometern zurück, nahm es 1902 sogar mit
nach Paris, und erst zwanzig Jahre später wurde es mir in München
gestohlen. Ich habe von ihm aus Landschaften in mich aufgenommen,
die ich sonst nie zu sehn bekommen hätte. Das gesteigerte Körperge-
fühl, das Sausen durch die frische Luft, die zähe Erarbeitung des Ziels
bei Gegenwind, das Auf- und Abschwellen des Erdbodens, die blitz-
schnellen Wendungen des Wegs, die überraschenden Ausblicke von
den Höhen — all das waren mir stärkende und beglückende Erlebnisse.

Zunächst war ja noch Winter, aber das hielt uns von unseren Unternehmen nicht ab. Die Schneegestöber schienen sich allerdings mit Vorliebe den Sonntag auszusuchen. So fuhren wir in einem Schneegestöber nach Potsdam, ein andermal nach Königswusterhausen. Als der
Frühling gekommen war, Ende April, erfolgte dann ein gewaltsamer
Vorstoß bis an die Oder. Das waren 140 Kilometer an einem Tag. Es
war ein schöner Augenblick, als wir von einer Anhöhe aus zum erster-
mal den breiten, in viele Arme sich teilenden Strom erblickten.
Eines meiner Lieblingsziele wurde bald Alt-Landsberg. In der Rich-

tung nach Osten kam ich am raschesten aus den Häusern heraus. Ich stand um sechs Uhr, manchmal noch eher, auf und war am frühen Vormittag schon am Ziel. Das Städtchen war von einer alten Mauer und tiefen Gräben umgeben. Ich konnte mich fast nach Penzlin versetzt fühlen. In einer Viertelstunde durchfuhr ich auf dem Kopfsteinpflaster sämtliche Straßen. Ein riesiger Marktplatz war rundherum von alten Kastanien bestanden, der Kirchplatz von Linden. In einem Wirtsgarten, der an die Stadtmauer grenzte, trank ich eine große prickelnde Weiße. Ein alter Befestigungsturm trug auf seiner Spitze ein Storchnest, auf dem ein wirklicher Storch mit roten Beinen stand. Auf einer Wiese übte die Feuerwehr an ihren Spritzen, und alte Bürger in gestickten Pantoffeln – die eine Hand in der Hosentasche, in der andern die lange Pfeife – sahen zu. Es war ganz unglaubhaft, daß es so etwas dicht bei dem brausenden Berlin noch gab.

Zu dem größten Unternehmen, der Pfingstfahrt nach Mecklenburg und meiner Heimatstadt Penzlin, tat ich mich mit Neumaier zusammen.

Wir fuhren bis Neustrelitz mit der Bahn. Ich nahm all mein Plattdeutsch zusammen und frug einen Kutscher, der vor dem kleinen Bahnhof hielt: »Wo geit't na Nigenbrambörg?« Bald leuchtete von einer Anhöhe weiß aus dem Grün das Schloß Hohenzieritz, der Sterbeort der Königin Louise, wohin mich meine Eltern schon als Kind einmal mitgenommen hatten. Durch eines der schönen gotischen Doppeltore fuhren wir in die Stadt Neubrandenburg ein und stiegen im altberühmten Gasthof »Zur Goldenen Kugel« ab. Auf dem Wall unter mächtigen Eichen spazierten wir zweimal um die ganze Stadt. Am nächsten Morgen, auf der Chaussee nach Penzlin, zitterte mir das Herz vor Spannung. Neben uns lief die Eisenbahn, die unter der »Regierung« meines Vaters gebaut worden war. Von einer Erhebung aus sahen wir Penzlin liegen. Es war ganz wie in alter Zeit von der Kirche mit ihrem hohen Dach und dem kurzen dicken Turm überragt. Dann begann unser Einzug.

Wie kam mir alles so urvertraut vor: der Mühlenberg, der Kirchhof und der Weg zum See, die großen Silberpappeln am Eingang in die Horst, die Alte und die Neue Burg – und schon waren wir auf dem erstaunlich holperigen Pflaster der Großen Straße. Wir stiegen ab. *So* klein hatte ich mir die Häuser doch nicht vorgestellt, den Weg zum Markt und zu unserm Haus nicht *so* kurz! Ich getraute mich kaum,

große Schritte zu machen, aus Furcht, gleich wieder aus der Stadt heraus zu sein. Fast alle Schilder erkannte ich wieder. Zuerst kam das
blaue Schild mit dem gelben Kringel von Bäcker Wendt, dann das von
Schuster Bethke, von Buchbinder Louis Lemme, von Schlächter Neitzel, von Mützenmacher Gienapp, von Buchdrucker Otto Oskar Fink,
von Uhrmacher Klagemann und all den andern. In A.C.Schmutzlers
Hotel sah ich mir den Saal an, wo mein Vater seine Konzerte »zum
Besten des Krankenhauses« gegeben und ich ihm im Matrosenanzug
die Noten umgeschlagen hatte. Als wir beim Schmied Stegemann, der
mit seiner Familie vor der Tür auf der Bank saß, vorbeikamen, hörte
ich hinter mir rufen: »Das ist ja Reinhard Piper!« Aber mein Herz
war zu voll, ich konnte unmöglich umkehren und mich in ein Gespräch
einlassen! Wir gingen weiter zu unserm alten Haus. Da wo unsre Gute
Stube gewesen war, war ein Laden durchgebrochen. Ich setzte mich auf
die weiße Bank unter den Fenstern des einstigen Eßzimmers. Neumaier holte seinen Apparat heraus und machte eine Aufnahme. Einige
Penzliner blieben verwundert stehn.

Auf dem Wege zum See kamen wir an unserm Garten vorbei. Da war
es mir schmerzlich, daß mitten hinein ein großes Haus gebaut worden
war. Am See betraten wir den Steg, von dem aus alle Penzlinerinnen
ihre Wäsche spülten. Durch den Hohlweg, in dem ich einmal die alte
Münze gefunden hatte, wanderten wir nach dem Englischen Garten.
Da fand ich die Wallburg wieder, wo mein Vater altes Mauerwerk freigelegt hatte. Es war längst wieder völlig zugewachsen.

Dann gingen wir über den tiefen Graben nach der Alten Burg des
Landmarschalls, bis an das bekannte Schild: »Das Spazierengehen im
Burggarten ist verboten.« Ein Gärtner fixierte uns scharf, und die alte
Unbehaglichkeit, die dies Gebiet schon für mich als Kind gehabt hatte,
stellte sich wieder ein. Am Spätnachmittag verließen wir, an den strohgedeckten Scheunen vorbei, die Stadt. Ein feuriges Abendrot beschloß
den ereignisreichen Tag.

Im September 99 war bei Weber ein neuer Gehilfe eingetreten. Er
hieß Georg Müller, war gebürtig aus Mainz und Sohn eines Ledergroßhändlers. Er war zwei bis drei Jahre älter als ich, hatte gleich
mir – aber ein paar Jahre früher – in München seine Lehrzeit durchgemacht, bei Lentner in der Dienerstraße, und kam jetzt von Wilhelm

Frick in Wien, einer der größten Buchhandlungen des Kontinents. Er trug die dunkelblonden Haare lang nach hinten gestrichen, so daß sie in Löckchen auf dem Rockkragen endeten. Diese Haartracht gab ihm etwas ausgesprochen Sanftes und Jünglinghaftes. Sein Gang war tänzelnd, und beim Sprechen hatte er ein wenig einen »Kloß im Mund«. Sein Erscheinen bei Weber war für mich sehr erfreulich. Nun hatte ich einen wirklichen Kollegen! Ich merkte bald, daß er sich gleich mir ernsthaft für Literatur, Kunst und Musik interessierte, was bei den andern doch nur sehr nebenbei der Fall war. Er kannte sogar die Gedichte der Arno Holz-Schule und sagte zu mir: »Ein Buchhändler ist auch drunter.« Welcher Moment für mich, als ich ihm enthüllen konnte, daß ich dieser Buchhändler sei!

Wir waren beide auch Bücher*käufer*. Ich hatte mir hie und da einen Band der Velhagenschen Monographien angeschafft über einen Künstler, der mich besonders interessierte. Diese Bände waren damals ungefähr die einzigen Bücher über Kunst, die es gab. Wie erstaunte ich, als mir Müller erzählte, daß er *alle* diese Monographien ohne Ausnahme besitze und auch auf alle künftigen Bände subskribiert sei. Ich wollte das zuerst kaum glauben, denn wie konnte man sich mit so ganz verschiedenartigen Künstlern befassen wie etwa Giotto und Grützner, Donatello und Defregger. Bei der späteren, ins fast Unabsehbare schweifenden Verlegertätigkeit Müllers, von der freilich damals noch nichts zu ahnen war, mußte ich manchmal an diese sämtlichen Monographien denken. Er ging schon damals auf Expansion aus.

Müller schwärmte für Wagner, mit dem ich mich noch nicht recht eingelassen hatte. Ich hatte nur den »Lohengrin« gehört. Er meinte, ich müsse vor allem das »Siegfried-Idyll« spielen. Wir kauften es in einer der nächsten Mittagspausen bei Bote & Bock in der Leipziger Straße, dazu ein Wagner-Album, und Müller dedizierte mir obendrein das »Albumblatt«. Wir besuchten uns gegenseitig abends auf unsern möblierten Zimmern. Schließlich wurde daraus ein regelmäßiger Musikabend bei mir. Müller hatte eine hübsche Stimme, er sang zu meiner Begleitung zum Beispiel aus dem Lohengrin »Atmest du nicht mit mir die süßen Lüfte?« Es wurde immer sehr spät, bis wir uns trennten.

Karl Robert Langewiesche, der verdienstvolle Verleger der weitverbreiteten »Blauen Bücher« und des »Eisernen Hammers«, schreibt in seinen buchhändlerischen Erinnerungen »Aus fünfundzwanzig Jahren (1891–1916)«: »Ganz lustig ist übrigens, was ich neulich einmal fest-

stellte: Im Winter 1899 auf 1900 haben in zwei ganz benachbarten
Berliner Buchhandlungen vier künftige Verleger als Gehilfen gearbeitet, von denen sich in jenem Winter ein jeder noch durchaus als
werdender Sortimenter empfand. Bei Weber auf der Charlottenstraße:
Georg Müller und Reinhard Piper. Und (man könnte fast sagen ›gegenüber‹) bei Speyer & Peters: Johannes Hüpeden (dessen vorzeitiger
Tod der Existenz seines Verlags ein frühes Ziel setzte) und ich. Die
beiden verschiedenen Gehilfenpaare haben sich aber damals nicht berührt und wohl nie gesehen.« Von diesen vieren bin ich der einzige, der
heute noch auf jene Zeit zurückblicken kann. Georg Müller starb, vierzig Jahre alt, schon während des ersten Weltkriegs im Jahre 1917, und
auch Karl Robert Langewiesche wurde nicht alt. Nur mir ist das Glück
zuteil geworden, so viele Jahrzehnte meiner selbstgestellten Aufgabe
leben zu können und mich so lange der Sonne zu freuen.

Anfang November kam der Maler Hans Heise nach Berlin, mit dem
ich schon in meiner Münchner Lehrzeit freundschaftlich verkehrt hatte.
Es war mir lieb, mich einmal wieder mit einem Maler unterhalten zu
können. Ich besuchte ihn in seinem Atelier, und wir gingen an Sonn-
tagvormittagen zusammen in die Nationalgalerie. Er zeichnete ein
klares, einfaches und ähnliches Bildnis von mir, so daß ich nun von
allen drei Freunden, Ernst Neumann, Georg Braumüller und ihm,
porträtiert war.

Fast noch wertvoller als die Wiederanknüpfung mit ihm selbst war es
mir, daß er mich mit dem Bildhauer Ernst Barlach bekannt machte.
Dieser war damals dreißig Jahre alt, klein und mager, hatte dunkles,
gelocktes Haar und runde braune Augen. Er lud mich in sein Frieden-
auer Atelier, wo er an einem Grabdenkmal arbeitete. Eine trauernde
weibliche Gestalt stand angelehnt an eine Pforte. Sie sollte in Bronze
gegossen werden. Sein ihm eingeborener Stil war damals noch nicht
zum Durchbruch gekommen. Die russische Reise, die ihn als Plastiker
ganz sich selbst finden ließ, stand ihm noch bevor. Wir gingen an winterlichen Sonntagen im Grunewald von See zu See. Er erzählte in krausen Sätzen spukhafte Geschichten. Für ihn waren die bildhaften Ausdrücke der Sprache nicht ein für allemal festgelegt, er dichtete an ihnen
weiter. Unsere beiderseitige niederdeutsche Herkunft machte sich als
verwandtes Empfinden geltend.

Zum Abschied schenkte er mir, damit ich »die Vokabel seines Namens nicht so schnell vergäße«, die Zeichnung nach der Tonfigur einer sich bückenden Frau. Sie zeigt seine Arbeitsweise dieser Entwicklungsjahre.

Nachdem ich ihn einige Zeit aus den Augen verloren hatte, schrieb er mir im Dezember 1906:

»Schon oftmals wollte ich fragen, ob der Verlag R. Piper & Co. den Namen des Berliner Piper meiner Erinnerungen führt. Es muß wohl so sein, und also sende ich Ihnen nach langen Jahren einen schönen Gruß! Ich freue mich, daß ein Mensch wie Sie zum Arbeiten und Anwenden seiner Kräfte gelangt.

Ich meinerseits stehe nach langen Irrfahrten äußerlich auf derselben Stelle wie damals, danach hätten Sie Ihrerseits keinen Anlaß zur Freude über das Neuanstecken einer erloschenen Bekanntschaft. Unser gemeinsamer Freund Heise hat aus Verhältnissen, die ihn übermochten, keinen anderen Ausweg gewußt, als durch die Pforte, die nicht verschlossen werden kann.

Hoffentlich kommt diese unordentliche Epistel in Ihre Hände. Es sollte mich freuen, etwas von Ihrem Wege zu erfahren, auf dem Sie hoffentlich rüstig und froh hinschreiten. Ihr Gedichtbüchlein ist in meiner Bücherei immer noch ein werter Gast. Weit herumgeschleppt!«

Von da ab blieb ich mit ihm in niemals unterbrochener Verbindung. Er besuchte mich in München auf der Hin- und Rückreise von Florenz — er hatte den Villa-Romana-Preis erhalten —, und ich war mehrmals bei ihm in Güstrow sein Gast, wohin er sich für die letzten Jahrzehnte seines Lebens zurückgezogen hatte. Im Jahre 1923 machte er dort meine Büste. In mein Album, das ich mir nach altmodischer Weise angelegt hatte, schrieb er mir:

»Wie herzlich bereue ich, lieber Herr Piper, daß ich zur Zeit des Beginns unserer Freundschaft nicht — wie ich beim Auftauchen Kollmanns in meinem Leben ein Konto Kollmann anlegte oder wie während des Umtreibens mit Däubler ein Diario Däubler — ein Protokoll Piper zur Fixierung aller Frische geführt habe, die Ihre sprossende Jugend mir zu schmecken gab. Zu der so von Ihnen zugebrachten Frische wäre die Gunst des allerrichtigsten Augenblicks gekommen, die meine Feder vermutlich zu den saftigsten Ausgeburten befähigt hätte. Schade, daß ich nun von den im Gedächtnis gespeicherten Erinnerungen zehren muß, wenn das Bild Ihrer Persönlichkeit mir gegenwärtig wird, was doch oft geschieht und immer mit einem für mich tröstlichen und erbaulichen Ergebnis, selbst wenn es augenblicksgleich wie Windeswehen an mir vorbeirauscht. Ich glaube, ich schrieb Ihnen schon einmal, daß Sie in meiner Vorstellung Ihre Jugend durch alle Jahre seit 1900 unbeschädigt mitgeführt haben, heim in Ihre Gegenwart, wo sie nun den Segen in weitläufigeren Umständen ausbreiten kann.«

Im Laufe der Zeit empfing ich von ihm etwa zweihundert Briefe. Er hat wohl nur mit wenigen Menschen so lange Zeit hindurch einen so eingehenden Briefwechsel geführt und sich darin so persönlich und rückhaltlos in so eigenwilligen Worten ausgesprochen.

Im Jahre 1935 verlegte ich einen Band »Barlach-Zeichnungen«, eingeleitet von Paul Fechter. Er wurde kurz nach Erscheinen von den damaligen Machthabern als »entartete Kunst« beschlagnahmt und in 4000 Exemplaren vernichtet. Ich hoffe, daß der Band binnen kurzem in reicherer Gestalt neu erstehen kann.

Eine besondere Freude ist es mir, in diesen Tagen, Frühjahr 1947, eine Auswahl aus seinen Briefen herauszubringen, zusammengestellt und eingeführt von Friedrich Droß. Sie reicht von der Schülerzeit bis zu seinem Tode im Oktober 1938 und läßt uns einen tiefen Einblick in seine Entwicklung tun.

Als ich damals, Ende Januar 1901, mit Barlach einen Spaziergang nach dem Schlachtensee machte, glaubte ich, noch viele Wanderungen dieser Art vor mir zu haben, doch fand in weniger als drei Wochen meine Berliner Zeit plötzlich ihr Ende, und eine ganz neue Lebensperiode begann.

Schon nach dem ersten Jahr bei Weber hatte ich den Wunsch, den Buchhandel auch von der Verleger-Seite her kennenzulernen. Je länger ich bei Weber war, um so mehr glaubte ich, erst in einem Verlag an meinem richtigen Platze zu sein. Meinem Naturell lag es gar nicht, jeden Kunden, auch den unangenehmsten, gleich höflich und dienstbereit zu bedienen. Wieviel lieber wäre ich da in einem Verlag wie etwa Schuster & Löffler tätig gewesen, bei dem Liliencron und Dehmel erschienen waren und der immer wieder neue moderne Autoren herausbrachte! Auch ich wollte Dichtern und Künstlern, die noch niemand kannte oder gegen die das träge Publikum sich sträubte, zum Sieg verhelfen. Zum alten Vater Becker sagte ich einmal in jugendlichem Überschwang:

»Der wahre Verleger muß sich für seine Autoren opfern können. Ja, er muß mit Begeisterung bereit sein, für seine Ideen — wenn es nicht anders geht — Konkurs zu machen!« Als dieser mit einem warnenden »Na, na!« erwiderte, fuhr ich fort: »Und damit ihn nichts zurückhält, auch nicht der Gedanke an eine Familie, darf er niemals heiraten!«

Zu Beginn des Jahres 1901 hatte der Gedanke, in den Verlag überzutreten, sich mir besonders stark aufgedrängt. Ich war nun schon im dritten Jahr bei Weber. Mein Ressort war immer noch die Führung der »Fortsetzungs-Listen« und der in Lieferungen erscheinenden Werke. Die Fortsetzungen waren immer dieselben. Jeden Monat gingen dieselben Monatshefte durch meine Hand, wodurch mir deutlich bewußt wurde, daß wieder ein Monat herum sei. Sogar die Jahrbücher stellten sich nun schon zum dritten Male ein. Es war Zeit, aus diesem Kreislauf herauszukommen!

Viele Jahre später sagte mir ein Sortimenter, den ich gelegentlich fragte, ob er mir zu einem Buchplan, den ich ihm auseinandersetzte, raten könne: »Wie bin ich froh, daß ich kein Verleger bin, ich könnte ja vor Angst nicht ruhig schlafen!« Ich entgegnete: »Und ich bin froh, kein Sortimenter zu sein, der immer darauf warten muß, was die Verleger machen!«

So las ich also sehr eifrig das Buchhändler-Börsenblatt und spähte aus, ob nicht ein Verleger, dessen Richtung mich interessierte, einen Gehilfen suche. Ich stieß bald auf eine Anzeige von Georg D. W. Callwey in München, dem Kunstwart-Verlag. Sofort schrieb ich einen Bewerbungsbrief, und wenige Tage später schon war ich engagiert. Es kostete noch einen schweren Kampf mit Weber, bis er sich dazu bereit finden ließ, mich mitten im Vierteljahr ohne Kündigung ziehen zu lassen. Zu der kleinen Abschiedsfeier hatte Georg Müller folgenden gutgemeinten Cantus verfaßt, zu singen auf die Melodie »Nur am Rhein, da will ich leben«:

> Reinhard zog nach München weiter
> An der Isar grünen Strand,
> Wo die Sonne lacht so heiter,
> Gut das Bier, wie wohlbekannt.
> Wo den Gast die Maid bewirtet,
> Manchmal dick, auch manchmal schlank,
> Mit den Gästen auch gern flirtet,
> Setzt zu ihm sich auf die Bank.

Von Berlin, der Stadt der Geister,
Zieht er weg auf immer wohl,
Er, der große Denker, Meister,
Heim zu Muttern kehren soll.
Ja, die Heimat lockt gar viele,
Zieht sie weg aus fernem Land.
Mög gelangen er zum Ziele,
Mög dem Schicksal halten stand ...

Mit dieser Rückkehr nach München war zugleich – Müller hatte ganz recht – auch ein Wunsch meiner Mutter erfüllt. Sie hatte mir manchmal geschrieben, wie sehr sie sich freuen würde, mich wieder zu Hause zu haben. Alle ihre drei Kinder um sich zu sehn und an ihrem Leben teilzunehmen, war ihr größtes Glück.

So fuhr ich denn am Samstag, dem 9. Februar 1901, nachmittags vom Anhalter Bahnhof ab und war Sonntagmorgen in München.

Damit begann meine zweite Münchner Periode, die ein ganz andres Gesicht bekam als die erste. Meine Wanderjahre waren damit jedoch noch nicht zu Ende.

MÜNCHEN
1901–1902

Meine Eltern waren inzwischen umgezogen, und zwar in die Oettingenstraße, die von der Prinzregentenstraße zur Bogenhauser Brücke führt. Sie hatten von dort gleich nahe zum Nationalmuseum, zur Isar und zum Englischen Garten. Mein Vater hatte von jeher seine Wohnungen mit besonderem Bedacht gewählt, weil er sich bewußt war, daß ihre guten Eigenschaften sich in jeder Stunde als erfreulich bemerkbar machen.

Auch der Weg an meinen neuen Arbeitsplatz war erfreulich. Er führte durch die breite festliche Prinzregentenstraße in den blumengeschmückten Hofgarten und schließlich über den architektonisch schönen Odeons- und Wittelsbacherplatz. Der Callwey-Verlag befand sich in der Finkenstraße, der schmalen Nebenstraße, die vom Wittelsbacherplatz ausgeht.

Callwey stammte aus Westfalen. Er war ein Mann Mitte Vierzig, klein und brünett, hatte einen kurzen Kinnbart und trug einen Zwicker. Er war gutmütig und human. Aber trotz dieser Humanität gab es, nebenbei bemerkt, keine Weihnachtsgratifikation. Dies enttäuschte mich ein wenig, hatte ich doch in Berlin zu Weihnachten schon siebzig Mark erhalten.

Die Arbeit bei Callwey war angenehm. Endlich hatte ich statt der bisherigen zehn Stunden nur eine achtstündige Arbeitszeit. Wie lang waren da die Abende, die ich für mich hatte! Ich atmete auf. Die Gepreßtheit der Berliner Jahre verlor sich.

Ich hatte die Expedition des Kunstwarts, der Bilder und Mappenwerke sowie des Buchverlags zu führen. Mit der technischen Herstellung und mit redaktionellen Dingen hatte ich leider nichts zu tun.

Ich wurde in meine Arbeit von meinem Vorgänger Otto Gaupp eingeführt, der nun »Hersteller« wurde – einem freundlichen Schwaben, der mich sogleich als Kollegen anerkannte.

Als Zeichen des Vertrauens konnte ich es betrachten, daß Callwey mir, dem Zweiundzwanzigjährigen, der vorher noch keine Stellung in einem Verlag innegehabt hatte, schon nach kurzer Zeit den täglichen dicken »Leipziger Brief« des Kommissionärs uneröffnet auf den Tisch legte und seine Erledigung ganz meinem Ermessen überließ.

Die rechte Hand des Chefs war Fräulein Tettenhammer, eine energische Dame gesetzten Alters. Durch ihre Hände ging alles Wichtige, was Herrn Gaupp Anlaß gab, über »diese Weiberwirtschaft« etwas mit den Zähnen zu knirschen.

Der eigentliche Kern und Ausgangspunkt des Verlags waren ursprünglich eine Reihe von Fachzeitschriften gewesen: eine Färberzeitung, eine Malerzeitung »Die Mappe«, eine Photographen-Zeitung und neben dieser noch die »Monatshefte für künstlerische Photographie«. Der Redakteur der »Mappe«, Herr Reisberger, war ein richtiger Malermeister, der in Pantoffeln und mit einer Schürze angetan an seinem Redaktionstisch saß, dazu war er ein alteingesessener Münchner und begeisterter Sozialdemokrat. Kurz bevor ich in den Verlag gekommen war, hatte der berühmte Hygieniker Max von Pettenkofer, ein Achtziger, als er eine Alterskrankheit herannahen fühlte, durch Freitod seinem Leben ein Ende gemacht. Herr Reisberger frohlockte darüber. Dieser Pettenkofer, das war doch noch ein freier Mann! Vor allem freute es ihn, daß damit der katholischen Kirche ein Schnippchen geschlagen war, auf deren Tröstungen Pettenkofer selbstverständlich verzichtet hatte.

Der von Ferdinand Avenarius herausgegebene Kunstwart und die ihm angeschlossenen Veröffentlichungen hatten sich in den letzten Jahren zum weitaus wichtigsten Unternehmen des Verlags entwickelt. Im Jahre 1901 konnte die Zeitschrift ihren Lesern mitteilen, daß sich die Auflage seit 1897 verzehnfacht habe und jetzt 8000 Stück betrage. Heute kommen uns solche Zahlen bescheiden vor und fast wie aus der guten alten Zeit. Aber den Kunstwart abonnierte man ja nicht wie irgendeine »Illustrierte«. Ihn zu abonnieren war Ausdruck einer Gesinnung. Als zum erstenmal ein Buchhändler eine »Partie« des Kunstwarts bezog, das heißt zehn Exemplare, zu denen ein elftes als Freiexemplar geliefert wurde, stieg Callwey vor Begeisterung auf einen Stuhl.

Schon als Gehilfe bei Weber war ich Abonnent des Kunstwarts gewesen und hatte mir die ersten fünf »Meisterbilder für das deutsche Haus« kommen lassen. Diese vor allem hatten mich veranlaßt, mich bei Callwey zu bewerben. Sie brachten die drei Stiche von Dürer, »Ritter, Tod und Teufel«, »Melancholie« und »Hieronymus im Gehäus«, dazu die beiden Holzschnitte von Rethel, »Der Tod als Freund« und »Der Tod als Würger« – Werke deutscher Graphik, die in jenen Jahren noch weit davon entfernt waren, volkstümlich zu sein. Jedes Blatt, auf Karton gut gedruckt, mit einem erläuternden Text auf dem Umschlag, kostete nur 25 Pfennige. Es war eine kunsterzieherische Tat ersten Ranges, die Avenarius damit vollbrachte. Wenn man heute zurückblickt, glaubt man kaum, was alles es damals in Reproduktionen noch *nicht* gab und wieviel große Kunst erst durch die Tätigkeit von Avenarius in die Familien und in die Schulen drang. Feine Leute, die keine Kunsterziehung nötig hatten, lächelten allerdings über den »Schulmeister« Avenarius. Auch Herr Matthießen, der Herausgeber der »Monatshefte für künstlerische Photographie« machte sich, wenn er in den Verlag kam, über ihn und seine Texte zu den Bildern lustig.

Callwey nahm an diesen kunsterzieherischen Unternehmungen lebhaften Anteil, gaben sie doch seinem Verlag weithin das entscheidende Gesicht. Andrerseits betrachtete er die Kunst doch auch sehr von der wirtschaftlichen Seite. Als in den Meisterbildern der »Hieronymus Holzschuher« von Dürer erschien, berichtete ich ihm, das Berliner Museum habe das Gemälde erst vor wenigen Jahren für dreihunderttausend Mark gekauft, worauf er nachdenklich zweifelnd meinte: »Solch ein Kapital so zinsenlos an die Wand zu hängen ...?« Ich erwiderte, wenn der Staat so viele Millionen für Kasernen ausgäbe, könne er doch auch einmal etwas für einen Dürer bezahlen.

Avenarius leitete die Kunstwart-Unternehmungen ganz souverän. Er gab nach eignem Ermessen die Klischees für die Meisterbilder und die Mappen in Auftrag, Callwey bekam erst die fertigen Drucke zu sehn. Einmal lief der Abzug eines Bildes ein, von dem er meinte, es wäre wohl ein Tizian, während ich ihm sagen konnte, daß es die »Muse des Anakreon« von Böcklin sei. Dadurch stieg ich sehr in seiner Achtung.

Da Avenarius so selbständig handelte, kam er selten nach München. Ich habe ihn nur ein einziges Mal im Verlag gesehn. Er war ein kurzer, korpulenter Mann mit breitem Vollbart. Gaupp war nicht gut auf ihn zu sprechen. Er wollte zu sehr auf allen Gebieten ein Muster sein. So tat er sich auch viel auf seine Sparsamkeit zugute und betonte mit Nachdruck, daß der Anzug, den er trage, nur dreißig Mark gekostet habe. Auch wohnte er, wenn er in München war, nicht im Hotel, sondern als Gast bei seinem Mitarbeiter Leopold Weber. Dieser erhielt aber für seine Mitarbeit damals gar kein Honorar mit der Begründung, daß der Kunstwart diese Belastung noch nicht vertrage.

Avenarius war etwas zu sehr auf »Ideen-Kunst« eingestellt. So brachte er im Kunstwart sehr viel von Max Klinger, aber auch von seinen schwachen Nachahmern Hans Unger und anderen. Er trat nicht nur für Hans Thoma ein, sondern ebenso auch für den viel schwächeren Edmund Steppes. Beides war für ihn eben gemütvolle deutsche Kunst. Damals starben kurz hintereinander Böcklin und Leibl. Avenarius veranstaltete eine Böcklin-Mappe, wobei er die Stimmung der Ton-Holzschnitte, in denen die Gemälde reproduziert waren, dadurch zu erhöhen suchte, daß er sie, je nach der Stimmung des Bildes, auf grünen, hellbraunen oder blauen Karton drucken ließ. Bei Leibls Tod brachte er jedoch nur einen kleinen Nachruf unter »Vermischtem«.

Fast jedes Kunstwart-Heft enthielt umfangreiche Proben aus Dichtern und Philosophen, die damals einem größeren Kreis noch recht unbekannt waren, zum Beispiel von Mörike, Grabbe, Lagarde und anderen. Ebenso kamen Moderne wie Maeterlinck, Spitteler, Carl Hauptmann, Dehmel ausgiebig zu Wort. Die Notenbeilagen trugen viel Gutes in das musikalische Haus. Mir selbst wurde Brucknersche Musik zuerst durch den Kunstwart vermittelt. Aber auch aus dem »Armen Heinrich« von Pfitzner, den »Neugierigen Frauen« von Wolf-Ferrari, den Wunderhorn-Liedern von Otto Vrieslander brachte er schon damals Proben. – Paul Schultze-Naumburg erwarb sich Verdienste durch die immer wiederholten Gegenüberstellungen guter und schlechter Bauformen in Beispielen und Gegenbeispielen. Callwey redete ihn, der doch seinem Namen eigens das etwas klangvollere »Naumburg« angehängt hatte, immer nur mit »Herr Schultze« an, worüber Fräulein Tettenhammer sich »diebisch« freute.

Am sympathischsten von allen Mitarbeitern war mir Leopold Weber. Avenarius hatte ihm zu Anfang seiner Mitarbeit einmal gesagt: »Sie müssen vor allen Dingen deutlich sein – deutlich! Sie können sich das Publikum nicht dumm genug vorstellen!« Weber schrieb eine eindringliche, realistische Prosa. So schilderte er einmal in einem Aufsatz »Böcklin als Greis«, wie dieser mit seiner Frau in ein Münchner Café kommt, sich niederläßt, eine Weile sitzen bleibt und dann wieder geht – nur den Augeneindruck hielt er fest. Dieser aber war meisterhaft gegeben.

Bei Gelegenheit des Abschlusses der Berliner Sieges-Allee hielt der Kaiser eine Rede über Kunstpolitik. Er hatte gesagt: »Die Kunst soll mithelfen, erzieherisch auf das Volk zu wirken.« Avenarius fuhr fort: »Gewiß, das soll sie, aber wir fürchten, wir verstehen darunter etwas anderes als Se. Majestät.«

Im Streit um die Hohkönigsburg trat er energisch auf die Seite meines Vaters. Er druckte den Schlußabschnitt aus dessen Schrift »Die angebliche Wiederherstellung der Hohkönigsburg« ab und bemerkte dazu: »Der ›Vandalisme restaurateur‹ droht bekanntlich bei uns den Baudenkmälern verhängnisvoll zu werden, und viele, die sich über allerhand Wiederherstellung herzlich freuen, haben keine Ahnung davon, was da im Namen des Patriotismus oder der Pietät an unsern alten Bauschätzen verbrochen wird. Ein sehr beachtenswerter Beitrag zu diesem unerfreulichen Thema ist diese Schrift Pipers, des Verfassers der anerkannten ›Burgenkunde‹.«

Mit seiner »Burgenkunde« hatte mein Vater viele und reiche Anerkennung gefunden. In den Fachzeitschriften war sie eine »wissenschaftliche Großtat« genannt worden, und ihn selbst nahm man, wie er sich scherzend ausdrückte, in die »Unsterblichen der Konversationslexika« auf. Zur besondren Freude gereichte es ihm, daß seine heimatliche Universität Rostock dem Dr. jur. seiner jungen Jahre nun die Ernennung zum Dr. phil. h. c. hinzufügte. Geraume Zeit vorher schon war ihm vom Preußischen Kultusministerium ein Stipendium für eine Italienreise im Betrage von 1200 Mark angeboten worden. Er verteilte dies Geld auf zwei Reisen. Auf der ersten kam er bis Rom, auf der zweiten bis Syrakus. Er studierte da vor allem die etruskische und altrömische Mauertechnik und die mittelalterlichen Wehrbauten, was vor ihm wohl kaum ein andrer Italienreisender getan hatte. Er fühlte wohl, daß es für meine Mutter, die Italien nie betreten hatte, eine große Entsagung war, da zu Hause bleiben zu müssen, weshalb er zu ihrer Beschwichtigung auf seinen vielen Postkarten, wie mir schien, etwas zu nachdrücklich über schlechtes Wetter, schlechtes Essen, unerträgliche Hitze, ja sogar über Langeweile klagte und wiederholt erklärte, wie sehr er uns um unsre kühle Münchner Wohnung und um unsre altgewohnten Mahlzeiten beneide.

Skizzenbuch um Skizzenbuch füllte er mit seinen Zeichnungen. Er war

ein ausdauernder Fußgänger. Auch richtete er sich so sparsam wie
möglich ein. So machte er den weiten Weg von Syrakus nach dem antiken Fort Euryalus auf dem schattenlosen Plateau zu Fuß, während
ich ihn dreißig Jahre später mit meiner Frau in einer bequemen Kutsche zurücklegte.

Der Ruhm der Burgenkunde brachte meinem Vater einen großen Auftrag ein. Der österreichische Graf Wilczek und, durch diesen veranlaßt,
der Fürst von Liechtenstein trugen ihm an, in einem mehrbändigen
Werk die österreichischen Burgen zu behandeln. Jeden Sommer machte
nun mein Vater ausgedehnte Studienreisen, um alsdann im darauffolgenden Winter das gesammelte Material aufzuarbeiten. So erschienen nach und nach acht Bände mit der Beschreibung von insgesamt
mehr als dreihundert Burgen und mit etwa zweitausend Abbildungen
nach seinen eigenen Aufnahmen und Zeichnungen. Mein Vater hatte,
wie ich später erfuhr, mit den beiden Protektoren nicht ein einmaliges
Honorar, sondern eine, wenn auch bescheidene, lebenslängliche Rente
vereinbart, die für ihn noch große Bedeutung gewann.

In dieser Zeit ging er ernstlich daran, sich für seinen Lebensabend auf
eine alte Burg zurückzuziehn. Er machte zu diesem Zweck Besichti-
gungsreisen und führte vielerlei Verhandlungen. Auf einer solchen
Burg zu wohnen war für ihn, den leidenschaftlichen Burgenforscher,
gewiß sehr verlockend, aber für meine Mutter und meine Schwester
hätte dies doch eine schwere Entbehrung bedeutet. Was hätten die Armen auf einer einsamen Burg, besonders im langen Winter, anfangen
sollen? Auch war meine Mutter viel leidend. So war es denn ein Glück,
daß sich all diese oft schon sehr weit getriebenen Verhandlungen zer-
schlugen und mein Vater sich mit der kleinen, fast nur aus einem wohlerhaltenen Turm bestehenden Burg Branzoll zufriedengab, die in Südtirol ganz nahe über dem Städtchen Klausen am Eisack lag. Auf dieser
Burg hatte der Minnesänger Liutolf von Savene gedichtet – es gibt
noch Lieder von ihm –, und Dürer hatte sie mit Fels und Fluß und Stadt
auf seinem berühmten »Großen Glück« als Landschaftshintergrund in
Kupfer gestochen. Nachdem mein Vater im Turm in einfachster Weise
drei Zimmer eingerichtet hatte, verbrachte er mit Frau und Tochter
mehrmals die Sommermonate dort. Für die Ausschmückung schnitzte er
an vielen Münchner Winterabenden Leisten mit gotischen Ornamenten,
die auf die Balken der Decke aufgenagelt wurden, um den Räumen
ein altertümliches Gesicht zu geben.

Als mein Vater sich dem siebzigsten Lebensjahr näherte, begann er damit, seine Lebenserinnerungen niederzuschreiben. Er bot sie zunächst Hinstorff in Wismar zum Verlag an. Dieser lehnte jedoch ab und führte als Grund die Polemik meines Vaters gegen den Kaiser an, die bei der Erörterung des Wiederaufbaus der Hohkönigsburg unvermeidlich war. Er mag sich aber auch nicht genügend Absatz versprochen haben. Ich selbst konnte damals, in den Anfängen meines Verlags, in Anbetracht der sehr fraglichen Kostendeckung, das Buch auch nicht herausbringen, und so blieb es zu Lebzeiten meines Vaters ungedruckt. Ich war ihm aber herzlich dankbar, daß er sich zu dieser Niederschrift entschlossen hatte. Sehr vieles, was mir in seinem Leben zusammenhanglos gewesen war, konnte ich erst jetzt übersehn. Vor allem erhielt ich dadurch ein anschauliches, von Hunderten von Einzelzügen belebtes Bild von Röckwitz, dem mecklenburgischen Heimatdorf meines Vaters, Großvaters und Urgroßvaters.

Zu seinem hundertsten Geburtstag, im Jahr 1941, ließ ich dann unter dem Titel »Jugend und Heimat« den anziehendsten Teil dieser Erinnerungen erscheinen und fügte eine biographische Einleitung und ein schönes Altersbildnis hinzu. In diesen unruhigen Jahren hat das Buch, von dem ich achttausend Stück hinausgehen lassen konnte, dann mit seinem feinen Humor und seinem Anhauch aus alten, friedlicheren Zeiten vielen Lesern wohlgetan, und mein Vater hat dadurch von neuem ins Leben gewirkt.

Doch ich habe weit vorgegriffen und kehre zum Beginn dieser meiner zweiten Münchner Periode zurück.

Schon in den ersten Tagen suchte ich Ernst Neumann auf, mit dem ich während der Berliner Jahre ständig in Briefwechsel geblieben war. Er hatte inzwischen zusammen mit Heinrich Wolff, dem ausgezeichneten Radierer, in der Schellingstraße eine Schule für Graphik eröffnet, in der er selbst das Holzschneiden und Lithographieren, Wolff das Radieren lehrte. Heinrich Wolff kam später als Akademieprofessor nach Königsberg, und meine Frau, von der ich damals freilich noch nichts wußte, empfing als seine Schülerin von ihm viele wertvolle Anregungen. Die Graphik-Schule wurde mit Vorliebe von jungen Damen besucht, meist solchen mit wohlhabenden Eltern. So wurden durch sie mancherlei Eheschließungen angebahnt.

Auch Georg Braumüller fand, obwohl er leidend war und hinkte, nach einigen vergeblichen Bemühungen eine Gattin. Neumann hatte zu ihm schon unwillig gesagt: »Schorschi, du vertreibst mir alle meine Schülerinnen!«

Als neues Mitglied des Neumannschen Kreises lernte ich den Dichter und Essayisten Hermann Eßwein kennen. Er stammte aus Mannheim, war schwarz, untersetzt, ein etwas schwerblütiger Mensch. Die freundschaftliche Verbindung mit ihm wurde mir für die Anfänge meines Verlags wichtig. Er schrieb die acht Bände der »Modernen Illustratoren«. Auch trafen wir uns in gemeinsamer Schwärmerei für August Strindberg. Dieser sich kühn exponierende Geist predigte den Menschen in allen seinen Werken: »So einfach und durchsichtig, wie ihr gerne möchtet, ist das Leben nicht!« Und das konnte man meines Erachtens den Menschen nicht nachdrücklich genug sagen. Eßwein schrieb einen großen Strindberg-Essay, den ich bald nach meiner Verlagsgründung als Broschüre herausbrachte.

Das schöne, stille, aristokratische Schleißheim war im Sommer der Hauptschauplatz unserer Zusammenkünfte. Unzählige Male radelte ich abends hinaus. Neumanns wohnten am Kanal, gegenüber dem Wirtshaus zum »Blauen Karpfen«, unter großen, alten Kastanien.

Damals war wieder einmal eine neue Zeitschrift in München gegründet worden, die »Freistatt«, zu der ich zwei Aufsätze beisteuerte. Mit dem einen – »Goethe, die Bibel des modernen Menschen?« – wehrte ich mich gegen den bequemen und gedankenlosen Goethekult. Mit der Berufung auf Goethe ließ sich ja so ziemlich alles beweisen, mit ihr konnte man so leicht alles Kühne, Unerprobte und deshalb Lästige beiseite schieben! Was an meinem Aufsatz Übereiltes war, habe ich später mit dem Brevier »Goethe als Begleiter«, das ich in vielen Auflagen verlegte, wiedergutgemacht. Der zweite Artikel, »Das Denkmal«, bestritt den vielen künstlerisch wertlosen Denkmälern ihre Existenzberechtigung. Man konnte mit dem Geld, das sie kosteten, viel Wichtigeres für die Kunst tun! Auch waren die großen Menschen in ihrem Werk sich selber Denkmal genug.

Schon nach Berlin hatte mir Neumann von einem merkwürdigen jungen Apotheker namens Richard Scheid geschrieben, der eine lyrische Zeitschrift »Avalun« herausgeben wollte, und ich wurde eingeladen, Gedichte dazu einzusenden. Nun lernte ich diesen Protektor moderner Lyrik kennen. Er hatte die Apothekerei an den Nagel gehängt. Was aber sollte ein begüterter junger Mann, dem sein Beruf nicht behagte, andres tun als eine Zeitschrift gründen? Während junge vermögende Leute meist nur ihre eigenen Gedichte drucken lassen, trat Scheid selbstlos für andre ein. Er hatte ein rundes, rosiges Gesicht und sprach sehr langsam und tonlos. An den Abenden im Neumannschen Atelier saß er meist schweigsam in einem Lehnstuhl, hinter dessen Ohrenbacken sein Gesicht langsam immer mehr versank. Er duselte da so vor sich hin, und Neumann liebte es, ihn als einen in Wolken untergehenden Halbmond zu zeichnen.

Seine Zeitschrift »Avalun« widmete jedem Lyriker ein eigenes Heft, und hierzu machten Neumann und Braumüller einfallreiche Titelblätter in farbigem Holzschnitt. Die Zeitschrift erschien nur in dreihundert Exemplaren und ward eines der originellsten, für die Zeit charakteristischsten Druckwerke. Sie brachte Erstdrucke von Rilke, Wilhelm von Scholz, Leo Greiner, Wilhelm Michel, Richard Schaukal, Ernst Schur, Emil Rudolf Weiß, Oskar A. H. Schmitz, Otto Falckenberg und anderen. Heinrich Lautensack, eine lang aufgeschossene, schwankende Gestalt, war mit einundzwanzig Jahren bereits in der Lage, ein Gedicht auf den Tod seines selbstverständlich unehelichen Sohnes zu publizieren. Er stammte aus Vilshofen bei Passau und erschien mir schon damals in seiner Übersteigerung äußerst gefährdet. Ich hielt ihn trotzdem für ein Genie. Beim Begräbnis Frank Wedekinds im Waldfriedhof kam sein Irrsinn zum erstenmal zum Durchbruch. Er ging dann nach Berlin, was ihm gewiß nicht gut tat. Der Verlag Gurlitt brachte von ihm einen Band »Altbayrische Bilderbogen« heraus mit Illustrationen von Max Unold. Das Heimatgefühl, das sich darin ausdrückte, hatte etwas sehr Rührendes.

In diesem illustren Kreis erschien also auch ein Heft mit Gedichten von mir. Ernst Neumann schmückte sie mit einem Holzschnitt, der zwei weggeworfene alte Stiefel, die auf Zaunlatten aufgespießt waren, zeigte. Er wollte damit meinen Sinn sowohl für das Groteske wie für das Idyllische symbolisieren.

Vierzig Jahre später, am Ende des zweiten Weltkriegs, traf ich Richard Scheid zu meiner Überraschung in der belebten Schützen-Apotheke am Münchner Hauptbahnhof wieder als Apotheker an. Der weiche Lyriker hatte sich inzwischen als sehr zählebig erwiesen. Er hatte drei Jahre Konzentrationslager in Dachau überstanden, davon drei Monate in dunkler Einzelhaft.

Um die Jahrhundertwende existierte in München der »Verein für Originalradierung«, der jedes Jahr eine Mappe herausgab. Diese kam dadurch zustande, daß der Verein von einer Reihe seiner Mitglieder, die alljährlich wechselte, Platten erwarb und sie in einer Mappe als Jahresgabe verteilte. Neumann machte sich darüber lustig, daß die Mitglieder, mangels andrer Käufer, sich also gegenseitig ihre Platten abkauften. Als ich einmal bei ihm war, lag gerade die neueste Jahresmappe auf dem Tisch. Ihre künstlerische Harmlosigkeit forderte seinen Widerspruch heraus. Er zeichnete Parodien darauf, und ich machte satirische Verse dazu. Bei der nächsten Jahresversammlung des Vereins wurden nun diese Parodien groß an die Wand geworfen, und ich rezitierte dazu von der Galerie herab meine übermütigen Verse. Den Betroffenen blieb nichts übrig, als gute Miene zum bösen Spiel zu machen.

Neumann war ein Vorkämpfer des Motorrads, das in jenen Jahren in München nur erst in vereinzelten Exemplaren aufgetaucht war. Eigentlich konnte sich nur ein ganz erfahrener Techniker mit solchem Vehikel einlassen, denn der Fahrer mußte jeden Augenblick auf eine Panne gefaßt sein. Ein solcher Techniker war nun eben Neumann. Das Motor-Dreirad hatte einen Rücksitz, auf dem Ottilia Platz nahm. Der darauf Sitzende schaute aber nicht nach vorne, sondern nach hinten. Ein Motor-Zweirad wagte man noch nicht zu bauen, ein Dreirad war sicherer.

Damals fand eines der ersten internationalen Automobilrennen statt, das von Paris aus über die Schweiz nach Wien ging. Ein solches Ereignis aus nächster Nähe mitzuerleben konnte sich Neumann unmöglich entgehen lassen, und er hätte mich für einen Verräter am Geist der Zeit erklärt, hätte ich mich davon ausgeschlossen. Wir wollten die Ankunft der Rennfahrer am Nachmittag bei Reichenhall erwarten und sie am nächsten Morgen bei Salzburg zur Weiterfahrt starten sehn. Ich radelte früh um fünf Uhr los, am Nordufer des Chiemsees entlang, und war um zwei in Reichenhall zur Stelle. Auch Eßwein und Braumüller hatten sich eingefunden.

Das Geknatter der Automobile versetzte Neumann in Ekstase, und mitten durch den Lärm schrie er mir ins Ohr: »Und da sind Sie Buchhändler!« Buchhändler sein schien ihm etwas vollständig Veraltetes, längst Überwundenes in einer Zeit, wo es derartig berauschende Manifestationen des modernen Lebens gab. Und Eßwein echote: »Das

Buch ist überhaupt etwas völlig Unzeitgemäßes.« Seine These war, jedes Buch müsse auf vier, höchstens acht Seiten komprimiert werden. Nur so konzentriert könne sein Inhalt noch Anspruch auf Beachtung erheben.

Bei der Weiterfahrt auf den Salzburger Landstraßen wurden die Automobile von jedem Buckel des Bodens in die Höhe geschleudert. Die Straßen waren eben auf solche Manifestationen in keiner Weise eingerichtet. Sie führten geruhsam und in vielen Windungen durch Viehweiden und Obstgärten dahin.

Doch war Neumann nicht so motorisiert, daß er nicht von Zeit zu Zeit auch weite Wanderungen unternommen hätte. Einmal ging ich mit ihm und seiner Frau von Kirchseeon aus die dreißig Kilometer bis Wasserburg am Inn, und zwar rüstig immer auf der Landstraße geradeaus. Bei dieser Gelegenheit besuchte ich zum erstenmal das reizende alte Städtchen, das ganz in eine Schlinge des Flusses hineingebaut ist. Ich bin zu ihm später noch oft zurückgekehrt.

Im September 1902 machten wir eine achttägige Wanderung durch die Dolomiten, von Blumau bei Bozen über den Grasleitenpaß und dicht an den unwahrscheinlich steilen roten Vajolettürmen vorbei nach Cortina. Bei dieser Gelegenheit bestieg ich die Boë-Spitze, die mit ihren 3152 Metern lange Zeit mein höchster Berg blieb. Sie ist nicht schwierig, aber ich ging allein – das Ehepaar war im Tal geblieben –, und so wirkte die starre Felsenwelt, in deren ungeheuren Räumen als einziger Laut nur die Steinsplitter unter meinen Füßen klirrten, auf mich mit fast beklemmender Größe.

Durch Ernst Neumann kam ich auch in Beziehung zu den »Elf Scharfrichtern«. Er war einer von den elfen. Elf phantasie- und humorbegabte, gerne etwas über die Stränge schlagende Dichter, Maler, Bildhauer, Musiker, Architekten hatten sich zusammengetan und eine kleine Bühne gegründet. Von hier aus sollte Scherz, Satire, Ironie und tiefere Bedeutung – vor allem diese tiefere Bedeutung! – ins Publikum getragen, das heißt gesungen, rezitiert und agiert werden. Auf dem Hof des volkstümlichen Gasthauses »Zum goldenen Hirschen« in der Türkenstraße, gegenüber der alten Kaserne, war ein ehemaliger Studentenfechtboden in einen kleinen Saal mit erhöhter Bühne umgebaut worden.

Ernst Neumann fragte mich, ob ich dabei nicht etwas mithelfen wolle. Er selbst – als Scharfrichter »Kaspar Beil« genannt – hatte das gelb-rotschwarze Plakat mit den elf brennenden Fackeln gezeichnet, die Programmhefte mit unbarmherzigen Karikaturen der Mitwirkenden versehn, kurz alles Graphische beigesteuert. Meine Mitarbeit blieb bescheidener Art. Ich war nicht »Scharfrichter«, nur »Henkersknecht«. Als solcher führte ich in den satirischen und burlesken Marionettenspielen allerlei Puppen und war erstaunt, wieviel an Charakteristik durch Ziehen an den Schnüren, durch Drehungen und Wendungen aus solcher Puppe herauszuholen war.

Am 13. April 1901 ging der Vorhang zum erstenmal in die Höhe. In feuerroten Kostümen, die Kapuze über den Kopf gezogen und geheimnisvoll aus dunklen Augenlöchern blickend, traten in langer Reihe die Elf Scharfrichter aus den Kulissen. Dumpf dröhnte der Scharfrichtermarsch, sie sangen:

> »Erbauet ragt der schwarze Block,
> Wir richten scharf und herzlich.
> Blutrotes Herz, blutroter Rock!
> All unsre Lust ist schmerzlich ...«

Der Ansager und auch die treibende Kraft des Ganzen war der kleine, schwarzhaarige Franzose Marc Henry. Er gab gleichzeitig die »Revue Franco-Allemande« heraus, die einen der vielen Versuche darstellte, Deutschland und Frankreich zu versöhnen. Als eigentliche Muse der Abende aber galt unbestritten Marya Delvard. Lang und dünn, in eng anliegendem, schwarzem Kleid, sang sie mit breitklaffendem, feuerrotem Munde Chansons. Ihre Figur war schon von Haus aus das gegebene Plakat und wurde von Ernst Neumann weidlich dazu verarbeitet. Robert Kothe, seines Zeichens Rechtsanwalt, gab als Gegenstück dazu mit hellem Tenor deutsche Volkslieder zum besten. Weitaus am meisten Eindruck machte mir Frank Wedekind mit seinem diabolischen Profil. Er schnarrte zur Gitarre auf eigne Melodien seine grotesken, zynischen Balladen: »Ein armes Mädchen kam nach Baden«, »Ich war ein Kind von fünfzehn Jahren«, »Ich hab' meine Tante geschlachtet« und andere.

Das Sälchen faßte kaum mehr als hundert Zuschauer, und diese waren zur Hälfte Leute, die auch malten oder dichteten, die entweder schon berühmt waren oder es nächstens werden wollten – ältere wie Josef Ruederer, der cholerische Bajuware, oder blonde Götterjünglinge wie Wilhelm von Scholz.

Die Abende waren ein immer von neuem improvisierter Ausdruck der sogenannten Künstler-Bohème, wie er heute nicht mehr möglich wäre. Es gibt ja heute auch solche Bohème nicht mehr. Die Talente waren damals in München erstaunlich dicht gedrängt.

Weil die Scharfrichter eigentlich eine Improvisation waren, war ihre Lebensdauer von vorneherein begrenzt. Nach drei Jahren verlief sich die Schar. Die meisten sind heute gestorben oder verschollen. Auch meinem Gedächtnis sind sie entschwunden. Im Licht des Tages lebt glücklicherweise noch Otto Falckenberg. In seinem Erinnerungsbuch: »Mein Leben – Mein Theater«, das Wolfgang Petzet nach Gesprächen und Dokumenten aufgezeichnet hat, ist die Geschichte der »Elf Scharfrichter« genauer erzählt, als ich dies vermöchte. Damals war Falckenberg ein junger, lockiger Lyriker mit blondem Spitzbart, der für die Scharfrichter kleine geistreiche Puppenkomödien dichtete und inszenierte und es sich gewiß nicht träumen ließ, daß er es einmal in demselben München zu einem der gefeiertsten Schauspielintendanten bringen würde. Nach Jahrzehnten sagte er einmal zu mir: »Sie sind für mich fast eine mythische Figur. Sie kennen Barlach, Sie sind mein erster Verleger, ja Sie sind beinahe mein erster Schauspieler.« Der »Schauspieler« bezog sich auf das Puppenführen, der »Verleger« auf den von Karl Schloß herausgegebenen Münchner Almanach, den ich 1905 herausbrachte und in dem Falckenberg mit Gedichten vertreten war. Und da der in Güstrow einsam lebende Barlach eine mythische Figur war, fiel von diesem Mythos auch für mich etwas ab.

Ernst Neumann hatte einen Bruder, Hans, der auch Graphiker war. Auch er hatte sich aus der Schar der Graphikschülerinnen eine Lebensgefährtin herausgefischt, und zwar die zierliche Constanze aus Leipzig. Die beiden gingen zur Sommerfrische nach Bernried, wo ich sie besuchte. Bei einer solchen Gelegenheit erzählte ich ausführlich von Arno Holz, und auf der Heimfahrt wurde mir wieder einmal bewußt, wieviel ich eingebüßt hatte dadurch, daß diese Verbindung in die Brüche gegangen war. Schuld daran war meine Nervosität gewesen, und diese war nun, nachdem ich endlich mehr Herr meiner selbst geworden war, von mir gewichen. Ich entschloß mich also, an Holz zu schreiben. Ich glaube, auch dieser Brief war, meinen zweiundzwanzig Jahren entsprechend, noch recht überschwenglich. Holz aber sagte sich wohl, als er ihn las, weshalb solle er einen so hartnäckigen Verehrer nicht wieder in Gnaden annehmen, schließlich war er damit doch nicht allzu reich gesegnet. Nur Robert Reß – immer ein wenig Mephisto – riet ihm, wie ich später hörte, ab: »Sie wollen mit diesem Piper ein neues Blatt anfangen? Das wird ein schönes Album!«

Tatsächlich sollte jener Berliner Konflikt mit Arno Holz nicht der letzte bleiben. Aber der letzte lag damals noch in weiter Ferne. Jetzt war ich glücklich, daß die Versöhnung zustande kam. Holz hatte in Schönberg in Tirol im »Jagerhof« zusammen mit einem Jugendfreund an einem Drama gearbeitet. Auf seiner Rückreise trafen wir uns in München im Hotel Maximilian gegenüber dem Hoftheater, wo er mir in seiner übersprudelnden Art unzählige Geschichten aus dem Berliner Künstler- und Dichterleben erzählte. Alle Talente passierten Revue, und so ziemlich alle wurden mit einem »Abgewirtschaftet!« erledigt.

Kurz nach meinem Eintritt bei Callwey war auch Georg Müller nach München gekommen. Er hatte bei Bruckmann in der Nymphenburger Straße eine Stellung als Hilfskraft in der Redaktion der Kunstzeitschriften angenommen. So trafen wir uns wieder in derselben Stadt. Manches Mal gingen wir abends den von alten Linden gesäumten Kanal entlang zum Nymphenburger Schloß hinaus. Damals befand sich dort im großen Halbrund der Kavaliershäuser noch das alte Wirtshaus »Zum Controllor«, wo wir unter den Kastanien bei einem Glas Bier uns über unsre Zukunftspläne unterhielten.

Ich mußte mir sagen, daß ich in den fünf Vierteljahren bei Callwey nun alles gelernt hatte, was es dort für mich zu lernen gab. Das war nicht viel. Ich hatte nun zwar einen Verlag von innen gesehen, aber doch wieder nur etwas weitergegeben, das schon ohne mich fertig geworden war. Von Verträgen mit Autoren, von Kostenberechnungen, von der Zusammenarbeit mit Druckereien und Buchbindereien, von Ausstattungsfragen oder Propaganda hatte ich nichts erfahren. Auf den »Hersteller«-Posten, den ich gern übernommen hätte, konnte ich mir keine Hoffnungen machen. So war es besser, einmal eine Pause einzuschalten und dann weiter sich umzusehen.

Auch Georg Müller war der Meinung, daß wir beide eigentlich lange genug pausenlos »im Geschirr« gestanden hatten und daß es Zeit sei, uns einmal etwas Freiheit zu gönnen. Wir kündigten zum 1. Juli unsere Stellungen und verabredeten, im Herbst zusammen nach Paris zu fahren. Callwey schrieb mir ins Zeugnis: »Bei seinem Austritt, der auf seinen Wunsch erfolgt, gebe ich ihm gern das Zeugnis, daß er die ihm übertragenen Arbeiten stets mit Fleiß, Geschick und Aufmerksamkeit erledigte. An einem anderen, mehr geistige und selbständige Arbeit erfordernden Posten würde er nach meiner Überzeugung noch mehr an seinem Platz sein und Hervorragendes leisten können.« Diesen letzten Satz, der mir sehr wohltat, nahm ich als gutes Omen für die Zukunft.

Da ich bei meinen Eltern wohnte, die mir nur eine ganz geringe Pension berechneten, hatte ich einen großen Teil meines Gehalts zurücklegen können. Ein ziemlich großer Prozentsatz war allerdings monatlich für Bücher draufgegangen, meist für moderne Dichtung und Kunst, sehr zum Leidwesen meiner Mutter, die es beklagte, daß ich »für all diesen Jux« so viel Geld ausgebe. Aber ohne diese vielen Bücher zu kaufen, ohne all diese Zeitschriften zu halten, hätte ich nicht erfahren, was alles um mich her in Kunst und Dichtung vor sich ging, wäre ich nicht in so viele Schwärmereien verfallen und hätte diese, wenn sie grundlos waren, auch nicht wieder hinter mich bringen können.

In den Sommerwochen vor der Reise vertiefte ich mich in Hölderlin, um den sich damals nur wenige Menschen kümmerten, so wenige wie heute etwa um Klopstock. Es gab nur eine einzige Ausgabe, die blaue zweibändige in der Cotta'schen Bibliothek der Weltliteratur. Auch in so schwierige Gedichte wie »Der Rhein« und »Patmos« suchte ich einzudringen und freute mich, wenn sie Zeile um Zeile und schließlich als Ganzes mir immer klarer wurden. Wie war mir der Schluß des Hyperion aus der Seele gesprochen! »Wenn sie nur bescheiden wären, diese Menschen! Wenn sie nur nicht lästerten, was sie nicht sind, wenn sie nur das Göttliche nicht höhnten!... Es ist auch herzzerreißend, wenn man eure Dichter, eure Künstler sieht, und alle, die den Genius noch achten, die das Schöne lieben und pflegen. Die Guten, sie leben in der Welt, wie Fremdlinge im eigenen Hause, sie sind so recht, wie der Dulder Ulyß, da er in Bettlergestalt an seiner Türe saß, indes die unverschämten Freier im Saale lärmten und fragten, wer hat uns den Landläufer gebracht?«

Solch ein Fremdling im eigenen Hause war auch Hans von Marées, zu dessen fast vergessenen Bildern ich wieder nach Schleißheim hinauspilgerte.

Mit dem schönen Essayband von Wilhelm Michel konnte ich später einer neuen gesteigerten Empfänglichkeit für Hölderlin dienen.

Zwei große Künstler traten neu in mein Leben, zwei sehr verschiedene: Tintoretto und Munch. Von Tintoretto erhielt ich Kunde durch den eben erschienenen Band der Velhagenschen Monographien. Bisher hatte ich in diesen Bänden meist nur die Bilder betrachtet, diesmal las ich auch den Text. Er stammte von Henry Thode und fiel durch seine starke persönliche Anteilnahme aus der Reihe heraus. Er entflammte mich. Hier wurde offenbar ein altes Unrecht wiedergutgemacht. Schon der Zeitgenosse Vasari hatte Tintoretto wunderlich, planlos, grob genannt. Jakob Burckhardt in seinem autoritativen »Cicerone« beschuldigte ihn der Barbarei und Konfusion, ja gewissenloser Sudeleien. Tintoretto hatte über das allzu Abgerundete, beruhigt Harmonische der Italiener in ganz neue Gebiete der Empfindung vorgestoßen. So viel ersah ich schon aus den Abbildungen. Wo gab es Originale? In der Münchner Pinakothek befand sich kein Tintoretto. Ein einziger war mir erreichbar: Christus bei Maria und Martha, in Augsburg. Da setzte ich mich denn eines Tages in aller Frühe aufs Rad und fuhr nach Augsburg. Ich kam kurz vor zwölf Uhr an und hatte gerade noch eine Stunde für die Galerie. Das Bild lohnte die Anstrengung reich. Wohl nicht allzuhäufig ist ein junger Mensch wegen eines einzigen Gemäldes hundertzwanzig Kilometer geradelt. Das war meine erste Begegnung mit Tintoretto. Ihr folgten noch viele andere in Paris, Dresden, Wien, Mailand, Florenz, Rom – vor allem in Venedig. Zwanzig Jahre nach jenem Augsburger Erlebnis konnte ich ihm ein großes zweibändiges Werk widmen.

Ganz anders war die Begegnung mit Munch. Im Münchner Glaspalast jenes Sommers 1902 hing fast ein ganzer Saal voll seiner Bilder. Am meisten packten mich zwei große Gemälde: »Am Strande« und »Die Kranke«. Auf dem ersten stehn zwischen großen Ufersteinen, dem Beschauer abgewandt, regungslos aufs Meer hinaussehend, ein junger Mann und ein Mädchen im weißen Kleid mit offnem blondem Haar, in Munchs breiter, großer Art gemalt, die kein andrer sonst hatte, die beiden Gestalten bestimmte Menschen und doch typisch, ewig! Ein Wunschtraum von mir war darin verwirklicht. Nach diesem Bild schienen mir alle Bilder der andern eigentlich unmöglich. Und »Die Kranke«! Ein Mädchen in einem Stuhl, das Kissen hinter dem Kopf, ein großes, schweres, braunes Tuch über die Knie, neben ihr kniend die Mutter, ein Glas mit einer roten Flüssigkeit rechts auf dem Tisch. Dann noch »Angst«: ein langer Zug von Menschen schreitet aus dem

Bild heraus, mit weißen Gesichtern, die Augen weit aufgerissen, starrend, wie mit zugeschnürten Kehlen, Männer, Weiber, ein Herr im Zylinder, darüber ein Himmel mit roten Wolken: Blut und Brand. Das war Lebensstimmung aus Schopenhauer und Grabbe.

In dem Munch-Bande der »Modernen Illustratoren« habe ich dann, gleich zu Anfang meiner Verlegertätigkeit, für den großen nordischen Künstler geworben.

Der Aufbruch nach Paris war inzwischen nahegerückt. Wie einfach erledigte sich damals eine Reise ins Ausland! Man wechselte an einem Tag vorher bei einer beliebigen Bankstelle das fremde Geld ein, kaufte sich ein Billet und dampfte ab. Kein Mensch kümmerte sich weiter darum. Um doch irgendeine Legitimation zu haben, steckte ich mir im letzten Augenblick meinen Landsturmschein ein.

REISE NACH PARIS

Am 29. Oktober 1902 begab ich mich auf die Pariser Reise. Wie auf der Fahrt nach Berlin schon hinter Schleißheim für mich Neuland begonnen hatte, so diesmal auf der Fahrt nach Westen gleich hinter Augsburg. Den stärksten Eindruck auf der ganzen Fahrt machte mir das Ulmer Münster, dessen Turm der sich drehende Zug von den verschiedenen Seiten über den Dächern betrachten ließ. Er begeisterte mich nicht nur durch seine Höhe, sondern auch durch seinen schönen Aufbau in drei mächtigen Stufen. In Karlsruhe hatte ich eine Stunde Zeit, um die Stadt zu durchlaufen. Ihre einheitliche Anlage mit dem großen runden Schloßplatz, von dem die Straßen radial ausgehen, prägte sich mir sehr ein.

In Straßburg angekommen, ging ich mit Müller noch spät abends durch die hallenden Straßen. Von dem ins Dunkel aufragenden Münster war nur ein schwacher Schatten zu erkennen. Oben im Wächterhäuschen auf der Plattform schimmerte das Licht.

Hätte ich damals nicht das Münster so stark auf mich wirken lassen, so hätte ich später, nach dem ersten Weltkrieg, kaum das schöne Buch darüber von Georg Dehio, seinem besten Kenner, verlegt.

Mein Vater war in den Jahren 1873 bis 1875 in Straßburg Chefredakteur des »Niederrheinischen Kuriers« gewesen. Er hatte auf diese Stellung hin geheiratet, und mein ältester Bruder Wolfgang war hier geboren. Leider versäumte ich damals, mir das Wohnhaus meiner Eltern in der Altstadt an der Ill zu suchen, sehr zur Enttäuschung meiner Mutter. Ich habe das erst im Jahre 1927, als ich mit meiner Frau wieder in Straßburg war, nachgeholt. Damals war der Tag ohnehin bis an den Rand ausgefüllt gewesen.

Wir stiegen am nächsten Tag auf den Turm und sahen von da weit ins Land. Von den Inschriften oben betrachtete ich mit noch mehr Liebe als die Goethes die seines vom Glück verschmähten Straßburger Gefährten Jakob Michael Reinhold Lenz. Auch zeichnete ich das Haus ab, in dem er gewohnt hatte. Wer von den Tausenden, die in Straßburg an Goethe dachten, wußte etwas von Lenz? Von seinen lebensprühenden Schauspielen »Der Hofmeister« und »Die Soldaten«, von seinem tollgenialen »Pandämonium Germanicum«, seinen innigen Gedichten?

Am nächsten Abend fuhren wir weiter und kamen in der Nacht über die Grenze, was uns ein merkwürdiges Gefühl verursachte, so, als ob wir in ein Abenteuer zögen, dessen Folgen noch gar nicht abzusehen waren. Kurz vor der Grenze kam ein preußischer Offizier ins Coupé und verlangte meine Militärpapiere. Wie glücklich war ich da, daß ich meinen Landsturmschein, den ich doch nur so nebenbei mitgenommen hatte, aus der Tasche ziehen konnte!

Morgens um fünf Uhr kamen wir in Paris an dem Gare de l'Est an. Auf dem Verdeck eines von drei Schimmeln gezogenen Omnibus rollten wir in die Stadt ein, durchquerten die Boulevards und gelangten an die graugrüne, brückenüberspannte Seine. Hier stiegen wir aus, begaben uns sofort auf die Zimmersuche und fanden in einer Maison meublée, rue Jacob 58, das Gewünschte.

Am nächsten Tag suchten wir auf dem Montmartre den jungen Maler Richard Winckel auf, an den mir Ernst Neumann ein paar empfehlende Zeilen mitgegeben hatte. Ich ging allein hinauf, Müller blieb unten. Er wohnte in einer Dachkammer, lag noch im Bett, sprang aber gleich auf und wusch sich von oben bis unten ab. Er fragte mich: »Piper, wollen Sie mal meinen Akt sehen?« und demonstrierte mir, sich vor Eifer überstürzend, sofort an seinem sehnigen Körper, wie die Muskeln und Gelenke funktionierten. Vergebens suchte ich ihn zu unterbrechen, der arme Müller mußte unten lange warten. Endlich wurde die Anatomiestunde abgebrochen. Wir gingen gleich mit ihm vier Stunden durch den Louvre.

Winckel hatte einen schmalen Kopf, lebhafte runde braune Augen und einen buschigen Bart. Er war auf äußerste Sparsamkeit eingestellt. Seine Dachkammer kostete nur 22 Francs, dagegen schien mir mein Zimmer mit 45 Francs sehr teuer. Ich zog deshalb in unsrer Maison meublée zwei Treppen höher hinauf, wo ich nur 30 Francs zahlte. Georg Müller, der einen bedeutend schwereren Geldbeutel hatte als ich, blieb im zweiten Stock wohnen.

An einem der nächsten Tage holte ich mein Rad vom Bahnhof und fuhr auf ihm quer durch Paris. Das war bei dem ungeheueren Gedränge, neben dem mir das Straßenleben in München fast dörflich erschien, etwas aufregend. Auch sah ich bald ein, daß man in Paris besser zu Fuß ging und an möglichst vielen Stellen stehenblieb. Lohnenden Anlaß dazu gab es auf Schritt und Tritt. So ist dies meine einzige Radfahrt in Paris geblieben.

Ein Haupterlebnis für mich war die plötzliche Erkenntnis, daß es nicht nur Deutsche auf der Welt gab, sondern noch ganz andere Menschen! Selbstverständlich wußte ich das längst, hatte man doch in der Schule Französisch gelernt. Aber nun saß man mitten unter diesen Franzosen, verstand kein Wort von dem, was sie untereinander redeten – trotz des auf der Schule Gelernten –, und merkte aus jeder ihrer Bewegungen, daß sie die Welt ganz anders ansahen wie wir. Bisher war der Mensch mir schlechtweg ein deutscher Mensch gewesen. Alles auf der Erde war mit einem deutschen Namen benannt. Nun, nach ein paar Stunden Eisenbahn, galten diese Namen schon nicht mehr. Alles hieß ganz anders und hatte auch ein ganz andres Gesicht. Die deutsche Welt war also nur ein eng begrenztes Stück der Welt, außer ihr gab es noch viele andre Welten! Die Bäume über uns waren nicht mehr deutsche Bäume, sondern französische, ja sogar die Sterne über den Bäumen blickte man von Paris aus anders an.

Der Eiffelturm entzückte mich, er stand so zierlich und keck über der Riesenstadt und hatte eine liebenswürdige warme hellbraune Farbe, war nicht kalt und schwarz, wie ich erwartete. Hatte ich eben in Ulm den höchsten Steinbau der Erde gesehn, so sah ich nun den höchsten Menschenbau überhaupt. Damals machte ich mir noch etwas aus solchen Quantitäten!

An einem wunderschönen sonnigen Herbsttag bummelten wir durch das Bois de Boulogne, das freilich viel eleganter und zivilisierter, aber auch viel begrenzter und viel bevölkerter war als unser Englischer Garten. In zahllosen Equipagen fuhren Damen in fabelhaften Toiletten vorüber, doch gab es schon viel mehr Automobile als Kutschen. In München blieb man noch respektvoll stehn, um ein solches Phänomen zu betrachten.

Aber eigentlich erschien mir Paris doch vor allem als eine *alte* Stadt, und das war die zweite Überraschung. Berlin zum Beispiel war viel neuer. Das bißchen alte Architektur dort mußte man sich suchen. Hier erhob sich statt des neuen Berliner Doms die altehrwürdige Notre

Dame, und nicht weit davon stand die Sainte-Chapelle mit ihren steilen, schmalen, farbenfunkelnden gotischen Fenstern. Hier durchschritt man im Boulevardgewimmel die von Jahrhunderten schwarzgeräucherte Porte St. Martin. Die Innenstadt war ein Labyrinth enger alter Gassen. Winckel wußte dort Bescheid. Er führte uns durch einen mittelalterlichen steinernen Rundbogen in ein halbdunkles Lokal, das seiner Versicherung nach schon zu Zeiten der Merowinger an der gleichen Stelle bestanden hatte – Huysmans hatte darüber geschrieben –, wo man, wie er ferner versicherte, seit Jahrhunderten abwechselnd an dem einen Tag Rindfleisch, am nächsten Tag Hammelfleisch aß. Das Mittagessen dort kostete 60 Centimes. In unserer Maison meublée existierten, wie im 18. Jahrhundert, als Beleuchtungsmittel nur Kerzen, so daß wir uns auf den Weg machten, um uns eine Lampe und Petroleum zu kaufen. Als Öfen gab es nur offene Kamine, weshalb wir, nachdem es kälter geworden war, Buchenholz unter unseren Pelerinen heimschleppten. Wir kamen billiger weg, wenn wir das Holz selbst einkauften.

Ich war nun also in einer »Republik« und glaubte, das den Menschen auf der Straße anzusehen. Sie fühlten sich sichtlich nicht als »Untertanen«, während unser Kaiser in seinen vielen Ansprachen mit Vorliebe an die Treue und den Gehorsam seiner Untertanen appellierte. Hier in Paris ließ mehr als sonst irgendwo jeder den andern gewähren. Hier stand an allen öffentlichen Gebäuden und am Kopf aller amtlichen Bekanntmachungen: »Liberté, Egalité, Fraternité«. Machte man wirklich Ernst damit? Ich hatte das Gefühl, hier müsse es sich leicht leben. Eine Stadt, riesengroß und zugleich intim.

Schon unter Ludwig XIV. hatte Paris eine halbe Million Einwohner gehabt. Es war eine ungeheuer alte Stadt und zugleich voll drängender Gegenwart. Es bestand eigentlich aus vielen Städten nebeneinander. Jedes Viertel hatte seinen eigenen Charakter. Hier gab es überhaupt nichts Gleichgültiges. Das Stadtbild hatte sozusagen keine leeren Stellen. Die Seine schaffte großen Raum und gab zugleich Orientierung. In Berlin spielte die eingeklemmte Spree kaum eine Rolle.

Überall große geschichtliche Beziehungen! Sogar Ägypten ragte hier herein. Da stand sein rötlicher Obelisk unter freiem Himmel auf der Place de la Concorde!

Selbst die Cafés hatten ihre Geschichte, z. B. das Café de la Paix an der Avenue de l'Opéra. Dort hatte schon Rousseau Schach gespielt. In einem Pariser Café zu sitzen war an sich schon Glück, z. B. an warmen Abenden unter Spätherbst-Bäumen an den kleinen runden Marmortischchen des Café de la Terrasse am Boulevard Bonnes Nouvelles.

Die vielen kleinen heimeligen Plätze! Da stand ein alter Mann mit Spatzen zu seinen Füßen und auf seinen Schultern, die er fütterte. Er war in seinem Viertel eine bekannte Persönlichkeit, bei der man stehnblieb, denn in Paris waren die Spatzen selten.

Neben der Intimität welche Weiträumigkeit! Die Champs Elysées waren drei Kilometer lang und zu ihrem Beginn drei- bis vierhundert Meter breit. Eine besondere Wirkung machte es, daß sie bis zum Arc de Triomphe anstiegen. Dadurch wirkten sie noch imposanter. Unser Münchner Siegestor schrumpfte in der Erinnerung zusammen. Die Reliefs von Rude am Arc mit der zu den Waffen rufenden – nein, schreienden, kreischenden – Bellona wirkten aufreizend. Wir bestiegen den Arc und sahen auf die Weltstadt hinab. Vom Mont Valérien donnerten Kanonen.

Auch die enge Wendeltreppe in der Julisäule an der Place de la Bastille klommen wir empor. Oben, plötzlich ins Freie tretend, glaubten wir mit ihr umzufallen. Paris lag im Nebel zu unsern Füßen.

Wir gingen wohl zehnmal in den Louvre. Ich sah von ihm aus die Kunst in ganz neuer Perspektive. Die Eindrücke überschütteten mich. Manchmal fühlte ich mich von der Bildwirkung geradezu durchdonnert. Die französischen Meister lernte ich hier erst kennen. Die Entwicklungsreihe von der frühen Schule von Fontainebleau über Poussin bis ins neunzehnte Jahrhundert wurde mir noch kaum in ihren Umrissen klar. Der Reichtum war verwirrend. Die großen Meister, über die ich später Bücher verlegte: Poussin, Delacroix, Corot, Daumier, Courbet, hoben sich mir erst allmählich als entscheidend heraus. Aber hier, in meinen frühen Jahren, hatte ich die erste Begegnung mit ihnen.

Von deutschen Malern waren nur etwa zwölf Bilder da: das Selbstbildnis des jungen Dürer mit der Blume Männertreu in der Hand, das da so bescheiden an der Wand hing, der Erasmus Holbeins und einige Cranachs. Aus späterer Zeit nichts. Da konnte man sich nicht wundern, daß die deutsche Kunst in Frankreich so gut wie unbekannt war.

Besonders bewegt wurde ich von dem Selbstbildnis Tintorettos mit den großen, traurigen Seheraugen, nach dessen Anblick ich mich schon seit der Lektüre des Thodeschen Buches gesehnt hatte.

Hier sah ich die ersten Pieter Brueghels, den Zug der Blinden und die Krüppel auf dem grünen Rasen an der roten Mauer. Das waren Bilder nach meinem Herzen, voll grotesker Tragik, voll Shakespeareschen Humors. Von Brueghel war damals in Berlin und München noch nichts zu sehen. Ich suchte mich weiter über diesen merkwürdigen Maler zu orientieren und kaufte mir das einzige Buch über ihn, das es gab, das von Emile Michel in der Reihe der Artistes célèbres. Auch das war schon zehn Jahre alt und hatte ganz unbefriedigende Abbildungen. Das erste deutsche Brueghelbuch erschien 1910 in meinem Verlag, auf meinen Vorschlag von Wilhelm Hausenstein geschrieben. Später ließ ich einen Band mit allen erreichbaren Zeichnungen Brueghels, bearbeitet von Karl Tolnai, folgen.

Bei diesen Louvre-Gängen war Winckel häufig mit dabei. Er meinte, mit Franzosen könne man über Kunst nicht reden. Sie kämen über Sätze wie: »Comme c'est composé! Comme c'est dessiné!« nicht hinaus. Winckel verstand viel von Kunst. Er hatte einen ausgebildeten Sinn für Nuancen im Sehen und Sprechen.

Im Louvre hatte ich wieder das Erlebnis, daß man über Bilder, die man nach Abbildungen auswendig zu kennen glaubt, vor den Originalen plötzlich umlernen muß. So ging es mir mit Leonardos Mona Lisa. Es war, als würde ein Vorhang weggerissen. Plötzlich stand ich vor der Wirklichkeit. Jahrhunderte hatten an ihrem Lächeln herumgerätselt. Mir schien, daß man es am besten »verstand«, wenn man, ohne nach Worten zu suchen, anschaute, was da gemalt war.

Von Raffael sprach mich besonders das frühe kleine Bild mit Apollo und Marsyas an. In seinem so unendlich vornehmen und menschlichen Porträt des Baldassare Castiglione war der Geist einer ganzen Zeit verkörpert. — Auf der Grablegung von Tizian waren mir die Gewänder zu prächtig, die Gesichter zu schön. Sie verscheuchten die tragische Stimmung des Themas. — Vor dem Ländlichen Konzert von Giorgione überrann es mich warm und wohlig. Dies war vollkommenes Dasein.

Die Bilder des Medici-Zyklus von Rubens waren pompös. Ich hatte für solche festlichen Trompetenstöße sehr wohl etwas übrig. Viel näher standen mir aber doch seine Landschaften.

Meine Vorstellung von der Welt Rembrandts wurde mächtig erweitert durch die Jünger von Emmaus, den Evangelisten Matthäus, den Barmherzigen Samariter, Bathseba im Bade, das späte Selbstbildnis und den berühmten Geschlachteten Ochsen, der damals oft als Musterbeispiel dafür zitiert wurde, daß es in der Malerei nicht auf das Was, sondern nur auf das Wie ankomme.

Das Frauenbildnis von Goya war das erste Gemälde, das ich von ihm sah. Auch von ihm gab es damals in Berlin und München noch nichts. Poussin hatte einen Saal für sich. Doch erschien er mir etwas kühl und akademisch. Die edle Musik in seinen Bildern begann mir noch nicht zu klingen. Dagegen Watteau, Chardin, Fragonard! — Einen ganz neuen Ausblick eröffneten mir die englischen Landschafter Constable und Bonington. Dazu die Franzosen Rousseau, Daubigny, Millet!

Mein Darstellungsvermögen reicht bei weitem nicht aus, von all diesen Bildern zu sagen, was ich vor ihnen erlebte. Ich habe immer die Kunstschriftsteller bewundert, die auf hunderterlei Art ausdrücken können, daß ihnen ein Bild gefällt und weshalb es das tut. Wollte ich von all meinen Kunsteindrücken im Louvre erzählen, von den Verbindungen, die von da in mein späteres Leben hinüberführten, ich könnte damit allein ein Buch füllen.

Mein Organ für Plastik war damals noch wenig entwickelt. Als ich als Münchner Gymnasiast einmal mit meiner Mutter die Glyptothek besuchen wollte, wurde ich vom Aufseher als noch zu jung zurückgewiesen. Das schreckte mich für die nächsten Jahre ab. In Berlin war ich nur zu den Bildern gegangen. So versetzte mich hier auch die Venus von Milo nicht in Begeisterung. Stärker fesselten mich die Assyrer und Ägypter. Den berühmten Schreiber kannte ich schon aus Abbildungen. Auch über ihn mußte ich umlernen. Er war viel kleiner und intimer, als ich gedacht hatte, dazu farbig bemalt und hatte Augen aus Metall und Bernstein, mit denen er über die Jahrhunderte weg in die Gegenwart blickte. Am tiefsten wirkten auf mich die Sklaven von Michelangelo in ihrer erhabenen Vergänglichkeitsstimmung.

Eine Spezialität von Paris waren die Bouquinisten, kleine Antiquare, die auf den Quaimauern an der Seine wohl an die hundert büchergefüllte Blechkästen angebracht hatten, in denen jedermann nach Belieben wühlen durfte. Mappen mit Bildern und Drucken standen daneben

am Boden. Hier konnte man auf Entdeckungen ausgehn! Die Bücherstände der Auer Dult verblaßten daneben. Es dauerte nicht lange, da
war ich auf einen Haufen Daumierblätter aus dem Charivari gestoßen,
das Stück für 15 Centimes. Müller kam dazu. Wir wollten uns als vernünftige Leute die Sachen nicht gegenseitig aus der Hand reißen, und
so entstand stillschweigend ein Übereinkommen, daß wir immer nur
zusammen »einkaufen« gingen und daß dabei der eine nicht mehr
Blätter kaufen dürfe als der andre.

An einer Stelle weiterhin tauchten Goyas auf, die waren schon teurer.
Die Blätter aus der Tauromachie kosteten 75 Centimes, die Caprichos
1 Franc das Stück. Ich kaufte noch das Goyabuch von Lefort, in dem
ein Kommentar zu den Blättern versucht war, und übersetzte mir diesen abends, nachdem ich meine Schätze auf der Bettdecke ausgebreitet
hatte.

Wieder an anderer Stelle kamen japanische Farbholzschnitte zum Vorschein. Hie und da hatten sie einen Schmutzfleck, andere waren an den
Rändern beschnitten, aber es waren gute alte Drucke, meist berühmte
Schauspieler darstellend, von Toyokuni und seinem Kreis. Preis Stück
für Stück 25 Centimes. Gut erhaltene Hiroshiges kosteten etwas mehr.

Doch gingen wir nicht nur zu den Bouquinisten unter freiem Himmel,
sondern auch in Läden. In der Rue Buonaparte war ein Antiquariat
neben dem andern. Da machte ich auch einmal einen großen Einkauf.
Ich sah da drei gelbe Hefte, in denen ich sofort die hundert Ansichten
des Fujiyama von Hokusai erkannte. Ich weiß nicht mehr, wo ich von
ihnen etwas gehört hatte. Ich blätterte und blätterte. Welche Fülle von
Einfällen! Was sollten die kosten? Müller stand daneben. Er war so
vernünftig, in diesem Falle nicht auf Teilung zu bestehn. Die 55 Francs
rissen ein Loch in meine Kasse, aber ich sagte mir: diese Gelegenheit
muß man beim Schopf ergreifen! Und wirklich sind mir später die hundert Ansichten nie wieder in alten Drucken begegnet. Jahrzehntelang
habe ich mich mit stets neuem Vergnügen in diese zärtlichen, geistreichen Phantasien des alten Ostasiaten vertieft.

Die einzigen Bücher über japanische Holzschnitte, die es in jener Zeit
gab, waren die über Utamaro und Hokusai von Jules de Goncourt. Ich
fand sie zum Glück antiquarisch und fing auch sie gleich an zu studieren. Die Novemberabende waren ja lang.

In einem der Antiquariate kauften wir Stiche von Callot aus der Serie
der Bettler. Waren die Daumiers breit und weich mit der lithographi-

schen Kreide hingeschrieben, so waren die Callots scharf und fein gestochen — beides Bilder der menschlichen Tragikomödie. In den Daumiers war wunderbar der Geist von Alt-Paris eingefangen, dem wir
auch jetzt noch an manchen Stellen begegneten.

Diese Einkäufe wurden der Ausgangspunkt meiner graphischen Sammlung, die ich dann mein Leben lang weiter ausgebaut habe. Mit ihnen
zeichnet sich schon die Linie der mir besonders gemäßen großen Menschendarsteller unter den Graphikern ab: Callot, Goya, Daumier, der
ich später noch Brueghel und Hogarth anfügte und die ich mit Barlach, Kubin und Beckmann bis in die Gegenwart fortsetzte.

Die Einkäufe hatten aber auch für meine Verlegertätigkeit fruchtbare
Folgen. Über Goya brachte ich schon wenige Jahre später ein Buch
von Kurt Bertels und ein Menschenalter danach einen Band seiner
Handzeichnungen, bearbeitet von Hans Rothe in Madrid. Bertels
schrieb auch einen Band über Daumier als Lithographen, und das
Daumierbuch von Erich Klossowski führte den erstaunten Kunstfreunden zum erstenmal den Maler Daumier vor. Auch daß ich mich mit
japanischen Holzschnitten umgab, trug seine Früchte. Julius Kurth,
im Hauptamt Berliner Pfarrer, verfaßte auf meinen Vorschlag einen
Abriß der Geschichte dieses liebenswerten Kunstbezirks, dem sich Ein-
zeldarstellungen Harunobus und Sharakus anschlossen. Friedrich Suc-
co, merkwürdigerweise gleichfalls ein Berliner Pfarrer, schrieb über
Toyokuni und seine Schule ein großes zweibändiges Werk, dessen Kostendeckung mir dann manche Sorge machte.

Nicht nur unsere Einkäufe betätigten Müller und ich zusammen, auch
sonst waren wir unzertrennlich. Nur einmal erzürnten wir uns. Ich
hatte mir angewöhnt, ständig vergnügt vor mich hin zu pfeifen, und
Müller bat mich wiederholt, das zu lassen, es mache ihn nervös. Ich
vergaß das aber immer wieder. Da brach er plötzlich los: »Ich weiß,
Sie tun das mit Absicht, Sie wollen mich loswerden! Es ist überhaupt
höchste Zeit, daß wir auseinandergehn!« Das taten wir dann auch —
für einen Tag. Am nächsten schon fanden wir, es sei zu zweit doch
netter.

Durch Winckel lernte ich manches kennen, wohin ich sonst nicht vorgedrungen wäre. Er nahm Müller und mich mit in die Ecole Julian,
stellte uns als Peintres vor und schmuggelte uns mit in den Aktsaal

hinein, wo etwa vierzig Maler vor ihren Staffeleien saßen und nach drei männlichen Akten zeichneten, die in verschiedenen Attitüden auf ihren Podien standen. Er ging mit uns in die Salle des Estampes der Nationalbibliothek. Wir ließen uns dort die Radierungen von Goya vorlegen und verglichen sie mit den von uns gekauften Drucken. Mit Betrübnis mußten wir feststellen, daß unsere Blätter spätere Abdrucke waren. Die frühen hatten viel samtigere Tiefen. Auf dem einen Hexenblatt zum Beispiel funkelten die Sterne viel leuchtender im Nachthimmel.

Einmal waren wir in dem grellbunten Cabaret der Quatre Arts — sprich »Kat'saar«. In den riesigen Markthallen sahen wir frühmorgens, wie das Fleisch und Gemüse für ganz Paris zusammengefahren wurde. Mit gelindem Schauder betraten wir das Leichenhaus der Morgue, wo hinter Glasscheiben auf schrägen Brettern die noch nicht rekognoszierten Toten der Weltstadt aufgereiht lagen. Im Jardin d'Acclimatation sahen wir den Menschenaffen ins Auge und saßen unter der großen Zeder, die schon im 18. Jahrhundert vom Libanon hierher verpflanzt worden war. Unter den Brückenbogen der Seine lagen Obdachlose, und am Geländer des Pont Neuf, zu Füßen des Denkmals Henris IV., verzehrten wir aus der Hand als Mittagessen appetitliche Pasteten in Blätterteig.

Die großen Impressionisten waren noch nicht in den Louvre eingezogen. Sie mußten erst ihre Wartezeit im Luxembourg durchmachen. Dort hingen die Olympia von Manet, die lichtdurchflutete Bahnhofshalle mit dem weißen Lokomotivendampf von Monet, die Bootsleute unterm Zelt mit ihren Mädchen von Renoir, die Pastelle mit Tänzerinnen von Degas. — Mit Winckel als Protektor gingen wir in den vornehmen stillen Kunstsalon von Durand-Ruel und sahen da von Manet die Musiciens ambulants, den alten Bettler, das Bildnis der Malerin Eva Gonzales, von Renoir die kleinen Mädchen im roten Kleid mit dem Springseil, die Landschaft mit den blühenden Kastanien, von Monet die Klippen in der Brandung, von Sisley und Pissarro Seinelandschaften in der Sonne und im Schnee. Für mich war es das erste Erleben dieser französischen Maler, denen später ein guter Teil meiner Verlagsarbeit galt. Die Namen van Gogh und Cézanne kamen mir damals noch nicht zu Ohren.

War Winckel wirklich ein Protektor? Jedenfalls hatte diese Eignung ihre Grenzen. Als wir einmal in ein feines Café gingen — er in seinem alten, grauen, unzählige Male durchnäßten und wieder getrockneten, fast schon bemoosten Havelock –, näherte sich ihm der Kellner und legte ihm diskret nahe, das Lokal zu verlassen. Auf der Straße fragte er mich: »Sagen Sie, Piper, stinke ich?« Nein, das tat er nicht, obwohl er nur zwei Hemden hatte, von denen er eines abwechselnd am Leibe trug, während das andere bei der Wäscherin war. Aber für dies Café reichte sein Kostüm denn doch nicht aus. – Wenn wir zusammen eine Flasche Wein getrunken hatten und ich aufstehn wollte, hielt er mich zurück mit dem ernsten Hinweis, die Flasche sei doch noch nicht leer. Und wirklich, wenn man lange genug wartete, kamen noch zehn bis zwölf Tropfen daraus zum Vorschein. Nach seiner Theorie war eine Flasche überhaupt niemals ganz leer und verlohnte also immer noch das Sitzenbleiben. Auch legte er Wert darauf, daß jedesmal einer für alle zahle, nicht etwa, um selbst besser dabei wegzukommen, sondern nur um nachher die humoristischen Umständlichkeiten des Auseinanderrechnens voll auszukosten.

Durch einen Abschnitt in Nietzsches »Menschlichem, Allzumenschlichem« war ich auf Chamfort aufmerksam geworden. Beim Kramen in einer Buchhandlung fand ich eine zweibändige Ausgabe seiner Aphorismen und Anekdoten. Das war ein großartiger Extrakt französischen Geistes. An einer ganzen Reihe von Abenden übersetzte ich daraus, jedes mir fehlende Wort nachschlagend und nicht eher ruhend, bis ich den wirklich deckenden deutschen Ausdruck gefunden hatte. Als ich in den Anfängen meines Verlags daranging, eine Taschenbibliothek herauszubringen, die alles schon oft Gedruckte vermeiden sollte – sie bekam den Titel »Die Fruchtschale« –, dachte ich vor allem auch an Chamfort.

Einige Male ging ich mit Müller in die Vorlesungen der Sorbonne, wo deutlicher und langsamer gesprochen wurde als auf der Straße und wo wir hie und da zu unsrer Freude ein paar Sätze verstanden. Am meisten profitierten wir aber vom Théâtre-Français. Dort sahen wir eine Aufführung von Molières »Malade imaginaire«. Wir besorgten uns vorher den Text, lasen ihn uns abwechselnd vor und hatten dann auch die Genugtuung, abends im Theater fast jedes Wort zu verstehn. Die Aufführung war nicht, wie ich erwartet hatte, vornehm und zurückhaltend, sondern höchst ausgelassen und drastisch. Wie der Kranke am Schluß vor Zorn aus der Rolle fiel und wütend mit seinen bunten Kissen um sich warf! Das Publikum bog sich vor Lachen.

An einem Sonntagnachmittag gingen wir in eins der berühmten »Concerts Colonne«, im Théâtre du Châtelet. Das Orchester saß auf der Bühne zwischen Kulissen, die einen Saal vorstellten. Es nahm mich wunder, daß es in der Weltstadt Paris noch keine eigenen Säle für Orchesterkonzerte gab. Das Programm war ausgiebig. Die Dritte Symphonie von Brahms machte den Anfang, darauf folgte das Klavierkonzert von Schumann und dann kam noch die Neunte Symphonie von Beethoven mit »250 Exécutants«. Die Aufführung war gut, der alte Colonne dirigierte selbst. Nur der Schlußchor wollte mir nicht recht gefallen. So etwas ließ sich nicht französisch singen!

In einem »Concert Lamoureux«, von Chevillard dirigiert, gab es ein echt französisches Zwischenspiel. Den Beginn hatte die Vierte Symphonie von Schumann gemacht. Dann sollte ein Klavierkonzert von Saint-Saëns folgen. Kaum setzte sich die Pianistin an den Flügel, so erscholl an verschiedenen Stellen des obersten Ranges Stampfen und Rufen: »Pas de piano! Assez! Assez! Ce n'est pas de la musique!« Ein junger Mann drängte sich auf das Podium und rief mit Gesten wie ein Revolutionsheld, man wolle in Symphoniekonzerten keine Fingerakrobatik. Er protestiere nicht etwa gegen Saint-Saëns, der sei ihm viel zu unbedeutend, aber zwischen großen Symphonien wolle man kein Virtuosengeklimper! »Ce n'est pas de la musique!« Schließlich wurde er von Polizisten abgeführt, und die Pianistin, die vor Schrecken ganz blaß geworden war, konnte doch noch beginnen, nun um so wütender beklatscht.

Ein andermal hörte ich zu meinem Entzücken Berlioz' »Symphonie Phantastique«. Auf dem Père Lachaise suchte ich mir sein Grab.

An einem Sonntag machten wir mit Winckel einen Ausflug nach St. Denis. Wir fuhren mit der Elektrischen bis St. Ouen und gingen von da zu Fuß. In dem feierlichen Raum der gotischen Kirche lagen ausgestreckt auf den Sarkophagen in ihren Rüstungen die steinernen französischen Könige neben ihren Königinnen. Und manche lagen unterhalb der Sarkophagplatte noch einmal in Stein, aber nackt. Das Kostüm war von ihnen abgefallen, der Tod hatte alle gleich gemacht, sie waren nur noch tote nackte Menschen. Wir aßen in einem kleinen Restaurant

zu Mittag. An einem Nebentisch saß ein junger Mann und las in einem
rot broschierten Buch. Als er einmal aufstand, sah ich, daß es eine französische Ausgabe von Goethes Werther war. So war dies deutsche Buch
bis in diese stille französische Kleinstadt gedrungen! Welche Empfindungen mochte es wohl in seinem Leser erwecken? Dann wanderten
wir über Land. Es war ein wunderbarer Herbsttag. Die Bäume standen im schönsten Rot und Gelb. Menschen, Häuser, Straßen, Bäume –
alles erschien mir auch hier anders wie bei uns. Winckel liebte das Bar-
fußgehen. Er zog die Stiefel aus und hing sie über die Schulter. Er
wollte mit seinem Leib der Erde näher sein. Über Enghien kamen wir
nach Mont Morency. Dort hatte Rousseau, wie ich aus seinen Konfes-
sionen wußte, in einem Häuschen im Walde bei Frau von Epinay
gelebt.

Nach Versailles kamen wir an einem Herbsttag, der durch leichten
Nebel verschleiert war. In ihm erschien die Landschaft besonders schön.
Am Nachmittag brach warm die Sonne durch. Der Park war unersätt-
lich groß. Auch hier gehörte alles allen. Auf dem Rasen lagerten Liebespaare und Familien mit Kindern. Bei uns wäre das Betreten des
Rasens streng verboten gewesen. Allerdings ließen die Pariser auch
kein Papier liegen. Bei der Führung durch das Schloß war ich gespannt,
wie der Spiegelsaal auf mich wirken würde, in dem 1871 die Kaiser-
proklamation stattgefunden hatte. Der Aufseher führte uns hindurch,
ohne eine Miene zu verziehn. Der Raum wirkte schon wieder nur noch
als Raum. Man sah ihm nichts mehr von dem an, was sich in ihm abgespielt hatte.

An einem der ersten Dezembertage – es war immer noch nicht win-
terlich – fuhren wir mit einem kleinen Seine-Dampfer nach St. Cloud,
gingen dann zu Fuß nach Suresnes und über Rueil nach St. Germain
en Laye. Das rote Schloß, jetzt vereinsamt, war von Franz I. bis Ludwig XIV. die Residenz der französischen Könige gewesen. Das Aufundabgehn auf der großen, unabsehbar langen Terrasse über der
Seine mit dem prachtvollen Blick in die weite Hügellandschaft war
eins der schönsten Erlebnisse dieser Reise. Die Terrasse, auf der dem
Fluß abgekehrten Seite durch gelbbraunen Eichenwald begrenzt, war
menschenleer. Mir war etwas melancholisch zumute. Mein Abschied
von Paris ließ sich nun nicht mehr lange hinausschieben.

Ich hatte mich in den Pariser Wochen immer wieder um Stellen be-
worben, die im Buchhändler-Börsenblatt ausgeschrieben waren. Vor

allem wollte ich jetzt noch mehr eigentlich Verlegerisches lernen. So bemühte ich mich auch bei Bruckmann um den früheren Posten Georg Müllers, dessen Nachfolger, wie ich erfuhr, den Anforderungen nicht genügt hatte. Leider vergeblich. Der Dezember war da, und ich mußte sehn, auf jeden Fall zu Neujahr irgendwo unterzukommen, hatte ich doch nun schon seit dem 1. Juli nichts mehr verdient.

Da suchte die Sortimentsbuchhandlung Alexander Köhler in Dresden einen Gehilfen. Georg Müller kannte den Geschäftsführer Moser von seiner Wiener Zeit her. Ich bewarb mich, Müller fügte eine nachdrückliche Empfehlung hinzu, und so wurde ich engagiert. Das Monatsgehalt betrug 110 Mark, war also keine »Verbesserung«. Auch entsprach die Stelle eigentlich gar nicht dem, was ich mir wünschte – was sollte ich nun nochmal in einem Sortiment? Meine Sortimenter-Periode hatte ich doch hinter mir, ich wollte ja Verleger werden! Auch wurde verlangt, ich solle statt zu Neujahr schon zum 15. Dezember eintreten, um noch in der drangvollen Weihnachtszeit mitzuhelfen. Ich mußte also die letzte und deshalb besonders kostbare Pariser Zeit drangeben.

So betrachtete ich die Dresdener Stelle denn von vorneherein nur als Intermezzo, bis sich etwas Förderlicheres finden würde. Aber gerade durch dies Intermezzo wurde mein Werdegang als Verleger in ganz unvorhergesehener Weise beschleunigt. Als ich neun Monate später Dresden verließ, hatte ich meinen ersten Vertrag mit einem Autor in der Tasche.

Ich wollte mich nun aber nicht von Paris aus direkt in das Dresdener Joch begeben – der Wechsel wäre allzu kraß gewesen. Ich legte erst noch eine Woche München ein.

Am vorletzten Pariser Abend ging ich mit Müller in die Grand Opéra und sah und hörte »Die Hugenotten« von Giacomo Meyerbeer. Das war nun wirklich »Große Oper« mit allem Pomp, aber sehr wenig nach meinem Geschmack. Ich habe das Werk später nie mehr gehört und deshalb nur eine schwache Erinnerung daran bewahrt. Die Heldin hatte mindestens vierzig Damen als Gefolge um sich, alle in weißen, wallenden Gewändern. Die Orchesterbegleitung der Arien war mir allzu primitiv, sie machte meist nur Bumdada, Bumdada, aber ein Liebesduett kam darin vor, das mit höchster Brillanz hinausgeschmettert wurde und frenetischen Beifall weckte.

Am Vormittag des 7. Dezember luden Müller und ich meinen Koffer und mein Rad auf eine Droschke und fuhren, wie wir gekommen waren, quer durch Paris zum Gare de l'Est. Am nächsten Morgen war ich in München. Müller, der Beneidenswerte, konnte noch beliebig lange in Paris bleiben. Wahrscheinlich würde er, so sagte er, überhaupt keine Stelle mehr annehmen, sondern im Lauf des nächsten Jahres sich selbständig machen.

Meine Pariser Einkäufe – die Callots, Goyas, Daumiers und Japaner – wurden im Neumann-Kreis sehr bewundert. Aber ich zog mir doch einen Tadel zu, weil ich mich zuviel um Kunst gekümmert, zuwenig in den Varietés, auf dem Montmartre und im Pariser Nachtleben umgesehn hatte.

INTERMEZZO IN DRESDEN

Ich kam am 14. Dezember 1902 in Dresden an und stellte mich noch
am gleichen Tag im Geschäft vor. Es befand sich hinter dem weiträu-
migen Altmarkt in der sehr engen Weißen Gasse. Am nächsten Morgen begab ich mich auf Zimmersuche. Schon das vierte, das ich ansah,
entsprach aufs schönste meinen Wünschen. Es lag jenseits der Elbe in
Dresden-Neustadt. Aus drei Fenstern hatte ich da über einen Garten
hinweg einen prächtigen Ausblick auf den breiten Strom, die barocke
Kuppel der Frauenkirche, das Schloß in deutscher Renaissance, die
italienisch-heitere Hofkirche, die zweitürmige gotische Sofienkirche,
die Gemäldegalerie und das Opernhaus – also auf die schönste Architektur Dresdens. Jeder Bau war auf den andern abgestimmt und stand
zu ihm zugleich in Kontrast. Auch das liegt nun alles in Schutt und
Asche, und ich möchte es so nicht wiedersehen.
Mein Weg ins Geschäft erfreute mich immer von neuem. Ich ging am
vergoldeten Reiterdenkmal Augusts des Starken und dem steinernen
»Blockhaus« vorbei über die berühmte, alte, schmale, nach der Mitte
zu ansteigende Augustusbrücke, dann bog ich durch das Schloß in die
Schloßgasse ein – an ihr lag der Kunstsalon Arnold, in dessen Fenstern
es immer etwas Gutes zu sehen gab – und schließlich überquerte ich
den Altmarkt. Ich konnte auch eine Variante wählen, den Zwinger
durchschreiten und mich dabei an seinen Rokokopavillons mit den üppigen steinernen Nymphen und Faunen ergötzen. Von der Elbebrücke
aus nahm ich jedesmal einen freien Blick auf den Strom mit, auf dem
im Winter Eisschollen sich drängten, im Sommer sich Dampfer, un-
gefüge Schleppkähne und schmale Sportboote durcheinander bewegten.
Im Geschäft kam ich sogleich in den dicksten Weihnachtstrubel. Die
Mittagspause war auf eine Stunde gekürzt. Trotzdem brachte ich es
fertig, von dieser einen Stunde eine Viertel für die Galerie zu erübri-
gen – ich konnte ihren Besuch unmöglich länger aufschieben.

Mein Vater hatte mir eingeschärft, in meiner neuen Stellung nur ja recht höflich zu sein, denn die Sachsen seien das höflichste Volk der Erde. Ich überbot mich also an Höflichkeit, und doch sagte Moser, ich müsse noch höflicher werden, vor allem auch gegen den Chef. – Nicht nur mit dieser gesteigerten Höflichkeit tat ich mich schwer, sondern auch mit der Sprache. Wenn ein Käufer etwas in die »Balläh-Schdrasse« geschickt haben wollte, wie sollte ich wissen, daß damit die Palais-Straße gemeint war?

Der Laden zerfiel in zwei kleine Räume, links und rechts vom Hausgang. Ich war im rechten erster Gehilfe. Beide Räume waren in dieser Weihnachtszeit vollgepfropft von Kunden. Der Erfolg des »Jörn Uhl« war gerade auf seinem Höhepunkt angelangt. In wenigen Tagen wurden zweihundert Stück verkauft. Die Tageseinnahmen bewegten sich gegen dreitausend Mark. Bis zum Weihnachtsabend hatte ich, wie ich mir ausrechnete, vierzig Überstunden gemacht, und ich war auf die Weihnachtsgratifikation etwas gespannt. Wie enttäuscht war ich, als mir der Chef – ein rundlicher Herr Mitte Dreißig, mit starkem blondem Schnurrbart – eine Kiste Zigarren überreichte. Auch als ich den Einwand machte, ich sei Nichtraucher, bestand er darauf, daß ich das Kistchen annehme. Ich verkaufte es dann an einen Kollegen für zwei Mark siebzig. Aber ich hatte wenigstens eine Weihnachtsfreude andrer Art: ich konnte noch am selben Abend nach Berlin fahren, wo ich sehr spät unangemeldet bei Beckers in Wilmersdorf ins Haus trat. Bis zwei Uhr wurde geschwatzt.

Am nächsten Vormittag ging ich zu Arno Holz hinüber, mit dessen Jungens – es waren inzwischen drei geworden – ich mich unterhielt, bis der Vater aufgestanden war. Dieser wollte mich gleich zum Gänsebraten dabehalten, dann aber verabredeten wir, daß ich lieber am zweiten Feiertag recht früh kommen solle. Da las mir dann Holz sein neues Werk, die »Lieder auf einer alten Laute«, vor – die Urform, aus der sich später sein »Dafnis« entwickelte –, und zwar sämtliche einhundertsechzig Seiten ohne Pause. Zu meiner Überraschung waren das Gedichte im Barockstil des 17. Jahrhunderts, und doch waren sie ganz Arno Holz. Er hatte es nicht ausgehalten, nicht mehr zu reimen. Er mußte es wenigstens auf dem Umweg über diese alte Laute tun. Er schwelgte da in der Welt des Reims und in der überschäumenden Lebenslust seines Helden, des Schäfers Dafnis, dem jede Jahreszeit neue Genüsse eröffnete und der die eine immer noch schöner fand als die andre.

Holz hatte dazu genaueste Sprachstudien gemacht und aus vielen Dutzenden von Dichtern jener Zeit charakteristische Hauptwörter, Adjektive und Wendungen auf Hunderten von Zetteln ausgezogen. So zeigte er mir einen hohen Stoß von Blättern, die sich allein auf die »Ballen« der verschiedenen von Dafnis umschwärmten Schönen bezogen. Wir besprachen lang und breit die Ausstattung des Buchs und den für eine größere Verbreitung ratsamen Preis. Es sollte im nächsten Februar erscheinen, und zwar in Kommission bei Johann Sassenbach, dem Verleger der Arno-Holz-Schule. Holz wollte es mit einer Fülle zeitgenössischer Vignetten überschütten. Ein Hilfsarbeiter an der Dresdener Königlichen Bibliothek, Dr. Friedrich Kurt Benndorf, der auch dichtete, stand mit ihm in Briefwechsel. Dieser sollte ihm nun beim Heraussuchen von Büchern der Barockzeit behilflich sein. Holz hatte eine lange Liste zusammengeschrieben und bat mich, sie Benndorf zu zeigen. In einer Mittagspause fand ich mich in der Dresdner Bibliothek ein, nahe bei meiner Wohnung, im Japanischen Palais. Das Gebäude wurde so genannt, weil es von August dem Starken errichtet worden war, um das von ihm gesammelte ostasiatische Porzellan effektvoll darin aufzustellen. Benndorf, ein schlanker blonder Herr Ende der Zwanzig, führte mich in den großen Saal, in dem die ältere deutsche Literatur an den hohen Wänden nach Autoren geordnet in einem einzigen Alphabet beisammenstand. Dort schloß er mich ein, und ich kletterte nun im Wintermantel, denn es war kalt, die Leitern auf und ab. Nach einer Stunde kam er zurück. Ich hatte inzwischen etwa dreihundert Bände durchblättert, aber nur in acht geeignete Vignetten gefunden. Als ich mich an der Treppe von Benndorf verabschiedete, zögerte ich noch, worauf er mich mit seiner hohen Stimme fragte: »Haben Sie noch ein Anliegen?« Ich ergriff die Gelegenheit beim Schopf, sagte ihm, daß ich in Dresden keinen Menschen kenne, daß ich mich für Dichtung, Kunst und Musik interessiere, ob wir nicht einmal irgendwo zusammentreffen könnten, er könne es ja einmal mit mir versuchen. Er lud mich freundlicherweise gleich zum nächsten Sonntagmorgen zum Musizieren ein. Wir spielten da an zwei Klavieren Brandenburgische Konzerte von Bach. Bald machte er mich auch mit seinem Bruder Franz bekannt, der demnächst an sein Assessorexamen gehen mußte, was ihm nicht sehr behaglich war. Auch dieser interessierte sich lebhaft für Literatur und schlug vor, wir sollten zu dritt einmal ein Drama mit verteilten Rollen lesen. Merkwürdigerweise nahm er

dafür Klingers »Sturm und Drang« in Aussicht. Dies hatte der Genie-
periode des 18. Jahrhunderts zwar den Namen gegeben, aber es kam
kaum noch jemand auf den Gedanken, es zu lesen. An einem andern
Abend lasen wir abwechselnd Nietzsches prachtvolle Darstellung der
frühgriechischen Philosophie, wozu – als besonders stilgemäß – grie-
chischer Wein von der Insel Samos getrunken wurde.

Meine Tätigkeit bei Alexander Köhler erwies sich als wenig erfreulich.
Der Chef war ein etwas robuster Geschäftsmann. Das Vorwort zu seinem Weihnachtskatalog ließ er sich von Avenarius schreiben, der in
Dresden eine große Gemeinde hatte, zugleich aber vertrieb er vom
ersten Stock aus Hintertreppenromane in hundert Heften zu zehn
Pfennig. Dies Nebeneinander genierte ihn nicht. Auch eine Reise-
buchhandlung hatte er inne, deren Vertreter an kleine Leute Konversationslexika gegen Monatsraten von drei Mark verkauften. Das Be-
stechende für die Käufer war, daß ihnen das vielbändige Werk sogleich
gegen Erlegung der ersten drei Mark geliefert wurde. Viele Abnehmer kamen dann mit ihren Raten in Rückstand. Für diese Fälle waren
Angestellte da, die ausschließlich mit gerichtlichen Klagen und Pfän-
dungen beschäftigt waren.
Mein Vorgänger, Hans Braun, rotblond mit wasserblauen Augen, ein
Superintendentensohn aus Pommern, war eine Reihe von Jahren bei
Köhler tätig gewesen und nun nach Berlin gegangen. Dort fühlte er
sich jedoch unglücklich und wollte nach Dresden zurück, wo er jeden
Kunden kannte. Köhler nahm ihn wieder auf, aber nur unter der Bedingung, daß er sich mit monatlich zwanzig Mark weniger zufrieden-
gebe, als er vorher schon bezogen hatte. Er ging etwas kleinmütig
darauf ein und wurde deshalb, als er wiederkam, von seinen Kollegen
belächelt. Für mich hatte das zur Folge, daß ich in den zweifellos weniger wichtigen Laden links im Hausgang hinüberwechseln mußte.
Dort war schon deshalb weniger los, weil nur auf der andern Ladentür stand: »Eingang zur Buchhandlung«. Ich war dort vom Leben
noch mehr abgeschnitten.
Jeden Abend kam der Chef einen Augenblick herein und fragte: »Nu,
wie war'sch?« Das setzte mich oft in Verlegenheit. Antwortete ich:
»Still«, dann verdroß es ihn, sagte ich: »Ziemlich lebhaft«, so konnte
er mich mit einem Blick auf die Ladenkasse Lügen strafen. Bei Köh-

ler, der sich auf sein Temperament etwas zugute tat, mußte man stets eines plötzlichen Anschnauzers gewärtig sein. Als ich einmal einen Vorwurf bescheiden zurückwies, schrie er mich an: »Ich dulde keinen Widerspruch! Bedenken Sie, wer Sie sind und wer ich bin!« Er war Reserveoffizier, und die Angestellten vermerkten es ihm übel, daß er, sooft sich Gelegenheit bot, in Uniform mit dem Säbel durch alle Räume rasselte. Er hatte in der Versandabteilung im ersten Stock zwei Leuten gekündigt, und als dann die andern mit den Arbeiten in Rückstand kamen, erklärte er barsch, er werde dies Jahr jeden Sommerurlaub streichen.

Zu Ostern wurde mir ein neuer Lehrling zugeteilt. Er hieß Walter Pfau und war eben aus der Volksschule entlassen worden. Eingedenk meiner eigenen Lehrzeit, in der mich mein nächster Vorgesetzter sehr unfreundlich behandelt hatte, suchte ich gegen ihn besonders nett zu sein. Da er unbemittelte Eltern hatte, war er noch nie in die Sächsische Schweiz gekommen. Ich lud ihn zu einem Ausflug dorthin ein, zu dem wir uns schon um vier Uhr morgens auf dem Bahnhof trafen. Er war schon viel früher dagewesen und hatte bis zuletzt geglaubt, ich würde nicht kommen und hätte ihn bloß »veralbern« wollen. Er hatte zu Hause für seinen Appetit wohl nie genug zu essen bekommen; nun ließ er sich's bei unseren Rasten schmecken. Als ich ihn bat, auf eine Karte an meine Eltern irgend etwas, zum Beispiel seinen Wahlspruch, zu schreiben, setzte er in ungelenker Schulschrift darauf: »Selber essen macht fett.« —

Mit Arno Holz blieb ich seit meinem Weihnachtsbesuch in lebhaftem Briefwechsel. Der Verleger Sassenbach war schwer erkrankt. Deshalb sollte ich ihm einen Propagandatext für seine »Lieder auf einer alten Laute« entwerfen. Ich widmete der Arbeit einen kostbaren Sonntag und fragte mich, wann ich solchen Text wohl zum erstenmal für ein eignes Verlagswerk abfassen würde. Das Buch erschien dann nicht bei Sassenbach, sondern Holz, der die Herstellung auf eigene Kosten besorgt hatte, trug der »Insel« den Kommissionsverlag an. Deren Geschäftsführer war damals — noch vor der Zeit Kippenbergs — Rudolf Pöllnitz. Holz zeigte mir dessen Zusage. Sie stand auf einer aus Rom datierten Postkarte. »So leben also die großen Verleger«, sagte ich mir, »die reisen nach Rom und erledigen die wichtigsten Dinge in zwei Worten!«

Noch ein andres Opus von Holz erschien damals im Insel-Verlag: »Die

Blechschmiede« – eine kühne, parodistische Literaturkomödie voll grimmigen Humors, in der Apollonius Golgatha, Plantschneese, Schinderhannes, Werther, Don Juan, ein Subjekt mit Zipfelmütze, Karline Köppke, ein Oberhofprediger und viele andre Gestalten durcheinander wimmelten. Besonders wurde der feierliche Ton der Stefan-George-Schule verulkt. Holz selbst trat als der allen überlegene »Herr Mitte Dreißig« darin auf. Er schlug mir vor, einen Aufsatz darüber zu schreiben, den Harden in seiner »Zukunft« wohl bringen werde. Ich schrieb fünfzehn Quartseiten – ich glaubte damals noch: je länger, desto wirksamer! Sie fanden des Dichters Beifall, aber leider konnte Harden ihnen »keinen Raum schaffen«. So blieb die Sache liegen, aber beim Schreiben hatte ich mancherlei gelernt.

Was mir trotz allen bitteren Beigeschmacks meine Stelle in Dresden von Anfang an versüßt hatte, war der Umstand, daß ich auf diese Weise nochmal eine neue schöne Stadt kennenlernte – ein neues Zentrum, von dem aus ich nach vielen Seiten vorstoßen konnte.

Im Winter hielt ich mich vor allem an die Museen. Da war die berühmte Galerie – nach München, Berlin und Paris die vierte große, die ich kennenlernte.

Gegen Raffaels Sixtinische Madonna war ich voreingenommen. Sie zog für mein Empfinden mit ihrem Weltruhm die Besucher zu sehr von den andern, nicht weniger großartigen Bildern ab. Sie hing in einem Raum für sich, und da saßen die Betrachter andächtig davor, hingegossen in die Polster, kein Wort durfte laut werden, kaum ein Stiefel knarren. Ja, es gab Leute, die mit gesenktem Blick bis in diesen Raum gingen, um ja nicht vorher durch andre Bilder abgelenkt zu werden. Und da waren doch so prachtvolle Sachen wie Rembrandts Simson, der seinen Hochzeitsgästen Rätsel aufgibt, Tintorettos Erzengel Michael, der mit dem Satan kämpft. Vor solchen grandiosen Werken blieb kaum ein Mensch stehn.

Im Kupferstichkabinett ließ ich mir nach und nach alle japanischen Holzschnitte vorlegen, um in meine aus Paris mitgebrachten mehr einzudringen. Es gab da zweihundertfünfzig Blätter, ich selbst hatte neunzig, von denen viele nicht schlechter waren. Das freute mich. Aber ich habe damals die künstlerische Bedeutung dieser in erster Linie doch nur dekorativ und geschmackvoll wirkenden Blätter sicher überschätzt.

Ein einziges Hauptblatt von Rembrandt schlägt diese ganze Kunstepoche in die Flucht.

Ich kam bei einem Besuch des Kupferstichkabinetts mit dem Konservator ins Gespräch und sagte ihm, daß auch ich solche Holzschnitte besäße. Er besuchte mich in meinem Laden, um sie sich dort anzusehn. Ich war auf das Urteil dieses Kenners gespannt. Er kramte aber hochnäsig in den Blättern herum und sagte, die meisten seien wertlos, denn es sei ja ihr Rand beschnitten. Daß der Rand nicht überall vollständig war, wußte ich längst. Aber bestand der Wert der Blätter denn in ihrem Rand? War nicht trotzdem noch genug Schönes darauf zu sehn? Moser, der dabeigestanden hatte, sagte nachher zu mir: »Hat der sich aber dumm benommen! Er hätte Ihnen doch erst einmal etwas Freundliches darüber sagen müssen, daß Sie überhaupt solche Sachen besitzen.«

Viele Jahre später hatte ich mit demselben Herrn nochmal ein Renkontre. Er hatte mein Verlagswerk, Julius Meier-Graefes »Entwicklungsgeschichte der modernen Kunst«, sehr übelwollend besprochen; ich schrieb ihm darauf einen Brief, der ihn in seine Schranken zurückwies. Er verklagte mich wegen Beleidigung, und ich wurde auch wirklich zu fünfzig Mark Geldstrafe verurteilt. Das war mir mein Brief wert. Ich zahlte sie gern.

Die Bekanntschaft mit den Brüdern Benndorf blieb die einzige in Dresden, und so war ich die meisten Abende und Sonntage allein. Das wurde mir manchmal schwer. Als ich später den »Anton Reiser« von Karl Philipp Moritz las, fand ich darin meine eigene Einsamkeitsstimmung und die sehnsüchtige Unausgefülltheit dieser Zeit wieder. Es drängte mich nach Mitteilung. Das Buch allein war nicht immer ein ausreichender Gesellschafter. Es hatte viel zu geben, aber es antwortete nicht auf Fragen. Es blieb, was es war, ob man es las oder nicht. Doch las ich viel. Mit Vorliebe tat ich das im Freien, im Großen Garten oder im Garten des Japanischen Palais. Es war so schön, wenn man sich etwas müde gelesen hatte, sich wieder frisch zu laufen und dann in neuer Umgebung, auf einer andern Bank und unter andern Bäumen, weiterzulesen. Das war allerdings nur sonntags möglich. An den Wochenabenden war es das ganze Jahr über nach Ladenschluß schon zu dunkel. Zu Hause ermunterte ich mich im Lesen, indem ich mich zwischendurch ans Klavier setzte. Ich vertiefte mich besonders in Schumann.

Ich las aus Widerspruchsgeist keine Bücher, die »*man* gelesen haben mußte«. Bücher, die ohnehin schon so viele Leute lasen, brauchte ich ja nicht auch noch zu lesen! Brentanos traurige »Geschichte von dem braven Kasperl und dem schönen Annerl« bewegte mich sehr, in der phantastisch verschlungenen Wildnis von »Gockel, Hinkel und Gackeleia« verlor ich mich. Die ganz vergessenen Märchen von Ludwig Tieck – »Die Elfen«, »Der blonde Eckbert«, »Die Freunde« – und Arnims »Isabella von Ägypten« berückten mich mit ihrem Zauber. Dem »Schulmeisterlein Wuz« Jean Pauls folgte ich geduldig bis in die letzten Verästelungen seiner Satzarabesken. Eine überraschende glänzende Erscheinung war mir Immermanns »Merlin«. Der vor wenigen Jahren erst gegründete Insel-Verlag hatte dies dramatische Mysterium in einer einfach und schön gedruckten Ausgabe herausgebracht. Die großartige Dichtung war bis dahin so gut wie unbekannt geblieben. Sie fand durch diese Neuausgabe einige wenige Leser und ist inzwischen längst wieder in Vergessenheit zurückgesunken. Von Immermanns »Merlin« war nicht weit zu Calderon, dessen »Leben ein Traum« und »Standhafter Prinz« mir ein Gewinn fürs Leben wurden.

In Nachwirkung des Pariser Aufenthalts beschäftigte ich mich mit Rousseau und Flaubert. In »Raskolnikoff«, den ich schon in Berlin gelesen hatte, vertiefte ich mich zum zweitenmal. Ich nahm ihn mit in den Großen Garten. Damals wußte ich noch nicht, daß Dostojewski mit seiner jungen Frau in den Jahren 1869/70 in diesem selben Garten spazierengegangen war und daß er in einem Dresdener Miethaus, Johann-Georgen-Allee 9, seine »Dämonen« geschrieben hatte. Ich erfuhr das erst, als ich im Jahre 1926 die Lebenserinnerungen seiner Gattin verlegte.

Der russische Mensch sprach eindringlich zu mir auch aus Gorkis »Nacht-Asyl«. Das Berliner Deutsche Theater hatte das Stück in einem Gesamtgastspiel nach Dresden gebracht. Die Aufführung mit Gertrud Eysoldt, Emanuel Reicher, Hans Wassmann war von so suggestiver Stimmung, wie ich nie etwas Ähnliches von der Bühne her erlebt hatte. Bei der Beichte des Barons mit dem resigniert wiederholten »Keine Ahnung!« liefen mir Schauer über den Rücken.

Das Opernhaus feierte das Jubiläum seiner Einweihung damit, daß es an den gleichen Tagen wieder dieselben Werke aufführte, die vor einem

Vierteljahrhundert gespielt worden waren. Darunter war seltsamerweise der »Manfred« von Byron mit der Musik von Schumann. Das abseitige spröde Werk ist seitdem wohl kaum mehr noch irgendwo szenisch aufgeführt worden. Als Schumann-Schwärmer ließ ich mir diese seltene Gelegenheit nicht entgehn. Das Opernhaus war halb leer. Ich konnte mir deshalb fast einbilden, die Aufführung finde eigens für mich statt. Wiecke sprach die Hauptrolle sehr eindrucksvoll, die Orchestermusik und die Chöre unter Ernst von Schuch klangen wunderschön.

Von Wagner hörte ich zum erstenmal den »Siegfried«. Moser wunderte sich sehr, daß ich ihn noch nicht kannte. Als ich ihm erklärte, ich sei kein Wagnerianer, markierte er Entsetzen: »Was, kein Wagnerianer? Da sollte man Sie ja totschlagen!« Ich fragte ihn dann meinerseits, ob er etwas von Dostojewski kenne, worauf er erklärte, er habe einmal den »Raskolnikoff« gelesen – »unter Martern! Nie wieder!«

Auch an einigen großen symphonischen Erlebnissen fehlte es nicht. So hörte ich unter Weingartner an zwei Abenden die Jupiter-Symphonie, die »Eroica« und die Fünfte. Der fugierte Schlußsatz der Jupiter-Symphonie mit seinem undurchdringlich reichen Kräftespiel elektrisierte mich. Nach Hause schrieb ich etwas naseweis: »Das hätte ich Mozart nicht zugetraut!« Er war mir bis dahin »zu einfach« gewesen, hatte ich Mozart-Sonaten doch schon als Knabe gespielt. Dieser Schlußsatz ist mir seitdem immer ein Hauptstück aller Musik geblieben. – Der junge Richard Strauss kam und dirigierte seine symphonische Dichtung »Tod und Verklärung«. Einige schwachnervige Hörer verließen während der Aufführung fluchtartig den Saal.

Mit Freude ergriff ich die Gelegenheit, mich von Dresden aus in einer mir ganz neuen Landschaft umzutun. Ich war zum erstenmal im Mittelgebirge. Flußabwärts fuhr ich mit dem Schiff nach Meißen, dem vom Dom und der Albrechtsburg überragten enggassigen Städtchen. Flußaufwärts war die Fahrt noch langsamer und beschaulicher. Das gelbe Schloß von Pillnitz mit seinen leicht an Ostasien anklingenden Bauformen lag langgestreckt dicht am Fluß. In Pirna war der kleine Marktplatz zu Füßen des Renaissancerathauses voll Buden und Menschen. Mit dem Schiff fuhr ich auch in die Sächsische – sprich »Säxsche« –

Schweiz. Der Königstein und der Lilienstein erhoben sich frei in schönem Schwung über den Fluß. Ich wurde auch wieder ein eifriger Radler. Meine alte Liebe zu Lessing zog mich nach Kamenz, obwohl ich wußte, daß sein Geburtshaus – das alte Pfarrhaus – dort nicht mehr stand. Aber die Kirche war noch da, in der er als Knabe gesessen.

Einmal kam ich unvermutet in ein Waldfest hinein, bei dem junge Mädchen Sträuße verteilten. Auch mir wurde ein solcher von einem reizenden kraushaarigen Schulkinde angesteckt. Ich war entzückt. Der Vers aus meinem Penzliner Bilderbuch bewahrheitete sich, wonach in Sachsen »die schönen Mädchen auf den Bäumen wachsen«.

So hatte ich in Stadt und Landschaft, in Natur und Kunst viel Bereicherung erfahren. Doch will dies alles mir rückblickend nicht als der eigentliche Inhalt meiner Dresdner Zeit erscheinen. Wie ich schon am Ende des Pariser Kapitels sagte, haben diese Monate meine Entwicklung zum Verleger entscheidend beschleunigt. Diese Beschleunigung ergab sich einerseits aus der immer lebhaft in Gang bleibenden Verbindung mit Holz, andrerseits aus dem Verkehr mit den beiden Benndorfs.

Zu Ostern fuhr ich wieder nach Berlin und brachte Holz meine japanischen Blätter mit. Hatte mich die Geringschätzung des Dresdner Museumsbeamten verdrossen, so mußte ich dagegen Holzens Enthusiasmus bremsen. Er geriet bei der Betrachtung in einen Taumel und meinte, hundert Mark für das einzelne Blatt seien gar nichts. Ich könne, wenn ich die Blätter verkaufe, dafür nach Japan reisen. Wir gingen dann angeregt mit »Bila«, dem mittleren der drei Söhne, ins Völkerkunde-Museum. Das Alte Museum zu besuchen hatte Holz keine Lust. Aus der Kunst der großen europäischen Meister machte er sich nicht viel – die Japaner mit ihren geistreichen Bildausschnitten und den reizvoll zusammengestimmten Farben, ihrem technischen Geschick und ihren witzigen Einfällen bereiteten ihm viel mehr Vergnügen.

Auch für die beiden Pfingsttage fuhr ich nach Berlin. Dort war jetzt auch Ernst Neumann mit seiner Frau. Ich führte ihn mit Holz zusammen, dem ich schon viel von ihm erzählt hatte. Wir verbrachten den Nachmittag und Abend im überfüllten Zoologischen Garten, wo drei Musikkapellen gleichzeitig spielten. Nach Hause schrieb ich: »Holz war die sechs Stunden im Zoo von einer unglaublichen Frische und Unerschöpflichkeit. Die Liebe zu seinen drei Jungens war einfach rührend. Die vierzig Jahre merkte man ihm absolut nicht an, so quecksilbrig war er, versprudelte Einfälle über Einfälle, eine Lebensenergie ohnegleichen. Ihr habt solchen potenzierten Menschen nie gesehn. Wir alle sind doch furchtbar bürgerlich, das heißt ich sage das nur von mir, weil mich so ein Mensch immer bescheiden stimmt. Neumann war explosiv wie immer ...« Manchmal war das Nebeneinander der beiden nicht ganz einfach. So zog mich einmal Holz am Arm und rief begeistert: »Sehn Sie mal dies herrliche chinesische Tor! Wie sich da oben die Drachen winden!« Und Neumann zog mich am andern Arm: »Sehn Sie mal diesen Kitsch! So stellen sich die Berliner chinesische Tore vor!« Der Lyriker Benndorf nahm ein Vierteljahr Urlaub von der Bibliothek und reiste nach Griechenland und Italien. Um so mehr schloß ich mich an seinen Bruder, den Juristen, an. Ich spielte mit ihm in seinem Garten Schach, und wir machten Spaziergänge. Einer derselben führte uns nach Räcknitz, wo zwischen Kornfeldern unter drei rauschenden Eichen der Gedenkstein für den französischen General Moreau stand, den Gegner Napoleons, der da 1813 »an der Seite Alexanders«, des russischen Zaren, gefallen war. Auf diesem Spaziergang erzählte ich Benndorf ausführlich von meinen Plänen. Damals phantasierte ich besonders an einer Verlagsidee von größtem Ausmaß herum. Ich wollte die ganze sichtbare Welt in einer Bibliothek von vielen hundert Bilderheften vor Augen stellen. Es sollte eine Art Reclams Universal-Bibliothek in Bildern werden. Alle Hefte in Einheitsformat mit 32, 64 oder 80 ganzseitigen Bildern, je nach dem Umfang des Themas. Unter jedes Bild ein Text, der alles erklärte, was der Beschauer wissen mußte. Knappe Einführungen von ersten Fachleuten. Preis sechzig Pfennig bis eine Mark zwanzig. Zum Beispiel ein Heft Die Schriften der Welt (Hieroglyphen, Keilschrift, Knotenschrift der Peruaner, griechische und römische Inschriften, mittelalterliche Handschriften usw.), ein Heft Chinesische Plastik, Persische Ornamentik, die Stadt Paris, Hunderassen, Kristalle, Hochgebirge, Burgen – diese natürlich bearbeitet von meinem Vater –, Anatomie des Menschen, das Plakat, Entwicklung der Lokomotive, eine Weltporträtsammlung (nicht nur die bekannten Köpfe, sondern hundert Spanier, hundert alte Griechen, hundert Chinesen). Aber auch ein Heft mit Caprichos von Goya, mit Stichen von Hogarth. Man müßte Photographen herumschicken, man müßte aber auch das in großen Bibliothekswerken schon aufgespeicherte Bildermaterial »flüssig machen«, aus den Bibliotheksschränken erlösen und unter die Leute bringen. Mit Verlegern in Paris und London müßten Verträge über Auslandsausgaben abgeschlossen werden. Jeder, der das Abbildungsmaterial über irgendein Thema suchte, müßte wissen, daß er es in Pipers »Welt in Bildern« finden werde. Die ersten fünfzig Hefte müßten auf einmal erscheinen. Jeder müßte sofort auf etwas stoßen, was ihn besonders anging. Er müßte aber auch die andern Hefte schon deshalb kaufen, weil sie so schön und so billig wären.

Diesen Plan setzte ich Benndorf auseinander. Er kam geradezu in Begeisterung. Er sagte, es wäre für ihn eine Erlösung, dabei mithelfen zu können, seine Juristerei würde er sofort an den Nagel hängen. Die Idee sei das Ei des Kolumbus, er zittere, daß noch ein anderer daraufkomme – einmal ausgesprochen, wirke sie absolut selbstverständlich. Auf meine Frage, ob er sich unter Umständen finanziell daran beteiligen würde, antwortete er, die Sache erfordere wohl eine halbe Million, aber es sei nicht ganz unmöglich, daß er sie in seinen Kreisen aufbringen könne. Und dies sagte ein gesetzter Mann, sechs Jahre älter als ich, zu mir, der ich immer noch als kleiner Sortimentsgehilfe hinterm Ladentisch stand! In einem langen Brief nach Hause machte sich Luft, was ich lange zurückgehalten hatte: »... Es hat keinen, aber auch gar keinen Funken Wert, daß ich meine Zeit noch weiter als Gehilfe vertrödle! Ich habe bei Köhler nicht eine Bohne hinzugelernt! Wäre ich in derselben Zeit in München gewesen, wäre in eine Druckerei oder Kunstanstalt als Volontär eingetreten, so hätte ich in einem halben Jahr das ganze Reproduktions- und Herstellungswesen kennengelernt. Ich bin doch kein Beamter, der an eine vorgeschriebene Karriere gebunden ist, in der er langsam sich von einem Posten zum anderen hinaufsitzen muß! Ist das eine Karriere, wenn ich nach siebenjähriger Arbeit (am 1. August 1895 trat ich bei Palm ein) monatlich ganze 110 Mark verdiene? Soll ich diesen 110 Mark zuliebe die tatkräftigsten Jahre opfern? Ja, wenn mein höchstes Ziel wäre, einmal auf Lebenszeit Prokurist zu werden in einem Sortiment, wie hier Herr Moser, dann ginge es nicht anders. Dazu bin ich aber nicht gemacht. Herr Moser sagte einmal zu mir: ›Sie haben beim Bedienen einen Grundfehler, Sie wollen das Publikum von seiner Richtung abdrängen.‹ Weshalb will ich das? Weil ich eben eine Person bin. Nur der Verleger kann eine Person sein, ja er muß es sein. Sein Verlag ist ein persönliches Werk. Ein Verleger ist auf seine Art schöpferisch, er hat seine eigenen Ideen. Ich habe einen schweren Kampf gekämpft, zuerst, bis ich mich nach der Enttäuschung der Lehrlingszeit beim Buchhandel als Beruf überhaupt beruhigte. Dann ließ ich ihn über mich ergehen wie ein unabwendbares Schicksal. Dann raffte ich mich auf, konzentrierte mich auf ihn. Für alle meine bisherigen subalternen Posten war ich tausendmal zu selbständig. Callwey schrieb mir das ins Zeugnis. Mein hiesiger Posten erfordert bekanntlich noch weniger geistige Tätigkeit als die bisherigen. Ich bin jetzt aber so weit, daß ich alle Kräfte in eine Aufgabe stecken will. Soll dieser Wille dadurch wieder langsam abgetötet werden, daß mir die Möglichkeit, ihn zu betätigen, genommen wird? Ich muß Verbindungen anknüpfen. Ich muß mein Sortimenterdasein abbrechen. Ich kündige zum 1. Oktober auf alle Fälle. Meine Karriere kann nicht die übliche sein, denn ich bin nicht der übliche Buchhändler.«

Ich habe diesen Brief so ausführlich zitiert, weil er meine damalige Gemütsverfassung besser zum Ausdruck bringt, als ich sie heute rekonstruieren könnte.

Ich hatte dem Juristen Benndorf auch viel von Arno Holz erzählt. Dieser hatte den Plan gefaßt, die »Lieder auf einer alten Laute« zu erweitern. Er schrieb mir im Juni: »Nach der Rokoko-Anthologie — Sie haben unbedingt recht — muß ich endlich wieder an ein ›Drama‹ gehn. Und ich glaube Ihnen schon versprechen zu können: ich werd's! Da Tragödien unter Pari stehen, natürlich an ein Gegenstück zu den ›Sozialaristokraten‹! Am liebsten allerdings würde ich mich statt dessen sofort noch mal an die ›Lieder auf einer alten Laute‹ machen. Vergleichen Sie den folgenden Titel!

Des berühmbten Schäffers

DAFNIS

sälbst verfärtigte

und von ihme mit einem lästerlichen

Nohtwendigen Vorbericht

lihderlich verunzihrte / höchst sündhaffte

Sämbtliche

FRESS- SAUF- UND VENUS-LIEDER /

benebst angehänckten

Auffrichtigen und Reue mühtigen

BUSS-THRÄNEN /

vergossen durch den sälben Auctorem /
nachdäme dihser
mit herein gebrochenem Alters Gebrest
auss einem Saulo zu einem Paulo geworden /
allen Christlichen Gemühtern
zu dihnlicher Abschrekkung bekant gegeben /
inssondre der schwanckenden Jugend /
durch Selamintem.
Konstantinopul & Leipzig / getrukkt in dihsem Jahr.

Sie werden sofort die hundertprozentige Verbesserung rausmerken.
Das Kulturhistorische stärker betont, das Psychologische vertieft,
außer der weltlichen auch die damals geistliche Lyrik gespiegelt, nicht
bloß den jugendlichen, sondern auch den altgewordenen Dafnis gegeben, aus einer Spezialität ein (im gewissen Sinne) ›all‹-umfassendes
Werk ›ersten Ranges‹ gemacht. Ein synthetisches ›Ewigkeits‹-Indi-
viduum, wie nur irgendeins! Don Quichotte und Hamlet ›in Eens‹!
In jene Zeit nicht bloß künstlich verlegt, sondern historisch unmittel-
bar aus ihr herausgewachsen! Eine Aufgabe allerallererster Ordnung!
Und ich will Richard Moses Meyer heißen, wenn ich das Biest nicht
noch deichsle! – Das Letzte deshalb so gesaut, weil über mir ein Jöhr an-
gefangen hat, mit Murmeln zu spielen! Hol die Pest all die Kanaillen!
›In diesem . . .‹ Ihr Arno Holz.«
Die »Welt in Bildern«, das mußte ich einsehn, lag noch in weiter
Ferne. Aber ich konnte doch damit anfangen, der Verleger von Arno
Holz zu werden. Die »Lieder auf einer alten Laute« hatten Benndorf
großes Vergnügen gemacht. Auch der Erweiterungsplan gefiel ihm.
Die Frage war nun die, ob er sich im Ernst an einem von mir zu grün-
denden Verlag beteiligen würde. Auf meine Frage erklärte er, das
müsse er sich erst noch genauer überlegen.
Inzwischen war es für mich hohe Zeit geworden, mir darüber Klarheit zu verschaffen, wieviel Kapital mir mein Vater wohl für eine
Verlagsgründung, und sei es auch nur für einen Anfang in kleinem
Rahmen, zur Verfügung stellen könne. Er hatte mit uns nie über
seine Vermögensverhältnisse gesprochen. Um aber mit Frau und Tochter von seinen Zinsen leben zu können, mußte man doch, so dachte
ich, wohl gegen hunderttausend Mark besitzen. Ich hatte begreiflicherweise eine Scheu zu überwinden, als ich meinem Vater gegenüber zum erstenmal in meinem Leben diese Geldfrage zur Sprache

brachte. Aber es mußte sein. Benndorf konnte mich ja jeden Augenblick fragen, wieviel Kapital ich meinerseits denn für eine Verlagsgründung aufbringen würde.

Mein Vater war auf einer Burgenreise begriffen und antwortete mir in seiner feinen, fast zarten, gleichmäßigen und klaren Handschrift:

»...Daß eine Verlagsgründung bei Dir Deinem Alter nach bereits irgend dringend wäre, wird sicher niemand meinen können, und ich denke, Du selbst wolltest noch erst das mancherlei zu einem Verlagsbetriebe in der Praxis Nötige lernen? – Vor allem wünschest Du ja nun das zu einem ›kleinen Anfange‹ nötige Kapital von mir. In dieser Beziehung liegen nun leider die Umstände durchaus nicht günstig. Ich habe es immer für richtig gehalten, die Meinigen mit meinen Sorgen tunlichst zu verschonen, aber Ihr solltet doch wohl mittlerweile gemerkt haben, daß ich mich durchaus nicht mehr des früheren Wohlstands zu erfreuen habe. Abgesehn von dem Vermögensverfall meiner Brüder, habe ich das hauptsächlich einem Betrugskomplott zu verdanken, dem auch andere zum Opfer gefallen sein würden. Das wenige, was ich danach noch flüssig habe, hoffe ich meinen Kindern hinterlassen zu können, abgesehen davon, daß es ein Notgroschen für den hoffentlich nicht eintretenden Fall sein würde, daß ich selbst nicht bis zu meinem Tode arbeitsfähig bleiben sollte. Du wirst also begreifen, daß das nicht gefährdet werden darf und daß ich es also nur unter dieser Voraussetzung zu einem Verlagsunternehmen hergeben könnte Es wäre überhaupt nur der Wunsch, den Deinigen tunlichst zu erfüllen, der mich dazu veranlassen kann, das nicht für unausführbar zu erklären. Vor allem würde es sich ja aber nun auch darum handeln, welches Kapital Deiner Idee nach zu einem solchen nötig sein würde und ob ich das mit dem besten Willen überhaupt würde beschaffen können. Dein Hauptprojekt ›Die Welt in Bildern‹ soll eine halbe Million kosten. Bevor wir uns auf weiteres einlassen, müßtest Du Dich also wohl etwas greifbarer auslassen.«

Der Brief war mir eine schwere Enttäuschung. Plötzlich wurde mir klar, daß die Möglichkeit, mich selbständig zu machen, auf sehr schwachen Füßen stand. Ohne fremde Beteiligung war überhaupt nicht daran zu denken. Würde mir diese glücken? Immerhin hatte mein Vater noch keine bestimmten Angaben gemacht. Ich fragte ihn nun, ob er mir 20- bis 25 000 Mark beschaffen könne. Darauf er:

»Du mußt trotz meiner Mitteilung leider noch eine recht unzutreffende Idee von meinem Vermögen haben, wenn Du daran denkst, daß ich für Deine Zwecke so beliebig 20- bis 25 000 Mark flüssig machen könne. Ich würde Dir höchstens 6000 leihen können, und auch das nur aus den angegebenen Gründen nicht leichten Herzens. In dieser Beziehung bedaure ich nun aufrichtig, daß ich mich einstweilen für die zunächst von Dir in Aussicht genommenen Unternehmungen mit dem besten Willen noch nicht zu begeistern vermag. Von den Holzschen ›Liedern auf einer alten Laute‹ habe ich nur eine, meiner Ansicht nach richtige Kritik gelesen, in welcher es für recht verfehlt erklärt wurde, heute neue Gedichte in der abgeschmackten Weise etwa des 17. Jahrhunderts machen zu wollen. Gedichte – von Anthologien abgesehen – werden ja überhaupt höchst wenig gekauft. Daß ein Verleger in Deiner Lage von etwaigen persönlichen Liebhabereien oder freundschaftlichen Rücksichten absolut absehen müßte, kannst Du Dir ja selbst sagen. Ich würde es für unverantwortlich halten, Deinen wohl zu optimistischen Anschauungen gegenüber diese Bedenken zurückzuhalten. Vielleicht hast Du noch Besseres in petto?«

Dieser Brief wirkte auf mich niederschmetternd. Also ganze sechstausend Mark konnte mein Vater mir geben, und auch diese nur leihen. Wer sollte Lust haben, sich mit mir in eine Teilhaberschaft einzulassen, wenn ich selbst nur einen so geringfügigen Betrag aufbringen konnte? Eigentlich hätte mir mein Vater, so dachte ich, dies doch längst mitteilen sollen, denn ich war ja nur deshalb Lehrling und Gehilfe geworden, um einmal selbständig zu werden. Das wußte er – und nun versank mir mit seiner plötzlichen Eröffnung mein Ziel vor den Füßen. Doch mußte ich versuchen, zu retten, was noch zu retten war.

Die Gespräche mit Benndorf zogen sich noch lange hin. Von der »Welt in Bildern« war nicht mehr die Rede. Er hatte inzwischen eine Kur in einem böhmischen Bad gemacht, und ein Badegast, den er um seine Meinung fragte, hatte ihm prophezeit, die Sache werde sich nicht rentieren. Aber es reizte ihn, für einen ringenden Dichter und Familienvater wie Arno Holz etwas zu tun. Die Frage: Beteiligung oder Darlehn? wurde von ihm immer wieder hin und her gewälzt. Es waren für mich bängliche Wochen. Schließlich, Mitte August, hatte er seinen Entschluß gefaßt, und es kam der ersehnte Vertrag zustande. Er beteiligte sich endgültig mit der Hälfte an den Kosten des Buches von Holz. Dies sollte in einer billigen Massenauflage erscheinen, das Stück zu einer Mark. Die Kosten der ersten 10 000 Exemplare waren, einschließlich eines Honorars von 1500 Mark, auf 4000 Mark veranschlagt. Außerdem sicherte er mir ein Darlehn von 10 000 Mark zu, verzinslich mit vier Prozent. Dies Darlehn ohne jede Sicherstellung an einen noch nicht 24jährigen jungen Mann zu geben, der bisher keinerlei Beweis seiner verlegerischen Fähigkeiten abgelegt hatte, war sehr großzügig. Ich hätte vielleicht auch später noch jemanden gefunden, der gleiches Vertrauen zu mir gefaßt hätte, denn ich kann mir nicht denken, daß ich ohne Benndorf kein Verleger geworden wäre. Aber daß ich schon so früh einem solchen Mann begegnete, war für mich ein großer Glücksfall. Friedrich Kurt, der Dichter, war inzwischen von seiner Mittelmeerreise zurückgekehrt. Er hatte seinen Bruder, wie mir dieser sagte, »gewarnt«, sich so weit mit mir einzulassen, wollte aber nun doch selbst nicht ganz zurückbleiben und sicherte mir seinerseits zweitausend Mark zu. So hatte ich, außer der Beteiligung an dem Buche von Holz, 12 000 Mark als Darlehn und von meinem Vater 6000 Mark zur Verfügung, im ganzen 18 000 Mark.

Mein erstes war, Holz von dem glücklichen Abschluß Kunde zu geben. Ich tat dies, indem ich der Nachricht als erste Honorarrate zugleich den Tausendmarkschein beilegte, den mir Benndorf zu diesem Zweck übergeben hatte. Dieses allzu impulsive Vorgehen erregte das Entsetzen meines Vaters. Er schrieb mir:

»Es ist mir durchaus kein Bedürfnis, überflüssige Briefe zu schreiben, aber ich muß es auch als Vater und bei der Sache materiell durchaus Interessierter für notwendig halten, es Dir nicht vorzuenthalten, daß ich — und zwar hier als Jurist und in manchen Geschäften erfahrener Mann — Deine jüngsten Mitteilungen keineswegs mit ungemischter Freude habe entgegennehmen können. Über Dein erstes Unternehmen, die ›Massenauflage‹ des Holzschen Buches, will ich an sich nichts mehr bemerken, eine nicht erfreuliche Überraschung hat es mir aber sein müssen, daß Dein erster Schritt als künftiger Verlagsbuchhändler der gewesen ist, Dir tausend Mark zu leihen, um sie als Honorar für ein gutenteils noch erst zu verfassendes Werk zu zahlen. Wenn Du Dich als Mensch freust, daß Du Holz dies ihm zu seinem Unterhalt nötige Geld hast schicken können, so verstehe ich das wohl; für einen Geschäftsmann, und zumal in Deinen Verhältnissen, ist es mir unverständlich. Ein Verleger zahlt ein Honorar überhaupt nur, wenn er allen Umständen nach möglichst sicher einen entsprechenden Gewinn voraussetzen darf, und dann auch selbstverständlich erst, nachdem ihm auf Grund eines möglichst vorsichtig zu seinen Gunsten schriftlich abgeschlossenen Vertrags das Manuskript ausgehändigt worden ist. Anstatt dessen ist Deiner eignen Angabe nach die letzte Äußerung des Holz der Brief, in welchem er mitteilt, daß er im kommenden Winter dies Buch schreiben könne, wenn er 2000 Mark zu seinem Unterhalt erlangen könne. Davon, daß er sich verpflichte, es Dir überhaupt in Verlag zu geben, ist gar nicht die Rede. Und daraufhin schickst Du ihm 1000 Mark als Honorar! Wenn Du auf solche, sagen wir impulsive und vertrauensselige Art Dein Geschäft betreiben willst, müßtest Du jedenfalls besonders viel Glück haben, wenn Du vor schlimmem Schaden und fortwährenden Rechtshändeln bewahrt bleiben solltest. Der Schaden, durch welchen man klug wird, ist ein schlimmer Lehrmeister, den ich Dir nicht wünschen möchte. Dein an sich ja anerkennenswerter Eifer, zu etwas zu kommen, könnte sich mit jenen Eigenschaften sehr wohl vertragen.«

Auf die Einwände meines Vaters konnte ich manches erwidern. Die tausend Mark waren ja nicht, wie er annahm, geliehen, sondern entstammten Benndorfs Beteiligung an dem Buche. Auch hatte Holz unmißverständlich erklärt, daß er mir das Buch in Verlag geben wolle. Meine Mutter fügte dem väterlichen Brief begütigend hinzu: »Mein lieber Jung, Papa bringt mir eben diesen Brief, da will ich nun auch gleich meine Freude ausdrücken über Deinen Erfolg und Dir von ganzem Herzen Glück wünschen zu diesem großen Schritt zu Deiner Selbständigkeit und von ganzem Herzen wünschen, daß sich nun auch alles Weitere so entwickelt, wie wir es hoffen. Papa hat gewiß in vielen Dingen recht, aber das ist doch auch wieder der Vorzug der Jugend, daß sie impulsiver ist, und damit hat sie auch ihre schönsten Erfolge oft erreicht. Du mit Deiner Energie und Deinem Selbstvertrauen wirst nun wohl auch weiterkommen. Holz hat doch selbst das größte Interesse daran, Dir alles zur rechten Zeit fertigzustellen. Papa meint es so gut mit Dir, wie Du nur wünschen kannst. Deine treue Mutter.«

Ich konnte von der Gehilfenstellung bei Köhler aus nicht direkt in die verlegerische Selbständigkeit hinüberspringen, sondern mußte vorher noch manches dazulernen. Holz wollte sein Manuskript erst während des kommenden Winters abfassen, an ein Erscheinen vor nächstem Sommer war nicht zu denken – ich hatte also noch Zeit. Meine Stelle kündigte ich auf den 1. Oktober, wie konnte ich mich aber nun für meinen Verlegerberuf vervollkommnen? Die Frage fand eine schnelle, überraschende Lösung.

Ich hatte mit Georg Müller, der noch lange in Paris geblieben war, gelegentlich Briefe gewechselt. Einmal schrieb er mir, er werde voraussichtlich am 1. Juli als Teilhaber bei Schuster & Löffler eintreten. Dies waren die Verleger von Liliencron, Dehmel und andern Modernen. Ich wunderte mich etwas darüber, denn meines Wissens hatte er sich für diese Autoren nie interessiert. Dann las ich im Buchhändler-Börsenblatt ein Inserat von ihm, mit dem er einen Verlag zu kaufen suchte, wobei er bemerkte, daß ihm dafür »150 Mille« zur Verfügung stünden. Welcher Waisenknabe war ich dagegen! Anfang September endlich teilte er mir mit, er sei im Begriff, den Verlag Georg Heinrich Meyer zu übernehmen; wenn ich Lust hätte, könne ich zum 15. Oktober bei ihm in München als Gehilfe eintreten. Ich sagte mit Freuden zu und meldete das nach Hause als »fabelhaftes Schwein«. Das war es auch wirklich in vieler Hinsicht! Ich konnte im Elternhaus leben und einen großen Teil meines Gehalts zurücklegen, auch konnte ich dort in Ruhe den geeigneten Augenblick abwarten, in dem ich mit meiner Selbständigkeit hervortreten würde.

Bevor ich meine Stelle in München antrat, ergab sich noch eine unerwartete Freizeit. Meine Gehilfentätigkeit bei Köhler endete mit einem kleinen Satyrspiel. Ich, der ich schon ordnungsgemäß gekündigt hatte, wurde noch kurz vor meinem Austritt »fristlos entlassen«. Das kam so: Zu den Reisevertretern, die für Köhler durch Besuche bei Privaten Lexika und Fotoapparate auf Raten verkauften, gehörte ein Herr Andersch, ein ziemlich ungebildeter, aber urwüchsiger Mann mit einer natürlichen Erzählergabe. Ich hatte mit ihm manchmal abends in Loschwitzer oder Blasewitzer Weinstuben einen Schoppen getrunken. Dieser war von Köhler, wie so mancher Angestellte, brutalisiert worden. Darauf hatte er ihm einen Kündigungsbrief voll schwerer Vorwürfe geschrieben und las ihn mir in der Mittagspause vor. Ich fragte ihn, ob er sich eine Abschrift davon gemacht habe, die könne er doch unter Umständen nötig brauchen. Als er dies verneinte, ließ ich mir den Brief diktieren. Köhler erfuhr von der Existenz dieser Abschrift. Auf seine Frage, ob ich dem Inhalt des Briefes zustimme, antwortete ich: »Nicht in vollem Umfang.« Darauf erklärte er, ich sei auf der Stelle entlassen. Ich übergab noch, trotz Köhlers

Drängen, die paar schwebenden Sachen einem andern Gehilfen. Dann – wenige Minuten später – stand ich draußen.

Es hatte keinen Zweck, mich gegen dies Vorgehen erst noch lange zu wehren, verließ ich doch das Geschäft in jedem Fall schon zwei Wochen später.

Die auf solche überraschende Weise gewonnene Freizeit benutzte ich zu einem ausgiebigen Aufenthalt in Berlin, dem vierten seit Weihnachten. Ich wohnte diesmal bei meinem alten Freunde aus der Weber-Zeit, Erich Lilie, in der Flottwellstraße mit Aussicht auf die vielen Geleise der Potsdamer Bahn. Mit ihm ging ich zu Weber. Der »Kleene« hatte sich wieder verlobt, wir gratulierten ihm, aber es gab da sonst, außer dem »ollen Schubert«, kein bekanntes Gesicht mehr.

Diesmal war auch Richard Winckel, mein freundlicher Pariser Mentor, in Berlin. Er lithographierte mich, wie ich in der Ecke seines »Kanapees ohne Beine« saß, von dem er mir schon in Paris erzählt hatte. Auch ging er gegen Abend, die Gitarre umgehängt, mit mir den Kurfürstendamm entlang. Als er in einen Baum stieg und aus dem Gezweige heraus mit seiner hellen Tenorstimme ein Chanson sang, sammelten sich unten die Berliner und starrten, teils befremdet, teils belustigt, hinauf.

Auch Ernst Neumann mit Frau traf ich dort. Er hatte für das Gastspiel der berühmten australischen Tänzerin Saharet ein großes farbiges Plakat gemacht. An allen Plakatsäulen schwang sie nun ihr Bein senkrecht in die Höhe. Sein erster Schritt zur Eroberung Berlins war getan.

Holz war zunächst noch in Tirol und kam in den ersten Oktobertagen zurück. Er hatte dort wieder mit seinem Jugendfreund Oskar Jerschke an einem Drama gearbeitet. Wenn mit meiner Verlagsgründung alles gut ablief, wollte er mir auch dies anvertrauen. Es war, wie sich später herausstellte, der »Traumulus«, der einzige große Publikumserfolg seines Lebens.

In Berlin erhielt ich von Georg Müller die Nachricht, er habe nun für seinen Verlag ein Lokal gemietet, ich möchte doch möglichst schon vor dem Fünfzehnten kommen, es gäbe alle Hände voll zu tun.

So begann denn meine dritte Münchner Periode, die von da an bis heute dauert.

GRÜNDUNG DES VERLAGS
UND ERSTE WERKE
1904–1910

Ich trat also in den ersten Oktobertagen bei Georg Müller als Gehilfe ein. Aus meinem Berliner Kollegen und meinem Pariser Reisegefährten war mein Chef geworden. Er ließ mich dies aber, human wie er gesinnt war, nicht fühlen. Seine Verhandlungen mit Georg Heinrich Meyer waren zum Abschluß gekommen, und er hatte damit Autoren wie Rudolf Huch, Wilhelm Weigand, Adolf Pichler, Fritz Lienhart, Wilhelm Fischer in Graz, Hans Grasberger übernommen. Meyers Verlag war auf »Heimatkunst« eingestellt – jene Bewegung für betont bodenständiges Schrifttum, deren kritischer Vorkämpfer Adolf Bartels war. Müller hatte den Verlag ziemlich teuer bezahlt, obwohl die Meyerschen Autoren alle nicht recht »gingen«. Ich hörte, die Hälfte der »150 Mille« sei dabei schon draufgegangen.

Müller richtete sein Büro, das zugleich seine Wohnung war, im ersten Stock eines Hauses der Königinstraße am Englischen Garten ein. Neben mir waren noch ein älterer, beleibter, skeptisch lächelnder Gehilfe beschäftigt und ein mageres Schreibfräulein. Wir drei hausten in einem ziemlich schmalen Zimmer. Das Eckzimmer daneben mit dem Erker war Müllers Privatkontor. Nachmittags tönte aus dem Englischen Garten Blechmusik herüber, die auf dem hölzernen, mit vergoldeten Glöckchen verzierten Chinesischen Turm geblasen wurde, wozu die Münchner ihr Bier und ihren Kaffee tranken.

Da ich wieder bei meinen Eltern in der Oettingenstraße wohnte, durchquerte ich viermal täglich den Park mit seinen breiten Rasenflächen und den schönen alten Bäumen, vorbei am runden, klassizistischen Säulentempel des Monopteros, der auf seinem künstlichen Hügel thronte.

Ein neues Unternehmen Müllers waren die »Süddeutschen Monatshefte«, deren Vertrieb mir übertragen wurde. Der Plan der Zeitschrift war im Kreis um Weigand entstanden. Schriftleiter und treibende

Kraft des Ganzen war Paul Nikolaus Coßmann, der Jugendfreund und unermüdliche Vorkämpfer Hans Pfitzners. Als Mitherausgeber zeichneten Friedrich Naumann, Hans Thoma und der junge Freisinger Gymnasiallehrer Josef Hofmiller.

Wilhelm Weigand hat Georg Müller in seinem Erinnerungsbuche »Welt und Weg« ein wenig wohlwollendes Denkmal gesetzt. Er schreibt ihm zwar auf zwei Seiten dreimal etwas geradezu Napoleonisches zu, fährt dann aber fort: »Als ich bemerkte, welcher Geist in dem jungen Verlag sehr rasch die Oberhand gewann, ließ ich mich nur noch selten sehen. Als ich Müller eines Tages aber doch auf das Bedenkliche seines Geschäftsgebarens aufmerksam machte, entschlüpfte ihm ein Geständnis, das sein ganzes Wesen beleuchtet; er sagte: ›Ich weiß wohl, daß unter zwanzig Werken, die ich herausbringe, neunzehn Nieten sind; aber eines ist wohl immer darunter, das einschlägt und das Risiko trägt.‹ Diesen Standpunkt eines Lotteriespielers konnte ich nicht billigen; aber Müller blieb ihm bis zu seinem Tode treu.« Als ich diese Seiten las, die Müllers ungewöhnliche Leistung grob unterschätzten, sagte ich mir, daß es solchem Nachruf gegenüber sich doch empfehle, seine Erinnerungen lieber noch rechtzeitig selbst zu schreiben.

Die »Süddeutschen Monatshefte« setzten sich schwer durch. Ihre äußere Form war ungünstig, die Schrift des Umschlags stand gelb auf einem sehr dunklen Grün, aber dieses Gelb war zu dünn und zu schwach, infolgedessen konnte man die Inhaltsangabe der Hefte im Schaufenster nicht lesen, sie verfehlte jede Wirkung. Aber Müller hatte eine Wagenladung dieses unglücklichen dunkelgrünen Kartons gekauft, und die mußte aufgebraucht werden.

Damals fand in der Münchner Hofoper die Uraufführung von Pfitzners »Rose vom Liebesgarten« statt. Da das kühne und eigenwillige Werk von der Kritik übelwollend behandelt wurde, brachte Coßmann bei Müller eine kämpferische Broschüre heraus, in der er mit Leidenschaft und Witz für das Schaffen des Freundes eintrat. (Ein Dutzend Jahre später erschien zur Uraufführung des »Palestrina« – wie ich hier gleich einschalte –, ebenso von Coßmann veranlaßt, in meinem Verlag eine Schrift von Walter Riezler, »Hans Pfitzner und die deutsche Bühne«.) Nach der Uraufführung der »Rose« versammelte sich der Kreis der Anhänger im Hotel Continental. Coßmann brachte einen geistreichen Toast aus, und eine wunderschöne Dame setzte dem Komponisten einen Lorbeerkranz aufs Haupt. Ich kam mit Coßmann ins

Gespräch, der sich als großer Verehrer von Schopenhauer und Dosto-jewski erwies, und so verstand ich mich sehr gut mit ihm. Wir blieben auch in kommenden Jahrzehnten in Verbindung. Er war ein durch und durch ideal denkender Mann. Josef Hofmiller schrieb zu seinem 60. Geburtstag von ihm, was er für Deutschland getan habe, gehöre mit Recht der Geschichte an. Er wurde, als Jude, während des zweiten Weltkriegs, obwohl schwer leidend, nach dem Osten verschleppt und ist da verschwunden. –

Während meiner Tätigkeit bei Müller arbeitete ich an meinen eigenen Verlagsplänen still eifrig weiter. Die Korrespondenz mit Arno Holz ging immer lebhaft hin und her. Aus dem freundschaftlichen Umgang mit Hermann Eßwein erwuchs der Plan einer Monographienreihe »Moderne Illustratoren«.

Auch die schon in Paris projektierte Taschenbibliothek gewann festere Formen.

Alle diese Vorarbeiten konnte ich aber über einen gewissen Punkt nicht hinaustreiben, solange der Verlag nicht wirklich und offiziell gegrün-det war. Mit den achtzehntausend Mark, die mir verfügbar waren, durfte ich – soviel war mir endgültig klargeworden – die Gründung nicht riskieren. Ich konnte mit dem Geld wohl ein halbes Dutzend Bücher machen, aber wenn diese nicht sofort die Kosten deckten, wäre ich mit meinen Mitteln schnell am Ende gewesen. Und was dann?

Der ältere Benndorf, der ja schon mit dem Gedanken gespielt hatte, die Juristerei aufzugeben und sich mit mir zu assoziieren, lehnte endgültig ab. Ob eine Zusammenarbeit mit Müller möglich war? Ich überlegte hin und her; er war manchmal so launisch und reizbar, daß ich mir immer wieder sagen mußte: Nein, das wird nicht gut gehen! Konnte es für ihn auch verlockend sein, neben seinem eignen Verlag noch einen zweiten, mit mir gemeinsamen, zu gründen? Aber wo bot sich eine andere Chance? Schließlich konnte ich ihn ja fragen!

Ich suchte den psychologisch richtigen Moment abzupassen. Endlich, Anfang Februar 1904, schien er mir gekommen. Alles ging wider Er-warten glatt. Er wunderte sich gar nicht, als ich die fertigen unter-zeichneten Verträge mit Holz und Eßwein aus der Tasche zog und von meinen weiteren Plänen erzählte. Er ging überhaupt sehr leicht auf Vorschläge ein. Deshalb schwoll sein Verlag auch so schnell an. Man-che Autoren behaupteten sogar, er könne überhaupt nicht nein sagen. Vor allem versprach er sich etwas von Holzens »Sauf-, Freß- und

Venusliedern«. Er hatte auf seinem eignen Programm kein so originelles Buch. Und warum sollte er nicht auch in einem zweiten Verlag noch ein Eisen im Feuer haben?

Wenige Tage später schon unterschrieben wir unsern Vertrag. Eine Klippe, die ich glücklich umschiffte, war die Frage: Wie sollte der neue Verlag heißen? Reinhard Piper & Georg Müller, oder abgekürzt Piper & Müller, oder gar, dem Alphabet entsprechend, Müller & Piper? Müller war schließlich mit R. Piper & Co. einverstanden. Alles andere, so setzte ich ihm auseinander, hätte ständige Verwechslung der beiden Verlage zur Folge. Und diese Lösung war gut. So konnte die Firma unverändert bleiben, auch nach dem Ausscheiden Müllers und obwohl auch dann meine Co.'s noch mehrmals wechselten.

Ein Hauptpunkt unsres Vertrags war, daß Müller nicht an eine bestimmte Tätigkeit für den neuen Verlag gebunden war, daß aber dafür andrerseits sein Personal und seine Einrichtung diesem unentgeltlich zur Verfügung standen. So wurde der gemeinsame Verlag mit keinerlei Bürounkosten belastet. Im übrigen war ich so ziemlich »Mädchen für alles«. Ich führte den Briefwechsel mit den Autoren und zumeist auch den mit den herstellerischen Firmen. Nur anfangs beteiligte sich Müller, als der schon etwas Erfahrenere, daran. Der Verlag besaß keine Schreibmaschine. Diese waren damals überhaupt noch selten. Man schrieb alles unverdrossen mit der Hand.

Jeder von uns war am Verlag zur Hälfte beteiligt. Jeder konnte allein die Firma zeichnen, durfte aber nur gemeinsam Verpflichtungen eingehn oder Aufträge von Belang erteilen. Auch verpflichteten wir uns, ohne Einwilligung des anderen uns an keinem sonstigen buchhändlerischen Unternehmen zu beteiligen. Der Vertrag wurde für die Dauer von fünf Jahren geschlossen, lief also bis zum 1. Juli 1909. Wurde er nicht ein Jahr vor Ablauf gekündigt, so galt er für weitere fünf Jahre. Ich setzte unter den Vertrag nur meinen knappen Namen, während Georg Müller dem seinen einen ausladenden barocken Schnörkel hinzufügte, doppelt so groß wie der Name selbst.

Müller hatte gleich zu Anfang gesagt, wir müßten sehn, nicht zu tief ins Kapital hineinzukommen. Immerhin hatte er sich mündlich bereit erklärt, auch seinerseits bis zu achtzehntausend Mark zu gehen. Unsere Einzahlungen geschahen aber nicht in größeren Beträgen, sondern zunächst immer nur von Fall zu Fall, wenn gerade eine Rechnung oder ein Honorar fällig war – manchmal hundertmarkweise.

Bald kam der große Tag, an dem Müller und ich das Prunkportal des neubarocken Justizpalastes am Karlsplatz durchschritten und die fast opernhaft prächtige Treppe emporstiegen, um den Verlag als Offene Handelsgesellschaft ins Handelsregister eintragen zu lassen. Dies geschah am 19. Mai 1904, und so ist dieser Tag zum eigentlichen und amtlichen Geburtstag des Verlags geworden. Ich war noch keine fünfundzwanzig Jahre alt.

Die große Nummer des Programms war der »Dafnis« von Arno Holz. Daß mir manchmal ein wenig bange war, ob diese Neugestaltung der »Lieder auf einer alten Laute« auch wirklich das durchschlagende, das »>all‹umfassende Werk ersten Ranges« werden würde, das Holz verheißen hatte, ist begreiflich. Die Erweiterung sollte vor allem aus den »angehänkten Buhßtränen« bestehn. Auf ihr Gelingen kam also alles an. Würde diese Erweiterung umfangreich genug werden, um das Buch zu einem wirklich neuen zu machen? Holz hatte von einer Verdopplung des Umfangs gesprochen. Ich verhehlte ihm meine Besorgtheit nicht. Ich hatte noch keine Praxis in der Behandlung von Autoren. Heute weiß ich, daß man sie bei ihrer Arbeit möglichst in Ruhe lassen soll. Nur notorische Bummler müssen immer wieder angestachelt werden. So war es etwas unvorsichtig von mir, gerade jene von Holz in Aussicht gestellte Verdopplung wiederholt in Erinnerung zu bringen und zugleich auch auf einen möglichst frühen Ablieferungstermin zu dringen. Da konnte es dann ohne Explosionen nicht abgehn. So schrieb mir Holz am Neujahrstag 1904:

»Ich weiß nicht, ob ich mich über Ihren Brief mehr ärgern oder amüsieren soll. Sofort nach Erhalt jedenfalls hatte das erste Gefühl derart überwogen, daß ich Ihnen — vorausgesetzt, ich hätte postwendend geantwortet — auf deutsch saugrob gekommen wäre. Aber selbst jetzt noch, wo mein Pelidenzorn bereits verraucht ist, muß ich Ihnen mit aller Energie hinstellen: Erstens: der definitive Umfang des Buches ist meine Sache. Ich habe das Recht, bis 23 Bogen zu gehen, aber nicht die Pflicht. Nicht irgendeine Seitenzahl wird entscheiden, sondern mein Empfinden! Fertig. Zweitens: Es wäre im Interesse meines Buches das Dümmste, was ich tun könnte, wenn ich mich verpflichtete, das Manuskript schon am 1. April abzuschließen. Sie eröffnen Ihren Verlag, wenn ich Sie recht verstanden habe, erst am 1. Oktober und es wäre daher unverantwortlich von mir, wenn ich nicht die Zeit bis dahin aber auch bis zur letzten Minute ausnützte. Wann und von wo aus erfolgt die Versendung? 24 Stunden vorher – ich garantiere Ihnen das – befindet sich dort die fix und fertige Gesamtauflage! Denn daß ich die hier deichsle und nicht Sie von München aus, ist doch nur selbstverständlich! Seien Sie sich doch darüber klar: das Vertrauen, das ich von Ihnen fordere, wird durch das Vertrauen, das Sie von mir fordern – ich will mal durchaus bescheiden sein – zum mindesten äquivaliert! Also wozu diese Quisquilien? Ihr Brief klingt, als wollte ich mich plötzlich durch irgendwelche Hintertüren vorgespiegelten Versprechungen entziehn, und Sie riefen mir zu: ›Hoho, oller Freund!‹ – Ich muß Sie doch dringend bitten!!«

Doch dann schlug er wieder einen gelinderen Ton an: »Sie machen sich viel zu viel Kopfschmerzen! Daß ich Ihnen nicht Schund liefern werde, dessen dürfen Sie doch sicher sein. Um Sie wenigstens über den Ton zu beruhigen, sende ich Ihnen auf Ihren Wunsch einige Proben. Nummer IV ist an einzelnen Stellen noch zu burlesk, noch zu hart in den Übergängen. Aus allen vier Proben aber werden Sie die psychologische Vertiefung des Buches sehn. Meine Absichten habe ich nur quantitativ einschrumpfen sehen – nicht qualitativ! Wären die rein äußeren Umstände, zu denen ich zum Arbeiten verdammt bin – Sie dürfen nie vergessen, mein Schreibtisch steht mitten auf einem Kinderspielplatz, umtobt von Lastwagen und Klavieren, und die ›Stätte‹ darf ich nicht wechseln meiner 10 000 Notizen wegen, die ich jeden Augenblick zur Hand haben muß –, wären diese Umstände nicht so entsetzliche (vor allem für mich, der ich Dinge nur aus der Stille ziehen kann, so daß jeder Laut für mich eine Qual bedeutet), ich würde Ihnen trotz verringerten Materials usw. usw. auch noch die Quantität liefern können, so – und auf diese dürfen Sie rechnen – bin ich nur noch zur Qualität imstande.«

Die mir von Holz gesandten Proben hatten mich, ich meldete ihm das noch am selben Tag, nicht nur beruhigt, sondern begeistert. Ich sah in der geringeren Quantität nun geradezu einen Vorteil. Die Konzentration konnte die Wirkung nur steigern und mußte zugleich die Druckkosten vermindern. Was konnte mir lieber sein?

Der »Dafnis« erschien wirklich, wie schon in Dresden geplant, in einer Erstauflage von zehntausend Stück zum Preise von einer Mark für das geheftete Exemplar. Den Umschlag hatte Richard Winckel gezeichnet. Das in imitiertes Pergament mit Goldaufdruck gebundene Stück kostete zwei Mark. Dieser Preis für ein Buch von mehr als zweihundert Seiten war ein Ereignis auf dem Büchermarkt. Der verführerische Untertitel verfehlte nicht seine Wirkung. Kein Wunder, daß die erste Auflage sehr schnell verkauft war.

Holz hatte die Drucklegung selbst betrieben. Er hatte in Steglitz eine kleine billige Druckerei ausfindig gemacht, die unter ihrem Schriftenvorrat eine Fraktur von einigermaßen barockem Charakter besaß. Sie reichte jedoch nur für acht Seiten aus. Von diesen las Holz schnellstens Korrektur, dann wurden sie gematert, die Schrift wurde dadurch frei, und der nächste halbe Bogen konnte gesetzt werden. Holz vereinbarte auch die Preise. Georg Müller prüfte sie, holte von einer andern Druckerei eine Gegenkalkulation ein und glaubte dann feststellen zu können, daß die Steglitzer Berechnung zu hoch sei. Er schrieb darüber einen nicht ganz freundlichen Brief an Holz, worin er auch sogleich ankündigte, daß er die zweite Auflage einer andern Druckerei geben werde, die Steglitzer Firma müsse dieser dann auch die Platten zur Verfügung stellen. Bei seiner Berechnung war ihm aber ein Mißverständnis unterlaufen, und Steglitz arbeitete — wie Holz ohne weiteres nachwies — tatsächlich billiger. Nun war Müller ein eifersüchtiger, cholerischer Mensch. Manchmal bekam er, wenn er sich aufregte, sogar die Gelbsucht und mußte sich ins Bett legen. Auch gehörte er zu denen, die schwer einen Irrtum zugeben. Kurz und gut, er verfocht seinen offensichtlich irrigen Standpunkt gegen Holz mit Scheingründen weiter. Die Auseinandersetzung wurde immer erbitterter, sie wurde zum Selbstzweck. Ich suchte Holz mit Hinweis auf Müllers schwieriges Naturell zu begütigen. Er antwortete, sich am Kraftausdruck berauschend: »Also mit andern Worten, Herr Müller ist der übliche komplette Idiot! Ich werde ihn also laufen lassen. Ich könnte es nicht, wenn Ihre Leidenszeit mit ihm zugleich Ihre Lebenszeit wäre. Dann müßte die Situation geklärt werden. So oder so. Sie schrieben aber von tröstlichen fünf Jahren, und diese will ich mit Ihnen aushalten. Selbstverständlich in der Hoffnung, daß Sie dann nicht wieder solche Mesalliance schließen.« Von einer Mesalliance konnte keine Rede sein.

Gleichzeitig mit dem »Dafnis« erschien auch der »Traumulus«, und auch hiervon waren bald zehntausend Stück verkauft. So war der Verlag mit einem Schlage bei Presse, Buchhandel und Publikum glänzend eingeführt, und der Umsatz dieser beiden Bücher war in den ersten

Monaten wohl größer als der gesamte Umsatz des Verlags Georg Müller.

Ich vereinigte bei mir das ganze bisherige Schaffen von Holz, das auf eine Reihe von Verlagen verstreut war. Frau Dehmel (es war nicht mehr Paula, die ich in Pankow kennengelernt hatte, sondern Isi) schrieb zur Gründung des Verlags einen ermunternden Artikel. Wie Liliencron und Dehmel bei Schuster & Löffler, Hauptmann und Ibsen bei S. Fischer, Hamsun bei Langen, Stefan George bei Bondi vereinigt seien, so Arno Holz nun bei Piper. War ich damit eigentlich nicht schon in diese illustre Verlegerreihe aufgenommen? –

Holz hatte den »Traumulus« gemeinsam mit seinem Freund Oskar Jerschke verfaßt, der als Rechtsanwalt in Straßburg praktizierte. Zur Uraufführung an Otto Brahms Lessing-Theater fuhr ich nach Berlin. Albert Bassermann glänzte in der Titelrolle. Der Beifall unmittelbar nach der Premiere war nicht einmal sehr stürmisch. Holz fragte mich: »Nun, was meinen Sie, wird das Dings sich halten?« Brahm selbst, der erfahrene Praktikus, war zufrieden. Nach der Aufführung kam alles, was dazu gehörte, in einem pompösen Hotel in der Nähe des Potsdamer Platzes zusammen. Otto Erich Hartleben brachte den Toast auf die Dichter aus, und ich bewunderte die Ungeniertheit, mit der er das tat. Ich saß zwischen Frau Holz und Emil Heilbut, dem Herausgeber von »Kunst und Künstler«. Er hatte einen sehr schönen blauschwarzen »assyrischen« Bart. Es wurde sehr spät, und das Ehepaar Holz und ich zuckelten zuletzt in einer Pferdedroschke den weiten Weg nach Wilmersdorf hinaus, wo ich bei Holzens auf dem Sofa schlief.

Zu den Erstaufführungen an den wichtigsten Theatern erschienen Holz und Jerschke persönlich, so auch zu der im Münchner Schauspielhaus.

Für Holz bedeutete der Erfolg des »Traumulus«, der über alle großen und kleinen Bühnen ging, einen völligen Umschwung seiner wirtschaftlichen Lage. Er verdiente mit ihm in kurzer Zeit viel Geld und war fest überzeugt, daß er nun endgültig »durch« sei und jedes zweite Jahr ein solches Erfolgsstück schreiben werde. Er bezog eine große Wohnung und richtete sich, mit Möbeln von Riemerschmid, Bruno Paul und Macintosh, ganz neu ein. Dabei war er eigentlich gar keine auf Komfort eingestellte Natur. Aber er wollte offenbar auch ungefähr so wohnen wie seine berühmten Kollegen Hauptmann und Sudermann. Mir, dem an Sparsamkeit Gewöhnten, war dabei bänglich zumute. Ich fürchtete, er habe etwas den rechten Maßstab verloren. Im selben Hause im vierten Stock hatte er noch ein Einzelzimmer als Arbeitszimmer gemietet, das in der alten Wilmersdorfer Weise eingerichtet war. Er saß da im schwarzen Lüsterjäckchen an seinem alten Schreibtisch, und ich sagte ihm, dieser Raum gefalle mir in seiner ganzen Wohnung am besten.

Nicht lange danach kam es zum Konflikt. Holz hatte, weil er, wie er sagte, »sich nie mehr verheiraten würde«, mit mir einen Vertrag nur über die erste Auflage des »Dafnis« geschlossen. Es war ihm das ja auch nicht zu verübeln, denn als der Vertrag zustande kam, hatte ich noch keinerlei Proben verlegerischen Könnens abgelegt. Immerhin hatte ich als selbstverständlich angenommen, daß, wenn ich meine Aufgaben erfüllte, der »Dafnis« und auch die andern Bücher weiterhin auf derselben Grundlage bei mir erscheinen würden. Holz hatte aber bei dem Vertrag von vornherein seine bestimmten Pläne gehabt. Als ich ihm schrieb, es sei Zeit für eine Neuauflage und ich würde ihm dafür die weiteren fünfzehnhundert Mark nächstens überweisen, erklärte er zu meiner Überraschung, daß er die Basis für alle künftigen Auflagen ganz anders wünsche. Er wolle sozusagen sein eigener Verleger sein, ich solle nur die Rolle eines Kommissionärs spielen, der für seine Tätigkeit eine Umsatzprovision erhalte.

Holz war ein Reformator. Er wollte auch das Verhältnis des Autors zum Verleger von Grund auf reformieren. Das hatte für mich harte Konsequenzen. Ich befand mich in einer Zwangslage, denn ich konnte unmöglich nach so kurzer Zeit auf diesen meinen Hauptautor verzichten und ihn abwandern lassen. Das wäre ein großer Prestigeverlust gewesen. Die Leute hätten gesagt: »Was ist denn mit dem Verlag Piper los? Der ist wohl am Umfallen? Holz geht ja von ihm weg!« Es blieb mir also nichts andres übrig, als auf den verlangten Kommissionsvertrag einzugehn. Holz wurde Eigentümer der Bestände seiner Bücher. Dabei war er von der Voraussetzung ausgegangen, daß sich in Zukunft alle seine Bücher ohne weiteres selbst tragen würden und der Verlag stets nur Geld an ihn abzuführen haben werde. Dem war aber nicht so. Der Absatz verlangsamte sich bald. Als Gegenstück zum »Dafnis« hatte ich eine Neuausgabe seines Jugendwerks, des »Buchs der Zeit«, gleichfalls für eine Mark, herausgebracht. Diese fand nur geringen Anklang. Das neue, wieder mit Jerschke verfaßte Drama »Frei« – ein Stück aus dem Anwaltsmilieu, ohne Frauenrolle – wurde fast nirgends gespielt. Der Verlag hatte die Herstellungskosten für Holz ausgelegt. Schon bei der ersten Abrechnung stellte sich heraus, daß er an den Verlag eine beträchtliche Summe schuldete, um deren Begleichung ich ihn bat. Damit hatte er nicht gerechnet. Die »Traumulus«-Einnahmen waren versiegt. Die Zahlung an den Verlag war ihm unbequem. Nun wollte er wieder anders herum. »Da ich den Kommissionsvertrag mit Ihnen nicht aufrechterhalten kann« – so schrieb er –, »bin ich bereit, ihn doch wieder in den normalen Verlagsvertrag umzuwandeln.« Aber dann kam er plötzlich auf eine ganz neue Lösung. Er stellte fest, daß im Kommissionsvertrag gar nicht ausdrücklich gesagt sei, daß er die ungedeckte Differenz der Herstellungskosten dem Verlag bar auszuzahlen habe. Diese habe also vielmehr offenzubleiben, bis der Absatz die Kosten eingeholt habe, dauere es auch so lange wie immer. Ich beschwor ihn, ich könne doch nicht in Bücher, die mir gar nicht gehörten, mein Geld auf Jahre hinaus festlegen. So hätte ich den Vertrag niemals auffassen können. Er habe ja selbst eben noch geschrieben, er könne den Vertrag nicht aufrechterhalten, weil ihm die Zahlung jetzt nicht möglich sei. Holz erwiderte: »Fassen Sie den Vertrag auf, wie Sie wollen. Für mich existiert nur meine Auffassung!«

Auf diese Weise ging es weiter. Ich mußte mich von Holz trennen, und zwar so schnell und glatt als möglich. Es war ja nicht die erste Krise, die ich mit ihm durchmachte. Doch Holz hatte eine Leidenschaft für das Durchkämpfen von Auseinandersetzungen. Und so reichte er Klage ein.

In zehn von elf Punkten wurde er abgewiesen, nur in einem kleinen Nebenpunkt bekam ich unrecht, und dementsprechend verteilten sich auch die Kosten.

Ich habe diese Geschichte so ausführlich erzählt als ein Beispiel dafür, was alles einem Verleger mit einem »schwierigen« Autor passieren kann. Dann auch als Mahnung an den Verleger, Verträge niemals anders als über alle Auflagen abzuschließen. Autoren ihrerseits mögen daraus ersehn, daß es für sie nicht ersprießlich ist, es in geschäftlichen Dingen unbedingt anders machen zu wollen als üblich und die Verleger nur noch als Handlanger gelten zu lassen.

So endeten endgültig meine persönlichen Beziehungen zu Arno Holz. Sie hatten von 1897 bis 1907 gedauert. Und doch haben sie, lange nach seinem Tode, noch eine Wendung ins Positive genommen. Max Wagner, der in dem großen Dachstubengedicht des »Phantasus« als »Meester« auftritt, brachte in jahrelanger Hingabe ein Arno-Holz-Archiv zusammen. Er und Anita, die zweite Gattin des Dichters, stellten eine große Auswahl aus den Briefen des Kämpfers und Dichters zusammen. Sie wird mit einer Einführung des Münchner Ordinarius Hans Heinrich Borcherdt, geschmückt mit Bildnissen und Handschriftproben, in diesem Jahre 1948 in meinem Verlag erscheinen.

Das erste Verlagssignet

Ein Verlag mußte auch ein Signet haben. Ich wandte mich zuerst an meinen alten Freund Ernst Neumann. Er, der Motorradfahrer, zeichnete einen Maschinenteil, dessen symbolische Bedeutung ich nicht verstand. Er hätte auch in die meisten Bücher nicht gepaßt, weder in ein Buch über Marées noch in die Burgenkunde meines Vaters. Wenn schon ein Symbol, so mußte es »zeitlos« sein. Karl Soffel, der am Schleißheimer Kanal unter alten Linden in einem kleinen Häuschen lebte und sich Käuzchen und eine große Dogge hielt, erfand etwas im Jugendstil, das wie ein Verströmen, ein Sichmitteilen nach allen Seiten wirken sollte. Doch blieb auch dies den meisten unklar. Die einen hielten es für einen strahlenden Stern, die andern für eine stilisierte Garbe, einige sogar für einen »Springbrunnen von oben gesehen«. Aber die ersten fünf Jahre hindurch zierte es, trotz dieser Unklarheit, alle Titelblätter. Dann wurde es durch ein von Paul Renner aus den Buchstaben R. P. & Co. komponiertes Monogramm ersetzt. Später haben noch F. H. Ehmcke, Emil Rudolf Weiß und Emil Preetorius – also vier Matadore der Buchkunst – jeder auf seine Weise solche Signets geformt. –
Ich kam auch in dieser Zeit öfter nach Schleißheim und sah dort im Schloß die Bilder von Hans von Marées wieder, die ich schon gegen

Ende meiner Lehrzeit kennengelernt hatte. Der große Eindruck von damals erneuerte sich. Der heilige Martin mit dem Bettler war mein Lieblingsbild. Wie wenig man sich an offizieller Stelle mit Marées beschäftigte, zeigt der kleine Umstand, daß das Hauptwerk, »Die Hesperiden«, im amtlichen Galeriekatalog den Titel »Die Hebriden« führte. Die Hebriden sind bekanntlich eine Inselgruppe an der schottischen Küste.

Zu einem Verleger gehört, daß er sieht, wo ein Buch fehlt, und dies wird er vor allem dann sehn, wenn er dies Buch auch für seinen eigenen Gebrauch vermißt. Ich wollte Näheres über diesen seltsamen großen Maler Hans von Marées erfahren, aber wo? Es gab kein Buch über ihn. Wer konnte es schreiben? Sollte man zunächst nicht alles sammeln, was von ihm überliefert war?

Durch einen Zufall erfuhr ich, daß sein Schüler Carl von Pidoll ein Büchlein »Aus der Werkstatt eines Künstlers« hatte erscheinen lassen – als Privatdruck in kleiner Auflage –, in dem er die künstlerischen Grundsätze und Lehren Marées' dargestellt hatte. Ich verschaffte es mir mit Mühe für kurze Zeit. Meine Schwester schrieb es mir ab.

Es gelang mir auch, die Mappe aufzutreiben, die Konrad Fiedler, Marées' Mäzen, nach dessen Tode mit Reproduktionen von Gemälden und Zeichnungen herausgegeben und an Museen und Sammler verschenkt hatte. Ein Textheft war beigegeben, in dem er Stellen aus Marées' Briefen mitteilte. So hörte ich zum erstenmal ihn selber sprechen.

Der wichtigste Überlebende aus dem Marées-Kreis war zweifellos der Bildhauer Adolf von Hildebrand. Ich schrieb ihm nach Florenz. Er lehnte ab, sich an einem Werk über Marées zu beteiligen. Ich bestürmte ihn noch einmal. Da wollte er mein Anerbieten »in Erwägung ziehen«, wenn er einmal dazu komme, zum Thema Marées etwas zu schreiben. Vorderhand könne er nicht daran denken. Von ihm war also kaum etwas zu erhoffen. Ich wußte noch nicht, daß seine Entzweiung mit Marées der schmerzlichste Punkt seines Lebens war, an den er nicht gern rührte.

Um doch etwas zu erreichen, schlug ich dann der Witwe Pidolls vor, die Schrift ihres Gatten durch einen Neudruck allgemein zugänglich zu machen. Sie antwortete kurz, es sei nicht im Sinne ihres Mannes, sie einem Verleger »zur Ausbeutung« zu überlassen. Ich dachte mir: »Du lieber Gott, was gibt es da wohl ›auszubeuten‹! Der Verleger hat davon doch nur Arbeit und kommt bestenfalls auf seine Kosten.

Ich will die Schrift doch nur aus denselben Motiven neu drucken, aus denen Pidoll sie geschrieben hat!«

Damit war es also auch nichts! Mein Marées-Plan mußte wohl einstweilen aufgeschoben werden — und doch stand ich, ohne es zu wissen, nahe vor seiner Verwirklichung.

Es gab in jenen Jahren in München viele junge vermögende Leute, die dies oder das studiert hatten, sich für alles mögliche interessierten, auch Gedichte machten, aber sich für keinen bestimmten Beruf entscheiden mochten. Sie lebten meist in Schwabing und ließen sich »anregen«. Manche von ihnen liebäugelten auch mit einer verlegerischen Tätigkeit und traten dann in einen Verlag als Volontär ein.

Zur Auffüllung seines kleinen Personals waren solche Volontäre auch Georg Müller willkommen. Sie wechselten ziemlich häufig. Unter ihnen befand sich Dr. Kurt Bertels. Er war ein paar Jahre älter als ich, Sohn eines Kaufmanns aus Riga, lang und dünn, mit schmalem Kopf und grauen, etwas starr blickenden Augen. Er hatte bei Schuster & Löffler einen Gedichtband »Der Morgenreiter« veröffentlicht, dem Müller und ich ohne weiteres ansahen, daß er den Druck selbst bezahlt hatte. Er erzählte uns aber, daß ihm der Verlag nach Lektüre des Manuskripts einen »bejä–i–sterten Brief« geschrieben habe. Seinen Doktor hatte er mit einer Schrift über die »Denkmittel der Physik« gemacht, von der er sagte, er habe schon lange keine Ahnung mehr, was drin stünde. Sein Lieblingsbuch war Byrons »Don Juan«. Byron war überhaupt sein Held. Er erklärte mit Emphase: »Ich will ein Phänomen sein! Ein Phänomen wie Byron!« Er träumte — mit Selbstironie — von einer Reise um die Erde, auf der er in jedem Land eine Liaison mit einer Eingeborenen eingehn und so alle Rassen durchkosten wolle. Er war vielseitig gebildet, schwungvoll und begeisterungsfähig, und wir führten kurzweilige Gespräche.

Als sich Georg Müller einmal wieder mit Gelbsucht ins Bett gelegt hatte und ich zu ihm gerufen wurde, saß neben ihm ein etwas derbes Mädchen. Er schien als selbstverständlich anzunehmen, daß ich sie diskret übersehen werde, und infolgedessen nahm ich sie auch als nicht vorhanden. Sie blieb bei ihm.

Nach einiger Zeit hieß es, der Verlag zieht um. Selbstverständlich mußte ich mit umziehn. Herr Schäfer, der alte Gehilfe, fragte mich lächelnd: »Wissen Sie auch, Herr Piper, weshalb wir umziehn müssen?« Der Hausherr hatte an Müllers Verhältnis Anstoß genommen und gekündigt.

In den neuen Verlagsräumen am Josephsplatz 7, im nördlichen Schwabing, bekam ich zum erstenmal ein eignes Arbeitszimmer. Es lag nach dem Hof, und statt der Blechmusik des Englischen Gartens tönten nun von den nahen Kasernen die Trommelübungen und die Trompetensignale herüber.

Müller ging fast stets in Pantoffeln. Er rief laut den Gang entlang nach seiner Johanna. Sooft ich auch Johanna in der Wohnung begegnete, sowenig nahmen wir weiterhin Notiz voneinander. Eines Tages – aber damals hatte ich mich schon von Müller getrennt – war ein kleines Töchterchen da. Das Töchterchen wuchs heran und wurde angestellt, die Tür aufzumachen, wenn es klingelte. Schließlich heiratete sie einen gut gehenden Autor des Verlags, und ich traf das Ehepaar Jahrzehnte später in Florenz. Wir sprachen dabei, wie es nahelag, auch von Georg Müller, der nun schon lange tot war. Es gefiel mir dabei nicht recht, daß die junge Frau von ihm nicht als von ihrem Vater sprach, sondern ihn immer nur »den Müller« nannte.

In der Monographienreihe »Moderne Illustratoren« hatte ich mit Eßwein für den Anfang vier Bände vorgesehn: Thomas Theodor Heine, den scharfen Satiriker des »Simplicissimus«, Hans Baluschek, den Berliner Realisten, Toulouse-Lautrec, den kapriziösen Franzosen, und Eugen Kirchner, den etwas hausbackenen Komiker der »Fliegenden Blätter«. Ihnen folgten später der tiefsinnige Humorist Adolf Oberländer, unser nicht leicht zu fassender beiderseitiger Freund Ernst Neumann, der nordische Seelendeuter Edvard Munch und der Artist des Schwarzweiß Aubrey Beardsley.

Eßwein arbeitete schwer. Die »Illustratoren« gaben ihm vor allem Anlaß, sein eigenes psychologisches Zeitbild zu geben. Die Texte waren problembeladen. Zu den Problemen der Zeichner fügte er noch seine eignen hinzu. Er berichtete fast nichts vom Entwicklungsgang der Künstler, der Leser erfuhr kaum etwas Biographisches. Das enttäuschte. Und doch sind die Texte noch heute lesenswert. Auch sie sind, um ein Wort Hamlets zu gebrauchen, eine »abgekürzte Chronik des Zeitalters«.

Ich besuchte mit Eßwein zusammen Heine, Kirchner und Oberländer. Aber diese Besuche hätte er für seine Texte kaum gebraucht. Meist verhielt er sich dabei schweigend und ließ mich reden. Eine Atelierstimmung zu zeichnen, etwas über die Arbeitsweise des Künstlers zu sagen, lag ihm fern.

Heine wohnte in einem nüchternen Atelierhause, Theresienstraße 148, sein Arbeitsraum aber war sehr behaglich mit Biedermeiermöbeln eingerichtet. Auf einem schwarz-grün gestreiften Lehnsessel saß mit mürrischem Gesicht der berühmte Mops, das zahme Vorbild der bissigen »Simplicissimus«-Bulldogge. Heine hatte als Zeichner bei den »Fliegenden Blättern« angefangen, und ich war darauf bedacht, auch etwas von diesen frühen Arbeiten beizubringen. Deshalb begab ich mich zu Braun & Schneider in das alte Empirehaus am Maximiliansplatz und betrat die Räume mit so etwas wie ehrfürchtiger Scheu. In großen Schränken waren da Tausende von Zeichnungen, nach Künstlern geordnet, aufgestapelt. Heines Blätter befanden sich in einer dikken Mappe: »Varia und Ausschuß«. Ich erstaunte, in wie großem Maßstabe und wie feiner Durcharbeitung, mit welcher geradezu stilllebenhafter Vertiefung die Originale ausgeführt waren, die dann so stark verkleinert wurden, daß diese Durcharbeitung gar nicht zur Geltung kam.

Das Manuskript zum Heine-Band legte ich dem Künstler vor. Er äußerte sich darüber: »An dem ganzen Aufsatz gefällt mir sehr gut, daß der Autor überall bemüht ist, möglichst in die Tiefe zu gehn, vielleicht sogar ein wenig auf Kosten der technischen Fragen, die dem Künstler ja immer als das Wichtigste erscheinen. Ich habe übrigens viel mehr Pietät in mir, als der Autor annimmt, und verehre noch viele Zöpfe, von denen er mich frei glaubt. In meiner Malerei bin ich von dem äußersten Impressionismus ausgegangen. Diese Periode (etwa 1888–1893) meiner Malerei ist dem Autor wohl nicht bekannt. Es war ja auch nicht leicht, Bilder von mir zu sehn zu bekommen. Sie wurden in den Ausstellungen meist gut versteckt und er kennt leider nicht viele davon, darunter auch einige nicht, die mir besonders am Herzen liegen, wie z. B. das Bild ›Frühlingserwachen‹ (1899). Herr Eßwein stellt mich in einen Gegensatz zur Stimmungsmalerei; wenn das richtig sein sollte, entspricht es doch gewiß nicht meinen Intentionen, ich meine im Gegenteil, daß bei jedem Kunstwerk die Stimmung alles ist. Ferner: Wenn es Herr Eßwein mit sei-

nem kritischen Gewissen vereinbaren kann, wäre es mir aus rein praktischen Gründen lieb, wenn er meine semitische Abstammung nicht
betonen würde. Das ist immer für viele sonst harmlose Menschen
gleich ein Zeichen, auf das sie die Zähne fletschen. Und ich glaube
an die Rassentheorie nicht. Wenn man einen Kritiker in eine Ausstellung führte, bei der die Namen der Künstler nicht genannt sind,
brächte er es wohl niemals fertig, zu sagen, welches Bild von einem
Semiten und welches von einem Arier gemalt ist.«

Ich hatte den verwegenen Einfall, die »Illustratoren« Wilhelm Busch
zu widmen. Nach Durchsicht der Korrekturbogen ließ er sich das gefallen. Als er dann die fertigen Bände erhalten hatte und längere Zeit
nichts darüber verlauten ließ, erlaubte ich mir, ihn zu mahnen. Da
kam ein Briefchen, geschrieben mit Gänsekiel und Tusche: »Aus
Ihrem Schreiben ersehe ich zu meiner Beschämung, daß ich den Empfang der hübschen Hefte, die mich ergötzten, noch nicht bestätigt
habe. Da die Jahre, in denen man zögernd pardon sagt, längst hinter
mir liegen, so spreche ich Ihnen nun umgehend für die freundliche
Zusendung meinen verbindlichsten Dank aus.«

Besonderen Gefallen an den Eßweinschen Texten fand der »dämonische« Pole Stanislaus Przybyszewski, der damals in München lebte
und bei Albert Langen seinen Roman »Satanskinder« hatte erscheinen
lassen. Er spielte mit verwahrloster Technik, aber großartigem Schwung
Chopin. Wenn er eine Ballade oder ein Scherzo heruntergerast hatte,
mußte er, Schweißtropfen auf der Stirn, erst eine Weile durch die
Zimmer taumeln, bis er sich wieder etwas beruhigt hatte.

Sehr wichtig war mir von Anfang an der Band über Edvard Munch.
Ich schrieb dem Künstler von unserer Absicht und bat ihn um Photos
seiner Bilder und auch um ein Photo von sich selbst. Munch begrüßte
sehr das unerwartete Interesse. So gingen in jenem Sommer 1905 wohl
ein Dutzend Briefe hin und her. Er führte ein unruhiges Wanderleben, seine Antworten kamen aus Aasgaardstrand in Norwegen,
Klampenborg in Dänemark, aus Chemnitz, Bad Elgersburg im Thü-
ringer Wald und aus Warnemünde. Sie waren zitterig geschrieben,
viele Buchstaben nachgezogen, wodurch sie aber kaum deutlicher
wurden. Ein offenbar sehr gefährdeter Mensch. Aus der Biographie
von Jens Thies 1934 erfuhr ich, daß er in jenen Jahren »ein kranker
Mann« war, der sich verfolgt glaubte.

Ich hatte mich damals – als Nachwirkung meines Verkehrs mit Ernst

Neumann – mit einer »Vertriebsstelle für Graphik« belastet, in der sich leider überwiegend Mittelmaß zusammenfand. Munch sandte mir für diesen Vertrieb Abzüge von etwa 150 Radierungen, Holzschnitten und Lithographien, also fast sein gesamtes graphisches Werk. Ich konnte in Munch schwelgen!

Eßwein gab in seinem Text sein Bestes, er bohrte sich geradezu in Munch ein. So war dieser, als er im Dezember 1905 das fertige Buch erhielt, offenbar davon angetan. Er schrieb an den Autor aus Weimar:

»Besten Dank für das Buch mit der Widmung – Ich habe Ihre Besprechung mit größtem Interesse gelesen – die deutsche Sprache macht mir es notwendig, das Buch noch einmal zu lesen –

Ihre Theilung meiner Arbeiten in 3 Theilen ist richtig – Ich habe es selbst so erklärt: Meine Kunst ist ein Ballon captiv – welches an der Erde festgebunden ist – Einmal lasse ich den Ballon nah der Erde bleiben andersmals hoher in der Luft schweben – Dabei schiecke ich oftmals kleinere – oft ungezogene – Probeballonen auf –

Das Bild ›Fruhling‹ haben Sie, es freut mich, richtig empfunden – sonst argre ich mich immer darüber – alz die meisten sagen – Warum malst du nicht immer so – Wenn man dieses Bild vergleicht mit den zwei Totenscenen whelche lithografiert ist – merkt man wie Sie auch pointiert haben – sie sind mehr gesehen – Es freut mich auch dasz Sie daran aufmerksam machen – dasz meine Stimmungen sind *gesehen* – und nicht aufkonstruiert – Nocheinmal mein herzlichst Dank. – Hoffentlich werde ich einmal Ihre Bekanntschaft machen kennen.

Mit greszter Hochachtung

Ihr Ergebenster Edv. Munch.

P. S. Es ist möglich, das das Buch besser verkauft wäre wenn das Kusz nicht mitgebracht were – In Norwegen besonders wird man ubel nehmen.«

Der »Frühling« war ein Bild von 1889, schon an das Thema des späteren »Kranken Kindes« anklingend, aber noch sehr zurückhaltend und »ordentlich« gemalt. Auf der Radierung »Der Kuß« steht ein nacktes Paar, sich umfangend, vor einem Fenster, durch das man die Wand des gegenüberliegenden banalen Großstadthauses sieht.

Es fehlte den »Modernen Illustratoren« trotz ihrer Problembeladen-

heit nicht an Zustimmung in der Presse. Ich sandte die Kritiken an
Eßwein. Er schrieb zurück: »Der Blätterwald rauscht ja wirklich ganz
gewaltig, ich bin erstaunt, gerührt, beschämt, letzteres besonders, da
mir die Partien der Bücher, die schlecht geschrieben sind, immer heißer auf die Seele fallen. Es kommt mir immer mehr vor, als sei an
den ›Illustratoren‹ – die Bände Baluschek und Munch gänzlich aus-
genommen – nur die Tatsache groß und bewundernswert, daß ein
Mensch von meiner antiästhetischen Gemütsrichtung die Selbstüber-
windung hatte, sie zu schreiben. Oder bildet sich dieser wütige Kunst-
degout erst jetzt, nach getaner Arbeit, ist er nicht mehr als das Resultat meiner subjektiven Lebenserfahrung, eine – selbstmörderische –
polemische Wendung gegen mein jugendlich ästhetisches Wesen, das
mir die ›Welt‹ widerlegt hat?... Ich fühle aber zu deutlich, daß ich
dazu verpfuscht wurde, je noch eine der Kuriositäten zu werden, die
man Genies nennt. Mit vierzehn Jahren faßte ich einmal – um vom
Gymnasium loszukommen – den Plan, Tierarzt zu werden, es war
damals noch keine menschenfeindliche Absicht mit im Spiel. Sie sehen
mit Grauen, in welch dunkle Höhlen ich vor Anerkennung und allerhand Achtung flüchte... Hoffentlich kommt nach so viel Presselob
nun auch geschäftlich Tempo in die Sache, sonst hol der Teufel das
Publikum!«

Das Publikum blieb durchaus ungerührt. Die Reihe erwies sich als ein
Verlustunternehmen. Nur von Beardsley und Lautrec, die am meisten
»Mode« waren, konnte ich eine Neuauflage drucken. Den Lautrec
erweiterte ich dabei durch einen Aufsatz Alfred Walter Heymels über
das lithographische Werk. Dieser reiche Begründer des Insel-Verlags
besaß die größte deutsche Lautrec-Sammlung. Ich besuchte ihn in
seinem pompösen Hause im Herzogpark. Die Lautrecs waren in prächtigen Kästen untergebracht, die ein Diener in Livree der Reihe nach
auf einen großen Tisch mit schön polierter Platte legte. Mir fiel auf,
daß das kunstvoll mit farbigen Hölzern eingelegte Parkett an mehreren Stellen Löcher hatte und daß an der Wand ein Polsterstuhl mit
nur drei Beinen stand. Woher die Löcher kamen, wurde mir bald
klar. Heymel machte es Vergnügen, jeden der schweren Kästen, sobald er besichtigt war, mit der Hand vom Tisch herunterzuschieben,
so daß er mit lautem Knall auf den Boden fiel. Wenn der Diener nicht
schnell genug bei der Hand war, ihn wieder aufzuheben, titulierte er
ihn: »Du Ochse!«

Eine wichtige Folge hatte der Lautrec-Band in andrer Weise. Durch ihn veranlaßt, machte der Wiener Essayist W. Fred den Vorschlag, die Mappe »Elles« des Künstlers in Faksimile herauszugeben. Sie bestand aus elf farbigen Lithos aus dem Leben der Pariser Kokotten. Ich ließ sie in Photolithographie getreu nachbilden. Die Auflage betrug 250 Exemplare. Ein Subskriptionsprospekt wurde gedruckt. Für seine Versendung brauchte ich möglichst viele Adressen von Sammlern und Kunstfreunden. Ich fuhr nach Berlin, wohin mich vor allem auch die Deutsche Jahrhundertausstellung zog, die so viele große und fast vergessene Künstler aus der Verborgenheit ans Licht zog. Bei dieser Gelegenheit ging ich in die Kunsthandlung von Paul Cassirer und fragte, ob man mir nicht die Adressen der Kunden geben könne für meinen Prospektversand. Ein allzu naiver Wunsch! Man riet mir: »Gehn Sie doch mal zu Meier-Graefe, das ist ein sehr gefälliger Herr, der kann Ihnen vielleicht helfen.« Ich suchte ihn auf. Er wohnte damals, mit Rudolf Alexander Schröder zusammen, in der Genthiner Straße. Ein großer, breitschultriger Mann mit lauter Stimme trat mir entgegen – alles andere als ein Ästhet. Er zog ohne weiteres ein Notizbuch aus der Tasche und sagte, darin stünden die Adressen aller Leute, mit denen er zu tun habe, die könne ich mir ja abschreiben. Wir kamen ins Gespräch. Auf einer großen Chaiselongue lag ein dickes rotgebundenes englisches Buch über William Hogarth. Ich fragte ihn, ob er sich etwa gerade mit Hogarth beschäftige, ich plane ein Buch über Goya und hätte gern auch einen Hogarth daran angeschlossen. Er erwiderte, er bereite jetzt eine englische Ausgabe seiner »Entwicklungsgeschichte der modernen Kunst« vor. »Sie *haben* doch die Entwicklungsgeschichte?« frug er, sich unterbrechend. Ich bejahte errötend. Für diese englische Ausgabe schreibe er nun ein Hogarth-Kapitel. Er sei eben in London gewesen, habe dort die Bilder studiert und nun erst gesehn, ein wie großer Maler dieser Hogarth sei, von dem man bei uns bisher immer nur die Stiche mit ihren Moralpredigten gekannt habe. Der Eindruck sei noch ganz frisch, er könne also gut ein kleines Buch über Hogarth schreiben. Wir einigten uns leicht.

Ich ging mit etwas schlechtem Gewissen fort, denn ich besaß damals die »Entwicklungsgeschichte« noch *nicht*, ließ sie mir aber nun ungesäumt kommen. Darin fand ich ein großes Kapitel über Hans von Marées.

Als ich dies gelesen hatte, sagte ich mir sofort: das ist der richtige Mann für das Marées-Buch! Ich schrieb ihm. Er hatte selbst nicht an ein eigenes Buch über den Künstler gedacht, ging aber sofort auf den Vorschlag ein.

Zunächst schwebte uns ein Werk mäßigen Umfangs vor. Als sich Meier-Graefe aber dann an die Arbeit machte, sah er bald, wieviel noch zu tun war. Die ganze Entwicklung von Marées lag noch im dunklen. Er suchte alle Orte in Deutschland und Italien auf, wo irgendwelche Spuren zu erwarten waren. Immer neue Bilder und Zeichnungen brachte er zutage. Aus Erzählungen und zerstreuten Briefen baute er mühevoll die Lebensgeschichte des Einsamen auf. Es bedurfte seiner ganzen Überredungskunst, Hildebrand dazu zu bringen, seine Zurückhaltung aufzugeben und all sein Material, auch den Briefwechsel, herauszurücken. In Florenz im Hause Hildebrands zog Meier-Graefe etwa ein Dutzend bedeutender Bilder ans Licht, die Marées dort, als er sich von Hildebrand getrennt hatte und nach Rom übergesiedelt war, zurückgelassen hatte. Sie hatten seit Jahrzehnten unbeachtet auf dem Speicher gelegen. Die »Abendliche Waldszene« war aufgerollt und hatte ein großes Loch. Jetzt ist sie ein Hauptwerk der Berliner Nationalgalerie. Da die Bilder auf Hildebrands Besitztum gefunden wurden, galten sie als dessen Eigentum. Hildebrand sagte von Meier-Graefe — wie ich fand, recht undankbarerweise! — er habe etwas von einem Detektiv.

Einen Sommer lang wohnte Meier-Graefe in Schleißheim beim Mesner im Alten Schloß und stand jeden Morgen um fünf Uhr auf, denn er war, wie er von sich sagte, sehr matinal.

Das Buch wurde aus einem Einbänder ein Zweibänder und schließlich ein Dreibänder. Es sollten alle Gemälde und fast alle Zeichnungen abgebildet werden. Mit dem Umfang des Werkes wuchsen selbstverständlich die Kosten. Die ursprüngliche Kalkulation war längst überschritten, und wir konnten uns schließlich nicht verhehlen, daß die Herstellung aller drei Bände zusammen gegen vierzigtausend Mark kosten würde. Ich hatte mich mit dem Buch in ein Abenteuer gestürzt. Die Mittel des Verlags waren damals noch sehr bescheiden. Wie sollte das Geld durch den Verkauf wieder hereinkommen? Da hatte Meier-Graefe eine ausgezeichnete Idee. Es wurde eine »Museumsausgabe« in dreißig Exemplaren hergestellt, und diesen wurden als Auszeichnung je drei Mappen beigegeben mit Photographien von

Zeichnungen, aufgelegt auf Karton, vor allem solcher, die in dem Buch selbst nicht reproduziert wurden. Der Preis des Exemplars wurde auf achthundert Mark festgesetzt und die Ausgabe brieflich Museen und Sammlern angeboten. Bevor noch das Werk ganz fertig war, lagen bereits Subskriptionen auf die Mehrzahl dieser Exemplare vor. Damit war schon die Hälfte der Gesamtkosten gesichert.

Bei der Witwe Konrad Fiedlers, der damaligen Frau Hofkapellmeister Balling, die in Garmisch wohnte, suchte Meier-Graefe nach Zeichnungen von Marées, die sich unbedingt im Besitze Fiedlers befunden hatten, aber seit langer Zeit nicht mehr zum Vorschein gekommen waren. Er fand sie endlich auf dem Grund einer alten Kommode. Damit wurden sehr große künstlerische Werte ans Licht gezogen. Als Belohnung erbat sich Meier-Graefe Frau Ballings Einverständnis dazu, eine Anzahl dieser Zeichnungen zugunsten des Marées-Werkes zu verkaufen. Frau Balling war einverstanden. Der Verkauf geschah durch die Kunsthandlung Arnold in Dresden. Von dieser habe auch ich meine beiden Zeichnungen erworben. Es war mir ein Bedürfnis, selbst etwas von Marées zu besitzen. Die beiden Blätter, ein »Wagenlenker« und eine Aktstudie zu den »Hesperiden«, sind noch heute Hauptstücke meiner graphischen Sammlung. Aus dem normalen Verkauf des Buchs allein wären die Kosten nie zu decken gewesen. Man hätte ohne diese Beihilfen den Ladenpreis so hoch ansetzen müssen, daß dadurch der Verkauf gehemmt worden wäre. Nun konnte der Preis gesenkt werden. Meier-Graefe selbst begnügte sich mit einer geringen Entschädigung für seine jahrelange außerordentliche Arbeitsleistung. Er war zeitlebens ein selbstloser Diener der Kunst.

Ein vorher ungeahnter Marées war aus dem Dunkel hervorgetreten. Die äußere Krönung von Meier-Graefes Arbeit bedeuteten die beiden von ihm zusammengebrachten großen Ausstellungen des Gesamtwerks in München und Berlin. Auch in Paris zeigte er die Hauptwerke. In der Münchner Ausstellung, die alle Räume der Neuen Staatsgalerie füllte, hörte ich einen Maler sagen: »Daß der Marées a großer Kinstler war, hätt' uns der Meier-Graefe aa net sag'n brauch'n, des ham mir eh scho g'wußt!« Nur schade, daß sich vorher niemand um ihn gekümmert hatte! Auch für mich war die Ausstellung ein Höhepunkt in meinem noch so jungen Verlegerdasein. Was war aus meinem Marées-Plan geworden! Meier-Graefe war weit, weit über das hinausgegangen, was mir je hatte vorschweben können.

Die Arbeit für Marées hatte noch viele produktive Folgen. Ein paar Jahre später schrieb Meier-Graefe ein kleines, allen zugängliches Marées-Buch. Dann erschien eine Sonderausgabe der Briefe. Außerordentlich fruchtbringend wurde die Gründung der Marées-Gesellschaft, zu der ich den Anstoß gab. Das kam so: Im Anschluß an die große Deußen'sche Schopenhauer-Ausgabe, von der ich schon im Kapitel über meine Lehrzeit erzählt habe, war eine Schopenhauer-Gesellschaft gegründet worden. Sie hielt ihre erste Tagung (Pfingsten 1913) in Frankfurt, der Schopenhauer-Stadt, ab. Mir hatten das Zusammensein mit so zahlreichen Persönlichkeiten, denen gleich mir Schopenhauer Entscheidendes bedeutete, die Vorträge, die Führungen durch die Gedenkstätten, die Ausstellung des Schopenhauer-Archivs viel Anregung gegeben. Auf der Heimfahrt in der Eisenbahn sagte ich mir: Da haben wir nun also eine Schopenhauer-Gesellschaft! Noch wichtiger wäre für den Verlag aber doch eine Gesellschaft, bei der es um künstlerische Dinge geht. Das kann nur eine Marées-Gesellschaft sein! Sie müßte der Marées-Forschung dienen, aber darüber hinaus für alle große Kunst eintreten. Für ihre Mitglieder müßte sie ein Jahrbuch, dazu illustrierte Bücher und Mappenwerke mit Originalgraphik und Faksimiles herausgeben. – Als ich diese Idee Meier-Graefe skizzierte, war er sofort Feuer und Flamme. Mit seiner Tatkraft, seiner Erfahrung (er war der Begründer des »Pan« gewesen) und mit seinen Verbindungen entwickelte er auch diesen Plan über meine ersten Andeutungen hinaus. Ich hatte, wie beim großen Marées-Werk, auch hiermit entbunden, wozu in Meier-Graefe alle Voraussetzungen bereitlagen. Eine der schönsten Mappen brachte Nachbildungen von Marées-Zeichnungen, so getreu, daß sie mit den Originalen fast verwechselt werden konnten. Dieser großen Mappe folgte später noch ein einfacherer Band, »Der Zeichner Hans von Marées«. Die künstlerische Welt Hans von Marées' war untrennbar verbunden mit der erkennerischen seines Mäzens Konrad Fiedler. Ich brachte deshalb seine »Schriften über Kunst«, zuerst 1886 bei Hirzel in Leipzig erschienen, neu heraus, vermehrt um einen zweiten Band aus dem bis dahin unerschlossenen Nachlaß. Auch verlegte ich das Buch des Siebenbürgers Hermann Konnerth über ihn. Erst jüngst erschien in einem knappen Band der Extrakt aus Fiedlers Lebensarbeit unter dem Titel »Vom Wesen der Kunst«, zusammengefaßt und eingeleitet von Hans Eckstein.

Adolf von Hildebrand widmete ich eine schöne Veröffentlichung: eine Mappe mit Reproduktionen von Aquarellen, Pastellen, Zeichnungen und Entwürfen, eingeführt von Alfred Baeumler.

So war der ganze Kreis um Hans von Marées durch meinen Verlag zu neuer erhöhter Wirksamkeit gelangt.

Die Arbeiten an dem großen Marées-Werk zogen sich jahrelang hin. In dieser Zeit reiften auch noch andere Bücher Meier-Graefes, zu denen die Vorarbeiten den Unermüdlichen schon lange beschäftigt hatten.

Im »Bayerischen Hof« in München hielt er einen Vortrag über französische Malerei. Auf einem Spaziergang im Nymphenburger Schloßpark schlug ich ihm vor, diesen Vortrag, erweitert um einige andere Arbeiten, als Buch zu veröffentlichen. Es wurden Aufsätze über Guys, Manet, van Gogh, Pissarro und Cézanne hinzugefügt, und daraus entstand der Band »Impressionisten«, der 1907 erschien.

Eine junge Malerin gab mir den guten Rat, für Akademieschüler und andere Leute, die nicht viel Geld hatten, billige Einzelbände über van Gogh und Cézanne herauszubringen, und so wurde zunächst der Van Gogh-Aufsatz dieses Buchs textlich ergänzt und in den Illustrationen stark vermehrt. Er erschien einzeln zum Preis von drei Mark und brachte es auf viele Auflagen. Dies war die erste meiner insgesamt sechs Van-Gogh-Publikationen. Bald schloß sich der Band über Cézanne an. Dieser fand aber bedeutend weniger Zuspruch. Cézanne war erst 1905 gestorben, sein Ruhm noch in den Anfängen. Nur selten waren bisher Bilder von ihm nach Deutschland gekommen, während in dem Münchner Kunstsalon von Brackl & Tannhauser an der Goethestraße eine große, Aufsehen erregende Van-Gogh-Ausstellung stattgefunden hatte. Dort lernte ich selber van Gogh zum erstenmal in seiner Bedeutung wirklich kennen. Seine Bilder hatten noch bescheidene Preise, sie kosteten durchschnittlich zweitausend Mark. Trotzdem wurde fast nichts verkauft. Noch bis an sein Lebensende erging sich Tannhauser in Selbstanklagen, daß er damals nicht die ganze Kollektion behalten habe, denn binnen kurzem hatten sich die Preise verzehnfacht.

Ich hatte Meier-Graefes »Entwicklungsgeschichte der modernen Kunst« nach jenem ersten Besuch bei ihm genau studiert und fand einen Hinweis auf die Sammlung Cheramy, die als schönste Delacroix-Sammlung nach dem Louvre bezeichnet wurde. Dazu stand in einer Anmerkung: »Siehe mein demnächst erscheinendes Spezialwerk über diese Sammlung (J. Hoffmann, Stuttgart)«. Ich fragte Meier-Graefe, wie es mit dieser Veröffentlichung stehe. Er meinte, das Manuskript liege schon lange bei Hoffmann, der würde es wahrscheinlich, ohne große Geschichten zu machen, abgeben. Meier-Graefe hatte das Manuskript zusammen mit Erich Klossowski abgefaßt. Dieser war damals auch in München, ein kleiner, zarter, blasser, dunkelhaariger Pole. Das Werk erschien dann tatsächlich bei mir – ein stattlicher Band in großem Format mit über hundert Lichtdrucktafeln. Ich hatte als selbstverständlich angenommen, daß diese Privatsammlung noch lange bestehn und infolgedessen das Werk darüber dauernd seinen Wert behalten werde. Zum großen Ärger Meier-Graefes ließ Herr Cheramy jedoch bald danach seine Sammlung versteigern. Er hatte die Publikation im stillen wohl von vornherein nur als Propaganda für die kommende Versteigerung betrachtet. Der Verlag ist mit den Kosten aber dann doch noch herausgekommen, und das Werk ist eine wichtige Quelle zur Geschichte der französischen und englischen Malerei geblieben.

Beim Zusammensein mit Klossowski erfuhr ich, daß er seit einiger Zeit an einem Werk über Daumier als Maler arbeite. Bisher kannte man in Deutschland nur den Lithographen und Karikaturisten. Seine Gemälde hingen zum guten Teil in französischen Privatsammlungen. Auf deutschem Boden befand sich kein einziges Bild von ihm. So wurde in diesem Buch ein großer Maler so gut wie neu entdeckt.

Im Jahre 1908 folgten Meier-Graefes »Große Engländer«, in dem vor allem die Porträtisten des 18. Jahrhunderts, Gainsborough und Reynolds, die Landschafter Turner und Constable und schließlich Whistler behandelt wurden. Auch hier erwies Meier-Graefe wieder sein starkes Qualitätsgefühl. Er stellte den ganz ursprünglichen Constable weit über die vielbewunderten Porträtisten der vornehmen englischen Gesellschaft und zeigte auch die Grenzen des virtuosen Geschmäcklers Whistler auf.

Das im Jahre 1904 bei Julius Hoffmann erschienene Hauptwerk Meier-Graefes, die von mir wiederholt genannte »Entwicklungsgeschichte der modernen Kunst«, war seit einiger Zeit vergriffen. Ich hatte inzwischen alle späteren Bücher von Meier-Graefe in meinem

Verlag vereinigt – vom Insel-Verlag hatte ich auch den »Jungen Menzel« und »Corot und Courbet« übernommen –, selbstverständlich bestrebte ich mich, auch dies Hauptwerk in meinen Verlag zu überführen. Ich legte Meier-Graefe eine Neuauflage dringend nahe.

Meier-Graefe hatte zunächst gemeint, er werde am Text nur ganz wenig ändern, und wollte diese Änderungen erst beim Korrekturlesen im Neusatz vornehmen. Er hatte Scheu davor, sich mit dem Buch nochmal genauer einzulassen. Er fürchtete, er werde es dann ganz neu schreiben. Ich wandte ein, daß diese nachträglichen Korrekturen doch ganz unnütze Kosten verursachen würden, und bat ihn, den Text durchzusehen, bevor er in Satz gehe. Was Meier-Graefe befürchtet hatte, trat ein: aus der Durchsicht des Textes wurde ein vollständig andres Buch. Meier-Graefe war ein viel zu lebendiger Mensch, als daß er den alten Text, so wie er war, nochmal neu hätte drucken lassen mögen. Er hatte inzwischen mit diesen Künstlern weitergelebt, und diese Erlebnisse mußten in das Buch hineingearbeitet werden. Fast alle Kapitel wurden ganz neu geschrieben. Hinterher sagten wir uns, daß es schade war, dem neuen Buche wieder den alten Titel gegeben zu haben.

Durch dies Werk Meier-Graefes wurde die lange Reihe der großen französischen Künstler des neunzehnten Jahrhunderts in Deutschland zum erstenmal wirklich sichtbar. Wer wußte, um nur einen Namen zu nennen, z. B. vorher viel von Delacroix? Cornelius Gurlitt hatte ihn in seiner »Deutschen Kunst des 19. Jahrhunderts« noch unter dem Schlagwort »die Romantik des Grausens« behandelt. Von den Fachgelehrten wurde Meier-Graefe freilich nach wie vor über die Achsel angesehen. Dabei war allein das Marées-Werk eine Leistung, auf der gar mancher Fachmann als auf seinem Lebenswerk ausgeruht hätte. Es wäre interessant, einmal festzustellen, wie oft die Namen Greco, Poussin, Delacroix, Courbet, Marées, Renoir vor dem Erscheinen der Bücher Meier-Graefes genannt wurden und wie oft in den Jahren nachher, was die Galerien vorher und nachher von ihnen besaßen. Dabei hat er viel auch für junge, noch unbekannte Künstler getan, ihnen Aufträge vermittelt und Käufer zugeführt.

Ich zeigte Meier-Graefe von Zeit zu Zeit meine Neuerwerbungen zeitgenössischer Graphik. Sein Urteil hatte drei Abstufungen. Höchstes Lob war es, wenn er nach längerer Betrachtung brummte: »Das hat etwas.« Ein Geltenlassen bedeutete es immer noch, wenn es hieß:

»Doll is es nich.« Aber ganz verworfen war ein Blatt, von dem er
sagte: »Das gönn' ich Ihnen!«

Meier-Graefe und ich waren sehr verschiedene Naturen. Es ist fast
zu verwundern, daß wir uns so gut verstanden. Wir fanden uns im
gemeinsamen Enthusiasmus für die Kunst. Einmal formulierte der
um zwölf Jahre Ältere, was ihm an mir gefiel: »Erstens, daß Sie aus
Ihrem Beruf keine Industrie machen, und zweitens, daß Sie aus Ihrem
Leben keinen Beruf machen. Zu dem ersten gehört Ihre Gewohnheit,
die von Ihnen zu verlegenden Bücher zu lesen, was man den wenigsten Verlegern modernen Schlags nachsagen kann. Auch folgt daraus,
daß wir uns nie über Honorare gezankt haben. Wir sind beide aneinander nicht reich geworden, aber haben zusammen etwas hingestellt,
das sich sehen lassen kann. Damit sollen nicht die Dinge verkleinert
werden, die Sie ohne mich gemacht haben. Dostojewskij genügt. (Dafür kann Ihnen Deutschland nie genug danken.) Ein Mensch, der so
energisch hinter seiner Sache her ist wie Sie, gerät leicht in Gefahr,
die Welt nur von seiner Sache aus zu sehen. Sie haben sich vor dem
Fachmännischen, das jeden Deutschen bedroht, zu wahren verstanden. Es gibt für Sie Dinge, die Sie nicht verlegen und Ihnen trotzdem
wichtig bleiben. Sogar eine ganze Menge. Und schließlich: Die Kunst
war Ihnen immer mehr wert als Ihre Haut. Etwas Besseres kann man
Ihnen nicht nachsagen.«

Meier-Graefe war ein ganz ursprünglicher Mensch. Sein Schreiben
über Kunst war ein Stück Heldenverehrung. Er hat immer nur über
die Künstler Bücher geschrieben, die ihn begeisterten. Nie hat er eine
unpersönliche »Gerechtigkeit« angestrebt. Das wäre ihm viel zu langweilig gewesen. Dabei hat er es ausgezeichnet verstanden, sich Feinde
zu machen. Mit wahrer Wonne hat er sich exponiert und Mißdeutun-
gen ausgesetzt. Man hat in ihm irrtümlich nur den einseitigen Vorkämpfer der großen französischen Impressionisten gesehn. Gewiß, er
hat für ihren Durchbruch in Deutschland Entscheidendes getan. Aber
Marées, Delacroix, Greco, Rembrandt waren die Künstler, vor denen
er kniete. Er vor allem war es, der den Plan einer Jahrhundertausstellung deutscher Malerei im Jahre 1906 faßte und verwirklichte,
obwohl Hugo von Tschudi, der Direktor der Nationalgalerie, verantwortlich zeichnete. Damit hat er der deutschen Kunst einen unver-

geßlichen Dienst getan. In dem Buche »Widmungen zu seinem 60. Geburtstag 1927« zeigte es sich, wie vielen Menschen er Wesentliches gegeben hat.

Während des Nazi-Regimes wurde Meier-Graefe — wider besseres Wissen — als Volljude verschrien, was einer Ächtung gleichkam.

Die Sache war so: Sein einer Großvater, Moritz Hermann Meier, der bedeutende Altphilologe, war allerdings Jude. Er starb als Rektor der Universität Halle. (Siehe den Artikel über ihn in Band 21 der »Allgemeinen Deutschen Biographie«.) Dessen Frau aber war »arisch«, Meier-Graefes Vater, ein bedeutender Industrieller, also Halbjude. Dieser heiratete Marie Graefe, Tochter des Majors Graefe, Schwester des berühmten Augenarztes Albrecht von Graefe. So ist Meier-Graefe nur noch »Vierteljude« gewesen — auf solche Bruchrechnungen legte man damals Wert! — und fiel nicht unter die berüchtigten »Nürnberger Gesetze«. Trotzdem wurden Neuauflagen seiner Bücher unmöglich gemacht. Der »Völkische Beobachter« verstieg sich überdies zu der Verleumdung, Meier-Graefe habe sich für Hans von Marées nur deshalb eingesetzt, weil der Großteil von dessen Bildern in seinem Besitz gewesen sei! (Er hatte in Wirklichkeit zwei oder drei frühe Bilder erworben, die durch seine Nachforschungen zutage gekommen waren.)

Was Marées selbst anbelangt, so erließ das Propagandaministerium eine geheime Order an die Presse, daß sein Name weder lobend noch tadelnd genannt werden dürfe. Einer der edelsten, ritterlichsten deutschen Künstler sollte also nach Möglichkeit der Vergessenheit ausgeliefert werden, weil er, der Sohn des Koblenzer Kammerpräsidenten Adolf von Marées, eine Jüdin zur Mutter hatte.

Im Jahre 1905, bei Gelegenheit einer Berliner Reise, suchte ich Karl Scheffler auf und bat ihn um Vorschläge. Er übergab mir seine gedankenvolle »notgedrungene Streitschrift«: »Der Deutsche und seine Kunst«, mit der er nachdrücklich die nationalistische Phrase und die falsche Romantik in der Malerei bekämpfte: »Es ist ein sehr ernster Entschluß«, hieß es da, »wenn man großen Teilen seines Volkes zu sagen sich unterfängt, sie seien gegen sich selbst in Fragen der Kunst unwahrhaftig.«

Auf einem merkwürdigen Umweg kam dann sein Liebermann-Buch

zu mir. Im September 1906 schrieb er: »Ich habe ein Manuskript über Max Liebermann druckfertig liegen, das ich Ihnen überlassen könnte. Dieses Manuskript hat eine Geschichte gehabt, die ich Ihnen vorher erzählen muß. Es ist entstanden im Auftrage der Firma Bruno Cassirer für ein Liebermannwerk, das mit Buchschmuck und mit sechs Originalradierungen von Liebermann in vornehmster Ausstattung als Subskriptionswerk erscheinen sollte. Da Liebermann also gewissermaßen Mitarbeiter war, mußte ihm der Text, der typographischen Arbeiten halber, vorgelegt werden, nachdem die Hälfte bereits gesetzt war. Er fühlt sich nun nicht genügend gelobt – um gleich den Kern zu fassen – und verweigert seine Mitarbeit. Um die Firma Cassirer nicht in Verlegenheit zu bringen und vor allem, um mich ganz zu emanzipieren, habe ich darauf das Manuskript zurückgezogen und gedenke es in einem anderen Verlag erscheinen zu lassen. Am liebsten bei Ihnen. Über die objektive Haltung des Buches ist genug gesagt, wenn Sie einerseits meinen Standpunkt zur Kunst betrachten und andererseits Liebermanns Empfindlichkeit. Die Umstände erlauben es nun freilich nicht, daß dem Buch Bilder beigegeben werden. Ich würde das Buch darum vor allem gern in Ihrem Verlag erscheinen lassen, weil es, zusammen mit dem ›Deutschen und seine Kunst‹ ein Ganzes bildet. Wer mich nach der Lektüre der Streitschrift der blinden Impressionistenverehrung schuldig glauben könnte, wird durch den ›Liebermann‹ besser belehrt werden.« Ich griff mit Freuden zu. Es konnten dem Buche dann doch etwa vierzig Werke Liebermanns als Bildtafeln beigegeben werden. Da ich das Manuskript erst im September erhielt, war die Zeit schon sehr knapp, wenn das Buch noch vor Weihnachten erscheinen sollte. Und das war damals für den Verkauf fast eine Lebensfrage. Große Teile des Publikums kauften nur einmal im Jahr Bücher – zu Weihnachten, und ließen sich dann Zeit bis wieder übers Jahr. Die Druckherstellung mußte deshalb überhetzt werden. Die zur Eile angetriebene Buchbinderei heftete die Bildtafeln ein, ehe sie noch ganz getrocknet waren, und als ich die fertigen Exemplare aufmachte, waren manche Bilder wie mit weißen Pünktchen übersät. Welcher Schreck für den Verleger! Ich zahlte Lehrgeld. Später habe ich in solchen Fällen ruhig das Frühjahr abgewartet.

Das Buch ging nicht, auch abgesehen von den weißen Pünktchen. Einige Zeit später wurde es verramscht, um so doch einen Teil der Kosten decken zu können – sehr zum Unmut des Autors. Aber im

Jahre 1912 erschien dann eine völlig neue Fassung des Buchs, das in seiner ersten Form zu zwei Dritteln eine Psychologie der modernen Kunst überhaupt gegeben und nur zu einem Drittel von Liebermann gehandelt hatte. In dieser neuen Auflage brauchte sich Liebermann dann auch nicht mehr über mangelndes Lob zu beklagen. Scheffler hatte seine Kunst inzwischen immer rückhaltloser schätzen gelernt. Und 1922 kam noch einmal eine Neuauflage heraus, ergänzt um das letzte Jahrzehnt des Liebermannschen Schaffens.

Schon in meiner Berliner Gehilfenzeit hatte ich mich in die buddhistischen Übersetzungen Karl Eugen Neumanns versenkt. Ich war in jenen Jahren ergriffen von der Vergänglichkeit und dem Leiden der Welt. Manche nennen das etwas überlegen lächelnd »Weltschmerz« und erklären es für eine Erscheinung der Pubertätsjahre. Aber es ist doch ein zeitlos tiefes Gefühl, in dem die Geister aller Zeiten übereinstimmen: Buddho, die griechischen Tragiker, Michelangelo, Pascal, Jean Paul, Schopenhauer. Die »Meeresstille des Gemüts«, zu der Buddho den Weg zeigt, erschien mir als ein Ziel, aufs innigste zu wünschen.

Sogleich nachdem ich meinen Verlag gegründet hatte, schrieb ich an Karl Eugen Neumann in Wien. Ich schlug ihm fürs erste ein philosophisches Brevier vor, hervorgewachsen aus dieser Übereinstimmung der Geister. Neumann hatte in Anmerkungen zu den buddhistischen Texten viele Parallelstellen aus der Weltliteratur herangezogen. Daher glaubte ich ihn für die Aufgabe gut vorbereitet. Er besann sich lange und sagte dann zu. Er gedachte das Buch »Arische Denkerfahrten« zu nennen. Aber es kam dann doch nicht zustande.

Er bot mir aber ein kleines Manuskript an, das er liegen hatte: »Krischnas Weltengang«, und schrieb dazu: »Es ist die erste indische Mythologie, die erscheinen wird, auf Grund der Originalurkunden sorgsam ausgearbeitet. Es liest sich wie eine spannende Novelle und ist doch eines der schönsten Denkmale aus der klassischen hindostanischen Heroenzeit.« Gerne ging ich darauf ein.

Dann aber trug er mir ein monumentales Werk an, die »Längere Sammlung der Reden Buddhos« in vier großen Bänden. Es war die erste deutsche Übersetzung dieser grundlegenden Texte. Neumann hatte sein ganzes Leben der Verdeutschung der Heiligen Schriften des

Buddhismus geweiht. Er hatte sich auf Ceylon mit gelehrten buddhistischen Mönchen unterredet und war bis zum Geburtsort Buddhos am Südabhang des Himalaja vorgedrungen.

Die Lehre Buddhos geht von dem Leiden als der Grundtatsache des Daseins aus. Er will das Leid besiegen oder doch vermindern helfen. In den Sprüchen des »Wahrheitpfads« (Dhammapadam) heißt es:

Ein jedes Wesen scheuet Qual,
Ein jedes Wesen flieht den Tod:
Erkenn dich selbst in jedem Sein
Und quäle nicht und töte nicht.

Zu keinem rede hart und rauh,
Leicht möchte er's erwidern dir;
Gar schmerzlich, ach! ist Zank und Streit,
Zu Tätlichkeiten kommt es bald.

Gelangst in Aufruhr nimmer du,
Gleich einer Glocke, die zersprang,
So hast Nibbanam (Nirwana) du erreicht,
Kein Sturmgeläute gibt es mehr.

Oh, wie so glücklich leben wir,
Gierlos unter den Gierigen!
In dieser gierverzehrten Welt
Verweilen giergesundet wir.

Ein Sieg erzeuget Wut und Haß,
Besiegte leben unglücklich;
Glücklich lebt der Beruhigte,
Gleich fern von Sieges Lust und Not.

Wer seinen raschen Zorn anhält
Wie ein Gespann in vollem Lauf,
Den nenne Wagenlenker ich;
Nur Zaumhälter sind andere.

Durch Sanftmut triff den Zornigen,
Den Bösen durch die gute Tat,
Schenkend besieg den Geizigen,
Den Lügner durch das wahre Wort.

So ertönte das Wort Buddhos, feierlich erhaben, ein halbes Jahrtausend vor Christus.

Ich bin Karl Eugen Neumann nie persönlich begegnet. Er war der Sohn des Leipziger und später Prager Theaterdirektors Angelo Neumann, eines frühen Vorkämpfers des Wagnerschen Opernwerkes. War das Leben des Vaters ganz Aktivität nach außen gewesen, so hatte sich das des Sohnes mit gleicher Intensität nach innen gekehrt. Er lebte mit seiner Frau und seiner alten Mutter völlig zurückgezogen nur seiner großen Aufgabe. Am Morgen seines 50. Geburtstages starb er.

Was ich schon lange geplant hatte, kam nun zur Ausführung. Ich sammelte seine bei mehreren Verlegern verstreuten Übersetzungen und vereinigte so in meinem Verlag das gesamte deutsche Buddho-Werk. Ein begeisterter Schüler Neumanns, selbst ein Kenner des Urtextes, half mir, es mehr und mehr durchzusetzen. Eine einheitliche Ausgabe, zehn Bände in Taschenformat, wurde gedruckt. Dichter, Philosophen, Historiker legten Zeugnis ab für die Bedeutung des Werks. So schrieb — um nur einige Stimmen zu zitieren — Gerhart Hauptmann: »Die Reden Buddhos in Karl Eugen Neumanns Übertragungen sind ein herrliches Werk und für das religiöse Leben Deutschlands von unabsehbarer Bedeutung. Buddhismus, in Form eines bewunderungswürdigen Sprachdenkmals gegenwärtig geworden, ist nun seines Heimatrechts im deutschen Kulturbereich nicht mehr zu entkleiden.« Hermann Hesse sagte aus: »Keine frühere oder spätere Übersetzung kommt der Neumanns irgend gleich. Der sanfte, feierliche, würdige Tonfall der Reden des Buddho ist in diesen Verdeutschungen wunderbar echt und lebendig geblieben.« Alfred Döblin äußerte sich: »Hier ist Helligkeit, Klärung und niemals Spekulation. Welch Glück, welche Stärkung für alle Menschen!« Hugo von Hofmannsthal widmete dem Werk einen großen Aufsatz, der im dritten Band seiner Gesammelten Werke zu finden ist. Der Philosoph Edmund Husserl hatte sich zunächst gesträubt, sich mit dem Werk einzulassen, dann aber schrieb er: »Nachdem ich einmal angefangen, konnte ich davon gar nicht mehr loskommen. Ein herrlicher Schatz!

Neumanns Nachgestaltung ist unschätzbar für jeden, der an der ethischen, religiösen, philosophischen Erneuerung unserer Kultur interessiert ist.« Houston Stewart Chamberlain ließ sich aus Bayreuth vernehmen: »Über die Qualität der Übersetzung Karl Eugen Neumanns ist schon längst nichts mehr zu sagen, denn sie ist allgemein anerkannt als vortrefflich. Ich erinnere mich gut, wie mein sehr verehrter Freund Leopold von Schröder, der berühmte Indologe, mir sein Staunen und seine Bewunderung über diese Leistung in beredten Worten aussprach.« Auch aus dem Ausland kam Widerhall. Maeterlinck schrieb: »L' un des plus hauts sommets qu'ait atteint la pensée de l'homme, nous est enfin éveillé dans toute sa vérité, dans toute son ampleur, et qu'ainsi Karl Eugen Neumann, trop longtemps inconnu, a rendu à l'humanité l'un des plus grands services qu'il soit possible de lui rendre.« Romain Rolland: »Le génie de Neumann est fait d'abrégation si pure qu'il se fait oublier. Il s'est si parfaitement assimilé la forme et l'esprit du Maître qu'il s'est fondu en lui.« Bernard Shaw erklärte: »I can say that in placing a complete translation of the Buddhist canonical scriptures within the reach of the German people you are rendering as great a public service as that of the first publishers of Luther's translation of the Bible, and I hope your enterprise will be adequately rewarded.«

Unmittelbar nach Gründung des Verlags begann ich auch den Plan einer Taschenbibliothek zu verwirklichen. Ich gab ihr den Namen »Die Fruchtschale«. Sie sollte auf schöner Schale edle Früchte bieten. Auf die »Chinesische Lyrik« hatte mich schon in meiner Berliner Gehilfenzeit Arno Holz hingewiesen. Jetzt übersetzte sie, und zwar in Prosa, der Königsberger Hans Heilmann. Das Gegenstück dazu, die »Japanische Lyrik«, ergab sich aus meiner Beschäftigung mit den japanischen Holzschnitten, in deren Fläche die Künstler oft kurze, zart pointierte Gedichte geschrieben hatten. Julius Kurth verdeutschte sie. »Liebesgedichte der griechischen Anthologie« sammelte Otto Kiefer. Entzückt schrieb Josef Hofmiller darüber: »Wer Sinn für die hellenischen Epigramme hat, als die zierlichste und prägnanteste Form der Lyrik, Sinn für die holde und schwebende Leichtigkeit dieser Distichen, für ihre lockere und zärtliche Anmut, dem mag das Buch eines der köstlichsten werden, die er kennt.«

Vor allem sollte die Sammlung Begegnungen mit Persönlichkeiten vermitteln, die das Leben heftiger, tiefer, bewußter erlebten und uns anderen davon abgeben konnten. Darum überwiegen die Aphorismen und die Tagebücher. Jeder Band sollte ein nahrhafter Extrakt sein, in der ganzen Sammlung durfte keine langweilige Seite vorkommen.

Chamfort, den unerschrockenen Aphoristiker und Anekdotenerzähler der Französischen Revolution, hatte ich in Paris schätzen gelernt. Ihm gesellte sich Vauvenargues, der Freund Voltaires, von dem der berühmte Satz stammt: Die großen Gedanken kommen aus dem Herzen.

Auf Friedrich Schlegels »Fragmente und Ideen« wurde ich durch Ricarda Huchs »Blütezeit der Romantik« aufmerksam. Leider konnte sie selbst sich nicht entschließen, die Herausgabe, die ich ihr antrug, zu übernehmen. So mußte ich mir jemand anderen suchen. Ich fand ihn in dem jungen Germanisten Franz Deibel. Den Band »Jean Paul als Denker« redigierte Dr. S. Friedlaender, der als Dichter unter dem Pseudonym Mynona auftrat. Er war einer der Juden, die sich um diesen deutschesten – aber von den Deutschen so sehr vernachlässigten – Dichter bemüht haben, wie schon zu Jean Pauls Lebzeiten sein Freund Osmund und in unsern Tagen der Herausgeber der kritischen Gesamtausgabe, Eduard Berend. Bereits mein Vater hatte sich als Bürgermeister von Penzlin mit dem Gedanken getragen, Jean Paul durch eine gründliche Abkürzung »lesbar und verdaulich« zu machen, wobei er sich auf Herder, den Freund des Dichters, der schon den gleichen Wunsch gehegt hatte, berufen konnte. Er fand aber keinen Verleger. Sein Bestreben, für den Dichter »etwas zu tun«, war auf mich übergegangen. Kürzlich meldete die Presse, Friedlaender, von dem ich seit Jahrzehnten nichts mehr gehört hatte, sei in Paris in tiefer Armut gestorben. Ich werde seinen Jean-Paul-Band in der im Winter 1946 neubegründeten »Piper-Bücherei« wieder aufleben lassen.

Ein sudetendeutscher Volksschullehrer, Paul Josef Harmuth, stellte aus den Schriften und Briefen Adalbert Stifters eine »Selbstcharakteristik« des Dichters zusammen – eines der ersten Bücher, die nach langer Zeit wieder auf Stifter aufmerksam machten.

Platens »Tagebücher« zeigten zum erstenmal unverhüllt das Ringen dieser vom Eros gequälten Natur. Erich Petzet gelang es, die Auswahl so zu treffen, daß sie den Eindruck einer nach künstlerischem Prinzip sich aufbauenden Selbstbiographie machte. Anschließend brachte ich dann noch die große zweibändige Biographie des Dichters von Rudolf Schlösser, dem Jenenser Universitätsprofessor — eine der eingehendsten, die je einem deutschen Dichter gewidmet wurden. Zu dem Vielverkannten bin ich noch mehrmals zurückgekehrt. In Ansbach stand ich vor seinem Geburtshaus und viele Jahre später in Syrakus an seinem Grab unter den Palmen und Zypressen der Villa Landolina.

Zu den Menschen, die nur in ihren Tagebüchern fortleben, gehört der Genfer Philosoph Henri Frédéric Amiel. Er war zu fein organisiert für diese robuste Welt, von der das Wort gilt: Homo homini lupus — der Mensch für den Menschen ein Wolf. Eines Tages werde, so hoffte er, der Mensch im Gegenteil menschlich sein sogar gegen den Wolf: Homo lupo homo.

Von dem großen amerikanischen Dichter und Denker Walt Whitman waren bis dahin nur die »Grashalme« bekannt. Ich hätte, geschäftlich gesehn, wohl besser getan, diese Dichtungen in noch einer Übersetzung herauszubringen, statt seiner unbekannten und etwas spröden Prosaschriften. Vor allem hätte ich den Band niemals schlechtweg »Prosaschriften« betiteln dürfen. Das war gar zu farblos. In ihnen atmet die freie Natur, das Meer, Bäume und Tiere. Sie handeln von Individuum und Demokratie, von den künftigen Aufgaben Amerikas. Whitman setzt sich mit Homer und Shakespeare, mit Carlyle und Emerson, mit den Deutschen Hegel und Schelling auseinander. Der ganze Band zeugt »von der großen Unruhe, von der wir ein Teil sind«. Diese Schriften sind noch heute ganz und gar unausgeschöpft. Sie werden, ebenso wie die Aphorismen Jean Pauls, in der Piper-Bücherei jetzt erneuert.

Heinrich Seuse, der Mönch vom Bodensee, der »minniglichste« unter den deutschen Mystikern, lehrt die große Gelassenheit vor den Dingen der Welt. Wilhelm von Scholz nahm sich der Neuausgabe an.

Jakob Böhme, der Görlitzer Schuster, war der erste deutschschreibende Philosoph, er spekulierte in großartigem Tiefsinn sprachschöpferisch über Gott, Welt und Mensch. Josef Grabisch besorgte die Auswahl. In diesen beiden Bänden kamen die deutschen Gottsucher zu Wort. Den Band des schlesischen Grüblers sandte ich an Carl Hauptmann und Hermann Stehr, die schlesischen Dichter, bei denen ich mit Recht besondere Bereitschaft für ihn vermutete.

Der Elsässer Jörg Wickram hatte um 1570 zu Colmar den Roman

WALT
WHITMAN
PROSASCHRIFTEN

DIE FRUCHTSCHALE

R.
PIPER
& CO VERLAG

Einer der ersten Bände der Reihe »Die Fruchtschale«. 1905

»Der Goldfaden« geschrieben und Clemens Brentano ihn 1809 sprachlich erneuert. Nun schlug Paul Ernst eine Neuausgabe vor. Die Einführung, die er dazu beisteuerte, war etwas sonderbar. Er stellte da den »Don Quichotte« wegen seines Mangels an »poetischem Gefühl« und »hoher Gesinnung« tief unter den braven, so edelmütig denkenden Wickram. Rabelais nannte er einen »ebenso üblen Schriftsteller wie Cervantes« und Fischart, dies deutsche Sprachgenie, ließ er nur als »niedrigen Spaßmacher« gelten! Die »Irischen Elfenmärchen« hatten die Brüder Grimm übersetzt und gepriesen. Trotzdem fand meine Neuausgabe nur wenig Gegenliebe. Erheiternd war es, wenn, statt irischer, »frische« Elfenmärchen bestellt wurden.

Paul Wiegler fügte einen Band »Französisches Theater der Vergangenheit« zusammen aus Szenen und Abhandlungen von Corneille, Scarron, Molière, Diderot, Rousseau und anderen. Da wurde in mir die Erinnerung an die Molière-Aufführung wieder lebendig, die mich im Théâtre Français begeistert hatte. Wiegler war ein profunder Kenner der Materie. Fast der Hauptakzent des Buches liegt auf der hundertseitigen, figurenwimmelnden Einleitung, in der er die Gestalten längst vermoderter Acteurs und Actricen wieder ins frische Leben heraufbeschwört. Wiegler hat dann für mich auch noch Balzacs »Dreißig tolldreiste Geschichten« und Anatole Frances »Bratküche zur Königin Pedauque« vorzüglich verdeutscht.

Karl Röttger sammelte die »Moderne Jesusdichtung« von Novalis, Brentano und der Droste bis zu Dehmel und Morgenstern. Sie trug mir die erste, noch ganz flüchtige Beziehung zu Morgenstern ein, die sich dann später zu einer so bedeutungsvollen und fruchtbaren entwickelte.

Uralte bayrisch-österreichische Volksüberlieferung wurde in dem Band »Deutsche Weihnacht in Spiel und Lied« bewahrt und erneuert. Arthur Bonus, der protestantische Theologe, leitete ihn ein. Bis ganz nahe an die Gottheit selbst klettert in diesen Spielen der Humor heran – vermag der Deutsche doch mit der Ehrfurcht selbst die Burleske zu verbinden. Ein herzrührendes Buch! Es ist das einzige der großen Reihe, das es zu einer zweiten Auflage brachte.

Am liebsten möchte ich aus jedem der neunzehn Bände, die alle längst vergriffen sind, eine kurze Stelle ausheben und hier anführen, ist doch kein Band darunter, der nicht mehr so lebendig wäre wie vor vierzig Jahren! Aber mein Buch schwillt ohnehin immer mehr an. Ich muß mir Einhalt gebieten.

Die Gunst des Publikums war der »Fruchtschale« nicht hold. Ich wollte mit jedem Band etwas Neues, Unabgegriffenes bringen, wollte den umlaufenden geistigen Bestand auffrischen und bereichern. Es wäre aber praktischer gewesen, das dutzendfach Gedruckte, Altvertraute nochmals zu drucken. Die Hälfte aller Bücher wurden zu »Geschenkzwecken« gekauft, und da mochte das Publikum mit Unerprobtem kein Risiko laufen.

Ein Buch, das meinem Verlagsgebiet fernlag, mir aber durch die Person des Verfassers um so näherstand, war die »Burgenkunde« meines Vaters. Als sie im Jahre 1905, zehn Jahre nach ihrem ersten Erscheinen, vergriffen war, lag es nahe, daß mein Vater sie seinem Sohn in Verlag gab. Der erste Verleger, Theodor Ackermann, ärgerte sich darüber und suchte das zu verhindern. Er machte schließlich sogar geltend, die Klischees seien sein Eigentum und er könne und werde sich zu ihnen von irgend jemand anderm einen neuen Text schreiben lassen. Doch drang er mit dieser Drohung nicht durch. Mein Vater hatte das Werk auf Grund seiner vielen Burgenfahrten inzwischen ganz neu bearbeitet. Ich honorierte ihm die zweite Auflage mit dreitausend Mark. 1911 erschien dann noch eine dritte. Bei dieser Gelegenheit wollte mein betagter Vater zugleich das Recht für alle Zukunft abgeben und er erhielt so, wie er es wünschte, für die dritte und die folgenden Auflagen fünftausend Mark. Es kam aber nur noch zu dieser dritten Auflage. So konnte ich meinem Vater insgesamt achttausend Mark Honorar auszahlen – zweitausend Mark mehr, als er mir für die Verlagsgründung zur Verfügung gestellt hatte. Das war mir eine große Genugtuung.

Im Jahre 1941, zum hundertsten Geburtstag meines Vaters, wollte ich das um deutsche Kulturgeschichte, um Heimatkunde und Denkmalspflege hochverdiente Werk nochmals drucken lassen, doch ließ sich das mitten im Krieg nicht durchführen.

In mein Verlegerzimmer kamen viele Dichter mit sehr verschiednen Physiognomien. Ich kann sie hier nicht alle näher charakterisieren. Die meisten von ihnen haben in den Literaturgeschichten von Paul Fechter oder Joseph Nadler ihre Stelle gefunden.

Den Anfang machte der Dramatiker Franz Dülberg, der mir seinen
»König Schrei« brachte. Als zweiter folgte Karl Schloß aus Alzey in
Hessen mit einem Band »Gedichte«. Dieser organisierte ein »Sammel-
buch neuer deutscher Dichtung«, das als voluminöser »Münchner Almanach« im Jahre 1906 erschien. Wilhelm Worringer, der sich damals
noch nicht endgültig der Kunstgeschichte verschrieben hatte, war daran
mit einem sarkastischen Essay über Frank Wedekind beteiligt. Hermann Eßwein gab eine Deutung Knut Hamsuns, von der ihm der
Dichter schrieb, sie sei »finer and deeper than on my side deserved«.
Wilhelm Michel, Oskar A. H. Schmitz, Rudolf Johannes Schmied steu-
erten Erzählungen bei, Otto Falckenberg, Dülberg und Georg Fuchs
dramatische Szenen. Mit Gedichten waren Wilhelm von Scholz, Leo
Greiner, Emanuel von Bodman, Alexander von Bernus vertreten, Walter Braunfels mit einer Komposition des »Rautensträuchleins« aus
»Des Knaben Wunderhorn«. So hatte sich hier viel in die Zukunft
weisendes Dichterleben zusammengefunden, und der »Münchner Almanach« hätte ein alljährliches Erscheinen verdient. Aber außer den
Dichtern selber interessierten sich nur wenig Leute für ihn. Er mußte
sich mit diesem einen Mal begnügen.
Nicht alle die angeknüpften Fäden ließen sich weiterspinnen, wie das
bei Wilhelm Michel aus Metz der Fall war. Sein romantischer Gedichtband »Der Zuschauer« war einer der wertvollsten jener Zeit. Mit
seinem großen Essay über Hölderlin, den ich in etwas feierlicher Form
druckte, half er eine Periode erneuter Wirkung des lange fast vergessenen Dichters heraufführen. Unter dem Motto »Das Schaudern ist
der Menschheit bestes Teil« schrieb er auf meinen Wunsch eine Betrachtung über das »Dämonische und Groteske in der Kunst«, die ich
mit mehr als hundert Bildern überschüttete. Diese reichten von den
mittelalterlichen Chimären bis zu Munchs Vision vom »Geschrei in
der Natur«. Das Heft, in dem sich die Schrecken häuften, brachte es
auf 25000 Exemplare.
Rudolf Johannes Schmied erzählte in »Carlos und Nikolas« bestrickend
und farbig von seinen Kinderjahren in Argentinien. Heinrich Mann
pries das Buch in einem Aufsatz »Doppelte Heimat«. Er selbst übergab mir zwei mit blendender Artistik gestaltete Erzählungen »Mnais«
und »Ginevra«. Hugo Eick dichtete seine charaktervolle »Nordische
Landschaft«. Ein entfernter Vetter von mir, Kurt Piper, entfachte
»Tellurische Feuer«, der Ostpreuße Walther Heymann, der zu Anfang

des Weltkriegs fiel, ließ seinen »Springbrunnen« steigen. Margarete Susman und Thassilo von Scheffer, der spätere Homer- und Hesiod-Übersetzer, traten mit je einem Band »Neue Gedichte« auf den Plan. Die Gedichte Friedrich Kurt Benndorfs, des Bruders meines Gönners, wurzelten in der Erzgebirgs- und Elbenatur.

Von Erich Mühsam, dem Bohèmien und Edelanarchisten, der zehn Jahre darauf bei der Ausrufung der Bayrischen Räterepublik eine Rolle spielte, nahm ich in einer schwachen Stunde eine schwache satirische Komödie »Die Hochstapler« an.

Der Zeichner Richard Seewald brachte eines Tages ein Manuskript mit ulkigen Gedichten, zu denen er Vignetten zeichnen wollte. Sie stammten von einem Unbekannten namens Hans Bötticher, der später als Joachim Ringelnatz berühmt wurde. Mit dem Alten Fritz auf dem Deckel erschienen sie als sein erstes Buch unter dem Titel »Die Schnupftabakdose. Stumpfsinn in Versen und Bildern«. Das Bändchen ist eines meiner seltensten Verlagswerke geworden. Selbst im Archiv ist es nicht mehr vorhanden, es wäre mir ein Vergnügen gewesen, hier ein paar Verse daraus zu zitieren.

Das war eine bunte Reihe, vielfach vom Zufall zusammengeführt. Auch die Ausstattung dieser Bücher war bunt und zufällig. Fast jeder Autor brachte nämlich einen befreundeten Zeichner oder eine Kunstgewerblerin mit, denen er einen Auftrag zuwenden und die er an seinem Ruhm teilnehmen lassen wollte.

Willy Seidel, der Schwager Heinrich Wolfgang Seidels und Bruder Inas, übergab mir zwanzigjährig im Jahre 1907 seinen Erstling »Der schöne Tag« mit Gedichten, kleinen Erzählungen und dramatischen Szenen. Die darin enthaltene Skizze »Donna Anna« rief, wie seine Schwester in dem Nachlaßband sagte, bei manchem Leser ein fast befremdetes Erstaunen hervor über die an Virtuosität grenzende Sprachbeherrschung, die kühle und kühne Linienführung und den gelassenen Abstand eines so jungen Dichters von seinem Gegenstand. Von ihm, dem viel zu früh Gestorbenen, habe ich jetzt in der Piper-Bücherei drei Erzählungen wiedergedruckt: »Yali und sein weißes Weib«, »Das Weinen Paquitos« und »Der neue Gott«. Einige seiner außerordentlich suggestiven, exotischen Romane werde ich folgen lassen, darunter die von Thomas Mann gerühmten »Schattenpuppen auf Java«.

Ich muß zurückgreifen. Schon zugleich mit dem Arno-Holz-Konflikt im Sommer 1906 begann es auch in meinem Verhältnis zu Müller zu kriseln. Bei dem schnellen Anwachsen seines eignen Verlags war es ihm bald lästig, auch noch mit einem Verlag behaftet zu sein, den er mit einem andern teilte. Er ließ es mich immer deutlicher merken, daß er mich los sein wolle. Unser Vertrag lief zwar fünf Jahre, und von diesen waren erst zwei verstrichen. Aber was half mir ein Teilhaber, der mir mit Unlust gegenüberstand? Müller hatte seinen Verlag mit enormer Arbeitskraft ungewöhnlich schnell ausgedehnt. Seine vielen Unternehmungen machten ihm Sorgen, er brauchte sein Geld für den eignen Verlag nötig genug.

Ich konnte ihm seine Hälfte nicht abkaufen und mich ganz auf eigene Füße stellen, dazu fehlte mir das Kapital. So mußte ich mich nach einem neuen »Co« umsehen. Zum Glück fiel mir Dr. Kurt Bertels ein, der vor einiger Zeit bei Müller als Volontär gearbeitet hatte und jetzt wieder in München auftauchte.

Für einige Sommerwochen hatte ich mein Quartier in Schleißheim aufgeschlagen, in einem Bauernhaus am Kanal, der schnurgerade von Dachau her durchs Moos am Schloßpark entlang zur Isar zieht. Bertels besuchte mich manchmal dort draußen. Rundherum an den weißgetünchten Wänden meines niedrigen Zimmers hatte ich die in Paris gekauften Caprichos von Goya mit Reißstiften wie einen Fries befestigt. Das gefiel ihm sehr, im Zeichen Goyas verstanden wir uns gut, unsere Gespräche wurden wärmer und freundschaftlicher. An ihn wandte ich mich mit der Frage, ob er Lust habe, an Müllers Stelle zu treten. Am liebsten hätte er seine an kein Programm gebundene Existenz weiter fortgesetzt. Andrerseits leuchtete es ihm doch ein, daß er auf diese Weise zu einem festen Mittelpunkt für seine herumschweifenden literarischen und künstlerischen Interessen komme. Aber er brauchte lange, bis er sich entschloß.

Da sowohl Müller als mir daran lag, zu einem Resultat zu kommen, konnte er nach beiden Seiten hin vorteilhafte Bedingungen erreichen. Im September 1906 unterschrieben wir unsern Vertrag. Bertels verpflichtete sich mir gegenüber zu keiner bestimmten Mitarbeit. Ich erhielt für meine Mehrleistung eine Vergütung von jährlich ganzen eintausend Mark. Bertels war aber ein viel zu lebhafter Geist, um sich nicht auch seinerseits der Verlagsdinge anzunehmen. Dabei war es nicht immer einfach, mit ihm auszukommen. Er konnte aus einer

Mücke einen Elefanten machen. Im Katalogband des großen Marées-Werks, das ich mit ihm zu Ende führte, wollte er die breitformatigen Bilder, um sie größer reproduzieren zu können, auf die Seite stellen, so daß man das Buch beim Betrachten hätte drehen müssen. Das hätte ein fortwährendes Hin- und Herschieben des dicken Bandes zur Folge gehabt. Meier-Graefe war dagegen, und ich mußte ihm recht geben. Bertels aber verbiß sich in seine Ansicht und betrachtete es als Ehrenpunkt, nicht nachzugeben. Er verstieg sich dazu, sich mit Meier-Graefe deswegen duellieren zu wollen, und rief im Verlag laut aus: »Ich werde ihm schon ein paar blaue Bohnen in die Beine schießen!« Schließlich konnte ich ihn aber doch zur Vernunft bringen.

Wir mieteten Hohenzollernstraße 23 im Gartenhaus ein Büro mit drei Zimmern. So bekam der Verlag zum erstenmal ein selbständiges Unterkommen. Ich selber hatte bis dahin bei meinen Eltern gewohnt, nun richtete ich mich, so gut es ging, im Verlagslokal ein.

Das Personal – wie man damals noch sagte – bestand aus fünf Köpfen: aus zwei Expedienten, einer Kontenführerin, einer Stenotypistin, die zugleich die Buchhaltung besorgte, und einem Volontär. Meine Schwester Gertrud las verantwortlich die Korrekturen. Wir hatten keinen Hersteller, keinen Propagandisten, keinen Lektor – diese Arbeiten erledigten wir alle selbst. Die Hauptauslieferung besorgte das altbewährte Kommissionshaus F. Volckmar in Leipzig, bei dem wir ein vollständiges Verlagslager unterhielten.

Die »Modernen Illustratoren« von Hermann Eßwein waren bis zum achten Band, der Beardsley behandelte, fortgeführt worden. Mir kam die Idee, ihnen eine zweite Reihe unter dem Titel »Klassische Illustratoren« anzugliedern. Ich dachte da an Bände über Goya, Daumier, Hogarth, Brueghel und andere. Die Unterscheidung zwischen klassischen und modernen Illustratoren war allerdings etwas äußerlich. Inwiefern war Daumier klassischer als Oberländer? Er war nur schon tot.

Als ich Meier-Graefe zum erstenmal in Berlin besuchte, hatte ich, wie schon erzählt, einen »Hogarth« mit ihm vereinbart. Das war ein guter Anfang. Ich schlug nun Bertels, der noch nie über Kunst geschrieben hatte, vor, als Herausgeber dieser Serie zu zeichnen und selbst den Goya zu übernehmen. Er war davon entzückt, fuhr nach Madrid und studierte den Künstler an der Quelle. Von dort brachte er ein schönes Exemplar der Goyaschen »Proverbios« mit, das wir untereinander teilten. Später übernahm er auch noch den Band über »Daumier als Lithographen« und fuhr dazu nach Paris. Seinen Texten wurde von der Kritik nachgerühmt, daß sie »heißblütig« seien.

Dem jungen Rheinländer Wilhelm Worringer, der damals in München als Privatgelehrter lebte, trug ich einen Band über Cranach an. Dieser krause, phantasievolle, altdeutsche Meister mit seinen glühenden, tiefen Farben gehörte zu meinen Lieblingen. Seine Bilder in Berlin, Dresden und München hatte ich stets mit besonderem Wohlgefallen betrachtet. Es existierte damals kein Buch über ihn, nicht einmal in der langen Reihe der Velhagenschen Künstler-Monographien war er vertreten. Der Text Worringers fiel ganz anders aus, als ich erwartet hatte. Statt aus der Wittenberger Werkstatt den eigentlichen großen Cranach herauszuschälen, wurde der »Kollektiv-Begriff« zur Hauptsache, in dem er verschwand. Aus einer Verherrlichung Cranachs wurde seine Auflösung. Von dem schönen Selbstbildnis in den Uffizien hieß es: »Eine der üblichen würdigen Patriarchen-Erscheinungen, die ebenso dekorativ wie unbedeutend sind und die von jedem Statisten mit dem nötigen Material an künstlichem Bart markiert werden könnte.« Nein, das ging entschieden zu weit! Dazu hatte ich das Cranach-Buch nicht unternommen! Trotzdem blieb selbstverständlich Worringers Arbeit eine starke eigenwüchsige Leistung, und die Verbindung mit ihm entwickelte sich zu einer sehr wesentlichen und dauernden.

Sein nächstes, aber schon vorher geschriebenes Buch »Abstraktion und Einfühlung« hatte eine eigene Geschichte.

Worringer war autodidaktisch zu seiner Entwicklung gelangt. Insofern wußte er, als ich ihn nach dieser fragte, auch kaum etwas darüber auszusagen, wie es dazu gekommen war, daß sich in ihm so selbständige Gedankengänge ausgebildet hatten, wie sie dann in »Abstraktion und Einfühlung« zur Niederschrift gekommen sind. Ihm hatte damals jedes Bewußtsein davon gefehlt, daß er damit etwas Besonderes in die Welt gesetzt hatte. Nur das war ihm in Erinnerung geblieben, daß es im Frühjahr 1905 ein einsamer Vormittag im menschenleeren Pariser Trocadero gewesen war, an dem ihm vor den Abgüssen der französischen Kathedralplastik auf einmal, und zwar mit offenbarungshafter Plötzlichkeit und Beglückung, die Grundeinsichten aufgingen, die dann alles Weitere nach sich zogen. Er dachte von seiner Arbeit so wenig groß, daß er gar nicht auf die Idee gekommen war, es werde sich ein Verleger dafür finden. Und so begnügte er sich mit der vorgeschriebenen bloßen Drucklegung als Dissertation. Eine Anzahl dieser Druckexemplare versandte er an einige Persönlichkeiten von geistigem Rang. Unter ihnen befand sich auch der Philosoph Georg Simmel. Dieser stand insofern für ihn mit seiner Arbeit in einem gewissen Zusammenhang, als er in jener entscheidenden Trocadero-Stunde der einzige Besucher gewesen war, der außer ihm den Saal betreten hatte. Worringer empfand es dann wie eine Art Logik des Magischen, daß er, der junge Unbekannte, von dieser Berühmtheit einen Brief bekam, der ihn in seiner positiven Stellungnahme zu seinen Gedankengängen tief verwunderte und fast beschämte. Ein anderes Exemplar kam in die Hände von Paul Ernst, mit dem Worringer in Italien zusammengetroffen war. Ernst sah sich, in Übersehung der Tatsache, daß es sich ja gar nicht um eine verlegte, sondern nur um eine gedruckte Arbeit handelte, veranlaßt, durch eine ausführliche Besprechung in »Kunst und Künstler« seinen starken Eindruck der Öffentlichkeit mitzuteilen. Diese Besprechung las ich und wandte mich dann an Worringer mit der erstaunten Frage, wo denn dies Buch erschienen sei. Ich übernahm den Rest der Dissertationsdrucke, bald folgte Auflage nach Auflage, das Buch wurde berühmt und hatte weittragende Wirkung. Auf Kunst- und Menschheitsgeschichte eröffnete die Arbeit überraschende Ausblicke. Vom Verfasser ungewollt, wurde sie zu einer Programmschrift des Expressionismus. Einige Kernsätze wurden viel zitiert und werden es heute wieder: »Wie der Einfühlungsdrang als Voraussetzung des ästhetischen Erlebens seine Befriedigung in der Schönheit des Organischen findet, so findet der Abstraktionsdrang seine Schönheit im lebenverneinenden Anorganischen, im Kristallinischen oder, allgemein gesprochen, in aller abstrakten Gesetzmäßigkeit und Notwendigkeit.« Und: »Der Abstraktionsdrang steht am Anfange jeder Kunst und bleibt bei gewissen, auf hoher Kulturstufe stehenden Völkern der herrschende, während er z. B. bei den Griechen und anderen Okzidentalen langsam abflaut, um dem Einfühlungsdrang Platz zu machen.«

Als weitere Frucht jener 1905 erlebten Grundkonzeption entstanden die »Formprobleme der Gotik«. Sie stellten den Typus des primitiven, des klassischen, des orientalischen und des gotischen Menschen nebeneinander. Sie zeigten den prinzipiellen Gegensatz der Gotik als der Kunst des nordischen Menschen zur Klassik der südlichen Völker. Zum

erstenmal wiesen sie die geheime Gotik in der frühen nordischen Ornamentik nach.

Für die Reihe der »Klassischen Illustratoren« schrieb Worringer ein
paar Jahre später dann noch die »Altdeutsche Buchillustration« mit
den frühen anonymen großen Meistern der Lübecker Bibel, des Ulmer
Äsop, mit Dürer, Baldung, Burgkmair, Weiditz, Altdorfer, Holbein.
Diese charaktervolle Linienkunst stand meinem Herzen besonders
nahe. Sie wurde ein Hauptgebiet meiner graphischen Sammlung.

Durch die Reihe konnte ich mir nun auch den Wunsch nach einem
deutschen Buch über Pieter Brueghel erfüllen, dessen beide Bilder im
Louvre mir so starken Eindruck gemacht hatten. Dies Buch zu schreiben schlug ich dem 26jährigen Wilhelm Hausenstein vor. Ich hatte
den brünetten Alemannen aus dem badischen Schwarzwald durch meine
Schwester kennengelernt. Über Kunst hatte er – ebenso wie Bertels –
bis dahin noch kein Buch geschrieben. Er hätte lieber ein Thema aus
dem Rokoko behandelt. Doch ließ er sich damit auf später vertrösten.
Auch dem Brueghel widmete er sich mit der ihm eigenen Intensität
und mit seinem großen Wissen auch auf soziologischem Gebiet. Er
schrieb einen scharfen, pointierten Stil. Der erste Satz des Textes prägte
sich mir für immer ein: »Als der venezianische ambasciatore Marino
Cavalli, der um die Mitte des 16. Jahrhunderts die Niederlande besuchte, in einer seiner geschliffenen Relationen der ängstlich warten-
den Signorie von den Dingen des Nordens Nachricht gab, da faßte er
den stärksten Eindruck in ein lapidares Bekenntnis, das er seinem feierlichen Stolz mit Schmerzen abrang: ›Ich trage Trauer, denn ich sah
Venedig von Antwerpen überflügelt.‹«

Bald schloß sich das Buch über die Illustratoren des Rokoko an. Hausensteins Stil entsprach aufs glücklichste dem Stoff. Aus mehr als hundert Büchern der Zeit wurden die Stiche der Gillot, Boucher, Gravelot,
Eisen, Moreau, Fragonard und der Deutschen Geßner, Chodowiecki,
Meil, Ramberg, Maler Müller, Kobell und vieler anderer ausgewählt,
und es waren genußreiche Stunden, als mir diese Kostbarkeiten der
Bayerischen Staatsbibliothek durch die Hände gingen.

Hausenstein hat sich dann zu einem der verdienstvollsten deutschen
Kunsterzieher entwickelt und mir noch manches wichtige Buch anvertraut, doch fallen diese – wie die späteren Bücher Worringers – über
den »Vormittag« meines Verlags hinaus. Nachdem ihm seit dem Jahre
1936 von dem nationalsozialistischen Regime die Veröffentlichung von

Büchern verboten war, konnte ich nach Kriegsende zu meiner Freude wieder mit ihm als Autor anknüpfen und lasse in diesem Sommer 1947 seine »Begegnungen mit Bildern« erscheinen, die 55 Werke der Malerei und Plastik von Konrad Witz bis Renoir dem Betrachter eindringlich deutend nahebringen.

Im Jahre 1905, noch während meines Zusammenseins mit Georg Müller, schlug Moeller van den Bruck von Paris aus eine Gesamtausgabe der Werke Dostojewskis vor. Er wandte sich, wie er mir später sagte, deshalb an mich, weil der Verlag jung war und er sich also von ihm eine lange Lebensdauer versprach. Das hätte sich leicht als Täuschung herausstellen können. Wie viele junge Verlage sind nach ein paar Jahren wieder verschwunden!

Ich habe später manchmal bedauert, daß mir nicht selber die Idee dieser Dostojewski-Ausgabe gekommen war. Ein Stück Verlegerehrgeiz! Aber ich habe zum mindesten sogleich Feuer gefangen. Es sollten dreiundzwanzig Bände werden. Das war ein Abenteuer wie das große Marées-Werk. Die Ausgabe konnte aber 1914 glücklich beendet werden und hat den Verlag in Neuauflagen und Ergänzungen nun schon vierzig Jahre lang beschäftigt. Sie hat dem Gesicht des Verlags einen der markantesten Züge gegeben.

Die Übersetzung aller dreiundzwanzig Bände besorgte — unter dem Pseudonym E. K. Rahsin — die Schwägerin des Herausgebers, eine junge Baltin, die ursprünglich Architektur studiert hatte. Eine ganz erstaunliche Leistung!

Ich selbst lernte Dostojewski erst durch diese Ausgabe wirklich kennen. Nach und nach trat ein Werk um das andre in das Bewußtsein der Deutschen. Wir begannen mit den »Dämonen«. Dostojewski hatte sie 1872 in Dresden geschrieben. Sie waren 1888 zum erstenmal deutsch erschienen. Diese Übersetzung war längst vergessen, also auch das Werk selbst von neuem in Unbekanntheit zurückgesunken. Bald darauf folgten die »Brüder Karamasoff«. Diese Weltdichtung war einmal 1884 übersetzt worden, seitdem nie wieder. Wie lange brauchte ein solch gewaltiges Werk, um den kurzen Weg von Rußland nach Deutschland zurückzulegen! Wieviel Überflüssiges war inzwischen übersetzt worden! Wer war den ungeheuren Ansprüchen, die dieser Dichter stellte, gewachsen? Man erklärte ihn zunächst für unbequem und unklar, beschwerte sich über die komplizierten Namen, die man nicht auseinanderhalten könne. Auch über die Längen hielt man sich auf. In den »Dämonen« z. B. erklärte der Dichter auf Seite 90, daß jetzt die eigentliche Geschichte erst beginne. Das war eine Zumutung! (Natürlich hatte sie trotzdem schon auf der ersten Seite begonnen.) Dostojewski war den Lesern zu »schrecklich«, und vielen ist er es noch heute. Man kann aber nicht immer nur beruhigende Bücher lesen. Auch ist Dostojewski nicht »schrecklicher« als etwa Shakespeare im »Macbeth«. Nur läßt sich der Leser den »Macbeth« nicht mehr so nahe auf den Leib rücken, er nimmt ihn nicht mehr so ernst, die Geschichte ist schon zu lange her.

Dostojewski sagt von sich selbst: »In allen Dingen gehe ich bis an die äußerste Grenze; mein Leben lang habe ich nie maßhalten können.« Auch seine Menschen läßt er bis an die äußersten Grenzen gehn.

In den Wirren nach dem ersten Weltkrieg behaupteten manche Leute, man habe die Deutschen mit Dostojewski vergiftet, »um dann mit ihnen machen zu können, was man wollte«. Man kannte ihn nicht. Man hätte sich von ihm heilen lassen können! In seiner Puschkin-Rede, kurz vor seinem Tod, hatte er bezeugt, ein echter Russe bedeute nichts anderes als ein Sichbemühen, die europäischen Widersprüche in sich endgültig zu versöhnen, der europäischen Sehnsucht in der russischen allmenschlichen Seele den Ausweg zu zeigen, in dieser Seele sie alle in brüderlicher Liebe aufzunehmen und so vielleicht das letzte Wort der großen allgemeinen Harmonie, des brüderlichen Einvernehmens aller Völker nach dem evangelischen Gesetz Christi auszusprechen. – Von diesem Dostojewski hatte bis dahin in Deutschland kaum jemand gehört.

Wir begannen, wie gesagt, 1906 mit den »Dämonen«. Damals, nach der Niederlage Rußlands im Kriege mit Japan, brachen dort überall nihilistische Unruhen aus. So galten die »Dämonen« als »das Epos der russischen Revolution«. Aber sie waren viel mehr! Dostojewski selbst hatte, als er sie schrieb, die Tendenz gegen die Nihilisten sehr ernst genommen. Er nennt das Werk sogar ein Pamphlet auf sie. Aber er war für eine aktuelle Tendenz viel zu groß. Diese ist heute zurückgetreten. Das Menschliche ist geblieben, packend wie am ersten Tag. Jede neue Beschäftigung mit Dostojewski bringt neue Tiefen ans Licht. Die Auseinandersetzung mit ihm ist zugleich die Auseinandersetzung mit den letzten Fragen der Menschheit. Man hat Dostojewski ja nicht erfaßt, wenn man seine Bücher liest wie andere Romane auch. Die Ideen seiner Romane haben ebenso ihre Schicksale wie die Menschen. Im Mittelpunkt steht die Frage nach Gott und nach dem Leid. »Mich hat Gott mein Leben lang gequält«, sagt Kiriloff in den »Dämonen«. Nur wer dies aus eigenem Erleben nachempfinden kann, für den hat Dostojewski geschrieben.

Wie vielen Menschen hat Dostojewski unendlich viel gegeben! Von wie verschiedenen Ausgangspunkten sind sie zu ihm gekommen! Nietzsche hat von ihm gesagt: »Ich rechne ein Buch von ihm zu meinen größten Erleichterungen.« Ich habe für mein Dostojewski-Verständnis viel gelernt aus der Schrift des Schweizer Pfarrers Eduard Thurneysen und aus dem sehr bedeutenden Buch Meier-Graefes »Dostojewski der Dichter«.

Da ich oben, bei Behandlung des Jörg-Wickramschen Goldfadens, von Paul Ernst eine Äußerung zitierte, die mir nicht zusagen konnte, möchte ich hier seine schönen Worte über Dostojewski anführen, denen ich um so nachdrücklicher zustimme. Er sagt: »Seine Romane wirkten auf die Generation, der ich angehöre, in den achtziger Jahren mit außerordentlicher Gewalt. Sie standen uns zum großen Teil nur in schlechten Übersetzungen zur Verfügung. Was hätten wir damals gegeben, wenn wir die Pipersche Ausgabe gehabt hätten! Den tiefsten Gehalt der Bücher verstanden wir noch nicht, erst heute, als Vierzigjähriger, kann ich ihn ganz erfassen. Ich griff mit einer gewissen Befürchtung zu den Bänden: denn mancher Dichter, welcher damals als ein ganz Großer erschien, hat sich sehr schnell als bloße Zeiterscheinung herausgestellt, wie der heute schon fast vergessene Zola. Dostojewski ist viel größer als meine frühere Vorstellung von ihm, und ich glaube, daß er und Tolstoi zwei ganz Große sind, welche durch die Jahrtausende gehn.«

Auf die »Brüder Karamasoff« folgten die »Politischen Schriften«, die dem deutschen Leser ganz neue Perspektiven eröffneten, und der Novellenband »Aus dem Dunkel der Großstadt«. Dieser brachte als ein Hauptstück des ganzen Dostojewskischen Schaffens die »Aufzeichnungen aus dem Kellerloch«. Meier-Graefe sagt darüber: »Sobald dieses Kellerloch sich auftat, war es von keiner Macht der Welt mehr zu schließen. Schwerlich gibt es ein Heil für uns, das nicht durch dieses Fegefeuer hindurchging ... Hier spricht und handelt kein geistiger

Hochmut, sondern ein zu Geist zermalmter, geschlagener, gekreuzigter Mensch, vollgesogen von allen Erniedrigungen und Beleidigungen, die jeder von uns täglich austeilt, täglich empfängt; einer, der sich monologisch gebärdet, weil ihm nichts anderes übrigbleibt, und uns mit seinem Gift entgiftet. Hier entsteht ein neues Schicksal, dessen Art neue Darstellungsmittel erfordert. Ob diese Darstellung den Titel Dichtung verdient oder nicht, tut zunächst wenig zur Sache. Wir werden von ihr zu neuer Verinnerlichung geführt.«

Die Ausgabe war, um auch von dieser praktischen Seite zu sprechen, durchaus kein »Geschäft«. Ich mußte mir immer wieder überlegen, wie ich Dostojewski dem Publikum nahebringen könnte. Da las ich bei Otto Julius Bierbaum, dem scheinbar so Dostojewski-fernen, ein schönes Wort über den großen Russen. Ich bat ihn, einen Essay zu schreiben, der in vornehmem Sinne werben sollte. Dieser gelang ihm ausgezeichnet. Er wurde als Broschüre in großer Auflage kostenlos verteilt. Aber das brachte zunächst keinen merklichen Umschwung, auch mit einer Preisermäßigung und zugleich einer Erhöhung des Buchhändlerrabatts, die für den Verlag kaum noch etwas übrigließ, kam der Absatz nicht schneller in Fluß. Dieser setzte erst mit dem Weltkrieg ein, als eine geistige Auseinandersetzung mit den Russen unvermeidlich geworden war. (Im zweiten Weltkrieg war Dostojewski ebenso wie die ganze russische und wie die moderne englische, französische und amerikanische Literatur verboten!) Von 1916 an wurden nach und nach Neuauflagen nötig. Im Jahre 1920 erschienen zusammen 135 000 Bände, 1921 waren es 84 000, 1922 stieg die Zahl auf 179 000. Damals war es noch üblich, jedem Buch ein Leseband einzuheften. Der Verlag bestellte von diesen roten Bändchen eines Tages einen Vorrat von sieben Kilometern auf einmal.

Die Dostojewski-Ausgabe befruchtete auch die deutsche Illustrationskunst. Für den »Doppelgänger«, diese Geschichte von ungeheuerlicher Phantastik, schien mir Alfred Kubin der richtige Mann. Ich wandte mich an ihn, der – damals wie heute – einsam in seinem Schlößchen Zwickledt über dem Inn auf der österreichischen Seite lebte. Damit begann eine jahrzehntelange freundschaftliche Verbindung. Der »Doppelgänger« wurde eines der Meisterwerke seiner Zeichenkunst. Diese Mischung von tragischem Humor und hellsichtiger Psychologie lag ihm sehr. Es folgte im Lauf der Jahre, wie ich hier gleich erzählen will, noch manch schönes Werk: die Mappe »Am Rande des Lebens«, die »Zwanzig Blätter zur Bibel«, die man im »Dritten Reich« der Vernichtung für würdig befand, die Zeichnungen zu Jean Pauls »Wunderbarer Gesellschaft in der Neujahrsnacht« und zu Jaroslav Durychs »Kartause von Walditz«. Während des zweiten Weltkriegs erschienen dann die unerschöpflichen sechzig Blätter der »Abenteuer einer Zeichenfeder« mit ihren Märchen, Gespenstergeschichten, Humoresken, Idyllen und Träumen. Welche Abenteuer ich als Verleger dieses Buches mit der ehemaligen »Reichsstelle für künstlerische Formgebung« bestanden habe, um es vor dem Schicksal der Bibelblätter und der Barlach-Zeichnungen zu bewahren, erzähle ich ein andermal.

Zwischen Kubin und mir gingen unzählige Briefe hin und her, meist ganz ohne praktischen Anlaß – und die Mehrzahl der seinen hat er verschwenderisch mit Randzeichnungen verziert. Davon weiterhin eine Probe.

Zu Dostojewskis ironisch lächelnder »Dummen Geschichte« zeichnete Rudolf Großmann, der Ironiker, mit geistreichem Strich Originallithographien. Er zeichnete so reichlich Entwürfe und Vignetten – es kam ihm auf ein Dutzend mehr so wenig an, daß viele davon für meine Sammlung übrigblieben.

Der junge Walter Becker, den ich bei Meier-Graefe in Nikolassee kennenlernte, übernahm die schwierige Aufgabe, zu den düsteren »Aufzeichnungen aus dem Kellerloch« mit der Feder und mit gewischten Tuschtönen Illustrationen zu machen, die dann von dem Münchner Xylographen Albert Fallscheer virtuos in Holz geschnitten wurden. Das war vom geschäftlichen Standpunkt aus nicht gerade von Vorteil, denn die Arbeit des Holzschneiders erforderte nochmal dasselbe Honorar wie die des Künstlers. Aber es war ein interessantes Experiment, und die Illustrationen bekamen so einen viel strengeren, schnittigeren Charakter, als wenn sie durch ein photographisches Verfahren reproduziert worden wären. Auch reizte es mich, dem fast schon ausgestorbenen Faksimile-Holzschnitt eine anspruchsvolle künstlerische Aufgabe zu stellen. Walter Becker zeichnete in den letzten Jahren mit kapriziöser Feder selbsterfundene Bildergeschichten – ein eigenständiger Nachfahre Rudolf Töpffers.

Ich möchte noch etwas von der Weiterarbeit mit Moeller van den Bruck erzählen. Er war ein blonder Westfale. Zur Beschäftigung mit Dostojewski war er gekommen durch seine Vorstudien zu einem mehrbändigen Werk über die »Werte der Völker«. Es sollte zwei Abteilungen zu je drei Bänden umfassen. Die erste Abteilung, »Die Alten Völker«, sollte die »Italienische Schönheit«, den »Französischen Zweifel« und den »Englischen Menschenverstand« umfassen. Für die zweite, betitelt »Die jungen Völker«, war die »Deutsche Weltanschauung«, der »Amerikanische Wille« und die »Russische Seele« vorgesehen. Der Plan ging über die Kraft eines einzelnen hinaus. Ganz ausgeführt wurde nur die »Italienische Schönheit«.

Der Verleger soll ein Buch, trotz aller Ungeduld des Autors, nicht anfangen zu drucken, solange nicht das ganze Manuskript fertig vorliegt. Für diese Weisheit habe ich Lehrgeld bezahlt. Die »Italienische Schönheit« wurde wegen ihrer Bilder auf Kunstdruckpapier begonnen. Das Manuskript aber wuchs dem Autor unter den Händen, es schwoll zu 750 Seiten an, und der Band, den doch Reisende auch im Koffer mit nach Italien nehmen sollten, bekam durch das schwere Papier das Gewicht eines Ziegelsteins. Man hätte die 600 Seiten Text auf ein leichtes Papier drucken und die Bilder als Tafeln einschalten sollen. Nun machte das Gewicht dem Buch seinen schweren Weg noch schwerer.

Das Werk ist sehr ursprünglich und eigenwillig. Italien ist neu erlebt. Im Zentrum stand das Kapitel über Piero della Francesca und seine Fresken in Arezzo. Die Kraft des Autors, zugleich zu beschreiben und zu deuten, stieg hier zu ihrer stärksten Wirkung. Er wollte dies große Kapitel dann noch zu einem eignen Buch erweitern. Pieros Werk war ja selbst den meisten kunstbeflissenen Italienfahrern eine Terra incognita geblieben. Wer stieg um seinetwillen auf der Fahrt von Florenz nach Rom in Arezzo aus? Ich konnte mich aber zu einem Sonderband nicht entschließen, der Verlag hatte schon zu viel andere Verpflichtungen. Ich hätte es unbedingt getan, wenn ich damals schon die Fresken gekannt hätte. Ich sah sie erst im Mai 1927. Sie machten mir einen überwältigenden Eindruck. Den ganzen Tag sagte ich auf den Straßen Arezzos laut vor mich hin: »Piero, du hast's gekonnt!« Zu diesem primitiven Satz hatte sich mir unwillkürlich das Erlebnis formuliert.

Von der »Deutschen Weltanschauung« wurde nur der Abschnitt über den »Preußischen Stil« fertig. Preußen ist heute als das eigentliche Ursprungsland des Militarismus verschrien. Moeller van den Bruck war so wenig militaristisch, daß er als junger Mensch, ohne seiner

Dienstpflicht zu genügen, nach Paris übersiedelte und dadurch einen Konflikt mit der deutschen Militärbehörde heraufbeschwor, der nur schwer beizulegen war. Er zeichnete in seinem Buche vor allem das geistige Preußen Kants und Kleists, Schleiermachers und der Brüder Humboldt, das künstlerische Preußen Schlüters und Knobelsdorffs, Gillys (von dem man früher kaum etwas wußte) und Schinkels, Schadows und Rauchs. Dies Preußen wird man auch in Zukunft wieder deutlicher sehn.

Als Vorarbeiten für den Band »Die russische Seele« konnten die Einleitungen zur Dostojewski-Ausgabe gelten, die Moeller van den Bruck mit starker Einfühlung und glücklicher Inspiration schrieb. So die zum »Idioten« über Russische Mystik, zum »Gut Stepantschikowo« über Russischen Humor, zum »Totenhaus« über Dostojewski und die sibirischen Möglichkeiten, zu den »Hellen Nächten« über Dostojewski, Petersburg und die Schönheit der Stadt, zu den Autobiographischen Schriften über Dostojewski als Publizist, zum »Spieler« über das Westlertum.

Moeller van den Bruck hatte, als er mir die Dostojewski-Ausgabe von Paris aus vorschlug, den russischen Dichter und Religionsphilosophen Dmitri Mereschkowski, der 1907 dorthin emigriert war, als Mitherausgeber gewonnen. Seine Mitarbeit beschränkte sich allerdings auf die – sehr bedeutenden – beiden Einleitungen zu »Raskolnikoff« und zum »Jüngling«, aber die Verbindung mit ihm wurde mir auch noch auf andre Weise wichtig. Seine berühmte Romantrilogie »Christ und Antichrist«, bestehend aus den Bänden: Der Verstoßene: Julian der Abtrünnige – Die Wiederkehr der Götter: Leonardo da Vinci – Der Antichrist: Peter und Alexei, war deutsch nur in einem wenig bekannten Leipziger Verlag erschienen. Da zwischen Rußland und Deutschland keine urheberrechtlichen Verträge existierten, war sie »frei«. Jeder deutsche Verleger konnte sie bringen. Aber das hatte sich offenbar noch nicht herumgesprochen. Ich ließ sie nun von Alexander Eliasberg, der in Rußland aufgewachsen war, von neuem übersetzen.

Gewisse Werke sind in ihrer Absatzkraft nahezu unerschöpflich. Diese Neuausgabe von etwas auch schon vorher Vorhandenem wurde zu einem jener »Verdiener«, die der Verlag, ach, so gut brauchen konnte – ein besserer Verdiener als alle seine »Entdeckungen«.

Ich wandte mich aber auch an Mereschkowski direkt. Er bot mir sein
neues, unter dem Eindruck der russischen Revolution von 1905/06 geschriebenes Buch an: »Le Chamm qui vient«. Es sollte zuerst in Paris
in französischer Sprache herauskommen. Die deutsche Ausgabe erschien unter dem Titel »Der Anmarsch des Pöbels«.

Man hat von Mereschkowski gesagt, als lebendiger Christ sei er mit
jenem apokalyptischen Gefühl begabt, das die geistigen Erdbeben kommen spürt. Hier hatte er sie gespürt. Thomas Mann nannte ihn enthusiastisch den größten Kritiker Europas seit Nietzsche.

Ein paar Jahre später vollendete er den geschichtlichen Roman »Alexander I.«, der die Zeit nach dem Sturz Napoleons und den Aufstand
der Dekabristen behandelte, historisch also an Tolstois »Krieg und
Frieden« anschloß. Um dieses Werk urheberrechtlich für Deutschland
zu schützen, sandte er mir das russische Manuskript, und aus diesem
wurde es übersetzt. So erschien die deutsche Ausgabe vor der russischen
und galt infolgedessen wie ein deutsches Originalwerk.

Ich ließ noch drei Essaybände folgen. In dem einen mit dem schönen
Titel »Ewige Gefährten« zeichnete Mereschkowski die Gestalten von
Marc Aurel, Plinius, Cervantes, Montaigne, Goethe, Byron, Flaubert,
Turgenjew, Dostojewski, Gontscharow und Puschkin. Kunstwerke be-
sprechend, hat er selber Kunstwerke geschaffen. Der zweite Band hieß
»Auf dem Wege nach Emmaus«, der dritte war das »unkriegerische
Tagebuch«: »Vom Krieg zur Revolution«, alle gleich reich an The-
men wie an Ideen.

Da ich selber durchaus kein Autor bin, fällt es mir schwer, den Autor
Mereschkowski ausreichend zu charakterisieren. So charakterisiere er
sich selbst mit einigen eigenen Sätzen:

»Das Neue Testament, das heißt der Umstand, daß es ein solches Buch
gibt, ist kein geringeres Wunder als die Auferweckung des Lazarus.

Was ist ›Pöbel‹? ›Die Erde erbebt, wenn ein Knecht König wird‹,
heißt es in den Sprüchen Salomonis. Der Knecht, der König geworden
ist, ist ›Pöbel‹.

›Kann man denn zu sehr Russe sein?‹ ›Gewiß kann man das: fast alle
Russen sind zu sehr Russen.‹

Wenn der Mensch auch nur daran denkt, daß man ihn lesen wird,
wird er sofort dumm.

Durch das Buch hindurch das Gesicht des Menschen zu sehen, darin
liegt die ganze Aufgabe der Kritik.

Es ist wichtig, was der Mensch geleistet hat, noch wichtiger, was er gewesen ist.

Die Eingeborenen auf Borneo gebrauchen auf Stäbchen aufgespießte Leuchtkäfer als Kerzen — das ist das Schicksal der Dichter.

Es gibt viele Menschen, die lesen, doch wenig Leser. Um ein Buch richtig zu lesen, muß man es mit dem Autor neu schreiben.«

Für den ersten Almanach des Verlags sandte Mereschkowski eine autobiographische Skizze. Er erzählt darin von seiner ersten und einzigen Begegnung mit Dostojewski. Sein Vater besuchte mit ihm, dem erst Fünfzehnjährigen, der aber schon viele Verse geschrieben hatte, den großen Dichter. »Ich erinnere mich noch an die kleine Wohnung in der Kolokalnajastraße, an das enge Vorzimmer, das mit Exemplaren der Brüder Karamasoff angefüllt war. Frau Dostojewski hatte sie im Selbstverlag erscheinen lassen. Das Arbeitszimmer nebenan, wo Fjodor Michailowitsch gerade über Korrekturen saß, war ebenso eng. Er blickte mich mit seinen blaßblauen Augen durchdringend an. Errötend, erbleichend und stotternd las ich ihm meine elenden Verse vor. Schweigend und geärgert hörte er zu. Wir hatten ihn wohl in seiner Arbeit gestört. ›Schlecht, sehr schlecht! Unter jeder Kritik‹, sagte er schließlich. ›Um gut zu schreiben, muß man erst viel durchmachen, viel leiden!‹ ›Dann soll er lieber nicht schreiben; ich will nicht, daß er leidet‹, entgegnete mein Vater.«

Gegen Ende seines Lebens hat sich meine Verbindung mit Mereschkowski nochmal erneut. Im Jahre 1938, kurz vor dem zweiten Weltkrieg, konnte ich seinen »Franz von Assisi« bringen. Der Siebzigjährige bewährte auch hierin seine einzigartige Fähigkeit, dichterische und wissenschaftliche Darstellung zu vereinen. Das Buch lag mir auch persönlich nahe, hatte ich doch in Assisi selbst einen tiefen Eindruck von der franziskanischen Welt empfangen.

Im Verlagswesen ist das Materielle mit dem Geistigen unlösbar verbunden. Ein Verlag, der seine »Rentabilität« außer acht lassen wollte, wäre mit seinen Kräften bald am Ende und könnte dann auch dem Geistigen nicht mehr dienen.

Unsere Verlagswerke setzten sich anfangs nur langsam um. Ein Buch, das sich so schnell verkaufte wie der »Dafnis« von Arno Holz, war ihm zunächst nicht mehr beschieden. Meist mußten wir uns zufriedengeben, wenn im Laufe der Zeit die Herstellungskosten gedeckt werden konnten.

Da kam dem Verlag ein guter Erfolg zu Hilfe.

Es war damals die Zeit der »Privatdrucke«. So nannte man Bücher in einmaliger kleiner, numerierter Auflage, die nicht in den allgemeinen Buchhandel gelangten, sondern auf Grund eines Prospektes vor Erscheinen von Liebhabern und Sammlern bestellt wurden. Zu solchen Privatdrucken eigneten sich naheliegenderweise vor allem Werke mit erotischem Einschlag. Georg Müller hatte in dieser Richtung fleißig produziert. Durch meine Beschäftigung mit dem japanischen Holzschnitt war ich darauf gekommen, daß die großen Meister des 18. Jahrhunderts, Moronobu, Harunobu und Utamaro, zahlreiche erotische Darstellungen geschaffen hatten. Ich kann heute nicht mehr sagen, auf welche Weise wir den Originalblättern auf die Spur kamen. Wir konnten uns eine ausreichende Anzahl dieser Kostbarkeiten leihweise aus Sammlerbesitz verschaffen und zu einer Mappe »Japanische Erotik« zusammenstellen. Der Reichtum der linearen Erfindung war erstaunlich. Als Herausgeber gewannen wir den besten Kenner des Themas, Dr. Julius Kurth. Ich habe ihn schon im Pariser Kapitel genannt, er war von Beruf Pfarrer in einem Vorort Berlins. Wir reproduzierten etwa dreißig Blätter in sorgfältigem Lichtdruck. Kurth schrieb dazu die wissenschaftliche Einführung. Die Auflage betrug dreihundert Exemplare zum Preis von sechzig Mark. Die Subskriptionseinladung hatte den erwarteten Erfolg, fast die ganze Auflage war schon vor Fertigstellung der Mappen vorausbestellt. Der Versand erfolgte durchweg unter Nachnahme, und so ging innerhalb weniger Tage eine Summe ein, die wir bis dahin selten beisammen gesehen hatten. Das war ein großes Ereignis! Doch lief die Sache nicht ganz glatt ab. Die Staatsanwaltschaft schritt im »objektiven« Verfahren gegen die Mappe ein, und es kam zur Verhandlung. Wir hatten der wissenschaftlichen Vollständigkeit halber auch ein Blatt mitreproduziert, das lediglich japanischen Text enthielt. Kein Empfänger der Mappe wußte, was darauf stand, auch wir selbst nicht. Der Staatsanwalt scheute aber die Mühe nicht, sich einen Japaner zu suchen, der den Text mühsam übersetzte. Er vermutete, das Blatt könnte vielleicht etwas besonders Konfiszierbares enthalten, wurde jedoch enttäuscht. Die Mappe wurde dann aber ihrer hohen künstlerischen Bedeutung wegen freigegeben. Sie war ohnehin schon bis auf wenige Exemplare ausverkauft. Derselbe Fall

– einschließlich der Konfiskation durch die Staatsanwaltsch
Wiederfreigabe nach Anhörung von Sachverständigen –
sich dann noch zweimal, bei Georg Queris »Bauerneroti
Balzacs »Dreißig tolldreiste Geschichten«.

Kurt Bertels war bei einem Aufenthalt in Paris ernstlich erkrankt.
Das verleidete ihm sein Junggesellenleben. Wieder in München, machte
er Ehepläne. Nach der Heirat wurde er verlagsmüde. Eines Tages, im
Frühjahr 1909, eröffnete er mir, daß er seinen Anteil abgeben wolle.
Das war mir eine sehr unangenehme Überraschung, brachte sie doch
neue Unruhe und Ungewißheit für mich. Innerhalb dreier Jahre sollte
ich nun schon wieder den Teilhaber wechseln! Das einzige, was mir
Bertels gegenüber etwas Sicherheit bot, war der Umstand, daß er seinen Anteil nicht an jeden beliebigen, der dazu Lust hatte, verkaufen
konnte. Der neue Teilhaber mußte sich auch mit mir verständigen,
und ich mußte bereit sein, mit ihm einen Vertrag abzuschließen.
So gab Bertels denn ein Inserat in der »Frankfurter Zeitung« auf.
Es meldete sich mancher »Unmögliche«, dann aber Adolf Hammelmann aus Freiburg im Breisgau. Er hatte zuerst Medizin studiert,
darauf Literaturgeschichte. Er hatte dann geheiratet und war inzwischen 34 Jahre alt geworden. Nun suchte er eine Lebensaufgabe, und
da entsprach die Tätigkeit in einem Verlag durchaus seinen Neigungen. Die Einigung mit ihm kam ohne viele Schwierigkeiten zustande.
Bertels fuhr allein nach Ägypten – wie ich annahm, um dort eine Kur
durchzumachen. Auf der Heimfahrt stürzte er auf der Insel Korfu von
einem hohen Felsen zu Tode.
Mit Hammelmann bin ich von 1909 bis 1926 zusammengeblieben,
und wir haben in diesen nahezu zwanzig Jahren kaum einen ernsten
Konflikt miteinander gehabt. Er erwies sich als klug, vornehm den-
kend, offen und umgänglich und schrieb klare, wohldurchdachte Briefe.
Auch war er musikalisch, und so fanden wir uns gar manches Mal am
Flügel zusammen. Im Verlag überließ er mir neidlos die Initiative.
Noch heute wechseln wir von Zeit zu Zeit freundschaftliche Briefe.

Anfang 1910 – vier Jahre vor seinem Tode – wandte sich Christian
Morgenstern von Meran aus an den Verlag und bot zwei Gedichtbände

t, »Einkehr« und »Ich und Du«. Was veranlaßte ihn, sich gerade an mich zu wenden? Ich verlegte Buddho, Schopenhauer und Dostojewski, und es war ihm ein lieber Gedanke, in der Gesellschaft dieser drei Großen sein zu dürfen.

Die Gedichte gefielen mir sehr, aber ich reagierte als Verleger durchaus nicht begeistert darauf. Wie schön wäre es, wenn ich melden könnte, daß ich sogleich die ganze Bedeutung des Dichters erkannt und ihm einen feurig zustimmenden Brief geschrieben hätte! Statt dessen erschrecke ich, wenn ich meine nüchterne Antwort wieder durchlese, und ich wundere mich beinahe, daß Morgenstern daraufhin nicht die Lust verlor, die Korrespondenz mit mir fortzusetzen. Ich schrieb:

»Wir haben die Manuskripte Ihrer beiden Gedichtbände gelesen und sind nicht abgeneigt, der Verlagsübernahme derselben näherzutreten. Sie werden selbst wissen, daß das Verlegen von Lyrik für den Verleger eine undankbare Sache ist, und werden auch wohl Ihre ersten bei Schuster & Löffler erschienenen Bände selbst bezahlt haben. Interessant wäre es uns zu erfahren, ob etwa Bruno Cassirer diese beiden neuen Bände abgelehnt hat. Vielleicht teilen Sie uns dies offen mit. Es ist dies ja noch nicht ein Grund für uns, die Bände gleichfalls abzulehnen. Im allgemeinen wäre es doch wohl für Sie das Nächstliegende, sich an den Verleger Ihrer ›Galgenlieder‹ zu wenden, von denen, wie wir hören, demnächst ein zweiter Band erscheinen soll ...«

Wie gesagt, ich erschrak später über diesen Anfang meines Briefes und habe aus dem Schreck gelernt. Ich hätte doch unbedingt zunächst einmal meiner Freude Ausdruck geben müssen, mit einem so vollgültigen Dichter in Verbindung treten zu können. Statt dessen war ich nur »nicht abgeneigt«, statt dessen sprang ich ihm gleich mit der harten Tatsache ins Gesicht, daß das Verlegen von Lyrik ein undankbares Geschäft sei und daß er seine ersten beiden Gedichtbände wohl selbst bezahlt habe.

Es war das alles aber doch verzeihlich, wenn man bedenkt, daß Morgenstern damals erst anfing, bekannt zu werden, und dies auch nur als Dichter der »Galgenlieder«. Außer diesen waren von ihm schon sechs Gedichtbände erschienen, die alle nur wenig Beachtung gefunden hatten und sicher auch sehr wenig Absatz. Als erster vor fünfzehn Jahren war »In Phanta's Schloß« in dem obskuren Verlag von Richard Taendler in Berlin herausgekommen. Wie man heute in der Morgenstern-Biographie nachlesen kann, hatte der Dichter selber dafür dreihundert Mark bezahlt. Ebendort auch der »Horatius Travestitus«, dann zwei Bände bei Schuster & Löffler: »Auf vielen Wegen« und »Ich und die Welt«, bei S. Fischer »Ein Sommer« und »Und aber ründet sich ein Kranz« und schließlich bei Bruno Cassirer »Melancholie«. (Alle diese Bücher, mit Ausnahme der »Melancholie«, habe ich später übernommen.)

Mein Brief war mit den angeführten Sätzen glücklicherweise noch nicht zu Ende. Sehr viel wärmer begrüßte ich das angekündigte »Bändchen religiös-philosophischer Notizen«. Auch ein Auswahlband aus seinem lyrischen Schaffen wurde schon in diesem ersten Brief in Aussicht genommen und die Idee einer später zu verwirklichenden Gesamtausgabe erörtert. Aus alledem mußte der Dichter immerhin den Eindruck haben, daß mir ernsthaft an einer dauernden Verbindung mit ihm lag, und darauf kam es ihm an. Die vier Verleger, mit denen er bisher zu tun hatte, hatten offenbar eine solche dauernde Verbindung nicht angestrebt. Aus dem Bändchen »religiös-philosophische Notizen« wurden schließlich die »Stufen«, die, von Margareta Morgenstern herausgegeben, erst nach seinem Tode erschienen. Sie gehören zu den Büchern, die vielen, vielen Tausenden zum Segen gereicht haben und noch lange gereichen werden.

»Ich und Du« war der dichterische Niederschlag der Begegnung Morgensterns mit Margareta Gosebruch von Liechtenstern. Im März 1910 erhielt ich von Obermais bei Meran die Anzeige der Vermählung.

Begreiflicherweise hätte ich auch gern den Humoristen Morgenstern verlegt, aber der Dichter schrieb mir, darüber sei gar nicht zu diskutieren, Bruno Cassirer wolle auf diesen nicht verzichten. Es war schon zu verwundern, daß er sich den Nicht-Humoristen entgehen ließ, zumal er – wenn er die Sache nur geschäftlich sah – in dem gutgehenden Humoristen einen Ausgleich für den weniger gängigen ernsten hatte. Zudem stand Morgenstern seinem Verlag seit Jahren als Lektor persönlich nahe. Aber daß Cassirer den Dichter sich nicht verpflichtet hatte, geriet mir zum Heil.

Das Manuskript der »Einkehr« ging sogleich an die Druckerei, und schon ein Vierteljahr später, im Mai, konnte dies erste Buch versandt werden. Der Setzer hatte nach eigenem Geschmack zunächst am Ende jedes Gedichtes ein kleines unauffälliges, aber doch von einem Buchkünstler »entworfenes« Schlußstück gesetzt: ✒ Dies erregte Morgensterns Bedenken: »Nun aber noch ein Letztes: Finden Sie, aufrichtig prüfend, nicht auch, daß das Abschlußornament eine gewisse Unruhe in das Buch bringt, daß es ihm an Ernst und Stille gewissermaßen etwas nimmt? Ich habe von Anfang an bis jetzt nichts bemerken wollen, weil ich dachte, Sie haben es vielleicht extra so ausgewählt. Aber schließlich – – da wir jetzt vor der Entscheidung stehen, glauben Sie nicht ernstlich, daß das Buch, das doch im übrigen so sorgfältig ausgestattet ist, noch sehr gewinnen würde, wenn wir den Schnörkel ganz einfach fortließen? Oder um es anders auszudrücken, wenn wir dem ›Känguruh‹ gestatteten, statt nur von Seite zu Seite weiter, lieber gleich ganz in den Setzerkasten zurückhüpfen zu dürfen? Notabene, man kann ihn natürlich auch sehr ernst, man kann ihn sogar theosophisch nehmen. Gleichviel, wir haben es hier doch wohl hauptsächlich mit *Gesichts*punkten im wörtlichen Sinne zu tun.«

Das Känguruh wurde entfernt.

Morgenstern hielt sich seines Lungenleidens wegen fast immer in südlichen Kurorten auf. So erhielt ich von ihm eine Karte aus Taormina, wo er schwer erkrankte, und dort entstand von ihm auch eine Porträtaufnahme mit kräftigem Vollbart. Er wollte diese aber nicht veröffentlicht wissen, weil er darauf zu sehr als »dunkler und kompakter« Typus erschien. Ich schalte die Aufnahme, die bisher unbekannt blieb, hier ein.

Infolge seines Aufenthaltes im Ausland bin ich dem Dichter nur zweimal persönlich begegnet, zuletzt im Herbst 1913. Seine ganze Erscheinung war da schon fast körperlos. Er konnte nur noch flüstern, um so eindringlicher sprachen seine wunderbaren blauen Augen, die unter der hohen schmalen Stirn erglänzten. Ich habe bei keinem anderen Menschen so strahlende Augen gesehn.

Morgenstern war, wie schon gesagt, von meinem Verlag angezogen worden, weil der deutsche Dostojewski von ihm ausging. Er setzte sich mit diesem großen Russen immer wieder auseinander und schickte mir eines Tages im Oktober 1911 dies Gedicht:

An Dostojewski

Das Unerhörte lockte mich von je –
und darum bleibst Du mir so wert vor allen.
Dich läßt nicht ruhn der Erde tiefes Weh,
Du mußt aus Schmerzgewölk gewaltig fallen

wie Blitz und Schloßen oder süßer Strahl
und jäh, weils immer jäh Dich überfällt.
Du standst nie satt im zaungezogenen Kral,
Dich bannte nie des Bürgers platte Welt.

An Dir soll man sich nähren hier und dort.
An Dir des Herzens Unruh wieder lernen,
Du Glut aus Steppenbrand und Gottessternen,
nicht Künstler bloß, Du, selbst – ein »neues Wort«.

Im Nachlaß Morgensterns fand sich die lächelnde Notiz: »Man muß seinen Verleger nur erleben können, dann wird man ihn stets bekommen. Werde nie unter 40 Jahre alt! 39 – um jenes hohe Ziel zu erreichen, und 1, um sich dieses Glücks zu erfreuen.« Als er mit mir anknüpfte, war er merkwürdigerweise gerade 39 Jahre alt. Er hat dann aber nicht nur eines, sondern noch vier Jahre gelebt. Kurz vor seinem Tode las er noch die Korrektur des ersten Bogens von »Wir fanden einen Pfad«.

Da der so früh Gestorbene nur sehr schmale Bände hatte drucken lassen, aber immer produktiv gestimmt war, erwies sich sein Nachlaß als sehr umfangreich. Margareta Morgenstern, die sich am Ammersee niederließ, wo schon der Großvater und Vater des Dichters, die beiden Landschafter, gemalt hatten, betreut ihn mit Liebe und hingebendem Verständnis. Erst ihre Nachlaßveröffentlichungen haben Christian Morgenstern in seiner ganzen Bedeutung erkennen lassen.

Seit dem Penzliner »Tello« und dem Konstanzer »Müffing« hatte die Familie Piper keinen Hund mehr gehalten. Aber meine Tierliebe bestand weiter. Ich wollte sie mitteilen durch ein Buch. Schon als Gehilfe bei Callwey, 1902, stellte ich eine Anthologie zusammen: »Das Tier unser Bruder«. Der Titel ging auf das Faustwort zurück: »Erhabner Geist!... Du lehrst mich meine Brüder im stillen Busch, in Luft und Wasser kennen.« Meine Auswahl reichte vom alten treuen Hund Odysseus', der seinen endlich heimgekehrten, als Bettler verkleideten Herrn wedelnd begrüßt, bis zu den Eichhörnchen Hebbels. Meine Mutter half mir die Texte abschreiben. Ich schickte die Sammlung an Eugen Diederichs. Da er sie nicht nahm, blieb sie liegen.

Nun wurde mir eines Tages gesagt, daß in Perlach, im Osten von München, ein junger Hund zu haben sei, dessen sich niemand annehmen wolle. Ich schaute ihn mir an, er sah kümmerlich und mager aus, aber ich wollte ihn nicht seinem Schicksal überlassen. An einem Strick führte ich ihn heim, fünf Kilometer durch die Stadt. Die Leute lächelten. Er kam schnell zu Kräften und erwies sich als echter stichelhaariger Griffon. Dieser Treff war dann bis zu seinem Tode mein täglicher Begleiter. Ich nahm ihn auf allen Ausflügen mit, besonders auch auf den weglosen Gängen durchs weite Schleißheimer Moos mit seinen Wäldchen von hellen Birken und dunklen Kiefern, seinen Torfgräben und wettergrauen Holzhütten. Diese Wanderungen wurden durch seine Begleitung eigentlich erst richtig ausgeschöpft. Wir erlebten sie sozusagen in zwei Schichten: ich in der oberen, nach allen Seiten umblickend, Farben und Formen einsaugend; Treff unten am Boden, mit der Nase dicht über der schwarzen Erde, alle Gerüche von Gebüsch, Wasser und Getier begeistert abschnobernd. Ich pfiff dazu Themen von Bruckner.

Da aus dem »Tier in der Dichtung« nichts geworden war, machte ich mich an ein Buch über das »Tier in der Kunst«. Ich sammelte Tierdarstellungen von den vorgeschichtlichen Höhlenmalereien und den alten Ägyptern und Chinesen über Pisanello und Rubens bis zu Liljefors und Corinth. Das Buch erschien 1910 mit 130 Bildern und zwölf Jahre später nochmals, ums Doppelte vermehrt. Bei der Arbeit mußte ich mir die Bilder und Plastiken noch genauer ansehn, als ich dies schon tat; über jeden der hundertzwanzig Künstler verschaffte ich mir einschlägige Literatur, und so habe ich viel hinzugelernt.

Während ich an dem Buche schrieb, veranstaltete der bis dahin unbekannte Franz Marc bei Brackl in der Goethestraße seine erste Ausstellung. Da waren vor allem viele Tierbilder zu sehn, überwiegend impressionistischer Art. Sie kosteten durchschnittlich zweihundert bis dreihundert Mark. Ich kaufte mir die farbige Lithographie mit zwei Pferden. Die Verkäufe waren so gering, daß auch der kleinste dem Künstler auffallen mußte. Er besuchte mich daraufhin im Verlag, schlank und schwarzhaarig. Er kam noch gerade recht, daß ich auf der vorletzten Seite meines Buchs eine seiner Plastiken, eine Pferdegruppe in Bronze, abbilden konnte. In einem Brief schrieb er mir: »Ich suche mein Empfinden für den organischen Rhythmus aller Dinge zu steigern, suche mich pantheistisch einzufühlen in das Zittern und Rinnen

des Blutes in der Natur, in den Bäumen, in den Tieren, in der Luft —
suche das zum Bilde zu machen, mit neuen Bewegungen und mit Farben, die unseres alten Staffeleibildes spotten. In Frankreich schult man
sich seit mehr als einem halben Jahrhundert für dieses Thema. Von
Delacroix und Millet über Degas, Cézanne zu van Gogh und den
Pointillisten führt ein gerader Weg: und die jüngsten Franzosen sind
in einem wundervollen Wettlauf nach diesem Ziel begriffen. Nur
gehen sie sonderbarerweise dem natürlichen Vorwurf für diese Kunst
sorgfältig aus dem Wege: dem Tierbild. Ich sehe kein glücklicheres
Mittel zur Animalisierung der Kunst, wie ich es nennen möchte, als
das Tierbild. Darum greife ich danach. Bei einem van Gogh oder
einem Signac ist alles animalisch geworden, die Luft, selbst der Kahn,
der auf dem Wasser ruht, und vor allem die Malerei selbst. Diese Bilder haben gar keine Ähnlichkeit mehr mit dem, was man früher Bilder nannte. Meine Plastik ist ein tastender Versuch nach derselben
Richtung. Das Kreisen des Blutes in den beiden Pferdekörpern, ausgedrückt durch die mannigfachen Parallelismen und Schwingungen
in den Linien. Der Beschauer sollte gar nicht nach dem Pferdetyp fragen können, sondern das innerlich zitternde Tierleben herausfüh-
len.«
In seinem Atelier an der Schellingstraße hielt er vor einem knappen
Dutzend Teilnehmern Vorträge über Tieranatomie. Dazu zeichnete
er auf die schwarze Wandtafel. Ich höre noch seine dunkle warme
Stimme. Ich bot ihm an, aus den Vorträgen ein Buch zu machen. Das
wurde nichts, aber wir blieben in Verbindung. Er erzählte mir, daß
er zu der Sippe der Julia Marc gehöre, jener Bamberger Bankierstoch-
ter, die E. T. A. Hoffmann in verzehrender Leidenschaft geliebt hatte.
Ich besuchte ihn in Sindelsdorf, nicht weit vom Staffelsee, in der Vor-
alpenlandschaft. Er malte auf einer Weide an einem Bilde mit vier
lebensgroßen Pferden. Da er das Bild wegen seiner Größe draußen-
lassen mußte, hatte er sich an Ort und Stelle ein großes schmales Gehäuse zimmern lassen, in das es abends nach der Arbeit hineingeschoben wurde. Mir kamen die Pferde zu rosa vor, und ich erlaubte
mir, das zu bemerken. Er erwiderte: »Ich sehe sie aber eigentlich noch
viel mehr rosa!« Er steigerte die »Symbolkraft der Farbe«.
Meine Verlagsarbeit begleitete er mit Teilnahme. Für den Umschlag
meines »Tiers in der Kunst« zeichnete er Delacroix' Aquarell des vom
Blitz erschreckten Pferdes in kräftiges Schwarz-Weiß um, ebenso für

die kleine Cézanne-Monographie Meier-Graefes dessen »Frauen vor dem Zelt«. Er schätzte Meier-Graefe sehr.

Damals erschien bei Eugen Diederichs die Schrift des Worpsweder Malers Carl Vinnen, die gegen den Ankauf eines van Gogh durch die Bremer Kunsthalle protestierte, dann sich aber gegen die angebliche Überschätzung der französischen Malerei und gegen die Tätigkeit der fortschrittlichen Galerieleiter überhaupt richtete. Vinnen hatte eine Menge Maler auf die Beine gebracht, die sich durch diese Überschätzung geschädigt glaubten. Merkwürdigerweise rechnete man van Gogh ohne weiteres zu den Franzosen. Er war doch aber, wie Munch, ein Germane. Die Schrift war ein geschlossener Angriff der Reaktion. Man brachte den deutschen Bürger auf durch die Klage, wieviel gutes deutsches Geld für französischen »Atelierabhub« verschleudert werde. Fritz von Ostini, der Kunstpolitiker der »Münchner Neuesten Nachrichten«, empörte sich gegen den »Ulk, den der reklamewütige, in Frankreich längst nicht mehr ernst genommene Henri Matisse verübt«. Man sieht: Die Banausen waren schon damals gegen die »entartete« Kunst aufgebracht. Aber die van Goghs, Cézannes und Munchs wurden doch wenigstens noch nicht, wie später von den Nationalsozialisten, aus den deutschen Museen herausgerissen und in der Schweiz versteigert.

Hugo von Tschudi, der kühne Umgestalter der Nationalgalerie, war aus Berlin verdrängt worden und hatte seine Tätigkeit an den Münchner Pinakotheken eben erst aufgenommen. Auch gegen ihn richtete sich der Angriff, ebenso gegen das Wirken Meier-Graefes. Eine Zurückweisung war unabweislich. Marc war zugleich mit anderen sehr bemüht, Beiträge wirklich Maßgebender zusammenzubringen. Daraus ergab sich die Schrift: »Deutsche und französische Kunst«. Sie ging in ihrer Bedeutung weit über den Anlaß hinaus und ist ein wichtiges Dokument zur Zeitgeschichte geblieben. Ich hatte eine weitverzweigte Korrespondenz mit Museumsdirektoren, Künstlern, Schriftstellern und Kunsthändlern zu führen. Ein erfreuliches Nebenergebnis dieser Tätigkeit waren die vielen Autogramme, die meine Sammlung bereicherten. Von den Galerieleitern und Sammlern beteiligten sich u. a. Gustav Pauli, Walter Riezler, Georg Swarzenski, Alfred Lichtwark, Karl Ernst Osthaus. Fast alle modernen Künstler von Rang erhoben ihre Stimme: Liebermann, Corinth, Slevogt, L. von König, Beckmann, Rösler, Kardorff, E. R. Weiß, Klimt, Moll, Modersohn, Rohlfs, Schlittgen, Hofer, Pechstein, Pascin, Amiet, van de Velde, Gaul, Kolbe, Haller, Marc, Kandinsky, Macke. Von Schriftstellern ergriffen das Wort Worringer, Hausenstein, Eßwein, Moeller van den Bruck, Tietze, Biermann, Grautoff, Graf Keßler, Voll. Einer der ziffernmäßig bestdokumentierten Beiträge war derjenige Paul Cassirers. Wilhelm Trübner hatte schon auf der Gegenseite mit unterschrieben und zog nun seinen »faux pas« bedauernd zurück.

In Sindelsdorf lernte ich Marcs Freund, den Maler August Macke, kennen, einen wohltuend unbeschwerten jungen Mann, immer aufgelegt zu fast knabenhaft heiteren Streichen. Auch Kandinsky hatte sich dort niedergelassen. Es ging sich hübsch zu viert abends zwischen Wiesen mit dem Blick auf die Kette der aus Wäldern aufsteigenden felsigen Vorberge. Marc und Kandinsky fühlten immer stärker das Bedürfnis, ihren Ideen in einem Sammelwerk Ausdruck zu geben. So entstand der Plan des »Blauen Reiters«. Es war fast selbstverständlich, daß Marc mir dieses Buch antrug. Zukunftsfroh schrieb er in den Prospekt: »Die Kunst geht heute Wege, von denen unsre Väter sich nichts träumen ließen. Man hört die Apokalyptischen Reiter in den Lüften; man fühlt eine künstlerische Spannung über ganz Europa — überall winken neue Künstler sich zu: ein Blick, ein Händedruck genügt, um sich zu verstehen...«

Ich begrüßte diesen »Blauen Reiter« als eine Gelegenheit, neuen, unverbrauchten Stoff unter die Leute zu bringen. Er wirkte revolutionär. Mein Verlag erschien durch ihn besonders »avanciert«, und in einer Karikatur der Münchner Verlegergruppe wurde ich mit ihm unterm Arm als für mich charakteristisch vorgeführt.

Sein Bilderteil zeigte bayerische Hinterglasmalereien, primitive Votivtafeln, wie sie in den Wallfahrtskirchen hängen, russische Volkskunst, Kinderzeichnungen, exotische Plastiken von Borneo, Mexiko und der Osterinsel, Gewebe aus Alaska, Schattenspielfiguren aus Ägypten. Diese Dinge wurden damals als Kunst zum erstenmal ernst genommen. Die Künstler ließen sich nicht mehr so sehr in den Galerien der großen Maler als im Kunstgewerbe- und Völkerkundemuseum inspirieren. Das brachte ihnen allerdings die Gefahr, selbst ins Kunst-

Wassily Kandinsky: Holzschnitt aus »Über das Geistige in der Kunst«. 1912

gewerbliche zu entgleiten. Ich steuerte Fotos nach etruskischer und romanischer Plastik und altdeutsche Holzschnitte bei. Die letzte Phase der Malerei war mit Burljuk, Delaunay, Kokoschka, Picasso, Henri Rousseau, Matisse, Le Fauconnier, Girieud repräsentiert.

Die moderne Musik kam zu Wort mit Kompositionen von Arnold Schönberg, Anton von Webern und Alban Berg. Ein großer Aufsatz mit Notenbeispielen suchte die Leser mit dem »Prometheus« des Russen Alexander Skrjabin bekannt zu machen. Wohl nur ganz wenige haben sich diese Notenbeispiele am Klavier vorgeführt. Ich selbst konnte damals noch nichts mit ihnen anfangen, doch wurde mir nach vielen Jahren die Skrjabinsche Musik sehr wichtig. Im Lauf unserer Gespräche meinte ich einmal zu Marc, diese Musik habe mit den Absichten seiner Malerei wenig zu tun, zwischen dieser verfeinerten, in differenzierteste Klänge aufgelösten Musik und seinen Bildern bestünde ein Widerspruch. Seinen ungebrochenen starken Farben entsprächen eher reine Dreiklänge mit vielen Trompeten. Er erwiderte dagegen, die Entwicklungen in der Geistesgeschichte und in den Künsten verliefen doch immer gleichzeitig, so, wie die Musik Bachs zum Reformationszeitalter gehöre. Nun war zwischen diesen beiden in Wirklichkeit ein Abstand von zweihundert Jahren. Ich konnte es aber nicht übers Herz bringen, Marc das zu sagen, sondern ließ ihn in seinem Glauben.

Kurz vor Kriegsausbruch entwickelte Marc mir den großen Plan einer illustrierten Bibel. Die einzelnen Bücher sollten auf die Künstler, die ihm nahestanden, verteilt werden. Paul Klee z. B. hatte die Psalmen übernommen. Es kamen aber dann nur die Zeichnungen Kubins zum Buch Daniel zustande.

In den ersten Tagen nach Kriegsausbruch, schon am 7. August, mußte Marc einrücken. Er schrieb mir Abschied nehmend: »Wer weiß, wie lange die Pause in der Kunst dauern wird!« Am 4. März 1916 ist er gefallen. Die große Gedächtnisausstellung, die Günther Franke zur 30. Wiederkehr seines Todestages veranstaltete, war mir eine eindrucksvolle Wiederbegegnung.

Schon vor Marc, 1914, war August Macke gefallen; im Mai 1915 Albert Weisberger, der Führer der Neuen Sezession. Ihm hat mein Verlag ein Gedenkwerk, verfaßt von Wilhelm Hausenstein, gewidmet.

Wassily Kandinsky, geboren in Moskau, zwölf Jahre älter als Marc, war im Gegensatz zu dem hochgewachsenen bartlosen Freund untersetzt, brünett, mit breiten Backenknochen und einem Spitzbart. Er hatte mit Märchenbildern in Farbholzschnitt begonnen. Mit solchen war er schon in meiner ehemaligen »Vertriebsstelle für Graphik« vertreten gewesen. Sie waren harmlos und kunstgewerblich. Er war der Theoretiker der Gruppe und wurde einer der Väter der abstrakten Kunst. Gleichzeitig mit dem »Blauen Reiter« brachte ich seine Schrift »Das Geistige in der Kunst« und 1913 seine »Klänge«, Gedichte in Prosa, heraus — einen großen, violett gebundenen Quartband mit vielen farbigen Holzschnitten. Ich selbst war von dieser abstrakten Kunst nicht gerade begeistert, aber es schien mir dankenswert und nützlich, daß einmal jemand auskundschaftete, wie weit man in dieser Richtung kommen konnte. Ich schickte beide Bücher an Barlach, um seine Meinung zu hören. Er schrieb mir am Jahresende 1911 einen langen Brief darüber. Da dieser zugleich ein wichtiges Selbstbekenntnis von ihm ist, führe ich ihn hier an und erhöhe mit ihm den Wert meines Buches.

»Kandinskys Schrift über das Geistige in der Kunst zu *lesen* — was das Wort besagen will —, dazu bin ich noch nicht gekommen, aber ich sehe

schon, daß ich's sobald auch nicht tun werde. Nicht als ob ich nach dem, was ich so erschnappt habe, dem Verfasser eindringliche Geistigkeit absprechen könnte oder gar möchte, im Gegenteil, das Buch scheint gar nicht, was man so ›gutgemeint‹ nennt. Um so knackender reagiert aber bei mir — oder funktioniert — der Sperrhaken, das heißt: ich mach' nicht mit, und zwar aus Instinkt. Es klafft ein Abgrund, der nicht tiefer sein kann. Ich habe mich häufig diese Zeit nach mehreren Seiten mit der Behauptung wenden müssen, daß ich eben Barbar bin. So als Barbar will ich dem redlichen Mann glauben, daß ihm aus Punkten, Flecken, Linien und Tupfen tieferes (das heißt über das Geschmackserlebnis am Ornamentalen hinausgehendes) seelisches Erschüttertwerden widerfährt, aber eben nur glauben. Und dann — guten Tag! Wir könnten uns tausend Jahre unterhalten, ohne Verständigung. Ich bin nämlich nicht unbewandert, habe selbst Zeiten gehabt, wo ich saß und saß und Linien ›schuf‹. Das waren denn die Intervalle, die Pausen, in denen wohl Hirn und Hand erbötig, aber alles andere wie verblödet schien. Hier möchte ich ein Wort hinsetzen, das Ihnen als Schopenhauerianer nicht wertlos sein wird: Mitleid. Ich muß mitleiden können — und sei es, wo sich das Mitleid verbietet, mit mir selbst, darüber, daß ich so niedrig, so fern bin, denen zu gleichen, die wohl mit *mir* Mitleid haben können. Mitleid braucht nicht kläglich zu sein. Ich kann es noch an der Lust am Heroischen und Humoristischen nachfühlen. Könnte auch sagen: stellvertretendes Leiden oder stellvertretende Lust — nämlich von mir. Eine Teilnahme, die so weit im Verständnis geht, daß sie sich an die Stelle der zur Anschauung gebrachten Vorgänge setzt. Könnten Sie Mitleid mit den Formvorgängen nach Seite 98 haben oder möchten Sie an Stelle von Seite 88 sein. Es ist eine Frage ohne Fragezeichen. Natürlich könnte ich etwas hineinphantasieren und daraus etwas gestalten. Ich glaube sogar, die meisten und besten Sachen entstehen so, daß Anordnungen des Zufalls oder Gesetzmäßig-Chaotisches die Lust erregen, dem Unberührten und Undeutlichen oder Unbeschriebenen durch Kunst die Virginität zu rauben und fruchtbar-seelisch mitteilsam und bewußt belebt zu machen. Das wäre also die umgekehrte Sache.
Wir müssen uns doch auf ein Sprechen einigen, um überhaupt etwas zu wissen: einer könnte das Schönste, Herrlichste, auf chinesisch sagen und ich würde nicht die Ohren spitzen. Wenn ich also ein seelisches Erlebnis nachfühlen soll, so muß es eine Sprache sprechen, in

IV

Also auch die des „Naturellen"?

– Da das innere Leben (wie jedes uns sichtbare Leben) plan und zweckmäßig ist, so verlangt der Ausdruck dieses Lebens eine plan u. zweckmäßige Form.

So ist schon heute die absolute Notwendigkeit der Plan- und Zweckmäßigkeit, d.h. der Konstruktion, auch in der Kunst vollkommen klar. Jeder zeitgemäße Künstler passt sein Schaffen unvermeidlich dieser Notwendigkeit an.

Nach der Musik wird die Malerei die zweite Kunst sein, die ohne Konstruktion nicht denkbar sein wird und schon heute nicht ist.

– So erreicht die Malerei die Malerei die höhere Stufe der reinen Kunst, auf welcher die Musik schon einige Jahrhunderte steht.

Diesem großen Ziele werden alle „Jungen" oder „Wilden" aller geistig großen Länder dienen. Und dieses Fortschreiten der Kunst kann keine Macht aufhalten.

Jedes Hindernis ist diesem hohen Streben wie ein Flaum dem Sturm.

Kandinsky.

Manuskriptblatt für »Klänge« von Kandinsky. 1913

der ich das Tiefste und Verborgenste nacherleben kann. Meine Muttersprache ist die geeignetste, und meine künstlerische Muttersprache ist nunmal die menschliche Figur oder das Milieu, der Gegenstand, durch das oder in dem der Mensch lebt, leidet, sich freut, fühlt, denkt. Darüber komme ich nicht hinaus. Auf eine Esperanto-Kunst kann ich mich auch nicht einlassen. Gerade das Vulgäre, das Allgemein-Menschliche, die Urgefühle aus der Rasse, das sind die großen, die ewigen. Was der Mensch gelitten hat und leiden kann, seine Größe, seine Angelegenheit (inklusive Mythos und Zukunftstraum), dabei bin ich engagiert, aber mein Spezialgefühlchen oder meine mir eigenste Sensation ist ja belanglos, ist bloße Laune, wenn ich dabei aus dem Ring des Menschlichen heraustrete. Der Mensch also ego muß mit seinem Egoismus interessiert sein, mit dem Hohen und Niederen, wie man will, aber Seite 88 oder 98 berühren meinen Egoismus gar nicht. Ich glaube auch nicht, daß man eine neue Kunstweise *logisch* darstellen kann, so wie der Herr Kandinsky denkt – außer als Literatur, als gedankliche Leistung. Indessen ist meine Kritik nichts wert, denn ich, ihr Verfasser, bin kein Artgenosse des Schriftstellers, ich könnte mir denken, er, der Schriftsteller, könnte bei Anlässen vor Tatsachen, die mich bis ins Letzte erschüttern, unberührt dastehen. Er könnte mir sagen: ›Sie sind kein Künstler, sondern ein Schauspieler! Sie tun, ›als ob‹ die Gefühle da wären – ich dagegen erzeuge Vorstellungen und Gefühle, Stimmungen, Empfindungen, gleichsam funkspruchmäßig – ohne Medium, durch direkte Übertragung.‹ – Das wäre gut, wenn sich Gefühle auf Verabredung einstellten. Blau bedeutet dies, gelb das – läßt sich wohl sagen, aber ob es die Himmelsgewalt hat, sein Soll zum Muß zu machen, ist fraglich. Wenn aber Farben und Linien aus menschlichen Gestalten bestehen – oder umgekehrt –, so haben sie Kraft, denn sie bekommen sie von der menschlichen Seele. Wie oft geschieht es, daß man an Wänden oder Möbeln Farben und Formen sieht, die plötzlich zum Bild werden durch Phantasie und Ergänzung, die sie beseelt. So wird es in meinen menschlichen Egoismus einbezogen, vorher war es draußen. Höchstens rührte es die ewig hungrigen Augennerven dadurch, daß es weniger langweilig, bunter, reizender war als das Andere rundherum. Daß menschlicher Egoismus ganz unkünstlerisch interessiert werden kann, ist eine andere Sache. Ob Sie mir dieses abnehmen werden, oder ob Sie mich für klar halten, ist ja auch eine Sache für sich.

Sehr geehrter Herr Piper

Die Blätter können doch nicht
vollständig gewesen sein, ich
hatte deutlich die Zahl 26 im
Kopf behalten, ausserdem
erinnere ich mich deutlich eines
fehlenden Blattes „1913 63
Zwei Fragmente", etwas aquarelliert
Es werden sich also wohl auch
die übrigen Blätter finden.
Mit der höflichen Bitte sofort
nachsehen zu wollen u. umgehend
zu antworten, da ich nur noch
2 Tage hier bin
mit verbindl. Grüssen
Klee
15 Juli 1913

Paul Klee an Reinhard Piper. 1913

Heute nachmittag war ich mit Klaus im Wald, im Dunkeln kamen wir heim. Auf dem Bahnhof, vorher, sah er mit mir in der ›Woche‹ das Weihnachtsbild von Grünewald. Wollen Sie glauben, daß ihn, wie ich davon sprach, eine Bewegung überkam, die er hinter meinem Rükken versteckte? Natürlich merkte ich nichts.

Ich habe eine fliegende Figur (als Relief) gemacht. Ich wollte, ich könnte sie Ihnen mal zeigen, natürlich wünschte ich, daß sie Ihnen gefiele. Prosit Neujahr!«

Ich lernte auch den zartgliedrigen, brünetten Paul Klee kennen, der aus Bern stammte und ein guter Geiger war. Er wohnte in der prosaischen Ainmillerstraße. Hausenstein handelt in seinem Buch »Kairuan« geistreich von der heimlichen Metaphysik dieser höchst nüchternen Gegend. Klees graziös-ironische Linienarabesken erinnerten mich an die Wortarabesken Christian Morgensterns.

Der Künstler hatte mit umständlichen, trockenen, sehr literarischen Radierungen begonnen, etwa in der Art Markus Behmers. Ich konnte mir nicht vorstellen, daß sich daraus noch etwas Lebensfähiges entwickeln werde. Er wurde aber überraschend immer freier und überlegener. Schließlich beschenkte er die Welt mit unerschöpflichen Einfällen. Nur ein eigensinniger Pedant konnte sie nicht liebgewinnen. Ich legte mir von ihm einen »Homo novus« zu, der eben, die Arme zum Himmel gereckt, seine alte Haut abgestreift hatte. (»Schöner ist er nicht geworden!« meinte ein Betrachter.) Dann einen »Hinze in der Schlinge«, die von allen Seiten zusammenlaufenden »Neugierigen«, einen »Jungen Fuchs, ein Feuer löschend« (er pißte es nämlich aus) und ein »Fatales Fagottsolo«. Aus dessen Linien konnte man mit etwas gutem Willen wirklich das näselnde Auf- und Absteigen der Fagottöne heraushören.

Mit seiner Frau, einer Berufspianistin, die sehr optimistisch und diesseitig wirkte, spielte ich die vierte Symphonie Gustav Mahlers, die mir mit ihrem grotesken und idyllischen Humor sehr lag.

Als der Verlag sein drittes Zimmer selber brauchte, im Frühjahr 1908, zog ich in eine eigne kleine Wohnung in der Kurfürstenstraße – auch sie im nördlichen Schwabing gelegen. Ich richtete einen allwöchentlichen

»jour fixe« ein. Eßwein las da aus seinen »Schrittmachern« die phantastisch-realistische Geschichte vom brennenden Automatenrestaurant, Friedrich Ranke, jetzt Professor der Philologie in Basel, seine Übersetzung der isländischen Saga von »Gisli dem Geächteten«. Karl Schloß rezitierte Poccis romantisch-humoristisches Puppenspiel von der Zaubergeige. Ich begleitete eine Sängerin zu Arien von Händel und zu unbekannten Liedern von Schubert (es gibt Hunderte von unbekannten!). Künstler brachten Zeichnungen mit. Aus den im Entstehn begriffenen Kunstbüchern lagen Fotos auf dem Tisch. Ich machte keine Jagd auf Berühmtheiten. Jeder Gutwillige war mir willkommen. Das Zimmer war gedrängt voll hoffnungsvoller junger Menschen. Am Ofen lag Treff und knurrte vor Behagen.

Unter den Teilnehmern befand sich auch die Malerin Käthe Sattler mit ihrem Vetter und nachmaligen Gatten, dem — damals erst angehenden — Architekten Gustav Wolf. Ihm schlug ich später vor, die Bände über die »Schöne deutsche Stadt« zu schreiben.

An meinem Geburtstag 1908 brachte Käthe Sattler die junge Malerin Gertrud Engling mit, die — blond und zweiundzwanzigjährig — soeben von der Königsberger Akademie nach München gekommen war, um hier die Künstlerinnenschule zu besuchen. Sie malte bei Max Feldbauer und Julius Seyler, aber der norddeutsche Impressionismus mit seinen kühleren Farben entsprach ihrer Art mehr.

Bald fühlte ich in ihr Verwandtes und auch, wie es zu einer guten Unterhaltung gehört, genug Andersgeartetes. Einem Verabredungsbrief fügte ich hinzu: »Sie sind einer der wenigen heiteren, gescheiten, energischen und naiven Menschen, die ich kenne. Da ich Ihnen das wohl niemals so geradezu sagen werde, muß ich es wohl schreiben.« Naivität bedeutete mir sehr viel. Unter ihr begriff ich vor allem auch Ursprünglichkeit und Unbefangenheit.

Ich merkte bald, daß ich mich ein Leben lang gut mit ihr unterhalten könnte. Sie malte mich und ich zeichnete sie. Wir hatten beide dieselbe Freude an der Erscheinung — und haben sie noch. Ich meinerseits bin mehr ein Mensch der Linie und des Schwarz-Weiß. Sie dagegen hat ein besonders fein entwickeltes Farbempfinden. In dieser Beziehung habe ich viel von ihr gelernt. Daß Schatten auch ins Rötliche spielen können, hatte ich zum Beispiel vorher nicht so bewußt gesehn.

Gertrud war die Tochter eines preußischen Beamten. Man merkt, daß sie aus der Stadt von Kants Kategorischem Imperativ stammt. Während ihrer Schulzeit, in ostpreußischen Kleinstädten, hatte sie kaum etwas von bildender Kunst zu sehen bekommen. Trotzdem malte sie eifrig. Ihre Begabung brach bald ganz unmittelbar durch. Sie beredete ihren Vater, sich nach Königsberg versetzen zu lassen, damit sie sich dort ausbilden könnte. Nach fünf Jahren Königsberger Akademiezeit ist sie dann, einem merkwürdigen Zwang gehorchend, nach München gekommen. Kaum jemand ging sonst von Königsberg dorthin, kein Lehrer hatte es ihr empfohlen.

Wir gingen nun oft zusammen in Konzerte und Kunstausstellungen. Im Odeon hörten wir unter Felix Mottl Bach und Beethoven, in der Tonhalle unter Siegmund von Hausegger Brahms und Bruckner. Wir sahen bei Brackl die van Goghs. *Sie* war die junge Malerin, die mir riet, ein billiges Van Gogh-Buch zu verlegen. Wir machten viele Wanderungen und vereinigten dabei Natur- und Kunsterlebnisse, wie das die Landschaft um München in solcher Fülle ermöglicht. Wir gingen von Wolfratshausen an der Loisach hinüber an den Starnberger See oder von der festlich heiteren barocken Klosterkirche Fürstenfeldbruck durch Buchenwald die Amper entlang nach Grafrath mit dem gotischen Grabmal des heiligen Rasso. Ein andermal von Garmisch an den Felsabstürzen des Wetterstein vorbei zum Eibsee. Vorher suchten wir das Fresko des riesigen Christophorus in der alten Garmischer Kirche auf. Wir stiegen zum Freisinger Dom hinauf und betrachteten in seiner romanischen Krypta die »Bestiensäule« mit ihrem Drachenkampf. Wir rodelten vom Brünnstein und Wallberg herunter, Treff mit vereistem Bart in langen Sprüngen immer hinterdrein.

Bald war mir an einem Montag nicht gut zumute, wenn wir nicht den ganzen Sonntag zusammen draußen verbracht hatten. So viel im Verlag an meinem Schreibtisch zu sitzen war mir plötzlich langweilig. Es dauerte nur noch kurze Zeit, da war die Verlobung selbstverständlich geworden.

Im Mai mußte Gertrud nach Königsberg zurück. Ich begleitete sie bis Nürnberg, das wir nach allen Richtungen durchstreiften. Abends spät, als es schon dunkel wurde, suchten wir uns noch den von Peter Flötner dekorierten Hirschvogelsaal. Bei solchen Gelegenheiten war sie noch ausdauernder als ich.

Zu Hause malte sie für mich in Aquarellen die derben Gestalten der Ausrufer und Ausruferinnen auf den Königsberger Straßen, die – jede in einem anderen Tonfall – ihre Flundern, Aale und Blaubeeren anpriesen.

Bald besuchte ich sie in ihrer östlichen Heimat. Sie fuhr mir bis Danzig entgegen. Wir bestaunten die gewaltige Marienkirche mit ihrem massigen, stumpfen Westturm und den zehn schlanken Turmspitzen. Selbstverständlich versäumten wir auch nicht, Schopenhauers schmales, hochgiebliges Geburtshaus an der Heiligengeistgasse aufzusuchen. Eine glückliche, sonnige Woche verbrachten wir auf der Kurischen Nehrung, in dieser merkwürdigen Landschaft zwischen Meer und Haff mit ihren hohen, gelben, wüstenhaften Wanderdünen und dunklen, blaugrünen Kiefern. Am Haffufer lagen die Fischerkähne, an ihren Mastspitzen die geschnitzten, buntbemalten hölzernen Wimpel. Gertrud steckte mich an mit ihrer Liebe zur vielgestaltigen, phantasievollen Volkskunst. Sie sammelte begeistert alte Krippenfiguren und volkstümliches Kinderspielzeug.

Die Gestalten des deutschen Ostens hatten von jeher besondere Anziehungskraft für mich: der zarte Lyriker Simon Dach, Kant, der »Alleszermalmer«, der Magus des Nordens Hamann, der ahnende Anreger Herder, der krause Satiriker Hippel, der phantastische E. T. A. Hoffmann. Während des ersten Weltkriegs stattete ich der gefährdeten Heimat meiner Frau meinen Dank als Verleger ab durch das Buch über das »Schöne Ostpreußen«, das ich den Generalkonservator der Kunstdenkmale, Professor Richard Detlefsen, zu schreiben bat und das weithin von dem Reichtum dieses heute für Deutschland verlorenen Landes kündete.

Am 20. Juni 1910 heirateten wir. Ich hatte inzwischen in München in der Keuslinstraße, am Rande der Stadt, eine Atelierwohnung gemietet. Auf unsrer Heimfahrt, die zugleich unsre Hochzeitsreise war, machten wir den ersten Aufenthalt in Marienburg mit dem Schloß der Ordensritter. Weiterhin blieben wir in Berlin, in Kassel – wegen der Rembrandts! – und in Würzburg. Dann ließen wir uns für einige Wochen in dem idyllischen Holzhausen am Ammersee nieder. Aus unserer Laube im Wirtsgarten hatten wir nach Osten einen schönen Blick über den See auf das hochgelegene Kloster Andechs, nach Süden auf den langen Zug der Alpen.

Pünktlich, im März des nächsten Jahres, wurde unser Sohn Klaus geboren – der Fortsetzer nicht nur des Stammbaums, sondern als mein Gesinnungsfreund jetzt seit Jahren auch des Verlags. Nach seinen

Töchtern, unseren Enkelinnen Ursula und Regina, hat sich kürzlich der ersehnte Enkelsohn Hans eingestellt. Zwei Jahre nach Klaus erschien Martin, der Musiker, auch er heute schon Vater einer Angela. Und den Beschluß unserer eignen Kinder machte die sprach- und schreibbegabte, tierliebende Tochter Ulrike. So ist nun, mit den Schwiegertöchtern, eine zehnköpfige Familie um mich versammelt, und kürzlich hat man mich – ich war da denn doch etwas überrascht! – einen Patriarchen genannt.

Damit möge es für diesmal genug sein! Ich habe vom Vormittag meines Lebens berichtet. Ob ich nochmal die Feder ansetze, um auch vom Nachmittag und Abend zu erzählen? Jedenfalls will ich des Goethe-Spruchs eingedenk bleiben:

> Noch ist es Tag, da rühre sich der Mann!
> Die Nacht tritt ein, wo niemand wirken kann.

NACHMITTAG

Wer A sagt, muß auch B sagen. Wer seinen »Vormittag« geschrieben hat, muß also auch noch den »Nachmittag« folgen lassen. Muß er?

Ich schließe das daraus, daß ich seit zwei Jahren ständig gefragt worden bin: Wann kommt Ihr »Nachmittag«? Auch in vielen Besprechungen wurde der »Nachmittag« gefordert. So kann ich mich also darauf hinausreden, daß ich nur diesen Forderungen genugtue.

Selbstverständlich machte mir das Schreiben auch an sich Vergnügen. Wenn ich dabei ein bißchen gestöhnt habe, so kommt das daher, daß einem Siebziger das Schreiben nicht mehr so leicht von der Hand geht.

Und noch einen Grund habe ich. Heinrich Wolfgang Seidel sagte vor Jahren einmal bedauernd zu mir: »Alle Selbstbiographien hören zu früh auf.« Auch die seines Vaters »Von Perlin nach Berlin«, die ich viele Male mit Freuden gelesen habe, hatte das getan. Das wollte ich der meinen nicht vorwerfen lassen.

Der »Nachmittag« ist also nun da. Ich habe nicht von Jahr zu Jahr berichtet. Das hätte eine endlose Aneinanderreihung ergeben. Ich habe vielmehr größere Episoden zusammengefaßt. Ich habe Begegnungen mit Künstlern, Dichtern, Musikern, mit Tragikern und Humoristen so getreu und lebendig erzählt, als ich es vermochte, und glaube, diese Berichte haben dokumentarischen Wert. Manch solche Begegnungen hatten Folgen fürs ganze Leben. Schon dem »Vormittag« wurde nachgesagt, er sei »erlebte Kulturgeschichte«.

Möchte man hier und da auch einen Grund zum Lächeln finden!

Das Leben ist fragmentarisch, daher ist es notwendig auch dieses Buch. »Pars pro toto« ist da die Losung – ein Teil für das Ganze! So müssen diese Begegnungen zugleich auch für manche andre mitgelten. Das Buch hat ohnehin – zu meinem Schrecken bemerkte ich es zu spät – den »Vormittag« um hundert Seiten überschritten.

Statt die alljährlich wechselnden Sommeraufenthalte und ihre Erlebnisse einzeln aufzuführen, wovon der Leser nichts gehabt hätte, habe ich mich auf einige sehr gegensätzliche beschränkt: auf eine kleine Nordseeinsel und auf die Krimmler Tauern.

Einen großen Raum nimmt, wie in meinem Dasein, das »Italienische Erlebnis« ein.

Daß ein Verleger aus seiner Praxis plaudert und ein Kunstfreund vom Geist der Graphik, ist wohl selbstverständlich. Aber ich erzähle auch als Sohn von meinen alten Eltern und als Vater von meinen Kindern.

Durch den »Vormittag« habe ich am eignen Leib gespürt, was das Gedrucktwerden bedeutet. Er hat mir rund sechshundert Briefe eingetragen — viele von alten Freunden und Bekannten, von denen ich schon lange nichts mehr gehört hatte, viele aber auch von Unbekannten, von denen ich zum erstenmal hörte. Besonders freut es mich, daß das Buch in vielen Stadt-, ja in Dorfbibliotheken Platz gefunden hat und so an Leute kam, die es sich nicht hätten kaufen können. Gerade solche Leser haben mir häufig geschrieben, weil sie sich beim Lesen persönlich angesprochen fühlten.

Meine Autoren haben vielfach erst durch das Buch so richtig erfahren, von wem sie eigentlich verlegt wurden. Die Stunden sind ja ziemlich selten, in denen der eine dem andern von seinem vergangenen Leben erzählt. Ich habe nicht nur mein Buch, sondern mich selbst vervielfältigt. Ich kann mir einbilden, an tausend Stellen gegenwärtig zu sein. Ich bin nach meiner Geburtsstadt Penzlin zurückgekehrt, ja sogar auf Island, in Südafrika, in Brasilien und Kanada bin ich aufgetaucht. Die »Times« schrieb über den »Vormittag«: »Unusual as a man, even more unusual as a publisher, Piper has all his life remained faithful to an early idealism.« Solch ein Satz tut einem alten Verlegerherzen wohl! Auch in deutschen Blättern stand viel Lobendes, das mich erröten machte. Doch will ich nicht anfangen, hier meine Zeugnisse für gutes Betragen herumzureichen.

Dieser »Nachmittag« geht, wie das Nachmittage so an sich haben, in den »Abend« über, und so möchte ich denn hier zur Beruhigung sagen, daß es darum einen besonderen Band »Abend« nicht mehr geben wird. Ich bin froh, nun, nachdem das Buch fertig ist, die vielen Schichten beschriebnen Papiers von meinem Schreibtisch herunterräumen zu können.

Vielleicht, daß noch ein paar Betrachtungen, wie sie ein Siebziger und ein Verleger anstellt, nachtröpfeln. Das Alter ist die Zeit der Repetition. Wohl dem, der etwas zu repetieren hat und dem Zeit zum Repetieren bleibt!

In meinem Arbeitszimmer an der Wand, meinem Schreibtisch gegenüber, wollte ich schon lange ein großes Schild anbringen: »Weglassen sei die Parole!« Ein täglich umdrängter Verleger muß sich vor allem vor Überproduktion hüten, die dann so oft dem Notwendigen im Wege steht. Nun habe ich diese Parole selbst befolgt und auch meine Erinnerungen auf Weglassen eingestellt, trotz dem Umfang dieses Buchs. Möge es dem Leser nicht zu dick sein!

DURCH VIER JAHRZEHNTE
MIT MAX BECKMANN

Im Sommer 1912 hatte ich mit meiner Frau und unserm kleinen Klaus einige Wochen in Ostpreußen verbracht, und zwar in Groß-Kuhren an der Samländischen Küste zwischen Wasser, Sand und Wäldern.

Auf der Rückreise – Frau und Kind blieben einstweilen noch bei den Schwiegereltern in Königsberg – wollte ich den Maler Max Beckmann kennenlernen, dessen Bilder in der Berliner Sezession mir aufgefallen waren.

Er wohnte nicht in dem satten Berlin W, sondern in Hermsdorf, einem Vorort im Norden der Stadt. Sein Atelierhaus, Ringstraße 8, war ein einfacher, viereckiger, weißgetünchter Kasten mitten in den Kiefern. Er steht noch heute.

Beckmann trat mir als großer, blonder, breitschultriger Mann entgegen mit mächtigem Schädel und mächtigem Kinn. Sein Atelier war so geräumig und hell, daß man fast den Eindruck haben konnte, im Freien zu sein. Er war damals der Maler pathetisch-romantischer Szenen, noch weit entfernt von dem Beckmann von heute. Er zählte erst achtundzwanzig Jahre und konnte noch nicht wissen, wohin ihn sein Weg führen werde.

Da stand er, umgeben von seinen großen Bildern. Es waren offensichtlich Malereien eines vom Mysterium des Lebens tief Ergriffenen. An der Wand lehnte die »Ausgießung des Heiligen Geistes« mit ihren ekstatischen Gestalten. Auf der großen »Auferstehung« (B I, Abb. 5)*

* Da man, wenn man von Bildern liest, sie sich gern anschaulich vergegenwärtigt, ich aber nicht alle Bilder, die in diesem Bericht vorkommen, hier abbilden kann, weise ich auf die beiden Beckmann-Bücher hin, die bei mir erschienen sind. »B I« bedeutet das erste Buch von 1923, an dem Glaser, Meier-Graefe, Fraenger und Hausenstein als Autoren beteiligt sind. Mit »B II« ist das neue Beckmann-Buch mit Text von Reifenberg und Hausenstein gemeint, das Ende 1949 herauskam. Damit der Leser in ihnen nicht lang herumblättern muß, gebe ich die Ziffern der Abbildungen an.

standen Menschen in moderner Tracht wie betäubt zwischen zeitlosen, aufsteigenden Gestalten. Das Braunschwarz des Bildes lichtete sich nach oben in grünliches Silber. Auf dem »Erdbeben von Messina« taumelten Halbnackte, Messerzückende, Erschöpfte in zerborstenen Straßen. Der »Untergang der Titanic« war gegen die Wand gedreht. Das Bild war so groß, daß es auch mit unsern gemeinsamen Kräften nicht umgedreht werden konnte. Beckmann zeigte mir deshalb Skizzen und Einzelstudien dazu. Im Vordergrund trieben überfüllte Rettungsboote, die Menschen darin stumpf ihrem Schicksal preisgegeben. Man konnte bei diesen Bildern an Géricaults »Floß der Medusa« denken oder an Delacroix' »Gemetzel auf Chios«. Auch diese großen Maler gestalteten erregende Stoffe ihrer Zeit.

Das früheste Bild war die »Große Sterbeszene«, schon von 1906 (B II, Abb. 1). Edvard Munch, der sich in seinem Schaffen viel mit dem Sterben auseinandersetzte, war durch dies Bild auf den jungen Maler aufmerksam geworden.

Erstaunlich, daß Beckmann diese großen Flächen mit so verschmolzener und tonreicher Malerei bewältigte. Er verlangte sehr viel von sich. Die Ideenkunst sollte zugleich Wirklichkeitskunst und schöne Malerei sein.

Nur wenige kleinere Bilder waren da, die man in ein Zimmer hängen konnte. Eine sterbende Kleopatra mit Fackeln und Teppichen erinnerte mich in ihrer funkelnden Farbigkeit an Rembrandts »Joseph und Potiphars Frau«. Beckmann sagte: »Ja, das hat mich auch etwas angeregt. Ich suche von allen zu lernen. An Rembrandt kann keiner vorbei!«

In modernen Gruppenbildern hatte er, ganz im Sichtbaren bleibend, zugleich auch die geistigen Schwingungen fühlbar zu machen gesucht, die zwischen den Menschen hin und her gehen. Das »Liebespaar« – Mann und Frau scheinbar leidenschaftslos nebeneinandersitzend – hatte Dostojewski-Stimmung. Wir kamen auf den großen Russen zu sprechen. Beckmann liebte ihn sehr. Er hatte zu seinem »Totenhaus« sieben Lithographien gezeichnet. Ich schlug ihm vor, für mich die »Memoiren aus einem Kellerloch« zu illustrieren, diese Geschichte des Menschen aus dem Untergrund, die mir stets als ein Hauptwerk des Dichters gegolten hat. Sie ist eigentlich ein grandioser, düsterer Monolog, fast ohne Handlung. Der Auftrag reizte ihn sehr. Das Untergründige war auch eines seiner Hauptthemen. »Ich will natürlich keinen Vergleich ziehen, aber was Dante für Michelangelo war, das könnte Dostojewski einmal für mich werden.« Aus dem Buchplan ist nichts geworden, aber Beckmann verdichtete die Stimmung zu einer einzigen Gestalt. Er gab in einer Lithographie den »Helden«, der sich in der leeren Großstadtstraße scheu umsieht.

Von den kleineren Bildern sprach mich vor allem »Simson und Delila« an. Das Paar sitzt in grünlichem Mondschein auf einer Terrasse. Simson, hintenübergelehnt, träumt in die Nacht hinaus. In seinem Profil steckt etwas von Beckmann selbst. Es ist der Augenblick vor der Katastrophe. Delila winkt den geduckt heranschleichenden Kriegern. Das Bild ist schön in Farbe, Komposition und Stimmung. Ich gab mir einen Ruck und kaufte es. Ich hatte das Bedürfnis, mit Beckmann in Verbindung zu bleiben, und wie kann man die Verbindung mit einem Künstler besser einleiten als dadurch, daß man ihm etwas abkauft? Auch zwei sehr durchgeführte Modellstudien zur »Delila« fügte ich hinzu und später noch die Lithographie der gleichen Komposition (B I, Abb. 7), so daß ich alle Dokumente zu diesem Bild bei mir vereinigte.

Ich bat ihn dann auch noch um einen Umschlag zu meinem nächsten Verlagskatalog. Ich wollte diesem damit einen besonderen künstlerischen Stempel geben. Er zeichnete zwei Fassungen auf Aluminiumplatten. Beidemal stellte er sich selbst als einen vom Buch gebannten Leser dar.

Als ich mich im Atelier gründlich umgesehn hatte, rief uns Frau Minna Beckmann zum Tee. Sie, für die fast alle Bilder Beckmanns vor dem ersten Weltkrieg signiert sind (MBSL, das heißt: Max Beckmann seiner Lieben), war Malerin aus der gleichen Schule in Weimar wie Beckmann selbst. Als ich sie kennenlernte, war der Sohn Peter vier Jahre alt, und sie, die später eine bekannte Hochdramatische wurde, stellte sich als werdende Sängerin vor. Leider reichte die Zeit nicht mehr, sie zu einigen Liedern auf dem Flügel zu begleiten, was ich gern getan hätte. Ich erzählte ihr von den »Wunderhornliedern« Gustav Mahlers und versprach, sie ihr zu schicken. Sie meinte, sie könnte vielleicht einige an ihrem nächsten Liederabend singen und hat das dann auch getan. Ich kannte die Lieder damals so gut wie auswendig und hatte sogar in einer Zeitschrift einen begeisterten Aufsatz über sie geschrieben. Kein Mensch kümmerte sich damals um diese Lieder, wie es auch heute wieder kaum jemand tut.

Sehr befriedigt fuhr ich abends nach Berlin zurück. Ich sah mich dort auch sonst in Kunstdingen um. In der Nationalgalerie lernte ich viel hinzu und machte die Erfahrung, daß die wirklich guten Bilder mit der Zeit noch immer besser werden. Daß so viele Gemälde von Marées jetzt dort vereinigt hingen, war ein Resultat der Meier-Graefeschen Forschungen. Die »Ruderer« zum Beispiel waren erst von ihm in Neapel aus dem Keller der Zoologischen Station ans Licht gezogen worden. Ein klein wenig war dies auch mein Verdienst, der ich schon in den ersten Anfangsjahren meines Verlags Meier-Graefe die Abfassung eines großen Marées-Werks vorgeschlagen hatte. Aber auch Menzel, Leibl, Liebermann, die Franzosen Delacroix, Daumier, Courbet, Manet, Cézanne (von jedem Franzosen war *ein* Bild vorhanden) machten mir wieder starken Eindruck. Mein Maßstab für große Kunst wurde neu befestigt. In der Berliner Sezession dagegen war nur wenig wirklich Packendes, dagegen viel oberflächliche Geschicklichkeit, Bluff, Witz und Dekoration. Das bedeutendste Bild dort war zweifellos Beckmanns »Amazonenschlacht«. Auf der Heimfahrt nach München blieb mir der Atelierbesuch das am stärksten nachwirkende Berliner Erlebnis. Ich spürte: es war ein Anfang gemacht, aus dem sich noch manches entwickeln konnte.

Ich sah Beckmann dann erst während des Krieges wieder. Er war als freiwilliger Krankenpfleger mitgegangen und hatte in Polen und Frankreich viel erlebt. Ich erfuhr von seiner veränderten Existenz zunächst aus den »Briefen im Kriege«, die seine Frau herausgab. Da las ich:

»In Schlangenlinien wanden sich die Schützengräben, aus dunklen Höhlen sahen weiße Köpfe heraus — manche bauten noch an den Stellungen und überall mitten drin Gräber. An ihren Sitzen, an ihren Höhlen, ja zwischen den Sandsäcken steckten Kreuze. Eingequetschte Leichen. So anekdotisch es klingt — auf einem Grabe neben seiner Höhle briet sich ein Mann Bratkartoffeln. Hier war die Existenz des Lebens wirklich zum paradoxen Witz geworden. Was übrigens ja nicht sicher ist, ob es sonst nicht auch einer ist, wenn wir den Flammenkreis bedenken, der um uns rum brät. Ja, eigentlich ist nicht einmal das nötig. Als meine Mutter starb, war die Welt für mich auch nicht anders als jetzt. Überall das Mysterium der Leiche ... Ich habe eine solche Passion für die Malerei! Immer arbeite ich an der Form. Im Zeichnen und im Kopf und im Schlaf. Manchmal denke ich, ich muß verrückt werden, so ermüdet und quält mich diese schmerzliche

J. Meier-Graefe

F. M. Dostojewski. 1879

Christian Morgenstern.

Max Beckmann: Simson und Delila. 1912

Max Beckmann: Vor dem Maskenball. 1922

Max Beckmann: Reinhard Piper. Lithographie. Ausschnitt. 1921

Max Beckmann im Dezember 1922

Max Beckmann. Amsterdam 1941

Max Beckmann: Lithographie zu Dostojewski
»Aus einem Kellerloch«

Mein Vater als hoher Siebziger

Georg Queri

Beckmann: Selbstbildnis Lille 1915. Federzeichnung

Wollust. Alles versinkt, Zeit und Raum, und ich denke nur immer, wie malst du den Kopf des Auferstandenen gegen die roten Gestirne am Himmel des Jüngsten Tages. Oder wie wirst du jetzt Minkchen malen, mit emporgezogenem Knie, auf die Hand den Kopf gestützt, gegen die gelbe Wand mit ihrem Rosa, oder das glitzernde Licht in dem blendenden Weiß der Fliegergranaten am bleiweißen Sonnenhimmel, und die nassen, scharfen, spitzen Schatten der Häuser dazu, oder, oder... ich könnte vier Seiten so fort schreiben, wenn ich nicht schlafen müßte, um den hundertsten Teil von all diesem wirklich malen zu können.«

Im Oktober 1915 erhielt ich überraschend einen Gruß aus Straßburg:
»Ich sitze hier und zeichne Bakterien fürs Vaterland. Benutze jede
freie Minute zur Arbeit. Es ist sehr eigentümlich hier, man kann sich
sehr auf sich selbst konzentrieren. Außerdem ist Straßburg sehr amüsant.« Bald darauf wurde Beckmann nach Frankfurt beurlaubt.
Dort besuchte ich ihn zum erstenmal im Mai 1917. Ein alter Bekannter von ihm, noch aus der Weimarer Zeit, der Maler Ugi Battenberg, der aber selber nicht mehr malte, hatte ihm sein Atelier abge-
treten, Schweizerstraße 3, auf der Sachsenhäuser Seite hoch überm
Main.
An der Wand stand unvollendet eine neue »Auferstehung« – ganz
anders als die Hermsdorfer, riesig in ihren Ausmaßen, aber seltsamerweise mehr breit als hoch (Zeichnung danach B II, Text S. 49). Oben
in der Mitte schwebte die schwarze Sonne im weißen Himmel. Zu ihr
blickten Gestalten auf, deren Maßstäbe bizarr wechselten. Über dem
Ganzen lag ein grauer Leichenton. Schiefe Schlünde öffneten sich, in
denen sich Menschen verloren. Der Boden schien zu schwanken. Die
Körper waren zerrenkt oder aufgequollen, Gruppen moderner Menschen ängstlich in Winkeln zusammengedrängt, beklommen blickend.
Schwebende, Kniende, Nackte oder von grellfarbigen Laken noch halb
Umwickelte bewegten sich durcheinander. Dazwischen eine jaulende
schwarze Katze. Die schöne Malerei war verlassen, alles war in un-
wirklichen Farben kartonhaft mehr gezeichnet als gemalt.
»Ich will noch vier so große Bilder malen, dazu moderne Andachts-
hallen bauen. Wilhelm II. wird ja für meine Kunst nichts übrig
haben. So hoffe ich also auf eine deutsche Republik. Kurz und gut,
wie Sie sehn: ich bin mal wieder ziemlich größenwahnsinnig! Zunächst will ich aber einmal drei Jahre überhaupt nicht ausstellen. Vorher muß noch viel fertig werden! Von Frau Battenberg lasse ich mir
Bach vorspielen, vor allem die große Orgel-Toccata. Die Matthäus-
Passion ist für mich das Kolossalste, was es gibt.«
Er trug ein Bild heran: »Gesellschaft«, das dritte Gemälde dieses Ti-
tels (B II, Abb. 10). Der Raum war von oben gesehn; die Gruppe von
vier Menschen im Kreis komponiert: das Ehepaar Battenberg, der
Künstler, das Dienstmädchen in weißer Schürze. In der Mitte wieder
eine schwarze Katze. Links hinten ein Knochenmann, wie er in Ateliers üblich ist. Dies war ein wichtiges Dokument seines neuen Raum-
erlebens.

Im Atelier stand eine Kupferdruckhandpresse, die das graphische Schaffen von Beckmann sehr anregte und erleichterte. Sobald eine neue Platte fertig war, machte er immer sogleich einige Handdrucke. So konnte ich die neuesten Blätter an der Quelle in Probe- und Zustandsdrucken auffangen. Seine Graphik wollte ich vollständig besitzen, da durfte mir kein einziges Blatt entgehn. Aus jedem einzelnen sprach mich ein intensiver Ausdruckswille an. Beckmann hat nie geätzt, sondern immer mit der »kalten Nadel« direkt in die Kupferplatte gegraben und gekratzt. Das umständliche Ätzen empfand er fast als ein Überbleibsel aus der guten alten Zeit.

Schon bei meinen ersten bescheidenen Graphikkäufen 1902 in Paris ging ich auf die großen Menschendarsteller aus: auf Brueghel, Callot, Goya, Daumier. Ich hatte diese Linie inzwischen mit Oberländer, Munch, Barlach, Ensor, Kubin bis in die Gegenwart fortgesetzt. In diese Reihe gehört auch Beckmann. Er ist ein leidenschaftlicher Liebhaber des Lebens und seiner Tragik, er sagt mit jedem Blatt etwas vom Menschen aus. Auch die Zeichnungen, die sich bei ihm angesammelt hatten, revidierte ich bei jedem Besuch. Ich brachte von ihnen über hundert zusammen. So kann ich sagen, daß man Beckmann als Zeichner und Graphiker nirgends so gründlich und vollständig kennenlernen kann wie bei mir.

Mit der Graphik konnte ich auch Meier-Graefe für Beckmann gewinnen, der sich seiner Malerei gegenüber zunächst sehr zurückhaltend verhielt. Ich sandte ihm die Radierung von 1914 »Die Nacht« (sie hat nichts mit dem späteren gleichnamigen Gemälde zu tun), von der ich hoffte, daß sie ihm Eindruck machen würde (B II, Abb. 12). Er nahm sie auch sofort in die Mappe der »Shakespeare-Visionen« auf, die er eben als dritten »Druck der Marées-Gesellschaft« zusammenstellte. Es waren daran zweiunddreißig deutsche Künstler der Gegenwart mit Radierungen, Holzschnitten und Steindrucken beteiligt. Das Beckmann-Blatt war zweifellos eins der wichtigsten.

Diese »Drucke der Marées-Gesellschaft«, die ich mit Meier-Graefe begründet hatte, waren der geeignetste Weg, für die Beckmann-Graphik Liebhaber zu gewinnen.

Im Jahre 1919 erschienen die »Gesichter. Neunzehn Radierungen nach Gesichten unserer Zeit«, eine Konzentration aus dem bisherigen graphischen Werk. Meier-Graefe schrieb dazu die Einleitung (B I, Abb. 8, 36; B II, Abb. 13). Drei Jahre später folgte dann noch ein geschlossener Zyklus »Jahrmarkt« mit den zehn Blättern: Der Ausrufer (das war Beckmann selbst), Garderobe, Hinter den Kulissen, Schießbude (B II, Abb. 24), Der große Mann, Der Neger, Das Karussell, Die Seiltänzer, Niggertanz, Schlangendame. In der Ankündigung schrieb Meier-Graefe: »Seit jener ersten Mappe mit den ›Gesichtern‹ hat der Künstler seine kühle Welt mit vielen Gestalten bevölkert; die Welt, die wir verdienen. Mit dieser neuen Mappe dringt Wärme in das einsame Haus: Humor. Was er vorher davon sehen ließ, war durch den Galgenton verbittert und konnte ebensogut Hohn genannt werden. Den verstand jeder von uns nur zu gut. Ein Hohn, der schöpferisch wurde, der für das geschlachtete Europa fleischerhafte Karyatiden erfand. Beckmanns Jahrmarkt liegt seiner Einsicht in die mechanisierte Welt nicht fern und verwandelt die Bitterkeit der Diktion nicht gleich in die Süße der Trauben. Schwerlich werden wir je dem Künstler linde Belustigung verdanken, und die Leute, die von der Kunst billiges Morphium erwarten, müssen ein Haus weiter gehen. Aber Jahrmarkt ist immer eine Schaustellung jenseits der gewohnten Straße. Auch wenn sich Beckmann selbst als Zirkusdirektor vor die Bude stellt – ein Wedekind von dichterem Gefüge –, hindert er nicht, daß der Jahrmarkt ein eigenes Treiben entwickelt, und schon dieses Einschieben einer Bühne zwischen sich und der Welt bringt eine Entspannung. Er hat die Erkenntnis, daß auch das tiefste Erfassen der Not unserer Epoche die Kunst nicht notdürftig machen darf. Je deutlicher dem Maler die Erstarrung der Menschheit ist, desto freier muß er seine Klänge entfalten.«

Meine Sammlung Beckmannscher Graphik und Zeichenkunst ist mir ein Stück meines Lebens geworden. Ich weiß nicht viel von dem, was andre Verleger sammeln. Mein von mir verehrter Kollege Kippenberg hat eine berühmte Goethe-Sammlung bei sich vereint. Auch ich verehre Goethe. Kippenberg aber, denke ich mir, wird sich seinerseits vielleicht vor meiner Beckmann-Sammlung bekreuzen. Hat doch Goethe die Welt, die Beckmann darstellt, nach Möglichkeit vermieden. Seine Schwiegertochter Ottilie durfte ihm nicht vor Augen kommen, solange ihr Gesicht durch einen Sturz entstellt war. Das störte sein Bedürfnis nach Harmonie.

Schon bei meinem ersten Besuch war eine Verbindung von Beckmanns Kunst mit Dostojewski zur Sprache gekommen. Jetzt bat ich ihn, für das Jahrbuch »Ganymed« ein Dostojewski-Bildnis zu radieren (B II,

Beckmann: Selbstbildnis Verwick 1916. Federzeichnung

Abb. 26). Das ergab ein schönes Resultat. Beckmann schrieb dazu:
»Ich freue mich herzlich, daß Ihnen der Dostojewski gefällt. Es war
keine leichte Arbeit, das können Sie mir glauben, und ich habe oft
diesen Auftrag verwünscht, nach vielen Versuchen, die mißglückten.
Was Sie jetzt haben, ist ein Extrakt. So ein Photo sagt formal fast gar
nichts, und man muß zehn Photos auswendig lernen, um nachher unabhängig davon zu einer formalen Idee zu kommen, die in der Reali-
tät eigentlich gar nicht existiert. – Na, den jetzigen finde ich gut, und
es freut mich, daß Sie es auch finden.«
Ich kam nun öfter nach Frankfurt. Im Juli 1919 stand da auf der
Staffelei ein neues Bild »Die Nacht« (B II, Abb. 15). Zunächst war
ich etwas befremdet und beklommen. Ich mußte mich erst allmählich
an das Bild gewöhnen. Durch das Kriegserlebnis beschleunigt, war bei

Beckmann ein Stilwandel vor sich gegangen. Die schöne romantische Farbe seiner früheren Bilder hatte einer harten, hellen Durchsichtigkeit Platz gemacht. Obwohl dieser Stilwandel durch Übergänge angekündigt war, war er für mich doch eine starke Überraschung. Ich stand schweigend vor dem Bild.

Sieben Menschen waren da in ein enges Zimmer zusammengepreßt. Verbrecher hatten in der Nacht eine Gesellschaft überfallen, sie gefesselt oder erhängt. Daraus ergab sich ein Knäuel von Körpern, hart stießen die Gliedmaßen in Diagonalen gegeneinander. Der ganze, von zwei Kerzen beleuchtete Bildraum war vollgestopft. In einer Ecke heulte ein Hund. Aus dem fahlen, weißlichen Grau hoben sich nur wenige isolierte Farbflecke heraus: ein roter Grammophontrichter, die violette Jacke einer Frau, ein grünes Stück Weste, die blaue Zunge des Erhängten. Man mußte sich wundern, daß es Beckmann so lange ausgehalten hatte, an dem Bild zu malen. Es war ein Alpdruck, der sich ins Metaphysische steigerte. Der Maler, der stumm im Atelier herumhantierte, stellte sich von Zeit zu Zeit zu mir: »Nicht wahr? Ganz nettes Bildchen! Hähähä!... Ich will übrigens durchaus kein Spezialist für Gräßlichkeiten sein. Ich finde das Bild einfach schön! Was ich anstrebe, ist eine immer klarere und bestimmtere Form. Ich mache keine Formen um ihrer selbst willen – als abnormale Schnörkel. Alles muß gegenständlich bleiben. Insofern, kann man sagen, bin ich auch heute noch ein Schüler von Liebermann und Leibl. Ich will dieselbe ehrliche Gegenständlichkeit haben wie sie.« – Ich bemerkte, er abstrahiere doch aber von einer naturwahren Beleuchtung. Die Kerzen vorne könnten doch die Szene nicht so beleuchten, wie er sie gemalt habe. – »Da haben Sie recht. Aber ich denke mir das Ganze von elektrischem Licht beleuchtet, das außerhalb der Szene angedreht ist.«

Zwischen den Zeichnungen, die ich durchsah, lagen fünf etwa handgroße Kompositionsentwürfe in Blei und Feder zu dieser »Nacht«, auf denen Beckmann die sieben Figuren des Bildes gegeneinander verschoben hatte, bis ihre Stellung allmählich fest geworden war. Das Bild selbst konnte ich nicht kaufen (an welcher Wand hätte man es auch aufhängen mögen!), so hielt ich mich an diese fünf Entwürfe, die das Tasten und Werden des Bildes genau miterleben lassen. Einer davon ist in B II, Abb. 14, wiedergegeben.

Dreißig Jahre später sah ich das Bild bei Günther Franke in München wieder. Es hatte inzwischen nichts von seiner Eindringlichkeit

Max Beckmann: Schießbude
Radierung aus der Mappe »Jahrmarkt«

eingebüßt. Die Diagonalen stießen noch ebenso durch den Raum, aber, wie mir schien, nicht mehr mit derselben Erbitterung. Das Bild hatte sich beruhigt, es war klassisch geworden – oder wenigstens ein klassisches Monument seiner Zeit.

Wir betrachteten die elf großen Lithographien der »Hölle«. Sie lagen alle nebeneinander am Boden. Ich sagte: »Sie sind ein tragischer Oberländer.« – »Das ist mir gar nicht unlieb. Ich schätze Oberländer sehr. Er hat eine sehr klare, bestimmte Zeichnung.«

Max Beckmann hatte mir Gedichte von Lili von Braunbehrens geschickt, die unter dem Titel »Stadtnacht« erscheinen sollten. Er bot mir an, sieben Lithographien dazu zu machen, und ich ging darauf ein (B II, Abb. 16, 17). Die Dichterin war fast blind. Alle Gedichte hatte sie in eine kleine achtreihige Blindentafel aus Aluminium mit einem extra dazu angefertigten Stechstift gestochen, die meisten bei Mondschein im dunklen Zimmer, oft im Bett sitzend. Manchmal verbarg sie die kleine Blindentafel unter ihrer Bettdecke, um durch ihr Stechgeräusch ihre Mutter nicht zu stören. Sie sah den Mond durch das geöffnete Fenster scheinen und hörte die Wellen des Mains in der Stille der herannahenden Nacht. Lag sie nicht im Bett, dann saß sie allein am Erkerfenster des großen Zimmers und blickte in die Dämmerung hinaus, in der der Mond auf dem Wasser zu schwimmen schien. Die andern waren dann unten auf der Terrasse versammelt oder um den Flügel. Manchmal kam sie dann noch hinunter und zeigte ihnen, was sie gemacht hatte, z. B. »Die Bitte«:

> Laß mir die kalten Tränen,
> Rühre nicht an die sterbenden Rosen,
> Ihre traurige blaurote Glut
> Laß auf dem Marmor ruh'n –
> Geh und störe mir nicht das Leid!
> Triffst du auf deinem Wege einen wilden Fluß,
> So schick ihn, daß er mein Haus ersäufe;
> Hörst du einen heulenden Wind –
> Küsse ihn, daß er mein Haus umreiße;
> Schick mir Gesindel zum letzten Spiel.

Das Buch erschien im Herbst 1920 in einer numerierten Auflage von 600 Exemplaren.

Selten hatte Beckmann Kunst um sich, die andre gemacht hatten. Aber bei einem der nächsten Besuche fand ich in seinem Schlafzimmer, an der Wand befestigt, überraschenderweise den großen Stich von Hogarth »Der Morgen«, den er bei einem Frankfurter Antiquar gekauft hatte. Dieser winterliche Großstadtmorgen von 1738 war allerdings durchaus ein Stück aus der Beckmannschen Welt. Es hätte Goethe nicht gefallen. Dieser schrieb 1795: »Es bedurfte zur Betrachtung und Bewunderung der Werke Hogarths weder Kunstkenntnis noch höheren Sinnes, sondern allein bösen Willens und Verachtung der Menschheit.« Beckmann sagte zu seinem Hogarth: »So etwas beglückt mich. Brueghel, Hogarth, Goya haben alle drei die Metaphysik in der Gegenständlichkeit. Die ist auch mein Ziel. Auch bei meiner ›Nacht‹ soll man das Gegenständliche über dem Metaphysischen vergessen. Es soll durch das Metaphysische überwunden werden. Man soll nur die Schönheit sehn, wie auch ein Trauermarsch schön ist.«

Ich frage gern die Menschen, an denen mir etwas liegt, nach ihrer Herkunft und ihren Entwicklungsjahren. Beckmann erzählte mir bei verschiedenen Gelegenheiten:

»Ich glaube, wir sind ungefähr gleichaltrig. Ich bin 1884 in Leipzig geboren, doch stamme ich nicht aus Sachsen, sondern aus Braunschweig. Meine Mutter kam aus Königslutter im Braunschweigischen. Mein Vater aus Helmstedt, das ja auch in Braunschweig liegt. Mein Vater war Müller, Sohn eines Gastwirts. Meine Mutter stammte von Bauern. Meine Eltern besaßen in Helmstedt eine Mühle, die mein Vater später verkaufte. Es reizte ihn mehr, in Leipzig als Mühlenvertreter zu agieren. Später zogen wir dann wieder nach Braunschweig zurück, wo ich groß geworden bin.

Mein Vater starb, als ich erst zehn Jahre alt war. Er war eine Erfindernatur. Vor allem hatte er sich darauf versteift, künstlichen Meerschaum herzustellen. Unser Haus wimmelte von tausend Flaschen und Fläschchen. Das trieb er natürlich alles in seinem Nebenberuf. Als er mit dem Meerschaum glücklich so weit war, war ihm grade ein andrer zuvorgekommen. Er nahm es aber weiter nicht tragisch. Außerdem trug er nie ein Hemd und lief zu Hause stets barfuß. Als er durch einen glücklichen Hausverkauf Geld verdient hatte, wollte er sich einen Wohnwagen, so wie ihn die kleinen Artisten haben, kaufen und von einer Stadt zur andern durch das Land ziehen. Aber meine Mutter, die aus einer gesetzten und ehrbaren Bauernfamilie stammte, wo man fünfzehn Kühe und etliches andre Getier gehabt hatte, war empört und erlaubte es nicht. Das war eigentlich sehr zu bedauern. Ich habe jedenfalls meinen Vater in guter Erinnerung. Er war ein recht vernünftiger Mensch. Er kannte jeden Baum und jede Blume.

In den Jahren, als Sie in der mecklenburgischen Kleinstadt aufwuchsen, das heißt zwischen meinem achten und zehnten Lebensjahr, war ich auf dem Dorfe, in Falkenburg in Pommern, wo meine Schwester an einen Apotheker verheiratet war. Obwohl vieles mir da gar nicht gefiel, habe ich doch die intensivsten Erinnerungen an die Einsamkeit der großen Wälder und an die Seen und an die Mittagshitze der weißen, staubigen Chausseen, die zum Wald führten. Solche Erinnerungsbilder werden Sie wohl auch haben. Es ist ja etwas Merkwürdiges um diese Jugendzeit. Ich war damals namenlos allein. Sie hatten es wohl besser mit Ihren Geschwistern. Ja, so lebt man weiter. Jetzt sind Sie Ihr Vater und ich bin der meinige. Das klingt etwas verrückt, nicht wahr? Meine Mutter starb 1906. Kurze Zeit vor ihrem Tode habe ich noch ihr Bildnis gemalt. Sie haben es ja in Hermsdorf gesehn.« – »Ja, ich erinnere mich, es ist sichtlich mit Liebe gemalt. Der Ausdruck um Augen und Mund! Und wie die Hände so ruhig im Schoß liegen!« (B I, Abb. 2.)

»Nach Paris kam ich zum erstenmal im Jahr 1903. Aus diesem Aufenthalt stammt vor allem ein sehr starker Widerwille gegen die Hochflut von impressionistischen Nachahmungen, die dort herrschte. Aus diesem Gefühl gingen wohl damals auch meine ›Jungen Männer am Meer‹ hervor, dann das ›Drama‹ und die erste große ›Sterbeszene‹. Später habe ich dann, um nicht zu früh in einem bestimmten Stil zu erstarren, mich intensiv mit den alten Meistern und deren Naturauffassung beschäftigt, aber stets mit dem fast bewußten Gefühl, durch alles hindurchgehn zu müssen, alles bis ins letzte kennen und auch können gelernt zu haben, um dann ganz ich selbst sein zu können. Meine größte Liebe schon 1903 war Cézanne und ist es wohl auch geblieben, wenn ich an französische Meister denke. Auch für Delacroix habe ich eine große Verehrung, wenn ich da auch einen bewußten Unterschied zwischen seiner südlichen Eleganz und meiner mehr nördlichen Existenz fühle.

Im Herbst 1904 nahm ich in Berlin feste Wohnung und malte dort meine ersten Bilder, die Sie ja kennen. 1906 stellte ich die Sachen zum erstenmal in der Sezession aus. Wie Sie wissen, betrachte ich diese ganze Zeit noch als Lehrjahre.

Der Krieg zog mich gewaltsam heraus aus einem Milieu, das anfing, mir gefährlich zu werden. Dadurch wurde mir das Glück zuteil, ganz auf mich selbst gestellt zu werden. Dadurch habe ich auch so viel an Ruhe und Konzentration gewonnen, daß ich hier in der Frankfurter Stille vielleicht die Kraft habe, was mir früher manchmal klarer und manchmal verworrener vorschwebte, zu verwirklichen. Ich weiß nur das eine, daß ich der Idee, mit der ich geboren bin und die sich, vielleicht noch embryonal, schon in dem ›Drama‹ und der ›Sterbeszene‹ findet, mit dem Aufgebot aller meiner Kräfte folge, bis ich nicht mehr kann.

Das Wichtigste ist mir, wieder zu einer klaren und absolut festen Form zu kommen: die Rundheit in der Fläche, die Tiefe im Gefühl der Fläche, die Architektur des Bildes. Eine möglichst große Summe von Vitalität in glasklare Linien und Flächen einzusperren! – Aber das sind alles Worte, das Wichtigste sind eben die Sachen selbst.«

Wir wandten uns wieder den Sachen selbst zu. Von dem »Frauenbad« (B I, Abb. 21–23), an dem er noch arbeitete, sagte er: »Das Bild soll wirken wie ein gotisches Glasfenster.« Zu dem Rückenakt der gealterten Frau im Vordergrund hatte er eine Zeichnung nach dem Modell gemacht. Sie kam mir gegen seine frühere, mehr malerische Zeichenweise etwas hart und spröde vor. Ich mußte mich erst an diesen neuen Stil gewöhnen. Deshalb kaufte ich sie mir. Auch Beckmann empfahl sie: »Ich finde die Zeichnung ebenso schön wie eine von van Gogh. Ich wollte nicht nur die Häßlichkeit ausdrücken, sondern vor allem auch die Tragik, die aus einem solchen alternden Körper spricht.«

»Ich werde wohl in Frankfurt wohnen bleiben. Das viele Reisen hat gar keinen Zweck, weil man doch nur die Menschen versteht, unter denen man lebt. Alles andre kann man ebensogut in Abbildungen genießen. In Frankfurt ist alles so hübsch beieinander, der moderne Großstadtbetrieb und die altertümliche Enge.«

Ich sprach von meiner Vorliebe für Grabbe, die schon aus meiner Münchner Lehrlingszeit datiert, dem heftigen Pessimismus seines »Herzogs Theodor von Gothland«, dem schneidenden Witz seines Lustspiels »Scherz, Satire, Ironie und tiefere Bedeutung«. Auch Beckmann liebt Grabbe. »Um den Mann ist etwas riesig Einsames.« Dann schwärmten wir zusammen von Jean Pauls »Titan«. Besonders die tragische, selbstzerstörerische Figur des Roquairol mit dem »blassen eingestürzten Gesicht, von langen, inneren Feuern verglaset« hat von jeher auf Beckmann große Anziehung ausgeübt. Jean Paul war ebenso ein Visionär und Realist zugleich, wie Beckmann es ist. Wir erinnerten uns gegenseitig an seinen »Traum von einem Schlachtfelde«, an die »Rede des toten Christus vom Himmel herab, daß kein Gott sei«, an die »Fastenpredigten in Deutschlands Marterwoche«.

»Ich glaube an Deutschland, weil ich an mich selbst glaube. Ich fühle mich durchaus als Deutscher. Die vielen Juden in Frankfurt stören mich gar nicht. Ich finde im Gegenteil, diese schwarzen betriebsamen Leute sind für uns in mancher Beziehung recht nützlich.«

Ein Band »Buddhos Reden«, übersetzt von Karl Eugen Neumann, lag auf dem Tisch. »Das ist mein Tagebuch. Da schmiere ich alle Tage etwas hinein. Vor allem interessiert mich die Willenszucht dieser Leute, weil ich das auch mache.« Einmal ging ich mit Beckmann ins Städelsche Institut, von seinem Atelier aus etwas mainabwärts am Fluß gelegen. Wir betrachteten vor allem den in seiner Bedeutung noch wenig erkannten großen Flügelaltar von Holbein dem Älteren. Nebenan, unter den Skulpturen des Liebig-Hauses, wandten wir uns vor allem den gotischen Holzplastiken zu und ließen besonders die ergreifende Pieta des mittelrheinischen Meisters von 1400 auf uns wirken. Aus der Seitenwunde des fahlgelben Körpers hängt eine krapprote Bluttraube. Wir suchten die Jahrhunderte, die uns von diesen Werken trennen, im Geist zu überbrücken.

Ein andermal unternahmen wir einen Ausflug nach Königstein im Taunus, und zwar zu viert, mit Dr. Heinrich Simon, dem damaligen Besitzer der Frankfurter Zeitung, und mit Benno Reifenberg. Dieser hatte sich schon wiederholt in Aufsätzen für Beckmann eingesetzt. Auch Simon war mit seiner Kunst sehr vertraut. Er schrieb etwa zehn Jahre später in der Georg-Biermannschen Reihe »Junge Kunst« ein Bändchen über Beckmann. Wir unterhielten uns gut, ohne Fachsimpelei, und schließlich kam es sogar zu einer Kegelpartie, wobei sich Beckmann als der weitaus Überlegene herausstellte. Mit unfehlbarer Zielsicherheit warf er die Kugel.

Bei einem späteren Besuch sagte er: »Die Kunst ist verflucht schwer. Wenn man abends bei einer Flasche Wein sitzt, meint man, es müsse wie von selber gehn. Am nächsten Morgen, nüchtern vor der großen weißen Leinwand, die Sachen wieder aus dem Nichts zu holen, da ist einem dann ganz anders zumute! Wenn ich morgens gemalt habe, bin ich den übrigen Tag nur noch ein lebender Leichnam.

Ich empfinde es doch als großes Glück, grade in dieser Zeit zu leben. Es ist doch eigentlich viel schöner als vor dem Krieg, wo alles stumpf und satt war. Gewiß, der Streik, den wir jetzt haben, ist unbequem, aber die guten Bürger können gar nicht oft genug daran erinnert werden, über ihre Beziehungen zu ihren Mitmenschen ein bißchen nachzudenken! Wir stecken im Grund jetzt noch in der Umwälzung, die die Reformation gebracht hat.

Es wird sich auch noch ein neues mystisches Gefühl bilden. Mit der Demut vor Gott ist es vorbei. Meine Religion ist Hochmut vor Gott, Trotz gegen Gott. Trotz, daß er uns so geschaffen hat, daß wir uns nicht lieben können. Ich werfe in meinen Bildern Gott alles vor, was er falsch gemacht hat.

Die Griechen sind mir fatal. Eigentlich war die ganze schöne Götterwelt, die sie sich vorgemacht haben, doch ein bewußter Schwindel.«

Ich fragte ihn nach seinen Plänen.

»Für die nächsten zwanzig Jahre bin ich besetzt! Ich möchte am liebsten hundert Jahre alt werden. Ich will jetzt mal wieder Landschaften malen. Zum Beispiel die Synagoge da drüben mit ihrer grünen Kuppel und dem Mond drüber im grünen Abendhimmel. Das Ganze muß sehr feierlich aussehn (B II, Abb. 21). – Dann will ich spielende Kinder malen, Karussell fahrend. Das hab ich kürzlich mal gesehn, da hatte ich gleich Stoff für mindestens zehn Bilder. Kinder in Schaukeln und Kinder auf den großen Holzpferden, die erregten Kinderaugen hinter den glotzenden gläsernen Pferdeaugen!«

Wir gingen am Main spazieren. Er zeigte mir da in den Anlagen das künstliche sogenannte Nizza mit großen Palmen, Kakteen, Philodendren, mitten darunter deutsche Tannen. Oben auf der erhöhten Straße sahen wir durch die breiten Palmwedel hindurch die bummelnden Großstadtmenschen. »Das will ich auch malen! Ist das nicht phantastisch? (B II, Abb. 20) – Auch Sie muß ich doch einmal malen. Ich sage das nicht, weil ich einen Porträtauftrag herauslocken will, sondern weil es ein sehr gutes Bild würde. Ich verstehe Sie – das Blonde meine ich. Das liegt mir. Wir sind dieselbe Rasse. Schreiben Sie mal, wenn Sie Zeit und Geld haben, dann komme ich.«

Aus dem Malenlassen wurde nichts, aber ich ließ mich im Jahr 1921 in großem Format von ihm lithographieren in knappen, kargen, festen Strichen, nirgends ein Ungefähr. Nicht lange vorher war in seinem achtzigsten Lebensjahr mein Vater gestorben. Ich trug den Trauerflor um den Arm. In meinem Ausdruck wirkt das Erlebnis nach. Es war der erste mich ganz nahe angehende Tod.

Etwas später radierte Beckmann mich, im dreiviertel Profil nach rechts, und zeichnete mich auch noch auf den Holzstock. Diesen hat dann Albert Fallscheer in München geschnitten. Bei der Radierung lag Beckmann daran, wie er sagte, »etwas Rassiges, Geistiges und Gespanntes« zu machen.

Im Lauf der Jahre wurde ich von verschiedenen Künstlern etwa ein dutzendmal graphisch »verewigt«. Ein bekannter schwäbischer Maler, der mich auch seinerseits zeichnete, sah einmal alle diese Bildnisse durch und nahm am Schluß nochmal die Beckmannsche Lithographie zur Hand: »Dees'sch mit Abschtand dees beschte!«

Es läßt sich nicht leugnen, daß dem Menschen etwas an seiner Dauer liegt, obwohl alle Dauer ja nur sehr relativ ist. Selbst Jean Paul schrieb resigniert: »Ich werde einmal meinen letzten Leser haben!« Auch Verlage überdauern selten ein Jahrhundert. Man möchte nicht so ganz spurlos verschwinden. Ich selbst habe mich oft in die Bildnisse andrer vertieft, und so dachte ich es mir hübsch, wenn auch mein Bildnis in ein paar graphischen Sammlungen fortlebte, so wie das des Wittenberger Verlegers Georg Rahw von Cranach oder das meines Frankfurter Kollegen Sigmund Feyerabend, der sich von Tobias Stimmer in Holz schneiden und von Jost Amann radieren ließ.

Schon lange hatte ich ein großes repräsentatives Buch über Beckmann geplant. Damals, im Herbst 1922, gewann es Gestalt. Ich wollte die Abfassung des Textes nicht einem einzelnen Autor anvertrauen, damit das Buch nicht zu sehr als dessen persönliche subjektive Angelegenheit erscheinen sollte. Die Würdigung Beckmanns wäre dann leicht zu sehr auf *einen* Ton gestimmt worden. Ich bat vier Autoren um ihre Mitarbeit: Julius Meier-Graefe, Wilhelm Hausenstein, Curt Glaser und Wilhelm Fraenger. Jeder packte so auf seine Weise das Thema von einer andern Seite an, und Beckmann erschien in vierseitiger Beleuchtung. Curt Glaser, der Verfasser guter Bücher über altdeutsche Malerei und über Munch, schrieb am sachlichsten und gab am meisten tatsächliches Material. Wilhelm Fraenger, damals in Heidelberg, der für mich ein zweibändiges charaktervolles Sammelwerk, »Deutscher Humor«, das von Fischart bis Christian Morgenstern reicht, zusammengestellt hatte, hielt sich vor allem an das Bild »Der Traum« (B II, Abb. 23) und gab mit dessen Analyse einen »Beitrag zur Physiognomik des Grotesken«. Für Wilhelm Hausenstein war »der erstaunlichste Eindruck von den Bildern Beckmanns nicht das Schreckliche der Inhalte und die Unbarmherzigkeit der Umrisse, sondern die Helligkeit der Farben, von der man geradezu sagen konnte, sie sei eine Annehmlichkeit«. Daneben hatte er besonders den Zusammenhang mit der Gotik bedacht.

Mit Meier-Graefe hatte ich über seinen Beitrag eine kleine Diskussion. Ich schrieb ihm: »Ihr Aufsatz ist überaus glänzend. Aber da Sie sich über mein Schweigen wundern und mich fragen, ob er mir am Ende gar so sehr mißfallen habe (in Wirklichkeit war mein Schweigen durch eine Reise verschuldet), darf ich vielleicht aussprechen, daß er mir allerdings etwas zu sehr auf ein einziges Aperçu gestellt ist, nämlich auf die Formel: Beckmann – das neue Berlin, Beckmann – der Müllkutscher. Damit ist doch meines Erachtens sein Schaffen etwas zu einseitig beurteilt. Beckmann hat scharfe Linien, aber diese scharfen Linien sind deshalb doch noch keine rohen oder ungeistigen Linien. Beckmann berührt sich in dieser Hinsicht – und zwar ohne jede Imitation – mit den alten deutschen Meistern. Das Kantige, Gedrängte und Unerbittliche in den Bildern dieser Meister findet sich ganz ursprünglich auch bei ihm. Freilich haben Sie auch zu diesen altdeutschen Meistern kein besonders lebendiges Verhältnis. Und der Vergleich mit dem Müllkutscher ist doch dem enormen künstlerischen Ernst Beckmanns nicht ganz angepaßt. Sie bleiben, meine ich, am Stofflichen Beckmanns zu sehr hängen, was Sie doch an andern Leuten so sehr tadeln. Von der Form Beckmanns ist wenig die Rede. Auf jeden Fall aber wird Ihr Beitrag unter den vieren des Buches als starke persönliche Äußerung sehr interessieren und sich auch von den andern im Ton in sehr fesselnder Weise abheben.«

Meier-Graefe antwortete: »Sie sind ungeheuer voreingenommen, sobald es Beckmann gilt, und ahnen gar nicht die große Bedingtheit dieses Wertes. Ungefähr mein ganzer Aufsatz dreht sich um nichts als die Form, auch wenn nicht dieser Ausdruck gebraucht wird. Theoretische Darlegungen doktrinärer Art habe ich mein ganzes Leben glücklich vermieden und möchte sie mir nicht jetzt noch angewöhnen. Wenn Beckmann dergleichen brauchte, wäre es ungefähr das Schlimmste, was über ihn zu sagen ist. Ich habe meine bedingte Zustimmung, die mehr Respekt für den Ernst seines Wollens als näheres Verhältnis ist, in die denkbar günstigste Fassung gebracht, gerade weil ich mit der Atmosphäre des Müllkutschers operiere. Dies ist doch ziemlich durchsichtig. Abstand aber zu Leuten größerer Bedeutung muß ich halten, ich möchte sonst wirklich wissen, in welchen Tönen über Corinth zu reden wäre, dessen unbedeutendstes Bild immer noch hundertmal mehr wert ist als der beste Beckmann.« – (Oho!) – »Sie sehen nicht das ungeheuer einseitige Programm, das Ihnen altdeutsch erscheint. Es ist in der Tat viel mehr Berlin als Grünewald, und selbst das hat seine Vorzüge, wie ich nachzuweisen versucht habe. Das Kantige allein macht auch nicht glücklich.«

Nein, das tat es nicht! Beckmann blieb auch nicht bei dem Kantigen stehn, und Meier-Graefe, der sich nie scheute, hinzuzulernen, blieb nicht bei diesem Urteil. Bei Gelegenheit der großen Berliner Beckmann-Ausstellung im Januar 1929 schrieb er im B.T.: »Man braucht von dieser Menge von Bildern, der Ernte eines Jahres, nur ein einziges zu sehen, um das Unbegreifliche zu begreifen: Wir haben noch mal einen Meister unter uns! Gott mag wissen, wie wir dazu kommen, noch einmal wirft die dunkle Flut einen ans Land. Man kann es kaum Zufall nennen, denn es gibt eine Logik in dem Dusel. Er hat das Seine dazu getan, hat sich wie ein Boxer, wie ein stallreinigender Herkules durchgeschlagen. Da steht er jenseits des Berges, der siegreiche Boche. Ihr Brüderchen drüben, seht ihn euch an, wir haben keinen Bessern zu vergeben ... Es fällt schwer, große Worte zu vermeiden.«

Doch zurück zu 1922! Seit ich Beckmanns »Simson« gekauft hatte, waren zehn Jahre vergangen. Es war Zeit, diesem romantischen Frühbild nun auch eines des neuen Stils hinzuzufügen. Ich wünschte mir von ihm ein Gemälde ungefähr in der Art des »Familienbilds« von 1920 (B I, Abb. 25), also ein niedriges Breitformat mit fünf bis sechs Figuren. So entstand zwei Jahre später »Vor dem Maskenball« (B II, Farbtafel nach S. 16; auch hier abgebildet). Es übertraf alle meine Erwartungen. Es ist so reich, daß es das Auge immer wieder beschäftigt, man lernt es nie ganz auswendig. Es hängt in meinem Arbeitszimmer im Verlag, viele Besucher bleiben davor stehn. Die Farben sind blumig hell, Gelb und Rot herrschen vor, nur der Mann im Vordergrund trägt einen hellblauen Trikot.

Ich will das Bild hier nicht ausdeuten. Das ist wiederholt geschehn. Wilhelm Hausenstein hat unter dem Pseudonym Rasso Bergmann im fünften Jahrbuch »Ganymed« ein geistreiches Capriccio darüber geschrieben. Später hat Carl Linfert in seinem großen Essay »Beckmann oder Das Schicksal der Malerei« (Die Neue Rundschau, Januar 1935) dem Bilde eine eindringliche Paraphrase gewidmet. Ich kann es mir nicht versagen, aus dieser einzelne Sätze anzuführen: »Zu einem Maskenball haben sie sich fertiggemacht, und nun warten sie. Sie könnten auch etwas sagen, aber es ist alles gesagt – wie wenn sie aneinander abgeschlissen wären. Der Raum selber wirkt kaum anders, er ist unruhig und hat doch so wenig Deutlichkeit, daß nichts ihn lüften und in Ordnung bringen könnte. Er ist mit den Leuten verschworen, für niemand anders da. Fenster und Türen sind Löcher, die nicht ins Freie führen... Wie sehr ist alles ins Schaukeln geraten – einer Kabine ähnlich während des Sturms ... Der Mann in der Mitte, ein Anklang an Selbstbildnis, blickt durch die schwarze Maske scharf heraus, als sei ein Betrachter fest und laut in das Bildzimmer selber eingetreten. Was soll geschehn? ... Dabei verkörpert der einzige Mensch, der neu herzugetreten ist, die Ruhe selbst: die alte Frau mit der Kerze, die scharf ihren Schatten nachzieht. Am äußersten Rand, fast in die Mauer gedrückt, dringt sie in diesen Kreis. Aber das geschieht leiser als alles andere, es geht vorbei wie sie selbst ... Ob Mutter oder Bedienerin, sie bleibt im selben Maße unbemerkt, wie die übrige Gesellschaft kompakt und drohend wird, eine stumm schreiende Selbsterhaltung vorschützt, die nicht berührt sein will. Ein Zufall, und alles wäre laut.«

Nicht nur der Mann mit der Maske ist »Anklang« an ein Bildnis, die Frau mit dem Tamburin ist ebenso Anklang an Frau Minna Beckmann, der Knabe mit dem Buch an den Sohn Peter, die alte Frau rechts an die Schwiegermutter, und die übrigbleibenden beiden sind zwei Grazer Gestalten. Frau Beckmann sang damals an der Oper in Graz die Isolde und – mit Slezak als Tannhäuser – die Venus. Das Bild, ganz frei erdacht, wurde in Frankfurt gemalt.

Der Briefwechsel ging weiter hin und her:

»Das einzige, was noch möglich, ist die Kunst und für mich die Malerei. Nur in dieser Mischung von Somnambulismus und fürchterlicher Bewußtseinshelle kann man noch leben, wenn man nicht einfach stumpf wie ein Tier werden will, in dieser Zeit, wo alle Begriffe kopfstehn. – Neulich hielt Worringer hier einen Vortrag und erklärte zum Entsetzen des versammelten Publikums, der Expressionismus sei in eine Sackgasse geraten und verliefe aussichtslos. Hier, in einem Verein, der extra zur Pflege des Expressionismus gegründet ist!

Es ist recht interessant für mich, grade jetzt hier zu sein, denn Frankfurt ist eben eine Hochburg des Expressionismus. Trotzdem ist es mir gelungen, gerade hier eine ganze Anzahl von Menschen durch meine Bilder zu der Einsicht zu bringen, daß die expressionistische

Angelegenheit doch mehr eine dekorativ literarische ist, die mit lebendigem Kunstgefühl nichts zu tun hat. Ich kann jetzt durch meine Bilder und Graphik beweisen, daß man neu sein kann, ohne Expressionismus oder Impressionismus zu machen. Neu auf dem alten Gesetz der Kunst: die Rundheit in der Fläche.«

Im Dezember 1922 besuchte mich Beckmann in München. Ich wollte schon lange eine charakteristische Aufnahme von ihm haben und ließ ihn von dem Fotografen Hans Möller in der Augustenstraße, einem Urmünchner, mehrmals fotografieren. Dessen Spezialität waren allerdings Gruppenbilder von Soldaten aus den nahen Kasernen. Er hatte aber ebenso zuverlässig auch die Bilder für das große Marées-Werk aufgenommen. Nur mit den antiken Namen tat er sich damals etwas schwer. Der Ganymed wurde ihm immer zum Gammed. Einmal hatte ich ihm auch das Selbstbildnis van Goghs mit der Widmung an Gauguin gebracht, das mir Hugo von Tschudi für eine im Werden befindliche Van-Gogh-Mappe geliehen hatte. Die grünlichen Töne im Gesicht des Malers sagten ihm gar nicht zu: »I moan, der verdaut grad sei Henkersmahlzeit!« — Die Beckmann-Aufnahme wurde trotzdem gut, wie sich der Leser aus diesem Buch überzeugen kann.

Ich ging dann mit Beckmann in die Alte Pinakothek, wo wir uns vor allem die vielfigurige Kreuzigung von Mäleskircher mit ihren hellen gelben und grauen Farben ansahn. (Dieser Mäleskircher wurde übrigens inzwischen einem »Meister von Tegernsee« zugeschrieben.) Das Bild machte auf Beckmann nachhaltigen Eindruck, und er hat Mäleskircher noch manchmal als einen seiner Ahnen bezeichnet.

»Es ist sehr schön, daß Sie etwas über die alten deutschen Maler herausbringen. Es handelt sich gerade jetzt darum, zu kämpfen, daß wir nicht wieder in eine archaisierende Zeit hineingeraten, sondern nur im Bewußtsein unsrer eignen wahnsinnigen und doch starken Zeit uns unsrer Ahnen liebevoll bewußt werden. Und dazu kann eine richtige Auswahl unter einer richtigen Beleuchtung sehr viel beitragen.«

Wenige Künstler der Gegenwart haben sich so oft reflektierend und bildend mit ihrer eignen Erscheinung auseinandergesetzt. Beckmann tat dies in Radierungen, Holzschnitten und Gemälden schon seit dem Jahr 1910. Eines der frühesten Gemälde, das »Selbstbildnis mit erhobener Hand«, das nicht ganz zu Ende geführt ist, legte ich mir bald nach dem »Simson« zu.

Im Januar 1923 sah ich ein neues Selbstbildnis bei ihm im Atelier, das mit dem steifen Hut auf dem Kopf (B I, Abb. 52). Ein Kniestück. Beckmann steht schwarz vor rotem Vorhang und einem Spiegel in breitem gelbem Rahmen; zwischen kurzen knochigen Fingern hält er die dunkelbraune Zigarre. Das Bild erlebte ein »Attentat«. Ich hatte es der »Gesellschaft zur Förderung moderner Kunst« in Wien für eine Ausstellung überlassen. Da erregte es den Zorn eines Besuchers. Er stach mit einem Messer hinein, glücklicherweise nur in den Hintergrund. Dasselbe Schicksal erfuhr ein Doppelbildnis von Kokoschka. Dieser gab daraufhin eine entrüstete Erklärung in die Presse, des Inhalts, daß er Wien mit Protest verlasse. Beckmann schrieb mir: »Ich denke, daß wir den Patienten oder vielmehr Rekonvaleszenten nun mal ein bißchen verschnaufen lassen. Das Bild hat nun Bewegung genug gehabt, und ich lasse es an Ihre Adresse zurückgehn. Der Riß ist vollständig verklebt, und zwar vom ersten Restaurator Wiens. Ich selbst habe dann die Sache übermalt. Sie ist also nur noch historisch, ohne daß der Wert des Bildes irgendwie geschmälert wäre. Ich bin sehr vergnügt und voll stärkster Arbeit.«

Dem Bild wurde noch eine besondre Auszeichnung zuteil. In dem einbändigen Brockhaus von 1925 war die ganze Entwicklung der Malerei von den vorgeschichtlichen Höhlenbildern bis zur Gegenwart in siebzehn farbigen Abbildungen vor Augen geführt. Den Beschluß machte dies Selbstbildnis. Aber dann kam das Naziregime. Der Beckmann war untragbar. Er mußte in der nächsten Auflage beseitigt werden, und statt dessen erschien eine sogenannte Blut-und-Boden-Landschaft, von einem Liebling Görings gemalt, dem dieser eine eigne Akademie im Odenwald eingerichtet hatte.

Im September 1924 war Beckmann wieder einmal in München. Er hatte inzwischen Hilde Kaulbach geheiratet, die brünette, zierliche Tochter Friedrich August von Kaulbachs, des Malers von Kaisern und Königen, vor allem aber von eleganten aristokratischen Damen. Beckmann stellte sie uns, den begreiflicherweise zunächst etwas Zögernden, vor mit den ermunternden Worten: »Sie gewinnt bei näherer Betrachtung.« Ihr Gebrauchsname ist Quappi, und als solche ist sie nun längst in die Kunstgeschichte eingegangen. Sie ist eine gute Geigerin, und ich spielte mit ihr einige Sonaten.

Beckmann gehörte von je zu dem, nicht gerade engen Kreis von Menschen, denen ich als Weihnachtsgruß ausgewählte neue Verlagswerke sende. So bekam er im Dezember 1924 die Gesamtausgabe aller erhaltenen Brueghel-Zeichnungen. Der ungarische Kunsthistoriker Karl Tolnay, den ich auf einer Wiener Reise kennengelernt hatte, hatte sie mit Scharfsinn und Hingabe zusammengetragen. Beckmann schrieb mir darüber: »Ich finde diese Brueghel-Angelegenheit eine Ihrer geglücktesten Ausgaben. Mir selbst war Brueghel in den letzten Jahren als Maler etwas entglitten, da ich immer fand, daß er mehr zeichnet und coloriert, aber weniger malt (etwas, was bei Bosch viel stärker ist). Nun nach diesem Band Zeichnungen ist er mir als Künstler ganz wiedergegeben. Eben als Zeichner. Aber da auch eine ganz besonders große Nummer!« Über Hieronymus Bosch, den staunenswerten Erfinder phantastischer Traumwelten, hatte ich schon zwei Jahre vorher von dem Frankfurter Walter Schürmeyer ein großes Buch mit Lichtdrucken verlegt.

Da ich jede Gelegenheit benutzte, Beckmann unter die Leute zu bringen, hatte ich auch in »Das Erbe, Ein deutsches Lesebuch, zusammengestellt von Tim Klein«, das ich 1921, in den Jahren tiefer Depression, herausbrachte, um den Deutschen den Reichtum ihres geistigen Erbes zu zeigen, eine Radierung von Beckmann aufgenommen: den Kopf einer alten Frau. Er paßte gut zu den frühen deutschen Graphikern, die sich sonst noch in dem Buch fanden. Auf Beckmann selber machte in dem Band den stärksten Eindruck der phantastische, allegorisch-realistische, vielfigurige Stich der »Temperentia« von Brueghel. Er schrieb mir: »Endlich mal wieder eine Sensation durch ein Werk der Kunst!« Da er einmal im Schreiben war, fuhr er fort: »Die Last der Zeiten drückt schwer, und für Liebhabereien und gewagte Sensationen ist kein Platz, man zieht sich in seine Höhle zurück und betrachtet vom stillen Herd friedlich und sorgenvoll das Unglück des Tages. Weiß man doch nicht, ob die Gewässer, die da drüben den ›geliebten Nächsten‹ schon verschlingen, nicht auch noch in die stille Höhle dringen, so daß man schließlich benötigt wäre, auf dem erkalteten Ofen wehmütig Zuflucht zu nehmen. – Nun. Ich mache es anders. Ich habe mir ein lustiges Floß aus dem Aluminium meiner Phantasie gebaut. Es arbeitet vorläufig ganz vorzüglich und ist von scherzhaften Radiomotoren getrieben. Es steigt mit den steigenden Gewässern, und wenn sie sich verlaufen haben, wird es ein ganz ausgezeichnetes Automobil abgeben. – Es ist sicherer so. Indem ich mich nicht in der Höhle befinde, kann ich auch nicht von dem steigenden Wasser erdrückt werden, sondern steige mit ihm. – Anfang des Jahres wird auch mein Flößchen auf ein paar

Tage nach München schwimmen, wo sich die betreffende Gattin schon befindet. Dann wollen wir ein Glas Sekt zusammen trinken, wenn's Ihnen recht ist.«

Ein paar Jahre später, im Januar 1928, konnte ich mich im Frankfurter Atelier wieder neuer Bilder erfreuen. Es waren da: das große Stillleben in Breitformat mit orangenem Fernrohr und Blumen auf schwarzem Tisch. – Die Schlafende am Strand mit den Hauptfarben Weiß, Blauschwarz und Rosa. – Das Bildnis des Tänzers Zeretelli in hellblauem Trikot, ein großes Kniestück, sehr schlagend in der Wirkung. Später sah ich es in der Modernen Abteilung der Dresdner Galerie nochmal wieder. Es wurde aber dann als »entartet« ausgestoßen und hängt jetzt in einer amerikanischen Privatsammlung. – Das große Fischstilleben mit Segel. – Eine kleine Varietészene mit etwa sechs Figuren, sehr farbig und pastos. – Als Hauptwerk das Selbstbildnis im

Beckmann: Zeichnung in mein Album. 1924

Smoking, das die Berliner Nationalgalerie kaufte und das jetzt im Germanic Museum der Harvard-University in Cambridge von deutscher Kunst zeugt. Während ich die Bilder betrachtete, ließ Beckmann sich lachend verlauten: »Ja, der Künstler kann nun sterben, das Werk ist da. Aber ich sterbe noch nicht. Ich habe mich wieder mal vom Arzt untersuchen lassen: alle Organe funktionieren wunderbar. Ich lebe noch vierzig Jahre. Vierzig Jahre wird die Menschheit noch unter meinem Druck seufzen.« –

Wir gingen spazieren. »Der Main steht tief, da kommt der Boden durch. Das gefällt mir so. Dann ist er kein Fluß mehr, sondern ein Tal. Höchst sonderbar!«

Beckmann hatte – nach mehrmaligen Intermezzi in Paris – 1932 seinen Frankfurter Aufenthalt abgebrochen, wo man ihm die Leitung einer Meisterklasse der Kunstschule entzogen hatte, und war nach dem großen Berlin übergesiedelt. Dort hoffte er unbeobachteter zu bleiben.

»Ich bemühe mich, durch intensive Arbeit über den talentlosen Irrsinn der Zeit hinwegzukommen. So lächerlich gleichgültig wird einem auf die Dauer dieses ganze politische Gangstertum, und man befindet sich am wohlsten auf der Insel seiner Seele. Aber schön ist es, wenn man manchmal von seinem eignen Privatgestirn aus dem andern zuwinken kann. Und das werden wir hoffentlich noch oft machen.«

Im Juni 1936 suchte ich ihn in Berlin, Graf-Spee-Straße 3, auf. Wie bei jedem Atelierbesuch erlebte ich wieder eine Überraschung. Er hatte enorm gearbeitet und sehr kühn mit sehr schönen Farben gemalt. Die frühere manchmal etwas gläsern wirkende Kargheit der Farben, die Ineinandergedrängtheit der Formen hatten einem blühenden freien Malstil Platz gemacht. Der Pinsel war sichtlich mit Unbeschwertheit in die Farbe getaucht worden und hatte sich auf der Fläche in freiem Impuls ergangen. Als Hauptwerk brachte er ein großes Triptychon herbei. Wieder mußte ich mich erst neu gewöhnen und neu sehn. Was sollten auf den Seitenflügeln die an Säulen Gefesselten mit den abgehackten Händen? Was sollte der Mann mit der Pauke bedeuten, was in der Mitte die Menschen auf dem Schiff: der Gekrönte, der Verhüllte, die Frau mit dem Kind? Beckmann verweigerte jede Erklärung. Auch Quappi blieb einsilbig. Selbst ein Titel wurde mir nicht verraten. Nun, es war ein Stück rätselhafter Welt. War nicht auch die Welt Boschs voller Rätsel? Das Bild hat dann den Titel »Abfahrt« bekommen, und

in dem neuen Beckmann-Buch gab Reifenberg eine schöne Deutung
(B II, Abb. 57). »...Da war die Gewalt, die von außen wütende und
die von drinnen rasende, der Henkersknecht der Brutalität und die Gefangene der zerstörten Sinne. Aus so dunklen Mächten sich zu lösen
gelingt nur dem Erhabenen. Ein Fürst kehrt den Schrecknissen den
Rücken, im hellsten Mittagslicht fährt diesmal ein geheimnisvoll güti-
ger Charon zu unbekanntem Gestade. Schweigend, feierlich steht die
Frau im Sagenschiff und trägt ein Kindswesen, das Pfand des Gött-
lichen, an der Brust...«

Es gab im Atelier noch andre neue Bilder. So eine sonnige Riviera-
Landschaft mit dem Blick von oben auf die sandgelben Terrassen, auf
das grüne Meer mit weißen und orangenen Segeln. Die Terrassen lagen in praller Sonne, aber diese hatte die Formen nicht aufgelöst, sondern alle Dinge waren fest begrenzt, mit kurzen schwarzblauen Schatten, die Palmen schwarzgrün. Ich fügte das Bild meiner kleinen
Beckmann-Reihe an. Es hängt nun im Zimmer meiner Tochter und
strahlt da Kraft und Frische von der Wand.

Ich suchte den Freiherrn von Simolin auf, dessen Berliner Adresse mir
Beckmann gab. Simolin war an beiden Beinen gelähmt. Er konnte sich
nur an Stöcken fortbewegen. Er sagte: »Ich teile meine Besucher in
zwei Gruppen ein: in die, die *wegen* meiner Beckmanns kommen, und
die, die mich *trotz* ihrer besuchen.« Bei ihm waren die »Zigeunerin«
(B II, Abb. 44), das große Fischstilleben, Felsen am Meer, die Ge-
stürzte Kerze (B II, Abb. 49), das Selbstbildnis mit der Glaskugel (B II,
Abb. 59) versammelt. Auch hatte er sich selber malen lassen. Was aber
die Graphik anbelangte, so konnte ich mich ihm weit überlegen fühlen. Er besaß nur etwa dreißig Blätter. Diese hatte er allerdings in der
Werkstatt der Nationalgalerie unter pompöse Passepartouts legen lassen. Sie wurden von einem Diener in Livree hereingebracht.

Simolin verehrte neben Beckmann auch noch andre Götter, so Gustave
Flaubert. Aus dessen Nachlaß hatte er auf einer Pariser Auktion viele
Manuskriptblätter gekauft, darunter auch Flauberts Sammlung von
Zeitungsausschnitten zu einem Buche über die menschliche Dumm-
heit. Zu einem solchen hatte der Dichter lange Jahre hindurch das
Material zusammengetragen. Leider hatte Simolin aber nicht den be-
rühmten runden Tisch miterworben, an dem Flaubert in Croisset bei
Rouen alle seine Werke geschrieben hatte. Ich sagte: »Wie nett wäre
es doch jetzt, wenn Sie Besucher arglos an dem runden Tisch Tee trin-

ken ließen und ihnen dann plötzlich sagen könnten: ›Sie sitzen am Tisch Flauberts.‹ Das müßte doch einen fabelhaften Effekt machen!«
Simolin gehörte das Schloß Seeseiten, das am Starnberger See in einem schönen Park liegt. Nach Kriegsende hat er sich dort vergiftet, weil ihm das Schloß von der Besatzungsmacht belegt wurde und er glaubte, dies nicht ertragen zu können.

In Berlin war für Beckmann kein langes Bleiben mehr. Selbstverständlich gehörte er mit dem späten Corinth, mit Kokoschka, Nolde, Kirchner, Pechstein, Schmidt-Rottluff, Heckel, Carl Hofer, Franz Marc und vielen andern zu den »Entarteten«. Jene berühmte Münchner Ausstellung »Entartete Kunst« wurde, da der Eintritt frei war, an manchen Tagen von Tausenden von Menschen besucht. Sie konnten nur nach und nach schubweise eingelassen werden, sonst wäre die Treppe des alten Gebäudes an der Galeriestraße am Ende gar noch eingestürzt. Von Beckmann waren ganze zwölf Gemälde aus öffentlichem Besitz da, so daß er aus den Galerien so gut wie ausgerottet war. An allen Bildern klebten rote Zettel mit den Preisangaben und der Bemerkung: »Bezahlt von den Steuergroschen des arbeitenden deutschen Volkes.« Diese Preise stellten aber eine bewußte Irreführung des Publikums dar, denn es waren großenteils aufgeblähte Inflationsziffern, und in Wirklichkeit waren an die Künstler nur sehr bescheidene Summen gezahlt worden.

Dieselbe Ausstellung genoß ich nochmal im Volksbildungsheim in Frankfurt. Auch dort kolossaler Andrang. Und wie erstaunte ich, als ich da auf einem Stehpult, mit Draht befestigt, mein Beckmann-Buch von 1923 antraf! An einem Bindfaden hing ein Bleistift. Die Kunstfreunde wurden also freundlich ermuntert, in Randbemerkungen ihrem Empfinden freien Lauf zu lassen. Eine dicke Madam, die wohl sonst noch nie einen Buchladen betreten hatte, stand davor und blätterte gewissenhaft vor jeder Lichtdrucktafel das Seidenpapier auf, doch fand sie sichtlich dahinter nicht die erwarteten Sensationen. Die Randbemerkungen hätte ich gern gelesen, aber nach der Madam pflanzte sich ein stämmiger, ergrauter Sechziger davor, wohl ein pensionierter Beamter, und schickte sich an, den Text des Buches genau von der ersten Seite an zu lesen. Da mochte ich denn doch nicht so lange bei meinem eignen Verlagswerk »anstehn« und wandte mich den ausgestellten Kunstwerken zu, von denen es ja wohl für lange Jahre Abschied zu nehmen galt.

Beckmanns Kunst war in Deutschland boykottiert. Er zog die bittere Konsequenz und ging mit seiner Frau 1937 nach Amsterdam. In einem ehemaligen Tabaklager, Rokin 85, fand er einen geeigneten Arbeitsraum.

Ich habe ihn seit jenem Besuch in Berlin noch nicht wiedergesehn, aber mein Sohn Klaus besuchte ihn in Amsterdam und erzählte mir anschaulich von seiner dortigen Existenz. Der Amsterdamer Beckmann tritt dem Leser deutlich entgegen in der schönen Aufnahme von Frau Helga Fietz, der damaligen Gattin Günther Frankes, des langjährigen Betreuers der Beckmannschen Kunst. Nach zehnjährigem Schaffen in Amsterdam zog Beckmann 1947 weiter, übers Meer nach St. Louis in den USA und im Herbst 1949 nach New York.

Schon ein Jahr nach dem Einmarsch der Amerikaner in das schwer zerstörte München konnte Günther Franke die erste umfangreiche Ausstellung neuer Beckmann-Bilder veranstalten, draußen beim Prinzregententheater in einem großen Raum der ehemaligen Villa Stuck. Hundertdreizehn Bilder und graphische Blätter hatte er dort zusammengebracht. Was lag mir näher, als diese Wiederbegegnung mit Beckmannscher Kunst in einem neuen großen Werk festzuhalten! Ein Vierteljahrhundert war seit jenem ersten Buche von 1923 vergangen. Wilhelm Hausenstein, der schon damals ein wichtiges Kapitel beigesteuert hatte, hielt bei der Eröffnung dieser Ausstellung die gedanken- und beziehungsreiche Ansprache. Sie ergab einen guten Ausgangspunkt für den Text des neuen Buches. Doch war sie mehr eine freie Rhapsodie über das Thema »Der Maler in dieser Zeit«. Ein so dokumentarisches Werk wie das geplante mit gegen hundert Bildern und einem Katalog der Gemälde von 660 Nummern bedurfte aber auch noch einer objektiveren, das Biographische und Entwicklungsgeschichtliche heraushebenden Darstellung. Zu meiner Freude entschloß sich Benno Reifenberg, den ich schon als alten Vorkämpfer für Beckmanns Kunst genannt habe, diese Arbeit zu übernehmen. Er schrieb seinen Text mit dem Titel »Werke und Leben«.

In dem Buch kommt auch Beckmann selbst zu Wort, und zwar mit dem Vortrag »Meine Theorie der Malerei«, den er im Juli 1938 in der New Burlington Gallery in London gehalten hat, und mit den »Drei Briefen an eine Malerin«. In diese Form hatte er seine Vorlesung vom Frühjahr 1948 in der Columbia-University in New York und in der Boston Art School eingekleidet. In den Briefen heißt es am Schluß:

»Lernen Sie die Formen der Natur auswendig, damit Sie sie verwerten können wie Noten in einem Musikstück. Dazu sind diese Formen da. Natur ist ein wundervolles Chaos, und unsere Aufgabe und Pflicht ist es, dieses Chaos zu ordnen und ... zu vollenden. Lassen Sie andere verwirrt in alten Geometriebüchern oder in höheren Arithmetikaufgaben herumirren. Wir wollen uns der gegebenen Formen freuen. Ein Menschengesicht, eine Hand, eine weibliche Brust oder ein männlicher Körper, ein freud- und leidvoller Ausdruck, die unendlichen Meere, die wilden Felsen, die melancholische Sprache der schwarzen Bäume im Schnee, die wilde Kraft der Frühlingsblumen und die schwere Lethargie des heißen Sommermittags, wenn Pan, unser alter Freund, schläft und die Mittagsgespenster sprechen – das ist schon genug, um das Leid der Welt zu vergessen oder zu gestalten. Der Wille zur Gestalt trägt auf alle Fälle einen Teil der Erlösung in sich, die Sie suchen. Der Weg ist hart und das Ziel endlos – aber es ist ein Weg.«

Im August 1949 nahm ich mit meiner Frau für einige Wochen Kuraufenthalt im Sanatorium Ebenhausen, in der schönen Landschaft über dem Isartal. Da war überraschenderweise auch viel von Beckmann die Rede. Sein Sohn Peter wirkt dort als Oberarzt, er sieht seinem Vater sehr ähnlich. Wir unterhielten uns gut über philosophische Themen. Eines Tages sauste er auf der Autobahn in drei Stunden nach Karlsruhe, hielt dort auf einem Ärztekongreß einen Vortrag über »Krankheit und Leid« und war am nächsten Abend wieder da. In seinem Zimmer hängen viele Beckmanns, von den frühen Hermsdorfer Bildern bis zu den letzten amerikanischen. Seine Mutter kam an den Sonntagen aus Gauting zu Besuch herüber. Alte Erinnerungen wurden aufgefrischt und die neuesten Ereignisse nachgetragen. Die Korrekturen des neuen Beckmann-Werks wurden gelesen und fanden uneingeschränkten Beifall. Eine kugelrunde Enkelin auf dem Arm der munteren, tatkräftigen, jungen Mutter war bezaubernd artig.

Mein Briefwechsel mit Beckmann ist durch die gemeinsame Arbeit an dem Buche frisch in Fluß gekommen. Er hat für die Vorzugsausgabe zwei Lithographien gezeichnet: »Frau mit Fisch« und »Komposition 1948«. Ich höre öfter von ihm aus St. Louis oder Boulder im Staate Colorado.

»Hier in Boulder oder in Garmisch-Partenkirchen zu sein, ist kein großer Unterschied. Nur außerordentlich schöne und andere Blumen gibt's hier. Aber das Leben in so einer Gebirgsuniversität ist ganz amüsant. Ich habe sogar eine große Ausstellung hier und belehre wöchentlich dreimal 36 malbedürftige Amerikaner und Amerikanerinnen. Das ist alles ganz ausruhend. Ich habe irrsinnig gearbeitet in St. Louis und verschnaufe hier gewissermaßen und werde auch noch dafür bezahlt. Diese Ruhepause ist notwendig, da im Herbst wiederum ein ganz neuer Lebensstil herantritt – in New York, wo ich am Brooklyn-Museum unterrichten werde. Wohnen werde ich zehn Minuten vom Broadway.«

Der inzwischen Fünfundsechzigjährige interessiert sich sehr für vorbuddhistische Mythen, so für die Kosmogonie des Rigweda. Er findet es außerordentlich interessant, den Weg der indischen Weisheit über Babylon, Jerusalem bis auf Schopenhauer zu verfolgen. Die Gnostiker bieten daneben »eine ganz verrückte, aber amüsante Abzweigung«. Amüsant ist immer noch eins seiner Lieblingsworte. Da er diese Bücher in Amerika nicht auftreiben konnte, sandte ich sie ihm aus dem alten Europa hinüber und dachte dabei an die Reden Buddhos, die auf dem Tisch in seinem Frankfurter Atelier lagen und ihm Dienst als Tagebücher taten.

EIN KAPITEL ALTBAYERN

Eines Tages, im Jahre 1909, kam ein Autor in unsern Verlag, der sich von allen andern Autoren sehr unterschied: Georg Queri aus Starnberg, ein kleiner untersetzter Mann in grünem Lodenmantel, den moosgrünen Samthut um den kugelrunden Schädel, rötlichblonde Stoppelhaare, ein ebensolcher Schnurrbart, vor den pfiffig blickenden kleinen Augen einen scharfen Zwicker ohne Einfassung. Wegen seines Hüftleidens hinkte er an einem derben Krückstock.

Er zog ein Manuskript aus der Tasche. Es waren die »Weltlichen Gesänge des Egidius Pfanzelter von Polykarpszell«. Sie ließen nichts an derbem Humor zu wünschen übrig. Sollte sich vielleicht der Erfolg von Arno Holzens »Dafnis«, mit dem ich meinen Verlag 1904 begonnen und von dem ich 30 000 Stück verkauft hatte, wiederholen? Jedenfalls: ich riskierte von diesen weltlichen Gesängen eine Auflage von 10 000 Exemplaren, das Stück zu einer Mark. Paul Neu zeichnete viele lustige Illustrationen dazu, das Ganze wurde auf bräunliches Papier gedruckt und in einen fünffarbigen steifen Umschlag geheftet. Meine Hoffnung auf einen Dafnis-Erfolg erwies sich bald als Irrtum. Die Verbreitung des Bandes war durch den Dialekt sehr begrenzt, aber selbst in München wurde das Buch nicht viel gekauft. Die kleinen bayrischen Orte ohne Buchhandlungen, aus deren Atmosphäre heraus diese Gesänge gedichtet waren, schieden ohnehin aus. Auch rochen sie für empfindliche Nasen zu kräftig. Der Misthaufen und die weiblichen Waden spielten darin eine zu große Rolle. Wer aus dem Buch vorlas, riskierte, mitten darin errötend abbrechen zu müssen. Den literarisch »Gebildeten« war das Buch zu unliterarisch. Und die unliterarischen Leute aus dem Volke kauften keine Bücher. Immerhin: 10 000 Leute hätten sich schon finden sollen, die für diese Gaudi – die sich noch dazu, da sie ja ein Buch war, jederzeit wiederholen ließ – ein Markl springen ließen. Ich ließ zu allem Überfluß hundert Exemplare auf dickes echtes Bütten drucken und in Ganzpergament binden. Die Vignetten darin wurden koloriert, und zwar von meiner Frau. Sie malte in die fertig gebundenen Bücher, was sehr umständlich war. Eine Zeitlang lagen bei uns zu Hause auf Tischen und Stühlen überall die noch nassen aufgeschlagenen Bände. Eine »Luxus-Ausgabe« war bei diesem Buch allerdings unangebracht, und der größte Teil der Auflage blieb liegen.

Einmal saß ich mit Queri im Zug nach Starnberg. Er hatte gerade ein parodistisches Gedicht auf die Entdeckung Amerikas in Vierzeilern auf oberbayrische Schnadahüpferl-Weis' verfaßt und las es mir während der Fahrt vor. Kolumbus ist da einer vom Kgl. Bayrischen Leibregiment, und er beschließt, Amerika zu entdecken, weil dem König von Portugal, bei dem er zum Essen eingeladen ist, der Tabak ausgegangen ist. Ich riet ihm, das lustige Opus noch etwas auszubaun und daraus ein kleines Buch zu machen. Paul Neu zeichnete zu jedem Vierzeiler ein Bild, und es ergab sich ein originelles Produkt. Diesmal wurde die ganze Auflage angemalt, und zwar in einer Kolorieranstalt, wo dies mit Schablonen von Kindern besorgt wurde, die eben erst aus der Schule entlassen waren. Leider fand ich auch dafür nur wenig Gegenliebe. Wer zahlte denn auch zwei Mark für ein Buch, das man in einer Viertelstunde auslesen konnte! Dafür gab's ja schon eine Kalbshaxe abgebräunt und eine Maß Bier! Die konnte man allerdings nur einmal zu sich nehmen, das Buch aber zehnmal und dann noch zehn Freunden leihen. Nur meinen beiden Buben Klaus und Martin machte das Buch jahrelang einen Mordsspaß – sie konnten es bald auswendig –, und der Ausruf des Kolumbus beim ersten Anblick Amerikas: »Seid's staad mitenand! I siech ja scho s' Land!« wurde in unsrer Familie zu einem geflügelten Wort. Immer wenn wir auf einem Ausflug endlich den Kirchturm unsres Ziels winken sahen, begrüßten wir ihn mit diesem Ausruf.

Im Herbst 1911 kam mir die Idee zu einem »Bayrischen Kalender«. Mit diesem Plan konnte ich mich selbstverständlich an niemand Bessern als an Queri wenden. Er antwortete: »Das ist ein ganz reizender Vorschlag. Kalendermaterial, und ganz extravagant schönes, habe ich in Fülle. Ich komme gleich in den nächsten Tagen zu Ihnen!« Ich sah im Geiste schon eine lange Reihe von mindestens zwanzig Jahrgängen vor mir. Ich wollte mich damit meiner Wahlheimat Bayern enger verbinden, ihr meinen Dank abstatten. Der Inhalt des ersten Jahrgangs

Drobn, druntn, und draußn und drin.

Auf'n Berg,
und da mag ih net steign,
giebt nix schöners wia
's heruntnbleibn!

Und in d' Kircha,
ja, da geh ih net nei —
wann ih drinnat bin,
möcht ih draußn sei!

Aber vom Wirtshaus,
ja, da tuat mir's Inner taugn;
aber's Madl,
dees muaß ih von unt ohschaugn!

Georg Queri: Aus den »Weltlichen Gesängen des Egidius Pfanzelter«
Zeichnung von Paul Neu

war wirklich »extravagant« mit seinen Liedern, Anekdoten, astrologischen Aspekten, Wetterregeln, Schnadahüpferln. Paul Neu steuerte wieder die Bilder bei. Das entzückende Buch kostete trotz seines kostspieligen komplizierten Satzes nur zwei Mark. Aber es fand, selbst in München, nur wenig Liebhaber und erwies sich als ein Verlustunternehmen. Wenn die andern Bücher von Queri schwach gingen, aber dies immerhin Jahre hindurch taten, so war dieser Kalender nach Ablauf des einen Jahres, für das er bestimmt war, für alle Zeit erledigt. Die Restauflage mußte verramscht werden. Aber noch jetzt, nach bald vierzig Jahren, werde ich manchmal von Liebhabern gebeten, ihnen doch um Gottes willen zu irgendeinem Preis diesen ebenso unbezahlbaren wie unauftreibbaren Bayrischen Kalender zu beschaffen.

Ich besuchte Queri öfter in Starnberg. Sein Vater war da Schiffsnachtwächter — ein fast spitzwegischer Beruf. An den Wänden hingen bunte Hinterglasbilder. Sein Papierkorb war eine alte bemalte Wiege. Er schlief in einem Himmelbett. Von dem hölzernen Himmel sah das Auge Gottes aus einem Strahlendreieck auf ihn herab.

Oft hielt sich Queri in Oberammergau auf. Er hatte den ältesten Text des Passionsspiels von 1662 herausgegeben. Einmal im Winter fuhr ich zu ihm hinaus. Er wohnte bei dem Verleger Georg Lang — »Verleger« insofern, als er die Oberammergauer Schnitzarbeiten in großem Stil an Wiederverkäufer vertrieb. So war ich Gast in dem großen Patrizierhaus mit der schönen, geschnitzten Türe, worauf Merkur unter einem Palmbaum sitzt. Die Familie Lang hatte verdienstvollerweise ein eignes Museum eingerichtet mit einer überaus reichen Sammlung von altem Spielzeug, Krippenfiguren, Puppen, Hampelmännern aller Art und Größe, Kutschen, Schlitten, Kasperlfiguren, Schaukelpferden, Kaufläden usw. Die Tochter des Hauses machte zu Ehren meines Besuchs mit uns eine Schlittenfahrt nach Schloß Linderhof. Seit meiner Kindheit war ich nicht mehr im offnen klingelnden Pferdeschlitten gefahren.

Auch das Passionsspiel in Erl am Inn, nicht weit von Kufstein, besuchte ich mit Queri. Das Erler Spiel ist das bescheidene, weit weniger berühmte Gegenstück zu dem in Oberammergau. Es wird seit 1613 alle zehn Jahre aufgeführt, fast nur für die Einheimischen. Das Theater war in einem scheunenartigen Holzbau untergebracht. Die bäuerlichen Darsteller hatten keinerlei Routine, waren aber ganz erfüllt von der Sache. Ihr Ernst im Verein mit der feierlichen Blechmusik trieben mir fast die Tränen in die Augen. Aber Queri, der nicht leicht etwas feierlich nahm, machte seine Scherze über die unbeholfene, zähe Sprechweise der Spieler.

Durch den Mißerfolg der Querischen Bücher ließ ich mich nicht abschrecken und brachte in fünf Jahren im ganzen acht Bücher von ihm heraus. Es folgten drei Geschichtenbände: »Der Wöchentliche Beobachter von Polykarpszell« – »Die Schnurren des Rochus Mang, Baders, Mesners und Leichenbeschauers zu Fröttmannsau« mit Bildern von Karl Arnold – »Von kleinen Leuten und hohen Obrigkeiten. Hundert Späße«. Diese oberbayerischen Schwänke konnten es mit den alten deutschen, wie sie im Reformationszeitalter von Johannes Pauli, Valentin Schumann und andern gesammelt wurden oder wie sie Abraham a Sancta Clara in seine Predigten einflocht, sehr wohl aufnehmen. Aber leider kam auch hier so manches vor, was feine Ohren »unpassend« fanden. In dieser Beziehung war Queri unpraktisch, denn das wohlanständige Publikum ist nun einmal das maßgebende.

Die 10 000 Exemplare des »Pfanzelter« hatten dem Dichter und Verleger keinen klingenden Erfolg gebracht – aber die je 900 Exemplare der »Bauernerotik und Bauernfehme« und des »Kraftbayrisch« taten dies um so mehr. Es waren Privatdrucke in einmaligen numerierten Auflagen. Der Subskriptionspreis des Bandes betrug 18 Mark. Queri hatte den Stoff dazu in jahrelanger mühsamer Sammelarbeit unmittelbar aus dem Mund des Volkes zusammengetragen. Er war dazu unermüdlich landauf und landab gefahren. Die »Bauernerotik und Bauernfehme« kam 1911 heraus. Man ließ sie hingehn. Das Buch war in einem schönen Quartformat gedruckt; der Pappband, mit kräftig gemustertem altem Buntpapier überzogen, sah prächtig aus.

Als ein Jahr später dann aber »Kraftbayrisch« folgte, war die Geduld erschöpft. Der Band führte den Untertitel: »Ein Wörterbuch der erotischen und skatologischen Redensarten der Altbayern. Mit Belegen aus dem Volkslied, der bäuerlichen Erzählung und Volkswitz.« Das Buch wurde laut Beschluß des Königlichen Landgerichts München I vom 26. Oktober 1912 beschlagnahmt, d. h. soweit die Exemplare nicht schon am Ausgabetag an die Subskribenten versandt waren. Der Staatsanwalt leitete ein Verfahren ein wegen Vergehens gegen die Sittlichkeit. Bei der Verhandlung erschien ein Aufgebot von prominenten Sachverständigen, teils vom Verlag, teils vom Gericht

geladen, darunter Ludwig Thoma, Ludwig Ganghofer, Josef Ruede-
rer, Josef Hofmiller, Michael Georg Conrad, der berühmte Schulmann
Georg Kerschensteiner und andere. Auch der Germanist Dr. Otto
Mausser, der im Auftrag der Akademie der Wissenschaften das be-
rühmte Bayerische Wörterbuch von Schmeller neu bearbeitete, war da.
Die Verteidigung hatte der bekannte Rechtsanwalt und Schriftsteller
Max Bernstein, Gatte der Dichterin »Ernst Rosmer«, übernommen.
Die Zeitungen brachten spaltenlange Berichte.
Merkwürdigerweise sprach sich Hofmiller, den ich für einen weit-
herzig denkenden Menschen gehalten hatte, nachdrücklich für die Beschlagnahme aus. Er erklärte, schon der Untertitel sei eine Spekulation, in dem Buch stehe nichts, was nicht auch schon im Schmeller
stünde. Demgegenüber erklärte aber gerade der Bearbeiter des Schmeller, der es doch wissen mußte, daß das Buch in vielem über Schmeller
hinausgehe und wertvolles neues Material biete. Auch Ruederer war
gegen Queris Sammlung eingestellt. Er habe »plumpste Auswüchse
städtischer Stammtischgesellschaften« eingeschmuggelt, es handle sich
um kein ernstes Werk.
Ganz anders Ludwig Thoma. Er sagte: »Ganz allgemein halte ich ein
Wörterbuch der erotischen Redensarten zur vollständigen Kenntnis
eines Volkstums für äußerst wertvoll. Wenn aber, wie im Altbayerischen, gerade auf diesem Gebiete sich erst ganz der unerschöpfliche
Witz, die gesündeste Kraft eines prachtvollen deutschen Volksstammes
zeigt, dann ist eine solche Sammlung notwendig, ihr Fehlen hieße
ein wichtigstes Element übersehen. Aus Prüderie – denn die Sittlichkeit hat mit diesem ganzen Aufpassertum nicht das mindeste zu tun –
eine Sammlung alter und neuer Kraftworte, die immer wieder im
Volke erstehen, unterdrücken, heißt wirkliche Volkskunde verbieten.
Was nun das ›erotische Element‹ und die ›Zote‹ anlangt, so wollen
wir Altbayern bei der feinen Umwelt nicht um Entschuldigung bitten. Unser Volk hat sich allzeit von versteckter Lüsternheit freigehal-
ten und hat den ewigen Humor, der in der Beziehung der Geschlech-
ter liegt, von je erkannt. Die Freuden der Liebe nicht für unmenschlich süß zu halten, das Animalische daran nicht zu vergessen, um eingedenk zu bleiben, daß diese Dinge der Jugend gut, dem Alter schlecht
anstehn, das zeugt von dem prachtvollen Humor, der Gesundheit und
der Tüchtigkeit des altbayerischen Stammes, der darüber die Gebote
der Sittlichkeit keineswegs vergessen hat.«

Michael Georg Conrad, der feurige Franke, erklärte, das Buch sei ihm wie eine Offenbarung gekommen. Daß es von einem »Dilettanten« geschrieben sei, sei geradezu ein Vorzug. Auch das, was zuungunsten des Buchs gesagt worden sei, spreche ungeheuer *für* den Wert desselben.

Georg Kerschensteiner dagegen bezeugte, er sei über das Werk »wirklich erschrocken«. »Die Pfarrer-G'stanz'ln zeigen jedem Leser deutlich, daß ein kritikloser Herausgeber das Volk in seinem angeblichen Idiom schildern will. Ich glaube nicht, daß Queri dabei irgendwelche gemeine Absichten hatte. Das Buch hat aber keinen wissenschaftlichen Wert.«

Queri selbst sprach zum Schluß auch ein paar Worte und zerdrückte dabei einige Krokodilstränen. Er beklagte sich bitter, daß man ihm anhängen wolle, er habe Unsittlichkeiten drucken lassen. Er wurde dann vom Richter beruhigt mit dem Hinweis, daß es sich hier um ein objektives Verfahren handle. Es stehe also lediglich das Buch zur Verhandlung, nicht seine Person als Schriftsteller.

»Kraftbayrisch« wurde schließlich freigegeben und die Kosten der Staatskasse aufgebürdet.

Queri litt von Jugend auf an einem Hüftgelenksbruch. Er war in der Turnstunde einmal unglücklich gestürzt. In den Weltkrieg ging er trotzdem als Berichterstatter mit und schrieb sehr anschaulich von seinen Eindrücken in den Schützengräben und im Hinterland. Nach dem Kriege machte sich sein altes Leiden aber wieder sehr bemerkbar. Er mußte sich in einem Münchner Krankenhaus operieren lassen und konnte sich davon nicht mehr erholen. Eine Eiterung hatte sich eingestellt, und die Blutvergiftung war auch durch die Operation nicht mehr aufzuhalten. Er starb am 21. November 1919, erst vierzig Jahre alt. Auf dem hochgelegenen Starnberger Friedhof neben der zierlichen spitztürmigen Rokokokirche wurde er begraben. Seiner alten Mutter zuliebe war er als katholischer Christ gestorben. Der Pfarrer ließ in seiner Rede leise durchblicken, daß bei ihm nicht alles so gewesen sei, wie es sich für einen guten Katholiken zieme, aber er nannte ihn doch einen Feuerkopf. Einer seiner Freunde hielt die Grabrede im Anschluß an Lessings Wort aus der Minna von Barnhelm: »Was kann Gott lieber sein als ein fröhliches Geschöpf?«

Im Gegensatz zu den meisten Besuchern Starnbergs, die vom Bahnhof aus gleich zum Dampfschiff eilen, steige ich oft zu dem alten

Schloß und zu dem Kirchhof hinauf, von dem aus man einen so wunderbar weiten Blick über den blauen See hat. Schon nach wenigen Jahren fand ich aber das Grab nicht mehr. Es war »aufgelassen«.

Zu Queris fünfundzwanzigstem Todestag erschienen rührende Artikel, ein wie prächtiger Mensch und heimattreuer Dichter er gewesen sei. Aber zu seinen Lebzeiten hatte ihn das Publikum mit seinen doch so lustigen und billigen Büchern im Stich gelassen. So kam er auch nie aus der Geldklemme heraus. Allerdings hat er im Bratwurstglöckl mit seinen Spezis sehr fleißig tarockt. Fast alle seine kleinen Briefe an den Verlag handelten von Vorschuß. Da hieß es immer wieder: »Ich laufe seit gestern mittag in der Stadt herum um Geld und kann keins auftreiben. Ich darf unmöglich meine Sammlungen pfänden lassen. Ich kann nicht nach Starnberg zurück ohne Geld. Bitte, helfen Sie! Ich komme heut nachmittag, vergessen Sie mich nicht!« War er nun im Verlag zuerst an meinen damaligen Teilhaber geraten, so widerstand der wohl dem Ansturm, denn wir waren damals selber nicht auf Rosen gebettet. Dann kam er zu mir, der ich mich in einen von Gläubigern bedrängten Dichter besser einzufühlen vermochte, und mit einem »Hihihi, hab i do no was kriagt!« verließ er kichernd das Haus.

Ludwig Thoma hat in seinem Buch »Leute, die ich kannte« auch von Georg Queri ein freundschaftlich warmherziges Charakterbild gezeichnet. Die bayrische Ecke des Verlags, in der vorerst Queri allein sich angesiedelt hatte, hat sich später mehr und mehr ausgerundet.

Nach dem zweiten Weltkrieg vertraute Frau Maidi von Liebermann, als die alleinige Erbin aller Rechte, die Werke Ludwig Thomas unserm Verlag an. Aus der Sammlung der »Ausgewählten Briefe« wissen wir, wie herzlich der Dichter Frau von Liebermann verbunden war.

Ich selbst habe Thoma zu Lebzeiten nur ein paarmal im Gespräch gegenübergesessen. So an einem Abend bei den Elf Scharfrichtern, und bei einer Unterhaltung über Queris »Kraftbayrisch«, das, wie schon erzählt, von Thoma so nachdrücklich verteidigt wurde.

Sein ganz ursprüngliches, erdgebundenes Schaffen, seine plastische Darstellung, sein köstlicher Humor, seine Sprache, die »frisch ist wie eine Walderdbeere«, waren mir seit meinen ersten Buchhändlerzeiten lieb und vertraut.

In den wenigen Jahren, die seit Kriegsende verflossen sind, hat der Verlag der großen Thoma-Gemeinde zwölf Bücher in Neuausgaben

wieder zugänglich gemacht, und zwar »Agricola«–»Nachbarsleute«–
»Andreas Vöst« – »Der Wittiber« – »Der Ruepp« – »Heilige Nacht« –
»Der Jagerloisl« – »Altaich« – »Lausbubengeschichten« – »Tante
Frieda« – »Jozef Filsers gesamelter Briefwexel« und in der Piper-
Bücherei »Die Dachserin und andere Geschichten«.

An den Umschlägen und Einbandzeichnungen waren und sind beteiligt Eduard Thöny, Wilhelm Schulz, Emil Preetorius, Karl Arnold
und sein Sohn Claus, Louis Robert Lippl und Olaf Gulbransson.

Ludwig Thoma war Freund und Nachbar Olaf Gulbranssons am Te-
gernsee. Sein Heim liegt auf der Tuften, das Gulbranssons ist der
Schererhof. Der Künstler, der zu zwei der berühmtesten Bücher des
Dichters, »Lausbubengeschichten« und »Tante Frieda«, die klassischen
Illustrationen geschaffen, hat ihn auch wiederholt gezeichnet.

Ein Humorist von ganz besonderer Art war Karl Valentin, dessen Werk
viel später, erst 1950, zwei Jahre nach seinem Tode, unserm Verlag
sich einfügte. War er überhaupt ein »Humorist«? Mit seiner langen
dürren Figur war er eher ein Don Quichotte, ein Ritter von der traurigen Gestalt. Sein Humor war kein Bierhumor, wenn er selber sich
auch bescheiden nur zu den »Münchner Volkssängern« zählte. Sein
Publikum lachte schallend über ihn, aber eigentlich waren seine Szenen »Kaviar fürs Volk«. Er war ein versponnener Künstler der Sprache, nicht unähnlich Christian Morgenstern. Bis zu dem Tiefsinn in
seinem Unsinn drangen wohl nur wenige vor.

Seine Tochter, Frau Bertl Valentin-Böheim, erzählt in dem Geleit-
wort zu »Karl Valentins Lachkabinett«:

»Er hat zeit seines Lebens nur sich selbst spielen können. Darum ist
er auch fast nur in Szenen und Stücken aufgetreten, die er selbst erdacht und geschrieben hat. Jedes Mißgeschick, das er sich auf der
Bühne geschehen ließ, war ihm im Leben selbst schon widerfahren.
Er pflegte das mit einem Lächeln voll bitteren Galgenhumors und der
Wendung zu quittieren: ›Des kann bloß mir passieren.‹ Und daß ihn
nicht irgendein neues Mißgeschick heimsuchte, davor schwebte er
immerzu in tausend Ängsten. So war er auf der einen Seite fortgesetzt
auf der Flucht vor den Widrigkeiten und Tücken des Lebens, die ihn
mit besonderer Boshaftigkeit zu suchen schienen. Andererseits aber
lauerte er geradezu auf Situationen, die man kaum besser treffen kann
als mit der Bezeichnung ›valentinisch‹. Nichts ließ sein Auge oder
sein Ohr aus, was ihm zur Anregung für eine komische Szene oder

Ludwig Thoma

Zeichnung von Olaf Gulbransson. 1904

einen Wortwitz dienen konnte. Er hat fast einen sechsten Sinn dafür entwickelt. Mit halbem Ohr und Auge hat er immerzu irgendwo
an einer Straßenecke, in der Trambahn, in einer Wirtschaft oder einem
Treppenhaus Gesprächsfetzen und Vorgänge aufgeschnappt, die sich
oft in ihm zu dem Vorwurf für eine Szene oder einen Dialog verdich-
teten. Dann kam er heim, zerfahren, zitternd vor Nervosität, bissig
und voller Ironie. Wir wußten schon, daß er dann mit tausend Spannungen geladen war und man ihm nicht in die Quere kommen durfte.

Er brauchte weder Kaffee oder Alkohol noch andere Narkotika, nicht einmal faule Äpfel. Man mußte ihm nur geschickt einen winzigen, abgekauten Bleistiftstummel und ein möglichst zerknittertes und unansehnliches Stück Papier in die Hände zaubern, aber ohne daß er es richtig merkte. Damit verkrümelte er sich in irgendeinen Winkel, am liebsten in unsere winzige Küche. Und dann wußte er bald nichts mehr von seiner Umgebung. Nachts schrieb er am liebsten. Die Wortwitze überfielen ihn oft in solcher Fülle, daß er sich kaum vor ihnen retten konnte.

Liesl Karlstadt, in über dreißig Jahren zuerst als Schülerin, später als Partnerin meines Vaters berühmt geworden und mit ihm zu einem klassischen Doppelbegriff des Humors verschmolzen, wie Pat und Patachon, Tünnes und Schääl oder Antek und Franzek, hat Einfälle, Anregungen und Ideen zu zahlreichen seiner Stegreifkomödien beigesteuert und während der Proben auf ungezählte kleine Zettel aufgekritzelt, bis alles zur Niederschrift reif war und durch meinen Vater den Stempel seiner unwiederholbaren Eigenart erhielt.«

Nun sind in dem ersten Band von »Karl Valentins Lachkabinett« acht Hauptszenen durch den Druck gerettet: An Bord – Tingeltangel – Der Bittsteller – Das Christbaumbrettl – Die Mondrakete – Beim Fotograf – Die Raubritter vor München – Der Firmling.

Es war mir ein fast gespenstisches Erlebnis, als ich die Stücke, in denen ich den lebenden Valentin noch auf der Bühne gesehn hatte, kürzlich in einem Vorstadtkino als Film wiedersah. Wieder schickte er sich an, als ewig verhinderter Geiger »Das Meer« von »Schuckert« zu spielen, und Liesl Karlstadt rief als Firmling wieder genau wie vor zwanzig Jahren in bubenhafter Glückseligkeit aus: »Ah, heit is' zünfti!«

Doch tauchen diese Filme nur selten und zufällig auf. Es fehlen in ihnen die pompösen Hotelhallen mit Doppeltreppen und tausend Komparsen. Seit Erscheinen von »Valentins Lachkabinett« können wir uns nun unabhängig von solchen Zufällen die tollen Geschehnisse und hintersinnigen Einfälle seiner Szenen jederzeit vergegenwärtigen.

Ich habe mich nicht nur mit Malern, Dichtern und Musikern, Galeriedirektoren und Schriftleitern, Gelehrten und Dilettanten, Buchdruckern, Buchhändlern und anderen erwachsenen Leuten unterhalten, sondern auch viel mit meinen Kindern, und mich dabei von den ernsthaften Gesprächen erholt. Zur Erholung für meine Leser schiebe ich hier ein kleines Intermezzo ein.

Draußen heult der Wind. Martin erschrickt plötzlich und fängt jämmerlich an zu weinen. Dann ruft er wie beschwörend: »Wind—bra—av, Wind—bra—av!« Und nach einer Weile, sich selber tröstend: »Er — macht — nix.«

Wir besehn uns zusammen den Fitzebutze von Kreidolf. Klaus weiß schon, daß das in der Luft Engel sind, er kann sie sogar schon richtig zählen. Von sechs an wird er aber unsicher und rät mehr als er zählt. Martin aber, weil sie in der Luft schweben, kräht unbedenklich: »Luftballon!«

Bei Hans Huckebein, dem Unglücksraben, der alles umwirft, ruft Klaus einmal übers andre lachend: »Das wird ja *noch* besser! Das wird ja *noch* besser!«

Klaus sagt: »Heut ist es aber warm bei uns, faß mal die Röhrn an.« Ich fordre Martin auf: »Auch anfassen!« Martin aber bleibt zweifelnd und bedenklich stehn und ruft schließlich: »Stuhl anfassen!« Das scheint ihm weniger riskant.

Zum Bilderschrank hinaufsehend, ruft er: »Wauwauli da droben!« Das Wauwauli ist ein gelber Löwe aus glasiertem Ton, den wir von einem Töpfer auf der Fraueninsel im Chiemsee mitgebracht haben. Klaus überlegen: »Nein, nein, das ist ja ein Löwe!« Martin findet einen Ausweg, damit er doch recht behält, und sagt: »Wauwauli *heißt* Löw!«

Klaus bekam zum Geburtstag einen Kompaß, der im Dunklen leuchtet. Da sagte er: »Weißt du, wenn ich in der Nacht aufs Töpfi muß, da nehm ich meinen Kompaß und schau, wo Norden ist. Und Martins Bett, wo das Töpfi steht, das steht doch im Süden! Und dann steig ich raus und geh nach Süden und dann find ich auch das Töpfi!«

Klaus zeigt auf den Barlachschen ruhenden, den Kopf auf die Hand stützenden Bauern in Steingut. Neben ihm stehn die zwei großen gotischen Holzfiguren: »Das ist wohl noch ein Kind, denk ich, weil es noch die Finger in den Mund steckt. Und das daneben sind seine lieben Eltern!« »Das (auf den bärtigen langgewandeten Heiligen zeigend) ist die Muttili und das (auf den Christus) ist der Papa.«

Martin, sechsjährig: »Soll ich dir mal sagen, warum die Welt sich dreht? Also das war so! Da war die Welt zuerst grad, weil sie doch stillhalten mußt', bis der liebe Gott die Kinder gemacht hatt', und da war sie noch viereckig. Und wie der liebe Gott die Kinder gemacht hatt', da hat er sich gedacht: den Kopf mach ich rund. Und wie das die Welt gesehn hat, da hat sie sich gedacht, dann mach ich mich auch rund. Da haben die Kinder alle angefangen zu tanzen, weil sie sich gefreut haben, weil sie so *viele* waren! Und davon hat sich die Erde angefangen zu drehn und deshalb dreht sie sich auch noch jetzt.« (Dies erzählte er auf einmal und ziemlich ohne Stocken morgens beim Kaffeetrinken; offenbar hatte er diese persönliche Mythologie innerlich schon ganz in sich verarbeitet.)

Martin: »Aber das kann ich mir gar nicht denken, wo der liebe Gott das Fleisch zu den Menschen hergenommen hat, wie er die gemacht hat.« Ich: »Das kann eben auch niemand wissen, weil kein Mensch das gesehen hat.« – Martin: »Jetzt weiß ich schon – das hat er *gezaubert*! – Aber wie der liebe Gott zuallererst so ganz allein aus sich selbst geworden ist, das weiß ich doch nicht.«

Martin beim Abendbrot: »Und wenn ich mein Essen auf hab, dann will ich euch mal sagen, *wie* schön das Essen geschmeckt hat!« – Als er fertig war: »Es hat so schön geschmeckt, als wenn es die heilige Jungfrau Maria selbst gekocht hätt'.«

Im Januar 1919, nach dem Krieg, gehe ich mit Martin am Nordpark spazieren. Ein Flieger surrt am Himmel. Martin hält ihn zuerst für einen feindlichen, dann aber sagt er, sich selbst beruhigend: »Ach nein, der tut sich ja nur üben, wenn wieder mal Krieg wird. Der Frieden ist ja immer kürzer wie der Krieg, weil der Frieden viel kostbarer ist.« Ich verstehe das nicht gleich und frage: »Weshalb ist denn der

Frieden so viel kostbarer?«—Martin: »Ja, weil's da doch die kostbaren
Sachen alle gibt, die Semmeln und die Butter und all das Schöne!«
Wir gehen weiter. »Eigentlich sind doch die Jäger recht bös. Sie sollten doch die kleinen Häschen nicht totschießen. Das ist doch was für
die Wölfe und Füchse. Die machen die Hasen tot. In ›Gestern abend
ging ich aus‹ hat der Jäger den Hasen doch auch nicht totgeschossen.
Ich mein': der Kaiser hat was dafür. Wenn der Kaiser nichts dafür
hätt', würd' es der Jäger doch gar nicht tun.« — Ich steige mit ihm auf
einen Erdhaufen, von dem aus wir über die Zäune auf die Vorstadt-
häuser sehn, und sage: »Jetzt wollen wir uns mal die Landschaft anschaun.« Martin macht ein zweifelhaftes Gesicht. »Das sieht mir hier
aber gar nicht so landschaftlich aus!«
Wie viel Liebe empfangen Kinder täglich und stündlich von ihrer
Mutter. Sie wird ihnen nur in Augenblicken bewußt. In einem solchen Augenblick rief Martin im Ton höchster Zärtlichkeit aus: »Ach
Muttili, du machst alles *zu* schöni! Du machst den Tag so schöni!«

Im Jahr 1912 lernte ich in München den jungen Maler Christof Drexel kennen. Er hatte Beziehungen zu Karl Ernst Osthaus, dem bekannten Hagener Kunstsammler und Mäzen, dem Begründer und Besitzer des aufregend modernen Folkwang-Museums. Seine ungewöhnliche Leistung wird dadurch beglaubigt, daß ihm — fünfzehn Jahre nach seinem Tode — in dem Sammelwerk »Die Großen Deutschen« (1936, Bd. IV) — eine eingehende Darstellung gewidmet wurde.

Eines Tags, im November 1912, kam von Drexel aus Hagen ganz unerwartet ein Telegramm in den Verlag: »Osthaus bereit, dem Verlag hunderttausend Mark zur Verfügung zu stellen, wenn Verlag ganz oder teilweise nach Hagen übersiedelt.« Der Bote hatte das Telegramm an meinen damaligen Teilhaber Adolf Hammelmann gegeben. Als dieser es erbrochen hatte, überreichte er es mir, indem er seine Empfindungen in das eine Wort »Donnerwetter!« zusammenfaßte. Wir standen wie vor einem Wunder. Welche Perspektiven eröffneten sich da auf einmal im Anschluß an das modernste Museum Deutschlands! Waren damit nicht auch alle finanziellen Beengungen des Verlags für alle Zukunft behoben? Kein Zweifel: ich mußte nach Hagen fahren!

Schon die Hagener Bahnhofshalle stand im Zeichen Osthausscher Initiative. Ihre großen farbigen Fenster waren von dem Holländer Jan Thorn Prikker entworfen, dem Erneuerer der monumentalen Glasmalerei. Osthaus hatte ihn nach Hagen berufen. Er wollte seine bisher nur als Industriestadt gewertete Heimatstadt zu einem Kulturzentrum machen. Dazu gehörte auch ein Verlag. Aber die hunderttausend Mark waren leider nicht Osthausens eignes Geld. Ich traf bei ihm zwei Herren, die das Geld geben, die aber — obwohl im Verlagswesen bisher ganz unerfahren — dafür im Verlag auch als Direktoren tätig sein wollten. Der eine meinte, er könne ja »Leiter der literarischen Abteilung« werden. Offenbar sah er seine Visitenkarte schon mit diesem Titel vor sich. Der Verlag hätte dann also statt zwei gleich vier Direktoren gehabt. Vor allem sollte eine große neue Kunstzeitschrift unternommen werden. Es gab ja damals neue Themen in Hülle und Fülle, die nach Diskussion riefen!

Osthaus, ein fast überschlanker blonder Mann, Ende Dreißig, hatte sich am Rande eines Höhenzugs von dem revolutionären belgischen Architekten und Kunsthandwerker Henry van de Velde ein großes Landhaus bauen lassen, den »Hohenhof«. Über seine Entstehung und Einrichtung hat er in seinem höchst interessanten Van-de-Velde-Buch berichtet. Anschließend an den »Hohenhof« ließ er von Peter Behrens und dem Holländer Lauweriks noch fünf bis sechs weitere Wohnhäuser bauen.

Ich betrat im Hohenhof zum erstenmal ein von einem Künstler nach geschlossenem Plan eingerichtetes Haus. Osthaus selbst betonte, daß der Hohenhof vom Grundriß bis zum Petschaft auf dem Schreibtisch einheitlich durchgebildet sei. Wir besprachen uns in einem Zimmer, in dessen Wand das große Bild von Hodler »Der Genius« eingelassen war: ein kleiner Knabe kniet in einem Halbkreis schwebender Frauengestalten. Die Verhandlungen waren sehr schwierig, da sehr verschiedene Interessen unter einen Hut gebracht werden sollten. Doch wollte ich selbstverständlich diese Chance, die sich gewiß so bald nicht ein zweites Mal bot, nicht vorzeitig aus der Hand geben. Auch indirekt trug der Hagener Aufenthalt für mich manche Früchte. Im Folkwang-Museum lernte ich eine Anzahl bedeutender Bilder kennen. Da hingen Daumiers »Christus vor Pilatus«, Werke von Corot und Manet, Renoirs »Lise«, Landschaften von van Gogh, Gauguins »Contes Barbares«, Bilder von Matisse und Seurat. Von deutschen Künstlern waren da Feuerbachs »Orpheus und Eurydike«, Böcklins »Pan im Kinderreigen«, Trübners »Dame in Grau«, dazu Plastiken von Rodin, Maillol, Minne, Lehmbruck, Haller – alles Dinge, wie man sie in München nicht so dicht beieinander sah. (Nach Osthaus' Tod wurde das Museum an die Stadt Essen verkauft, und ich habe es zwanzig Jahre später dort wiedergesehn.)

Der ehrwürdige graubärtige Holsteiner Christian Rohlfs saß in einem Haufen bunter Wollfäden und stickte an einem farbenfreudigen Teppich. Ich kaufte von ihm ein Bild: »Die Kirche St. Patroklus in Soest«, die wie in einem Wirbel scharfer »regnender« Farben stand. Auch war Emil Nolde, gleichfalls ein Holsteiner, zu Besuch, der von seinen

Schweizer Anfängen erzählte. Von ihm konnte ich mir eine schöne Kollektion seiner Radierungen und Holzschnitte gegen Verlagswerke eintauschen, so den Prophetenkopf, das Tauentziengirl, den Hamburger Hafen, ein frühes Blatt mit grogtrinkenden Fischern, Christus unter den Schriftgelehrten und andre.

In der Eingangshalle des Museums stand der Brunnen von Georg Minne, mit dem Kreis von marmornen, knienden, gotisch mageren Knabengestalten. Osthaus hatte gerade eine Sendung Zeichnungen von ihm erhalten, von denen ich mir einen Kreuztragenden und einen Auferstehenden wählte.

Für den Fall meiner Übersiedlung nach Hagen bot mir Osthaus eins der Häuser von Lauweriks, das in einem Garten am Walde lag, zu billigem Mietpreis an. Das war sehr verlockend. Hammelmann hätte in München bleiben und dort den Verlag als Zweigstelle weiterführen können. Aber hatte nicht München für uns auf die Dauer doch viel größere Entwicklungsmöglichkeiten?

Dies war ernsthaft zu überlegen!

Ich fuhr mit Drexel auf Umwegen nach München zurück. Er war — und ist heute noch — ein guter, erfrischender Kamerad, durchaus eigenwüchsig. Zunächst machten wir Station in Straßburg. Selbstverständlich stiegen wir auf den Münsterturm so hoch es irgend ging. Den Abstieg in den engen Wendeltreppen erledigten wir lachend im Galopp. Dann durchstrichen wir die malerischen Gassen der alten Reichsstadt Kolmar und blieben im »Goldenen Schlüssel« über Nacht. Am nächsten Morgen schauten wir vom Turm des Münsters St. Martin zu den Vogesen hinüber. Das größte Erlebnis aber war Grünewalds Isenheimer Altar in der stillen Kirche des ehemaligen Klosters Unterlinden. Der Eindruck war überwältigend. Außer uns war kein Besucher da. Wer hierherkam, mußte sich eigens dazu entschließen, und das taten damals nur ganz wenige. Die Kunde von diesem gewaltigsten Werk der deutschen Malerei war wie eine Sage. Im ersten Weltkrieg trat es plötzlich aus seiner Verborgenheit hervor. Es wurde aus dem Kampfgebiet abtransportiert und in der Münchner Alten Pinakothek aufgestellt. Tausende pilgerten zu ihm.

Dem Kunsterlebnis der Reise folgte eins der stärksten Landschaftserlebnisse: der tosende, donnernde, gischtende Rheinfall. Auf einem Eisengerüst konnte sich der kleine schwache Mensch fast bis an den betäubenden Wogensturz vorwagen!

Und dann ein Wiedersehn mit dem vertrauten Konstanz und dem Bodensee, wo ich vier wichtige Entwicklungsjahre als Gymnasiast verlebt hatte. —

Als ich in München angekommen war, erschien die ganze Hagener Angelegenheit noch durchaus aussichtsreich. Die Verhandlungen komplizierten sich aber dann weiter, und schließlich sahen beide Teile das Projekt als undurchführbar an. Die Besprechungen hatten aber noch ein unerwartetes nachträgliches Ergebnis.

Zu Anfang des Jahres 1913 meldete sich bei uns mit einem Empfehlungsbrief von Osthaus der Finanzamtmann Alfred Eisenlohr aus Mannheim, ein Mann Ende Dreißig, Junggeselle, groß von Statur, mit einer Hakennase. Er stammte aus einer alten badischen Beamtenfamilie, sein Vater war als Direktor der Badischen Staatseisenbahnen in den Ruhestand getreten. Eisenlohr fühlte sich in seiner Beamtenstellung unbefriedigt und war durch den damaligen Leiter der Mannheimer Kunsthalle, Fritz Wichert, in seinen künstlerischen Interessen bestärkt worden. Wichert hatte ihn an Osthaus gewiesen, und dieser erzählte ihm von seinen Verhandlungen mit uns.

Nun erschien er in München mit der Frage, ob wir ihm wohl Gelegenheit geben würden, in die Verlagstätigkeit Einblick zu nehmen und, wenn wir uns gegenseitig gefielen, bei uns als Teilhaber einzutreten. Er sah sich einige Wochen hindurch an, wie es in einem Verlag zugeht. Er interessierte sich vor allem für architektonische Fragen. So lagen ihm Verlagswerke wie »Die schöne deutsche Stadt« von Gustav Wolf und Julius Baum sehr nahe. Aber er versprach sich vom Verlag nicht nur geistige Anregung, sondern — nach Prüfung der Kalkulationen — auch angemessene Gewinne. In seiner geraden Art verdiente er durchaus Vertrauen. Sein Vater konnte sich mit diesem späten Berufswechsel seines Sohnes gar nicht recht befreunden. Als wir uns mit dem Sohn verständigt hatten, fuhr ich nach Karlsruhe, um auch dem Vater Aufschlüsse zu geben. Schließlich erklärte sich der feine, weißbärtige, alte Herr einverstanden. Im Verlag nahm sich Eisenlohr, als im Finanzwesen ausgebildet, vor allem der Buchhaltung an, deren Organisation der schnell gewachsenen Firma nur etwas zögernd gefolgt war. Ich meinerseits war froh, endlich die Kasse abgeben zu können, die ich bis dahin neben so vielem andern immer noch persönlich geführt hatte.

Der Verlag litt immer noch daran, daß manche seiner schönsten Bücher — besonders die großen Kunstpublikationen — sich zu langsam umsetzten und also die hineingesteckten Herstellungskosten nur schleppend wieder zurückkamen. So war uns das Kapital, das dem Verlag durch den neuen Teilhaber zufloß, sehr willkommen. Aber es war durch die Teilung des Verlags aus zwei Hälften in drei Drittel doch etwas teuer erkauft.

MEIER-GRAEFE
DIE MARÉES-GESELLSCHAFT
UND DIE PIPER-DRUCKE

Ich habe schon im »Vormittag« (auf Seite 256) erzählt, wie ich 1913
dazu kam, Meier-Graefe die Gründung einer »Marées-Gesellschaft«
vorzuschlagen. Ihre ersten künstlerischen Veröffentlichungen, die
»Drucke der Marées-Gesellschaft«, konnten sich allen Befürchtungen
zum Trotz noch während des nun ausgebrochenen Krieges hervorwa-
gen. Meier-Graefe hatte um die Jahrhundertwende mit der Genossenschaft »PAN« Erfahrungen vielfältiger Art gesammelt. Auf Grund
dieser Erfahrungen war er sich sofort klar, daß wir aus der Marées-
Gesellschaft keinen richtiggehenden »Verein« mit »Mitgliedern« machen dürften, die dann den »Vorstand« wählen und etwa gar über jede
Publikation vorher abstimmen würden. Wir beide müßten vielmehr
die Sache unter uns machen, und die »Mitglieder« wären einfach die
Subskribenten. Dies erwies sich dann auch als das einzig Richtige.
In der Genossenschaft »PAN« hatte ein Aufsichtsrat von etwa zwanzig
berühmten Leuten bestanden. Meier-Graefe und Otto Julius Bierbaum, die beiden eigentlichen Gründer, wurden von diesem Aufsichtsrat, den sie selbst erst zusammengebracht hatten, mit der Herausgabe
der Zeitschrift »PAN« »betraut«, und als der Geist, in dem der »PAN«
von ihnen redigiert wurde, den meist etwas älteren, würdigen, durchaus nicht revolutionär veranlagten Herren nicht zusagte, kam es zum
Konflikt. Eine siebenfarbige Lithographie von Lautrec — das Bildnis
der Schauspielerin Lender mit der rosa Schleife auf dem Hut —, die
Meier-Graefe als Geschenk des Künstlers aus Paris mitbrachte und
deren ganze Druckauflage nur 200 Francs gekostet hatte, schlug dem
Faß den Boden aus. Meier-Graefe hat diese Ereignisse in seinen »Geschichten neben der Kunst« aufs charmanteste erzählt. Die Lithographie, heute das begehrteste Blatt aller fünf Jahrgänge des »PAN«,
wurde als eine Art Makel empfunden, Meier-Graefe wurde genötigt,
auszuscheiden und die Redaktion gemäßigteren Herren zu übergeben.

Begreiflicherweise wollte er mit der Marées-Gesellschaft ähnliches nicht ein zweites Mal erleben.

Im Mittelpunkt der Veröffentlichungen sollte ein Jahrbuch stehn mit Beiträgen erster Autoren und Künstler. Außerdem waren Mappen mit Originalgraphik und mit Faksimiles nach alter und moderner Kunst geplant. Im Frühjahr 1914 wurde eine erste Ankündigung versandt. Dann aber brach im Sommer der Krieg aus, und an der Weiterverfolgung dieser Pläne war fürs erste nicht zu denken. Wir hatten auch mit einer Verbreitung im Ausland gerechnet, von dem wir nun abgeschnitten waren.

Der siebenundvierzigjährige Meier-Graefe meldete sich bei der Wehrmacht. Er war nicht kriegsverwendungsfähig und ging deshalb zum Roten Kreuz. Von begüterten Freunden ließ er sich ein aufs beste eingerichtetes Krankenauto zur Verfügung stellen und holte mit ihm Verwundete aus den Kampflinien. Dabei kam er den russischen Stellungen zu nahe, wurde gefangengenommen und nach Sibirien abtransportiert. Schon deshalb mußten alle Pläne ruhen. Hinzu kam, daß der Buchhandel in der ersten Zeit nach Kriegsausbruch sehr darniederlag. Der Absatz stockte so gut wie völlig.

Anfang 1916 war Meier-Graefe ausgetauscht worden und kehrte nach Deutschland zurück. Im März hielt er in München einen Vortrag über sein sibirisches Erlebnis. Er behandelte fast ausschließlich die psychologische Seite, ohne irgendwelche sensationellen Berichte. Ich hatte gefürchtet, daß diese intimen Dinge im Vortragssaal verlorengehn würden. Aber Meier-Graefe sprach ganz frei, er erzählte seine Erlebnisse scheinbar jedem einzelnen persönlich, dadurch kam eine starke Wirkung zustande. Seine etwas resigniert klingende Stimme nahm den stellenweise vorkommenden Keckheiten das Herausfordernde. Der Beifall am Schluß war auffallend herzlich. Ich war nachher mit ihm zusammen.

»Mein sibirisches Tagebuch wird erst nach dem Krieg gedruckt werden können. Die Kerls werden mir das ja nicht eher erlauben. Es ist natürlich keine Kriegsliteratur; von Kriegsliteratur haben ja auch die Leute genug. In Wien hat man viel mehr Organ als bei uns für diese menschlichen Dinge, die ich den Leuten nahelegen möchte. In Süddeutschland geht das auch noch, aber in Norddeutschland ist alles so furchtbar hart. In Hamburg hätten sie am liebsten mit faulen Äppeln nach mir geschmissen.«

Ich hatte Meier-Graefe von der Bahn abgeholt. Er trug ein großes Paket sorglich im Arm. »Da habe ich einen mesopotamischen Topp. In Wien habe ich himmlische Holzplastiken gekauft. Ach, ich möchte mich jetzt überhaupt nur noch mit schönen Dingen umgeben und gar nicht mehr ausgehn. Vor der Sache in Sibirien hab ich dies Bedürfnis eigentlich gar nicht gekannt.«

Ich fragte nach Paula, dem berühmten Dienstmädchen, das seit zehn Jahren bei Meier-Graefes haushielt und sich vermöge ihrer Berliner Fixigkeit in den kompliziertesten Fällen hervorgetan hatte.

»Paula ist abgesägt! Ja, das war eine schwere Trennung, aber das Frauenzimmer war zuletzt bodenlos frech. So geht es ja immer: Wenn der Herr zufrieden ist, dann ist die Frau um so unzufriedner. Na, dann bekamen wir dafür zwei Fromme. Wenn man bei Tisch sagte: Minna, da haben Sie mal wieder das Messer vergessen, dann antwortete sie: Ach, Herr Meier-Graefe, das ist ja doch so etwas Irdisches!«

»Und der Hund?«

»Dieser verdammte Schurke hat inzwischen glücklich sein zweites Reh zerrissen! — Ich bin doch froh, daß ich mir den dritten Band meiner Entwicklungsgeschichte noch aufgehoben habe. Da habe ich doch eigentlich die schönsten Kapitel noch zu schreiben: Cézanne und Renoir! Vielleicht läßt sich doch nach dem Krieg etwas von dem, was man inzwischen erlebt hat, in das Buch hinübertragen. Was ich da in meinem Vortrag gesagt habe, von dem heimlichen Reich in unserm kleinen sibirischen Kreis, das sollte man zu organisieren suchen! Es waren himmlische Kerls darunter.«

Wir verabredeten, nach Unterschondorf am Ammersee hinauszufahren, um die Sammlung des Hofrats Röhrer anzusehn. Es war ein prachtvoller Vorfrühlingstag, alles blitzte im Licht, in der Ferne leuchteten die blauen Berge. Unterwegs sahen wir am Bahnhof viele Franzosen. Meier-Graefe sprach sie an. Die Gefangenen beklagten sich über schlechtes Essen. Er ermahnte sie, nur ja zufrieden zu sein; ihm sei es in Rußland zehnmal schlechter gegangen.

Er erzählte: »Ich habe in Wien ein köstliches Barocksofa gefunden, für zweihundertfünfzig Mark. Dafür ist es geschenkt. Wenn man drauf liegt, ist man im Himmel. So einem modernen Möbelfritzen zahlt man das Doppelte, und man ärgert sich noch, daß man das Dings hat. Von allen modernen Möbeln, die ich kenne, werden sich doch wohl nur die von Rudi Schröder halten.«

Auch Meier-Graefe war von dem Ausblick in die Landschaft entzückt:
»Bayern ist reizend, aber dauernd leben möchte ich hier doch nicht.«
– »Gewiß, man sollte immer mal wieder nach Berlin fahren, um sich
da sozusagen vollzusaugen.« – »Ja, mit Gemeinheit, was andres finden Sie da nicht! Aber, wie gesagt, man kommt nicht ohne Berlin aus.
So scheußlich es ist, man braucht es, man braucht auch X und Y und
diese gräßlichen Kerls. Was sind das für widerliche Patrone, aber was
für Talente sind es auch!«

Natürlich sprachen wir über den Krieg. Die deutschen Fronten standen weit jenseits der Grenzen.

»Ich halte es für nicht unmöglich, daß wir so etwas wie eine deutsche
Weltherrschaft kriegen. Wir haben was Suggestives, unsre Ordnung
imponiert den Leuten, warten Sie nur, auch die Zulukaffern werden
ihre Maschinen nur noch von uns kaufen wollen. Aber die Welt wird
doch einmal an ihrer Geistlosigkeit zugrunde gehn.«

In Unterschondorf erwartete uns der Herr Hofrat, ein behäbiger Sechziger, am Schiff. Er wollte uns unterwegs noch Leibls Liebe zeigen,
die jetzt ein altes dickes Weib geworden sei. Dann aber fiel ihm ein,
daß sie im letzten Winter gestorben war.

Ich freute mich, die frühromanische, graue Tuffsteinkirche auf ihrem
Hügel am See wiederzusehn. »Da drin hat der Leibl seine drei Frauen
in der Kirche gemalt!« rief der Hofrat. Jedoch er irrte. Das Bild entstand in der Berblinger Kirche, in der Gegend von Rosenheim. Als
ich um Leibls willen dort war, kam ein Ehepaar herein. Er zeigte ihr
das Barockgemälde an der Decke und sagte: »Schau mal, das ist das
Bild vom Kunstmaler Leibl!«

Herr Röhrer führte uns in seine beiden Villen, die vom Keller bis
zum Dach mit Kunstwerken und Antiquitäten vollgestopft waren. Es
gab da ägyptische und antike Kleinplastiken, gotische Holzbildwerke,
zahllose Barockbilder vom kleinsten bis zum größten Format, vom
zweiten bis zum siebzehnten Rang. Ernsthaft diskutiert wurde schließlich über eine Serie von fünf Steinfiguren der italienischen Renaissance, die sich Meier-Graefe in sein großes Speisezimmer stellen
wollte, das Stück zu achthundert Mark. Eine kleine antike Bronze-
plastik, ein Löwe auf ein Pferd gesprungen, sollte siebenhundert kosten. Meier-Graefe meinte: »Der Kunsthandel ist doch etwas Komi-
sches! Wenn dasselbe Dings Frührenaissance wäre, würde man das
Fünffache verlangen.«

Bei Tisch ging die Unterhaltung über alles mögliche hin und her. So kamen wir sonderbarerweise auch auf das Zweite Gesicht. Dazu steuerte Meier-Graefe eine Geschichte bei:

»Ich war bei Meunier, Sie wissen: der Mann war ein mäßiger Bildhauer, aber ein seelenguter Mensch. Ich hatte ihn sehr lieb. Wir saßen beim Essen, plötzlich erschrak er, fuhr zusammen und starrte wie geistesabwesend in eine Ecke. Er verfärbte sich, bat seine Frau, hinauszugehn, und konnte sich gar nicht fassen. Ich sagte: ›Mein guter Vater Meunier, was ist denn los?‹ — ›Eben ist mein Sohn gestorben, ich habe es deutlich gefühlt.‹ — ›Wo ist denn Ihr Sohn?‹ — ›In Ostindien.‹ — Und richtig, am nächsten Tag kam das Telegramm.«

Der Herr Hofrat lehnte jedoch solche Probleme rundweg ab: »Jetzt i kann mir aus den Gschichten nix machen. Des ganze Leben is doch so klar! Weshalb soll's nachha da so unklare Sachen gehm?«

Wir sprachen natürlich auch über Sammler und vor allem über den Sammler, der in der letzten Zeit am meisten von sich reden gemacht hatte: Herrn Nemes aus Budapest.

»Wissen Sie, ich sollte seine Sammlung begutachten und kam in Budapest ins Hotel. Da stand auf der Treppe ein dicker, robuster Kerl und wichste sich den schwarzen Schnurrbart. Ich dachte: um Gottes willen, das ist er doch hoffentlich nicht! Natürlich war er es. Der Mann redete mich tot. Wenn ich nur die Bilder ansehn könnte, dachte ich mir, ohne daß er daneben steht! Im Lauf des Gesprächs erzählte er, morgen früh um neun Uhr würde seine Frau sehr schwer operiert. Ich sprach ihm meine Teilnahme aus und bedauerte, daß ich nur um neun Uhr Zeit hätte. ›Ja, natürlich, dann komm ich auch.‹ — ›Ich denke, Ihre Frau wird operiert?‹ — ›Oh, ich bitte Sie‹ — und er machte eine enthusiastische Handbewegung — ›die Kunst über alles!‹ Und richtig ging er mir keinen Schritt vom Leibe. Nur wurde er alle Viertelstunden ans Telefon gerufen und erhielt aus der Klinik den Bericht. Nach drei Tagen war die Frau tot. — Sie wissen ja, vor allem hatte der Mann Grecos gesammelt, darunter einen Ölberg, der scheußlich übermalt war. Ich sagte: ›Wenn nicht erst die Übermalung runterkommt, kann ich über das Bild überhaupt nichts sagen.‹ — ›Was, Übermalung? Wo soll die Übermalung herkommen? Garantiert unberührt! Hing dreihundert Jahre in einem Kloster, immer an derselben Stelle!‹ Ich ließ mich aber nicht einschüchtern und holte den Restaurator. Nemes stellte sich vor sein Bild und beschwor mich in den höchsten Tönen, aber ich ließ nicht locker, und kaum hatten wir angefangen, so ging die ganze Geschichte runter. Ich möchte wetten, er hatte es selbst übermalt. Aber darunter saß erst der eigentliche Greco. – Er hat nach Verkauf seiner ersten Sammlung jetzt schon wieder eine neue zusammengebracht. Hätten ihm doch die Ochsen von Düsseldorf damals seine Bilder abgekauft! Er wollte sechs Millionen dafür haben. Nun, der Mann hätte mit sich reden lassen. Er hätte sie für dreie auch gegeben, wenn man ihm dafür noch einen tüchtigen Orden um den Hals gehängt hätte. Da hätten die Leute eine Sammlung gehabt, nach der alle Welt gepilgert wäre. Jetzt haben sie dasselbe Geld längst für hundert Kleinigkeiten verplempert.«

Nach Tisch fuhren wir mit dem Schiff nach Herrsching hinüber. Dabei erlebten wir die schönsten Beleuchtungswechsel: dunkelgraue Wolken, Platzregen, Sonnenschein, Regenbogen und zuletzt wieder hellblauen Himmel.

Meier-Graefe erzählte mir viel von seinen Kriegserlebnissen in Polen. »Ich führte mit dem kleinen Lutz Wolde aus Bremen eine Sanitätsautokolonne und sammelte die Verwundeten. Nachts brannte der ganze Horizont. Mitten zwischen rauchenden Trümmern und brennenden Häusern kochten die Soldaten ab. Das einzige erhaltene Gebäude war eine Scheune voll Stroh, in der die zu Tode Ermatteten dicht an dicht geschichtet lagen. Ich hatte noch von weiter vorn Verwundete zu holen und forderte die Soldaten auf, mir Hilfe zu leisten oder mir wenigstens Stroh zu geben. Sie waren aber viel zu erschöpft, um darauf auch nur zu antworten. Bei der Bergung half mir besonders eine Generalstochter. Dolle Person! Ihr dritter Satz war: ›Ha, welche Lust, ein schwaches Weib zu sein!‹ Als wir mal bis nach Mitternacht zu tun hatten – der kleine Wolde war längst zusammengeklappt –, habe ich noch bis dreie mit ihr getanzt. – Einmal kam ich mit meinem Auto in einen Rückzug hinein und blieb Stunden an einer Straßenecke eingeklemmt stecken. Über hundert Verwundete lagen noch in der Kirche, und nur mit Aufbietung der größten Energie konnten wir sie wegbringen. Ein paar Stunden später waren die Russen da. Um möglichst viel Leute mit jeder Fahrt zurückzubringen, wurden die, die es irgendwie aushalten konnten, auf die Kotflügel gelegt. Ich stand auf dem Trittbrett und hielt den einen, so gut es ging, fest. Dazu strömender Regen! Ein schwerverwundeter Leutnant lag auf dem Rücken. Der Regen lief ihm nur so übers Gesicht. Ich wollte ihm mein Bedauern ausdrücken. ›Aber – äh äh – bitte sehr, mein Bester, bin ja nie komfortabler gefahren!‹ Drei Autos fuhren hintereinander, das vorderste mußte plötzlich stoppen, alle drei stießen ineinander hinein. Es gab einen Motordefekt, und es schien gar nicht abzusehn, wann die Fahrt weitergehn könnte. Wieder sprach ich dem armen Kerl zu, denn die Geschichte konnte noch endlos dauern, aber der: ›Äh äh, ich bitte Sie, kann ja nirgends besser liegen!‹«

Unter solchen Erzählungen waren wir allmählich in München angekommen. Meier-Graefe stürzte noch schnell in ein Auto, um sich bei Helbing in der Liebigstraße Plastiken anzusehn. Ich selbst ging an meine Arbeit im Verlag. Drei Tage später brachte mir die Post eine entzückende Tuschzeichnung von Guys, die mir Meier-Graefe schenkte, weil er konstatiert hatte, daß in meiner Sammlung Guys noch fehlte. –

Nach der ersten Stockung hatte sich das Publikum allmählich doch wieder auf Bücher besonnen. Man konnte so wenig andres kaufen! Warum da nicht Bücher und Bilder? Die waren ja sogar ohne Marken zu haben!

Das kam auch der geplanten Marées-Gesellschaft zugute. Ich schrieb Meier-Graefe im Winter 1916, wir könnten nun wohl ernsthaft an die Verwirklichung unsrer unterbrochenen Pläne denken.

Meine beiden Teilhaber standen im Felde. Eisenlohr hatte lebhafte Bedenken gehabt, die Sache in dieser Zeit zu wagen, war aber schließlich damit einverstanden, daß man wenigstens einen Prospekt riskieren könne. Die Subskriptionseinladung, von Drugulin in Schwarz, Rot und Blau gedruckt, sah gut aus. Der Ganymed, das letzte Bild von Marées, wurde zum Symbol erkoren und, in Schwarz-Weiß umgezeichnet, als Signet verwendet. Der Prospekt verhieß köstliche Dinge, von denen man kaum für möglich hielt, daß sie mitten im Kriege hergestellt werden könnten. Schon nach einer Woche waren Subskriptionen in Höhe von etwa vierzigtausend Mark eingelaufen.

Im Winter 1917 erschienen dann auch tatsächlich die ersten vier »Drucke der Marées-Gesellschaft«. Es waren dies: Goethes Clavigo mit Aquarellen von dem jung gefallenen Götz von Seckendorff. – Paul Cézanne, Zehn Aquarelle in Faksimile. – Shakespeare-Visionen, Eine Mappe mit Radierungen, Steindrucken und Holzschnitten von dreißig deutschen Künstlern der Gegenwart. – Die Skizzenmappe, Siebzig Nachbildungen von Zeichnungen und Aquarellen französischer Meister des 19. Jahrhunderts.

Ich hätte die sehr komplizierte Herstellungsarbeit neben all meiner andern gar nicht bewältigen können, wenn nicht Meier-Graefe selbst sich an dieser Aufgabe mit der ihm eignen Energie beteiligt hätte. Für die typographische Ausstattung zog er Emil Rudolf Weiß heran, mit dem mein Verlag dann bis zu seinem Tode dauernd in Verbindung blieb.

Als ich Meier-Graefe zuerst Faksimile-Drucke vorschlug, hatte er gemeint, man könne das erst nach dem Kriege mit den vorzüglichsten Pariser Kunstanstalten durchführen. Ihm schwebte da vor allem der Pariser Drucker Clot vor, der die bekannten farbigen Lithographien von Cézanne und Renoir virtuos gedruckt hatte. Auch dachte er zunächst als technisches Verfahren noch an Photolithographie. In dieser Technik hatte ich schon im Jahre 1906 die Mappe »Elles« von Toulouse-Lautrec reproduzieren lassen. Diesmal hatte ich aber von vornherein Farbenlichtdruck in Aussicht genommen als die allein mögliche Technik für Faksimiles, die höchsten Ansprüchen genügen sollten.

Als Kunstanstalten hierfür kamen Franz Hanfstaengl in München und Albert Frisch in Berlin in Frage. Diese stellten die Drucke der ersten Cézanne-Mappe mit größter Sorgfalt her. Die Originale wurden uns von den Privatsammlern in liberaler Weise monatelang überlassen. Es mußten ja wiederholt Zusammendrucke der verschiedenen Farbplatten gemacht und diese immer wieder mit den Originalen genau verglichen werden. Daran beteiligte sich vielfach auch meine Frau mit ihrem feinen Farbempfinden. Solange das Resultat nicht befriedigte, wurden die einzelnen Farbplatten entsprechend retuschiert. An der einen Stelle zum Beispiel mußte ein Rot mehr zurückgedrängt, an einer andern ein Grün mehr betont werden. Diese wiederholten Retuschen und Andrucke nahmen sehr viel Zeit in Anspruch. Bei den Anstaltsleitern erregte das allmählich etwas Unwillen, denn es wäre für sie lukrativer gewesen, weniger anspruchsvolle Reproduktionen schnell und in großen Auflagen herunterzudrucken. Unter diesen Umständen war es manchmal nicht ganz leicht, mit unsern Aufträgen durchzukommen. Wir waren etwas von dem guten Willen der Anstalten abhängig. Da der Verlag auf Jahre hinaus laufend solche Faksimiles herzustellen gedachte, tauchte der kühne Plan auf, dafür eine eigne Anstalt zu begründen. In Berlin fand sich eine kleinere ältere Lichtdruckerei, die gekauft und ausgebaut werden konnte. Bruno Deja, einer der ersten Fachleute – er hatte bisher der Lichtdruckabteilung

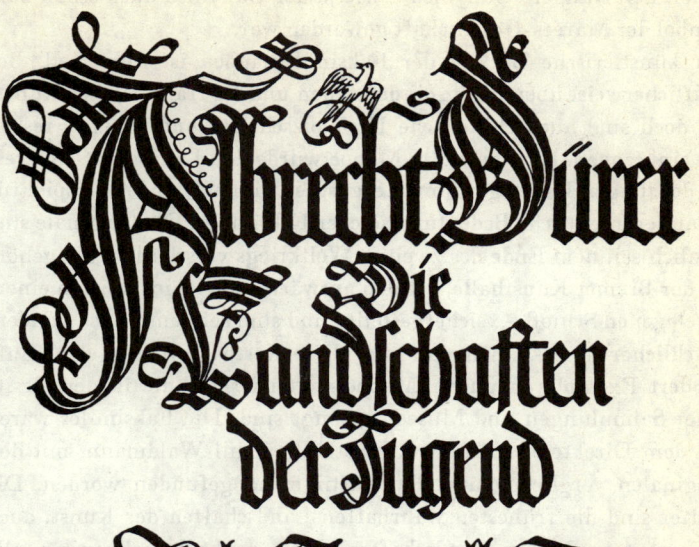

Albrecht Dürer
Die Landschaften der Jugend

Zehn Aquarelle, Text von Emil Waldmann

Verlag der Marées-Gesellschaft,
R. Piper & Co. München, Römerstraße 1

Titelei von Emil Rudolf Weiß. 1920

von Albert Frisch vorgestanden –, übernahm die Leitung. Die Anstalt erhielt den Namen »Ganymed«, wie ja der Ganymed auch schon zum Symbol der Marées-Gesellschaft geworden war.

Der künstlerische Bereich der Faksimilemappen ist universell. Begreiflicherweise überwiegen die deutschen und die französischen Künstler, doch sind auch chinesische Farbholzschnitte und antike Fresken mit einbezogen. Eine besondre Mappe wurde den Landschaftsaquarellen des jungen Dürer gewidmet. Sie ist ein einleuchtendes Beispiel für die außerordentliche Bedeutung solcher Faksimiles. Die Originale sind nämlich seit dem Ende des zweiten Weltkriegs verschollen. Sie gehörten der Bremer Kunsthalle, wurden auswärts – soviel ich weiß in einem abgelegenen Schloß – »sichergestellt« und sind seitdem verschwunden. Glücklicherweise können nun aber diese Kostbarkeiten in den fünfhundert Exemplaren unsrer Mappe weiterwirken, die in den Besitz vieler Sammlungen und Museen gelangt sind. Die Faksimiles waren von dem Direktor der Bremer Kunsthalle, Emil Waldmann, mit den Originalen verglichen und übereinstimmend gefunden worden. Die Blätter sind die frühesten wahrhaften Landschaften der Kunst, auch die ersten modernen Landschaften. Man denkt bei ihnen an alle großen Meister bis auf unsre Tage, die ihren Pinsel im Freien an Berg und Tal geübt haben.

Ich kann nicht zu jedem der vierunddreißig Mappenwerke und der dreizehn mit Originalgraphik illustrierten Bücher etwas anmerken, obwohl jedes dieser Werke seine oft recht interessante Geschichte hat. Viel bestaunt ist die zum Verwechseln getreue Wiedergabe von Gauguins Handschrift seines berühmten Südsee-Tagebuchs »Noa Noa« mit allen von ihm hineingemalten und hineingeklebten Aquarellen, Federzeichnungen, Photographien und Zeitungsausschnitten. Was im Original eingeklebt war, wurde es auch in der Reproduktion. Das Manuskript gehört dem Louvre, und so war es keine Kleinigkeit, es für Monate nach Berlin in die Kunstanstalt Ganymed zu bekommen.

In eignen Mappen wurden Marées, Brueghel, Rembrandt, Rubens, Claude Lorrain, Delacroix, Géricault, Guys, Manet, Renoir, Cézanne, van Gogh dargeboten. Das niederländische Blockbuch des »canticum canticorum« von 1470 mit seinen schlanken zarten weiblichen Gestalten in lichten Gewändern wurde überzeugend faksimiliert. Die deutsche Kunst »Von Schongauer bis Holbein« faßte eine Sammelmappe mit Text von Max J. Friedländer zusammen. Die Künstler des 18. und

19. Jahrhunderts von Chodowiecki bis Corinth fanden sich in der umfangreichen »Deutschen Skizzenmappe« vereinigt, zu der Hermann Uhde-Bernays die Einführung schrieb. Den zeitlichen Abschluß bildete die große »Mappe der Gegenwart«. Sie ist ein Museum für sich und bietet Blätter dar von Barlach, Beckmann, Bonnard, Braque, Chagall, Derain, Dickinson, Fry, Gauguin, Grant, Großmann, Heckel, Hodler, Hofer, Klee, Kokoschka, Lehmbruck, Maillol, Manguin, Marc, Marchand, Matisse, Munch, Paresy, Pascin, Pechstein, Picasso, Redon, Rouault, Henri Rousseau, Segonzac, Valloton, Vlaminck, Vuillard. Dieser Mappe wurden eigens für sie geschaffene signierte Originalgraphiken von Corinth, Beckmann, Großmann, Heckel, Meseck und Klee beigegeben. Die skurril-humorvolle Lithographie des letzteren »Der Seiltänzer« erwies sich bis heute als meistbegehrt.

Zu diesen Textbeilagen erfand Emil Rudolf Weiß die schönen Titelzeichnungen. An der Abfassung der Texte zu den Mappen beteiligten sich Dichter und Forscher wie Gerhart Hauptmann (Shakespeare-Visionen), Richard Dehmel (Rembrandt), Rudolf Pannwitz (Marées), Wilhelm Hausenstein (Daumier), Oskar Hagen (van Gogh), Otto Fischer (China), Gustav Glück (Rubens) und nicht zuletzt Meier-Graefe selbst.

Die Marées-Gesellschaft beschränkte sich aber nicht auf die Wiedergabe von schon Vorhandenem. Sie rief auch Kunst hervor, indem sie Künstlern die Aufgabe stellte, graphische Blätter in bestimmten geschlossenen Zyklen zu schaffen oder Dichtungen der Weltliteratur mit Holzschnitten, Lithos oder Radierungen, die in den Text eingedruckt wurden, zu illustrieren. Von den beiden Beckmann-Werken »Gesichte« und »Jahrmarkt« ist schon früher die Rede gewesen. Carl Hofer schuf die Lithographien zum Frauenleben »Zenana« – letzte Essenz seiner indischen Erlebnisse – und Lovis Corinth mit zupackendem Temperament die Radierungen »Antike Legenden«.

Eine Auswahl aus den mehr als sechshundert Blättern der Mappen, in Wechselrahmen an die Wände lichter Sammlungsräume gehängt, erweckten im Besucher den Eindruck eines bis dahin unbekannten Museums. Diese Wirkung wurde in München in der Staatlichen Graphischen Sammlung und später in der Neuen Sammlung für angewandte Kunst, in Berlin im Gebäude der Sezession und anderswo, auch im Ausland, wiederholt erprobt.

An der Illustrierung der Bücher durch Originalgraphik beteiligten sich

Max Unold: Holzschnitt zu Flaubert, Die Legende von St. Julian. 1918

Rudolf Großmann mit Lithographien zu Dostojewskis »Dummer Geschichte« und Holzschnitten zu E. T. A. Hoffmanns »Ritter Gluck«,
Max Unold mit Holzschnitten zu Flauberts »Legende von St. Julian
dem Gastfreundlichen«, Walther Teutsch mit Holzschnitten zu Schlegels »Lucinde«, Felix Meseck mit Radierungen zu Goethes Dramen-
fragment »Prometheus« und zum »Heinrich von Ofterdingen« des
Novalis. Max Neumann versah Achim von Arnims »Fürst Ganzgott
und Sänger Halbgott« mit Lithographien, Otto Schubert schuf Radierungen zu Goethes »Reineke Fuchs« und große farbenfreudige Holzschnitte zu dem »Bilderbuch für Tyll und Nele«. Willi Nowak
schmückte Hofmannsthals »Ariadne auf Naxos« mit farbigen Stein-
zeichnungen. Die Gedichte der Sappho radierte E. R. Weiß in der Ur-
sprache in wunderschönen griechischen Lettern, und seine Gattin Re-
née Sintenis schmückte sie mit figürlichen Darstellungen.
Der Leser verzeihe diese Aufzählung. Ich wollte diese Leistung von
wenig mehr als fünf Jahren nochmals im Zusammenhang Revue passieren lassen. Sie war vor allem eine Leistung Meier-Graefes.

Die Faksimile-Mappen der Marées-Gesellschaft hatten eine wichtige
Folge: sie wurden der Ausgangspunkt der »Piper-Drucke«. Oft gibt
ein kleiner Umstand Anlaß zu einer großen Entwicklung. Man muß
nur diesen Umstand wahrzunehmen wissen. Überhaupt muß ein Verleger es verstehn, einen langen Faden zu spinnen und aus dem Gegebenen immer Neues zu entwickeln.
Für die Marées-Drucke war als 28. Veröffentlichung eine Rubens-

Mappe vorgesehen. Die Zahl der für die Reproduktion erreichbaren Zeichnungen war begrenzt, und ich schlug Meier-Graefe deshalb vor, eine der Skizzen aus der Alten Pinakothek mit hineinzunehmen, die sich in ihrem offnen dünnen Farbauftrag besonders gut für die Reproduktion eigne. Meier-Graefe war jedoch dagegen, in den Marées-Drucken auch Ölbilder zu bringen, da ein wirkliches Faksimile nur von Zeichnungen, Aquarellen und Pastellen möglich war. Diese hatten ebenso Papier zum Untergrund wie die Drucke nach ihnen. Die Materie der Ölfarbe war in einem Farbenlichtdruck nicht »buchstäblich genau« zu geben, auch nicht die Leinwand oder die Holztafel als Untergrund. Ich wollte aber doch einmal eine Probe machen, wieweit man da dem Ideal nahekommen könne, und ließ die Rubens-Skizze »Friede« aus dem Medici-Zyklus reproduzieren. Obwohl der Ausfall allen berechtigten Ansprüchen genügte, wollte Meier-Graefe von seinem Prinzip doch nicht abgehn. Ebenso ging es mit dem kleinen Ölbild von Renoir »Ausblick auf Montmartre« in der Münchner Staatsgalerie, das ich gern der Renoir-Mappe beigegeben hätte.

Da sagte ich mir: Nun, wenn Meier-Graefe diese Drucke für die Mappen nicht haben will, dann mache ich sie eben als Einzelblätter ohne ihn. Dann kann es aber natürlich bei diesen beiden Bildern nicht bleiben, sondern der Verlag macht gleich eine ganze Reihe. Das wird eine ganz neue Sache mit großen Möglichkeiten für die Zukunft. Dies paßte aber Meier-Graefe auch nicht. Er sah darin bald ein sehr entwicklungsfähiges Unternehmen. Er wollte mit Deja daran beteiligt werden: Der Verlag ein Drittel und sie beide auch je ein Drittel. Aber das gefiel nun wieder *mir* nicht. Wenn Meier-Graefe die Drucke für seine Mappen nicht gut genug waren, weshalb wollte er sich dann daran beteiligen? Die Bilder, die zur Wiedergabe kommen sollten, konnte ich doch auch selber auswählen. Die Situation spitzte sich schnell zu. Meier-Graefe erklärte, die Firma Ganymed werde solche Aufträge nach Gemälden nicht übernehmen können, wenn er und der Leiter der Anstalt nicht beteiligt würden. Ich erklärte, wir bräuchten dazu gar nicht den Ganymed, es gäbe ja auch noch andre Anstalten, worauf Meier-Graefe mit der ihm eignen Impulsivität antwortete: »Die werden Ihnen Dreck liefern!« Dies war ja aber bei dem Rubens und Renoir, die ich als Proben in München hatte machen lassen, durchaus nicht der Fall. Von einem Rechtsanspruch auf Beteiligung konnte keine Rede sein.

Als die Diskussion über diese finanzielle Seite ziemlich heftig geworden war, bat ich meinen Teilhaber Eisenlohr telefonisch nach Berlin, wo die Verhandlungen stattfanden. Eisenlohr in seiner wortkargen und langsamen Art beteiligte sich kaum an der Auseinandersetzung. Er konnte damals nicht ahnen, daß diese Piper-Drucke später, nachdem er 1932 aus dem Verlag ausgeschieden war, seinen eignen Worten nach sein »Lebensinhalt« werden würden.

Eine weitere Diskussion entstand bei der Bestimmung des Namens für diese Drucke. Sollte man sie Pallas-Drucke nennen oder Europa-Drucke? Schließlich plädierte Meier-Graefe mit Nachdruck für Tribuna-Drucke. Tribuna hieß nämlich der Saal in den Uffizien in Florenz, in dem acht bis zehn besonders berühmte Glanzstücke der Malerei zusammengehängt waren. Ich wollte aber von solchen allgemeinen und unpersönlichen Bezeichnungen nichts wissen, sondern drang auf den Namen Piper-Drucke – nicht nur weil ich der Anreger des Unternehmens war, sondern weil dann jeder gleich wußte, von welchem Verlag die Drucke ausgingen. Schließlich kam, wie über die Beteiligung und die Befugnisse der einzelnen Partner, auch über die Namensfrage eine Einigung zustande.

Daß Meier-Graefe und Deja sich mit Kapital und Risiko an den Piper-Drucken beteiligten, empfand ich aber mehr als Belastung denn als Förderung. Bei der Wirtschaftskrise, die einige Jahre später einsetzte, war es den beiden dann nicht angenehm, in die Piper-Drucke noch neue Mittel einzubringen. So entschlossen sie sich, ihre Anteile dem Verlag käuflich zu überlassen, und dieser bekam wieder völlig freie Hand. Der Ausbau vollzog sich ziemlich rasch.

Die Auswahl der Bilder wurde zunächst bewußt unpopulär gehalten. Ich war mir nicht im unklaren, daß das Publikum sich die spanische Königin Maria Luisa von Goya, die wie eine alte Eule aussah, trotz der genialen Malerei nicht gerade mit Begeisterung an die Wand hängen würde. Das reizende, bäuchlings auf dem Sofa liegende Mädchen von Boucher war andrerseits manchen zu nackt, die Kreuzigung von Cranach zu kraß, die Anbetung der Hirten von Bosch mit den sich dazwischendrängenden großen Köpfen von Ochs und Esel zu sonderbar, der Dürersche Dreiflügelaltar aus Dresden zu groß und zu teuer. Unser Reisevertreter, der in den Kunsthandlungen die Blätter vorlegte, kam etwas entmutigt zurück und sagte: »Herr Piper, mit *dieser* Auswahl werden Sie nie durchdringen!« Es waren aber doch auch eingängliche Bilder darunter, die deswegen künstlerisch nicht weniger bedeuteten. So Stephan Lochners Kölner Madonna, Lukas Cranachs Ruhe auf der Flucht, Pinturicchios Knabenbildnis, Brueghels Herbst und Winter, Dürers Wiener Maria mit dem Kind, van Goghs Garten, Cézannes Dorfstraße und so weiter.

Wir starteten im November 1923 mit den ersten zwanzig Drucken. Ich machte einen schönen Katalog. Für diesen brauchte ich von »Prominenten« Urteile über die künstlerische Qualität des Unternehmens. Ich wandte mich an Galerieleiter, Kunsthistoriker, Privatsammler, Maler und Schriftsteller. So begab ich mich mit meiner Rolle unter dem Arm auch zu Thomas Mann in seine Villa an der Isar. Die Drucke, auf den Tischen und dem Diwan ausgebreitet, wurden sehr freundlich aufgenommen. Seine Frau kam, während wir sprachen, vom Einholen zurück mit der Nachricht: »Das Pfund Äpfel kostet jetzt schon 83 000 Mark!« Ich ließ dem Dichter die Drucke zur wiederholten Betrachtung da, und ein paar Tage später schrieb er mir: »Ich möchte Ihnen noch einmal herzlich danken, daß Sie mir Ihre bewundernswerten Reproduktionen ins Haus gaben, an denen mich zu freuen ich nicht müde werde. Es sind technisch erstaunliche Leistungen, dieser Garten von van Gogh, diese Olympia des Manet, dieser Menzel, diese glühenden Äpfel von Courbet, diese alten Florentiner und dieser Dürersche Altar. Die Drucke werden mehr als eine Erinnerung an die Originale – sie werden einen täuschenden Ersatz dafür bieten. Überschlägt man die gewaltigen Investierungen, die heute nötig sind, um solche Dinge hervorzubringen, so nimmt der geschäftliche Wagemut einen wunder, der unbeirrt durch die verzweifeltsten Umstände an Unternehmungen wie diese geht. Es bekundet sich darin ein Glaube an den deutschen Idealismus, an ein deutsches Kulturbedürfnis, der wahrhaft tröstlich ist.«

In ähnlichem Sinne urteilten die Maler Lovis Corinth, Edvard Munch, **Adolf** Schinnerer, die Kunsthistoriker A. E. Brinckmann, Wilhelm Pinder, Heinrich Wölfflin, die Galerieleiter Otto Fischer, Gustav Glück, Gustav Pauli.

Oft wurde ich gefragt, um welches rätselhafte neue Verfahren es sich bei den Piper-Drucken handle. Es war dies kein neues Verfahren. Man konnte aber wohl sagen: Es war eine neue Qualität. Bis dahin wurden kaum mit solcher Rigorosität immer neue Vergleiche der Probedrucke mit dem Original durchgeführt, immer neue Andrucke gemacht, immer neue Kosten aufgewandt, bis die Farben, soweit menschenmöglich, übereinstimmten.

Ich habe ein gut Teil meiner Lebensarbeit der Reproduktion von Kunstwerken gewidmet, das heißt, ich habe ihnen dadurch zu erhöhter Wirkung verholfen, und so darf ich wohl auch sagen: Ich habe das Leben vieler Menschen durch Kunst bereichert.

Durch die Erfindung der *Buch*druckerkunst wurden die Werke der großen Dichter, Philosophen und Gelehrten vervielfältigt und unter die Menschen gebracht. Bis dahin waren sie nur in einzelnen Handschriften an einigen wenigen Stellen verwahrt worden. Das Gegenstück dazu, die *Bild*reproduktion, machte die Kunstwerke zugänglich. Sie wurden aus ihrer lokalen Gebundenheit und ihrer Isoliertheit gelöst, ja man kann sagen: *er*löst. Wer sah bis dahin z. B. Bilder von Rembrandt? Doch nur die wenigen, die dahin reisen konnten, wo sie hingen!

Aquarelle von Dürer oder Cézanne bekamen nur die Kunstfreunde zu sehn, die ein »Kabinett« aufsuchten und sie sich dort von den Beamten vorlegen ließen oder einen Privatsammler aufstörten. Der Leser frage sich selbst, wie oft er sich zu einem solchen Entschluß aufgerafft hat!

Ich führe ein Beispiel an: Von Brueghel kannten viele von uns die Wiener Bilder. Durch die Piper-Drucke aber wurden zwei bis dahin so gut wie unbekannte erst herangeholt und sichtbar gemacht: die »Heuernte« aus der Privatgalerie auf Schloß Raudnitz in Böhmen (dorthin war sie vor langer Zeit einmal versprengt worden) und der »Sommer« aus den USA, wo ihn auch nur ganz wenige Brueghel-Liebhaber aufsuchen konnten. Jetzt sind sie durch die Piper-Drucke europäischer Allgemeinbesitz geworden.

LEIPZIG UND DIE BUGRA

Im Sommer 1914 wurde in Leipzig die BUGRA eröffnet. Sie hieß eigentlich »Internationale Ausstellung für Buchgewerbe und Graphik«. Damals fing man an, in Abkürzungen zu sprechen, was sich immer mehr steigerte, bis zur Zeit der Enesdeape dann Hajot, Bedeem, Esde und vor allem Gestapo die meistgebrauchten deutschen Worte wurden.

Die BUGRA war eine großartige einmalige Schau über das gesamte Buchwesen der Erde. Es war da eine »Straße der Nationen« errichtet. An ihr hatte jedes Land sein eignes großes Haus: Österreich, Frankreich, England, Italien, Rußland. Japan hatte ein Gebäude für seine Holzschneiderei und einen Garten mit Teehaus. Die Schweiz, die Niederlande, Belgien, Dänemark, Spanien hatten sich zu einer großen »Halle der fremden Staaten« vereinigt. In der »Halle der Kultur« konnte man die Entwicklung der Schrift studieren von den diluvialen Vorstufen, den Hieroglyphen, den altsemitischen, altmexikanischen, chinesischen, romanischen und gotischen Schriften bis zu denen der modernen Buchkünstler. Man hätte sich tagelang darin ergehen können.

Die Decke der Höhle von Altamira mit ihren staunenswerten Malereien war in natürlicher Größe aufgebaut und maß sechs zu vierzehn Meter. Diese Abteilung der Ausstellung lief aus in die sogenannte »Eugen-Diederichs-Kapelle«. Einzig diesem Verlag war ein eigner Raum zugebilligt. Eugen Diederichs, der das Feierliche liebte, hatte ihn kapellenartig ausgestattet. An den Wänden waren Abgüsse der Stifterfiguren aus dem Naumburger Dom aufgestellt. Dazwischen standen in monumentalen Schränken die Verlagswerke, und oben herum liefen als Fries die Bildnisse der Autoren.

Es gab eine besondre Halle des bayrischen Buchhandels. Im Kuppelraum hatten sich fünf miteinander befreundete Münchner Verlage zu einer Gruppe zusammengetan: Georg Müller, Albert Langen, der Delphin-Verlag (Dr. Richard Landauer), Hans von Weber und Piper. Wir fünf hatten einen eignen dicken Katalog von nahezu dreihundert Seiten mit vielen Bildern und Textproben drucken lassen.

Zu meiner gelinden Überraschung — denn so hoch hatten sich meine Erwartungen nicht verstiegen — wurde mein Verlag mit der Goldenen Medaille ausgezeichnet. Sie war von Max Klinger entworfen und zeigte den Genius des Friedens mit dem Füllhorn, vor den der Krieg quer seinen rohen Muskelarm mit dem Schwert streckte.

Ich hole ein wenig aus.

Es gibt vier Arten Buchhandel, den Verlagsbuchhandel, den Kommissionsbuchhandel, den Sortimentsbuchhandel und den Antiquariatsbuchhandel. Die meisten Verleger hatten in Leipzig einen Kommissionär und unterhielten bei ihm ein Auslieferungslager. Ebenso hatten dort die Sortimentsbuchhändler ihren Kommissionär. Der Sortimenter brauchte nun nicht, wenn er zwanzig Bücher von zwanzig Verlegern zu besorgen hatte, diese bei den zwanzig Verlegern einzeln zu bestellen und sie sich einzeln als Drucksachen senden zu lassen, sondern er schickte einen Brief, der alle diese Bestellungen enthielt, an seinen Kommissionär. Dieser holte die bestellten Bücher bei den Kommissionären der Verleger ab und sandte sie dann in einer einzigen Sendung dem Sortimenter zu. Das weiß jeder Buchhandlungslehrling. Aber in einem Buch mit Verlegererinnerungen, das auch von Nichtbuchhändlern gelesen wird, ist es vielleicht doch gut, es in wenigen Worten auszusprechen.

Unser Kommissionär ist seit dem Gründungstag des Verlags bis heute — heute, fünf Jahre nach Kriegsende, allerdings für uns noch immer so gut wie unerreichbar — die altbewährte Firma F. Volckmar. Dort waren alle unsre Verlagswerke in großen Mengen vorhanden. Da Volckmar eine beträchtliche Zahl von Verlagen vertrat, hatten sich in seinem vielstöckigen Geschäftshaus ungeheure Büchermassen angesammelt. Selbst der Keller umfaßte noch drei Geschosse untereinander. In diesen Bücherhallen, in denen man sich verirren konnte, herrschte — überflüssig zu sagen — die peinlichste Ordnung. Auch unsre Verlagswerke waren da zu dicken, viereckigen Türmen aufgestapelt. Da gab es z. B. große Dostojewski-Türme. Bei einer Besichtigung imponierten sie mir. Freilich konnte dem Betrachter beim Anblick dieser Büchermassen auch etwas schwül werden. Mein damaliger Expeditionsleiter Robert Buche kam einmal von Leipzig ganz deprimiert zurück und brach in den Seufzer aus: »Herr Piper, das werden wir nie verkaufen!« Aber auch die Dostojewski-Türme schmolzen langsam und dann immer schneller zusammen und mußten durch Neuauflagen sogar wieder neu errichtet werden.

Als ich das erstemal in Leipzig war, ging ich voll Ehrfurcht an den großen Verlagshäusern vorbei, über deren Toreinfahrten so berühmte Namen standen wie F. A. Brockhaus, Bernhard Tauchnitz, Philipp Reclam jr., Breitkopf & Härtel. Bei B. G. Teubner dachte ich mir: Hier also werden die vielen Schulbücher gemacht, über denen ich so manches Jahr mißmutig gesessen habe. Gut, daß ich das nun nicht mehr muß!

Die Gebäude der großen Druckereien und Bindereien umfaßten riesige Häuserblocks. Diese Firmen waren von fast unerschöpflicher »Kapazität«. Man konnte in sie im Herbst noch immer neue eilige Aufträge hineinwerfen, und sie wurden damit immer doch noch zu Weihnachten fertig. Die Firmen Brandstetter, Spamer, Bibliographisches Institut, Fikentscher, Enders, Hübel & Denck, Haag-Drugulin und viele andere arbeiteten mit idealer Pünktlichkeit und Exaktheit. Nur wunderte ich mich manchmal, daß einige Großbuchbindereien neben ihren Hunderten von Angestellten und Arbeitern sich nicht auch einen geschmackssicheren künstlerischen Berater hielten. Man konnte nur wenigen Firmen die Zusammenstellung der Einbände aus Rückenleinen, Überzugspapier, Aufdruck, Farbschnitt und Lesezeichen selbständig überlassen. Die Proben, die kamen, waren manchmal sonderbare Mißgeburten. Wir nannten sie »Leipziger Phantasien«. Besonders Emil Rudolf Weiß, einer der ersten Buchkünstler seiner Zeit, geriet jedesmal in Zorn, wenn »die Leipziger« seine wohlabgestimmten Farbangaben verfehlten.

Alljährlich zu Kantate fand in Leipzig die Ostermesse statt. Da strömten die Buchhändler aus aller Herren Ländern zusammen. Es gab ein großes Festmahl und viele Reden. Ich war nie ein Freund von großem Gedränge, und so war ich auch, schier unbegreiflicherweise, nur zweimal mit dabei. Ich sagte mir: »Da kommen so viele vernünftige Leute zusammen, die werden gewiß auch ohne dich etwas Vernünftiges beschließen!« Es lag mir nicht, in Debatten einzugreifen, dazu war ich nicht redefreudig genug. Ich hatte immer das Gefühl: »Was du sagen

möchtest, wird im Lauf der Sitzung auch wohl ein andrer vorbringen.«
Und so war es fast immer.

Dem revolutionären Verleger Eugen Diederichs waren die Leipziger
Tagungen, bei denen die älteren Semester in der Überzahl waren,
etwas zu konservativ. Er sprach ein wenig herablassend von den
»Leipziger Vollbärten« und veranstaltete eigne Zusammenkünfte, die
sich meist auf der Burg Lauenstein in Thüringen abspielten. Ich war
nur einmal mit dabei und ließ mir vorher von ihm bestätigen, daß ich
nicht zu reden brauche. Dr. Friedrich Oldenbourg führte glanzvoll
den Vorsitz. Ich schätzte ihn sehr. Er wurde im zweiten Weltkrieg
als Offizier von einem Militärauto an eine Mauer gedrückt und starb
an den schweren Verletzungen. Während der Tagung konnte ich beim
Zuhören gemächlich die Charaktere und Physiognomien studieren.
Diederichs hatte als seinen Schützling den dänischen Dichter des Ar-
beiterlebens Martin Andersen Nexö mitgebracht. Der hielt eine lau-
nige Rede. Sie ging davon aus, daß ihm auf einer Reise durch Spanien
in einem Gasthaus auf der Hochebene von La Mancha der Wirt bei
seinem Eintritt auf die Frage, was er haben könne, erwidert hätte:
»Sie können alles haben, was Sie mitbringen!« Er führte nun mit
geistvoller, etwas bitterer Ironie aus, daß dies so auch im übrigen
Leben der Fall sei. So könne auch kein Leser von einem Autor mehr
haben, als er an Aufnahmefähigkeit und Verständnis mitbringe. Jahrzehnte später haben Andersen Nexö und ich unsre Erinnerungsbücher
miteinander ausgetauscht – ich als Siebzigjähriger und er als Acht-
zigjähriger.

Bei Gelegenheit der BUGRA sah ich mir auch wieder das übrige Leipzig an. Ich habe mich dort nie so ganz wohlgefühlt. Mir war da das
Buch zu sehr mit Industrie verquickt. Die vielen Maschinen schrien
nach Futter. Der alte Herr Becker vom Verlag Hesse & Becker ge-
stand mir, daß er seine Klassikerausgaben eigentlich nur unternommen habe, um seinen Maschinen auch in den stilleren Monaten Futter geben zu können. »Umsatz! Umsatz!« war die Parole. Man mußte
meiner Meinung nach doch aber auch für die vielen stilleren Dinge
sorgen, mit deren Umsatz kein großer Staat zu machen war.

Mir gefiel das alte Rathaus mit seinen sechs Renaissancegiebeln, der
Johannisfriedhof, einige Bilder im Museum, wie der Schmerzens-
mann des Meister Francke, der Liebeszauber aus der Schule Jan van
Eycks, Cranachs Ruhende Nymphe, der Mulatte von Frans Hals, von

den Romantikern Ludwig Richters Schreckenstein bei Aussig, Olivers Kapuzinerkloster in Salzburg, J. A. Kochs Lauterbrunner Tal. In der Musikbibliothek Peters betrachtete ich die Notenhandschriften der großen Meister und die alten nach dem Leben geschaffenen Original-bildnisse von Bach, Händel, Mozart und Beethoven.

Bei Besichtigung des Völkerschlachtdenkmals wurden von dem amt-lichen Führer fast ausschließlich die imponierenden Zahlen betont. So waren die vier Sitzbilder der Tapferkeit, Opferfreudigkeit, Glau-bensstärke und Volkskraft je 9 Meter 50 hoch, und oben im Kuppel-rund zog in elf Reihen übereinander ein Zug von 324 Reitern. Da konnte man nur staunen!

Die Thomaskirche mit dem Bronzestandbild ihres berühmten Kantors war etwas allzu gründlich erneuert. In ihr hörte ich von den Thoma-nern gesungene Motetten und war mit ihrem Leiter, dem gemüt-vollen, feingebildeten Karl Straube in guten Gesprächen zusammen. Ich hatte ihn in München als Begleiter der großen Altistin Emmy Leisner kennengelernt und mich mit ihm angefreundet. Er war vor allem ein Vorkämpfer Regers, und über Reger hatte ich, noch zu Lebzeiten des Meisters, die erste Monographie verlegt.

Das BUGRA-Erlebnis endete mit einer schrillen Dissonanz. Schon wenige Wochen nach Eröffnung der Ausstellung brach der Weltkrieg aus. Die Presse der Feindländer wußte alsbald zu berichten, daß die deutschen Barbaren die Häuser der fremden Nationen geplündert und verbrannt hätten. Viereinhalb Jahre später, nach Beendigung des Kriegs, haben die Deutschen aber das ganze Ausstellungsgut bis aufs letzte Blättchen gewissenhaft abgeliefert. (Damals erstaunten wir noch über solche Lügenmeldungen. Später wurden sie alltägliches Propa-gandamittel!) Die Kulturarbeit der Drucker und Verleger war durch den Krieg wenig eingeschränkt worden.

Ganz anders am Ende des zweiten Weltkriegs! Leipzig, der Ostzone zugehörig, hatte seine ruhmreiche Stellung als altes Zentrum des deutschen Buchhandels eingebüßt. Seine in über hundert Jahren durchgearbeitete, über die ganze Erde wirkende Organisation, der Börsenverein deutscher Buchhändler, war zerschlagen. Schon vorher, am 4. Dezember 1943, hatte ein Luftangriff von zwanzig Minuten Dauer die gesamte Innenstadt mit allen ihren großen Druckereien, Buchbindereien, Kommissionsgeschäften und Verlagen zum großen Teil vernichtet.

DER VERLAG IN UND NACH DEM
ERSTEN WELTKRIEG

Im Frühjahr 1914 hatte ich zum zehnjährigen Bestehn des Verlags einen Almanach herausgebracht. Er war mit seinen fast 280 Seiten und vielen Bildtafeln sehr imposant, leider aber auch recht teuer geworden. Selbst wenn die Auflage zu einer Mark das Stück verkauft wurde, blieb noch ein ungedeckter Rest von etwa 5000 Mark. Dieser konnte zwar als Propaganda-Aufwand betrachtet werden, »riß« aber doch »ein Loch« in die Kasse.

Viele umfangreiche Werke waren in Herstellung begriffen oder eben fertig geworden, da brach im August 1914 der Krieg aus.

Ich verbrachte im Juli mit meiner Frau, dem dreijährigen Klaus und dem einjährigen Martin die Sommerfrische im Aschauer Tal, südlich vom Chiemsee. Wir wohnten auf einem etwas abseits am Berghang liegenden Bauernhof, Fellerer genannt, nahe am Wald, mit einem schönen Blick auf die felsige, zerklüftete Kampenwand. Auch meine Eltern, die die zunehmenden Jahre spürten, waren mit hinausgekommen. Der rote Kalkstein, der den Untergrund der Landschaft bildete, war ganz durchsetzt mit Versteinerungen, besonders Seelilien und Ammoniten, die meine Frau mit Begeisterung zusammentrug. Das Land lag in friedlicher Sommerfülle vor uns da.

Plötzlich kam die Nachricht von der Ermordung des österreichischen Thronfolgerpaars in Serajewo. Sie wirkte wie ein Blitz aus heiterm Himmel. Aber wir arglosen Menschen hielten das doch für ein Ereignis, das eigentlich nur Österreich und Serbien angehe, und ließen uns aus unsrer ländlichen Stille nicht allzusehr aufschrecken. Allmählich wurden die Nachrichten jedoch immer beunruhigender, und eines Tages war an einem Scheunentor das Plakat mit den Anordnungen »bei drohender Kriegsgefahr« angeschlagen. Zugleich rief mich ein Telegramm in den Verlag. In den nächsten Tagen erfolgten die Kriegserklärungen. Hammelmann mußte als Reserveoffizier sofort einrücken. Eisenlohr, wegen eines kleinen Fehlers ausgemustert, meldete sich freiwillig. Ich selbst hatte nicht gedient. Seit meiner Musterung in Dresden 1903 hatte ich mit dem Militär nichts wieder zu tun gehabt.

Der Kriegsausbruch war für den Verlag außerordentlich einschneidend. Wie schon gesagt, befanden sich zahlreiche kostspielige Werke in Vorbereitung. Großen Zahlungsverpflichtungen war zu genügen. Die selbstverständliche Voraussetzung war gewesen, daß der Verkauf wie bisher weiterlaufen werde. Man stand ja auch vor dem Herbst, der immer einen Aufschwung des Buchabsatzes brachte. Wie würde es nun werden? Wir alle hatten bisher im tiefsten Frieden gelebt. Seit mehr als vierzig Jahren hatte Deutschland keinen Krieg geführt. England war uns bisher überhaupt noch nie als Feind gegenübergetreten, mit Rußland hatten wir seit den Tagen Friedrichs des Großen gute Freundschaft gehalten.

Der Bücherverkauf war plötzlich wie abgeschnitten. Er sank bis auf 250 Mark in der Woche. Wir hatten von Ferdinand Hodler, den ich im Sommer 1913 in Genf besucht hatte, eine große Mappe in Heliogravüren herausgebracht, und gerade er war so unüberlegt, einen Protest gegen die angeblich »absichtliche Zerstörung« der Kathedrale von Reims durch deutsche Truppen mit zu unterschreiben, woraufhin er in Deutschland boykottiert wurde. Die Hodler-Mappe wurde dadurch von heute auf morgen unverkäuflich. In einigen Zeitungen erschienen auch Artikel, die Dostojewski als angeblichen Beschimpfer Deutschlands »entlarvten«. Damit war auch unsre große Dostojewski-Ausgabe schwer getroffen.

Es war dem Verlag manchmal nachgesagt worden, daß er zu viele Bücher über französische Künstler bringe. Ich hatte Heinrich Wölfflin gebeten, für diesen Herbst einen Band Dürer-Zeichnungen herauszugeben. Schon seit meiner Konstanzer Gymnasiastenzeit war ich ein Dürer-Schwärmer. Der Band wurde grade fertig. Aber von diesem reich illustrierten, schön gedruckten Buche wurden auf die Voranzeigen hin vom gesamten Buchhandel kaum 200 Exemplare bestellt. Dabei war es das einzig vorhandene Werk über den größten deutschen Zeichner!

Das Fortbestehn des Verlags war also nur durch neue Kapitalbeschaffung zu sichern. Diese geschah durch meine beiden Teilhaber in Form von Darlehn an den Verlag.

Zu Kriegsbeginn waren wir Deutsche besonders um das Schicksal Ostpreußens und Elsaß-Lothringens besorgt. Ich wollte deshalb in der Art der Bände »Die schöne deutsche Stadt« Bücher über diese beiden deutschen Länder bringen. Für das Ostpreußen-Buch gewann ich in dem Generalkonservator der Kunstdenkmale Ostpreußens, Professor Richard Dethlefsen, den gegebenen Bearbeiter. Eisenlohr bat mich vom Feld aus dringend, die Arbeiten an dem Buch einzustellen. Leider war er der Meinung, für den Verlag sei es das Sicherste, einstweilen überhaupt nichts mehr zu verlegen.

Als ich ihm schrieb, der größte Teil der Klischees sei schon fertig, legte er mir nahe, das Buch dann doch an einen andern Verlag abzugeben.

Den Plan des Elsaß-Buchs verfolgte ich nicht weiter, aber das Ostpreußen-Buch ließ ich mir doch nicht mehr ausreden. Es lag mir auch persönlich nahe, weil meine Frau Ostpreußin war und ich das Land kennen und lieben gelernt hatte. Das Buch zeigt in 154 Abbildungen die Landschaft mit ihren Seen, die Steilküste, die schmale Nehrung, dazu die mächtigen Burgen der Ordensritter: Allenstein, Rössel, Neidenburg, Heilsberg, Rastenburg. Vor allem Königsberg, wo Kant lehrte, und Frauenburg, wo Kopernikus die Bewegungen der Sterne erforschte, die Tore von Bartenstein, Bischofstein, den Pregel mit den vielen Schiffen und alten Speichergassen, die gotischen, barocken und klassizistischen Rathäuser: ein ungeahnter Reichtum. Ich trug die Widmung des Buchs Hindenburg, dem Befreier Ostpreußens, an, der sie auch annahm. Bald waren 20 000 Exemplare verkauft — einer der schönsten Erfolge, die der Verlag seit langem gehabt hatte.

Nach einiger Zeit wurde eine amtliche Papierbewirtschaftung eingeführt, und da erwies es sich nachträglich als für den Verlag außerordentlich günstig, daß er in der letzten Zeit vor dem Kriege viel produziert hatte. Jeder Verlag bekam nämlich ein bestimmtes Kontingent zugeteilt, das sich nach seinem Papierverbrauch der letzten Jahre richtete. Hätten wir nun wenig produziert, so wäre der Verlag für die ganze Kriegszeit auf ein Mindestmaß beschränkt gewesen und hätte die günstigen Möglichkeiten, die der bald steigende Absatz bot, überhaupt nicht ausnützen können.

Zunächst belebte sich der Buchabsatz allerdings nur langsam. Das Publikum kaufte nur das Notwendigste, und zum Notwendigsten gehören eben scheinbar Bücher nicht. Auch glaubte man an ein baldiges Kriegsende, wo man dann das Bücherkaufen nachholen könne.

Im August 1914 hatten viele gesagt: »Weihnachten sind wir wieder zu Hause, einen jahrelangen Krieg kann Europa schon rein wirtschaftlich gar nicht aushalten.«

Da nun der allgemeine Buchabsatz sich, wie gesagt, nur sehr langsam wieder hob, waren mir einige »Heeresaufträge« willkommen, an deren Möglichkeit ich zunächst gar nicht hatte denken können.

Im Museum von St. Quentin hatte die deutsche Besatzung eine große Sammlung von Porträts des 18. Jahrhunderts vorgefunden — künstlerisch und kulturgeschichtlich sehr reizvolle Pastellbildnisse des Malers La Tour. Bei der Besatzung befand sich ein Kunsthistoriker, Hermann Erhard, und auch ein Oberarzt, der Farbaufnahmen, die damals noch selten waren, machen konnte.

So tauchte bei der Truppe der Plan auf, über diese Bildnisse ein Buch herauszubringen. Man wollte nebenbei auch zeigen, daß die Deutschen nicht die Barbaren seien, als die man sie verschrie.

Man wandte sich an mich. Gleichzeitig faßte dasselbe Korps den Plan eines Bilderwerks mit Aufnahmen von all den Orten und Landschaften, in denen die Truppe gekämpft hatte. Von diesem Buch, das den Titel »Zwischen Arras und Péronne« erhielt, übernahm das Korps 10 000 Exemplare, und auch über das La-Tour-Buch kam ein ähnlicher Vertrag zustande. Einige Exemplare des letzteren wurden besonders schön in Ganzpergament mit goldener Rokokoumrahmung gebunden und vom Korps S. Majestät überreicht.

Der Gedanke lag nahe, auch mit andern Korps ähnliche Veröffentlichungen zu veranstalten. Eine ganze Reihe von Truppenteilen ging auf meine Vorschläge ein, auch österreichische, so daß nach und nach zwanzig solcher Bildbände hergestellt werden konnten. Diese Albums waren für die Soldaten und ihre Angehörigen wertvolle und unterhaltende Andenken. Zu den Verhandlungen fuhr ich nach Frankfurt, nach Heidelberg oder Speyer — wohin mich gerade die Vertragspartner bestellten. Da die Truppenteile stets selbst eine größere Anzahl der Bildbände abnahmen, so wickelten sich diese Dinge sehr glatt ab. Es ist ja etwas andres, ob ein Verleger 10 000 Exemplare eines Buches in Tausenden von Einzelposten expedieren muß oder ob er, auch bei geringem Nutzen am Einzelstück, auf einmal 10 000 Stück in Rechnung stellen kann. Durch diese und andre Abschlüsse und durch den allgemein sich belebenden Umsatz war es mir möglich, noch während des Krieges den weitaus größten Teil des Betrages, der zu Anfang von meinen beiden Teilhabern als Darlehn aufgebracht worden war, wieder zurückzuzahlen.

Bald nach Kriegsbeginn war ich neben vierzehn weiblichen Angestellten im Alter von fünfzehn bis zu fünfzig Jahren der einzige Mann im Verlag. In meinem großen Zimmer, in dem ich bis dahin mit Hammelmann allein gearbeitet hatte, wurden in der Mitte vier Tische aneinandergerückt, und wir saßen zu neunt darum herum und froren. Auch sonst gab es Schwierigkeiten genug. Doch waren das ja geradezu ideale Arbeitsverhältnisse gegen die des zweiten Weltkriegs. Wir wurden damals wenigstens nicht von feindlichen Bombenabwürfen Tag und Nacht in den Keller gehetzt, ungewiß, ob wir lebend wieder herauskommen würden.

Ich müßte nun vom Zusammenbruch erzählen, von der stürmischen Versammlung auf der Oktoberwiese, wo Kurt Eisner die Wittelsbacher absetzte und sich zum Ministerpräsidenten ausrufen ließ, von seiner Erschießung durch Graf Arco, von der roten Räteregierung, von der Befreiung Münchens durch herangeführte Truppen. Auch von der Inflation und ihren verheerenden Folgen. Aber das haben genug Zeitgenossen getan.

Ich gedenke der drei Männer, die vom Verlag aus zur Verteidigung der Heimat hinauszogen und nicht mehr wiederkehrten. Am tiefsten betrauerten wir den Tod des treuen Leiters der Auslieferung, Robert Buche, der, wie selten ein Mitarbeiter, sich mit unserm Verlag verwachsen fühlte und sich ihm weit über die Pflichterfüllung hinaus widmete. Keine Aufgabe war ihm zu schwierig, kein Arbeitstag zu lang. Als er von uns schied, deutete er auf ein Häuflein Unerledigtes auf seinem Tisch. Das möchten wir nur einstweilen liegenlassen, bis er wiederkäme. Er ist nicht wiedergekommen. Auch der junge hoffnungsvolle Kunsthistoriker Dr. Heinrich Schwab, der uns, obwohl erst Volontär, in den schwierigen Monaten zu Anfang des Kriegs tatkräftig zur Seite stand, ist gefallen. Als dritter brachte der Ausgeher Max Egelhofer sein junges Leben zum Opfer.

Als Verleger habe ich auf den Zusammenbruch Deutschlands damit geantwortet, daß ich in meinem Bereich deutsche Dinge bewußter als bisher zur Geltung zu bringen suchte. Die Weltoffenheit des Verlags wurde dadurch nicht beschränkt.

Schon während des Kriegs schickte mir Oskar Hagen, damals Privatdozent in Halle, das Manuskript seines Buchs über Matthias Grünewald. Ich nahm es mit Freuden an. Ich hatte den Isenheimer Altar
schon in Kolmar mit Ergriffenheit betrachtet. Nun war er in der
Münchner Alten Pinakothek ausgestellt. Die Besucher drängten zu
ihm. Durch diese Aufstellung wurde er eigentlich erst innerer Besitz
der Deutschen. Ich ließ für Hagens Buch viele große Einzelaufnah-
men machen. Diese gelangen so schön, daß sie unmöglich auf das
Buch beschränkt bleiben konnten. Sie wurden auch noch in einer
Mappe mit Lichtdrucktafeln großen Formats zur Geltung gebracht.
Hermann Bahr schrieb über sie: »Kein schöneres Geschenk, ein Ab-
schiedsgeschenk, hat unsrer Nation jemals ein Verleger gemacht.« Das
Grünewald-Buch erschien in kurzer Zeit in vier Auflagen. Auch die
große Mappe mußte bald neugedruckt werden.
Im Jahre 1947, nach dem Ende des zweiten Weltkriegs, machte ich
auf Grund derselben Aufnahmen das Grünewald-Bändchen von Hans
Werner Hegemann in der Piper-Bücherei. Es erzielte bis heute eine
Auflage von 21 000 Exemplaren. Ich führe diese Ziffern an, weil
sie mir ein erfreulicher Beweis für die Wirkung sind, die durch diese
Werke erreicht werden konnte.
Später schrieb Oskar Hagen noch für meinen Verlag die Bücher
»Deutsches Sehen« und »Deutsche Zeichner von der Gotik bis zum
Rokoko«. Mit dem »Deutschen Sehen« gab er uns das grundlegende
Buch über Gestaltungsfragen der deutschen Kunst. Wölfflin hatte zu
ihm gesagt: »Sie sind auf dem besten Wege, über meinen Formalis-
mus hinauszukommen, ohne seine fruchtbare Methode fallen zu las-
sen.« Ich habe Hagen dann im Juni 1920 in Göttingen besucht, wo er,
der auch ein sehr begabter Musiker ist, die begeistert aufgenommenen
Händel-Festspiele gegründet hatte. Ich erlebte die Uraufführung der
»Rosalinde«. Seine Gattin Thyra, die Schwester der großen Altistin
Emmy Leisner, sang bewundernswert die Titelrolle. Im Jahre 1924
wurde Hagen nach Amerika an die Universität von Wisconsin in
Madison (USA) berufen. Wir stehen noch heute in lebhaftem Briefwechsel.
Nach Kriegsende berief ich in den Verlag eine kleine Konferenz von
Persönlichkeiten, darunter Pfitzner, den Oberschulrat Kerschenstei-
ner, Paul Nikolaus Coßmann, den Baumeister Theodor Fischer, mei-
nen Verlagskollegen Edgar Hanfstaengl, Dr. Tim Klein.

Ein Ergebnis der Zusammenkunft war, daß ich Dr. Klein antrug, ein Sammelwerk aus deutscher Dichtung, Philosophie, Geschichte und Kunst zu redigieren. Dies erschien unter dem Titel »Das Erbe«. Das Wissen um deutsche Nation in einer reinen und starken Anschauung – dies ist letzten Endes wohlverstandenes Erbe. Solche Anschauung zu vermitteln war der leitende Gedanke des Buches. Nicht über deutsche Kultur wird hier gesprochen – sie selbst ist es, die spricht. Der Untertitel des schönen Quartbandes lautete »Ein deutsches Lesebuch«. Zu meiner Überraschung wurde das Buch wegen dieses Untertitels vielfach abgelehnt. Manche Leute sagten: »Was, ein Lesebuch? Wir sind doch keine Schulkinder mehr!« So mußte denn schnell das Haupttitelblatt neu gedruckt werden mit dem Untertitel »Ein Buch Gedanken, Bilder und Gestalten«. Dann fanden siebentausend Exemplare ihre Liebhaber – bei dem Reichtum des Gebotenen immerhin wenig genug.

Den Frankfurter Germanisten Hans Naumann bat ich, die ältesten deutschen Dichtungen in neuer Übersetzung in einem Band »Frühgermanentum« zusammenzufassen. Das Buch sollte dazu beitragen, uns endlich zu befreien von der durch die Wagner-Opern beeinflußten, empörend geschmacklosen Vorstellung vom Frühgermanentum. Die Dichtungen sind knapp, plastisch, gleichnisfroh und voller Freude an den realistischen Details, von heroischem und elegischem Ton zugleich, im Schauplatz die Welt umspannend vom Kaukasus und der Donauheide bis zum Mittelmeer und zu den roten Felsen des Rheins.

Im Juli 1922 suchte ich in einem Vorort Berlins Otto zur Linde auf, den Begründer des »Charon«, dessen Gedichte mir großen Eindruck gemacht hatten. Ich hatte aus ihnen und aus den dichterischen Märchen seiner Frau Verena im Verlag in kleinem Kreis vorgelesen, was selten vorkam. Bei jenem Besuch blieben wir gleich sieben Stunden, unterbrochen von kleinen Gängen ins Freie, in Gesprächen zusammen. Seine Philosophie in Versen »Die Kugel« verlegte ich, zwanzig Jahre nach ihrer ersten Veröffentlichung, in zweiter, sehr vermehrter Auflage. Rudolf Pannwitz sagt darüber: »Diese Philosophie ist zugleich Dichtung, beides noch einmal aus *einer* Wurzel, wie in Urzeiten unterhalb der Sonderung. Otto zur Linde lebt und schafft aus Urbewegungen des Geistes in Urbewegungen der Sprache, das eine ist unmittelbar das andere. In unsrer Zeit zählt er als einer der Mythen- und Kosmenschöpfer – es gibt drei oder vier –, und dies auch darin, daß er, wie ihrer jeder, vollkommen für sich steht. Wiedergewonnen ist hier die deutsche Seele – unglaublich scheint es – da, wo sie nur auf sich steht und ruht, wie im Dörflichen, wie im Märchen, wie im Gespräch mit der Blume, wie im Ringen mit Gott.« Otto zur Linde ist 1938 gestorben. Josef Nadler hat ihm in seiner Literaturgeschichte vier große Seiten gewidmet. 1941 schrieb mir ein Soldat aus Rußland, den sein Deutschlehrer auf ihn hingewiesen hatte, einen begeisterten Brief über den Dichter. Gegenwärtig bereite ich eine knappe Auswahl aus dem lyrischen und philosophischen Gesamtwerk des Dichters, »Charon« betitelt, vor. Ihre Stimmung reicht vom süßesten Kinderlaut bis zum grotesken Nachtstück.

Der Balte Georg Dehio, der mehr als zwanzig Jahre auf dem Straßburger Lehrstuhl Kunstgeschichte gelehrt hatte und bei Kriegsende Straßburg überstürzt verlassen mußte, schlug mir ein Buch über das Straßburger Münster vor. Auch dieser Vorschlag war mir äußerst willkommen, war doch der Name Straßburg mir von Kindheit an vertraut. Mein Vater war dort Anfang der siebziger Jahre Schriftleiter gewesen und mein älterer Bruder Wolfgang dort geboren. Ich selbst hatte die Stadt schon 1902 besucht. Man konnte an das verlorene Straßburger Münster nicht oft genug erinnern, damit es wenigstens unser innerer Besitz bleibe. Im Jahre 1927, auf der zweiten Reise nach Paris, durchschritt ich es andächtig mit meiner Frau. Dann bestiegen wir den Turm.

Auf meinen Wunsch fügte Dehio auch einen Band über den Bamberger Dom hinzu, zu dem ich schon als junger Buchhandlungsgehilfe über zwei Feiertage eine Fahrt gemacht hatte und zu dem ich mit meiner Frau noch oft zurückgekehrt bin. Für Bamberg habe ich bei Menschen, die von München nach Berlin fuhren, immer geworben und sie gebeten, sie möchten doch ja dort die Fahrt unterbrechen. So auch bei Barlach und Meier-Graefe. Barlach begeisterten besonders im linken Gewände des Fürstenportals die Apostel, die auf den Schultern der Propheten stehen. Meier-Graefe schrieb mir eine Karte: »Donnerja, was für Plastiken!«

Paul Ferdinand Schmidt bereiste verdienstvollerweise in seinem zweibändigen Werk »Deutsche Malerei um 1800« bis dahin gutenteils unbereistes Land und deckte unbekannte Beziehungen auf. Der erste Band behandelt die »Deutsche Landschaft von 1750 bis 1830«, der andere »Bildnis und Komposition vom Rokoko bis Cornelius«.

In Heidelberg besuchte ich Richard Benz, der mir durch seine Bücher seit langem vertraut war und in dem ich einen Geistesverwandten sah. Ich trat in sein Zimmer in der Karlstraße, das, wie er mir später erklärte, der Musiksaal des berühmten Juristen Thibaut gewesen war, in dem Goethe und Jean Paul alte Vokalmusik gehört hatten und wo auch der junge Robert Schumann, damals noch pflichtgemäß Studiosus juris, sich häufig eingefunden hatte.

Ich gedachte ihm ein Buch über die Ausdruckskraft der deutschen Sprache anzutragen, zu dem es dann allerdings nicht gekommen ist. Sehr gern nahm er aber die Anregung zu einer Jean-Paul-Auswahl an. Er gab den drei Bänden den Gesamttitel »Blumen-, Frucht- und Dornenstücke aus Jean Pauls Werk«. Er sagt darüber im Vorwort: »Der Kranz seiner Träume, Visionen und phantasierenden Geschichten kann als die ›Blumenstücke des Dichters‹ gelten, die Fülle der Polymeter und Aphorismen sind die ›Fruchtstücke des Denkers‹, und die Betrachtung der Dämmerungen und Marterwochen Deutschlands erscheinen als die ›Dornenstücke des Deutschen‹, dessen Herz, vom Schicksal seines Volkes wund, doch nicht verblutete.«

In mein Album trug mir Benz das schöne Wort aus Jean Pauls »Mumien« ein: »— Und eben dieses, daß die Hand eines Menschen über so wenige Jahre hinausreicht und daß sie so wenige gute Hände fassen kann, das muß ihn entschuldigen, wenn er ein Buch macht: seine Stimme reicht weiter als seine Hand, sein enger Kreis der Liebe zerfließt in weitere Zirkel, und wenn er selber nicht mehr ist, so wehen seine nachtönenden Gedanken in dem papiernen Laube noch fort und spielen, wie andre zerstiebende Träume, durch ihr Geflüster und ihren Schatten von manchem fernen Herzen eine schwere Stunde hinweg.«
— Benz fügte hinzu: »Diese Worte, die für einen Verleger und Autor gemeinsamer Trost sind, darf ich in Erinnerung und weiterer Hoffnung gemeinsamer Arbeit schreiben.«

An dieses Jean-Paul-Werk haben sich bis heute noch manche andre ebenso bedeutsame angeschlossen. So »Beethovens Denkmal im Wort« und »Bettina schaut, erlebt, verkündet. Weibliches Wissen, Wesen, Wirken in ihrem Wort«.

Dies Buch kam einer großen Entdeckung gleich. Nach dem zweiten Weltkrieg gesellte ihm Ina Seidel ihre Auswahl der »Geschwisterbriefe« von Clemens und Bettina.

Sie sagt in der Einleitung: »Dieses blühende Gebilde eines ›Frühlingskranzes‹ will ja nicht so sehr als biographisches Quellenmaterial wie als ein Kunstwerk betrachtet und aufgenommen werden – als eines jener seltenen Kunstwerke, die, nicht unvergleichbar anonymer Volksdichtung, zu ihrer Sternenstunde aus einer Überfülle begnadeten Menschentums hervorgehen und ihre Vollkommenheit nicht künstlerischer Willkür und wissendem Können verdanken, sondern dem in Generationen angesammelten Überfluß gebändigter seelischer Kräfte, der nun reif und süß hingeströmt wird.«

Der trotz seiner Büste in der Walhalla fast vergessene Wilhelm Heinse wurde von Benz durch den Band »Vom großen Leben« wieder vergegenwärtigt.

Zu dem von Helene Siegfried zusammengestellten »Goethe als Begleiter« schrieb Benz die schöne gedankenreiche Einführung, die dem Buche das entscheidende Gesicht gibt. Später folgte »Goethe und die romantische Kunst«, das überraschende Einsichten eröffnet.

Einmal trafen wir uns in Augsburg bei dichtem Schneegestöber. In einem kleinen Lokal an der breiten Maximilianstraße, dem Merkurbrunnen gegenüber, tauchte der Plan zu dem umfangreichen Werk über »Die Kunst der deutschen Romantik« auf. Es wurde eins der schönsten Bücher des Verlags. Arthur von Schneider schrieb für den Anhang die knappen Künstlerbiographien und bearbeitete den Katalogteil. Eine Neuauflage von 12 000 Exemplaren, auf feinstem holzfreiem Papier gedruckt, lag eben fertig gebunden und auslieferungsbereit im Bibliographischen Institut in Leipzig, als im Dezember 1943 die ganze Auflage durch den großen Bombenangriff auf diese Stadt zerstört wurde. (Dies nur ein Beispiel für viele!)

Nach jener ersten Unterhaltung mit Benz im Thibaut-Zimmer führte mich seine Tochter Ursula durch den alten Garten des Hauses aufs Heidelberger Schloß, durch dieselbe Tür, durch die auch Goethe 1814 und 1815, um lästige Begegnungen zu vermeiden, hinaufgelangt war. Die Tochter erschien mir wie die verkörperte Romantik.

Das bisher letzte Buch, das Benz bei mir verlegte, ist bald nach dem zweiten Weltkrieg erschienen, nachdem auch dieses, schon fast fertig, vernichtet worden war: »Wandel des Bildes der Antike in Deutschland«. Dieser »geistesgeschichtliche Überblick« reicht von den karolingischen Miniaturen mit ihren Kentauren und Flußgöttern bis zu Hans von Marées, von den lateinischen Studien am Hofe Karls des Großen bis zu Nietzsche und Alfred Weber.

Die Plastik des deutschen Mittelalters

von Fried Lübbecke

Mit hundertfünfundsechzig Tafeln

München / R. Piper & Co / Verlag

Titelei von Fritz Ehmcke. 1923

Von Benzens Haus hatte ich nicht weit bis zu Wilhelm Fraenger. Er wohnte dicht neben der Peterskirche. Seine Fenster lagen fast in der Höhe des Dachbeginns. In der Dachrinne vorm Fenster spazierte sein dicker Kater auf und ab. Ich schlug Fraenger ein Sammelwerk »Deutscher Humor aus fünf Jahrhunderten der deutschen Dichtung« vor. Es wurden zwei dicke Bände daraus, überschüttet mit 137 Bildern nach Holzschnitten, Kupferstichen und Zeichnungen. Die Auswahl reichte von Johannes Fischart bis Christian Morgenstern. Auch mit diesem »Deutschen Humor« war die Ausdruckskraft der deutschen Sprache und Linie wirkungsvoll vor Aug und Ohr geführt. Die Illustrationen geleiteten durch die Welt der Graphik von drastischen alten Holzschnitten bis zu den Hintersinnigkeiten Klees und Kubins. Fraenger war einer der besten Kenner dieses großen Gebiets. Er brachte sehr viel unbekannten Stoff unter die Leute. Da ich mich auch meinerseits gut umgesehen hatte, ergab sich eine sehr anregende Zusammenarbeit. Der »Deutsche Humor« fand unter Liebhabern viel Anklang. Doch gab es auch Unzufriedene. Buchhändler berichteten wiederholt, einzelne Käufer hätten das Buch enttäuscht in den Laden zurückgebracht mit der Begründung, sie könnten keinen Humor darin finden. Sie hatten wohl gedacht, daß man ein Buch mit diesem Titel nur aufzumachen brauche, um sofort sich den Bauch vor Lachen halten zu müssen!

Nachdem die zweibändige Ausgabe ihren Weg gemacht hatte, erteilte ich der Deutschen Buch-Gemeinschaft eine Lizenz für eine einbändige Ausgabe in größerem Format, und in dieser Form hat das Werk dann noch von neuem sehr weite Kreise gezogen.

Mit Fried Lübbecke in Frankfurt am Main hatte ich schon lange ein großes Werk über »Die Plastik des deutschen Mittelalters« verabredet, für das etwa 150 Lichtdrucktafeln vorgesehen waren. Das Manuskript schien aber nie zum Abschluß kommen zu wollen. Selten hat ein Autor meine Geduld durch Wartenlassen so sehr auf die Probe gestellt. Lübbecke wird heute, wenn er dies liest, schmunzeln, denn das Manuskript ist ja dann doch, wenn auch mit ein paar Jahren Verspätung, fertig geworden, und wir schreiben uns seit langem die herzlichsten Briefe. Ich fuhr mit ihm nach Nürnberg, und wir durchstöberten im Germanischen Museum und in den Kirchen nicht nur alle Plastiken, sondern bei den Photographen auch alle Aufnahmen. Lübbecke wohnte in Frankfurt im Schopenhauer-Haus und hatte aus seinen Zimmern einen

wunderschönen Ausblick auf den Main. Mit seiner Frau, der hervorragenden Pianistin und Vorkämpferin für Hindemith, Emma Job,
spielte ich vierhändige Originalkompositionen von Schubert, z. B. das
A-Dur-Rondo, das Divertissement à l'hongroise, das Andantino varié
in h-Moll, und lege allen klavierspielenden Lesern meines Buches diese
Stücke dringend ans Herz. Ergänzt wurde das umfangreiche und deshalb kostspielige Buch Lübbeckes durch ein kleineres von Alfred Stange
über die »Entwicklung der deutschen mittelalterlichen Plastik« und
über »Deutsche Kunst um Vierzehnhundert«.

Adolf Feulner schrieb ein eignes kleines Werk über Peter Vischers
Sebaldus-Grab, das ich mit meiner Frau in seinem überquellenden
Reichtum bei jedem Besuch in Nürnberg von neuem studierte. Apostel
und Propheten, Könige und Helden, Engel und Kinder, Hunde und
Schlangen tummeln sich an dem Baldachin über dem silbernen Schrein.
Ich wünschte mir selbst möglichst viele Einzelansichten davon und gab
deshalb diesem Buch vierzig Aufnahmen bei.

In Augsburg, wo alle kunstsinnigen Menschen, die nach München
fahren, ebenso wie in Bamberg ihre Fahrt unterbrechen sollten, hatten
mir die Bauten von Elias Holl – das Rathaus, das Zeughaus, die Stadt-
metzig, das Zunfthaus der Bäcker – immer sehr imponiert. Besonders
an der Rückseite des Rathauses, die noch mächtiger ist als die Vorder-
front, staunte ich hinauf. Nun folgte ich gern dem Vorschlag Hermann
Hiebers, der schon vor dem Krieg ein Buch über die »Miniaturen des
frühen Mittelalters« bei mir verlegt hatte, und übertrug ihm eine
Monographie über diesen großen Meister der deutschen Renaissance,
der seiner Heimatstadt Augsburg das Gesicht gegeben hat.

Über den österreichischen Barockbaumeister von europäischer Geltung,
Fischer von Erlach, schrieb der Wiener Kunsthistoriker Hans Sedl-
mayr 1925 ein grundlegendes Werk, das erste, das seit dreißig Jahren
über ihn erschien. In Salzburg und vor allem in Wien hatte ich wiederholt seine Bauten bewundert – die Kollegienkirche, die Karlskirche,
das Schwarzenberg-Palais, die Hofbibliothek. Nach Sedlmayrs Wort
geht mit Fischer von Erlach die Führung in der Baukunst von Italien
auf den Norden, zunächst auf Österreich, über.

Die Verbindungen des Verlags mit Wien entwickelten sich in jenen
Jahren besonders fruchtbar. Ich müßte ihnen von Rechts wegen ein
eigenes Kapitel widmen. Vor allem denke ich da an Max Dvoraks
Schriften über Kunst. Der erste der fünf Bände, »Kunstgeschichte als

Geistesgeschichte«, enthält die berühmte Abhandlung »Idealismus und Naturalismus in der gotischen Skulptur und Malerei« und gedankenreiche Aufsätze über Schongauer, über Dürers Apokalypse und über Pieter Brueghel.

Zu einem Hauptwerk des Verlags erwuchsen die »Denkmäler des Theaters«, die Professor Dr. Joseph Gregor in zwölf Mappen großen Formats herausgab. Die Originale entstammten der von ihm begründeten Theaterabteilung der Wiener Staatsbibliothek. Hier wurde eine Publikation geschaffen, die in der gesamten Theaterliteratur nicht ihresgleichen hat. Sie reicht von den Passionsspielen des Mittelalters bis zu Wiens letzter großer Theaterzeit.

Doch ich muß dies Kapitel schließen, auch wenn ich es noch lange fortsetzen könnte. Auch hier muß ich mich an das Wort halten: »Pars pro toto.«

Im Rückblick von 1950 aus ist es mir ein Trost, daß ich nach Kräften für die Verbreitung deutscher Kulturwerte mich eingesetzt habe. Bei dieser Ausstreuung ist gewiß vieles auf guten Boden gefallen und wirkt in die Zukunft weiter.

Auch in »normalen« Zeiten findet der Verleger manchmal beim Publikum wenig Gegenliebe, selbst für Bücher, die in höherem Sinn als notwendig gelten können. Der Absatz ist dann sehr schleppend, und es dauert lange, bis das festgelegte Betriebskapital auch nur zu einem kleinen Teil wieder hereinkommt.

War schon der Weltkrieg eine sehr unruhige Zeit, so blieben die Jahre auch nachher sehr wechselvoll. Es ging ständig auf und ab.

In früheren Jahren konnte der Verleger ohne allzu großes Risiko auf Jahre hinaus planen und damit rechnen, daß sein gewohnter Umsatz auch in den kommenden Jahren gleichbleiben werde. Jetzt ereigneten sich aber nach einer Hochkonjunktur plötzliche Abstürze. Ganze Käuferschichten verschwanden.

Auf einen solchen Rückschlag kann gerade ein Verleger sich besonders schwer in kurzer Zeit umstellen. Eine große Anzahl von, oft kostspieligen, Verlagswerken sind in der Herstellung begriffen und müssen noch zu Ende geführt werden. Die Bücher werden dann zu einer höchst ungünstigen Zeit fertig und stoßen beim Buchhändler wie beim Publikum auf eine sehr geschwächte Kaufkraft. Um diesem Rück-

schlag zu begegnen, sahen wir uns nach einem weiteren Gesellschafter
um. Nachdem mancherlei Verhandlungen erfolglos verlaufen waren,
wurde uns durch den Herausgeber der Neumannschen Buddho-Über-
setzungen im Jahre 1927 Dr. Robert Freund aus Wien zugeführt. Er
gehörte dem Kreise um Oskar Kokoschka, Karl Kraus, Peter Altenberg
und anderen an und hatte lebhaftes Interesse für Kunst und Literatur.

Mein Teilhaber Adolf Hammelmann mußte sich sagen, daß der Verlag vier Gesellschafter nicht tragen könne. Er war auch häufig nicht
gesund, und so entschloß er sich, gegen eine angemessene Abfindung
auszuscheiden.

Dr. Freund hatte vielerlei Beziehungen. Er war sehr beweglich und
fast immer guter Laune. Ich habe der Zusammenarbeit mit ihm, trotz
sehr verschiedener Mentalität, viel zu verdanken. Er schloß schnell
Bekanntschaften und war viel auf Reisen, woraus sich mancherlei An-
knüpfungen für den Verlag ergaben. So sagte ihm in Wien ein Bekannter, er solle doch einmal zu Bruno Brehm gehn. Dieser habe ein
Romanmanuskript liegen, vielleicht sei das etwas für uns. Daraus entwickelte sich die sehr folgenreiche Verbindung mit diesem Autor, die
auch noch in die Zukunft hineinreichen wird.

Dr. Freund beschäftigte sich gern mit moderner französischer und
englischer Literatur, da er beide Sprachen beherrschte. Durch ihn wurden besonders Übersetzungen dem Verlag zugeführt.

Anfang der dreißiger Jahre kam es zu einer neuen Wirtschaftskrise,
diesmal nicht nur in Deutschland, sondern in der ganzen Welt. Ich
lese darüber im »Großen Herder«: »Die besondere Wucht der Erschütterung wird auf das Zusammentreffen einer Agrar-, einer Industrie-
und einer Kreditkrisis zurückgeführt ... Die Kreditkrisis in ihrem
bisher unbekannten Ausmaß wird als Folge der übermäßigen kurz-
fristigen Verschuldung angesehn und findet ihren Ausdruck in dem
Zusammenbruch großer Bankinstitute fast aller Kulturländer.« Sie
mußte sich selbstverständlich auch im Verlagswesen auswirken. Wenn
das Geld knapp wird, hört das Publikum zuerst einmal auf, Bücher zu
kaufen. Sie sind ja scheinbar nicht lebenswichtig. Auch hat man zu
Hause so viele Bücher stehn, die man nochmal lesen kann, wozu da
neue kaufen? In dieser Krise schied Alfred Eisenlohr 1932 aus, so daß
Dr. Freund und ich nun allein Gesellschafter des Verlags waren.

Die endgültige Stabilität im Verlag war damit noch nicht erreicht,
denn nun wirkten sich die nationalsozialistischen Rassengesetze aus.

Dr. Freund und ich mußten uns darüber klar werden, daß wir nicht für immer beisammenbleiben würden. 1937 verließ Dr. Freund den Verlag. Er nahm den größten Teil der von ihm gebrachten Werke mit. Die dadurch vorübergehend entstandene Lücke im Verlag wurde durch neue Autoren und Unternehmungen bald ausgeglichen. In New York begründete Dr. Freund die »Twin Prints«: farbige Reproduktionen nach Gemälden in der Art der Piper-Drucke.

Durch sein Ausscheiden war ich Alleinbesitzer des Verlags geworden — zum erstenmal seit seiner Gründung. Dem Alleinbesitz machte ich selbst ein Ende, indem ich im September 1941 meinen Sohn Klaus, der mir schon lange zur Seite stand, in Anerkennung seiner überaus umsichtigen und ganz selbständigen Tätigkeit als Mitbesitzer aufnahm.

Meine Frau, die gebürtige Königsbergerin, hatte schon als Schülerin der heimischen Kunstakademie manchen Sommer an der See verlebt und liebte sie leidenschaftlich. So gingen wir im Sommer, wenn der Verlag mich freiließ, wiederholt an die Ost- und Nordsee, zuerst mit Klaus, dann mit Klaus und Martin und schließlich mit Ulrike.

Im Jahre 1912 waren wir in Großkuhren an der samländischen Küste. In leuchtenden pastosen Farben malte dort meine Frau den einjährigen Klaus in blauem Kittel auf dem roten Spielteppich sitzend und dann mich selbst in gelber Jacke vor dem Grün des Obstgartens. Mehrere Strandbilder und Dünenlandschaften entstanden. Das Malen wurde aber jäh abgebrochen durch eine unangenehme Drüsenerkrankung von Klaus, die sogar eine kleine Operation nötig machte. Es war das Schicksal meiner Frau, daß die langwierigen Halserkrankungen ihrer Kinder ihr allmählich die Kraft zum Malen raubten.

Große Freude bereitete ihr in Großkuhren der Besuch des Professors Jernberg von der Königsberger Kunstakademie und seiner Familie. Der blonde Schwede hatte in ihren Studienjahren ihre ersten Malversuche an der See korrigiert. Das Zusammensein mit dieser originellen Familie, dem schweigsamen Vater, der dunklen belgischen Mutter, der lebensfröhlichen Tochter, gehört mit zu ihren liebsten Jugenderinnerungen.

Durch Lotta Tieffenbach, die Freundin meiner Frau, lernte ich den jungen hochbegabten Maler der Berliner Sezession, Waldemar Rösler, kennen, der zusammen mit seiner interessant aussehenden Frau Oda in Kleinkuhren, dem romantischsten Ort an der samländischen Steilküste, Aufenthalt genommen hatte. Da gab es lange Kunstgespräche im Anblick des Meeres und der fernen Landspitze von Brüsterort. Rösler hatte eine durchaus eigene ursprüngliche Naturauffassung, seine Bilder sind nach Karl Schefflers Wort »koloristisch kühn und klingend«. Im ersten Weltkrieg ist er leider allzufrüh gestorben. Liebermann hat ihm bei der postumen großen Ausstellung seiner Bilder einen sehr schönen Nachruf gewidmet.

In den Kriegsjahren blieben wir in der Nähe Münchens. Aber schon im August 1919 machten wir uns wieder seewärts auf, diesmal nach Ahrenshoop. Es liegt auf einer Landenge an der Grenze von Mecklenburg und Pommern.

Auf der Hinfahrt machten wir in Rostock, der Geburtsstadt meiner Mutter, halt, durchwanderten die schöne alte Stadt und suchten uns das Haus meiner Großeltern Krüger in der Großen Mönchenstraße, die zur Warnow hinabführt. Wir bestiegen den spitzen Petrikirchturm, der mit seinen 127 Metern noch heute in allen Nachschlagewerken auf der Tabelle der höchsten Türme aufgeführt wird. Der Küster trug unseren Martin bis in die oberste Spitze hinauf huckepack. Wir betrachteten das Bronzedenkmal des berühmtesten Mecklenburgers, des alten Blüchers, von Schadow mit der Inschrift von Goethe:

> In Harren und Krieg,
> In Sturz und Sieg
> Bewußt und groß!
> So riß er uns
> Von Feinden los.

Selbstverständlich setzten wir auch nach Gehlsdorf über, wo schon Generationen meiner Vorfahren Kaffee getrunken hatten. Von da hatten wir einen schönen Blick auf die türmereiche Stadt jenseits des Wassers. Auch bei meiner Kusine Helene Saniter mit ihren vier Töchtern sprachen wir vor, die sogleich darauf zu sprechen kam, daß meine Mutter alles von der sonnigsten Seite gesehen habe und daß man deshalb so gern mit ihr zusammengewesen sei. Ich muß von diesem glücklichen Temperament wohl etwas abbekommen haben.

Von Ribnitz brachte uns ein kleiner Dampfer über den bewegten Saaler Bodden an unser Ziel.

Im Laufe der Ferien machte ich eine kleine Rundreise durch Mecklenburg. Ich wanderte von Treptow an der Tollense, wo die Dreschflegel aus den offenen Scheunen erschollen, nach dem kleinen Dorf Röckwitz, der Heimat meines Vaters. Mein Großvater und Urgroßvater hatten dort zusammen zweiundsiebzig Jahre lang als Pastoren gewirkt. Von seiner Kindheit in Röckwitz hat mein Vater in seinem Buch »Ju-

gend und Heimat« sehr anschaulich erzählt. Ich wollte ihm zu Hause
vor allem berichten, wie es jetzt dort aussah, und machte Zeichnungen
und Aufnahmen. Auf dem Friedhof stand die riesige alte Esche, zu
ihren Füßen lag das Grab meiner Urgroßeltern. Ich besuchte seinen
alten Spielgefährten, den 79jährigen Baron Maltzan, sprach die achtzigjährige Frau Fiken Arndt, die als junges Mädchen bei meinen Großeltern gedient hatte. Sie wußte noch, daß mein Großvater oft ungeduldig gerufen habe: »Ist das Essen nicht bald fertig?«, worauf meine
Großmutter durch die Küchentür ihm etwas schnippisch geantwortet
habe: »Wenn's fertig ist, bring ich's rein!« Auch war noch der große
Gravensteiner Apfelbaum da, von dem jedem der vier Geschwister ein
Hauptast zur alleinigen Aberntung gehörte. In der Ecke des Gartens
fand ich noch den künstlich aufgeschütteten »Freudenhümpel«, von
dem aus ich über die Hecke auf das Dorf und die Felder sehen konnte.
Den berühmten mecklenburgischen Volkskundler Richard Wossidlo
besuchte ich in Waren am großen Müritzsee. Er zeigte mir stundenlang seine Schätze. Mein Vater hatte für ihn in seinem Penzliner Bereich volkstümliche Redensarten und alte Geschichten gesammelt.
Obwohl in den letzten Jahren merklich gealtert, interessierte sich mein
Vater doch sehr lebhaft für alles, was ich ihm aus Mecklenburg berichten konnte.
In den Jahren vorher hatte er sich noch in ein ganz neues Gebiet ein-
gearbeitet, das ihn schon von Jugend auf interessierte. Er stellte in dem
Buche »Der Spuk« 250 authentische Berichte über Doppelgängerei,
Zweites Gesicht, Erscheinen Sterbender usw. mit Angabe der Quellen
zusammen. Zu seinen Zeugen konnte er Ernst Moritz Arndt, Jung-
Stilling, Mörike, Feldmarschall v. Steinmetz mit Hunderten anderer
anführen. Mein Vater war sich wohl bewußt, daß er mit diesem Buche
vielfach Kopfschütteln erregen werde, wollte doch, wie er meinte, jeder
lieber als aufgeklärter denn als leichtgläubiger oder gar beschränkter
Mensch erscheinen. Eine Wendung Schopenhauers sich zunutze machend, stellte er aber den Satz auf, wer Spukerscheinungen bezweifle,
sei nicht ungläubig, sondern unwissend zu nennen.
Meine Schwester Gertrud, die unseren Eltern jahrelang den Haushalt
geführt, hatte sich zu Anfang des Weltkrieges mit einem jungen Arzt
aus Heidelberg kriegstrauen lassen. Sie konnten aber noch nicht zu-
sammenziehn, da mein Schwager dauernd im Felde stand. Nach Kriegsende trat er eine Stellung an der Nervenheilanstalt der Stadt Frank-

furt an, die in Köppern im Taunus in einer schönen Waldlandschaft lag. Meine Eltern mußten die eigne Wirtschaft aufgeben und zogen mit meinem älteren Bruder Wolfgang und dessen Frau Ernestine zusammen. Ihre Wohnung in einem Eckhaus der pappelbestandenen Leopold- und Ainmillerstraße hatte einen Balkon zum Vorgarten. Mein Vater war mit dem Wechsel sehr zufrieden. Er sagte mit kindlicher Genugtuung: »Ich bin nun also der Geheimrat aus der Leopoldstraße.« Meine Mutter wurde durch den lebhaften Straßenverkehr – freilich ein Idyll gegen heute! – unterhalten. Sie konnte Menschen beobachten, was sie immer gern getan hat.

Unser Vater war in seinem ganzen Leben nur höchst selten krank und bettlägerig gewesen. Nun machte sich aber die Abnahme der Kräfte doch sehr bemerkbar. Seine Ungeduld und Heftigkeit nahmen zu. Er fühlte wohl den kommenden Verfall und setzte sich mit dieser Heftigkeit unbewußt dagegen zur Wehr. Auch seine geistige Klarheit ließ nach. Er ist auch mehrmals auf der Straße gefallen. Meine Mutter hat ihn bis zuletzt aufopfernd und fast bis zu ihrer Erschöpfung gepflegt. Eine Krankenschwester ins Haus zu nehmen lehnte sie ab. Sie war immer sehr scheu gegen »fremde Menschen«. Dr. Althen, mit dem mein Vater schon lange bekannt war, ordnete die Überführung in das Krankenhaus am Kölner Platz an. Er wurde auf einer Bahre in den Krankenwagen geschoben, und ich begleitete ihn auf dieser traurigen Fahrt. Er hatte die Augen geschlossen. Der Arzt öffnete ihm durch einen leichten Druck auf das untere Lid das eine Auge. Mich traf ein so intensiv blauer Strahl, wie ich ihn bis dahin bei ihm nie gesehn hatte. Ich glaubte einen Ausdruck des Verwundertseins in ihm zu bemerken. Doch war mein Vater wohl nicht mehr bei klarem Bewußtsein. Der Arzt erklärte, daß »periculum« nicht vorhanden sei. Doch starb mein Vater schon in der darauffolgenden Nacht, am 23. Februar 1921, im achtzigsten Lebensjahr.

Sein Tod war der erste mich ganz nahe angehende, den ich erlebte, seine Leiche die erste, die ich sah. Ich ging zu Dekan Lembert, gab ihm eine biographische Niederschrift und sagte ihm, daß er allein am Grabe sprechen werde. Ich wollte ihm dadurch die Wichtigkeit seiner Worte nahelegen, und ich hatte den Eindruck, daß er sie dann auch besonders sorgfältig ausgearbeitet hatte. Mein Vater wurde auf dem Schwabinger Friedhof begraben, zu Füßen einer Silberpappel und einer Linde. Meine Mutter nahm mit ihren fünfundsiebzig Jahren an der Beerdigung nicht teil, sondern las während dieser Stunde zu Hause in ihrem Gesangbuch. Am Abend holte sie sich aus meinen Büchern den »Schimmelreiter« von Theodor Storm. Nach dem Tode meines Vaters zog meine Mutter zunächst zu uns in die Hiltenspergerstraße.

Ich verfaßte eine kleine Gedenkschrift, in der ich den Lebenslauf und das Charakterbild meines Vaters für die Freunde und Verwandten zeichnete. Mit einem schönen Altersbildnis geschmückt und in einen Einband gebunden, dessen Schrift von Paul Renner gezeichnet war, habe ich sie in dreihundert Exemplaren an Freunde, Verwandte und Bekannte verschickt. Was konnte eine bloße Todesanzeige den Empfängern, die meinen Vater großenteils persönlich nicht gekannt hatten, sagen? Ich wollte ihnen deshalb vergegenwärtigen, wer mein Vater gewesen war, und erhielt daraufhin schöne Zuschriften. Besonders gehaltvoll waren die Nachrufe von Tim Klein und Moeller van den Bruck. Später brachte ich meine Mutter dann zu meiner verheirateten Schwester nach Köppern im Taunus und besuchte sie alljährlich für längere Zeit. Sie konnte dort noch schöne Spaziergänge mit mir machen, auch kleine Ausflüge nach Friedberg und Homburg. Auch kam sie noch einmal wieder zu uns nach München.

Als junges Mädchen hatte sie in Frankfurt die damals sehr berühmte Marmorplastik von Dannecker »Ariadne auf dem Tiger ruhend«, die im Palais Bethmann aufgestellt war, aufgesucht, und diese wünschte sie nach Jahrzehnten wiederzusehn. Der Diener in Livree öffnete die Tür zu dem runden Raum, in dessen Mitte die Gruppe stand, und machte mit der rechten Hand eine einladende Bewegung, wobei er etwas feierlich ausrief: »Ariadne!«

Mit Ausnahme des letzten Kräfteverfalls war mein Vater, wie schon gesagt, fast nie krank gewesen. Dagegen war meine Mutter viel leidend. Besonders schmerzhaft war ihr Rheuma. Sie ging oft ganz gekrümmt herum und wagte sich während der Wintermonate überhaupt nicht aus dem Haus. Hinzu kam noch ein Magenleiden. Sie machte eine Kur durch bei Dr. Decker in der Seestraße und wurde auch von Hofrat Brügel, den sie sehr schätzte, behandelt. Sie mußte streng Diät halten. Dabei war es rührend, daß gerade meine Mutter sich aus einem guten Stück Kuchen besonders viel machte, und obwohl sie vor den Folgen zurückschreckte, konnte sie doch manchmal dem Wunsch nicht widerstehn, wobei sie mit einem kindlichen Lächeln für ihren Fehltritt im voraus um Verzeihung bat.

Schon als junger Mann war ich von dem Leiden meiner Mutter so erschüttert, daß ich damals in ein Heft schrieb: »Sie wird aus dem Leben hinausgepeinigt.« Dabei war sie geduldig, ja heiter, weil sie es sein *wollte* und Papa unangenehme Eindrücke zu ersparen suchte.

In ihrer letzten Münchner Zeit, noch zu Lebzeiten meines Vaters, war ihr Befinden einmal besonders schlecht. Ich suchte Hofrat Brügel auf und schilderte ihm den Zustand. Er hatte meine Mutter jahrelang mit vieler Geduld behandelt. Diesmal hatte er aber wohl das Gefühl, als wolle ich absolut nicht einsehn, daß man einmal an den Punkt käme, wo auch der Arzt nichts mehr bessern könne, und so antwortete er mir: »*Einmal muß* halt der Mensch sterben!« Das gab mir einen heftigen Stoß. Zum erstenmal hörte ich das Wort »sterben« in Verbindung mit meiner Mutter. Meine Mutter hat sich aber dann doch noch erholt und jahrelang gelebt, während der viel jüngere Arzt vor ihr starb.

Nachdem mein Schwager einige Jahre in Köppern tätig gewesen war, eröffnete er in Solingen eine selbständige Praxis, und meine Mutter zog mit dem jungen Paar, das inzwischen durch ein kleines Töchterchen erfreut worden war, dorthin. Ich besuchte meine Mutter dort zu wiederholten Malen und machte mit ihr kleine Reisen nach Schloß Burg an der Wupper, nach dem alten Städtchen Zons am Rhein mit seiner wohlerhaltenen mittelalterlichen Befestigung und nach Düsseldorf. Hier hatten meine Eltern in den siebziger Jahren im Kreise von Künstlern und Musikern schöne Zeiten verlebt. Mein Vater war Schriftleiter der »Düsseldorfer Morgenzeitung« gewesen, bevor er in seine engere Heimat zurückkehrte und sein Amt als Bürgermeister in der kleinen mecklenburgischen Stadt Penzlin antrat. In Düsseldorf besuchte ich mit meiner Mutter die alten Stätten und promenierte mit ihr in der Königsstraße und im Hofgarten. Sogar ein Orchesterkonzert besuchte ich noch mit ihr. Wir hörten ein altes Lieblingsstück von mir, die Phantastische Sinfonie von Berlioz.

Sie bat mich, mit ihr auf den Solinger Friedhof zu gehn. Sie wollte sehn, wo sie später begraben sein würde. Die Anlage des Friedhofs gefiel ihr. Sie sagte: »Ja, da kann man ganz gut liegen.«

Ihr Sterben zog sich lange hin, doch war es glücklicherweise schmerzlos. Sie starb kurz vor Vollendung ihres 81. Lebensjahrs.

Wir haben sie aber doch nicht auf dem Solinger Friedhof begraben – so weit von ihrem Mann –, sondern ließen sie in das Hagener Krematorium überführen. Ihre Urne wurde dann in München im Grab meines Vaters beigesetzt, an dem ich so oft mit ihr zusammen gestanden hatte.

Mein Schwager starb noch in dem gleichen Jahr wie meine Mutter, an einer Krankheit, die er sich im Felde zugezogen hatte. Seine Asche fand im Münchner Waldfriedhof ihre letzte Stätte.

Man muß das vorübergehende Menschen-Baltrum von dem eigentlichen Baltrum unterscheiden. Das Menschen-Baltrum ist eng und geräuschvoll. *Wie* eng und geräuschvoll es sein würde, konnten wir in München nicht ahnen, als wir uns im Juli 1921 mit unsern beiden Söhnen, dem zehnjährigen Klaus und dem achtjährigen Martin, hierher aufmachten. Aber jetzt, nach der jahrelangen Eingepreßtheit der Kriegszeit, will jeder sich umtun, will jeder sich endlich einmal eine andere Luft um die Nase wehn lassen. Und so ist auch auf dieser kleinen Nordseeinsel vielerlei Menschheit zusammengekommen.

Wir vier wohnen bei Lottmanns in einem alten einstöckigen Häuschen, das sicher noch nie so viele Menschen beherbergt hat. Der alte Ricklef Lottmann ist klein und freundlich, ein hoher Sechziger. Er war früher Kapitän, man sieht ihn nur von ferne dastehn, in Hemdsärmeln, die Hände in einer alten Samthose von nicht mehr bestimmbarer Farbe. Die Wirtschaft überläßt er seinen beiden Töchtern Tine und Mine, die beide sehr blond sind und beide einen Zwicker tragen. Es ist dann noch ein Sohn mit blonden Locken und wasserblauen Augen da, der auch Ricklef heißt und segeln und fischen geht, und eine kleine zehnjährige Tochter, mager und blaß und womöglich noch blonder als die andern.

An das Fischerhaus ist eine Holzveranda angebaut, grün gestrichen, mit schwarz geteertem Dach, mit saubern weißen Gardinen vor den Fenstern und dazwischen aufgehängten kleinen Blumentöpfen. Die ganze Veranda wird vom Eßtisch ausgefüllt, hier versammeln sich morgens, mittags und abends die Gäste, und hier ertönt ihr dreißigstimmiges, stets mit dem gleichen markigen Brustton ausgestoßenes: Mahlzeit!

Wir selbst haben auf der Veranda nicht mehr Platz gefunden, sondern essen in einem Nebenraum des Ladens, der daran stößt. Denn auch ein

Laden ist in dem Haus, in dem man alles mögliche kaufen kann: Schuhsohlen, Briefpapier, Zwirn, Mützen, Petroleum und Ansichtskarten. Ich bin über diesen unsern Separat-Speisesaal, in dem man sich allerdings kaum umdrehn kann, sehr froh. Es genügt mir völlig, die Tischgespräche der dreißig durch die offne Verbindungstür zu hören. Besonders vernimmt man da einen Opernsänger, der nie ohne ein geschmettertes »Tati-tatü!« zu Tisch kommt, sowie eine rundliche brünette Dame in rotem Kopftuch, die sich ständig ausschütten muß vor Lachen. Der Opernsänger ist besonders dadurch unzweifelhaft zum Herrn der Situation geworden, daß er ein vierjähriges Kind, das von der Landungsbrücke ins Wasser fiel, durch unbedenkliches Nachspringen wieder herausholte, während der Vater, ein Nichtschwimmer, hilflos zusehn mußte.

Ich will die andern Gäste nicht erst auch noch schildern, suche ich sie doch möglichst zu übersehn und zu überhören und wehre ich mich doch schon dagegen, daß sie überhaupt, ohne mich zu fragen, sich in mein Bewußtsein einnisten. Deshalb ist es mir auch nicht klar, wie viele Menschen eigentlich aus den paar Zimmertüren zu den Mahlzeiten hervorquellen, und auch von dem ineinandergeschachtelten Gewinkel des Häuschens habe ich mir noch keine klare Vorstellung gemacht. Fräulein Tine und Fräulein Mine erwehren sich jedenfalls des Gedränges und seiner Anforderungen mit einer Engelsgeduld, die ihnen durch ihr Phlegma erleichtert wird.

Wir selbst wohnen in dem sogenannten Pesel des Häuschens, das heißt im ehemaligen Staats- und Gesellschaftszimmer, und in eine Wand des Zimmers sind auch wirklich etwa hundert blaue Kacheln mit draufgemalten Blumen, Landschaften, Schwänen, Anglern, Windmühlen und Segelschiffen eingelassen. Wir schlafen zum erstenmal in der Geschichte unsrer Familie mit dem zehnjährigen Klaus und dem achtjährigen Martin zu viert in einem Zimmer, und da die Fenster immer offenstehn, geht das ganz gut. Zwei verhängte Fenster gehn zwar auf besagte Eßveranda, die andern beiden aber lassen auf die Dünen-Dorfstraße sehn mit graugrünem Gras, weißgestrichnen und schwarzgeteerten Zaunpfählen und zwei niedrigen, in die Dünen geduckten roten Häusern. In dem einen wohnt die Waschfrau, ihr Mann ist im Krieg gefallen, und sie zeigte uns mit Rührung das schöne neue Bügeleisen, das er ihr zu ihrem letzten Geburtstag geschenkt hat.

Die Kirche ist auch ein Häuschen, nur mit etwas größeren Fenstern.

Man kann von allen vier Seiten aus hindurchsehn. Nebenan steht ein schwarzes Balkengerüst mit einer Glocke, die sonntags um zehn Uhr geläutet wird. Der junge Lottmann sagte mir, dann stellten alle Inselbewohner ihre Uhr, denn das sei die richtige mitteleuropäische Zeit. Lottmanns halten keine Zeitung, ich lasse mir keine nachschicken, und so weiß ich schon seit langem nicht mehr, was in der Welt vorgeht.

Auch an den Verlag erinnre ich mich kaum mehr, nachdem ich mich einmal glücklich aus seinen Verstrickungen herausgewickelt habe. Und das Schreiben ist mir so gut wie unmöglich gemacht, denn unser Pesel beherbergt für vier Personen nur ein einziges Universaltischchen von noch nicht einem Quadratmeter Fläche, auf dem für gewöhnlich gar kein Schreibraum übrigbleibt. Heute wollte in Lottmanns Laden ein Herr zwei Briefbogen kaufen und war unglücklich, daß er in einem Umschlag fünf auf einmal nehmen sollte. Das Schreiben ist also auch sonst hier nicht im Schwange.

Den übrigen Baltrumer Gästen kann übrigens diese Enge nur erwünscht sein. Offenbar ist es ihnen ein Genuß, fortwährend in ihrem Wortgeplätscher fortzuplätschern. Der Mensch ist eben unermüdlich in seinen Anstrengungen, sich gegen die Großartigkeit der Natur zu wehren. –

Soviel vom Menschen-Baltrum! Glücklicherweise ist sein Bereich schnell verlassen.

Sobald man aus dem Häuschen heraustritt, hört man die See rauschen. Man sieht sie erst, wenn man die letzte Düne überstiegen hat und schon unmittelbar vor ihr steht. Wasserdonner füllt das Ohr. Immer wieder heben sich die langen Wellen höher und höher, um sich dann zu überschlagen und weithin auf dem Strand auszurollen. Wir waren im Jahr vorher auf Helgoland, Amrum und Sylt. Wir kommen also nicht zum erstenmal an das alte, graue, donnernde Meer. Doch sind wir immer wieder neu erschüttert von seiner Gewalt und Weite.

Ein riesiger Palisadenzaun von dicken, schwarzgeteerten Balken, die auf einem Steindamm eingerammt sind, schützt das kleine Dorf vor den Sturmfluten. Aber auch in dieses starke Pfahlwerk haben die Wellen schon große Löcher gerissen, und hinter einer solchen Lücke stehn, wie Schilderhäuser im Sande, die paar Badekabinen, in denen man sich auszieht, falls man dies nicht, wie wir, weiter hinten in den Dünen tut.

Die Wellen schlagen auf den Strand. Sie gehn uns über die Köpfe. Ihre Schläge sind wunderbar erwärmend. Oft nehmen sie uns ein paar Schritte mit. Klaus an meiner Hand wird fortwährend von Wasser überspült, er sieht aus wie ein Seehund, seine sonst borstig aufstehenden Haare kleben am schmalen Kopf, seine Augen blitzen vor Vergnügen, er kann sich vom Wasser gar nicht trennen und will immer noch eine und noch eine letzte hohe Welle abwarten. Auch macht er energische Schwimmversuche. Martin mit seiner Mutti bleibt weiter zurück, ist aber auch sehr tapfer. Auf der Oberlippe hat er einen kleinen Ausschlag bekommen, wie er sich auch bei seiner Mutter manchmal nach einem Erschrecken bildet, und wir glauben, daß auch dieser eine Folge der ersten großen Erschütterung beim Baden ist.

Der Badewart heißt Herr von Hof und sieht aus wie ein alter Schiffer. Er bläst von Zeit zu Zeit auf einem vorsintflutlichen gelben Horn, wenn sich ein Badender zu weit hinauswagt. Das erinnert mich an das Blasen der Kuhhirten in meiner mecklenburgischen Heimat. Im übrigen trägt Herr von Hof mit aufgekrempelten Hosen fleißig Eimer mit Wasser an die Kabinen, damit man sich den Sand von den Füßen abspülen kann, bevor man in die Strümpfe steigt.

Wir gehn über die Palisaden hinaus, immer den Wellendonner im Ohr, an den ungeschützten Strand, der unermeßlich breit ist. Die paar Strandkörbe, Liegestühle und Menschen verschwinden darauf. Einen so breiten Strand haben wir noch nie erlebt. Der leichte Wind treibt fortwährend losen gelben Sand in Streifen über den festeren, dunklen hinweg, der von der letzten Flut noch naß ist. Die weißen Dünen am Rande der großen Strandfläche sind von einzelnen grünen Grasbüscheln bestanden. Auch über den Dünen stäubt der Sand in der Sonne.

Weit draußen sieht man die Insel von Schaumkämmen umzogen. Dort sind Sandbänke, auf die die Wellen aufstoßen und dann sich schäumend überschlagen. Über das alles geht der große mächtige freie Wind, der uns den Körper energisch reibt. Am Himmel ziehn schnelle Wolken unter dem blitzenden Blau, die weißen Seeschwalben kreischen und lassen sich von Zeit zu Zeit plötzlich aufs Wasser herunterfallen, daß es aufspritzt.

In rührendem Gegensatz zu dieser wilden Größe stehn die zarten kleinen Blumen, die in den Dünen unmittelbar aus dem gelben Sand hervorsprießen. Es ist, als wenn blaue, rote und gelbe Farbkörnchen verstreut wären. Oft wirkt die kahle Düne bunter als bei uns zu Hause die bunteste Wiese, denn es fehlt das viele zusammenhängende Grün, es gibt fast nur Blüten. Die Stengel und Blätter überziehn den Sand nur mit ganz losem, weitmaschigem Netz. Eine Stranddistel mit ihren scharfgeschnittenen steifen blauen Blättern und Stengeln wird von uns mit besondrer Andacht betrachtet. Sie scheint die einzige auf der ganzen Insel zu sein.

Und von noch etwas Zartem ist der Strand besät: von Millionen Muscheln. Wohl wenig Menschen betrachten sie mit so viel Liebe wie meine Frau, deren Phantasie sich an diesen tausend wechselnden Formen entzückt. Unermüdlich bückt sie sich, um eine blaue oder braune Herzmuschel aufzuheben, eine große weiße flache Trogmuschel oder einen schön geschwungenen Engelsflügel oder das winzig kleine spitze Wendeltreppchen der Turitella. Die schwere dickwandige Liturine kann von der Flut schon gehörig herumgeworfen werden, ehe sie zerbricht. Am meisten Begeisterung aber erweckt eine besonders lange, gleichmäßig breite und flache Muschel. Sie heißt Messerscheide und ist so zerbrechlich, daß sie sorglich ins Taschentuch gebettet werden muß. Und vor dem Einschlafen sagt meine Frau: »Heute werde ich gewiß von lauter Muscheln träumen!« Martin hat weniger erfreuliche Träume, doch sind sie noch nordseehafter. Er träumt, daß das Meer ins Zimmer strömt und ihn in seinem Bett mit fortnimmt.

Gehn wir anderthalb Stunden am Strand entlang, oft mühsam im Sande watend und uns gegen den Wind stemmend, so kommen wir an die ganz flache breite Ostspitze, und da liegt die nächste Insel, Langeoog, mit ihrem Wasserturm und ihren von Sturmfluten zerrissenen Dünenketten zum Greifen nahe vor uns. Leider kann man nicht hinüberwaten, dazu sind diese Meerdurchrisse zwischen den Inseln zu tief.

Die Ostspitze ist noch einsamer als alles andre. Hier brüten die vielen Seevögel und erheben sich mit schwirrendem Gekreisch in die Luft, sobald ein Mensch sich naht. Hier gibt es auch keine Blumen, sondern nur Gräser mit scharfen, bläulich überhauchten Halmen. Unsre Spuren im Sand werden von der nächsten Flut schon wieder weggewischt. Eben ist eine im Anzug, und wir sehn auch schon die vordersten kleinen flachen Wellen in lappigen Zungen lebhaft zu uns her auf den geriffelten Sand hereinspülen. Doch ist das durchaus nicht ängstlich, wie etwa bei einer Wanderung durchs Wattenmeer zwischen der Insel und dem Festland. Da wird das Land, das bei Ebbe fast trocken liegt, binnen kurzem metertief vom Wasser überströmt. Aber wir biegen doch um und gehn durch die Heide, wie ich diese Gegend genannt habe, zurück. Es ist dies ein breites mooriges Tal mit Schilf und Binsen zwischen den weißen Dünen. Die Dünen sehn hier von fern wie Ketten von Schneebergen aus, denn da weithin kein Mensch und kein Baum zu sehn ist, fehlt dem Auge jeder Maßstab.

Es tut wohl, nach der großen offenen endlosen Weite in diesem Tal das Auge wieder auf Nahes, Geborgenes, Abgeschlossenes zu richten und aus dem starken drängenden Luftzug sich in sonniger Windstille niederzulassen.

Nun stürmt und regnet es schon zwei Tage. Nach unendlicher Hitze, die auf dem Festland fürchterlich gewesen sein muß und selbst uns am Strande manchen Schweißtropfen hervortrieb – was man sonst an der See gar nicht kennt –, ergoß sich plötzlich ein stundenlanger Wolkenbruch, der unser Häuschen mit großen Lachen belagerte und auch bis auf die roten Ziegel des Hausflurs hereinspülte. Nicht lange, so hörten wir auch schon Tropfen durch die Decke unsres Pesels fallen und mußten die Betten unter diesen Tropfstellen wegziehn. Die lange Hitze hatte alle Dinge so einschrumpfen lassen, daß nichts mehr dicht hielt.

Doch hinderte uns das Wetter nicht am Draußensein. Wir wanderten mit Martin, der in seiner Kapuze wie ein kleiner Zwerg hinter uns herzottelte, nach dem Ostdorf. Das liegt am Watt, dem Festland zugekehrt. Hier sind auch ein paar buschige Bäume, die einzigen auf der Insel. Hier gibt es keine Veranden für Fremde. Die roten Häuser stehn im Schutz der Dünen eng beisammen, mit dem Giebel alle dem Festland zugekehrt, das als schmaler Strich am Horizont erscheint.

Auf den Wiesen am Watt wächst nur ganz kurzes Gras. Es wird von vielen Schafen, schwarzweißen Kühen und einigen wenigen Pferden abgeweidet. Wenn man nachts über diese weiten Flächen geht, sieht man die Tiere nur wie dunkle Klumpen und hört ihr hartes Rupfen.

Die Kinder hatten tags vorher eine Blechbüchse mit Seewasser in den Wall ihrer Sandburg gesteckt. Als wir nachsahn, war das gestern noch ganz leere Wasser inzwischen von ein paar Dutzend graurosa Krabbenjungen und von fast durchsichtigen, fünf Zentimeter langen Wassertieren bevölkert, die scheinbar wie aus dem Nichts entstanden waren.

Wir schütteten sie sofort in ihre heimatliche See, doch schienen sie uns leider nicht mehr sehr munter. –

Wir machten eine Segelfahrt nach der Nachbarinsel Langeoog. Morgens um neun »stießen wir von Land« auf einem schweren Segelkutter mit einem Dutzend Erwachsenen und einem halben Dutzend Kindern an Bord. Der Kapitän Eilts, ein hoher Siebziger, führte das Steuer geruhsam mit den Hüften und hatte die Segeltaue in der Hand. Bartlos und klein, hat er ein faltiges Gesicht wie eine alte Frau. Er war früher mit einem hohen Dreimaster nach Südamerika gesegelt, die Fahrt dauerte ungefähr fünfzig Tage; manchmal hatte er ein paar hundert Passagiere auf seinem Schiff. Nun macht er an seinem Lebensabend hier in der Heimat diese kleinen Fahrtchen von Insel zu Insel, bis auch er auf dem Ostdorfer Friedhof unter einem großen schwarzen geteerten Holzkreuz liegt.

Wir haben guten Wind und kommen schnell weit von der Landungsbrücke ab. Die Wellen klatschen gegen das Schiff. Da das Watt sehr flach ist, muß um Pfähle und eingesteckte Birken in großem Umweg herumgesegelt werden. Jetzt, vom Schiff aus, sehn wir erst, wie lang unser Baltrum sich hinzieht. Das Liegen auf dem Wasser ruht wunderbar aus, die Mitfahrenden sind angenehm und nicht zu geschwätzig. Ein sehr verliebtes junges Paar hat genug mit sich zu tun, und ein offenbar sehr wasserkundiger Herr mit blauer Schirmmütze und goldner Brille spendet von Zeit zu Zeit aus seinem Wissensschatz. Von den Kindern entzückt uns besonders ein vierjähriger Bub mit einem geradezu phantastischen rotblonden Lockenkopf. Er erinnert uns an den kleinen Dietrich Schinnerer, der von seinen ebenso üppigen Locken sagte: »Hinten wackelt immer was!«

Der Kapitän erzählte eine Geschichte. Ein Schwager von ihm wollte vor vielen Jahren Weihnachten vom Festland herüber nach Haus und ließ sich mit einem Boot morgens ganz früh im Nebel übersetzen. Aber das Boot setzte ihn nicht auf der Insel ab, sondern auf einer großen Sandbank, die nur bei Ebbe frei liegt. Er merkte es zu spät. Das tiefe eiskalte Wasser zu durchwaten, zumal im dichten Nebel, war ganz unmöglich. Er rief und rief, man hörte ihn nicht mehr, das Boot war schon wieder weit weg. Nun wußte er genau, daß das Wasser noch stundenlang steigen werde und daß er ihm nicht mehr entrinnen könne. Er schrieb im Wasser stehend Abschiedsgrüße an seine Eltern, legte sie in ein Kistchen mit Backwerk, das er mitbringen wollte, band sein Halstuch darum und erwartete das Ende. Nach acht Tagen schrieben die Eltern, warum er denn nicht komme, und da erst stellte sich heraus, daß er auf dem Weg zu ihnen seinen Tod gefunden hatte. Das Kistchen wurde lange Zeit später angeschwemmt, er selbst blieb verschollen.

Früher, erzählte Eilts, gingen die Baltrumer alle zu Schiff. »Aber jetzt sind sie ja bange geworden.« In Ostdorf wohnen viele Witwen von ertrunkenen Schiffern.

Allmählich sehen wir Langeoog immer deutlicher in der Sonne, und schließlich legen wir an. Der Ort ist scheußlich. Sofort lieben wir unser Baltrum doppelt. Der Clou ist das Kurhotel aus einem grau-blauen Kunststein, der wie Papiermaché aussieht, mit gotischem Maß-werk an den Fenstern und einer überlebensgroßen Nixe am Giebel, der man von unten in die Nasenlöcher sieht. Dazu ein verquollener wulstiger Turm, der gar nicht bestiegen werden kann. Bazare mit Andenken, allerdings auch mit ein paar Schachteln voll Reclam-Bändchen, darunter die unverkäuflichsten, Shakespeares »Titus Andronikus« und »Timon von Athen«. Die suche ich mir aus.

Am Strand stehn dicht gedrängt die Körbe. Wir erschrecken vor die-ser Masse. Die höchste Nummer, die Klaus und Martin ausfindig ma-chen, ist 685. Bei uns sind es kaum zwanzig. Doch ist es wirklich sehr lustig, wie die vielen hundert bunten Wimpel in der Sonne flattern, wie die kleinen nackten Kinder durch den Sand stolpern und fortwäh-rend auf alle viere fallen, und wie die Drachen mit langen Schwänzen in die Luft steigen. (In München auf dem Oberwiesenfeld will ich, wenn wir erst wieder zu Hause sind, doch auch wieder Drachen stei-gen lassen. In China tun das die weisesten und gelehrtesten Leute. Warum nicht in München die Verleger!)

Nachdem Frau und Kinder sich in einer Konditorei gelabt und ich ein Glas leider warmes Pschorr getrunken habe, ist es langsam Spätnach-mittag geworden. Wir müssen Schuh und Strümpfe ausziehn, um zum Schiff hinüberzuwaten. Der junge Lottmann trägt den Herrn mit der goldnen Brille huckepack. Eine Dame wird von ihm quer auf die Arme genommen. Es ist beängstigend windstill, wir fahren mit dem beginnenden Flutstrom zurück, zwischen den beiden Inseln durch und ganz nahe an der Ostspitze von Baltrum vorbei. Plötzlich schreit alles: Ein Seehund! Und wirklich sehn wir ihn in geraumer Entfer-nung mit rundem Kopf hinter uns herschwimmen und dann wieder untertauchen. Auf einer Sandbank steht ein Fischreiher mit langem

Hals und langen Beinen. Ein Tümmler tummelt sich auf- und unter-
tauchend im Wasser und zeigt abwechselnd seinen Kopf und die große
geteilte Schwanzflosse. Möwen und Seeschwalben sitzen auf den Sand-
bänken oder stehn im flachen Wasser. Ein Zweimaster taucht auf, den
unser Bootsführer als Holländer erkennt. Er sitzt im Wattenmeer fest
und wartet auf die Flut. Wir hören schon von weitem die Kinder auf
ihm herumspringen. Unsre eigne Fahrt wird in der Windstille immer
langsamer, wir umkreisen unfreiwillig den Holländer schon zum zweitenmal, das Wasser ist glatt wie ein Spiegel, und schließlich stehn wir
ganz still. Wir sind schon drei Stunden unterwegs – eine Ewigkeit
für die kurze Strecke –, und als alles nichts helfen will, ergreifen wir
die langen Stangen und schieben das Schiff, zwei Männer gehn an die
Ruder, auch der alte Eilts, während der goldbebrillte Herr das Steuer
übernimmt. Wir kommen auch so mit dem schweren Schiff nur ganz
unmerklich vom Fleck. Von Baltrum aus sieht man schließlich unsre
Not, und ein Schiffer kommt weither durchs Watt gewatet, uns beizu-
stehn. Mit dessen kräftigen Armen kommt Leben in die Sache, und um
neun Uhr – es fängt schon an zu dunkeln – können wir glücklich wieder an Land gehn.

In der Nacht hatten wir ein Tropf-Konzert. In drei verschiednen Ton-
höhen und drei verschiednen Rhythmen klopften die Tropfen auf den
Boden, und die Maus, die uns allnächtlich besucht, mischte ihre trok-
kenen kratzenden Nagetöne hinein. So war das Ohr in schlaflosen
Stunden ausreichend beschäftigt. Und schlaflos liege ich so manches
Mal da, denn der starke Wind reizt die Kopfnerven so sehr, daß sie in
der Nacht sich nicht so schnell wieder beruhigen können.
Abends, wenn die Kinder im Bett sind und wir einmal nicht von einer
hohen Düne aus das langsam verglimmende Abendrot betrachten und
die Dunkelheit erwarten, sitzen wir an unserem Universaltischchen
bei einem kleinen Messinglämpchen, das noch aus meiner Junggesel-
lenzeit stammt. Den Kindern, die mit elektrischem Licht aufgewachsen
sind, ist eine Petroleumlampe etwas so Neues und Wunderbares, daß
sie nach dem Anzünden eigens wieder geweckt sein wollen, um diese
Sensation zu genießen, und wir tun ihnen auch den Gefallen. Das
Zu-viert-in-einem-Zimmer ist uns nun schon geradezu lieb geworden, besonders abends, wenn wir die Kinder unmittelbar hinter unse-

rem Rücken schlafen wissen und ihre mannigfachen Schlaf- und Bettgeräusche vernehmen.

Der Sturm hat uns hohe Fluten gebracht, und infolgedessen war auch das Baden besonders begeisternd. Die Wellen gingen uns hoch über die Köpfe und gossen uns ihr Salzwasser in Nase und Ohren. Bei ihrem Andringen wurden wir auf den Strand gedrückt, beim Zurückfluten mitgezogen. Am schönsten war es, wenn man einen Augenblick lang unmittelbar in der grünen Höhlung einer Welle stand (wie sie Courbet so oft gemalt hat), ehe sie über einem zu Gischt zusammenstürzte.

Nachmittags waren wir am Strand. Der Wind wehte einen ununterbrochenen breiten Sandstrom über den nassen, festen Untergrund. Dieser Sandstrom kam weit her und schoß in rasender Schnelle an uns vorbei bis an den Horizont. Die Kinder spielten mit einer leeren Büchse, diese setzte sich plötzlich in Bewegung, und da sie sie nicht fahrenlassen wollten, mußten sie, was sie konnten, mitrennen, bis wir sie nur noch als kleine Punkte erspähten. Das Zurückkommen gegen den Wind war freilich um so mühsamer und langwieriger. Auch unser Strandkorb überkugelte sich fünf- bis sechsmal, kurz: nichts war zu halten. Zum Schluß riß sich auch mein festangedrückter Filzhut noch vom Kopf und wirbelte mit dem Sand davon, und ich habe noch nie meine Beine so schnell schwingen müssen wie bei dieser Gelegenheit.

Gestern, Sonntag, war ein Sturmtag bei heiterem Himmel. Ich saß allein im Strandkorb, der freilich nur, wenn ich ihn sitzend durch mein Körpergewicht beschwerte, stehnblieb. Ich las, langsam Satz für Satz auskostend, Stifters »Granit«. Seine wunderbare Gegenständlichkeit konnte sich selbst dieser Wirklichkeit gegenüber behaupten. Ich ging mit dem Großvater den Weg durch die Dürrschnäbel und sah in der Ferne die blauen Wälder, aus denen die einzelnen Rauchwölkchen still gen Himmel stiegen. Nur tat mir wieder leid, daß das vor der Pest gerettete Mädchen sich überflüssigerweise als ein Schloßfräulein entpuppen muß. Das ist noch »Komposition« im alten Sinne, während die Darstellung der Landschaft in ihrer Bildhaftigkeit und in der klassischen Ruhe der Sprache von zeitloser Vollkommenheit ist.

Mit meiner Frau las ich die »Unterhaltungen Goethes mit dem Kanzler von Müller«, und wir waren durch die Lektüre im Geist in eine edle Geselligkeit einbezogen, wie sie auf Baltrum in besonders krassem Maße fehlt, wie wir sie hier aber auch nicht vermissen. Ich suchte für die eigne Geselligkeit im kommenden Winter daraus zu lernen.

Vor kurzem machten wir nochmal eine Entdeckung auf der Insel, indem wir, diesmal von Ostdorf aus, das breite Dünental durchquerten, durch das sich nur ein verwachsener Fußpfad zieht. Ohne diesen käme man kaum durch. Der oft mannshohe Sanddorn würde jeden Eindringling gar zu arg zerstechen. Die nackten braunen Waden der Kinder wurden ohnehin schon kreuz und quer zerschrammt. Bald waren wir in einem dschungelartigen Dickicht. Schilf, Binsen, Weiden und Brombeerranken waren undurchdringlich ineinandergewirrt, die Brombeeren, zu Hunderten in schönster dunkelblauer Reife und Rundheit, wie sie sie nur in solcher Ungestörtheit erreichen. Wir konnten, ohne uns von der Stelle zu rühren, ganze Hände voll pflükken, und die Kindermäuler und -backen waren schnell über und über rot bemalt. Unter unsern Tritten zersplitterten unzählige abgestorbene Schilfrohre, überall lugten die blauroten Beeren hindurch. Nur weil wir nicht mehr konnten, hörten wir endlich auf. Von einer alten, schon ganz überwachsenen Düne mitten im Tal, auf der wir uns lagerten, übersahen wir diese weite Urlandschaft, die von Menschenhand noch niemals verändert worden war. Der undurchdringliche, hohe, wuchernde Pflanzenwuchs bestand nur aus wenig Arten, die sich desto hemmungsloser ausgebreitet hatten. Das rosa Weidenröschen war fast die einzige Blüte.

Wir hatten einen Band Goethe in der Tasche, und da es den Kindern immer gleich zu langweilig wird, wenn die Eltern lesen, statt sich mit ihnen abzugeben, sollte Martin uns daraus vorlesen. Wir schlugen ihm »Amor als Landschaftsmaler« vor, und da er selbst gern Landschaften malt, leuchtete ihm dies auch ein. Mit seinen roten Backen und seinem hellblonden Schopf glich er selber einem kleinen Amor, und das graziöse Gedicht nahm sich, von seiner Kinderstimme gelesen, doppelt reizend aus.

BEI BARLACH IN GÜSTROW

An einem sonnigen, frischen Oktobermorgen 1928 fuhr ich vom Stettiner Bahnhof in Berlin nach Norden. Bald verloren sich in der weiten Ebene die letzten Häuser. Statt ihrer wurden Kanäle sichtbar, lange Schleppkähne darauf, rot und weiß gestrichen, mit Ziegeln beladen. Ein blauer Himmel wölbte sich mit leichten, hohen Wolken. Eine weite Leere, in der die einzelnen Dinge wie verloren standen. Von Zeit zu Zeit eine Windmühle. Am Rande der Landstraßen die weiß getünchten Chausseesteine. Weidenbäume begleiteten einen Bach. Krähen wurden aus den Bäumen aufgescheucht. Lange Scheunen aus Ziegelfachwerk inmitten von Stoppelfeldern.

Nun durchquerte die Bahn einen Wald aus graugrünen Kiefern und goldgelben Birken. Ein blauer See mit Enten darauf und gelbem Schilf an den Ufern. Das Sprungbrett einer verlassenen Badeanstalt ragte leer in die Luft. Wieder ein Wald: diesmal braune Eichen und rote Buchen. Aus den Feldern sproß hellgrün die Wintersaat. Eine schwarz-weiß gefleckte Kuhherde graste, daneben stand der Hirt mit seinem Hund und strickte, ganz wie in meiner Mecklenburger Kinderzeit. Dann Kiefern, Kiefern, nichts als Kiefern! Gelbe Sandwege.

Manchmal öffnete sich der Durchblick auf eine Seenkette. Das Sonnenlicht blendete silbern auf dem Wasser. An einen großen See fuhren wir ganz nahe heran, weiße Schaumstreifen kräuselten sich am Strand. Ich fragte einen Mann mir gegenüber, der seine dicke doppelte Wurststulle kaute, nach dem Namen. »Dat is de Kratzeburger.« Braune Netze hingen über die Zäune. Dann wieder Kiefern und zwischen ihren Stämmen Wacholderbüsche und Ginster.

Allmählich bezog sich der Himmel, alles wurde grau. Wir kamen an die Müritz, den größten See Mecklenburgs. Ich erinnerte mich, daß über ihn ein langes Lesestück in meinem Penzliner Lesebuch stand; die ganze Klasse mußte es ein halb dutzendmal unisono lesen. Einige

Speicher standen am See, dicht daneben ein »Konzertgarten«, dessen
Bänke und Tische voll gelber Blätter lagen. Mir, der ich an bayrische
Landschaft gewöhnt bin, fiel es auf, daß nirgends Einzelhöfe zu sehn
waren, kaum Dörfer. Es gab hier nur wenig Bauern, fast nur Groß-
grundbesitzer und Tagelöhner. Auf der ganzen Fahrt von drei Stunden sah ich nur einen einzigen Dorfkirchturm, einen kurzen, schweren, aus Findlingen errichteten.

Schließlich kam Güstrow in Sicht mit den drei Bauten, die die Stadt
weithin überragen: der Pfarrkirche, dem Dom und dem hochgetürm-
ten, vielgiebligen Renaissanceschloß. Sie verschoben sich, während
der Zug sich näherte, ständig gegeneinander. Einmal stand das Schloß
in der Mitte zwischen den beiden andern, einmal der Dom.

Barlach erwartete mich auf dem Bahnhof, in grünem Lodenmantel
mit Schirmmütze und Spazierstock. Er schien mir etwas schwankender
im Gang geworden, seit wir im Sommer 1925 ein paar Wochen auf
der Englburg im Bayrischen Wald beisammen waren. Unter lebhaften Gesprächen gingen wir über die Brücke der Nebel – so heißt das
Flüßchen, an dem Güstrow liegt – und gelangten in die Stadt. Barlach
führte mich zum Markt, wo er im »Fürstenhof« ein Zimmer für mich
bestellt hatte. Der war ein altes Empirehaus.

Bald lenkten wir unsre Schritte zum frühgotischen Dom, dem schönen
roten Ziegelbau, wo Barlach mir sein Kriegsmahnmal zeigen wollte,
den schwebenden Engel. Kein Mensch war auf der holperig gepflasterten Straße. Barlach erzählte im Gehn immerzu kleine Geschichten
mit dem Unterton: »Was ist das doch für ein seltsames Leben! Was
sind die Menschen doch für ein kurioses Pack!« Oft war dieser Unterton ein wenig knurrig.

»Man nimmt mich nun in Güstrow in Gnaden an. Ich gehöre jetzt
mit dazu. Die Güstrower denken: Feine Leute haben eben auch feine
Künstler!«

Der schwebende Engel mit den vor der Brust gekreuzten Armen hing
in einer Seitenkapelle. Die Ketten, die ihn hielten, waren im Schluß-
stein des Gewölbes verankert. Das Werk tat eine stille, geheimnisvolle
Wirkung. »In den Engel ist mir das Gesicht von Käthe Kollwitz hin-
eingekommen, ohne daß ich es mir vorgenommen hatte. Hätte ich so
was gewollt, wäre es wahrscheinlich mißglückt. Das runde Eisengitter darunter war schon vorher in der Kirche – ein paar Meter weiter
hinten. Ich hab' es mir ausdrücklich ausgebeten. Nun schafft es Raum

für meinen Engel, der drüber hängt, und gibt ihm Respekt. Man geht nicht ran und probiert, ob er wohl wackelt. Die Kirchenfenster muß ich noch matter machen, sie blenden noch zu sehr. Das wird jetzt ausprobiert. Zuerst wollten die Güstrower vor den Dom einen Findling mit einem Kreuz drauf setzen – wuchtig, wie man das nennt. Ich hörte zwei Pastoren drüber reden und sagte zu ihnen: ›Nein! Machen Sie das nicht!‹ Da fragten sie mich: ›Nun, wie würden Sie denn das machen?‹ Da sagte ich: ›Ja, wenn mir mal was einfällt, werd ich mich melden.‹ So schob ich ihnen mal zunächst den Fuß zwischen die Tür. Und dann ging es so weiter. Ich muß es den Güstrowern lassen: es ist eigentlich nachher sehr wenig dran gemäkelt worden. Ein hoher Militär meinte allerdings: ›Wie kann nur ein Pastor ein so pazifistisches Dings aufstellen lassen!‹ Zwei Fehler in einem Satz! Und ein andrer sagte: ›Haben Sie schon mal einen Soldaten *so* machen sehn?‹ Er hielt den Engel für einen Soldaten! So gab es wohl mancherlei Gerede über meinen Engel, aber ich denk' mir: Er hört's nicht und bleibt hängen.«

Wir wandten uns den wildbewegten, spätgotischen Aposteln aus braunem Eichenholz zu, die einzeln an den Pfeilern stehn. Diese kraftvoll kühnen Gestalten von etwa 1525 werden neuerdings dem Lübekker Claus Berg zugeschrieben. Barlach hat sich über sie seine eignen Gedanken gemacht: »Ich denke mir das so: In diesen gotischen Schnitzwerkstätten gab es sicher eine Arbeitsteilung. Der Lehrling mußte die Füße machen, die sind bei allen Figuren gleich. Dabei hat er so viele Ohrfeigen gekriegt – so viele Ohrfeigen! bis sie endlich ein bißchen besser wurden. Da drüben sind Zehen, die möchte ich nicht gemacht haben – die möchte ich bei Gott nicht gemacht haben! Der Geselle hat die Gewänder gemacht, die sind schon besser, und der Meister die Köpfe, die sind großartig.« Wir wandelten als einzige Besucher in dem schönen Raum umher. »Ich habe kürzlich ein Buch über die Geschichte des Doms gelesen. Wenn man so was Genaues und Historisches liest, freut es einen, aber man behält nichts. Man behält nur einen Begriff davon, daß man mal einen Begriff davon gehabt hat.«

Nun gingen wir langsam über den baumbestandenen Wall nach seiner Wohnung, Schweriner Straße 22. Es ist das eine Vorstadtstraße, die in die Chaussee nach Schwerin mündet. Ein ganz nüchternes Haus, in dessen Erdgeschoß Barlach nun schon sieben Jahre wohnte, früher mit seiner

Mutter und seinem Sohn Klaus. Jetzt hielt ihm eine kleine grauhaarige baltische Dame haus. Die Wohnungseinrichtung, noch von seiner Mutter her, war ganz kleinbürgerlich. Barlach hatte nicht das geringste Bedürfnis nach »künstlerischer« oder »stilvoller« Umgebung.

Bevor wir uns zum Mittagessen setzten, kamen wir auf seine Stücke zu sprechen. Ich wunderte mich, daß er selbst sich so wenig um Aufführungen kümmert. Er sah sie sich fast niemals an. »Ich kann mit den Theaterleuten nicht reden. Die wollen solche Töööne hören und reden selbst immer in solchen Tööönen, da kann ich nicht mit. Jeßner spielte in Berlin mal die ›Echten Sedemunds‹. Ich war bei der Generalprobe, und er kam nachher zu mir und fragte mich: ›Na, wie gefällt's Ihnen denn?‹ – Ich platzte ganz naiv heraus: ›Ja, mein Stück erkenn' ich nicht wieder!‹ Das war wirklich genau der Eindruck, den ich gehabt hatte. Jeßner aber sah mich groß an, und da fiel mir erst ein, daß er wohl große Töööne von mir erwartet hatte, große Töööne über seine fabelhafte Inszenierungskunst. Natürlich macht man sich so bei Theaterleuten nicht gerade beliebt. Ein andrer Regisseur kam wegen den ›Sedemunds‹ eigens nach Güstrow, um sich vom ›Meister‹, wie er sagte, ganz authentische Informationen zu holen. Bei der Friedhofsszene hatte mir der Gertraudenfriedhof vorgeschwebt, wo ich das letztemal mit Ihnen war. Sie wissen: die alte gotische Kapelle in dem verwilderten Garten. Den zeigte ich ihm. Er fand alles wunderschön. Aber was sah ich dann in der Aufführung? Der Horizont – ein schwarzer Strich, und darauf vor einem gelb angemalten Himmel vier dicke schwarze Kreuze. Das war aus meinem schönen Gertraudenfriedhof mit seinen eingesunkenen Gräbern und alten überrankten Bäumen geworden! – Die ›Sedemunds‹ müßten ganz bunt gespielt werden. Die Leute meinen immer, sie müssen bei meinen Stücken Barlachsche Plastiken auf die Beine bringen. Die sehn dann aus wie Mehlsäcke! In Stuttgart haben sie aus dem ›Blauen Boll‹, wie mir erzählt wurde, ein Mysterienspiel gemacht. Den Boll haben sie als ›schlichten‹ Bauern stilisiert. Das ist natürlich ganz falsch. Er ist ein etwas versoffener Gutsbesitzer. Ich seh' ihn jeden Morgen an meinem Fenster vorbeifahren.«

Bei Tisch erzählte ich ihm, daß ein Privatdozent mir ein Manuskript über »Barlach als Dramatiker« zum Verlag angeboten habe. *Der* Mann müsse doch wenigstens ein sehr ernsthaftes Interesse für seine Dramen haben, sonst würde er sich nicht so viel Mühe damit machen.

Barlach war andrer Meinung: »Sie irren sich. Für solch einen Schriftsteller bin ich ja nur, was das Motiv für den Maler ist. Er sucht eine
Gelegenheit, an mir seinen eignen Geist leuchten zu lassen. Ein andrer
stellte die kompliziertesten Überlegungen an, weshalb der Blaue Boll
wohl blau sei. Da gab es denn Anmerkungen die schwere Menge!
Sogar Goethes Farbenlehre wurde herangeholt. Und der Blaue Boll
ist doch einfach nur deshalb blau, weil er sich blau gesoffen hat, und
das steht auch noch klipp und klar im Stück drin!«

Nach Tisch suchten wir das kleine Städtische Museum auf, das in
einem kleinen Empirehaus am Wall eingerichtet ist. In diesen Tagen
schickte sich Güstrow grade an, sein siebenhundertjähriges Stadtjubi-
läum zu feiern. Es waren da lauter hübsche alte Ansichten von Güstrow ausgestellt, und das Publikum strömte geradezu hinein. Dieser
Ausstellung zuliebe hatte man die alten, lebensgroßen Krügerischen
Familienbildnisse abgehängt, von denen ich wußte und die mich besonders interessierten. Meine Mutter ist nämlich eine geborene Krüger, und die Krügers stammen aus Güstrow. Es gelang uns, in die
Bibliothek des Museums einzudringen, wo die Bilder inzwischen hoch
oben unter der Decke Platz gefunden hatten. Friedrich Schult, der
am Museum tätig ist, kam dazu, und so waren wir sozusagen Herren
im Hause. Die Bilder wurden heruntergeholt. Da tat es sich wie ein
Riß vor mir auf, und durch diesen Riß fiel Licht in längst verdäm-
merte Zeiten. Bisher hatte ich im Bilde nur meinen Urgroßvater, den
streitbaren und originellen Arzt Dr. Bogislaw Krüger gekannt, der
viele medizinische Bücher geschrieben hat. Nun schlossen sich auf einmal noch vier Generationen nach rückwärts an, bis ins 17. Jahrhundert hinein. Meine Ururgroßmutter in rotem Rokokokleid sah etwas
schnippisch und schlagfertig aus, und Barlach erklärte sofort: »Das war
'n Satan!« Auf Frauen ist er im allgemeinen nicht gut zu sprechen.
»*Die* Frau möcht ich sehn, die ihrem Mann gestattet, eine Berufung
abzulehnen! *Die* Frau möcht ich sehn! Wie glücklich war ich, daß ich
nicht als Professor nach Berlin zu gehn brauchte, als man mich dorthin
haben wollte, sondern hier für mich weiterarbeiten konnte! Wenn
man mal in Berlin wo eingeladen ist, da sitzt man zwischen Frauen,
so zart und zerbrechlich, halb Gretchen und halb Ophelia, und zu
Hause machen sie ihren Männern das Leben zur Hölle.«

Auf dem baumbestandenen Platz vor dem Museum lagen etwa ein halbes Dutzend großer schmaler Granitsteine als Bänke, jeder Stein etwa

fünf Meter lang. Barlach glaubte, daß die Steine ursprünglich für das Renaissance-Schloß, in dem ja auch Wallenstein eine Zeitlang residiert hat, bestimmt waren und liegengeblieben sind. Sie müssen aus enormen Findlingen, die die Eiszeit aus Schweden herübertransportiert hat, herausgehauen sein. »Die Steine da werde ich mir mal ausbitten, die möcht' ich als Pfeiler aufstellen und Figuren daraus hauen.«

Abends betrachteten wir Zeichnungen. »Meine Themen kehren wie ein Zwang immer wieder: Hexen, Bettler, Propheten, Engel, Fluchende, Blinde, Lesende, Ekstatiker, die Mutter mit dem hungernden Kind usw.« Ich redete ihm zu, die Zeichnungen doch einmal auszustellen. Ich würde ihm das gerne besorgen. Er wollte das aber nicht, er wollte Zeichnungen auch nicht verkaufen. »Die Blätter werden ja doch nur herumgeschoben und abgerieben! Meine Zeichnungen sind, finde ich, viel reicher als die Holzschnitte und Lithographien. Die bleiben eben doch immer Übertragungen. Wenn man so einen großen Stock schneidet und hat die Hälfte fertig, dann fürchtet man, sich zu verschneiden, und möchte nichts mehr riskieren. Und ist der Holzstock fertig, dann kommt noch der Drucker und schmiert ihn schwarz zu.«

Wir hatten uns in dem kleinen Hinterzimmer nach dem Garten hinaus niedergelassen. Die Zeichnungen stellte ich einzeln unter die Stehlampe, so hatten sie gutes Licht. Barlach saß auf einem wackligen Klappstuhl, einem sogenannten Faulenzer, eingeklemmt zwischen dem hohen weißen Kachelofen und zwei aneinandergerückten Tischen.

»Auf diesem Platz am Ofen habe ich nun seit langem Winter um Winter verbracht. Hier habe ich alles so schön in Greifnähe. Die Füße lege ich vor mich auf den andern Stuhl, sehen Sie, so! und nun schreibe und zeichne ich alles auf den Knien. An dem Tisch da drüben saß sonst Klaus. Wenn ich aufblicke, sehe ich gegenüber den wunderschönen ›Herbst‹ von Brueghel, den Sie mir geschickt haben. Das Bild sieht man nie zu Ende. Drüben auf der Kommode liegt Ihr großes Buch über Plastik des deutschen Mittelalters. Das bleibt da immer liegen, das ist Handwerkszeug. — Jetzt ist es so schön still. Aber wir hatten auch unruhige Zeiten. Über uns die alte Dame konnte und konnte nicht sterben. Das war ein Gegröle und Gejammer, ganze Nächte lang. Die alte Frau war geistesschwach, sie konnte Tür und Fenster nicht mehr unterscheiden. Ihre Tochter, eine verwitwete Frau Kirchenrat, pflegte sie, und wenn ihre Tochter einmal selber unpäßlich war und sich hinlegen mußte, erging sie sich in den sonderbarsten Vermutungen. ›Min Dochter kümmt woll in de Wochen!‹ und lauter solche Sachen, die man sonst verwitweten Kirchenrätinnen nicht nachsagt!«

»Ich habe mich«, fuhr er nach einer Weile fort, »in dies alte Güstrow zurückgezogen, um ruhig zu arbeiten. In Berlin hätte ich meine dreiundsechzig Holzplastiken gewiß nicht fertiggekriegt. Man wäre da von allen Seiten in die Kunstpolitik hineingezerrt worden. Aber auch hier ist es manchmal nicht ganz einfach, ungestört zu bleiben. Die Leute haben komische Vorstellungen. Da hat sich für übermorgen ein Doktor aus Rostock angemeldet mit seiner Tochter. Ich habe ihn ganz gern, aber nun hat er diese Tochter, die Gedichte macht. Die soll ich nun lesen und ihr auch noch einen Verleger dazu besorgen und einen Umschlag dazu zeichnen. ›Es brauchen ja nur ein paar Striche zu sein‹, meint der gute Mann. Das Mädchen hat natürlich von Leben und Dichten kaum eine Ahnung. Aber der Vater sagt stolz: ›Leute, die was davon *ver-s-tehn*, sagen: da s-teckt was drin! Da s-teckt was drin! Leute, die was davon *ver-s-tehn*, sagen das!‹« (Barlach wiederholte gern Worte und ganze Sätze, meist mit einer etwas kollernden Entrüstung im Ton.) »Da kam mal ein Literat zu mir, ganz verwahrlost, den Kragen hatte er sicher schon seit drei Wochen um. Natürlich hieß es ›Meister‹ hinten und vorn. Er tat ganz wie zu Hause. Er sah Klaus von hinten gegen das Fenster sitzen und sprang auf ihn zu: ›Ah, guten Tag, gnädige Frau!‹ und schüttelte ihm die Hand. Schließlich nahm er mich in eine Ecke und flüsterte: ›Meister, ich habe heute noch nicht gefrühstückt.‹ – Na, da er nur von Frühstück sprach, dachte ich: der ist wohl mit dem zufrieden, was ich habe, und traktierte ihn. Es gibt aber auch noch ganz andre Leute, die mich überfallen und kaum wieder loszuwerden sind. Doch genug davon!«

Im Laufe des Abends las mir Barlach aus seinem großen Roman »Seespeck« ein paar Kapitel vor, die seine Wedeler Zeit behandeln. Er war damals dreißig Jahre alt, war in Hamburg, Paris, Friedrichroda in Thüringen und wieder in Hamburg, auch in Berlin gewesen und versuchte vergeblich, sich in seiner Heimat nochmal zurechtzufinden. Warum sollte er nicht, dachte er, da er ein Wedeler gewesen, wieder einer werden! Es gab in diesen Kapiteln viele sehr suggestive Szenen, viele krause Wortkunstwerke. Besonders eine nächtliche Bootsfahrt über die Elbe ist mir im Ohr geblieben. Ich konnte sie jetzt, zwanzig Jahre später, in der Buchausgabe, die Suhrkamp herausbrachte, nachlesen.

Barlach: Umschlag zu den »Zeichnungen«. 1935

Die Sätze klangen mir noch mit Barlachs Stimme im Ohr:
»Wenn er durch diese Winterschauer herüberruderte, stak des Halb-
mondes blankes Beil im Himmel fest und nicht weit davon, wunderlich groß, wie ein Mondjunges anzusehen, der Abendplanet. Eisschollen stießen gegen den Bord, und das ziehende Wasser schauderte wie
das Leben selbst in Winterkälte. Daraus zog der Mond mit durch-
dringendem leisem Tasten und dem Kitzeln dünner Strahlen gespen-
sterhaftes Leben hervor, Jenseitsgefunkel. Aber das alles verfloß vor
Seespecks Gedanken, denn grade gegen Osten, auf den steigenden Orion
los, ging sein Kurs. Der Sternkaiser ragte schon über der weiten blanken Wüste, und nur der rechte Fuß war noch unterm Horizont. Sein
himmeldurchstürmendes Drohen fuhr vor ihm majestätischer als je,
und alles am Himmel stand starr im Reigenaufzug, streng eingeteilt
nach Nord, Süd und Westen, angetreten zum Vollzug der allnächtlich

großen Tanzfigur, deren ungeheuer langsamer Schwung den Orion
bis drei Uhr nachts an den leeren Platz bringen sollte, den vor einer
Stunde die Sonne verlassen hatte … Gegen den Orion ging die Fahrt
und gegen die Ebbe und gegen den grausamen Wind, der wie schnei-
dender Atem die Majestät vor ihm heranbläst. Wie hinter den Sternen hervor klang das Schreien unsichtbar fliegender wilder Gänse,
Stimmen wie stoßweis erpreßt vom Anprall querfliegender Baßnoten.
Dann murmelte Seespeck wohl, warm vom Rudern, vor sich hin: Die
kalte Herrlichkeit der Orion-Nacht bekleidet den Mechanismus des
Ultra-Begreiflichen, wer aber schaut und staunt, dem wird Schauen
und Staunen und er sich selbst zur Unbegreiflichkeit. — Ich will aber
heute Grog trinken.« —

Die Nacht im Fürstenhof verlief unruhig. Wiederholt wachte ich von
großem Lärm auf, und im Halbschlaf hatte ich das unbehagliche Gefühl, die Leute, die diesen Lärm machten, stünden mitten in meinem
Zimmer. Dann wieder hatte ich einen großen Respekt vor Gästen, die
offenbar sehr früh aufstanden, was nicht grade meine Stärke ist. Allerdings besorgten sie ihr Aufstehn nicht sehr rücksichtsvoll. Es gab
ein höllisches Gepolter. Doch schlief ich glücklich wieder ein. Beim
nächsten Erwachen war es acht Uhr, und ich hörte, wie sich jemand
bemühte, durch hartes Klopfen Leute zu wecken, die offenbar nicht
leicht zu ermuntern waren. Diese Weckversuche wurden alle Viertelstunden wiederholt. Und nun kam ich dahinter, daß die vermeintlichen
Frühaufsteher in Wirklichkeit Spät-zu-Bett-Geher gewesen waren.
Im Frühstückszimmer unten fluchten sie, daß man sie nicht geweckt
habe und daß der verdammte Zug nun ohne sie abgefahren sei.

Barlach, der mich zum Morgenspaziergang abholte, belustigte sich sehr
darüber und meinte: »Im ›Erbgroßherzog‹, schräg gegenüber, ist es
ja eigentlich feiner. Aber der Lärm ist da womöglich noch größer.
Wenn die Mecklenburger vom Lande in die Stadt kommen, dann wollen sie sich nämlich auch verlauten lassen. Dann soll die Welt auch
erfahren, daß sie da sind.«

Wir wollten auf Umwegen zum Bahnhof und dort Kaffee trinken. So
gingen wir zunächst über den Marktplatz, auf dem die gotische rote
kupfergedeckte Pfarrkirche mit dem dicken Turm steht und das graue,
klassizistische Rathaus. Rundherum schöne Empirehäuser. »Diese
Empirehäuser waren natürlich alle mal gotisch. Ich denke mir, sie sind
um 1880 umgebaut worden von Leuten, die durch den Schmuggel mit

England reich geworden waren, damals, zur Zeit der Kontinental-
sperre. Sehn Sie, so könnte man sich gleich einen ganzen Roman zu-
rechtphantasieren! Jetzt werden diese Häuser alle bunt angestrichen,
leider zu bunt! Heutzutage muß alles übertrieben werden. Die Fassa-
denglieder sollten ja gar nicht durch bunten Anstrich voneinander
abgehoben werden. Sie sollten nur durch ihre Plastik wirken, durch
die verschiedenen Schichten, in denen sie stehn. Sehn Sie mal das Rathaus an! Welch prachtvolle, schwerfällige Feierlichkeit! Die schönen
Empire-Girlanden! Natürlich mußten die Girlanden jetzt grün gestrichen werden, denn echte Girlanden sind doch auch grün! Da habe
ich aber laut gesagt, daß das eine Dummheit ist. Da haben sie sie nur
dunkelgrau von der hellgrauen Wand abgesetzt. Das geht noch grade.«
Wir kamen aus der Stadt hinaus ins Freie. Ich hob einen Feuerstein
auf, den ich als Andenken mitnehmen wollte. Barlach sah nicht genau
hin und meinte, das sei wohl kein Feuerstein, sondern Kunststein. In
Güstrow müsse ja jetzt auch alles aus Kunststein sein, und die Chaussee da drüben habe der Rat der Stadt dreimal mit Kunststein belegen
lassen, und jedesmal hätten die Fuhrwerke den schönen Kunststein zu
Brei zerfahren. »Jetzt endlich ist man zu dem guten alten Granit-
pflaster unsrer Altvordern zurückgekehrt.«
Eine Eschenallee führte an der Nebel entlang. »Sehn Sie, hier ist mal
eine von jenen Geschichten passiert, mit denen sich die Menschen gegenseitig beinah umbringen. Ich ging hier mit meiner Mutter, und sie
sagte, ich solle doch da drüben vom Fischer Brachsen zum Mittag mitnehmen. Gut, ich ging hin. Es gab aber keine Brachsen, sondern nur
Karpfen, und die Karpfen waren eine Mark zwanzig teurer. Ich lasse
mir also Karpfen geben. ›Nun, hast du Brachsen bekommen?‹ fragte
meine Mutter. Ich sage: ›Nein, es gab bloß Karpfen‹, und beichte notgedrungen, daß die mehr gekostet haben. Da gerät meine Mutter außer
sich: ›Du bist ein Verschwender, du wirfst das Geld auf die Straße‹
(es war übrigens mein eignes Geld!), ›du denkst nicht an die Zukunft,
du bringst die Familie an den Bettelstab!‹ — kurz, die Sache spitzte sich
so zu, daß ich zuletzt sagte: ›Wenn du jetzt noch ein Wort redest,
schmeiß ich die Karpfen in den Graben.‹ Darauf meine Mutter: ›Nun,
dann schmeiß sie!‹ Und ich schmiß sie. — Wir gingen nach Hause und
redeten kein Wort mehr miteinander. Mittags sagte meine Mutter:
›Weißt du, was es heute gibt? — Karpfen!‹ — Ich habe nie erfahren,
wie meine Mutter die Karpfen aus dem Graben herausgekriegt hat.

Er ist da tief. Hysterie ist eine fürchterliche Sache! Daß meine Mutter sich mit 75 Jahren im Schweriner See ertränkt hat, wissen Sie. Ich mußte die Leiche hierherbringen lassen, und das ging damals am besten auf der Chaussee mit einem gewöhnlichen Pferdefuhrwerk. Da stand nun der Sarg auf dem Leiterwagen. Meine Mutter hatte viel Sinn für Humor. Der Kutscher stieg auf und lehnte sich mit seinem breiten dicken Rücken so recht behaglich an den Sarg, er rückte sich so recht behaglich mehrmals zurecht, bis er am bequemsten saß, und steckte sich dann eine Zigarre in sein rotes Gesicht. Da dachte ich: Wenn meine Mutter das mit ansehn könnte, sie würde noch in ihrem Sarg darüber lachen.«

»Sehn Sie das kleine Fräulein da, das sich in seinem Fahrstuhl selbst kutschiert? Wir haben drei solche Damen in Güstrow, und ich habe sie mir alle drei genau angesehn. Eine davon ist die Sabine in meinen Sedemunds. Ja, so genau weiß man nun in Güstrow mit allem Bescheid.«

Indessen waren wir an den modernen, saubern Bahnhof gekommen und setzten uns in den Wartesaal zum Morgenkaffee. »Dies hier ist meine Ecke. Ja, jeden Morgen muß ich erst mal auf den Bahnhof gehn. Wenn dann ein paar Züge durchgerast sind, daß das ganze Gebäude zittert, Züge voll unbekannter Menschen, dann bin ich beruhigt, dann geh' ich mit Seelenruhe an meine Arbeit. Da drüben sitzt übrigens am Freitag immer der Pastor und macht seine Predigt. Zu Hause kommt er nicht dazu vor lauter Telefonieren und Besuchen.«

Nach unsrer Kaffeerast brachen wir auf ins neue Atelier, das ich noch nicht kannte. Das alte, in dem Barlach 1922 meine Maske modelliert hatte, war, wie ich schon erzählt habe, ein leerer Pferdestall gewesen, das neue war eine verkrachte Autoreparaturwerkstätte. »Das müssen die Güstrower mir doch lassen, daß ich mit der Zeit Schritt gehalten habe!« Wir gingen durch Arbeiterviertel und Vorstadtgärten. Das bunte Laub strahlte in der Herbstsonne in allen Gelbs und Rots und Brauns, die nur denkbar sind. »Ja, moderne Industrie haben wir hier nun auch. Mit einem der Hauptfabrikanten kam ich in Verkehr. Ich sollte ihm was für sein Musikzimmer machen: sechs aufrecht stehende Gestalten. Aber billig sollten sie auch sein, denn: ›wir sind ja miteinander bekannt!... wir sind ja miteinander bekannt!‹ Aber es wurde nichts draus. Sie können die Skizzen und Tonmodelle nachher im Atelier sehn.«

Karl Valentin

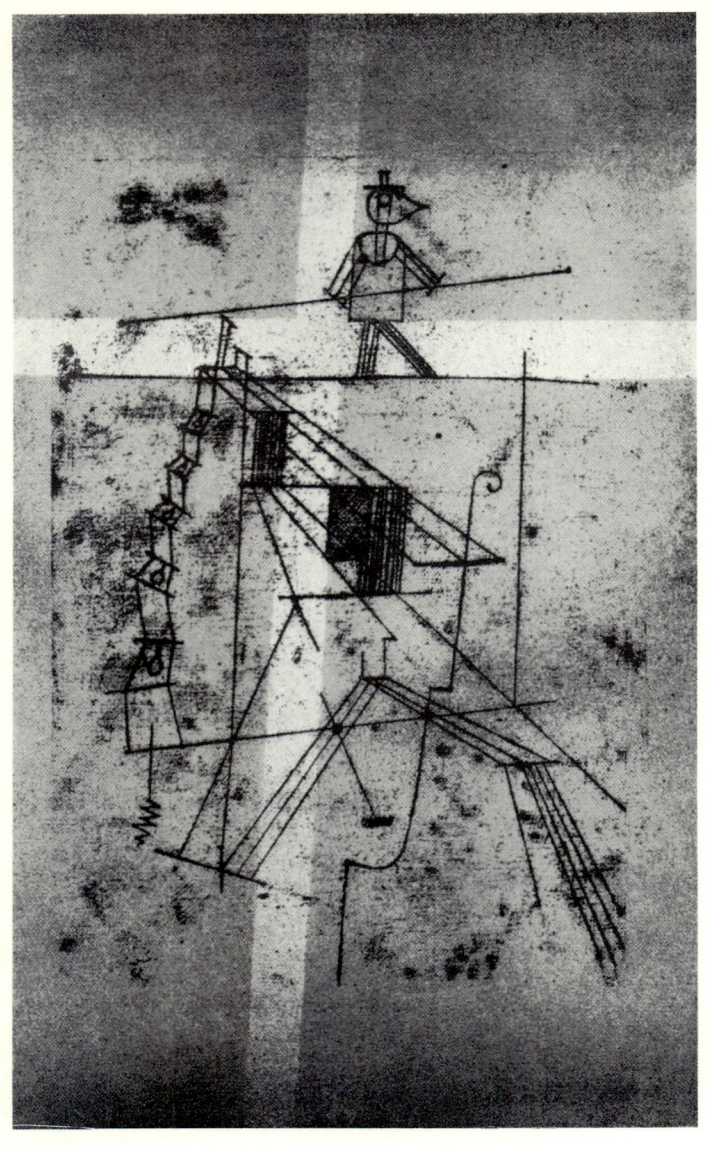

Paul Klee. Der Seiltänzer. Lithographie. 1923

Familienbild mit Klaus, meiner Mutter und Martin. 1921

Ernst Barlach: Acht Blätter aus dem Notizbuch

ler russischen Reise. September 1906

Zwischen Ernst Barlach und dessen Sohn Klaus. 1919

Ernst Barlach mit Martin Piper
1925 im Bayrischen Wald

Ernst Barlach vor der Gertraudenkapelle in Güstrow. 1934

Ernst Barlach. Das schlimme Jahr 1937

Illustrierter Brief von Alfred Kubin. 1918

Alfred Kubin. 1927

Der dreiundsiebzigjährige Alfred Kubin

Olaf Gulbransson. 1938

Hans Baldung Grien: Die drei Parzen
Holzschnitt. 1513

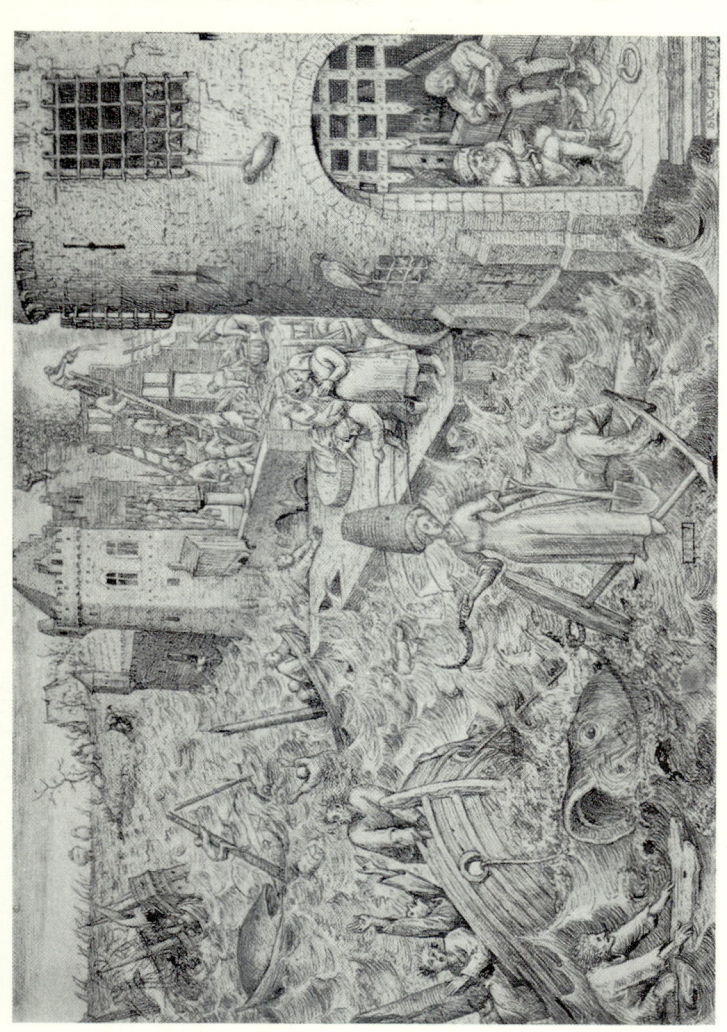

Pieter Brueghel d. Ä.: Die Hoffnung. Federzeichnung. 1559

Adolf Schinnerer: Zu Shakespeares Sturm

Wir traten nun in diesen kahlen, weißen, taghellen Raum mit seinem harten Betonboden. Das war freilich etwas andres als der dämmerige Pferdestall mit seinem Lehmfußboden und seiner wackligen Tür. »Mir ist dies Atelier heute noch unbehaglich. Mir war von Anfang an schwindlig darin, und ich bin aus dem Schwindelgefühl bis heut noch nicht herausgekommen.«

An der Wand stand in Gips der große »Geistkämpfer« für Kiel. Ich sah mir ihn lange schweigend an. Steil stand der schmale, sehnige Engelsjüngling mit dem senkrecht gehaltenen Schwert auf dem geduckten, tückisch blickenden, wolfsartigen Tier.

Doch Barlach liebte es nicht, wenn man allzulange in »feierlichem« Schweigen verharrte. Als Friedrich Schult zum erstenmal in sein Atelier kam — es war noch das alte —, versank auch er in Schweigen, und Barlach erzählte mir, er habe die ganze Zeit im stillen gewünscht: »Wenn er doch wenigstens mal ausspucken wollte!« Deshalb brach Barlach mein Schweigen und zeigte mir mit ironischem Stolz den modernen Kettenaufzug. »Sehn Sie mal da: ist das nicht eine feine Überlistung der Natur? Mit zwei Fingern kann ich da sechs Zentner heben! Das stammt auch noch aus dem Nachlaß meines Vorgängers, des Automannes. Ohne diesen Aufzug hätte ich eine so große Sache wie den Geistkämpfer technisch gar nicht bewältigen können.«

Nun machte er Feuer in dem kleinen eisernen Ofen, in dem es bald gemütlich bullerte.

»Der Geistkämpfer wird nächste Woche in Berlin in Bronze gegossen. Da muß ich dabei sein. In seinen Kopf ist etwas von Klaus hineingeraten. Zuerst wollte ich für Kiel einen Hungerreiter machen, sehn Sie: so! Aber das war den Leuten doch zu unbehaglich. — Nun will ich Ihnen aber noch einen Stoß Zeichnungen zeigen. Die gefallen mir nämlich selber, die finde ich gut.« Es sind besonders mächtige, impulsive, große Kohleblätter. Wie gern würde ich etwas davon reproduzieren und so unter die Leute bringen!

Barlach schenkte mir noch einen Abguß meiner Büste in rotem gebranntem Ton. Dazu legte er Fotos der neusten Plastiken. Er muß ja immer schenken. Dabei rechnet er nicht im geringsten damit, aus meinem Verlegertum irgendwelchen Nutzen zu ziehen. Bei seiner Verbindung mit Paul Cassirer bestand für mich ohnehin in absehbarer Zeit auch noch keine Möglichkeit, ihm als Verleger zu dienen.

Wir kamen auf das Kriegsmal für Magdeburg zu sprechen, von dem eine kleine Tonskizze auf dem Fenstersims stand. »Ja, ob es noch etwas wird? Ich habe auf die Entwürfe nun schon Jahre verwandt. Aber das spielt ja für die Herrn Auftraggeber keine Rolle. Ein Künstler wird wie ein Installateur nur für das bezahlt, was er ›liefert‹. Und liefern ließen sie mich ja noch nichts! Die Sache hatte sich schon eine Zeit hingezogen, da bekam ich plötzlich auf der Reise in Würzburg ein Telegramm, ich solle sofort zur Entscheidung nach Berlin kommen. Das fuhr mir in die Knochen. Ich gönnte mir nicht mal das Essen, ich stürzte auf den Bahnhof und in den nächsten Zug. Ich hatte mir nicht mal das Essen gegönnt! Und wie ich in Berlin ankam, war Waetzold so *gemessen*, er war von einer solchen Gemessenheit, wie ich sie mir niemals hätte träumen lassen. Und ich in solcher Hast! Ich kam mir ganz lächerlich vor in meinem Eifer. Und seitdem dauert die Sache nun schon wieder Jahre.«

»Als Paul Cassirer, der immer mit seinem Herzen zu tun hatte, mich hier besuchte, nickte er anerkennend: ›Nun, Güstrow ist ja eine ganz manierliche Stadt.‹ – ›Ja‹, sagte ich, ›wir lassen uns nicht lumpen. Neuerdings haben wir sogar einen jüdischen Friedhof hier.‹ Das war ihm denn doch nicht angenehm zu hören. So mitten drin ans Sterben erinnert zu werden! – Wenn sie in Güstrow wen begraben, sagen die Leute ganz gemütlich: ›Rut mit em to'n Möhlendoor!‹ Vor dem Mühlentor liegt nämlich der Friedhof. – Ich schätzte Cassirer ganz ungemein, er war mir immer ein wirklicher Freund. Seit er tot ist, interessiert sich dort niemand mehr so recht für mich. Meine Dramen wurden nur gedruckt, weil Cassirer es so haben wollte. Jetzt verkauft man von meinen Plastiken schon lange nichts mehr. Ich lebe von meinen Aufträgen, und da komme ich kaum auf die Kosten, weil jeder Auftrag mit Entwürfen und Skizzen sich endlos hinzieht.«

Ich fragte nach dem Sohn. »Klaus geht's da im Odenwald jetzt ganz ordentlich. Zeugnisse gibt es glücklicherweise nicht. Er schreibt mir nur von Zeit zu Zeit: ›Im Englischen bin ich der erste.‹ Und ich wäre ja dumm, wenn ich das nicht glauben wollte! – Was er einmal werden wird, weiß er immer noch nicht. Sehn Sie sich mal diesen Fisch an, den er geschnitzt hat. Ich finde das sehr hübsch. Auch diesen Kopf. Früher war das so einfach! Da übernahm der Sohn ganz selbstverständlich die Werkstatt des Vaters. Warum geht das heute nicht mehr?«

Barlach ärgerte sich, daß man ihn immer wieder auf das Russische festnagelte. »Das haben sich die Leute nun einmal so zurechtgelegt, und nun fällt ihnen nichts andres mehr ein. Ich bin Schleswig-Holsteiner! Vom Russischen bin ich immer mehr zurückgekommen. Diese ewige Zerknirschtheit, z. B. bei Dostojewski! Aber die Angelsachsen sind auch nicht ganz mein Fall. Ich habe Klaus mal einen Vortrag darüber gehalten. Die Angelsachsen, das sind Maschinenköpfe, das ist Welteroberung! Aber immerzu Welteroberung? Das geht doch auch nicht ... Na, Klaus geruhte, es gnädig anzuhören.«

Nach Tisch zu Hause gab Barlach mir, während er für kurze Zeit sich zum Mittagsschlaf hinlegte – ich sollte ihn gleich wieder wecken –, sein eben fertiggedrucktes »Selbsterzähltes Leben« in die Hand. Das für mich bestimmte Exemplar war schon unterwegs nach München. Aber ich konnte mich nicht entschließen, schon hier mit der Lektüre zu beginnen. Ich hob mir das Buch lieber ganz für München auf. Ich wußte im voraus: es gibt wenig Bücher, die so für mich als Leser bestimmt sind. (Im Jahre 1948 konnte es dann mit Abbildung fast des gesamten plastischen Werks in meinem Verlag in neuer Ausgabe erscheinen.)

Wieder aufgestanden, erzählte Barlach mir das Traumbild, das er im Moment des Aufwachens vor Augen gehabt: »Ich war in einem Riesensaal. Alles ist versammelt zu einer großen Musik, aber nichts ertönt. Alle Musiker zählen, so ... (mit dem Fuß auftretend), und der Dirigent hält wie erstarrt den Taktstock hoch in die Höhe.«

Allmählich kam Abschiedsstimmung über mich. Wir machten noch einen Rundgang durch die Stadt, zum Schloß mit seiner muskulösen niederländischen Renaissance und seinem schweren Arkadenhof. Aber wir durften in ihm nicht weit vordringen. Der prachtvolle Bau der alten Mecklenburger Herzöge war schon seit Jahrzehnten Arbeitshaus. Ein Aufseher stand im Hof. Alte Männer in verwaschenen blauen Anzügen schlichen herum.

Auch zum Gertraudenfriedhof gingen wir nochmal. In Güstrow ist ja alles nahe beisammen. Ich liebte diesen alten, verwunschenen Garten sehr. Wir hatten ihn ganz für uns und konnten uns noch eine kleine Stunde plaudernd in ihm ergehen. Wir kannten uns nun seit dreißig Jahren und haben uns in allem, worauf es ankommt, immer verstanden. Zum Aufundabgehn in Gesprächen eignete sich dieser Friedhof wunderbar. Das Dach seiner Kapelle, unter grünem Rankenwerk fast verschwunden, war eingesunken, die Scheiben blind. Wir kamen auch am Grab meines Urgroßvaters vorbei. Wir fragten uns besorgt, wie lange dieser unnütze Friedhof, in dem niemand mehr begraben wurde, dem modernen wirtschaftlichen Denken wohl noch standhalten werde. Seine Tage sind gewiß gezählt. Aber endlich mußten wir doch zum Bahnhof, und da gab es dann einen schnellen Abschied.

Im Juni 1934 hatte ich mich wieder einmal nach Güstrow aufgemacht. Barlach stand an der Sperre. Er war sichtlich ein gutes Stück älter und grauer geworden. Wir aßen gleich am Bahnhof zu Mittag. Dann bestellte er ein Auto. Seit meinem letzten Besuch im Oktober 1928 hatten sich die Zeiten gewaltig verschlimmert. »Ich fahre jetzt nur noch im geschlossenen Auto durch Güstrow. Ich will mich dort nicht mehr sehn lassen. Soll es etwa einen Streit auf offner Straße geben?« Man hat Drohungen gegen ihn ausgestoßen: »Die Nazis rufen: ›Das ganze Judenhaus — damit meinen sie mein Haus! — muß ausgeräumt werden!‹ Dabei ist weit und breit kein Jude. Nun, der Kreisleiter von Güstrow hat sich herbeigelassen, einstweilen jede Belästigung zu verbieten. Seit wann ist so etwas in Deutschland nötig?« —
Ich kannte das neuerbaute Atelierhaus am Heidberg noch nicht. Barlach orientierte mich über die Verhältnisse. Sein Famulus, der ihm in allen praktischen Dingen beistand, war immer noch Herr Boehmer. Barlach hatte das neue Haus an ihn und seine zweite Frau vermietet. Er hatte nur das Atelier behalten und wohnte selbst im alten Haus, ebenso die erste Frau Boehmer, Barlachs Freundin Frau Marga.
Das Auto kam. Ich wollte gern das Grab meines Urgroßvaters Krüger-Hansen auf dem Gertraudenfriedhof wiedersehn und diesmal fotografieren lassen. Wir fuhren deshalb zum Fotografen Kaegebein, dessen Vetter das neue Atelierhaus gebaut hatte. Er war nicht zu Hause, würde aber bald zurück sein und dann auf den Friedhof kommen. Deshalb ging die Fahrt zunächst einmal auf die Landstraße hinaus zu der Stelle der ehemaligen Bülower Burg. Dabei kamen wir an Barlachs alter Wohnung in der Schweriner Straße vorbei. Er sagte: »Die habe ich nun aus meinem Gedächtnis gänzlich ausgespuckt.« Auf der Landstraße ging es Hügel auf und ab, bis wir anhielten. Barlach führte mich die Lindenallee zum See hinab. Der weite Blick über See und Wald war wunderschön. Ich hob einen Feuerstein auf. Das ging nicht anders. Feuersteine sind die Steine meiner Kindheit.

Dann zum Gertraudenfriedhof. Mein Urgroßvater ruht unter einem weißen Würfel mit schwarzer Schrift, das Grab ist mit Efeu überwachsen. Barlach suchte den besten Punkt für die Aufnahme. Dann ließ ich ihn selbst fotografieren, wie er vor dem Portal der alten gotischen Kirchhofskapelle stand. Herr Kaegebein meinte zwar, das werde sehr häßlich aussehn, er fügte sich aber. (Ich habe die eindrucksvolle Aufnahme eingeschaltet.) Nachdem der Fotograf sich empfohlen, erzählte Barlach von seinen Erfahrungen mit Fotografen. »Die früheren haben immer zu weich und verschwommen gearbeitet, alles wollten sie künstlich malerisch und ›interessant‹ machen, schräg von unten, mit Glanzlichtern und so weiter. Herr Kaegebein ist aber so dumm — er ist so dumm, daß er nur gute Aufnahmen machen kann. Anders ist es ihm gar nicht möglich.« (Das war, in Barlachs etwas skurriler Ausdrucksweise, ein hohes Lob.)

Wir besuchten dann noch das Grab von Barlachs Mutter auf dem neuen Friedhof. Es lag unter einer großen Birke. Barlach hatte für das Holzkreuz ein einfaches Relief geschnitzt. »Es war das Letzte, was mir für meine Mutter zu tun übrigblieb. Das Grab ist mir ein greulicher Ort, will ich Ihnen gestehn; alle mühsam zusammengeklaubte Philosophie stürzt mir manchmal — nicht etwa bloß bei diesem Grabe — wie ein Kartenhaus zusammen, und das bohrende Warum und Wozu fällt von frischem ohne Maulkorb und mit höllisch blanken Zähnen über mich her. Die Unheimlichkeit dieser ganzen Veranstaltung ist ein bitterböses Wissen; nehmen wir fromm an, es gäbe einen Sinn, so weiß man's doch nicht genau, und man krümmt sich unter dem Fluch durch die Jahre hindurch ins Grab hinein. Die Verelendung in Alter und Zersetzung, wie ich es nun schon so oft vor Augen gehabt, erfüllt mich mit Erbitterung und Ekel. Welche Pfuscherei — wundern Sie sich, wenn ich gläubig werde und mir diese Existenz nur als Strafanstalt, Verstoßung, Hölle, Degradierung versinnbildlichen kann? Dabei bin ich wirklich zur Heiterkeit entschlossen, denn es wäre ja dann doch möglich, irgendwo eine Welt des Friedens anzunehmen.«

Das Auto wurde entlassen. Wir gingen durch Wald zum Inselsee und erblickten das Atelierhaus vor der Wasserfläche. Ein Sandweg, ein weißes Tor. Das Haus hat bläulichrote Ziegel mit weißen Fugen und ein Schieferdach. Daneben steht das ältere, gelbliche Wohnhaus. Die Hunde Boll und Baldow stürzten uns mit lautem Gebell entgegen. Das Atelier ist sehr groß. Barlach sagte wie entschuldigend: »Alles nur

Kulisse, alles nur Kulisse!« Er fragte mich ironisch: »Sagen Sie mir, Herr Piper, weshalb sind hier *drei Türen?*« Ich meinte, das habe der tüchtige Herr Boehmer vielleicht so eingerichtet für den Fall, daß bei Hochbetrieb einmal drei Plastiken zu gleicher Zeit abtransportiert werden müßten! Barlach knurrte.

Ich betrachtete die Werke an den Wänden. In Arbeit war ein »Mann im Wind«, eine Holzplastik für einen Rostocker Rechtsanwalt. Dann stand da ein großer Bettler in Bronze, ferner die Büste des Schauspielers Wegener, auch die des kürzlich verstorbenen Theodor Däubler, dem Barlach von Florenz her sehr nahestand. Er hat im »Seespeck« ein großes Kapitel über ihn geschrieben.

Vor ein paar Tagen war ein Brief von Frau von Nostitz, einer Nichte Hindenburgs, gekommen. Sie hatte ihn gefragt, wie sie Erleichterung in sein Leben bringen könne. Barlach war das unangenehm: »Mich hinter Damen zu s-tecken, paßt mir ganz und gar nicht. Es kommt nichts danach. Hindenburg ist heute ein ganz einflußloser Mann. Erleichterung bringen? Man soll mir Arbeiten abkaufen! Da hat mich Herr von Stauß auf Burg Schlitz zu sich eingeladen. Wenn ich hingehe, werde ich dort also herumstehn. Wird wirklich von einem Auftrag gesprochen, so zieht sich das Jahre hin, ehe ich weiß, ob es Ernst wird. Alles bloße Fassade!«

Wir sprachen von dem großen Auftrag für die Lübecker Katharinenkirche. In den Nischen der gotischen Giebelwand sollten Figuren von ihm aufgestellt werden. Aber der Lübecker Museumsdirektor Carl Georg Heise, der das Ganze eingeleitet hatte, ist inzwischen abgesetzt worden. »Ob auch nur die Figuren bleiben, die ich schon fertiggestellt habe? Wer weiß es?«

Wir kamen auf Moeller van den Bruck. »Er hat sehr gut über Italien und über den Preußischen Stil geschrieben. Aber sein Buch ›Das Dritte Reich‹ kann ich nicht lesen. Es ist unreif, tertianerhaft. Jeder Satz ein Schlag mit dem Dreschflegel. Wuchtig! Aber es kommt nichts danach. Sie sehn: ich bin eigentlich ein boshafter alter Affe, aber den Leuten macht es mehr Spaß, mich für einen gutherzigen Theologen zu halten.«

Wir machten einen Spaziergang von etwa zwei Stunden über den Heidberg und nahmen nur Baldow mit. Boll weinte uns sehr ausdrucksvoll nach. Eine dänische Prinzessin hat vor ein paar hundert Jahren diese Anhöhen bepflanzen lassen. Man hat ihr dafür einen granitenen Denkstein errichtet. Barlach führte mich zu einem Dachsbau, und wir versuchten, uns etwas in das Daseinsgefühl dieses merkwürdigen Tiers zu versetzen. Im Volk heißt die Gegend übrigens die Mördergrube. »Man kann es erleben, daß ein Draht quer über den Weg gezogen ist, über den man fallen soll.« Von der Höhe hatten wir einen prachtvollen Blick auf Güstrow und die Windmühlen.

Abends saßen wir im gelben Haus bei der Lampe um den Tisch. Die von Barlach für eine Rundfunksendung besprochenen Platten wurden auf das Grammophon gelegt. Barlachs Stimme war nicht zu erkennen, nur das s-t und s-p wirkte überzeugend. Er hatte die Platten im Atelier besprochen, etwas aus der russischen Reise von 1906 mit Bettlern und Popen, dann Tagebuchblätter: Sturm, Nach einem Begräbnis, Sonntagmorgen auf den Feldern, Gang gen Osten. Einmal hatte Barlach sich beim Sprechen umständlich geräuspert. »Diese Räusperstelle ist das Entzücken von Klaus. Er wiederholt sie mit Vorliebe und will sich jedesmal dabei totlachen. Jetzt beschäftigt er sich mit Rassefragen. Ich sage zu ihm: ich kenne nur zwei Rassen, die geistige und die ungeistige, und ich meine, das hat Hand und Fuß. Wenn ich ihm vom gotischen Menschen rede, lacht er mich aus.«

»Dies Haus ist übrigens ein Spukhaus. Man hört Klopftöne und Schritte und weiß nicht woher. Der Vater von Frau Marga Boehmer hatte einen Doppelgänger. Alle Geräusche, die er verursachte, waren schon da, lange bevor er selber kam. Auch das Hausmädchen, das Boehmers hatten, war doppelt. Man begegnete ihr zweimal. Man legte ihr etwas über den Arm, und es fiel zu Boden. Sie konnte schließlich nur noch mit Mühe eine Stelle bekommen.

Wir spüren im Haus auch Erdstrahlen. Pastor Schwarzkopf kam mit einem Rutengänger, und es ergab sich, daß Frau Boehmers Bett an einer kritischen Stelle stand. Sie konnte nicht schlafen, magerte ab, hatte stets Kopfweh und Atembeschwerden. Man stellte das Bett um, und es war vorbei. Sonderbare Sache!«

Abends halb elf Uhr ging ich mit Barlach und Frau Marga Boehmer auf dem weichen Sandweg am See entlang. Dunkle Bäume standen reglos vor hellem Wasser. Auf dem sogenannten »Thingplatz« vor dem Kurhaus war großer Zapfenstreich bis Mitternacht. Da hatte es keinen Zweck, früher ins Bett zu gehn, ich hätte doch nicht schlafen können. Barlach gab mir eine Mappe mit seinen Prosaskizzen und das »Diarium Däubler« mit. In meinem schönen großen Zimmer mit einer

Tür auf die breite Terrasse vertiefte ich mich in sie. Der Mond stand hinter den Zweigen.

Im Kurhaus wohnte der Intendant von Altona, der »Die Echten Sedemunds« zwölfmal gespielt hat. Aber Barlach wollte uns nicht zusammenbringen, das würde Komplikationen geben, und mir war das auch sehr recht. Erst ein paar Jahre später habe ich ihn in München kennengelernt als den Schauspieler und Spielleiter des Staatstheaters Kurt Eggers-Kestner und mit ihm manch gutes Gespräch geführt.

Am nächsten Morgen stand über den Kiefern am See ein süßblauer Himmel. Um zehn Uhr kam Barlach mit Baldow, und wir tranken auf der Terrasse Kaffee. Der Besitzer setzte sich dazu, ein großer, stämmiger, rundschädeliger Mecklenburger. Nach Barlachs Meinung sind Langschädel, wie Kollmann und ich, die Erobererschicht, die Rundschädel die eingesessenen Slaven. Die Mutter des Wirts hatte bei der Mutter Barlachs wirtschaften geholfen. Sie ist eine der »Verlassenen« auf seinem Relief. Ihr Mann hatte sie wirklich verlassen.

Der Rechtsanwalt aus Rostock hat sich angemeldet, aber Frau Marga Boehmer hat ihn abgewimmelt, weil ich da bin. Er ist der Besteller des »Mann im Wind«. Schade, ich hätte solchen Freund von Barlachs Schaffen ganz gern kennengelernt!

Eine ständige Sorge für Barlach ist, ob das Holz platzen wird oder nicht. Weshalb platzen? Das Holz des »Moses« ist nicht in Bohlen zerschnitten und dann geleimt, sondern besteht aus einem einzigen Stück, aus einer alten Mühlenwelle. Es ist geplatzt. Holz ist sehr temperaturempfindlich. Die Feuchtigkeit wirkt außen eher als innen, so entsteht also eine Spannung. Wenn man das Holz aushöhlt, kann die Temperatur von allen Seiten gleichzeitig heran, und es kommt schneller zum Ausgleich.

Wir machten einen Morgengang über den Heidberg. Güstrow lag da, Rot im Blaugrün. Vorn der blaue See und die gelben Felder. Die Stadt hatte sich nicht gewaltsam in die Landschaft eingefressen. Ihre Silhouette war noch dieselbe wie zu Wallensteins Zeit.

»Die Hunde müssen immer pinkeln, überall hinterlassen sie zwei Tropfen. — Es ist eine Wegmarke, das stammt noch von ihrer Wolfsnatur her. Boehmer ist eigentlich Maler, aber er kommt nicht mehr dazu. Er fühlt sich nur noch im Auto wohl. Das Auto hat ihm seine zweite Frau geschenkt. Damit hat sie sich ihn herangeholt. Sie ist an einer großen Konservenfabrik beteiligt, und nun sitzen die beiden immer beisammen und raten hin und her, ob beim nächsten Abschluß wohl verteilt wird und wieviel Prozente. Das Auto ist eleganter als das des Prinzen Reuß. Ich kann es beurteilen, weil der Prinz Reuß in Gera ein Drama von mir aufführen ließ und ein Grabmal bestellt hat. Wenn Boehmer das Auto nicht mehr halten kann, begeht er sicher Selbstmord. Wenn ich mal gesunken bin, mache ich ruhig weiter. Nur das Sinken selbst ist unangenehm.«

»Der Güstrower Pastor erließ eine Aufforderung an die Gebildeten, mehr in die Kirche zu gehn. Ich schrieb ihm, daß ich mit dem Dogma der Kirche nichts anfangen könne, ich bewahre nur eine alte Anhänglichkeit an sakrale Bauten. Ob ihm das genüge? Sonst müsse ich austreten. Der Pastor ist übrigens jetzt nicht mehr im Amt. Er hat ›etwas gesagt‹. Er bekam dafür vier Monate Gefängnis und wurde ohne Pension entlassen. Welche Katastrophe für ihn und die Familie!«

Ich wollte gern ein Prosa-Buch von Barlach verlegen, er war aber damit sehr schwierig. Frau Marga Boehmer drängte ihn, aber er sagte, er habe nichts fertig, es müsse alles erst noch überarbeitet werden, und dazu fehle die Ruhe. Sonst sei ihm ja nichts lieber gewesen, als abends bei der Lampe zu sitzen und zu schreiben. »Wie ein Mönch. Für einen Mann wie Boehmer ist das ganz unbegreiflich.«

Er hatte meine Penzliner Kindheitserinnerungen mit Vergnügen gelesen. Besonders hatte ihm die Stelle gefallen, wie ich zum erstenmal an den Musiknoten meiner Eltern »Lunte rieche«.

»Für den Mecklenburger ist die Zunge nicht zum Sprechen da. Sie liegt einfach im Mund und bleibt da liegen und rührt sich nicht. Deshalb kennt der Mecklenburger auch kein r. ›Untätätia‹ sagt er statt ›Untertertia‹.«

Nach dem Mittagessen holte ich mir einen Arm voll Zeichnungen aus dem Atelier in den Garten und betrachtete sie an einem weißen Tisch. Es waren viele neue hinzugekommen, seit ich sie zum letztenmal durchgesehn hatte. Das war noch in der Schweriner Straße. Ich war begeistert von dem Reichtum und der Erfinderkraft. Das Nordische und Düstere in diesen Blättern berührte mich sehr vertraut: Hexen, Bettler, Stürmender Barbar, Mann bei Gewitter, Frierendes Mädchen, Die Gejagten, Der Wartende, Kriemhild erschlägt den gefesselten Hagen, Gang zum Scheiterhaufen, Drei graue Weiber. Aber auch der Flötenbläser, die Rast, Liebespaar, Lehrender Christus, der Geiger, der Lesende. Wie die andern auch zu mir herauskamen, sagte ich: »Daraus muß ich unbedingt eine Mappe machen, die Blätter schreien ja geradezu danach, reproduziert zu werden!« Frau Marga Boehmer klatschte demonstrativ Beifall. Barlach: »Herrn Piper wird da ja zugeredet, daß ihm die Ohren klingen müssen!«

In der von Meier-Graefe herausgegebenen »Mappe der Gegenwart« war Barlach mit einem Faksimilelichtdruck nach einer Zeichnung »Prometheus« vertreten. Der hatte ihm sehr imponiert. Er sagte, der Druck unterscheide sich vom Original nur durch den Stempel.

Dann sagte ich mir: Eine *Mappe* mit Lichtdrucken kann nicht so viele Blätter bringen wie ein *Buch*. Also lieber ein Buch! Das hatte ich mir schon lange gewünscht.

Von den etwa zweihundert Blättern legten wir hundert heraus. Die wollte er mir nach München schicken.

Wer könnte wohl den Text dazu schreiben? Ich dachte zunächst an Wilhelm Pinder, den Münchner Ordinarius für Kunstgeschichte. Er hatte in seinem großen zweibändigen Werk über Deutsche Plastik, das innerhalb des Handbuchs der Kunstwissenschaft erschienen war, bei den Gotikern sehr respektvolle und einsichtige Parallelen zu Barlach gezogen.

Als ich Pinder mit den Zeichnungen in München besuchte, lehnte er aber ab. Er sagte, er wolle sich wegen eines Buchs über Barlach nicht »diffamieren« lassen. Soweit waren wir damals in Deutschland gekommen!

Statt seiner schrieb dann Paul Fechter die Einführung. Das Buch wurde einige Monate nach Erscheinen beschlagnahmt, und 4000 Exemplare wurden vernichtet.

Ich erzähle die Geschichte der Beschlagnahme hier nicht ausführlich. Sie wird mit den Erlassen der Geheimen Staatspolizei und den – ach so ohnmächtigen! – Eingaben und Beschwerden von Barlach und von meiner Seite gewiß noch an andrer Stelle zu Worte kommen.

Es ist mir eine Genugtuung, daß ich die »Zeichnungen« nach dem Sturz der nationalsozialistischen Kunstpolitik vermehrt und verschönt neu herausbringen konnte. Das »Selbsterzählte Leben« mit 91 Abbildungen fast des gesamten plastischen Werks schloß sich an. Eine umfassende Briefauswahl ist für 1951 in Vorbereitung. In ihr wird aus dem Barlach-Bändchen der Piper-Bücherei kein Brief wiederholt. Dies behält also seine selbständige Bedeutung.

Von all diesen Folgen ahnte ich bei meinem Besuch in Güstrow noch nichts, sondern gab mich der ungetrübten Freude darüber hin, daß ich als Freund Barlachs und als Verleger eine schöne Aufgabe vor mir hatte. Nach kurzer Zeit langte das Paket mit den kostbaren Originalen bei mir in München an, und die Arbeiten am Buch begannen.

AUS ULRIKENS KINDHEIT

Zwölf Jahre nach Klaus und zehn nach Martin erschien Ulrike auf dieser Welt. Wir freuten uns sehr über diese Bereicherung unsres Daseins. Nochmal ein Bub – das wäre uns beinahe wie eine überflüssige Wiederholung erschienen. Schon im »Vormittag« habe ich erzählt, daß ich eine Zeitlang geradezu der Eckermann unsrer kleinen Tochter war. Aus meinen damaligen Aufzeichnungen schalte ich hier einiges ein, das hoffentlich dem Leser hie und da ein Lächeln abgewinnen wird.

Ulrike, genannt Didi, kannte schon lange, bevor sie in die Schule kam, die großen lateinischen Buchstaben. Langsam gelangen ihr auch ganze Worte. Nun war am Karlsplatz ein großes Kaufhaus. An der langen Front stand ein halbes dutzendmal der Firmenname HORN. Eines Tages erzählte meine Frau, daß Didi nun schon von der Trambahn aus den Namen HORN gelesen habe. Etwas später fuhr auch ich mit ihr dort vorbei und zeigte arglos auf das erste mir zu Gesicht kommende HORN: »Schau, Didi, da ist ja das HORN, was du gelesen hast!« Aber sie korrigierte mich entrüstet: »*Das* HORN hab ich doch gar net g'lesen, sondern das HORN da *vorn*!«

An einem Heimgarten pflückte ich durch den Zaun ein paar verspätete Bohnen. Sonst macht es ihr immer Spaß, die violett und schwarzen Bohnen herauszuholen. »Nein, *die* hol' ich noch nicht raus. *Die* Bohnen dürfen noch ein bißchen drin wohnen.«

Wir kommen am Sendlingertor-Brunnen vorüber: »Schau, das Wasser sieht aus wie Glas, das grad zerbricht.«

Mit Didi im Tierpark. Sie arbeitet neben dem Straußengelände mit Hacke und Schaufel am Boden. Ein Strauß schaut von hoch oben über das Gitter auf sie herab. Sie sagt schelmisch: »Schau, der *kleine* Vogel schaut mir immer zu!« Von einem andern Vogel sagt sie: »Der hat einen Heiligenschein, wie das Christuskind – nein, das ist falsch: er hat einen Federschein!«

Wenn sie die Tiere lange genug angeschaut hat, wird sie zuletzt immer selber ein Bär und versteckt sich in der Nagelfluhhöhle am Abhang des Tierparks. Dann knurrt sie mich an, und ich muß ängstlich fragen, ob der Bär auch brav ist und ob ich ihn streicheln darf. Aber dann muß ich auch ein Bär werden und ihr begegnen. Die beiden Bären unterhalten sich. Wenn mir der Stoff ausgeht, souffliert sie mir erfinderisch unermüdlich weiter: »Mußt sagen: ...«

Didi hat ein kleines Loch am Bein, die Mutti klebt überkreuz zwei Streifen Leukoplast darauf. Sie sagt: »Da hast du ja eine Windmühle gemacht!«

Sie bringt eine Blume und fragt, wie die heißt. — »Ehrenpreis.« — Da sagt sie: »Die Blume Ehrenpreis hat wohl den schönsten Namen, den es auf der ganzen Erde gibt.«

Ein kleiner Elefant schwenkt seinen Rüssel. »Schau mal, dem ist sein Spielzeug gleich ang'wachsen, der hat es immer bei sich.«

Ich: »Didi, heut hast du aber schöne rote Backen!« — »Ja, du brauchst mich bloß zum Windmaler schicken, der malt mir die Backen gleich rot an.«

Zufällig hört sie das Wort Liliput. »Das ist aber komisch, da ist wohl die Lili kaputt.«

Sie malt. »Ich mal so wie der Albrecht Dürer. Ich mein, nicht so *gut*, sondern so was, was er gemalt hat: Häsle und die Maria mit dem Christkind.« Ich hole nun ein Buch mit Holzschnitten und Stichen von Dürer und Rembrandt. Bei dem Abendmahlholzschnitt von Dürer, auf dem alle so brav am Tisch sitzen, ruft sie aus: »Das ist aber nett! Das ist wirklich eine nette Schule!« —

Didi hat in der Schule bei ihrer Lehrerin Fräulein Ebermayer Anschauungsunterricht gehabt, und ich frage sie: »Was habt ihr denn da angeschaut?« — »Gar nix.« — »Aber *etwas* werdet ihr doch angeschaut haben!« — »Da haben wir nur das Fräulein Ebermayer anschaun dürfen.«

Didi: »Die Sonne tut mir in den Augen weh.« — Ich (sie neckend): »Und mir in den Zähnen!« — Didi: »Ach was, die Zähne! Die geht das ja gar nix an.«

Sie findet in einer Kastanie *zwei* braune Früchte, die sind aber etwas kleiner geraten. Sie sagt dazu erklärend: »Wenn die Mutter *zwei* Kinder hat, sind sie auch immer ganz zerdaatscht.«

Gegen Abend sind wir an der Waldwirtschaft Bergl. Ich sage zu ihr:

»Didi, jetzt wird es zu kalt, wir wollen hineingehn.« – Sie: »Nein, das wollen wir nicht. Hinter einer Scheibe mag ich nicht sitzen.«

Abends im Zug auf der Heimfahrt. Ich: »Ist das nicht nett so, wenn's draußen dunkel ist? Wie in einem gemütlichen Zimmer!« – Didi: »Ja, und das Zimmer hat auch noch Beine!«

Fasching. Ihre Freundin Ruth geht als Tänzerin mit Gazeröckchen, während Didi ein Kasperl-Kostüm anziehen möchte. Die Mutti meint, daß sie dann aber gar nicht recht zu ihrer Freundin paßt. Didi wehrt ab: »Ach was, im Fasching kann ein Rotfuchs auch eine Sau heiraten!«

Wir schauen von der Isarbrücke den Möwen zu, und ich sage: »Schau, die Möwen fliegen immer ein bißchen herum und kreischen und dann setzen sie sich wieder aufs Wasser und schwimmen und tunken den Schnabel ein und dann fliegen sie wieder auf und kreischen wieder und so tun sie ihr ganzes Leben immer dieselben Sachen.« – Didi (sehr überzeugt): »Aber lauter *angenehme* Sachen, *nur* angenehme!«

Didi liest jetzt sehr viel in dem dicken grünen Märchenbuch der Brüder Grimm mit den vielen Bildern von Ludwig Richter, manchmal sechs Geschichten ohne Pause auf einen Sitz. Ich frage: »Kommen dir denn die Geschichten nicht alle durcheinander? All diese Könige und Prinzessinnen und Zwerge und Handwerksburschen und Hexen?« – Didi: »Nein, da kommt mir gar nix durcheinander! Da ist jede Geschichte von der andern so getrennt, als ob ein Brett dazwischen wär'.«

Didi in Obsteig, August 1929. Sie pfeift ein Lied und ist stolz, daß sie schon so schön pfeifen kann. »Weißt du, zuerst pfeif' ich's langsam – und dann schneller – und dann ganz schnell – und dann sausig – und zuletzt wie ein Windhund.«

Sie nimmt sich immer sehr reichlich Zucker, obwohl sie weiß, daß ich das nicht gern sehe. Als sie nun einmal hingefallen ist und furchtbar schreit, will ich sie trösten und sage: »Nun, heut abend darfst du dir zur Belohnung einmal *extra* Zucker nehmen!« Da knurrt sie vor sich hin, um mir zu zeigen, daß sie das gar nicht locken kann: »*Extra* genommen hab' ich mir doch schon immer!«

Didi kriegt zu Ostern bunte Eier, die ihr aber sehr hart erscheinen. Sie kommt nicht gleich dahinter, daß sie aus Schokolade sind. Während sie mit einem Löffel in sie einzudringen sucht, beruhigt sie sich selbst: »Wenn sie nicht schmecken, kann ich ja was abgeben!«

Als die Omama gestorben und Mutti nach Königsberg gefahren war, ging Frau H. mit ihrer Ruth und unsrer Didi in den Nordpark, wo Karussells und Schiffschaukeln in Betrieb waren. Frau H. erzählte uns, sie habe Didi nur ein einziges Mal Karussell fahren lassen, weil sie nicht wußte, ob es uns in dieser Zeit recht sei. Auf dem Heimweg habe dann Didi vor sich hin gesagt: »Ich tät nicht so am Geld hängen!« Frau H., ganz erschrocken: »Aber Didi, wie meinst du denn das? Du meinst doch nicht, daß ich dich *deswegen* nicht öfter hab' Karussell fahren lassen.« Didi: »Nein, das mein' ich nicht. Aber mein Papa hat gesagt, man soll nicht so am Geld hängen.« – Pause. – »Übrigens, ein Dichter hat das auch gesagt. Aber er ist schon tot.« – Lange Pause. – »*Wir* sind ja noch Kinder, *wir* können ja schon noch Zinsen nehmen!« – Bei Tisch hatten wir einmal davon gesprochen, daß Luther gegen den Wucher geschrieben habe und daß nach seiner Meinung selbst das Zinsennehmen schon unchristlich sei.

Didi beim Abendbrot: »Weißt du, Papa, was famos wäre?« – Ich: »Nein, das weiß ich nicht!« – Didi: »Wenn ich jetzt ein großes Pappdeckelschild nähme, ein ganz großes – nein, eines aus Blech, so lang wie der Verlag, und wenn ich das am Verlag anmachen tät' und draufschreiben: KÖNIG.« – Ich: »Und was wär' dann?« – »Dann wärst du der König und dir tät' alles gehören.« – Ich: »Ja, und dann hätt' ich gewiß eine goldne Krone und die wär' so viel wert wie ganz München.« – Didi: »Nein, viel mehr! Und dann könnt'st du jeden Tag ins Theater gehn und brauchtest gar nichts zu zahlen. Aber wenn das auch für andre gelten tät', ich mein', wenn's andre auch so machen könnten, das wär' nicht schön.«

Sie hörte von Oberammergau reden und frug: »Wie weit ist es nach Oberammergau?« – Ich: »Nun, wohl so vier Stunden.« – Didi: »Um die ganze Welt mit dem Zug, da braucht man schon hundert Stunden, ja, das dauert vielleicht sogar *noch* länger!« – Ich: »Aber überall fahren gar keine Züge hin. Nach Afrika zum Beispiel nicht.« – Didi: »Da hat man aber als Zug die Tiere, z. B. die Giraffen mit den langen Beinen. Da kommt man mit dreizehn Hupfern durch die ganze Welt. Aber der Elefant kann's nicht so schnell, der hat kürzere Beine. Und die Welt, die hört *überhaupt* gar nicht auf, die geht *immer* weiter!«

Ich las mit ihr ein Faschingsplakat, auf dem etwas von Pyramiden stand und fragte: »Was sind denn Pyramiden?« – Didi: »Pyramiden, das sind so dreieckige Holzklötze, die werden so über ein Grab gestellt. Natürlich, die Eingeborenen kriegen es nicht, sondern nur die Gräfe (sie meint: Grafen) oder die Könige. Ich weiß auch, wie die Könige heißen. Kazika heißen sie. Das hab ich aus dem Robinson gelernt. Da kann man überhaupt sehr viel draus lernen, mehr wie in der Schule. Zum Beispiel über die Kokosnuß, wie man da die Milch rauskriegt, und alle solche wichtigen Sachen!«

VOM GLÜCK DES LESERS

Wer unter uns könnte aus seinem Leben wegdenken, was er den Büchern verdankt?

Die schönen alten Reime unsres ersten Bilderbuches bleiben uns für das ganze Leben haften. Unbewußt haben wir durch sie zum erstenmal Dichtung in uns aufgenommen.

Wie fing doch der »Eispeter« an?

> Als anno zwölf das Holz so rar
> Und als der kalte Winter war,
> Da blieb ein jeder gern zu Haus,
> Nur Peter mußt' aufs Eis hinaus.

Wir brauchen solch einen Vers nur vor uns hin zu sprechen und unsere ganze Kindheit steigt um uns auf.

Unser Märchenbuch hat uns neben der alltäglichen Welt eine neue Welt der Phantasie erschlossen. Die Taten und der Tod Siegfrieds erschütterten uns mit einer ersten Ahnung von dem Schicksal alles Heldentums. Aus dem Geographie- und Naturkundebuch der Schule lernten wir langsam den Zusammenhang der tausendfältigen Wirklichkeit um uns her verstehen. Gar mancher hat diesen einfachen Büchern Jahrzehnte hindurch die Treue bewahrt und noch als Erwachsener sein Wissen aus ihnen aufgefrischt.

Bücher begleiten uns durch unser Leben. Sie sind Mittel unsrer Menschwerdung, sie vertiefen unser Bewußtsein.

Wie der Mensch die praktischen Geräte, die er braucht, nicht alle selber machen kann, so auch nicht sein geistiges Gerät. Wir sind alle auf Geben und Empfangen angewiesen. Zu den unentbehrlichsten Gerätschaften gehört das Buch. In ihm empfangen wir, was die großen Geister empfunden, gedacht und erlebt haben – und zwar für uns miterlebt haben. Das Buch führt den Leser also nicht von der Wirklichkeit ab — es läßt uns im Gegenteil die Wirklichkeit tiefer erleben, weil der Dichter sie tiefer erlebt hat, als wir gewöhnlichen Sterblichen es könnten.

Auf wieviel Arten können wir lesen — und alle Arten sind wohltätig! Wir können lesen, um uns zu zerstreuen, und können es, um uns zu sammeln.

Das zerstreuende Lesen lenkt uns freundlich von uns und unsern Gegenwartsnöten ab, wir können sie und uns vergessen und in diesem Vergessen neue Kräfte sammeln.

Es hat einmal einer gesagt: »Es ist etwas Lästiges, immer derselbe zu sein.« Bücher befreien uns von dieser Last, sie sind Zaubermittel, sie ermöglichen uns, unser Ich abzustreifen und uns zu verwandeln. Wir können lesend mit Kolumbus über das unbekannte Weltmeer segeln und mit dem großen König auf der Terrasse von Sanssouci spazierengehn.

Andere Bücher wieder helfen uns, uns selber zu finden. Sie zeigen uns den Weg zu unserm Innern, sie helfen uns, unser eigenstes Wesen zu entdecken.

Vor einigen Jahren hatte die Münchner Leitung der »Woche des deutschen Buchs« den guten Gedanken, Preise auszuschreiben für die schönsten Bekenntnisse zum Thema: Das Buch und mein Leben. Ergreifend war da vor allem, was ein Hotelportier schwerfällig und unorthographisch schrieb: »Als junger Knabe bekam ich sämtliche Bände fon Karl Mai zu lesen. Dieselben erweckten in mir einen Drang nach Abenteuer in weiter Ferne. Als ich aber mit Karl Mais Bänden fertig war, bekam ich durch Zufall fon Schoppenhauer einen Band zu lesen. Anfangs las ich ohne eigentlich zu ferstehen, als ich aber in der Fremde war und das SCHicksal mich hart prüfte, so wurde ich an Schoppenhauer erinnert, so lernte ich immer mehr ferstehen, was es heißt, auch mit der Seele zu Leben und nicht blos mit dem Körper. So kam ich mit Karl Mais Bänden in die weite Welt hinaus und mit Schoppenhauers Band in die innere Welt hinein und ich wurde so mit Lesen der beiden Schriftsteller ein ganzer Mann, was ein anderer nach Hunderten fon Jahren die er Leben Würde nicht werden kann.«

So hat also dieser einfache Leser mit Karl May sich zerstreut und mit Schopenhauer sich gefunden, und beide haben ihm geholfen, er selbst zu werden.

Ein anderer Leser berichtete damals, wieviel Erquickung er einem einzigen Buch, der Odyssee, in den schweren Jahren im Felde verdankt habe: »Kraft und Aufschwung gab oft ein einziger Vers, wenn der Regen auf den Unterstand rann oder der Fuß im Schlamm versank, und die Welt der Götter und Helden überglänzte siegreich das Chaos der Gegenwart.« Aus demselben zerschrammten Band hat er dann viele Jahre später an stillen Abenden daheim auch seiner jungen Frau vorgelesen, und die Odyssee hat auch sie mitbeglückt.

Bücher an sich sind freilich nur tote Dinge, wie andere Gegenstände auch. Es kommt auf den Menschen an, ob er sie sich lebendig machen kann oder nicht. Lesen ist nicht bloßes Zur-Kenntnis-Nehmen. Lesen muß schöpferisch sein, muß zum Anstoß werden zu eignem Erleben, zu selbständiger Tat. Voltaire sagt einmal: »Les livres les plus utiles sont ceux dont les lecteurs font eux-mêmes la moitié.« Der Leser muß zum Buche seine Hälfte dazu tun. Und diese seine Hälfte ist vor allem das selbständige Erleben des Buchs. Man muß sich Bücher erobern, wie man sich einen Menschen oder ein Stück Natur erobert. Nichts fällt uns Menschen in den Schoß, und wenn es das täte, hätten wir nichts davon.

Erobern soll man nur, was des Eroberns wert ist, und das ist nur das Dauernde. Ein Buch ist ja nicht schon deshalb etwas wert, nur weil es ein Buch ist. »Vom Schlechten kann man nie zu wenig und das Gute nie zu oft lesen«, sagt Schopenhauer.

Man sollte eigentlich nur das lesen, was sich ein zweites Mal zu lesen lohnt. Bücher sind für den wahren Leser nichts Fertiges und ein für allemal Abgeschlossenes. Schon wenn wir dasselbe Buch zum zweitenmal lesen, ist es ein andres. Der Anfang hat ein neues Licht von dem Ende empfangen, das wir nun schon kennen. Auch unsere eigene Stimmung ist nicht mehr dieselbe. Wir entdecken Stellen, die uns das erstemal entgangen waren. Und bei der dritten und vierten Lektüre genießen wir die früheren nochmal nach. So ist das Buch inzwischen ein Gefäß unseres eigenen Lebens geworden. Es wird zum Lebensgefährten, der sich wandelt wie wir und sich doch treu bleibt, der das Altvertraute bewahrt und uns immer Neues zu sagen hat.

DER ZEICHNER VON ZWICKLEDT

Es war im Februar 1927. Alfred Kubin holte mich in Passau ab. Mit
nervöser Lebhaftigkeit, den grauen Wettermantel um die Schultern,
trat der Fünfziger in die Tür des Gasthofs zum »Passauer Wolf«, wo
ich ihn erwartete. Es war ein nebliger Tag, erst gegen Mittag war die
Sonne durchgebrochen. Bald machten wir uns auf, denn nach Zwickledt, dem Wohnsitz Kubins — schon im Österreichischen gelegen —,
sind gute zwei Stunden zu wandern.

Vorher waren aber noch allerlei Einkäufe zu besorgen. So durchstreiften wir die tiefen Straßenschluchten der alten Stadt mit ihren barok-
ken, bunten Fassaden. Wir betraten alte Verkaufsgewölbe; hier galt
es eine Medizin abzuholen, dort nach einem bestellten Buch zu fragen,
die neue Hornbrille für die Frau war fertig geworden, eine Grammo-
phonplatte mit dem Don-Kosaken-Chor wurde in die ländliche Abgeschiedenheit mitgenommen. Nach dem Befinden eines verunglückten
Arztes, der schon Kubins Vater behandelt hatte, wurde gefragt, der
Steindrucker in seinem Verlies wurde durchs Fenster begrüßt, zwischendurch die weißblonden Zöpfe eines muntern Schulmädchens bewundert. Dann gingen wir über den Domberg hinab an den breit und
schnell strömenden Inn. Wir setzten uns in ein altes behagliches Café.
Wie nicht anders denkbar, sprachen wir über die Kunst im Allgemeinen und im Besondern. Auch Kubin sah besorgt in die Zukunft. Ganz
offenbar geworden war auch seiner Meinung nach die grundsätzliche
und wohl für lange Zeit endgültige Abkehr des großen Publikums von
den geistigen Werken überhaupt und damit auch von der Kunst.

»Das Volk ist zur Masse geworden, die zunehmende Vernegerung
Europas scheint mir unausbleiblich. Wer vertieft sich noch zu Hause
in die krausen Linien einer Zeichnung, in die vom Künstler so viel
Leben hineingeheimnißt wurde! Aber eine Schicht wird doch bleiben,
die uns dann um so treuer und dankbarer ist. Das Künstlerproletariat

wird verschwinden, so daß wir wieder mehr Atem bekommen. Wie viele Leute haben nach dem Krieg das Malen angefangen! Die stecken es jetzt wieder auf, weil nichts damit zu verdienen ist. Es wird wieder Platz für die, die wirklich etwas zu sagen haben. Auch daß der Mode-Expressionismus abflaut, ist gut. Der war so bequem, für den brauchte man überhaupt nichts gelernt zu haben! Jetzt haben wir ja allerdings dafür die ›Neue Sachlichkeit‹! Aber das ist auch nur wieder so ein Schlagwort, damit das liebe Publikum nicht lange nachzudenken braucht! Vor lauter Richtung sieht niemand mehr das einzelne Werk, und auf das kommt es doch an! Das Publikum freilich könnte ›Sachlichkeit‹ brauchen. Wenn sich das heutzutage für einen Künstler interessiert, so gilt das viel mehr der Person als dem Schaffen, und da ist es dann für das Publikum doch ziemlich gleichgültig, ob es sich um einen Künstler oder um einen Boxer handelt!«

Doch nun setzten wir uns endgültig in Gang. Über die Innbrücke stiegen wir hinauf zur zweitürmigen weißen Wallfahrtskirche Maria Hilf. Von oben taten wir noch einen Rückblick auf die Stadt zwischen Inn und Donau. Über den mächtigen Palästen des Dombergs mit ihren flachen Dächern erhob sich der gotische Dom mit Kuppel und Türmen. »Sehen Sie die feinen Farben der Häuser! Selbst der bunteste Anstrich bekommt hier zwischen den vielen Wassern sofort eine prachtvolle Patina!«

Wir bogen alsbald in die große Landstraße ein, die über Schärding nach Linz führt. Sie stieg langsam immer höher. Zuletzt waren wir im dichten weißen Winter, während unten im Tal kaum noch Schnee gelegen hatte. Vorbei am bayrischen und dann am österreichischen Zollhaus. Niemand trat heraus zur Kontrolle. Neben dem verwaschenen schwarz-gelben Grenzpfahl des alten Österreich glänzte der neue rot-weiße. Wir kamen nicht durch Dörfer, nur an einzelnen Gehöften vorbei und begegneten nur wenigen Menschen. Hie und da standen alte breite Wirtshäuser aus der Zeit, als dies noch die vielbefahrene Poststraße war. Ein feines geschmiedetes Rokokokreuz stand am Weg, seine Aufschrift war neu. Sie meldete, daß hier vor einigen Jahren ein Eisenbahnbediensteter erschlagen wurde. »Dies Marterl ist aber schon das zweite, das ihm errichtet wurde«, erzählte Kubin. »Auf dem ersten hatte etwas von ›ruchloser Mörderhand‹ gestanden. Ein Bauernbursche, der bei dem Totschlag zwar zugesehn, wenn auch nicht mit zugeschlagen hatte, hatte sich über den Ausdruck

Zeichnung von Alfred Kubin. 1922

›ruchlos‹ so gegiftet, daß er das Marterl kurz und klein schlug. Er bekam dafür eine schwere Gefängnisstrafe.« Nachher begegneten wir
ihm. Er ging, schon wieder gutgelaunt, mit der Pfeife im Mundwinkel
neben seinem Wagen her und begrüßte Kubin mit dem ländlichen Du.
Wir kamen durch Tannenwald. Eine Kapelle, wie auf dem Bild von
Schwind, stand am Wege. Kleine Kinder zogen vollgefüllte Säcke auf
ihren Schlitten vom Weg ab in eine Waldschlucht hinunter. »Die haben da unten an einem Bach eine kleine Stampfmühle. Der braucht
man das Korn nur vorzuschütten, sie arbeitet umsonst und ganz für
sich allein Tag und Nacht.« Wir holten ein Gespann mit großen
Baumstämmen ein, das durch den Schnee knirschte. — »Ein alter Lieb-
lingsglaube von mir ist, daß in jedem Menschen ein Zeichner steckt.
Diese Zeichenfähigkeit muß nur geweckt werden! Der Mensch lebt
viel zu sehr in schematischen Begriffen, er schaut die Dinge selber
nicht mehr an. Er sagt z. B.: ›Baum‹, sieht aber nicht mehr diesen ein-

zelnen Baum mit seinen besondern Astbildungen, seiner alten Rinde, seinen Drehungen und Verzweigungen. Sehen Sie dies Fuhrwerk! Die Menschen müssen dahin kommen, daß sie sich einen solchen Pferdehintern in seiner Erscheinung genau ansehn, so genau, daß sie ihn zeichnen könnten – daß sie nicht bloß die dumpfe Vorstellung haben: da fährt ein Wagen! Schon als kleiner Junge in Zell am See setzte ich mich mit meinen Freunden um den Tisch, und wir zeichneten und malten drauf los. Jeder war gespannt, was der andre fertigbringen würde, wir schauten uns gegenseitig über die Schultern. Welche Buben setzen sich heut noch zu einem solchen Um-die-Wette-Malen zusammen? Die denken an nichts wie Fußball!«

Die Landstraße stieg wieder um eine Stufe. Wir wanderten auf der Höhe zwischen Inn und Donau; der Volksmund nennt diese ganze Landschaft den Sauspitz. Ein großer Hofhund, der seine losgerissene Kette im Schnee nachschleifte, verfolgte uns geraume Zeit mit höchst unfreundlichem Knurren. Endlich ließ er von uns ab. Wir bogen in einen Fußweg ein, hinab in eine Talsenkung und wieder aufwärts und sahen nun oben hinter den kahlen Bäumen des Gartens das gelbe, breite, zweistöckige Herrenhaus von Zwickledt. Kubin nennt es seit 1907 sein eigen. Auf dem Dach steht das kleine Glockentürmchen mit der Uhr. »Die Glocke muß bei jedem Todesfall in der Gegend von uns geläutet werden. Wir sind mit allem, was hier geschieht, eng verknüpft. Noch kürzlich kam eine Nachbarin zu mir gelaufen: ›Herr Kubin, kemma's schnell, mei Mann rührt si net mehr!‹ Ich ging mit der Frau hinüber. Ich konnte dem alten Bauern aber nur noch die Augen zudrücken.«

Eine schwarze Krähe hüpfte vor der Haustür in seltsamen Sprüngen. Ihre Flügel waren gestutzt. »Das ist meine Freundin Thekla. Sehn Sie, wie freundschaftlich sie mich begrüßt. Thekla saß als junges Ding in ihrem Nest hoch oben auf einer Eiche. Da wurde der Baum gefällt, und so kam sie zu uns als Hausgenossin.«

Wir traten in den gewölbten Flur und stiegen die Treppe hinauf in das kleine warme Wohn-, Eß- und Arbeitszimmer. Ein Buchenholzfeuer bullerte im weißen Kachelofen. Der Zeichentisch am Fenster ist vollgehäuft mit Papieren, Federn und sonstigen Zeicheninstrumenten. An ihm sind die Hunderte von Zeichnungen der letzten zwanzig Jahre entstanden. Durchs Fenster blickt man auf einen großen Lärchenbaum und auf verschneite bewaldete Höhenzüge.

»Da haben Sie aber Federn genug!«—»Lauter verschiedne! Ich zeichne mit Rabenfedern, Gänsefedern, Truthahnfedern, Rohrfedern und allen Arten Zeichenfedern. Ich habe mir angewöhnt, mit den Federn immer wieder zu wechseln, so vermeid' ich jede Routine. Ich möchte keine Phrasen in meinem Strich haben, er soll immer von neuem errungen werden! Ich zeichne auf uraltes Bütten. Mein Vater war Geometer, da bekam ich von ihm alte ausrangierte Katasterblätter auf herrlichem, unverwüstlichem Papier. Ich zeichnete jahrzehntelang alle Rückseiten voll. Mein Kummer war groß, als es zu Ende ging.«

Zum Tee tischte uns Frau Kubin Schinken vom selbstgezognen Schwein auf. Sie ist eine rundliche Frau mit freundlichen Augen. Graue Fäden ziehn sich durch ihr dunkles gescheiteltes Haar. Sie stammt aus Homburg vor der Höhe und ist die Schwester des vielseitigen, kulturkritischen Essayisten Oskar A. H. Schmitz.

Lächelnd vertraute sie mir an, wie schwierig es manches Mal mit »ihm« sei, der aufkommende Widersprüche meist einfach mit den Worten: »Ich bin eben Polarist«, zu erledigen versuche.

Die beiden schönen Angorakatzen, Nuschi, die Mutter, und Fritzl, ihr Sohn, leisteten schnurrend Gesellschaft. Es wurde Zeit, Licht zu machen. Kubin setzte den grünen Augenschirm auf den hohen, fast kahlen Schädel und holte Zeichnungen. Blatt um Blatt legte er vor mich hin. Es sind die Arbeiten der jüngst vergangenen Monate, die ich noch nicht kenne. Das letztemal hatte ich mit Kubin aus der Überfülle der Gesichte die Blätter für die Mappe »Am Rande des Lebens« zusammengestellt, die dann in meinem Verlag erschien. Kubin war damals verwundert über meine Unermüdlichkeit im Betrachten. Ich war wie in einem Rausch gewesen. Auch jetzt erstaunte ich von neuem über das unablässige Strömen seines Schaffens. Da sah ich aufs Papier gebannt wilde Pferde, eine Zwergenschlacht, eine Urwaldszenerie mit übereinandergestürzten, halb verwesten Riesenstämmen, einen Sankt Christophorus, eine Walpurgisnacht, eine Raufszene mit Prügeln und Messern, eine verfallene Kegelbahn, die Juden in Ägypten und sogar einen verbummelten Zauberer, der, herabgekommen und verschämt, zu seinem alten Drachen in der Höhle zurückkehrt. Schließlich zeigte mir Kubin die zarten und intimen Blätter kleinen Formats, die dann unter dem Titel »Heimliche Welt« erschienen sind. »Diese heimliche Welt«, sagte Kubin, »die Welt des Abstiegs, der Talwanderung, ist in sich nicht ärmer als die rauschende, dröhnende des Heraufkommens, sie ist

Zeichnung von Alfred Kubin. 1914

nur leiser. Man wird kein andrer, und auch hier haben mich wieder meine alten Themen beschäftigt. Nur sind sie gedämpfter und mit verborgener Leidenschaft vorgetragen. Beim Arbeiten an den Blättern war meine Schaffenslust vermischt mit jener melancholischen Abschiedswonne des Niewiederkehrenden. Ich schaute diese Bilder, obgleich ich sie in mir und ganz nahe spürte, weit weg und scharf wie durch ein umgekehrtes Fernglas an, ehe ich sie aufs Papier bannte. So ergab sich das kleine Format wie von selbst.«

Nach dem Abendbrot wurde das Grammophon auf den Tisch gestellt und die neu mitgebrachte Platte aufgelegt. Ich bin Klavierspieler und stand dem Grammophon bisher mit mißtrauischer Zurückhaltung gegenüber. Aber wie jetzt der Chor der Wolgaschiffer ertönte, mächtig anschwoll und wieder verhallte, wie dann eine alte Zigeunerin ihre Lieder sang – das übte auch auf mich einen starken Zauber.

Kubin ist ein Bücherfreund und im Bücherlesen kein engherziger Spezialist. Von überallher holt er Nahrung für seine Phantasie. Da wurde das Reisebuch von Bengt Berg gebracht, und Kubin wurde nicht müde, über den merkwürdigen Riesenstorch Abu Markub und seinen seltsamen Blick sich zu verwundern. Ein neues Buch mit vielen Totenmasken gab Anlaß zu nachdenklichen Gesprächen. »Die Menschen wollen das Leben enträtseln. Mir aber macht erst das Geheimnis des Lebens das Leben schön und lebenswert.«

Bei Kubins geht man früh ins Bett, denn die Hauptarbeitszeit ist der Vormittag, die durchwachten Nächte jüngerer Jahre sind längst abgeschafft. Aber im Bett wird erst noch gelesen, und Kubin steckte auch mir ein Buch unter den Arm, die Novelle »Unpaar« des im Irrsinn gestorbenen Heinrich Lautensack, den ich von den »Elf Scharfrichtern« her gekannt hatte – ein Buch, allerdings nicht angetan, freundliche Träume herbeizulocken. –

Am nächsten Morgen zeigte sich, daß über Nacht viel Schnee gefallen war. Wir machten einen Morgenspaziergang. Auf den Straßen waren kaum Spuren vor uns. Nur ein Nachbar hatte schon einen schmalen Weg zu seinem Bienenhaus freigeschaufelt. Kubin schob vorsorglich seinen Arm in den meinen und führte mich die Straße nach Schärding bis zu einer Schmiede, wo wir umkehrten. Wir plauderten über seine Herkunft. Er stammt aus Leitmeritz in Nordböhmen. Er ist überzeugt, daß auch etwas slawisches Blut in seinen Adern fließt, doch fühlt er sich ganz als Deutscher. Er sprach von den Jahren in München, wohin

er einundzwanzigjährig zuerst kam. Keiner Stadt verdankt er so viel;
hier durfte er Künstler werden, hier erschien sein erstes Werk, hier
lernte er seine Frau kennen. Er hatte vorher noch nie mit Bewußtsein
ein großes Kunstwerk gesehn. Am zweiten Tag nach seiner Ankunft
– es war im Frühling 1898 – ging er gleich morgens in die Alte Pinakothek. Der Eindruck war erschütternd. »Fassungslos, wie aufgelöst
vor Seligkeit und Erstaunen schlich ich auf Fußspitzen von Saal zu
Saal und blieb, ohne etwas zu essen oder zu ermüden, bis am Spätnach-
mittag die Diener mit ihrer Klingel schellten und mich vertrieben.«
Nachdem wir auf diesem Gang frische Winterluft geatmet, kehrten wir
ins Haus zurück, und jetzt brachte Kubin einen großen Stoß seiner
kolorierten Zeichnungen. Farbe ist ihm nicht Aufbau, sondern immer nur Duft und Schimmer, aber die Farbe verleiht vielen seiner Blätter einen eignen phantastischen Reiz. In die Eishöhle des Bibliothek-
zimmers nebenan konnten wir uns nur auf Umwegen – die Ritzen der
Zwischentür waren sorgfältig verstopft – und nur mit Mantel und Pelz-
mütze wagen. Hier steht der stolze Schrank mit all den Büchern und
Mappen, die Kubins unerschöpflicher Phantasie entsprungen sind, die
»Kubiniana«, wie er selbst sie nennt. Da reihen sich die Bände von
Dostojewski, Poe, Strindberg, Voltaire, die er illustriert hat, aneinan-
der. Da sind die Bilder zur Bibel, die deutschen Romantiker, Arnim,
Jean Paul, Hauff, die Droste, da sind de Coster und Andersen. Auch
Texte moderner Dichter wie Gerhart Hauptmann, Hofmannsthal, Willy
Seidel, Friedrich Huch hat Kubin mit seinen Zeichnungen begleitet.
Er ist kein Illustrator im banalen Sinne des Wortes. Immer verschmel-
zen bei ihm Text und Bild zu einer neuen höheren künstlerischen Einheit. Nicht zuletzt sind da zu finden die Mappen und Bücher, in denen
Kubin ganz frei gestaltet hat, in denen er sozusagen sein eigner Dichter war: Am Rande des Lebens, Wilde Tiere, Sansara, Meine Traumwelt, Masken, Kritiker, Rauhnacht. Doch Kubin weiß, daß ich sein ge-
drucktes Werk gut kenne. Er zeigt mir alte Kinderbücher, die auf seine
Phantasie nachhaltig gewirkt haben, ja bis heute nachwirken. Ein Ku-
riosum ist das Dictionnaire infernale, in dem mit bischöflicher Appro-
bation alles Teufelswesen genau abgebildet ist, das je auf Erden sich
betätigt hat. Da sind die liebevoll gehegten Bücher mit den Bildern
von Pocci, Menzel, Ludwig Richter und Speckter und schließlich die
»Cimelien«: kostbare Originaldrucke der über alles verehrten alten
Meister Dürer, Baldung, Brueghel, Rembrandt, Callot.

Kubin beherrscht, wie man weiß, nicht nur die Zeichenfeder, sondern auch das Wort. Seine autobiographischen Skizzen sind in dem Band »Dämonen und Nachtgesichte« gesammelt, sie gehören zu den aufschlußreichsten Selbstdarstellungen eines Künstlers. Kubin las mir einen eben erst niedergeschriebenen Aufsatz über die Federzeichnung vor, der sein Credo enthält. Er schließt: »Die echten Federzeichner sind Improvisatoren. Scheinbar flüchtiger, rücken sie in Wirklichkeit dem Leben doch weit näher als die Maler. Das Leben erscheint uns nun einmal fließend, plötzlich ankommend und verdämmernd! Wer es anders auffaßt, dem wird auch die beste Federzeichnung nicht viel bedeuten.«

Nach dem Mittagsmahl mußte aufgebrochen werden. Kubin begleitete mich wieder nach Passau, doch diesmal gingen wir den Schluchtweg hinunter nach Wernstein am Inn. Gegenüber, hoch über dem Fluß, sahen wir mit Türmen und Terrassen die Neuburg aufragen. Der Zug fuhr den Inn entlang. Wir sprachen im Fahren noch viel von Dingen, über die nie ein letztes Wort gesagt werden kann.

Sieben Jahre später, im Juli 1934! Auch diesmal fuhr mir Kubin bis Passau entgegen. Mein Zug kam etwas früher an als der seine. Der Passauer Dom mit seiner gotischen Kuppel und den beiden barocken Türmen erhob sich wieder dort hinten über den Bahngleisen. Sein Anblick vertrieb mir die Zeit. Aber da eilte auch schon Kubin die Treppe der Unterführung herauf, zwei Stufen auf einmal nehmend, in Kniehosen, einen großen, runden Panama über dem kahlen Schädel schwingend. Die feinen Fältchen in seinem blassen, rastlos sich verändernden Gesicht hatten sich vermehrt, seit ich ihn das letztemal sah. Wir schlenderten in die Stadt. Die engen dunklen Straßen mit ihrem Auf und Ab – unten im Licht sahen wir den Fluß schnell vorbeischießen –, die alten Läden, in die man auf Stufen hinuntersteigt, Kirchen, aus denen Weihrauch quoll, die Apotheke mit den Biedermeierregalen, die kleine Druckerei, in der man sich kaum umdrehn konnte. Auch im Schnittwarengeschäft der Stiefmutter Heinrich Lautensacks sprachen wir vor. Sie zeigte eine Fotografie des unglücklichen Dichters auf dem Totenbett, so grausig, daß vor ihr selbst Kubin zurückschreckte.

Wir kehrten diesmal in einem Café am abschüssigen Hauptplatz ein. Das Lokal mit den grüngestrichenen Eisensäulen war hoch und ungemütlich wie ein Wartesaal. Kubin kannte hier jeden Menschen. Er sprach der Wirtin Trostworte ins Hörrohr. Ihr Mann lag schwerkrank an einer Mastdarmfistel. »Auch Ludwig der Vierzehnte starb daran«, erläuterte mir Kubin. Wir wurden bald durch Radiomusik vertrieben. Auch im alten Theatercafé unten an der Innbrücke, wo wir das letztemal saßen, ging es uns nicht viel besser. Kaum hatten wir uns in einer tiefen Fensternische niedergelassen, von wo aus wir im Sprechen das mannigfache Hin und Her über den Fluß beobachten konnten – schon überschrie uns ein Lautsprecher, der uns mitteilte, daß in Lugano ein Autobus.verunglückt sei.

Da kauften wir lieber bei einer Budenfrau Bananen und besuchten mit ihnen den brasilianischen Affen, der auf der andern Flußseite in einem Obstgarten sein Wesen trieb. Inzwischen hatte es angefangen zu regnen. An alten roten Stadtmauern entlang stiegen wir den grünen Hang hinauf. Tschig kam aus seiner Hütte hervor, zitterte im Regen, kletterte an Kubin empor, legte ihm seinen langen Greifschwanz um die Schultern und enthäutete die Bananen. Aber er wollte nicht mehr in die Hütte zurück, er kroch Kubin unter die Jacke, umarmte ihn und kreischte durchdringend, als wir ihn endlich gewaltsam losrissen. Aus einem offenen Fenster klang eine Gitarre.

Wir fuhren mit dem Zug durch das bewaldete Tal des mächtig drängenden lehmgelben Inn. Wernstein mit seiner hohen barocken Mariensäule unten am Fluß war bald erreicht. In der Schlucht, die ein Bach zum Inn hinuntergerissen hat, wanderten wir aufwärts, an einer Quelle mit einem Marienbild vorbei. Über grünfunkelnde Wiesen näherten wir uns dem alten Herrenhaus von Zwickledt. Sein spitzes Glockentürmchen ragte vertraut aus Lärchenwipfeln. Wieder nahm uns der breite gewölbte Flur auf.

Wie anders liegt doch dies Haus als das Güstrower Ernst Barlachs, wo ich vor ein paar Wochen einkehrte! Das Zwickledter Haus steht pittoresk hoch über dem Flußtal auf einem Untergrund von Granit, Obstbäume ringsum; altösterreichische Lebenswärme scheint seine gelben Mauern zu erfüllen. Barlachs Haus aus bläulichroten Ziegeln liegt am Fuß eiszeitlicher Dünen, zwischen dunkelgrünen Kiefern, am stahlblauen See – nordisch kalte Farben, aber mir, dem nach Süddeutschland verschlagenen Mecklenburger, urheimatlich.

Wir stiegen zum Arbeitszimmer im ersten Stock hinauf. Aus zwei Fenstern sah ich wieder auf den sich selber überlassenen Garten. An dem einen Fenster stand der bekannte kleine Zeichentisch mit Stößen von

Papier, im Glas staken die vielen Zeichenfedern — am andern die Näh-
maschine und der Arbeitsstuhl von Frau Kubin. Zwei weißgestrichne
Schränke bargen immer noch die vielen Mappen mit den Zeichnungen.
Diese öffnete Kubin nun und legte Blatt um Blatt vor mich hin. Ich
freute mich, einmal wieder an der Quelle zu sitzen. Und beim Betrachten hörte ich ihm zu.

Er begann mit den beiden Zeichnungen des Sechs- und Siebenjährigen,
den einzigen, die sich durch Zufall aus jener Zeit gerettet haben. Damals hoben Eltern dergleichen noch nicht auf.

Da ist zuerst die Bekämpfung der Drachenfamilie. Hunderte von Kriegern sind gegen sie eingesetzt. Während der riesige Drachenvater von
einem hohen Gerüst aus mit Pfeilen beschossen wird, zerren an seinem
Schwanz drei Elefanten. Ganze Kohorten von Lanzenträgern setzen
ihm zu. Das Blut fließt in Strömen. Die Drachenmutter hat nur den
Kopf aus der Höhle gesteckt, aber schon ist ihr das Maul mit Stricken
zusammengeschnürt, eine Lokomotive ist vorgespannt, es hilft nichts,
sie muß heraus. Wagen mit Steinen werden von oben auf sie herab-
gelassen, Artillerie gibt Feuer, und auch das arme Drachenkind blutet
schon unter wütenden Axthieben. Man hat den Eindruck, die Drachen
wären die gutmütigsten Tiere von der Welt, wenn man sie nur in
Ruhe ließe.

Da war der Zauberer mit langem Bart und hoher Mütze. Totenköpfe,
Schlangen, Kronen, Orden, Zentauren, Eulen, Ratten, Särge: alles
kommt auf sein Geheiß durch die Luft herabgewirbelt. —

Nachdem Kubins Jugend von heftigen Krisen hin und her geschüttelt
worden war — er hatte sich als Fotograf und als Soldat versucht und
einen abenteuerlichen Selbstmordversuch gemacht —, hatte der Vater
geglaubt, der Sohn, der schon als Knabe so viel gezeichnet, könne schließlich als Zeichenlehrer sein Brot verdienen. So kam Kubin nach München.

Er zeigte mir große, konstruktive Akte in Rötel, die er in der Privat-
schule bei Schmidt-Reutte gezeichnet hatte, dann gewischte malerische
Köpfe nach Berufsmodellen, die bei Gysis auf der Akademie entstanden waren. Alles sehr brav und normal, man würde nie auf Kubin
raten. Die Drachen und Zauberer der Knabenzeit schienen wie wegge-
blasen.

Aber dabei konnte es nicht bleiben.

Eines Tages ging er ins Kupferstichkabinett. Er hatte etwas von Max

Klinger gehört und ließ sich seine Radierungen vorlegen. Das brachte den Umschwung. Er hatte gar nicht gewußt, daß man als Künstler so etwas zeichnen könne und dürfe. »Dann kann ich ja die Träume und Visionen, die mich überfallen, auch so direkt zu Papier bringen!« Diese Erkenntnis durchzuckte ihn wie ein Blitz. Er konnte plötzlich Unsagbares sagbar machen. In einem Schaffensrausch entstanden viele Hunderte von Blättern. Hans von Weber wurde ihnen zuliebe zum Verleger und reproduzierte sie in einer ersten Mappe. Ich erinnerte mich noch genau, wie diese Blätter 1903 im Schaufenster von Littauer, der großen Kunsthandlung am Odeonsplatz in München, auftauchten. Ich war damals nicht unbedingt begeistert gewesen. Waren diese vielen mühsamen Schraffuren nicht etwas dilettantisch, die Einfälle nicht literarisch, das Grauen nicht programmäßig? Da saß eine Dame mit höhnischem Blick im Reitkostüm auf einem Schaukelpferd. Die Schaukelbretter aber waren Messer, welche befrackte Männerkörper zerstükkelten.

Ich erzählte Kubin, wie ich damals darüber dachte.

»Nein, mein Lieber, das Grauen, das mich gepackt hatte, war nicht programmäßig! Ich *mußte* diese Dinge machen, ich wäre sonst zugrunde gegangen. Ich war schwer krank. Als die Mappe heraus war, haben sich viele Leidende an mich gewandt und mir geschrieben, ich hätte das ausgesprochen, was auch sie quäle. Alte Damen kamen zu mir, weinten über mich und wollten mich bemuttern. Meine Träume waren damals glühend, aber die manuelle Arbeit an der Zeichnung erledigte ich ganz kalt. Fast mechanisch brachte ich, was mir vorschwebte, zu Papier. Daher die vielen pedantischen Strichlagen, das Arbeiten mit den allzu sauber gewischten Tönen. Jetzt ist es umgekehrt; ich konzipiere ruhig und besonnen. Wenn es aber dann losgeht, wenn ich Papier und Werkzeug vor mir habe, dann kommt der Wirbel und die Gespanntheit, dann kommt es auf jeden Strich an. Jetzt ist mir das Sujet fast Nebensache geworden, denn mein Weltgefühl muß nicht mehr aus dem Sujet – es muß aus jedem Federstrich sprechen. Früher wollte ich eine Vision nur möglichst deutlich mitteilen, der Einzelstrich war mir unwichtig. Heute aber ist mir jeder Strich Träger der Bildidee.«

Kubin legte Blätter aus jener frühen Periode vor mich auf den Tisch. Man hätte damals die wahrhaft glänzende Entwicklung, die sein Talent genommen hat, nicht voraussagen können – diesen Weg in die Fülle! Wir betrachteten diese frühen Blätter heute, wo wir wissen, was alles nachher kam, mit einem dankbaren Rückblick. Ich fühlte vor allem die furchtbare Einsamkeit, die aus ihnen spricht. Aus grauen Tönen wuchs müde ein hellerer Ton hervor, Formen tauchten in ihm auf, um sofort wieder zu verlöschen.

Da lag der gestrandete Wal am toten Ufer. Sein weißer Bauch leuchtete, schattenhaft näherten sich kleine Menschen in einem Boot, um sich des ungeheuren Kadavers zu bemächtigen.

Da war ein verlassenes Haus unter tiefen, drückenden Wolkenzügen. Ein Wolf — aber es war kein Wolf, bei einem Wolf wüßte man doch, was man von ihm zu erwarten hätte —, ein Tier, viel fremder als ein Wolf, streifte lautlos vorüber, Sand stäubte hinter ihm auf.

Die Schwindsüchtige lag auf dem Diwan, alles an ihr hing willenlos herab, der Arm, das Kleid, die Schärpe, die lange Troddel des Kissens. Man sah nichts vom Zimmer, der Raum verlor sich in Dunkel. Die dünne Linke stützte den müden, zerdachten Kopf.

Ich erzählte Kubin, daß ich oft mit Besuchern die Zeichnungen, die ich von ihm habe, ansehe und dann immer wieder das Wort vom Verfall hören muß. Kann Schöpferisches überhaupt Verfall sein? Verlieren hier die Kategorien Krank und Gesund nicht ihren Sinn? Der Schöpferische schafft doch etwas hinzu zur Welt, was vor ihm nicht da war! Dies Neue war ohne ihn nicht möglich, jetzt aber lebt es selbständig weiter. Der gesunde Normalmensch zehrt nur von dem, was da ist, er hat rote Backen, er lacht, das Leben macht ihm ungeheuren Spaß, aber im Grunde ist mit ihm nur ein Esser mehr auf der Welt!

»Gewiß«, erwiderte Kubin, »ich fühle mich durchaus nicht als Zeichner des Verfalls oder gar der Verwesung. Der witzige Franz Dülberg sagte mir allerdings, als er hier war: ›Ich rate Ihnen, sich um den seit 1849 vakanten Posten eines Reichsverwesers zu bewerben.‹ Ich bin auch nicht ein Spezialist des alten zerfallenen Österreich. Wenn ich das darstelle, so gebe ich damit auch zugleich etwas Allgemeines. Ich bin eben kein Euphoriker, sondern ein Melancholiker. Die süße Melancholie in den Dingen und im Leben sagt mir mehr als Schweiß und Geschrei bei einem Volksfest. Es gibt Dur- und Moll-Naturen. Ich bin nun einmal eine Moll-Natur. Denen, die mir von Verfall reden, könnte man entgegnen: Nehmt euch an mir ein Beispiel, wie ich mit den Dämonen der Unterwelt fertiggeworden bin! Als ich diese Blätter zeichnete, war ich sehr gefährdet. Nur, indem ich die Gefahr darstellte, konnte ich sie bezwingen. Mit meiner Kunst halte ich mir auch jetzt noch die Angst vom Leibe, die Verarmungsangst, die Krankheitsangst, die Altersangst. Da kommen die Psychoanalytiker und wollen mir meine Angst nehmen. Aber« – Kubin lächelte mit gelinder Selbstironie – »die Angst ist ja mein Kapital! Ich gäbe sie nicht her, selbst wenn ich es könnte. Harmonie ist eine schöne Sache, aber ich möchte sie nicht haben.

Ich sage den Menschen mit meinen Blättern eigentlich nichts andres als: So einfach, wie ihr glaubt, ist die Welt nicht. Ich liebe das Vermummte und Maskenhafte der Dinge. Meine Traumwelt ist so real wie eure Wirklichkeit. Der Untergrund, aus dem sie aufsteigt, ist mein starkes Naturgefühl. Aber ich zeichne die Natur nicht ab. Was ist Natur? Zur Natur gehört für mich vor allem das Leben hier auf dem Lande unter primitiven Menschen. Ich lebe mit Bäumen und Tieren. Wie oft habe ich mit meiner Frau ein Reh aufgezogen. Eins hatten wir sechs Jahre, es bekam mehrmals Junge bei uns. Es ging zur Hochzeit in den Wald und kam immer wieder zurück.

Ich hasse die Abstraktion. Die Abstraktionsmaler sind Kopfmenschen, sie rechnen ihre Bilder aus. Ich dagegen liebe die Natur, ich liebe gekochte Schwammerl, Knödel, alte Weinkeller.

Ich möchte meine erste Periode nicht noch einmal durchmachen, trotzdem sie künstlerisch so fruchtbar war. Ich war zu sehr in mir selbst gefangen. Die Heirat rettete mich, sie brachte die Wendung zum Objektiven. Die Dinge um mich kamen endlich in Ordnung.«

Kubin zeigte Blätter, die nach dieser Jugendkrisis entstanden. Die Striche sind durchsichtig, knapp, federnd geworden und in ihrer Durchsichtigkeit zugleich organisch, rassig, saftig. Die Dinge heben sich klar ins Licht, das Dasein erscheint in tausendfältiger Gestalt, der helle Tag geht auf. Aber auch über diesem Tag steht eine Kubinsche Sonne.

Neue Mappen öffneten sich: Capriccios, Tragikomödien, Idyllen, Märchen. Ein Orbis pictus der beseelten und der unbeseelten Welt. Wo hört das Unbeseelte auf, wo fängt das Beseelte an?

Da war zum Beispiel die »Schießbude«, in der, wenn der Schuß den entscheidenden Punkt getroffen hat, die Eisenbahn durch den Tunnel rasselt, der Hirsch springt, der Trompeter bläst und das Schiff untergeht. Aber der alte Baron, der das Gewehr an die Backe legt, und die Schießbudenfrau, die an der Kasse sitzt, sind ja selber nur Figuren in dieser rasselnden Schießbude »Welt«.

Wenn Kubin die »Feindlichen Brüder« zeichnete, so brauchte der Betrachter keinen Roman dazu. Die Feindschaft lag im Strich, in dem ausgerundeten Rücken des einen und dem zusammengezogenen des andern.

Der »Fremdenführer« in seinem langen Mantel flatterte wie eine Fledermaus in den sehenswerten Gewölben der alten Burg.

Das »Gesangsquartett« grölte Musik. Für den Zeichner war der Knopf an der Jacke so ausdrucksvoll wie der aufgerissene Mund und das vorquellende Auge. Kubin übte keine Kritik. Das alles war ihm beglückende Fülle des Lebens, Stoff ohne Ende.

Der »Zauberkünstler« stand mit seinem Stäbchen verlegen lächelnd auf dem Podium. Er reiste nur noch in der Provinz, sein Frack war abgetragen. Er wußte: auch die Provinz glaubte ihm nicht mehr. Aber sie lächelte doch noch. Und so durfte er auch noch lächeln.

Der junge Simplizissimus spielte, am Boden kauernd, in der Hütte des Einsiedlers. Der hatte einen uralten Schlafrock an, saß in einem uralten Lehnstuhl und las in einem uralten Buch. Ein Rabe hockte auf dem Tisch, sein Schnabel stieß scharf und schwarz in den Raum.

Zwei Dorfmädchen versohlten mit ihren Pantoffeln den prallen Hintern eines weibstollen Knechtes. Man hörte ihr dreistimmiges Geschrei. Entscheidend war da nicht die Dorfgeschichte, man könnte sie auf hundert Arten zeichnen, und keine wäre Kubinisch. Nur Kubin aber ließ den pantoffelschwingenden mageren Arm auf *diese* Weise ausholen, und gerade auf diese Weise kam es an. Es kreischte nicht nur der Mund, sondern das ganze Blatt — auch die Wade, die Treppe, der Zuber, der Besen.

Braucht Kubin Geschichten?

Er zeichnet einen alten Gutshof. Ein Heuwagen steht vor der Scheune, ein Wanderer kommt müde die Straße her, ein Hund drückt sich herum, Pappeln ragen auf. Nichts passiert. Und die Zeichnung ist ebensosehr Stück der Kubinschen Welt wie das Nachtbild, wo der nackte Elementargeist in magischem Schein am Wege aufglimmt und das Pferd des Reiters scheuen macht.

Am erstaunlichsten bei Kubin war mir wieder dies unaufhörliche Quellen seiner Phantasie. Jedes Blatt bot ein neues Schauspiel. Die ganze Welt war umgeschaffen, filtriert und konzentriert in Flecken und Striche. Kubin hätte tagelang so fortfahren können und ein Blatt nach dem andern vor mich hinlegen. Da regte es sich in der mehlbestaubten alten Mühle, Ahasver schlich mit weltaltem Blick durchs Dorf, die Schlange erschreckte die jungen Vögel im Nest, der arabische Prinz tänzelte auf weißem Zelter, windige Gesellen strichen durchs Gebüsch, die Vogelscheuchen taten sich zusammen und machten einen Ausflug, der pfeildurchbohrte Greif reckte seinen Kopf klagend zum Himmel. —

Am nächsten Morgen sprühte feiner Regen, aber wir machten doch einen Spaziergang auf der Landstraße, die über den Tälern dahinläuft. Die feuchte Luft erfrischte. Es ging sich so schön auf der Höhe, man wußte: da unten fließt der Inn und drüben, hinter den vielen Höhenzügen, die Donau. Zwickl-Edt ist ja, wie der Name sagt, die Öd' in dem Zwickel zwischen den beiden Strömen. Die Hügel sind alle rundgeschliffen, unter der dünnen Humusdecke liegt der uralte Granit. Wir kamen durch kleine Wälder, ein Wagen mit braunem Langholz fuhr knarrend vor uns her. Frauen begegneten uns, die Röcke über den Kopf gezogen. Kubin duzte sich mit allen. Auch sie sagten du zu ihm, aber: du, Herr Kubin. Dem Wirt hatte er Romane geliehen. Ging aber die Geschichte anders aus, als der es für gerecht und in der Ordnung hielt, so schleuderte er das arme Buch wütend in die Ecke. Verbeult und verbogen erhielt es Kubin zurück.

Wir traten in eine Wirtsstube an der Landstraße. In dem niedern verräucherten Raum saßen Bauern und Holzknechte an den ungestrichnen Tischen. Durch die kleinen Fenster sah man in den nassen Wald.

Kubin erzählte mir von der Balkanreise, die er gemeinsam mit dem Dichter Karl Wolfskehl unternommen hatte. »Wir beide kehrten in einem primitiven Wirtshaus ein, wo es eine Art flachen Mehlkuchen gab. Wolfskehl war begeistert und rief: ›Sehn Sie, Kubin, hier haben wir den antiken Fladen, noch ganz wie in der homerischen Zeit! Solche Fladen haben die Griechen vor Troja gegessen. — Und hier haben wir auch noch dazu den flachen antiken Löffel!‹ Er schwang ihn über dem Tisch. Ich nahm den Löffel etwas genauer in Augenschein und stellte zu meinem Erstaunen fest, daß er eigentlich eine Gabel war, deren Zwischenräume nur seit langer Zeit verklebt waren, weil dieses Eßgerät niemals gereinigt wurde. Das setzte Wolfskehls Begeisterung denn doch etwas herab.«

»Früher wollte ich exotische Länder sehen, weite Reisen machen, in tropische Urwälder mir den Weg bahnen. Jetzt habe ich die Urwälder dicht bei meinem Haus. Ein Dickicht, von Waldreben übersponnen, in schwüler Luft und Feuchtigkeit, gibt mir alles Tropische, was ich mir nur irgend wünschen kann. Wie unerschöpflich ist solch ein Dickicht!

Ich liebe das Geheimnisvolle. Vom Geheimnisvollen lebt ja auch das
Märchen. Da treffe ich mich mit dem Volkstümlichen. Der Stilzel im
Böhmerwald ist mir ebenso lebendig wie den Dorfkindern. Nicht umsonst habe ich den Rübezahl illustriert. Ich sehe ja schon im Alltag
lauter Märchen.

Das Ungewöhnliche muß eine merkwürdige Anziehungskraft auf mich
ausüben. Ich finde immer wieder Sachen, die andre nicht finden. Im
Wald erschien mir neulich ein Mooshaufen so sonderbar. Als ich ihn
mit dem Stock untersuchte, kam eine Wanduhr zum Vorschein, ein
Einbrecher mußte sie da vergraben haben. Seltsam war es, wie ich
Zwickledt zum erstenmal betrat. Als ich mit meiner Frau auf dem gewölbten Flur stand, war das erste, was mir ins Auge fiel, eine nachgedunkelte Landschaft mit schönen Bäumen. In der Ecke stand, gerade
noch lesbar: Kubin. Wie kam meine Signatur hierher? Ich fragte. Da
war es ein altes Bild des Dorfes Kubing, das hier in der Nähe liegt, von
dem ich aber noch niemals etwas gehört hatte.«

Ins Haus zurückgekehrt, ließen wir uns dem Arbeitszimmer gegenüber
in der Bibliothek nieder. Kubin zeigte mir die neuesten Bilderfolgen,
die er eben unter den Händen hatte. Wenn er illustriert, fängt er nicht
sogleich mit der Feder an, sondern macht erst Bleistiftentwürfe. Da
wird die Verteilung der Hauptakzente festgelegt, auch die Bewegung,
aber noch keine bestimmte Einzelform. Da gibt er sich noch nicht aus,
da markiert er nur, es ist wie bei den Sängern auf der Probe. Erst vor
der »Reinschrift«, mit der Feder in der Hand, kommt die Erregung.
»Da wird die letzte Intensität aufgeboten, da müssen die letzten Reser-
ven heran, alles muß sitzen wie ein Hieb.«

Kubin hat nie ins einzelne gehende Naturstudien gemacht, nur ganz
kurze Bleistiftnotizen in Taschenbücher. Er notiert zum Beispiel, wie
ein Kopftuch gefaltet ist, wie eine Baumwurzel sich um einen Stein
legt. Es sind Stenogramme, Gedächtnishilfen, künstlerisch ganz un-
interessant. Er nahm von früh an die Naturformen eigentlich nur mit
dem Auge auf. Nicht zeichnend, nur sehend frischte er seinen Formen-
vorrat auf. »Ich liebe deshalb von den Künstlern eigentlich auch nur
die, die aus dem Kopf zeichnen: Guys, Daumier, Goya, das sind meine
Leute. Aus Leibl mache ich mir gar nichts. Ich sehe nicht ein, warum
ich mir immer vor der Natur in die Hosen machen soll! Sie erdrückt
mich ja sowieso. – Ich glaube, keiner hat sich so ausschließlich der Feder hingegeben und sie so kultiviert wie ich. Das Papier muß mir

Zeichnung von Alfred Kubin:
Der Verleger läßt Kubin nach einem Buch schnappen

Hemmnisse entgegensetzen. Ich begreife nicht, wie man auf glattem, hartem Papier zeichnen kann.

Der malerische und der zeichnerische Stil pendeln bei mir hin und her. Ich habe in der letzten Zeit viel in meiner malerischen, lockeren, offenen Art gezeichnet. Deshalb erscheint mir gerade in diesen Tagen der Gegensatz—eine spröde, dünne Zeichenweise—wieder als das künftige beglückende Morgenrot.

Ich glaube, ich darf auf einen schönen, gelösten Altersstil hoffen. Alles, was Effekt ist, tritt mehr und mehr zurück, alles wird immer stiller. Slevogt und ich—wir sind wohl die letzten der alten Illustratorengarde. Slevogt ist aber ganz diesseitig, er hat ein Auge vor allem für die Bewegung. Er ist selbst immer mittendrin. Für mich ist alles ins Transzendente gerückt.

Wenn ich's gestehn soll: ich illustriere ganz gerne auch Sachen, wo ich bedeutender bin als der Autor. Da bin ich doch wenigstens sicher, daß die Leute die Bilder nicht nur für eine entbehrliche Zugabe halten!

Zu meinen Lieblingsautoren gehören Poe und Hoffmann. Aber ich lese sie jetzt schon lange nicht mehr. Ich habe sie so vollständig in mich aufgenommen, daß ich sie nicht mehr brauche. Auch Strindberg ist mir nicht mehr so nahe wie früher. Sein Haß ist mir zu quälend, zu übersteigert. Ich stemme mich nicht so gegen das Böse wie er, auch das Böse gehört zu meiner Welt. Strindberg will es weghaben, ich nicht.

Gern lese ich geschichtliche Werke und Memoiren. Die geben mir Rohstoff für meine Phantasie. Die Lektüre erregt in mir zarte Bilder, die vor mir ablaufen. Ich schwelge dann in bildhaften Vorstellungen. Da habe ich kürzlich den ›Kleinen Erdenwurm‹ von Ernst Penzoldt gelesen — eines jener seltenen Bücher, in denen man etwas von sich selber wiederfindet. Wie schön am Schluß die Steigerung bis zur Verwechslung der Persönlichkeiten! Es verrät uns das Geheimnis der anonymen Person, die wir im Grunde alle sind — ein tief nachdenkliches Ende.

Manchmal lese ich auch Künstlerbiographien. Wenn nur die Kunsthistoriker statt der vielen Vergleiche und Begeisterungsäußerungen lieber die Lebensumstände der Meister, ihre Eigenheiten, beglaubigte Anekdoten erzählen wollten! In einem dicken Buch über Brueghel fand ich als fast einzige Rosine die Mitteilung, daß der Meister seine Schüler gelegentlich durch das Rasseln mit Ketten zu erschrecken versuchte, um sie auf das Unheimliche der Welt aufmerksam zu machen. Wie tief bezeichnend! Sonst auf dieser Welt ängstigen eher die Schüler den Lehrer!

Die Kunst des Bosch wurde mir lange Jahre durch Brueghel verdeckt. Wie dankbar bin ich Ihnen, daß Sie das herrliche Werk über ihn herausgebracht haben! Bosch scheint mir wie ein wahrer Hexenmeister. Ich gerate in einen gelinden Rausch, wenn ich mich mit seinen Gestalten beschäftige.

Vor kurzer Zeit besichtigte ich eine Zuckerfabrik und ging dort im Dämmerlicht eines trüben Tags zwischen den vielen Trichtern, Pfannen und Röhren umher, sah die Räder, Eisenstangen und Treibriemen und zwischen ausströmenden Dampfsäulen die Arbeiter auf Leitern und schmalen Stiegen. Das war wie eine Vision des Bosch, mir lebendig geschenkt! Welche Abenteuer sind auch noch heute, mitten unter den verhaßten Maschinen möglich!«

Kubin holte eine Van Gogh-Mappe, die er erst vor kurzem aus Holland erhalten hatte.

»Vincent van Gogh! Das ist unsre Zeit! Mit schweren Krankheitskrisen belastet, früh vergehend, wahrhaft ein Märtyrer der Kunst! Die leidenschaftlich geschriebenen Bücher Meier-Graefes über Vincent las ich mit wahrem Heißhunger. In den Bildern glaubte ich oft ein Stück wirklichen Wahnsinns funkeln zu sehn. Mehr fast noch wie die gemalten Bilder packte mich die unerhörte Kurzschrift der meisterlichen Zeichnungen.

An rasender, alle alten Begriffe des Schönen sprengender Energie steht ihm meiner Ansicht nach unter den Lebenden Max Beckmann am nächsten. Den lieben Sie ja besonders! Es muß schon ein wahnwitziger Druck gewesen sein, der Beckmann vor Jahren, als er noch eine Hoffnung der Berliner Sezession war, zwang, das schöne erworbene Können über den Haufen zu werfen und mit wilder unbeugsamer Entschlossenheit seine Kunst neu aufzubauen. Wenn seinen Bildern und Graphiken auch eine gehörige Portion Starrsinn anhängt, so schadet das nichts – die imponierende aufwühlende Tat bleibt. Mit merkwürdigen Vereinfachungen und tollen Perspektiven schafft er eine vergeistigte Spiegelung unsrer Tage, vor der einem manchmal das Herz stillstehn möchte. Ja, unsre Zeit ist gezwungen, sich ihre Schönheit aus dem Schrecken zu destillieren!«

Abends saßen wir um den Tisch unter der Lampe. Kubin brachte alte Familienbilder. Schon auf einem Kinderbildnis mit der Schwester hat er das merkwürdig »mondhafte« Gesicht, von dem Carossa so schön schreibt.

»Der Doktor Otte in Hamburg – Sie wissen: der Apotheker mit dem Kubin-Archiv – schickte mir kürzlich ein Paket ›Kubin-Nährsalz‹. Das wird tatsächlich in Berlin fabriziert! Sollte ich schon so berühmt sein, daß man Nährsalz nach mir nennt? – Ich bin übrigens in einem fünfeckigen Zimmer geboren, und so war eigentlich vorauszusehen, daß mein Leben etwas absonderlich verlaufen würde.

Man nennt mich manchmal den letzten Donaumeister. Ich liebe Wolf Huber mit seinen Burgen, Sonnenaufgängen und Drachen. Daß er dort drüben in Passau herumgewirtschaftet hat, ist mir ein sehr lieber Gedanke. Ich habe ihn aber erst viel, viel später kennengelernt, als mein Stil schon lange feststand. Es muß wohl der Genius dieser Landschaft sein, der uns auf ähnliche Dinge gebracht hat. – Daß es einen Mann wie Barlach gibt, brauche ich für mein Leben. Wenn er stirbt, wird mir ein Stück Seelenleben herausgeschnitten. Die Vorstellung, daß andre Künstler neben mir schaffen, ist mir ebenso notwendig, wie ich die Vorstellung des Elefanten oder des Krokodils brauche. Vielleicht gehört das zum Wesen des Illustrators, sich so in andre einzufühlen.«

Wir waren uns einig in der Klage, daß das Bilderbetrachten ausstirbt. Daumier zeichnete und malte noch Menschen, wie sie Mappen beschauen. Solche Mappenbeschauer gibt es kaum noch. Welch wunderbare Stimmung geistiger Konzentration war darin! Wer hat heute überhaupt noch Mappen, um Zeichnungen darin aufzuheben? Wer holt sie hervor? Aber ist die Kunst deshalb weniger da, weil nur wenige sie sehen? Wie es Menschen gibt, die singen oder reiten müssen, so gibt es auch Menschen, die zeichnen müssen. Der eine Künstler reicht dem andern die Generationen hindurch die Hand. Der Schatz mehrt sich unabsehbar. Wie nun Kubin seine Blätter zusammenschob, um sie in den Schrank zurückzulegen, da wußte ich: er wird nie aufhören zu zeichnen, solange er eine Feder halten kann.

Schon längst war es mein Wunsch, mit Alfred Kubin wieder ein Buch zu machen. Zur Verwirklichung gab sein für 1937 bevorstehender 60. Geburtstag den besten Anlaß. Warum sollte er aber auch diesmal das Werk eines andern illustrieren? Ergiebiger schien es mir, aus den Hunderten von freien Zeichnungen, die in seinen Mappen ruhten, eine Auswahl zusammenzustellen – Blätter, bei denen er ganz nur seinen eigensten Eingebungen gefolgt war. Kubins Kunstrichtung entsprach – das mußte ich mir sagen – nicht dem, was die Nationalsozialisten von der Kunst verlangten. Aber er hatte doch sehr viele Blätter gezeichnet, gegen die meiner Überzeugung nach auch von fanatischen Parteistellen nichts einzuwenden war. Auch aus diesen ließ sich ein Extrakt der Kubinschen Welt gewinnen.

Um aber nicht wieder, wie bei dem Buch mit den Barlach-Zeichnungen, durch Beschlagnahme Tausende von Mark einzubüßen, wollte ich die ausgewählten Kubin-Zeichnungen erst der maßgebenden Stelle vorlegen, bevor ich das Buch in Angriff nahm. Ich würde dann einzelne etwa »unerwünschte« oder »untragbare« Zeichnungen noch auswechseln können.

Ich wollte den Berliner Stellen Zeit lassen, sich über die Sache klar zu werden, und schickte die Zeichnungen deshalb vierzehn Tage, bevor ich selbst nach Berlin fuhr, an die Reichsschrifttumskammer. Das war im Juni 1936.

Als ich dann persönlich dort vorsprach, lag zu meinem Erstaunen die Sendung noch unausgepackt da. Man sagte mir, die Sache gehe die

Reichsschrifttumskammer nichts an, sondern, da es sich um Kunst
handle, die Reichskammer der Bildenden Künste. Sie hätten deshalb
das Paket gar nicht erst aufgemacht. Aber warum hatten sie es nicht
an die Reichskunstkammer weitergegeben? Die war nur ein paar Minuten um die Ecke! In meinem Briefe stand doch, daß ich die Zeichnungen deshalb vierzehn Tage vorwegschicke, um dann den Bescheid
gleich mitnehmen zu können. Nun waren diese vierzehn Tage ganz
zwecklos verstrichen! Ein Herr der Reichsschrifttumskammer sagte mir
noch: »Weshalb schicken Sie das eigentlich vorher ein? Wir haben in
Deutschland doch keine Zensur! Ein deutscher Verleger muß doch
ganz von selber wissen, was er bringen kann und was nicht.«

Auf der Reichskammer der Bildenden Künste sagte mir der Referent,
die Kunstkammer sei für die Kubin-Zeichnungen absolut nicht zustän-
dig. Alles, was Buch sei, sei Sache der Reichsschrifttumskammer.

Ich fragte nebenbei, was denn eigentlich gegen Barlach vorliege. Eines-
teils seien Werke von ihm in der Nationalgalerie allen sichtbar ausgestellt, andrerseits sei das Buch mit seinen Zeichnungen beschlagnahmt worden.

Er erwiderte: »In Sachen Barlach ist uns von oben die größte Zurückhaltung auferlegt worden. Ich kann Ihnen da keinerlei nähere Auskunft geben.« Ich zeigte ihm daraufhin den Bescheid der Geheimen
Staatspolizei über die Beschlagnahme. Der Referent machte ein er-
stauntes Gesicht: »Das ist mir hochinteressant. Ich erfahre ja jetzt
erst, daß die Sache über Herrn Schweitzer gegangen ist.« Auf meine
Frage, wer denn Herr Schweitzer sei, sagte er mir, dies sei der Leiter
der Reichsstelle für Künstlerische Formgebung. Er schrieb mir dessen
Adresse und Telefonnummer auf. Dahin würde ich mich auch am besten in Sachen der Kubin-Zeichnungen wenden.

Ich erfuhr danach, Schweitzer zeichne unter dem Namen Mölnir Karikaturen für das nationalsozialistische Witzblatt »Die Brennessel«. Ich
hatte noch nie von ihm gehört. Also auf zur dritten Stelle, zu Herrn
Schweitzer!

Ich suchte ihn drei Tage hindurch telefonisch zu erreichen. Es war
mir gesagt worden, dies ginge am besten zwischen 10 und 11 Uhr. Als
ich um diese Zeit anrief, wurde mir erwidert, Herr Schweitzer würde
erst um halb zwölf ins Büro kommen. Um halb zwölf hieß es, Herr
Schweitzer habe gerade eine wichtige Besprechung. Ich solle es um
dreiviertel zwölf nochmal versuchen. Um dreiviertel zwölf hieß es:

»Herr Schweitzer ist soeben weggegangen. Versuchen Sie es doch zwischen 3 und 4 noch einmal.« Als ich dies tat, erhielt ich den Bescheid: »Herr Schweitzer kommt heute nicht mehr ins Büro, heute werden Sie ihn nicht mehr erreichen können, bitte rufen Sie morgen zwischen 10 und 11 wieder an.«

So ging es drei Tage hindurch. Zuletzt wurde ich gefragt: »Worum handelt es sich denn?« – »Um ein Buch mit Kubin-Zeichnungen zu dessen 60. Geburtstag.«

Als ich einsah, daß ich den mächtigen Mann telefonisch doch nicht erreichen würde, zog ich es vor, die Zeichnungen mit einem ausführlichen Brief in sein Büro zu bringen und dort abzugeben. Dabei sagte mir die Sekretärin: »Ich habe Herrn Schweitzer schon berichtet, daß es sich um ein Buch mit Kubin-Zeichnungen handelt. Herr Schweitzer glaubt nicht, daß er das erlauben kann. Es ist ja auch Barlach nicht erlaubt worden.« Das war mir denn doch des Guten zuviel! Ich setzte der Sekretärin mit Nachdruck auseinander, Herr Schweitzer müsse doch erst einmal die Zeichnungen ansehn, ehe er die Publikation verbiete. Kubin sei Mitglied der Preußischen Kunstakademie, und in der gegenwärtigen Jubiläums-Ausstellung der Akademie Unter den Linden seien fünf Zeichnungen von ihm ausgestellt, ganz in der Art wie die von mir vorgelegten. Man könne doch nicht einen Künstler repräsentativ ausstellen und zugleich ein Buch mit seinen Arbeiten unterdrükken. Sie möchte doch die Zeichnungen Herrn Schweitzer vorlegen, ich würde dann wieder anrufen und fragen, wann ich Herrn Schweitzer die Sache persönlich vortragen könne.

Am nächsten Tag rief ich wieder an, und zwar um dreiviertel zwölf. Da hieß es: »Sie haben Glück, Herr Schweitzer ist gerade da.« Dann ich: »Ach bitte, verbinden Sie mich doch mit ihm.« Der Beamte (offenbar, nachdem er den hohen Herrn erst gefragt hatte, ob er diese Verbindung wünsche): »Das geht leider nicht, Herr Schweitzer muß in zwei Minuten wieder weg. Herr Schweitzer läßt Ihnen aber sagen, daß er nicht grundsätzlich gegen jede Kubin-Publikation ist.« Ich: »Ich könnte in fünf Minuten mit einem Auto dort sein, vielleicht hat Herr Schweitzer doch noch so lange Zeit. Es liegt mir außerordentlich viel daran, mit Herrn Schweitzer die einzelnen Zeichnungen persönlich durchzugehn und zu hören, welche Zeichnungen etwa unerwünscht sind. Ich bin eigens deswegen nach Berlin gekommen und habe mich drei Tage um Verbindung mit Herrn Schweitzer bemüht. Ich muß jetzt wieder nach München zurück. Ich möchte nicht ohne Bescheid abfahren, weil ich jetzt mit der Herstellung des Buches beginnen muß, um zum 60. Geburtstag fertig zu werden.« Der Beamte: »Es muß dabei bleiben, wie Herr Schweitzer Ihnen sagen ließ. Die Sache wird in zwei Tagen erledigt. Sie haben in Ihrem Brief ja Ihren Berliner Vertreter genannt. Wir werden die Sachen dann Ihrem Vertreter übergeben.«

Ich hatte deutlich das Gefühl, daß Herr Schweitzer sich unter keinen Umständen persönlich mit mir, seinem Untertanen, einlassen wolle, nicht mal am Telefon. Ich fragte mich, ob ich nicht auch noch diese »zwei Tage«, innerhalb deren die Erledigung zugesagt war, in Berlin bleiben solle, aber eine Ahnung sagte mir, daß das ganz vergeblich sein werde. Ich gab meinem Verlagsvertreter den Auftrag, zwar nicht in zwei Tagen, aber in sechs anzurufen und anzukündigen, daß er nun die Blätter wieder abholen werde.

Er bekam sie aber nicht, und statt der zwei Tage vergingen drei Wochen. Meinem Beauftragten wurde gesagt, Herr Schweitzer sei in Urlaub gegangen, doch werde sein Stellvertreter die Sache bearbeiten.

Auf wiederholtes Anrufen erklärte der Stellvertreter, er wolle die Prüfung doch lieber Herrn Schweitzer selbst überlassen.

Endlich erhielt ich von dem Herrn Reichsbeauftragten für künstlerische Formgebung das Paket mit den Zeichnungen zurück, dazu ein Schreiben mit dem monumentalen Wortlaut: »Ich teile Ihnen mit, daß ich eine Publikation der mir vorgelegten Kubinschen Zeichnungen nach nochmaliger Prüfung aus künstlerischen und weltanschaulichen Gründen für bedenklich halte. Ich stelle anheim, von der Herausgabe des Buches abzusehen. Heil Hitler! gez. Schweitzer.«

Ich ließ mich aber damit noch immer nicht abschrecken, sondern schrieb zurück: »Die mir zugesagte Scheidung der Zeichnungen in bedenkliche und unbedenkliche haben Sie leider nicht vorgenommen. Dies war aber für mich das entscheidend Wichtige. Wie ich Ihnen schrieb, handelte es sich bei dem Material, das ich Ihnen vorlegte, noch nicht um ein endgültig zusammengestelltes Buch, sondern um eine Auswahl, die erst noch besprochen werden sollte. Leider ermöglichten Sie mir nicht einen persönlichen Besuch in Ihrer Amtsstelle, auch telefonisch ließen Sie sich nicht mit mir verbinden. Eine kurze Unterredung hätte schnell Klarheit geschaffen. Jetzt muß ich leider Ihre Zeit durch Korrespondenzen in Anspruch nehmen. Sie lehnen die Zeichnungen insgesamt ab, weil Sie sie aus künstlerischen und weltanschaulichen Gründen für bedenklich halten. Was die künstlerische Seite betrifft, so kann an der künstlerischen Qualität wohl kaum ein Zweifel bestehen, sonst hätte z. B. nicht die Preußische Akademie in ihrer Jubiläums-Ausstellung Zeichnungen von Kubin ausgestellt und Kubin zum Mitglied berufen. Auch hätte nicht Herr Direktor Eberhard Hanfstaengl von der Nationalgalerie kurz nach Übernahme seines Amtes Kubin-Zeichnungen gekauft. Was die weltanschaulichen Bedenken anbelangt, so können diese doch nur auf dem Stofflichen beruhen. Wir können aber nicht verstehen, inwiefern Zeichnungen wie eine Winterlandschaft, eine Illustration zu Hamlet, die Jagd auf einen Puma, Tannen an einem Waldrand, ein Schiff im Sturm, der Kampf eines römischen Kriegers mit einem Adler, ein Fischmarkt, eine alte Mühle, ein Jäger, der ein erfrorenes Reh trägt, die Bremer Stadtmusikanten und ähnliche Motive weltanschauliche Bedenken erregen können. Sie selbst haben mir sagen lassen, daß Sie nicht grundsätzlich gegen eine Kubin-Veröffentlichung seien. Es muß also Zeichnungen von Kubin geben, welche keine Bedenken erregen. Dies können doch nur Zeichnungen mit Stoffen wie den oben genannten sein. Ich möchte Sie deshalb bitten, mir zu gestatten, Ihnen die Zeichnungen nochmals zuzustellen, damit Sie diejenigen bezeichnen, welche durch andere unbedenkliche zu ersetzen sind. Da ich aber die Zeichnungen nicht nutzlos hin und her schicken möchte, bitte ich Sie höflich zunächst um Bescheid, ob Sie eine solche Scheidung vornehmen wollen. Sie würden dadurch dem Künstler und dem Verlag einen wesentlichen Dienst erweisen.«

Hierauf erhielt ich folgenden noch monumentaleren Bescheid: »Ich bitte, von der nochmaligen Übersendung der Kubin'schen Zeichnungen abzusehen, da ich meiner Stellungnahme nichts mehr zuzufügen habe.

Heil Hitler! gez. Schweitzer.«

Was dieses »Anheimstellen« in Wirklichkeit bedeutete, darüber konnte ich mir nicht im Zweifel sein. Würde ich das Buch trotz dieser Warnung verlegen, so hätten sich die Herrschaften solche offene »Widersetzlichkeit« gewiß nicht bieten lassen.

Woher der Wind blies, wurde dadurch klar, daß der Präsident der Reichsschrifttumskammer mich kurz danach davon in Kenntnis setzte, daß die in meinem Verlag erschienene Druckschrift von Alfred Kubin

»Zwanzig Bilder zur Bibel« in die Liste gemäß § 1 seiner Anordnung über schädliches und unerwünschtes Schrifttum vom 25. 4. 35 eingereiht worden sei. Dadurch wurde der Fall Kubin verschärft. Man wollte nicht nur in Zukunft, sondern auch in die Vergangenheit rückwärts Kubin-Publikationen beseitigen. Die »Bilder zur Bibel« waren schon 1921 erschienen und bis dahin unbehelligt geblieben.

Ich ließ aber den Plan des neuen Buches nicht fallen, sondern wartete auf günstigere Zeiten. Kubin, der Österreicher, wurde von den offiziellen Stellen in Österreich sehr geschätzt. Die Albertina veranstaltete im Mai 1937 eine umfassende Ausstellung, die vom Unterrichtsminister eröffnet wurde. Im Jahre 1938 erfolgte der Einmarsch der Nationalsozialisten in Österreich. Die Grenzen fielen. Auch Kubin wurde dadurch Reichsdeutscher. Nun, dachte ich mir, wird doch das Regime Kubin gegenüber nicht gleich in krasser Weise andere Saiten aufziehen und ihn, den eben noch in seiner Heimat Gefeierten, ächten und beschlagnahmen. Das hätte doch einen sehr häßlichen Eindruck gemacht und dem Prestige geschadet. Mir schien der richtige Augenblick gekommen. Ich ging an die Verwirklichung des Buches. Ich ließ von drei verschiedenen Kunstanstalten Probedrucke machen. Den Preis trug die Firma Erasmus-Druck in Berlin davon, deren Mitinhaber Gottfried Krause sich für anspruchsvolle künstlerische Aufgaben persönlich besonders einsetzte. Die Wiedergaben waren durchsichtig bis in die tiefsten Schwärzen.

Eine Klippe war noch die Papierbeschaffung. Für jedes Buch mußte damals von der Wirtschaftsstelle für den deutschen Buchhandel das Papier eigens bewilligt werden, und bewilligt wurde es selbstverständlich nur für Bücher, die der Partei genehm waren. So war die Wirtschaftsstelle zugleich ein Instrument der Zensur. Ich brauchte also Befürwortungen. Glücklicherweise war Kubin mit dem neuernannten Landesleiter für bildende Künste, Gau Oberdonau, E. A. von Mandelsloh, befreundet. Dieser begründete seine Befürwortung damit, die Zeichnungen Kubins seien für weite Kreise des Volkes und auch für die Jugend wichtig, weil sie daraus die Schwächen der jüngsten österreichischen Vergangenheit ersehen könnten. Dadurch wurde das Buch geradezu zu einem politisch instruktiven gestempelt. Die Anfertigung des Papiers wurde bewilligt. Aber ein paar Monate später wurde diese Bewilligung wieder gestrichen. Neue Sorgen! Da stellte sich heraus, daß die Kunstanstalt, die nun hauptsächlich mit Kartendruck für militärische Zwecke beschäftigt war, ein geeignetes Papier von ihrem Lager abgeben konnte, und es wurde uns wenigstens erlaubt, dies bereits vorhandene Papier zu benützen.

Nun brauchte das Buch aber noch einen Text! Eine Einleitung sollte alle eventuellen Einwendungen von vornherein entkräften. Vergebens klopften wir an manche Autorentür. Schließlich fiel mir Max Unold ein. Er war nicht nur ein Beherrscher des Pinsels und des Stifts, sondern auch des Wortes, außerdem Kubin in langjähriger Kameradschaft verbunden. Zu Kubins und meiner Freude ging er auf den Vorschlag ein. Im kalten Januar 1941 reiste ich mit ihm nach Zwickledt. Kubin holte uns in Wernstein ab und beglückte uns mit der Nachricht: »Ich habe auch schon einen schönen Titel für das Buch! Was sagen Sie dazu: ›Abenteuer einer Zeichenfeder‹?« Der Titel war wirklich der denkbar beste, und in guter Stimmung stiegen wir den Berg zu seinem alten Landsitz hinauf. An zwei spannungsreichen Tagen stellten wir aus mehreren hundert Blättern, die in die engere Wahl kamen, die endgültigen sechzig für das Buch zusammen.

Die Schwierigkeit bei der Auswahl war, Kubin in seiner ganzen künstlerischen Bedeutung zu zeigen und doch nichts zu bringen, was die maßgebenden Stellen als »offensichtliche Entartung« anprangern konnten. Die Einleitung gelang Unold ausgezeichnet. Endlich, im März 1942, konnte das Buch in einer Auflage von zwölftausend Exemplaren erscheinen. Statt, wie geplant, zum 60. war es zum 65. Geburtstag fertig geworden. Ich bangte um sein Schicksal. Vielleicht erfüllte es sich sehr schnell. Im Februar noch geschah Bedenkliches. Ein Teil des Unoldschen Textes sollte in der »Neuen Rundschau« als Vorabdruck erscheinen. Die Redaktion teilte uns aber mit, daß der Text auf Eingreifen des Propagandaministeriums noch in letzter Minute aus dem Februarheft gestrichen werden mußte: »Man steht offenbar sehr distanziert zu Kubin und möchte im Grunde nicht, daß über ihn geschrieben wird.«

Kaum war das Buch da, so forderte es der Chef der Sicherheitspolizei und des SD an. Da wurde mir etwas schwummerig. Um das Buch auf jeden Fall in die Hände mir wichtiger Persönlichkeiten zu bringen, verschickte ich sofort bei Erscheinen 135 Geschenkexemplare und erbat mir als Gegenleistung eine Äußerung über den künstlerischen Eindruck, den das Buch gemacht hatte. Oft erhält der Verleger nämlich bei solchen Gelegenheiten als Echo nur magere Empfangsbestätigungen. Ich wollte aber, daß sich die Empfänger ernsthaft mit dem Buche auseinandersetzten. Wer in ein paar Wochen noch nicht geschrieben hatte, wurde sanft gemahnt. So liefen auch wirklich über hundert meist sehr persönliche Briefe bei mir ein. Ich sandte sie an Kubin. Der erwiderte: »Eine geradezu aufregende Lektüre! Ein Farbenkreis von Individualitäten! Auch dort, wo mal ›gemeckert‹ wird, hochinteressant und echt empfunden. Bei allem ›Postament‹, auf welches sich klugscheißerisch der ›würdige‹ Mensch hie und da stellt, spiegeln sie den Proteus einzig!!! Wenn z. B. einer schreibt, er meine, A. K. verberge mit seinen Blättern irgendeine wesentliche *andre* Tätigkeit, so trifft es metaphysisch zu, denn wie gebannt hängt mein innerer Blick am Ungeformten! – ›alles auf einmal‹ – es fortgesetzt Tag und Nacht aufspürend.«

Es schrieben Dichter, Maler, Musiker, Kunsthistoriker, Galerieleiter, Schauspieler, Naturwissenschaftler, Rechtsanwälte, Ärzte, Apotheker, Pfarrer und Verleger. Jeder hatte sich aus dem Buch geistig bereichert. Jeder hatte gezeigt, wie weit er der Kunst Kubins gewachsen war. Leider muß ich mir versagen, aus dieser Vielstimmigkeit hier zu zitieren. Vielleicht mache ich einmal ein Buch: »Briefe an einen Verleger«. Das würde, glaube ich, nicht langweilig.

Kubin seinerseits sandte mir die Briefe, die bei ihm eingegangen waren. Von diesen sei wenigstens einer angeführt.

Gulbransson schrieb ihm:

»Ja – ja – unheimlich bist Du – wirst nichts andres als besser. Oft spielst Du (wahrscheinlich um uns zu ärgern) wie ein Kind mit Deinen Zeichenfehlern. Aber wehe – wehe – wenn Du was erwischst – wie einwandfrei und schwer Du dann bist – kein Mensch kann Dich mehr heben! Aber Du hast Dir auch diesen Luxus leisten können: Du warst nie – Lohnzeichner. Du machtest immer bloß, was Du wolltest. Wie schön ist so ein Buch in die Hände zu bekommen! Zuerst das erste Durchblättern. Dann die besten – und allerbesten – immer wieder und wieder: Das Wattenmeer – Isis – Der Tiger – Seltsamer Besuch – Sprachunterricht – Eifersucht – Schildkröte – Hexenbesuch – Reiter im Wald. Ach – Alfred – wenn ich einen Hut hätte – ich könnte ihn nicht tief genug für Dich heruntertun. Dein alter Olaf.«

Das Buch wurde gnädig übersehen, und wenn es auch nachträglich noch beschlagnahmt worden wäre – diese hundert Briefe hätten mich das etwas leichter tragen lassen.

DER SAMSTAGNACHMITTAG

Wieder ist Samstag, der schöne Samstag mit dem freien Nachmittag!
Gewiß, ich bin mein eigner Herr, ich könnte auch jeden anderen Nachmittag zu meinem freien Nachmittag machen. Aber *dieser* Nachmittag
ist nun einmal offiziell der freie, der Verlag ist dann geschlossen —
die andern Nachmittage könnten frei sein, aber sie sind es doch mehr
nur als theoretische Möglichkeit. Man hat ja doch sein Pflichtgefühl!
Was wird er nun bringen, dieser freie Nachmittag? Ich bin ein wenig
bange, ob er auch halten wird, was ich mir die ganze Woche über von
ihm versprochen habe. Irgendein Dichter, ich glaube sogar Goethe,
hat einmal gesagt, die größte Wohltat sei das Licht, wohltätiger aber
noch als das Licht sei das Gespräch. So ungefähr! Und so schwebt mir
für den Samstagnachmittag immer ein Gespräch als Wunschbild vor —
ein gutes Gespräch auf einem gemächlichen Spaziergang. Ein Buch
als Begleiter ist ja auch etwas Schönes, aber ich bin ohnehin schon die
ganze Woche von Büchern umringt. Was in den Büchern steht, ist ein
für allemal festgelegt. Ich brauche Lebendiges, im Augenblick erst
Werdendes, Unvorhergesehenes! Also muß ein Gesprächspartner
herbei!
Ich rufe einen Dichter an, dessen Stück eben in seiner Anwesenheit in
Berlin gespielt wurde und den ich seitdem noch nicht wieder gesprochen habe. Er sagt mir am Telefon, man habe das Stück — ein buntes,
romantisch-phantastisches, ironisches Spiel — schwerfällig als Haupt-
und Staatsaktion über die Bühne geschleppt. Und die Kritiker — ja, die
hätten natürlich das Stück ganz anders gedichtet, wenn sie es selber
gedichtet hätten. Aber da sie es nun einmal nicht selber gedichtet haben, sondern der Dichter, so konnte es ihnen, so wie es ist, natürlich
nicht gefallen. Und deshalb hat es dem Dichter natürlich in Berlin
auch nicht gefallen. Sogar sein altes Magenleiden hat sich wieder gemeldet, und er muß sich gleich hinlegen. — Nein, aus dem Spaziergang

und der Tasse Kaffee unter den großen Kastanien kann da leider nichts werden!

»Was macht denn Ihr Schwager?« Der Dichter hat nämlich einen Schwager, der sich auch zum Gesprächspartner eignet. Er ist Schriftleiter an einer Zeitung, für den lokalen Teil.

»Mein Schwager ist grade ins Atelier gegangen und schreibt an seinem Roman. Es wäre ihm natürlich ein Vergnügen, mit Ihnen zu gehn, aber er kommt so selten zum Schreiben. Sie wissen ja: die Zeitung! – Da möchte ich es ihm lieber gar nicht sagen, daß Sie angerufen haben.« »Ach so, er schreibt! Nein, dann will ich ihn gewiß nicht stören. Also ein andermal!«

Er schreibt an einem Buch. Es wird also ein Buch *mehr* auf Erden sein. Ich habe mir schon eins in die Tasche gesteckt, mit etwas Ingrimm und nur für den schlimmsten Fall, als dürftigen Gesprächsersatz. Gibt es denn nicht schon genug Bücher? Soll *noch* etwas, was lebendig sein könnte, in Druckerschwärze und Papier verwandelt werden?

Aber es gibt ja nicht nur Dichter, sondern auch Maler!

Ich rufe einen Maler an. Eine Kinderstimme antwortet: »Vati ist den ganzen Tag beim Rahmer und kommt erst abends nach Haus. Er hat eine Ausstellung. Soll er Sie anrufen, wenn er heimkommt?«

»Nein, das nützt mir nichts. Ich brauch' ihn jetzt!« antworte ich gereizt. Ich hänge ab. Also auch das ist nichts!

Diese ewigen Ausstellungen, in die dann mit Ach und Krach doch nur ein paar Freunde und Bekannte hineingehn, weil sie dem Maler den Gefallen tun müssen! Und dann stehn sie in kleinen Gruppen mit den Rücken zu den Bildern und reden von ganz was anderm!

So wird es also beim Selbstgespräch bleiben müssen! Für den äußersten Notfall habe ich ja den Partner in der Tasche. Es ist kein schlechter – mein alter Freund Lichtenberg. Er hat nur den Fehler, daß er nicht hört, was ich ihm antworte.

Ich gehe die viele hundertmal begangene Straße zum Englischen Garten. Ich liebe Bäume. Aber die Bäume hier, am Anfang des Englischen Gartens, kommen mir alle so artig vor, sie sind so ordentlich und übersichtlich gewachsen, ihre Kronen so abgerundet! Kommt das daher, daß so viele Generationen von Sonntagsspaziergängern unter ihnen dahingewandelt sind? Auch die Wege sind so schön geschwungen, ich kenne jede Biegung auswendig, ich brauche sie gar nicht mehr entlangzugehn. Und da drüben steht die im Halbkreis gerundete Marmorbank, auch sie schön geschwungen. Und der antike Tempel auf dem Hügel! Im Gespräch könnte man diese allzu absichtsvolle Harmonie übersehn, aber wenn man allein ist, nicht.

Da ist es in der Stadt besser, da ist doch Leben, nüchternes, prosaisches Alltagsleben, nicht so viel Schönheit. Ich suche mir eine gekrümmte Straße, die ich schon lange nicht mehr gegangen bin. Vor Jahrzehnten ging ich sie täglich, als Gymnasiast. Meine Eltern wohnten mit uns drei Kindern damals in dieser Gegend. Mein Gott, wo ist die Zeit geblieben! Ging ich damals wirklich noch in kurzen Hosen? Da steht sogar unverändert das gelbe Haus, in dem wir wohnten. Im Parterre immer noch die Gastwirtschaft. In dem Erkerzimmer darüber mit den Butzenscheiben saß mein Vater und schrieb an seiner dicken gelehrten Burgenkunde. Zwischendurch komponierte er Opern. Ihre Partituren liegen jetzt bei mir in einer Kiste auf dem Speicher. Wenigstens habe ich sie vor Jahren einmal dort gesehn.

Solche Rückblicke tun nicht immer gut, besonders nicht an einem Samstagnachmittag, wenn man eben aus dem vor lauter Schönheit melancholischen Englischen Garten kommt. Beinah befällt mich etwas Atemnot. Es ist mir zuviel Vergangenheit hier. Das Leben droht mir auseinanderzufallen. Man begreift manchmal gar nicht, daß es noch so zusammenhält, daß alles noch Lust hat, immer so fortzumachen, daß die Menschen weitergehn, daß die Pferde den Wagen ziehn, daß dort oben das Mädchen die Fenster putzt, daß jemand vor dem Schaukasten der Musikalienhandlung da drüben stehnbleibt und die verblichenen Fotografien ernsthaft ins Auge faßt, alle diese einstmals berühmten Heldentenöre! Ja, man wundert sich, daß die Buchstaben auf den Firmenschildern haftenbleiben und immer weiter mit Energie ihre Formen spreizen, daß sie immer noch Namen in die Straße rufen, daß sie nicht längst heruntergerutscht, aufgeweicht, verronnen oder zerstoben sind, daß alles so an seine Notwendigkeit glaubt!

Ich biege lieber in die große breite Hauptstraße ein. Gott sei Dank, da ist noch etwas Gegenwart! Der Chauffeur auf seinem Lastauto, der sich da eben umdreht, hat einen so lebenswarmen, gebräunten, fleischernen Hals. Das ist noch glaubhaftes Dasein! Die Pyramiden, die Siege Napoleons scheinen mir nicht so wirklich wie diese Halsdrehung.

Ich komme an einem Café vorbei. Hier hatte Ibsen, als er in München die »Nora« schrieb, seinen Stammplatz. Jetzt hört man durch dicke

Spiegelscheiben das rasselnde Presto con fuoco der »Hauskapelle«. Aber man kann nicht hineinsehn, die Vorhänge sind zugezogen. Vielleicht ist es innen ganz leer.

Ich gehe niemals in ein Café mit Musik. Nein, so robust bin ich nicht! Ich kann keinen Satz gegen Musik ansprechen, ich kann nicht einmal dagegen an*denken!* Ich liebe die Cafés, die es nicht nötig haben, durch »Künstlerkonzerte« Gäste anzuziehn. Aber ich will damit nicht sagen, daß ich stille, halbleere Cafés liebe, nein, im Gegenteil, ein Café muß voll sein, es muß dicht halten. Man darf nicht mit *einem* Blick das ganze Lokal übersehn können. Das ist ja gerade der Fehler so vieler Dinge, daß man sie zu schnell übersieht. Im Café müssen die unbekannten Menschen in dichtem Gewimmel um mich herumsitzen. Dann stören auch ihre Gespräche nicht, man versteht dann keine einzelnen Worte, man hört nur das vielstimmige Gebrause, wie in einem Wald, wie an einem Wasser. Man sitzt dann wie auf einer umbrandeten Insel. Nur der Stuhl gehört einem und ein kleines Eckchen vom Tisch — rundherum die Elemente!

Ein solches Café ist die Alte Börse. Es liegt an einem überbauten Durchgang zwischen zwei Straßen, zu Füßen der riesigen Frauenkirche, »im Herzen der Altstadt«. Den ganzen Tag muß da Licht brennen. Ich schaue von außen durchs Fenster: jeder Platz ist besetzt. Aber mir ist es jetzt auch noch zu früh. Es ist draußen noch zu sehr heller Tag. Zum Sitzen im Café gehört für mich Dämmerung in den Straßen. Es ist jetzt da drin auch gerade der höchste Höhepunkt des Andrangs. Die gewünschte Fülle ist da, aber man möchte sich doch nicht gerade auf den *einzigen* Stuhl setzen, der noch irgendwo frei ist. Ein klein bißchen Auswahl, ein klein bißchen Selbstbestimmungsrecht möchte man sich denn doch wahren.

Ich gehe also weiter. In dem Durchgang steht ein Bettler. Als ich schon an ihm vorbei bin, spüre ich erst, daß er blind ist. Ich gehe zurück, er merkt nicht einmal, daß jemand vor ihm stehnbleibt. Er rührt sich nicht. Ich muß ihm den Geldschein zwischen die kalten Finger stecken.

Nein, wie kann man so schlechter Laune sein! Auch wenn man an einem Samstagnachmittag keinen Gesprächspartner gefunden hat! Sagt nicht Arno Holz: »Jede Sekunde, die du lebst, vergeudet über dich Schätze«? Ja, die Schätze wären schon da. Wenn man sie nur immer sehn könnte!

Ich komme zum Karlsplatz. Da tobt der Verkehr. Es ist so nett, daß man da nicht einfach wie im Schlaf über die Straße gehn kann, daß man es etwas gewitzt anfangen muß, daß ein klein wenig Risiko dabei ist und daß man also befriedigt sein darf, wenn es gut abgegangen ist.

An der Ecke ist ein Kunstladen mit Farbdrucken und richtigen Ölgemälden. Schiffe auf hoher See sind da zu sehn, Hochgebirge in Wetterwolken, ein kluger Foxterrier, ein lachendes Dirndl, ein Rosenstrauß, eine Kreuzabnahme! Viele Menschen stehn davor. Manche sind mitten im Gehn wie angewurzelt stehngeblieben; ihr Körper hat die Richtung des Weitergehns beibehalten, nur ihr Kopf ist zur Seite gedreht. Ja, ja – für die Kunst hat der Mensch doch immer ein paar Augenblicke übrig!

Auch in der Neuhauser Straße ist großes Gedränge. Aus den Türen des Warenhauses quillt es unaufhörlich hervor. Dicht daneben steht eine Barockkirche. Über dem Portal, hinter Glas, sitzt die Madonna, einen großen goldenen Halbmond zu Füßen. Eine dicke Frau drückt grade vor mir die Wipptür einwärts. Ich folge ihr. Vor einer Sekunde wußte ich noch nicht, daß ich das tun würde. Innen, geradeaus, öffnet sich eine Art Krypta. Ich gehe aber nicht hinunter, sondern steige die Doppeltreppe in den Hauptraum hinauf. Da ist die Kirche ein großer lautloser Festsaal in Weiß und Gold. Merkwürdig, daß man mit einem Schritt von der wimmelnden Alltagsstraße weg in eine so andre Welt kommen kann! Neben einem riesigen Engel, der als Karyatide die Orgelempore trägt und auf dessen silbernem Schild UT SOL steht, setze ich mich in eine dunkle Bank. Über mir breitet sich das ungeheure, nachgedunkelte Deckenfresko. Ich kann nichts mehr davon erkennen als aufgetürmte Wolken, die durchstoßen, ja durchschmettert werden von langen, graden, lichten Strahlen. Auf dem Altar steht in üppigem goldenem Rahmenwerk die silberne Gruppe der Verkündigung. Es ist jetzt kein Gottesdienst, es wird gebeichtet. Neben den geschlossenen, braunen Beichtstühlen, aus denen gelbes Licht schimmert, stehn Reihen Wartender. Es öffnet sich ein Türchen und ein Mann, der mit seiner Beichte fertig ist, kommt heraus. Sofort tritt der nächste heran. Was mag dieser wohlsituierte, sorgfältig frisierte junge Mann in schwarzem Paletot, den steifen schwarzen Hut in der Hand, wohl beichten wollen? Was würde ich selber zu beichten haben? Habe ich gelogen, habe ich andre übervorteilt, war ich gehässig? Ach, man ist doch eigentlich ein ganz anständiger Mensch und tut niemandem etwas zuleide. Allerdings, wenn man Unterlassungssünden beichten müßte, dann würde man wohl nie fertig! Das ist es eben: man tut nichts besonders Böses, aber auch nichts besonders Gutes.

Wie ich zur Kirche hinaustrete, ist es draußen inzwischen nun doch tiefdämmerig geworden. Jetzt ist die richtige Zeit, um in die Alte Börse zu gehn. Auch sie ist eine Art Festsaal. Alle Kronleuchter brennen, die Vorhänge schimmern rot an den weißen Wänden. Es ist nicht mehr so gepreßt voll wie vorhin. Der Raum hat viele Winkel und Ausbuchtungen, der eine Teil liegt höher als der andre. Man übersieht also nicht sofort alle Möglichkeiten, und so soll es ja sein. Ich setze mich neben einen saturierten älteren Herrn an ein Tischchen, aber ich kann meinen Stuhl nicht hin- und herschieben, sonst stoße ich überall an Menschen. Es können auch nicht mehrere benachbarte Gäste gleichzeitig aufbrechen. Nur einer zur Zeit kann seinen Mantel anziehen, und der muß noch vorsichtig sein beim Ausholen mit den Armen, damit er niemandem einen Stoß gibt. So wird man zur Humanität erzogen.

Der Kaffee ist gut, der Nußkranz macht seinem alten Ruhm Ehre. Nun ist für mich der Moment gekommen, meinen Georg Christoph Lichtenberg aus der Tasche zu ziehn. Ich habe ihn schon oft bei mir getragen. Es ist ein Band der Erstausgabe, um 1800 herausgegeben von seinen Söhnen, ein marmorierter Pappband mit rotem Rückenschild und postkutschengelbem Schnitt. Als ich noch Buchhandlungslehrling bei Palm war – hier um die Ecke in der Theatinerstraße –, fand ich ein Heft in blauem Umschlag mit dem dick gedruckten Titel »Was sollen wir lesen?« Es war das Ergebnis einer Umfrage bei etwa fünfzig damaligen Prominenten. Von diesen empfahlen mindestens ein halbes Dutzend Lichtenberg, und zwar so, daß ich mir sagte: Das ist etwas für mich! Den will ich mir merken! Bald danach schickte ein Leipziger Antiquar einen Katalog, in dem diese Ausgabe angeboten war – alle neun Bände für sechs Mark. Das konnte ich mir von meinem Taschengeld leisten, und seitdem ist dieser bucklige Göttinger Professor der Physik mein Freund. Ich kann von ihm noch heute zuversichtlich erwarten, daß er mir einen guten Gesprächspartner ersetzt. Ich schlage ihn auf und lese und denke mir mein Teil dazu.

»Jeden Augenblick des Lebens, er falle aus welcher Hand des Schicksals er wolle uns zu, den günstigen sowie den ungünstigen, zum bestmöglichen zu machen – darin besteht die Kunst des Lebens und das eigentliche Vorrecht eines vernünftigen Wesens.

Eine der sonderbarsten Anwendungen, die der Mensch von der Vernunft gemacht hat, ist wohl die, es für ein Meisterstück zu halten, sie nicht zu gebrauchen und so, mit Flügeln geboren, sie abzuschneiden.

Descartes sagt in einem Brief, daß man die Einsamkeit in großen Städten suchen müsse, und er lobt sich dazu Amsterdam. Ich sehe auch wirklich nicht ein, warum nicht Börsengesumme ebenso angenehm sein soll als das Rauschen des Eichenwaldes; zumal für einen Philosophen, der keine Handelsgeschäfte macht und zwischen Kaufleuten wandeln kann wie zwischen Eichbäumen, da die Kaufleute ihrerseits bei ihren Gängen und Geschäften sich so wenig um den müßigen Wandler bekümmern als die Eichbäume um den Dichter.«

Ich blättre weiter.

»Ist denn wohl unser Begriff von Gott etwas andres als personifizierte Unbegreiflichkeit?

Es ist doch fürwahr zum Erstaunen, daß man auf die dunklen Vorstellungen von Ursachen den Glauben an einen Gott gebaut hat, von dem wir nichts wissen und nichts wissen können. Denn alles Schließen auf einen Urheber der Welt ist immer Anthropomorphismus.

Er war ein vortrefflicher Junge. Als er kaum sechs Jahre alt war, konnte er schon das Vaterunser rückwärts herbeten.

Wieviel in der Welt auf Vortrag ankommt, kann man schon daraus sehen, daß Kaffee, aus Weingläsern getrunken, ein sehr elendes Getränk ist; oder Fleisch bei Tische mit der Schere geschnitten, oder gar, wie ich einmal gesehen habe, Butterbrot mit einem alten, wiewohl sehr reinen Rasiermesser geschmiert — wem würde das wohl behagen?...«

Nun, ich habe meinen guten Kaffee nicht aus einem Weinglas getrunken, sondern aus einer echten, dicken, weißen Kaffeetasse. Darum hat er mir auch vollauf behagt. Warum nur spricht die Minna bei Lessing von dem lieben *melancholischen* Kaffee? Auf mich wirkt der Kaffee durchaus melancholievertreibend. Er und Lichtenberg haben mich auch heute wieder mit der Welt versöhnt.

Aber nun ist es Zeit zum Aufbruch. Nach geduldigem Warten gelingt es mir, zu zahlen. Ich ziehe meinen Mantel mit der gebotenen Vorsicht an und trete aus dem hellen Café auf die von Bogenlampen erleuchtete, aber dennoch dunkle Straße. Der Samstagnachmittag liegt wieder einmal glücklich hinter mir, und ich will zufrieden sein, wenn der nächste nicht schlechter ausfällt.

AUF GULBRANSSONS SCHERERHOF

Ich war wieder einmal auf seinem Schererhof zu Gast. Der Weststurm heulte ums Haus. Durch das Fenster des warmen Wohnzimmers sah ich tief unten den Tegernsee. Bleigrau breitete sich sein matter Spiegel zwischen den weißverschneiten Bergen. Die Wälder stiegen dunkel an den Bergflanken empor. Die Gipfel verloren sich im Schneehimmel. Die einzige lebhafte Farbe in all dem Grau und Weiß war das Gelb von ein paar frisch zugehauenen Holzbalken, die im tiefverschneiten Garten lagen. Zwischendurch jagte der Sturm den Schnee in waagrechten weißen Linien vorbei, so dicht, daß der See völlig verschwand.

Das Schneetreiben hatte mir beim Heraufsteigen von der Bahnstation heftig zugesetzt. Ich mußte zwei Schluchten mit tiefen Schneewehen durchschreiten. So kam ich ziemlich durchnäßt oben auf dem Schererhof an. Aber dann brachte mir Olaf ungeheuer dicke Skistrümpfe, über diese zog ich ein Paar Eskimostiefel aus Seehundsfell mit roten Troddeln. Bald werde es schönen heißen Kaffee geben. Mir war pudelwohl.

Der Schererhof ist ein altes Bauernhaus von 1740. Olaf hat ihn im Innern umgebaut, ganz nach seinen eigenwilligen Ideen. Der lange Wohnraum, von fünf kleinen Fenstern erhellt, hat eine niedrige, weißlackierte Holzdecke, getragen von drei waagrechten dicken schwarzen Eichenbalken. Der mittlere dieser Balken wird senkrecht gestützt von der mächtigen hölzernen Schraube einer alten Weinpresse. Sie roch noch nach dem Wein, von dem sie einmal ganz durchtränkt war. Auf dem schwarzen Flügel stand das Glas mit den Zeichenfedern und die Perltusche. Hier zeichnete Olaf manchmal im Stehen, auf den Flügel gelehnt, dicht neben seiner Bronzebüste, die Bernhard Bleeker, sein Kollege an der Akademie, geschaffen hat. An der Wand hingen ein paar alte, nachgedunkelte Barockbilder. Auf dem einen hockte ein

Türke mit langer Pfeife und betrachtete prüfend eine nackte Dame,
ob sie sich wohl für seinen Harem eigne. Sonst waren da noch bayerische Hinterglasbilder mit Heiligen und Märtyrern, Radierungen von
Rembrandt, Stiche von Callot mit Zigeunern und Bettlern, alte Ansichten von Tegernsee und dergleichen aufgehängt. Vom Hausherrn
selbst neben dem großen offenen Kamin nur eine schwarze Tuschzeichnung: das Bildnis einer Greisin mit einem entschlossenen faltigen
Männergesicht, die Tonpfeife im Munde, und mit knochigen Händen. Es ist Olafs Großmutter. Er hat ihr in seinem Erinnerungsbuche
»Es war einmal«, das eins meiner schönsten Verlagswerke ist, ein
prächtiges Denkmal gesetzt.

Da brachte Frau Dagny den Kaffee, und auch er selbst erschien wieder in der Tür. Ein größerer Gegensatz wie zwischen den beiden ist
kaum denkbar. Er: breit und schwer, bärenstark, mit kugelrundem,
gebräuntem, blankem Kopf. In seinen großen Nüstern hat er mehr
Haare als auf dem ganzen Schädel. Kleine, vor dem Licht zugeknif-
fene blaue Augen mit zahllosen feinen Fältchen darumher. Ein dröh-
nendes Lachen. Man sah ihm die Siebzig nicht an. Er ist — das merkt
jeder auf den ersten Blick — ein Mann aus dem hohen Norden. Aber
gar nicht germanisch, eher ein Lappe. Seine Frau dagegen, die Enkelin Björnstjerne Björnsons, ist zart und schlank, ganz hell, mit weißblonden Flechten, sie spricht mit hoher, feiner Stimme.

Er hat sie in blauem Kopftuch aquarelliert für den Umschlag des Al-
manachs, der 1939 zum fünfunddreißigjährigen Bestehn des Verlags
erschien.

Olaf lebt mit dem ganzen Körper. Er wiegt sich von einem Bein aufs
andre. Die Begrüßung mit ihm geht immer leicht in einen kleinen
Boxkampf über.

»Was ist denn das für eine große verschneite Erhebung da draußen
im Garten?« fragte ich, »die habe ich früher gar nicht gesehn.«

»Da drunter ist mein Freibad«, schmunzelte Olaf, »das Bassin habe
ich selbst ausgegraben. Mein einziges Monumentalwerk! Es ist vierzehn Meter lang, drei Meter breit und zwei Meter tief. Sonst messen
meine Werke ja höchstens zwanzig zu dreißig Zentimeter. Ich brauche
aber unbedingt ein Bassin, in das ich einen Kopfsprung machen kann.
Gerade als ich fertig war, rief Dagny mir zu: ›Wir haben keinen
Tropfen Wasser im Haus!‹ Die Quelle hatte wieder einmal versagt.
Unser Haus steht ja auf einem fast ganz trocknen Berg. Meine Frau

WIE ICH 4 JAHRE ALT WAR,
WAR DAS GRAS VIEL HÖHER
ALS ICH. VIEL HABE ICH
VON DER ANDEREN WELT
NICHT GESEHEN — ABER
SCHÖN WAR ES IM GRAS DRIN'

Olaf Gulbransson: Aus »Es war einmal«. 1934

hatte mir immer erklärt: erst muß man Wasser haben, dann kann
man ein Bad bauen. Ich aber bestand auf dem Gegenteil: erst das Bassin, dann das Wasser! Es ist wie mit der Frau: erst das Bett und dann
die Frau! Nun, es war wahnsinnig schwierig, so viel Wasser wie nötig
oben zu fassen und den Berg herunterzuleiten. Aber dann ist es doch
geglückt.«

Als die Tür aufging, drückte sich auch Bamse herein, der große, gelb-
weiß-schwarze Bernhardiner. Er legte mir seinen schweren Kopf aufs
Knie.

»Bamse ist ein guter Kerl«, lachte Olaf. »Wenn hier mal Einbrecher
kommen, stellt er sich gewiß daneben und wedelt. Er ist noch immer

nicht gern draußen, obgleich seine Hundehütte ein Palast ist. Um ihn einzugewöhnen, kroch ich zu ihm hinein und wäre gewiß auch die Nacht bei ihm geblieben. Aber das hat meine Frau nicht erlaubt. Da konnte man nichts machen.«

Frau Dagny erzählte aus der ersten Zeit des Schererhofs: »Als das Haus fertig war, hatten wir eine Einstandsfeier. Alle Bauern im Umkreis waren geladen. Es war wie ein norwegisches Fest. Da wurde getanzt und getrunken. Ich finde, die bayerischen und norwegischen Bauern sind sich in vielem sehr ähnlich. Olaf hatte beim Umbau keinen Baumeister, nur Bauern und Handwerker aus der Umgegend. Mein Gott, wie langsam haben die gearbeitet! Mit echt bayerischer Gemütlichkeit! Aber Olaf brachte es nicht übers Herz, ihnen deswegen Krach zu machen. Nur als sie den schönen Holunderstamm an der Hauswand abgebrochen hatten, da machte er Krach.«

Nach dem Kaffee gab's Schnaps — echten Norweger! Ein Sohn Knut Hamsuns hatte ihn Olaf mitgebracht.

Nun kam auch er ins Erzählen.

»Mein Großvater war ein Garsgever, zu deutsch ein Gastgeber, ein Gastwirt. Er hatte das Branntweinrecht in der Hafenstadt Moß. Er war sehr freigebig. Wenn ein neues Schiff in den Hafen einlief, lud er die ganze Besatzung ein zu einer Sauferei. Und dann, wenn sie so schön angeheitert waren, kam für ihn der Hauptspaß! Dann warf er die ganze Bagage zur Tür hinaus. Er war groß und lang und mager, hatte also einen ganz anderen Körper wie ich. Er war ein eigensinniger Kerl. Ein Bursche hatte einmal seiner Lieblingskatze einen Tritt versetzt. Da führte er einen langen Prozeß gegen ihn. Mit Vorliebe unternahm er Hausbauten. Die blieben dann stecken. Jedesmal, wenn ein großer Granitstein gelegt war, gab es erst mal eine Runde Schnaps. So wurde er sein Geld los... Na prost!« Nach jeder Geschichte hob Olaf das Glas zum Anstoßen.

»Mein Vater war Müllerbursche. Aber das Säcketragen wurde ihm zu langweilig. Er ging in die Stadt und kam bei einer kleinen Zeitung unter. Mein Elternhaus stand aber nicht in der Stadt, sondern in einem Dorf davor. Jetzt sind da lauter Fabriken. Mein Vater wurde steinalt. Als er starb, hatte er noch alle seine Zähne im Mund. Für diese Zeitung arbeitete ich auch, als ich sechzehn Jahre alt war. Ich machte Zeichnungen dafür. Die habe ich großenteils selbst in Holz geschnitten. Ich machte damals auch Zeichnungen für ein Psalmenbuch, das heißt für ein Buch geistlicher Lieder. Besonders zu Gedichten von Matthias Claudius. Dessen Gedichte gefielen mir sehr.«

Ich bat ihn, doch einmal nachzudenken, ob er mir aus jener Zeit nichts zeigen könne. Er brachte nach langem Suchen ein altes Prachtwerk. Es war eine illustrierte norwegische Literaturgeschichte. Da war auf Seite 505 das Bildnis von P. H. Frimann. Das hatte er in Holz geschnitten. Es war eigentlich kein Holzschnitt, sondern ein Holzstich in der damals üblichen Tonmanier. Aber aus der Art, wie die verschiedenen Töne gegeneinander abgesetzt sind, sah man, daß das nicht ein gewöhnlicher Xylograph gemacht hatte, sondern ein Mann mit empfindlichen Organen für diese Dinge.

Ich wollte gerne wissen, welche Bilder ihm in seiner Jugend Eindruck gemacht haben. »Das kann ich Ihnen sagen. Da hing in unsrer Nationalgalerie ein riesiges Ölgemälde von Arbo. Ich war neun Jahre, als ich es zum erstenmal sah. Da fuhr Thor mit dem Hammer in seinem Widderwagen über die Wolken. Walküren galoppierten hoch zu Roß. Ein unübersehbares Heer mit Schwert und Speer. Schwärme von Raben. Die Erde unten in Nebeln. Der Mantel Thors stand flatternd gegen das Licht. Das gefiel mir ungeheuer. Ich selbst zeichnete damals am liebsten Wikingerschlachten mit maßlos vielen Figuren. So die Schlacht bei Stiklestad, in der Olaf der Heilige erschlagen wurde. Das war so ums Jahr Tausend ... Na prost! ... Als ich etwas älter war, begeisterten mich vor allem die Illustrationen von Kittelsen. Kennen Sie den nicht? Den liebe ich noch heute.«

Er holte die großen Albums von Kittelsen herbei mit den bösen Trollen, den Kobolden und mit den unheimlichen Bildern von der Pest. Olaf kostete sie aus in einer Mischung von Selbstironie und echtem Grauen. Mich erinnerten die Blätter merkwürdig an die Anfänge Kubins, auch in der Art, wie aus gehäuften dunklen Strichlagen magische Helligkeiten geheimnisvoll aufleuchten.

Allmählich dämmerte es. Da wollte ich mir, bevor es ganz dunkel wurde, doch einmal wieder den Saal im ersten Stock ansehn. Er ist das repräsentative festliche Gegenstück zu dem bequemen Wohnraum unten. Es ging eine Wendeltreppe hinauf, oben schlug mir eine eisige Luft entgegen. Der Fußboden ist rot lackiert, die Decke weiß. Weiß lackiert mit etwas Gold sind auch die Rokokostühle. Olaf hatte sie schon in jungen Jahren gekauft, von seinem ersten selbstverdienten Geld. Er hatte früh eine gute Nase für schöne Dinge. Der viele Lack, die Spiegel, der gläserne Kronleuchter: alles flimmerte festlich ineinander. Ein riesiger weißer Kamin beherrscht die eine Schmalwand. Auf seinem Sims stehen alte Gläser, an den Ecken lagern Holzplastiken: zwei etwas abgeblätterte Barockdamen.

Als ich wieder unten war, stellte Olaf zwei brennende Kerzen auf den Tisch. Er liebt das elektrische Licht nicht. »Ja, lieber Piper, die Zivilisation kommt nicht zu mir auf den Berg. Hier ist und bleibt alles, wie es war. Die Bauern tragen den Mist immer noch auf ihren Schultern. Die Hänge sind zu steil, landwirtschaftliche Maschinen kommen nicht herauf. Hier glänzt noch immer die Sense wie vor fünfhundert Jahren. Für Autos sind die Wege glücklicherweise zu schmal. Überhaupt: Autos! Ich bin ein Augenmensch, ich kann das moderne Tempo nicht brauchen. Im Vorüberrasen sieht man nichts.«

Nun war es Abend geworden, und wir hatten uns ein saftstrotzendes Essen einverleibt. Eigentlich sollte auch diesmal wieder in dem großen offnen Kamin, in dem ein eiserner Kessel hängt, ein Feuer gemacht werden. Abends ist dies offne Feuer meist die einzige Beleuchtung. Olaf steht dann halb nackt davor und schiebt die riesigen Buchenkloben mit einem eisernen Haken zurecht. Bei dem starken Sturm aber, der immer noch tobte, konnte die Kaminluft nicht recht entweichen, Dagny bekommt davon Kopfweh, und so mußten wir diesmal Verzicht leisten. Olaf trauerte: »Wenn der Kamin nicht brennt, ist das Haus wie ohne Herz.« – Neben dem Kamin steht der viereckige, turmartige, rötlichgraue Kachelofen mit vielen Reliefs aus der Geschichte des Sündenfalls und der Passion. Olaf hatte das Original in Schliersee gefunden – es trägt das Datum 1561 – und ließ es sich von einem geschickten Tegernseer Hafner nachbilden. Seine Kacheln glühten, und so waren wir auch bei ihm wohlgeborgen.

Wenn Olaf Geschichten erzählt, so gehen sie oft, ehe man sich's versieht, in ein unartikuliertes Brummen oder in ein schallendes Gelächter über. Man muß also scharf hinhören, um die Pointe nicht zu verpassen. Oft singt und grölt er dabei im Aufundabgehen.

»Meine erste Karikatur entstand so: Sie wissen, bei uns in Norwegen ist der Lokus eine Art öffentlicher Versammlungsort. Er steht abseits von allen anderen Gebäuden. Es sind da drei bis vier kreisrunde Löcher nebeneinander, für jedes Alter. Da gingen nun drei Mädchen, die Inga, die Haldis und die Dina, zusammen hin und machten dabei ein großes Trara.«

»War das die berühmte Inga aus ›Es war einmal‹, die Sie später geheiratet haben?«

»Ja, die berühmte! Nun, das ärgerte mich, daß sie mit solcher Begeisterung auf den Lokus gingen, und da zeichnete ich sie alle drei, wie sie da sitzen. Jede sitzt auf ihre Art. Als sie wieder herauskamen, zeigte ich's ihnen. Da wurden sie wütend und wollten es mir wegreißen. Es gab eine Balgerei, aber sie kriegten es nicht. Seitdem gingen sie nie mehr mit Trara dahin. Da merkte ich, daß die Karikatur eine Waffe ist, daß man mit ihr etwas ausrichten kann!

Auf die Kunstschule kam ich aus Sehnsucht nach dem Zeichnen. Ich sah mal eine Zeichnung, die stellte ein Weinblatt dar, aber kein natürliches, sondern eins aus Gips. Das war so genau gemacht, daß ich glaubte, man könne es abtasten. Es schien mir ganz unmöglich, je auch so etwas zusammenzubringen. Aber ich wollte es wenigstens versuchen! So durfte ich mit zwölf Jahren auf die Kunstschule. Es war mehr eine Schule für Techniker. Das sogenannte Atelier war ganz oben unterm Dach. Es wurde da fast nur nach Gips gezeichnet. Wir hatten aber auch ein lebendes Modell, jahraus, jahrein dasselbe. Es wurde nie gewechselt. Das war der Dienstmann Sikeland. Wie hätte man das Modell wechseln können? Dann wäre ja Sikeland um seinen Verdienst gekommen! Wir spielten ihm viele Streiche. Er saß auf seinem Hocker, der auf dem Podium stand. Wir riefen ihm zu: ›Zurück, zurück ... immer mehr zurück!‹ Er rückte gehorsam immer weiter zurück. Auf einmal purzelte er hintenüber in die Kohlenkiste. Da haben wir schrecklich gelacht!

Es gab auch eine Venus aus Gips in der Schule. Um die waren wir eifrig bemüht. Neben mir zeichnete ein Fräulein Lind. Sie war schon über dreißig Jahre und wurde mit ihrer Venus nie fertig. Die Kohle saß schon so dick auf dem Karton, daß der Stift ausrutschte. Das arme Fräulein Lind! Ihre Venus war nie zu etwas zu gebrauchen. Als sie einmal nicht da war, spannten wir ihr Blatt auf einen Rahmen, und ich sprang mitten durch. Von der vielen Kohle wurde ich schwarz wie ein Neger. Als der Professor Wergeland kam und die Bescherung sah, sagten wir, die Venus sei durch die Ofenhitze geborsten. Darauf er sehr ernsthaft in seinem Baß: ›Das muß ja eine Bombenhitze gewesen sein!‹ –

Als ich nach München kam, konnte ich immer noch kein Deutsch, trotzdem ich es ja vorher hatte lernen sollen. Die erste Zeichnung, die ich in den ›Simpl‹ brachte – das war im Jahre 1902 –, sollte nur eine Skizze sein. Ich wollte den Herren nur einmal zeigen, wie ich mir die Sache dachte. Zu meinem Schrecken fand ich sie dann aber in der nächsten Nummer gleich gedruckt. Ich hatte es nicht deutlich genug sagen können.

Ich habe gar keinen Sinn für Termine. Deshalb müssen Sie armer Verleger auch oft so lange auf Ihre Buchumschläge warten! Ich ging einmal mit Ludwig Thoma in der Ludwigstraße. Er fragte mich, ob ich die Zeichnung zu seinem Gedicht schon abgeliefert hätte. Mit Mühe konnte er mir die Frage verständlich machen. Ich sagte: ›Nein!‹ Darauf er: ›Himmelherrgottsakrament, Sakrament!‹ Ich wunderte mich, weshalb er plötzlich von lauter heiligen Dingen sprach, und er wunderte sich, daß das auf mich durchaus keinen Eindruck machte.«

Wir kamen auf das Handwerkszeug zu sprechen. Olaf brauchte davon so wenig wie irgend möglich. Sein ganzes Atelier im Schererhof bestand aus einer Schublade. Der Kohinoor war sein Lieblingsstift. Er benutzte nur zwei Stärkegrade, HB und 8 B. »Das sind Gegensätze wie Nord und Süd. Die Mittelzone fehlt, aber Mittelzonen sind immer langweilig.« Er machte mir mit beiden Stiften Probestriche. »Acht B ist weich wie ein Käs oder sagen wir besser: wie das Laster. Außerdem brauche ich noch ein dickes Radiergummi mit einem Elefanten drauf und ein Knetgummi. Das Knetgummi ist mir lieber, weil es keine Brösel macht. Aber wenn gerade kein Knetgummi da ist, muß ich doch das Elefantengummi nehmen. Dann benutze ich hier die weiche Hasenpfote und fege damit die Brösel vom Papier.«

»Sie haben da ja nur ganz kurze Bleistifte!« – »Ja, auch die kleinsten Stumpen werden aufgebraucht.« – »Und diese Rasierklingen?« – »Das sind ausgediente. Mit denen spitze ich sie.« – »Und welche Art Papier ist Ihnen das liebste?« – »Das von Schöllerhammer. Da ist die Oberfläche so schön hart und glatt. Der Strich muß ohne Hemmung gleiten. Ich kann keine Widerstände brauchen, wie Kubin bei seinen alten Bütten.«

Nun wurde es allmählich Zeit, ins Bett zu gehn. Der Weg zum Fremdenzimmer führte durch den ehemaligen Stall. Auch da war es eisig. Das Fremdenzimmer war in eine Stallecke eingebaut. Es hatte auch noch eine Tür direkt ins Freie. In diese war ein farbenfunkelndes Glasbild von Oberberger, einem Schüler Olafs, eingelassen. Aber die Umstände waren nicht dazu angetan, sich darein zu vertiefen, denn der

LIEBER PIPER — ICH HAB ALLES GELESEN —
ES IST SO MEHR ALS SCHÖN.
WANN KOMMEN SIE WIEDER?
DIE FINNSCHUE SIND IMMER DA.
SIE HABEN MIR EINE SO. GROSSE
FREUDE GEMACHT MIT DEM BUCH
ÜBER BEETHOVEN.
ICH WAR DIE GANZE FERIEN DURCH
KRANK — UM GESCHMISSEN VON EINE
GEMEINE GRIPPE MIT 40° FIEBER,
BINN ABER DURCH DAS BEETHOVENLESEN
ÜBER UND ÜBER GEWORDEN — WIE EIN
GESCHMÜCHTER WEIHNACHTS BAUM.

HERZLICHST

Olaf Gulbransson an Reinhard Piper

Wind blies den Schnee durch die Ritzen. Ich suchte sie nach Möglichkeit zu verstopfen.

In dem gewaltigen braunen Ofen krachte das Holz. In seiner Nähe war es sehr schön warm, aber ein paar Schritte davon merkte man kaum noch etwas von dieser Glut.

Ich kroch deshalb bald in die Federn. Aber vorher betrachtete ich mein ungewöhnliches Bettgestell: ein riesiger alter Schlitten, der zu einem Himmelbett umgearbeitet worden war. Stolz trug er die holzgeschnitzten vergoldeten bayrischen Löwen. — Olaf hatte mir beim Gutenachtsagen die Gedichte von Billinger unter den Arm geschoben, die er sehr liebt, und ich las in den dicken Kissen noch das wunderschöne Gedicht auf den alten Pieter Brueghel. Dann löschte ich das Licht. Nun hatte nur noch der Sturm das Wort. Die Fensterläden klapperten mich in den Schlaf.

Gulbransson schreibt kaum einen Brief, ohne ihn durch eine Vignette zu einer graphischen Kostbarkeit zu machen. Er schreibt immer nur mit Bleistift und auch immer nur in großen lateinischen Buchstaben. Ich habe hier eine Briefseite von ihm eingeschaltet, auf der er mich gerührt umarmt. Das Buch über Beethoven, von dem er da so bewundernd spricht, ist »Beethovens Denkmal im Wort«, zusammengestellt von Richard Benz. Da die dünnen Bleistiftstriche schwer lesbar sind, gebe ich hier den Text:

»Lieber Piper — Ich hab alles gelesen. Es ist so mehr als schön. Wann kommen Sie wieder? Die Finnschue sind immer da. Sie haben mir eine so große Freude gemacht mit dem Buch über Beethoven. Ich war die ganze Ferien durch krank — umgeschmissen von eine gemeine Grippe mit 40° Fieber. Binn aber durch das Beethovenläsen über und über geworden — wie ein geschmückter Weihnachtsbaum.«

Ich hatte Olaf von meinen Beziehungen zu Skandinavien erzählt, von meiner jugendlichen Begeisterung für Karl XII. und daß ein Carl Piper dessen Premierminister gewesen und von ihm in den Grafenstand erhoben worden sei. Auch von Musik war viel die Rede gewesen. Als er mich nun später in mein Album zeichnete, verband er diese beiden Vorstellungen. Er ließ auf meinem Profil die spitzen Haare meines »Stiftenkopfs« durch die rund gelockte Allongeperücke des 18. Jahrhunderts hindurchstechen und schrieb darunter:

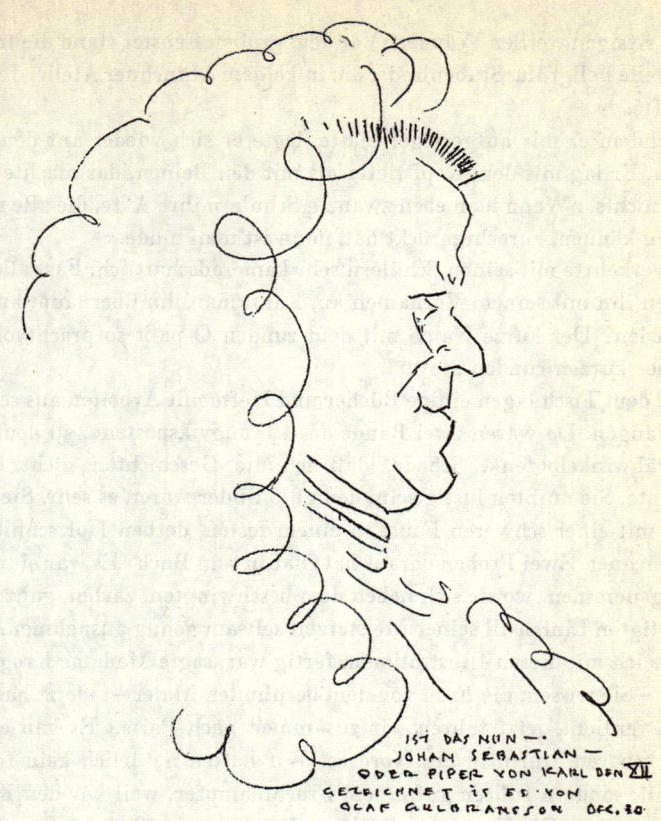

»IST DAS NUN —. JOHAN SEBASTIAN — ODER PIPER VON KARL DEN XII
GEZEICHNET IS ES VON OLAF GULBRANSSON DEC. 30.«

Ein andermal besuchte ich Olaf in seinem Atelier in der Münchner
Kunstakademie, dem kolossalen Prunkbau beim Siegestor – jetzt eine
Ruine. Im Treppenhaus standen der Laokoon, die Niobe und viele
andre klassische Sachen. Die Ateliers in dieser Akademie waren alle
so riesig, als ob die Maler heute noch haushohe »Zerstörungen Jerusalems« malen sollten wie zu Kaulbachs Zeiten. Olafs Atelier war von
allen das kleinste, aber man hätte immer noch ein Einfamilienhaus
hineinstellen können. Seine Aquarelle und Pastelle verloren sich an

den riesigen weißen Wänden. Vor dem großen Fenster stand die traditionelle hellgrüne Stubenlinde, die in keinem Münchner Atelier fehlen durfte.

Nachdem er mir aufgeriegelt hatte, legte er sich wieder auf den Diwan. Er lag mit dem Kopf tiefer als mit den Beinen, das machte ihm gar nichts. »Wenn man eben zwanzig Schülern ihre Akte, die alle nicht stehn können, zurechtgerückt hat, dann ist man müde.«

Er verkehrte mit seinen Schülern sehr kameradschaftlich. Fast alle redeten ihn mit seinem Vornamen an. Kann man ihn überhaupt anders anreden? Der kurze Name mit dem runden O paßt so prachtvoll zu seiner kurzen runden Statur!

Auf dem Tisch lagen einige Bücher und Hefte mit Arbeiten aus seinen Anfängen. Da waren zwei Bände des »Trangviksposten«, zu deutsch: »Krähwinkelboten«. Schade, daß ich die Geschichten nicht lesen konnte. Sie mußten lustig sein, denn die Bilder waren es sehr. Sie waren mit einer schweren Faust in einem festen, derben Holzschnittstil gezeichnet. Zwei Proben daraus hat Olaf in sein Buch »Es war einmal« aufgenommen, wo sie sich neben dem beschwingten, zarten, ganz vergeistigten Linienstil seiner Meisterzeit seltsam genug ausnehmen.

»Als ich mit diesen Illustrationen fertig war, sagte Madame Krogh zu mir – Sie wissen, die Frau von dem berühmten Maler –: ›Jetzt hast du was verdient, jetzt fahren wir zusammen nach Paris.‹ Es gab einen furchtbaren Sturm in der Nordsee. Wir hatten natürlich kein feines Schiff, sondern fuhren auf einem Frachtdampfer, weil wir den Kapitän kannten. Die Damen verfluchten ihren Entschluß. Acht Tage fuhren wir mit Kurs auf Schottland, nur um der gefährlichen holländischen Küste nicht zu nah zu kommen. Herr Krogh in Paris wartete und wartete. Er glaubte uns längst ertrunken. Er hatte einen so wundervollen langen Bart. Wenn er spazierenging, hob er ihn auf wie die Damen ihre Röcke.«

»Und was haben Sie dann in Paris gemacht?«

»Ich konnte kein Wort Französisch. Also konnte ich auch nichts machen. Nur zeichnen!«

Neben dem »Krähwinkelboten« lag ein grünes Quartheft, betitelt »24 Karikaturer af Olaf Gulbransson« mit einem verschmitzt lächelnden Kater auf dem Deckel. In dem runden Katerkopf erkannte man auf den ersten Blick Olafs eignen, und doch war es ganz ein Katerkopf geblieben. Da sah man alle Berühmtheiten des Nordens, als ersten den

gewaltigen Henrik Ibsen mit dem durchbohrenden Auge und dem verkniffenen Mund. Diese Zeichnungen waren 1901 entstanden, also kurz
vor Olafs Eintritt in den »Simplizissimus«. Ein ganz ursprüngliches
Talent brach da prachtvoll hervor. Wie mancher hätte sich damit genügen lassen, aber welch weiten Weg hat Olaf seitdem zurückgelegt!
Wie hat er an sich gearbeitet! Damals war seine reine Linienkunst
noch verdeckt. Diese Blätter waren sehr wirkungsvoll, aber noch zu
laut, zu dick instrumentiert. Es waren mehr Plakate als Zeichnungen,
die Karikatur lag noch obenauf. Später hat sich Gulbranssons Witz
ganz in die Linie zurückgezogen, ist mit ihr identisch geworden.
Ich wandte mich den Zeichnungen und Aquarellen an der Wand zu.
Dabei gingen die Gespräche weiter hin und her.
Olaf liebt die Vertiefung in die Sache. Wenn er einen Baum zeichnet,
so zeichnet er ihn genau so, wie er gewachsen ist. Jeder Biegung des
Stammes, jeder Verästelung der Krone geht er nach. Überall entdeckt
er Wunder der Linie. »Ich habe ja den Baum in meinem Garten stehn
und seh ihn jeden Tag. Da mag man doch nicht schwindeln!«
Auf einem anderen Aquarell sah man geschälte Stämme, die Schnittflächen dem Beschauer zugekehrt. Hier hatte ihn das Phänomen der
Verkürzung gereizt und dazu die Harmonie der kühlen Farben Gelb,
Violett, Grün und Blau. Er liebte die kühlen Töne.
Viele Variationen über Dagny hingen da. Man konnte sich ihre zer-
brechliche Schlankheit gar nicht auf andere Art gezeichnet denken als
in diesen zarten Linien und blassen Tönen. Da stand sie z. B. vom Rükken gesehn in enzianblauem Kleid unter hellblauem Himmel und
schaute über weiße Nebel hinweg auf blaue Berge. Der schlanke Hals
trug die reichen hellen Haarflechten. Kahle Zweige zeichneten ihre
Linien neben ihr in die Luft.
Da war sie nochmal in hellblauem Kleid mit weißem Kopftuch. Ihre
Haut war das stehengebliebene weiße Papier mit nur ganz wenig Rosa
und Blau.
Da war die »Aussicht auf den Tegernsee«. Aber vom Tegernsee war
auf dem Blatte nichts zu sehn, sondern nur Olaf von hinten, wie er
seinerseits den Tegernsee sieht. Er lehnte nackt am Holzgeländer, einen
breiten Sonnenhut auf dem Schädel. Seine gewaltigen runden Leibes-
wölbungen kontrastierten mit den flachen Geraden der Hölzer.
Olaf zeichnet gern die Menschen von hinten, und auch diese Rücken-
bildnisse sind ungeheuer ähnlich. Da hatte er die Rückansicht seines

Schülers Oberberger in der blauen Hose aquarelliert. Die blaue Hose mit ihrem Faltenwerk war die Hauptsache. Aber nicht nur sie war porträtgetreu, sondern auch der Körper, der darin steckte. Auf anderen Blättern vertiefte er sich mit Wonne in das mächtig vor- und zurückspringende Profil dieses Lieblingsschülers, der ein ins Niederbayerische übersetztes Kondottieregesicht hat.

Da war ein Pastellbild der Gattin Björnsons, also der Großmutter Dagnys, in Schwarz und Rosa. Olaf rief mir vom Diwan aus zu: »Sie ist eben gestorben. Sie wurde fast hundert Jahre alt. Hat sie nicht ein Gesicht wie ein Kardinal?«

Da war das mächtige Profil Paul Wegeners und daneben das Konrad Drehers mit der ausladenden Nase. Da waren die Bildniszeichnungen der Musiker Adolf Busch und Rudolf Serkin.

Olaf liebt die Musik, vor allem Bach. »Der hatte so ruhige, schwere Hände, dazu vierzehn Kinder. Er liebte den Kaffee und war nett zu seiner Frau!«

Ich staunte immer wieder, daß Olaf, dieser joviale, saftige Mensch mit dem bärenmäßigen Lachen und den weitausschwingenden Bewegungen, so ungeheuer behutsam zeichnet, ohne Drucker, ohne temperamentvoll hingesetzte Fahrer, während doch zum Beispiel der schmächtige Kubin auf dem Papier so heftig ausholt. Olaf erinnert darin an Leibl, der auch mit seiner Athletenstärke so behutsam malte. Als ich ihn darauf anredete, sagte er: »Wissen Sie, wenn ich vor dem schönen weißen Papier sitze, dann habe ich eine so kolossale Ehrfurcht davor.«

Bei seinen Zeichnungen und Aquarellen kennt er kaum eine Korrektur. Alles steht klar und durchsichtig auf dem Papier. Es gibt für ihn keinen Zufall.

Er zeichnet seine Porträts häufig in ganz weichem Pastell und setzt dann mit dem Bleistift scharfe und bestimmte Linien hinein. »Ja, diese Art Trambahngeleise drum herum brauche ich, die halten die Sache zusammen.«

Die Welt kennt Olaf vor allem als den genialen Zeichner des alten »Simplizissimus«. Als solcher hat er ungezählten Tausenden heitere Stunden und den Kunstfreunden einzigartige Genüsse bereitet. Aber er seufzte manchmal über diese Arbeit: »Ich bin ein armer Lohnzeichner. Ich beneide meine Schüler. Die können machen, was sie wollen. Ich muß zeichnen, was man mir aufgibt, und dabei muß ich so viel auswendig zeichnen. Das viele Auswendigzeichnen ist ein Unsinn, und so kennt man mich eigentlich nur von meiner schlechten Seite!«

Ich fragte ihn nach seinen Lieblingskünstlern. Aber allem, was von weitem nach einem »Kunstgespräch« aussieht, wich er gerne aus. Mit eulenspiegelhaftem Lachen erwiderte er: »Mein Lieblingskünstler? Das ist der liebe Gott! Weil er von der guten alten Schule ist! Er ist gewiß ein Düsseldorfer!«

»Nein, im Ernst! Sie müssen doch Holbein sehr lieben!«

»...und beneiden!«

»Sie sind nicht nur schlagfertig mit der Linie, sondern ebenso mit dem Wort.«

»Alles nur aus Verzweiflung! In der Verzweiflung muß man sich zu helfen wissen. Sie haben mich mit Ihrer Frage in die Zange genommen. Hätte ich einfach ja gesagt, so hätte man denken können: Was ist das für ein eingebildeter Kerl, der da Holbein so einfach liebt. Nein, ich beneide ihn noch viel mehr, als ich ihn liebe!«

Frau Dagny trat in die Tür. Sie war noch ganz begeistert von den letzten Wochen in Norwegen. »Da hat Olaf nichts getan wie geschwommen und Fische gegessen. Wirklich ganz wie ein Seehund!« —

Animalisch wie ein Seehund und zugleich ein Zeichengenie — das kommt nicht so leicht wieder zusammen. Freuen wir uns, daß es so etwas in unseren Zeiten immer noch gibt!

GEIST DER GRAPHIK

Schon als Kind habe ich fürs Leben gern Bilder besehn — wie wohl alle Kinder. Die meisten Menschen hören später damit auf, sie haben Wichtigeres zu tun. Ich bin dabei geblieben, und so kann ich sagen, daß ich mich an graphischer Kunst erfreut habe, seit ich überhaupt fähig bin, auf einem Bilde etwas zu erkennen. Ich habe schon im »Vormittag« von meinen ersten Bilderbüchern und Bilderbogen erzählt, von dem frühen Dürer-Erlebnis, von dem Don Quichotte mit den Illustrationen von Gustav Doré, dann von den Callots, Goyas, Daumiers und den Japanern, die ich 1902 in Paris bei den Bouquinisten am Seine-Kai kaufte. Nach und nach hatte sich eine »richtiggehende« graphische Sammlung herangebildet. Meine Verlagstätigkeit, mein Verkehr mit vielen Künstlern wirkten weiterhin sehr bereichernd. Manchmal suchte ich mir genauer darüber klar zu werden, was man nun eigentlich von seiner graphischen Sammlung habe. Ich schrieb allerlei darüber auf.

Wie eine graphische Sammlung nichts ein für allemal Abgeschlossenes, Vollständiges, an ein festes Programm Gebundenes ist, sondern stets ein lockeres Gebilde bleibt, so sind auch diese Bemerkungen lose gefügt, wie sie mir bei der Beschäftigung mit meinen Blättern in den Sinn kamen.

Ich hole bei abendlichem Besuch gern eine Auswahl von Blättern aus meinem Bilderschrank hervor. Dabei mache ich immer wieder die Erfahrung, daß die Gespräche, wenn sie einen solchen Mittelpunkt haben, ergiebiger werden, als wenn sie dem Hin und Her des Zufalls überlassen bleiben. —

Wir Liebhaber der Graphik genießen das ruhige Glück der Betrachtung. Wir laden die Welt zu uns ins Zimmer, auf den Tisch, unter die Lampe. Wenn wir der vielen Worte müde geworden sind, ergeben wir uns dem Betrachten. Betrachtend bilden wir unsern Geist. Wir erfreuen uns des in sich Harmonischen, mag es auch Disharmonisches darstellen. Wir sind dem zersplitterten und verzettelten Alltag entrückt. Wir haben teil an dem Glück des scheinbar mühelosen Gelingens.

Wir bereichern unser Lebensgefühl, erweitern unser Weltbild. Soviel Künstler, soviel Weltbilder! Aber die Weltbilder der Künstler müssen mit unserm eignen irgendwie in Zusammenhang stehn, sonst könnten wir sie uns nicht einverleiben. Wir suchen die Künstler, die uns wahlverwandt sind. Jede graphische Sammlung ist deshalb auch eine Art Selbstdarstellung ihres Sammlers.

Durch die Betrachtung von Kunstwerken bekommt unser Sehen einen neuen Sinn. Es dient nicht mehr nur zur praktischen Orientierung. Es ist ebenso ein andres, wie das Hören ein andres ist, wenn wir einen Telefonanruf oder ein Streichquartett hören.

Unsre Vorstellungswelt wird von den Künstlern geprägt. Sie ist in der Natur nur als Rohstoff vorhanden. Goethe drückt das etwas drastisch aus: »Die Natur ist eine Gans, man muß erst etwas aus ihr machen.« Das tun die Künstler.

Die Künstler interpretieren die Welt, sie legen sie aus. Wir erfahren, was Größere, als wir sind, aus ihrem Erleben machen konnten.

Die Betrachtung der graphischen Blätter befruchtet unsre Phantasie. Die Künstler wollen uns etwas mitteilen, was nur sie, und zwar nur auf diese Weise, mitteilen können. Goya z. B. erzählt uns seine Träume, die auch unsre Träume sind, obwohl sie vor und nach ihm niemand so geträumt hat.

Angesichts der Blätter aus früheren Jahrhunderten erleben wir ganz unmittelbar den Geist der vergangenen Epochen, ohne Umweg über das Wissen, sondern direkt durch die Anschauung.

Wir Graphiksammler sind Liebhaber der Linien und Flecken. Im Netzwerk der Linien wie im Verlauf der Flecken ist ein Stück Leben eingefangen. Zeichnen ist nicht nur »Weglassen«, Zeichnen ist auch Hervorheben, Betonen und Ordnen.

Man hat behauptet, in der Natur gäbe es keine Linien. Eine Linie sei sozusagen nur das Nebenprodukt des Aneinanderstoßens zweier Flächen. Das ist falsch. Wäre es richtig, so würden wir in der Natur keine Linien sehn, ihre Erscheinungen nicht auf Linien zurückführen. Der sich biegende Grashalm ist eine sich biegende Linie, ebenso eine Stirnfalte, der geschlossene Mund.

Auch die Linie hat eine Ausdehnung in die Breite, ein An- und Abschwellen. Sie ist also zugleich auch eine Fläche, wenn auch eine sehr schmale. Man kann Linie und Fläche nicht trennen.

Die Linie kann leer und seelenlos sein, aber auch geladen mit Ausdruck.

Es gibt eine Polyphonie der Linien, wie in der Musik eine Polyphonie der Stimmen. Das Liniengewebe entspricht dem Stimmengewebe in der Musik. Aus dem Holzschnitt von Wolf Huber mit dem heiligen Georg muß man diesen mit seinem Drachen heraussehn, wie man in der Musik eine Mittelstimme heraushören muß. Kubin, der verspätete Donau-Meister, ähnelt in seiner Linienverflechtung den alten Holzschnittmeistern.

Ich habe von früh auf schon immer selbst gezeichnet und möchte behaupten, daß jeder bis zu einem gewissen Grad zeichnen kann, wenn er sich die rechte Mühe gibt. Ich habe auch häufig graphische Blätter oder Ausschnitte aus ihnen mit der Feder kopiert, zum Beispiel Köpfe von Daumier, Goya, Rembrandt, und habe mich dadurch in ihren Stil eingelebt, mir jeden einzelnen Strich besonders bewußt gemacht. Ich habe sozusagen am eignen Leibe erfahren, wie es tut, wenn man solche Striche zieht, und habe nacherlebt, was jeder einzelne sagen will. Ich zitiere hier mit besondrem Vergnügen den schönen Satz meines Freundes Ernst Penzoldt: »Wer etwas zeichnen kann, hat mehr vom Leben.«

Eine graphische Sammlung muß so umfangreich sein, daß man sie nie ganz auswendig lernen kann. Man muß in ihr spazierengehn können und immer noch Neues entdecken. Sie darf nicht bei dem Erreichten stehnbleiben, sie muß lebendig bleiben und weiterwachsen.

Warum muß man graphische Blätter besitzen, warum genügt es nicht, sie hie und da in einem Museum oder einer Ausstellung anzusehn? Was man nur auf diese Weise sieht, kann man sich nicht ganz zu eigen machen. Es ist damit wie mit einer Musik, die man nur einmal hört. Man muß vielmehr mit diesen Dingen leben. Wie schön ist es, eine solche persönlich erlebte Sammlung seinen Kindern und Enkeln zu hinterlassen, die sie dann weiter ausbaun und in ihre Zeit fortsetzen können. Auch zu diesem Thema hat Goethe sich weise geäußert. Er sagte im Jahre 1812 zum Kanzler von Müller: »Mir ist der Besitz nötig, um den richtigen Begriff der Objekte zu bekommen. Frei von den Täuschungen, die die Begierde nach einem Gegenstand unterhält, läßt erst der Besitz mich unbefangen urteilen; und so liebe ich den

Besitz nicht der besessenen Sache, sondern meiner Bildung wegen, und weil er mich ruhiger und dadurch glücklicher macht.« Diese Ruhe, dieses Glück habe auch ich Jahrzehnte hindurch viele Tage und Stunden gespürt.

Ernst Barlach sagt in einem Brief: »Zur Kunst gehören zwei: einer der sie macht, und einer der sie braucht.« Diesen Gedanken streift auch Arthur Schopenhauer, Parerga II § 240: Über Urteil, Kritik und Ruhm. Es heißt da: »... so ist auch der Wert aller Meisterwerke bedingt durch den verwandten, ihnen gewachsenen Geist, zu dem sie reden. Nur er besitzt das Zauberwort, wodurch die in solche Werke gebannten Geister rege werden und sich zeigen.« Man beachte, daß Schopenhauer geradezu den »Wert« als durch den Aufnehmenden bedingt erklärt, nicht etwa nur die Wirkung.

Die einen betrachten ein Kunstblatt nur daraufhin, was da passiert, die andern nur auf die Form und Art der Darstellung. Man muß aber beides miteinander vereinen. Man versteht eine dargestellte Bewegung erst dann, wenn man weiß, was sie will. Jeder Inhalt sucht seine besondre Form. Also muß man diesen Inhalt verstehn.

Vom Inhalt läßt sich leicht reden, von der Form schwer. Allzuleicht verlieren sich unsre modernen Kunstschreiber in Wortakrobatik oder sie gießen eine dicke Wortsoße über das Kunstwerk, so daß es darunter unkenntlich wird.

Etwas andres sind die unzweifelhaft vorhandenen Parallelen von Wort und Strich. Ich denke da an die geistige Verwandtschaft zwischen den skurrilen Federzeichnungen von Paul Klee und den skurrilen Gedichten von Christian Morgenstern.

Wir Graphiksammler sind Liebhaber von Linien und Flecken. Aber diese allein machen uns noch nicht glücklich. Das haben Kandinsky und andre gegen ihren Willen bewiesen, als sie uns nichts als Linien und Flecken darboten, die durch sich selbst wirken sollten. Da hatte sich das »Mittel« vom Inhalt emanzipiert. Es lief leer. (Barlach hat darüber einen schönen Brief geschrieben, den ich im »Vormittag« S. 299–304 abgedruckt habe.)

Es freut mich besonders, wenn andre an meinen Blättern teilnehmen. Ein großer Tag war es, als ein paar hundert meiner wichtigsten Blätter in den Räumen der Staatlichen Graphischen Sammlung, im Erdgeschoß der Neuen Pinakothek, durch Direktor Weigmann auf vielen Tischen und Pulten ausgestellt wurden. Das war eine Veranstaltung der »Gesellschaft der Freunde der Graphischen Sammlung«, die leider nur wenige Mitglieder zählte. An diesem Sonntagmorgen waren immerhin etwa hundert Besucher gekommen. Weigmann selbst sprach über die Hauptstücke der Sammlung. Zu diesen gehörten die beiden Marées-Zeichnungen, die zwei farbigen Lithos von Cézanne mit den Badenden, die sechs Lithos von Renoir mit Kindern und jungen Mädchen, die großen Kollektionen von Zeichnungen und Probedrucken Corinths, Slevogts, Schinnerers, Barlachs, Kubins, Beckmanns, Hofers, die Holzschnitte und Radierungen von Munch, Nolde und bedeutende Einzelstücke von Busch, Wilke u. a.

Ich hatte Direktor Weigmann gelegentlich gefragt, wer in München sich für Graphik interessiere oder eine ähnliche Sammlung wie die meine besitze, da ich mit solchen Leuten gern in Verbindung treten möchte. Weigmann näherte seinen Mund meinem Ohr, als ob er mir ein Geheimnis anvertraun wolle. Leise flüsterte er: »Aber sagen Sie's nicht weiter...« Dann rief er mit lauter Stimme: »Niemand!«

Er war ein Pessimist. Ganz so schlimm war es denn doch nicht. Ich konnte manches aus den Sammlungen andrer lernen. So aus derjenigen Rolf von Hoerschelmanns, des sogenannten »kleinen Hoerschel«, eines der letzten echten Schwabinger. Er war, wie man erzählte, durch einen Unfall in der Kindheit im Wachstum zurückgeblieben. Wenn er auf einem Stuhl saß, ließ er seine Beinchen humoristisch pendeln wie ein kleiner Junge, der noch nicht an den Boden reicht. Nach Jahren kam jedoch sein Wachstum plötzlich in Schuß, und er wurde noch um einen Kopf größer. Aber auch dann noch blieb er der »kleine Hoerschel«. Er malte feine Landschaftsaquarelle, machte charaktervolle Scherenschnitte und zeichnete phantasiereiche, etwas kubinische Illustrationen, vor allem zu Romantikern. Daneben behielt er Zeit genug, um alle Münchner Einkaufsquellen für Graphik dauernd abzupatrouillieren. Mit Lachen klagte er, daß er von sämtlichen Antiquariatsbeständen nur die untern anderthalb Meter kenne, da er nicht höher hinaufreiche. Aber er hatte zur rechten Zeit mit kleinen Mitteln viele Kostbarkeiten zusammengebracht. Ich besuchte ihn manchmal in sei-

nen beiden Zimmern an der Gedonstraße. Man erreichte sie durch
einen endlos langen Gang. Schon dessen Wände waren an beiden Seiten mit graphischen Blättern bedeckt. Er hatte viele Lautrecs und
Munchs, dann vor allem Romantiker, so die »Tageszeiten« von Runge.
Von den Lithographien zu Brentanos Märchen »Gockel, Hinkel und
Gackeleia« besaß er einen Abzug sogar in unzerschnittenen Bogen,
eine von fanatischen Kennern besonders beneidete Rarität. Daneben
sammelte er mit großem Eifer alte Bilderbögen, so kunstlos sie sein
mochten, und war stolz, sagen zu können, daß auf diesem Gebiet
neben der seinen nur noch die Sammlung Karl Gröbers in Betracht
komme, des Verfassers des rühmlich bekannten Buches »Kinderspielzeug aus alter Zeit«. Ich meinerseits habe mich mit alten Bilderbogen,
Flugblättern, Spielkarten, Vorsatzpapieren nie aufgehalten. Was mich
reizte, mußte immer und vor allem auch als Kunst bedeutsam sein.
Neben der Graphik hatte Hoerschelmann auch viele Erstausgaben
deutscher Literatur zusammengebracht, meist aus der Zeit um 1800,
während ich mich mehr dem 16. und 17. Jahrhundert widmete. Seine
größten Kostbarkeiten dieser Art standen in einem kleinen Glas-
schränkchen, die meisten aber in offnen Büchergestellen. Ich wunderte mich, daß alle Bücher, die hier standen, einen gleichmäßigen,
merkwürdig samtartigen, grauen Schnitt hatten. Als ich einen Band
herauszog, merkte ich, daß dies keine Schnittfarbe, sondern eine dicke
Staubschicht war. Ich fragte ihn, weshalb er diesen Staub sich so an-
sammeln lasse. Er erwiderte fatalistisch: »Er kommt ja immer wieder!« So schloß denn jeder Besuch bei ihm damit, daß er mich zu
einer gründlichen Reinigung an seinen Waschtisch führte.
Ich muß immer etwas lächeln über Sammler, die sich peinlich auf ein
bestimmtes Gebiet oder eine genau begrenzte Epoche beschränken und
z. B. nur die Zeit von 1780 bis 1830 sammeln und die dann, wenn sie
ein schönes Blatt von 1840 zu Gesicht bekommen, schmerzlich resignie-
ren: »Das ist mir schon zu spät!«
Eugen Roth, als feiner Lyriker und einfallsreicher Humorist bekannt,
spezialisiert sich auf deutsche Zeichnungen vom Anfang des 19. Jahrhunderts. Er hat davon etwa dreihundert Stück zusammengebracht,
darunter manche sehr bedeutende. Ein Hauptstück seiner Sammlung
ist ein randvoll gezeichnetes Skizzenbuch von Georg v. Dillis, das er in
Wien aufgestöbert hatte. Graphische Drucke schließt er streng aus.
Deshalb konnte ich mir von ihm drei Bildergeschichten des geistvollen

Rudolf Töpffer, auf die ich schon lange scharf war, in Erstausgaben eintauschen gegen zwei Zeichnungen von Wagenbaur und Dillis, an denen mir nicht so viel lag. Dadurch habe ich jetzt meinen heißgeliebten Töpffer komplett beisammen. Auch von einigen Daumier-Lithographien, die ihm lästig waren, konnte ich ihn befreien.

Manche Sammler werden geradezu zum Sklaven ihrer Schätze, wie z. B. ein Landgerichtsrat in der Kaulbachstraße. Dieser hatte seine ganze Graphiksammlung gerahmt, und da schließlich seine Wandflächen nicht mehr ausreichten, mußte er seine Möbel – auch Schrank und Bett – in die Zimmermitte zusammenrücken. Das konnte er sich erlauben; denn er war Junggeselle. Seine Wände waren nun von oben bis unten mit gerahmter Graphik behängt, sogar die des Klosetts, und ganz oben an der Decke befand sich ein Genelli, dessen feine Umrißlinien man nur von einer Leiter aus erkennen konnte.

Viel habe ich von Betrachtern meiner Sammlung gelernt, so von meinem Freund Adolf Schinnerer. Mit ihm konnte ich mich vor allem gut über Dürer und Rembrandt unterhalten. Ohne große Worte zu machen und ohne sich in komplizierte Analysen einzulassen, verstand er es, mit ein paar einfachen Sätzen auf die feinsten Zusammenhänge aufmerksam zu machen.

Kam der Maler Richard Mund, ehemals Zeichenlehrer meiner Söhne, zu mir, so haben wir uns gegenseitig auf Dinge hingewiesen, die jedem einzelnen von uns vielleicht nicht eingefallen wären.

Mit Eberhard Hanfstaengl, dem früheren, von den Nazis abgesetzten Direktor der Nationalgalerie und heutigen Generaldirektor der Bayerischen Staatsgemäldesammlungen, betrachtete ich besonders intensiv meine Barlach-Zeichnungen.

Anregung erhielt ich auch durch junge Künstler, Freunde meiner Söhne, die sich aus meinem Bilderschrank Erlebnisse holten. Ich sah dann, wie die von mir zusammengebrachten Blätter ins Leben hinauswirkten. Diese Betrachter hielten sich meist an das Modernste.

Gern höre ich ganz unbefangene Urteile von Laien. Eine sehr gebildete, musikalische Dame meiner Verwandtschaft fand den Parzen-Holzschnitt von Baldung Grien »einfach häßlich«. Das war mir interessant, weil ich daraus sah, wie fern diese alten deutschen Formgestaltungen Menschen liegen, die z. B. Fugen von Bach als selbstverständlich aufnehmen. Ein Pfarrer hatte die Namen Oberländer, Kubin, Beckmann nie gehört, war aber auf den ersten Blick sehr empfänglich für diese Leute. Er sagte: »Die Beschäftigung mit Graphik kommt für das Publikum zuletzt. Schwarzweißblätter hängt das Publikum nicht an die Wand, sie scheinen ihm nicht vollständig genug. Es will etwas Buntes. Farbfoto, Farbfilm sind die große Losung. Die Graphik ist schon zu vergeistigt.« Ich fragte ihn, was seiner Meinung nach das populärste Graphikblatt sei. Ohne Bedenken sagte er: »Dürers ›Ritter, Tod und Teufel‹. Das kennt heute jeder Volksschüler. Dann kommt als zweites Rethels Tod als Freund. Ludwig Richter und Wilhelm Busch betrachten die Leute gar nicht als Kunst.« Von dem Holzschnitt-Selbstbildnis von Beckmann, von dem ich erwartete, es würde ihn als zu roh abschrecken, meinte er: »Das ist männlich, ein großer Wurf! So stelle ich mir einen Holzschnitt vor.«

Wenn ich das Wort »sammeln« allzuoft höre oder selber ausspreche, so klingt es mir manchmal etwas stupid. Was wird nicht alles gesammelt! Zwischen einer Briefmarken- und einer Graphiksammlung klafft ein Abgrund. Aber auch zwischen zwei Graphiksammlungen können Abgründe klaffen.

Man soll nicht sammeln um des Sammelns willen. Wie niemand Bücher sammeln wird, nur weil es Bücher sind, so soll man auch nicht Graphik sammeln, nur weil es Graphik ist. Man soll sich nicht zu sehr bei kleinen Nettigkeiten aufhalten. Dann könnte man schließlich ja auch Glückwunschkarten und Flaschenetikette sammeln. Auch sie sind Erzeugnisse der Graphik. Schon eine Exlibris-Sammlung mit ewig denselben Eulen, Minerven, Sonnenaufgängen und Totenköpfen wirkt leicht etwas stumpfsinnig.

Rolf von Hoerschelmann betitelte eine seiner reizenden Plaudereien: »Vom Sammeln alten Papiers«. (Wiederabgedruckt in seinem liebenswürdigen Erinnerungsbuch »Leben ohne Alltag«, Berlin, Wedding-Verlag 1947.) Selbstverständlich hat er diesen Titel humoristisch gemeint. Aber es besteht tatsächlich eine gewisse Gefahr, daß das Graphiksammeln zu einem Sammeln alten Papiers wird. Wir wollen aber nicht altes Papier sammeln, sondern den Geist, der sich auf dies Papier niedergeschlagen hat, und der ist nicht alt, sondern unvergänglich.

René Beeh: Tiger und Krokodil. Federzeichnung

Man kann Graphik auf verschiedene Arten erwerben. Blätter lebender
Künstler habe ich fast immer bei diesen selbst gekauft. Mit den meisten solcher Käufe verbinden sich sehr anregende Atelierbesuche. Man
geniere sich doch ja nicht, Künstler, um deren Schaffen man sich bemüht, aufzusuchen! Selbstverständlich soll man ihnen nicht unnütz
ihre Zeit stehlen, besonders nicht die hellen Tagesstunden. Aber die
meisten freuen sich schon allein über das Interesse, das man ihrem
Schaffen entgegenbringt. So besuchte ich im Lauf der Zeit Adolf
Oberländer, Max Liebermann, Adolf v. Hildebrand, Ernst Barlach,
Ferdinand Hodler, Max Beckmann, Götz v. Seckendorff, Felix Me-

seck, Gerhard Marcks, Olaf Gulbransson, Th. Th. Heine, Rudolf
Großmann, Alfred Kubin, Franz Marc, Paul Klee, Wassily Kan-
dinsky, Karl Caspar, Adolf Schinnerer, Emil Preetorius, Heinrich und
Elisabeth Wolff, Max Unold, Peter Trumm, Adolf Jutz, Karl Knappe,
Otto Pankok, Leo v. König, Rolf v. Hoerschelmann, Josef Scharl,
Christof Drexel, Karl Meisenbach, Hermann Rothballer, Hans Münch,
Walter Becker, Hans Gött, Joseph Mader und nicht zuletzt Fritz
Fliege. Doch sind das lange noch nicht alle. Ich führe gern Gespräche
mit Künstlern. Die meisten von ihnen haben eine ursprüngliche Le-
bens- und Kunstansicht. Ihre Worte sind unabgeschliffen, ohne jour-
nalistische oder gesellschaftliche Routine. Der Verkehr mit ihnen
hebt aus der Alltäglichkeit heraus. Die Blätter, die ich auf solche
Weise erwarb, haben ihre Atelieratmosphäre behalten.

Der Graphiksammler soll auch an junge Künstler denken, die »man«
im allgemeinen noch nicht sammelt. Er riskiert zwar dabei, daß aus einzelnen von ihnen später nichts Besondres wird. Aber er genießt auch
den eignen Reiz, an der Entwicklung eines Talents tätig Anteil zu
nehmen. Der Sammler kann da Entdeckungen machen, er kann unge-
bahnte Wege gehn und sich mit Kunst beschäftigen, die noch nicht
registriert ist.

So nahm ich früh Anteil an René Beeh und Götz von Seckendorff.
Zwischen dem vitalen, breiten Beeh und mir vermittelte Hausenstein
die Bekanntschaft, den nervösen, feingliedrigen Seckendorff lernte ich
durch Meier-Graefe kennen. Die Entwicklung beider wurde durch
einen frühen Tod abgebrochen. Seckendorff fiel im Alter von 25 Jahren zu Beginn des ersten Weltkriegs. René Beeh überstand glücklich
den Krieg, machte dann eine kleine Erbschaft und glaubte schon sein
Ideal, in Südfrankreich ein Häuschen zu bewohnen, erfüllt, als er in
Straßburg, woher er stammte, an einer Grippe starb. Seine Mutter
folgte ihm am Tag seines Begräbnisses im Tode nach. Durch einen
großformatigen Band »Zeichnungen und Briefe«, mit einer schönen
Charakteristik von Wilhelm Hausenstein, habe ich mich bemüht, sein
Andenken lebendig zu erhalten. Wilde Tiere, fremde Soldaten in farbigen Uniformen waren seine Lieblingsthemen. Als er einrücken
mußte, fand sich kein Koppel, das seinen Leib umspannte.

Seckendorff besuchte ich mit Meier-Graefe an einem Wintertag in
Strausberg in der Mark, wo er im Saal des Gemeindehauses große
religiöse Fresken malte. Ich kam dann auch zu ihm ins Atelier, und

er freute sich, gegen seine Lithographien zu Kleists Penthesilea, zu Lukians satirischen Göttermythen eine Menge Kunstbücher meines Verlags eintauschen zu können. Ich erwarb von ihm leicht hingeworfene aquarellierte Federzeichnungen zu Goethes Clavigo, die nach seinem frühen Tode als Erster Druck der Marées-Gesellschaft erschienen. Auch von ihm wurden Briefe als Buch gesammelt. Er erzählt seiner Mutter darin von unserm Zusammentreffen.

Durch die Käufe bei den Künstlern ergeben sich meist mancherlei Korrespondenzen. Die Schrift ihrer Briefe entspringt derselben Hand wie ihre Zeichnungen. Zeichnung und Brief zeigen denselben Rhythmus. Oft geht eins ins andre über. Von Alfred Kubin erhielt ich im Lauf der Zeit wohl an die hundert Briefe mit Randzeichnungen. Auch Gulbransson läßt, wie gesagt, selten einen Brief hinausgehn, ohne ihm eine feinlinige Bleistiftvignette mitzugeben, und sei es auch nur seine Mundlinie mit den beiden Nasenlöchern drüber.

Nicht wenige Künstler schreiben auch selber und haben damit das, was sie durch Striche und Farben sagen, in sehr erfreulicher Weise von der Sprache her ergänzt. Kubin hat aus seinem Leben erzählt und auch Aufsätze über seine Art zu arbeiten verfaßt, zuletzt in dem Sammelband »Vom Schreibtisch eines Zeichners«.

Ernst Barlach hat uns 1928 ein »Selbsterzähltes Leben« geschenkt. Ich konnte es 1948 mit neunzig Abbildungen seiner Plastiken neu erscheinen lassen.

Olaf Gulbranssons »Es war einmal« ist eins der originellsten Künstlerbücher, die es gibt. Er hat darin seine Jugend in Norwegen dargestellt. Dadurch, daß er den Text in seiner charakteristischen Handschrift um seine Zeichnungen herumgeschrieben hat, ist das Buch von einer graphischen Einheitlichkeit, wie sie ganz selten vorkommt.

Adolf Schinnerer hat auf meine Anregung zu »Aktzeichnungen aus fünf Jahrhunderten« einen höchst feinfühligen und gedankenreichen Text geschrieben, der aus seiner Praxis als Künstler und Lehrer hervorgegangen ist. Im Sommer 1943 versah er den Band »Rembrandt-Zeichnungen« mit einer Einführung und mit Anmerkungen zu den einzelnen Blättern. In seiner letzten Zeit hat er für die Piper-Bücherei Michelangelos Weltgericht in 45 Bildern mit seinem kundigen Wort den Betrachtern gedeutet. Für dieselbe Reihe hatten wir uns noch ein Bändchen über den »Geist der Graphik« vorgenommen – ein Thema, das uns beiden gleich sehr am Herzen lag. Oft haben wir uns über

Christof Drexel: Die Traumkalesche. Tuschzeichnung

diese Dinge in seinem Haus in Ottershausen und auf Spaziergängen
in der nahen Amperlandschaft unterhalten. Er konnte leider nur noch
einzelne Ansätze zu diesem Thema zu Papier bringen. Sein Tod war
mir ein sehr schmerzlicher Verlust.

Max Unold ließ eine Reihe höchst persönlich gehaltener Plaudereien
über künstlerische und literarische Themen in der unvergessenen
»Frankfurter« erscheinen, die er dann in dem Bande »Zwischen Atelier und Kegelbahn« gesammelt hat. Neuerdings ist sein Buch »Über
die Malerei« herausgekommen, aus dem wir Laien viel lernen können. Ich besuchte ihn in seinem später bombenzerstörten Atelier an
der Theresienwiese und dann in seiner Einsiedelei in Holzen bei Ebenhausen im Isartal. Er erzählte mir mancherlei aus seinen reichen Erfahrungen als Graphiker: »Will jemand das Holzschneiden lernen, so
sagt man ihm am besten zuerst als einfache Grundregel: Was weiß
werden soll, muß man wegschneiden, was schwarz drucken soll, muß
man stehnlassen. Das ist kurzweg das ganze Geheimnis, alles Weitere
ist Sache der manuellen Übung und – der inneren Schau. Ein gutes
Blatt entsteht nur, wenn einem schon beim Erfinden des Themas ein
holzschnittgemäßer Einfall vorschwebt.

Da die Oberfläche des Holzstocks, sei es durch eine Aufzeichnung, sei es durch vorhergehendes Einschwärzen, von Anfang an einigermaßen getönt ist, sieht man bereits während der Arbeit jeden Schnitt als relative Helligkeit, die stehenbleibenden Grate oder Flächen als dunklere Partien. Den vollen Kontrast des Schwarz-Weiß gibt jedoch erst der Probedruck, und so einen Abzug macht man nicht ohne Herzklopfen, denn nun offenbart es sich, ob man die Hell-Dunkel-Wirkung richtig vorausgeahnt und diese Vision richtig ›ins Holz‹ übersetzt hat.

Wie immer man die Technik des Holzschnitts behandelt, grob oder fein, raffiniert oder primitiv, stets trägt das Resultat den Charakter der Materie Holz an sich. Der Radierer geht mit Säuren um, die das Metall angreifen und verdampfen. Er gefährdet damit, falls er unvorsichtig ist, seine Gesundheit. Der Holzschneider bearbeitet ein harmloses Material, aber seine Hohleisen, Messer, Stichel sind scharf geschliffen, jeder Schnitt wird mit erheblicher Kraft geführt, deshalb muß er in irgendeinem Winkel des Bewußtseins aufpassen ›wie ein Haftlmacher‹, daß ihm sein Werkzeug — es könnte zur Not einen Dolch ersetzen — nicht ausrutscht und ihm ins eigne Fleisch schneidet. Doch darauf achtet er bloß so nebenbei, denn Konzentration und Temperament dürfen durch solche Rücksicht nicht behindert werden.

Illusion im Sinne des Naturalismus läßt sich im Holzschnitt beim besten Willen nicht erzielen, immer ergeben sich flächige Wirkungen, und die gerade machen den Reiz dieses graphischen Verfahrens aus. Wo das Sujet räumliche Tiefe verlangt, sind die einfachsten Mittel einer andeutenden Perspektive suggestiv genug, um ohne Nachteil für die Flächigkeit die Vorstellung selbst unendlicher Ferne zu beschwören.«

Im Beckmann-Kapitel habe ich schon berichtet, daß ich mich von ihm ums Jahr 1921 lithographieren, radieren und auf die Holzplatte zeichnen ließ, dann mich aber im Lauf der Zeit auch noch von andern Künstlern graphisch »verewigen« ließ. Zu diesen gehört neben Adolf Jutz, Rudolf Großmann, Karl Caspar, Felix Meseck, Jos. Karl Huber auch Christof Drexel, von dem die vergnügliche »Traumkalesche« stammt. Den Holzschneider Peter Trumm hatte ich bei Schinnerer in seinem Ottershauser Garten kennengelernt. Er gab von mir das Profil in fester, klarer, unverrückbarer Form und spendete dazu noch ein lateinisches Distichon, wie das zu Dürers Zeiten üblich gewesen war. Er schrieb mir damals:

PIPERI REINHARDI, QVI LIBRIS ARTIBVS SERVIT
EDITOR, EFFIGIES HIC ARS SERVIT EI

Peter Trumm: Bildnis Reinhard Piper. Holzschnitt

»Ich nahm mir vor, nicht etwa eine fertige Zeichnung erst vom Papier auf den Stock zu übertragen und dann Zug um Zug zu schneiden, sondern nur gewissermaßen ein Gerüst aufs Holz zu ›reißen‹ und den Duktus der Linie erst im Schneiden, je nach dem Bedürfnis der Schattendichte, zu suchen. So entstand die oft eigensinnig und ungeschickt scheinende Führung der Linie, wie sie auch in Ihrem Bildnis zu bemerken ist. Sie werden bei einigen deutschen Holzschneidern des 15. Jahrhunderts, besonders den Ulmern, ganz ähnliche Dinge finden – Schaffen und Schauen heißt Zwiesprache halten mit den Meistern. Wahrscheinlich werde ich bei zunehmender Sicherheit zu größerer Klärung des Strichgefüges kommen. Übrigens muß das Schneidmesser (im Gegensatz etwa zum japanischen) so gestaltet sein, daß es, wie der Zeichenstift, von ferner zu näher, das heißt zum Körper, geführt werden kann, damit man das Bild immer richtig vor sich habe.

Nun aber zu dem Distichon, das ich unter Ihr Bild geschnitten habe. Sie wissen natürlich, daß Cézanne (Sie haben ihn uns als Verleger ja erst richtig beigebracht) erzählt hat, er habe auf dem Pennal noch lateinische Verse machen müssen, und zwar seien die seinen besser gewesen als die seines Schulkameraden Zola. Na, im Zeichnen und Malen ist er ja wohl auch besser gewesen. Daß man aber heutzutage, um Maler zu werden, keine lateinischen Verse machen zu können braucht, ist vielleicht gar nicht gut. Ich jedenfalls habe es für richtig gehalten, mich zu entlasten, und habe darum dieses Distichon gebosselt.«

Früher, als es noch keine Fotografie gab, war es in Familien, die etwas auf sich hielten, durchaus üblich, sich in Kupfer stechen oder lithographieren zu lassen. Mein Urgroßvater mütterlicherseits, der Güstrower Arzt Dr. Bogislaw Krüger-Hansen, ließ sich zweimal auf den Stein zeichnen, und ich bin ihm heute noch dafür dankbar. Man sollte das wieder einführen! Es kann sich nicht jeder gleich malen lassen, das ist eine teure und umständliche Sache. Wer mag sich auch selbst ständig lebensgroß in Öl an der Wand sehn! Ein graphisches Blatt ist eine anspruchslose, handliche Sache. Man kann davon eine Menge Abzüge machen lassen, sie an Freunde verschenken und öffentlichen graphischen Sammlungen stiften. Man tut zugleich etwas für die Kunst, für den Künstler, für die Freunde und für sich. Was will man mehr?

Dürer hat es geradezu als die beiden Aufgaben der Kunst bezeichnet, das Leiden unsres Herrn darzustellen und das Bildnis des Menschen über seinen Tod hinaus aufzubewahren. Ohne daß ich es darauf angelegt hatte, haben sich bei mir in einer Sondermappe graphische Bildnisse aus vier Jahrhunderten zusammengefunden, von Dürers Eobanus Hessus bis zu Schnorr v. Carolsfelds Friedrich Rückert. Jean Paul ist auf drei Altersstufen vertreten, Klopstock gar auf vier.

Werke der Graphik, und oft sehr gelungene, sind auch die Signets und Warenzeichen. Im 16. Jahrhundert haben die berühmtesten Holzschnittmeister es nicht für unter ihrer Würde gehalten, Druckerzeichen zu erfinden.

Auch unser Verlag hatte vom ersten Buch an sein Signet. Ich habe es im »Vormittag« Seite 245 abgebildet. Es sollte symbolisch ein Sich-verströmen nach allen Seiten darstellen, wurde aber in seinem Jugend-stil-Symbolismus vielfach mißverstanden. Nach etwa fünf Jahren mußte es klareren Lösungen weichen.

Ich habe nun hier zwölf Signets auf zwei Seiten versammelt. Vier Künstler sind daran beteiligt: Paul Renner, Emil Rudolf Weiß, F. H. Ehmcke, Emil Preetorius. Jedes Signet hat ein besondres Gesicht. Ich möchte ein paar Sätze dazu sagen.

Das Ehmckesche P von 7 trumpft auf; es steht da, als ob es die ganze Buchwelt beherrsche. Dieser graphische Einfall wurde übrigens wie-derholt nachgeahmt.

Die Nummern 1, 2 und 8 sind Varianten desselben Rennerschen Ty-pus, ebenso 3, 4 und 6. 1 tut mit seiner Umrandung etwas zuviel des Guten, die Kontrastierungen von Schwarz und Weiß sind zu unruhig, sie stören sich gegenseitig. Bei 8 ist die Schriftumrandung weggeblie-ben, dadurch wirkt es ruhiger. 2 ist eine Vereinfachung von 1. Es ist aber im ganzen etwas schwer. Auf einem Titelblatt würde es, schwarz gedruckt, wie ein Klecks wirken. Es müßte in einer Farbe, etwa in einem Ziegelrot, gedruckt werden, um sich besser einzuordnen. Bei 3 macht das P den Hals kurz, es zieht sich in sein Nest zurück, bei 4 streckt es ihn in die Höhe. 6 ist die eleganteste und schlankste Lö-sung.

Die Zeichnung 5 hat E. R. Weiß nicht als dauernd zu verwendendes Signet gedacht. Es sollte nur bei besonderen Gelegenheiten, z. B. als Umschlag eines Jubiläumsalmanachs, in Erscheinung treten. Es wirkt wie ein frühgermanisches Flechtwerk. Der Betrachter kann verfolgen, wie das eine Band durch die andern hindurchgeflochten ist. Weiß hat auch noch das Signet signiert, um es sich als sein geistiges Eigentum zu sichern. Bei 9 ist das R dem P auf den Kopf geklettert und sieht sich um. Dies Signet ist nur für schmale Buchrücken bestimmt, auf denen breitere Formen keinen Platz haben.

Bei 10 hat Preetorius den Fuß des sich hoch erhebenden P neu geformt. 11 und 12 sind von ihm für die Piper-Bücherei gezeichnet. 11 ist als Negativ gedacht, soll also hell ausgespart auf farbigem Grund stehn. 12 dagegen ist wie ein durchbrochenes feines Schmiedewerk, Schwarz und Weiß sind gleichmäßig aufgeteilt.

Das & stellt bekanntlich eine Stilisierung des lateinischen »et« (und)

1

2

3

4

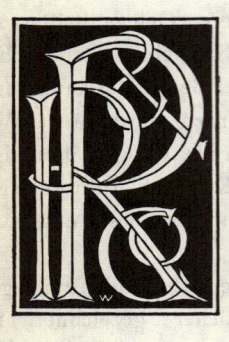

5

6

Signets des Verlags: Paul Renner: 1–4, 6 und 8. E. R. Weiß: 5 und 9

7

8

9

10

11

12

F. H. Ehmcke: 7. Emil Preetorius: 10–12

dar. Bei den drei Zeichen von Preetorius ist es deutlich lesbar. Renner hat es in seinem Schnörkelwesen am Fuß des Signets versteckt, wo es zwischen dem R und P zu entdecken ist.

Alle vier Künstler haben – es ist fast überflüssig, das zu sagen – für den Verlag nicht nur Signets gezeichnet, sondern vor allem auch einfallreiche Buchumschläge und geschmackvolle Einbände. Dadurch haben sie den Verlagswerken eine interessante, persönliche und einladende äußere Form gegeben.

Das Thema Original und Reproduktion beschäftigt mich als Verleger begreiflicherweise immer wieder.

Die Reproduktionstechnik hat sich in den letzten Jahrzehnten so vervollkommnet, daß graphische Blätter, Zeichnungen, Aquarelle, Pastelle – kurz alles, dessen Untergrund Papier ist, fast zum Verwechseln getreu faksimiliert werden kann.

Ich besuchte einmal die Van-Gogh-Ausstellung bei Günther Franke, in der unter Glas und Rahmen auch eine Anzahl von Zeichnungen und Aquarellen hingen, die ich in den beiden Van-Gogh-Mappen der Marées-Gesellschaft faksimiliert hatte. Ich sagte zum Veranstalter: »Wie hübsch, daß ich bei Ihnen, nachdem ich so lange nur die Faksimiles gesehn habe, nun auch wieder einmal die Originale zu Gesicht bekomme!« Er lachte: »Aber das *sind* ja Ihre Faksimiles!« Da war ich selber höchlichst erstaunt.

Selbstverständlich werden sich bei sehr genauer Vergleichung von Original und Reproduktion stets Unterschiede feststellen lassen. Wenn man die Blätter in die Hand nehmen kann, werden die Drucke allzu saubere Rückseiten zeigen. Es bleibt auch immer noch etwas andres, ob ein Strich mit der Rohrfeder gezogen, ob ein Farbfleck mit dem Pinsel hingesetzt ist oder ob sie von einer Chromgelatineschicht gedruckt wurden. In diesem Falle zeigt die Lupe deutlich das »Runzelkorn«.

Man kann Kupferstiche durch das Kupferdruckverfahren reproduzieren, wobei also die Reproduktionen ebenso wie die Originale von Kupferplatten abgezogen werden. Aber der zusammenhängende, klar begrenzte Strich des Kupferstichs erweist sich in der Reproduktion bei genauem Zusehn als in kleine Körnchen zerfallen. Er wirkt wie aufgeweicht.

Kupferstiche von Schongauer sind selten, und da ich stets mehr auf Holzschnitte als auf Stiche ausging, habe ich nur einen einzigen

Schongauer. Vergleiche ich diesen Druck mit der Kupferdruckreproduktion in der Ausgabe der »Graphischen Gesellschaft«, so sehe ich, wie viel mehr an Formbestimmtheit das Original gibt. Die Schatten im alten Druck zeigen sich als scharf getrennte Linien, in der Reproduktion sind sie zu Flecken zusammengelaufen.

Aber selbst wenn auch noch diese Mängel durch die Technik beseitigt würden, so behalten doch die Originale vor den besten Reproduktionen ihren besondren Wert, von dem Handels- und Seltenheitswert ganz abgesehn. Nennen wir diesen Wert getrost einen Affektionswert. Man könnte meinen, solche Affektion sei etwas sehr Vages und Ungreifbares. Aber beruht nicht fast alles, was wir im Leben für wertvoll halten, auf Affektion?

Jedes Original hat seine besondre Atmosphäre. Es stammt aus der Zeit des Künstlers, oder es wurde doch vom Originalstock oder der Originalplatte abgezogen. Vielleicht wurde das Blatt aber auch vom Künstler selbst gedruckt, oder der Druck geschah unter seinen Augen. Freilich gibt es auch späte graue kraftlose Drucke von seit langem immer wieder abgequetschten, malträtierten Platten. Da hat man dann allerdings an guten Reproduktionen eine ungetrübtere Freude als an solchen Originalen.

Handelt es sich um eine Zeichnung, so gibt es sie nur dies einzige Mal, so hat auf diesem Blatt die lebendige Hand des Künstlers geruht, so hat sein Auge den einzelnen Strich im Entstehn verfolgt.

Die Originale haben eine besondre Patina. Farbe und Papier sind zusammengewachsen. Die Blätter sind durch Alter ehrwürdig geworden. Sie haben schon vielen Generationen etwas bedeutet. Der Sammler ist Hüter eines Schatzes, der sich immer mehr verringert. Es gibt von diesen Originalen im Lauf der Jahrhunderte und Jahrzehnte immer weniger Exemplare. Eine wie große Zahl mag der letzte Krieg vernichtet haben!

Es wäre interessant festzustellen, wie viele Drucke zum Beispiel von den Holzschnitten Baldungs noch existieren. Nehmen wir an, es gibt auf der Erde hundert große öffentliche Sammlungen, die im Lauf der Zeit die besten Baldung-Drucke an sich gezogen haben. Ich habe die Sammlungen in Berlin, Dresden, Leipzig, Frankfurt, Nürnberg und München daraufhin durchgesehn und weiß, daß dort manche Baldung-Holzschnitte, die ich habe, entweder fehlen oder in wesentlich mäßigeren Drucken vorhanden sind. So kann ich mir einbilden, daß von manchem meiner Holzschnitte vielleicht insgesamt nur noch vierzig oder fünfzig Drucke existieren. Einer davon ist mir anvertraut.

Wenn ich vorhin einiges über die Grenzen der Reproduktionstechnik gesagt habe, so muß ich ihre Leistungen doch auch hochpreisen. Ich selbst bin ja als Verleger auf diesem Gebiet seit langem tätig, und es ist mir ein erfreuliches Bewußtsein und in manchen Stimmungen ein Trost, daß durch diese meine Tätigkeit vielen empfänglichen Menschen Kunst nahegebracht wurde. Es wäre ja auch sehr bedauerlich, wenn der Genuß an den Schöpfungen unsrer großen Zeichner und Graphiker auf diejenigen beschränkt wäre, die in der Lage sind, eine Sammlung von Originalen zusammenzubringen. Von Dürers Stichen wußten vor hundert Jahren in Deutschland nur ein paar tausend Menschen, vor hundertfünfzig Jahren nur ein paar hundert. Erst durch die Reproduktionskunst sind sie zu einem allgemeinen Besitz geworden, wie Gedichte Goethes oder Sonaten Beethovens. W. v. Seidlitz konnte noch 1894 in seinem Buch über Rembrandts Radierungen schreiben, daß Rembrandt der großen Masse unsrer Gebildeten im Grunde kaum mehr als dem Namen nach bekannt sei. Wie hat sich das durch die Reproduktionstechnik und die Tätigkeit der Verleger geändert!

Zu Goethes Zeiten genoß man Gemälde in Umrißstichen, die fast nichts von der Formgebung des Originals aussagten. Wer im Goethehaus in Weimar die Meyersche Kopie des antiken Freskos der »Aldobrandinischen Hochzeit« sieht und das Original kennt, fragt sich: Hatten denn die Leute damals keine Augen, daß sie sich hieran genügen ließen? Ich habe sie dann in der Mappe »Antike Fresken« nach eigens dafür im Vatikan gefertigten, buchstäblich genauen Kopien von Eugen Spiro zum erstenmal wirklich faksimilegetreu wiedergegeben.

Etwas näher als die Umrißstiche kamen den Gemälden die lithographischen Wiedergaben. Sie arbeiteten mit Tönen. Ganze Gemäldegalerien wurden so vervielfältigt. Die junge Kunst der Lithographie hat auch Werke der Graphik kopiert und ihnen dadurch zu neuer Wirksamkeit verholfen. So hat dies der Münchner Johann Nepomuk Strixner 1808 mit den Randzeichnungen Dürers zum Gebetbuch Kaiser Maximilians gemacht. Erst dadurch fingen sie an, wirklich vorhanden zu sein! Auf diese Weise lernte Goethe sie kennen und schrieb darüber seine geradezu begeisterte Besprechung in der Jenaischen Allgemeinen Literaturzeitung. Richard Benz hat sie in seinem Buch »Goethe und die romantische Kunst« wieder abgedruckt und lichtvoll

kommentiert. Josef Schlotthauer, auch ein Münchner, lithographierte
1832 Holbeins Totentanz-Holzschnitte von 1538. Er hat sich bemüht,
Strich für Strich genau nachzuziehn. Aber der lithographische Strich
ist auf den glatten Stein gezeichnet, die Linien des Originals hingegen
sind mit dem Messer aus dem spröden Holz herausgehoben. Daraus
ergibt sich doch bei aller Treue ein gewisser Stilunterschied. Im
22. Bändchen der Piper-Bücherei brachte Franz Winzinger, der feine
Kenner, eine Ausgabe aller 49 Holzschnitte heraus, in Originalgröße
nach den klarsten Drucken öffentlicher und privater Sammlungen reproduziert. Dadurch ist dies Hauptwerk deutscher, ja europäischer Graphik wieder allen zugänglich. Jeder Deutsche sollte das kleine Ta-
schenbuch von Zeit zu Zeit nachdenklich betrachten.

Was wären wir Graphiksammler ohne die Antiquare? Der kleine Hoerschelmann verriet mir einmal, daß es bei dem Antiquar Domizlaff in
der Bauerstraße ein paar Blätter mit Holzschnitten aus der Lübecker
Bibel von 1494 gäbe. Das war jahrzehntelang in München nicht vorgekommen, und infolgedessen war dies hochberühmte Hauptwerk des
altdeutschen Holzschnitts in meiner Sammlung noch nicht vertreten.
So besuchte ich zum erstenmal Domizlaff, diesen wahren Kenner und
Liebhaber, und bei ihm habe ich dann noch manches mir sehr wichtige Blatt holen können.
Aus der Weltchronik des Nürnberger Humanisten Hartmann Schedel
von 1493 mit den etwa zweitausend Holzschnitten von Wolgemut und
Pleydenwurff hatte ich schon bei den verschiedensten Gelegenheiten
Einzelblätter erworben: die Vertreibung von Adam und Eva (sie verlassen das Paradies durch ein echt spätgotisches Tor), die Predigt des
Antichrists, die über zwei Seiten reichende Ansicht von Prag und
andres. Da legte Domizlaff den mächtigen Holzschnitt mit den vier
tanzenden Skeletten vor mich hin – ein Blatt, das man nur in seiner
originalen Größe ganz würdigen kann und das kaum je so abgebildet
ist. Dadurch, daß ich dies Hauptblatt der schon vorhandenen Reihe
hinzufügen konnte, bekam die ganze Schedel-Folge für mich eine sehr
gesteigerte Bedeutung.
Ähnlich ging es mir, als ich bei Karl & Faber am Karolinenplatz meinen vereinzelten Callots die vollständige, schön gedruckte Reihe der
»24 Balli di Sfessania« hinzufügen konnte. Diese Tanzszenen haben

E. T. A. Hoffmann zu seiner »Prinzessin Brambilla« inspiriert, die er »ein Capriccio nach Jakob Callot« nennt.

Ein andrer Besuch bei Karl & Faber verhalf mir zu einem sehr schönen Exemplar aller fünf Jahrgänge (1895–1900) des PAN. Sie mein eigen zu nennen, war ein Traum schon meiner Jungbuchhändlerzeit. Die einundzwanzig prachtvoll gedruckten Hefte waren vom Vorbesitzer mit den Umschlägen einzeln in üppige Halblederbände gebunden. Bekanntlich enthält diese Zeitschrift von vielen Graphikern der Jahrhundertwende Originaldrucke, sie ist ein graphisches Museum im kleinen. Auch die berüchtigte Farblitho von Lautrec, die Meier-Graefe als Herausgeber den Hals gebrochen hatte, war natürlich drin.

Ich habe nur zweimal Auktionen besucht. Ich kaufe lieber im freien Handel, man kann sich da Zeit lassen, aussuchen, Blätter auf die Seite legen, etwas dazutun und wieder wegnehmen. Die beiden Auktionen waren grundverschieden. Auf der ersten, im Jahre 1916, aus Beständen der Kunsthandlung Hans Goltz, erschienen nur wenig Bieter; die Preise blieben infolgedessen weit unter den normalen. Ich zahlte für zwei bedeutende Aktzeichnungen von Maillol und ein Aquarell von Pechstein mit badenden Frauen zusammen hundertdreiundzwanzig Mark.

In der Auktion von Karl & Faber im Jahre 1943 erhitzten sich die Gemüter schnell, die Preise stiegen weit über die vernünftige Grenze. Meist ergab sich das Vier- und Fünffache der Taxpreise. Das faksimilierte Skizzenbuch von Barlach, das in der nächsten Buchhandlung neu noch für zwanzig Mark zu haben war, kam so auf das Vierfache. Ich ersteigerte da die »Histoire Ancienne« von Daumier, fünfzig Lithographien für dreihundert Mark. Das war zu rechtfertigen, obwohl die einzelnen Lithos vor kurzem noch für eine Mark zu haben gewesen waren. Aber wann würde man je wieder die ganze Reihe der fünfzig Blätter beisammen finden? Drei Jahre danach ließ ich sie in der »Piper-Bücherei« wieder aufleben. Ich bat Freund Penzoldt, einen Einführungstext dazu zu schreiben. Die Sache machte ihm Spaß, der Offsetdruck gelang ausgezeichnet, und bald waren die ersten fünfzehntausend Exemplare dieser »Götter und Helden« verkauft.

Bei einem Schwabinger Antiquar entdeckte ich in einer alten Mappe vierzig mir bis dahin völlig unbekannte Bilderbogen Gustav Dorés, auf gelbes Papier gedruckt, mit verkrüppelten Rändern. Sie stammten von 1850. Doré war 1832 in Straßburg geboren. Das Wunderkind hatte diese von Einfällen strotzenden Blätter also mit achtzehn Jahren gezeichnet. Sie sind ein Spiegel des Lebens, und zwar des Lebens auf dem Lande, im fashionablen Bad, beim Wettrennen, im Spielsaal, bei der Einquartierung in einer Provinzstadt, auf dem Schulhof, auf den Kinderspielplätzen, auf der Londoner Weltausstellung. Ich betrachtete sie mit Ernst Penzoldt, und wir waren beide der Meinung, daß diese vergessenen Köstlichkeiten eine Wiederauferstehung in der Piper-Bücherei feiern müßten. Die Blätter entsprechen ganz der anmutigen, ironischen Art des Autors, und so wird auch Penzoldts Text, den er sich grade überlegt, während ich dies schreibe, eine Köstlichkeit werden.

Neben den Einzelblättern brachte ich nach und nach auch eine Sammlung illustrierter Bücher aus fünf Jahrhunderten zusammen.

Da ich als Verleger selber illustrierte Bücher mache, wollte ich auch ihre verschiednen Typen in ausgewählten Beispielen bei mir zu Hause vereinigen. Bei den Inkunabeln begnügte ich mich wohlweislich mit Einzelblättern oder Ausschnitten. Ausschnitte haben auch das Gute, daß man sie nebeneinander ausbreiten und dann um so besser überblicken kann. So bin ich völlig zufrieden, z. B. nicht das ganze Augsburger Heiligenleben von 1480 zu haben, sondern nur ein Dutzend altkolorierter Ausschnitte – ihre Farben funkeln gedämpft wie alte Glasfenster.

Unter den vollständigen Büchern des 16. Jahrhunderts ist mein Hauptstück Geiler von Kaysersbergs »Granatapfel« mit den sechs saftigen Darstellungen Baldung Griens. Zierlich dagegen sind die entzückenden klaren Bildchen, mit denen Tobias Stimmer das »Philosophische Ehezuchtbüchlein« von Johann Fischart geschmückt hat (1597). Die Augsburger Ausgabe des sehr unterhaltsamen Schwankbuchs von Johannes Pauli »Schimpf und Ernst« ist mit Holzschnitten von Hans Weiditz überschüttet (1542). Diese sind zwar nicht dafür bestimmt gewesen, sondern für Petrarcas »Glücksbuch« und Ciceros »Officia«. Der Verleger hat sie aber auch in dieses Schwankbuch setzen können, denn Weiditz illustriert so ziemlich das ganze Leben, und so passen seine Holzschnitte fast überallhin.

Übrigens darf man nicht glauben, weil in den Jahrzehnten von 1480 bis 1540 so viele schöne, mit Holzschnitten versehene Bücher erschie-

nen sind, das Publikum habe damals nach solchen Dingen besonders
begierig gegriffen. Im Gegenteil: viele Drucker und Verleger jener
Zeit machten Bankrott und mußten in den Schuldturm wandern. So
sind auch die Holzstöcke von Weiditz durch viele Hände gegangen,
bis sie endlich zum Druck kamen.

Ein Holzschnittbuch, zu dem ich immer wieder zurückkehre, ist Dürers
Apokalypse von 1498. Ich nenne aus ihr vier Bilder mein eigen: die
Babylonische Hure, den Sternenfall, die Sieben Engel mit den Posaunen, die Verschließung des Teufels mit dem Ausblick auf das ewige
Jerusalem. Auf wie viele Arten läßt sich ein solches Werk aufnehmen,
wie viele Seiten bietet es dem Betrachter dar! Um es zu verstehn, habe
ich wiederholt den biblischen Text in Luthers Übersetzung dazu gelesen. Wölfflin geht in seinem Dürer-Buch in erster Linie von der
Form aus, aber er ist durchaus kein einseitiger Formalist. In der Form
steckt ja auch der Gehalt. Von einem Mann wie ihm kann man Linien-
empfindlichkeit lernen, und was braucht der Graphikfreund nötiger?
Max Dvorak spricht in seinem Vortrag von 1921 über die Apokalypse,
der in meinem Verlagswerk »Kunstgeschichte als Geistesgeschichte«
abgedruckt ist, vor allem von der religiösen Situation, aus der Dürers
Werk erwuchs. Er sucht die Frage zu beantworten, was den jungen
Dürer zur Apokalypse hingezogen hat, und sieht in ihr ein Stück
Selbstbiographie. Er fragt, weshalb nirgends in der gleichzeitigen niederländischen, italienischen und französischen Kunst ein ähnlicher
Sturm und Drang der Jugend zu beobachten sei wie in der deutschen.
Er bespricht ausführlich das Blatt mit der Babylonischen Hure als
eines der geistigen Zentren der ganzen Reihe – ein Blatt, das sich
hingegen bei Wölfflin nur geringer Wertschätzung erfreut. Auch in
Franz Stadlers Buch »Dürers Apokalypse und ihr Umkreis«, einem
andern Verlagswerk von mir, kommt dies Blatt nicht besonders gut
weg. Stadler hat es sich vor allem zur Aufgabe gemacht, die zeitliche
Reihenfolge der einzelnen Blätter festzustellen, und da dies nur auf
Grund von Stilkriterien möglich ist, war er zu sehr genauem Hinsehn
genötigt, und mit ihm tut es dann auch sein Leser. Er hält das Blatt
für eins der drei ältesten, wenn es nicht gar dasjenige ist, mit dem
Dürer die Arbeit begann.

Dürers Holzschnitte zur Apokalypse sind wohl Illustrationen, aber
solche, die keinen Text gebrauchen.

Wie sehr die Form über den Gehalt entscheidet, wird besonders deutlich, wenn man Darstellungen desselben Stoffs von verschiedenen Künstlern vergleicht. So lege man einmal neben Dürers »Apokalyptische Reiter« die von Burgkmair (abgebildet in Worringers »Altdeutscher Buchillustration«). Was ist das bei Burgkmair für ein gemütliches Karussellreiten neben Dürers dramatischer Erregtheit! Aus Dürers drängendem Linienaufruhr sind bei Burgkmair lauter rundliche Kurven geworden, alle Formen sind zu Fladen zerflossen.

In unsern Tagen hat nochmal ein Künstler den großen Stoff groß gestaltet: Max Beckmann. Er hat den Text der Apokalypse mit handkolorierten Lithographien begleitet, kühn und überraschend wie alles von ihm. 1943, im vierten Jahr des zweiten Weltkriegs, »als Gesichte des apokalyptischen Sehers grauenvolle Wirklichkeit wurden«, ist das Buch als Privatdruck der Bauerschen Gießerei in Frankfurt ganz heimlich in nur 24 numerierten Exemplaren gedruckt worden. Ich erfuhr von dem Werk erst nach dem Krieg, und es wäre wohl nie in meine Hände gelangt, hätte mir nicht Fried Lübbecke, großzügig wie so oft, sein Exemplar zum Geschenk gemacht.

Die Blütezeit des Holzschnitts wurde im 17. Jahrhundert abgelöst durch die des Kupferstichs. Von mit Kupfern illustrierten Büchern habe ich als Musterbeispiele den vollständigen dreibändigen Grimmelshausen von 1713, einen Jakob Böhme von 1682 mit visionären Bildern, die fast von William Blake sein könnten, die deutsche Übersetzung des Tasso von Dietrich von dem Werder mit den Kupfern von Merian (1626), die Fabeln von de la Motte, illustriert von Claude Gillot (1719), den von Gottsched ins Hochdeutsche übersetzten Reineke Fuchs mit den Radierungen von Everdingen, 1752 bei Breitkopf in Leipzig gedruckt, und manches andre.

Ein Erzähler in Bildern, den ich besonders ins Herz geschlossen habe, ist der aus Schweinfurt stammende Genfer Rudolf Töpffer (1799 bis 1846). Seine sich in Ereignissen überstürzenden Bildergeschichten werden immer nur einen kleinen Kreis von Liebhabern haben. Wiederholt haben sich Verleger bemüht, sie dem Publikum neu vorzuführen, aber sein Humor ist zu fein, er ist Kaviar fürs Volk. Dieser Humor liegt nicht nur in den verwickelten Geschichten, so amüsant sie sind, sondern in jedem Strich. Es ist charakteristisch, daß die einzige umfangreichere deutsche biographische Arbeit über ihn an ganz versteckter Stelle erschien. Sie stammt von einem Oberlehrer am Gymnasium zu Zerbst und wurde im Jahr 1891 dem Osterprogramm dieser Anstalt beigelegt. Die guten Zerbster werden sicher den Kopf geschüttelt haben, als ihnen dies Heft überreicht wurde. Neuerdings hat ihm Wilhelm Hausenstein in seinem Essayband »Meißel, Feder und Palette« eine seiner eindringlichen, stoffreichen und sprachlich subtilen Studien gewidmet (Verlag Karl Alber, München 1949).

Auf der mit meiner Frau im Sommer 1933 unternommenen Schweizer Reise drang ich im Genfer Museum trotz meines unzureichenden Französisch bis in das Büro des Direktors vor, erkundigte mich nach einem etwa vorhandenen künstlerischen Nachlaß Töpffers und ließ mir das halbe Dutzend schwarzer Pappkästen bringen, in denen Hunderte von noch unveröffentlichten Zeichnungen schlummern, alle in seinem bekannten nervös zitterigen und doch so bestimmten Strich. Ich hatte große Lust, sie aus diesem Dornröschenschlaf zu erwecken und einen lebenprickelnden Band daraus zusammenzustellen. Aber die Reproduktion hätte nur in der Schweiz stattfinden können, sie hätte eine neue Schweizer Reise erfordert, auch Devisenschwierigkeiten hätten im Wege gestanden, und so mußte ich verzichten. Hoffentlich nimmt sich einmal ein Schweizer Verleger dieses ungehobenen Schatzes an. —

Lebhaft angezogen fühle ich mich seit langem von dem Hamburger Illustrator Otto Speckter (1807–1871). Das Niederdeutsche bei ihm empfinde ich als stammverwandt. Auch bei Speckter habe ich, wie bei Töpffer, Vollständigkeit angestrebt. Eins der allerschönsten illustrierten Bücher, die es überhaupt gibt, ist der »Quickborn« von Klaus Groth (1856). Die Holzschnitte sind wahre Wunderwerke feinster Charakteristik. Wie z. B. da ein Mondlicht auf einem alten Giebelhaus liegt! Wie ein Regen die Landschaft verschleiert, wie die steigende Flut auf den flachen Strand in langen Zungen hinaufrollt. Manche Darstellungen von Menschen in dämmrigen, niedrigen Zimmern sind von einem schweren Ernst, der an Barlach gemahnt. Mein Interesse für Speckter veranlaßte mich, bei einer Durchreise durch Hamburg 1923 seine Tochter aufzusuchen. Bei ihr fand ich viele Tusch- und Bleistiftentwürfe zu Illustrationen, auch zu den berühmten Heyschen Fabeln. An den Wänden hingen zahlreiche Scherenschnitte von Philipp Otto Runge, mit dem die Familie befreundet gewesen war. Die Heyschen Fabeln waren für mich, wie gewiß für viele meiner Leser, ein Hauptbuch meiner Kindheit. Später brachte ich eine große Zahl der verschiedenen Ausgaben zusammen — in Holzschnitt und Lithographie, in französischen und englischen Übersetzungen — und widmete mich in beschaulichen Stunden an Hand der genauen, liebevollen Arbeit von Dr. Arthur Rümann vergleichenden Studien. Von den Zeichnungen, die ich bei Speckters Tochter sah, konnte ich keine erwerben. Der Münchner Antiquar Helmuth Domizlaff, dem ich so manche schöne Bereicherung meiner Sammlung verdanke, überraschte mich aber eines Tags mit einer noch unveröffentlichten, realistisch-phantastischen Zeichnung zu der »Chronika der drei Schwestern« von Musäus. Ufo, der Riesenfisch, umkreist da grimmig seinen kristallenen Wasserpalast, um in ihm den jungen Rainald, der sich darin bei seiner Schwester versteckt hat, zu entdecken. —

Der größte niederdeutsche Zeichner — zugleich Dichter und Philosoph — ist ohne Zweifel Wilhelm Busch. Meine Erlebnisse mit ihm erstrecken sich von meiner Konstanzer Gymnasialzeit bis heute. (Ich empfinde sie als Erlebnisse mit ihm, obwohl ich ihm nie persönlich begegnet bin.) Als Schüler wurde mir in der Klasse der »Heilige Antonius« gestohlen. Als Lehrling kaufte ich mir, kaum daß er erschienen war, den »Schmetterling«. Ich habe ihn Dutzende Male gelesen und vorgelesen. Wie wunderbar ist gleich der Anfang: »Kinder, in ihrer Einfalt, fragen immer und immer: Warum? Der Verständige tut das nicht mehr, denn jedes Warum, das weiß er längst, ist nur der Zipfel eines Fadens, der in den dicken Knäuel der Unendlichkeit ausläuft, mit dem Keiner recht fertig wird, er mag wickeln und haspeln soviel er nur will.« Welch prachtvollen Tonfall hat dieser Satz! Als junger Verleger schrieb ich dem alten Meister nach seinem Heimatdorf Wiedensahl einen Brief und fragte ihn keck, ob ich ihm die Bände der »Modernen Illustratoren« mit Oberländer, Lautrec, Munch und andern widmen dürfe. Er sagte zu und erklärte, sie hätten ihn »ergötzt«. Bei einem Frankfurter Antiquar fand ich vier Bleistiftzeichnungen, intensive Wirklichkeitsstudien, mit denen er versucht hatte, »der Natur hinter die Schliche zu kommen«. Zu seinem hundertsten Geburtstag machte ich ihm, so gut ich es vermochte, in der »Literarischen Welt« eine postume Liebeserklärung.

Im Jahre 1924 übergab mir sein Neffe, der Pastor Otto Nöldeke in Lüthorst, ein bis an den Rand vollgezeichnetes, bis dahin unbekanntes Skizzenbuch aus den achtziger Jahren, das ich zuerst in nur 800 numerierten Exemplaren in feinstem teurem Lichtdruck »zum Verwechseln« originalgetreu herausbrachte, später in dem billigeren, allerdings auch etwas summarischen Offsetverfahren. Da findet der Betrachter junge Mütter mit schreienden Säuglingen, bäuerliche Kunden aus dem elterlichen Kramladen mit dem »Mienenspiel« ihrer Hosen, alte Männer vor ihrer Tür sitzend und schwatzend, Ochsenfuhrwerke im Regen, Handwerker, ja sogar Mäuschen und Spinnen – ein ganzes Dorfidyll, aufs genaueste studiert. Von diesem Skizzenbuch ist bis 1950 das 40. Tausend verausgabt.

Ein Niederdeutscher wie Wilhelm Busch ist der Braunschweiger Rudolf Wilke. Wie hat er seine beiden spazierengehenden Damen, die dünne und die dicke, aus leidenschaftlichen Kreuz- und Querstrichen, aus wüsten Fahrern und feinstem Gekritzel zusammengebaut! Die Schulter der vorderen verliert sich in einem scheinbaren Chaos, das Profil der hinteren ist aufs schärfste ausgezogen. Man betrachte nicht nur die Federstriche, von denen keiner dem andern gleicht, sondern auch die stets wechselnden Zwischenräume zwischen ihnen.

In unzähligen kleinen Büchelchen, Heftchen und Einzelblättern hat Franz Pocci, der Münchner Kgl. Zeremonienmeister, Dichter, Komponist und Kinderfreund, seine Produktion sorglos verstreut, deshalb nahmen auch die andern ihn nicht sehr ernst. Dieser Schwermütige war selbst ein großes Kind, und selten verläßt seine Kunst die Welt der Kinder. Denn was war von den Großen viel zu holen? »Einmal verliert doch unser Herrgott die Geduld und schmeißt das Lumpenpack samt seiner materiellen Hochweisheit herunter in den eigenen – Guano.« Nur einmal stellte er einen ausgewachsenen Zeitgenossen dar, im »Staatshämorrhoidarius«, diesem »Vertreter des papierenen Elements«. Der ist von geradezu dämonischer Beschränktheit. Sonst hält Pocci sich lieber an die »in Lachangelegenheiten hochwichtige Persönlichkeit des Kasperl Larifari«, der all die wohlweisen Verordnungen, die für die Erwachsenen gelten, nicht lesen kann, weil er halt wieder mal sein ABC-Büchl nicht bei sich hat. Poccis Schattenspiel ist der Tummelplatz für den Humor der Buckel und der Knollen.

Auch bescheidne Talente können erfreun. Es ist, wie wenn man in einem Biedermeierzimmer aus hübschen alten Tassen guten Kaffee trinkt. Man spinnt sich gern in diese stille, gemütliche Sphäre ein. Das äußere Leben macht ja ohnehin Lärm genug. Aber man muß sich

Rudolf Wilke: Vornehmer Spaziergang. Federzeichnung

des Maßstabs bewußt bleiben und darf nicht vergessen, daß es neben
diesen kleinen Leuten auch ganz andre Kaliber gibt.

Manche Blätter meiner Sammlung, von denen ich weiß, daß sie gar
nicht wertvoll sind, das heißt bei einem Verkauf nicht viel »bringen«
würden, machen mir immer wieder besondres Vergnügen. Zu ihnen
gehört z. B. der lithographische Bilderbogen »Die Eisschützen« von
Max Haider, dem Vater des Malers Karl und Großvater des Malers

Adolf Oberländer: Das störende Haar. Zeichnung

Ernst Haider. Diese Geschichte in zwanzig kleinen Bildchen hat eine
so behagliche, altbayrische Winterstimmung, daß ich sie immer wieder
gern nacherlebe. Die knappe Charakterisierung der vier Schützen, des
Pfarrers, Lehrers, Jägers und Gastwirts, in der dörflichen Winterlandschaft ist köstlich. —

Ein Münchner Zeichner, dessen ich mich besonders angenommen habe,
ist Adolf Oberländer. An seinem »Jahrmarkt von Timbuktu«, an seinem »Konzertbildhauer« ergötzte ich mich in meiner mecklenburgischen Kleinstadtheimat schon als Knabe. In den ersten Anfängen meines Verlags, 1906, ließ ich unter den »Modernen Illustratoren« neben
Lautrec, Th. Th. Heine, Munch, Beardsley auch einen Oberländer-
Band erscheinen. Hermann Eßwein verfaßte zu diesen Bänden psychologisch tiefschürfende Texte. Und dreißig Jahre später stellte ich
das »Neue Oberländer-Buch« zusammen, und diesmal schrieb ich auch
selbst den Text dazu. Ich habe in meiner Einleitung möglichst viel
Tatsächliches gegeben, auch über seine Arbeitsweise. Viele Jahrzehnte
hindurch war Oberländer – heutzutage muß man das eigens sagen –

einer der Hauptzeichner der »Fliegenden Blätter«. Er wohnte im Häuserblock des Verlags Braun & Schneider an der Brienner Straße, und ich habe ihn dort oben im vierten Stock wiederholt besucht. Er arbeitete in einem kleinen Zeichenzimmer und einem danebenliegenden, etwas größeren Malzimmer. Eines Ateliers bedurfte er nicht. »Albrecht Dürer hat auch keins g'habt, seine Sachen sind deswegen nicht schlechter g'worden.« In der Tür trat er dem Besucher entgegen, die Brille auf halber Nasenhöhe und über diese weg sein Gegenüber zurückhaltend mit den klugen, runden braunen Augen anschauend. Aus seinen Mappen habe ich mir nach und nach ein Dutzend Hauptblätter ausgesucht, unter anderm die Frühlingsdichter, die von allen Seiten gelaufen kommen und den armen geflügelten Lenzknaben in die Enge treiben; den Kreistierarzt, dem in der Silvesternacht träumt, er sei Tierkreisarzt geworden; den Spanier und die Engländerin, die sich gegenseitig nicht verstehn; den berühmten Pianisten, der ergeben vor dem Flügel sitzt, während ihm seine Verehrerinnen die letzten Locken abschneiden.

Einer der besten Oberländerkenner war übrigens meine damals zehn- bis zwölfjährige Tochter Ulrike. Sie kannte sämtliche elf Oberländer-Alben des Verlags Braun & Schneider in- und auswendig, unterhielt sich köstlich dabei, besonders bei den Tiergeschichten, und zeichnete mancherlei daraus ab.

Wenn auch die Reproduktionstechnik zu Lebzeiten Oberländers vom Holzschnitt bis zur Strichätzung ständig Fortschritte gemacht hatte, so war sie doch hinter den künstlerischen Qualitäten der Originale stets sehr weit zurückgeblieben. Wo war im Druck diese Präzision und Zartheit herausgekommen, die den Originalen eignen? Der alte Holzschnitt vergröberte den Strich. Ja, ursprünglich, so erzählte mir Oberländer bei einem Besuch und seufzte noch nachträglich darüber, mußte die Originalzeichnung auf den Holzstock geklebt werden und wurde dann vom Holzschneider bei der Arbeit mit weggeschnitten. »Wenn dann die Hälft' g'fehlt hat, konnt' man ihm nichts mehr nachweisen, er konnt' einem seelenruhig antworten: ›Ja, da war halt nix da!‹« Später, es war ums Jahr 1876, als man anfing, die Zeichnungen fotografisch auf den Holzstock zu übertragen, wurde es sehr viel besser. »Da konnt' man dem Holzschneider genauer auf die Finger sehn!« Schließlich kam das fotochemische Verfahren der Strichätzung, die Reproduktion wurde »richtiger«, aber auch dann blieb noch ein großer Mangel: das

Original mußte, dem Format des Witzblatts entsprechend, meist stark verkleinert werden. Die Wiedergaben meines Oberländer-Buches gingen zum erstenmal wieder auf die Originale zurück, und in dem angewandten Manul-Verfahren wurden sie besser und getreuer wiedergegeben als je zu Lebzeiten des Künstlers.

Als ich an der Einleitung schrieb, besuchte ich den Maler Stockmann in Dachau, der gleichzeitig mit Oberländer viel für die Fliegenden Blätter gezeichnet hatte. Dieser nannte Oberländer einen »typisch süddeutschen Menschen«. Ich wunderte mich etwas, weil die Zeichenweise Oberländers mir etwas Kühl-Intellektuelles zu haben schien. Seine Linien waren manchmal geradezu gläsern spröd, nicht so saftig, wie man sie von einem Süddeutschen erwartet. Ich fragte ihn, weshalb er Oberländer als so süddeutsch empfinde. Er sagte: »Weil er so ganz bescheiden war, weil er gar nichts aus sich gemacht hat.«

Oberländer, erzählte Stockmann, hat selten laut gelacht. Einmal, in der »Allotria«, war ein Maler von einer Reise zurückgekommen und renommierte: »Mein Rock ist aus Paris, meine Hose aus London!« Ein Maler aus dem Hintergrund rief dazwischen: »Und dei Kopf is aus Feldmoching!« Da hat Oberländer wirklich laut lachen müssen.

Die Augen Oberländers hatten einen fragenden, etwas erschrockenen Ausdruck. »Wie a kleins Käuzle, des ängstlich is«, meinte Stockmann. Auf der Schriftleitung der Fliegenden sagte er einmal zu den Redakteuren: »Is des net fürchterlich, wenn man die ganze Woch'n Witz' lesen muß?«

Bevor ich nach dem Besuch bei Stockmann abends von Dachau zurückfuhr, hatte ich noch Zeit bis zum Zug und setzte mich in ein behäbiges Gasthaus. Ich fragte die Kellnerin, ob sie von Dachau sei und ob sie die Gegend da herum gut kenne. Sie erwiderte: »I bin gar net neugierig, wie's da herum ausschaut. I bin da, wo i dahoam bin, bei Ingolstadt, aa net weit umanand kemma. Da hab i bloß oamal mit mei'm Bruader a Radltour g'macht. Der is im Urlaub dahoam gwes'n. Des hat mi nix kost', da hab i's leicht machen kenna. Auf d' Oktoberwies'n bin i aa no net kemma. I woaß net, i mach mir net so vui draus. Da is glei a Hauf'n Geld hin und g'habt hat ma do nix.« Das gehört eigentlich nicht zum Thema, aber ich lasse den kleinen bajuwarischen Schnörkel doch hier stehn.

Oberländer war ein nachdenklicher Mann. Über einen Kanarienvogel, der dabeisein durfte, wenn er am Fenstertisch zeichnete, schrieb er auf: »Ich hab einen Kanari, einen recht possierlichen Kerl. Meine Nase und meinen Bart liebt er zärtlich, meine Fingerspitzen haßt er, vom Ärmel meiner wollenen Joppe ist er entzückt, mein Strohhut aber erfüllt ihn mit Entsetzen. Daß alle diese Dinge zu einer Person gehören, begreift er nicht. – Wenn die Weisen das Wesen Gottes zu erklären suchen, muß ich immer an meinen Kanari denken.«

Als er die letzte Zeichnung für die Fliegenden machte, war er 74 Jahre alt. Ein Augenleiden bedrückte ihn schon lange. In der Nacht vom 29. auf den 30. Mai 1923 ist er gestorben. Nur ein Dutzend Menschen gaben ihm das letzte Geleit. Der einst so Volkstümliche war vom Volk fast vergessen, auch in der Kunststadt München. Als mein »Neues Oberländer-Buch« 1936 erschien und ich es einem Münchner Buchhändler zeigte mit der Frage, wieviel er davon wohl absetzen werde, tat er die besorgte Gegenfrage: »Oberländer? War des kei Jud'?«

Von den Meistern des altdeutschen Holzschnitts habe ich vor allem Baldung Grien gesammelt. Von ihm kann ich nicht genug bekommen. Ich vereinigte bei mir alle seine Hauptblätter: den verhexten Stallknecht, den gen Himmel getragenen Leichnam Christi, die wilden Pferde im Wald, die Bekehrung Pauli, den frühen Hieronymus, den großen Sebastian, Christus an der Säule, die Beweinung, die Kreuzabnahme, das Bildnis des Astrologen Indagine, die drei Parzen. Ich brachte auf diese Weise eine Baldung-Reihe zusammen, wie sie wohl kaum noch in einer zweiten Privatsammlung existiert. Es macht mir Spaß, den Betrachtern sagen zu können, daß ich den großen Sebastian in einem Druck besitze, der denjenigen des Berliner Kupferstichkabinetts an Qualität bei weitem übertrifft.

Meine Vorliebe für Baldung als Holzschnittmeister ließ mich eine Charakteristik seiner Kunst versuchen, die im fünften Band des Jahrbuchs »Ganymed« (1925) abgedruckt wurde. Für die Bücherreihe »Hauptwerke des Holzschnitts« schrieb auf meinen Wunsch Oskar Hagen – damals in Göttingen, nun seit langem Professor an der Universität Madison (Wisconsin, USA) – den Baldung-Band. Ich füge hier gleich noch an, daß in diesen »Hauptwerken des Holzschnitts« mit Einführungen von Wilhelm Worringer, Max J. Friedländer und andern noch erschienen: der Ulmer Äsop von 1476, die Kölner Bibel von 1479, die Lübecker Bibel von 1494, die Passion des Schweizers

Urs Graf von 1506. Aber alle diese Bände — echteste Dokumente deutscher Phantasie und deutschen Formgefühls, wunderschön gedruckt und nicht teuer — fanden nur sehr wenig Gegenliebe. Ich mußte zufrieden sein, daß ich mit der Herausgabe wenigstens meiner persönlichen Leidenschaft frönen konnte.

Die Künstler, und unter ihnen besonders die Graphiker, schaffen Sinnbilder. Sie sagen mit ihnen etwas aus über Welt und Leben. Bei einigen Blättern, die ich besonders genau ins Auge gefaßt hatte, habe ich aufgeschrieben, was sie mir gesagt haben. Zu ihnen gehören Baldungs »Drei Parzen« und die Zeichnung Pieter Brueghels zu seinem Kupferstich »Die Hoffnung«. Die »Parzen«, die gegenüber Seite 497 abgebildet sind, versandte ich an Freunde und Bekannte als Neujahrsgruß mit folgenden Begleitworten:

»Da sind sie beisammen, die drei nackten Weiber unter dem knorrigen Baum mit den lang herabhängenden Flechten. So also wird unser Lebensfaden gesponnen, so wird er abgeschnitten!

Klotho, die Jungfrau, hält den langen Rockenstab, sie hält ihn etwas sorglos, er steht schief. Mit ihrer Linken drückt sie knospende Blumen an die Brust. Ihr langes lockiges Haar — es ist gewiß sehr gelb — rollt ihr über die Schultern. Sie lächelt freundlich unbestimmt, ein wenig albern, ins Leere. Sie sitzt auf einem Baumstumpf, aber sie hat es sich da noch nicht für immer bequem gemacht. Sie ist noch jung. Mit ihren langen Beinen könnte sie jeden Augenblick aufspringen.

Lachesis aber, die Matrone mit dem starken Leib, sitzt breit, aufrecht und wie für die Ewigkeit da. Sie spinnt den Faden aus dem Rocken heraus und dreht ihn zwischen ihren muskulösen Fingern. Ihr Haar ist unter der großen Haube geborgen. Der Hals verschwindet fast unter den fetten Backen und dem Doppelkinn. Mit dem Ausdruck der Sattheit und der unerschütterlichen Ruhe blickt sie auf den Betrachter. Sie ist das Sein. Auf ihrer Brust liegt hellstes Licht. Fest wölbt sich der Bauch, die dicken Beine hat sie behäbig übereinandergelegt, sie hält die Wärme zusammen. Ihr zu Füßen im Gras rutscht das dralle spielende Kind auf den Knien. Grade hat es einen Blumenstengel erfaßt, um ihn abzureißen. Was die Drei treiben, kümmert es nicht.

An dem Baum, hinter den anderen, lehnt die Greisin Atropos. Arme und Hüften sind ausgetrocknet, zwischen Hals und Schultern liegen tiefe Gruben. Die Nase wirft über den eingefallenen Mund einen schwarzen Schatten. Das knochige Kinn springt weit hervor. Langes strähniges Haar – es ist wohl grau wie die Flechten, die über ihr vom Baum hängen – umwallt ihren Körper wie ein Mantel. Sie friert leicht. Die große verhängnisvolle Schere hält sie mit beiden Händen. Unser Lebensfaden läuft gerade noch unverletzt zwischen den Schneiden hindurch. Im nächsten Augenblick kann er durchschnitten sein. Sie zögert. Wie lange noch? Nutzen wir die Zeit!

Auf den bewaldeten Bergen des Hintergrunds scheint Sonne zu liegen. Man ahnt helles junges Grün. Aber das ganze Bild besteht ja nur aus schwarzen krausen Strichen und Häkchen auf weißem Papier!

An einem trockenen Ast hängt ein Täfelchen, HBG 1513 steht darauf. Grienhans, wie Dürer ihn nannte, war also ein Dreißiger, als er dies nachdenkliche Bild auf den Holzstock zeichnete – dies Bild, gefüllt bis an den Rand von Wirklichkeit und Geist.

Das ist nun über vierhundert Jahre her. Wir danken es ihm noch heute!«

Dieser Neujahrsgruß hat manchem Empfänger Vergnügen gemacht. Ein altes Schwarz-Weiß-Blatt wurde dadurch wieder neu ins Leben eingeführt. Ein Freund empfand das Parzen-Blatt allerdings als schlimmes Omen. Er sagte mir, er sei beim Empfang geradezu erschrocken. Und er hatte in dem darauffolgenden Jahr dann auch wirklich viel Unglück zu bestehn. –

Ein Sinnbild ist auch Pieter Brueghels »Hoffnung« vom Jahre 1559. Sie gehört zur Folge der »Tugenden«. Ich besitze zwar eine ganze Reihe Stiche aus dieser Folge, auch Brueghels einzigen Holzschnitt, die große Darstellung des Fastnachtsspiels von der Tötung des Wilden Mannes. Aber einen solchen Schatz wie diese Zeichnung zur »Spes« hat mir das Glück nicht beschert. Ich habe sie jedoch dreimal abgebildet, einmal verkleinert als Autotypie in den Brueghel-Zeichnungen von Karl Tolnai, dann faksimilegetreu in der Brueghel-Mappe der Marées-Gesellschaft und nun noch hier. Ich sah mir das Blatt immer wieder genau an. Dann schrieb ich im Februar 1931 folgende Betrachtung darüber:

»Die Hoffnung steht im aufgewühlten Wogenschwall auf dem Anker. Sie *ist* unser Anker. Hoffend verankern wir uns in der bodenlosen Zukunft.

Sie hat den Spaten und die Sichel in der Hand. Nur wer hofft, bearbeitet die Erde. Und nur er braucht eine Sichel, die erhoffte Ernte zu schneiden. Ihre Krone ist ein Bienenkorb. Auch die Bienen sammeln ihren Honig in der Hoffnung, daß sie und ihre Nachkommen ihn genießen werden.

Und die Hoffnung ist selbst in der Hoffnung. Nur aus der Hoffnung entspringt neues Leben.

So steht sie da, balancierend auf dem Anker und doch fest. Sie bleibt unerschüttert von dem tobenden Geschrei der Hoffenden um sie her. Es ist kein Reich des stillen gläubigen Hoffens, in dem sie steht. All diese Menschen hoffen nur noch, um nicht verzweifeln zu müssen. Ihre Kraft zu hoffen ist bis zum äußersten gespannt. Fast ist es für sie schon ebenso quälend, noch immer zu hoffen, wie sich verzweifelnd fallen zu lassen.

So ist es zu Wasser und zu Lande. Schräg schießt die Grenze zwischen beidem durchs ganze Bild. Der sturmgepeitschte Wirrwarr der Wasserwelt brandet an die starren Geraden der Menschenbauten auf der festen Erde.

Schiffe mit zerbrochnen Masten treiben auf den Wellen. Schreie gellen durch den Wogenlärm. Die Arme der Ringenden sind gen Himmel gereckt, Augen und Mund sind aufgerissen, die Haare sträuben sich. Der da hat sich auf ein Brett gerettet, mitten im Aufruhr kann er auf etwas Festem knien, eben hat er aufgeatmet. Da öffnet sich vor ihm ein ungeheurer Schlund, um ihn zu verschlingen. ›Meerungeheuer, hoffst auch du? Hoffst du, ich werde in deinen Schlund hinabrutschen? Ich aber hoffe, an ihm vorbeizukommen! Wem soll die Hoffnung zu Willen sein? Sie steht von uns beiden abgewandt!‹ — Da schwimmt einer auf einem Stück Mastbaum. Er ist schon nah am Land, am Turm mit den Gefangenen. ›Ach Gott‹, stöhnt er, ›werde ich's auch noch einmal so gut haben wie die da, die in ihrem Turm ruhig auf dem Trocknen sitzen?‹ — Hinten versinkt ein großes stolzes Segelschiff. Boote sind abgelassen. Werden sie den Strand erreichen? Dem einen Boot ist die Mastspitze abgebrochen, und der Haifisch wirft sich mit seinem Riesenleib aufs Boot. Da ist auch ein *halber* Mast noch Goldes wert. Noch ist er für den Schiffbrüchigen lang genug, um ihn zu erklettern und so dem gierigen Fischmaul zu entgehn. Man hat es ja so viel besser als die, die mit den nassen Wellen ringen. Man hat ja noch ein festes Stück Holz in den Armen! Gott sei gelobt!

Ein Boot stößt an den gemauerten Ankerplatz. Wird der Sprung aufs Land gelingen? Ein Glücklicher hat mit beiden Händen schon den

Eisenring erhascht, an dem er sich aufs Feste hinaufziehen kann. Den trog die Hoffnung nicht. Aber die andern? Wirft sie die Brandung wieder ins Chaos zurück?

Und was nützt das Feste, wenn Feuer es verschlingt? Wir wollen nicht im nassen kalten Dunkel untergehn. Wir wollen aber auch nicht von der feurigen Glut gefressen werden. Wir wollen Trocknes! Sollen wir ewig zwischen diesen Schrecken hin- und hergeschleudert werden? An Stangen wird Wasser zum Löschen hergeschleppt, in Eimern wird es die Leiter hinaufgereicht und von oben in die Glut geschüttet. Wird es helfen? Wird der Tropfen nicht ohnmächtig verzischen? Wir können nur hoffen und uns rühren! Auch der Mann, der auf dem Dachfirst reitet, hofft, mit den Armen den Funkenregen von seinem Hause abzuwehren. Ist das nicht gar zu viel gehofft?

Mitten zwischen den Schrecken des Wassers und des Feuers steht klein auf der Brücke eine Betsäule. Ein Mann hat zu ihr die Hände erhoben. Auch auf dem Ankerplatz kniet einer lallend. Und die Hochschwangere am Rand der tobenden See faltet die Hände über ihrem starken Leib. Braucht sie dreifache Hoffnung? Für das Ungeborene, für ihren Mann draußen auf den Wogen und für sich selbst? Wo soll soviel Erfüllung herkommen?

Ihr zu Füßen hält ein Praktikus drei Angeln zugleich ins Wasser. Er hört nicht die Schreie der Schiffbrüchigen, er sieht nicht den Arm des vor ihm Versinkenden. Er nährt nur die eine Hoffnung: Möchten doch recht viel Fische anbeißen! Er wird sie dann in das Eimerchen neben sich stecken und befriedigt nach Hause gehn.

Anders die Hoffnung der Gefangenen! Das schwere Fallgatter im Turm ist hochgezogen, damit offenbar wird, wieviel es noch zu hoffen gibt auch weit weg von Wasser- und Feuersnot. Der traurige Alte ist mit seinen mageren Beinen an den Sitzblock angeschmiedet, auch seine Hände stecken in Eisen. Aber es steht ihm frei, sie zum Beten zu falten oder nicht: *diese* Freiheit hat er! Der Junge neben ihm kann sogar die ganzen Arme bewegen. Auch er benutzt die viele Zeit, die er hat, zum Hoffen und Beten. Die Haare hat man den beiden schon lange nicht mehr geschnitten. Wenn der Mann auf seinem Mastbaum glücklich an den Stufen vor ihren Füßen landen sollte, wird das ein sonderbares Erlebnis für sie sein. Vielleicht aber werden sie auch dann den Kopf nicht rühren.

Die vier Armen oben hinter ihrem Gitter können nur ihre Köpfe an die Stangen drücken. Für sie ist es schon ein Ereignis, wenn ihnen der Krug gefüllt wird, der am Strick aus dem Fenster hängt. Zu dem kleinen Guckloch unten schaut auch noch einer heraus. Leistet ihm der Vogel Gesellschaft, der auf dem Gitter sich niedergelassen hat? Auch dieser Vogel sitzt traurig da wie ein Gefangener.

Draußen vor der Stadt gräbt ein Mann die Erde. Ein andrer mit gebeugtem Rücken pflügt sie, und am Horizont fahren viele Schiffe mit geschwellten Segeln ins Ungewisse hinaus. Was wären diese Menschen ohne die Hoffnung? Was wären wir alle ohne sie?

All das ist auf einem Blatt Papier vergegenwärtigt, das nur 29 zu 22 cm mißt. Es ist gezeichnet mit einer Gänsefeder in bräunlicher Tinte, mit fester und zugleich leise vibrierender Hand, in unzähligen sicher und genau gesetzten und doch auch etwas zittrigen Strichen, Häkchen und Tupfen. Brueghel hat das alles zusammengeschaut und auf dies Blatt zusammengetragen. Die Striche und Punkte überziehen das Papier gleichmäßig wie ein Gewebe, und doch ist mit ihnen ein weiter, zusammenhängender Raum gegeben, von dem harten, geraden, vorprellenden, steinernen Turm ganz vorn und den an seinen Mauern hinaufleckenden Wellen bis zu den winzigen Segeln am fernen Horizont. Die Feder umschreibt hunderterlei Formen und findet für jede das entscheidende Zeichen.«

Dies sind zwei Beispiele dafür, wie ich Schwarz-Weiß-Blätter »ablese«. Ich nehme sie aber durchaus nicht nur von der »literarischen« Seite. Ich kann ja beim Ablesen gar nicht umhin, Zentimeter für Zentimeter zu betrachten, wie sie »gemacht« sind. Es sind Blätter denkbar, die genau dasselbe enthalten, was ich als Inhalt erzählt habe, und die doch künstlerisch bedeutungslos wären, wenn ihre Form banal wäre. Aber das ist sie bei Baldung und Brueghel gewiß nicht.

Wenn einer von seiner Liebhaberei spricht, kommt er leicht aus dem Hundertsten ins Tausendste. So ist es mir in diesem Graphik-Kapitel gegangen. Auch eine ordentliche »Disposition« habe ich gröblich vernachlässigt. So muß ich also um Nachsicht bitten und kann nur hoffen, daß der eine oder andre Leser durch mein Quodlibet veranlaßt wird, sich wieder einmal auf diese unterhaltsamen Dinge, »Graphik« genannt, zu besinnen.

BEI DEN KRIMMLER WASSERFÄLLEN

Das Dorf liegt auf einer schrägen grünen Fläche, die nach vorn und nach der Seite geneigt ist. Man meint zuerst, Kirche und Häuser stünden schief, denn man setzt ohne weiteres voraus, eine so große Ebene müsse horizontal sein. Rundherum erheben sich hohe, bewaldete Berge, die oben in grasigen Kuppen oder in felsigen Spitzen gipfeln. In manchen tieferen Mulden leuchtet auch jetzt noch, im heißen August, der weiße Schnee.

Die Häuser von Krimml haben Platz genug, sich auf ihrer Ebene auszubreiten, und so gibt es nirgends eine zusammenhängende Dorfstraße. Nur um die gelbe Kirche mit ihrem spitzen, viereckigen, ungegliederten Turm hat sich eine engere Gruppe gebildet. Ein paar häßliche große Hotelkästen stehen unvermittelt da, so die »Post« mit ihrer »Dependance« (ein schauderhaftes Wort, aber »Nebenhaus« wird sich nicht durchsetzen. Jeder Gast hält sich für eine Hauptsache, und da wird er sich doch nicht in ein Nebenhaus schicken lassen!). Wenige Schritte davon sind aber, nach allen Seiten verstreut, schöne alte Bauernhäuser mit weiß getünchtem, steinernem Unterstock und braunem, warmem, hölzernem Oberbau.

Auch der Sandbichl, in dem wir in diesem Sommer mit unsern drei Kindern einige Wochen wohnen, ist solch ein Haus. Scheune, Stall und Wohnhaus sind unter einem langen, flachen, grauschindeligen, steinbeschwerten Dach geborgen. Eine Altane umzieht das Haus im Osten und Süden. Rote Georginen, dunkelrote Nelken, Fuchsien und Kakteen stehen auf dem Geländer und drängen sich überhängend in die Sonne. Neben dem Haus, es überragend, steht eine schöne alte Zirbel. Gern sitze ich in der Morgensonne an dem Tisch unter ihr. Ich höre die Stimme unserer siebenjährigen Ulrike aus der offenen Stalltür. Sie hat sich mit dem Sepp angefreundet und ist stolz darauf, den Kühen, während er sie melkt, den Schwanz festzuhalten. Meine Frau beschäftigt sich mit den Alpenblumen, die wir gestern von der Gerlosplatte heimgebracht haben. Martin ist unterwegs und malt ein Aquarell – wir sagen scherzend, er male im Stil des späten Corinth –, und Klaus studiert die Karte für unsere Tour auf den Großvenediger, wobei er ein wenig darüber seufzt, daß er mir zuliebe mit einem so leichten Berg vorliebnehmen soll.

Vor dem Haus breitet sich eine grüne Viehweide aus. Ein paar Schritte über sie hin, und wir hören Wasser rauschen. Aber das ist noch nicht der berühmte Wasserfall, sondern hier hat die Ache ihren Sturz schon hinter sich, sie schäumt tief unten weißgrün über Blöcke zwischen Erlen.

Ich überschreite eine Balkenbrücke, gehe durch Tannenwald, mein Schritt ist lautlos, kein Mensch begegnet mir. Die Tonhöhe des Wassers wechselt. Plötzlich höre ich durch das Rauschen neben mir ein sich gleichbleibendes fernes Donnern über dem Wald. Schon weht eine Wasserwolke durch die Bäume. Von einer Brücke aus sehe ich den untersten der drei Fälle. Sie stürzen zusammen 380 Meter hoch herab. Über durchnäßten Boden, durch triefende Erlenbüsche nähere ich mich. Die Moospolster haben sich wie Schwämme vollgesogen.

Es gibt überall Steine und Wasser, aber es gibt wenige Stellen, wo sie ihr innerstes Wesen so stark aussprechen wie hier – nur sich selbst zuliebe, nur um dieses großartige Schauspiel aufzuführen.

Das Wasser ist ganz Aktion, der Fels muß stillhalten zu dem, was mit ihm geschieht.

Wie viele Wasserfälle gibt es nicht! Dieser ist die Zusammenfassung aller. Ich habe Lust, ihn den Shakespeare der Wasserfälle zu nennen.

Die Kraft gibt sich selbst ein Fest. Wie der harte Fels in seinen eckiggebrochenen, mächtigen Schollen, aufblinkend in der Sonne, unerschüttert steht, wie das weiße, donnernde Wasser im tiefen Felsenkessel aufschlägt, sich zerschmettert und als Wolke emporschleudert! Während der Kern des Wassers schwer und fast langsam fällt, wird sein Dunst von dem Sturm, den es selbst erzeugt, emporgeblasen. Über den Tannen schweben seine Nebel und Wolken und verschleiern die höchsten Gipfel.

Der untere Fall ist in seiner Mitte von Felsen eingeschnürt. Diese Enge preßt und peitscht ihn zu höchster Energie.

Der Fels ist hart. Ich möchte wohl wissen, wie lange es dauert, bis sich an seinen Stufungen sichtlich etwas ändert. Während in weicherem, poröserem Gestein, in Kalk oder Glimmerschiefer, sich das Wasser längst eine tiefe Klamm eingefressen und diese Felsstufe durchsägt hätte, muß es diesen eisenharten Granitgneis überspringen.

Zuletzt mischt sich noch die Sonne ins Spiel und zaubert auf die Wasserwolke ihren leuchtenden Regenbogen. Diese Wasserwolke wird schon im Entstehen vom Sturm dahingerissen, und so flackert und flammt auch der Regenbogen unruhig flirrend und blitzend, schier ins Auge beißend, vom leuchtendsten Orange bis zum glühendsten Violett.

Ich steige weiter hinauf durch Altdorferischen Wald. Das Rauschen klingt ferner. Lange Flechten hängen von den alten Tannen, in kleinen stillen Nischen nicken blaue Glockenblumen, locken dunkelrote Erdbeeren. Aber schon erhebt das Wasser wieder lauter seine Stimme. Der mittlere Fall kündigt sich an. Alle drei Fälle haben ihre eigene Physiognomie. Dieser mittlere ist kurz, gedrungen, muskulös, wie ein Scherzo von Bruckner. Man kann gefahrlos an ihn herantreten wie an einen im Käfig brüllenden Löwen. Hier ist das Toben am tollsten. Hier zischt das Wasser am zornigsten. Die ganze Landschaft scheint unterirdisch zu dröhnen. Weiße Rosse mit Mähnen aus Gischt rasen zwischen den dunklen Stämmen hindurch. Der ungeheure, nahtlose, kompakte Fels ist ganz glatt geschliffen. Er hat sich schon völlig dem Wasser unterworfen, nur *eine* scharfe Kante hat sich noch gehalten, in die das Wasser unaufhörlich hineinbohrt, um ebenso unaufhörlich im weiten Bogen hinausgeschleudert zu werden.

Ich hüte mich vor billigen Vermenschlichungen der Natur. Man kommt ihren Gewalten nicht näher, wenn man ihnen seine eignen Gefühle unterlegt. Aber hier kann ich fast nicht umhin zu sagen: die Wasser stürzen sich *jauchzend* in die Tiefe! Es ist ein Überschwang in ihrer Gebärde, ein triumphierendes Bewußtsein ihrer Unzerstörbarkeit.

Der oberste Fall ist wie ein breit sich entfaltendes Finale. Er tut den höchsten Sturz. Über ihm schwebt oben, wie aus Streichhölzchen, ein lächerliches Brückchen, und doch hat der listige Mensch es so eingerichtet, daß das Element sich bequemen muß, darunter durchzuschlüpfen.

Jenseits der höchsten Stelle des Abbruchs öffnet sich das Achental gegen den Talschluß zu, stundenlang kaum ansteigend. Ich bin mit Klaus und Martin einmal abends von den Gletschern her das Tal nach Krimml zu *heraus*gewandert — entgegengesetzt wie heute —, und wir erschraken fast vor seinem plötzlichen Abbruch in die Tiefe. Eigentlich sollte man von der Quelle herkommen, um das Epos des Stroms von seinem Ursprung an mitzuerleben. Er hat wirklich einen Ur-Sprung. Man kann mit einem Sprachscherz sagen: er *tut* einen Ursprung. Aus dem Gletschertor springt er auf einmal heraus. Von beiden Seiten stürzen andre Wasser ihm zu, so schwillt er immer mehr an und strömt, nichtsahnend, dem ungeheuren Ereignis seines Falls entgegen.

Jetzt werden die Wege leer. An den Häusern erscheinen wieder Schilder »Zimmer frei«, aber sie sehn resigniert aus. Werden noch Leute kommen, die nach solchen Schildern Ausschau halten? Der Friseur beschäftigt keinen Gehilfen mehr, und bei Frau Patterer ist der Käse ausgegangen, den wir so oft bei ihr geholt haben. Sie wird ihn nicht mehr nachbestellen. Frau Patterer hat seit zwanzig Jahren hier ihren Laden, aber sie war noch nie am obersten Wasserfall. Nun — sie ist etwas beleibt und hat im Sommer viel zu tun. Aber immerhin: sie ist noch in den besten Jahren und müßte sich schon einmal dazu aufraffen, wenn man, wie sie, von dem Wasserfall sozusagen *lebt*. Schon rein aus Dankbarkeit!

In letzter Zeit lasse ich mich öfter beim »Klocker« vor der Tür nieder, bei einem Schoppen offenem Roten. Da sitzt es sich angenehm in der Septembersonne. Aber ich mag den angefangenen Knut Hamsun gar nicht weiterlesen. Warum die wirkliche Landschaft um mich her durch eine andre, nur geschriebene, verdrängen? Man muß ja froh sein über jedes Stück Wirklichkeit, das man ergattert. Aber ein Drama von Euripides, das geht schon eher, das ist etwas so ganz andres! Wenn der alte Grieche sich gegen den Eindruck, den diese große Wirklichkeit macht, behaupten kann, soll er es tun! — Der »Klocker«, vor dem ich sitze, ist das alte bodenständige Dorfgasthaus. Die Fenster liegen ganz dicht über der Straße. Hier kennen sich alle Gäste untereinander. Jetzt sind fast nur noch ein paar alte Damen da. Zwei davon gehn eben dorfeinwärts, die dritte ruft ihnen nach: »Wohin? Wohin?«—»In d'Kirch', komma S' mit, schad't Ihna nix!« — Tritt man beim »Klocker« in die Tür, so muß man achtgeben, nicht gleich in den Keller hinabzufallen. Auf der Treppe hockt breit eine dicke, behäbige schwarze Hauskatze. Sie braucht jetzt nur noch selten einem Gast auszuweichen.

Der hinkende, grauhaarige Briefträger muß jetzt nicht mehr so unter seiner dicken ledernen Umhängtasche schwitzen. Er heißt Peter Lechner und ist nicht nur Briefträger, sondern auch Dichter und Vortragskünstler. Er hat mir seine Gedichte zum Verlag angeboten. So 10 000 Stück, meinte er, das Stück zu einem Schilling, könne man leicht verkaufen. Aber damit sind seine Berufe noch nicht erschöpft. An seiner Wohnung hängt auch noch ein Schild: Mineralienhandlung. Er erzählt uns, daß er diese Mineralien von seinem Vater Wechselberger geerbt habe. Wir konnten uns diese sonderbare Verwandtschaft nicht gleich klarmachen, aber als wir vor der alten Kommode, in der die Steine lagen, standen, erklärte uns seine Frau: »Er is a ledigs Kind. Er hoaßt nach seiner Muada. Verstehn S' des net?« Doch! jetzt verstanden wir! Wenn wir selbst diese Kristalle gefunden hätten, würden wir sie nicht so billig hergeben. Peter Lechner hat Mineralien nicht nur geerbt, sondern geht auch selber in die Berge und sucht nach ihnen, obwohl er hinkt. Er hinkt, weil er rheumatisch ist, und das ist er, weil er im Krieg wochenlang im polnischen Sumpf hat liegen müssen. Er ist auch nicht sechzig Jahre, wie wir meinten, sondern erst fünfundvierzig. »Grad Sehnsucht hab i nach de Berg, grad Sehnsucht! Aber als Postbot' hat ma ja kei Zeit. Ob mer viel oder wenig ausz'tragen hat – der Gang bleibt halt alleweil der gleiche.«

Die ersten und die letzten Tage sind die schönsten. Zuerst die Eroberung des Neuen und dann am Ende der Epilog, der Rückblick.

Ich raste noch einmal an der Brücke auf einem großen Block, wo ich am ersten Morgen in einer kleinen Bucht die vom Wasser zusammengetragenen Steine musterte und die ersten Erdbeeren fand. Der Fluß poltert genauso wie am ersten Tag. Jetzt ist es Nachmittag, die Sonne scheint hie und da durch Gewölk – nicht lange, so verschwindet sie hinter den hohen Tannen. Ich betrachte die Farben, das Graugrün des Wassers, die grauen glatten Steinblöcke, mit olivenem Moos bewachsen, das dunkle Grün der Erlenblätter, ihre grauen, hellgefleckten Stämme, das Hellbraun der Schnittflächen der gefällten Bäume. Das Getöse des Wassers wird mir noch lang im Ohr liegen. Selten habe ich die Armut der Sprache so gefühlt. Es ist ein Rauschen und Schürfen. Das R und Sch paßt gut, aber es ist gar kein Au darin. Das Au ist viel zu rund und dunkel.

Die Früchte der Berberitzen, die bei unsrer Ankunft noch grün waren, leuchten jetzt rot an den gebogenen, dornbesetzten Zweigen. Die Disteln stehn jetzt mit seidigen, silbern zerzausten Köpfen da und lassen ihre Samen vom Herbstwind davontragen. Ich pflücke diese Nester von kleinen Flugapparaten auseinander und lasse sie fliegen, um der Distel die Mühe, sich fortzupflanzen, zu erleichtern. Der ungeheure, hausgroße Gneisblock, der im Uferdickicht liegt, von Farnen, Himbeersträuchern und Tannen bewachsen, wirft mit seinen ausgewaschenen Flanken den Lärm des Stroms zurück. Das Wasser wird weiterrauschen, auch wenn ich nicht mehr zu ihm komme, doch es wird nicht in jedem Ohr so klingen, wie es in meinem klang.

MIT JOSEF WEINHEBER
IM GASTEINER TAL

Wir haben im August 1940 in Hofgastein Josef Wenter getroffen, den
Südtiroler Autor meines Verlags. Er hatte vor kurzem seine schöne
Meraner Kindheitsgeschichte »Leise, leise, liebe Quelle!« beendet und
schrieb nun an dem Wildpferdroman »Situtunga«. Eines Tages sagte
er uns, auch Josef Weinheber mit seiner Frau sei hier. Wenn wir es
wünschten, könne er uns ja einmal mit ihnen bekannt machen. Dies
war mir sehr willkommen.

Ich habe immer gern Gespräche mit Künstlern geführt. Das sind ursprüngliche Menschen mit einer ursprünglichen Weltansicht, und nur
mit solchen lohnt im Grunde das Sprechen.

Um aber dem Gespräch einen festen Unterbau zu geben, ließ ich mir
schnell von München alle Bücher Weinhebers schicken. Ich hatte zwar
schon oft Gedichte von ihm gelesen, aber sein Schaffen im ganzen
überblickte ich noch nicht.

Bald hatte ich die Bände erhalten und las ein paar Tage lang auf Spaziergängen und in dem bequemen Sessel unsres Zimmers im »Goldenen Adler« nur Weinheber.

Dann aber ließ Wenter mit der Vermittlung auf sich warten. Schließlich sagte ich mir, wozu brauche ich da eigentlich den Umweg über
ihn? Ich schickte einen Brief ins Kurhaus Seidel, wo Weinheber
wohnte: »Ich wende mich nicht an Sie, um als Verleger auf Sie Jagd
zu machen. Ich schreibe Ihnen als Leser und Verehrer Ihrer Gedichtbücher, die ich hier alle um mich habe. Ich würde mich freuen, wenn
ich mich mit Ihnen an einer ruhigen Stelle ein Stündchen unterhalten
könnte. Da in Ihren Büchern die Namen Michelangelo, Dürer, Brueghel,
Droste-Hülshoff und Schopenhauer vorkommen, glaube ich, daß es an
Gesprächsthemen nicht fehlen wird. Bitte geben Sie mir freundlichen
Bescheid.«

Noch am selben Abend brachte der Ober einen Zettel an unsern Tisch:

»Dank für Ihren Brief. Wir sitzen im Boten, in der Schankstube. (Propter nimium est est!) Es würde mich freuen, wenn Sie mir das Vergnügen machten. Ich habe schon einmal in Ihrem Hotel angefragt. Keine Auskunft erhalten. Stolzer Schlag hier. Herzlich grüßt Ihr Josef Weinheber.«

Der »Bote« ist ein volkstümliches Gasthaus an dem kleinen Hauptplatz, dem »Goldenen Adler« schräg gegenüber, die »Schankstube« noch volkstümlicher als das »Gastzimmer«. Da ich nicht wußte, wie Weinheber aussieht, näherte ich mich einem Herrn — mehr Mann als Herrn — in grün und schwarz kariertem Jackerl mit roter Krawatte, der für sich allein in einer Ecke saß, regungslos, mich aber erwartungsvoll anzwinkerte. Er war es. »Endlich doch amal *ein* fühlendes Herz in Hofgastein!« war sein erstes Wort. — Ich: »Nun, Sie haben doch aber hier viel Gesellschaft.« — W.: »Das scho, aber literarisch geht's da net grad zu! I hab mir Sie ganz anders vorg'stellt, i hab an jungen Menschen erwartet!« — Ich: »Mein Verlag ist ja schon 35 Jahre alt, da kann ich nicht mehr so sehr jung sein.« — W.: »So, Sie sind der Gründer selbst! Da habn mei Frau und ich beim Spazierngehn heut nachmittag an jungen Menschen g'sehn, der hat so freundlich herg'schaut, da habn mir g'meint, das ist vielleicht der Piper!«

Weinheber ist bartlos und hat einen dunkelblonden Stiftenkopf, Gesicht und Hals gleichmäßig gebräunt und fleischig. Dazu eine steile Falte über der Nasenwurzel. Der Hals tritt aus dem weichen Kragen hervor. Sein Kopf ist durchaus nicht, was man »vergeistigt« nennt. Er war früher Postbeamter. Man konnte ihn sich noch jetzt gut hinter einem Schalter vorstellen.

Bald kam seine Frau dazu, auch schwarz-grün kariert, klein, zierlich, brünett, rosig, sie redete wenig, war besorgt um ihren Mann. Ich: »Ich hab' Ihnen geschrieben, daß ich nicht als Verleger Jagd auf Sie machen will. Ich möcht' Ihnen nun aber doch einen Verlagsvorschlag machen. Ein Plan geht mir schon lang im Kopf herum: eine Sammlung deutscher Gedichte von einem wirklichen Dichter zusammengestellt, der weiß, worauf es ankommt. Ganz persönlich ausgewählt!« — W.: »Des is ja meine alte Liebe! Natürlich subjektiv! Objektiv wird's a Kompendium! Von Walther bis heute! Da müssen S' mir aber ein ganzes geschlag'nes Jahr Zeit lass'n. Man müßt' ein Nachwort dazu schreib'n, wo von jedem Gedicht g'sagt wird, weshalb man's g'nommen hat und weshalb kei andres.«

Ich erzählte ihm von der Anthologie »Kunst und Reichtum deutscher Prosa. Von Lessing bis Nietzsche«, zu der ich Oskar Jancke angeregt hatte. Wir sprachen viel von Sprachstilen. Für die Anthologie nannten wir uns gegenseitig Friedrich Spee, Simon Dach, Johann Christian Günther, die protestantischen Kirchenlieder, Andreas Gryphius. Vom letztern sagte Weinheber: »Sie, der hat vom Krieg Sachen g'schrieb'n, die sind wie von heut'! – Ich werd' Ihnen einen genauen Plan aufstellen. Wissen S', unsereiner tut sich schwer, jetzt, wo alles reguliert wird. Man hat kein Gefühl für Sprache mehr. Das war zur Judenzeit noch besser. Die hätt'n sich gegenseitig g'fressen, wenn einer mit solchem Stil dahergekommen wär'. Die jungen Leut', die jetzt im Marschrhythmus dichten – in fünf Jahren is des vergessen. Des is a bissl wie Theodor Körner, den liest auch kein Mensch mehr... Ich mach' jetzt eine Poetik, in Gedichtform, da kommt alles drin vor: Metrum, Reim, Rhythmus, Strophenbau, antike Formen. Das erklär' ich alles... Woher kommt der Reim? Der muß doch notwendig sein! Dadá, dadá, dadá, dadá – *bum!* Und jetzt der nächste Vers: Dadá, dadá, dadá, dadá – *bum!* Die Ehe is g'schlossen! Es *is* wie eine Ehe! Daß das eine erotische Angelegenheit is, is doch ganz klar!«

Wir kamen auf Arno Holz, mit dem er sich viel auseinandergesetzt hatte. Ich erzählte von meinen Beziehungen zu ihm. Holz wollte nur noch den Rhythmus gelten lassen und erklärte die Wirkung von Metrum und Reim für verbraucht.

W.: »Und nachher hat er doch den ›Dafnis‹ g'schrieb'n. Das war ein ganz barocker Mensch – wenn's auch *Berliner* Barock war! Die Norddeutschen kann i net verstehn. Die habn kein Heimatg'fühl. Die reisen die ganze Zeit umeinanda. Auf der Bahn hab i's g'sehn. Die wohn'n des eine Jahr in Köln, des nächste in Posen, wo's grad was zu tun gibt. Die Familie lassens' nachkumma. Ich bin zwischen Wien und Melk daheim. Der Neithart von Reuenthal war mei Nachbar, wenn er auch schon vor siemhundert Jahrn g'lebt hat. In Lengbach, dicht bei mir, war er z'haus. Der is mir *noch* lieber wie der Walther. Der hat g'wußt, was Leben is! – Wissen S': es gibt große Verlagsanstalten, die wer'n maschinell betrieb'n. Und es gibt Verlage, die wer'n persönlich betrieb'n. In Wien war nie ein großer Verlag. Die Juden haben's versucht, und net ung'schickt. Jetzt will das Ministerium ein Buch über Wien machen, ich soll drin über den Wiener schreib'n! Ja, was soll i denn da sag'n? Jetzt, wo's kein'n Wiener mehr gibt! Fort is er, versunken! (Er zeigte mit der Hand unter den Tisch.) Mei Frau sagt, i soll all's im Präteritum schreib'n, aber das geht doch auch net!« – Ich: »Als ich das letztemal in Wien war, ist mir eingefallen, ein Nestroy-Brevier zu machen. Ich hab' auch gleich dort einen guten Bearbeiter gefunden, den Otto Rommel. Ich werd' Ihnen das Buch das nächste Mal mitbringen. Ich glaub', es wird Ihnen gefallen.« – W.: »Ja, der Nestroy, der is ganz groß, der is mir lieber wie der Grillparzer. Er bringt ganz tiefe Aussprüch' daher. Aber das Schönste sind doch seine Couplets. I hab noch was von dieser Art. Aber bei mir is das schon bewußt. I bin ein letzter Ausläufer. Die wienerische Sprach' verschwindet. Einer hat's noch können, der Rudolf Stürzer. Den kennen S' g'wiß net. Er ist tot. Seine Bücher sind verschwunden. Der Wiener kümmert sich um seine Sachen net. Wir Österreicher sind versäumt worden. Schon zur Klassiker-Zeit. Der Absolutismus hat uns gedrückt. Unser Unglück war, daß wir zwei Sprachen g'habt hab'n: wienerisch und hochdeutsch. I kann net hochdeutsch red'n, net so, wie i schreib.« – Ich: »Sie sind eben ein Pindar und – wenn ich so sagen darf – zugleich ein Bänkelsänger. So hab' ich mir beim Lesen gedacht. Und *beides* ist bei Ihnen so ungeheuer echt.« – W.: »Das laß ich mir g'falln!«

Um zehn Uhr verabschiedete ich mich, weil ich vor dem Insbettgehen noch mein Heilbad nehmen mußte. Weinhebers badeten morgens um vier Uhr und schliefen dann bis neun. Frau Weinheber hatte ihren Mann diskret gehindert, sich gar so schnell wieder einzuschenken. Er war trotzdem auf das vierfache Pensum gekommen wie ich. Wir verabredeten, nächstens einen Spaziergang zusammen zu machen.

Das war am Dienstag. Am Donnerstag morgens gegen zehn holte ich das Ehepaar zu diesem Spaziergang ab. Ich schlug vor, zu den großen Felsblöcken über dem »Tivoli« hinaufzugehn, eine Stelle, die er noch nicht kannte. Wie wir zum Restaurant kamen, möchte er dort gleich ein Bier trinken. Die Frau wehrte ab: »Geh, jetzt scho am Vormittag!« – W.: »Mir is aber so trocken!« – Ich: »Auf der Wiese mit den Blöcken liegt noch der schönste Tau, da wird's Ihnen gewiß nicht zu trocken sein.« – W.: »I hab über die Anthologie nachgedacht. *Ohne* Lebende! Sonst müßt i mich mit hineinnehmen als bedeutendsten Lebenden, und das wär schon merkwürdig. Mit Trakl schließen! Der Titel? Ein guter Titel is des halbe Buch.«

Ich schlug vor: »Der Begleiter«. Ich wollte mir diesen Titel eigentlich für ein andres Buch aufheben – einen Sammelband von etwa tausend Seiten auf Dünndruck, ein Buch, so reich, so komprimiert, daß man es nie auslesen, daß man sich zeitlebens davon begleiten lassen könnte, mit Prosa, Philosophie, Sprüchen und Szenen aus Dramen. Ich war aber bereit, diesen Titel für die Anthologie »herzugeben«. Ich erzählte von einem andern Buchplan: ausgewählte schöne Texte zu Kunstwerken, Bild und Text gegenübergestellt, Goethe über Leonardo, Winckelmann über den Torso im Belvedere, Schopenhauers Sonett über die Sixtinische Madonna, Heinse über Rubens, Meier-Graefe über Marées' Ganymed und vieles andre.

W.: »Bei dem Buch, da vergessen S' doch bittschön nicht mein Gedicht über die Blinden von Brueghel. Da hat mir der Reichsblindenbund einen Protest g'schickt. Er hat g'sagt, des sei eine Verhöhnung der Blinden. So was saudumm's! Überhaupt: der Untermensch genießt jetzt den größten Schutz des Gesetzes. Der Edle is eh' Außenseiter. Der Gangster darf sich alles erlauben. Der Analphabet ärgert sich schon, weil's überhaupt ein Alphabet *gibt*. – Dann müssen S' auch an das Gedicht von Keats denken: An eine griechische Vase. Das ist ein Weltgedicht!«

Wir gingen dann durch den hohen Tannenwald und rasteten auf einer Bank. Weinheber hat mit neunzehn Jahren zu dichten angefangen.

W.: »Mit sehr unglücklichem Erfolg! I hab die Vorbilder öfter g'wechselt. Zu Anfang war's der Dehmel. Dann besonders Karl Kraus. Kraus selber hat nur wenig Gedichte g'macht. Aber seine *Lesungen* hätten S' hören sollen! Claudius und Mörike! Da hat man erst g'merkt, was in den Gedichten an Sprache drin ist. Den ganzen König Lear hat er rezitiert. Hat die Namen der Sprechenden gar nicht nennen brauchen. Er war Jude. Aber wissen S', in *der* Sphäre hört des mit de Juden auf, da mach i nimmer mit! – Sie ham doch auch den Morgenstern. Aus dem kann man was für die deutsche Sprache lernen! Da ham S' zum Beispiel den Werwolf!

> Ein Werwolf eines Nachts entwich
> von Weib und Kind und sich begab
> an eines Dorfschullehrers Grab
> und bat ihn: bitte, beuge mich!«

(Er rezitierte das ganze Gedicht.) »Auch den Owlglaß ham S'. Der g'fallt mir sehr. I hab ihm meinen ›Adel und Untergang‹ g'schickt.«

Auch von Owlglaß hat W. ohne Besinnen ein Gedicht parat. Ich:
»Owlglaß macht sich die Arbeit noch extra schwer, weil er jede Zeile
reimt, nicht nur die zweite und vierte.« — W.: »Das mach' ich auch
so, von rein rhythmischen Sachen natürlich abg'sehn. In denen ham
mer ja das Gummibandl schon drinnen — die Spannung, die's zusammenhält.«

Wir sprachen über den Briefwechsel George mit Hofmannsthal.

W.: »Hofmannsthal, das ist wie eine Geige, ein großer langer Ton.
Wie is der George spröd und gekünstelt dagegen, ohne Humor, ohne
Musik! Da seh ich so recht den Unterschied zwischen dem Österreicher
und dem Reichsdeutschen!«

Am Nachmittag holte ich mit meiner Frau das Ehepaar Weinheber
ab. Er hatte einen Pack Bücher und Manuskripte unterm Arm.

Ich: »Wollen Sie das alles mitnehmen?« — W.: »Ja, i mein', wenn wir
irgendwo a ruhige Stell' finden, lesen mer was.«

Wir gingen langsam am Weitmoserschlößl vorbei zum Café Stern,
das am Anger von Hundsdorf auf einer niedern, begrünten Terrasse
liegt und einen hübschen Ausblick auf das Tal hat. Wir saßen zuerst
draußen, nach einigen Windstößen aber zogen wir uns in die Veranda
zurück.

Wir sprachen vom Einmarsch Hitlers in Österreich.

W.: »Über Österreich liegt Trauer. I hab mir immer was vom geistigen Ausgleich zwischen Preußen und Österreich erwart't. Dös is jetzt
für immer unmöglich. Österreich is zug'deckt, is nimmer da. Wir hab'n
gelebt wie die Kinder! Wie im Paradies!« — Ich: »Bei uns hat es aber
geheißen: Wien hungert.« — W.: »Ah kein'n Schein! Wir hatten ja
sechzigerlei Wurscht. Die Nazi zehr'n nach und nach alle Substanz
auf, die Kirche, den Adel! *Etwas* ist ja noch da zum Zerstör'n. Aber
dann kommt die große Leere. Alles wird reglementiert. I zahl' jetzt
120 Mark dafür, daß i dichten derf. Da hab i schreib'n müss'n, was
der Stoff und was die Quellen von meinem ›Adel und Untergang‹
sind. Da hab i g'schrieb'n: ›Den Stoff hab i von der Sappho, und meine
Quelle — des is der Zoroaster.‹ I glaub', wie der des g'lesen hat, is eahm
ganz wirblig wor'n. Wissen S', daß man mich fördert, is ja a Mißverständnis. I bin ja der reinste Individualist. 's is gut, daß die Leut' mei
Gedicht' net verstehn. Der ein oder andre hat freili scho g'sagt:
›Ma weiß halt net, wie er's moant!‹ — Die Leut' hör'n si so gern red'n.
Da hat einer vor einer Lesung von mir eine Einführungsred' g'halt'n.

Und die ganze Zeit hat er mi Johann Weinheber g'nannt und i heiß
doch Josef, und zum Schluß hat er zu mir g'sagt: *Kamrad* Weinheber!
Und die Schönheit von der Poesie hat er zeigt und g'sagt: ›Wenn man
dann am Sonntag so ein Gedichtchen liest...‹ Naa, mei Lieber, meine
Gedichte san erlitten und erstritten! Die san net für den Sonntagnachmittag!«

Wir kamen auf Luthers Sprache, seine Bibelübersetzung, das Buch
Hiob, den Prediger Salomo, das Hohe Lied. Wie Jehova dem Hiob
schließlich den Mund stopft, weil er sich auf dessen Anklagen hin nicht
anders rechtfertigen kann: »Wo warest du, da ich die Erde gründete?«
Es ist dasselbe, als wenn ich meine Kinder mit dem Vorhalt schweigen machen wollte: »Wo wart ihr, als ich den Verlag gründete?« Wir
sprachen über die vorsokratischen Denker, die ich gerade in Hofgastein
bei mir hatte. Auch sie »lallen«, wie Weinheber von den Dichtern
sagte. Schließlich verließen die letzten Gäste die Veranda.

W.: »So, jetzt können wir a scheene halbe Feierstund' mach'n.« Er
fing an, aus dem Manuskript seiner Poetik zu lesen. Sie sollte den
Titel führen: »Zur Sprache«. (Nach des Dichters Tode, im Jahre
1947, erschien sie im Verlag Otto Müller, Salzburg, unter dem Titel
»Hier ist das Wort«.)

Die Kellnerin trug die Stühle etwas polternd von außen herein. Dann
merkte sie, daß sie störe, und hörte rücksichtsvoll damit auf.

W. (anerkennend): »Sehn S', *des* is österreichisch!«

Er las das Gedicht über den unreinen Reim. Es hat lauter unreine
Reime und behandelt zugleich das Thema des unreinen Reims.

Dann folgte ein Gedicht über das Geschlechtswort, z. B. bei den Bäumen. »Des is fast a bisserl morgensternisch.« Die Linde, die Birke,
die Buche charakterisierte er sehr schön als weiblich. »Aber warum
heißt es *die* Eiche? Warum nicht *der* Eich? *Der* Wacholder macht das
nicht wieder gut! Und wer kann sagen, was *der* Holunder unter Männern tut?« Zum Schluß kam der Jambus Scenicus: »Als ich noch lebte...« Es ist das ein großartiger, pathetischer Monolog, eine Rede des
Dichters von jenseits des Grabes.

Weinheber las mit innerer Erregung, gedämpft, manchmal anschwel-
lend, mit den Händen etwas taktierend, ohne Dialektanklang. Am
Schluß sagte er zu seiner Frau: »Schön durchg'haltn, gell?«

Ich habe mir später das Manuskript des Gedichts von ihm schenken
lassen. Es lautet:

ALS ICH NOCH LEBTE...

Als ich noch lebte, lag mir das Gewand
des Körpers um wie eine Last, — nicht schön
genug erschien mein Wandel, jeder Narr
vermaß sich des Gerichts, der Schwächste noch,
scheeläugiger Bezichtigung nie gram,
erheuchelte an meinem Tun zuletzt
sich seine Tugend, rettete sein Nichts
vor meinem All mit Hinweis auf mein Herz,
das schwach war und geneigt verstehendem Gift...

Wie zitterte, als ich noch lebte, dies
beklommne Etwas in der Brust, von Furcht
zu Furcht gepeitscht, und tiefer Jahr um Jahr
in Trauer fallend, mitvererbter Schuld
in gleichem Maß anheimgegeben wie
gehäufter Unbill, Menschennot und Krieg,
anheim dem Kummer um die Sprache, die
geschlagen floh, als ich noch lebte, ganz
geschlagen, so, daß keine Zuflucht mehr
sich bot, den Schmerz zu messen, keine Wahl
gestattet war und in das Tier hinab,
das röchelnde, der edle Ruf verfiel...

Ist von des Sterbens letztem Krampf, der Qual,
die ihm vorausging (allem Menschsein gleich
nahm ich das Kreuz auf mich), ist von dem Tod
noch ein Erinnern? Was so wichtig schien,
als ich noch lebte, bloß ein Augenblick
im Rauschen der Äone, farblos steht
und fern dies Ungefähr im Nachgefühl
des Spätgebornen, der mit meinem Geist
hier Zwiesprach hält, als wäre nichts geschehn
inzwischen: millionenfacher Tod
nach meinem, millionenmal das Leid,
entzündet und verlöscht, und fortgesetzt
menschlicher Würde Kränkung, fortgesetzt
der Täter wilder Irrtum nicht geschehn...

Wie lange bin ich tot? Wie lange schon
zu kränken nicht in jenem Reich, vor dem
die Brust, als ich noch lebte, Bangen trug?
Ich weiß es nicht. Die mörderische Zeit,
so furchtbar dem, der selbst noch zeitlich ist,
erstarb dem Geist. Der Toten schwebend Maß
ist meins und unzerstörbar hier wie dort.

Von gottgeweihtem Port ist mir erlaubt
zu reden, und es bleibt die Sprache nun
mein ein und alles. Wie die Toten ja
erst rein die Sprache haben und in ihr
verherrlicht sind. Ich sehne mich nicht mehr
nach andrem. Hier ist Dauer. Hier erst bin
ich sicher mein, kein klobiger Pirat
verrückt mir mehr den Satz von seinem Ort,
Blut ward Rubin und Träne Diamant,
und aus dem armen Erdenangesicht
wuchs ein Gestirn, verklärend Tag und Traum.

Wer lebte so wie ich? Und pochte so
mit hartem Knöchel an die Wand der Welt
und hätte gegen jede Zeit wie ich
sein randvoll Recht? Als ich noch lebte, mußt'
ich zu den Blumen gehn. Vorüber jetzt.
Von höherer Macht zur Herrschaft eingesetzt,
besteh ich auf der Macht: *Ich lebe fort.*
Dort war es Nacht. Hier nicht.
                                    Hier ist das Wort.

Wir gingen im Regen heim, er ohne Hut, meinen Schirm hatten die
Frauen. Während wir uns vor dem »Goldenen Adler« verabschiedeten,
trat Ulrike dazu, im blauen Kleid, gebräunt und lebhaft, sie war gerade vom Gamskarkogel herabgekommen und trug einen Strauß schöner Alpenblumen in der Hand.

Ich hatte Weinheber vorgeschlagen, nach dem Abendbrot in dem alten Gasthaus »Zur weißen Taube« zusammenzutreffen. Schräg gegenüber der Kirche springt es in die Straße vor.

Seine Mauern sind trotz ihrer Dicke aus dem Lot gewichen. Man steigt einige Stufen in den gewölbten Hausgang hinunter.

Es verkehrten da nur ganz einfache Leute, von Kurgästen hatte sich wohl noch nie jemand dort hineinverirrt.

Weinheber hatte gesagt: »Da nehm'n wir auch den Wenter mit, der schleicht alleweil so melancholisch herum, i mein, der kann a Zerstreuung brauchen«, und ich hatte darauf Wenter benachrichtigt.

Und warum sollen dann nicht auch die beiden Gattinnen dabeisein? Weinheber hatte auch noch den Schauspieler Herterich mitgebracht, einen schon etwas älteren Herrn, der ein paar Jahre lang Leiter des Burgtheaters gewesen war.

Das Gastzimmer, in das wir eintraten, war ziemlich nüchtern. Wir gruppierten uns um den Tisch in der Ofenecke. An den andern Tischen, unter den beiden kleinen Fenstern, saßen ein paar Einheimische und Arbeiter.

W.: »I hab die ›Kleine Nachtmusik‹ von dem Owlglaß, die Sie mir geb'n ham, schon ganz ausg'lesn. Wenn i's nochmal les', kann i mindestens fünfzehn Gedichte draus auswendig. I bin wie ein Pianist, der behält, was er einmal g'spielt hat. In Ihren Nestroy schreiben S' mir bittschön 'nein: ›Pars pro toto!‹ I wer was draus lesen.«

Er las sehr pointiert mit wirkungsvollen Pausen unserer Korona vor.

»Es ist jetzt ein schweres Brot, ein Frauenzimmer zu sein; wir Männer haben zu viel Stolz in uns. Das hab'n wir noch vom Tierreich beibehalten, da zeigt auch das stärkere Geschlecht, daß es die Oberhand, sprich: die Oberpfoten hat — Hand darf man da nicht sagen — und ich find, es is Überfluß, daß wir von die Tier was nachmachen, wir sollen lieber verheimlichen, daß wir zu die Säugetiere gehören; wir haben ohnedem so wenig Unterscheidungszeichen. Na ja, was denn? Die Vernunft? Die is nicht allgemein genug, und wie viele gibt's, die mit a bisserl g'scheitem Pintscher sich gar nicht messen dürfen. Die Sprach soll uns auch auszeichnen vor die Tier, und mancher zeigt doch grad durch das, was er redt, was er für a Viech ist... Ich find nur ein Hauptmerkmal der Menschheit, und das ist der Wadl. In der ganzen Naturgeschichte gibt es kein Viech, was ein Wadl hat; und wie is dieser Artikel gegenwärtig, namentlich bei unserm Geschlecht, herabgekommen! Drum sag ich: Ehret die Frauen! Denn da allein spricht sich die Menschheit noch in großartigen Formen aus.«

Alle hatten wir schmunzelnd zugehört.

Unvermittelt sprachen wir über den Künstler und seine Zeit. W.: »Es ist keine *schlechte* Zeit, jetzt, des nicht! Es ist nur eine furchtbar *schwere* Zeit für uns. Jeder Künstler steht ja gegen seine Zeit.« — Wenter: »Nein, da möcht ich eher sagen: die Zeit steht gegen ihn.« — W.: »I hab Sachen g'schriebn, die i net drucken laß, i net. Aber aus meinem Nachlaß werdens' amal druckt. Da geht nix verloren.« — Ich: »Ja, wenn man den richtigen Verleger dazu hat!« — Weinheber lachte und haute mir anerkennend auf die Schulter.

Wir baten ihn, sein Gedicht »Als ich noch lebte...« nochmal zu sprechen. Alles war still dabei. Auch die Arbeiter horchten auf.

Eine Gitarre hing an der Wand. Wenter wurde gebeten, etwas zu singen. Er ließ sich schließlich dazu herbei, obwohl ihm seine von Rheuma geplagte Hand wehtat. Er trug die Hände fast immer in Handschuhen, die Gelenke waren schon seit langem deformiert. Dann nahm Weinheber die Gitarre in den Arm und sang mit schmetterndem Tenor ein altes Wiener Lied. Und nach eigner Melodie ließ er aus seinem Buche »Wien wörtlich« folgen:

> Ein armer Dichter, wenig nur bekannt,
> der sagt sich, meine Weis' is überspannt,
> bei dem Sonetten- und Terzinendreck
> bleibt mir am End die ganze Kundschaft weg.
> I setz mi hin und schreib auf wienerisch,
> was i so reden hör am Wirtshaustisch,
> damit das Publikum der entern Gründ'
> halt auch einmal sein' Dichter find't, ja, ja:
> Des hat ka Goethe g'schriebn, des hat ka Schiller dicht't,
> is von kan Klassiker, von kan Genie,
> des is a Weaner, der mit *unsern* Göscherl spricht,
> Und, segn S', erst *des* is für uns Poesie.

Bei der Stelle: »Des hat ka Goethe g'schriebn, des hat ka Schiller dicht't«, legte er sich kolossal ins Zeug. Er sang mühelos auch mit Kopfstimme und hielt die Fermaten auf virtuose Art so aus, daß sie lange bis ins Pianissimo verhallten. »Wenn's mit der Poesie nix is, da sing i in die Häuser. A paar Gröscherl wird's scho geb'n.«

Dann gab er den »Mark Anton« zum besten, auch ihn auf eigne Melodie, mit allen Effekten des gebornen Coupletsängers:

> Ich bin der alte Römer Mark Anton,
> steh sonsten seitwärts bei der Sezession.
> Die Wiener gehn vorbei und, meiner Seel —
> sie sagn, ich bin der Kaiser Mark Aurel.
> Das hat mich immer schon ein bisserl irritiert:
> er tragt an Bart, und *ich* bin glattrasiert.
> Drum hab ich mich von meinem Platz jetzt g'stohln
> und will in Grinzing mir ein kleines Räuscherl holn.
>> Aber Servus, meine Herrn,
>> *die* ham Grinzing reguliert!
>> Segn S', bei uns im alten Rom
>> wird jetzt auch viel assaniert,
>> der Beton, der schwitzt und treibt,
>> bis kan Stan am andern bleibt:
>> Unser Wean is nimmer Wean —
>> Alsdann, Servus, meine Herrn!

W.: »Müssen S' des net anerkenn'n, wenn einer in so vorgerückter Stund' noch so a schön's hoh's A singt?«
Wenter, der Musik studiert hat, behauptete, es sei ein B gewesen.
Weinheber schlug nun vor, einmal etwas im Chorus zu singen:

> …Härme dich, wenn ich mich härme
> und sei wieder froh mit mir.

Wenter frug, von wem das ist. W.: »Vom Anakreon.« — Ich: »Aber das stimmt wohl nicht ganz, es ist doch gereimt!« — W.: »Es is halt übersetzt. Im achtzehnten Jahrhundert. Vielleicht von Göcking.« — Ich: »Oder von Johann Nikolaus Goetz. Das ist ein feiner Rokokodichter, den fast niemand mehr kennt.« — Wenter: »Oder vom Johann Christian Günther. Ein genialer Kerl! Und ist so elend untergegangen!« — Ich: »Nein, von Günther kann's nicht sein, der ist zu früh dafür. Aber wie sich die gefreut hätten, wenn sie g'wußt hätten, daß wir hier in der ›Weißen Taube‹ hundertfünfzig Jahre nach ihrem Tod noch von ihnen reden! Manches in ihrem Leben wär ihnen dann leichter geworden.« — W. (mit Nachdruck): »Sie wissen's *jetzt!*«
Weinheber hatte ziemlich schnell getrunken und schon einen etwas

roten Kopf bekommen. Er bat Wenter, doch sein Exemplar von »Wien
– wörtlich« herzugeben. Er möchte es für einen Komponisten haben,
den er hier getroffen hat. Wenter wollte das aber nicht, weil eine
Widmung drinsteht. Er sagte, er kriegt's dann doch nie mehr wieder.

Ich: »Schade, ich hab alles dagehabt, aber jetzt, wo wir bald abreisen,
hab ich die Bücher schon voraus heimgeschickt.« – W. (begeistert):
»Seht amal, alle meine Bücher hat er da g'habt. Wenn einem das der
eigne Verleger sagt, is nix Besondres dran. Aber a *fremder!* I kann
ihm das Du freilich net antragn, weil er der Ältere ist.« – Ich: »Ich
kann's ja aber Ihnen antragen!« Und nun folgte mit allem Zeremo-
niell das Brüderschaftstrinken, das ich in meinem ganzen Leben noch
nie gemacht hatte, mit durcheinandergesteckten Armen und sogar mit
einem nassen Busserl auf den Mund.

Herterich, der mit seinem faltigen, mageren Schauspielergesicht bisher
still dabeisaß, wurde aufgefordert, auch etwas beizutragen, irgend
etwas zu sprechen, z. B. die Rede des Antonius an der Leiche Cäsars.
Obwohl er als Schauspieler eigentlich gewohnt sein müßte, sich zu
produzieren, wand er sich etwas verlegen hin und her. Er entschul-
digte sich, er habe den Antonius seit bald dreißig Jahren nicht mehr
gespielt.

Ich: »Nun, dann was andres, z. B. ›Ich esse Luft, ich werde mit Versprechungen gespeist, man kann Kapaunen nicht besser mästen!‹ –
oder so etwas.« – W. (erregt): »Lieber Herterich, wenn Sie jetzt nix
machn, dann enttäuschen Sie mich. Wir sin' jetzt im Zustand der
Empfängnis, und des is der Höhepunkt vom Abend. Wenn Sie jetzt
nix machn, geht der Abend wieder nunter.«

Herterich ließ diese vorwurfsvolle Apostrophierung mit gesenktem
Kopf über sich ergehen.

W.: »Da werd ich Ihnen was vom Owlglaß aufsag'n über's Ammons-
horn:

> Ich sei verkalkt, beliebst du zu bemerken.
> Nanu?
> Genügt es schon, dein Selbstgefühl zu stärken,
> wenn ich ein bißchen älter bin als du?
>
> Hast du noch nie Fossilien im Jura
> studiert?
> Dies Ammonshorn beweist dir in figura,
> wie grad der Kalk vortrefflich konserviert.

> Dein zartes Schneckenhaus in allen Ehren,
> Herr Kritikus!
> Jedoch ein Fußtritt kann es stracks zerstören,
> was mein verkalktes nicht befürchten muß.«

Das Gedicht veranlaßte Weinheber, einen Toast auf die Verkalkten auszubringen. »Die Jugend ist jung, sonst is's nix! Wir, die Verkalkten, san das Salz der Erde. Die Salzlager san ohnehin alleweil im Kalkgebirg drinnen.«

Wir kamen auf die vielen Unglücklichen, die ihre Manuskripte hoffnungslos und hartnäckig überall herumschicken. Ich erzählte von kuriosen Dingen, die ich bekomme, und daß ich mich über Gedichtmanuskripte immer besonders freue, weil die am ehesten eine Bereicherung meiner Kuriositätenmappe verheißen. So, wenn eine Dichterin ihr Manuskript betitelt: »Sei ein Adler!« oder wenn ein Jüngling ein Liebesgedicht beginnt:

> Seh ich die Dame wieder,
> so hab ich sofort Lieder!

In Herterich hatte die Beschwörung Weinhebers inzwischen weitergearbeitet, er hatte sich jetzt besonnen und rezitierte uns Stellen aus Klassikern im Stil berühmter Mimen. Zuerst sprach er Verse aus Tasso auf die Art von Josef Kainz, etwas geziert und kokett:

> ...und wie der Mensch nur sagen kann: Hier bin ich!
> daß Freunde seiner schonend sich erfreun,
> so kann ich auch nur sagen: Nimm es hin!

Dann kam Othello dran in der Art des augenrollenden Adalbert Matkowsky:

> ...hast du zu Nacht gebetet, Desdemona?

und schließlich Wilhelm Tell im Stil des Wiener Burgtheaterhelden Reimers:

> Durch diese hohle Gasse muß er kommen;
> es führt kein andrer Weg nach Küßnacht. Hier
> vollend ich's...
> Mach deine Rechnung mit dem Himmel, Vogt!
> Fort mußt du, deine Uhr ist abgelaufen!

Herterich führte das mit prachtvollem Elan durch. Bei aller grotesken, unwiderstehlich zum Lachen reizenden Parodie brach doch zugleich das großartig Dichterische durch. Wir waren von Schauern geschüttelt und lachten zugleich aus vollem Hals. Bei den pathetisch geschmetterten Stellen dröhnten die Wände. Die Arbeiter und sonstigen Besucher des Lokals waren an ihren Tischen schon lange verstummt und hatten gespannt zugehört, verwundert über dies unvermutete Schauspiel. Während sonst in solchen volkstümlichen Lokalen die »Intellektuellen« sich als Unberechtigte etwas schüchtern zu verhalten pflegen, beherrschten diesmal umgekehrt wir unbeschränkt die Szene, und die andern fühlten sich als die nur Geduldeten. Die Frau, die uns bediente, hatte ihre kleine Tochter bei sich. Diese wurde wiederholt zu Bett geschickt, schlich sich aber immer wieder herein, weil's gar so int'ressant war, und kam ihrer Mutter nicht von der Schürze; auch die Frau selber hatte sich in der Nähe unsres Tisches niedergelassen und hörte zu. Weinheber gefiel ihr sicher von allen am besten. Dieser trank nun, versöhnt, auch mit Herterich Brüderschaft. Seine Frau verlangsamte seinen Weingenuß und goß immer Wasser zu, wenn er grad nicht hinschaute.

W.: »I werd' a no zum Drama komm'n. Bei uns Österreichern geht alles langsam. Bruckner ist a so spät zu seinen Symphonien komm'n. Nachher muß einer komm'n, der mich erfüllt. Der Thronfolger! Bloß, i sieh den Kerl no net!« (Er steigerte sich immer mehr in kühne Paradoxe hinein.) »Alle Kunst is Krankheit. Ein g'sunder Mensch, der sich in seiner Haut pudelwohl fühlt, macht überhaupt ka Kunst. Schaut's den Hölderlin an, schaut's den Kleist an! Dem echten Künstler bleibt überhaupt nix übrig, als daß er sich erschießt! Und i erschieß' mi aa noch! Es gibt überhaupts nur *eine* Religion, des is die Kunst!« Herterich wollte das nicht wahrhaben.

W.: »Mein lieber Herterich, wenn du dagegen sprichst, dann machst du, daß ich *weinen* muß!« – Frau Weinheber (besänftigend): »Reg' di net auf! Wie hat der Goethe g'sagt?

> Wer Wissenschaft und Kunst besitzt,
> der hat auch Religion.
> Wer diese beiden nicht besitzt,
> der habe Religion!«

Weinheber verlangte stürmisch noch einen Liter Roten, aber die Bedienerin wollte keinen mehr hergeben. Es war schon elf Uhr durch und Sperrzeit. Er wollte sich aber nicht dabei beruhigen.

Frau Weinheber: »Geh, hör doch auf, die Frau muß ja sonst 150 Mark Straf' zahln.« — W. (zu mir): »Was sagst denn *du* dazu?« — Ich: »Ich helf' zu deiner Frau. Wenn man mit Künstlern auskommen will, muß man vor allem sich mit der Frau gut stellen.« — W.: »Nei, mei Liaber, mei Frau hat bei Kunst und Politik gar nix mitz'redn. Da mußt du di schon bei mir einschmeicheln!«

Als es wirklich keinen Wein mehr gab und die letzten Gläser geleert waren, brachen wir doch endlich geräuschvoll auf. Weinheber intonierte mit ungeheurer Stimme, und wir fielen alle ein:

»Ein Prosit — ein Prosit der G'müt—lich—keit!«

Auf dem Platz vor unserm Hotel zum »Goldenen Adler«, nur wenige Schritte von der »Weißen Taube« entfernt, standen wir noch eine Weile beisammen. Weinheber sang barhaupt noch ein letztes Mal allein und ganz leise, mit vielen kunstvollen Varianten im Ton und mit geschmeidigen Arm- und Handbewegungen taktierend als Schluß-coda: »Ein Prosit, ein Prosit der G'müt—lich—keit!« Dann sagte er zu meiner Frau: »Wissen S', gnä' Frau, wir Österreicher san traurig — nur manchmal, da g'fallt uns die schöne Welt und da wern ma lustig —, aber traurig san ma immer, immer!« (Er küßte ihr mit einem hörbaren Schmatz die Hand.) »Merken S' Ihnen des: wir Österreicher leben traurig und leise dahin — traurig und leise dahin!«

Damit gingen wir auseinander.

DAS ITALIENISCHE ERLEBNIS

Ich bin verhältnismäßig spät zum erstenmal nach Italien gekommen —
erst in meinem 48. Lebensjahr, im April und Mai 1927.

Vorher hatte ich Deutschland in allen Richtungen bereist und es von
der Emdener Bucht bis Kärnten, von Straßburg bis Wien, von Ostpreußen bis Südtirol kennengelernt. Ich habe es meinen Freunden
und Bekannten manchmal verdacht, wenn ich von ihnen hörte, daß sie
schon ein halbes dutzendmal in Florenz gewesen waren, aber Naumburg oder Regensburg, Lübeck oder Breslau nicht kannten.

Italienische Landschaften, Städte, Bauten waren mir selbstverständlich aus Bildern schon lange vertraut, ehe ich italienischen Boden
betrat. Vor allem kannte ich schon lange die Werke der großen Künstler in den deutschen Galerien und im Louvre. Ich hatte mich auch
als Verleger schon viel mit Italien beschäftigt. So hatte ich Moeller
van den Brucks »Italienische Schönheit«, Alfred Steinitzers drei Bände
»Aus dem Unbekannten Italien« verlegt. Die Bände über die »Bild-
nerei der Etrusker« und die »Malerei der frühen Italiener« waren in
den von Wilhelm Hausenstein herausgegebenen Atlanten »Das Bild«
erschienen. In der Reihe der großen Zeichner hatten neben Schongauer, Dürer und Rembrandt die Lionardo-Zeichnungen von Anny
E. Popp und die Michelangelo-Zeichnungen von A. E. Brinckmann
Platz gefunden. Tintoretto hatte ich ein großes zweibändiges Werk
von E. v. d. Bercken und August L. Mayer gewidmet. Über Borromini, den eigenwilligen, kühnen Barockbaumeister, hatte Hans Sedl-
mayr bei mir eine Monographie veröffentlicht, ebenso eine sehr persönliche Studie über Michelangelo. Als umfassendstes Werk dieser
Bücherreihe erschien die großartige zweibändige »Geschichte der
italienischen Kunst« des Wiener Kunsthistorikers Max Dvorak. Sie behandelt die Zeit von Giotto bis Bernini und geht vor allem auch auf
das Geistesgeschichtliche ein.

Meine Frau hatte, wie überhaupt an meiner Verlagstätigkeit, an all diesen Publikationen lebhaften Anteil genommen.

Nun war es wirklich Zeit für uns, Italien auch aus erster Hand zu erleben.

Durch die Reise nach Italien habe ich meiner bisherigen Vorstellungswelt fast einen gleich großen zweiten Teil hinzugefügt. Italien war für mich eine ungeheuer wichtige Ergänzung meiner deutschen Welt.

Italien ist nicht nur das Land bedeutender Einzelbauten, sondern vor allem das Land der architektonischen *Situationen.* Und ferner ist es das Land der Fresken und Mosaiken. Diese sind nicht transportabel wie die Tafelbilder; um sie zu sehn, muß man hinreisen.

Die italienische Landschaft ist plastisch, klar, harmonisch. Man hat von ihr gesagt, sie sei für das zu malende Bild von der Natur schon vorgeformt. Aber merkwürdig ist, daß Italien kaum große Landschafter hervorgebracht hat. Die italienische Landschaft ist von Deutschen und Franzosen gemalt worden.

Ich möchte neben der Klarheit Italiens das »Ungeformte«, das Unübersehbare, in dem man sich verlieren kann, den Nebel, die Wälder und Moore des Nordens nicht missen.

Auf der Heimfahrt von Italien atmeten wir auf, als wir in Bozen zum erstenmal wieder einen dichten grünen Wald betraten. Schulkinder sangen im Wandern mit ihrer Lehrerin ein deutsches Volkslied.

Mit den Zypressen und Pinien ist mir keine eigentliche Gefühlsverbindung möglich. Sie lassen den Menschen nicht an sich herankommen. Am ehesten tut dies der Ölbaum mit den silbergrauen Blättern, dem Zickzack seiner Äste und seinen geborstenen Stämmen.

Als wir, meine Frau und ich, im April 1927 zum ersten Male nach Italien aufbrachen, wollten wir die Fahrt durch Tirol dazu benützen, eine Sommerfrische für unsre sechsköpfige Familie ausfindig zu machen. Deshalb taten wir von Jenbach aus einen Seitensprung ins Zillertal. Wir fanden in Mayrhofen, zu Füßen des Grünbergs, da wo die vier »Gründe« sich zum Haupttal vereinigen, in einem Bauernhaus, das abseits in einem Obstgarten lag, das, was wir wünschten.

In Italien machten wir dann Stationen in Verona, Padua, Vicenza, Venedig, Bologna, Ravenna, Florenz, Arezzo, Orvieto, Rom. Von Rom aus besuchten wir Ostia, Frascati und Tivoli. Auf der Rückfahrt verweilten wir in Pisa, Genua, Nervi, Portofino, Mailand und zuletzt in Bozen. Eine gewaltige Fülle von Gesichten, Eindrücken, Erlebnissen, Überraschungen! Meine Frau nahm sie mit gleicher Begeisterung und Unermüdlichkeit in sich auf wie ich. All diese unter sich so verschiednen Stadt- und Landschaftsindividualitäten leben seitdem in unsrer Erinnerung.

Die zweite Reise unternahm ich im Oktober und November 1934. Der Anlaß war die Durchführung des Plans zu einem Buch über die Kirchen Roms. Dafür sammelte ich Fotografien und suchte mir dann in Rom einen Bearbeiter. Auch da wäre es mir zu schade gewesen, einfach durchzufahren. Ich nahm Aufenthalte in Zürich, Lugano, Como, Mailand und Bologna und verweilte dann länger in Florenz. Dort sah ich in den großen fotografischen Verlagen von Alinari und Brogi viele Hunderte von Fotografien durch.

In Rom fand ich bald den geeigneten Mann. Auf der Rückfahrt erfreute ich mich – zur Belohnung nach getaner Arbeit – an dem bergigen Siena und den schon in der Poebene liegenden Städten Modena und Mantua.

Im Mai 1935 fuhr ich dann nochmal nach Rom, um mit dem Bearbeiter aus den Bildermassen die Auswahl für das Buch endgültig zusammenzustellen. Diesmal besuchte ich die von Fremden selten betretenen alten Städte Palestrina und Olevano und – nachdem ich mich wieder nach Norden gewandt – Assisi, Perugia, Prato und Pistoia.

Die vierte Italienreise machte ich wieder zusammen mit meiner Frau, und zwar im September 1938. Nach einer kurzen Rast in Rom begann diesmal die eigentliche Reise erst in Neapel. Wir besuchten von da aus Pompeji, Herculanum, Pozzuoli mit dem Schlammvulkan Solfatara, den rauchenden und polternden Vesuv und die dorischen Tempel von Pästum. Dann machten wir uns auf nach Sizilien. Wir schifften, schon im Dunkeln, über die Meerenge nach Messina und wandten uns dann westwärts nach Palermo. Über Selinunt und Agrigent gelangten wir quer durch Sizilien am hochgelegenen Enna vorüber nach der flachen Inselstadt Syrakus und schließlich nach Taormina und zum Ätna. In Taormina erfuhren wir von der Zuspitzung der politischen Krise. Die Tschechoslowakei hatte mobilisiert. Wir reisten ohne Aufenthalt bis

Rom durch, wo wir noch eine letzte Rast machten und dann von Italien Abschied nahmen.

Ich habe unterwegs viele charakteristische Bildkarten und Fotos gesammelt und sie dann später zu Hause durch Einzelblätter und Ausschnitte aus Büchern, die ich zu diesem Zweck vielfach doppelt kaufte, ergänzt. So brachte ich einen ganz persönlichen und erlebten Bilderatlas von mehr als tausend Blättern zusammen, wie wohl nur wenige Italienreisende.

Während dieser Aufenthalte habe ich mir mancherlei notiert, doch sind diese Tagebuchblätter begreiflicherweise voller Zufälligkeiten und Unausgeglichenheiten. Ich habe mit ihnen keinerlei kunstphilosophische Darlegungen angestrebt, sondern nur meine Augeneindrücke festgehalten und die Umstände, unter denen ich sie erlebt habe. Ein Maler erzählte mir einmal, er habe in Italien einen Kunstschriftsteller mit einem Gesicht herumlaufen sehn, als frage er sich ständig: »Was *denk'* ich bloß! Was *denk'* ich bloß!« Das habe ich mich nie gefragt. Ich habe sehr wenig »gedacht«. Ich bin möglichst naiv an die Dinge herangetreten und habe sie auf mich wirken lassen.

Von wie vielen Bildern und Bauwerken glaubt man, sich schon zu Hause eine genaue Vorstellung gemacht zu haben! Und dann ist doch alles ganz anders. Es ist schön, soviel vorher Unberechenbares zu erfahren, die Dinge in ihrer Wirklichkeit zu erleben, mit ihnen in ihrer Luft zu atmen. Etwas davon wollte ich festhalten.

Als das Erlebnis selbst schon jahrelang zurücklag, konnte ich noch immer an ihm weiterbauen. So wurde es mit der Zeit immer umfassender und tiefgreifender.

Ich kann hier unmöglich von all den Städten und Landschaften, die ich mit meiner Frau oder allein besucht habe, ein anschauliches Bild zu geben versuchen. Das würde ein eignes Buch erfordern. Auch hier gilt: pars pro toto — der Teil für das Ganze! So gehe ich denn gleich in medias res und berichte zunächst von zwei in aller Welt berühmten Städten: Florenz und Rom, dann von zwei kleinen unbekannten: Palestrina und Olevano, schließlich kommt noch ein wenig Neapolitanisches und Sizilianisches nach.

Florenz

Von Bologna fuhr ich in die Nacht hinaus, auf der neuen schnurgeraden Strecke durch den unsichtbaren Apennin. Immer wieder kamen Tunnels. Das merkte ich an dem erhöhten Lärm und daran, daß dann keine Sterne sichtbar waren. Die einzige Station unterwegs war Prato: ein nächtlicher langgestreckter, moderner Bahnhof. In dieser Stadt gab es also eine Kanzel mit Reliefs von Donatello! Man merkte nichts davon.

In Florenz kam ich in dem neuen, halbfertigen Bahnhof voller Gerüste an. Schon in der Halle hörte ich das ungeheure, vielstimmige Geschrei der Hoteldiener, die draußen warteten. Ich rief »Milano!« und wurde in ein rotplüschenes Hotelauto gesetzt. Der Plüsch war, zu meiner Beruhigung, schon etwas abgenutzt. Ich mußte mit meinen Lire haushalten. Das Auto fuhr an Santa Maria Novella vorbei in die enge Via Cerretani. Ich bekam ein kleines Zimmer im ersten Stock nach einem kleinen Hof, richtiger: Luftschacht, und ging gleich zu Bett. Diese Camera war jedenfalls »tranquilla«, das war mir im lärmenden Italien die Hauptsache.

Am Morgen sah ich hoch oben an der Wand des Luftschachts etwas Sonne. Als ich aus dem Hause trat, stand gleich am Ende der Straße der Dom. Die schöne rote Kuppel mit den weißen Marmorrippen wölbt sich mit großem Schwung empor. Auf meiner ersten Reise hatte ich sie bestiegen – ich liebe überhaupt das Turmbesteigen! – und bin oben außen um die weiße Laterne herumgegangen.

Ich war entschlossen, morgens noch nicht sogleich mit dem Durchsehn der vielen Fotos für das Kirchenbuch bei Alinari anzufangen, sondern in der ersten Frische die Uffizien zu besuchen. Zuvor betrachtete ich Dom, Campanile und Baptisterium. Es war mir gar nicht mehr so bewußt, daß diese drei Bauten durch die gleichartige schwarzweiße Marmorverkleidung der Außenwände so stark zu einer Einheit zusammengeschlossen werden. Eigentlich ist die Verkleidung ja nicht schwarzweiß, sondern weiß, dunkelgrün und etwas rosa. Es ist alles sehr schön, aber wir Deutsche wundern uns doch, daß die Florentiner sich so viel Mühe gemacht haben, die großen Formen durch das unendlich oft wiederholte rechteckige dominosteinhafte Ornament *klein* zu kriegen.

Ich beschaute am achteckigen Baptisterium die drei Bronzetüren. Auf der Platte mit den drei Engeln vor Abraham und der Opferung Isaaks sind zwei Geschichten mit zehn Figuren ausführlich erzählt, und doch ordnet sich alles klar in den großen Linienfluß der Landschaft ein. Die weich schattenden Formen der Felsabhänge und der Bäume sind so wichtig wie die der Menschenleiber. Im Feld, auf dem, räumlich ineinander verschmelzend, die Erschaffung Adams und Evas, der Sündenfall und die Vertreibung dargestellt sind, mit Engelsscharen in den Lüften, ist alles in ein malerisches Flimmern und Fließen gelöst, wie dergleichen im Relief nie mehr gewagt wurde. Wie froh bin ich, daß ich kein Kunstphilosoph bin; der muß hier noch nach fünfhundert Jahren Ghiberti vorhalten: »Was hast du da gemacht? Du hast ja das Grundgesetz der Skulptur mißachtet!« Ich kann sagen: Was schadet das, wenn so Schönes dabei herausgekommen ist?

Unerschöpflich reich ist der Bronzerahmen mit den vielen Tieren. Es freut mich, das Eichhörnchen mit seinen Nüssen wiederzusehn, das ich in meinem Buch über das »Tier in der Kunst« abgebildet habe. Da sind außerdem noch Wiesel und Maus, Taube und Käuzchen und viele andere Tiere, die sich an Beeren und Früchten gütlich tun. Alles ist so ungezwungen und so natürlich und zugleich so fein im Stil – die Blätter sind gewachsen und bronzen zugleich. Nur an den Blattkapitälen des Naumburger Doms habe ich ähnliches gesehn. Die Kuppel mit den Mosaiken im Innern ist elektrisch beleuchtet. Sanftes Licht strahlt aus verdeckter Quelle. Ein Zentralbau hat immer etwas Eignes in seiner Raumstimmung, etwas Geschlossenes, Insichruhendes, Zuständliches. Das Langhaus zieht nach vorn zum Chor und Altar, man muß es durchschreiten. Ich wollte schon lange ein Buch veranlassen über alle Formen des Zentralbaus, über die Abwandlungen dieses Baugedankens. Wird es noch dazu kommen?

Nach dem Palazzo Vecchio und den Uffizien! Die hohen, steilen Treppen und oben die langen, fensterreichen Korridore hatte ich ganz vergessen. Ich ging in drei Stunden zweimal durch alle Säle. Zuerst, als ich kam, waren nicht viele Leute da. Dann, gegen Mittag, wälzte sich plötzlich eine wahre Flutwelle von Menschen herein mit laut quäkenden, englisch, französisch und italienisch sprechenden Führern. Es war ein Lärm wie auf einem Bahnhof. Um ein Uhr wurde es plötzlich wieder still, und eine Stunde später war ich fast der einzige Besucher. Also hatten alle andern die Sache viel, viel schneller abgemacht als ich. Und sie waren doch auf diese Dinge viel, viel weniger vorbereitet. Und da kam *ich* mir schon als »eiliger Reisender« vor! Ganz rätselhaft sind mir Menschen, die sich durch Museen führen lassen, wo sie doch das Bild nur so lange anschaun können, als der vom Führer dazu heruntergehaspelte Satz dauert. Die armen Leute müssen fortwährend ihren Kopf hin und her drehn! Ein Führer zeigte auf Dürers Vater mit den Worten: »Und das ist so gemalt, daß man sieht, der Mann war nicht gut rasiert.« Drei Damen stürzten sofort mit ihren Lupen hin und suchten die Bartstoppeln.

Ich kann nicht alle Bilder nennen, die mich besonders beschäftigt haben, die mich innerlich immer wieder bereichern; noch weniger kann ich über alle diese Bilder etwas sagen. Ich habe es glücklicherweise nicht nötig, mich abzuquälen, bis mir bei jedem Bild irgendeine Formulierung einfällt, bis ich z. B. in Sandro Botticelli ein »Heuchelgenie« entdecke. Die Hauptsache ist ja doch, daß die Werke *mir* etwas sagen.

Besonders ausruhend war mir immer der Blick oben aus den großen Fenstern auf den lehmgelben Arno zwischen den gelben Häusern und auf die Hügellandschaft in Grau, Gelb, Rosa und Silber mit ihren Gärten und Villen, ihren Zypressen, Pinien und Ölbäumen gegen den bedeckten Himmel. Dieser war gar nicht »südlich«, es wurde in den Sälen immer dämmriger.

Als ich herauskam, regnete es in Strömen. Ich flüchtete in die Loggia dei Lanzi und erbaute mich an Donatellos Judith und dem Cellinischen Perseus mit dem Haupt der Medusa. Windstöße wuchteten über den Platz.

Nun aber auf zu Alinari, Via Nazionale 8! Aber es gab doch erst noch einen Aufenthalt. Unversehens kam ich zu San Lorenzo und las über einer Seitentüre: Cappella Medici. Daran konnte ich auch diesmal nicht vorüber! Zuerst dunkle, niedre, schwere, graue Gewölbe wie Kasematten. Durch die Sperre mit Drehkreuz. Dann in einen langen, engen, dunklen, gewundenen Gang. Man stolpert über Stufen. Plötzlich tritt man in den hohen, ehrfurchtgebietenden Raum. Nur wenige Menschen kommen außer mir lautlos herein, setzen sich, gehn wieder. Auf dem Guiliano mit der Nacht und dem Tag liegt etwas Licht. Der Pensieroso ist noch mehr im Dämmern. Was man doch mit Menschenleibern ausdrücken kann, durch ihr bloßes Dasein! Hier sieht man, was sich mit einem Rücken, einer Schulter, einer Kopfneigung, einem

Emporstemmen des Leibes sagen läßt. Wie der Kopf des Tags über die ungeheure Schulter herüberschaut, wie eine aufgehende Sonne! Die Madonna mit dem Kind, das sich vom Beschauer ab und zur Mutter zurückwendet, von der Welt nichts wissen will. Die Madonna sitzt hoch genug, daß man in ihr geneigtes Antlitz sehn kann – ein überraschender Anblick! Dieser ernste weibliche Typus geht weit über alle sonstigen italienischen Frauentypen hinaus an stiller, tiefer Menschlichkeit. Mutter und Kind sind ganz für sich. An den Aposteln links und rechts – Schülerarbeiten – sieht man so recht, was bleibt, wenn man vom Michelangelesken den eigentlichen Michelangelo »abzieht«: bloße Gesten, ein So-tun-als-ob.

Der Sturm heulte um die Kuppel der Kapelle, die Fenster klapperten, es wurde immer dunkler. Ich blieb auch hier am längsten von allen Besuchern, betrachtete zuletzt die Wandaufteilung und ihre Einzelformen. Dann brach ich auf.

Ich stellte mich Herrn Alinari vor, zeigte ihm seinen an mich gerichteten deutschen Brief. Enthusiastisch breitete er die Arme: »Ah, un collega da Monaco! Bravissimo!« Mit dieser stürmischen Begrüßung war die Unterhaltung aber auch schon zu Ende. Er konnte kein Deutsch und ich kein Italienisch, deshalb holte er den Schreiber jenes Briefes, einen bescheidenen jungen Mann, der mich zu einer schwarzen, gelbhäutigen Signorina ins Zimmer setzte, wo an den Wänden etwa hundert dicke graue Leinenbände mit Fotos aufgestellt waren. Die Kirchen Roms machten allein sechzehn Bände aus. Ich fing an, sie durchzusehn. Ich hatte mir schon in München einen Katalog angelegt von allen Kirchen, die wegen ihrer Bedeutung in dem Buch vorkommen mußten, und machte mir nun eifrig Notizen über das bei Alinari Vorhandene. Ich kam bis zum sechsten Band.

Abendbrot aß ich a prezzo fisso in der Buca di Giovanni am Domplatz. Gleich hinter der Tür geht es eine enge Stiege tief hinunter. Unten stehn nur etwa acht winzige Tische. In Italien ist auch in den kleinen billigen Restaurants alles so gut, ja so apart zubereitet, daß es Unsinn wäre, in ein teueres Lokal mit Springbrunnen und Palmen zu gehn. Hier unten hat man seine gemütliche Ecke. Das Gefühl, bei dem schlechten Wetter warm, hell und trocken unter der Erde zu sitzen, steigerte noch das Behagen.

Donnerstag, den 11. Oktober

Oben am Luftschacht ist heute wieder Sonne und ein Fleck Blau. Ich mußte mir die Haare schneiden lassen. Am Domplatz machte ich einen Barbiere ausfindig. Er arbeitete con amore. Der Haarschnitt wurde aber oben gerade wie ein Brett. Während er weiterschnitt, studierte ich besorgt in Meyers Sprachführer, der schon meinem Vater gute Dienste getan hatte. Nachdem ich meinen Satz beisammen hatte, schoß ich los: »Prego, Signore, angoli un poco tondeggiare!« (Die Ecken etwas abrunden!) »Si, si, si, Signore!« Als ich aufstand, war es tatsächlich molto bene geworden, er hatte aus meinem Haarschopf ein kleines intimes Kunstwerk gemacht. –

Ich ging in den Dom. Er ist groß, weit, hoch, ernst und schwer. Ich fand ihn aber nicht so leer und dunkel, wie ich ihn von der ersten Reise in Erinnerung hatte. Wirklich dunkel ist es nur unter der Kuppel. Hat man die Fensteröffnungen nicht richtig berechnet? Das ist doch kaum denkbar! Also war es Absicht? Die Pfeiler des Mittelschiffs sind so hoch und stehn so weit auseinander, daß die Seitenschiffe dadurch gar nicht abgetrennt werden. Das ganze Innere ist ein einziger Raum. Um den Altar unter der Kuppel hatten sich Geistliche in Rot und Weiß bei flackernden Kerzen versammelt und psalmodierten langgezogen und laut schallend durch den Raum. Andächtige waren nicht da. Die Besucher spazierten auf und ab. In so großen Kirchen weiß man in der einen Ecke nicht, was in der andern geschieht.

Ich wollte zur Accademia dei belli Arti wegen der Michelangelos. Ich kam auf den schönen, auf drei Seiten von Bogenhallen eingefaßten Platz von Santissima Annunziata. Diese regelmäßigen Reihen halbrunder Bogen schaffen eine schöne, klare, ruhige Harmonie. Man geht gern darin auf und ab, sitzt auf den warmen Steinstufen in der Sonne, sieht eine Straße hinab zur Domkuppel.

Ich betrachtete in der Vorhalle der Kirche die Fresken von Andrea del Sarto, einem Meister, aus dem ich mir sonst nicht allzuviel mache. Es ist aber erfreulich, wenn etwas so Schönes am Wege liegt. Man nimmt es dann gerne mit. Und in Italien liegt so *viel* Schönes am Wege! Die Fresken sind von der Zeit angestaubt und sprechen nach so vielen Jahrhunderten noch zu uns. Das gibt ihnen etwas Rührendes. Das Hauptbild ist die Geburt der Maria mit den stattlichen Frauengestalten – wie immer in Italien eine wohlerwogene Sammlung von Geh- und Steh-, Sitz- und Liegemotiven. Die Farben sind trocken und hell, feine

Grün und Rot sind da. In die Nähe des St. Rochus von Veit Stoß, der auf einem Seitenaltar der Kirche steht, konnte ich diesmal nicht vordringen, es war da Gottesdienst. Man begrüßt sonst gern einen deutschen Meister in der Fremde. Wie ist dieser Nürnberger Spätgotiker – dem zuliebe ich sogar nach Gnesen fuhr – hierher verschlagen worden?

Als ich in der Kirche war, erhob sich plötzlich außen ein heftiges Geschrei. Ein Unfall? Ich kam heraus, schon war ein Krankenwagen mit Dienern in schwarzen Kapuzen vorgefahren, die einen Körper, in graue Wolldecken gehüllt, in den Kasten hineinschoben. Wie schnell wird der Mensch zu einem Bündel! Wohl an die hundert Männer und Frauen gestikulierten in dichtem Knäuel.

In der Accademia, bei den unvollendeten Sklaven und dem David, war es wohltuend still. Die wenigen Werke haben Raum um sich. Der David dominiert, man kann ihn von allen Seiten betrachten. Noch eben habe ich in München die gedankenvolle Stelle aus Max Dvorak über ihn für meinen Verlagsalmanach ausgewählt. Sehr intim ist das halbzerfallene, große Tonmodell zu einem Flußgott. Man freut sich, die andern Werke Michelangelos in guten Gipsabgüssen dabei zu haben: die Medici-Gräber, die Pieta, den Christus aus der Maria Sopra Minerva in Rom (ganz nackt, ohne den großen Schurz, den man dem Original umgehängt hat). Man sieht die Medici-Gräber hier in ganz anderm Licht. Aber die Beleuchtung in der Kapelle ist die einzig richtige. Sie wirken hier nüchterner und neben dem riesigen David fast klein.

Viele schöne, frühe toskanische Bilder sind da. Aber man sieht einmal wieder, wie die Massenanhäufung dem einzelnen Kunstwerk schadet. Jedes Bild könnte einzeln beschäftigen, ja viel mehr als beschäftigen, so aber geht man an den meisten ungerührt vorbei. Man weiß, das ist eine Roheit, aber man kann nicht anders. Man ginge ja zugrunde, wollte man das alles aufnehmen! Viele dieser Bilder werden wohl das ganze Jahr hindurch überhaupt von niemandem ins Auge gefaßt. Sehr reizvoll ist der Heilige Nikolaus im Seesturm von Lorenzo Monaco und von demselben die Sechs Einsiedler in der merkwürdigen Landschaft. Ich habe die beiden Bilder in Hausensteins »Frühitalienern« abgebildet und dadurch etwas aus ihrer Abgeschiedenheit erlöst. Auch von Uccello ist eine von Eremiten bevölkerte, ganz visionär wirkende Landschaft da.

Nun aber genug Kunst! Ich will ins Freie. Heut ist Donnerstag, also ist der Boboli-Garten offen. Über den gelbgrünen Arno. In einer ganz kleinen Kneipe am Ponte Vecchio esse ich ganz billig. Eine schwarzlockige »Marguerita« – wie voll tönen die vier Vokale! – wird gerufen und fortgeschickt, um meinen Hundert-Lire-Schein zu wechseln. Der Pitti-Palast imponiert mir wie immer. Es ist ein Erlebnis, an diesen riesigen, gewaltig vorspringenden, übereinandergeschichteten Rustika-Quadern entlangzugehn. Jedes Ornament ist vermieden, nur die Wucht des Steins sollte wirken. Von seinem Hügel drückt er auf den schwachen, vergänglichen Menschen herunter. Eigentlich unverschämt, so etwas für sich zu bauen!

Ich ging diesmal nicht in die Galerie, wollte überhaupt nicht zuviel einzelne Bilder sehn, mehr das große Ganze. Auch sind mir im Pitti, so sonderbar das klingen mag, die Bilder etwas *zu* »klassisch«. Man ist nicht immer aufgelegt, das ganz Vollkommene zu sehn. Ich wollte lieber unter freiem Himmel sein, wenn nicht in freier Landschaft, dann wenigstens im Park. Auch hier ist geschichtliche Atmosphäre, aber zugleich auch blühende Erde. Der Boboli-Garten ist ein Park des Frühbarock, 1550 angelegt. Das also ist die Natur, wie die Menschen sie damals um sich haben wollten! Alte Parkanlagen sind viel seltener als alte Palazzi. Ihr Material ist ja so viel weniger ausdauernd! Um so köstlicher ist der Aufenthalt in einer solchen Anlage, wo Natur und Menschengeist sich mischen.

Die vielen dunklen immergrünen Sträucher und Bäume! Ihr Laub zackt sich ganz anders in die Luft als bei uns. Im kleinen Amphitheater ließ ich mich, durch Eichenhecken windgeschützt, auf den Steinbänken von der Sonne braten, bis mir der Schweiß herunterlief. Der Park steigt in Terrassen an. Die Quellen, die aus dem Hang hervorbrechen, sind als Brunnen gefaßt.

Ein Laubengang führt zum gelbroten Pavillon des Belvedere hinauf. Ich stieg bis aufs Dach. Dort blies kalter Nordsturm, fast alle Fensterscheiben waren schon zerbrochen. Die hohen alten Zypressen schwankten mit ihren Wipfeln. Ich war allein oben und betrachtete die silberrosagraue Hügellandschaft. Ein Schweizer Ehepaar kam dann auch herauf. Nach wenigen Minuten sagte die Frau: »Da ma gahn?« und schon waren sie wieder drunten.

Ich ging dann kreuz und quer durch die auf- und absteigenden Gänge des Parks. Hinter den geschnittenen Laubwänden standen krumme

Olivenbäume, alte Steineichen und riesige Kastanien. Zuletzt kam ich
in die höchst sonderbare Tropfsteingrotte, in der früher Michelangelos
unvollendete Sklaven mit eingemauert waren, so neben einigen andern
unterhaltenden Dingen.

In der Pitti-Gegend ist jeder dritte Laden ein Bilderladen mit trost-
losen Farbdrucken nach immer wieder denselben Lieblingsbildern. Die
Drucke sind so schlecht, daß sie die Erinnerung an die Originale nur
abtöten können. Aber wahrscheinlich *sieht* das Publikum die Bilder
so. Da gäb's noch viel zu tun!

Dann ging ich wieder zu Alinari, wühlte in den Fotos und beschloß
den Tag unten in der Buca am Dom.

Freitag, den 12. Oktober 1934

Heut morgen wollte ich das holländische Dichterehepaar Scharten-
Antink besuchen, von dem der Verlag nächstens den schönen Roman
»Das Glück des Hauses Sassetti« in deutscher Übersetzung bringt. Ein
sehr feines, sympathisches, menschliches Buch, das auf einem Landgut
bei Florenz spielt. Das Ehepaar wohnte weit draußen in Richtung Fiesole, in der Via Timoteo Bertelli No. 10. Die Straße war längst nicht
mehr auf meinem Stadtplan. Vom Dom aus sollte ich zunächst die
Linie 20 nehmen und dann fragen, sagte der Hotelier. Aber niemand
konnte mir sagen, wo sie ist. Einer wußte wenigstens, die Straße sei
»lontano, molto lontano«. Nach langem Hin und Her, Auf und Ab
sagte ein andrer etwas von einer Scala und machte dazu Zickzacklinien
in die Luft hinauf. Also wählte ich auf gut Glück eine Straße, die
bergauf ging. Und richtig, da stieß ich auch auf eine Treppe und auf ein
Gartentor von Nummer 10. Der mich sehr zweifelhaft anblickenden
Donna hielt ich den Brief mit der offenbar echten Unterschrift ihres
Gebieters hin, worauf sich ihr Gesicht schlagartig erhellte. Bald trat
mir auch der schlanke, schmalschädlige, spitzbärtige, sechzigjährige
Autor entgegen und erklärte meinen Besuch für ein »großes Ereignis«.

Wir unterhielten uns ausgezeichnet auf deutsch. Das Ehepaar wohnte
schon seit mehr als zwanzig Jahren in Italien, ursprünglich seiner Gesundheit wegen. Ich fragte nach der Art ihres Zusammenarbeitens,
denn es war doch immerhin sonderbar, daß ein Ehepaar zusammen an
ein und demselben Roman schrieb. »Ja, ein merkwürdiger, seltner

Fall! Ich und meine Frau sind von Charakter und Lebensansicht grundverschieden. Wir kommen auf ein Thema. Meine Frau sagt z. B.: Das ist eher etwas für dich, schreibe du das. Wir schreiben holländisch, aber wir hören innerlich die Gespräche italienisch und müssen uns oft fragen, wie drückt man das auf holländisch aus? Wir lieben die Italiener sehr, das heißt das einfache Volk. Das wichtigste Buch von uns, das als zweites deutsch erscheinen müßte, ist das ›Heilige Feuer‹. Da wird gefragt: ›Wie ist die Güte Gottes mit der Grausamkeit der Natur zu vereinen?‹« Über diese Frage hatte ich schon seit meiner Jugend gegrübelt. Sie war für mich ein Hauptproblem. Ich fragte Scharten: »Kennen Sie den Satz von Schopenhauer: ›Wenn ein Gott diese Welt gemacht hat, möchte ich nicht dieser Gott sein. Ihr Jammer würde mir das Herz zerreißen‹?« Bald waren wir in tiefe philosophische Dispute verstrickt.

Auf eine Botticelli-Karte schrieb er mir etwas zum Andenken. Ich las: »Dem seltsamen Verleger, der selbst der Schönheit dient, der an einem wunderschönen Herbsttag uns besuchte und in dem wir einen Freund erkannten.« Aber diese Freundschaft hat sich nachher doch nicht mehr weiter entwickeln können. Wir hatten mit dem »Glück des Hauses Sassetti« kein Glück. Jeder einzelne Leser, dem ich das Buch schenkte, war des Lobes voll, aber es kam über einen engen Kreis nicht hinaus. Man interessiert sich zu wenig für die Italiener von heute. Die Liebesmühe des Verlegers blieb vergebens.

Ich verabschiedete mich und klomm weiter nach Fiesole aufwärts. Die Tram kreischte sich in unzähligen Windungen immer höher. Immer weiter breitete sich in der Sonne die herrliche toskanische Hügellandschaft unter mir aus.

Oben auf dem kleinen Stadtplatz wurde ich sofort von zwei Kutschern überfallen, die mich herumfahren wollten. Der eine fragte: »Volete X?«, der andre: »Volete Y?« Ich verstand nur soviel, daß sie bereit waren, mich überall hinzufahren, wohin ich wollte. Otto Lire, sette Lire, sei Lire, cinque Lire unterboten sie sich innerhalb weniger Sekunden. Als ich aber überhaupt nicht fahren, sondern gehn wollte, fragte der eine, wohl im Vertrauen auf meine Sprachunkenntnis: »Volete pestilenza?« Ich mußte lachen. Nein, die Pestilenz wollte ich auch nicht! Ich ging in die stille, alte, romanische Kathedrale mit Krypta und offnem Dachstuhl. Dann aß ich auf dem kleinen Platz im Freien zu Mittag. Das Radio spielte Schubert, das Zwischenspiel aus

Rosamunde, das unsre elfjährige Ulrike pfeifen kann, und den Sehnsuchtswalzer. Es war einer jener seltnen Fälle, wo mir das Radio Freude machte.

In der Sonne war es glühend, einen Schritt daneben im Schatten fast zu kühl. Ich besuchte diesmal die Ausgrabungen auf der Florenz abgekehrten Seite der Bergkuppe. Der Blick ins Mugnonetal mit den abschließenden Höhen im Hintergrund ist bezaubernd. Ich schritt zwischen den halbkreisförmigen Sitzreihen des römischen Theaters hinab, hockte mich in die Sonne und sah ins Land. Was für Stücke mögen auf diesem Theater gespielt worden sein? Ich konnte nach Belieben zwischen Bäumen und Büschen auf diesem weiten Gebiet herumgehn, zu den Ruinen des alten Tempels, der Bäder, der etruskischen Mauern. Ich hob antike Scherben auf, die hier überall herumlagen. Zuletzt saß ich noch wieder auf den Theaterstufen. Wie schön war es, stundenlang so absichtslos dazusein!

Es wurde langsam dunkel. Der Turm einer Villa und die großen Bäume standen zuletzt scharf und pechschwarz gegen den roten und grauen, aber auch schon mit schwarzen Wolken gemischten Abendhimmel. Ich nahm Abschied.

Vor dem Hinabfahren sah ich flüchtig oben auf dem Stadtplatz an einem Baum einen Anschlag mit dem Wort: Attentate. Ich hielt ihn für ein Kinoplakat. Unten erfuhr ich, daß wirklich ein Attentat sich ereignet hatte: der König von Jugoslawien und der französische Minister Barthou waren in Marseille erschossen worden.

Sonntag, den 14. Oktober

Ich fuhr in Florenz morgens kurz nach neun Uhr ab. Viele Soldaten wollten mitfahren. Einer fragte mich, wann wir in Arezzo seien, was ich nicht nur verstand, sondern auch beantworten konnte. In Arezzo wollte er nämlich aussteigen. Aber er dachte natürlich nicht etwa daran, die Fresken von Piero della Francesca anzusehn, die für mich gleichbedeutend mit Arezzo sind. Sie waren in seiner Welt nicht da. Er hatte einen dunkelblonden Lockenkopf mit starken Backenknochen. Ein Nachfahre der Gallier aus den Zeiten des Brennus? Auf dem Kopf trug er einen graugrünfilzenen Hut mit stolzer, breiter Feder. Die gehörte zu seiner Uniform.

Es war neblig, zum erstenmal seit ich in Italien war. So war auch

Fiesole vom Nebel verschleiert. Wir fuhren am Arno entlang, in dessen Wasser sich klein und strahlenlos die Sonne spiegelte. Gelbe Kürbisse lagen gehäuft auf der Erde. Die Erde selbst war gelbbraun, mürbe und trocken. Ganz zart schien die Bergkette durch den Nebel. Bis hoch hinauf zogen sich Landgüter, auch einzelne Kastelle mit Zinnen. Der Arno ist gelb und flach. Merkwürdig sind die kleinen Strohhütten auf den Feldern, gerade groß genug für einen Mann zum Unterstehn.

An Compiobbi vorüber, wo das »Glück des Hauses Sassetti« spielt. Das waldige Tal von Vallombrosa. Ich möchte einmal in einem wirklichen italienischen Wald spazierengehn. Ich glaube, die Bäume stehn auch da vereinzelter als bei uns, nicht so verflochten, so tief schattig. Rosa Bauernhäuser mit leeren Fenstern, für unser Gefühl mehr Steinhöhlen als Häuser, reine Notunterkunft. Wie verschieden ist ihr Typus von den gepflegten, blitzend weißen bayerischen Bauernhäusern mit dem breit vorspringenden Dach und den bunten Blumenbalkons. Hier sieht man höchstens einmal ein paar Dahlien. Viele Regenrinnen zerfurchen den Boden. Manchmal sind große Strecken baumlos, dann bekommt die nackte Landschaft mit den tiefen Rinnen fast etwas Wüstenhaftes.

Die lila Berge waren jetzt ganz klar hervorgetreten. Hohe dünne Pappelstämmchen begleiteten einen Bachlauf, dann wieder einzelne dunkle, festgeformte Zypressen.

Arezzo mit dem hochliegenden Dom tauchte auf. Im Mai 1927 hatten meine Frau und ich hier haltgemacht, vor allem den Fresken Pieros zuliebe. Sie wurden uns zu einem künstlerischen Haupterlebnis der ganzen italienischen Reise. Sicherlich hat auch Hans von Marées sie von Florenz aus besucht. Auf dem »Tod Adams« kommen ganz maréeshafte Jünglinge vor. Einzig ist die Nachtszene vor dem Zelt mit dem Traum Konstantins, einzig sind die beiden großen Schlachtenbilder.

Ganz phantastisch zieht sich Cortona den Berg hinauf. Die etruskische Stadt mit ihren kolossalen Mauern und Türmen liegt 400 Meter über der Bahnstation. Höchst verwunderlich! Aber der Zug fuhr achtlos vorbei, die drei Damen in meinem Kupee schliefen.

Wir kamen bald an den Trasimenischen See. Er leuchtete hellgrün in der Sonne. Weiße Funken blitzten auf den kleinen Wellen. Drüben am jenseitigen Ufer waren die alten Römer ahnungslos entlangmarschiert. Und das da sind die Höhen, hinter denen Hannibal sein Heer aufgestellt hatte und von denen er auf die an nichts Böses Denkenden herunterstürmte. Dort also kommandierte er. Wie seine Stimme wohl geklungen haben mag? Sein Sieg ließ schon mein Konstanzer Gymnasiastenherz höher schlagen, denn ich liebte die Römer nicht, sie waren mir zu prosaisch, zu nüchtern, zu praktisch. Heutzutage kommt einem eine solche Schlacht fast etwas kindlich vor, das reine Indianerspiel! Der See ist übrigens groß, bedeutend größer als der Chiemsee.

Orvieto erschien in der Höhe als große Schattenmasse. Rings die senkrecht abstürzenden gelben Tuffwände. Von der Stadt war von unten wenig zu sehn.

Auf der ersten Italienreise war ich hier mit meiner Frau spät abends ausgestiegen, wir waren mit der kleinen Bergbahn in die Stadt hinaufgefahren, hinein in lange, enge, gewundene Gassen. Am nächsten Morgen hatten wir im Dom die gewaltigen Fresken Signorellis bewundert mit der Auferstehung der Toten, den Strafen der Verdammten und der Versammlung der Seligen. Sie wurden 1499 bis 1502, fünfzig Jahre nach den Fresken Pieros in Arezzo, gemalt. Nachmittags hatten wir die etruskische Totenstadt am Berghang besucht, waren in manche Gräber hineingekrochen, hatten antike Scherben gesammelt, und ich hatte eine Inschrift mit unlesbaren etruskischen Buchstaben abgezeichnet. –

Immer wieder stehn alte Städtchen auf den Berggipfeln, grau und steinern. Manchmal sah ich die Menschen klein wie Punkte oben in den uralten Toren verschwinden. Der Tiber, an den die Bahn herantritt, ist graugrün und sehr wasserreich, er fließt schwer und langsam. Weiße Rinder mit langen Hörnern zogen langsam einher. An flachen Hügelhängen wuchs Wein.

Ein Reiter trabte auf einem Schimmel. Sonst waren wenig Menschen unterwegs, es war ja Sonntag, und die Italiener gehn nicht spazieren. Am Tiber Gebüsch, wie Claude Lorrain es tuschte. Einzelne große graue Wolken zogen über den Himmel, von der dahinterstehenden Sonne weiß umrandet. Der fünfzackige Berg Soracte tauchte auf. Davor eine weite, flache Weide mit Schafherden. Die ganze Gegend wurde immer heidemäßiger, immer weniger »südlich«, manchmal sah sie fast so aus wie das Schleißheimer Moos.

Plötzlich erschienen als Vorposten Roms die ersten vierstöckigen Häuser, die erste Straßenbahn, dann nochmal lange Zeit Öde. Über eine Friedhofmauer ragten viele spitze Zypressen. Die Gleise vervielfachten sich, der Zug fuhr langsamer, ich war in Rom.

In keiner modernen Großstadt haben sich so viele historische Schichten so dicht übereinander abgelagert und treten so frei nebeneinander zutage wie in Rom. Ob der heutige eingeborene Römer sie viel bemerkt? Am intensivsten kümmert sich gewiß der Fremde um sie. Für den Einheimischen sind das »Altertümer«, die hie und da in Erscheinung treten – übriggebliebene Einsprengsel –, vor allem deshalb von Interesse für ihn, weil sie die Fremden anziehn und diese ihm etwas zu verdienen geben. Aber es ist wohl auch in andern Ländern nicht anders.

Alle diese Schichten sind sichtbar, körperlich gegenwärtig. Es sind nicht mühsam heraufbeschworene Bildungsbegriffe. Die tiefste Schicht, die mir im vollen Licht des Heute greifbar entgegentrat, ist das antike Rom bis hinunter ins Etruskische: das Forum und das Kapitol, die Tempel und ägyptischen Obelisken, die Trajanssäule, die Reiterstatue des Marc Aurel, die Hadriansburg, die Triumphbögen des Titus und Konstantin, die antike Stadtmauer, die Via Appia. Dazu die schon vor Jahrhunderten wieder dem Boden entstiegnen berühmten Plastiken: der Apollo von Belvedere, der Laokoon. Von den Gestalten des Altertums scheinen Cäsar und Augustus noch leibhaftig umherzuwandeln. Es ist so viel antikes Rom freigelegt worden, daß die alten Römer, wenn sie wiederkämen, sich ohne weiteres in ihrer Stadt wieder zurechtfänden. Auch wir Deutsche aus dem Norden können in diesem alten Rom nach Belieben spazierengehn.

Auf dem Antiken lagert das Frühchristliche: der Karzer des Paulus auf dem Kapitol, die Katakomben mit ihren Malereien, die Kirchen, Krypten, Sarkophage und Mosaiken, Kreuzgänge und vielstöckigen Glockentürme. In der Phantasie taucht Karl der Große auf, dem hier der Papst – wie man weiß, ohne ihn lange zu fragen – die Kaiserkrone aufsetzte, um für alle Zeiten festzunageln, daß nur er sie zu vergeben habe. Die Gotik tritt in Rom kaum zutage. Renaissance und Barock aber durchdringen das ganze Rom. Ein Gedränge von großen Künstlerpersönlichkeiten und ein Gedränge von dem, was sie gestaltet haben! Man kann den Wandel von der Renaissance zum Barock in allen Phasen aus den römischen Bauten ablesen.

Man soll sich die Bauten nicht nur im Grundriß und Aufriß vorstellen. Man soll sie auch in ihrer Farbe und ihrer Atmosphäre sehn und das Lebensgefühl, das sich in ihnen ausdrückt, spüren.

Vor der italienischen Reise interessierte mich vor allem die deutsche Kunst und in den alten deutschen Städten besonders die Gotik. Das Harte, Charakteristische, Vielstimmige zog mich an, ähnlich wie in der Natur das unerschöpflich vielgestaltige Astgewirr, das sich scharf gegen den Himmel absetzt.

Statt des schweren römischen Barocks standen mir viel näher die hellen, beweglichen Bauten von Johann Balthasar Neumann, Fischer von Erlach, Dominikus Zimmermann, Johann Georg Fischer. –

Die letzte römische Schicht liegt obenauf: das moderne geräuschvolle Rom mit seinem Gedränge, seinen spiegelnden Läden, seinem aus weißem Marmor und vergoldeter Bronze gleißenden Nationaldenkmal.

Und diese Schichten sind alle ineinander unlöslich verwachsen, das Altertum steht dicht neben dem eleganten Heute. Das macht das Spazierengehn in Rom so unterhaltend.

Vom modernen Italiener ist mir, trotz des Lärms und Getriebes in den Straßen, nicht viel ins Bewußtsein gedrungen. Er interessierte mich nicht sehr, weit weniger als der Pariser. Ich hätte ja auch keine Möglichkeit gehabt, ihn näher kennenzulernen, schon wegen meiner nur sehr notdürftigen Sprachkenntnisse. Die Pension Hannover, in der wir immer wohnten, wurde von einer deutsch-schweizerischen Familie geleitet. Mancher hätte es vielleicht für richtiger gehalten, in einem italienischen Haus zu wohnen, um dadurch gezwungen zu sein, italienisch zu sprechen. Aber Rom ist ohnedies anstrengend genug. Ich erholte mich und ruhte mich aus, wenn ich mich wenigstens »zu Hause« nicht noch mit Italienischsprechen strapazieren mußte. Wir waren ja auch in vielen Städten, in denen kein Mensch ein Wort Deutsch verstand.

Der Zug fuhr am Sonntagnachmittag, dem 14. Oktober, langsam in den Bahnhof Termini ein. Die Facchini rannten an ihm entlang. Einer schleppte meinen schweren Handkoffer an den Einspänner. Ach ja, da waren sie wieder, die uralten roten Ziegelmauern und krummen Bögen der Diokletiansthermen, die die schönen Antiken bergen! Da fuhr ich an den barocken Fassaden von Santa Maria Vittoria und Santa Susanna vorbei. Und nun hielt ich auch schon vor dem hohen Tor der Pension Hannover in der Via XX Settembre. Das Fräulein mit dem bekannten und doch von mir so lange ganz vergeßnen Gesicht rief:

»Sind Sie endlich da? Es wartet schon *so viel* Post auf Sie!« Ich bekam wieder wie 1927 ein Zimmer mit dem weiten Blick über den Garten des Palazzo Barberini hinweg, an vielen Kuppeln vorbei bis an die letzte, schönste, die Peterskuppel, die vor dem Horizont steht. Auch die hohe Zeder des Parks reichte wie immer bis ans Fenster hinauf.

Ich konnte es nicht lassen, sofort noch etwas in die Stadt hinunterzugehn. Da war die bekannte Straßenkreuzung mit den Quattro Fontane. An jeder Ecke sprudelt ein Brunnen. An der einen steht auch Borrominis Kirche San Carlo, gewagt, fast jede grade Linie vermeidend. Die Via XX Settembre zieht sich oben auf dem Quirinal, einem der sieben Hügel des alten Rom, entlang. An ihrer Fortsetzung liegt der Königspalast. Da stehn auch die beiden überlebensgroßen steinernen Rossebändiger, eins der wenigen Werke des Altertums, die nie verschüttet waren.

Ich ging aber nicht dorthin, sondern steil hinab, am Palazzo Barberini vorbei. Unten auf der kleinen Piazza plätscherte der Tritonenbrunnen von Bernini. Aber hat man ihn nicht geputzt? Damals war er, dünkt mich, ganz grün bemoost. Und dies wasserdurchronnene Moos stand ihm so gut! In der Ferne wartete schon der Obelisk, noch im Abendlicht. Er steht vor der zweitürmigen Kirchenfassade von Santa Trinità de' Monti und zu Häupten der Spanischen Treppe. Über der Stadt wölbte sich ein farbiger Abendhimmel. Die guten Bürger strömten mit Frau und Kind vom Pincio nach Hause. Ein Mann, der oben auf der Treppenterrasse einen Stand mit Obst und Bananen hatte, brüllte in den Abend hinein. In der Kirche brannten Lichter. Ein Frauenchor sang mit fast kindlichen hohen reinen Stimmen. Lange hatte ich keine Musik gehört. Leicht und schwebend gingen die Harmonien ineinander über. Ich stieg die berühmte Treppe mit ihren vielfachen Teilungen, Absätzen und Rampen hinab. Es war immer noch unerträglich heiß. Ich dachte zuerst: das ist der Süden! Aber es war der Scirocco. Schließlich hatte ich Mühe, mich durch die schwülen Straßen nach Hause zu schleppen. Von meinem Fenster aus sah ich noch hinauf in den Nachthimmel mit den funkelnden Sternen und hinab in den Park mit den dunklen Baumwipfeln, die im Winde leise schwankten.

Am Montag war der Himmel grau, es sah nach Regen aus. Lange horizontale Wolkenschichten schoben sich niedrig über die Hügel hinter Sankt Peter. Ich wollte zunächst nach der Buchhandlung Herder.

Ihr Leiter, Herr Urban, würde mir, dachte ich, helfen, jemanden zu finden, der als Herausgeber des geplanten Kirchenbuchs in Betracht käme. Die Buchhandlung liegt an der Fontana Trevi. In fremden Städten gehe ich gern zu Fuß, man dringt dann intimer in sie ein. Aber hier war das Gerenne und Gestoße und der Lärm der Autohupen fürchterlich. An der Fontana war Markt mit buntem Getümmel. Die Wasser rauschten und strömten. Und der große Neptun, umgeben von seinen Nymphen und Rossen, streckt gebietend die Rechte. Die Figuren schienen versteinertes Wasser oder in Wasser sich auflösender Stein. Diese Wasserphantasie ist einer Palastfront vorgelegt. Es muß merkwürdig sein, da zu wohnen. Man hat wohl das Gefühl, das Wasser laufe durch alle Räume. Ulkig, daß dieser kolossale Brunnen auf einem so engen Platz steht, wie ein Riese in einem kleinen Zimmer. Die Brunnen und ihre Plätze in Rom sind ein Kapitel für sich. Überall sprudelt es. Und die Plätze sind wirkliche Räume. Solchen Reichtum an Brunnen habe ich sonst nirgends erlebt.

Direktor Urban empfahl mir nach einigem Besinnen den Bischof Hudal. Er rief dort an – morgen zwischen neun und zehn hatte Exzellenz Zeit. Dann werden wir also hingehn. Ich hatte noch nie mit einem Bischof gesprochen.

Nun suchte ich Dr. Hans Mollier auf. Er war in früheren Jahren Mitarbeiter des Verlags und half besonders bei der Propaganda für das große Mappenwerk »Denkmäler des Theaters«, ging dann nach Rom und wurde dort Leiter des Deutschen Nachrichtenbüros für Italien. (Jetzt, während ich an diesem Buch schreibe, macht er sich verdient als Schriftleiter des Kulturteils der Münchner »Süddeutschen Zeitung«.) Auf dem Weg dahin kam ich zur Piazza Colonna mit der Marc-Aurel-Säule. Die vielfigurigen, krisseligen Reliefs mit den Kämpfen gegen Germanenstämme ringeln sich die Säule hinauf. Oben steht aber nicht mehr der Kaiser, der sich diese Säule verdient hat, sondern die Kirche hat ihn von seinem Platz verdrängt und ihren Apostel Paulus hinaufgestellt. Ich habe die Selbstbetrachtungen Marc Aurels bei mir im Koffer. Schon auf der ersten Italienreise, am Strand bei Nervi, las ich sie, und dann wieder im Münchner Nordpark in der Sonne vorm »Bamberger Haus«. Sie sind ein Trostbuch. Es ist eine so schöne Besonnenheit darin, eine edle Humanität, eine milde und doch tapfre Männlichkeit, eine Weisheit, die man immer brauchen kann. Ich glaube, mit dem Manne hätte ich mich gut verstanden.

Der Autobus fuhr im Zickzack durch lauter krumme, kurze, enge, vollgestopfte Straßen. Es ging trotzdem sehr schnell. Plötzlich öffnete sich die herrliche lange Piazza Navona mit Borrominis Kuppelkirche und dem Vierflüsse-Brunnen. Dann im Flug vorbei an der Cancelleria, die ich hier nicht vermutete. Auf der Piazza Farnese stand das vibrierende Ungetüm eine Sekunde. Mollier wohnte dem Palazzo Farnese gegenüber, aber dies Gegenüber ist auch beinahe ein Palazzo. Es ist in Rom schwer, *nicht* in einem Palazzo zu wohnen. Ich stieg die schöne Doppeltreppe hinauf. Sie ist nach dem Hof hin offen, man rechnet hier nicht mit Winterwetter. Mollier mußte zuerst endlos mit Berlin telefonieren. Ich konnte inzwischen aus dem Fenster den Palazzo Farnese in Ruhe betrachten. Ein riesenhafter Körper aus einem Stück, durchaus in der »Maniera grande« gehalten. Die Stockwerkhöhe ist enorm. Was sich diese Leute zutrauten! Der Anblick eines solchen Kubus stärkt.

Ich fragte Mollier, was seine Hauptaufgabe sei. »Ja«, erwiderte er mit Selbstironie, »ich sitze hier und verbreite falsche Nachrichten.« Dann unterhielten wir uns beim Frühstück nett von alten und neuen Zeiten. Ich berichtete ihm mancherlei Merkwürdigkeiten aus dem Deutschland seit 1933. Schließlich verabredeten wir uns auf den Abend.

Nachmittags ging ich ins Thermen-Museum nahe bei meiner Pension. Merkwürdig, daß man in einem antiken Gebäude noch heute herumgehn kann. Die Museumsräume sind neu eingebaut, aber das Ganze steckt doch in den antiken Bögen und Hallen der Diokletiansthermen, die um 305 n. Chr. errichtet wurden. Der Wind wühlte in den Rosen des Gartens.

Beim Betrachten der ersten Werke drängte sich mir unwillkürlich der Eindruck auf: Nein, die antike Plastik ist doch klein und glatt! Der Blick rutscht sofort an ihr herunter, er bleibt nicht haften. Dieser von Baedeker besternte, sich erstechende Gallier mit seiner toten Frau im Arm! Leeres Pathos, bloße Mimik, Anschauungsmaterial für die Geschichtsstunde im Gymnasium! Der eine Michelangelo ist mehr als diese ganze Antike! – Aber allmählich kam ich dahinter: man muß sich diese ungeheure Massenproduktion wegdenken. Die Nachwelt hat von diesen Sachen zuviel aufgehoben und aufgestellt. Das ist der große Fehler. Auch hier gibt es die paar überragenden Hauptwerke, wegen derer es sich immer wieder mehr als reichlich lohnt.

Das sind vor allem die drei Reliefs vom »Thron der Venus«. Tiefrührend, unendlich zart das Aufblicken der Göttin, das Sichneigen der beiden sie Heraufhebenden. An der einen Seitenwand: die verschleierte Frau, eng in das über den Kopf gezogene Gewand gehüllt, Räucherwerk in die Opferflamme streuend; an der andern: die nackte Flötenbläserin, ein Bein über das andre geschlagen.

Die Niobide, vom Todespfeil der Artemis getroffen, tastet auf dem Rücken nach der Wunde und sinkt in die Knie. Wie schön der Formengegensatz zwischen dem vielfaltigen Gewand und dem groß sich wölbenden Körper. Hinter ihr hatte sich zeitunglesend der Aufseher verschanzt. – Die kyrenische Venus. Der Körper sehr einfach gegliedert und doch schwellend und atmend. Mein Freund Schinnerer sagte bewundernd vor einer Fotografie: Und wie schön in den Proportionen! – Oben im Raum XIV: die schöne weibliche Statue ohne Kopf, Charis genannt, mit der wundervoll herabfließenden Linie von Körper und Gewand. – Der bronzene Faustkämpfer. Mein Liebling. Wie kann man ihn nur »zu naturalistisch« finden! Die empfindsamen Archäologen, die da von »abstoßend« reden! Dieser prachtvolle Rücken ist wie ein Gebirge! Man kann sich nicht sattsehn an diesen Buckeln. Wie der Kopf, vom Rücken gesehn, sich mächtig über die Schulter hebt. Man müßte zehn verschiedne Aufnahmen von ihm machen. – Der bronzene hellenistische nackte Herrscher. Freie, stolze Humanität! – Der Kopf des sterbenden Persers. Das ist wirklicher, ernstgemeinter Tod, keine Mimik! – Der Torso des myronischen Diskuswerfers. Die Muskeln nur wenig hervortretend, sehr einfach, flächig behandelt. – Das Mädchen von Anzio mit ihrer Leier im Arm. Ganz reizend, freundlich, gütig, der Hals fast mollig.

Natürlich gibt es außerdem noch viele Werke, die interessieren, die in einem kleineren Museum begeistern würden. So der spätrömische Sarkophag mit dem Reiterkampf, gedrängt, bewegt, das Auge überall beschäftigend und »produktiv machend«. Der reizende frühhellenistische Frauenkopf aus Butrinto, die schlummernde Erynnis.

Im ganzen wirkt die griechische Plastik umgänglich und beweglich, neben Michelangelo fast zierlich, mozartisch. Die Tragödien der Griechen scheinen mir das Leben viel größer zu sehn, viel tiefer zu empfinden, als ihre Plastik es tut. Beim Mädchen von Anzio war es leider schon sehr dunkel geworden. Ich war im ganzen Museum fast der einzige Besucher. Nur von fern hörte ich den Tritt eines Aufsehers. Sonst war alles still, bis auf den Wind draußen.

Auf dem Heimweg trat ich in die Kirche Santa Maria della Vittoria ein. Der ganze Raum glitzerte bunt wie ein Karussell. Berninis Engel mit dem Liebespfeil lächelte immer noch, und die heilige Therese sank vor ihm seufzend und schmachtend hintenüber. Bernini hielt sich an eine Aufzeichnung der Heiligen selbst. Ich bewunderte wieder die Liberalität des katholischen Barock, der eine so erotisch gefärbte Szene auf einen Altar stellte.

Abends wieder bei Mollier. Im hohen Zimmer mit alten Möbeln dämmerte das Licht vom kleinen Kronleuchter herab. Als Berichterstatter stand er oft dicht bei Mussolini und konnte manches Charakteristische von ihm erzählen. Mollier spricht Italienisch wie Deutsch, hat aber darüber sein Bayrisch nicht verlernt. Er ist ein vielseitiger Mann, und wir haben viele gemeinsame Interessen. In München hatte Mollier bei Heinrich Kaspar Schmid Kompositionslehre, bei Wölfflin und Pinder Kunstgeschichte studiert und dann in der München-Augsburger Abendzeitung das Redakteurhandwerk erlernt. Bevor er 1930 als freier Journalist nach Rom übersiedelte, schrieb er unter dem Namen Johann Lachner das oft zitierte, grundoriginelle Büchlein »999 Worte Bayrisch« als Abschiedsgruß an seine bayrische Heimat. In freundlichen Gesprächen verging schnell die Zeit. Er begleitete mich schließlich durch nächtlich ausgestorbene Straßen über die Piazza Campo di Fiore, wo einst der Scheiterhaufen Giordano Brunos gebrannt hatte, zur Cancelleria. Wir schauten die hohen Mauern hinauf, deren flache, scharfgezeichnete Profile sich im Laternenlicht stark abhoben. Dann brachte mich der Autobus rasch nach Hause.

Am Dienstag fuhr ich morgens zu Herder, um mit Urban verabredetermaßen zum Bischof zu gehn. Der aber war den ganzen Tag im Vatikan beschäftigt, und Urban schlug nun vor, statt dessen seinen Freund, Professor Franz Xaver Zimmermann, Regierungsrat an der Österreichischen Gesandtschaft beim Heiligen Stuhl, zu besuchen, der sich zum Verfasser der Einleitung ausgezeichnet eigne. Zimmermann wohnte außerhalb der Aurelianischen Stadtmauer. Ein liebenswürdiger Sechziger mit goldner Brille und großer Bibliothek. Er kennt Rom durch und durch, hat zu allen Quellen und Stellen Zutritt und hat viele Aufsätze über Rom geschrieben. Er ist selbst einer jener gebildeten Menschen und guten Katholiken, an die sich das Buch in erster Linie wendet, er wird also den Ton für diese Leser finden. Die beiden Herren kamen bei ein paar Gläsern Wein nach und nach in immer ausgezeichnetere Laune, schlugen sich lachend gegenseitig auf die Schultern, Zimmermann rief glücklich: »Ich weiß auch schon, was ich mir für das Honorar kauf'.« Ich sagte zum Spaß: »Da müssen Sie doch zuerst Ihre Frau fragen!«, worauf er mit Nachdruck erwiderte: »Nein, bei Honoraren nicht!« Wir schieden in vollster Harmonie.

Auf dem Heimweg fuhr das Auto dicht beim Park der Villa Borghese vorbei. Ich stieg aus, um sie gleich »mitzunehmen«. Die großen, auf brauner Erde einzeln stehenden Pinien mit ihren dichten, bläulich-grünen Wipfeln waren mir wieder eine ganz neue Erscheinung. Reiter tummelten ihre Gäule im tiefen Sand. Entzückt hob ich einen riesigen Pinienzapfen auf, eine wunderschöne Form! Gelb leuchtete in der Ferne das Galeriegebäude mit seiner üppigen Barockfront. Auch hier glitzern die Räume. Ich sah vor lauter spiegelnden Wandflächen und bunten Deckengemälden kaum die Plastiken. Es ist aber auch mit ihnen nicht allzuviel los. Die berühmte halbnackte Pauline Borghese, Napoleons Schwester, auf ihrem Sofa, finde ich kleinlich, nicht einmal pikant. Auch die vier Berninis machen mir nicht warm; sie sind mehr Kunststücke als Kunst. Wieder auf die Spitze getriebene Spezialitäten, artistisch, fabelhaft »gekonnt«, unterhaltend – nett, um bei der Konversation in solchen bunten Räumen einmal davor stehnzubleiben und dann plaudernd weiterzugehn. Der aufgeregte, zappelige David, der sich vor wütender Energie auf die Unterlippe beißt, ist pedantisch, fotografisch. Und dem Lockenonkel, der die Proserpina raubt, glaubt man keine Sinnlichkeit, alles bleibt Mimik. Neu aufgestellt aus dem Besitz der Erben Berninis war die »Veritas«, eine Arbeit aus seiner Spätzeit, ein großes nacktes Frauenzimmer, etwas fatal lächelnd, aber nicht so zugespitzt, sondern fleischig und aus warmem, gelblichem Marmor. Weitaus am besten gefielen mir die beiden Büsten des Borghese-Kardinals, in ihrer Art vollkommen, sehr sprechend und persönlich.

In der Galerie oben gibt es aber doch wieder das berühmte Dutzend von Werken, derentwegen es sich lohnt. Vor allem die beiden Tizians, die sogenannte »Himmlische und irdische Liebe« aus der Frühzeit und das Alterswerk die »Erziehung des Amor«. Das sind wirklich Gipfelpunkte der Malerei. Die »Erziehung des Amor« war mir zuerst fast noch lieber. Diese wunderbar freie, großzügige, verschmolzene, überlegene Malweise! Aber dichterischer, einziger als Ausdruck eines hoch über unsern Alltag erhobenen Lebensgefühls ist doch das Frühwerk.

Die Abendlandschaft, mit ihrer harmonischen, musikalischen Stimmung, der goldne Fleischton der Venus, ihr roter Mantel, die Reliefs auf dem weißen Marmorsarkophag — alles ist wundervoll gemalt. Tizian machte mir mit diesen zwei Bildern einen viel größeren Eindruck als mit denen in Florenz. Auch der Mönch in Schwarz und Weiß aus seiner Spätzeit ist prachtvoll.

Correggios Danae, mondän, blaß, auch in ihrer Art ein Gipfel. Das kleine Männerporträt von Raffael ist köstlich. Seine große Kreuztragung dagegen ist und bleibt ledern; selbst Wölfflin kann sie nicht retten!

Ich ging zurück durch die Via Veneto — sehr feine Gegend, üppig aufgemachte Modegeschäfte und Blumenläden! Da saßen die jungen Lebemänner und die angemalten Damen auf den breiten Trottoirs bei ihren exquisiten Getränken.

Als ich grade in meine Pension einbiegen wollte, wurde ich von einem Zivilisten angesprochen, den ich zu ignorieren suchte. Er heftete sich aber an meine Fersen und stellte sich dann als Geheimpolizist vor. Widerwillig — denn ich hatte ja ein gutes Gewissen, wozu also solche Umstände! — zeigte ich meinen Paß. Er war aber damit nicht zufrieden. Ich verstand kein Wort. Er forderte mich auf, mitzugehn. Ich dagegen forderte ihn auf, mit mir zur Pension hinaufzukommen, um den Fall aufzuklären. In den Fahrstuhl wollte er aber nicht. Er hatte wohl Angst, daß ich als gerissener Hochstapler während der Fahrt herausspringen und ihn zwischen zwei Stockwerken stecken lassen würde. Oben stellte sich heraus, daß ich den »Soggiorno degli Stranieri« für den Aufenthalt »in permanenza« nicht besaß, obwohl ich schon am 6. Oktober die Grenze überschritten hatte. Sehr verdächtig! Aber ich hatte nichts davon gewußt, daß man dergleichen braucht, niemand hatte mir was gesagt. Ich sollte gleich mitkommen zur Quästur am Palazzo Venezia. Was blieb mir andres übrig? Also wieder auf die Straße! Er führte mich auf zwei Zivilisten zu, die auch Polizisten waren. Der eine war ein vernünftiger Mann, er klopfte dem Heißsporn auf die Schulter. Ich nahm mein ganzes Italienisch zusammen und beteuerte: »Io sono un uomo molto corretto.« Nun, man wollte noch einmal Gnade für Recht ergehn lassen, aber ich sollte oggi — wohlverstanden: oggi! — noch auf die Quästur gehn und mir den Soggiorno holen, sonst würde es mir das nächste Mal dreckig gehn. Man schien hier, zwischen Quirinal, Kriegs- und Finanzministerium, wirklich etwas nervös zu sein. (Es dauerte auch nicht lange, da brach der im stillen sorgfältig vorbereitete abessinische Krieg aus.) Nach Tisch fuhr ich gehorsam gleich auf die Quästur, wo ich offensichtlich schon avisiert war.

Ich wollte mich nicht umsonst in diese Gegend bemüht haben und ging zum Pantheon. Bei solchem Wiedersehn denkt man immer: wird es halten? Nun, das Pantheon machte mir in seiner schweren Wucht fast noch einen stärkeren Eindruck als das erstemal. Die uralten runden Außenmauern, deren Fuß, freigelegt, tief unter das jetzige Pflaster reicht, die Vorhalle mit den mächtigen antiken Säulen, den edlen lateinischen Buchstaben im Giebel, die ehrwürdige, riesenhohe Bronzetüre, das harmonische freie Innenrund! Den Hauptakzent gibt ihm oben die runde Öffnung, direkt ins Universum, wo man die Wolken über den Bau wegziehn sieht. Für uns Nordländer etwas schier Unvorstellbares. Das gesammelte gleichmäßige Licht! Es ist ein schönes Aufundabgehn in diesem Raum. Ich hatte mir zur Regel gemacht, bei solchen Gelegenheiten nicht alles Einzelne anzuschaun, sondern lieber die Gesamtheit ruhig auf mich wirken zu lassen und so einen dauernden einheitlichen Eindruck mit davonzutragen. Auf das Grab Raffaels mit seiner Büste warf ich aber doch einen nachdenklichen Blick.

Nicht weit vom Pantheon steht der nette Elefant mit dem ägyptischen Obelisk auf dem Rücken. (Auch die Obelisken in Rom und ihre Standorte sind ein Kapitel für sich!) Ich betrat die Kirche Santa Maria Sopra Minerva, obwohl ich sie nicht in besonders gutem Andenken hatte. Sie ist innen gotisch, ja, die einzige gotische Kirche in Rom, aber was half mir das, wenn sie so charakterlos modern ausgemalt ist? Und Michelangelos auferstandnen Christus mit dem Kreuz im Arm konnte ich in dem Halbdunkel neben dem Chor nur erraten. Man sieht ihn viel besser im Abguß in der Akademie in Florenz. Da braucht er auch nicht aus Rücksicht auf die Frommen einen Schurz zu tragen.

Donnerstag, den 25. Oktober 1934

Heut gegen 11 Uhr – der Tag war heiß – traf ich mich mit Mollier außerhalb der Porta del Popolo, am Fuß des Pincio. Ich wollte einmal Rom von außen ansehn, nicht immer in den Straßen mich herumdrücken. Auf dem Ponte Milvio, dessen mittlere drei Bögen noch antik sind, überschritten wir den Tiber und gingen in einer prachtvollen

alten Platanenallee am lehmgelben und grünlich-grauen, wasserreichen
Fluß entlang. Ein paar Männer, so gut wie nackt, paddelten in schmalen langen Booten. Wir wollten über die Villa Madama hinauf zum
Monte Mario. Die Sonne brannte. Im Vorbeigehn machten wir dem
Mussolini-Forum für Leibesübungen einen Besuch. Achtzig überle-
bensgroße Statuen von Sportmenschen, alle in gleißendem, das Auge
beizendem Marmor stehn rundherum. Aber das war es nicht, was wir
suchten. Bald kamen wir, wie ich es mir gewünscht hatte, an einen
Acker und dann an einen ungepflegten Wald, der sich den Berg hin-
aufzog. Ein alter Feldarbeiter wollte uns zwar das Weitergehn ver-
wehren, ließ es aber dann doch geschehn. Nicht schattige, hohe Hallen
gibt es da, sondern immergrünen Buschwald, von Waldrebe und blühendem Efeu dicht durchwachsen. Steineichen mit dunkelgrünen,
glatten, lorbeerartigen Blättern und doch ganz richtigen Eichelfrüch-
ten. Nur etwas spitziger sind sie als die unsern. Dichtes Schilf, zweimal
so hoch wie wir, wuchs da, aber auf ganz trocknem Boden. Von der
mürben, gelben Erde knotete ich eine Handvoll als Andenken und als
Probe ins Taschentuch. Höher hinauf standen einzelne graue alte
Olivenbäume mit gewundnen hohlen Stämmen, weidenartig schmalen
Blättern und blauen Früchten, Feigenbäume mit nur kleinen grünen
Feigen. Diese Pflanzen sind durch ihre harte glatte Oberfläche fast
alle darauf eingestellt, möglichst wenig Wasser zu verdunsten, denn
sie müssen damit haushalten. Nirgends ein Tropfen Feuchtigkeit. Darum wirkt das Grün hier auch nicht frisch und kühl wie bei uns im
Norden, sondern trocken, grau, steif und fest. Ich nahm ein Stück gelben Tuffstein und einen merkwürdig leichten grauen Stein mit kleinen
schwarzen, glänzenden Einsprengseln — gewiß vulkanischen Ur-
sprungs — auf. Eine große Eidechse unbekannter Art huschte über den
Boden, viele Schmetterlinge flatterten, ein riesiger Heuhupfer machte
seine Sprünge. Und im Gebüsch stand ein Strauch mit »deutschen« roten Pfaffenkäppchen, wie ihn meine Tochter Ulrike eben, laut ihrer
Sonntagskarte, vom Aumeister als Strauß heimgebracht hatte.

Wir gingen in den öffentlichen Park, der — nebst einer etwas derangier-
ten Sternwarte — den Mariogipfel krönt. Der Park, glücklicherweise sehr wenig gepflegt, ist ein lichter Hain von schönen alten Pinien. Wir rasteten am Rand der Höhe und sahn auf Rom hinab, das
im Sonnendunst vor uns lag. Vorn wuchsen die vierstöckigen Vorstadt-
häuser aus dem Boden, abscheuliche Kästen wie überall. Hinter der

Peterskuppel hob sich der Janikulus. Die fernen Berge entschwanden im Licht.

Mollier erzählte, wie er 1921, bei seinem ersten Aufenthalt in Rom, vom Monte Mario aus einen großen Teil der »Prati« (Wiesen – so heißt der Stadtteil zu Füßen des Berges), besonders gegen den Ponte Milvio zu, wirklich noch als Wiesen gesehn habe. Seit einigen Jahren drängt eine wilde, geschmacklose Bauwut immer näher an den Berg heran. Er meinte, bis vor kurzem habe man über derartige Dinge in deutschen Zeitungen recht offen schreiben können. Die faschistischen Behörden seien nur bei politischer Kritik unangenehm geworden. Jetzt aber, seitdem der Nationalsozialismus sich in Italien lieb Kind machen will, seien es die deutschen Stellen, die alles in unsrer Presse verhindern, was irgendwie nach Kritik an italienischen Zuständen aussieht. Besonders schlimm muß es nach Molliers Schilderung im letzten Juni bei der Berichterstattung über das erste Zusammentreffen Hitlers mit Mussolini in Venedig gewesen sein. Da mußten endlose Tiraden vom feurigen Empfang des deutschen Staatsoberhaupts in der Lagunenstadt und von der herzlichen Begrüßung durch den italienischen Regierungschef durchtelefoniert werden. In Wirklichkeit war der Empfang von seiten der Venezianer sehr flau und der Eindruck, den Hitler auf Mussolini machte, geradezu miserabel. Mollier hat keine Lust mehr an dieser Tätigkeit. Er gedenkt, Ende des Jahres an die hiesige Botschaft zu gehn, wo ihn der hochgebildete, aufrechte Botschafter v. Hassell als Pressereferenten haben will.

Nach solchen Gesprächen stiegen wir die harte gelbe Vorderseite des Monte mit ihrer trocknen Steppenflora weglos hinab, verabschiedeten uns, und meine mir nun schon vertraute Linie EF führte mich schnell am Fuß des Pincio und der Spanischen Treppe vorbei wieder an meine Ecke bei den Quattro Fontane.

In der Pension bekam ich mein Pollo, dann machte ich mich gleich wieder auf, diesmal zum Palazzo Venezia, der Residenz Mussolinis, wo ich mir den Autobus suchte, der nach der Via Appia fährt. Das war ja *auch* ein Ausflug vor die Tore Roms! Er hielt gegenüber dem ungeheuerlichen Marmorungetüm des Nationaldenkmals, das alles überbietet, was künstlerische Ohnmacht je an materiellen Massen aufgeboten hat. Die Fahrt ging durch die antike Stadt, hinter dem Kolosseum herum, an den ziegelroten Mauern und Gewölben der Caracalla-Thermen entlang.

Bald waren wir auf der alten Via Appia, und es machte auf mich einen großen Eindruck, wieder, wie 1927, diese antike Straße zu fahren, die so überraschend schmal zwischen den Gartenmauern schnurgerade dahinzieht. Wir durchfuhren die Porta San Sebastiano, ein großes, schweres zweigetürmtes Doppeltor, das an die Porta Nigra in Trier erinnert. Die kleine Kirche »Domine, quo vadis?« ist eine Berühmtheit, die aber doch alle Mitfahrenden lieber auf sich beruhen ließen, anstatt sich ihretwegen die Unbequemlichkeit einer Fahrtunterbrechung zu machen. Beim Tor der Calixtus-Katakombe ging ich den Zypressenweg entlang und bekam wie damals mit der Eintrittskarte zugleich meine Wachskerze in die Hand. Ich hatte einen Führer ganz für mich, da sonst kein deutscher Besucher da war. Ich fragte nach seinem Herkommen. Er stammte aus Ungarn, machte einen bäuerischen Eindruck und hatte einen harten, groben Schädel. Er ging mir mit seinem brennenden Wachsstock voraus, ich mit meinem Lichtlein hinterher. Wir stiegen die schmale tiefe Treppe hinunter, die in den weichen braunen Tuffstein gehauen ist, und waren unter der Erde. Ich freute mich, diese Wanderung durch die hohen schmalen Gänge mit den flachen Grabnischen zu beiden Seiten nochmal machen zu können. Die Toten wurden ohne Sarg hineingelegt und die Nische dann mit einer Steinplatte luftdicht verschlossen. Fragmente von Marmortafeln sind in die Wände eingelassen mit eingeritzten Inschriften und symbolischen Bildern: Taube, Anker, Fisch. Am Fresko des Abendmahls, an einer Nische mit dem Brustbild Christi, an einem Oranten vorüber. In einer Sakramentskapelle die Taufe Christi. Plötzlich stießen wir auf einen Installateur, der auf einer Stehleiter elektrisches Licht durch die Gänge legte. Nächstens wird man also auch hier nur noch knipsen. Dann gibt es keine Wachskerzlein mehr. Schade! Wir sahen einen Sarkophag mit dem Guten Hirten, mit Hund und Schafen. Einen andern mit vielen Geschichten in abgekürztester Form, z. B. Noah in der Arche mit der Taube, die Hochzeit zu Kana, die Auferweckung des Lazarus. Dazwischen gingen wir immer die langen dunklen Gänge kreuz und quer, manchmal hörten wir von weitem eine andre Partie, eine französische, oder begegneten ihrem Lichtschein. Dann wieder auf einer Marmorplatte eingeritzt ein Mädchen mit einer Taube, daneben stand ΕΙΡΗΝΗ, Frieden. In der berühmten Nische der heiligen Cäcilie mit ihrer am Boden liegenden Marmorgestalt von Maderna hielt der Führer eigens den Wachsstock so, daß

ich den Schnitt des Henkers am Hals sehn sollte. Welcher Publikums-
effekt! Ich hätte lieber mehr Fresken gesehn. Vor denen, die gezeigt
werden, ist meist ein störendes Gitter. Die Besichtigung war leider
beendet, lange ehe mein Kerzlein ganz heruntergebrannt war.

Nun wartete ich an der Straße geduldig auf den nächsten Autobus, der
mich weiter zum Grabmal der Cäcilia Metella hinausbringen sollte.
Dessen Zinnen sah ich schon in der Ferne.

Als ich nun wieder vor dem mächtigen runden Grabmal stand, war es
mir überraschend, daß es im Mittelalter wirklich zu einem Burgturm
umgewandelt worden war und daß die dazugehörige Burg noch ziemlich wohlerhalten unmittelbar danebensteht. Die Straße steigt an, sie
macht eine Stufe, und das war eine gute Lage für eine Burg. Sie kann
den wichtigen Zugang zu Rom nach Belieben sperren.

Zunächst ging ich aber die Via Appia noch ein gutes Stück weiter hinaus, an ärmlichen Osterien und an den Resten andrer Grabmäler vorbei. An diese haben sich arme Leute angebaut. Da gab es groteske
Bilder! Durchlöcherte Wände, Tore ohne Türen, zerbrochene Treppenstufen, zersprungene Fensterscheiben, zerschlagene Töpfe, zerrissene Tücher, zerlumpte Kinder – und die Farben ihrer Kostüme, in
allen Nuancen schillernd, hundertmal geflicktes Rosa und Braun und
Gelb! Und das vor den Toren Roms, an einer Straße, welche die ele-
gantesten Autos entlangfuhren!

Die Via Appia ist ein Damm, infolgedessen sah ich auf beiden Seiten
weit in die berühmte Campagna hinein. Große Pinien standen dunkel
am Wege. Das antike Pflaster mit seinen buckligen, vieleckigen Lavasteinen wird noch heute befahren. In der Ferne ziehn in großartigen,
oft unterbrochenen Bogenreihen die Aquädukte entlang. Endlich
kehrte ich um und trat nun näher an das Grabmal heran, dem Aufseher zur Freude, der nicht viel Zuspruch hatte. Er zeigte mir in einer
Ecke des Burgbaus gleich seine Hauptnummer, den Sarkophag Sene-
cas, »Professore di Nerone!« rief er mit Pomp aus. Aber das verlangte
ich ja gar nicht! Das war entschieden zuviel! Das war ja so, als wenn
man einem im Teutoburger Wald gleich den Humpen Hermanns des
Cherusker zeigen wollte! Aber die Burg mit ihren Schwalbenschwanzzinnen war auch ohne das sehr interessant. (Sicher hatte auch mein Vater diese Räume abgeschritten!) Und die Mauern des runden leeren
Grabmals, in das man hinabsehn konnte, waren sieben Meter dick.
Sie hatten oben noch den schönen weißen Marmorfries von Frucht-

Gertrud Piper-Engling.
Pregelhafen mit der Alten Königsberger Universität. 1910

Olevano, von der Casa Baldi aus gesehn
Zeichnung von Reinhard Piper

Selinunt. Die wiederaufgerichteten Säulen des Hercules-Tempels

Das Theater von Taormina, im Hintergrund der Ätna

Artemis läßt den Jäger Aktäon von Hunden zerreißen
Metope aus Selinunt. Palermo, Museum

Musikabend im Verlag. Federzeichnung von Theodor Fischer. 1931

Piper-Bücherei-Ausstattungen von Gerhard M. Hotop

Verlagsalmanach-Einbände
1914: René Beeh. 1924: Max Beckmann. 1929: E. R. Weiß
1935: Verlag. 1939: Olaf Gulbransson. 1954: Emil Preetorius

R. Piper & Co. • Verlagsbuchhandlung

(Inhaber: Reinhard Piper und Georg Müller)

München und Leipzig

München, den 10. Juni 1904
Königinstraße 3a.

Lieber Winckel!

[handschriftlicher Brieftext, weitgehend unleserlich]

Reinhard Piper an Richard Winckel. 1904

Aus unveröffentlichten Aufzeichnungen
von Reinhard Piper. 1941

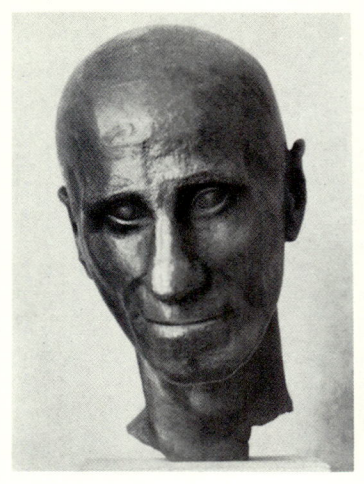

Ernst Buschor

Wilhelm Worringer

Richard Benz

Wilhelm Hausenstein

Max Dvorak

Ernst Penzoldt

Ludwig Thoma

Bruno Brehm

Aldous Huxley

Stefan Andres

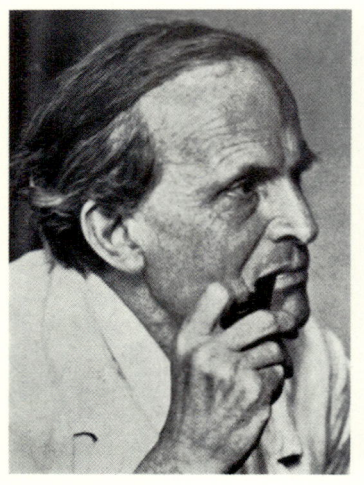

Georg von der Vring

Hans Egon Holthusen

Karl Jaspers

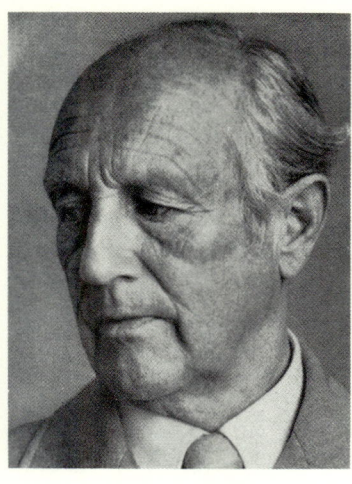

Emil Preetorius

Joseph Gregor

Alfred Weber

Hans Cloos

Paul Eipper

Heinrich Spoerl

Alexander Spoerl

Mit den beiden Söhnen Klaus (rechts) und Martin (links).
Herbst 1950

Ulrike Piper

girlanden und Stierschädeln. Damals machte man sich mit einem Grab noch mehr Mühe als heute. Sechs weiße Stiere, je zwei zusammengebunden, mit langen gelben Hörnern, trabten schwer die Straße entlang. Es wurde dämmrig, ich fuhr zurück.

Freitag, den 26. Oktober 1934

Diesmal wollte ich in die Galleria Doria eindringen, die bei unserm ersten Aufenthalt nicht zugänglich gewesen war – natürlich vor allem wegen des Papstbildnisses vonVelazquez. Es ist nicht ganz einfach, die bescheidene Bediententreppe auf der Rückseite zu finden, die zur Galerie hinaufführt.

Die Räume sind reizend: vier lange schmale Galerien mit vielen Fenstern um einen Säulenhof. Den Fenstern gegenüber hängen die Bilder, dicht an dicht gedrängt wie in alten Zeiten, wo die Bilder die Wände völlig bedeckten. Die gewölbten Decken sind mit kleinfigurigen Grotesken munter bemalt, meist in Blau und Rot. Es sind die alten Gesellschaftsräume – noch mit Barockatmosphäre. Ich hatte das schöne Gefühl, daß es eine kleine Galerie ist, mit der man ohne Übermüdung fertig werden wird. Beruhigt sagte ich mir: Du wirst schon noch zu dem Velazquez kommen, nur keine Eile! Zuerst sah ich die »Flucht nach Ägypten« in der großen Landschaft mit der Burg von Annibale Carraci, ein überraschend gutes Bild, das auf die spätere Landschaftsmalerei Claude Lorrains und Poussins großen Einfluß hatte. Von Claude selbst die »Mühle« mit dem tanzenden Paar und dem Wasserfall und den gelbgrauen »Sonnenaufgang« mit dem Apollo-Tempel, in der Mitte der große Baum gegen das Licht. Beide Bilder sind schön und wohltuend, aber die beiden Münchner eigentlich schöner.

In einem kleinen Eckkabinett hängt also wirklich der Innozenz von Velazquez, allein für sich, wie es sich geziemt. Keine Erwartung kann zu hoch gespannt sein! In glücklichster Stunde geschaffen, so frisch wie heute gemalt. Überraschend die starke Farbe: das lebhaft gerötete Gesicht, die blauen sprechenden Augen, der blonde, angegraute, schüttere Bart. Es dominieren die vier Farben: die verschiedenen Rot des Gesichts, der Kappe, des Überwurfs und des Polsters der Stuhllehne; das gelbliche Weiß des Kragens, der Ärmel, des Rocks und des Briefs; das Gold der Lehne; das Braunrot des Vorhangs. Wie das Rot der Lippen sich vom Rot der Gesichtshaut unterscheidet! Wie mit jedem Farb-

strich zugleich die Form gegeben ist! Alles mit der Lebhaftigkeit des
ersten Impulses. Der Ausdruck ist gar nicht so grimmig oder scharf,
wie man immer schreibt, sondern vor allem ungeheuer natürlich. Dieser Mann brauchte sich kein »Air« zu geben. Das tun nur die, die erst
etwas aus sich machen müssen. Bei den allerhöchsten Herrschaften
geht es wieder ganz natürlich zu. Nur dazwischen ist eine Schicht, die
repräsentieren muß. Als der Papst sich malen ließ, ist er sicher rasch
und ungezwungen ins Zimmer gekommen, hat mit dem Maler ein
paar schnelle, gar nicht förmliche Worte gewechselt, sich hingesetzt,
und Velazquez hat gemalt – beschwingt, jeder Pinselstrich von Glück
begünstigt. Man muß die *Farbe* sehn! Dies Rot in Rot. Die andern
Maler in dieser Galerie sind brave Leute, man soll ihnen ihr Vergnügen lassen.

Von demselben Papst ist übrigens noch eine Büste Berninis da, ein
Bronzekopf, in farbigen Marmor eingelassen. Sehr interessant, phra-
senlos und gegenständlich. Notabene: der Papst entstammte derselben
Familie, der der Palast noch heute gehört, es sind einfach »alte Familienbildnisse«.

Vergnügen machte mir die Kopie Poussins nach dem antiken Fresko
der »Aldobrandinischen Hochzeit«, aber wie weit entfernt vom Original im Vatikan!

Die letzte Viertelstunde saß ich ganz allein vor dem Papst und
schaute.

Nach Tisch fuhr ich über die schmale Tiberbrücke mit den weißen
Marmorengeln zur Engelsburg, dem ungeheuren, runden Grabmal
Kaiser Hadrians zu, das 139 v. Chr. fertig wurde. Unten die riesen-
haften leeren Hallen, in denen die Kaiser beigesetzt waren. Obenauf
ist später ein ganzer Palast mit Höfen, Treppen, Sälen und Umgängen
gebaut worden. Völkerwanderungs- und Renaissancezeit mit ihren
Stürmen hat dieser Bau überstanden. Man hat die Geschichte bei Ben-
venuto Cellini gelesen, wie der Papst sich hier ins innerste Mauseloch
zurückzog, während die Soldaten Karls V., die deutschen Landsknechte
voran, sein Rom plünderten. Der Bau ist konzentrierte Geschichte. Da
hatten nun römische Kaiser ihr Grabmal errichtet und, damit ihre
Gebeine recht sicher liegen sollten, die Mauern unmenschlich dick gemacht. Aber ihre Särge sind längst ausgeraubt und die Gebeine in alle
Winde zerstreut. Das Loch ist leer, nur die dicken Mauern stehn noch
da. Man hatte sie von Anfang an so dick gemacht, daß man sie noch

fünfzehnhundert Jahre später nicht zusammenschießen konnte. Deshalb setzte sich Papst Clemens VII., als das Heer des katholischen Kaisers Karl V. im Jahre 1527 in die Stadt eindrang, da hinein. Er war über den langen gedeckten Gang vom Vatikan her dorthin geflüchtet. Er hörte draußen das Krachen und spürte, wie die Steine vibrierten. Es war ihm sehr kritisch zumute. Hielten die Mauern? Konnte er sich insgeheim ins Fäustchen lachen? Die Kugeln kamen zwar nicht durch, die Mauern waren zu dick, aber schließlich mußte er doch kapitulieren und wurde von kaiserlichen Reitern verkleidet nach Orvieto abgeführt. Rom wurde mit Mord und Totschlag wochenlang aufs schrecklichste geplündert.

Das Schönste an der Engelsburg ist für uns Heutige die Rundsicht von der Plattform oben über ganz Rom und die Hügel. Zu Häupten des Betrachters steht der Bronzeengel, der sein Schwert in die Scheide zurückstößt. Zwei Aufseher saßen da auf einer Steinbank in der Sonne und studierten an einem Kreuzworträtsel. Wie viele Türme und Kuppeln! Und Borrominis reizender kleiner Spiralturm von St. Ivo – mein Liebling – quirlt sich auch dazwischen in die Höhe.

Schließlich mußte ich mich losreißen und schritt die flache, breite, päpstliche Treppe hinab, die die leeren Grabkammern durchquert.

Nun nochmals nach St. Peter, zum drittenmal bei diesem Aufenthalt. Durch die enge proletarische Straße. Plötzlich finde ich mich innerhalb des weiten Kolonnadenrings, vor den beiden plätschernden Brunnen, dem Obelisk, der breiten Fassade und der nie genug zu preisenden Kuppel. Dieser Platz, diese Vorbereitung auf den Bau, ist ohnegleichen. Aber schon als junger Mensch, als ich zum erstenmal eine Abbildung dieser Situation sah, befremdete es mich, daß rechts dicht daneben der Vatikan so viel höher war als die Peterskirche. Dadurch kam mir diese wie eingesunken vor, und zu Kirchen soll man doch hinaufsehn! Der überhöhte Vatikan störte mir das Bild. Er hätte nicht so hoch sein dürfen und von oben auf die Kirche drücken.

Der Platz aber ist einzig. Etwas wie diese Kolonnaden gibt es sonst nicht wieder. Ein genialer Einfall! Und daß überhaupt aus St. Peter ein solches Ganzes geworden ist, nachdem hundertfünfzig Jahre hindurch von so vielen daran herumgebaut wurde! Beim Errichten der Kuppelpfeiler dachte ja noch niemand an *diese* Fassade und *diese* Kolonnaden! Es ist eins nach dem andern dazugekommen und doch ein Ganzes daraus geworden! Und es ist natürlich dumm und unmöglich, sich als

moderner Zwerg nun davor hinzustellen und irgend etwas »tadeln« zu
wollen. Und doch! Warum soll ich nicht sagen, was ich mir denke?
Warum soll ich nicht mein Qualitätsgefühl üben? Ich habe Tage, wo
mir St. Peter ungeheuer imponiert, und ich bin immer glücklich, wenn
ich auf diesem Platz stehn darf. Ich habe aber auch Tage, wo ich gegen
St. Peter sehr viel einzuwenden habe, auch wenn ich mir vergegen-
wärtige, daß ich ungerecht und vorlaut bin. Aber es ist nun einmal
eine Haupterkenntnis meines Lebens: »Die Masse tut es nicht.« Und
St. Peter ist vor allem Masse. Ein Blatt aus dem Totentanz Holbeins
kann hundert haushohe Fresken aufwiegen. An solchen Tagen möchte
ich zum Beispiel sagen: Die Fassade ist zusammengestückt, man hat links
und rechts immer noch etwas drangesetzt. Die Mitte kommt deshalb nicht
mehr zur Geltung, der Dreiecksgiebel dort ist wirkungslos geworden.
Die Eckstücke links und rechts mit den Löchern der Durchfahrten waren eigentlich als Unterbauten für Ecktürme gedacht. Aber diese Türme
sind bekanntlich nicht gebaut worden, das heißt: es wurde nur einer
ausgebaut, und der wurde, weil das Fundament sich senkte, wieder abgetragen. Die Fassade ist also gar nicht so breit gedacht, wie sie jetzt
dasteht. Sie hat die Beziehung zum Innenraum verloren. Die Kuppel –
das ist eine alte Geschichte – steckt für den Anblick vom Platz aus zu
tief drin, sie sitzt zu weit hinten, weil man den einen Kreuzarm nachträglich nach vorn verlängert und aus dem Zentralbau Bramantes und
Michelangelos ein Langhaus gemacht hat. Die Kuppel wirkt ganz,
wie sie soll, nur aus größerem Abstand.

Und innen läßt mich die Peterskirche kalt. Auch nicht der Hauch
eines religiösen Empfindens weht mich in ihr an. Sie ist groß, groß
und nochmal groß. Alles ist hier größer als anderswo. Man kommt
aus der einen großen Halle in die andre und so fort. Die Seitenkapel-
len sind für sich schon große Kirchen mit Kuppeln. Man könnte aus
der Peterskirche zehn Kirchen machen. Auch hier wird man der Quantitäten müde! Das Raumerlebnis in St. Peter erinnert mich, ohne daß
ich es will, an das im Mailänder Bahnhof. Auch der ist größer als alle
andern.

Man geht in St. Peter herum, und der Blick trifft überall auf Öde. Alle
Bauglieder, alle Formen sind ins Unmenschliche ausgeweitet und aus-
gerenkt. Die Rillen in den Pfeilern sind zehnmal so breit wie normale
Rillen. Die Proportionen sind gar nicht mehr auf den Menschen bezogen. Darum fühlt sich der Mensch darin so verraten und verkauft.

Die Plastiken sind riesig, aber dafür von einer haarsträubenden Leere. Sie sind auch gar nicht um ihrer selbst willen da, sondern es mußten einfach so und so viele Dutzend Nischen mit Plastiken gefüllt werden. Dieser Longinus mit der Lanze steht da wie ein Flegel. Das marmorne Schweißtuch, das die heilige Veronika wildbewegt schwenkt, ist so groß wie ein Tischtuch für zwölf Personen. Vor all diesen krampfhaften Gesten, dieser aufdringlichen Mimik, die den Betrachter aus einer Ecke in die andre hetzt, weiß man sich kaum zu lassen. Auch die Papstgrabmäler mit ihren allegorischen Gestalten sind nichts als Mimik. Die Altarbilder bunt und hohl. Selten gibt es ein solches Mißverhältnis zwischen äußerm Aufwand und innerm geistigem Gehalt.

Das einzige Kunstwerk in der ganzen Peterskirche ist die Pieta Michelangelos, und die versinkt spurlos. Sie mußte in ihrer Kapelle viel zu hoch angebracht werden, weil man sie sonst gar nicht gefunden hätte.

Alles in der Kirche ist Dekoration, und damit kommen wir in das richtige Fahrwasser: dekorativ ungemein wirksam, ein Genieblitz, ist Berninis goldner Tabernakel unter der Kuppel mit seinen gewundnen Säulen — und grade diesen findet Burckhardt »entsetzlich«! — und ebenso wirksam hinten im Chor die Cathedra Petri unter dem gelben Lichtgeschmetter. — Man geht in der Peterskirche auf und ab. Warum nicht? Es ist wirklich ein origineller Ort zum Spazierengehn. Neun Zehntel aller Leute, die da sind, sind nur zum Spazierengehn hergekommen. Ein paar Menschen knien zwar an der Confessio, andre aber sehn gelangweilt über dasselbe Gitter auf das Grab Petri hinab. Ein Geistlicher hockt sich auf eine Marmorrampe und läßt die Beine baumeln. Ein Tourist geht hin und her, die Hände in den Taschen seiner Knickerbocker. An einer Stelle wird gehämmert, neue Marmorplatten werden gelegt. Arbeiter schieben Schubkarren mit Baumaterial durch die Hallen. Die Fremdenführer treiben ihre Schwärme vor sich her, halten laut auf englisch, französisch und deutsch ihre Vorträge. Die Meterzahlen spielen dabei eine Hauptrolle.

Zweifellos — wir Deutschen treten an die Peterskirche mit falschen Voraussetzungen heran. Sie ist kein Andachtsraum, hat nichts Metaphysisches wie unsre nordischen Dome. Sie will in erster Linie imponieren. Wie die Kirche über alles triumphiert, so triumphiert dieser Bau über alle Bauten. Die Peterskirche ist ein Raum für festliche Repräsentation, sie ist der Rahmen für Massenaufmärsche. Die Kirche hat ihre Massen schon viel früher aufmarschieren lassen als der Staat.

Heimfahrt! Bei Borrominis Oratorium mit der schwingenden Fassade stieg ich aus. Aber leider konnte ich in das Oratorium selbst nicht vordringen. So suchte ich mir wenigstens hinten herum die Piazza del Orologio mit dem kapriziösen Uhrturm, der in eine Spitze aus Eisenstangen ausläuft. Gebogene und verflochtene Stangen zeichnen mit ihren Linien die Turmspitze in die Luft. Aber, wie abscheulich: durch Anbringung einer modernen bunten Mosaikmadonna und einer Uhr mit buntem Mosaikzifferblatt ist der ganze Turm verschandelt. Für Borromini, der diese Welt freiwillig verließ, weil es ihm darin nicht mehr gefiel, kann das kein besondrer Anreiz sein, zurückzukehren. Er hat auch nach dem Tode kein Glück.

Auf dem Heimweg ging ich wieder einmal die neue Via del Impero entlang, auf das Kolosseum zu. Dazu muß man zuvor an dem kreideweißen Nationaldenkmal vorbei. Und da bittet man dann St. Peter alles, alles ab, was man je dagegen zu sagen wagte. Neben diesem schreienden Riesenprodukt der Impotenz ist St. Peter ein göttlicher Bau, edel und von Geist durchdrungen bis in den letzten Winkel.

Palestrina und Olevano

Mit einem jungen österreichischen Maler, den ich bei Prof. Zimmermann kennengelernt hatte, beschloß ich, am Sonntag, dem 26. Mai 1934, einen Tagesausflug nach den kleinen alten Städten Palestrina und Olevano, südlich von Rom, zu machen. Als ich auf den Bahnhof kam, stand der schlanke dunkelhaarige Mann mit seinem Malstühlchen, Aquarellkasten und Skizzenblock schon da. Alle Wagen waren vollgepfropft, nicht von Touristen, sondern meist von kleinen Leuten, die wohl draußen Verwandte besuchen oder Geschäfte abwickeln wollten. Die Italiener machen keine »Ausflüge«.

Die Bahn fuhr an der mächtigen Porta Maggiore vorbei. Im Flug sah ich das mit seinen Röhren etwas komisch wirkende Grabmal des Bäkkers Eurysaces. Durch dies Grabmal hat er es aber doch dahin gebracht, daß man neben den vielen römischen Kaisern, Feldherrn, Dichtern und Philosophen auch eines Bäckers gedenkt.

Nun ging es hinaus in die Campagna. Die langen Bogenreihen der Wasserleitung, Getreidefelder, Heide mit Schafherden und weidenden

Pferden. Leise Bodenwellen. Zu beiden Seiten im leichten sonnigen Dunst die Berge. Wir fuhren zwischen den Albaner Höhen mit Frascati und den Sabiner mit Tivoli zur Linken hindurch in die breite Talsenkung hinein. Viele kleine Stationen. Die Berge wurden immer höher und zugleich schärfer sichtbar.

Zum erstenmal sah ich das *grüne* Italien, darin verstreut viele Blumen, vor allem brennend roter Mohn, gelber Ginster und lila Disteln.

Palestrina, das alte Präneste der Römer, zieht sich mit seinen grauen Steinwürfeln den Berg hinauf, hoch über ihm auf der felsigen baumlosen Kuppe die Rocca mit dem Dorf S. Pietro und der alten Burg. Wir zwei sagten sogleich wie aus einem Munde: »Da werden wir hinaufsteigen!« Ich freute mich, daß ich einen Begleiter hatte, der nicht erst Betrachtungen anstellte, ob es wohl zu heiß oder zu mühsam sein könne.

Am Bahnhof drängte sich uns ein Palestrinese als Guida auf, ein kraushaariger dunkeläugiger Dreißiger, die graue Sonntagshose in frischen Bügelfalten. Wir wiesen ihn ab, wir wollten ja auf eigne Faust Entdeckungen machen. Die Straße in die Stadt führt aufwärts zu einem Tor mit Schwalbenschwanzzinnen. Dahinter sahen wir gleich ein Stück etruskischer Mauer aus großen vieleckigen Blöcken. Die lange Hauptstraße Via Roma führt am Berghang entlang. Alle Querstraßen aber sind keine Straßen, sondern steile, gewundene Steintreppen. Die Läden standen offen. Großes Sonntagsleben. Zeitungsverkäufer rannten die Straße entlang und schrien ohrensprengend.

Auf dem großen Platz an der Hauptkirche steht das weiße Marmorstandbild des großen Kirchenkomponisten Pierluigi Palestrina, der 1525 hier geboren wurde. Seine Gestalt ist uns Heutigen durch das gewaltige Musikdrama Pfitzners nahegerückt. Ich erlebte 1916 in München unter Bruno Walter die Uraufführung des ergreifenden einzigartigen Werkes. Musik von Palestrina selbst ist nur selten zu hören, doch habe ich zu Hause eine schöne Platte mit dem Benedictus aus der »Missa Papae Marcelli«, an dessen ruhig dahinfließender Melodieführung ich mich oft erbaue.

Das Denkmal steht vor riesigen Hauswänden, in denen alte Bögen und Säulen vermauert sind. Sie gehören wohl zu dem ausgedehnten antiken Tempel der Fortuna, über dessen ehemaligen Terrassen sich fast die ganze Stadt erhebt. Man glaubt, daß der Tempel einmal eine der prächtigsten Anlagen der gesamten alten Welt gewesen sei.

Wir gingen die Straße weiter, ich kaufte in einer Cartoleria Ansichtskarten und unterrichtete mich auf diese Weise, was es in Palestrina zu
sehn gab. Über den Michelangelo, von dem Professor Zimmermann
sprach, dachte ich sehr skeptisch. Ich hatte nie etwas von ihm gehört.
Wie sollte eine Pieta von Michelangelo in dieses kleine Nest gekommen
sein? Nun überzeugte mich die Ansichtskarte, obwohl sie schlecht gedruckt war, auf den ersten Blick. Hier gab es außerdem einen Palazzo
Barberini und darin, wie ich sah, ein großes Mosaik, auch aus dem
Fortunatempel. Plötzlich griff ein Arm über meine Schulter. Der
Guida! Er war uns leise gefolgt, steckte mir Karten in die Hand, die
ich gar nicht haben wollte, nahm dienstfertig die Seidenpapiere da-
zwischen weg, kurz, er wollte uns zeigen, wie unentbehrlich er sei.
Aber wir ignorierten ihn.

Da wir so früh aufgestanden waren, sagten wir uns: ein kleines Ga-
belfrühstück wäre jetzt an der Zeit. Wir schwenkten in die Trattoria
di Barlaam am Corso Pierluigi ein. Es saß sich da unter der Pergola
wunderschön. Palmen und Tannen, zwei Bäume, die sonst selten bei-
sammenstehn, gaben Schatten. Wir waren die einzigen Gäste. Gelber
Wein, an Ort und Stelle gewachsen, Schinken und Käse, lockeres
Weißbrot: wir ließen es uns schmecken.

Nun im Zickzack die Stiegen hinauf. Aus der »modernen« Sphäre der
Hauptstraße kamen wir zurück ins Mittelalter. Die Häuser wurden
immer höhlenartiger. Eselreiter, Frauen mit Wassergefäßen auf dem
Kopf begegneten uns. An einer Kirche glaubten wir uns schon am
Ziel, es war aber erst San Antonio. Ein Mann zeigte uns den Weg nach
Santa Roselia, darin sollte der Michelangelo sein. Geschlossen. Der Mes-
ner sollte um die Ecke wohnen. Nicht zu Hause. Aber eine Frau führte uns
statt dessen zunächst einmal in den Palazzo Barberini. Ein verfallener
Brunnenhof, in den Nischen standen Göttinnen ohne Kopf. Im Palazzo
zeigte uns die Frau drei riesige Räume mit braunen Balkendecken.
Das Mosaik aus Hadrianischer Zeit ist sehr groß, ein ganzes Bilderbuch des Lebens am Nil mit Booten, Rebenlauben, mit musizierenden
Gesellschaften, Reihern, Flußpferden, Vogeljagden, Lotosblumen und
vielem andern. Außerdem gab es da allerlei Altertümer, Altäre, etruskische Spiegel, Steinsarkophage, alles hier in Palestrina selbst zutage
gekommen. Ein sehr flott und schmissig ausgemalter Saal in Gelb und
Rot, vielleicht von 1550, mit vielen Putten und Karyatiden. Wir traten auf den Balkon hinaus. Ein Halbrund mit vielen steinernen Sitz-

reihen lag uns zu Füßen – ein altes Theater. Die Palastfassade ist um dies Halbrund herumgebogen. Eine wahrhaft beglückende Aussicht auf das grüne Tal des Sacco zwischen den Albaner und den Volsker Bergen, auf Valmontone und in die Richtung des Meeres. Der Palazzo ist noch heute im Besitz der Barberini. Wie anders sah das hier aus, als er noch von Leben erfüllt war. Jetzt wirkt er nicht nur verlassen, sondern sogar vergessen.

Nun zurück zur Kirche Santa Roselia. Da stand wieder unser so oft verschmähter Guida. Er wußte, daß jeder, der nach Palestrina kommt, hierher muß; drum hatte er hier Aufstellung genommen. Nun kam er doch noch zum Zug. Er nahm mit suggestiver Geste der Frau den Schlüssel ab und schloß neben der abgebröckelten Barockfassade eine kleine enge Tür auf. Durch einen schmalen Gang führte er uns in die weiße Grabkapelle der Barberini. Drei schmucklose Särge. Als Altar Michelangelos Pieta. Der Leichnam Christi wird mit hintenüberhängendem Kopf und am Boden schleifenden Beinen, von zwei Frauen gestützt, dem Beschauer entgegengehoben. Die Gestalten wirken überlebensgroß. Ungeheuer wölbt sich der herkulisch breite Brustkorb nach vorn. Der rechte Arm hängt schlaff herab. Eingesunkene magere Weichen. Ein sich spannendes schräges Schamtuch. Doch fern von jedem Naturalismus. Alles groß zusammengefaßt, nicht gleichmäßig durchgeführt, die stützenden Gestalten zum Teil nur angehauen. Eines jener Werke, die weltberühmt wären, wenn sie an einem vielbesuchten Orte stünden. Und doch ist es schön, daß man sich Mühe machen muß, um zu ihm zu gelangen.

Die Gruppe steht in einer Nische. Um die Wirkung zu erhöhn, hat man oben und zu beiden Seiten einen schauderhaften Vorhang aus weißem Gips davorgehängt, so, als ob er eben zur Seite gezogen wäre. Welch ein Einfall! Die Gruppe ist direkt aus dem hier anstehenden Gestein gehaun. Der Guida zeigte uns die Felswand hinter der Kapelle. (Inzwischen ist, wie ich erfuhr, das Werk nach Florenz geschafft und in der Accademia dei Belle Arti im selben Raum mit dem David und den vier unvollendeten Gefesselten aufgestellt.)

Der Guida wollte uns – kühn geworden – nun auch noch auf die Rocca hinaufführen. Er entriß mir den Schirm, dem Maler sein Malzeug. Aber das ging uns zu weit. Ich entlohnte ihn – auf den Rat des sparsamen Malers – mit eineinhalb Lire. Er war damit zufrieden. Auf diese Einnahme hatte er drei Stunden gelauert. Aber seine Zeit ist nicht kostbar, er würde ja sonst auch herumgestanden sein. Nun hatte er noch etwas damit verdient.

Wieder Steintreppen hinauf. Auf einer kleinen ebenen Stelle spielten Buben Boccia. Zwei rauften sich mörderisch um eine Kugel. Der Rotz rann ihnen dabei aus der Nase. Frauen lachten. Nun kamen wir auf die Landstraße. Sie macht viele Kehren. Schattenlose Sonnenglut. Ein Kuckuck rief. Eidechsen liefen über den Weg. Sechs Wäscherinnen schlugen an einer Quelle unter einem Blechdach eifrig ihre Wäsche. Eine von ihnen rief ihren vierjährigen Bengel mit dem pompösen Namen Othello. Etwas weiter hin saß der Pfarrer am Straßenrand und las in seinem Brevier. Immer noch eine Kehre. Endlich waren wir oben. Wir gingen unter der Brücke zur Burg hindurch und freuten uns über das kleine Stückchen Schatten, in dem wir rasteten.

San Pietro ist eine kleine einsame uralte Siedlung. Mist bedeckt die Straßen, sie werden wohl nie gefegt. Eine verfallene Kirche, ein Rathaus mit einem Schild »Telefono«. Wir wurden von den paar Menschen durchdringend angestarrt. Schweine, Hühner und Esel querten die Straße. Eine Frau stand breitbeinig da, zwischen ihren Füßen durch sahen wir im Heraufsteigen den graublauen Himmel. Sie hütete ein Schwein. Ein verhungerter schwarzer Hund schnupperte herum. Nach einigem Suchen fanden wir eine ärmliche Trattoria. Sie nennt sich Belvedere. Blaue Schwertlilien standen im kleinen Garten, aber wir setzten uns ins Zimmer, denn nach so viel Sonnenbrand tut die Kühle wohl. Es war kahl wie ein Warteraum auf einem kleinen Bahnhof. Wir ließen vino bianco, pane und formaggio kommen. Von dem Käse gaben wir einer verhungerten Katze ab. Sie schrie wie wahnsinnig. Die Kunde, daß Fremde das Castello sehn wollten, hatte sich blitzartig verbreitet. An jeder Ecke stand jemand, der uns den Weg zeigen wollte. Ein alter Mann mit rissigem Hals übernahm die Führung.

Wir überschritten die wacklige Holzbrücke. Früher war da wohl eine Zugbrücke. Über dem Torbogen ist eine Marmortafel angebracht, welche besagt, daß hier Jacopone da Todi in den Jahren 1298 bis 1303 eingekerkert war. Darüber das Wappen des berühmten Geschlechts der Colonna: eine Säule. Jacopone war der Dichter unter den Franziskanern. Als wandernder »Narr in Christo« schuf er spielmannhaft erlebte Lieder. Von ihm stammt der Text des Stabat mater. Er war unerbittlicher Gegner des Papstes Bonifaz VIII. Dieser zerstörte Palestrina und setzte den Mönch hier oben gefangen.

An den Burgmauern wucherte frisch und dunkelgrün der Efeu. Die Türme sind nicht mehr besteigbar. »Prigione!« schrie unser Führer, während wir an einem dunklen Loch vorbeigingen. Vom Palast inmitten des Burghofs ist nur noch das unterste Gewölbe erhalten; es ist fast zu einem Hügel geworden, der von Blumen und Sträuchern überwachsen ist. Wir kletterten hinauf. Dies ist die höchste Stelle. Wir waren hier, nicht weit vom Meer, 752 Meter hoch. Unser Mann erklärte uns mit Begeisterung die Aussicht. Er hatte im Burghof sein Kartoffelfeld und seinen Salat, also war dies seine Burg und seine Aussicht. Sie ist wirklich begeisternd. Aber er strengte sich vergeblich an. Wir verstanden zwar etwas Italienisch, aber sein Palestrinensisch verstanden wir gar nicht. Die Aussicht ist hier noch viel umfassender als vom Palazzo Barberini aus. In zwei Richtungen erscheint am Horizont leicht verschleiert das Meer, nach Anzio und nach Ostia zu. Das grüne Tal zu unsern Füßen ist übersprenkelt mit vielen kleinen Ortschaften. Die Berge um uns aber sind von erschreckender Kahlheit und Öde. Noch höher als unsre Burg liegt drüben das Felsennest Rocca di Cave. Von Palestrina selbst ist nichts zu sehen. Die Krümmung des Bergabhangs verbirgt es uns.

Nachdem wir uns sattgeschaut, stiegen wir ohne Weg geradeaus hinab. Wir hätten da genagelte Stiefel gut brauchen können. Die kurzgrasigen Hänge waren mit Blumen übersät. Wir glaubten uns auf einer Alm. Nun kamen wir umgekehrt aus der ganz armen Gegend in immer menschlichere hinab. Die Hauptstraße wirkte schon fast üppig. Der Zug, mit dem wir nach Olevano wollten, ging um drei Uhr. Es war gerade noch Zeit, an der Piazza Maria degli Angeli im Freien eine Tasse Kaffee zu trinken. Im Rücken hatte ich wieder die etruskische Mauer. Der Maler setzte sich auf sein Stühlchen unter eine blühende Akazie und machte ein Aquarell in kräftigen Farben, umdrängt von Menschen. Solange an einem Bild gemalt wird, interessieren sie sich dafür. Wenn es fertig ist, nicht mehr.

Die Bahnstation von Olevano liegt in der Ebene, die Stadt sechs Kilometer entfernt auf dem Berg. Der Autobus stand bereit, aber er war schon vollgestopft von einer lachenden, kreischenden, sich drängenden Mädchenschar, wohl von acht bis zwölf Jahren. Wir quetschten uns auch noch hinein. Bunte Kleider, blitzende Augen. Die Gesichter bewegten sich ganz nahe vor dem meinen. Ich hatte Zeit genug, mir die Charaktere vorzustellen: da war die Praktische, die Verschwärmte, die Stille, die Trotzige, die Laute. Meist waren sie braun und schwarz, aber es gab auch blonde darunter. Der Chauffeur saß am Steuerrad, las seine Zeitung und kümmerte sich um nichts. Es verging noch endlose Zeit bis zur Abfahrt. Wir mußten schon um sechs wieder unten am Bahnhof sein, dann ging der letzte Zug nach Rom zurück. Wir gestanden uns betrübt, daß da für Olevano nicht viel übrigbleiben werde. Der Billettverkäufer preßte einige Mädchen noch enger zusammen, andre mußten sich gegenseitig auf den Schoß nehmen. So wurde noch ein kleines Eckchen zum Sitzen für mich frei gemacht. Wir beide und ein Soldat waren die einzigen männlichen Fahrgäste.

Endlich ging es los. Ich sah kaum etwas von der Landschaft, es waren zuviel Köpfe davor. Die Mädchen sangen endlos dasselbe Lied. Der Wagen fuhr an steilen Abhängen dahin. Der Soldat ließ sich von einem Mädchenhaufen auf den andern fallen. Damit erreichte das Gekreisch seinen Höhepunkt. Wenn sich der Soldat nach der Abgrundseite warf, war mir so, als müsse der Wagen dort hinunterkippen. Aber endlich kamen wir doch wohlbehalten an.

Palestrina zieht sich an einem Hang hinauf, Olevano dagegen krönt eine Höhe. Aus einem Hügelzug ist ein Felsenriff herausgewittert, auf diesem steht Olevano. Seine hohen Häuser brechen ganz plötzlich ab, das Felsriff setzt sich, nun nackt und unbebaut, noch weiter nach unten fort. Auf dem höchsten Punkt steht die Burg.

Wir gingen in die Stadt hinein. Die Männer standen in dichten Scharen am Straßenrand oder saßen aufgereiht auf einer niedrigen Mauer. Auch hier waren aller Augen auf uns gerichtet. Die Frauen saßen auf Strohstühlen oder auf den Steinstufen vor der Tür. Das war ihr Sonntag. Unzählige kleine Kinder wimmelten herum. Einige kratzten mit einem Stück Blech zwischen den Steinen, das war ihr Spielzeug. Große Mädchen in Hellgrün, Neapelgelb, Dunkelrot oder Himmelblau sprangen durch Reifen. Allgemeines Gelächter, wenn es mißlang. Wir schraubten uns auf Treppen höher. Schwarze Ziegen versperrten den engen Durchgang.

In meinem Baedeker von Rom und Umgebung kommt Olevano gar nicht vor. Der Maler hatte aber einen uralten Gsell-Fels. Da war als »sehr einfach« die »Casa Baldi« genannt, aber man sollte von ihr aus eine schöne Rundschau haben. Wir erkundigten uns nach dem Weg dorthin. Frauen, die wir gar nicht gefragt hatten, liefen uns nach, als wir um eine falsche Ecke bogen.

Die Casa Baldi steht auf einem Hügel, der von Olevano durch ein kleines Tal getrennt ist. Das Haus sah etwas verfallen aus. In Deutschland würde man kaum glauben, daß man darin logieren könnte. Die Wirtin war eine schwere rosige Blondine mit ziemlich zerklüftetem Gesicht. Wir bestellten zunächst einmal eine Jause, wie mein wienerischer Begleiter das nannte. Sie wurde uns in den Garten gebracht. Wir hatten von da einen prachtvollen Blick auf die Stadt, die uns gerade gegenüber lag. Das Kubische, Kristallinische ihres Aufbaus kam von da schön zur Geltung. Hinter und über der Stadt ziehn Berglinien dahin. Die Burg, die dort hoch und fern erscheint, ist Rocca di Cave, die wir schon von der Rocca über Palestrina her kannten. Unbegreiflich hoch liegt auch das Örtchen Capranica, während sich San Vito menschlicheren Sphären nähert.

Hier sollten wir schon in einer Stunde wieder weg? Ohne den berühmten Eichenwald, die »Serpentara«, gesehn zu haben? Schon Josef Anton Koch und Ludwig Richter haben hier gemalt und gezeichnet. In meinem Verlagswerk über Deutsche Landschaftsmalerei von Paul Ferdinand Schmidt habe ich vor vielen Jahren Zeichnungen aus Olevano von Franz Horny und Julius Schnorr von Carolsfeld abgebildet und mich im Geist in diese Landschaft versetzt. Nun konnten wir unmöglich gleich wieder umkehren! Ich schlug dem Maler vor, hier zu übernachten und erst morgen abend heimzufahren. Er verhandelte mit der Padrona. Das Resultat war: 18 Lire pro Person mit voller Verpflegung bis morgen nach Tisch. Das sind drei Mark sechzig. Die Padrona führte uns in ihren Salone, in dem wir heute abend essen würden. Sie zeigte uns von fern die Serpentara mit dem Haus des Custoden und sagte, dort wohne jetzt der Maler Neumann. Ich kenne drei Maler namens Neumann, es wird aber wohl ein vierter sein.

Nun hatten wir genug Zeit vor uns. Um die Beine auszuruhn, zeichnete ich die Silhouette von Olevano mit meinem Füllhalter ins Notizbuch und dann noch die verwitterte und vielfach geflickte Fassade der Casa Baldi. Während ich das tat, aquarellierte mich der Maler. Die Jause wurde aufgetragen, der gelbrote Vino Olevano schmeckte prächtig. Ich glaube, es ist der beste Wein, der um Rom herum wächst. Als Nachtisch gab es grüne Bohnen, ein Lieblingsdessert der Italiener. Der Maler tadelte zwar, daß sie *mit* der Haut zu bitter schmeckten und *ohne* Haut nach gar nichts. Trotzdem vertilgten wir ganze Haufen und fühlten uns im Paradies.

Allmählich tauchte die ganze Familie der Padrona auf und wurde uns vorgestellt. Der dicke alte Romulo in olivgrüner Samtjacke war ihr Neffe. Seine Frau, gleichfalls dick und schwarz, trug die runde dreijährige Elena auf dem Arm. Der Maler meisterte die Konversation.

Gegend Abend bummelten wir ins Städtchen hinunter. Eine Frau holte den Schlüssel zur Burg, zehn Kinder liefen mit. Quer über den Weg auf dem Steinpflaster lag ausgestreckt ein Mann, den Kopf an die Mauer gelehnt. Er war nicht etwa betrunken, es war dies einfach die Form, in der er seine Sonntagsruhe hielt.

Die Burg steht auf nacktem Fels. Ihr viereckiger Turm ist aufgerissen, nur zwei Seiten stehn noch unangetastet und zeigen ihr solides Mauerwerk. Im Zwinger wachsen Kartoffeln und Erbsen. Der Umblick ist nicht ganz so weit wie von der Burg von Palestrina. Oben, ganz hoch, sehn wir Bellegra auf seinem Felsen. Hinter der Paßhöhe, rechts davon, muß es nach Subiaco hinabgehn, dessen berühmte Klöster der heilige Benedikt 529 gegründet hat.

Es war dämmrig geworden. Wir schlängelten uns durch die dunklen Gassen zur Casa Baldi zurück. Das Essen wurde im beleuchteten Salone aufgetragen. Leider waren die Hammelbeefsteaks sehr zäh. Aber nachdem alle andern Muskeln sich heute so anstrengen mußten, konnten auch die Kaumuskeln einmal etwas tun! An der Wand des Salone begegneten wir deutschen Romantikern. Da hängen Bildnisse von Josef Anton Koch und von Johann Christian Reinhart. Koch, der Maler aus Tirol, wurde hier seßhaft. Er hat eine Olevanerin, die Tochter eines Schafherdenbesitzers, geheiratet. Ferner sind da Holzschnitte nach Landschaften von Friedrich Preller und eine Originalzeichnung mit dem Bildnis von Josef Viktor von Scheffel, der hier gemalt und gedichtet hat. (»Skeffl« spricht ihn die Padrona aus.)

Es gibt Fremdenbücher von 1860 an. Ich finde darin fast mehr berühmte Namen als unberühmte. Da lese ich, ohne viel zu suchen, Carl Schuch, Anton von Werner, Emil Lugo, Carl Begas, Anton Braith, Edmund Kanoldt, Ludwig Pietsch, Friedrich Thiersch, Erwin Rohde, Ernst Haeckel, Richard Voß, Jonas Lie und auch meinen Kollegen von der Verlegergilde Wilhelm Spemann. Sicher würde ich auch meinen Freund, den Zeichner Richard Winckel finden, wenn ich wüßte, in welchem Jahr er hier gewesen ist. Dafür finde ich aber den kleinen Rolf von Hoerschelmann, der sich erst vor kurzem eingetragen hat. Das alles berührte sehr heimatlich.

Die Padrona ist die letzte ihres Namens. Einst hat die Familie bessere Zeiten gesehn. Im Salone hängt das Bildnis eines roten Kardinals aus der Familie Baldi, der laut Inschrift hier im 18. Jahrhundert »moratus est«. Ich sagte zu meinem Begleiter: »Das ist ein sonderbares Latein, es muß doch heißen: mortuus est.« Aber da hatte ich mich schön blamiert. Der Maler war dem Gymnasium um zwanzig Jahre näher als ich und belehrte mich, daß das ganz richtig sei. Moratus est heiße: er hat verweilt. Und da kam auch mir eine dunkle Schulerinnerung.

Allmählich dachten wir ans Bett. Einen gewissen Ort konnte ich nur halsbrecherisch über einen schmalen Balkon erreichen. Aber bei dieser Gelegenheit sah ich das prachtvolle Sterngefunkel. Hoch oben am Nachthimmel blitzte wie ein Zauberschloß aus Lichtern Bellegra.

Da ich keinerlei Gepäck hatte, lag ich im Handumdrehn im Bett. Das war heute ein langer Tag.

Am Montag war schönes Wetter, aber windig. Der Maler triumphierte über mich, denn er war schon lange vor mir auf, er war sogar schon drüben im Städtchen beim antiken Tor gewesen. Wir frühstückten im Salone und brachen dann so bald als möglich auf zur Serpentara. Auf schlüpfrigen Lehmwegen wanden wir uns durch Weinberge und Gemüsegärten zur Landstraße hinab. Dann auf Abkürzern wieder hinauf – Wege, die sonst Bachbetten waren. Oben standen wir bald vor einem Gittertor, das zu einem rosa Haus führte, und lasen auf einem Schild: »Serpentara ... Accademia Prussiana ... Permesso«. Also hier muß man sich einen Permesso holen, um den Eichenwald betreten zu dürfen, der gleich neben dem Haus beginnt und von Stacheldraht umgeben ist. Wir machten uns bemerkbar. Ein schwarzweißer junger Hund kam bellend heran, leckte dann aber gleich sehr friedlich die Hand. Ein gelb und grau gefleckter Schäferhund folgte ihm und wollte auch sehn, was es da gäbe. Als letzter erschien ein weißer langhaariger Hirtenhund. Eine große blonde Dame, sicherlich eine Deutsche, trat prüfenden Blicks aus dem Haus. Und endlich kam noch ein gebräunter, wohlgenährter Vierziger mit lachenden schwarzen Augen um die Ecke. Nachdem wir solche Bewegung hervorgerufen, hielt ich es doch für angebracht, meinen Namen zu nennen. Der Vierziger hob verwundert die Hand, und da dämmerte es auch mir: es war Max Neumann aus Berlin, alter Königsberger Akademiekollege meiner Frau. Er hatte für die Drucke der Marées-Gesellschaft Achim von Arnims »Fürst Ganzgott und Sänger Halbgott« mit Lithos illustriert.

Als er vor Jahren aus Sizilien durch München kam, hatte ich ihm ein Aquarell abgekauft. Die gastliche Gattin ließ es sich nicht nehmen, auf einem Holzfeuer Tee zu kochen und Eier, Brot und Schinken auf den Tisch zu stellen. Dazu weichen Schafkäse, den sie von einem befreundeten Hirten in der Nähe bezog.

Max Neumann zeigte Bilder. Er hat hier viele kleine Formate gemalt. Motive aus Olevano, Landschaften, die Eichen »seines« Waldes, Straßen mit Frauen und Kindern, jedes Bild ein kompositorischer Einfall, eigenartig, etwas düster in der Farbe, die Form betonend. Sein großes Bild »Theaterloge« war aus der Ausstellung »Berliner Künstler« in der Münchner Neuen Pinakothek als untragbar abgehängt worden. Ebenso war es Bildern von Beckmann und Nolde ergangen.

Neumann hat ein kleines Stipendium, kann hier gratis wohnen und macht dafür den Custoden des Eichwaldes, der aber nichts zu tun hat, als die Permessos auszustellen. Seit eineinhalb Jahren hat er für keinen Pfennig mehr verkauft. Und ich konnte meine knappen Reise-Lire jetzt auch nicht durch einen Ankauf schwächen.

Neumann führte uns durch den Eichwald, und auch der schwarzweiße Hund und der Schäferhund schlossen sich an. Der erste heißt Tatzelwurm, windet sich auch so und ist von unbestimmbarer Rasse. Der zweite hat den schönen Namen Rondinella, denn es ist eine Hündin. Sie »erwartete«. Der würdige Hirtenhund Garibaldi blieb zu Hause. Alle drei waren Neumanns zugelaufen. Er und vor allem seine Frau haben ein zu gutes Herz, sie werden sie nicht wieder los.

Der Wald besteht aus alten, mächtigen, breitästigen, frischgrünen Eichen, wie man das in Italien gar nicht gewohnt ist. Es sind nicht etwa Steineichen, sondern unsre »deutschen«. Überall ragen graue Kalkfelsen zwischen den Bäumen hervor. Der eine ist leider zu einem großen Medaillon-Relief mit dem Bildnis Kaiser Wilhelms II. mißbraucht. Das alte braune Laub liegt hoch geschichtet. Bei jedem Schritt sanken wir ein. Dichtes Unterholz, Wacholder, Brombeeren, Ginster, Farnkraut überwachsen den Boden. Im Frühjahr blühn hier unzählige Alpenveilchen. Ein kleines rosa Blümchen, das mir Neumann überreichte, duftet stark, es wird in die Tomatensauce getan. Der Wald heißt Serpentara (serpens: die Schlange hat man in der Schule gelernt) nach den vielen Kreuzottern und Sandvipern, die er früher beherbergt hat. Er war in Gefahr, von den Italienern abgeholzt und zu Geld gemacht zu werden. Da sammelte der alte Landschaftsmaler

Kanoldt — der Vater des Stilleben-Malers — bei Mäzenen das nötige Kapital, der Wald wurde angekauft und als preußisches Staatseigentum der Berliner Kunstakademie in Obhut gegeben. Nun steht er, ganz losgelöst von wirtschaftlichen Zwecken, nur um seiner landschaftlichen Schönheit willen da, und es freut mich, daß es in dieser zweckvollen Welt doch auch noch so zwecklose Dinge gibt.

Um den Wald wieder zu verlassen, krochen wir mit Mühe durch den Stacheldrahtzaun und überquerten ohne Weg die kleine Valle fiorita (das »beblümte Tal«) und das Bächlein »Aqua calda«, was bekanntlich nicht kaltes, sondern warmes Wasser heißt. Daß das Wasser, das da in der Sonne über die Steine lief, warm war, glaubte man ohne weiteres. Eine Schafweide war von einem derben Maschengitter aus Stricken umschlossen, daran anschließend versperrte uns noch eine Dornenhecke den Weg. Die Hunde stutzten; sie überlegten, wo sie leichter durchkämen. Rondinella zwängte sich durch die Maschen, obwohl diese viel zu eng schienen. Der glatthaarige Tatzelwurm riskierte lieber die Dornen, und wir machten es ihm nach. Nun stiegen wir auf Kalkfelsen in der heißen Sonne aufwärts. Rondinella lief manchmal voraus und legte sich für ein paar Augenblicke in den kurzen Schatten eines Felsblocks. Vor uns auf einer mächtigen Felsenrippe liegt Bellegra, viel höher und viel verlassener als Olevano. Es hieß früher Civitella, und der junge Ludwig Richter hat sich dort für einige Zeit einquartiert und gemalt. Er erzählt davon sehr reizvoll in seinen Lebenserinnerungen. Es machte mir Freude, nachdem ich diese Landschaft selbst erlebt, in dem Richter-Bändchen der Piper-Bücherei diese Episode wieder abzudrucken.

Bei einem Friedhof mit Zypressen vor der Stadt gewannen wir die Paßhöhe und sahen hinüber nach Norden ins Tal von Subiaco. Es ist das obere Flußtal des Anio, der dann später bei Tivoli die berühmten Wasserfälle bildet. Auf der kahlen Paßhöhe hat sich ein italienischer Maler ein rosa Haus gebaut. Etwas unterhalb stehn schöne Edelkastanien. Mein Malergefährte aquarellierte den Blick ins Tal, ich zeichnete Bellegra auf seinem Fels, Neumann ruhte sich aus. Ihm lief das hier nicht weg. Die Gebäude von Subiaco sind im Sonnendunst kaum deutlich zu erkennen. Nach Osten, an einem Berghang, liegt Rojate, darüber zeigte uns Neumann den kahlen Gipfel des Monte Salambra. Er ist mit 1400 Metern der höchste dieser Gegend. Schweren Herzens nahmen wir Abschied von dieser schönen Stätte.

Auf der bequemen Landstraße wanderten wir zurück. Zu guter Zeit waren wir wieder in unsrer Casa Baldi. Die Padrona hatte diesmal ein weniger anstrengendes Pranzo vorbereitet als das von gestern abend, die gebackenen Artischocken waren sogar äußerst delikat. Wir sahen uns nun nichts Neues mehr an, sondern genossen in Ruhe das Dasein, bis der Autobus zur Stazione hinunterfuhr. Diesmal war er fast leer. Unten hatten wir noch lange Aufenthalt. Wir repetierten dann während der Bahnfahrt die Landschaft in umgekehrter Richtung und warfen einen Abschiedsblick auf Palestrina und die Rocca hoch über ihm. Die rote Sonnenscheibe glitt aus einer langen Wolkenschicht, die sie verborgen hatte, herab. Die Peterskuppel stand auf dem Horizont.

Das Buch »Die Kirchen Roms« erschien dann 1935, ein Jahr nach meinem römischen Aufenthalt, mit 282 Abbildungen, von den Katakomben bis zu den letzten Barockkirchen und mit Zimmermanns klugem, stoffreichem erläuterndem Text. Autor und Verleger hatten im glücklichsten Einvernehmen zusammengearbeitet.

Zum viertenmal in Rom

Im September 1938, auf der Reise nach Neapel und Sizilien, war ich wieder in Rom, diesmal mit meiner Frau. Wir wollten nur kurz Station machen. Was repetierten wir am besten an diesen Tagen? Meine Frau möchte zuerst zu St. Peter. Da erleben wir eine große Überraschung. Das Häuser- und Gassengewirr vor dem Petersplatz ist weggeräumt, und schon von der Engelsburg aus ist der Blick frei auf den gewaltigen Bau. Für die Kuppel ist nun erst der richtige Abstand möglich. Sie wirkt erst jetzt wirklich beherrschend. Bisher versank sie hinter der Fassade. Die wunderschöne Patina des Steins entzückt uns.
Wir steigen zum erstenmal hinab in die Krypten, die »Sacre Grotte«, deren niedrige, drückende Gewölbe sich fast unter der ganzen Kirche hinziehn, von elektrischem Licht erhellt. Uns Deutsche fesselt der Sarkophag des Kaisers Otto II. Von großen Plänen umgetrieben, Gatte der griechischen Prinzessin Theophano, ist er 983, erst 28 Jahre alt, hier in Rom gestorben.
Da sitzt der marmorne heilige Petrus. Man hat unbedenklich die Sta-

tue eines römischen Konsuls zu seinem Denkmal hergerichtet. Viele altchristliche Gräber, Sarkophage von bedeutenden und unbedeutenden Päpsten. Eine schön aufgeräumte Modergruft! An der Wand die Ansicht der alten abgebrochenen fünfschiffigen Sankt-Peters-Basilika. Daß man ein damals schon ehrwürdiges Bauwerk so einfach wegzuräumen wagte!

Wieder nach oben gelangt, betrachten wir vor allem die Pieta Michelangelos. Sie erscheint uns wieder als das einzige ganz große Kunstwerk in diesen tönenden Hallen. Fast alles andre ist Dekoration, wenn auch oft mit genialem Anstrich. Nicht weit davon steht die antike Säule, die schon genauso gewunden ist wie die barocken Säulen von Berninis Tabernakel. Wir ergötzen uns wieder an den Bronzetüren von Filarete. Auf ihren Reliefs tummeln sich Ganymed, Leda, Fuchs und Reiher ungeniert neben den Aposteln Peter und Paul.

In der Vatikanischen Pinakothek bewegen mich diesmal am stärksten die »Teppiche« von Raffael. Christus auf dem See. Paulus predigt in Athen von dem unbekannten Gott. Daß ich armer Mensch nochmal wieder hier sein darf, erscheint mir plötzlich wie ein Wunder. Ich bin erschüttert, mir kommen fast die Tränen.

Wie schön, wie wohltuend ist Raffaels Madonna di Foligno! Sie ist mir lieber als die Sixtinische. Sie ist lebendiger im Rhythmus, nicht gar so endgültig ausgewogen. Der ergeben kniende alte müde Stifter im roten Mantel rührt mich. Das mag laienhaft sein, aber solch menschliche Anteilnahme läßt sich der Kunstbetrachtung nicht fernhalten. Ganz eigen ist die grünlich-blaue Atmosphäre der Landschaft, in die eine rötliche Bombe fällt. Weil diese Bombe sein Haus nicht zerstört hat, hat der Stifter dies Bild bei Raffael bestellt. So hat eine Bombe auch einmal etwas Gutes zur Folge gehabt.

Ich feiere Wiedersehn mit den antiken Fresken. Die Aldobrandinische Hochzeit habe ich als Ganzes und in großen Teilansichten in einer farbigen Mappe wiedergegeben. Die acht Odyssee-Landschaften mit den roten Männern vor blauem Wasser und lila Felsen machen mir wieder Vergnügen. Auch sie möchte ich gern noch reproduzieren.

Wir besuchen das Appartamento Borgia, ausgemalt von Pinturicchio, dem vielgeschäftigen, vielverwendbaren, immer hübschen und zuverlässigen Illustrator. Ich kenne ihn schon vom Dom in Siena. Seine berühmteste Gestalt ist die disputierende heilige Katharina mit blondem offnem Haar, vor allem, weil man sich zuraunt, daß sie die Züge der verrufnen Lucrezia Borgia, der Tochter des Papstes Alexander VI., trage.

Doch gilt unser Besuch eigentlich nur Raffael und Michelangelo. Wir finden uns durch zu den Stanzen. Der Höhepunkt ist auch diesmal die »Schule von Athen«. Wenn man sich einmal an die Wand gegenüber gestellt hat und zu betrachten anfängt, kommt man nicht so leicht wieder weg. Ein Wunder für sich ist es, daß Raffael das mit fünfundzwanzig Jahren gemalt hat. Gegen ihn kann nur derjenige etwas Herabsetzendes sagen, der glaubt, seine Selbständigkeit sich dadurch beweisen zu müssen, daß er gegen das von allen Bewunderte loszieht. In Wirklichkeit beweist er damit gerade seine Unselbständigkeit.

Die Befreiung Petri aus dem Gefängnis ist eine Szene wie von Shakespeare. Das Nachtstück eines großen Malers. In den flackernden Lichtern die Farben Rosa, Schwarz und Grau. In der Glorie ist etwas Gelb.

Weit zurück steht der Parnaß mit dem geigenden Apollo und den Musen, die selbst Wölfflin leere Bildungen nennt.

Auch ich habe mich in meinen jungen Jahren gegen Raffael gewehrt, zumal wenn ich in der Dresdner Galerie die Betrachter, meist Damen, vor der Sixtinischen Madonna hingegeben in den Polstern versunken sah. Er war mir zu harmonisch, zu abgeklärt, und auch jetzt noch sind mir zum Beispiel auf der Disputa die Gestalten der Dreifaltigkeit und die auf dem Wolkenhalbrund Sitzenden etwas leer und konventionell, nicht nur in den Köpfen, auch in der Haltung. In der Art des Sitzens scheint nur mühsam die nötige Abwechslung erzielt zu sein. Diese obere Hälfte wirkt zusammengesetzt. Ganz grandios aber ist die Reihe der irdischen Männer. In großem Atem, in nie nachlassendem Erfindungsstrom geht die Linie über die etwa dreißig Gestalten dahin, ein Fest für das Auge. Die Treppenanlage, die zur Sixtinischen Kapelle hinunterführt, ist jetzt modernisiert. Man kommt nicht mehr in der Wand des »Jüngsten Gerichts« heraus, sondern ihr gegenüber, vor den Schranken, also endlich »richtig«. Der Raum brodelt von Menschen. Frauen legen sich auf die Bänke, um bequemer hinaufsehn zu können. Sie bedauern den armen Michelangelo, der zweiundzwanzig Monate lang dies alles in so unbequemer Stellung malen mußte. Punkt zwölf Uhr leert es sich. Es entsteht fast etwas wie Stille.

Ich mag über den Eindruck nichts sagen, ich freue mich, betrachten zu können, ohne an irgendwelche Worte denken zu müssen. Auch hier bin ich glücklich, daß ich nochmal diesen Raum betreten kann.

Ein alter Maler kopiert den Adam und schraubt ihn sich mit dem Opernglas näher heran. Er macht sich an meine Frau, die im Baedeker liest, um sich über das Geschichtliche zu orientieren, und ruft ihr zu: »Schauen, nicht lesen!« Ich bitte ihn dann um sein Glas und stelle mich ihm vor. Er kennt den Verlag und sagt: »Ah, man hat doch so einen Instinkt!« Er ist Herr von Liphart, der Sohn des alten Liphart, der ein Freund Schacks war und auch im Kreis um Hildebrand verkehrte. Er wohnt in Gräfelfing; die Familie mußte wie so viele aus dem Baltikum »rückwandern«. Wir sollen ihn im Oktober besuchen. Sein Glas ist gut. Wir sehn dadurch vieles, was uns bisher entgangen ist. Michelangelo hat die Einzelformen erstaunlich weit getrieben, auch die von unten kaum sichtbaren.

Es ruht vom Schauen aus, wenn man sich in Pausen dazwischen den Aufbau der ganzen Decke – sozusagen ihr System – klarmacht. Zwischen die Prophetengestalten greift je eine Stichkappe ein, mit Darstellungen aus dem Leben der Vorfahren Christi, jede ein Gruppenaufbau im Dreieck, hockend und lagernd. Auch unterhalb der Decke, über und neben den halbrunden Fensterbogen, auf den sogenannten Lünetten, sind Ahnen Christi, nach dem Geschlechtsregister des Evangelisten Matthäus, dargestellt. Es sind Familienszenen mit Frauen und Kindern von merkwürdig kahler, dämmriger, fröstelnmachender Stimmung, gespannt und traumhaft. Sollen es noch unerlöste Menschen sein? Manche wirken mürrisch und böse. Diese Bilder betrachtet trotz ihrer Großartigkeit kein Mensch. Ich möchte sie einmal als geschlossene Reihe in einem Buch bringen.

Raffael war ein geselliger, menschenfreundlicher Künstler, wie Mozart. Seine Gestalten fühlen sich miteinander verbunden. Michelangelo ist der Mensch, der ganz auf sich steht, der Einsame. Ohne Gehilfen hat er die ungeheure Arbeit in der Sixtina vollbracht. Er konnte niemand neben sich brauchen. Er hat durch dies Werk gezeigt, was ein einzelner Mensch vermag. Auch seine Propheten und Sibyllen stehn auf sich allein, sind ganz von sich selbst erfüllt, in sich versunken. Sie prägen sich am stärksten ein, man trägt sie am längsten und deutlichsten in der Phantasie mit sich, wenn man den Raum verlassen hat. Diese Gestalten sind Existenzen, sie haben kein Vor- und Nachher, es sind gestaltgewordene Zustände der Seele. Der Fall der Gewänder ist für die Wirkung so wichtig wie die Haltung des Körpers und der Ausdruck des Kopfes. Alles zusammen ergibt erst die ganze Existenz. Man

soll an dem Sinn dieser Haltung und dieses Ausdrucks nicht zuviel mit
Worten herumdeuten, sonst gerät man leicht von der Hauptsache ab.

Ich habe, nach München heimgekehrt, mich immer wieder mit den
Eindrücken der Reise beschäftigt, habe gelesen, was andre über ihre
Italien-Erlebnisse aufgeschrieben haben. Durch diese immer wiederholte Beschäftigung weiteten sich die Erlebnisse von Stunden nachträglich zu solchen von Tagen und Monaten. So las ich auch, was Herm.
Grimm, Wölfflin, Dvorak, Mackowsky, Herbert Rudolph (dieser in
der Zeitschrift »Das Werk des Künstlers«) über die Sixtinische Decke
sagen. Ich habe mich mit diesen Autoren über sie unterhalten. Und da
erfuhr ich wieder: »Sobald man spricht, beginnt man schon zu irren.«
So sagt Mackowsky von der Libyschen Sibylle: »Die Libyca führt in
die goldige Morgenstunde. Ihr Haar ist prächtig und künstlich geordnet, aber sie läßt sich nicht Zeit, ihr grünes Samtgewand anzulegen.
Nur in Rock und Mieder, mit nackten Schultern und bloßen Armen,
greift sie schon hinter sich zu dem gewichtigen Rätselbuch, das den
Tag über ihre Beschäftigung sein soll. Hierbei zeigt sie sich in einem
prachtvollen, reich entwickelten Kontrapost.«

Dvorak dagegen empfindet dieselbe Haltung ganz anders (Italienische
Kunst II, S. 26): »Im Eifer der Arbeit hat sie das Obergewand abgelegt, um sich in den großen Folianten zu vertiefen; doch sei es, daß sie
die Lektüre nicht befriedigt hat, sei es, daß sie gefunden hat, was sie
sucht – mit raschem Entschluß legt sie das Buch zurück, die Knaben
fragen flüsternd, was diese Unruhe zu bedeuten hat, die Prophetin
schaut aber gar nicht mehr dorthin, wohin sie das Buch, aufgeschlagen wie es war, deponiert hat, sondern blickt hinunter in die Tiefe zu
den Menschen, als wollte sie bei ihnen Rat suchen oder das Erforschte
ihnen verkünden. Auf die Folgezeit hat dieses Meisterwerk der Darstellung des Transitorischen mit der komplizierten Drehung im Sitz-
motiv den allergrößten Einfluß ausgeübt.« Also nach Mackowsky wird
das Buch geholt, nach Dvorak weggeschoben. Nach Mackowsky will
sie sich mit dem Buch den Tag über beschäftigen, nach Dvorak blickt
sie hinunter zu den Menschen. Etwas ungnädig äußert sich Wölfflin
(Klassische Kunst, S. 62): »Bei der Libyca ein höchst kompliziertes Herunterholen des Buches von der Wand hinter dem Sessel, eine Operation,
bei der die Frau nicht aufsteht, sondern nur mit beiden Armen zurück-
greift und indessen mit dem Blick noch einmal nach einer anderen
Richtung geht. Viel Lärm um nichts.«

Also: was für Dvorak ein Meisterwerk der Darstellung des Transitorischen, das heißt Vorübergehenden, ist, ist für Wölfflin viel Lärm
um nichts. Ebenso wird die Haltung des Jonas ganz entgegengesetzt
gedeutet. Für Mackowsky ist er ein Zürnender, ein Aufbegehrender,
sein Haupt trotzt empor, der Knabe hinter ihm weicht im Schrecken
über diese Unbotmäßigkeit gegen Gott zurück. Dvorak findet statt
Trotz und Unbotmäßigkeit einen Ausdruck, der tiefste Visionen verrät, Jonas ist für ihn fast in Verzückung, als ob er im Geiste die Auferstehung Christi sähe, deren Vorbild seine eigne Wiederbelebung aus
dem Bauch des Walfischs ist. Da tun wir kleinen Laien am besten,
wenn wir nur betrachten.

Man stellt sich Michelangelo immer als alten Mann vor, so wie man
sich Beethoven stets als Fünfziger denkt. Aber er hat diese Decke im
Alter von siebenunddreißig Jahren beendet, also in der Fülle männlicher Elastizität. Das »Jüngste Gericht« malte er fast dreißig Jahre
später, 1534 bis 1541. Es erregt Schauder. In ihm ist nichts als Düster und Schrecken. Die Märtyrer zur Seite Christi fordern Rache.
Finsteres Brüten, schweres Versinken, kahle Öde, wohin man blickt.
Die Richtergebärde Christi ist grandios, ebenso unten das Ausholen
Charons mit dem Ruder und vieles andre. Aber das Ganze wirkt beklemmend. Dies Weltgericht will bitter ernst genommen werden. Die
Stimmung ist nicht erhebend wie etwa beim Höllensturz des Rubens,
obwohl es auf diesem doch nur Verdammte gibt. Bei Rubens wirkt aber
der ungeheure Rhythmus stärkend und positiv. Vor dem Bild von
Michelangelo wurde mir bewußt, daß die Scheidung in Gute und Böse
meinem Empfinden widerspricht. Die meisten Menschen sind doch ge-
mischte Charaktere, weder ganz gut noch ganz böse. Es ist ein grau-
samer Gedanke, daß die armen Menschen, nachdem sie sich durch das
Leben mit all seinen Schrecken durchgeschunden haben, nun schließlich auch noch verdammt werden sollen. Der heutige farbige Eindruck
ist unerfreulich, trübes Blau drängt sich in Flecken vor, die Körper
verschwimmen in branstigem Rot oder fahlem Grau. Und so dringt
das Auge nur schwer durch zu dem großartigen Aufbau des Ganzen
und der schier unerschöpflichen Fülle von Einzelerfindungen.

Zehn Jahre später schrieb Adolf Schinnerer für die Piper-Bücherei
eine dankenswerte Einführung mit fünfundvierzig Bildern. Er leitet
den Betrachter an, das Werk zu »durchwandern«. Er sagt darin über
dies »abweisende, unwirtliche« Bild:

»In der menschlichen Gestalt und in der Physiognomie des Menschen hat Michelangelo alle Möglichkeiten von Form gesehen und darzustellen gewußt und in seinem großen Gemälde ein Bild des Menschen gegeben, von der höchsten in sich ruhenden harmonischen Schönheit, bis zur phantomhaften Verworfenheit. All diese Formen hat er aus menschlichen Formen, aus unserem Körper entwickelt, ohne etwas hineinzutragen oder dazuzutun; so ist in diesem Bilde nichts Falsches, es ist die reine Wahrheit. Alle Übertreibungen entstanden aus dem Verlangen, deutlicher auszusagen, zu überzeugen, nicht um der äußeren Wirkung willen. Trotz aller Steigerungen ist nichts Prahlerisches, nichts Exaltiertes in seiner Form, deshalb ist sie so übergroß und menschlich ergreifend. Nur ein alter Mann konnte das Leben und die Menschen so sehen. Aber fast unbegreiflich ist es, daß er die Kraft hatte, es mit solcher Leidenschaft darzustellen. Er sagte von sich:

> Reiß aus der Glut mich, und von ihr getrennt
> Muß an des Lebens Bächen ich verderben.
> Ich nähr mich nur von dem, was glüht und brennt,
> Und leb von dem, wovon die andern sterben.« —

Nachmittags wanderten wir zu Fuß nach Santa Maria Maggiore. Wir sahn sie schon von unsrer berühmten Ecke bei den Quattro Fontane aus liegen, jenseits der autodurchtosten Via Nazionale. Die Kirche ist ein Prachtsaal, ein ganz diesseitiger Festraum. Die grauen antiken Säulen glänzen. An der flachen Decke wurde das erste Gold, das aus Amerika kam, verwendet. Auch die Apsis schimmert golden. Leider ist es schon etwas dämmrig, die Mosaiken des Langhauses aus dem 5. Jahrhundert sind nicht mehr gut zu sehn. Vom Küster, den ich nicht verstehe, haben wir schließlich doch erreicht, vor allem dank der Ausdauer meiner Frau, daß er uns die Mosaiken aus der Zeit um 1300 an der alten Fassade, die hinter der Barockfassade stehngeblieben ist, zeigt. Wir steigen die Treppe zu ihr hinauf. Dort ist es sehr schön hell, und wir können die Mosaiken ganz nahe in Augenhöhe sehn, so auch das Schneewunder, das die Legende von der Gründung der Kirche einprägsam erzählt — dieselbe Legende, die Grünewald in dem Freiburger Bilde gemalt hat.

Von da aus besuchten wir zum erstenmal in San Pietro in Vincoli, nahe beim Kolosseum, den Moses von Michelangelo. Auch diese Kirche hat antike Säulen, sie stehn auf rotem Ziegelfußboden. Wo ist der Moses?

Wir brauchen nur dem Gemurmel der Menge nachzugehn. Er droht schon schräg hinten zwischen zwei Säulen hervor. Bisher hatte ich mir gedacht, er sei zu krampfhaft gesteigert, er grenze an Manier. Nun schweigen alle Einwände. Er ist ein ungeheurer Typus. Höchster Ausdruck von Grimm und zurückgestautem Willensausbruch. Das gewaltige Knie! Wenn er aufstehn würde! Der vorgeschobene Mund. Man glaubt an die donnernde Stimme. Wie die Hand in den Bart faßt! Alle Körperflächen glänzen stark poliert. Die Glanzlichter sollen die Wirkung steigern. Auf mich wirken sie etwas befremdend. Die jetzige Aufstellung des Grabmals ist gegenüber dem ursprünglichen großartigen Plan sehr verkümmert. Michelangelo hat sie aber selbst noch gesehn. Wie empfand er sie? Gibt es eine Äußerung darüber?

Wir gehn zum Kolosseum und dann, wegen der Mosaiken, in die Kirche SS. Cosma e Damiano. Vom Forum aus gesehn ist die Kirche ein Rundbau. Ihre grüne antike Bronzetür ist dort noch zwischen bläulich-roten Porphyrsäulen erhalten. Von der Via del Impero aus kommt man durch eine Seitentür hinein. Die Mosaiken füllen die weite, halbrunde Apsis. Der Christus steht mächtig drohend mit aufgereckter Rechten; er hebt sich golden ab vor weitem blauem Grund mit dunkelroten, blauen und weißen Wolkenstreifen. Tief unter ihm der grüne Jordan mit sanften weißen Schafen. Dem Christus zunächst auf beiden Seiten Paulus und Petrus in Weiß. Zu ihnen treten, braunviolett, Cosmas und Damian heran. Zuäußerst die Päpste Felix und Theodorus, diese wieder golden. Ein kleiner alter Geistlicher, der uns eingelassen hatte, bedankt sich überschwenglich für zwei Lire und winkt uns mit seinem Käppchen lange nach.

Nun nochmal auf das Forum und den Palatin. Es ist mir dies immer der liebste Spaziergang in Rom. Man kann zwischen den Ruinen so zwanglos hin und her gehn, alles wirkt so intim, ich kenne das nun schon, es ist mir kein anstrengendes Studium mehr. Die Farben wirken trocken wie Pastellfarben: das graue Rosa der Ziegelbauten, der weiße Marmor, der in gelblichen, grünlichen, schwärzlichen Tönen verwittert, die verschiednen Grüns der Pinien, des Lorbeers, der Stechpalmen, der Kiefern, des Efeus. Die Gräser sind jetzt noch saftig frisch, noch nicht verstaubt. Die Blumen: weiße und rote Oleander, Malven, Kamillen, dazu viele mir unbekannte. Kinder spielen mit Häufchen Erde auf einem Säulenkapitäl. Andre werden von ihren Müttern auf den Armen herumgeschleppt. Wir schlendern über die ausgewetzten, dunkelgraugrünen Lavaplatten des alten Pflasters. Ich sammle in meiner Tasche Proben von vulkanischem Tuff. Er ist teils gelb, teils grau, von eingesprenkelten weißen und schwarzen Stückchen punktiert.

Hier ist so viel beisammen, was man gar nicht erwartet, wozu sozusagen das Forum gar nicht verpflichtet wäre. So zum Beispiel die frühchristlichen Fresken in Santa Maria Antiqua, einer Kirche, die in eine antike Bibliothek eingebaut worden ist! Zuerst wirken sie alle grau und schattenhaft, aber je länger man sie ansieht, desto mehr treten sie aus der Wand, desto reicher werden sie an Formen und Farbtönen.

Bei diesem Besuch kommen wir zum erstenmal an das »Grab des Romulus«. Es befindet sich an dem tiefsten Punkt des Pflasters, geschützt von einem höchst prosaischen Blechdach. Die Inschrift ist etruskisch, man kann deutlich das Wort REX lesen, das aber von rechts nach links geschrieben ist. Dies ist sicherlich die älteste Stelle des Forums. Zum erstenmal sehn wir auch mit Bewußtsein den Ort, wo Cäsars Leichnam verbrannt wurde und wo Antonius ihm die Leichenrede hielt. Es ist wunderlich, daß diese Stelle noch heute so genau bestimmt werden kann, nachdem das alles inzwischen Jahrhunderte hindurch verschüttet war und oben darüber die Rinder gegrast haben. Bei den Säulen des Kastor und Pollux sitzt es sich schön. Man hat von da einen bequemen Umblick. Auf dem Boden der Basilica Julia sind Kreise eingeritzt. Da vertrieben sich die Müßiggänger mit einer Art Mühlespiel die Zeit. An der Rednerbühne betrachten wir das Relief mit dem großen Stier und dem Schwein. Franz Marc gab mir vor vielen Jahren eine Fotografie davon für mein Buch »Das Tier in der Kunst«.

Wir machen noch einen Abendspaziergang in zwangloser und zweckloser Improvisation auf dem Hügel des Palatin zwischen Gärten und altem Gemäuer. Nach den sich drängenden Eindrücken des Tages genießen wir hier die sich lösende Stimmung. Hier oben ist der Kaiser Augustus geboren, hier stehn noch Räume des Hauses der Livia, seiner Gattin; die Wände, uns schon von früher vertraut, sind reizend bemalt mit Flügelgestalten, Masken, Blumen und Fruchtgirlanden. Wir gehn bis zum äußersten Ende des Hügels, über ein Brückchen zu einer begrasten Terrasse. Bezaubernd ist von da der Rundblick. Er reicht vom Kolosseum im Nordosten über den Lateran, die Caracalla-Thermen, die Kirche auf dem Aventin bis zum Janikulus im Westen und schließt mit der Kuppel der Peterskirche ab. Im Vordergrund ein

Tiefblick auf das halbverwachsene Oval des Circus Maximus. Damit nehmen wir für diesmal Abschied von Rom.

Neapel

Am Sonntagmorgen, dem 4. September 1938, reisten wir weiter nach Neapel. Der Zug hielt wieder an der antiken gelben Tuffmauer, von wo ich auch nach Assisi abgefahren war. Wir durchquerten die Campagna mit den lang sich hinziehenden Bogenreihen der Aquädukte. Wir sahen zu dem hochgelegenen Bergnest Cori hinauf, das schon mein Vater besucht hatte und wohin ich das letztemal mit Professor Zimmermann einen Ausflug machte. Dies ist der südlichste bisher von mir erreichte Punkt. Von hier an ist mir alles Neuland.
Durch die trockengelegten Pontinischen Sümpfe — eine Leistung des Faschismus, die dauern wird. Die ganz neu und sicherlich sehr praktisch angelegte Musterstadt Littoria sieht recht langweilig aus. Da gefällt uns das malerische alte Formia am Meer bedeutend besser. Wir passieren eine große Heidelandschaft mit nordisch kühlen, nüchternen Farben. Dann wird es südlicher. Reben voller Trauben ranken sich um sehr hohe Maulbeerbäume. Auf den Bergen liegen alte Städte mit leichenhaft blassem Gemäuer. Die Abhänge sind fast kahl, nur getüpfelt von einzelnen Büschen.
Plötzlich im Kupee der Ausruf »Vesuvio!« Wirklich, da ist er! Er speit weiße Dämpfe in den bewölkten graublauen Himmel. Sie werden niedergedrückt und nach Osten abgeweht. Der Berg hebt sich kaum ab von der Farbe des Himmels, nur die weißen Dämpfe unterbrechen das Grau und lassen so die Bergform erkennen. Sein flacher Kegel senkt sich langsam verlaufend zum Meer hinab. Links von ihm erscheint die Somma, der stehengebliebene Teil des eingestürzten alten Kraterrandes, der viel umfangreicher war als der gegenwärtige.
Bald nach Mittag kommen wir an. Wir haben vom Bahnhof eine sehr weite Fahrt mit dem Auto durch die ganze Stadt, denn das von uns ausersehene Hotel liegt am entgegengesetzten Ende dicht am Meer. Es geht bergauf und bergab durch die lange, enge, menschenwimmelnde Via Roma, die früher Toledo hieß. Vom Wagen aus erkenne ich das Castello Nuovo mit seinen fünf dicken Rundtürmen und den lang-

gestreckten barocken Palazzo Reale. Endlich halten wir vor dem Hotel Riviera, das an der Riviera de Chiaia liegt. Es ist ein rosa Haus mit blaugrünen Läden, etwas vornehm, aber glücklicherweise nicht zu vornehm für uns. Ich gehe nicht gern in Hotels, wo mir ein Komfort aufgedrängt wird, den ich gar nicht brauche. Es gefällt uns hier sehr gut, aber leider, sagt uns der Hotelier, können wir ein Zimmer nur bis zum 7. September haben. Dann kommt nämlich eine große Reisegesellschaft, die das ganze Haus gemietet hat. Zuerst sehn wir uns ein Zimmer nach vorn an, aber es ist zu heiß und zu laut, obwohl wir kein Gegenüber haben, sondern eine wunderschöne Aussicht auf das Meer und den Stadtpark davor. Aber die Straßenbahnen dröhnen vorüber. So nehmen wir doch lieber ein Zimmer nach dem Hof. Wir blicken da auf einen kleinen schattigen bunten Garten. Das Mittagessen spielt sich in einem hohen, weiß stuckierten Saal mit großen Spiegeln ab; hohe offne Türen führen in den Palmengarten. Es weht angenehm kühl herein. Für ein Dutzend Gäste sind ein Halbdutzend Diener tätig.

Meine mit Ein- und Wiederauspacken vielgeplagte Frau ruht sich nach Tisch etwas aus. Ich durchquere deshalb allein den Stadtpark, die »Villa communale«, und bin mit wenig Schritten am Meer. Kleine kurze Wellen schlagen ans Ufer. Es riecht nach verdunstendem Meerwasser und trocknenden Algen. Vor dem Quai sind lange Dämme aus mächtigen weißen Kalkblöcken aufgetürmt. Sie erinnern mich an die Kalkblöcke im Kaisergebirge. Dazwischen solche aus schwarzer Lava. In der Ferne erscheint schwach Capri, südlich über der Uferlinie erhebt sich der Vesuv und die Küste von Sorrent. Das Meer ist nicht blauer als der Starnberger See. Ich mache sogleich einen Gang durch den schönen alten Park zu dem berühmten Aquarium mit den Fresken von Hans von Marées im Bibliothekssaal. Im Jahre 1906 hatte ich als junger Mensch leichtsinnig das große dreibändige Marées-Werk unternommen. Jetzt werde ich diese Bilder, die manche für seine schönsten halten, endlich selber sehn. Es ist aber noch nicht Besuchszeit. So kaufe ich mir einstweilen den illustrierten deutschen Führer durch das Aquarium und bereite mich auf einer Bank vor. Ein Nürnberger Ehepaar läßt sich neben mir nieder und weiht mich sofort in seine Reiseerlebnisse ein. Sie wollten dem Nazi-Parteitagrummel ausweichen und sind mit ihrem eignen Auto da. Sie waren damit auf dem Vesuv, so weit man hinauffahren kann, und haben auch einen Steinauswurf miterlebt. Ein glühender Stein hatte der Dame den Hut durchgebrannt. Sie zeigt mir das Loch. Das kann sie nun ihr Leben lang als Andenken an den Vesuv vorführen. An jedem Samstag, sagt sie, gehe ein Zug in der Nacht hinauf, dann seien tausend Menschen droben. Es sei da viel interessanter als am Tag, weil man dann die Lava rot glühen sehe.

Um diese Kenntnisse bereichert, gehe ich ins Hotel zurück. Meine Frau ist inzwischen aufgestanden. Wir wandern nun begeistert am Meer entlang bis zum Stadtteil Santa Lucia. Der ist aber lange nicht mehr so malerisch, wie er früher gewesen sein muß. Jetzt stehn dort Riesenhotels. Dann bummeln wir an den Hafen. Familien fahren, fünf Personen hoch, in Einspännern unter großen Sonnenschirmen langsam am Strand entlang. Das ist offensichtlich ihr Sonntagsvergnügen. Viele Frauen schleppen kleine Kinder, mit einem Tuch bedeckt, auf dem Arm. Kinderwagen sind hier unbekannt. Über die Brücke gehn wir zum Castello del Ovo, dem »Eierschloß«, wie es nach seinem eiförmigen Grundriß heißt. Es ist auf riesigen verwitterten gelben Tuff-Felsen errichtet. Seine Mauern sind vom Fels kaum zu unterscheiden. Wir blicken hinauf zum Kastell Sankt Elmo, hoch über der Stadt, und zum Kloster S. Martino, auf deren Besuch wir uns freuen. An und auf der Brücke stehn in buntem Gewimmel viele Verkaufsstände von Fischern. Von den Restaurants am Wasser ertönt Gesang. Zum Überfluß gibt es auch noch Lautsprecher. Ein alter steifer Herr trägt meiner Frau einen abgesprungenen Knopf nach und verbeugt sich verbindlich. Große Schiffe blitzen in der Abendsonne. Allmählich werden Capri, Sorrent und Vesuv immer schärfer. Dieser pufft unter langen grauen Wolkenbänken unaufhörlich seinen weißen Dampf heraus. Schließlich erkennt man an seinem Fuß sogar die einzelnen Häuser in der Sonne. Er ist unten begrünt, oben schokoladebraun. Das Licht zieht sich immer mehr den Berg hinauf, bis die Sonne untergeht und alles dunkelblau zurückläßt. Allmählich wird es windig und kühl, wir sind zu müde, um den ganzen Weg wieder zurückzugehn. Es ist außerordentlich vernünftig eingerichtet, daß in einem Land, in dem man so viel fahren muß, das Fahren so billig ist. Im Hotel gibt es ein gutes »Diner« mit zart gebackenem Fisch und gebratenem Huhn, Käse und Früchten. Ich trinke dazu roten Capri.

Montag, den 5. September

In der Frühe zur Post, ob dort Nachrichten von zu Hause liegen. Leider vergeblich. Der Neapler ist sehr stolz auf seine neue Post, diesen Riesenbau aus poliertem Marmor und Glas. Ein junger Mann erklärt mir: »Neue Post, sehr teuer, 40 Milliarden!« Neapel strengt an. Das Gewühl, der Lärm verbrauchen Nervenkraft, die wir lieber auf das Schauen selbst verwenden möchten. Wir sind in steter Spannung.

Von der Post zum Museum. Schon ein erster Orientierungsgang zeigt uns, daß unser hier neue Offenbarungen warten. Die antiken Bronzen, die Fresken aus Pompeji, die Mosaiken mit der Alexanderschlacht — solche Dinge kann man nur in Neapel sehn. All das haben wir lange ersehnt. Die Büste des Euripides ist mir besonders wert. Von den drei griechischen Tragikern liebe ich ihn am meisten. In den letzten Jahren habe ich seine Dramen — besonders Alkestis, Hippolytos, Hekabe, Die Bakchen — immer wieder gelesen.

Nachmittags fahren wir nach dem Posilip. Von der Terrasse hoch überm Meer haben wir einen prachtvollen Ausblick auf die Bucht von Pozzuoli, das Cap Misenum, die Inseln Ischia und Procida. Tief zu unsern Füßen liegt die kleine Insel Nisida, durch einen Damm mit dem Festland verbunden. Phantastische Abendfarben leuchten durch die Kronen alter Bäume, die hart am Abhang stehn. Wir bleiben dort, bis es kühl und einsam wird, und fahren erst mit der letzten Gelegenheit nach Hause.

Dienstag, den 6. September

Wieder ins Aquarium. In den großen Bassins schwimmen Seetiere von hunderterlei Gestalt. Welch närrische Einfälle hat doch die Natur! Oder hat sie sich etwa bei Erfindung dieser abenteuerlichen Gestalten von Hieronymus Bosch helfen lassen? Diese Hohltiere und Schirmquallen, diese braunen und grünen Polypen mit ausgestreckten Armen, diese phantastischen Nesselfäden und Blasenträger, diese Seeanemonen, aus deren Mundöffnung das Hinterende eines halbverdauten Fischs hervorragt! Und in der dunklen Tiefsee tragen spukhafte Fische gar Laternchen auf ihrem Kopf.

Nachdem ich mich genug gewundert habe, schicke ich meine Visitenkarte nach oben zu Direktor Reinhard Dohrn. Ich werde sehr freundlich aufgenommen. Er ist der Sohn des Gründers Anton Dohrn, der

Marées den Auftrag gab, die großen Fresken in der Bibliothek zu malen. Konrad Fiedler, Marées' Mäzen, nahm großzügig die Kosten auf sich. Als Verleger des Marées-Werks bin ich hier gut angeschrieben. Meier-Graefe war lange in Neapel, um die Fresken zu studieren, und hat damals eine große Reihe prachtvoller Vorstudien ans Licht gezogen, darunter auch das Bildnis des Gründers, das jetzt über dem Schreibtisch des Sohnes hängt. Die »Ruderer«, die jetzt die Berliner Nationalgalerie zieren, habe ich groß und farbig in den Piperdrucken gebracht.

Zu allem Überfluß stellt sich noch heraus, daß Dohrn und ich zu gleicher Zeit das Münchner Wilhelms-Gymnasium besucht haben, wenn auch nicht in derselben Klasse.

Der Bibliotheksraum ist etwas zu hoch und zu eng für die Fresken. Die an der Fensterseite kann man nicht gut sehen, doch ist für elektrische Lampen und Steckkontakte gesorgt. Es war für Marées ein großes Wagnis, dem Meer gegenüber das Meer zu malen, aber das Wagnis ist geglückt. Die Fresken wirken überraschend frisch. Die Technik erlaubte ihm keine Übermalungen, wie sie auf seinen Ölbildern sich kissenartig dick gehäuft haben. Er mußte schnell von Stelle zu Stelle fortschreiten. Die Bilder wirken wie glücklichste Improvisationen und sind zugleich durchaus monumental. Sie haben starke Farben, am stärksten spricht das Blau von Meer und Himmel.

Reinhard Dohrn erzählt mir, daß es im Leben seines Vaters einen Moment gegeben hatte, wo er – damals Privatdozent in Jena – vom akademischen Leben so wenig befriedigt war, daß er es aufstecken und Verleger werden wollte. Dann sei ihm aber die Eingebung gekommen, ein Forschungsinstitut ins Leben zu rufen, und so sei er denn nach einer andern Richtung aus dem üblichen gebahnten Weg ausgebrochen. (Einschub von 1950: Nach dem Erscheinen des »Vormittags« sandte ich das Buch auch an Reinhard Dohrn. Er dedizierte mir dafür als Gegengabe im November vorigen Jahrs die schön geschriebene, sehr inhaltreiche Biographie seines Vaters aus der Feder von Theodor Heuß. Sie war zuerst 1940 erschienen. Inzwischen ist ihr Autor unser verehrter erster Bundespräsident geworden.)

Zum Abschied schenkt mir Dohrn eine große schöne Muschel und einige sehr interessant geformte, getrocknete Seetiere. Er ist mit einer Russin verheiratet und hat ein schönes großes Haus auf der Insel Ischia. Er überreichte mir eine Ansicht davon und lud mich ein, ihn dort zu besuchen, aber leider, leider wird die Zeit dazu wohl nicht reichen!

Nachmittags fahren wir hinauf nach der alten Festung St. Elmo, hoch über der Stadt. Die Trambahn kreischt sich in endlosen Windungen langsam aufwärts. So haben wir Zeit, von der Fahrt aus das sehr ursprüngliche bunte Volksleben in und an den Straßen zu beobachten. Ein alter Mann ist schon lange mitgefahren, hat aber kein Billett. Der Schaffner will ihn an die Luft setzen. Der Alte wehrt sich und stößt durchdringende verzweifelte Schreie aus. Selbst die Italiener, die doch gegen Geschrei aller Art abgehärtet sein müssen, werden darauf aufmerksam. Es gibt scheint's auch für sie noch Unterschiede in den Stärkegraden. Von der Terrasse des Klosters San Martino oben, unterhalb der Festung, haben wir einen wunderbaren Rundblick auf die Stadt, den Golf, das Meer, den Vesuv. Das Kloster ist ganz aus weißem Marmor und wird nachts mit einem rosa Licht angestrahlt. Spät abends fahren wir mit der Drahtseilbahn steil abwärts.

Mittwoch, den 7. September

In prachtvollem Morgenlicht früh ans Meer. Ein Taschenkrebs läuft possierlich seitwärts. Wir sammeln ein paar kleine leichte vulkanische Bimssteine, die von Muscheln angebohrt sind. Dann kommt unerwartet ein schneller Regenguß herunter.

Im Museum halten wir uns diesmal an die Gemälde, vor allem an drei nordische Bilder, die seltsamerweise so weit nach Süden verschlagen worden sind und die ich mir schon lange zu sehn gewünscht hatte: die »Blinden« und die »Ungetreue Welt« von Pieter Brueghel. Es sind das zwei Bilder voll von großartigem Pessimismus. Brueghel gehört zu meinen künstlerischen Nährvätern, seit ich 1902 im Louvre das kleine Bild mit den Krüppeln und diese Blinden in der Kopie seines Sohns gesehn hatte. Ich habe dann in den Anfängen meines Verlags das erste deutsche Buch über ihn veranlaßt. Es war zugleich auch das erste Buch Hausensteins über Kunst. Später brachte ich dann die erste Sammlung aller erreichbaren Brueghel-Zeichnungen, bearbeitet von Karl Tolnai, heraus und die großen farbigen Wiedergaben der Jahreszeiten in den Piperdrucken. Deshalb kann ich sagen, daß ich nicht unverdient an dieser Stelle in Neapel stehe und die »Ungetreue Welt« und »Die Blinden« betrachte.

Der andre nordische Meister ist Konrad Witz, dessen 1431 gemalte »Heilige Familie in der Kirche«, mit dem lächelnden bartlosen Joseph, sich hier befindet. Es ist dies das letzte Bild dieses frühen, harten, kantigen Malers, das mir noch fehlte. Seine Bilder in Berlin und Nürnberg habe ich oft gesehn. Das in Straßburg, die in Basel und Genf sah ich mit meiner Frau auf der Schweizer Reise. Solche Künstler, von denen man plötzlich noch ein neues Werk sieht, sind wie alte Freunde, mit denen man sein Leben verbracht hat, an welchen man dann aber unerwartet noch einen neuen Zug entdeckt.

Dann wende ich mich den beiden Mantegnas zu: dem kleinen Profilbildnis des jungen Kardinals Francesco Gonzaga, in Blaßrosa und Weiß, und der großen heiligen Euphemia, mit dem Löwen in der Nische stehend, sehr nachgedunkelt, aber immer noch von majestätisch feierlicher Wirkung. Auch von dem männlichen, herben, strengen Mantegna habe ich nun fast alle wichtigen Werke in mich aufnehmen können, vor allem die beiden großen Freskenzyklen in der Kirche in Padua und im Kastell von Mantua.

In einem Raum hängen sechs Bilder von Tizian, eines ist schöner als das andre, aber die Krone ist ohne Zweifel das große Gruppenbild des Papstes Paul III. mit seinen Nepoten. Es wäre Vermessenheit, über diese grandiose Malerei und tiefdringende Menschendarstellung so aus dem Stegreif etwas sagen zu wollen. Man kann das nur im Großen betrachten und dann im Einzelnen Zentimeter für Zentimeter mit dem Auge absuchen. Es wäre interessant, das Werk einmal neben dem Papstbild von Velazquez in der Galerie Doria zu sehn, das mir so ungeheuren Eindruck gemacht hat. Ich glaube, dieser Tizian würde auch da noch den Sieg davontragen.

Unsre Kenntnis von Greco können wir durch zwei Werke aus seiner frühen Zeit erweitern: den Knaben, der ein Feuer anbläst – auch dies ein Stück ganz großer Malerei –, und das Brustbild eines alten Mannes, der in der Hand ein Buch mit Miniaturen hält, auf das er deutet. Von diesem seltenen und seltsamen Meister sagt jedes Bild etwas Neues aus.

Nach Tisch machen wir mit der Tram die Fahrt nach Pozzuoli, diesmal nicht bergauf, wie bei der Fahrt nach dem Posilip, sondern immer am Meer entlang. Pozzuoli ist auf einem ins Meer vorspringenden vulkanischen Tuffhügel erbaut, der den weiten Golf nach Norden begrenzt.

Wir wollen vor allem den Schlammvulkan Solfatara besuchen. Als wir
durch das antike Stadttor fahren, wirft sich uns ein Guida in den Weg.
Er ruft immer wieder: »Pericoloso, pericoloso!« und will uns das Betreten der Solfatara als von Gefahren umlauert hinstellen, denen wir
nur unter seinem Schutz entgehn können. Schon schwingt er sich auf
den Bock unsrer Carozza. Zuerst halten wir am Amphitheater. Der
eifrige Guida führt uns durch die weiten unterirdischen Gänge und
die Buca für die wilden Tiere, die von da nach oben in die Arena hin-
aufgewunden wurden. Wir sehn auch die Vorrichtungen, mit denen
man die ganze Arena unter Wasser setzen konnte, denn im Altertum
inszenierte man in ihr auch »Seeschlachten«.

Nun zur Solfatara. Wir treten in einen alten, ringsum schwach begrünten Krater. Die kreisrunden Wände und der flache Boden bestehn
aus weißlichem Tuff, weiß wie eine Düne. Überall kommt zwischen
den Pflanzen der weiße Boden zum Vorschein. Unser Guida pflückt uns
duftende Myrte. »Sposalizio!« Er hebt einen kopfgroßen Stein auf und
wirft ihn auf den Boden. Dieser federt elastisch und klingt hohl, wie
wenn es aus unterirdischen Gewölben widerhalle. Er gibt uns heißen
Sand in die Hand: »Caldissimo!« Wir betreten den nackten, ganz
ebenen Boden des Kraters und hören schon das Gurgeln und Plan-
schen. Im Boden sind Löcher von ein paar Metern Durchmesser, in
denen schwarzer kochender Schlamm brodelt und aufspritzt. An vielen
Stellen steigen Schwefeldämpfe auf. Der Guida nimmt Papierfackeln
und zündet sie an. Wenn er sie über dem Schlammkrater schwingt, so
vermehren sich nicht nur in diesem, sondern überall, auch an ganz
entfernten Stellen, die Dämpfe. An einer andern Stelle geht die Flamme der Fackel aus, wenn er sie tief hält, und entzündet sich wieder,
sobald sie etwas höher gehalten wird. Ein paar Schritte weiterhin sprudelt heißer Sand wirbelnd in die Höhe. Und wieder etwas weiter führt
ein ausgemauerter Gang in den Hang des Kraterrunds hinein. Da
bricht uns sofort der Schweiß in Tropfen aus. Wir glauben in der
Schwefelluft zu ersticken und machen, daß wir wieder hinauskom-
men. Gegen Rheuma muß das gut sein, wenn man es nur länger aushalten könnte! Alles ist hier so hübsch nahe beisammen, als ob die
Natur in diesem Kraterrund Schaubuden für ihre verschiedenen Kunststücke errichtet hätte. Wir haben im vorigen Jahr von Bad Brambach
aus den erloschenen Vulkan Kammerbühl bei Franzensbad besucht –
Goethe hat sich über seine Entstehung viel den Kopf zerbrochen –,

daher ist mir dies alles doppelt interessant. Ich erlebe Erdgeschehen unmittelbar als Zeuge. Es gibt allgemein ein Solfatara-Stadium der Vulkane, es ist ein Stadium ihres Erlöschens.

Wir fahren bergab zum kegelförmigen Monte Nuovo, der am 30. September 1538 durch einen einmaligen Ausbruch nahe am Meer, 140 Meter hoch, entstanden ist. Der Serapis-Tempel in der Stadt ist das berühmte drastische Beispiel dafür, daß sich Land noch in historischer Zeit ganz wesentlich gesenkt und gehoben hat. Der Tempel wurde, wie sich von selbst versteht, ursprünglich auf dem trocknen Land errichtet. Nun sind aber die stehngebliebenen Säulen hoch über dem jetzigen Boden rundherum von Muscheln, die nur im Meere leben, angebohrt. Der Boden mit dem Tempel hat sich also nach seiner Erbauung gesenkt, er war lange vom Meer überflutet, und dann hat er sich wieder gehoben. Noch jetzt ist der Boden des Tempels flach von Wasser überspült.

Am Abend erleben wir in Neapel das große Volksfest der Piedigrotta. Es ist ein Kirchenfest, ein Kinderfest und zugleich eine Art Fasching, endend in einem nächtlichen Festwagenzug. Die Kinder stolzieren in bunten Papierkleidern. Die der kleinen Mädchen stehn wie Krinolinen weit ab, dazu haben sie Papiermützen aller Art aufgesetzt. Auf Kindertrompeten vollführen sie ungeheuren Lärm. Als Festbeleuchtung hat man an Schnüren zahllose bunte Papierlampions über die Straße gespannt. Vor unserm Hotel wälzt sich großes Gedränge. Überfüllte Carozzen bahnen sich langsam einen Weg durch die Massen. Die weiß uniformierten Matrosen, die drinsitzen, machen mit Klappern einen Höllenradau. Ein Mann tanzt mit unglaublichen Verrenkungen zu einer Trommel, Gitarre und Trompete. Der Schluß ist immer der, daß er unversehens einem Zuschauer seinen Allerwertesten gegen den Leib drückt. Darüber stets großes Gelächter! Neben dem Gedränge sitzt eine Frau in der Haustür und säugt ihr Kind, eine tut das sogar im Gehn. Wir treiben im Strom und werden schließlich auch in die kerzenerleuchtete Kirche hineingepreßt. Aber da ist das Gequetsche wirklich lebensgefährlich, und wir sind froh, heil wieder herauszukommen.

Donnerstag, den 8. September

Wir lassen uns für Pompeji früh wecken. Der Himmel ist wolkenlos. Morgenlicht verschleiert die Landschaft. Der Vesuv zeigt sich in sanftem, doch scharf gezogenem Umriß. Über Resina und über Torre del Greco, das auf einem Lavastrom, der es 1631 begraben hatte, neu erbaut wurde, kommen wir in den Bereich des unberechenbaren Berges, dessen Fuß die Menschen trotzdem vertrauensvoll immer wieder weit hinauf neu besiedeln. Wenige Schritte abwärts vom Bahnhof Pompeji, und wir stehn schon auf der antiken, mit unregelmäßig vieleckigen grauen Lavasteinen gepflasterten Straße. Zu seiten der Straße beginnen die ersten Gräber, das der Aesquillia Polla besteht aus einer halbrunden Steinbank, in der Mitte der Lehne eine hohe Säule und auf ihr eine bläuliche Marmorvase. Die Alten begruben ihre Toten an den Straßen vor den Toren, damit alle die Grabmäler sehn sollten.

Wir durchschreiten die Stadtmauer durch das rundbogige Nolaner-Tor. Auf der Innenseite ragt aus dem Keilstein des Bogens ein ganz verwitterter behelmter Minervakopf. Im Lavapflaster sind die Wagenspuren tief eingefahren. Es war kein Platz zum Ausweichen. Von Zeit zu Zeit konnte man die Fahrbahn auf erhöhten Schrittsteinen überschreiten. An den Straßen stehn viele kleine, graue, unbedeutende, gleichartige Häuser in geschlossener Reihe. Ihre leeren Räume sind von hohem Unkraut und Buschwerk erfüllt. Dann kommen wir zu den berühmten Häusern mit den Wandgemälden, zum Haus des Fauns, dem Haus des Pansa, dem Haus der Vettier. Nach den kleinen Vorproben im Vatikan erleben wir zum erstenmal antike Malerei und antike Farbe in den großen ursprünglichen Zusammenhängen. Bisher mußte uns antike Kunst ja fast identisch sein mit weißem Marmor.

Auch diese Häuser sind klein und haben kleine Zimmer. Im Peristyl, dem Hof mit dem Säulenumgang, liegt ein Gärtchen, auch klein wie ein Zimmer, mit bunten Blumenbeeten. Sie schimmern in die meisten Räume des Hauses farbig hinein. In den Zimmern waren gewiß nur wenige kleine Möbel. Die Malerei öffnete die Wände. Die gemalte Architektur schuf verwirrende Durchblicke, spielerisch und traumhaft. Im Haus der Vettier erscheinen im Sockel auf schwarzem Grund beflügelte Amoretten, die auf Böcken reitend Kämpfe aufführen oder mit Peitsche und Zügel auf Krabben und Delphinen kutschieren. Sie proben Wein, verkaufen an ein beflügeltes Dämchen Parfüm, ernten Obst in Körben usw.

Uns fesseln besonders die großen Kompositionen und ihre dichterischen Themen. Pentheus wird von Mänaden zerrissen und gesteinigt, wie Euripides das in den von mir bewunderten »Bakchen« so großartig dramatisiert hat. Der Knabe Herkules erdrückt die Schlangen vor seinen staunenden Eltern. Ein immer wiederkehrendes Thema sind die berühmten Liebespaare. In den roten Wandfeldern schweben Apollo und Daphne, Bacchus und Ariadne, Perseus und Andromeda. Die hauptsächlichen Farben sind Violett, Gelb, kupfriges Rotbraun, Blaugrau, Blaßgrün, Goldbronzen. Marées hat mit Hildebrand diese Wände betrachtet, bevor er an sein großes Freskenwerk im Aquarium ging.

In diesen berühmten Häusern drängen sich gegen Mittag, von Führern gehetzt, die Menschen, aber die meisten Straßen sind menschenleer. In einem der vielen grünüberwucherten schattigen Hauswinkel lassen wir uns nieder und verzehren unsern Proviant. In Pompeji selbst gibt es keine Möglichkeit, einzukehren. Dann machen wir uns auf zum Herculanertor mit seinen drei Durchgängen, die beiden äußern für die Fußgänger, der mittlere für die Wagen. An der Gräberstraße davor liegt die Villa dei Misteri, deren grandiose und geheimnisvolle Gemälde erst vor ein paar Jahren freigelegt wurden. Bis dahin ist es eine Viertelstunde zu gehn, und deshalb treffen wir hier auf nur zwei, drei Menschen. Der Hauptraum ist auf allen Seiten ausgemalt mit der Darstellung dionysischer Mysterien. Vor den roten Feldern bewegen sich in Gruppen gegen dreißig fast lebensgroße Gestalten. Außer dem jungen Dionysos, einem leierspielenden Silen und einem Jüngling sind es nur Frauen. Tauben-graublau und gelb ihre Gewänder, warmrosagrau ihre Leiber. Daran, was ihr Tun im einzelnen bedeutet, ist schon viel herumgeraten worden. Wir halten uns an die großen ausdrucksvollen Bewegungen und Gebärden.

Auf dem sonnigen, sehr aufgeräumt wirkenden, ebenen Forum mit Säulenresten des Zeus- und des Apollotempels machen wir nochmal Rast. Die Bergzüge der Halbinsel von Sorrent blauen herein, und ganz nahe der Vesuv. In den Stabianer-Thermen, einer weitläufigen Badeanlage, ist die Scheinarchitektur mit den Durchblicken nicht gemalt, sondern durch reiche Stuckarbeit hervorgezaubert. Von da ist es nicht weit zum Haus des Menander, so genannt nach dem Bild des griechischen Komödiendichters, das hier in eine Nische gemalt ist. Offenbar war der Besitzer ein Verehrer von ihm. An dessen auf uns gekommenen Fragmenten habe auch ich mich ergötzt. Vor gelbem Grund sitzt der jugendliche bartlose Dichter in weißer Toga mit offner Brust auf einem Stuhl, in der Rechten ein Buch, im rotbraunen Haar ein Kranz. Man fühlt sich hier ganz in seiner Atmosphäre.

Um fünf Uhr wird Pompeji geschlossen — etwas merkwürdig bei einer Stadt unter freiem Himmel. Wir haben uns zu Anfang zu lange Zeit gelassen, und nun merken wir mit Schrecken, daß wir vieles von den berühmten »Scavi Nuovi«, den neuen Ausgrabungen, auch das Theaterviertel, nicht mehr sehn können. Wir sind aber immerhin acht Stunden herumgegangen, während Baedeker »bei beschränkter Zeit« schon drei bis vier Stunden für ausreichend hält. Wir müssen das Fehlende ein andermal nachholen. Aber werden wir noch einmal hierherkommen? Ich stecke mir zum Andenken eine Scherbe mit dem echten Pompejanischrot ein und bröckle von einer Mauer ein violettbraunes Lavastück ab, bewachsen von silbergrauer Flechte.

Bis der Zug kommt, haben wir noch Zeit, uns auf der halbrunden Grabbank der Aesquillia auszuruhn. Auf dem Bahnhof mache ich eine kleine Zeichnung der Vesuvansicht. Sie gelingt mir nicht gleich in den Proportionen, das zweitemal wird sie richtig.

Dann zurück aus der Stille des toten Pompeji in den Lärm Neapels.

Freitag, den 9. September 1938

Die deutsche Reisegesellschaft ist wirklich da. Wir müssen unser schönes großes ruhiges Zimmer mit dem reizenden Blick auf das kleine bunte Gärtchen räumen. Schade! Aber wir haben es doch fünf Tage genossen. Die Hotels in Neapel sind voll. Mit vielem Telefonieren hat unser Direktor in dem Hotel Nuova Bella Napoli, gegenüber dem Hauptbahnhof, noch ein Zimmer für uns aufgetrieben. Da wir von dem Bahnhof noch öfter abfahren wollen — nach dem Vesuv und nach Pästum —, ist uns diese Lage durchaus erwünscht. Ich treffe mich mit meiner Frau im Museum bei den Bronzen. Nur in Neapel kann man so viel schöne Hauptwerke beisammen sehn.

Wie viele Bronzewerke habe ich schon betrachtet: Auf dem Penzliner Schreibtisch meines Vaters die kleine bronzene Streitaxt aus frühgermanischer Zeit, in den Kirchen meiner Heimat die mittelalterlichen Taufbecken, den Bronzelöwen in Braunschweig, die Bernwardssäule in Hildesheim, die Bronzetüren in Augsburg, Hildesheim, Gnesen und

Verona, die römische Wölfin auf dem Kapitol, die etruskischen Spiegel, die Reiterstatuen des Marc Aurel auf dem Kapitol, des Colleoni in Venedig, des Gattamelata in Padua, des Großen Kurfürsten auf der Berliner Schloßbrücke, Peter Vischers Sebaldusgrab in Nürnberg, die Brunnen in der Augsburger Maximilianstraße... So könnte ich noch lange fortfahren und ein hübsches Kapitel schreiben: Meine Erlebnisse mit Bronze. Hier fesselt mich vor allem: der archaische, scharfgezeichnete Jünglingskopf mit den vielen kleinen Löckchen, der im Menschentypus an unsre Münchner Marmor-Ägineten erinnert. – Der stehende, nackte Apollo, stark grün patiniert, die Augen farbig eingesetzt, sehr edel. – Der ruhende, knabenhafte Hermes. Daß Burckhardt in ihm einen Angelnden sah, kann uns armen Laien zum Trost gereichen. Wenn ein solcher Kenner so sich irrte, wieviel mehr dürfen wir es! – Die Büste des bärtigen Dionysos mit geneigtem Kopf, herrscherhaft, zugleich mild und nachdenkend. – Der allbekannte »Seneca«. Die Haare hängen ihm in die gefurchte Stirn, die Augen sind wie mühsam aufgerissen, er scheint mit offnem Mund schwer zu atmen, ein Triumph der Lebensnähe. – Da ist auch die Büste des Bankiers Cäcilius Jucundus, dessen kleine Augen und abstehende Ohren, dessen lächelnder Mund mit den dünnen Lippen, dessen ganze triviale Schlauheit »sprechend« auf die Nachwelt gebracht ist. Offenbar hat er sich so gefallen.

Von den Marmorskulpturen präge ich mir vor allem die frühgriechische, schmale, hohe Grabstele ein mit dem jungen Mann, auf den Stab sich stützend, sein Hund zu ihm aufblickend. – Das Relief mit Hermes, Orpheus und Eurydike, voll stiller Abschiedswehmut. – Das Relief des Jünglings mit den drei Hetären, das ich schon vor dreißig Jahren in den »Griechischen Liebesgedichten« abgebildet habe.

Für den berühmten Doryphoros, den Speerträger des Polyklet, von dem hier eine schöne Marmorkopie steht, habe ich mich nie recht erwärmen können. Er ist eine große Kunstidee, aber mir zu sehr »Kanon«. – Ganz neu sind mir die beiden Dioskuren, die gerade von ihren Pferden herabgleiten, einst der symmetrische Firstschmuck eines Tempels. – Der dreifigurige Dionysos-Zug mit der tamburinschlagenden ekstatischen Mänade an der Spitze. – Der schwere langbärtige Dionysos, mit seinem Gefolge einen dramatischen Dichter besuchend, der neben seiner Gefährtin auf dem Lager liegt.

Und nun der Dichter des Dionysos-Dramas, der »Bakchen«, selbst:

Euripides. Seine Büste ist mir die wichtigste Plastik in Neapel. Sein
mageres greises Haupt ist verkörperter Geist. Die große Stirn beschat-
tet die Augen, die schwermütig aus diesem Schatten hervorblicken.
Der Mund ist unter den Bart zurückgezogen wie die Augen unter die
Stirn. Es würde ihn Überwindung kosten, zu den Menschen noch etwas
zu sprechen. Lange Haarsträhnen hängen an den eingefallenen Schlä-
fen und Wangen herab. Unwillkürlich sage ich laut vor mich hin:
»Dies ist eine heilige Stelle.«

Nicht weit davon steht die berühmte Homerbüste. Der Euripides ist ein
sicheres Porträt, der Homer eine Idee von Homer. So dachte man sich
ihn in alexandrinischer Zeit. Aber dieses späte Werk ist so zwingend,
daß auch wir uns Homer nicht anders denken können.

Die weiträumige Treppe führt hinauf zu den antiken Fresken. Hier
ist das Bedeutendste von den Wänden in Pompeji und Herculanum
zusammengebracht. Nur ganz wenige Betrachter verlieren sich hier
herauf, die Aufseher schlafen. Diese Bilder sind nicht populär. Die
Geschichten aus der Mythologie, die da dargestellt sind, bleiben den
Besuchern unklar; sie verstehn nicht, was da vor sich geht. Wenn
wenigstens berühmte Künstlernamen drunterstünden, von denen man
spricht, so könnte man sich etwas mehr dabei denken!

Ein Hauptwerk ist das zwei Meter hohe Gemälde: Herakles findet
sein ausgesetztes Söhnchen Telephos, das von einer Hirschkuh gesäugt
wird. Die Berglandschaft ist nicht als Landschaft gemalt, sie ist verkörpert durch die Bergnymphe Arkadia, die mit großen, weitgeöffne-
ten dunklen Augen in die Ferne blickt.

Die pompejanischen Kompositionen gehn vielfach auf alte griechische
Vorbilder zurück, und es ist interessant, dieselbe Komposition in mehreren Varianten zu sehn, so z. B. die drei, die die Entdeckung des
Achill unter den Töchtern des Lykomedes darstellen. Die Farben der
einen Variante sind braunviolett, rosa, gelb, blaßgrün, die Körper
licht, nur der Odysseus dunkelbraun. Die Erziehung des Achill durch
den Zentauren Chiron hat noch Marées oft gezeichnet. An Marées'
Frauentypus erinnert die schöne stehende Medea in violettem Gewand.
Perseus geleitet die befreite Andromeda von ihrem Fels herab – auch
das ein ewiges Thema bis zu Rubens und Corinth.

Der lebensgroße Fries aus der Villa von Boscoreale erinnert an die
Fresken der Villa dei Misteri. Der Alte, der sich auf seinen Stock
stützt, ist mächtig wie ein Prophet, die Sitzende wie eine Sibylle.

Manchmal stehn die Figuren klein in einer Landschaft. Bäume und Felsen sind dann erstaunlich frei gemalt. Überhaupt ist diese überlegene Malweise bewundernswert. Der Kopf des Tritonen auf Ios Ankunft könnte z. B. von Rubens auf seinen stärksten Skizzen nicht freier und zügiger hingesetzt sein.

Einen Stock höher, bei den Mosaiken, halte ich mich allein an die Alexanderschlacht. Sie ist eine Welt für sich. Das Mosaik, etwas über fünf Meter lang und fast drei Meter hoch, steht in sehr gutem Licht. Ich nehme mir einen Stuhl und setze mich in beliebigen Abständen davor. Niemand stört. Es sind durchaus nicht nur vier Farben, wie Baedeker angibt. Ich sehe Rosa, Gelb, Schwarz, Weiß, Grau, Braun, Schieferblau, Dunkelrot – dies alles in vielen Tönungen, denn die Steinchen, aus denen das Riesenwerk zusammengesetzt ist, sind ja von der Natur nicht gleichmäßig durchgefärbt, sondern spielen in vielen Nuancen. In Pompeji diente das Mosaik als Fußboden. Es ist eine grandiose Schlachtsymphonie. Man darf vielleicht an die Amazonenschlacht von Rubens und an die Schlachtenbilder Tintorettos denken. Dies hier ist scheinbar nüchterner, weniger blühend. Und doch ist ein ungeheurer Schwung darin. Alexander in struppigem Haar – er hat den Helm verloren – ist gar nicht schön. Vielleicht ist dies sein einziges authentisches Bildnis. Das griechische Gemälde, die verlorene Vorlage dieses Mosaiks, ist noch von einem Zeitgenossen Alexanders gemalt. Unsre Anteilnahme wendet sich dem Perserkönig zu. Sein Herausragen über den Horizont der Kämpfer, seine Gebärde mit dem rechten Arm, sein erschütterter, gesteigerter Blick beherrschen das Bild. Er ist von dem griechischen Künstler nicht etwa als flüchtender Schwächling dargestellt, sondern mit der tiefen männlichen Achtung, mit der auch Äschylos in seinen »Persern« den überwundenen Gegner behandelt. Es ist ein Glück, ein Werk wie dieses zu betrachten. –

Nun wollen wir einen sehr nötigen Einkauf machen. Ich habe nämlich in München meine bequemen altvertrauten Morgenschuhe vergessen, und da man seine Füße nirgends so strapaziert wie auf Reisen, vermisse ich sie sehr. Wir gehn in einen Schuhladen, aber leider gibt es in unserm Lexikon kein Wort für Morgenschuhe. Der junge Mann bringt uns mit vielen Gestikulationen immer wieder harte Halbschuhe für die Straße. Wir können uns ihm nicht verständlich machen. Plötzlich durchzuckt ihn der erlösende Gedanke. Er dreht sich tanzend dreimal um sich selbst und ruft schallend, als sei ihm das größte Glück widerfahren: »Pantoffolo, Pantoffolo!« Die übrigen Käufer im Laden freuen sich mit. Ich wundere mich, daß es nicht zu Umarmungen kommt. Daß das, was wir suchten, Pantoffeln heißen könnte, war uns ganz unmöglich erschienen, denn es sollten ja gerade keine Pantoffeln sein, weil die immer vom Fuß abrutschen. Er bringt nun aber doch das Richtige.

Neapel hat sehr viele Kirchen, aber glücklicherweise keine berühmten. Deshalb haben wir uns von allen nur San Domenico Maggiore ausgesucht, und zwar wegen ihrer Beziehungen zu Thomas von Aquino und zu Giordano Bruno.

Die Kutsche rollt uns durch enge, schmutzige, von Volk vollgepfropfte Gassen. Auch in diesen engen Gassen stehn links und rechts große alte Paläste. Hier in der Nähe muß Benedetto Croce wohnen, der universalste Geist Italiens unter den Lebenden. Ich habe sein schönes Buch über Ariost, Tasso und Shakespeare gelesen und mich in München mit Karl Vossler, der mit ihm befreundet ist, über ihn unterhalten. Croce ist beim Faschismus nicht gerade beliebt, wird aber, aus Achtung vor seiner Leistung, nicht gestört.

Auf dem Platz vor der Kirche steht ein barock überladener Obelisk, obenauf die Bronzefigur des Heiligen. Die Kirche selbst hat eine altertümliche Front mit Zinnen. Ein kleiner bescheidner Bursche in schwarzweißer Kutte führt uns. Er zeigt uns in der Sakristei den Oberarm des Thomas von Aquino, der in eine gläserne Röhre gefaßt ist, auch ein Manuskriptblatt von ihm ist da. Im Kloster von San Domenico hat Thomas 1272 seine »Summa« verfaßt. Seine Weltansicht ist ein großartiges Gedankensystem, das Jahrhunderte beherrscht hat, in das ich Armer mich aber kaum noch hineinwagen werde. Näher fühle ich mich dem jungen, feurigen, unfügsamen Giordano Bruno, der 1563 als Novize in das Kloster eintrat, aber bald aus ihm entfloh. Der Lehrer von der Unendlichkeit der Welten kam auf seinem unsteten Wanderleben auch nach Wittenberg. In sein Vaterland zurückgekehrt, ward er im Jahre 1600 in Rom von der Kirche verurteilt und auf dem Campo dei Fiori als Ketzer verbrannt. Seine Persönlichkeit wurde mir durch die schöne Darstellung Diltheys lebendig. So ist auch diese Stätte mit dem Wirken großer Männer verknüpft und hat dadurch eine eigne, geheimnisvoll anziehende Atmosphäre.

An den Wänden der Sakristei, hoch oben auf einer Galerie, sind 45 Holzsärge übereinandergestapelt, zum Teil mit rotem zerrissenem

Samt überzogen. In einer dieser Holzkisten ruhn die Gebeine des großen Feldherrn Pescara, der für uns in der plastisch-farbigen Erzählung Conrad Ferdinand Meyers von der »Versuchung des Pescara«
fortlebt; in einer andern die Überreste seiner Gattin Vittoria Colonna,
der großen Freundin des greisen Michelangelo. Aber Tote sollten doch
nicht in solchen Kisten aufbewahrt werden! Sie bekommen leicht etwas
von Speicherkram.

Nun fahren wir auf anderm Wege, entsetzlich holpernd, über jeden
Stein stolpernd, zu unserm Hotel zurück. Unser Zimmer ist nicht entfernt so schön wie das im Hotel »Riviera«. Es liegt im vierten Stock
und geht auf einen Hof. Über dem Hof erscheint allerdings als bedeutsame Silhouette, wie immer Neapel beherrschend, das Kastell Sankt
Elmo und unter ihm das Kloster San Martino. Es wird wieder elektrisch angeleuchtet und wirkt wie ein durchsichtiger, von innen heraus
rosa glühender Kristall. Vom Bahnhofsplatz dringt ungeheurer Lärm
herauf. Mitten auf ihm ist ein Lautsprecher aufgestellt, der mit der
größten Lautstärke, die ich je gehört habe, eine Tenorarie schmettert.

Samstag, den 10. September

Den guten Morgenkaffee trinken wir vor der Tür in der Sonne. Die
Palmen wedeln mit ihren riesigen geschlitzten Blättern. Ein bronze-
ner Garibaldi schwingt seinen krummen Säbel. Ausrufer schreien ihre
Waren aus. Jeder Ruf hat sein eignes musikalisches Thema. Eine Frau
trägt unter jedem Arm zwei Hühner und balanciert dazu noch ein
riesiges Bündel auf dem Kopf. Zeitungsverkäufer, Nonnen und bar-
füßige Kinder streifen unsere Stühle. Die Kinder tragen ihre zerriß-
nen Schuhe in der Hand, gewiß, um sie zu schonen.

Heut wollen wir auf den Vesuv, trotz der Bombenhitze. In Pugliano
beginnt die Bergbahn. Wir steigen langsam durch eine wunderbar
üppige südliche Pflanzenwelt empor: Edelkastanien, Feigenbäume,
Kakteen, Akazien, unbekannte rote Blumen. Bald öffnet sich ein be-
zaubernder Rückblick auf Neapel. Der ganze Golf liegt da, in seinen
Farben einheitlich verschmolzen wie ein genial hingewischtes Gemälde. Die See ist blau verschleiert, Capri nicht zu erkennen. Wir fahren am Wirtshaus »Eremo« vorbei, dessen rotes Haus schon von unten
sichtbar war. Der Vesuv selbst ist in Wolken. Die ersten Lavafelder,
braun wie Torf, zum Teil begrünt. Wir durchqueren einen hohen

alten Lavadamm. Nun steigen wir in die Zahnradbahn um. Diese geht geradeaus steil hinauf. Der Schaffner überreicht meiner Frau süßduftendes Rosmarinkraut. Er bietet ein kleines Glasröhrchen an mit zehn verschiednen Aschenproben von dem großen Vesuvausbruch des Jahres 1906, so, wie sie in Schichten sich aufeinanderlegten. Es kostet nur ein paar Lire, also nur wenige Pfennige, aber außer mir interessiert sich niemand dafür.

Die Bahn steigt stark – 57 Prozent. Wir verlassen die Baumgrenze. Es ist sehr windig und kalt. Schon während der Fahrt werden uns Lodenmäntel mit Kapuzen zugeteilt.

Von der Endstation der Zahnradbahn führt ein schmaler ausgetretner Pfad an der riesigen steilen braunen Geröllhalde aus Lava entlang. Zur Linken der aufsteigende Hang, zur Rechten der Blick in die Tiefe. Einzelne große, graue, runde, bei den Eruptionen ausgeworfene Blöcke liegen auf dem Geröll. Zuerst haben wir noch freie Blicke hinab auf einzelne grüne, besonnte Flecke. Dann sind wir vom Nebelreißen, das von unten heraufkommt, ganz umgeben. Eine solche Kälte wie hier hätten wir noch vor wenigen Minuten nicht für möglich gehalten. Auf einmal ist der Weg zu Ende, und vor uns öffnet sich der Tiefblick in den Krater. Etwa zwanzig Menschen stehn im Nebel als Silhouetten um den Rand. Mit einem alten Führer, klein, mit faltigem Gesicht, steigen wir auf flüchtig gehauenen Stufen in den Krater hinab. Innerhalb des großen Runds sind wir windgeschützt. Wir legen die Kapuzenmäntel ab und gehn über große Felder von schwarzem und gelbem Lavagekröse. Es ist in langen Strähnen erstarrt. Sie sind wie Seile gedreht, zäh geflossen wie Brei, überhängend und geborsten. Da die Lava eine scharfe Oberfläche hat, ist der Tritt sicher. Aber es entströmen ihr erstickend riechende, warme Schwaden. Schwefel, sagt der Führer. Manchmal hat die Lava ganz infernalische Farben: Rosa, Gelb, Schwarz, Braun, Lila dicht nebeneinander, ganz wie am Kammerbühl bei Franzensbad, der vor Jahrtausenden erloschen ist. Ich bemühe mich, Stücke von allen Farben aufzuheben, aber ich muß mich dabei beeilen, sonst verliere ich den Führer aus den Augen. Er führt meine Frau an der Hand. Der Auswurfkegel steht in Wolken verhüllt. Wir hören ihn nur in Pausen laut schnauben und röcheln. Steine prasseln.

In einem Spalt unter dünner geborstener Kruste schießt der helle, blutrote, leichtflüssige Glutstrom schnell wie Wasser vorbei. Entscheidend für den Eindruck ist dies schnelle, leichte, unaufhörliche und gleichmäßige Fließen, dazu die hellrote, fast gelbrote Farbe. Ein Mann erbittet sich von uns zwei Geldstücke, dann langt er mit einer Schaufel an langem Holzstiel in die fließende Glut hinein, schöpft einen roten Klumpen heraus, schiebt ihn mit einem Holzstück auf einem schon erkalteten Lavablock zu einem kleinen roten Kuchen zusammen und drückt mit dem Stab, der sofort aufprasselt, die Geldstücke hinein. Die noch glühenden Päckchen nimmt unser Führer auf einem Brokken kalter Lava für uns mit. Das Kraterrund ist im Treiben der Dämpfe nicht übersehbar. Hier und da stehn Menschen schattenhaft, andre kommen uns entgegen. Das Auge muß sich ganz auf den Kraterboden mit seinem Geschlinge konzentrieren.

Nun wieder zurück zum Rand, die Stufen hinauf und die Mäntel wieder angezogen! Der Berg ist ganz in Wolken, wir sehn nur den nächsten braunen Geröllhang. In dem Häuschen der Zahnradbahn müssen wir warten. Das ist uns angenehm, wir können noch mehr von der Situation einheimsen. Das ganze Erlebnis hier oben wirkt traumhaft, weil es in gar keinem Zusammenhang steht mit der sonnigen grünen Landschaft und mit den Menschen dort unten, die wir doch eben erst verlassen haben. Die Welt hier oben ist unmenschlich.

Wir wollen noch nicht gleich wieder ganz hinunter und kehren beim »Eremiten« ein. Früher lebte hier wirklich einer. Eine Frau bringt uns Tee und Wurstbrote. Ein schwarzer Spitz schleicht herum. Das Haus wirkt recht verwahrlost. Die Landschaft um uns strahlt von Schönheit.

Am Fuß des Berges ist es kochend schwül. Wir haben das Gefühl, als kämen wir aus einem kalten Bad unmittelbar in ein Schwitzbad.

Oben auf das verschüttete Herculaneum ist das heutige moderne Resina gebaut. »Modern« ist allerdings kaum ein passender Ausdruck. Der Ort ist wohl der ärmste und schmutzigste, den wir bisher gesehn haben. Auch meiner Frau, die sonst so gerne unverfälschtes Volksleben sieht, vergeht hier etwas der Appetit danach. Die Kinder wühlen im Staub, triefäugige alte Frauen betteln, ein Mann zeigt seinen zerfressenen nackten Armstumpf. Auf den Fischen in einem Verkaufsstand wimmeln die Fliegen. Das »Grande Café Italia« ist ein einziges kahles Zimmer, die Retirata ein vollkommen dunkles Loch im Keller.

Wir steigen zu den Ausgrabungen hinab. Ein Aufseher, der uns Erklärungen geben will, wird von mir nicht grade freundlich abgewehrt. Er ist aber gar nicht empfindlich, sondern sagt nur mit Nachdruck: »Non Guida! – Custode!« Er ist also kein Führer, der sich auf sein Opfer stürzt, um ein Geschäft zu machen, sondern ein Custode, ein Staatsbeamter. Das lassen wir uns eher gefallen. Er macht seine Sache gut. Über jedes italienische Wort, das ich einigermaßen richtig ausspreche, freut er sich. Als er mir etwas Verkohltes zeigt und ich dazu »carbonisato« sage, lacht er strahlend, packt mich am Arm und klopft mir väterlich auf die Schulter. Er wiederholt mit Nachdruck: »Ercolano – 'Olz (Holz), Glaß. Pompeji – kein 'Olz, kein Glaß!« Das sollen wir uns merken.

Herculaneum war sehr tief unter einem später steinhart erstarrten Schlammstrom begraben, Pompeji unter einem Aschenregen. Die antiken Villen öffneten sich alle auf das Meer. Jetzt liegt noch eine hohe Barriere über ihnen. Unmittelbar auf den noch nicht abgegrabenen Tuffwänden stehn neue mehrstöckige Häuser. Man sieht da besonders deutlich, wie zwei Städte übereinanderstehn. Pompeji ist farbiger und landschaftlich schöner, Herculaneum instruktiv für die antike Zivilisation. Es sind noch schöne Mosaiken da, aber die Kunstwerke, die hier gefunden wurden, sind doch fast alle ins Neapler Museum übertragen.

Wir wollten noch ans Meer, aber es ist lähmend schwül. Wir müssen umkehren. In einem sehr appetitlichen modernen Zug kommen wir schnell nach Neapel zurück. Infolge der Energie meiner Frau ist uns inzwischen ein besseres Zimmer eingeräumt worden mit Balkon und Blick auf den Vesuv.

Gegen Abend geht in der Einsenkung zwischen der Somma und dem Vesuvkegel der Mond auf. Zuerst ragt noch ein Zacken des Berges dunkel in ihn hinein, dann steigt sein volles gelbes Rund empor.

Sonntag, den 11. September

Daß wir die Tempel von Pästum sehn werden, schwebt uns schon lange als ganz märchenhaft vor. Auf der steppenartigen flachen Heide sehn wir hie und da schwarze Büffel weiden. An der Landseite begleiten uns schöne, leicht bewegte, ruhige Berglinien. Der Himmel war schon bei der Abfahrt verhangen. Nun kommen wir gegen Mittag im Regen an und gehn deshalb zunächst einmal in die kleine Osteria, dicht neben dem Bahnhof.

Ein wohl erst zwölfjähriges Mädchen, mager und dünn, ist die einzige Bedienung. Mit natürlicher Würde ist sie zugleich ungemein eifrig. Ich zeichne stehend vor der Tür die schönen Berge gegenüber, sogleich bringt sie mir einen Stuhl heraus. Dann führt sie uns, um uns während des Regens doch auch schon etwas zu bieten, die Treppe nach oben und zeigt uns von da die noch ziemlich fernen Tempel. Wir können sie allerdings nicht durch ein Fenster, sondern nur durch ein Fliegengitter betrachten. Dann bringt sie uns das Pranzo. Schließlich hört es wirklich auf zu regnen. Ich rufe auf der Landstraße immer wieder ganz laut: »Wunderbar, wunderbar, wunderbar!«

Hinter einer hohen Mauer liegt ein großer Gutshof mit majestätischen säulenhaften Pinien. Pferde stampfen, Pfauen schreien. Die lange, gerade, antike Stadtmauer durchschreiten wir durch einen gewaltigen hohen Torbogen, die Porta della Sirena. Ihre mächtigen Kalksteinblöcke sind prachtvoll geschichtet. Die Mauer umschließt ein sehr großes Fünfeck, den alten Stadtbezirk, in dem außer den Tempeln nur noch einige ärmliche Hütten stehn. Wenige Schritte, und wir sehn schon als ersten den breiten, wuchtigen, braunen Poseidon-Tempel und nahe hinter ihm die säulenreiche sogenannte Basilika. Um dahin zu kommen, müssen wir eine Gärtnerei mit vielen roten Rosenbeeten durchschreiten. So hat man die Rosen von Pästum also wieder angepflanzt, die schon Virgil gepriesen und die Seume 1802 so bitter vermißte. Der ungeheure Blumenreichtum vor den gelbbraunen Tempeln entzückt uns. Weiterhin duftet alles nach der hell-lila Minze. Unzählige Eidechsen, große und kleine, grüne und braune, so zahllos wie bei uns die Heuhupfer, werden von unsern Schritten aufgescheucht.

Nun stehn wir wirklich vor dem Poseidon-Tempel, vor seiner breiten Säulenfront und dem krönenden, zusammenfassenden Dreieckgiebel, und können die hohen Stufen hinaufsteigen. Das ist beglückend. Wir hatten uns die Säulen nicht so mächtig vorgestellt und auch nicht in so schönem warmem Goldbraun. Der Tempel ist ein in sich geschlossener Körper, ein völlig ausgewogenes Ganzes, in allen Teilen bis aufs letzte durchdacht und doch von lebendigem Uratem durchweht.

Bisher sah ich die Tempel in Assisi, in Rom und in Cori. Aber das waren nur Reste von Tempeln. In ihnen war nicht mehr die ganze Tempelidee verwirklicht. Hier ist es eine Lust, in dem voll erhaltenen

Säulenviereck auf und ab zu gehn, in dem auch die Cella noch fast ganz erhalten ist. Nun erst wird uns die rhythmische Gliederung des griechischen Tempels klar.

Nach Durchschreiten des äußeren Säulenrings betreten wir zunächst die Vorhalle der Cella mit den viereckigen Eckpfeilern, den Anten. Von ihr führen hohe Stufen zum Innenraum der Cella hinauf, in der das Bild des Gottes stand. Durch eine ebensolche Rückhalle verlassen wir sie in Richtung auf das Meer.

Sehr wichtig ist der Gedanke, den ich irgendwo las, daß der antike Tempel kein Raumbau, sondern ein Gliederbau ist. Die christliche Kirche ist in erster Linie Raum.

Der Poseidon-Tempel wirkt ungeheuer breit und muskulös. Man gewinnt Vertrauen zu ihm und fühlt sich an seiner breiten Brust geborgen. Der ganze Bau ist aus einem sehr porösen Kalksinter errichtet, der nahebei gebrochen wurde. Seine Oberfläche ist außerordentlich mürbe. Sie war ja nie ganz glatt, sondern mußte zur Glättung mit Stuck überzogen werden. Und dieser wurde bemalt. Jetzt haben sich in den Löchern unzählige Schnecken angesiedelt. Man könnte in der Umgebung der Tempel Stoff genug für eine ganze Schneckenkunde finden. Wir können uns schwer vorstellen, daß die Erbauer den Tempel in diesem schönen Goldbraun des Steins nie gesehn haben. Für sie war er bunt, vor allem weiß, rot und blau.

Auf trocknem Heideboden, durch knisternde Kräuter gehn wir hinüber zur Basilika. Sie ist durch einen Irrtum zu diesem Namen gekommen. Man hielt den Bau für eine Versammlungshalle, wie etwa die Basilika Julia auf dem römischen Forum. Der Bau wirkt wie ein Säulenwald. Da der Giebel fehlt, so erscheinen die Säulen gleichgeordnet und richtungslos gereiht. Eine Säulenreihe in der Längsachse teilt das Innere der erhöhten Cella in zwei Hälften. So entsteht ein noch größeres Säulengedränge. Die Basilikasäulen sind viel stärker geschwellt und ziehn sich unterhalb des sehr breit ausladenden Kapitäls viel stärker ein. Sie wirken dadurch bauchig und dem Druck nachgebend. Auf dem Sims wachsen entzückende, feingegliederte hohe Pflanzen mit leuchtend rosaroten Blüten.

Vor den Tempeln, an der Seeseite, zieht die antike Straße vorüber. Auch sie zeigt alte Wagenspuren wie Pompeji. Das Meer ist noch eine kleine halbe Stunde entfernt. Das ist nicht weit, aber für uns leider doch zu weit. Es wäre schön gewesen, am heranrollenden Meer zu stehn, auch wenn das Ufer, wie wir von hier aus annehmen müssen, nüchtern und ganz unpathetisch wäre. Man hätte von dort aus noch besser verstanden, daß die Alten sich hier den Erderschütterer Poseidon günstig stimmen wollten. An vielen Stellen ragen die niedrigen Grundmauern der antiken Häuser aus dem Boden. Überall tiefe Stille.

Der Ceres-Tempel kommt bei den Besuchen leicht zu kurz, weil er am weitesten abliegt. Er ist auch lange nicht so mächtig wie der Poseidon-Tempel, und so könnte man ihn fast als eine schwächere Wiederholung empfinden. Aber diese Verkleinerung ist positive Zierlichkeit. Er mißt 32 zu 14 Meter gegenüber den 60 zu 24 Metern des andern, bedeckt also nicht viel mehr als ein Viertel der Bodenfläche von jenem. Trotzdem hat er nur zwei Säulen weniger, vierunddreißig statt sechsunddreißig. Daraus erhellt schon, wieviel zierlicher sie sein müssen.

Die griechischen Tempel zeigen unzählige Varianten des Grundrisses. Immer neue Verhältnisse von Länge zu Breite, von Säulenhöhe zu Säulendurchmesser wurden ausgeprobt. Das Spätere ist nicht vollkommener als das Frühere, die Wirkung jedoch ist eine andre, die Idee wird immer reicher durchgestaltet. Aber mit solchen abstrakten Überlegungen wollen wir gar nicht erst anfangen. Der Eindruck der unmittelbaren Gegenwart der Bauten, die Wirkung von Licht und Luft sind viel zu stark. Diese vollkommenen Erfindungen der Baukunst scheinen von Menschen zu stammen, deren Erkenntnis keine Grenzen gesetzt waren. Und doch dienten die von ihnen errichteten Bauten der Verehrung der eifersüchtigen, bestechlichen, sich gegenseitig ins Gehege kommenden, auf Abenteuer ausgehenden, launenhaften und wortbrüchigen Götter! Das kommt einem manchmal verwunderlich vor. Wie hat Poseidon mit persönlichem Haß den Odysseus verfolgt und umgetrieben! Wie hat die eifersüchtige Aphrodite den Hippolytos in den Tod gehetzt!

Beim Rückweg zur Bahnstation genießen wir den wunderschönen Blick auf die Berge, über rotblühenden Oleander hinweg. Sie zeigen eine gelbe Tufferde, matt graugrün überwachsen. Der Himmel darüber ist bleigrau.

Montag, den 12. September

Endlich — es ist schon dunkel geworden — hält der Zug in Villa San Giovanni, dicht an der Küste der Meerenge. Wir sehn gegenüber die lange Lichterreihe von Messina und sind äußerst gespannt auf das, was nun werden wird. Der Zug rangiert lange Zeit hin und her, endlich schiebt er sich langsam und klirrend auf das Fährschiff hinauf.

Wir klettern aus unserm Abteil hinaus und steigen über dunkle Treppen hinauf auf das Oberdeck. Auf dem Schiff ist ein geradezu phantastischer Wirrwarr von Treppen und Zwischengeschossen, der durch das Dunkel noch vermehrt wird. Die Wellen schäumen weiß wie ein Eisgang, der Mond geht im Dunst auf. Die Überfahrt dauert glücklicherweise viel länger, als wir erwartet hatten. Es sind mehrere hundert Menschen an Deck, man hört nur Italienisch. Viele Reisende haben sich sogleich in irgendwelchen halbdunklen Winkeln niedergelassen. Als wir wieder an unsern Eisenbahnwagen wollen, verirren wir uns mehrmals.

In weitem Bogen fahren wir in den durch eine sichelartige Landzunge geschützten Hafen ein. Hier ergibt sich beim Landen ein furchtbares Gedränge, ein betäubendes Geschrei und ein erbittertes Geraufe um die paar Gepäckträger. Meine Frau erklärt, wir seien in einer Hölle. Die Stimmung wird noch dadurch erhöht, daß der Bahnhof nur noch aus einer Mauer mit leeren Fensterhöhlen besteht. Endlich erblicken wir als Retter den Diener vom Hotel Venezia, wo wir glücklicherweise ein Zimmer vorherbestellt hatten. Auf einmal sind die vielen Menschen und ihr Lärm von der Nacht wie verschluckt, und wir werden durch leere stille Straßen geführt. Es ist ein merkwürdiges Gefühl, in einer Stadt zu gehn, in der zu unsern Zeiten achtzigtausend Menschen innerhalb weniger Minuten durch Zusammenstürzen der Häuser getötet wurden.[*] Ich weiß nicht, ob die Häuser jetzt alle erdbebenfest gebaut sind, jedenfalls haben sie vorsichtigerweise alle nur noch zwei Geschosse. Dadurch wirkt die Stadt sehr flach. Aber alle diese neuen Häuser sind mit ziemlich wüsten Ornamenten bekleckert. Die Piazza Cairoli, an der unser Hotel liegt, ist von Platanen umstanden. Wir können vom Zimmer aus auf den Platz hinabblicken.

[*] Inzwischen haben sich die Menschen mit Erfolg bemüht, solchen Naturkatastrophen den Rang abzulaufen.

Dienstag, den 13. September

Wir stehn schon um 6 Uhr auf und gehn in der frischen Sonne an den Hafen. Der Schauplatz unsres nächtlichen Erlebens sieht selbstverständlich ganz anders aus, als wir ihn uns ausgemalt hatten.

Der Dom aus der Normannenzeit steht nahe an der Uferstraße, mit der halbrunden Apsis dem Meere zugekehrt. Auch zu ihm habe ich eine alte kleine verlegerische Beziehung. In Alfred Steinitzers »Unbekanntem Italien« vom Jahre 1911 erschien auch ein Kapitel »Aus dem sizilianischen Erdbebengebiet«, und da ist der zerstörte Dom abgebildet. Sechs Monate nach der Katastrophe war damals fast noch nichts wieder aufgebaut. Es ist zu verwundern, daß der Dom jetzt wieder wie unversehrt dasteht, offenbar auch unverfälscht. Ich bin überrascht durch das reiche Portal mit den vielen Figuren und dem intimen, von Kindern durchkletterten steinernen Rankenwerk. Der Uhrturm daneben ist eine kolossale Spielerei in sieben Stockwerken. Der Löwe brüllt mittags um zwölf Uhr, der Hahn kräht und eine vergoldete Dame bewegt den Klöppel der großen Glocke.

Der Innenraum des Doms wird durchhallt von Gesang und Responsorien der Geistlichen. In der Apsis des Chors ist das riesige Mosaik mit dem lehrenden Christus aus dem 13. Jahrhundert wiederhergestellt. Es macht in seinem tiefen Ernst einen überwältigenden Eindruck.

An der Meerenge entlang zum Museum. Das jenseitige festländische Ufer, jetzt noch verschleiert, zeichnet sich ständig schärfer ab. Die Sonne brennt stark, aber der Wind ist frisch. Wir sehn auf das blaue Meer und auf die Hafensäule, um die wir gestern abend herumgefahren sind. Wir genießen es, daß wir festen Boden unter den Füßen haben, nachdem wir gestern zehn Stunden lang in der Bahn von einer Seite auf die andre schwankten. Viele Eselreiter kommen die Straße entlang, und die Tiere stoßen immer wieder ihr uns so fremdartig anmutendes durchdringendes Geschrei aus.

Vor dem Museum müssen wir bis zu seiner Öffnung etwas warten. Bei den Kustoden findet es lebhafte Zustimmung, daß wir aus ›Monaco‹ kommen.

Das Hauptwerk im Museum ist der Flügelaltar von Antonello da Messina von 1473, das Mittelbild mit der thronenden Madonna, auf den Flügeln den heiligen Gregor und Benedikt, oben die Verkündigung. Ich kenne die beiden schönen Berliner Männerbildnisse von Antonello.

Hier sind wir in seiner Heimat, und es hat immer etwas Besondres, ein so altes Bild noch an der Stelle zu sehn, wo es gemalt wurde.

In einer Carozza, deren Pferde hohe rote und weiße Federn als Kopfschmuck tragen, fahren wir zurück und trinken in einer Pasticceria eine kalte Orangeade, wozu wir köstliche Kuchen knabbern. Dies ist für heut unser Mittag, wir wollen nach Palermo weiter, denn das ist uns wichtiger als das notgedrungen fast ganz moderne Messina.

Der Rapido ist ein einzelner Triebwagen, der uns in dreieinhalb Stunden westwärts, meist am Meer entlang, nach Palermo fährt — nein, nicht fährt, sondern stößt, schmettert und schleudert. Wir hopsen von den Kissen hoch in die Höhe, fortwährend tutet der Zugführer, offenbar ohne jeden Zweck, nur um den Lärm noch zu erhöhn. An Cefalù müssen wir leider vorbei. Wir sehn nur: sein normannischer zweitürmiger Dom liegt dicht am Meer unterhalb eines riesigen Felsklotzes.

In Palermo kehren wir in der Villa Lincoln ein. Sie liegt in einem reizenden kleinen Garten mit Palmen, Pinien, blühenden Büschen und angenehmen Plätzen im Freien.

Wir sind beide etwas abgespannt, und da ist es gut, wenn jeder einmal für sich allein geht. Dies ist auf der Reise bisher nur sehr selten vorgekommen. Ich ruhe mich in der »Flora« aus, dem alten Park unmittelbar am Wasser, in dem schon Goethe seine botanischen Studien machte. Wunderschön ist der Blick auf den Monte Pellegrino, dessen berühmte, harmonisch ausgewogene Berglinie sich vom abendlichen Himmel abhebt. Die Hafenstraße ist aber wenig einladend. Das Wasser stinkt, und wie es dämmrig wird, sehe ich Ratten herumlaufen.

Mittwoch, den 14. September

Das Museum ist ein altertümliches Gebäude, seine zwei Höfe sind vollgepfropft mit Grabmälern, Portalen, Inschrifttafeln, alles halb von Efeu überwachsen. Was uns hierherzieht, sind die Metopen von Selinunt, ein von uns seit langem ersehnter Anblick. Man hat sie modern sachlich aufgestellt und gut belichtet, in einem großen Raum mit hellblau getünchter Wand. Sie gehören zwei verschiedenen Epochen an. Die frühen vom Ende des 6. Jahrhunderts sind grotesk, drastisch und überdeutlich. Die liebste davon ist mir die mit dem Herakles, der zwei an ein Tragholz gebundene neckische Kobolde trägt, die nun, mit dem Kopf nach unten hängend, sich unterstehn, noch Witze über das Hinterteil des Helden zu machen. Er hat Spaß verstanden und sie freigegeben. Neben diesem in der Antike seltnen Humor das Gräßliche: Perseus schneidet der zähnefletschenden, die Zunge herausstreckenden Gorgo den Kopf ab, während aus ihrem Blut der Pegasus entspringt. Athene steht ihm hilfreich zur Seite. Die Gestalten füllen kurzleibig und breit das Viereck vollkommen aus. Die dritte Metope ist mehr ein merkwürdiges Experiment. Ein Viergespann wird da in der Vorderansicht gegeben, es fährt also auf den Betrachter zu — für die Reliefkunst eine schwierige Aufgabe.

Die vier späteren Metopen sind nicht mehr grotesk, sondern von vollkommener Schönheit. Sie wurden hier, wie sie sich am Tempel befanden, zwischen Triglyphen eingefügt, so daß sie einen geschlossenen Fries bilden. Die Gesichter, Arme und Füße der Frauen — nur dieser — sind eigens für sich aus Marmor gebildet, nicht wie das übrige aus Kalkstein, so als ob dieser dafür nicht schön genug wäre. Schon durch die Haltung der Figuren, ihr Drängen, Zurückweichen, Abwehren, Heranziehn, Zupacken werden die Geschehnisse ausgedrückt, so daß die Reliefs auch für einen weiten Abstand klar wirken.

Theseus setzt seinen Fuß auf den Fuß der Amazonenkönigin und nagelt sie damit gleichsam an den Boden fest, zugleich packt er sie an ihrer Helmmütze. — Zeus zieht Hera zu sich. Eben hat sie ihren Mantel vom Antlitz weggezogen, um ihn durch ihre Schönheit zu bestricken. — Artemis gibt den frevelhaften Aktäon seinen eignen Hunden als Beute preis. Großartig das Zickzack der Tiere, mit dem sie Aktäon anspringen. Den einen hat Aktäon abwehrend an der Kehle gepackt. — Athene stürmt im Gigantenkampf gegen den zusammensinkenden Enkelados.

Diese Metopen sind Dinge, wie man sie in der ganzen Welt nur hier sehn kann. Es ist eine heilige Stelle, wie die in Neapel, wo der Euripides steht.

An einigen Reliefs und Architekturstücken sind noch Farbspuren großen Umfangs in Blau und Dunkelrot erhalten, und wir sehn nun einmal handgreiflich, daß die antiken Tempel so kräftig bemalt waren. Wir stellen uns die Antike unwillkürlich immer noch zu farblos vor.

Auf einem Säulenstück steht am Boden ein Originalkapitäl von Selinunt. Es ist von erdrückender, unmenschlicher Größe.

Wie wir noch in Betrachtung versunken sind, taucht plötzlich Dr. Eberhard Hanfstaengl mit seiner Frau auf. So treffen wir uns also doch »bei den großen Trümmern«, wie er auf dem Münchner Hauptbahnhof beim Einsteigen in den Zug verheißen hatte. Ein lebhaftes Gespräch entwickelt sich. Es ist eine Erholung, seine Eindrücke auszutauschen.

Für Monreale ist es heut zu spät geworden, deshalb machen wir einen Ausflug an den Strand von Mondello. Das Seebad liegt in der Bucht zwischen dem Pellegrino im Osten und dem in das Meer vorspringenden Cap Gallo.

Wir fahren mit dem Autobus von der Piazza Giuseppe Verdi, an dem das große Opernhaus liegt, ganz nahe an den Südfuß des Monte Pellegrino heran und dann nach Westen um ihn herum bis zum Endpunkt, dem »Stabilmento«. Das ist eine große, ins Meer hineingebaute Badeanstalt. An grünen Tischen überm Wasser laben wir uns an gutem Kaffee. Vor uns schwimmen viele Boote in bunten Farben. Nur van Gogh hat diese Bootsfarben bisher gemalt. Die Farben der Landschaft verändern sich ständig. Ich zeichne den Pellegrino nun von dieser Seite.

Zwischen bunten Badebuden und dem Wasser gehn wir lange im Sand entlang. Überall spielt sich friedliches italienisches Familienleben ab. Leider gibt es hier wenig Muscheln. Ein Mann gräbt mit der Hand tief aus dem nassen Sand Würmer hervor für seine Angel. Wir treten nah an die rotbraunen und rotgelben Kalkfelsen des Pellegrino heran. Von da haben wir einen schönen Rückblick auf Mondello mit dem Berg darüber, der nun dunkelblau ist. Das glatte Wasser schimmert perlmuttern. Allmählich wird es immer dunkler. Ein weißer Verkehrsschutzmann – nur weil er sieht, daß wir uns unschlüssig beraten – führt uns sehr höflich an die richtige Haltestelle des Autobus.

In der Villa Lincoln gibt es wieder ein sehr gutes Essen, das meine Frau mit dem harten, ihre kranke Hüfte schmerzenden Bett fast ganz versöhnt. An der Gartenmauer ist ein erhöhter Ausguck. Unser Gärtchen grenzt unmittelbar an den Botanischen Garten und den Park der Flora. Hinter schönen Baumwipfeln geht der Mond auf.

Donnerstag, den 15. September
Schon um 8 Uhr sind wir unterwegs nach Monreale. Die Trambahnlinie dorthin geht wieder von der Piazza Verdi aus. Wir fahren an der

Porta Nuova vorbei, die zum Palazzo Reale gehört, und erfreuen uns an ihrem massigen Barock. Dann eine schnurgerade Straße an unzähligen armen kleinen Häuschen vorbei. Die Tram geht in die Bergbahn nach Monreale über. Drei deutsche Herren, offenbar Hamburger, amüsieren sich von der Höhe ihrer Zivilisation herab über dieses zurückgebliebene, ganz unkomfortable Bähnchen. Von dem langsam steigenden Wagen aus haben wir sehr schöne Blicke hinab auf die fruchtbare Conca d'oro, die »Goldene Muschel«, auf Palermo selbst und auf die kahlen, braunen, silbergrauen und bläulichen Berge. Die Bahn endet unmittelbar am Domplatz. Wunderbare Überraschung und Erfüllung aller Träume!

Vor dem Dom fächeln im Wind hohe Palmen. An der Fassade erheben sich die beiden dicken, quadratischen, nordisch wirkenden Türme. In Italien steht der Campanile meist getrennt neben der Kirche. Die Normannenkönige, die diesen Dom gebaut haben, wollten auf ihre heimischen Doppeltürme nicht verzichten.

Das Innere des Doms ist überwältigend durch seine großräumige Klarheit. Von allen Wänden schimmern golden die Mosaiken. Ähnlichen Mosaikenzauber haben wir nur in Venedig in der Markuskirche erlebt. In der Chorapsis wieder, wie in Messina, ungeheuer groß das Brustbild Christi. Die lehrend erhobene rechte Hand drängt den blauen Mantel zur Seite, darunter kommt das dunkelrote goldgestreifte Kleid zum Vorschein. Die ausgestreckte Linke hält das Buch. Eine düstere Hoheit spricht aus den Zügen dieses Pantokrators, des Allesbeherrschers. Ihm ist sowenig ein Lächeln abzugewinnen wie dem Weltenrichter Michelangelos. Wir denken an die Metopen von gestern, und es wird uns klar, wie das Christentum einen ganz neuen Menschentypus aufstellt. Die antike Mythologie wirkt daneben fast etwas spielerisch, man kann sie nicht mehr recht ernst nehmen.

Die Apsis ist etwas dämmrig, sonst ist der Raum durch die hohen Oberfenster taghell. Die glänzenden schlanken Granitsäulen des Langhauses sind antik. Die auf ihnen ruhenden überhöhten Spitzbogen zeigen arabischen Charakter. Auf den Wänden darüber breiten sich die Mosaiken aus. Wir suchen uns in jede einzelne Komposition zu vertiefen. Am schönsten sind die der Schöpfungstage mit den ganz einfachen stillen Gebärden Gottvaters, der auf einer runden Scheibe sitzt, eine Schriftrolle in der Hand. Da ist die Erschaffung des Firmaments und die der – streng stilisierten – Blumen und Bäume. Die vierfüßigen Tiere schreiten von einem Berg weg durch die Luft in den Goldgrund hinein. Zu dem Mund des ruhenden Adam geht ein Atemstrahl von Gottes Mund hinüber.

In einer barocken Nebenkapelle ist Gottesdienst mit Gesang und Orgelspiel. Die Musik klingt leise herein. Die Priester sind in strahlende Gewänder gekleidet. Außer ihnen haben sich nur ein paar arme alte Leute eingefunden.

In dem bescheidenen Lädchen am Domplatz sucht meine Frau nach kleinen Mitbringseln. In einer Zeitung, die daliegt, lese ich zufällig: »Chamberlain e Hitler controno oggi à Berchtesgaden.« Was mag das bedeuten?

Wir gehn in den romanischen Kreuzgang hinüber, der sich an die rückwärtige Längsseite des Doms anschließt. Die zierlichen Doppelsäulen, die die Spitzbogen tragen, sind in Gold, Rot und Blau mosaiziert. Die Kapitäle sind auf vielfältigste Weise durchbrochen, durchaus original in der Erfindung, nirgends an antike Formen erinnernd. Uns kommt der schwere, grausteinerne, dämmrige Kreuzgang von Berchtesgaden in den Sinn mit seinen sich kaum aus dem Gestein lösenden Gestalten. Wie leichtfüßig und artikuliert ist hier alles! An einer Ecke innerhalb eines besondren Säulenvierecks plätschert ein Brunnen. Sein frisches Gesprudel und Gegluckse in diesem heißen Lande ist Musik für das Ohr, wir kühlen uns in ihm die Hände.

Die Rückfahrt bergab machen wir der Aussicht halber stehend. Wir sehn hinab auf die üppig grüne Conca d'oro. Hellrote Geranien stehn in ganzen Büschen neben der Straße. Noch rechtzeitig kommen wir zum guten Pranzo im kühlen ockergelben Speisesaal.

Nachmittags wollen wir den Palazzo Reale besuchen. Aber gerade heute muß der Palazzo geschlossen sein! Alles Staatliche ist heute »chiuso«. Es ist der Geburtstag des Kronprinzen. Deshalb also die vielen grünweißroten Fahnen in den Straßen, die vielen Offiziere mit blauen Schärpen, die Brust mit Orden behängt. So betrachten wir uns den Palazzo von außen. Er ist aus einem sarazenischen und einem spanisch-barocken Teil zusammengewachsen.

Die Villa Bonanno, unmittelbar davor, ist keine Villa, sondern ein Park, der nur aus Palmen besteht. Das ist ein ganz seltener, phantastischer Anblick, dies Gewedel mit den großen zerschlitzten Blättern! Hinten schaut ein spitzer gelber Turm vom Dom herüber. So wenden wir uns diesem zu. Es ist nach Messina, Cefalù und Monreale der vierte normannische Dom unsrer Reise, wenn auch im Lauf der Jahrhunderte vielfach verändert. Er ist gelb, langgestreckt, mit Zinnen und Blendbögen reich ornamentiert. Seine schmalen spitzen Türme haben etwas Minarettartiges. Ganz fremd und dumpf ist die Kuppel, die erst im 18. Jahrhundert aufgesetzt wurde. Das Innere wirkt zunächst wie ein Schlag ins Gesicht. Man erwartet etwas farbig Mysteriöses. Statt dessen tritt man in einen weißgrauen, seelenlos kahlen Raum des Spätbarock.

Selbstverständlich wollen wir vor allem zu den Hohenstaufengräbern. Leider geht das nicht ohne Führer. Dieser schließt das Gitter der Seitenkapelle auf und stellt sich dann mit dazu. Er macht Miene, als wolle er einen Vortrag halten. So hatten wir uns das nicht gedacht. Wir wollten an dieser Stätte unsrer großen deutschen Geschichte still und ungestört verweilen. Glücklicherweise kann ich den Vortrag im Keim ersticken.

In roten glänzenden Porphyrsarkophagen ruhen hier unter tempelartigen Baldachinen die Kaiser Heinrich VI. und Friedrich II. Beide haben auf mich von allen Kaisern, von denen wir in der Schule hörten, neben dem unglücklichen Heinrich IV. die meiste Anziehung ausgeübt. Heinrich, jäh, leidenschaftlich, grausam, 1194 zu Palermo gekrönt, mitten aus der Verwirklichung der weitgespanntesten Pläne, erst zweiunddreißigjährig, in Messina von einem Fieber hingerafft. Und sein Sohn Friedrich II., der geistig unabhängigste Fürst des Mittelalters, der sein Königreich Sizilien zum Mittelpunkt des abendländischen Kaisertums machte. Nahebei steht ein antiker Sarkophag aus weißem Marmor mit dem schön bewegten Relief einer Löwenjagd. In ihm ist Friedrichs Gemahlin Konstanze bestattet.

Am Hochaltar sind noch Reste der alten Moschee erhalten. Dort stehen arabische Kandelaber. In der Sakristei öffnet uns der Führer einen Tresor. Er ist elektrisch beleuchtet. Hier liegen Schätze, die man den Sarkophagen bei der letzten Öffnung entnommen hat: die Krone Konstanzes, ihre Ringe und ein Stück von dem roten arabischen Gewand Friedrichs II.

Bevor wir den Dom verlassen, gehn wir nochmal zu den Sarkophagen, uns dem Eindruck dieser Stelle überlassend. Dann bringe ich, in die Gegenwart zurückkehrend, meine Frau zu Besorgungen in die innere Stadt. Ich selbst fahre zum Hafen und ruhe mich in der »Flora« aus, einem reizenden Park am Meer mit dunklen Steineichengängen, Platanenalleen, vielen bunten Blumen, kleinen Tempelchen, spielenden Kindern und beklagenswerten Raubvögeln in viel zu kleinen Käfigen. Ich bleibe bis zum Torschluß und gehe dann mit den letzten alten, schwatzenden, krummrückigen Italienern hinaus. Lichter flimmern und spiegeln sich, Fledermäuse flattern im Zickzack, ein grünes Leuchtfeuer flammt am Hafen auf.

Freitag, den 16. September

Heute ist der Palazzo Reale offen. Durch das Spanische Portal betreten wir den großen Hof, um den in drei Geschossen Arkaden laufen, und steigen die breite Steintreppe hinauf. Da ist die berühmte Inschrift aus dem 12. Jahrhundert eingelassen, deren Text in den drei Landessprachen der Hohenstaufenzeit abgefaßt ist: griechisch, lateinisch und arabisch. In der Cappella Palatina haben sich abendländische und morgenländische Elemente in einzigartiger Weise durchdrungen. Sehr seltsam mutet das arabische Stalaktitengewölbe an, das erste, das wir sehn. Um die Kuppel läuft eine griechische Inschrift mit der Jahreszahl 1143 herum. Die Holzdecke trägt eine Schrift in kufischer, also altarabischer Sprache. Neben der Kanzel steht ein hoher romanischer Kandelaber, aus weißem Marmor reich skulptiert, wie geschnitzt. Vor dem Altar halten Priester Gottesdienst ab mit sehr langen Gebeten und Schweigepausen. Ihre roten und violetten Gewänder funkeln in einem Sonnenstrahl, der durch hohe Fenster hereinfällt.

In den »Reali Compartimenti«, den königlichen Gemächern, öffnet der Diener die Tür zu einem Balkon, und wir haben von da eine überwältigende Aussicht auf das Meer und die Berge. Herrlich frische Luft dringt herein. Nebenan funkeln in den »Stanze di Ruggero« die Wände und Decken von Mosaiken. Jagdszenen, Tiger, Pfauen, Schwäne, Bogenschützen, alles steht auf Goldgrund. Es gibt viele mittelalterliche Kirchenräume, aber profane Räume sind sehr selten so erhalten, und selten kann man sich so von ihnen umfangen lassen.

Vom Palazzo Reale sind es nur wenige Minuten hinüber zur Kirche San Giovanni degli Eremiti. War schon die Residenz eine Erquickung durch Stille und Kühle, so erst recht dies Juwel eines Kirchenbaus in seinem schattigen Gärtchen, von Quellen durchrieselt, umschlossen von einem intimen Kreuzgang. Auch ein solches Zusammenwirken ist sehr selten. Der Bau wirkt arabisch durch die fünf runden nackten roten Kuppeln, die aus dem viereckigen Bau aufragen. Sie steigen wie Blasen aus ihm auf. Daneben steht der gotische Turm; auch er trägt solch eine rote Kuppel. Vom Bau sind nur die bloßen Räume übriggeblieben, ohne jeden Schmuck. Wir genießen um so mehr die reine Bauform. Auch dies ist selten. Aus einem Querschiff treten wir hinüber in eine kleine Moschee. Sie ist durch fünf Säulen in zwei Schiffe gegliedert. Die Normannen machten sie zum Begräbnisplatz für ihre Hofleute, an den Wänden sind noch Freskenreste zu sehn. Wir machen uns den Grundriß des Ganzen klar. Durch Fotografien kann man die Wirkung von Räumen nicht fassen, man muß in ihnen herumgehn.

Es ist ganz still, der Garten eine süße, beglückende Idylle. Im Kreuzgang tragen doppelte Säulen gotische Bogen. Der Raum ist erfüllt von üppigem Grün. Es sprießt aus allen Mauerritzen. Auch Papyrusstauden sind da. Ein Maler hält talentlose Aquarelle feil, die den Eindruck fälschen. Das Stück kostet nur zehn Lire. Aber ich kann ihm den Gefallen, eins zu kaufen, wirklich nicht tun.

Wir haben nun in Palermo Griechisches, Byzantinisches, Arabisch-Maurisches, Normannisches, Staufisches und Spanisch-Barockes gesehn. Wie konnte sich dies alles hier zusammenfinden? Die Insel liegt auf dem Schnittpunkt zwischen Griechenland und Byzanz im Osten und der spanisch-maurischen Halbinsel im Westen, zwischen Rom im Norden und Karthago und den Außenwerken des arabischen Reichs im Süden. Sie hat infolge solcher Lage wie kein andres Land im Laufe der Geschichte die entgegengesetztesten, einander fremdesten Mächte auf ihrem Boden gesehn. Von allen trägt sie Spuren. Nur die kunstlosen Karthager haben nichts hinterlassen. Diese Spuren treten, wenn man an ihre quantitative Ausdehnung denkt, nur an wenigen Stellen noch hervor, sagen wir: an fünfzig. Einem modernen Organisator mit seinem Sprengstoff wäre es ein leichtes, diese Spuren verschwinden zu machen, so gering an äußerer Masse sind sie. Und doch beruht auf ihnen der Ruhm Siziliens. Ihnen zuliebe kommen immer wieder die Menschen aus allen Ländern herbei, in allen Sprachen werden immer neue Bücher über sie geschrieben. Freilich, das Aufsuchen dieser Spuren wäre nicht so schön, wären sie nicht eingebettet in diese Landschaft mit ihrem nie ermüdenden, zauberhaften Zusammenspiel von Land und Meer.

Nach Tisch machen wir uns auf zum Monte Pellegrino, dem schönge-
formten, sechshundert Meter ins Meer abfallenden Vorgebirge, und
wollen da oben auch die heilige Rosalia besuchen. Wenn in Deutschland neben einer Großstadt von fast einer halben Million Einwohnern
ein so berühmter Berg stünde, so wäre oben sicher ein Restaurant mit
Aussichtsterrasse, und alle halbe Stunde gäbe es eine Wagenverbin-
dung. Hier aber fährt der Autobus nur einmal am Nachmittag, und
nach dreiviertelstündigem Aufenthalt muß man wieder zurück, wenn
man nicht den weiten Weg heruntermarschieren will. Die Italiener
machen keine Ausflüge. Sie bleiben in ihren Städten und schwatzen.

Der Wagen steigt in weiten Serpentinen, die wir schon vom Hafen aus
als weiße Bänder sehn, in der Mulde empor, die sich vom Hauptgipfel
herabzieht. Der Blick gleitet zurückschauend immer tiefer; die wunderschöne, in einen Halbkreis von hellbraunen Bergen gebettete Bucht
öffnet sich immer weiter. Bei jeder Drehung ändert sich das Bild. Es
ist aufregend.

Der warme, rötlichbraune Kalkfels liegt fast nackt zutage, nur hie und
da ist er mit Ginster und andrem Buschwerk betüpfelt. Bald überschreiten wir die Kammlinie und sehn nun nach Norden hinab auf die
andre Seite. Hier oben stehen, dicht an die Felswand gerückt, Kloster
und Kapelle der heiligen Rosalia. Der Fels ist zerfressen und wirkt
wie verkarstet.

Wir treten ein. An der niedrigen Decke der Kapelle läuft ein Labyrinth von grauen Bleirinnen, die das durchsickernde wundertätige
Wasser auffangen. Die weiße Figur der Heiligen liegt, von künstlichen Rosen umgeben, mit einem Gewand aus Goldblech bekleidet,
hinter Glas. Sie hält den Pilgerstab und das Kruzifix in der Hand und
blickt verzückt zu einem Engelchen auf, das ihr eine Lilie bringt. Ihr
Urbild, eine normannische Prinzessin, soll sich, erst vierzehn Jahre alt,
ums Jahr 1170 als Einsiedlerin in diese Grotte zurückgezogen haben.
Ihre Gebeine haben 450 Jahre später Palermo von der Pest befreit, weshalb noch heutzutage alljährlich große Umzüge stattfinden.
Jetzt in ihrem Glaskasten erscheint sie als ein Püppchen des 17. Jahrhunderts, das uns nur wenig Teilnahme einflößen kann.

An der Felswand vor der Kapelle sind zwei Tafeln angebracht, die eine
deutsch, die andre italienisch. Auf beiden wird berichtet, daß Goethe
am 5. April 1787 der Heiligen seine Verehrung erzeigt habe. In seiner
»Italienischen Reise« gedenkt er jedoch mit etwas Ironie nur des

»schönen Frauenzimmers, so natürlich und gefällig gearbeitet, daß man glaubt, sie müßte Atem holen«. Sehr grob aber hat ihr Seume mitgespielt, der ihr seinen Namen auf die Nasenspitze schrieb, weil alles übrige schon vollgekritzelt war.

Das Schönste ist der Aufenthalt in der großen Felsnatur. Allmählich kommt die Zeit zur Rückfahrt heran, auf der wir, während sich der Wagen langsam auf Meereshöhe herunterschraubt, die Landschaft nochmal mit allen Sinnen aufnehmen.

Von Palermo nach Selinunt

Am Samstagmorgen, dem 17. September, fahren wir von Palermo ab. Die Fahrt geht lange Zeit ganz nahe am Meer entlang. An den Haltestellen hören wir die Brandung rauschen. Zeitweilig kommen wir durch ganz menschenleere Dünenlandschaft, die nur von Ziegen und Schafherden belebt wird. Sobald sich die Bahn landeinwärts nach Süden wendet, wird die Gegend öde und verbrannt. Sie ist kahl und ohne jeden Baum, fast ohne Siedlung, bedrückend, leblos, arm. Sogar die paar Agaven sind verdurstet, verkrümmt und vertrocknet.

In Alcamo steigen wir nicht in die Bahn nach Segesta um, die hier abzweigt. Segesta ist freilich eine große Hauptsache, aber wir können nicht alles sehn und wollen uns auch für unsre nächste, allerdings sehr ungewisse Sizilienreise noch etwas aufheben. So verzichten wir Selinunt zuliebe auf Segesta. Selinunt ist das Seltnere, Wenigerbesuchte, Sprödere, und dafür haben wir eine Vorliebe. Die berühmten Italienfahrer Goethe und Seume waren nicht dort. Es ist sehr umständlich hinzukommen. Man muß in Castelvetrano übernachten, obwohl man dort Selinunt schon ganz nahe ist. Aber in Selinunt selbst gibt es keinerlei Unterkunft. Auf dem sonnenheißen Bahnhofsplatz von Castelvetrano hält nur eine einzige Droschke mit einem mageren Klepper. Sie ist ganz verstaubt, das Leder ist brüchig, und die Sitzkissen sind geplatzt. Die Stadt wirkt wie ausgestorben, trotz ihrer fünfundzwanzigtausend Einwohner. Nirgends eine Spur geistigen Lebens. Das Albergo Selinus liegt in einer engen Seitenstraße, ein neues, großes Haus, unpersönlich, die Räume wartesaalmäßig.

Es ist so schwül, wie wir das bisher auf unsrer Reise noch nicht erlebt haben. Mir wird davon ganz schwindlig. Ich komme mir wie vergiftet vor. Nirgends ein Hauch von frischer Luft. Ich gehe auf die Straße. Vielleicht ist es in der Kirche etwas kühler, denke ich. Aber das Innere ist ein tolles Durcheinander und wirkt dadurch schreckhaft. Mir wird davon erst recht wirblig, und ich eile wieder hinaus.

Endlich, gegen fünf Uhr, können wir etwas aufatmen. Die toten Straßen beleben sich. Die Menschen kommen aus ihren Häusern hervor. Vor dem Café Stella überlassen wir uns bei einem Espresso mit wahrer Wonne dem aufkommenden Luftzug. Viele Frauen in langen Umhängetüchern mit Troddeln, viele Eselreiter ziehn vorüber. Ein Junge bettelt um den kleinen Kuchenrest auf unserm Teller. Zuletzt sind die Straßen voller Menschen. Wir bleiben, bis es dunkel wird, und studieren dann die hellerleuchteten Schaufenster. Etwas andres gibt es in Castelvetrano nicht zu sehn. Abends essen wir im Albergo jeder ein pollo arrosto. Es ist auf dem Teller kaum zu finden, und das, was man findet, sind Knochen.

Sonntag, den 18. September

Wir wenden uns nun am Südufer der Insel entlang nach Osten. Das bebaute grüne Land tut wohl nach der verbrannten Öde von gestern. Die Gegend ist flach. Schon nach einer dreiviertel Stunde kommen wir in Selinunt an. Außer dem kleinen Bahnhofsgebäude stehn da nur verstreut einige wenige Häuser. Gepriesen sei Baedeker, der den Weg zu den Tempeln so genau beschreibt, daß wir niemand zu fragen brauchen. Es wäre auch niemand da, den wir fragen könnten. Auf der häßlichen, sonnigen Landstraße müssen wir zweimal Geleise überschreiten. Aber dann haben wir bald einen Blick auf das nahe blaue Meer. Die frische Luft ist ein Labsal. Schon von weitem sehn wir die zwölf wieder aufgerichteten Säulen des noch fernen Heraklestempels gegen das Meer. Dies ist der entscheidende Eindruck von Selinunt.

Die Straße ist von Agaven eingefaßt. In etwa zehn Minuten schon sind wir am Osthügel. Wir stehn vor dem Trümmerberg des Apollotempels. Ungeheure Säulentrommeln, Kapitäle, Gebälkstücke, Steinklötze sind da durcheinandergewirrt. Die Säulen haben drei Meter Durchmesser. Eine von ihnen – auch sie nur ein Stumpf – steht noch aufrecht. Alle andern sind wie von Riesen umhergeworfen. Die Tempel sind nicht nur zerstört, sondern dann auch noch von Erdbeben umge-

stürzt. Man kann sich durch dieses Steingewirr gar nicht hindurch-
zwängen. Dicht dabei in den Stoppeln liegen die Trümmerfelder der
Tempel der Minerva und der Hera. Bei dem letzten wurden die vier
vollendet schönen Reliefs gefunden, die uns in Palermo den größten
Eindruck machten, auch das, auf dem Hera sich dem Zeus entschleiert.
Diese drei Tempel lagen auch im Altertum außerhalb der Stadt.
Zwei Burschen bieten uns kleine antike Münzen an, auf denen kaum
mehr etwas zu erkennen ist; aber wir kaufen sie ihnen ab. Sie sind
nicht teurer als eine Trambahnfahrt in München.
Bald stehn wir oberhalb des kleinen Fischerdorfs Marinella, sehn die
langgezogenen weißen Schaumstreifen des Meeres und hören es an den
Strand rauschen. Hier sind wir auf unsrer Reise Afrika am nächsten.
Die äußerste Spitze von Tunis ist nur 150 Kilometer entfernt. Karthago lag für die sizilischen Städte in drohender Nähe. Wie Dünengras
wuchert eine Pflanze mit starren, fächerförmigen Blättern. Wie ich
später erfahre, ist es die Zwergpalme Chamoerops humilis.
Der Weg wendet sich hinab in das versumpfte Tal des Flüßchens, das
im Altertum Selinon hieß und jetzt Modione genannt wird. Hier war
der antike Hafen. Am Wegeinschnitt schauen aus der gelben anstehenden Tuffwand unzählige große flache Muscheln heraus. Der Stein, in
dem sie stecken, ist hart. Ich kann die Muscheln nicht herausziehn,
sondern nur abbrechen. Ich bin glücklich, hier auch etwas für mein
Geologenherz zu finden.
Überall breitet sich nackter brauner Dünensand. Wir gehn unterhalb
der riesigen treppenartigen Stützmauer des Heraklestempels entlang.
Vier Männer knallen oben mit ihren Gewehren. Sie schießen wohl auf
Vögel, etwas andres Schießbares kann es hier kaum geben.
Auf der Höhe steht ein kleines Haus für den Kustoden und daneben
ein noch kleineres für Touristen. Auf abgeschabten, wenig appetitlichen Tischen macht eine alte Frau in der grellen Sonne einen roten
Tomatenmatsch. Eine junge mit ihrem Bambino an der Hand schließt
uns das Touristenhaus auf. Wir wollen aber erst einmal in die Ruinen
weiter eindringen und steigen zwischen den Blöcken hinauf und über
sie hinweg wie in den Geröllhalden einer Felslandschaft. Die aufge-
richtete Säulenreihe des Heraklestempels steht herrscherhaft vor dem
Meere. Manche Säulen liegen, Trommel neben Trommel, noch so, wie
sie umgestürzt sind. Unter vielen Blöcken kann man durchkriechen.
Eine Säulentrommel wirft Schatten wie ein kleines Haus. Manche

Säulen sind aus einem einzigen riesigen Stück gehauen. Die Oberfläche ist sehr bröcklig, man kann leicht etwas abbrechen. In den Trümmern dieses Heraklestempels wurden die drei älteren grotesken Metopen gefunden, also auch die, auf der Herakles die beiden Kobolde an sein Tragholz gebunden hat. Eine dunkelblaue Wolke droht. Aber wir sagen uns beruhigt: Gut, daß Gewitter hier unmöglich sind. Es ist für uns Nordländer erstaunlich, daß die Hitze Tag für Tag dieselbe ist, ohne daß sich je ein Gewitter entwickelt.

Nun ruhen wir uns doch im Touristenzimmer etwas aus und essen zu der Orangeade Brot mit steinhartem Käse. Während wir noch an ihm herumbeißen, läßt Zeus zwei lange Donnerschläge über uns dahinrollen. Also doch!

Im ersten Stock des Häuschens sind Ansichten des rekonstruierten Selinunt aufgehängt. Die antike Stadt mit ihren Tempeln muß von der Seeseite aus einen prachtvollen Anblick gewährt haben.

Der Stadthügel erhebt sich zwischen zwei Tälern. Das eine haben wir schon durchschritten. Wir blicken hinüber über das zweite Tal zum Heiligtum der Demeter, das wir leider nicht mehr besuchen können. Von ihm steht nichts mehr aufrecht, und es ist besser, wir beschränken uns auf die Akropolis. Wir gehn die freigelegte antike Hauptstraße entlang, die zu beiden Seiten mit schönen gleichmäßigen glatten Quadern eingefaßt ist. Weiterhin sind Straße und Häuser noch vom braunen Dünensand bedeckt oder schon wieder verweht worden. Sträucher mit roten Beeren, die wir nicht kennen, sind darübergewachsen. Man sollte immer mit zwei Begleitern reisen: erstens mit einem Fotografen, der alles fotografieren müßte, was man ihm zeigt, so wie Goethe mit seinem Zeichner Kniep gereist ist. Hier in Selinunt fünfzig Einzelheiten, Durchblicke ganz aus der Nähe, dazu das drohende chaotische Durcheinander, auch Pflanzen und Landschaften. Zweitens mit einem Stenographen, dem man im Gehn und Sehn diktieren könnte. Auf wie viele anschauliche Angaben muß ich verzichten, weil die Zeit zum Niederschreiben nicht ausreicht!

Wir gehn zu den antiken Befestigungen an der Nordspitze der Akropolis. Mich, als den Sohn des »Burgenpiper«, interessieren sie besonders. Ob wohl mein Vater hier gewesen ist? Auf der antiken Festung von Syrakus, die uns noch bevorsteht, war er, das weiß ich. Innerhalb der Mauerdicke ziehn sich gedeckte Gänge hin. Die Gewölbe sind durch Vorkragung der einzelnen Steinschichten errichtet, es sind also keine »echten« Wölbungen. Auch hinter dem Burggraben gehn gemauerte, schön gearbeitete Gänge entlang. Ich finde auch die halbrunden »Geschütztürme« an der Ecke der Festung. Hier sind also die Soldaten aufgeregt hin und her gelaufen und haben in verschiednen Sprachen durcheinandergeschrien.

Ein Steindamm überquert den Graben, der die Akropolis von der Stadt nördlich des Grabens trennt. Diese war unbefestigt. Nun machen wir uns auf den Rückweg zum Osthügel. Wir gehn an der sehr schönen Außenmauer entlang, abwärts ins Tal zum antiken Hafen. Da waten wir in tiefem Dünensand wie an der Ostsee. Dann wieder die Wegbiegung hinauf und nochmal an den hervorstehenden Muscheln vorbei. Einer der Burschen von vorhin hat hier auf uns gewartet und schneidet uns den Weg ab. Er bietet uns noch eine Münze an und ruft: »Cavallo!« Es ist wirklich ein Reiter darauf erkennbar. Wir wollen ihm die vier Lire gern geben, aber er kann nicht wechseln. Also wird er zum Bahnhof vorausgehn und auf uns warten.

Es ist wieder gewitterschwül, und von neuem ballen sich dunkelblaue Wolken zusammen. Über Stoppelfelder und quer über die Ruinen des Minervatempels kommen wir zum Heratempel. Die beiden Gewirre ähneln sich sehr. Der Apollotempel aber hebt sich durch seine gigantischen Maße als etwas Besondres heraus. Hier treffen wir auf zwei Italiener mit einer Dame, sonst sind wir den ganzen Tag die einzigen Besucher.

Manche Säulen des Apollotempels sind nicht kanneliert. Er war also noch nicht vollendet, als er unterging. Er war zu groß geplant, wie bei uns manche gotischen Dome. Nicht weit von hier, bei Campobello, gibt es Steinbrüche, wo Säulen halbfertig liegengeblieben sind, manche auf dem Transport an der Straße.

Leider ist der Himmel wieder sehr drohend, und wir können es uns nicht leisten, naß zu werden. So brechen wir etwas früher auf, als sonst nötig gewesen wäre. Doch haben wir die Ruinen vier Stunden lang so intensiv wie möglich betrachtet und könnten mehr doch kaum aufnehmen. Am Bahnhof öffnet man uns das Wartezimmer. Wir ruhen auf den pompösen roten Plüschsesseln aus.

Das also war Selinunt! Ob wir noch einmal hierherkommen? Haben wir es wirklich gesehn oder war alles ein Traum? Was bleibt uns davon?

Ich muß mich überzeugen, daß es Wirklichkeit war, und plötzlich renne ich davon, im Sturmschritt nochmal zum Apollotempel. Meine Frau ruft mir nach, ich solle dableiben. Aber vergeblich! Ich durchklettre nochmal die Trümmer. In diesem Schweigen spricht alles ungeheuer deutlich zu mir. Ich übersteige Kapitäle, quetsche mich unter Säulen durch. Ich will die Steine spüren. Dann lehne ich mich an die einzige stehengebliebene Riesensäule. An ihrem Fuß finde ich einen merkwürdigen kleinen bunten Stein. Ist es ein Achat? Ich nehme ihn mit und gehe dann beruhigt an den Bahnhof zurück. Bald kommt der Zug zur Weiterfahrt.

Agrigent

Die Bahn macht keine Einschnitte, sondern fährt langsam keuchend um jeden Hügel außen herum. Fahrplanmäßig sollen wir zu den 112 Kilometern bis Agrigent sechs Stunden brauchen; es werden aber acht daraus. Als wir ankommen, ist es schon lange Nacht geworden. Endlich, ganz dicht vor dem Ziel, müssen wir noch zweimal umsteigen: in Porto Empedocle – denn Agrigent ist die Heimat des Empedokles – und dann in Agrigento basso.

Das Albergo Belvedere steht auf einer aufgemauerten Terrasse am Rand der Stadt. Wir steigen im Dunkeln eine Freitreppe hinauf. Die Aussicht auf Stadt und Meer am nächsten Morgen ist großartig. Wir sind die einzigen Gäste. Der Inhaber, Signor Cesare de Angelis, sammelt Steine, Ausgrabungen, Münzen, Vasen, Inschriftfragmente, Schwefelkristalle, Fayencen. Außerdem hängen an den Wänden viele mäßige Bilder mäßiger deutscher und italienischer Künstler. Der Hausherr selbst ist mehrmals vorhanden: gemalt, gezeichnet, als Relief und als Büste. Er setzt sich mit erhobnem Haupt über die Leere und über das schlechte Essen seines Hauses hinweg. Schwarze Locken umrahmen barock seinen braunen Kopf.

Nach dem fast unzerkaulichen und unverdaulichen Essen fahren wir mit einem Einspänner zu den Tempeln. Endlich ist es soweit! Der Wagen bewegt sich in gleichmäßigem Trab vorwärts, ganz gleich, ob es bergauf oder bergab geht. Meine Frau ist glücklich, in die freie Natur hinauszukommen. Der Kutscher macht uns auf die Sehenswürdigkeiten aufmerksam: links am Hang das Irrenhaus, gradeaus der neue Friedhof!

Silbergraue Olivenbäume mit silbergrünen Blättern, schwarzgraue Mandelbäume mit gelbgrünen Blättern stehn zur Seite der Straße. Der erste Blick auf die Tempel öffnet sich verheißungsvoll. Wir machen aber erst noch halt bei der kleinen gotischen Kirche San Nicola, die verlassen in den Gärten steht. Viele Scherben liegen herum. Meine Frau nimmt sich ein Stück Mosaik mit, ich einen merkwürdig bearbeiteten gelben Opal.

Die fünf Tempel stehn in einer Reihe auf einem langen schmalen Höhenrücken. Man tut gut, sich die gesamte landschaftliche Situation einmal klarzumachen. Sie besteht aus drei Stufen. Auf der obersten, fast 400 Meter überm Meer, stand die Akropolis des antiken Agrigent und steht jetzt die heutige Stadt. Von da dacht sich das Gelände sanft nach Süden ab, um nochmal zu einem schmalen Höhenrücken anzusteigen. Dies ist die zweite Stufe. Auf ihr stand die Stadtmauer, und dahinter, nahe an sie herangerückt, erhoben sich in langer Reihe die fünf Tempel. Sollten die Götter die Mauer beschirmen gegen den von der See kommenden Feind? Unterhalb der Tempel – das ist die dritte Stufe – senkt sich das Land allmählich hinab bis zum Meer.

Wir beginnen mit dem Junotempel am Ostende des Höhenrückens. Er ist etwas zierlicher, leichter und schlanker als der des Poseidon in Pästum. Ungeheure Felsbrocken ragen neben ihm verwittert aus der weicheren gelben Erde hervor. Die Bausteine zu den Tempeln sind offenbar in der unmittelbaren Nachbarschaft gebrochen. Der niedere Opferaltar steht an der letzten höchsten Ecke der langen Anhöhe, die dann unmittelbar in das Tal des Akragas abstürzt. Wie gern möchte ich da etwas herumklettern! Die Innenwand der Cella ist noch heute gerötet von dem Feuer, das bei der Eroberung Agrigents angelegt wurde. Der Kustode sagt, als wir vor diesen roten Stellen stehnbleiben: »Chartagineri!«

Unser Einspänner zuckelt uns zum Tempel der Concordia. Diese Namen sind alle willkürlich, aber das schadet nichts. Man verbindet den Tempel mit dem Namen, und wenn er genannt wird, steht wieder der Tempel vor Augen. Dies ist der am vollständigsten erhaltene, deshalb ist hier der Raumeindruck noch unmittelbar wirksam. Er war ehemals in eine Kirche umgewandelt, und dadurch hat sich der Bau fast unversehrt erhalten. Die Wände der Cella sind bogenförmig durchbrochen, und so war sie zum Mittelschiff der Kirche gemacht worden. Auch hier stehn wieder die hellbraunen Säulen im warmen herbstlichen Nachmittagslicht gegen den hellblauen Himmel und das dunkelblaue Meer! Leider kann ich nicht in den Ecken der Cella eine der Treppen hinaufsteigen, wie dies Johann Gottfried Seume im Jahre 1802 tat, und mich oben auf das Gebälk setzen. Der Aufgang ist zugemauert. Die Oberfläche der Säulen ist auch hier sehr mürbe und stark von Löchern durchsetzt. Es weht ein allzu lauer Südwest, doch sind wir froh, daß überhaupt was weht.

Wir setzen uns wieder in den Wagen und fahren weiter zum Tempel des Herakles. Dieser liegt fast ganz in Trümmern, doch sind acht Säulen wieder aufgerichtet. Wir sehn von hier die beiden Flüsse Hypsas und Akragas, die das Gebiet von Agrigent umgrenzen, zusammenfließen und dann geradeaus in den Porto antico sich ergießen. Blühende Agaven überragen die Trümmer, dazwischen rosa Löwenmaul. Auch das sogenannte Grab des Theron, des Siegers über die Karthager, erblicken wir von hier oben.

Die Säulen des Herakles-Tempels sind bedeutend wuchtiger als die der beiden anderen Tempel, doch werden sie von denen des Zeus-Tempels, dem wir uns jetzt nähern, bei weitem überwuchtet. Dieser gemahnt durch die Größe des Trümmerfeldes an den des Apollo in Selinunt. Die Agrigenter haben mit ihm etwas ganz Besonderes gewollt. Der Tempel hatte keine Säulenhalle, sondern ringsum geschlossene Wände, aus denen Halbsäulen hervortraten. Zwischen ihnen standen Riesen von siebeneinhalb Meter Höhe, die sogenannten Atlanten, die scheinbar das Gebälk trugen. Eine höchst ausschweifende Idee! Die Decke und das Dach des Tempels wurden niemals fertig. Man hatte sich an den riesigen Dimensionen übernommen. In der Kannelierung einer Säule kann ein Mann stehn, fast wie in einem Schilderhaus. Ein Atlant ist am Boden aus seinen einzelnen Blöcken wieder zusammengelegt, umgeben von sehr prosaischem Stacheldraht. Er verschränkt die Arme, die das Gebälk tragen sollen, über dem Kopf. Meine Frau fischt entzückt eine Mäanderschnecke aus der Umzäunung.

Der Weg senkt sich noch weiter zwischen Mandelbäumen, und wir gelangen zu der in vier Säulen wieder aufgerichteten Ecke des Castorund-Pollux-Tempels, des zierlichsten von allen. Das Gebälk mit seinem weißen Stucküberzug, seinen Rosetten, Triglyphen und Tropfsteinen ist sehr schön erhalten.

Der Kustode ruft: »Gommär!« Wir merken nicht gleich, daß dies uns gilt und »Komm her!« heißen soll. Wir gelangen, weiter abwärtsschreitend, zu der sehr merkwürdigen Kultstätte der unterirdischen Gottheiten. Es sind dies elf runde Altäre; sie ähneln auf den Boden gelegten Rädern mit Speichen. Wir haben das Gefühl, hier auf die Zeugen dunkler, nicht mehr aufzuhellender Seelenzustände zu blikken.

Dienstag, den 20. September

Morgens zeichne ich von der sonnigen Terrasse den Blick über die Stadt, so gut ich kann, in mein Notizbuch. Dann lassen wir uns von einem Einspänner zum Dom hinaufziehn. Dieser erhebt sich fast auf dem höchsten Punkt von Agrigent. Der Kutscher muß um die halbe Stadt herumfahren, um allmählich die Höhe zu gewinnen. An der Straße stehn baumhohe Kakteen. Die Hühner haben sich in ihren Schatten geflüchtet. Zerrissene Stiefel, zerbrochene Körbe, Lumpen, alte Nachttöpfe haben sich dort angehäuft. Weiße Zicklein, scheinbar eben erst geboren, hüpfen herum. An der Porta Bibirria machen wir halt. Die Porta selbst ist verschwunden, sie ist heute nur noch eine Terrasse. Von ihr aus sehn wir auf die grauen, kahlen Gebirge des Innern. Sie wirken afrikanisch. Im Dom ist der Chor noch von einem fatalen barocken Muschelwerk überkrustet. Die schönen achteckigen Pfeiler des Langhauses sind freigelegt und ergeben mit der Balkendecke einen edlen feierlichen Raum. Vor allem wollen wir den antiken Marmorsarkophag sehn mit den Reliefs aus der Geschichte der Phädra und des Hippolytos. Der Küster schließt uns das kleine Dommuseum auf. Die schönen Reliefs ziehn sich großfigurig um alle vier Seiten des Sarkophags. Ich habe das Drama des Euripides »Hippolytos« in den Übersetzungen von Hans von Arnim und von Wilamowitz wiederholt gelesen und meiner Frau auch vorgelesen. Es ist ein unsterbliches Thema der Weltliteratur. Nach Euripides hat der Römer Seneca eine Phädra-Tragödie geschrieben. Der Italiener Petrarca gedenkt des unglücklichen Paars in seinem »Trionfo d'Amore«. Die Phädra des Franzosen Racine hat unser Schiller frei verdeutscht, und mein verehrter Autor Karl Vossler hat sehr schön darüber geschrieben.
Hinab zum Museo. Es ist klein, wie ich es liebe. Das Hauptstück ist die Marmorgestalt eines stehenden Jünglings, ein reifes archaisches Werk um 490. Der Kustode ergreift meine Hand und führt sie den Rücken hinab, damit ich die feinen straffen Muskelschwellungen und

Einbuchtungen abtaste. »Espressione!« ruft er aus. Eine Treppe tiefer sind, erschreckend groß, drei Atlantenköpfe von den Gebälkträgern des Zeustempels aufgestellt, Augäpfel und Lippen weiß gemalt, die Haut gelb.

Nachmittags zum zweitenmal zu den Tempeln. Diesmal nimmt der Kutscher seinen sechsjährigen Sohn auf dem Bock mit, der den stolzen Namen Pasqualino Romeo führt. Beim zweiten Sehn bekommen die Dinge ein andres Gesicht, weil das Erlebnis ein andres ist. Die Ungeduld stört nicht mehr, man fürchtet nicht mehr, etwas zu versäumen, weil man das Ganze schon überblickt. Man fühlt dies Ganze als dauernden Besitz und kann in Ruhe Einzelheiten in das Gesamtbild nachtragen. Das Gesamtbild hält sozusagen still dazu. Es ist ein Wiederbegegnen. Und doch mischt sich auch ein leiser Abschiedsschmerz hinein. Man sagt sich: so wie heute könnte ich diesen Dingen noch oft begegnen, sie bleiben ja da. Aber es wird wohl doch nichts daraus werden. Dieses zweite Mal schon ist eine besondre Gunst der Götter.

Mittwoch, den 21. September

Herr Cesare de Angelis hatte meinen Auftrag, uns um sechs wecken zu lassen, zwar mit hoheitsvoller Miene entgegengenommen, ihn aber dann vergessen.

Um mich etwas zu »legitimieren«, hatte ich unserm archäologischen Wirt davon erzählt, daß ich ein Werk von dem bekannten Professor Buschor über »Griechische Vasen« verlegt hätte. Nun bringt er mir sein Gästebuch mit dem Eintrag Buschors vom Jahr 1925 und fragt mich, was das Vasenbuch koste. Ich schlage ihm einen Tausch vor. Er soll mir ein schönes Schwefelkristall geben. Dazu ist er mit Vergnügen bereit. Ich darf mir selbst eine Kristallgruppe aus seinem Schrank aussuchen. Meine Frau kann die Kostbarkeit im letzten Moment nur noch im Hutkoffer unterbringen. Es ist schon höchste Zeit hinunter zur Bahn. Dort treffen wir das Ehepaar Hanfstaengl. Er schleppt einen riesigen Rucksack. Er hat sich darauf eingerichtet, zur Not alles selber tragen zu können und keinen Facchino zu brauchen. Hanfstaengl ist ein guter Fotograf und macht auch farbige Aufnahmen. Wir sind der Farbfotografie gegenüber etwas verschiedener Meinung. Ich erkläre diese fotografierten Farben für banal. Unsereins sieht die Farben – geschult durch Cézanne und van Gogh – viel reicher und feiner abgestuft oder aber entschiedener und kräftiger, als sie auf diesen Fotos erscheinen. Wir wählen im Sehn mit dem Auge aus, unser Farbensehn ist aktiv, wir stellen die Farben unwillkürlich produktiv zusammen. Die Erinnerung wird dann durch die fotografierten, jede Phantasie ausschließenden Farben gestört. Natürlich ist das ein weites Feld, und wir einigen uns dahin, daß die Zukunft da noch wesentliche Verbesserungen bringen könne. Was erhofft man nicht alles von der Zukunft!

Die Landschaft ist kahl und öde. Die Bauern wohnen alle in den Städten oben auf den Bergen aus Furcht vor der Malaria. Die Mehrzahl der Italiener haust noch heute in steinernen Häusern aus dem 14. bis 16. Jahrhundert. In jenen unsicheren Zeiten baute man die Städte auf die Berge. (Heut gibt es andre Unsicherheiten!) Und Wasser gibt es nur da oben in den tiefen Brunnen, nicht unten bei den Feldern. Die Bauern reiten frühmorgens, schon um drei Uhr, auf ihren Eseln hinunter, bleiben tagsüber unten, manchmal auch mehrere Tage hintereinander. Dann schlafen sie da in Strohhütten. Sie nehmen Trinkwasser in großen Tonkrügen mit, die links und rechts am Esel hängen.

Wir unterhalten uns über die gegenwärtige Kunstpolitik. Ich erzähle, daß ich gern einen Band mit Munch-Graphik verlegen möchte. Gegen diesen großen nordgermanischen Künstler werde doch wohl nichts eingewandt werden, Goebbels habe ihm ja persönlich zum siebzigsten Geburtstag gratuliert. Hanfstaengl war bis vor einigen Monaten Direktor der Berliner Nationalgalerie, wurde dann »bis auf weiteres beurlaubt« und ist mit den kunstpolitischen Vorgängen genau vertraut. Er sagt, die Sache mit Munch habe sich inzwischen schon längst ins Gegenteil verkehrt. Seine Bilder aus Staatsbesitz seien ins Ausland verkauft worden. »Das sind düstre Angelegenheiten!« – Hanfstaengl war im Jahr 1931 in Athen tätig und bearbeitete dort den Katalog der Galerie. Er kaufte für sie das große »Engelskonzert« von Greco, dem »Griechen«. Ich sah das großartige Bild bei Marcel Nemes in der Leopoldstraße in München noch kurz vor dessen Tode.

Die Bahn steigt nun fortwährend. Wir fahren im Tal zwischen den beiden Felsennestern Calascibetta und Enna aufwärts. Sie liegen auf hohen, von der Erosion herausgeschnittenen Felsplateaus, ähnlich wie Orvieto. Die Hanfstaengls verlassen hier den Zug, ein Autobus fährt sie hinauf. Der Ort liegt fast vierhundert Meter über der Bahnstation.

Hinter Enna taucht zum erstenmal der Ätna auf – ein Anblick, der unsere Herzen höherschlagen läßt. Er steigt auf sehr breiter Basis ziemlich flach an, dann wird er steiler. Sein über 3000 Meter hoher Gipfel ist in Wolken verborgen. Er ist weit hinauf mit Häusern und Feldern bedeckt, dann kommt eine dunklere Waldregion. Der ganze Berg wirkt blau. Die Wolkendecke darüber ist nach unten blaugrau und geht oben in weiße Sommerwolken über.

Syrakus

Der Hausdiener des Albergo Cavour Palace schwingt sich auf den Bock unseres Einspänners, und wir fahren über die Brücke auf die Insel. Das alte eigentliche Syrakus ist nämlich eine Inselstadt. Im Hafen bei der Brücke liegen viele Dampfer und Segelschiffe. Das Albergo hat einen schönen Platz, direkt am Wasser; davor steigen große Fontänen in die Luft. Wir bekommen ein Eckzimmer im ersten Stock. Über die Brücke zieht ununterbrochen der Strom von Menschen und Fuhrwerken.

Kaum sind wir unter Dach, so bricht ein richtiges Gewitter los mit Blitz, Donner und Platzregen. Aber bald ist es vorübergerauscht. Ich belustige mich an Buben von etwa acht Jahren, schwarzlockigen und blonden. Sie spielen ums Hotel herum Wettrennen. Das Hotel ist nämlich ein Baublock für sich. Der eine läuft links, der andre rechts herum, und wer zuerst wieder an der Ecke angekommen ist, hat gesiegt. Das geht mit Fortissimogeschrei vor sich.

Abends bummeln wir am Hafen unter der schönen Platanenallee. Die Stadt selbst wirkt flach und nüchtern. Für uns ist sie der Schauplatz der berühmten »Sizilischen Expedition« der Athener. Die Gebiete von Segesta und Selinunt grenzten aneinander. Da war es doch nur selbstverständlich, daß sie sich bekriegten. Dies veranlaßte im Jahre 416 v. Chr. die Athener zugunsten Segestas einzugreifen, wobei ihr Heer und ihre Flotte völlig vernichtet wurden. Der Zeitgenosse Thukydides hat in seinem »Peloponnesischen Krieg« diese Katastrophe dargestellt. Weshalb interessiert uns noch heute diese alte, längst gegenstandslos gewordene Geschichte? Sie wäre uns gleichgültig, wenn nicht der große Geschichtsschreiber sie in unvergänglicher Form dargestellt hätte. So überlebt der Geist die rohe Wirklichkeit, die nur auf gegenseitiges sich Berauben, Unterdrücken, Totschlagen hinausläuft. Von den Tatsachen bleibt nur übrig, was der Geist eines einzelnen gestaltet hat – was ihm darstellenswert erschien. Vor der Reise las ich auch Plutarchs Biographie des Nikias, des athenischen Feldherrn. Er hatte die Athener vergeblich vor diesem Unternehmen gewarnt, mußte aber dann selbst den Oberbefehl übernehmen. Nach der Niederlage haben ihn die siegreichen Syrakusaner hingerichtet.

Auf dem griechischen Theater vor der Stadt, das wir morgen besuchen wollen, hat Äschylos ums Jahr 472 seine »Perser« aufgeführt. Plato war zwischen 380 und 360 dreimal hier, hin und her geworfen von den wechselnden Launen wechselnder Tyrannen, bald hoch gefeiert, bald mit dem Tode bedroht. Pindar dichtete hier zu Ehren des Fürsten Hieron seine erste Pythische Ode vom »schneeigen Ätna« und seiner »purpurnen, gewälzten Flamme«. Diese drei kamen von Griechenland herüber, während Theokrit, der Begründer der Idyllendichtung, und seine Schüler Bion und Moschus geborene Syrakuser sind. Mein mecklenburgischer Landsmann Johann Heinrich Voß hat sie gut übersetzt. Als Bote einer neuen geistigen Welt hat dann, wie die Apostelgeschichte berichtet, Paulus auf seiner Reise nach Rom den Boden dieser Stadt betreten.

Aber all das lebt nur noch in unsrer Phantasie; im Gesicht des heutigen Syrakus tritt es kaum noch irgendwo zutage. Und auch für den modernen Syrakuser hat dies sicherlich keinerlei Bedeutung, vielleicht noch für ein paar Gymnasiallehrer und Archäologen. Man macht Geschäfte und redet über Tagespolitik. Für uns fremde Besucher aber ist Syrakus heute noch immer die Stätte dieser großen Geister.

Am Abend trinke ich eine halbe Flasche eines am Ätna gewachsenen, sehr feurigen gelben Vino Santo, und zum erstenmal seit langem bin ich ein wenig beschwipst, so daß beim Hinaufsteigen ins Zimmer die Treppenstufen, wenn ich auf sie treten will, immer nur ungefähr da sind, wo ich sie sehe.

Donnerstag, den 22. September

Syrakus ist, wie schon gesagt, eine flache Stadt. Den Eindruck bestimmen die großen Horizontalen des Meeres, der Ufer und der langen Kaimauern. Die Häuser sind niedrig, ihre langen horizontalen Simse werfen scharfe Schatten. Das felsige Hochplateau, das über sie hinaus sichtbar wird, besteht aus horizontal geschichtetem grauem Kalkstein. Es steigt stufenförmig an bis zum fernen Vorgebirge.

Der Dom liegt auf der höchsten Stufe der Stadt, aber auch diese Stufe ist nur eine sehr flache Erhebung. Es ist noch morgenkühl. Der Dom wurde in einen antiken Minervatempel hineingebaut. Die mächtigen kannelierten Säulen sind im Innern an den Seitenschiffen sichtbar, sie treten aber auch durch die Außenmauern heraus. Die Cella-Wände sind von Rundbögen durchbrochen. So ergibt sich eine seltsame Durchwachsung von Tempel und Kirche. Man hat ihm um 1740 ungeniert eine höchst klotzige Barockfassade vorgesetzt. Barocke Palazzi umgeben den Domplatz. So wirkt der ganze Platzraum sehr malerisch. In dem braunen Chorgestühl des Doms sitzen violett gekleidete Priester. Von da erschallt eintöniges Gebet. Als Taufbecken dient ein antiker Marmorkrater auf Löwenfüßen. Am Portal steht ein Bettler regungslos mit erhobenem, wie abgestorbenem Zeigefinger.

Aus dem Dom heraus, gehn wir gleich gegenüber ins Museo. Sein berühmtes Werk ist die schlanke, hellenistische Venus Landolina. Sie steht in einem Raum für sich, man kann rund um sie herumgehn. Sie ist mir ebenso lieb wie die noch viel berühmtere Mediceische Venus in Florenz. Der Diener preist an ihr die »Arte anatomica«.

In einem unbekannten Museum geht man am besten zunächst einmal ohne viel Aufenthalt durch die Säle, um festzustellen, was einen dort erwartet, und um sich dann die Zeit um so besser einteilen zu können. Als das Schönste bei diesem Rundgang erscheint uns aber fast der Blick vom Balkon auf den großen Hafen, hinweg über die schattige Allee, die am Kai entlangführt. In diesem Hafen wurde die Flotte der Athener vernichtet, nachdem die Syrakuser, wie ich schon auf der Schule gelernt habe, ihr die Ausfahrt durch verankerte und mit Ketten verbundene Schiffe gesperrt hatten. Gegenüber zieht sich eine öde, flache Halbinsel hin. Der Diener zeigt, daß da drüben der Anapus in den Hafen mündet, von Papyrusstauden umwuchert. Im Westen über der Stadt erhebt sich das Hochplateau. Da muß also die antike Sperrfestung Euryelos liegen.

Nun wandern wir durch enge Gassen hinunter ans Wasser, an dem sich eine schöne Steineichenallee entlangzieht. Wenige Schritte weiter hin sprudelt die Arethusaquelle. Sie ist von einem ausgemauerten Halbrund eingefaßt. Papyrusstauden wachsen im Wasser. An der Umfassungsmauer der Quelle hängen Vogelhäuschen, von vielen weißen

gurrenden Tauben bevölkert. Daneben erheben sich riesige Araukarien-
bäume. Man hört die Quelle rauschen. Merkwürdig, daß so nah am
Meer mit seiner Salzflut auf einer Insel eine Quelle mit Süßwasser entspringt. Darüber haben sich schon die Alten gewundert, und daher
entstand die Sage von der Nymphe, die der Flußgott Alpheios, unter
dem Meer hindurch, von Griechenland bis hierher verfolgte.

Zum Mittagessen kehren wir ins Hotel zurück. Bei dieser guten Mahlzeit können wir uns ausruhn von dem strapaziösen Essen in Agrigent.
Im Speisesaal stehn unter Ölgemälden mit großen Löchern in großen
tönernen Krügen Papyrusstauden, und man kann da zusammengeklebte
Proben dieses antiken »Papiers« kaufen, was ich mir nicht entgehn
lasse. Dann suchen wir uns einen Einspänner, mit dem wir über die
Brücke fahren, um auf dem Festland im weiten Bogen eine Reihe von
Stätten zu besuchen, an denen sich Geist und Geschichte konzentriert
haben. Den ersten Halt machen wir am Eingang zu der Latomia dei
Cappuccini. Von der nüchternen Landstraße aus steigen wir auf schmalem Fußweg tief hinab in die Steinbrüche. Senkrechte Felswände umgeben einen Abgrund. In ihm waren die Tausende athenischer Kriegs-
gefangener zusammengepfercht und gingen da elend zugrunde. Schon
im Altertum hat man sich erzählt, daß manche Gefangene aus ihrer
schrecklichen Lage freigelassen wurden, weil sie Szenen aus den Dramen des Euripides aufsagen konnten. Heute ist alles von strotzender
Vegetation erfüllt. Man könnte sich verirren in diesem Gewirr von
Schluchten. Hoch oben, vom Sonnenlicht gestreift, wölbt sich eine Fel-
senbrücke, die dadurch entstanden ist, daß man unter ihr nach und
nach alles Gestein weggehauen hat. Ungeheure, herabgestürzte Felsbrocken liegen da, riesige Grotten öffnen sich. Nirgends ein Aufgang
als nur an der einen, leicht abzuschließenden Stelle, von der wir her-
abgestiegen sind. An heißen Tagen wie heute könnten sich die Syrakuser hier unten in der Schattenkühle prachtvoll ergehn. Aber es
ist niemand da, der das tut. Inmitten allzu kleinlicher Anlagen steht
eine leider gleichfalls sehr kleinliche, gewiß nicht authentische Büste
des Archimedes. Schon als Schüler haben wir alle die Geschichte gelernt, wie nach der Erstürmung der Stadt durch die Römer ein Soldat
auf ihn eindringt, während er, ganz in seine Probleme vertieft, im
Sand geometrische Figuren zieht. Er ruft dem Soldaten ärgerlich zu:
»Störe mir meine Kreise nicht!« Aber was kümmert das einen Soldaten! Im nächsten Augenblick schon hat er ihn niedergestoßen.

Die zweite Stätte, die wir aufsuchen, ist die Villa Landolina mit Platens Grab. Ich habe in jungen Jahren aus Teilnahme an ihm sein Tagebuch verlegt und eine große zweibändige Biographie. Der »Conte Platen« war dem Kutscher, als wir ihm auftrugen, uns hierherzufahren, sofort ein sehr geläufiger Begriff. Die Villa Landolina ist ein Landgut mit großem Park. Durch eine Mauertür eingetreten, finden wir uns dem rosa Gutshaus gegenüber. Zwei schwarzhaarige Signorinen wollen uns zu dem Grab führen, wissen aber selbst nicht recht, wo es ist. Auf schmalen Wegen unter tief herabhängenden Zweigen durchschreiten wir einen verwachsenen Garten. Dann steigt der Weg etwas an, und nahe der Gartenmauer liegt das Grab auf einer kleinen Anhöhe. Die eine Signorina sagt, daß oft Tedeschi hierherkommen. Sie grüßen, fern von Deutschland, den Landsmann. Sein Grab wirkt wie eine deutsche Insel in der Fremde. Der vereinsamte Dichter – zum Unglücklichsein wie wenige vorherbestimmt – hat hier, auf seiner letzten Wanderung, in einem schönen Garten wenigstens eine beneidenswert schöne Grabstelle gefunden. Mir geht sein Vers nicht aus dem Kopf:

»... und jedes Herz zerhackt zuletzt ein Spaten.«

Vom Einzelgrab zu den großen Grabstätten! Unser Gefährt rollt uns zur Kirche San Giovanni alle catacombe. Ein Mönch in seiner Kutte, so bleich, als käme er nie ans Tageslicht, führt uns unter die Erde und durch endlose, vielverschlungene Gänge, an deren Seitenwänden sich Tausende von ausgeplünderten Gräbern reihen. Wo sich die Gänge kreuzen, erweitern sie sich manchmal zu einem runden Raum mit gewölbter Decke. Hie und da sind schwache Reste von Fresken zu erkennen. Am Tor pflückt der Mönch einen Zweig von einem blühenden Strauch und überreicht ihn meiner Frau.

Beim römischen Amphitheater bleiben wir nicht lange. Wir haben schon eine ganze Reihe solcher Arenen gesehn, in Verona, Pozzuoli, vor allem das Kolosseum in Rom. Diese Werke sind als Bauform imposant, aber sie dienten doch nur dem geistlosen Zeitvertreib eines sensationshungrigen Publikums. Für diese Tier- und Gladiatorenkämpfe hätte ich mich, wenn ich im Altertum gelebt hätte, sicher ebensowenig interessiert wie heute für Fußballkämpfe oder Boxmatche. Deshalb strafen wir dieses Amphitheater ein wenig mit Verachtung. Auch an dem nächsten Steinbruch mit dem berühmten »Ohr des Dionys« fahren wir vorüber, obwohl es, wie so vieles auf unsrer Reise, in einem meiner Verlagswerke vorkommt. Der alte Schulmeister Galletti hat nämlich den Ausspruch getan: »Das Ohr des Dionys ist mehr eine Spielerei als ein Ohr.«

Den Rest des Tages sparen wir auf für das Schönste von allem, für das griechische Theater. Dies ist der Höhepunkt unsres Aufenthalts in Syrakus. Wir steigen von oben in den weiten Halbkreis hinein und lassen uns nach Belieben auf den in den natürlichen Fels gehauenen Zuschauersitzen nieder. Oben haben wir einen herrlichen weiten Blick auf die flache Inselstadt, den Großen Hafen, auf das Vorgebirge und das Ionische Meer. Dann rasten wir weiter unten in der Nähe der halbrunden Orchestra und der Grundmauern des Bühnenhauses. Hier also hat Äschylos die Aufführung seiner »Perser« geleitet. Sie sind mir von wiederholter Lektüre sehr gegenwärtig. Sie feiern den Sieg der Hellenen bei Salamis, aber sie haben die Hauptstadt der Perser zum Schauplatz und sind von der Klage der Besiegten erfüllt. Keine Überheblichkeit der Sieger kommt zu Wort. Großartig ist der Aufbau innerhalb der uns heute so eng begrenzt erscheinenden Mittel jener Zeit. Die unheilahnende Stimmung des Chores, die schweren Träume der Königin Atossa, der Bote mit der Unglücksnachricht von der vernichtenden Niederlage, die Beschwörung und das Erscheinen des Geistes des großen Dareios, der alle Erdgeborenen an Glück übertraf und nun vernehmen muß, wie tief sein Reich gestürzt ist, und — als letzte Steigerung — die Heimkehr des besiegten Königs Xerxes in zerrißnem Gewand. Es sind erhabne Mollklänge, wie in der Alkestis-Ouvertüre von Gluck.

Was ging sonst schweren Schrittes über diese Bühne? Wie viele uns völlig verlorengegangene Stücke? Hat doch Sophokles über hundert Dramen gedichtet, deren Titel wir kennen, von denen uns aber nur sieben erhalten sind. Von Äschylos sind ebenso viele erhalten, von Euripides gegen zwanzig, im ganzen genug, um noch heute ein Menschenleben mit ihrer Aneignung auszufüllen! Der Zuschauerraum senkt sich wie eine Schale. Schlankstämmige, baumhohe Agavenblüten stehn gegen den leicht von Wolken bedeckten Himmel. Er nimmt immer mehr Sonnenuntergangsfarben an. Wir bleiben, bis die Sonne ganz hinab ist.

Freitag, den 23. September

Im Museum treffen wir Eberhard Hanfstaengl und Frau. Es ist eine Freude, mit ihm die Dinge zu betrachten. Seine Art, darüber zu sprechen, ist sehr gegenständlich, persönlich, natürlich und unbefangen. Ich habe in kurzer Zeit manches von ihm gelernt. Die Atlanten und Karyatiden vom griechischen Theater, auf die es uns besonders ankommt, sind nicht zu sehn. Dann führt uns aber der Kustode mit vielen »Pscht!« so tuend, als ob er uns zuliebe etwas streng Verbotenes riskiere, doch in diesen in Unordnung befindlichen Raum.

In nachmittäglicher Schwüle fährt uns derselbe dicke schwarze Kutscher, mit dem wir uns nun schon etwas verbunden fühlen, hinaus zum Euryelos. Dies Sperrfort ist das gewaltigste Werk antiker Befestigungskunst, das auf uns gekommen ist. Uns ist es besonders interessant, nachdem wir kurz vorher die Befestigungen von Selinunt kennengelernt haben. Es sperrte die schmalste Stelle des Hochplateaus für den Zugang zu Syrakus. Auf der eintönigen, mit gelbem, versengtem Gras bestandnen Hochfläche fahren wir sehr lange immer gradeaus, landeinwärts, langsam ansteigend und immer schattenlos. Einst haben sich hier volkreiche Stadtteile ausgebreitet: Neapolis, Achradina, Tyche und Epipolae. Nun ist es ein erhaben-nüchternes Totenfeld. Man kann kaum glauben, daß dies riesige Gebiet einmal überbaut war und gar, wie behauptet wird, von einer »Millionenstadt«. An der Straße sind viele antike Wasserleitungsschächte sichtbar. Der Kutscher hält an einem von ihnen an, und wir hören, wie unten noch heute das lebenspendende Wasser kräftig vorbeirauscht. Schließlich durchschneidet die Fahrstraße die alte Mauer des Dionys, die einst das ganze Plateau umgab, und führt an die Festungswerke heran. Wir steigen aus. Das Kernstück der Festung sind fünf massige viereckige Türme, aus großen Quadern errichtet und nicht nur massig, sondern auch massiv, das heißt, sie haben keine Innenräume, man könnte sie also als riesige Zinnen betrachten. Vor ihnen, auf der Feindseite, ziehn sich zwei breite, senkrecht in den Fels gehauene tiefe Gräben hin. Unterirdische Gänge, die unter sich in Verbindung stehn, münden in sie ein. Wir können nach Belieben in ihnen herumstreifen. Das Schönste ist aber doch auch hier wieder der weite Blick von oben über Land und Meer und das freie Sichergehn auf den mächtigen Trümmern. Hier stand auch mein Vater.

Ein deutscher Student, außer uns der einzige Besucher, rückt nach einigem Zögern mit der Frage heraus, ob wir ihn nicht auf unserm Wagen mit zurücknehmen möchten, er sei im Schweiß seines Angesichts zu Fuß herausgewandert. Und als wir aufbrechen, schließt der Kustode sein Häuschen zu, denn heut kommt doch niemand mehr, und stellt dieselbe Frage. Da der Kutscher nichts dagegen hat, rollen wir also zu viert in der Abendkühle die allmählich sich senkende Straße hinab der Inselstadt zu.

Samstag, den 24. September

Ich habe schlecht geschlafen und bin schon um zwei Uhr am Fenster gestanden. Um halb sechs Uhr stehn wir auf, denn nun wollen wir, nein müssen wir uns endgültig nordwärts wenden, über Catania nach Taormina.

Wir fahren bis Catania wieder dem Meer entlang, dieselbe schöne Strecke, die wir gekommen sind. Bei Augusta breiten sich die großen Flachseen zur Meersalzgewinnung. In vielen kleinen weißen Pyramiden ist es aufgeschichtet. Später durchqueren wir alte aufgestaute Lavaströme. Die Einschnitte für die Bahn sind haushoch. Das alles ist in Jahrhunderten vom Ätna heruntergeflossen und dann erstarrt. Der bläuliche Riesenberg ragt wolkenfrei auf.

In Catania kaufen wir uns auf dem Bahnsteig, ganz gegen unsre Gewohnheit, eine deutsche Zeitung und werden aufgeschreckt durch die Nachrichten über den Konflikt mit der Tschechoslowakei. Die Unterredung zwischen Hitler und Chamberlain ist ergebnislos verlaufen. Wir fühlen, daß ein dunkles Verhängnis sich heranschiebt, daß aber einige wenige Menschen, wenn sie nur ernstlich wollten, es noch aufhalten könnten.

Auch in Taormina ist es trotz der Meeresnähe sehr schwül. Der Bahnhof liegt unten am Strand. Nahe hinter ihm erhebt sich eine steile Kalkwand, deren Schichten vielfach zerknittert und verworfen sind. Wir fahren im Auto auf schmaler, gewundener Straße die zweihundert Meter zur Stadt hinauf und bekommen in der Pension Schuler ein schönes Zimmer mit Aussicht auf das Meer und den Ätna. Der große Berg ist jetzt in Gewitterwolken gehüllt. Taormina ist eigentlich nur eine einzige lange Straße, Laden reiht sich an Laden, fast alle mit sogenannten Reiseandenken. Die Fremden drängen sich hier dem Auge sehr auf, während sie in den Städten, die wir bisher besuchten, ganz verschwanden. Jeder Reisende, der überhaupt so weit südlich vordringt, kommt hierher, und viele bleiben wochenlang. Es trifft hier auf kleinem Raum aber auch soviel Schönes und Einzigartiges zusammen, die Wirkungen sind so gehäuft, wie nur an wenigen Punkten der Erde. Ich gedenke Christian Morgensterns, der im November 1910 mit seiner Frau Margareta zu Schiff von Genua hierhergekommen war, um sich in südlicher Luft zu stärken. Wir wechselten damals manche Briefe. Ich hatte ihn gebeten, seinen übermütigen Jugendscherz »Horatius Travestitus«, den ich wieder auflegen wollte, um eine neue Note zu bereichern, und er tat mir den Gefallen. Leider erkrankte er hier heftig und lange. Man merkt es aber den Travestien »aus dem Nachlaß des Horaz« nicht an, daß sie schweren Fieberstunden abgerungen werden mußten.

Es sind noch viele Deutsche hier, sie lassen sich offenbar durch die politischen Ereignisse noch nicht beunruhigen. Wir hören im Rundfunk ungewollt die Stimme des Duce, verstehn aber nichts davon. In einer italienischen Zeitung lesen wir von einer Generalmobilmachung, was uns denn doch etwas in die Glieder fährt. Aber es ist die tschechische, nicht die deutsche. Auch das ist immerhin beunruhigend genug. Eben waren wir noch mitten auf der Reise, und nun fühlen wir, wie ihr Ende auf uns zueilt.

Am Ätna entlädt sich jetzt ein Gewitter. Wir gehn die lange Straße entlang zum griechischen Theater. Unter fernem Donner und Blitz steigen wir zu seinem obersten Umgang hinauf.

Sonntag, den 25. September

Dem Ätna möglichst nahe zu kommen, war schon in München ein Hauptstück unsres Reiseplans. Der Pensionsinhaber macht zwar ein besorgtes Gesicht und erklärt den Himmel für sehr gewitterdrohend; das sei unangenehm und wir würden nichts sehn. Wir sollten das Auto, das schon vorgefahren ist, lieber wieder fortschicken. Wir entschließen uns aber doch und fahren die vielen Kehren zum Bahnhof hinunter. Dort stecken wir unsre Postkarten nach Hause ein, mit denen wir unsre baldige Heimkehr ankündigen.

Wir kommen durch viele Orte, die sich an der von alten Akazien gesäumten Straße auseinanderziehn. Bei Mascali steht der erstarrte Lavastrom von 1928 hoch an der Straße. Wir gehn heran, und ich stecke mir Proben verschiedner Art und Färbung in die Tasche. Ein Bettler in ganz zerrißnem Hemd schleicht herum und bietet dieselben Stücke an, wie sie ohne Mühe aufgehoben werden können. Es ist ihm nur um ein spizzoli zu tun, und ich enttäusche seine Hoffnung nicht. Durch diesen Lavastrom wurden viele Häuser völlig überdeckt, aber die Menschen konnten flüchten, da er sich, so weit von seiner Ausbruchstelle, nur noch langsam vorschob.

Es fängt an zu regnen, und der Ätna ist bis zu den Dörfern herab in Wolken. Sollte Herr Schuler doch recht bekommen, daß wir nichts sehn würden? Die ganze Zeit haben wir zur Linken das Meer gehabt. Nun biegt die Straße endlich nach rechts ab in Richtung auf den Berg.

In Nicolosi sind wir schon 700 Meter über unserm Ausgangspunkt. Man merkt überall den Sonntag, die Männer stehn schwatzend in dichten Haufen. Dann geht es weiter aufwärts durch kaum endenwollende, alles bedeckende, nackte, braune Lavafelder. Am Fuß der Monti Rossi lasse ich halten. Diese »roten Berge« hat die Eruption vom Jahre 1669 aufgeworfen, und ich habe mir schon in München sehnlichst gewünscht, sie zu besteigen. Daß das nun Wirklichkeit werden soll, kommt mir wie ein Märchen vor. Das lose Gestein rutscht unter meinen Füßen weg. Ich überschreite verschiedenfarbige Schichten. Unten ist die Lava schwarz, dann rot, dann wieder schwarz, ganz oben wieder rot. Das Rot scheint durch das Grün der Vegetation hindurch. Oben stehe ich an dem Rand des alten, zum Teil eingestürzten Kraters. Ich habe von da einen beglückend weiten Blick über die verschleierte Ebene und auf die vielen einzelnen kleinen Nebenkraterkegel des Ätna. Es ist mir ganz traumhaft, allein und leibhaftig hier oben zu stehn.

Im Weiterfahren kommen wir in die sich selbst überlassene Waldregion. Hier wachsen ganze Haine von Edelkastanien, die Zweige voll von Stachelfrüchten. Nach einiger Zeit lassen wir den Baumwuchs endgültig unter uns. Den Boden bedecken nur noch dürre Graskissen mit einzelnen gelben Blumen. Wir fahren in ein Nebelreißen hinein. Schließlich halten wir vor dem niedrigen Unterkunftshaus, wo die Straße zu Ende ist. Wir sind mit dem Auto 2000 Meter gestiegen.

Vor dem Unterkunftshaus tanzen Matrosen mit sich selber zu einer Violine. Das Gebäude des Istituto Vulcanologico ist leider geschlossen. Ich hätte mich gerne belehrt. Wir laben uns an Kaffee und an der großen Tüte mit Proviant, die uns Herr Schuler mitgegeben hat. Die Käse- und Schinkenbrote, die Eier und Pfirsiche sind sehr erquicklich. Danach trinke ich roten Ätnawein und schicke meinem Bruder Wolfgang, mit dem ich vor Jahrzehnten meine ersten Bergfahrten gemacht habe, einen Gruß. Der Nebel reißt glücklicherweise immer mehr auf. Wir haben schöne Tiefblicke. Schließlich wird sogar der Himmel ganz blau, nur noch weiße Sommerwolken schwimmen in ihm. Auch der Ätnagipfel ist so weit zu sehn, wie es von hier möglich ist. Wir gehn noch etwas aufwärts. Die Graskissen bestehn aus einem stachligen Kraut. Auch Berberitzen finden sich hier oben und niedriges Fettkraut; graue Heuhupfer und einzelne Mistkäfer sind die einzigen Lebewesen. Auf dem Hang des Vulkans haben sich unzählige Gruppen von Kraterkegeln gebildet. Sie sind meist ganz nackt und dunkelbraunrot. Ich suche den Eindruck, der für den Ätna charakteristisch ist, in einer Zeichnung festzuhalten.

Um drei Uhr brechen wir wieder auf. Schon bei der Herauffahrt hatten wir über den vielen gelbblühenden Ginster gestaunt, der hier nicht, wie bei uns zu Hause, in Strauchform, sondern als Baum wächst. Wir bitten den Kutscher, uns Zweige davon herunterzuholen, und mit echt italienischer Gelenkigkeit klettert er hinauf und bringt uns einen ganzen Arm voll.

Wieder in Taormina angekommen, gehn wir nochmals zum griechischen Theater. Dies ist wohl einer der berühmtesten Orte der ganzen Erde. Während das Theater von Syrakus aus grauem Kalkstein in flacher, nüchterner Umgebung liegt, ist hier alles aufs höchste gesteigert. Das Theater ist aus einem hohen, schräg geschichteten Felskamm ausgehaun, der steil ins Meer vorstößt. So sieht man also nach drei Seiten aufs Meer hinab, und über dem Land wölbt sich der Ätna empor. Vor dem Bühnenhaus aus roten Ziegelmauern stehen graugrüne Granitsäulen. Über das Bühnenhaus hinweg erblicken wir den großen, breit ruhenden Berg.

Über Taormina erheben sich kühngeformte Felsberge, von alten Befestigungen zinnengekrönt. Der eine hängt wirklich über, wie man es sonst nur auf den Hintergründen alter Bilder sieht und es dann für sehr unwahrscheinlich hält. Das Meer, betüpfelt von winzig kleinen Booten, wechselt ständig die Farben von Schieferblaugrau zu einem verlaufenden Rosa. Himmel und Meer schwimmen untrennbar ineinander.

Abends schlendern wir die eine lange Straße entlang, die kleine intime Winkel und Plätze hat und an der wir immer wieder gotische

Portale oder Fensterbogen finden. Nahe an ihrem Ende liegt der niedrige, zinnengeschmückte kleine Dom. Vor ihm plätschert leise ein hübscher barocker Brunnen.

Montag, den 26. September

An diesem Morgen müssen wir nun wirklich endgültig aufbrechen — so schwer es uns wird. Zwischen zwei großen Palmenwipfeln vor unserm Fenster, aus deren graugrünen Wedeln gelbe Fruchtbüschel heraushängen, sehn wir auf das breite, spiegelglatte, dunstig verschleierte Meer. Zu unsern Füßen senkt sich steil die Felsküste mit dem Zickzackfußweg in die Tiefe. Hinter einer Palme erscheint ein letztes Mal der oberste Umgang des Theaters.

In Messina kommen wir gegen Mittag an, und wir erleben die Überfahrt über die Meerenge, die damals ein nächtliches Abenteuer war, nun noch einmal am hellen Tag bei frischem Meerwind. In der Nacht war alles phantastisch und unwirklich, wir selber waren aufgeregt. Im Hafen liegen große, blaugraue Kriegsschiffe. Wir können die runde Apsis des Doms erkennen und uns das große, ernste Mosaikbild Christi nochmal vors Auge rufen. Das Wasser hat ein merkwürdiges tintiges Blau, Möwen umkreisen unser Schiff.

Ohne Aufenthalt fahren wir bis Rom durch. Die letzten Stunden ist es schon Nacht. In unserm Abteil sind Menschen aus vier Ländern zusammengekommen. Ein schwedischer Pfarrer mit seiner Frau, freundlich, aber reserviert, betrachtet die politischen Ereignisse sichtlich nur als Zuschauer und freut sich, daß sie ihn nichts angehn. Eine alte Französin mit scharfgebogener Nase und einer Stimme, knarrend wie ein Papagei, ruft ein ums andre Mal scharf: »La Guerre! Pourquoi?« Sie hat einen Sohn und fürchtet, daß sie ihn nicht mehr zu Hause findet. Zwei Tschechen sind unterwegs zugestiegen, offenbar in gedrückter Stimmung. Ein Beamter hat ihnen gesagt, sie würden kaum mehr nach Hause kommen, die Grenzen seien schon »chiuso«. Und als vierte Nation wir Deutsche, auch von Unruhe erfüllt.

Nach Mitternacht halten wir vor unsrer Pension Hannover. Ein Gast schließt grade die Haustür auf. Wir treten mit ihm ein und erkundigen uns sogleich nach der politischen Lage. Wird es Krieg geben? Er zuckt die Achseln. Auf dem Korridor oben schallen uns aus dem Radio Sprechchöre — offenbar der Hitlerjugend — entgegen: »Für–rärr–bef–

fiehl–wirr–fol–gen–dirr!« In unserm Zimmer im vierten Stock schlagen wir die schon geschloßnen Fensterläden nochmal auf. Ein feierlicher Augenblick! Das nächtliche, von Lichtern überflimmerte Rom
dehnt sich uns zu Füßen.

Obwohl wir auf der Heimreise in Italien durch mancherlei Anzeichen
aufgeschreckt waren, hatten wir doch noch eine etwas sorglose Zeit.
Chamberlain hatte gesagt, er könne nicht glauben, daß die Völker
Europas wegen einer Sache, die schon fast ganz beigelegt sei, ein Blut-
bad anrichten wollten. Auch ich konnte das nicht glauben. Hitler hatte
vor Jahren in einer Rede als sein Ziel aufgestellt: blühende Gaue des
Reichs! Ich dachte: Nun, dann kann er keinen Krieg wollen. Ich
glaubte, es sei wirklich sein Ehrgeiz, in der Weltgeschichte einmal als
Mann des Friedens dazustehn. Aber das alles war Tarnung und Bluff.
Im September 1939 hörte ich im Rundfunk seine Reichstagsrede, mit
der er den am selben Morgen erfolgten Einmarsch in Polen verkün-
dete. Sie wurde von den 600 Abgeordneten, die alle auf einmal nach
einer festen Liste »gewählt« worden waren, mit ungeheurem Freu-
dengebrüll begleitet, so als sei der Endsieg schon da. Der verblendete
Hitler hatte bis zum letzten Augenblick geglaubt, England werde
tatenlos zusehn. Auf der Straße erhaschte ich einen Gesprächsfetzen:
»England hat den Krieg erklärt!« Da sagte ich vor mich hin: »Unser
genialer Führer bringt doch wirklich alles zustande, sogar einen zweiten Weltkrieg!« Statt der »blühenden Gaue« hinterließ er verwüstete!
Er, der sich für einen großen Architekten hielt, war der Totengräber
der edelsten deutschen Baukunst von Jahrhunderten. Doch das wissen
wir alle ja zur Genüge. Ich möchte mich harmonischeren Bereichen
zuwenden und von musikalischen Erlebnissen erzählen.
Schon im »Vormittag« habe ich von den musikalischen Eindrücken,
die ich seit meiner Penzliner Kindheit in Konstanz, München, Berlin,
Paris und Dresden empfing, erzählt. Eigentlich müßte ich über meine
Musikerlebnisse hier ebensoviel sagen wie über den Geist der Graphik oder über das italienische Erlebnis. Ich habe ein halbes Jahrhundert moderner Musikgeschichte erlebt. Ich habe Reger, Pfitzner,

Strauss, Mahler, Wolf-Ferrari, Hindemith, Strawinsky, Bartok, ja sogar noch den alten Grieg eigne Werke dirigieren gehört und gesehn, die meisten von ihnen auch als Kammermusiker und Begleiter ihrer Lieder am Klavier. Über Reger, Pfitzner, Strauss, Mahler, Schönberg habe ich Bücher verlegt. Dazu hörte ich alle großen Dirigenten und Solisten.

Zu den öffentlichen Musikerlebnissen kamen die privaten. Viele Jahre hindurch veranstaltete ich im Verlag »Hauskonzerte«. Sie machten viel Arbeit, aber auch viel Freude. Drei große ineinandergehende Zimmer mußten jedesmal fast ganz ausgeräumt werden. Wie ein solcher Abend dann ungefähr aussah, hat der Baumeister Theodor Fischer, der mit seiner Frau häufiger Gast war, mir ins Album gezeichnet. Neben befreundeten Dilettanten beteiligten sich hervorragende Berufsmusiker: Otto Vrieslander, Herma Studeny, Li Stadelmann, Julia Menz. Auch Mitglieder der Philharmoniker, der Bratschist Max Schöpper, der Cellist Paul Frantz, der Gambenspieler Dr. Willi Schmid, wirkten mit. Der letzte wurde von den Nazis auf Grund einer Namensverwechslung umgebracht. Sein Andenken bewahrt die Sammlung seiner Arbeiten über Musik »Unvollendete Symphonie«.

Otto Vrieslander hatte für meinen Verlag ein Buch über Philipp Emanuel Bach, den genialen Sohn des großen Johann Sebastian, geschrieben. Mozart hatte von diesem Bach gesagt: »Er ist der Vater, wir sind die Bub'n.« Aber was nützte das Buch über ihn, wenn man nichts von ihm hörte? Im Verlag gab es also einen Philipp Emanuel-Bach-Abend. Vrieslander selbst spielte, begleitet von einem kleinen Streichorchester, die Klavierkonzerte in C und in D. Margerita Delius sang geistliche Lieder, Frau Mauermeyer, die berühmte Gesangspädagogin, die Diskantkantate »Phyllis und Thyrsis«. Ganze Abende wurden meinen Lieblingen Händel und Schubert gewidmet. Von Händel erklang z. B. unter Führung von Herma Studeny ein Concerto grosso von vierzehn Streichern. Für die Stücke aus dem Weihnachtsoratorium von Bach wurden auch Flöten und Oboen aufgeboten. Von Schubert wurde das Quintett in C-Dur und das Oktett gespielt. Auch suchte ich von ihm viele fast unbekannte Lieder aus, die Luise Wimmelbacher mit schöner Stimme und nie ermüdender Bereitwilligkeit sang.

Ein Höhepunkt dieser Veranstaltungen war der Pfitzner-Abend. Frau Hüni-Mihacsek und Paul Bender von der Staatsoper sangen Lieder, vom Meister am Flügel begleitet. Das Studeny-Quartett spielte das

Opus 13 D-Dur mit der humorvollen Bratschenstelle. Das Werk wurde in der Wohnung der Primgeigerin in Pfitzners Anwesenheit geprobt. Mittendrin ließ sich ein höchst störendes lautes Schnarren und Kratzen in der Wand hören. Kein Zweifel: da war ein Kaminkehrer am Werk. Schuldbewußt blickten wir uns an. Pfitzner mußte das doch, seiner Art nach, als eigens auf ihn gemünzte Kränkung empfinden. Aber glücklicherweise konnten wir nach einiger Zeit wie befreit ausrufen: »Es hat aufgehört!« Pfitzner mürrisch: »Ja, jetzt, wo ich mich gerade dran gewöhnt habe!«

Im Frühjahr 1947 besuchte ich auf seinen Wunsch den Achtundsiebzigjährigen im Städtischen Altersheim in Ramersdorf, wo er, nachdem sein Haus zerstört worden war, mit seiner Frau eine sehr enge Zuflucht gefunden hatte. Den größten Raum nahm das Pianino ein: »Ich habe es mir von einem Insassen des Heims geliehn. Er ist zwischen neunzig und hundert Jahre alt. Da wird er ja im Klavierspiel keine großen Fortschritte mehr machen, und es steht also besser bei mir.«

Zur Münchner Uraufführung des »Palestrina« 1916 hatte ich eine Schrift von Walter Riezler herausgebracht. Jetzt war Pfitzner über den Autor empört: »Er hat kürzlich in der Universität einen Vortrag über die Musik der Gegenwart gehalten. Da hat er Strawinsky für den größten lebenden Komponisten erklärt, und ich saß fünf Schritte vor ihm!« (Mit erhöhter Stimme wiederholend): »*Und ich saß fünf Schritte vor ihm!!*«

Pfitzner hatte 1927 in den M. N. N. seine Gedanken »Über das Rätsel der individuellen Unsterblichkeit« veröffentlicht. Diese beschäftigten ihn offenbar jetzt wieder sehr intensiv. Er bat mich, ihm das Buch von Otto Weininger »Über die letzten Dinge« zu verschaffen und Kants »Kritik der praktischen Vernunft«. –

Doch zurück zu den Abenden im Verlag. Zu einem derselben kam Armin Knab von Rothenburg, wo er damals als Amtsrichter fungierte, und begleitete seine schönen Wunderhornlieder. Sven Scholander, der schwedische Lautensänger, bezauberte die Hörer durch seine Vortragskunst und seinen Humor. Lesungen kamen hinzu. Hans Brandenburg las aus seinen Gedichten, Bruno Brehm aus der »Weißen Adlerfeder«, Georg Schwarz aus seinem »Jörg Ratgeb«, Tim Klein, ein drastischer Vortragskünstler, die »Zaubergeige« und das »Eulenschloß« von Pocci, sogar den im Theater lange nicht gespielten »Verschwender« von Raimund, Dr. Owlglaß Komödien seines schwäbischen Landsmanns Sebastian Sailer. An einem Weihnachtsvorabend bei brennendem Baum sprach der ehrwürdige Oberschulrat Georg Kerschensteiner die Weihnachtsgeschichte aus dem Evangelium St. Lukas. Auch für meine beiden Söhne bedeuteten diese Abende viel.

Nachdem meine drei Kinder, Klaus, Martin und Ulrike, in diesem »Nachmittag« bisher wirklich nur als »Kinder« aufgetreten sind, ist es an der Zeit, auch von ihrer weiteren Entwicklung zu berichten. Meine Frau und ich haben sehr intensiv mit ihnen zusammengelebt, und so sind sie ein unabtrennbares Stück unsres Lebens.

An einem schönen Herbsttag im Jahre 1929 machte ich mit Klaus, meinem Ältesten, eine Wanderung durch den Ebersberger Forst. Klaus sollte zu Ostern des nächsten Jahrs mit dem Abitur das Gymnasium verlassen. Die Berufsentscheidung stand vor der Tür. Ich hatte mir ihn schon lange als Verleger und als meinen künftigen Nachfolger gewünscht. Seine Neigungen schienen anfänglich eigene Wege zu gehen. Der Übergang von Stoffen in andre, die Chemie, hatte den Zwölfjährigen mit einer seltsamen Anziehung ergriffen, und die Verwandlung der Akkorde entwickelte in einer innerlich verwandten Weise seine Vorstellungswelt und regte seinen Geist spekulativ an. Philosophische Anwandlungen hatten ihn schon als Kind überkommen. Sein Bedürfnis, in Zusammenhängen zu sehn, hat später der philosophischen Abteilung im Verlag wichtigen Zuwachs gebracht. Etwa vom sechzehnten Lebensjahr ab drang er immer stärker in Dichtung und Kunst ein und machte Entdeckungsfahrten in der Literatur der Gegenwart.

Als ich ihn nun auf unserm Gang, der uns auf und ab über bewaldete Moränenzüge führte, fragte, ob er nicht doch Verleger werden wolle, war es mir eine freudige Überraschung, als er ohne Zögern ja sagte. Damit war eine wichtige Station für die Zukunft gewonnen.

Die erste Etappe von Klaus' Verlegerlaufbahn war die Lehrzeit in einem Sortiment. Der künftige Verleger muß nämlich den Buchhandel zunächst einmal vom Sortiment aus sehn. Er muß in der Praxis erfahren, wie das Publikum auf die Bücher der verschiedensten Art reagiert, welche Gattungen von Verlegern es gibt, wie diese ihre Verlagswerke propagieren und wie diese Propaganda wirkt. Klaus trat bei Christian Kaiser, der sehr lebhaften Buchhandlung am Marienplatz, ein. Er hatte es dort viel glücklicher getroffen als ich 1898 bei August Öhrlein. Der Chef, Albert Lempp, war ein sehr unternehmungslustiger, dabei warmherziger Schwabe, der bei aller hervorragenden geschäftlichen Tüchtigkeit auch das Menschliche zu seinem Recht kommen ließ und auch für Unoffizielles ein Organ hatte. Einmal sagte er zu mir: »Mit meine Lehrling' mach i manchmal die greeschte Dummheite.«

Ein künftiger Verleger muß sich umsehn. Noch bevor Klaus seine Lehre antrat, machte ich mit ihm eine Instruktionsreise nach Leipzig, Dresden und Berlin, wo wir Autoren besuchten und graphische Betriebe, die für unsern Verlag arbeiteten, auch Jakob Hegner in Hellerau. In Berlin hörten wir Kreneks Oper »Das Leben des Orest« mit den Bühnenbildern Ernesto de Fioris, und in der »Komödie am Kurfürstendamm« unterhielten wir uns gut bei Bernard Shaws geistreichem Stück »Heiraten«. Auch bewunderten wir Potsdam mit seinen Schlössern und Parks.

Nach beendeter Lehrzeit sah sich Klaus in Italien und Frankreich um, machte einen Studienaufenthalt in Wien, hatte Begegnungen mit Künstlern, Dichtern und Philosophen. Hinzu kam das Erlebnis der sozialen und politischen Entwicklungen. Er suchte nach einem eigenen Standort in den Erschütterungen der Zeit. All dies förderte sein verlegerisches Streben. Er empfand es als Aufgabe von abenteuerlichem Reiz, die sehr kontrastierenden Verlegerfunktionen zusammenzufassen: Helfer und Freund von Autoren, Liebhaber von Büchern, Anreger und Kritiker zu sein und zugleich – was heute mehr denn je nötig ist! – auf weite Sicht planender Kaufmann. Dieser vielseitigen Aufgabe muß sich der Verleger mit Haut und Haar verschreiben, besonders in einer Zeit wie der heutigen, in der Gesellschaft und Kultur von unübersehbaren Kräften umgepflügt werden.

Martin spielte früh – noch bevor er zur Schule kam – Klavier, von seiner Mutter mit Tasten und Noten vertraut gemacht und mir und dem älteren Bruder nacheifernd. Er begann auch bald, Musikalisches von sich aufzuschreiben. Während der Schuljahre aber verbrachte er auch viel Zeit damit, unbekümmert zeichnend und malend sich zu betätigen und im Gebiet der Kunstgeschichte und der Literatur umherzuschweifen. Seinem damaligen Klavierlehrer machte er oft Kummer, wenn er neben der Notenmappe auch schon den Fußball zur Stunde mitbrachte. Es war mir eine Freude, als er sich später ganz selbstverständlich zum Alleinig-Musikantischen hin entwickelte; als er, nach der Freundschaft mit dem älteren schwedischen Komponisten Gunnar de Frumerie, nach der entscheidenden Begegnung mit August Schmid-Lindner und dessen Unterweisung, sich dann zum traditionellen Studium an der Akademie bei Johannes Hobohm entschloß und dort gleichzeitig den Kompositions- und Dirigierkurs absolvierte.

Otto Falckenberg ließ ihn während mehrerer Jahre die Musiken für seine Kammerspiele schreiben und dirigieren. Seit dem Kriegsende kommt er nun dazu, die früher gefaßten Konzertpläne zu verwirklichen. Der in meinem Vater schon drängende Trieb zur Musik ist so in einem Nachkommen erst ganz sichtbar geworden. In seinen Lieblingswerken mit Orchester von Mozart, Beethoven, Liszt, Tschaikowsky, Debussy u. a. erfuhr Martin jetzt seine ersten Begegnungen als Pianist mit dem Publikum anderer Städte. Da brachte die Nachkriegszeit oft recht schwierige Situationen mit sich. Man mußte jede Pause ausnützen, um die Hände an einen elektrischen Ofen zu halten, wie in Darmstadt einmal während des Beethovenschen Es-Dur-Konzertes. Auch in München saßen wir in Wintermänteln da, in die sich auch der größte Teil der Philharmoniker gehüllt hatte, als Martin das Konzert des Schweizers Sutermeister unter Ratjen im Januar bei Straßentemperatur als Erstaufführung spielte. Unser Frösteln wurde durch freudige Erregung vergessen gemacht, als ihm unter dem Dirigentenstab Hans Rosbauds in den Philharmonischen Konzerten Debussys Fantasie und das Tschaikowsky-b-Moll mit Intensität gelangen.

Schon während ihrer Gymnasialzeit hatten meine Söhne angefangen, Debussy, Ravel, Skrjabin, dann Bartok, Hindemith, Prokofieff in gleicher Weise wie einige klassische und romantische Komponisten zu bevorzugen. In schwärmerischen und oft auch hitzigen Debatten mit ihren Freunden wurden die einen gegen die andern ins Feld geführt; man wertete mit kompromißfeindlicher Rücksichtslosigkeit, was einem der einzelne Komponist zu geben hatte, und geriet sich darüber in die Haare. Auch vierhändig spielten wir zu Hause viele symphonische Werke der Neueren durch. Martin war immer ein leidenschaftlicher Vorkämpfer für die modernen Werke, die seine besondre Liebe gefunden hatten.

Hans Rosbaud brachte mit ihm nach dem Kriege in München die großartige Sonate für zwei Klaviere mit Schlagzeug von Bartok zur ersten deutschen Aufführung. Mit der Wiedergabe von Prokofieffs rassiger a-Moll-Sonate, seinen »Sarcasmes« und »Visions fugitives« und manch anderem konnte er Erfolg und nachwirkende Diskussionen hervorrufen.

Im Gegensatz zu ihrem Vater hat die Tochter Ulrike durchaus nicht von Anfang an gewußt, was sie wollte. Der Kinderarzt stellte nach einem Blick in ihren Hals fest, sie habe einen »Nachtigallengaumen« und müsse Sängerin werden. Als ich sie – die Berufswahl war da allerdings bei weitem noch nicht spruchreif – fragte: »Didi, willst du singen lernen?«, antwortete sie erstaunt: »Ich kann doch!« Dieses »Ich kann doch« blieb bezeichnend für sie.

Ulrikes große Liebe zu allen Tieren ließ es ihr lange Zeit als das Wünschenswerteste erscheinen, Tierärztin zu werden. Erst als sie erfuhr, daß man den Tieren da nicht nur wohltun dürfe, sondern sie manchmal sogar töten müsse, ließ sie diesen Wunsch fahren. Die Tierliebe setzte sich in künstlerische Betätigung um, als sie aufs Gymnasium kam. Es war schwierig, ihr ein Aufsatzthema zu geben, aus dem sie nicht eine Tiergeschichte machte. Einmal war Ulrikes Klasse einige Wochen im Schullandheim. Nach der Rückkehr sollte ein Aufsatz über das Thema »Kameradschaft« geschrieben werden. Man erwartete von den Kindern eine Schilderung des »Gemeinschaftserlebnisses«, wie das damals so schön hieß. Ulrike schrieb aber über einen Blindenhund und seine Herrin. Zu Ehren der Lehrerin sei gesagt, daß Ulrike trotz dieser Eigenwilligkeit den Sieg davontrug.

Die Bildhauerin Maria Weber machte eine Büste von ihr. Um sie während der Sitzungen zu beschäftigen, gab sie ihr Ton in die Hand. So entspann sich für sie eine Beziehung auch zur Plastik, nachdem sie stets gern gezeichnet und geschrieben hatte. »Schriftstellern« nannte sie das schon als Kind. Zicklein und »befreundete« Hunde wurden modelliert.

Sollte sie Bildhauerin werden? Das war die erste ernsthafte Frage in dieser Richtung, die sich Ulrike nach dem Abitur vorlegte. Hier griff ich zu ihrem Heil ein. Ich kannte meine Tochter und wußte, daß sie es im Atelier, auf Aufträge wartend, nicht aushalten würde. Also etwas andres! Ich schlug ihr das Studium der Germanistik und fremder Sprachen vor. Ulrike schreckte zurück: eben erst aus der einen Schule heraus und schon wieder in eine andre?

Heimlich machte sie die Eignungsprüfung, um zum Schauspielstudium zugelassen zu werden. Obwohl sie mit ihren achtzehn Jahren alles andre als ein Gretchen oder eine Desdemona war, bestand sie mit der Gerichtsszene der Heiligen Johanna von Shaw. Sie ging zu Hanne Mertens, der damaligen Ersten Heldin der Kammerspiele, und hatte es dort ein Jahr lang sehr schwer, bis sie sich endlich gelockert hatte. Nach dem zweiten Jahr folgte ein Engagement bei Peter Stanchina in Salzburg, wo es nicht viel zu spielen, aber sehr viel zu sehn und aufzunehmen gab. Noch im Herbst 1944 konnte sie als Jugendliche Charakterspielerin nach Klagenfurt hinüberwechseln. Dort sollte es eben »losgehn«, als die Theater geschlossen wurden.

Englisch lernen! – das hatte ich schon während des Schauspielstudiums zur Bedingung gemacht. So kam Ulrike als Dolmetscherin bald auch mit Autoren zusammen. Einmal begegnete sie Paul Eipper, zu dem sich auf ihre unerwartet unamtliche Frage: »Was macht die gelbe Dogge Senta?« eine freundschaftliche Beziehung anknüpfte, die sich später sogar zu einer verlegerischen entwickelte.

Seit dem Frühjahr 1949 »lernt« Ulrike im Verlag ihres Vaters und Bruders. Heute ist sie aber zu meiner Freude schon sehr selbständig tätig, da literarische Beschäftigung schon als junges Mädchen ihre Liebhaberei war. Viel Freude machen ihr auch Übersetzungen aus dem Englischen. Doch ist das alles erst ein Anfang.

Als die Frage dringlich wurde, wohin wir uns und unser wichtigstes Besitztum vor den sich immer mehr steigernden Bombenangriffen flüchten könnten, boten uns mein Vetter zweiten Grades Max Klapp und seine Frau Hilde in freundlichster Weise auf ihrem Schloßgut Burgrain ein Unterkommen an. Wir konnten auch an ihren Mahlzeiten teilnehmen. Dies war für uns eine geradezu ideale Lösung. Das alte Schloß liegt im Osten von München in einer fast eichendorffischen Landschaft, auf einem schmalen Höhenzug zwischen zwei Tälern. Der romanische Berchfrit mit seinen meterdicken Mauern ist aus mächtigen Nagelfluhquadern errichtet. Von unserm großen Zimmer konnten wir in gleicher Höhe auf die Empore der barocken Schloßkirche gelangen. Aus den Fenstern hatten wir einen weiten Ausblick hinweg über das Tal der Isen.

Mein Vetter, vor Verdun schwer verwundet, stammte aus mecklenburgischer Gutsbesitzerfamilie. Die Familie hatte in diesem Krieg schon allerschwerste Opfer gebracht. Von den drei Söhnen waren der älteste und der jüngste gefallen. Der mittlere war Heeresmeteorologe. Auch er wurde, nachdem die Bestimmung über die Schonung der letzten Söhne aufgehoben worden war, noch einberufen.

Allmählich füllte sich das Schloß immer mehr mit Flüchtlingen aller Art. Unter ihnen befand sich auch der Geologe Dr. Wilhelm Schmidt mit seiner Familie. Da auch ich seit langem mit meiner Frau auf unsern Reisen und Sommerfrischen geologischen Dingen nachgegangen war, hatten wir genügend Gesprächsstoff. Er erzählte mir von seinem Lehrer, Universitätsprofessor Hans Cloos in Bonn, der ein schönes Manuskript »Gespräch mit der Erde« abgeschlossen habe. Ich ließ es mir kommen. Selten hatte ich an einem Verlagswerk eine so ungetrübte Freude.

In Burgrain habe ich auch das Programm der Piper-Bücherei aufgestellt und so einen Plan, der mich schon seit den zwanziger Jahren beschäftigte, der Verwirklichung nähergeführt. Papier wurde während des Krieges für neue »billige Reihen« nicht bewilligt. Aber der Aufmarsch war schon vorbereitet, und die Arbeit konnte gleich nach Kriegsende beginnen. Auch war mir vergönnt, hier den »Vormittag« zu Ende zu schreiben.

Martin und Klaus waren als Soldaten einberufen und ausgebildet worden, wurden aber nach wiederholten Musterungen entlassen. So konnte Klaus sich den überaus schwierigen Aufgaben im Verlag widmen und für Verlagerungen nach auswärts sorgen. Diese bewahrten uns aber nicht vor schwersten Schäden durch Brände und Plünderungen. Fast alle unsre Arbeiten und Anstrengungen konnten nur darauf gerichtet sein, Negatives zu vermeiden. Für produktive Arbeit blieb kaum etwas übrig.

Meine Frau und ich fuhren wiederholt für Wochen und Monate nach München hinein, wo uns mancherlei Pflichten festhielten. Meist kamen wir gerade zu den schweren Angriffen zurecht. Die unmittelbar aufeinanderfolgenden vom 11. bis 16. Juli 1944 vernichteten unsre Wohnung in der Elisabethstraße. Frau und Tochter waren allein zu Hause.

Ich hatte in jenen Tagen den Dichter und Maler Georg von der Vring in seinem Häuschen am Waldrand in Schorndorf bei Stuttgart besucht. Auch Annemarie Herleth, die Verfasserin des Lyrikbandes »Auf einer Insel«, war aus Neuenbürg dazugekommen. Im Lauf eines Nachmittags lasen beide aus ihren Gedichten. Von der Vring sprach aus den »Versen für Minette« die »Rote Anemone«:

> Wie die roten unter weißen Anemonen
> Preis ich eine unter allen Frau'n.
> Früh im Märzwald, meine Treue zu belohnen,
> Träum ich, daß sie käm, nach mir zu schau'n.
>
> Ob sie mir gehört? Ihr weißen Anemonen,
> Fragt die rote, ob so scheue Frau'n
> Uns gehören wollen, die in schönre Zonen
> Uns verweh'n, bevor sie uns vertrau'n.

Die Dichterin las die einem jungen Musiker und Flieger gewidmeten Strophen:

> Über dir die Sonne oder Sterne,
> Wolken unter dir und Nebelduft —
> sag, wen send ich zu dir in die Ferne
> durch das schwanke Element der Luft?
>
> Aufwärts heben sich der Erde Söhne,
> fast wie Kinder schon der Ewigkeit —
> und wer folgt? Ach, ihr geliebten Töne,
> gebt ihm jetzt ein sicheres Geleit!
>
> Zieht im Schwarm wie lichte gute Geister,
> weißen Tauben, goldnen Bienen gleich,
> und die Gnade der verklärten Meister,
> die euch schuf und hegte, sei mit euch!
>
> Leuchtet auf in engelstarker Schöne,
> und es klinge, es verstumme nie
> um den Eisenvogel im Gedröhne
> eure sanfte hehre Melodie...

Bombengeschwader, die mit dumpfem Rollen nach Osten über uns hinwegflogen, machten uns aufhorchen. Galt der Angriff München?

Ich fuhr nach Hause.

Im Zug erzählt ein Soldat, daß in München nicht einmal mehr die Sirenen funktionieren. In Augsburg gellt der Lautsprecher: »Alles aussteigen! Einfahrt in München nicht möglich!« In Pasing ruft ein Ordnungsmann: »München ist ohne Licht, ohne Wasser, ohne Trambahn! Alles kaputt!« Die Sonne ist im Untergehn.

Es wird dunkel. Intensiver Brandgeruch. Auf welcher Straße werde ich mit dem schweren Koffer nach Schwabing durchkommen? Überall sind Häuser eingestürzt. Ich stolpere über Mauerbrocken. Entwurzelte Bäume liegen quer über die Straße. Schließlich könnte ich noch fallen und liegenbleiben. So schleppe ich mich von Straße zu Straße. Nun muß die nächste Ecke die Entscheidung bringen. Ich sehe Brände. Brennt auch unser Haus? Kein Zweifel: es brennt, wie fast die ganze Straße. Da stehn Möbel von uns. Wenn diese aus dem dritten Stock gerettet sind, können die Menschen nicht umgekommen sein! Ich atme auf. Bücher liegen in Staub und Schutt. Eins davon halte ich ins Licht des Feuers, es ist ein Band Buddho. Im Keller einer Schule finde ich ein Lager.

Als ich zum erstenmal aufwache, ist es vollkommen dunkel. Ein paar Stunden später trete ich aus der Haustür. Die Sonne blendet. Aber wie sieht die Straße aus! In unserm Haus prasselt es noch immer. Die Zwischendecken sind eingestürzt. Vom Dach ist nichts mehr da. Ich finde meine Frau und Ulrike in der Nachbarschaft. Meine Frau hat rührenderweise gestern bis spät nachts auf der Straße gewartet.

Das, wovor wir jahrelang angstvoll im Keller sitzend immer wieder gezittert haben, ist nun geschehn; es kann nun nicht nochmal geschehn. Davor brauchen wir nun nicht mehr zu zittern.

Bald findet sich auch Klaus ein. Er kommt von einer mühsamen Rundreise zu Druckereien und Bindereien. Alle paar Sekunden werden vom heißen Westwind Staub- und Aschenwolken aufgejagt. Sie entzünden die Augen, verstopfen Nase und Ohren. Man kann den Mund kaum öffnen. In der allgemeinen Hölle ist das noch eine Sonderhölle.

Am Sonntagmorgen ertönt schon wieder der Schreckensruf: »Alarm!« Gleichzeitig schießt die Flak die sechs Schüsse, die jetzt die Sirenen ersetzen. Wir rennen die Treppe hinunter. Aufgeregte Männer kommandieren durcheinander. Dreißig Personen drängen sich in dem engen Raum. Auch Martin mit Frau und Kind sind dabei. Es ist mir herzbeklemmend, daß meine Familie in diesem kleinen Raum zusammengepfercht ist und mit einem Schlag ausgelöscht sein kann. Plötzlich ein furchtbarer Knall. Frauen kreischen auf, dann eine ruhige Männerstimme: »Es ist schon vorbei! Die tut uns nichts mehr.«

Als wir auf die Straße kommen, ist ein riesiger neuer Trichter entstanden. Eine ungeheure, dicke, dunkelgraue und schwefelgelbe Wolke ist in den Himmel hochgestiegen. Die Möbel auf der Straße sind vom Luftdruck durcheinandergeworfen, Funken haben gezündet. Wir schauen hinauf an unserm Haus. Der Balkon ist heruntergestürzt. Das Zimmer, in dem uns so viele liebe und bedeutende Menschen besuchten, in dem wir zwölfmal Weihnachten feierten, ist nur noch eine leere Höhle.

Klaus kommt und berichtet, daß diesmal nun doch auch das Verlagshaus in der Georgenstraße schwer getroffen ist. Eine Bombe hat das Doppelhaus in der Mitte bis ins Erdgeschoß hinunter auseinandergerissen.

Lautsprecherwagen fahren herum und fordern alle älteren Männer und Frauen auf, die Stadt zu verlassen, da weitere Angriffe erwartet werden.

Am Montag stehn wir um halb fünf Uhr auf. Wir finden in einem Autobus Platz, der über die eben noch passierbare Brücke durch den Englischen Garten zum Ostbahnhof fährt. Dieser ist schon seit langem zerstört. »Habn S' Angst?« frägt der Mann an der Sperre. »Da renna S' schnell Bahnsteig 1 nauf, vielleicht daß S' den Zug noch erwischen!« Wir kommen wirklich noch mit. Viele Gefangene mit kosakischen, tatarischen und kalmückischen Gesichtern drängen sich mit uns hinein. Ich rufe von einer Umsteigstation aus Burgrain an. Man weiß dort ja noch gar nicht, daß wir kommen. Mein Vetter ist am Telefon. »Wo steckt ihr denn jetzt?« Ich sage ihm, daß unser Haus völlig ausgebrannt ist. »Ja leider, leider!« Er ist schon durch den Lastwagenfahrer Nirschl orientiert, der Samstagabend alles, was auf der Straße stand, im Schloßhof abgeladen hat. Max wird uns den Jagdwagen nach Isen an den Bahnhof schicken.

In dem Gefühl, daß wir damit das letzte Hindernis überwunden haben, mache ich einen kleinen Freudensprung. Meine Frau sagt: »So kommt alles anders, als man denkt. Ich fürchtete, du würdest zu erschüttert sein, und nun bist du fast übermütig!«

In den allerletzten Tagen, kurz bevor die Amerikaner in München einrückten, fuhr Ulrike auf ihrem Rad während eines Angriffs mit Riesengepäck aus München heraus in die Dunkelheit hinein zu uns nach Burgrain. Das ganze Schloß schlief. Sie machte sich um ein Uhr nachts durch das Werfen von Steinchen an ein Fenster bemerkbar.

An einem der nächsten Morgen sahn wir jenseits des kleines Tals der Isen amerikanische Panzer vorüberfahren. Vier Schwerbewaffnete kamen ins Schloß, das Gros folgte und besetzte alle Wohnräume. Ulrike tat als Dolmetscherin gute Dienste. Die 150 Gewehre, die im letzten Augenblick für den »Volkssturm« geliefert worden waren, mußten auf den Hof gebracht werden. Sie wurden an einem Prellstein zerschlagen und zerbrachen meist auf den ersten Hieb in zwei Stücke. Eine Dörflerin hatte prophezeit: »*Unser* Volkssturm schießt net!« Die dicke Köchin aber vergoß Tränen über diese »Schande«.

Anfang Juli 1945 kehrten wir endgültig nach München zurück. Wir konnten bei Klaus unterkommen, dessen Familie noch in Murnau war. Von unserm Wohnhaus, wie von tausend andern, stand bald nur noch die kahle Rückwand. Zu einem Wiederaufbau hat sich auch bis heute, Oktober 1950, keine Hand gerührt.

AUFBAU UND AUSBAU

Auf Anordnung der Besatzung mußten alle Verlage geschlossen werden. Erst am 4. Januar 1946 erhielten wir die Lizenz zur Wiederaufnahme der Produktion. Wir waren aber auch da noch unter den ersten.
Die alten Beziehungen zu unsern Autoren wurden fortgeführt. Fast jeder von ihnen brachte ein neues Buch.
Zahlreiche andre kamen neu hinzu. Ihre bisherigen Verlage arbeiteten nicht mehr oder waren für sie nicht mehr erreichbar. Auch ergriffen wir als Verleger die Initiative und suchten neue Verbindungen.
Der Verkehr mit den Autoren wurde immer ausschließlicher von meinem Sohn Klaus übernommen. Auch die geschäftliche Leitung überließ ich ihm fast ganz.
Nicht nur neue graphische Betriebe wurden für die Herstellung unsrer Bücher gewonnen, sondern auch neue Buchkünstler nahmen sich ihrer an: Karl Arnold und sein Sohn Claus, Walter Becker, Werner Bürger, Hans Hermann Hagedorn, Martin Kausche, Louis Robert Lippl, Heinrich Pauser, Kurt Tillessen. Vor allem gab Prof. Emil Preetorius unsern Büchern das entscheidende Gesicht. Er zählt mit seinen gehaltvollen und persönlich erlebten »Gedanken zur Kunst« zugleich zu unsern wichtigsten Autoren.
Auch der Mitarbeiterstab hat sich seit dem Krieg fast ganz erneuert. Unser Auslieferungsleiter Paul Weberbeck verwaltet seinen verantwortungsvollen Posten allerdings schon seit vierundzwanzig Jahren mit großer Hingabe, und unsre Statistikerin Käthe Pfister ist gar schon dreißig Jahre bei uns.
Unser tatkräftiger, vielseitiger Lektor, Dr. Albrecht Knaus, übernahm als Nachfolger des tüchtigen Herstellungsleiters der Kriegszeit, Dr. Karl Adolf Sauer, auch dessen Aufgabe.
Ein Verlag ist ein geistig und kaufmännisch kompliziertes Gefüge. Die geschäftlichen Vorgänge finden ihren Niederschlag in unzähligen Bu-

chungen, Rechnungsauszügen und – heute – auch Mahnungen. All das muß jeden Tag in klarem Überblick bereitliegen. Dafür sorgt die überlegen ordnende Hand unsrer Hauptbuchhalterin, Frau Margarete Stadler.

Wenn ich nun im folgenden in großen Zügen den Ausbau des Verlags nach Kriegsende darzustellen versuche, so läßt sich der Eindruck einer Aneinanderreihung leider nicht ganz vermeiden.

Die Autoren, die hier nicht viel mehr als ihren Namen finden, bitte ich, mir nicht böse zu sein. Sie stehn mir deshalb nicht weniger nah. Vollständigkeit war nicht möglich, und eine Auswahl bleibt immer ungerecht.

Wilhelm Hausenstein war es von 1936 bis 1945 verboten, Bücher zu veröffentlichen. Auf seine »Begegnungen mit Bildern« habe ich schon im »Vormittag« hingewiesen. Im Sommer dieses Jahres machte er mit seiner Frau den großen Schritt von Tutzing nach Paris. Er, der ein so feines Organ für alles Französische besitzt, war zum deutschen Generalkonsul ernannt. Das mußte für ihn, den Fünfundsechzigjährigen, eine Krönung seines Lebens bedeuten.

Wilhelm Worringer ist, als der Zusammenbruch schon ganz nahe war, aus Königsberg nach Berlin geflüchtet. Er wurde dann zum Ordinarius in Halle ernannt. Dort, in der Ostzone, war sein Name ohne sein Wissen unter einen Aufruf des sogenannten »Friedenskomitees« gesetzt worden. Daraufhin legte er sein Amt nieder. Nun besuchte er mich in München, wie er sagte, »für immer«. Ich freue mich sehr, in ihm einen alten guten Gesprächspartner wiedergewonnen zu haben. Kurz nach dem Krieg ließ er seine klärende Schrift »Problematik der Gegenwartskunst« hinausgehn.

Das Bild dieser Gegenwartskunst ist wahrlich verwirrend. So bat ich Fritz Nemitz unmittelbar nach Kriegsende, kaum daß die Eisenbahnen wieder fuhren, eine Art Bestandsaufnahme zu machen. Seine »Deutsche Malerei der Gegenwart« konnte nicht »vollständig« sein. Aber sie leistete wichtige Orientierungsdienste.

Margareta Morgenstern beschert uns die langerwartete Darstellung Michael Bauers, des Weggefährten Christian Morgensterns. Bauer wurde von vielen als ein »Heiliger unsrer Tage« erlebt. Der schon Schwerkranke schrieb mir in mein Album: »Wie ganz anders würde ich vorwärtskommen, wenn nicht so viel Schweres auf mir läge! sagte der Mensch! – Wie ganz anders wollte ich mein Werk tun, wenn nicht

die schweren Gewichte an mir hingen! sagte die Schwarzwälderuhr.«
Für die Piper-Bücherei stellte Frau Morgenstern das Spruchbuch Christian Morgensterns zusammen, dem sie den Titel aus Angelus Silesius gab: »Man muß aus einem Licht fort in das andre gehn.«

Besonders lag uns am Herzen, Dostojewskis Werke, denen der Verlag seit 1906 gedient hat, wieder in Wirksamkeit zu setzen. Sie waren, wie die aller feindlichen Ausländer, in Deutschland bis zum Zusammenbruch verboten. Heute liegen schon wieder die Hauptwerke, darunter vor allem die großen Romane »Rodion Raskolnikoff«, »Der Jüngling«, »Der Idiot«, »Die Dämonen« und »Die Brüder Karamasoff«, vor. Der Münchner Privatdozent Reinhard Lauth hat dann mit überlegener Kenntnis ein Dostojewski-Brevier zusammengestellt: »Was vermag der Mensch?« Manche Leser haben von vornherein eine Abneigung gegen alles, was sich »Brevier« nennt. Sie sagen stolz: Wir lesen nur ganze Werke! Aber auch das tun sie nicht immer, und wer könnte die dreiundzwanzig Bände Dostojewskis gleichzeitig überschauen! In dem Buche von Lauth stehn Dinge, auf die der Dostojewski-Leser sonst niemals stoßen würde. Wer denkt nicht an unsere Gegenwart, wenn er liest: »Man kann alles über die Weltgeschichte sagen, alles was der hirnverbranntesten Einbildungskraft nur einfällt. Nur eins kann man nicht sagen: daß sie vernünftig sei.«

Derselbe Autor hat daneben ein großes Werk über die »Philosophie Dostojewskis« geschrieben. Der Dichter hat ja seinen Menschen nicht nur gelegentlich eine philosophische Bemerkung in den Mund gelegt. Sein Werk ist von erlebter Philosophie durchtränkt. Er spricht von allem, was uns angeht, vom Sinn des Leidens, vom Selbstmord, von der Liebe und der Freude, vom Traum, vom Überbewußten, vom Satanischen und Paradiesischen im Menschen.

Auch eine Begegnung mit der Familie Dostojewskis war meiner Frau und mir vergönnt. Wir fanden seine Schwiegertochter Katharina mit ihrer Schwester in Regensburg in der Holzbaracke eines Kinderheims. Sie waren auf abenteuerlicher Flucht aus Südrußland, aufgehalten von einem schweren Unfall, schließlich bis dorthin gelangt. Die Energie der beiden Siebzigerinnen, aber auch ihre Herzlichkeit und menschliche Aufgeschlossenheit ist bezwingend. Die Schwiegertochter hat mit der Witwe Dostojewskis viele Jahre in enger Freundschaft gelebt. Jetzt sind die beiden Schwestern in Südfrankreich angekommen.

Auf meiner Schweizer Reise im Sommer 1933 besuchte ich den Direktor des Basler Museums, Otto Fischer. Er hatte ausgedehnte Studienreisen durch Ostasien gemacht. Sein schönes Buch über »Chinesische Plastik« wurde, fast fertig gedruckt, zweimal vernichtet. Endlich im Oktober 1948 konnte es erscheinen. Aber der Autor hat das fertige Buch nicht mehr erlebt.

Ernst Buschor hat seinen »Griechischen Vasen« den Band »Frühgriechische Jünglinge« hinzugefügt. Sein Text hebt an: »Frühgriechische Jünglingsstatuen: ein großes und feierliches, ein befreiendes und beglückendes Wort tönt aus ihnen über die Jahrtausende zu uns herüber; ein reiner und starker Klang, der gesundet und erfrischt; wer ihn einmal in sich aufgenommen hat, bleibt für immer von ihm berührt, befeuert, verwandelt.« Buschor hatte mir das Thema zunächst für die Piper-Bücherei vorgeschlagen. Dafür war es mir aber zu großartig. Da mußte doch viel gezeigt werden! Das ist in 180 Bildern geschehn.

Kurt Langes »Charakterköpfe der Weltgeschichte« geben Münzbildnisse aus zwei Jahrtausenden in 88 großen Bildtafeln von Alexander dem Großen bis Kaiser Maximilian I. Der Autor verbrachte sechs Sommer in Griechenland und Ägypten. Jetzt wohnt er als Flüchtling in Oberstdorf, mit seiner Familie zu viert in einem Zimmer.

Wie beim Betrachten des Sternenhimmels in die Abgründe des Raums, lasse ich mich gern auch in die Abgründe der Zeit versinken. So war mir der Besuch von Frau Franzis Jordan sehr willkommen, als sie mir die Verdeutschung der ältesten Mythen der Menschheit überbrachte. Sie war selbst in Mesopotamien in die tiefen Ausgrabungsschächte hinabgestiegen und hat die Wiederentdeckung der jahrtausendelang verschollenen Mythen miterlebt. Sie hat die Göttermythen von Ischtars Fahrt in das Land ohne Heimkehr, das Weltschöpfungsepos, Etanas Flug in den Himmel und die Geschichte von Gilgameschs Wanderung zur Gewinnung des Krauts der Unsterblichkeit und dessen verhängnisvollen Verlust zu dem Band »In den Tagen des Tammuz« vereint. In diesen Mythen liegen die dichterischen Quellen zu einer jener frühen Menschheitsepochen, von denen die weltgeschichtlichen Analysen von Karl Jaspers und Alfred Weber ihren Ausgang nehmen.

Inge Westpfahl, die fünf Jahre in Griechenland verbracht hatte, dient in andrer Weise den Mythen. Sie dichtete die Trilogie »Dionysos« (Semele, Ariadne, Agaue). Rudolf Alexander Schröder hat ihr unter dem Titel »Eine neue Dichterin« eine eingehende Würdigung gewidmet.

Öfter, aber lange nicht oft genug, suchte ich Karl Vossler in seiner schönen Wohnung im Maximilianeum über der Isar auf. Seine hohen Zimmer waren noch von einer goethischen Atmosphäre der Weltliteratur erfüllt. Vossler vertraute mir die vermehrte Neuauflage seiner von Sprachmelodie erfüllten, meisterhaften Übertragung »Romanischer Dichter« an. Für die Piper-Bücherei überließ er mir die »Wesenszüge romanischer Sprache und Dichtung (Italienisch, Französisch, Spanisch)«. In dieser kleinen Schrift ist so viel Sprachweisheit komprimiert, daß man sie eigentlich nie ganz erschöpfen kann.

Die Piper-Bücherei kann als eine Umwandlung der »Fruchtschale« gelten, der Taschenbibliothek, mit der ich 1904 meinen Verlag begann. Aber die Piper-Bücherei ist viel beweglicher. Ihre Bände im Umfang von 60 bis 100 Seiten gestatten, ohne allzu große Umständlichkeiten in wohlüberlegter Auswahl Autoren zum Sprechen zu bringen und Themen zu behandeln, die der Zeit etwas zu sagen haben. Ohne Übereilung sind wir im Herbst 1950 beim vierzigsten Band angekommen. Dieser bringt, herausgegeben von Albrecht Knaus, Goethes Unterhaltungen mit dem Kanzler Friedrich v. Müller. Sie waren, seit ich sie im Sommer 1921 mit meiner Frau im Strandkorb auf Baltrum gelesen, auch eins unsrer Lieblingsbücher geblieben. Zu den Autoren der Bücherei gehören: Ernst Barlach, Karl Friedrich Boree, Erich Brautlacht, Bruno Brehm, F. M. Dostojewski, Gustave Flaubert, Nikolai Lesskow, Herman Melville, Christian Morgenstern, Ernst Penzoldt, Oda Schaefer, Werner von der Schulenburg, Heinrich Wolfgang Seidel, Ina Seidel, Willy Seidel, Ludwig Thoma, Karl Vossler. Als Bearbeiter und Herausgeber wirken mit: Richard Benz, Ernst Buschor, Albrecht Goes, Herbert Günther, Arthur Hübscher, Albrecht Knaus, Margareta Morgenstern, Ina Seidel. Zu den Kunstbüchern schrieben die Einführungen: H. W. Hegemann, Ernst Penzoldt, Adolf Schinnerer, Franz Winzinger. Die Bände sind neuerdings in Pappe gebunden, deren Farben und Titelzeichnungen Emil Preetorius bestimmt.

Den schlesischen Flüchtlingen möchte die Neuausgabe von Will-Erich Peuckerts »Schlesisch« etwas helfen. Der Verfasser mußte mit seiner Frau im Februar 1945 vor den Russen in den Winter fliehn und seine ganze Habe hinter sich lassen. So weiß er, wie es den Schlesiern zumute ist. Das ganz unsentimentale Buch mit seinen realistischen Geschichten, Schwänken, Anekdoten und alten volkstümlichen Überlieferungen wird den Schlesiern wohltun.

Dem geehrten Freunde, den der Tod verschont
u. der das Glück hatte, ein ins Lebens lebe Freude
zu haben begleitet? mein Freund, herzl. Gutglückwünsche
herzl.

Die Stunden fliegen u. ... schwerwiegend,
die besten ... auf 16 Jährchen schwerwiegend ...
... ...-ung Freunde volle Herzl.
Ja Lebens- ...

Nach dem Zwanzigjahre des Querodo
von Karl Vossler für Reinhard Piper
München 7. 2. 1940

Zwei Werke suchen in gleicher Richtung zu wirken: Oskar Janckes »Deutsche Selbstbesinnung in Zeugnissen aus fünf Jahrhunderten« und Hans Werner Hegemanns »Die Deutschen in der Kultur des Abendlandes«. Es ist dringend nötig, immer wieder an diese geistigen Bereiche zu erinnern.

Gar manchmal wurde zu mir gesagt: »Welch schönen Beruf haben Sie!« Ja, das ist wirklich so, und ich empfinde es immer wieder als beglückend. Es wäre mir unerträglich, immer nur zuzusehn, ohne selbst mit Hand anlegen zu können.

Josef Martin Bauer war, als ich ihn im Jahre 1930 kennenlernte, Redakteur einer kleinen Zeitung in Dorfen, einem Markt im Osten Münchens mit zehn Wirtshäusern, drei alten Stadttoren und einer hochgelegenen Wallfahrtskirche. Inzwischen war er als Soldat mit auf dem Elbrus. Er brachte uns nach dem Kriege sein neues Manuskript »Am anderen Morgen«. Das ist der Roman eines Odysseus unsrer Tage, eines Menschen in einer menschenscheuen Zeit. Der Mensch ist Kaspar Silex, Restaurator, vierzigjährig, geistvoll, rechtschaffen, sauber, einfältig vor dem realen Leben, gläubig bis zur Torheit, mutig, ängstlich, je nachdem, wenig lebenskundig, weise wie ein echter Tor und überflüssig wie ein Weiser. Als Überflüssiger flieht er aus der Welt und findet dann an ihrem letzten Ende, was die Welt noch einmal menschlich macht: die Liebe.

Mit Paul Eipper gingen ich und meine Tochter einmal durch den Tierpark Hellabrunn. Er darf »alles mit den Tieren machen«, weil man von ihm weiß, daß er nie etwas unternehmen wird, was den Grundsätzen der Tierpflege zuwiderläuft. So spielte er außerhalb des Freigeheges mit der Schimpansendame Spatzi, die ihn sofort, obwohl sie ihn doch nur selten zu sehn bekam, als ihresgleichen vertraulich annahm. Eipper hingegen – und darin liegt das Anziehende und besonders Zuverlässige bei allem, was er über die Tiere zu sagen weiß – nimmt die Tiere durchaus nicht mit der plumpen Vertraulichkeit der meisten Menschen. Bei aller Liebe behält er einen gewissen Respekt vor ihnen, eine Unaufdringlichkeit, die die Tiere mit Vertrauen erfüllt. Dieselbe Herzlichkeit des Umgangs ist in seinen Büchern zu spüren. Mir, dem Tierfreund, ist es besonders wertvoll, daß der Verlag sagen kann: »Eipper-Bücher, die so lange gefehlt haben, sind wieder da!« Als erstes der früheren Bücher von Paul Eipper haben wir »Die gelbe Dogge Senta«, mit dem Untertitel »Die Geschichte einer

Freundschaft«, wieder vorgelegt, dazu den ersten Band der neuen Reihe »Paul Eipper erzählt ...«.

Elisabeth Schucht läßt die Leser ihres großen Reisebuchs »Eine Frau fliegt nach Fernost« an einer bei der gegenwärtigen weltpolitischen Lage besonders fesselnden Flugzeugreise nach Indien, Thailand, China, Japan und Indonesien teilnehmen.

Bei der Charakterisierung meiner drei Kinder habe ich von meinem Sohn Klaus gesagt, daß ihn schon als Kind philosophische Anwandlungen überkommen hatten und daß sein Bedürfnis, in Zusammenhängen zu sehn, später der philosophischen Abteilung im Verlag wichtigen Zuwachs gebracht habe. Zu einem Bericht darüber möchte ich ihm selbst das Wort erteilen:

Eine besondre Genugtuung war es meinem Vater und mir, Karl Jaspers, den großen Philosophen, durch die Veröffentlichung seiner bei den »Rencontres Internationales« 1946 in Genf gehaltenen Rede »Vom europäischen Geist« dem Kreis unsrer Autoren zuführen zu können. Jaspers' als Band Tausend der Sammlung Göschen 1931 erschienene »Geistige Situation der Zeit«, war eins der Bücher, die auf mich, als ich Sortimentslehrling war, einen bestimmenden Einfluß ausübten. So griff ich mit Freuden zu, als sich durch Vermittlung des Heidelberger Soziologen Hans von Eckardt, dessen bedeutendes »Russisches Christentum« unter unsern ersten Büchern nach Kriegsende erschienen war, Gelegenheit bot, mit Karl Jaspers in Verbindung zu treten. Als zweites Buch von Jaspers brachten wir »Der philosophische Glaube«. Im Frühjahr 1948 folgte das große Werk »Von der Wahrheit«. Dies ist der erste Teil einer umfassenden Darstellung »Philosophische Logik«. Jaspers begreift den Sinn von Logik als »Hellwerden des Wissens von Wahrheit in der Zeit«. Er stellt fest, daß die philosophische Logik »so wenig wie als geschlossenes System in einem Aggregat von Aphorismen wahr sein kann«. Vielmehr: »Ihr Sinn ist gerade Zusammenhang. Sie sucht ihr Denken in sich allseitig zu verbinden.« Die Hamburger Zeitung »Die Welt« schrieb über »Von der Wahrheit«: »Ein Werk dieses Umfangs und dieses Ranges hat in der Neuzeit nicht seinesgleichen. Jaspers' ›Philosophische Logik‹ ist der Sturm auf die Zentralfestung aller abstrakten Philosophie, ist ein entscheidender Schlag gegen alle müde Skepsis, gegen Historismus und Relativierung.«

Diese Worte treffen auch die Bedeutung von Jaspers' im Herbst 1949 folgendem Buch »Vom Ursprung und Ziel der Geschichte«. Bezeichnet es nicht die Fragwürdigkeit von gängigen Schlagworten wie der »Buchkrise«, daß in zehn Monaten mehr als siebentausend Exemplare dieser mitdenkende, konzentrationsgewillte Leser fordernden Strukturanalyse der Weltgeschichte verkauft werden konnten?

Karl Jaspers ist im Frühjahr 1948 dem Ruf der Universität Basel gefolgt. Infolgedessen besuchte ich ihn im August 1949 in der Schweiz. Das Ehepaar Jaspers empfing mich im schönen St. Moritzer Hause, das ihm für die Ferien von befreundeter Seite zur Verfügung gestellt war, mit Herzlichkeit. An zwei Tagen genoß ich Gesprächsstunden, die sich mir tief einprägten. Sorge bereitete Jaspers das Schicksal Deutschlands. Dabei stellte er fest, daß er sich kaum je so als Deutscher gefühlt habe wie in Basel. Als deutscher Lehrer an der Universität war er aufgefordert worden, die Goethe-Festrede im Basler Münster zu halten.

Die leidenschaftliche Anteilnahme des Philosophen Jaspers an den Problemen der Zeit bezeugt seine neue Schrift »Vernunft und Widervernunft im gegenwärtigen Philosophieren«. Er entwickelt darin an Marxismus und Psychoanalyse typische Denkirrungen unsrer Zeit. Jaspers warnt vor falschen Propheten und Zauberern und vor Glaubenssurrogaten. Er fordert Mut zur Persönlichkeit.

Mit Jaspers' »Vom Ursprung und Ziel der Geschichte« hatten wir ein Buch verlegt, das als Deutung der Geschichte aus der zeitgenössischen Position und umgekehrt als Erhellung unsrer Situation durch eine neue Durchleuchtung der Geschichte von weittragender Bedeutung ist.

Da es die eigentliche Befriedigung des Verlegers ist, bei der Errichtung geistiger Ordnungen Helfer zu sein und an Zusammenhängen mitzubauen, konnte uns nichts lieber sein als die Anfrage Alfred Webers, ob wir eine Neuausgabe seiner »Kulturgeschichte als Kultursoziologie« übernehmen wollten.

Alfred Weber fragt:

»Können wir den alten Typus, den Träger aller bisherigen höheren Kulturgestaltung, retten? — Wo sind die Quellen dafür? Wie die Bedingungen?« Auch Alfred Webers »Kulturgeschichte als Kultursoziologie« ist ein »Abschied von der bisherigen Geschichte«, zugleich aber eine notwendige, in hohem Maß auch zukunftweisende Klärung.

»Der Kern unseres Fragens ist: Wo befinden wir uns eigentlich im

Strom der Geschichte, nicht als einzelnes Volk, sondern als von diesem Strom fortgetragene Menschheit? Was vollzieht dieser Strom mit uns? – Wir haben die Empfindung, daß er mit großer, ja reißender Geschwindigkeit daran ist, uns in ein neues Dasein zu tragen, in dem vieles vom Größten, das wir kannten, anscheinend für sein Wachstum kaum noch Raum hat, in dem vieles technisch bequemer sein mag, sehr vieles aber auch dunkler, schwerer und gefährlicher, vieles weniger frei, an innern spontanen Kräften weniger reich als früher.«

Im Jahr 1951 wird eine Sammlung von Aufsätzen erscheinen, die unter dem Titel »Prinzipien zur Geschichts- und Kultursoziologie« die methodische Grundlegung seiner Werke geben. Weber begründet darin, daß die Kultursoziologie wohl eine Gestaltanalyse, nicht aber eine Sinndeutung der Geschichte zu geben vermag.

Ich habe Alfred Weber zweimal in seiner Heidelberger Wohnung besucht. Die lebendige Teilnahme des über achtzigjährigen Forschers an künstlerischen und politischen Fragen – handelte es sich um Stefan Andres' »Wir sind Utopia« oder um eine künftige deutsche Außenpolitik – äußerte sich in Thesen von starker Anregungskraft.

Soweit mein Sohn über den philosophischen Zuwachs. Selbstverständlich trat er auch zu den Dichtern in fruchtbringenden persönlichen Konnex. Hiervon erzählt er:

An einem heißen Junitag des Jahres 1950 suchten meine Frau und ich Bruno Brehm in Grundlsee im Salzkammergut auf. Wir fanden das Ehepaar, wie es sich auf Baumstämmen am Ufer sonnte. Brehm war soeben wie ein antiker Meergott dem Wasser entstiegen; die Tropfen perlten noch auf seinem braunen, mächtigen Körper. Jahrelang war die Verbindung mit Österreich schwierig gewesen, und so hatte sich viel Gesprächsstoff aufgestaut. Brehm, seit 1926 unter unseren Autoren, erzählte mir vom zweiten Band seines Werks »Im Schatten der Macht«, das in Österreich herauskommt. Wir besprachen Neuauflagen seines graziösen Romans junger Menschen in Wien »Auf Wiedersehn, Susanne!« und des ersten Bands seiner bekannten Trilogie über Anfang und Ende des ersten Weltkriegs »Apis und Este«. Dies Buch ist in zehn Sprachen übersetzt. Am nächsten Tag folgte ein gemeinsamer Ausflug an den Hallstätter See. Die schmale Uferstraße war von Omnibussen und Autos verstopft, denn Tausende Besucher waren gekommen, um der Fronleichnamsprozession auf dem Hallstätter See beizuwohnen. Es ergab sich ein grelles Zugleich der lärmenden Maschinen, der alter-

tümlichen Böllerschüsse und der langsam auf dem See dahinziehenden
geschmückten Schiffe. Wir schlossen uns auf einer »Plätte« dem feierlichen Zug auf dem See an. Da war Brehm wieder der Erschauer, der
die Landschaft als Gehäuse menschlich-geschichtlichen Lebens mit wenigen Worten zu charakterisieren verstand und der, »gelernter« Kunsthistoriker, aus Straßen, Häusern und Kirchen die Geschicke der Menschen, die dies mittelalterliche, eng zwischen Berg und See gedrängte
Städtchen einst erbauten, abzulesen suchte. Dann kamen ernst-hei-
tere Berichte aus der Zeit der Haft, leidenschaftliche Erörterungen
über Irrtum und Schuld der jüngsten Geschichte. Brennender Wunsch:
im Geröllstrom der sozialen und politischen Wandlungen den verbor-
genen Wasserlauf des sich zu neuen Formen kräftigenden Lebens zu
entdecken. So begegnete mir Bruno Brehm als ein Mann, der von seinem Anteil an der Zeit weiß und der ihr noch Gewichtiges zu geben
haben wird. –

Als Stefan Andres im Sommer 1948 aus Anlaß der Internationalen
Jugendwoche zum erstenmal zu uns kam, war mir der Autor von »Wir
sind Utopia« schon aus andern Büchern lange vertraut. Unser Lektor
Dr. Knaus hatte, wegen der Sperre von Geschäftsbriefen humorvoll
klausuliert, erste Fäden nach Italien gesponnen, wo Andres wohnte.
Ich erwartete, im Autor der »Moselländischen Novellen« einem in Gestalt und Gebärde breit ausladenden Manne zu begegnen. So war es
auch: ein muskulöses, großflächiges Gesicht, das von vielerlei Blut-
strömen geprägt schien: eine mächtige Lebenskraft, nicht ohne Pathos
und doch höchst sensibel. Andres erwies sich auch im Gespräch als ein
schöpferischer Mensch, dem Bilder und Ideen von allen Seiten zuzu-
strömen scheinen. Außergewöhnlich ist schon sein bisheriger Lebens-
weg. »Dieser in der Trierer Gegend gebürtige Dichter vom Jahrgang
1906« – ich zitiere aus einer Würdigung durch Dr. Werner Wien im
Südwestfunk –, »der zuerst Germanistik studierte, aber Priester werden sollte, der Krankenpflegerkandidat in mehreren Klöstern war, nach
den ersten Büchern nach Positano bei Salerno emigrierte, in jenes El-
dorado internationaler Bohème – diese merkwürdig protëische Natur
trug von vornherein alle Spannungen zwischen Religion und Kunst,
zwischen einer ungeheuren Vitalität und scharfer, im Jesuitenkonvent
gewonnener Dialektik des Verstandes in sich.«

Hatte es Andres schon in seinen bisherigen Werken gedrängt, den
Schauplatz individueller Schicksale in den Raum der großen mensch-

Aus einem Brief von Stefan Andres

lichen Entscheidungen zu erweitern — vor allem in seiner genialen Novelle »Wir sind Utopia« —, so betritt er mit seinem großen, im Herbst 1949 erschienenen Roman »Das Tier aus der Tiefe« vollends die Bühne der geistigen Weltauseinandersetzungen. Dies Werk steht erst am Beginn seiner Wirkung. Es ist der erste Band der Trilogie »Die Sintflut«. Ihr zweiter Roman »Arche und Flut« führt in die volle Entfeßlung des Nihilismus. Der wissende Kopf und das fühlende Herz — ähnlich formulierte es Ernst Jünger — befinden sich schon jenseits der Demarkationslinie des Nichts, während der Leib noch in der Zone höchster Gefahr ist. Zu Weihnachten 1950 wird die bisherige lyrische Ernte des Dichters unter dem Titel »Der Granatapfel« vorliegen. Nach der festlichen Düsseldorfer Uraufführung von »Gottes Utopia«, der dramatisierten Novelle, besichtigten wir mit dem Dichter und seiner klugen Gattin und treuen Helferin das im Rohbau fertige Haus in der neuen deutschen Heimat am Rhein. Ein Haus ganz für die Bedürfnisse des Dichters gebaut, mit einem saalartigen Raum im Erdgeschoß für Vorträge und sogar kleine Theateraufführungen. Wir sahen von dem offnen Wandelgang, der im ersten Stock die ganze Breite des Hauses einnimmt, in den üppigen Obstgarten vor uns hinab und hinüber zu den den Strom hinauf- und herunterziehenden Schiffen. Die festen und doch belebten Linien der Berge jenseits und die verhaltene Kraft des strömenden Wassers — ein Bild, dem ein Dichterwerk wie das von Andres nicht unwürdig zu sein scheint. —

Schmal, von mittelgroßer Gestalt, in Gang und Ausdruck ein Mann von angeborener innerer Unabhängigkeit und einer, der es sich nie leicht gemacht hat — so trat mir Horst Lange entgegen, wenn ich ihn in Mittenwald besuchte. Dort am Fuß des Karwendelstocks, in dem malerischen Marktflecken, hatte der aus Schlesien stammende Dichter mit seiner Gattin Oda Schaefer nach dem Krieg ein Unterkommen gefunden.

Von Horst Lange brachten wir einen Geschichtenband »Am kimmerischen Strand«, »Gedichte aus zwanzig Jahren« und ein Komödienfragment »Kephalos und Prokris«. Der Roman »Die schwarze Weide« hatte dem Dichter mit einem Schlag einen Namen gemacht. Wie in jenem Roman, ist auch in den Erzählungen und in den Gedichten Langes ein Hauptthema die Wiederfindung der Liebe zwischen dem Ich und dem Du. Ein Schatten aus dem Totenreich lehrt: »Noch nie sind die Liebenden so gefährdet gewesen wie heute.«

Hans Egon Holthusen ist, 1913 in norddeutschem Pastorenhaus geboren, bald nach Kriegsende als Interpret moderner Dichter wie Rilke, R. A. Schröder, Wilder, Eliot hervorgetreten. In seinem Gedichtband »Hier in der Zeit« bindet er in Strophen von starker rhythmischer Bewegung die Erfahrungen eines jungen deutschen Intellektuellen und Soldaten des zweiten Weltkriegs zu kühnen Bildern.

Im Frühjahr 1949 wurde als Besucherin im Verlag Frau Gertrud Spoerl gemeldet. Sie fragte an, ob unser Verlag daran interessiert sei, das Bühnenstück »Die weiße Weste« ihres Mannes Heinrich Spoerl herauszubringen. Es wurde dabei auch die Übernahme des Bühnenvertriebs gewünscht. Mein Vater meinte aber, daß uns dafür die besondre Praxis fehle. Frau Spoerl antwortete: »Das gefällt mir, daß Sie so schlankweg zugeben, daß Sie keine genügenden Erfahrungen für einen Bühnenvertrieb haben. Sie sind ja auch ein Verleger, der es sich leisten kann, nicht alles zu können.« So war gleich von beiden Seiten eine sympathisch-offene Atmosphäre geschaffen. »Die weiße Weste« erschien zunächst nicht bei uns. (Sie tritt aber 1951 zu unsern Spoerl-Büchern hinzu.)

Als erstes kam die amüsante »Hochzeitsreise« heraus. Auch in ihr verbirgt sich nicht der ehemalige Anwalt Dr. Spoerl, der erst als fast Fünfzigjähriger zum Schriftsteller wurde, und dies mit einzigartigem Erfolg.

Oft war ich in dem schönen Spoerlschen Berghaus am steilen Hang über dem Tegernsee zu Gast. Leider wurde die Frau des Hauses vor drei Jahren von einer tückischen Krankheit hinweggerafft. Das Haus Spoerl ist ein Dichterheim von besonderer Prägung. Modern und luftig gebaut, besitzt es das Klima ruhig-heiterer Zurückhaltung, die wohl dem Humoristen ziemt, der nicht bitter, sondern versöhnlich die Narreteien der Menschen sieht.

Der »Hochzeitsreise« folgten bald in Neuauflagen die früher erschienenen Bücher »Der Maulkorb«, »Wenn wir alle Engel wären«, »Der Gasmann«, »Man kann ruhig darüber sprechen« und das in der Form eines Film-Drehbuchs geschriebene »Andere Ich«. Alexander Spoerl, der Sohn, setzt mit seinem Erstling, den »Memoiren eines mittelmäßigen Schülers«, die Spoerl-Tradition heiter und liebenswürdig fort, verbunden aber mit besonderer Originalität und der frechen Unbefangenheit seiner Generation.

Einen Besuch im Hause Spoerl verband ich oft mit einer Einkehr bei Frau Maidi von Liebermann, der Herrin in dem tiefer dem Tal zu liegenden, geräumigen Ludwig-Thoma-Haus in der Tuften. Das bäuerliche Anwesen Thomas ist im gelassenen Sichhindehnen der sanft abfallenden, weiten Wiesen ein beneidenswerter Sitz. Alljährlich versammelt sich in der mit vielen Trophäen des passionierten Jägers Thoma geschmückten Bauernstube ein Freundschaftskreis zu einer weihnachtlichen Thoma-Stunde. Im bequemen Spaziergang ging ich nach Rottach hinunter. Unterwegs besuchte ich die Grabstätten von Thoma, Ganghofer und Leo Slezak auf dem kleinen Egerner Friedhof. Von ihm sind es nur wenige Schritte zum Landhaus Slezak, in dem heute mit ihrem Gatten und Künstlerpartner Peter Norman Margarete Slezak, die Tochter des großen Sängers und Humoristen, residiert. Ihr Vater hatte ihr in seiner letzten Lebenszeit ein allerletztes Buch diktiert: »Mein Lebensmärchen«. Sie brachte mir das Manuskript im Juni 1948. Ich war entzückt von seiner Menschlichkeit und seinem Humor. Ich kenne weniges, was so wohltuend die harten Ecken und Kanten des Daseins vergessen läßt.

Soweit mein Sohn Klaus, der damit das Wort wieder an mich zurückgibt.

Mein Freund Dr. Owlglaß in Fürstenfeldbruck hatte mir ein paar Jahre vor seinem Tode eine Anthologie vorgeschlagen: »Gegen Abend. Ein Buch vom Älterwerden und Altsein«. Dem Autor und Verleger wird ja alles zum Buch, auch sein Alter. Ein Buchhändler nahm an diesem Untertitel Anstoß. Er hätte lauten müssen: Ein Buch vom Älterwerden und Jungbleiben. Das würden sich die Kunden eher gefallen lassen! Owlglaß und ich wollten aber grade diesen etwas verlogenen Optimismus vermeiden. Das Buch als Ganzes sollte trotzdem, soweit irgend möglich, trostreich sein.

Ich fragte Heinrich Wolfgang Seidel einmal in seinen späteren Jahren, als ihm das Sterben noch fernliegen konnte, ob er sich in Gedanken auch mit dem Altern beschäftige, worauf er antwortete: »Nur!« (Das war natürlich nicht wörtlich gemeint!) Er las dann »Gegen Abend« und konstatierte mit Befriedigung: »Darin wird doch auch Positives über das Alter gesagt. Sonst hört man immer nur von Abbau.« Gewiß haben in dem Buche auch Resignation, ja Bitterkeit ihren Platz gefunden, aber auch Gelassenheit, Humor, Tätigkeit, Tapferkeit und otium cum dignitate. Cicero und Marc Aurel, Friedrich der

Große und Voltaire, die Frau Rat und Henriette Feuerbach, Busch und Spitzweg, Fontane und Keller, Wilhelm Raabe und Heinrich Wolfgang Seidel, Bismarck und Burckhardt haben von ihrem Besten zu dem Buche beigetragen.

Auch ich habe in letzter Zeit einiges zu diesem Thema aufgeschrieben:
Wir Siebziger müssen zufrieden sein, daß wir uns so lange auf diesem interessanten Planeten herumtreiben konnten. Wie viele müssen viel früher wieder abtreten, und wie viele – ein sonderbarer Gedanke! – kommen überhaupt nie dazu!

Der Natur – oder Gott – liegt offensichtlich nichts an den Genies, an diesen seltenen Glücksfällen der Menschheit. Sie läßt sie gleichgültig fallen, an irgendeiner banalen Krankheit zugrunde gehn, ohne daran zu denken, wieviel Glück, wieviel Erhebung sie noch durch ihre Schöpfungen unter den Menschen verbreiten könnten. Was hätten diese »Frühvollendeten«, wie man sie schönfärberisch nennt, noch alles schaffen können! Sie sind aber nicht früh vollendet, sondern ihr Leben ist früh plötzlich sinnlos abgerissen!

Das Leben ist eine Aneinanderreihung. Man kann aber nicht immer so weiter aneinanderreihen – Gespräche, Reisen, Bücher, Briefe, Besuche –, bis die Reihe endlich irgendwo nicht weitergeht. Man muß sich auch noch die Zeit nehmen, das Fazit zu ziehn.

Wem die Zukunft knapp wird, der muß sich an seine Vergangenheit halten. Die ist dann um so länger.

Die Schrift ermöglicht uns, über das Grab hinaus zu den Menschen zu sprechen. Darum sollen wir über unser Leben etwas aufschreiben. Sonst sind wir schon von den Urenkeln vergessen.

Ich habe mir das verworrene Schauspiel des Lebens von großen Geistern klären lassen.

Bilder betrachten ist ein abgekürztes, konzentriertes Lesen, also gerade das richtige für das Alter. So macht es mir Vergnügen, Hogarths Kupferstich »Das Ende aller Dinge« zu betrachten. Er ist eine so verstandesmäßig und nüchtern aus Einzeleinfällen zusammengesetzte Allegorie, daß er gerade durch diese Nüchternheit phantastisch geworden ist.

Man hat sich mit dem Satz zu helfen gesucht (ich glaube, er stammt von einem griechischen Philosophen): »Der Tod geht uns nichts an.

Wenn wir sind, ist der Tod nicht. Wenn der Tod ist, sind wir nicht.« Pascal aber meint: »Der Gedanke an den Tod, auch wenn er noch ganz fern ist, ist schrecklicher als der Tod selbst.«

Der Mensch hat ein Leben lang Zeit, sich an den Todesgedanken zu gewöhnen, aber er schiebt ihn möglichst von sich weg. »Den Tod laß i bis z'letzt«, sagt man in Bayern mit pfiffigem Augenzwinkern.

Bevor man *in* die Erde gebettet wird, sollte man sich möglichst intensiv *auf* ihr umsehn. Es kommt nicht auf die Zahl der Quadratkilometer an, die man übersieht, sondern auf die Intensität, mit der man es tut. Trotzdem gestehe ich: ich wäre gerne noch in größere Fernen gereist, als ich das tun konnte. Solange man erst dreißig Jahre alt ist, sagt man sich: »Warum soll ich jetzt schon nach China fahren? Das kann ich ja noch immer!« Auf einmal sieht man dann ein, daß es nun nicht mehr geht.

Die alten Menschen, die nichts mehr wollen, haben es gut. Wie gemütlich könnte ich es zum Beispiel haben, wenn ich diesen »Nachmittag« nicht mehr fertigschreiben wollte!

Wenn ich als alter Mann von meinem Balkon aus in den dunklen Nachthimmel sehe, kann ich ihn nur als erschreckend, unwirtlich, abweisend, unzugänglich und ganz und gar unmenschlich empfinden, und begebe mich gern in das so anheimelnd begrenzte, beleuchtete Zimmer zurück. Trotzdem setze ich mich diesem heilsamen Schrecken fast allabendlich aus. Im Bett vorm Einschlafen lese ich dann gern über den Sternhimmel und phantasiere über Lichtjahre und Spiralnebel. Ein Lichtjahr mißt zehn Billionen Kilometer, und in einem Umkreis von fünfzehn Lichtjahren um die Sonne befinden sich nur einundzwanzig Sterne. Die Mehrzahl aller Sterne hat Abstände von Tausenden von Lichtjahren. Das sind Abgründe, in denen man sich versinken lassen kann, und dann freut man sich wieder, daß das Bett, in dem man so warm und bequem liegt, nur ein paar Meter mißt.

In meiner Jugend war meine Lieblingsfarbe Blau, die Farbe des Ideellen, Geistigen, Unbeschwerten. Im Alter wurde sie das Gelb-Rot. Man hat in diesen späten Jahren das Bedürfnis, sich am Feuer zu wärmen.

Ich habe von jeher eine leidenschaftliche Zuneigung zum Individuellen. Ich wehre mich gegen das Schema, den Begriff, das Dogma, das Parteiprogramm. Ich bin ein Feind des Summarischen. Leider mußte ich gegen meinen Willen doch vieles summarisch erledigen, um überhaupt mit meiner Arbeit durchzukommen. Auch in der Natur interessiert mich der einzelne Baum, seine besondre Biegung, sein Rhythmus und Umriß. In der Graphik fesselt mich der einzelne ausdrucksvolle Strich.

Im eignen Alter denkt man mit neuer Liebe und Anteilnahme an das Alter seiner Eltern. Man erlebt nun intensiv mit, wie ihnen in ihren Altersjahren zumute war.

Ich werfe mir vor, daß ich meinen Eltern, als sie in den gleichen Jahren waren wie ich jetzt, doch noch mehr Verständnis hätte zeigen müssen, obwohl ich ihnen mit kindlichen Gefühlen sehr zugetan war. Man muß es aber erst selbst erleben, um zu wissen, wie das Altwerden wirklich tut.

Das einzig Durchschlagende, was man sich als Trost in Todesgedanken sagen kann, ist doch allein der ganz primitive Gedanke, daß alle, die vor uns lebten – alle! –, diesen Weg gegangen sind und daß alle nach uns ihn gehn werden. Wie könnten wir eine Ausnahme für uns verlangen! Ich sage mir noch dazu, daß ich ebendahin gehe, wohin mir meine Eltern voraufgegangen sind, mag dies nun sein, wie und wo es will oder ein Jenseits von jedem Wo und Wie.

Früher war ich fast immer der Jüngste in meinem Kreis. Jetzt sage ich mir oft in Konzerten, Gesellschaften oder wo sonst Menschen beieinander sind, daß ich wahrscheinlich einer der Ältesten von allen bin. Nur einmal noch war ich in einem kleinen Kreis der Jüngste, nämlich als ich mit Kubin, Owlglaß und Gulbransson zusammensaß.

Rückblickend begreift man kaum, daß man sich als Dreißig-, Vierzig-, Fünfzigjähriger nicht allein schon darüber dauernd gefreut hat, daß man erst dreißig, vierzig, fünfzig Jahre alt ist. Eine Zeitlang wurde ich ein dummes und überflüssiges Gefühl des Vorwegnehmens des Endes kaum mehr los, bis mir ein Freund den einfachen, aber sehr guten Rat gab: »Ich würde an Ihrer Stelle möglichst wenig darüber nachdenken!« Ich habe es auch zuwege gebracht, ihn zu befolgen.

Im ruhigen Dasein fühlen sich viele Menschen nicht von einer Last *befreit*, sondern im Gegenteil von einer Last *bedrückt*. Das Gefühl ihrer Zwecklosigkeit lastet dann auf ihnen. Ihr Wille braucht Futter. Ebensowenig wie eine leere, unausgefüllte Zeit halten sie den Gedanken an das Nichts aus. Die unausgefüllte Zeit ist ihnen ein kleiner Vorgeschmack des Nichts. Die Macht der Kirche beruht zum großen Teil darauf, daß sie den Menschen die Angst vor dem Nichts nimmt. Das macht sie zur Segenspenderin für die Menschheit.

Wenn man sechzig Jahre alt geworden ist, denkt man: Das Leben wird nun wohl in der gleichen Weise noch eine Zeitlang so fortgehn, vielleicht noch zehn Jahre. Aber das höhere Alter hält für den Menschen noch manche Überraschungen, manche Umwandlungen der Lebensansicht bereit, auf die er nicht gefaßt war.

Die alten Menschen werden nicht mehr vom Zukunftsbewußtsein getragen. Der junge aber lebt ganz in dem Gefühl: Ich bin da! Er steht fest auf seinen beiden Beinen, schreitet aus. Sein Weg ist gar nicht abzusehn. Jede Biegung kann Erfreuliches und Erfrischendes bringen! Jean Paul hat richtig erkannt: »Das Alter ist nicht trübe, weil darin unsre Freuden, sondern weil unsre Hoffnungen aufhören.«

Der Mensch verläßt ungern den irdischen Schauplatz, weil er immer hofft und glaubt, noch etwas Persönliches tun zu können – etwas Wichtiges, was nur er selber tun kann und bisher versäumt hat, zu tun.

Der Tod ist ein Ansporn, seine Zeit zu Rate zu halten. Ich glaube, ich kann von mir sagen, daß ich die meine nicht vertrödelt habe.

Halten wir uns auf alle Fälle an Schiller und sein Distichon »Unsterblichkeit«:

»Vor dem Tod erschrickst du? Du wünschest unsterblich zu leben?

Leb im Ganzen! Wenn du lange dahin bist, es bleibt.«

Man soll andern Freude machen, solang man kann. Ich als Verleger preise mich glücklich, daß mir das durch meine vielen Bücher, die ich an Freunde verschenken kann, so leicht gemacht ist. Und auch die meisten von denen, die sie sich gekauft haben, hatten, wie ich glauben möchte, Freude an ihnen.

Nach langen fruchtlosen Bemühungen konnten wir endlich im November 1945 eine neue eigne Wohnung beziehn, und zwar in der Biedersteiner Straße, nicht weit von der alten Silvesterkirche mit der goldnen Kugel auf dem grünen spitzen Turm. Die neue Wohnung ist halb so groß wie die vorige. Ich pflege ihre Enge darauf zurückzuführen, daß uns eben nicht genügend Dinge verbrannt sind. Um ins Wohnzimmer zu kommen, müssen wir beinah unter dem Flügel durchkriechen. Dafür sind wir aber mit dem ersten Schritt im Grünen. Das Haus liegt über einer Wiese, erhöht auf einer Erdstufe. Wahrscheinlich ist diese Stufe schon in der Eiszeit ausgeschürft worden. Nach undenklichen Zeiten wurde sie dann mit unserm Haus zum erstenmal bebaut.

Auf der Wiese tummelt sich immer viel jugendliches Leben. Die ballspielenden Mädchen aus der nahen Haimhauser Schule laufen in ihren bunten Kleidern anmutig durcheinander. Kleine Buben und würdige Herren lassen bunte Papierdrachen an langen Schnüren aufsteigen, ja sogar ein Bumerang schwirrt manchmal, kunstvoll geworfen, waagrecht über den Boden dahin, hält in seinem Lauf plötzlich inne und kehrt, wie nach kurzem Besinnen, zu seinem Werfer zurück. Von Zeit zu Zeit wird die Wiese von den unzähligen grauen Rücken einer Schafherde überwimmelt. Ein schwarzgelockter Schäferhund hält sie mit überlegener Ruhe zusammen. Alte Herren und Damen führen ihre — wie man zu sagen pflegt — »vierbeinigen Freunde« spazieren. Durch die Bäume schimmert die Wasserfläche des Kleinhesseloher Sees. Im Winter den elegant dahinschwebenden Schlittschuhläufern und den bajuwarischen schnauzbärtigen Eisschützen zuzusehen macht mir immer besondres Vergnügen. Am lustigsten ist das Gekreisch der hundert rodelnden Kinder.

Weiterhin steht auf dem Hang das niedrige, langgestreckte, ockergelbe Schlößchen Biederstein, ein echter Zeuge der Biedermeierzeit, aber immer noch in Trümmern liegend. Es tut weh, hinzuschaun. Und wenn ich noch etwas weitergehe, komme ich nach Schweding. Das ist ein von Ernst Penzoldt erfundener Vorort des Vororts Schwabing. Er wohnt da nämlich in der Schwedenstraße mit seiner Frau Friedi und den beiden studierenden Kindern Günther und Ulla. Ulla ist aber eben nach Amerika geflogen, um dort ihr Studium fortzusetzen. Ich kehre oft am Sonntag vormittag da ein, stets von heiteren Gesichtern empfangen. Der Garten funkelt in allen Farben, und jedesmal gibt mir Frau Penzoldt einen Strauß mit. Näheres über das Penzoldtische Dasein kann man in dem reizenden Band »Causerien« nachlesen, deren Lektüre — und selbstverständlich vorherigen Kauf — ich allen meinen Lesern dringend empfehle, sie sind nämlich nicht bei mir, sondern bei Suhrkamp erschienen!

Als ich zum erstenmal das Datum 1949 schrieb, konnte ich es mir nicht verhehlen, daß in diesem Jahr unvermeidlich mein 70. Geburtstag fällig werde. Es war mir, als ob ich auf einem Dachfirst entlang zu ihm hin balancieren sollte. Würde ich den 31. Oktober wohlbehalten erreichen? Ich hatte seit dem Frühjahr mit den diesem Lebensalter so häufig eignen Kreislaufstörungen zu tun. Um für den Herbst und Winter etwas Kräfte aufzuspeichern, ging ich im Sommer mit meiner Frau für fünf Wochen in das schöngelegene Sanatorium Ebenhausen überm Isartal und machte eine Strophanthinkur durch. Der dortige Arzt Dr. Peter Beckmann chauffierte uns zur intimen Dorfkirche von Mörlbach und an den Buchsee, unsre Tochter brachte uns im Wagen über die breite Isar nach dem Naturschutzgebiet der Ascholdinger Au, nach Kloster Dietramszell und andern schönen Gegenden.

Und dann ist alles, was mit meinem Siebzigsten zusammenhing, gut abgelaufen.

Eine der ersten Nummern des Programms war ein »Interview« für den Bayerischen Rundfunk. Dafür waren im ganzen sieben Minuten angesetzt, so daß auf jedes meiner sieben Lebensjahrzehnte gerade eine Minute kam. Ich brauche mir also nicht vorzuwerfen, daß ich die kostbare Zeit der Rundfunkhörer mit meiner Person ungebührlich lange beschäftigt habe. Für den Südwestfunk hatte Georg Seidel, der Sohn von Heinrich Wolfgang und Ina Seidel, der bei uns das Verlagswesen studierte, ein Gespräch zu dritt komponiert, mit Zitaten aus dem »Vormittag«. Auch Zürich sandte die Kunde »in den Äther«, wie es so schön heißt.

Ich selbst las an einem Abend still für mich den »Siebzigsten Geburtstag« meines Landsmanns Johann Heinrich Voß, der sogar mein allerengster Landsmann ist, hat er doch wie ich seine Jugendjahre in Penzlin in Mecklenburg verbracht, und zwar als Sohn eines armen Pächters, und später ging er bei Goethe und Schiller aus und ein, und Goethe ließ sich von ihm sogar belehren, wie man die korrektesten Hexameter macht!

Am Samstag abend, dem 29., ehrte mich der Stadtrat durch ein Essen »im kleinen Kreise« in der gemütlichen Grütznerstube des Rathauses. Wir waren vierundzwanzig Personen, Stadträte, Autoren, Freunde und Familienangehörige. Der um Münchens geistiges Leben hochverdiente breite, spitzbärtige Prof. Dr. h. c. Hans Ludwig Held begrüßte mich mit einer wohlgeformten Ansprache. Er saß zwischen meiner Tochter Ulrike und meiner Nichte Hilda, hatte also einen dekorativen Rahmen. Ernst Heimeran improvisierte eine längere humorvolle Rede. Dr. Karl August Meißinger, der Verfasser des Luther-Breviers, monierte jedoch, sein Vorredner habe den Schriftsteller in mir vergessen, und sprach über den »Vormittag«. Ich selber hatte meine Erwiderung, die nun unfehlbar folgen mußte, wohlweislich schon zu Hause zu Papier gebracht und konnte damit einiges Gelächter erzielen. Frau Dr. Annemarie Meiner und mein Kollege, Stadtrat Edgar Hanfstaengl, hatten mich in die Mitte genommen. Frau Meiner hatte sich schon durch einen sehr wohlwollenden Geburtstagsaufsatz im Buchhändler-börsenblatt um mich verdient gemacht. Sie erklärte es für eine große Ehre, daß sie, nachdem sie am 75. Geburtstag neben Prof. Kippenberg gesessen, nun am 70. neben mir sitzen könne. Sie meinte, der 70. Geburtstag sei doch eigentlich der schönste im Leben. Das konnte sie sich leisten, da ihr eigner noch in unabsehbarer Ferne liegt. Der Wein aus dem Ratskeller floß, wie man zu sagen pflegt, in Strömen. Vier Aufwärter schenkten unermüdlich nach. Die Stimmung wurde sehr gehoben. Jeder sprach mit der entsprechend erhöhten Tonstärke, um durchzudringen. So steigerten sich die Sprecher gegenseitig, und das Zimmer war von animierter Polyphonie erfüllt.

Am Sonntag überreichte mir Klaus ein in grünes Leder gebundenes Album mit handschriftlichen Beiträgen aller Autoren des Verlags. Mein Sohn hatte ihnen gleichartige Blätter geschickt und sie pünktlich, schön beschrieben oder vollgezeichnet, zurückerhalten. So waren im ganzen sechzig Einträge zusammengekommen. Schon das Betrachten der vielen charaktervollen Handschriften mit ihrem Formenreichtum macht mir immer neues Vergnügen. Wenn die Eigenwilligkeiten der Schriftzüge das Lesen verlangsamen, so dauert das Vergnügen um so länger. Wie lange werden wir uns noch solcher Fülle erfreuen? Wie lange wird es dauern, bis die alles gleichmachende Schreibmaschine die Handschrift bis auf ein kleines Refugium verdrängt hat?

Da ich diesem Bericht einen etwas chronikhaften Charakter geben möchte, führe ich die Einträge auf: Stefan Andres, Josef Martin Bauer, Walter Becker, Richard Benz, Karl Friedrich Boree, Hans Brandenburg, Erich Brautlacht, Bruno Brehm, Ernst Buschor, Ulrich Christoffel, Hans Cloos, Friedrich Droß, Josef Eberle, Hans v. Eckardt, Hans Eckstein, Paul Fechter, Albrecht Goes, Joseph Gregor, Kristmann Gudmundsson, Olaf Gulbransson, Gustav F. Hartlaub, Wilhelm Hausenstein, Hans Egon Holthusen, Anita Holz, Arthur Hübscher, Hans v. Hülsen, Oskar Jancke, Karl Jaspers, Franziska Jordan, Less Kaerrick, Alfred Kubin, Horst Lange, Kurt Lange, Christoph Meyer, Lu Moeller van den Bruck, Margareta Morgenstern, Fritz Nemitz, Ernst Penzoldt, Will-Erich Peuckert, Emil Preetorius, Benno Reifenberg, Hans Reimann, Ina Seidel, Margarete Slezak, Heinrich Spoerl, Oda Schaefer, Rudolf Alexander Schröder, Elisabeth Schucht, Georg Schwarz, Annemarie Schwemmle, Hermann Uhde-Bernays, Max Unold, Georg von der Vring, Günther Weisenborn, Inge Westpfahl, Franz Winzinger, Wilhelm Worringer.

Am ergiebigsten wäre es für den Leser und am bequemsten für mich, wenn ich die Einträge alle hier abdruckte. Das wären die authentischsten, abwechslungsreichsten und unterhaltendsten Selbstzeugnisse. Leider muß ich mich auf wenige Proben beschränken.

Richard Benz trug ein: »Wer heute sein Leben beschreibt, rührt an ein Stück Sage: nicht nur von den Menschen, die ihm vorübergingen und etwa nicht mehr unter den Lebenden sind; sondern von einer gestalteten Welt, die er noch mit Augen schaute, in die nun niemand mehr schaut. Und hier wird doppelt der Bewahrungsinstinkt des Menschen aufgeregt: er will nicht nur etwas von seinem Leben retten, was ihm auf diese Weise selber zur Sage geworden ist – er muß, für Viele ein Bild in der Erinnerung erhalten, das nur durch solche Zeugnisse noch gewonnen werden kann.«

Olaf Gulbransson schwebt in einer kühnen Kurve von oben herab und breitet die Arme aus: »Ja – was wär den des – – bist Du auch 70 worden – das kümmert uns ganz wenig – mit 70 gehts an. Dein alter Olaf.«

Von dem vierstrophigen Gedicht Rudolf Alexander Schröders kann ich leider nur die erste hier einrücken:

Lebt auch der Mensch nicht wie das Vieh
Doch wird er siebzig, und weiß nicht wie;
Er nennt sich alt, fühlt wie die Jungen
Und nascht vergnügt Erinnerungen.

Karl Jaspers führt nach einigen Worten über den »Vormittag« in län-
gerem Zusammenhang aus: »Ich erfahre nun selbst die Hilfe aus dem
Geiste Ihres Hauses durch Ihren Sohn. Welch hohe Freude für einen
Vater muß es sein, sein Werk mit dem eigenen Leben nicht am Ende
zu sehen, sondern an seinen Sohn zu weiterer Blüte aus der gleichen
Wurzel weitergeben zu können, mit dem Blick auf dessen Leistungen,
die ihm das volle Vertrauen für die Zukunft geben, in der einst sein
eigener Rat entbehrt werden muß!... In mir haben Sie einen Autor,
der etwas herausfällt aus der glanzvollen Schar der Dichter, Schriftsteller, Kunstkenner, die Sie gewohnt sind. Sie waren unbefangen genug,
auch einen Professor aufzunehmen, der Psychopathologe und Philosoph ist, dem die Leichtigkeit und Genialität jener bedeutenden Männer fehlt, der zu Nüchternheit und Gelehrsamkeit neigt. Ich fühle mich
in diesem Kreise trotzdem ungemein zu Hause. Wenn ich meinen Weg
auf akademische Weise suchte, so geschah es doch mit Überwindungen.
Als im Jahre 1919 ein Onkel von mir, damals Ministerpräsident in
Oldenburg, in Weimar...« Das Weitere sagt dem Leser die beigefügte
Handschriftprobe.

Bruno Brehm: »Gedanken an und für sich sind unfruchtbare Gedanken. Kunst an und für sich ist arme und kalte Kunst. Das Leben der
Väter sah von jeher besser und reiner aus, weil wir es von außen sahen.
Unser Leben aber kennen wir von innen, und innen gibt es keine gute
alte Zeit.«

Karl Friedrich Boree, der geistvolle und graziöse Erzähler der »Kurzen
Reise auf einen anderen Stern«, der »Brieftasche« und von »Dor und
der September«, der nachdenkliche Autor des »Diesseits von Gott« und
der »Halbvollendeten Schöpfung«, schrieb: »...und so kommt einmal
der Termin heran, wo wir, an den Fingern den Rest abzählend, energisch eine Zwischenbilanz ziehen. Der Verleger, denke ich mir, fragt:
Was habe ich der Welt übergeben? Was war schließlich wert, hinaus-
gebracht zu werden?... Doch der Schriftsteller, wenn er sich diese
Frage vorlegt, weiß kaum, wie er sie nur formulieren soll. Was hat er
denn eigentlich gewollt? Was bewog ihn, diesem lügenhaften Gewerbe

Karl Jaspers

nachzugehen?... Alles beginnt ihm durchsichtig zu werden in diesem prüfenden Augenblick, und er schwört: Ich wollte nicht nur nichts! Ich mußte! Wozu sind wir da? Wir sind.«

Oskar Jancke, der für meinen Verlag ein Shakespeare- und ein Burckhardt-Brevier bearbeitete, schrieb eine reizende »Meditation zu einem Reinhard-Piper-Brevier«. Da ich laut meinem »Vormittag« Themen von Bruckner auf Spaziergängen mit meinem Hund gepfiffen habe und in Paris die Angewohnheit hatte, ständig vergnügt vor mich hin zu pfeifen, charakterisiert er schließlich meinen Stil als eine Art »Vor-sich-hin-Pfeifen«. »Aber was er pfeift, ist zu beachten. Es sind große Motive, die da, durch das Pfeifen leicht gemacht, erklingen. So ist denn Reinhard Piper ein Rattenfänger, Leser für seine Verlagswerke anlockend, Lesefänger mit Flötentönen. Hierin offenbart sich seine Pfiffigkeit.«

Georg Schwarz, der Träger des Münchner Dichterpreises, spendete eine Reihe schöner Vierzeiler:

> Der Mond wirft einen Schatten an die Türe:
> Mein Fenstergitter! – Langsam rückt das Licht.
> Wenn ich einst alt bin und mich nicht mehr spüre,
> Sind weder Mond noch Gitter mein Gedicht.

Wilhelm Hausenstein schließt seinen Überblick über die vierzigjährige freundschaftliche Verbundenheit und über deren reiche Ergebnisse: »Alles in allem, lieber Herr Piper: freuen wir uns, daß unsere Erinnerungen ins 19. Jahrhundert zurückreichen, daß wir im 19. geboren sind und trachten wir, diese Mitgift in das laufende, ach nur allzu laufende 20. Säculum so tief hineinzutragen, wie es uns vergönnt sein wird.«

Hans Brandenburg war, bevor er als Ausgebombter sich an seinen geliebten Peißenberg zurückziehn mußte, mir ein guter Gesprächspartner auf vielen Spaziergängen. Ich konnte noch vor kurzem seine lyrische Ernte »Gipfelrast« verlegen. Sein »Lied in der Schlucht« beginnt:

> Die goldnen Tage eilen,
> Süß zögernd auf der Flucht,
> Die goldnen Tage weilen
> In dieser kleinen Schlucht.
> O halt an Spinnwebseilen

> Die Zeit, du Sonnenfilter du,
> Stillste Herbstesbucht!

Ernst Buschor stiftete mir, gleichfalls nach vierzigjähriger Autorschaft am Verlag, seine bisher ungedruckte Übersetzung des Äschyleischen Satyrspiels »Die Netzfischer«. Auch Frau Margareta Morgenstern in Breitbrunn am Ammersee ist seit vierzig Jahren dem Verlag verbunden. Sie schmückte ihre Geschichte unsrer Beziehungen mit einem entzückend altmodischen Walchensee-Aquarell von Christian Morgensterns Vater und mit einer Visitenkarte aus dem Nachlaß des Dichters, auf die er eigenhändig einen Glückwunsch geschrieben hatte, der aber unverwendet geblieben war und jetzt wie von jenseits zu mir sprach.

Alfred Kubin zeichnete einen »Ausländischen Kurgast im Salzburger Festspielmond«. Die Dame mit dem Miniaturhütchen auf riesigem Lockenwall ist wirklich *sehr* ausländisch ausgefallen!

Hans Cloos, der »einige Dutzend Male großen Abschied genommen hatte, um die liebe warme Heimat hinter bösen kalten Meeren versinken zu lassen«, überreichte mir seinen »Blumenstrauß des Geologen«. Kristmann Gudmundsson gratulierte auf isländisch, schrieb aber glücklicherweise auf deutsch dazu: »Mir ist es große Vergnügung, daran teilnehmen zu können, meinen hochverehrten deutschen Verleger zu verehren auf seinem 70. Geburtstag. Von die erste Zeit ist unsere Zusammenarbeit immer sehr gut gewesen. Und trotzdem wir uns nie gesehen haben, und auch nie zusammen gesprochen, habe ich jedoch das Gefühl gehabt, das wir Freunde seien.«

Erich Brautlacht erzählt, wie wir zusammenkamen: »Es war einmal ein Schriftsteller, der hatte einen Roman und keinen Verleger. Als er nämlich seinen damaligen Verleger fragte, ob er bereue, den ersten Roman ›Einsaat‹ des Autors gebracht zu haben, meinte der, jeder Mensch mache einmal eine Dummheit in seinem Leben. Dieser Wahrheit konnte der Schriftsteller sich nicht verschließen. Also zog er weiter, jemanden zu finden, der zu einer neuen Dummheit den Mut aufbrächte, und kam an die Piper-Pforte. Fünfzehn Jahre sind das nun her.« Ich bereue meine Dummheit bis heute nicht.

Brautlacht ist Richter in Kleve am Niederrhein. Er hat aus den Erfahrungen seines Richtertums den »Spiegel der Gerechtigkeit« geschrieben, in dem wir durch alle Höhen und Tiefen unsres grausamen Le-

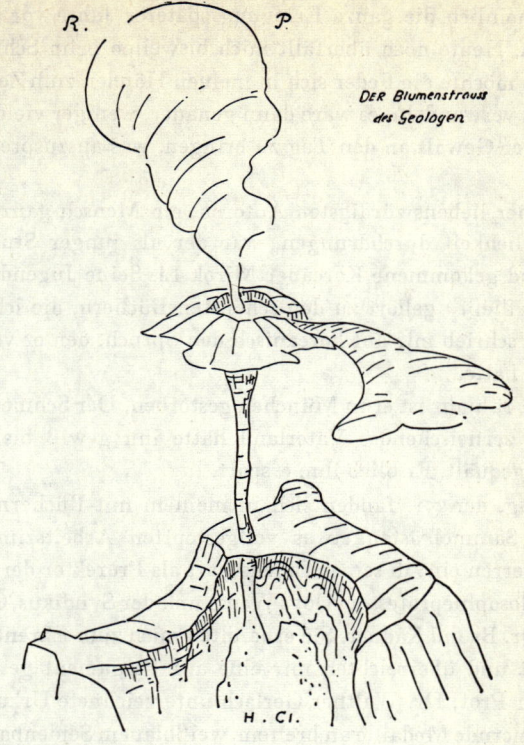

R. P.

DER Blumenstrauss
des Geologen

H. Cl.

Gratulation von Hans Cloos

bens geführt werden und den Wilhelm Schäfer für eins der großen deutschen Bücher erklärte. »Brautlacht«, so schrieb er, »hat dem deutschen Volk, der deutschen Sprache ein unvergängliches Buch geschenkt.«

Benno Reifenberg erzählt – für mich überraschend – von seinen jugendlichen Erlebnissen mit der Farbe: »Ich bemühte mich, die Farben zu treffen, so auf das Besondere hin, wie ich die Ähnlichkeit der Freundesgesichter hatte treffen wollen. Allein bald geriet ich an eine Grenze, denn hier tut sich die Unendlichkeit auf, und es war nicht so leicht wie bei jenen Profillinien, genau die Farbschwingungen zu finden, die mir das Besondere meiner Landschaftsempfindung aufgeweckt hatte. Aber das Knabenglück der ersten Zeichnungen, der ersten Farben – aus ihm

ist wahrscheinlich die ganze Erregung späterer Jahre vor der Natur
herzuleiten. Heute noch überfällt mich bisweilen beim Schreiben der
Wunsch, es möchte die Feder sich in meinen Händen zum Zeichenstift,
zum Pinsel verwandeln, es wäre dann genauer, weniger vieldeutig und
mit größerer Gewalt an den Tag zu bringen, was auszusprechen mich
verlangt.«

Einer meiner liebenswürdigsten Autoren, ein Mensch ganz von Her-
zensfreundlichkeit durchdrungen, war der als junger Student nach
Deutschland gekommene Koreaner Mirok Li. Seine Jugendgeschichte
»Der Yalu fließt« gehört zu den schönsten Büchern, die ich verlegen
konnte. Er schrieb mir auf koreanisch den Spruch, den er von Jugend
auf geliebt hatte.

In diesem Frühjahr ist er in München gestorben. Der Schmerz um sein
sich selbst zerfleischendes Vaterland hätte ihn gewiß bis zur Verzweiflung gequält. Er blieb ihm erspart.

Am Montag, den 31. fanden sich in meinem mit Büchern, Bildern,
Plastiken, Sammelkästen etwas vollgestopften Arbeitszimmer zwei
würdige Herren ein: in seiner Eigenschaft als Prorektor der Universität der Philosophieprofessor Aloys Wenzl und der Syndikus, Oberregie-
rungsrat Dr. Bruno Kadner. Sie ernannten mich zum Ehrenbürger der
Universität und überreichten mir eine auf Pergament geschriebene,
vom Rektor Prof. Dr. Walther Gerlach unterzeichnete Urkunde. Eine
goldschimmernde Medaille an breitem, weißblauem Seidenbande häng-
ten sie mir um den Hals. Der Prorektor eröffnete mir, daß ich auf
Grund dieser Würde freien Zutritt zu allen Vorlesungen und Veranstaltungen der Universität hätte. Ich war auf diese große Ehrung
durchaus nicht gefaßt. Manche Freunde waren allerdings damit nicht
ganz zufrieden. Sie meinten, die Universität hätte mich von Rechts
wegen doch zum Ehren*doktor* ernennen müssen und nicht »nur« zum
Ehren*bürger*. Ich glaube aber nicht, daß man hier von einem »nur«
sprechen kann. Jedenfalls ist der Bayerische Kronprinz Rupprecht auch
nur Ehrenbürger, und nach dem Vorlesungsverzeichnis gibt es im
ganzen nur 27 von dieser Art, während wahrscheinlich die Ehren-
doktoren zahlreicher sind. Schon lange Jahre vorher war ich zum
Ehren*mitglied* der Rostocker Universität ernannt worden, deren Ehren*doktor* mein Vater war. So sind also in unsrer Familie drei Spiel-
arten akademischer Auszeichnungen vertreten.

Ich hatte mich gewundert, daß man die Herren in mein kleines Zim-

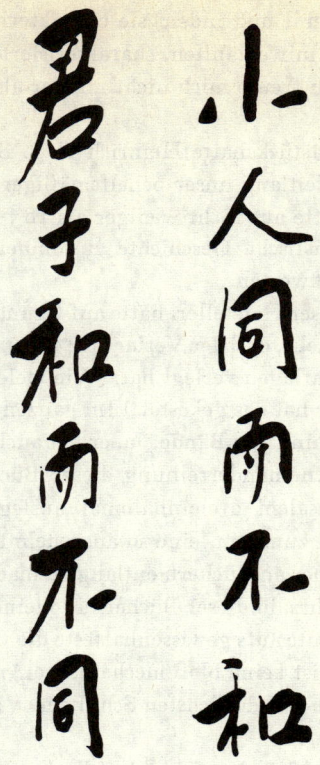

Gratulation von Mirok Li

*(Die Edlen harmonieren miteinander, gleichen sich aber nicht.
Die Unedlen gleichen sich, aber harmonieren nicht miteinander.)*

mer geführt hatte und nicht in den großen repräsentativen Raum nebenan. Dort waren aber seit geraumer Zeit die dreißig Mitarbeiter des Verlags festlich versammelt und erwarteten mich. Paul Weberbeck erfreute mich durch eine warmherzige Ansprache. Er legte mir ein schönes, rot gebundenes Buch in die Hände mit Beiträgen aller Mitarbeiter. Frau Janne Knaus hatte die Anregung dazu gegeben, Dr. Albrecht Knaus hatte die Beiträge gesammelt. Die Mitarbeiter plauderten da in höchst unterhaltsamer, zwangloser Weise über ihre persönlichen Beziehungen zu mir und zum Verlag. Ich lernte sie dadurch vielfach von neuen Seiten kennen. Bisher verborgene literarische Talente kamen zum Vorschein, und indem sie charakteristische Äußerungen und Anekdoten von mir erzählten, charakterisierten sie zugleich auch sich selbst. Das Buch freute mich nicht minder als das der berühmten Autoren.

Ein besondres Kunststück hatte Heinrich F. S. Bachmair vollbracht, der im Krieg eine Zeitlang unser behelfsmäßiger Auslieferungsleiter gewesen war. Er hatte aus nicht weniger als 185 Titeln von Verlagswerken eine phantastische Geschichte zusammengebraut, fast ohne Einfügung von Flickworten.

Christof Büttner, unser Hersteller, hatte auf Grund mühsamer Archivforschungen festgestellt, daß der Verlag in 45 Jahren 775 neue Bücher und dazu 655 Neuauflagen verlegt hat. (Wie viele Aufregungen, Sorgen und Stoßseufzer hat das gekostet!) Im ganzen ergaben sich 7 Millionen 786 Tausend und 360 Bände. Ja, er hat auch noch ausgerechnet, daß man mit der Aneinanderreihung dieser Bücher die Strecke von Reykjavik bis Jerusalem dreieinhalbmal auslegen könne. Freilich möchte ich niemand zumuten, eine so ausgedehnte Reise auch nur in der Vorstellung immer an Büchern entlang zu machen.

Von der großen Mehrzahl dieser Bücher hat meine Schwester Gertrud seit 22 Jahren bis heute aufs gewissenhafteste die verantwortliche Korrektur gelesen. Das ist keine bloß mechanische Arbeit, denn manchen Autoren entgehn die wunderlichsten Schnitzer. Viele waren ihr dankbar.

Georg Seidel griff auf meine frühesten Berliner Anfänge ums Jahr 1900 zurück, als ich als Schüler von Arno Holz mich bemühte, im Stil des »Phantasus« zu dichten. Leider kann ich hier nur den Titel seines Geburtstags-Carmens einrücken:

Neualte WEGE der WORTKUNST beschreitend / MINDERSTUERMISCHE denn verehrungsvollste REMINISZENZEN und AUSBLICKE angeordnet um MITTELAECHSLICHE ZENTRALEN / kristallisieren FREUDEVOLLST aus Froschperspektiven / um vier Jahrzehnte VERMINDERT / sternstunden-gleich skorpionenes CARMEN

Am Freitag, den 3. November lud der Verlag alle Mitarbeiter zu einem Abendessen. Mein Sohn dankte ihnen für die große und treue Hilfe, die sie dem Verlag geleistet hatten und noch leisten. Ein gemeinsamer Opernbesuch im Prinzregententheater schloß sich an. Die packende Aufführung der »Cavalleria rusticana« und des »Bajazzo« erregte allgemeines Wohlgefallen.

Im Jahre 1930 hatte zum 25jährigen Bestehn des Verlags in sämtlichen Räumen der Neuen Sammlung für Angewandte Kunst an der Prinzregentenstraße eine große Ausstellung des Verlags stattgefunden. Sie war von dem damaligen Direktor Prof. v. Wersin sehr wirkungsvoll aufgebaut. Oberbürgermeister Dr. h. c. Scharnagl sprach temperamentvoll die Eröffnungsworte. Es lag nahe, jetzt, zwanzig Jahre später, die inzwischen sehr gewachsene Leistung des Verlags wieder in einer solchen Überschau darzubieten. Der jetzige, sehr verdienstvolle vielseitige Leiter, Prof. Dr. Günther Frhr. v. Pechmann, war von Anfang an überzeugt, daß es sich hier nicht um eine bloße Verlagsausstellung handle, sondern um eine Ausstellung Münchner Kultur. Wenn dabei auch nicht nur Münchner Autoren und Künstler auftraten, sondern darüber hinaus aus allen Gegenden Deutschlands und den meisten Ländern Europas und auch aus Amerika, so war doch die Gesamtleistung des Verlags von München ausgegangen und zeugte für die kulturelle Bedeutung der Stadt. Deshalb stand denn auch auf den Plakaten mit Recht: »Aus 45 Jahren Münchner Kultur«.

Architekt Friedrich Haunschild nahm sich des wohlüberlegten Aufbaus der Ausstellung besonders an. Ulrike erwies sich mit einigen Studenten als unermüdliche Helferin. Fünf Tage lang wurde streng gearbeitet, zuletzt bis tief in die Nacht, ja bis gegen Morgen. Endlich hatten die mehreren tausend Einzelobjekte glücklich ihren Platz gefunden. Am Mittwoch, dem 9. November, öffnete dann die Ausstellung ihre Tore.

Zur Eröffnung war, wie man zu sagen pflegt, das ganze geistige München versammelt. Die Menschen drängten sich in hellen Haufen. Unter ihnen Bürgermeister Dr. v. Miller, Staatssekretär Hugo Geiger im Auftrag des Kultusministers, Ministerialdirektor Menzel, Dr. Kurt Pfister von der Staatskanzlei, Prof. Uhde-Bernays, Prof. Stepun, Dr. K. A. Meißinger, Georg Schwarz, Max Unold, F. M. Reifferscheidt, Direktor Rümann von der Städtischen Galerie, Verleger Ehrenwirth, viele Buchhändler und Buchhändlerinnen, Graf Otting u. a. Eine besondre Ehre war es für mich, daß auch der achtzigjährige Architekt Prof. Richard Riemerschmid sich eingefunden hatte.

Vierundzwanzig große Wechselrahmen waren mit Bildnissen der Autoren, Manuskriptseiten, Briefen, Zeichnungen, Entwürfen zu Umschlägen gefüllt. Sie machten die Ausstellung sehr lebendig und persönlich. Ihr Inhalt wurde von vielen Besuchern eingehend studiert. Die großen farbigen Faksimiles nach alten und modernen Meistern wirkten wie Originale. Man konnte glauben, sich in einem bis dahin unbekannt gebliebenen Museum zu befinden. Von den Pastellen Renoirs schien man den Farbstaub wegblasen zu können. Auf einem Tisch ausgebreitet war der Werdegang eines Buches anschaulich gemacht, von der Handschrift des Autors, den Korrekturfahnen, den Umbruchbogen, den verschiedenen Zuständen der Klischees, den Probedecken in allen möglichen Farbzusammenstellungen und Ausführungen bis zum fertigen Band. Manche erklärten den Eindruck des Ganzen für »überwältigend«. Mir selbst war es sehr wertvoll, das Wichtigste von dem, was in 45 Jahren *nach*einander entstanden war, nun auf einmal *neben*einander zu überblicken.

Direktor Freiherr v. Pechmann sprach mit Würde und Humanität die Eröffnungsworte.

Dann trat Ernst Penzoldt an das Pult. Warum soll ich *nicht* so kindlich sein und eingestehn, daß dies einer der schönsten Augenblicke meines Lebens war? Obgleich seine Worte viel zu viel des Lobes für mich enthalten, lasse ich sie doch hier folgen. Wenn ich manchmal bei Abfassung dieses letzten Kapitels meines Buchs verzagen wollte, so tröstete ich mich damit, daß ich am Schluß ja die Ansprache von Penzoldt ausspielen könne und daß die auf jeden Fall alles wiedergutmachen werde. Was er aussprach, gilt durchaus nicht für mich allein, sondern für viele Genossen meines Berufs.

Penzoldt sagte in seiner intimen, unbefangenen Art:

»Lieber Freund Piper,

Meine Damen und Herren!

Nicht obenhin gesprochen ist, sondern von Herzen kommt meine Anrede, teuer ist mir das Wort: Freund. Man muß sparsam damit umgehen. Hier bezeichnet es eine späte, ich darf wohl sagen, eine geruhsame Altersfreundschaft, bewährt in vertraut-erbaulichen, beschaulichen Gesprächen, da Sie mit mir durch den Englischen Garten zum Aumeister ambulierten oder wir kunstbetrachtend über die Blätter Ihrer graphischen Sammlung geneigt beisammensaßen. Doch vorzüglich ist es eine peripatetische Freundschaft, Umgang im wahrsten Sinne des Wortes, bei dem der Schwabinger Bach zum Ilissos ward. Es wandelte da aber nicht so sehr der Verleger mit einem Autor, als der Weise mit dem Schüler. Denn Bildung empfing ich da, freundliche Bildung, wie ich sie und wohl viele von Ihnen durch Reinhard Piper schon erfahren hatten, lange bevor ich deren heimlichen Urheber kannte. Was wir hier in dieser Jubiläumsausstellung des Verlages R. Piper aus Anlaß seines fünfundvierzigjährigen Bestehens und des siebzigsten Geburtstages seines Seniorchefs vereinigt sehen, ist ein großes und vornehmes Bekenntnis zur Bildung.

Es ist Herrn Professor von Pechmann zu danken, daß er den Piper-Verlag eingeladen hat, in der Neuen Sammlung dem Volk, dem Staat und der Stadt München zu zeigen, was ein einziger freier Mitbürger, kein Politiker oder Beamteter, ein Mann ohne akademische Laufbahn und Würden vermag, ohne öffentlichen Auftrag, allein durch einen höheren inneren Auftrag für einen segensreichen Einfluß auf die Verfassung, die geistige Verfassung, und auf die Geschichte, nämlich die eigentliche Menschheitsgeschichte, die friedliche der Poesie, der Kunst und der Kultur jenes grenzenlosen Vaterlandes zu gewinnen, dessen Geographie, Klima und Bodenschätze freilich anders aussehen als in einem historischen Schulatlas. Anders muß man sich die Verfassung und die Mächte vorstellen in diesem Geistesland, für dessen Wohlstand und Ethos nicht zuletzt die regierenden Verleger verantwortlich sind. Das unsichtbare Königreich meine ich, in dem die Weltsprache der Poesie und Weisheit gesprochen wird, das bevölkert ist von erdichteten Gestalten, die oft lebendiger und dauernder sind als historische Personen und in denen wir uns lieber erkennen als in denen, deren Geschichtszahlen wir lernen.

Lassen Sie einmal einen Autor den oft etwas umstrittenen Stand der Verleger rühmen, die Gründer der Leseschulen und stillen Bildungsstätten, die aus Büchern und Bildern bestehen, in denen keine akademischen oder politischen Ehren verliehen werden, deren Bürger zu sein aber nicht minder zur Ehre gereicht.

Man sagt: ein Buch *erscheint*. Das ist schon fast ein poetischer Ausdruck, aus der Welt des Lichtes und der Geister genommen. Betrachten Sie die Erscheinungen, die Bücher und Bilder dieser Ausstellung, und Sie werden darin wie in einer Geschichte lesen, die ein Stück von Münchens (und der Welt) Geschichte darstellt. Was Reinhard Piper begonnen hat, Klaus Piper, der Sohn, setzt es fort im gleichen Geiste, was hier zugleich bedeutet: in stets neuem, jungem Geiste.

Man pflegt als Leser von einem Verlage zu sagen: Er hat ein Gesicht. Sie werden mir zugeben, daß diese bildhafte Redensart für den Piper-Verlag besonders zutreffend ist.

Viele von Ihnen kennen, wie ich hoffe, die Genesis, die Entwicklungsgeschichte des Verlages und Verlegers aus dem liebenswürdigen Lebensbericht ›Vormittag‹ und werden sich erinnern, daß schon in der Kindheit unseres Freundes Eigenschaften sich regten, die ihn zu dem bestimmten, was er wurde, im Verstande jenes Satzes, den ich bei Dickens fand: ›Ich bemerkte dies, weil ich alles bemerke, was rings um mich geschieht!‹, ein Satz, den ich besonders liebe und gerne zitiere, weil ich glaube, daß er geradezu ein Fundamentallehrsatz wahrer Bildung heißen darf.

Mit allen Sinnen, besonders dem Gesicht und Gehör, geistig wach oder aufgeweckt erscheint schon der Knabe Piper, wißbegierig, ja keck und selbständig in seiner Meinung. Denn etwas dünkt mich tief bedeutsam zu sein für den Charakter dieser Persönlichkeit und damit seines Verlages: seine Persönlichkeit. Reinhard Piper ist kein Nachverleger, sondern fast immer ein Vorverleger gewesen. Er ging – ich zitiere mich selbst –, er ging nicht nach der Mode, sondern vor ihr her. Echte Verlegernaturen müssen so sein. Sie folgen nicht dem sogenannten Geschmack des Publikums, sondern lassen das Publikum ihrem Geschmacke folgen. Der Piper-Verlag ist wesentlich beteiligt an der unblutigen Revolution der Kunst, die aus der wilhelminischen Epoche zur modernen führte. Anmaßlich oder revolutionär schaut er eigentlich nicht aus, unser verehrungswürdiger Jubilar, dennoch: ein Verleger, der nicht liebt, was er verlegt, nicht aus Überzeugtheit von sich, an seinen Geschmack, an sein Qualitätsgefühl *glaubt*, felsenfest glaubt und womöglich als erster, der ist kein Verleger. Die Verlagswerke sind das Mittel, mit dem er seine ganz persönliche Meinung vielfältig ausbreitet, gleichsam ›mit sanfter Gewalt‹ seine Alleinbildung zur Allgemeinbildung erhebt. Er tut es freiwillig, auf eigene Gefahr, einzig dem verpflichtet, was er für sich als gut und schön, als gültig erkannt hat, in dem geselligen Wunsche, auch andere an seiner Freude teilhaben zu lassen. Das ist in einem hohen, geistigen Sinn Sozialität, ist Menschenfreundlichkeit, Menschenfreundschaft. Es ist Dankbarkeit und Treue gegen Schopenhauer, gegen Dostojewski etwa, gegen Barlach und Kubin und viele andere, die er sich erkoren hat. Fast könnte man sagen, ein Verleger wie Freund Piper hat eigentlich nichts anderes getan, als seine Lieblingsbücher drucken lassen und also die Kosten seiner privatesten Privat- und Liebhaberbibliothek auf die Allgemeinheit umgelegt. Dieser gedruckten Unterweisung, diesem Fernunterricht der Piperschule folgte ziemlich spät der vorerwähnte mündliche Lehrgang im Englischen Garten, und ich darf bekennen, dieser ist für mich besonders in den bösen Jahren noch bedeutsamer geworden als jener. Denn neben Elternhaus und Schule empfangen wir die eigentliche, köstliche Bildung im lebendigen Umgang mit unseren Freunden aus der geistigen Mitschülerschaft.

Kürzlich habe ich eine kleine Entdeckung gemacht, die ich längst schon hätte machen müssen. Meine Sympathie hat unbewußt, offenbar um einen Mangel in mir auszugleichen, stets ausgesprochen musikalische Menschen mir beigesellt, wie Figura zeigt. Einmal hat mich der Freund der Bücher, der Dichtung und der Bilder, der Natur, insonderheit der Steine, zu einer musikalischen Zweier-Akademie geladen, von rührend-unvergeßlicher Art. Er saß am Flügel und spielte, und ich hörte zu. Dankbaren Herzens. Nicht daß ich es jeweils vorher gewußt hätte, dieser oder jener sei musikalisch, und ich hätte danach gewählt. Das merkte ich erst später, woraus zu schließen wäre, welch geheimnisvoll-gütige Vorsicht für uns in der Zuneigung waltet, daß nämlich in dem Fluidum der Anziehung unter Menschen allein schon von Angesicht und Gestalt doch noch unhörbar das musische Wesen im anderen untrüglich uns anspricht, nach dem es zur glücklichen Ergänzung verlangt.

Nach Ergänzung verlangen und sie finden, ist das nicht wieder die Bildung, der wunderbar hohe Begriff, den in Ihrer Person und in Ihrem Lebenswerk zu feiern wir heute hier vereinigt sind? Wie aber, sagten Sie es nicht einmal, nachdem Sie sich durch einen Berg von Büchern und Manuskripten wie durch den Berg aus Milchreis ins Schlaraffenland hindurchgearbeitet hatten, sagten Sie nicht mit dürren Worten: ›Lesen ist eigentlich Zeitverschwendung!‹ Vielleicht ist diese Arabeske der Ausdruck tiefster und höchster Bildungserfahrung und Weisheit, ist Gipfelfreiheit.

Meiner kurzen Rede langen Sinn möchte ich beschließen mit einem andern, ganz bescheidenen, scheinbar alltäglichen Satz, mit der Antwort nämlich auf die Frage nach Ihrem Befinden, lieber Herr Piper. Sie lautet stets: ›Nun, man muß zufrieden sein!‹ Lassen Sie uns diese Antwort noch recht oft vernehmen.

Blicken Sie sich um. Was Sie hier ausgestellt sehen: es ist Ihr Werk, Ihr Leben in Büchern. Sie dürfen sich seiner freuen! Sie dürfen mit sich und wir mit Ihnen wohl zufrieden sein.«

So sprach Ernst Penzoldt.

Es wird mir schwer, seinen Worten noch etwas anzufügen. Er hat mir musikalische Neigungen nachgesagt. Wie in der Musik gibt es auch in der Sprache einen Tonfall. Ich finde, Penzoldts Sätze haben sich in einem so schönen freien Tonfall ausgeschwungen, daß es schade wäre, ihn durch ein überflüssiges Anhängsel zu belasten.

So wünsche ich mir denn zum Schluß nur noch: Möchten auch die Leser dieses Buches mit dem, was es bieten kann, zufrieden sein!

NAMENREGISTER

Abraham a Sancta Clara 103, 350
Ackermann, Theodor 89, 271
Aischylos 631, 663, 667, 714
Alber, Karl 526
Alexander VI. 610
Alinari 568
Altdorfer, Albrecht 278
Altenberg, Peter 400
Amann, Jost 332
Amiel, Henri Frédéric 268
Amiet, Cuno 297
Andersch 233
Andersen, Hans Christian 457
Andersen-Nexø, Martin 384
Andrade, Francisco d' 49
Andres, Stefan 697−699, 710
Angelus Silesius 103, 128
Antonello da Messina 641
Arco auf Valley, Anton Graf von 390
Arndt, Ernst Moritz 404
Arndt, Fiken 404
Arnim, Achim von 222, 376, 457,
    605
Arnold, Claus 354, 688
Arnold, Karl 354, 688
Auer, Karl 107, 113
Avenarius, Richard 184−186, 218

Bach, Carl Philipp Emanuel 676
Bach, Johann Sebastian 16, 162,
    217, 298, 306, 320, 385, 495, 498,
    506, 676
Bachmair, Heinrich 718
Baedeker, Karl 86
Bahr, Hermann 391
Baldung Grien, Hans 278, 457, 506,
    519, 523, 533, 534, 538
Baluschek, Hans 126, 147, 149,
    248, 252
Balzac, Honoré de 270, 289
Barlach, Ernst 125, 178, 180, 195,
    208, 299, 302, 304, 321, 375, 393,
    420−441, 459, 469−472, 503,
    504, 506, 508, 510, 522, 526, 692,
    722
Barlach, Klaus 423, 425, 426,
    431−433, 437
Bartels, Adolf 235
Bartók, Béla 676, 680, 681
Bassermann, Albert 242
Bauer, Josef Martin 694, 710
Bauer, Michael 689
Baum, Julius 363
Baumbach, Rudolf 76
Bäumler, Alfred 257
Beardsley, Aubrey Vincent 126,
    248, 252, 275, 530
Becker, Hildegard 160
Becker, Ulrich 160
Becker, Walter 283, 509, 688, 710
Becker, Walther 153, 160−163, 216
Beckmann, Mathilde 337

INHALT

Dirk Van der Cruysse

»Madame sein ist ein ellendes Handwerck«

Liselotte von der Pfalz –
eine deutsche Prinzessin am Hof des Sonnenkönigs
Aus dem Französischen von Inge Leipold.
753 Seiten mit Frontispiz und 1 Stammtafel. Leinen

Liselotte, Tochter des Kurfürsten Karl Ludwig von der Pfalz, kommt
1671 19jährig an den Hof des Sonnenkönigs. Prunkentfaltung,
Überfeinerung und Dekadenz des Hofes vermögen sie nicht zu blenden.
In Tausenden von Briefen läßt sie ihre deutschen Verwandten an ihrem
sensiblen, kritischen und unverbildeten Blick auf das absolutistische
Frankreich teilhaben. – Dirk Van der Cruysses Liselotte-Biographie
schöpft aus dieser reichen Quelle und stellt eine ungewöhnliche, starke
Frau in den Rahmen eines prächtigen Zeitgemäldes.

»Dirk Van der Cruysse, Historiker, Literaturwissenschaftler, Professor an
der Universität Antwerpen, gelang es in bravouröser Weise mit seiner
Biographie über die deutsche Liselotte von der Pfalz, diese
ungewöhnliche Frau zu rehabilitieren. Sie war kein ›tumbes‹
Mädchen, als sie 19jährig aus politischem Kalkül mit Philippe von
Orléans verheiratet wurde. An den Höfen zu Heidelberg und Hannover
hatte sie bereits viel Fragwürdiges erlebt.
Mit dieser Frau erlebt der Leser zugleich Glanz und Elend des
absolutistisch regierten Frankreichs. ›Lust an der Geschichte‹ oder
richtiger, an der Wahrheit der Geschichte zu wecken, das wollten Verlag
und Autor. Es ist bewundernswürdig gelungen.«   Welt des Buches

PIPER

Oswalt von Nostitz

Muse und Weltkind

Das Leben der Helene von Nostitz
447 Seiten und 19 Abbildungen auf Tafeln. Leinen

Mit ihrem Buch *Aus dem alten Europa. Menschen und Städte* hat Helene von Nostitz (1878–1944) ein einmaliges Denkmal für jene Epoche geschaffen, die in den geistigen Schöpfungen um die und nach der Jahrhundertwende ihren letzten Höhepunkt erreichte. Das »alte Europa« war indessen nur ein Teil ihres facettenreichen Lebens. Auch nach 1914 blieb die Nachkommin preußischer, hannoverischer und russischer Vorfahren eine Europäerin, die ihr kulturelles Weltbürgertum jedoch nie als Gegensatz zu ihrem ausgeprägten Heimatgefühl empfand. Ihr Berliner Salon in den zwanziger und dreißiger Jahren verlieh dem Ausdruck. »Die großzügige Bereitschaft, alles Geistige aufzunehmen und zu verstehen, fand in dieser Zeit kaum ihresgleichen, sie hat unendlich viel verbunden, was sonst getrennt und einsam geblieben wäre«, sagte Reinhold Schneider von ihr, und ein Engländer, Roger Hinks, bekannte rückblickend: »Es war im Hause Helenes, mehr als irgendwo sonst, daß ich einen Augenblick spürte, was Europa einst gewesen ist, und eine Vorstellung davon hatte, was es einmal wieder sein könnte.«

Dem Sohn ist es in diesem Buch nunmehr gelungen, in einer glücklichen Verbindung von Nähe und Abstand das ganze Leben seiner Mutter und seine vielfältige Verwobenheit in die Kultur- und Zeitgeschichte darzustellen. Auguste Rodin, Hugo von Hofmannsthal und Rainer Maria Rilke sind eigene Kapitel gewidmet, als den herausragenden Figuren im Freundeskreis der Helene von Nostitz, neben ihnen aber findet sich noch eine reiche Fülle von Beziehungen zu anderen Menschen verschiedenster Prägung.

Gestützt auf zahlreiche unveröffentlichte Notizen, Briefwechsel und Manuskripte entstand so ein Lebensbild dieser vielseitig begabten Frau, die auf ungewöhnliche Weise Weltoffenheit, Einfühlsamkeit und die Fähigkeit zur musischen Inspiration Gleichgestimmter verband.

PIPER

Andrej Sacharow

Mein Leben

Aus dem Russischen übersetzt von Annelore Nitschke,
Anton Manzella und Wilhelm von Timroth
939 Seiten mit 59 Fotos. Leinen

Bereits mit 32 Jahren war Sacharow aufgrund seiner überragenden
Leistungen als Physiker Mitglied der Sowjetischen Akademie der
Wissenschaften, gehörte somit der Elite der sowjetischen Wissenschaft und
hatte direkten Zugang zur politischen Führung. Spannend und bewegend
ist seine Erzählung, wie er gerade als Mitglied der privilegierten Kaste zu
zweifeln begann. Es kam zu dramatischen Konfrontationen mit
Chruschtschow und anderen Machthabern, die dazu führten, daß er aus
dem Wissenschaftsbereich ausgeschlossen wurde und seine bevorzugte
Stellung verlor. Besonders als er sich in seinem Kampf für Freiheit und
Demokratie auch an die (westliche) Presse wandte, begann eine
massive Kampagne gegen ihn, die ihn zum Schweigen bringen, ihn
diskreditieren sollte. Trauriger Höhepunkt war seine Verbannung
nach Gorki, das letzte Mittel der Regierung: Nachdem er durch die
ausgeklügelten Pressionen nicht einzuschüchtern war, sollte er von der
Außenwelt völlig isoliert werden – aber seine Wirkung wuchs ständig
weiter. Erst Ende 1986 wurde er von Gorbatschow nach Moskau gerufen,
wo er sich sofort mit großer Energie in den beginnenden Umbau der
Sowjetgesellschaft stürzte, teils mit, teils gegen Gorbatschow.

»Er, mehr als jeder andere Mensch, war an der Beendigung des nuklearen
Monopols beteiligt, was die ›balance of power‹ begründete. Er, mehr als
jeder andere Mensch, war es auch, der die Ideologie seiner eigenen
Gesellschaft zu überwinden half und damit die geistige ›balance of power‹
beendete ... Deshalb ist das Leben Andrej Sacharows wahrscheinlich *das*
Leben unserer Epoche schlechthin.«   *Times Literary Supplement*

P̶IPER